A Coluna Dançante

Supervisão editorial: J. Guinsburg
Tradução: Andrea Buchidid Loewen, Maria Cristina Guimarães, Cassia Naser, Sônia Manski, Maria Teresa Fernandez Miguez, Estela Sahm e Anita di Marco
Revisão da tradução: Margarida Goldsztajn e Anat Falbel
Preparação de texto: Cristina Daniels
Revisão técnica: Maria Alice Junqueira Bastos
Revisão de provas: Iracema A. Oliveira, Adrino C.A. Oliveira e Sousa e Daniel G. Mendes
Capa e projeto gráfico: Sergio Kon
Produção: Luiz Henrique Soares, Elen Durando, Ricardo W. Neves, Sergio Kon, Raquel Fernandes Abranches

Joseph Rykwert

A Coluna Dançante

Sobre a Ordem na Arquitetura

Título do original em inglês
The Dancing Column: On Order in Architecture
©1996 Joseph Rykwert

---

cip-Brasil. Catalogação na Publicação
Sindicato Nacional dos Editores de Livros, rj

R975c

Rykwert, Joseph
　A coluna dançante : sobre a ordem na arquitetura / Joseph Rykwert ; [tradução Andrea Buchidid Loewen , Maria Cristina Guimarães, Cassia Naser]. - 1. ed. - São Paulo : Perspectiva, 2015.
　488 p. : il. ; 28 cm.

　Tradução de: The dancing column Inclui bibliografia e índice
　ISBN 978-85-273-1013-0

　1. Arquitetura - História. 2. Arquitetura - Ordens. 3. Arte - História. 4. Ecletismo na arquitetura. I. Título.

14-18410	CDD: 624.17
	CDU: 624.01

02/12/2014　　02/12/2014

Direitos reservados à
EDITORA PERSPECTIVA S.A.
Av. Brigadeiro Luís Antônio, 3025
01401-000 São Paulo sp Brasil
Telefax: (11) 3885-8388
www.editoraperspectiva.com.br
2015

Que casa mais imponente tem existido,
Ou pode existir, que o Homem?
[…]
O Homem é todo simetria,
  De um membro a outro, pleno de Proporção,
E de tudo a tudo mais, no mundo até:
  Cada Parte pode invocar a mais distante, Irmão:
E a Cabeça com o Pé tem fraterna confraria,
  E ambos com as Luas e a Maré.

GEORGE HERBERT
[Man, em *The Temple*, 1633.]

Sumário

Prefácio à Edição em Inglês   13

Prefácio à Edição em Italiano   17

Introdução à Edição Brasileira [por Anat Falbel]   19

I :   A Ordem na Edificação   23

Catálogos e Receitas ▪ Céticos, Críticos e Românticos ▪ A Beaux-Arts e a École Polytechnique ▪ A Imitação da Cabana Primitiva ▪ O Fim da Metáfora ▪ O Retorno às Fontes

II :   A Ordem no Corpo   47

As Colunas das Escrituras: John Wood, o Velho ▪ Gian Lorenzo Bernini: Sobre Corpos e Colunas ▪ Jacques-François Blondel: Sobre Faces e Capitéis ▪ Face, Caráter, Destino ▪ Psicologia no Estúdio: As *Conférences* de Charles Le Brun ▪ Gesto Artificial, Gesto Natural ▪ Face, Caráter, Estado de Espírito, Paisagem ▪ Variedade de Caráter e Fixidez de Cânone ▪ A Igreja Como um Corpo ▪ A Cidade Como um Corpo ▪ A Cidade Como uma Casa

III :   O Corpo e o Mundo   87

Amor e Discórdia ▪ O Corpo do Primeiro Homem ▪ Humores, Elementos e Estrelas ▪ Homem Astral, Homem Canônico ▪ A Dignidade e a Miséria do Corpo ▪ Geometria de Deus e do Homem ▪ O Homem, a Medida ▪ O Cânone Realizado ▪ O Homem de Vitrúvio em Movimento ▪ Dürer: Sobre a Diversidade Humana ▪ Gian Paolo Lomazzo ▪ Michelangelo ▪ Estrutura do Homem, Estrutura do Mundo

IV :   Gênero e Coluna   113

              O Homem Quadrangular e o Homem Circular ▪ *Kanōn* ▪
              Policleto ▪ Um Cânone Feminino? ▪ Sorte e Invenção

V :   O Lugar-Comum Literário   133

              O Menino e a Menina ▪ O Animal Metafórico ▪ O Choque
              do Significado ▪ O Poste Primevo ▪ Imitação e Manufatura
              ▪ Se a Natureza Construísse uma Casa ▪ Faça Igual, Pareça
              Igual ▪ Construção Trágica ▪ Persas e Atlantes ▪ Cariátides

VI :   A Regra e a Canção   155

              Os Filhos de Héracles ▪ Os Primeiros Santuários ▪ O
              Sacrifício dos Heróis ▪ O Deus e o Rei ▪ O Altar e o Templo
              ▪ As Partes do Edifício ▪ O *Dēmiourgós* no Sacrifício ▪
              Os Leões e uma Coluna ▪ A Coluna Sagrada ▪ O Dórico
              Egípcio ▪ O *Djed*: A Coluna e a Múmia ▪ Os Egípcios e os
              Gregos ▪ As Origens Gregas

VII :   O Herói Como uma Coluna   181

              Base ▪ Coluna: O Fuste ▪ Coluna: O Capitel ▪ Vigas e Telhado
              ▪ Métopas ▪ Tríglifos ▪ Modelos ▪ Delfos: A Lenda ▪ Erétria e
              Lefkandi ▪ Dreros e Prínias ▪ Thermon ▪ Olímpia: O Templo de
              Hera ▪ Olímpia: A Casa de Enômao ▪ Delos: O *Oikos* de Naxos ▪
              Corinto ▪ O Dórico Desajeitado

VIII :   O Que se Sabe e o Que se Vê   213

              O Templo e Seus Usuários ▪ Tolos ▪ Tipo e Projeto ▪ Seiscentas
              Variedades ▪ Tímpano ou Frontão ▪ O Tríglifo de Canto – Mais
              uma Vez ▪ Ajustes Ópticos ▪ Teoria e Prática ▪ Superfície

IX : A Máscara, os Chifres e os Olhos   237

        Jônico e Descritivo ▪ A Lenda do Primeiro Jônico ▪ Território Dórico ▪ Ártemis em Éfeso ▪ A Adoração a Ártemis ▪ Ártemis e Dioniso ▪ O Templo de Ártemis em Éfeso ▪ Colunas Votivas ▪ Os *Thalamoi* Siciônios ▪ Um Jônico Persa? ▪ A "Ordem" Eólica ▪ Paralelos Orientais ▪ Na Anatólia: Mitanitas, Hititas e Urartianos ▪ Na Anatólia: Frígia, Lídia, Lícia, Cária ▪ Espirais e Árvores ▪ Afrodite em Pafos ▪ Astarte em Kition ▪ Os Guardiões das Portas ▪ Modelos e Santuários ▪ Móveis e Tecidos ▪ Caveiras com Chifres ▪ Humbaba ▪ A Estátua-Coluna ▪ O Feixe de Juncos: O Pilar de Inanna ▪ Hátor

X : A Virgem Coríntia   293

        A Moça ▪ Morte e Sepultamento ▪ A Cesta de Oferendas ▪ Acanto: A Planta ▪ Acanto em Delfos ▪ Acanto e Trípode ▪ Delfos: A Paisagem ▪ Novamente a Moça: Perséfone ▪ Monumentos 1: Os Templos ▪ Monumentos 2: Tolos ▪ Monumentos 3: Monópteros ▪ O Templo de Zeus Olímpico em Atenas

XI : Uma Coluna Nativa?   321

        O Arranjo Etrusco ▪ A Disposição ▪ Rito Grego, Rito Etrusco ▪ Capitólio ▪ Ceres ▪ Um Jônico Toscano? ▪ Colunas de Honra ▪ Uma Ordem Itálica

XII : Ordem ou Intercurso   343

        A Dupla Metáfora ▪ Objetividade Dórica ▪ Pele e Ossos ▪ Sensação e Produção ▪ Criar, Imitar, Amar

Posfácio à Edição em Italiano	365
Notas	373
Lista de Imagens	444
Abreviaturas e Textos Antigos	448
Bibliografia	454
Índice Onomástico	476

Prefácio à Edição em Inglês

A fascinação com as ordens de arquitetura remonta à minha adolescência. Desde cedo eu tinha me decidido a ser um arquiteto "moderno", mas achei que a arquitetura "clássica" incorporava alguns acertos importantes e atemporais, guardava lições que só seriam transmitidas a alguém iniciado em sua exigente disciplina através de longo (e provavelmente cansativo, acreditava eu) estágio de aprendizado das "ordens", uma lição que atenderia bem ao arquiteto quando este voltasse à modernidade. A inadequação que sentia era apenas um sintoma típico da época, da natural hesitação da modernidade diante da história, que havia sido melancólica e liricamente expressa (duas gerações antes da minha) pelo grande inovador Guillaume Apollinaire:

> Vous dont la bouche est faite à l'image de celle de Dieu
> bouche que est l'ordre même
> soyez indulgents quand vous nous comparez
> A ceux que furent la perfection de l'ordre
> Nous qui quêtons partout l'aventure.*

Não me deteve, no entanto, o fato de tantos de meus prudentes predecessores e contemporâneos terem passado por tal estágio sem receber as graças que eu esperava. Segui então a rotina de desenhar colunas dóricas e jônicas, de jogar sombras sobre os croquis, de colori-los laboriosamente com bastões de tinta chinesa (ou *sumi*), que eu mesmo trituraria, ao modo dos velhos aprendizes de belas-artes. Não me ocorreu (nem meus professores alguma vez me permitiram suspeitar) que a rotina ensinada por eles, e que eu segui, só havia sido formulada tardiamente no século XIX e que os primeiros arquitetos que aprenderam e usaram as ordens, as viram e as aprenderam de forma bem diferente.

Só bem mais tarde, quando comecei a contemplar seriamente a arquitetura dos séculos XV e XVI e a ler o que os arquitetos da época disseram, percebi que sua visão das antigas colunas não tinha nada além de uma conexão superficial com as "ordens" que eu havia aprendido. Isso me levou a refletir sobre como as colunas e vigas dos templos antigos haviam sido concebidas e erguidas por seus construtores. Embora parecesse uma preocupação central daqueles arquitetos e artífices, como fica óbvio no mais importante texto remanescente da antiguidade, o manual de Vitrúvio, surpreendentemente muito pouco tinha sido escrito sobre isso e algumas das noções de Vitrúvio eram até mesmo desconsideradas por seus comentadores como fabulação tardia. Para mim, ele parecia tão mais próximo do tempo dos construtores gregos que desconsiderá-lo assim pode significar que algum aspecto valioso da abordagem dos construtores, bem como suas implicações, poderia estar obscurecido.

Fornecer simplesmente um comentário crítico (mas não cético) sobre Vitrúvio poderia parecer uma meta demasiado modesta para o conteúdo do livro. E de fato, isso se desdobrou em algo mais ambicioso, desde que me pareceu que qualquer relato crítico (e, portanto, também histórico) das ordens teria que atender, pelo menos, a essas condições – que, inevitavelmente, expõem um conflito quase irreconciliável.

A primeira era fornecer o contexto, antropológico e não histórico, no qual as colunas foram criadas, mostrando por que se diferenciavam e por que suas configurações tinham adquirido certa validade atemporal. A segunda condição deveria ser histórica e garantir a genealogia dessa ideia, mostrar como as colunas eram constituídas e alteradas no tempo, como eram trabalhadas e percebidas por seus construtores e os relatos apresentados de suas transformações.

A tentativa de reconciliar essas condições conflitantes faz deste livro um verdadeiro ensaio. Nesse labor, tentei satisfazer as exigências tanto de método quanto de documentação histórica. Espero que os leitores entendam esse conflito como salutar, pois foi o que fiz. Nos cinco primeiros capítulos, encontrarão maior ênfase na metodologia e nos seis seguintes, na documentação. E espero que concordem que as "ordens" da teoria do século XIX não tinham mais que uma indireta conexão com os tipos (*genera*) e as modalidades (*modi*) da Antiguidade.

Embora as ordens, pelo menos como me ensinaram, inevitavelmente, tenham me negado a graça pela qual eu esperara, quando pude conhecê-las historicamente elas me ensinaram uma lição um pouco diferente, uma vez que me possibilitaram pensar, mais uma vez, no que as pessoas esperam dos edifícios. Minha ambição, então, não é apenas fornecer uma visão hermenêutica do texto de Vitrúvio, mas ver através dele e usá-lo como uma retorta na qual tudo o que desejamos e que acertadamente esperamos de nosso ambiente possa ser destilado, mesmo que apenas em forma histórica.

Um livro desta extensão e escopo é, inevitavelmente, um trabalho coletivo, mesmo com o nome de um único autor. Meus agradecimentos, em primeiro lugar, vão para os eleitores da cadeira de Slade Professorship of Fine Arts, na Universidade de Cambridge, que me elegeram para o período 1980-1981 e me permitiram formular as ideias que servem de base a este trabalho. Um deles foi o professor Robin Middleton, à época também coordenador de Estudos Gerais da Associação de Arquitetura, que me pediu para repetir lá minhas palestras e tentou, com algum sucesso, me dissuadir de algumas ideias. O primeiro esboço foi iniciado no Centro de Estudos Avançados em Artes Visuais, em Washington e concluído no Centro Getty de História da Arte e Ciências Humanas em Santa Mônica: sou profundamente grato às duas instituições e a seus diretores, Henry Millon e Kurt Forster; sem seu auxílio (no Centro Getty), e o de Gretchen Trevisan, Kimberley Santini, Daisy Siehl e Herbert Hymans, bem como o de Maria de Luca, o livro teria levado mais alguns bons anos para ser concluído em circunstâncias bem menos agradáveis. Entre essas duas pontas, a Fundação Graham de Estudos Avançados em Artes Visuais forneceu o auxílio financeiro que me permitiu visitar sítios arqueológicos e museus em Creta, no Egito, e na Turquia, enquanto o Instituto Getty garantia outro apoio para a visita ao Museu Pergamon, em Berlim então Oriental; a Universidade da Fundação Pensilvânia disponibilizou os meios para novas viagens à Turquia e Grécia. Sem tais visitas, o livro teria sido muito mais pobre. Certamente, também devo muito aos solícitos funcionários de várias bibliotecas: primeiro, aos da Biblioteca de Londres, sem cuja paciência meu trabalho não teria sido possível, mas também àqueles da Dr. William's Library, do Instituto Warburg, da Sociedade de Estudos Helênicos e Romanos no Instituto de Arqueologia da Universidade de Londres, além dos bibliotecários das duas universidades onde lecionei durante a elaboração deste livro, Cambridge e Pensilvânia. O generoso subsídio concedido pela Fundação Kress me permitiu buscar e contratar as ilustrações. Agradeço a Lisa Ackerman pelo patrocínio.

Muitas das ideias deste livro foram discutidas em seminários nas universidades de Essex, Cambridge, Columbia e Pensilvânia, e agradeço especialmente aos alunos que me estimularam a ser mais investigativo, ao questionarem minhas colocações. Com certeza, tenho uma dívida especial em relação aos meus assistentes de pesquisa: Victor Deupi, Roy Lewis, Maria Karvouni, Rebecca Williamson e, no Instituto Getty, Tony Pardi; Taha Al-Douri e Alaa El-Habashi escanearam e redesenharam, com grande habilidade e diligência, enquanto Persephone Braham me guiava pelas inúmeras dificuldades apresentadas pelo processador de texto. Toby Martinez garantiu apoio moral e administrativo. Deborah Sandersley responsabilizou-se por muitas das fotografias.

Os seminários sobre a imagem do corpo conduzidos por Ivan Illich tornaram possível que eu desse nova orientação a muitas ideias e a bibliografia relativa preparada por Barbara Duden é preciosa. Quando comecei a trabalhar sobre os temas aqui desenvolvidos, muitos amigos foram pacientes e solícitos: Michael e Elizabeth Ayrton, Richard Brilliant, Peter Burke, Roberto Calasso, Bruce Chatwin, Edmund Carpenter, James Coulton, Harriet Crawford, Marco Frascari, Moses Finley, Alfred Frazer, Carlo Ginsburg, Alexander Goehr, Remo Guidieri, John Graham, Renate Holod, Theresa Howard-Carter, Charles Kahn, Hara Kiossé, Geoffrey Kirk, Rudolf zur Lippe, Michael Meister, David O'Connor, Roger Norrington, Gregor von Rezzori, Susan Sontag, Leo Steinberg, Cecil Striker, Dalibor Vesely, Michael Vickers, Peter Warren, Irene Winter. Algumas partes do manuscrito tiveram uma leitura crítica de Andrew Barker, Andrea Carlino, Barbara Duden, William Gass, Ivan Illich, Stella Kramrisch, David Leatherbarrow, Geoffrey Lloyd, Henry Millon, Holly Pittman, Robert Tavernor, Liliane Weissberg e Richard Wollheim.

Todo o primeiro esboço foi lido por meu sogro, Eugene Sandersley, ora falecido. Sua paciência e seu conhecimento de línguas antigas não só me salvaram de muitos deslizes, mas também me permitiram desenvolver algumas ideias de forma muito mais completa. Francesco Pellizzi me proporcionou assistência moral e editorial, durante esse longo período. Dedico-lhe este livro, como reconhecimento de uma longa e estreita amizade. A versão final foi crítica e generosamente lida por Walter Burkert, Myles Burnyeat e Ruth Padel, Hans-Karl Luecke e Anthony Snodgrass, embora eles devam ser absolvidos de qualquer responsabilidade por meus excessos. Algumas sugestões específicas comparecem nas notas de rodapé.

Minha associação com Roger Conover e Bruce Hunter já vem de muitos anos. Quero registrar aqui meu reconhecimento pelo seu enorme esforço em meu favor. Agradeço também a Alice Falk, cujos olhos perspicazes evitaram inúmeros erros.

Lamento profundamente o fato de minha esposa Anne não desejar ser designada como coautora deste livro – o que ela é, sob qualquer aspecto. Seu inexorável questionamento fez de cada sentença um esforço conjunto, não deixando espaço para ideias desastradas ou amorfas. Além disso, sem sua intrépida habilidade ao volante pelas poeirentas trilhas turcas, suas habilidades de organização, sua infinita paciência com meus caóticos métodos de trabalho e sua familiaridade com a linguística e os problemas bibliográficos apresentados, eu não poderia ter levado a termo este trabalho.

Filadélfia, novembro de 1994.
Joseph Rykwert

Prefácio à Edição em Italiano

Quinze anos já se passaram desde que escrevi este livro e, como lemos no prefácio da primeira edição em inglês, trinta anos desde que formulei as ideias aqui expostas. Ao título, havia acrescentado um subtítulo, "Sobre a Ordem na Arquitetura", para sublinhar que não me interessavam regras estáticas e inalteráveis, mas o processo histórico, junto à pesquisa de uma ordem buscada e desejada, mas jamais alcançada.

Fixei para mim mesmo o dever de demonstrar que aquele processo provinha de certas formas que emocionavam, intrigavam e, às vezes, vinculavam construtores e arquitetos: formas cada vez mais monumentais, concebidas e moduladas de modo a representar ideias sobre o mundo e sobre o tecido social em que seus artífices atuavam. As comunidades pequenas e pobres, onde se originaram, haviam incorrido em substanciais despesas e grandes esforços intelectuais, emocionais e físicos para sua elaboração. No arco de três milênios, essas formas sofreram mudanças que os primeiros idealizadores jamais teriam imaginado, além de racionalizações estranhas ao modo de pensar daqueles artífices. Foi então inevitável que os escritores "clássicos" percebessem algumas contradições quando tentavam buscar as suas origens, partindo de relatos exóticos e, em geral, conservados apenas em parte, como os referentes às características que os usos e, mais tarde, a religião teriam imposto aos edifícios.

Daí talvez por que as tentativas, por parte de alguns autores recentes de explicar o nascimento e desenvolvimento dessas formas em termos de "refinamento" de decorações mais ou menos "abstratas" ou "puras", não me convenceram inteiramente, e me levaram a tentar uma abordagem hermenêutica do fenômeno[1].

À época da publicação do volume, alguns críticos se expressaram em termos amigáveis. Sou particularmente grato aos que o leram como relato de uma viagem, o que, de fato, foi para mim, seja no sentido literal – pelas várias peregrinações a lugares remotos – ou figurado, já que escrevê-lo foi uma viagem – de descoberta. Por outro lado, entendo também os leitores que perceberam as inevitáveis (e lamentáveis) omissões, como também aqueles que, ao contrário, acharam o livro longo demais. Ao reapresentá-lo aos leitores italianos, em uma forma substancialmente inalterada em relação à edição original, apelo à sua indulgência tanto às lacunas quanto às divagações.

No entanto, nem os comentários nem os novos dados que acabei descobrindo (e que exponho no posfácio) tornaram necessário rever o método ou retocar as conclusões, ainda que o epílogo escrito para a edição italiana me permita, assim espero, evidenciar melhor alguns detalhes e, talvez, delinear novos problemas e indicar posteriores linhas de pesquisa.

Outros críticos se disseram desiludidos por eu não ter fornecido uma motivação racional e definitiva para a aplicação das "ordens" aos edifícios contemporâneos, nem fornecido qualquer regra para sua realização. Manuais desse gênero, velhos e novos, já existem em abundância e não julguei necessário criar outro.

Por isso falo de "ordem na arquitetura" e não das "ordens".

Introdução à Edição Brasileira

Anat Falbel

Conforme escreve Susan Sontag o ato de traduzir apresenta significados múltiplos como circular, transportar, difundir, explicar, ou ainda, tornar mais acessível. Sontag entende que em uma tradução escolhas que parecem simplesmente linguísticas, implicam, ao contrário, parâmetros éticos, pois o intento de assumir um texto escrito por um autor em uma língua para entrega-lo intacto e sem perdas constitui uma tarefa fundamentalmente impossível[1]. Neste contexto, a presente edição de *A Coluna Dançante*, a sofisticada obra do arquiteto, professor e historiador Joseph Rykwert, um volume de mais de quinhentas páginas, constitui uma notável e corajosa iniciativa da editora Perspectiva, não somente no que diz respeito à tradução para o português dessa obra essencial, mas também pelo projeto de fôlego que envolveu a equipe responsável.

A edição brasileira de *A Coluna Dançante* soma-se ao original em língua inglesa (1996) e à tradução italiana (2010) apresentando-se em boa hora, acompanhando a honraria conferida ao autor em fevereiro de 2014, a secular Royal Gold Medal, uma das mais importantes e antigas distinções internacionais no campo da arquitetura, outorgada pelo tradicional Royal Institute of British Architects-Riba, com a aprovação pessoal da rainha. Portanto, recebendo a medalha instituída pela rainha Vitória ainda em 1845, Rykwert junta-se à companhia de arquitetos como Frank Lloyd Wright (1941), Le Corbusier (1953), Louis I. Kahn (1972), Renzo Piano (1989), Oscar Niemeyer (1998), e Frank Gehry (2000), e de historiadores e teóricos como Eugène Viollet-le-Duc (1864), Auguste Choisy (1904), Lewis Mumford (1961), Nikolaus Pevsner (1967), Sir John Summerson (1976) e Colin Rowe (1995).

O caráter excepcional de *A Coluna Dançante* (1996) e sua extraordinária erudição reafirmam o papel da arquitetura nos espaços intermédios da cultura e foi reconhecida logo de sua publicação pela Society of Arcitectural Historians, tendo recebido o prêmio Alice Davis Hitchcock, como o trabalho acadêmico de maior destaque entre 1996 e 1997. Foi Alina Payne quem sugeriu que o livro rompe as fronteiras entre diferentes campos do conhecimento, destacando a *tour de force* do autor ao percorrer um largo espectro temporal para discutir tanto as práticas da Antiguidade e da contemporaneidade, o modernismo e a Renascença, como os escritos de pensadores desde Vitrúvio a Heidegger. Ao mesmo tempo, Rykwert propõe um diálogo entre o arqueólogo clássico, o historiador da arquitetura do Renascimento e o crítico moderno. Para a historiadora, o objeto consiste em destacar a partir de seus dois temas principais – as origens das ordens, e o modo pelo qual esse momento foi apropriado pela literatura da recepção desde o Renascimento até a moderna fenomenologia – a relação genuína e metafórica das ordens com o corpo humano[2].

Para nós o presente livro pode ser inserido na trilogia que inclui *A Ideia de Cidade* (1963), e *A Casa de Adão no Paraíso* (1972), obras publicadas pela editora Perspectiva em um esforço de apresentar ao público brasileiro a obra do historiador e aquele que consideramos o seu motivo condutor. O depoimento de Rykwert em homenagem aos quarenta anos de *A Casa de Adão*, sugerindo que os melhores escritos de um autor seriam respostas à "irritação", nos parece bastante revelador tanto do seu motivo condutor como do seu espírito crítico: "a irritação em relação a algo que você admira de certa forma, mas que apresenta uma visão limitada de um tema que te preocupa em especial, de modo que você sente a necessidade de justificar e explicar essa irritação para você mesmo, donde o texto"[3]

Rykwert explica que a "irritação" que resultou em *A Casa de Adão* deveu-se à exposição realizada no MOMA em 1964, conhecida pelo célebre livro catálogo de Bernard Rudofsky, *Architecture Without Architects*, cujas sedutoras imagens apresentando assentamentos Dogon, praças de mercado espanholas e templos japoneses foram apropriadas pelos críticos do modernismo como composições abstratas surgidas do acaso, isoladas de qualquer lugar ou contexto conceitual. Se uma geração de arquitetos foi influenciada por essa estética do acidental e sem um propósito definido, Rykwert, contrariando a conjuntura do momento, entendeu que essas formas e ambientes haviam sido produzidos com uma intenção própria e a partir de uma reflexão que deveriam ambas serem recuperadas para a cultura arquitetônica contemporânea, assim resumindo o seu principal questionamento:

> de que modo essas formas que admiramos foram geradas pelo pensamento de seus construtores, e de que modo esse pensamento guiou a mão que as executou me pareceu a questão mais interessante e mais urgente a ser considerada pelos meus contemporâneos... [visto que] o apelo aos instintos não mais poderia oferecer a redenção frente aos excessos da racionalidade [...] a nossa forma de construir dependia de deliberação e intenção[4].

A leitura atenta do argumento de Rykwert revela que efetivamente o motivo condutor de sua obra já se encontrava esboçado nos textos publicados entre o final da década de 1950 e a década de 1960 como "Meaning and Building" (1957)[5], "The Corinthian Order" (1965) – o texto que pode ser considerado como o primeiro esboço da presente publicação, ou ainda, "The Sitting Position: A Question of Method" (1969): o entendimento da arquitetura como linguagem, e as possibilidades e a importância da hermenêutica acima da semiótica para a sua interpretação "como uma lição e um corretivo"[6].

Portanto, ao longo dessa nossa trilogia iniciada com *A Ideia de Cidade*, o historiador imerge nos processos de concepção dos tecidos dos agrupamentos humanos e das formas construtivas desde a Antiguidade, reconhecendo que, ao contrário dos animais, os seres humanos "refletem, comparam, e se organizam de forma elaborada antes de começar a construir"[7]. Ele identifica e nomeia as afinidades intelectuais das suas premissas em um espectro extenso que compreende por exemplo: a proposição de Le Corbusier (*Vers une architecture*, 1923) de que "não há homem primitivo; há meios primitivos. Potencialmente, a ideia é uma constante desde o começo"[8]; as elaborações do antropólogo André Leroi-Gourham (*Le Geste et la parole,* 1964)[9] que destacam a relação profunda entre o gesto e a palavra como produtos unívocos da mente, forjando as iniciativas técnicas e sociais do homem "o grafismo não se iniciou com representações ingênuas da realidade mas com a abstração[…] questões mágicas e religiosas foram responsáveis pela arte figurativa […] Era uma transposição simbólica, não cópia da realidade"[10]; as formulações do arquiteto italiano e amigo de longa data, Vittorio Gregotti: "antes que um suporte fosse transformado em coluna, um telhado em frontão, e uma pedra assentada sobre outra, o homem colocou a pedra sobre o chão para reconhecer o lugar no centro de um universo desconhecido e dessa forma dimensionar e modificá-lo"[11]; ou ainda, o olhar do filósofo Theodor Adorno com o qual Rykwert encerra a grande discussão de *A Coluna Dançante* a respeito da *mímesis*, e para quem a obra de arte era entendida como uma reminiscência, a anamnese de um poder mágico arcaico ecoando o diálogo original e aterrorizante do homem primitivo com o outro: "o objeto na arte e o objeto na realidade empírica, da mesma maneira que os transpõe, decompõe e reconstrói segundo a sua própria lei. Só através de semelhante transformação, e não mediante uma fotografia […] é que a arte confere à realidade empírica o que lhe pertence, a epifania de sua essência oculta. O primado do objeto só se afirma esteticamente no caráter da arte como historiografia inconsciente, anamnese do subterrâneo, do recalcado"[12].

Ao resumir o propósito da obra de Adorno sobre a estética, como sendo a consciência de que "a atrocidade máxima é a leitura literal", Rykwert denuncia, fazendo uso das palavras do filósofo, a causa da "irritação" que o levou a desenvolver o texto do presente livro: "a 'leitura literal' de um edifício" é a sua descrição antimetafórica e unívoca que o apresenta como mudo, cujo significando não ultrapassa ele mesmo, o modo como é construído e usado[13]. E apesar da confessada referência ao texto de John Summerson, *The Classical Language of Architecture* (1963), cujo propósito primeiro era "falar de arquitetura como uma linguagem […] sua natureza e o seu uso"[14], a mesma causa parece fundamentar a polêmica resenha da 15ª Bienal de Milão (1974) quando, enquanto Manfredo Tafuri defendia o arquiteto Aldo Rossi com a justificativa de que "frente a qualquer tentativa mistificadora de revestir a arquitetura em roupagem ideológica, iremos sempre preferir a sinceridade daquele que tem a coragem de falar de sua *pureza silenciosa e irrelevante*", Rykwert ataca a mudez da arquitetura: "Então é isso. A arquitetura pode manter-se viva desde que se mantenha burra. Burra e bela talvez, mas burra".[15]

Efetivamente, em 1973, o historiador da arte Ernst Gombrich já havia observado que "Rykwert não esta interessado realmente com a história de uma ideia – uma ideia que nunca existiu – mas com um grupo de associações que ele busca nos escritos dos arquitetos modernos, nos tratados de arquitetura do passado, em antigas lendas e nos rituais religiosos"[16]. Porém, ao contrário da crítica implícita no comentário de Gombrich, é Vittorio Gregotti quem expressa fazendo uso da ideia de proporção a riqueza interpretativa que Rykwert busca em suas associações:

> efetivamente, na prática artística da arquitetura o questionamento da proporção assume uma relevância particular. O importante não são somente as coisas e suas formas autônomas, mas as suas relações recíprocas e aquilo de que elas são função e símbolo, ou seja, a sua inteligibilidade para além da percepção sensível. Especialmente através da antiga teoria pitagórica dos números, e ainda através da ideia da harmonia do universo e dos aspectos esotéricos a ela relacionados, assim como suas relações com as medidas do corpo humano, com o próprio princípio do construir, enquanto reflexão e provimento de soluções, com a memória dos seus atos e de sua essência. A questão da *proportio* é em todos os níveis constitutiva da coisa, no sentido de que todo componente é por sua vez um sistema de relações e portanto respeita uma "proporção"[17].

Seguindo uma tradição que o aproxima de humanistas como o filólogo Erich Auerbach, Rykwert opera essas associações sobre os seus pontos de partida – a cidade, a casa, a coluna – fazendo uso da hermenêutica. Esta última assim como o seu motivo condutor apontam para as suas heranças intelectuais e metodológicas sobre as quais já tivemos a oportunidade de discutir[18]. Rudolf Wittkower, cujas aulas e seminários Rykwert frequentou ainda estudante de colégio em Londres e após a sua saída da Architectural Association, foi aquele responsável por introduzir o jovem aluno aos historiadores de Warburg, e à interpretação da arte e da arquitetura fundada na hermenêutica clássica assim como ele próprio explicitaria em Interpretation of Visual Symbols (1955)[19], ou então, Erwin Panofsky antes dele em "Iconography and Iconology: An Introduction to the Study of Renaissance Art" (1939)[20]. Porém, talvez conforme escreve Gregotti, a tradição warburiana de Rykwert tenha como ascendência mais importante a profundidade cultural de Edgar Wind[21]. Efetivamente Rykwert compartilha com Wind tanto uma metodologia[22] como o reconhecimento da intimidade da arte com a vida espiritual, social e política presente na cidade-estado grega ou na Renascença Italiana – os perigos apontados por Platão – e a fragilidade e posterior ruptura dessa relação na modernidade, ou conforme a bela expressão do estudioso alemão "não é o número de pessoas que olham para a arte que é alarmante, é o número de obras para as quais eles olham, é a redução da arte a um espetáculo de passagem".

No entanto, mesmo e apesar da sua formação – de certo modo marginal às academias de língua inglesas por ele frequentadas – Rykwert revela através de um sugestivo depoimento que a disciplina da hermenêutica, responsável por despertar e provocar o motivo condutor de sua obra como um todo, tem raízes mais profundas na tradicional interpretação bíblica, a *parschanut*: "qualquer um que teve uma educação judaica mais ou menos ortodoxa, como eu tive, em Varsóvia antes de 1939, não necessitaria de uma instrução universitária nesse método; ele era absorvido junto com o leite materno, ou nos joelhos do pai, ou tio – como foi o meu caso"[23]. E efetivamente, as quatro leituras do texto bíblico – o senso literal (*peschat*), o sentido alegórico (*remez*), o sentido moral (*derasch*), e o sentido místico (*sod*) - indicadas pelo acrônimo *pardes* apresentam afinidades essenciais com a hermenêutica tradicional operada pelos estudiosos de Warburg.

Iniciando com as metáforas do poema *Man* de George Herbert, o poeta escocês do século XVII, Rykwert acompanha a coluna, o seu *Ansatzpunkt*[24] como a realização de uma série perpétua de significados ligados à noção de metáfora e imitação – *mímesis*. O historiador e arquiteto alcança o final clarificando seu imperativo: a questão da arquitetura contemporânea oscilando entre o pragmatismo produtivo e um papel puramente decorativo[25], e porque não o papel da própria crítica de arquitetura presente desde os tempos imemoriais através dos significados realizados na linguagem. Parafraseando Susan Sontag, poderíamos sugerir que a tradução de Rykwert da profunda ligação entre linguagem entendida como significados e o ato de construir responsáveis pelos primeiros vínculos das comunidades e assentamentos humanos[26] é um empreendimento definitivamente ético pois que amplia a dimensão moral da obra do arquiteto, "estende nossas simpatias, educa o coração e a mente, cria uma vida interior"[27].

I : A Ordem na Edificação

- Catálogos e Receitas ▪ Céticos, Críticos e Românticos
- A Beaux-Arts e a École Polytechnique ▪ A Imitação da Cabana Primitiva ▪ O Fim da Metáfora
- O Retorno às Fontes

Durante grande parte do século XX, as palavras "acadêmico" e "clássico" foram consideradas entre os artistas termos ofensivos – ou pelo menos de desaprovação – particularmente quando estavam relacionadas uma com a outra. Elas implicavam uma rotina desgastada e a submissão a regras em desuso para as quais havia sido anteriormente reivindicada uma validade universal[1]. Na arquitetura essas regras foram associadas às cinco ordens de colunas. Durante as décadas de 1960 e 1970, houve uma renovação do interesse, não pelas regras em si, há muito rejeitadas e esquecidas, mas pela demonstração exterior de classicismo, como um protesto contra a economia nua do modernismo comercializado.

Apesar dos periódicos apelos de retorno a uma "ordem" e a um "cânone", há muito se insistia na oposição entre um classicismo presunçoso e um modernismo elegante e arrebatador. A promessa afiançada por este último transformou-se numa realidade deplorável, o modernismo era identificado com a exploração de métodos de construção mecanizados. Os problemas e as misérias crescentes de cidades superdesenvolvidas levaram muitos a reconhecer, mesmo nesse classicismo presunçoso, um tesouro perdido na medida em que remetia a algo do passado. "Clássico" tornou-se um termo de aprovação abrangente, quando fragmentos e caricaturas das ordens brotaram em todos os tipos de lugares "apropriados" e "inapropriados".

Todos sabem como se apresenta uma ordem. De Anchorage à Cidade do Cabo, de Vladivostok ao Rio de Janeiro, existem ministérios e catedrais, institutos, bibliotecas e até mesmo residências particulares com entradas em pórtico e paredes estruturadas por colunas que suportam arcos, traves e frontões reconhecidos como clássicos pela maioria dos passantes. Na maior parte dos casos, isso significa "romano", "latino" e/ou "grego" – sendo que o último termo possui conotações mais refinadas e respeitáveis.

São denominadas *ordem* a coluna e a viga que ela suporta quando combinadas de modo a serem reconhecidas (ainda que aproximadamente) como pertencentes a um tipo definido. O tipo pode ser estabelecido tanto por suas proporções como pelos ornamentos que o caracterizam; em geral, é determinado por uma combinação de ambos. Existe um amplo repertório desses tipos reconhecíveis, tanto "comuns" (ou clássicos) como exóticos, mas o núcleo clássico é composto de cinco ordens. Três são gregas: dórica, jônica e coríntia. Duas são mais ou menos romanas: a primeira, supostamente de origem etrusca, é conhecida como toscana; a segunda, a única das outras cinco cuja denominação não se refere a um lugar, é a compósita.

Catálogos e Receitas

Quatro ordens foram descritas e nomeadas pelo arquiteto romano Vitrúvio no século I a.C.; boa parte do segundo, terceiro e quarto livros, dos dez que compõem o seu tratado *Dez Livros de Arquitetura*, é dedicada à exposição detalhada de sua composição e ao relato de suas origens. Desde que foi impresso pela primeira vez (talvez em 1486)[2] foram muitos a inserir no texto comentários e ilustrações, com xilogravuras e gravuras que exerceram uma influência preponderante sobre a arquitetura ocidental.

Numerosos outros tratados incluíram uma seção especial sobre as ordens que, em alguns casos, tornou-se uma espécie de livro próprio. Com o tempo, todo aquele que escrevesse sobre arquitetura de forma sistemática viu-se obrigado a incluir uma seção desse gênero, sendo que algumas delas seriam copiadas por pedreiros e carpinteiros como modelo, sem qualquer referência ao texto. O arquiteto bolonhês Sebastiano Serlio, o primeiro a publicar um livro de imagens arquitetônicas[3] (quando o mais usual era o livro ilustrado sobre arquitetura), dedicou o quarto de seus sete livros às ordens. Foi ele quem estabeleceu o elenco das cinco ordens, criando o nome "compósita" para designar a variante ulterior da coríntia.

Todavia, a noção de uma ordem ainda não havia sido formulada. Escrevendo por volta de 1450, Leon Battista Alberti ainda emprega a palavra *ordo* para designar a mais genérica e abstrata "ordem", mas também para referir-se a "uma fileira de colunas", ou uma armação delas, a "um pavimento"; e mais simplesmente, a "uma camada" ou "fiada" de pedras ou tijolos. Os tipos de colunas, por outro lado, são aqueles já conhecidos: dórico, jônico, coríntio, que ele especifica referindo-se a Vitrúvio (mas também a Plínio). A esses tipos ele acrescenta o itálico, que deveria combinar os ornamentos (e as virtudes) de outros três: o equino dórico com seus motivos de óvalo-e-dardo pontiagudo, as volutas jônicas, e as folhas e os caulículos coríntios[4]. Entretanto, o seu princípio não foi retomado.

Na época em que Alberti escreveu (e mesmo em 1485 ou 1486, quando foi impresso o seu livro póstumo), não havia uma ideia amplamente reconhecida a respeito de uma série ou cânone de colunas. Francesco Maria Grapaldi, autor de um compêndio terminológico de construção, *De partibus aedium*, nada comenta acerca dessa palavra, assim como Filarete e Francesco di Giorgio. O mesmo ocorre com o primeiro tradutor de Vitrúvio, Cesare Cesariano, discípulo milanês de Bramante. Na acepção moderna, ela aparece pela primeira vez, em uma carta de Rafael. A trajetória exata, que levou desde as referências ocasionais à fixação do significado adquirido no livro de Serlio, não foi reconstruída, apesar de nada apresentar de improvável. Serlio fora discípulo fiel de Baldassare Peruzzi, que figura como natural de Siena (apesar de ter nascido na Volterra etrusca), e herdou a coleção de desenhos por ele deixados. Peruzzi havia frequentado assiduamente o círculo de Bramante e Rafael. O emprego do termo e da série canônica das cinco ordens deve ter sido fixado em algum momento entre a impressão dos dez livros de Alberti (1486) e do quarto livro de Serlio (1537), provavelmente por algum indivíduo ou grupo pertencente ao círculo de Rafael. Após a publicação do primeiro dos livros arquitetônicos de Sebastiano Serlio, a formulação parece incontestável: as ordens eram cinco, e suas características aritméticas e geométricas, assim como toda a sua decoração escultórica, estavam fixadas.

A quinta ordem compósita de Serlio também foi rápida e amplamente aceita, mesmo sem antigos testemunhos escritos. De todo modo, muitas formas "divergentes" das ordens vitruvianas foram conhecidas a partir dos monumentos antigos. A ordem suplementar podia contar ainda com um testemunho excepcional: o Coliseu romano, edifício cujo prestígio era tão grande quanto sua imponência. Cada um dos segmentos dos quatro pavimentos do Coliseu, visto do exterior, era composto por três aberturas em arco, uma sobre a outra, emolduradas por meias colunas adossadas que se elevavam desde a dórica/toscana à jônica até a coríntia; o último pavimento consistia em uma parede cega emoldurada por pilastras com capitéis coríntios, mas os fustes eram mais esguios que o habitual para aquela ordem. Na ordem compósita de Serlio, os capitéis mais elaborados que coroavam as colunas dos arcos triunfais de Tito e de Sétimo Severo no Fórum Romano foram colocados sobre os fustes mais esguios do Coliseu[5]. Foram exatamente esses capitéis, nos quais as folhas coríntias são combinadas com as volutas jônicas, que forneceram o nome à quinta ordem.

Os livros de Serlio são a demonstração tangível da situação do seu tempo: o quarto livro – inteiramente dedicado às ordens – foi publicado inicialmente como uma espécie de *ballon d'essai* para toda a empreitada e, de fato, bem pode ser considerado o primeiro de todos os livros sobre ordens. Ele é certamente o primeiro exemplar de escritos arquitetônicos no qual foram canonizadas as cinco ordens, e a palavra *ordine*, até então utilizada de maneira bastante genérica, seja no campo arquitetônico – como ainda é usada nas línguas ocidentais indo-europeias (*order, ordre, ordine, orden, Ordnung*) – seja para designar elementos genéricos como uma fileira ou um pavimento, foi aplicada especificamente às proporções e decorações das colunas. Ela finalmente alcançou o significado específico que seria empregado em quase todas as tentativas de "sistematizar" a arquitetura[6]; nenhuma outra palavra revelar-se-á igualmente adaptada para denotar o modo pelo qual se apresentam uma viga e uma coluna e, a longo prazo, somente aquelas composições canonizadas por Serlio revelar-se-ão aceitáveis: "l'architecture n'a que cinq *Ordres* qui lui soient propres"[7] (a arquitetura não tem senão cinco *Ordens* que lhe sejam próprias).

A partir de 1537, quando o quarto livro de Serlio foi publicado pela primeira vez, até os nossos dias, surgiriam a cada ano um ou dois livros novos sobre as ordens. Arquitetos, construtores, pedreiros, carpinteiros – qualquer indivíduo ligado à construção – iriam adquirir pelo menos um deles, mesmo que por vezes não fossem mais que folhas avulsas para uso nas oficinas. A partir do século XVIII, quando se transferiu para as escolas a formação regular em arquitetura substituindo os métodos de aprendizado antigos e aproximativos, as escolas guardariam estoques desses textos para seus alunos, patrocinando ou mesmo publicando seus próprios compêndios.

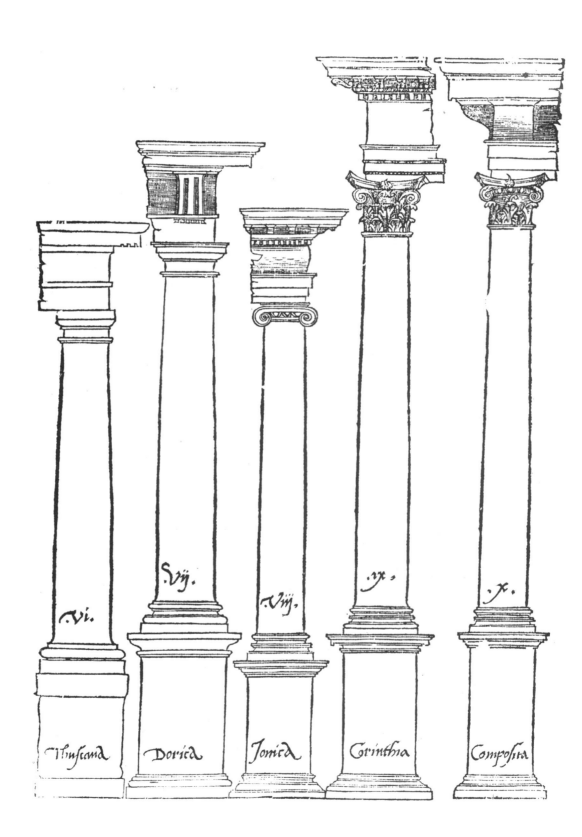

As Cinco Ordens.
Gravura em madeira de S. Serlio.

1 : A Ordem na Edificação 29

Reconstrução do Templo em Jerusalém. Fotogravura de G. Perrot e C. Chipiez (1882-1889).

Céticos, Críticos e Românticos

1: Charles Chipiez

Esses tratados constituíram a fonte essencial para a maioria dos estudantes de arquitetura. No entanto, surpreendentemente, pouca atenção foi dada ao modo pelo qual o cânone foi originalmente constituído. A última tentativa de um relato crítico sobre o tema ocorreu há mais de um século: Charles Chipiez publicou a *Histoire critique des origines et de la formation des ordres grecs*, em 1876. Ele não fazia parte da principal corrente da arquitetura francesa acadêmica, mas era uma espécie de discípulo de Eugène-Emmanuel Viollet-le-Duc e também se tornou professor da École Spéciale, a escola de arquitetura dissidente que, por determinado tempo, manteve-se à distância do sistema oficial francês. Sua maturidade coincidiu com a guerra franco-prussiana e um de seus edifícios mais conhecidos foi um monumento em memória do cerco de Paris, no castelo de Buzenval. As energias de Chipiez foram dedicadas principalmente ao trabalho de reconstrução – a partir de grandes desenhos – de uma série de monumentos do passado remoto (como o Templo de Jerusalém), apresentada em salões sucessivos e na Exposição Universal de 1889. Um dos complementos desse projeto foi sua colaboração com o historiador e arqueólogo Georges Perrot na extensa obra em oito volumes denominada *Histoire de l'art dans l'Antiquité*, publicada entre 1882 e 1889. Chipiez faleceu em 1901[8].

Seu livro sobre as ordens foi escrito na época em que Schliemann começou as escavações em Hissarlik (que seria em geral reconhecida como a Troia de Homero) e em Micenas, embora somente o relatório preliminar sobre Troia tivesse sido publicado[9], sem que nada ainda fosse conhecido sobre os minoicos e pouco se soubesse sobre os hititas. Contudo, Chipiez mostrou-se ciente do contexto no qual a arquitetura antiga (ou pelo menos a grega) florescera e, particularmente, de suas relações com os edifícios do Oriente Próximo e egípcios. A história conjunta de Perrot-Chipiez,

Túmulo lício. (à direita) Gravura em madeira segundo A. Choisy.

Origem do Jônico. Gravura em madeira de C. Chipiez.

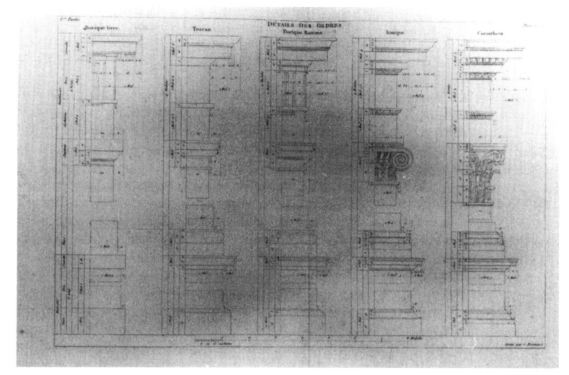

As Cinco Ordens. Gravação em metal de C.P.J. Normand.

com a qual arqueólogos e historiadores estão familiarizados, tem sido permanentemente ignorada pelos arquitetos, bem como o livro de Chipiez sobre as ordens. Foi apenas no final do século que a *Histoire de l'architecture*, de Auguste Choisy, com suas gravuras em madeira maravilhosamente lúcida, interpretou um material arqueológico tão complexo como o de Perrot e de Chipiez, segundo um enfoque construtivo. A noção de Choisy de "uma alvenaria de madeira" parecia reconciliar os relatos conflitantes da origem das ordens a partir da madeira, com as demandas da construção em pedra; seu livro se tornaria leitura essencial para Auguste Perret e para Le Corbusier.

No entanto, por todo o século XIX, arquitetos contentavam-se em utilizar vários cadernos de anotações de segunda mão, dos quais o mais popular foi o publicado por Charles Normand pela primeira vez em 1819[10], e constantemente reimpresso até 1940 sem quaisquer modificações substanciais. O *Parallèle*, de Normand, apesar de bastante prolixo no início, era (como algumas de suas outras obras) um manual de "como fazer", despreocupado com o "por quê?" ou com o "quando?" O autor tinha como certa a necessidade de seu manual: ele se tornaria o modelo incontestável para todos aqueles livros sobre ordens editados nas escolas de arquitetura, de modo que ele deve ter sido o livro de arquitetura mais vendido no século XIX. Mais modesta, embora quase tão popular, foi a reelaboração, igualmente esquemática, feita por Normand do famoso livro de ordens do século XVI, preparado por Giacomo (Jacopo) Barozzi da Vignola[11], outro arquiteto bolonhês de uma geração mais jovem que Serlio. Contudo, tal reelaboração estava mais para um caderno de anotações e não possuía um texto sobre o qual se pudesse discutir. De fato, a utilidade pedagógica das ordens raramente foi questionada durante o século XVIII e grande parte do século XIX. No mínimo, as ordens eram consideradas exercícios de desenho, do mesmo modo que a gramática latina era entendida como formativa para o espírito do adolescente. As ordens eram ensinadas como um curso básico durante o qual o iniciante pudesse aprender a arte do desenho, da representação, da reprodução, do uso das sombras e outras habilidades semelhantes, enquanto adquiria – por osmose – os refinamentos ocultos nos modelos que copiava. O fato de que, ao longo de sua formação, os arquitetos fossem invariavelmente introduzidos às ordens como um modelo axiomático de precedência histórica a ser aceito sem questionamentos (enquanto sua atenção real estava voltada ao controle dos aspectos contratuais mais lucrativos com a rápida expansão e crescente mecanização das atividades da construção) é uma das explicações para a limitada atração exercida pelo trabalho de Chipiez.

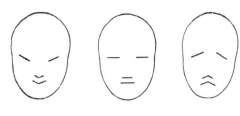

As Três Faces. Gravura em madeira de C. Blanc.

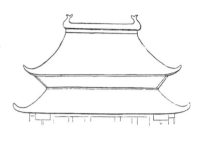

O "Estilo" Chinês. Gravura em madeira de C. Blanc.

2: Charles Blanc

Ao que parece, qualquer livro que discutisse as artes visuais em geral e a arquitetura em particular (e inevitavelmente alguns desses livros eram lidos por alguns arquitetos) deveria também dedicar grande atenção às ordens. Por exemplo, a muito popular *Grammaire des arts du dessin*[12], de Charles Blanc, discutia as ordens como parte de uma história geral do desenho, oferecendo algumas reflexões acerca do paralelo entre a horizontalidade da arquitetura clássica e as linhas de um rosto humano sereno. Segundo Blanc, esse paralelo demonstrava que a arquitetura organizada pela viga e pela coluna sugeria inevitavelmente calma, submissão ao destino, longa duração. A sua confiança não declarada na empatia o levou a deduzir a partir desse fenômeno uma teoria estética universalmente válida, fundada em bases fisiológicas, cujo núcleo central ele atribuiu ao artista, *connoisseur*, e cosmógrafo holandês Pierre Humbert de Superville. Este último havia tentado desenvolver um sistema de signos absolutamente fixos nas obras de arte, a partir tanto das cores como dos elementos lineares. Humbert de Superville foi apenas o primeiro de muitos teóricos na Grã-Bretanha, França e Alemanha, a tentar a construção de um sistema estético "científico" ou "objetivo"[13]. De resto, Blanc estava interessado principalmente na relação entre as origens da construção em madeira e as formas pétreas das ordens, tal como haviam sido relatadas por Vitrúvio.

3: G.W.F. Hegel, Arthur Schopenhauer e Jacob Burckhardt

O mesmo é verdade no que concerne ao relato da origem das ordens que Hegel ofereceu em sua *Estética*, estou certo de que ele simplesmente reafirmava o lugar-comum ao dizer categoricamente que as três ordens gregas – dórica, jônica, coríntia – eram as mais famosas, e "que para a beleza arquitetônica e adequação ao propósito nada melhor fora encontrado, antes ou depois"[14]. A beleza das ordens tinha uma finalidade no sistema estético de Hegel, visto que a arquitetura pertencia ao estágio de desenvolvimento mais primitivo das artes, o simbólico, e há muito deixara de ter interesse para o Espírito, cuja realização dialética, por meio de entidades físicas, constituía a história da arte hegeliana. Estranhamente, o adversário mais violento de Hegel, Arthur Schopenhauer, adotou uma visão análoga da arquitetura, mesmo que a sua estética fosse mais genética que histórica. Os quatro estágios do desenvolvimento mineral, vegetal, animal e humano, constituíam a base para um sistema nas artes: na visão de Schopenhauer (e em seus próprios termos), o momento estético ocorria quando a vontade não mais estava engajada na percepção, e o objeto percebido atingia o momento sereno da pura representação. Naturalmente, não se tratava da verdade de um Espírito imanente qualquer a ser revelada ao sujeito através da materialidade da obra de arte. Não, o que o sujeito obtinha através da obra de arte era uma visão das Ideias platônicas: arquétipos de todas as categorias.

No que se refere à arte da construção, esses momentos ocorriam no estágio inferior, o mineral. A construção (classificada junto com a jardinagem e o gerenciamento das águas) poderia apenas lidar com categorias tais como peso, coesão, rigidez, fluidez e luz. A máxima mais conhecida de Schopenhauer sobre a questão era que todas as artes aspiram à condição da música, já que apenas as artes mais altas – das quais a música era a superior (no sistema de Hegel teria sido a poesia) – poderiam permitir uma visão dos arquétipos. Para ele, isso significava (em termos de edificação) que "a coluna é a forma de suporte mais simples, sendo determinada pelo propósito. A coluna espiralada é de mau gosto. A pilastra quadrada não é realmente tão simples [...] As formas do friso, da viga, do arco e da cúpula são determinadas por sua própria estrutura". A arquitetura em madeira não é arquitetura; a arquitetura gótica é baseada na ficção da ausência de peso, e é inferior à clássica. O ornamento dos capitéis pertence à escultura e não à arquitetura. É a exposição calculada e uniforme da coluna e da viga, do peso e seu suporte, refinada por meio de noções tais como a êntase e o engrossamento da coluna de canto nos templos dóricos que permite o acesso estético mais imediato às simples ideias platônicas que a arquitetura pode revelar. As últimas medições feitas em Pesto (Paestum), onde tais refinamentos foram encontrados nos templos dóricos, confirmaram a visão de Schopenhauer[15].

Uma década mais velho que Schopenhauer (e de quem desgostava quase tanto quanto de Hegel), Schelling adotou uma visão das ordens bastante diferente, apesar de quase igualmente não hegeliana. Em seu sistema, as três artes "fundamentais" (*reale*) eram a música, a pintura e as artes plásticas, sendo que a arquitetura fazia parte da última. Todavia, igualmente a estrutura exemplar da arte era representada pela arte "ideal", a poesia, mediante suas três modalidades: lírica, épica e dramática. A música poderia, analogamente, ser articulada de forma tripartite de acordo com o ritmo, a harmonia e a melodia, enquanto a arquitetura – que ele considerava uma espécie de música solidificada – poderia sê-lo do mesmo modo, segundo suas ordens. O ritmo seria representado pela dórica, a harmonia (de maneira bastante vitruviana), pela jônica, e a melodia, pela coríntia. Isso levou Schelling a considerar os fatores matemáticos tão essenciais à arquitetura como o eram à música. O eco de suas ideias, por mais insignificantes que fossem ao gosto de Schopenhauer (ou de Hegel), teve um efeito crucial sobre as doutrinas da geometria na arquitetura no século XIX[16].

Outro forte testemunho da autoridade universal das ordens (e da especulação que geravam) é a descrição dos templos dóricos que o jovem Jacob Burckhardt havia visto em Pesto, e que abre o seu *Cicerone*. Burckhardt viu a coluna e seu entablamento em termos completamente corpóreos e empáticos.

> Os gregos se expressaram pelo tratamento idealizado da forma mais do que pela massa [...] O primeiro artifício é o estreitamento da coluna na parte superior [...] o que assegura ao olho que a coluna não pode ser subvertida; em seguida vêm as caneluras. Elas significam que a coluna está se concentrando e reforçando, como se estivesse reunindo suas forças. Ao mesmo tempo, elas enfatizam o impulso para o alto [...] A pressão poderosa [das vigas] provoca um inchaço em sua terminação superior – o equino [...] Seu perfil é a principal medida da resistência em cada templo dórico; em sua base ele é guarnecido por três canais, como as dobras de uma epiderme exterior delicada e frouxa.

Para Burckhardt parecia evidente que "a ordem dórica é uma das mais elevadas criações do sentimento humano pela forma"[17].

Burckhardt deve sua formulação acerca da ordem dórica à historiografia romântica alemã e à crença obstinada desta última no desenvolvimento orgânico das nações e do "estilo", que remonta ao filósofo napolitano Giambattista Vico. Burckhardt adotou essa abordagem durante seus dias de estudante em Berlim, onde também absorveu a ideia de que os alemães, e talvez mais particularmente os prussianos, possuíam uma espécie de unidade interior com as tribos gregas, especialmente com os dórios.

Mais tarde, Burckhardt encontrou confirmação para algumas de suas ideias sobre a materialidade dórica em Schopenhauer, a quem admirava. Contudo, ele viu com simpatia ideias análogas às de Vico sendo desenvolvidas por historiadores franceses, particularmente por Michelet e Quinet[18]; Coleridge fizera circular essas ideias na Grã-Bretanha por meio de suas *Philosophical Lectures*, e elas foram incorporadas tanto por Carlyle como por Ruskin. Mas a celebração do dórico por Burckhardt, escrita por volta de 1850, assinala ainda outra mudança. Friedrich Schinkel, que havia grecizado Berlim e morrera uns quinze anos antes de Burckhardt ter escrito a passagem acima, usava a ordem jônica preferencialmente em edifícios públicos tais como o Schauspielhaus e o Altes Museum. A nova historiografia, que tanto influenciara Burckhardt em Berlim, via os dórios como os gregos essenciais e a Alemanha, particularmente a Prússia, como o Estado dórico recuperado. Isso conferiu à ordem dórica sua nova condição de "ordem das ordens".

4: John Ruskin

Mais surpreendentemente, John Ruskin também precisava justificar muito do que escrevera referindo-se a algumas dessas ideias sobre as ordens. Havia, em sua opinião, apenas duas ordens – "e jamais poderia haver quaisquer outras até o dia do juízo final"[19] – a dórica e a coríntia, a convexa e a côncava. Ainda que pudesse haver outra coisa mais perfeita e elevada no gótico, a alternância fundamental do côncavo e do convexo, "foi inventada inicialmente pelos gregos, e nunca mais materialmente melhorada"[20]. Todas as ordens além desses dois arquétipos eram degenerações, pois convexidade e concavidade eram os dois princípios dialéticos da ordem e nenhum outro se fazia necessário.

A Beaux-Arts e a École Polytechnique

Por conseguinte, durante a primeira metade do século XIX, e ainda muito depois, houve uma cisão entre o que era conhecido e discutido pelo público em geral (cujos porta-vozes simbólicos considerei como sendo Hegel, Ruskin e Blanc) e o que era ensinado nas escolas profissionalizantes. Esse ensino foi dominado pelo método da École des Beaux-Arts parisiense, onde as ordens eram consideradas o tipo perfeito da forma histórica. As formas históricas não irradiavam a intensa clareza da geometria, nem tampouco exibiam a manifesta obediência às forças naturais, tal como podia ser lido em outras formas – aquelas derivadas da natureza dos materiais e das necessidades da manufatura. Elas eram garantidas apenas por sua antiguidade e sua familiaridade.

Essa divisão tripartite de todas as formas arquitetônicas em geométricas, históricas e as derivadas da natureza dos materiais, foi transmitida por J.N.L. Durand, a partir da cadeira de Arquitetura na École Polytechnique, durante os primeiros trinta anos do século XIX. Durand não queria se envolver com metáforas. As ordens eram antigas e veneráveis, mas qualquer tentativa de associar suas formas ao corpo humano representava simplesmente o ridículo. Ele também não perdeu tempo com outra "fábula" vitruviana, na qual os detalhes das ordens eram derivados das antigas construções em madeira. Ao contrário, Durand concentrou sua atenção em refutar o relato popular sobre a origem das colunas e da forma do templo a partir da cabana primitiva[21]. Foi com Durand e seus discípulos da nova École des Beaux-Arts que futuros engenheiros e arquitetos – no início franceses, mas logo depois também italianos, alemães, ingleses e balcânicos (mais tarde até mesmo americanos, africanos, chineses e japoneses) – aprenderam a natureza de um novo classicismo esquemático e universal. De fato, as duas Écoles proveram o mundo todo com um modelo de educação arquitetônica por mais de um século, que seus alunos e os alunos de seus alunos sustentaram mundo afora. O método de projeto e a doutrina histórica da École seguiram os ensinamentos originalmente propostos por Durand para a École Polytechnique, de modo que a Beaux-Arts jamais desenvolveu uma doutrina constrastante. As colunas eram os elementos construtivos primários de tal doutrina. Segundo seu método de planejamento dogmático o aluno procedia do geral ao particular, determinando inicialmente os eixos principais, a seguir os eixos secundários, passando então à malha de planejamento; sobre a grade, o estudante deveria identificar os principais pontos de apoio – isto é, as colunas – e finalmente consideraria as paredes de fechamento, que deixariam as colunas tão livres quanto possível. O ensinamento de Durand tinha de ser apodíctico, já que a insistência na primazia da coluna sobre a parede não poderia ser justificada, quer seja por um apelo à geometria quer seja à estática. O conceito havia sido formulado – quase exatamente como Durand o ensinara – cerca de cinquenta anos antes, e resultava da convicção de que uma cabana primitiva, construída de troncos de árvores, era o verdadeiro arquétipo de toda edificação humana. A oculta dependência de Durand de tal ensinamento era a origem da virulência sarcástica e da forma inflamada com a qual ele rejeitava o argumento.

A Imitação da Cabana Primitiva

A doutrina da prioridade absoluta da cabana primitiva havia sido promovida, por volta de meados do século XVIII, pelo Abade Marc-Antoine Laugier, em um breve *Essai* que se transformaria na ordenação arquitetônica do Iluminismo. Ele fornecia uma visão documental das origens da arquitetura, a forma do templo com frontão como resposta "natural" dos instintos do homem às suas necessidades físicas – do mesmo modo que a família nuclear provia o tipo de confirmação natural para a concepção de Rousseau do contrato social. O relato de Laugier da primeira cabana fundia-se com as lendas mais remotas, que Vitrúvio e outros autores clássicos haviam contado sobre uma arquitetura primitiva em madeira, da qual a arquitetura em pedra dos gregos teria derivado. No século XVIII praticamente não havia nenhuma evidência arqueológica disponível contra a qual aquelas lendas pudessem ser examinadas, e tampouco os historiadores antigos eram lidos com tanta assiduidade, como ocorreria no século XIX. Mesmo Antoine-Chrysostome Quatremère de Quincy, o autonomeado guardião da velha escola contra inovadores como Durand, de sua assediada posição como *secrétaire perpetuel* da Académie des Beaux-Arts (à qual a École era apenas nominalmente subordinada), foi levado – não obstante a sua relutância – a reconhecer a imitação da arquitetura em madeira, em termos que levassem a cabana primitiva de Laugier em consideração. Assim, a ordem dórica imitava efetivamente a construção em madeira, mas não qualquer deplorável "ouvrage grossier d'un besoin vulgaire". Para ele, as exaltadas formas pétreas deveriam ter como origem uma já refinada e elegante construção em madeira[22]. Durante o movimentado século XIX, as escolas de arquitetura tiveram pouco tempo para dedicar-se ao ensinamento mais sutil de Quatremère.

Embora não afeito a preconceitos desse tipo contra as origens "primitivas" da ordem dórica, Gottfried Semper, o mais arguto historiador entre os arquitetos, rejeitou tanto o mito do século XVIII da cabana como protótipo do antigo templo, como a mais antiga explicação vitruviana das origens da arquitetura. Ele assim o fez em grande medida porque a transição da madeira para a pedra – ou melhor, dos materiais primitivos, friáveis, aos mais permanentes tais como os empregados nos edifícios gregos clássicos – lhe parecia uma constante de toda arquitetura monumental. As cabanas primitivas dos povos antigos, das quais não restou nenhum vestígio, não podem ser reconstruídas a partir dessas transformações: até mesmo nossas especulações sobre elas devem permanecer sumárias. As cabanas dos "primitivos" modernos oferecem a única matéria possível para as nossas especulações, já que para seus habitantes a sacralidade da habitação é encarnada em um arquétipo duplo: a lareira e o telhado de duas águas sobre ela[23]. Nesse sentido, é claro, os apoios, que mantêm o telhado sobre a lareira e que foram a principal preocupação dos teóricos, de Vitrúvio a Laugier, não apresentam nenhuma função como parte do arquétipo, qualquer que seja seu papel estrutural.

Ainda assim, a influência de Semper sobre o pensamento arquitetônico contemporâneo (além daquela exercida nas duas escolas de arquitetura nas quais lecionou, Dresden e Zurique) foi surpreendentemente exígua. Embora esquecido pelos arquitetos e historiadores da arte, os antropólogos começaram a interessar-se por suas ideias uma geração ou duas após sua morte. Eu acredito que a falta de entusiasmo por parte dos arquitetos seja devida às suspeitas de muitos teóricos do século XIX, no que concerne a qualquer ensino dependente da ideia de "imitação". Muitos arquitetos não mergulhariam no ecletismo entorpecido implícito no ensino da École; todavia, todo o ensino "moderno" parecia rejeitar as antigas doutrinas imitativas. A única alternativa era uma adesão à crença, também corrente desde o século XVIII[24], de que uma arquitetura monumental em pedra tivera um desenvolvimento completamente independente. O arquirracionalista Viollet-le-Duc, por exemplo – quaisquer que fossem suas diferenças com Quatremère sobre o gótico[25] –, deveria contentar-se com o fato de que a perfeição da arquitetura grega (a única que, em seu pensamento, poderia rivalizar os feitos máximos do gótico francês do século XIII) foi alcançada por meios bastante distintos daqueles descritos pelos autores antigos. A forma da coluna, a seu ver, fora imposta por métodos de transporte e seus vários refinamentos introduzidos como resultado da observação das primeiras estruturas primitivas sob a brilhante luz do sol. Viollet tratou as antigas fábulas, conhecidas principalmente através de Vitrúvio, mesmo quando corroboradas por outros autores antigos, como interpolações posteriores ou como corrupções introduzidas pelos escribas do Renascimento[26].

É, portanto, muito interessante que, ao longo de seu livro de crítica sobre as ordens, Chipiez não tenha achado necessário fazer menção ao *Entretiens*, de Viollet[27], já publicado havia quinze anos e considerado um dos livros mais populares de arquitetura em língua francesa. Chipiez foi talvez o primeiro autor moderno a acreditar piamente na lenda de Vitrúvio. No entanto, ele não quis enquadrar as ordens em um sistema de sua própria criação: sua preocupação era mostrar a lenta e majestosa transmissão das formas, desde a Mesopotâmia e o Egito às terras gregas, e investigar as possíveis mudanças de valor e significado pelas quais passaram os atributos individuais em suas deambulações. Ele termina com um canto de glória à "audaciosa metáfora"[28], com a qual os gregos compararam a coluna ao corpo humano: aquela audaciosa metáfora, retomada em grande parte do relato de Vitrúvio sobre as ordens, parece-me ainda mais vital do que parecia a Chipiez.

O Fim da Metáfora

Como já assinalei, as metáforas não foram preocupação para Durand, nem para a maior parte dos arquitetos do século XIX: foi com Normand, seguidor de Durand, ou um de seus vulgares imitadores, que eles aprenderam as ordens. Provavelmente, se fossem chamados a racionalizar o uso que delas faziam, eles teriam de alguma forma recorrido ao argumento de Durand – assim como o fez Julien Guadet, o último teórico oficial da École des Beaux-Arts no final do século[29].

Estranhamente, os anglo-saxões entraram tardiamente na disputa[30]. Não foram os poucos britânicos que estudaram na École que difundiram a doutrina durandiana aos povos de língua inglesa do século XIX, mas sim os livros. Desses, o mais importante certamente foi a *Encyclopaedia of Architecture*, do arquiteto e polígrafo Joseph Gwilt[31], totalmente desprovida de humor (e excessiva e grosseiramente elaborada). Tinha início com uma longa introdução histórica, no curso da qual ele discutia as ordens como parte da arquitetura grega e sugeria sua derivação egípcia. Contudo, o ensinamento doutrinário sobre as ordens vinha na terceira parte (*Practice of Architecture*), introduzida por um ensaio sobre a "Beleza na Arquitetura", na qual a estética era descartada como "um termo ridículo e pedante [...] um dos inúteis acréscimos metafísicos à nomenclatura no campo das artes, no qual proliferam os escritores alemães"[32]. Gwilt apresenta-se, ao longo da obra, como um homem de bom senso, para quem a beleza na arquitetura é, na realidade, o verdadeiro resultado de uma adequação ao propósito, tão válida para os edifícios quanto para as máquinas.

Ele justifica a atenção especial que dá às ordens, argumentando serem elas um caso particular de beleza resultante da adequação. Gwilt alega retirar suas ideias fundamentais de um filósofo escocês, Archibald Alison, embora provavelmente as tenha conhecido de segunda mão, da *Encyclopaedia*, de J.C. Loudon, um manual de construção, popular uma década antes de Gwilt tê-lo substituído[33]. Durand era facilmente lido nessa chave. Afinal, ele também mantinha que as diferentes alturas das colunas eram devidas simplesmente às diferentes exigências de esforços. E, no que tange às regras de composição, Gwilt acatava a autoridade superior e citava Durand extensiva e explicitamente.

A decisiva contribuição americana veio muito tempo depois; William R. Ware havia organizado a primeira escola de arquitetura americana no MIT, em 1865, transferindo-se a seguir para iniciar uma segunda, na Universidade de Columbia, em 1881. Para benefício de seus estudantes nessa universidade, ele compôs *The American Vignola*, que permaneceu publicado durante muitos anos. Em 1977 seu livro foi reeditado em uma versão condensada de capa mole, dedicada por seus editores a servir a um "novo Renascimento" – do mesmo modo que a antiga edição servira ao "Renascimento americano", que sucedeu a Exposição Universal de Chicago de 1892, na Universidade de Columbia[34]. A obra de Ware, de segunda mão, rudimentar e impressa mecanicamente, reivindicava, inevitavelmente, como precedente as claras e belas gravações em cobre de Vignola. O fato deste último ser adotado como o modelo preferido acima de qualquer outro constitui a marca da servidão daqueles primeiros professores americanos à Beaux-Arts. A autoridade de Vignola na França do século XIX era tal que seu nome servia para denotar qualquer livro contendo regras.

No prefácio ao *The American Vignola,* Ware conta um incidente do início de sua carreira: ele havia sido admitido para trabalhar no escritório de Richard Morris Hunt, o primeiro estudante americano da École, hoje lembrado principalmente pela construção do Metropolitan Museum e pelo embasamento da Estátua da Liberdade (se bem que, na verdade, ele tenha sido um dos mais prolíficos e bem sucedidos arquitetos de seu tempo)[35]. O jovem Ware duelava

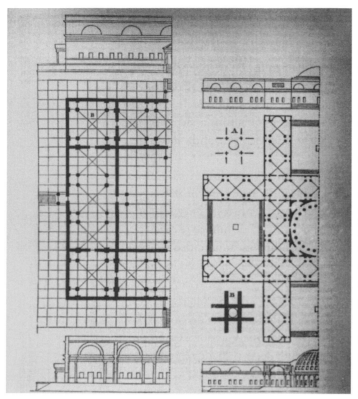

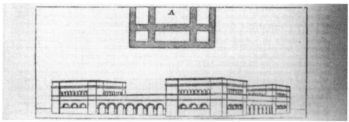

Composição das Partes.
Gravura em madeira segundo Durand, de J. Gwilt

em sua prancheta com os detalhes da ordem dórica tomados de uma das muitas reimpressões do *Vignola*, quando Hunt o observou, tomou o lápis de sua mão, e mostrou-lhe a "regra" para desenhar o capitel e a cornija com um truque que reproduzia todas as molduras dos ornamentos a partir de múltiplos de um sexto do diâmetro da coluna. Esse atalho, que Hunt dizia ter aprendido quando estudante na Beaux-Arts, não fora, é claro, inventado por Vignola, como Ware (e talvez até mesmo Hunt) parecia pensar. Tinha como referência direta a esmerada reinterpretação das ordens feita por Claude Perrault, autor de um dos mais ambiciosos livros sobre ordens do século XVII e o melhor tradutor e comentarista de Vitrúvio até então[36]. Tais imprecisões eram sintomáticas do caráter filisteu e anti-histórico daquele "Renascimento" dos primórdios do século XX, ao qual Ware serviu.

No entanto, mesmo durante esse renascimento, cujos heróis de ambos os lados do Atlântico parecem agora ter sido Stanford White e Edwin Lutyens, muitos arquitetos regulavam seus desenhos pelas ordens, se bem que não as considerassem exclusivamente a partir dos livros de modelos do século XVIII, ou mesmo do XIX. Eles possuíam à disposição manuais atualizados, a maioria deles reimpressões de má qualidade de livros mais antigos. Foram esses arquitetos os autores do corpo mais significativo da arquitetura institucional e colonizadora do final do século XIX e primórdios do século XX. Edifícios desse gênero foram construídos não somente pelos ingleses na Índia e na África do Sul, e pelos franceses e italianos no Norte da África, mas também pelos japoneses na Manchúria.

Contudo, havia arquitetos que desejavam apelar ao antigo mais elementar, conciliar-se com os modelos antigos e rejuvenescê-los, a despeito da massa de vacuidades institucionais. A tentativa heroica de Auguste Perret de verter uma arquitetura clássica de concreto reforçado em um arquétipo de forma e andaime de madeira primitiva – assim como os gregos de Choisy criaram suas colunas em pedra à imagem da construção em madeira – merece um tratamento mais generoso do que eu poderia levar a cabo aqui. Entretanto, outros arquitetos importantes e inovadores adaptaram as ordens existentes ao seu próprio uso. Antoni Gaudí foi um exemplo notável, talvez por ter utilizado o recurso de forma tão controlada. Ele, naturalmente, era muito mais "gótico" do que "clássico", um discípulo confesso de Viollet-le-Duc[37]. Ele usou a ordem dórica de forma impressionante em um edifício importante de Barcelona: o Parque Güell, que deveria ter sido o espaço central aberto (chamado por Gaudí "o teatro grego") de uma nova cidade-jardim, ou mais precisamente, de um parque urbano residencial, organizado de algum modo, segundo as diretrizes do Bedford Park em Londres, mas implantado na encosta da Muntanya Pelada, ao contrário das planuras de um subúrbio londrino. Essa cidade-jardim não se revelou um sucesso[38].

O Retorno às Fontes

1: Antoni Gaudí

A entrada principal do parque é uma escadaria monumental que conduz ao Ipostilo dórico (salão hipostilo). Ela deveria ter sido o mercado do conjunto habitacional de alto padrão. Oitenta e seis colunas dóricas suportam uma abóbada catalã de alvenaria armada. A abóbada é circundada por uma cornija que, por sua vez, suporta o sinuoso parapeito-banco revestido em cerâmica[39], que circunscreve uma ampla esplanada (agora um lugar de babás, carrinhos e sorvetes) com uma grandiosa vista da cidade e do mar, sobre as abóbadas do hipostilo – à semelhança do palco de muitos teatros antigos. A esplanada corta a encosta, sendo envolvida por ela, de modo que o recorte natural do terreno realmente se parece com o de muitos teatros gregos. Não é claro se a ideia foi de Gaudí ou do helenófilo Güell, mas essa é a única referência explícita de Gaudí à arquitetura grega, explícita não apenas no detalhe, mas no contexto e nas implicações do projeto que é, na verdade, uma interpretação muito pessoal da unidade mediterrânea. Os fustes das colunas são tão delgados quanto os exemplos helênicos tardios, e bastante estreitos no topo; o equino é muito alargado, com um profundo colarinho, como os de alguns exemplos arcaicos, enquanto o ábaco do capitel é octogonal, em vez do quadrado quase universalmente usado.

Cada coluna é composta de onze tambores de concreto, ocos e pré-moldados; os oito superiores têm caneluras, os três inferiores são lisos e revestidos de cacos de azulejos brancos e brilhantes, tal como a abóbada, de modo que o interior do hipostilo sombreado é iluminado por uma estranha luz refletida nessas superfícies. A cornija tem por volta de um terço da altura dos fustes, mais pesada que a maior parte dos exemplos antigos. Embora o refinado e "correto" inchaço do fuste, chamado "êntase", não seja usado, existem outros artifícios óticos estranhos, totalmente "anticlássicos": as

Parque Güell, Hipostilo. Antoni Gaudí. Entrada principal: foto do autor.

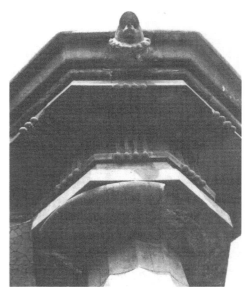

Parque Güell, Hipostilo.
(acima) Antoni Gaudí. Detalhe do capitel: foto do autor.

Parque Güell, Hipostilo.
Antoni Gaudí. Lateral: foto do autor.

colunas exteriores são inclinadas para dentro, como arcobotantes e muitos dos detalhes ornamentais são improvisados.

Gaudí admirava a arquitetura grega por sua "simplicidade de forma e ornamentação [...] A superposição das peças, sujeitas apenas à ação da gravidade, é alcançada com a delicadeza do perfil e da junta, da massa e do entalhe, todos minuciosamente estudados e corrigidos". No entanto, essa admiração não se estende aos "classicistas" contemporâneos: "O Pártenon é produto da necessidade, mas a Ópera de Paris [...] possui meramente uma fachada estupidamente suntuosa"[40].

Gaudí, é claro, não era um estudioso sistemático de arqueologia. A estranha composição do Güell dórico foi derivada das fontes mais óbvias. O fuste parcialmente canelado possui um precedente italiano e helênico bastante conhecido, o assim chamado templo de Hércules em Cori, tema de uma lâmina publicada inicialmente em *Fragments d'architecture antique*, de Hector d'Espouy, mas que Gaudí também pode ter conhecido a partir de outras publicações, tal como a de Piranesi[41]. Seus outros precedentes notáveis, os templos de Atena ("de Deméter") e de Hera (conhecido como a "Basílica") em Pesto, também foram representados nas esplêndidas gravações de Piranesi. A "Basílica" era particularmente importante, porquanto se pensava que fora um edifício público e por ter sido reconstruída por Henri Labrouste. Gaudí certamente conhecia a reconstituição enquanto tal, pois fora publicada (sem referências) na imensa *L'archittetura antica descritta e dimostrata coi monumenti*, de Luigi Canina[42]. Quaisquer que tenham sido as fontes de Gaudí, nenhum de seus exemplares parece tão pesado e veemente como o seu dórico. A grandiosidade bárbara da coisa tinha a intenção clara de prover uma experiência grega primitiva tão autêntica quanto possível na Barcelona modernista.

O primitivismo de Gaudí possui um contraexemplo instrutivo: em 1918-1920, uns dez anos após o Parque Güell, Gunnar Asplund construiu o pequeno crematório, conhecido como a

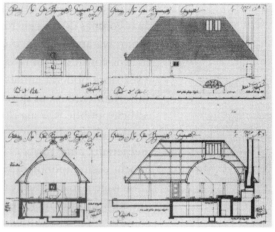
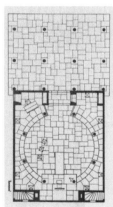

Skogskapellet (Capela do Bosque), no cemitério ao sul de Estocolmo. A entrada é feita através de um pórtico dórico extremamente largo, com três colunas na profundidade e quatro na largura. Por causa do amplo espaçamento, as colunas (que de fato são canonicamente proporcionadas, 1:7) parecem extremamente finas. Elas suportam um vasto telhado de quatro águas de placas de madeira tratadas com creosoto, mais de três vezes a altura das colunas, enquanto o telhado cobre tanto o pórtico quanto a capela no interior. As colunas não suportam cornijas, nem possuem bases – elas repousam diretamente sobre o piso. O interior da capela retangular é articulado por um anel de oito colunas em círculo, suportando uma claraboia central que toma a maior parte do volume do telhado, transformando todo o conjunto em um Panteão de brinquedo[43].

2: Gunnar Asplund

Apesar de possuir um acabamento refinado e particularmente delicado ao ponto da esterilidade, típico dos melhores edifícios suecos do período, a capela de Asplund obviamente tinha a intenção de parecer primitiva, até mesmo primeva. As colunas erguidas na floresta de pinheiros são assimiladas a troncos retos, estreitos. Seu largo espaçamento, a ausência de cornija, o volume do telhado, tudo sugere uma construção arcaica em madeira; dórica, toscana, sim – mas também nórdica. É quase como se, na presença da morte, Asplund tentasse uma regeneração das formas, que eram tanto nacionais como atemporais, clássicas. Por mais inspirador que possa nos parecer, Asplund deve ter considerado essa forma de desenho decepcionante. Além de um ou dois mausoléus, ele utilizou as colunas clássicas novamente apenas no cinema Skandia, em Estocolmo, de 1922-1924, com suas hermas "pompeianas" e delgadas como se fossem brinquedos, e suas colunas coríntias.

Skogskapellet, Cemitério Sul de Estocolmo. (à esquerda) Gunnar Asplund. Foto do exterior, por Ahlberg.

Skogskapellet. (no alto) Gunnar Asplund. Foto do interior por Ahlberg.

Skogskapellet. (ao centro) Cortes de Asplund, segundo Ahlberg.

Skogskapellet. (embaixo) Planta de Asplund, segundo Ahlberg.

Antes do final da década, ele abandonaria todos os detalhes clássicos, e a exposição de Estocolmo de 1930 o mostra como um modernista totalmente maduro e altamente inventivo[44].

3: Adolf Loos

Outro clamoroso exemplo do século XX nunca ultrapassou a fase do projeto: a proposta de Adolf Loos para o concurso do Chicago Tribune Building, de 1922 tinha a forma de uma coluna dórica de granito preto polido. Seu fuste abrigaria escritórios elevando-se por 21 andares sobre um pódio de onze andares. A entrada do edifício se fazia por um pórtico reentrante na base quadrada, com duas colunas dóricas entre antas (*in antis*) que suportavam a cornija apropriada; o edifício-coluna suportava apenas o toco de um bloco, invisível a partir do chão, e nenhuma cornija[45]. Alguns críticos consideraram o esquema uma brincadeira, mas ninguém seriamente interessado em Loos e sua obra poderia jamais manter tal ponto de vista. Como um reconhecido propagandista do antiornamento, Loos devia defender (ou assim ele sentia) o uso frequente que fazia das ordens em edifícios públicos, e sua mais famosa contribuição à paisagem vienense, a Loja Goldmann e Salacz (conhecida atualmente simplesmente como Looshaus), possui um *piano nobile* bastante curioso e inesperado, cujas *bay windows* e colunas fazem uma espécie de referência a Chicago que a maioria de seus contemporâneos sem dúvida não percebeu[46]. Loos fez do projeto do Chicago Tribune sua homenagem mais agressiva à coluna grega. Um outro projeto (dos 263!) daquele concurso propunha um edifício inteiro em forma de coluna – no entanto, ele parece deselegante e vulgar ao lado da grandiosa e solene extravagância de Loos[47].

Naquela época, o fato de não haver mais projetos em forma de coluna inscritos para o concurso deve ter sido uma surpresa. O texto arquitetônico mais influente sobre arranha-céus, "The Tall Office Building Artistically Considered", de Louis Sullivan, insistia na tripartição do edifício em base, fuste e capitel, ainda que Sullivan negasse ter recorrido a qualquer analogia direta com a coluna[48]. O ensaio apareceu no *Lippincott's Magazine* em março de 1896, justamente quando Loos, o "irmão de alma"[49] de Sullivan (ainda que muito mais jovem), deixava os Estados Unidos para retornar à Europa.

Loos quase certamente leu aquele texto antes de desenhar o edifício do Chicago Tribune. Na esperança de que pudesse encontrar, para esse texto, um editor europeu, uma cópia teria chegado às suas mãos em março de 1920. De todo modo, Loos acreditava que estava oferecendo aos arquitetos americanos a verdadeira solução para o problema do arranha-céu, com o qual eles ainda deveriam se defrontar. Quando Loos publicou seu projeto em Viena, após a rejeição pelo júri, ele escreveu que ao abordar o desenho havia excluído a possibilidade de inventar qualquer nova forma, já que novas formas são consumidas muito rapidamente e não responderiam ao desejo dos promotores de "erigir o mais belo e inconfundível edifício de escritórios no mundo", como exigiam as condições do concurso[50].

Como escreveu em uma revista técnica vienense, Loos não considerou realmente soluções alternativas para o problema de propor um tipo para o arranha-céu americano. Afinal de contas, ele prosseguia:

> exemplos representativos de arranha-céus poderiam ser distinguidos uns dos outros no início do movimento. Mas agora é difícil para o leigo dizer se está olhando para um edifício em São Francisco ou em Detroit. O autor escolheu a forma da coluna para o seu projeto. O motivo da coluna gigantesca e isolada foi fornecido pela tradição. A coluna de Trajano já havia servido de protótipo para a de Napoleão, na place Vendôme[51].

1 : A Ordem na Edificação

Edifício Chicago Tribune.
Perspectiva de Paul Gerhardt,
Chicago Tribune (1923).

Edifício Chicago Tribune.
Perspectiva de Adolf Loos,
Chicago Tribune (1923).

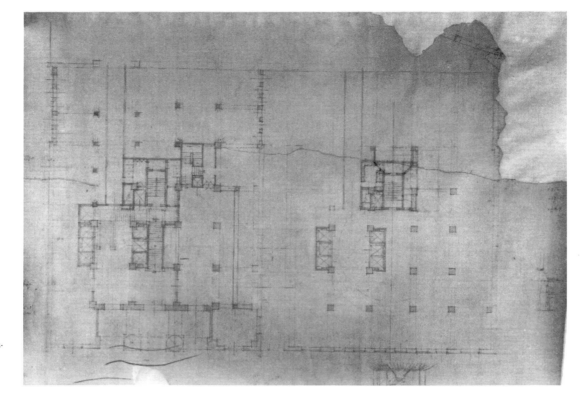

Edifício Chicago Tribune. Esboço da planta, do Loos-Archiv, Albertina.
© Verwertungsgesellschaft bildender Künstler.

O jogo de palavras entre coluna gráfica e edifício-coluna para um jornal, oferecido como uma justificativa arbitrária da forma, parece por demais frágil para este projeto excêntrico e poderoso. Loos estava muito consciente da natureza anômala de sua empreitada. No artigo apologético que tenho citado (intitulado "Deveria uma Coluna Habitável ser Permitida?"), ele se refere a outros arranha-céus – tais como os edifícios Metropolitan e Woolworth, ambos em Nova York –, os quais foram baseados em tipos históricos (o Mausoléu de Halicarnasso, um pináculo gótico) não originalmente destinados à moradia e que não provocaram objeções. Loos também estava bastante ciente de quão estranha seria a acomodação de escritórios em seu fuste cilíndrico, mas o que realmente importava para ele era especialmente a exibição da gigantesca coluna sobre seu pedestal, como um objeto profético solene e isolado para a "windy city". De fato, Loos separou deliberadamente a base revestida de granito do edifício das demais oficinas, baixas e "funcionais", revestidas em tijolo atrás da coluna, para enfatizar seu esplêndido isolamento, seu caráter monumental. Ele estava convicto de que a construção de uma coluna dessa natureza teria um efeito benéfico sobre toda a arquitetura do futuro; o comentário final de seu ensaio é uma estrofe de quatro versos livres, que ele publicou em inglês:

> A grande coluna dórica grega deve ser construída.
> Se não em Chicago, então em alguma outra cidade.
> Se não para o "Chicago Tribune" então para alguém outro.
> Se não por mim, então por algum outro arquiteto.[52]

O que Gaudí obteve ao torcer a ordem para que atendesse aos seus propósitos missionários e estruturais peculiares, Loos poderia afirmar apenas pelo isolamento e gigantismo: a supremacia do valor contraposta à cidade do fato bruto. A ordem dórica parecia ter sido *a* forma histórica fundamental, *a* grande conquista da construção humana, liberta da contingência estrutural ou

Túmulo projetado para Max Dvořak. Adolf-Loos, do Loos-Archiv, Albertina. © Verwertungsgesellschaft bildender Künstler.

da necessidade básica de abrigo. Todos eles – Gaudí, Sullivan, Loos e Asplund – viram a ordem dórica como fundamental, se bem que talvez apenas para Loos isso implicasse para sempre, a última possível.

A ordem dórica de Gaudí tornou-se um fragmento entre outros fragmentos – a cerâmica quebrada, os animais monstruosos. Mesmo assim, ele considerava todas as formas estruturais (e isso incluía "suas" colunas dóricas) como respostas de alguma forma "naturais" ao problema último da arquitetura: vencer a gravidade. A ordem dórica oferecia essa resposta particularmente refinada: uma resposta cívica, que ele via como que enobrecedora de um cenário particular.

Em todo caso, para Gaudí a própria heterogeneidade das peças transformou-se numa espécie de garantia da homogeneidade do todo. Por outro lado, Loos reafirmou a diversidade de sua forma contra um ambiente aparentemente homogêneo. Seu fragmento é um *monstrum*: "monstro", mas também "exemplar". Para Gaudí, assim como também para Loos, a seleção a partir de formas existentes é o caminho inevitável, uma vez que o livro de história a partir do qual fizeram sua seleção já estava completo; todas as possibilidades de invenção ornamental estavam exauridas, e seus desenhos deveriam ser registrados de algum modo bastante diferente, talvez nem sequer em um livro de história – mas, em um novo tipo de livro, cuja compilação ainda nem sequer começara.

Todavia, certamente para Loos, e de modo menos definitivo para Gaudí, a ordem dórica provia a única figura que poderia enobrecer a necessidade básica de abrigo. A forma grandiosa e primeva parece brotar diretamente do instinto de construir com um tal vigor que deveria transcender a necessidade. Contudo, cada um dos meus mestres do século XX sabia que as antigas formas não eram de segunda mão, que elas não se submeteriam graciosamente às distintas e contingentes exigências dos arquitetos; portanto, todos os projetos deveriam violar os limites da convenção formal.

II : A Ordem no Corpo

- As Colunas das Escrituras: John Wood, O Velho ▪ Gian Lorenzo Bernini: Sobre Corpos e Colunas ▪ Jacques-François Blondel: Sobre Faces e Capitéis ▪ Face, Caráter, Destino ▪ Psicologia no Estúdio: As *Conférences* de Charles Le Brun ▪ Gesto Artificial, Gesto Natural ▪ Face, Caráter, Estado de Espírito, Paisagem ▪ Variedade de Caráter e Fixidez de Cânone ▪ A Igreja Como um Corpo ▪ A Cidade Como um Corpo ▪ A Cidade Como uma Casa

Asplund, Gaudí e Loos, cada um à sua maneira distinta, eram tributários de uma tradição antiga e grandiosa – mas aparentemente enterrada ou interrompida: aquela segundo a qual as ordens gregas reverenciavam e transmitiam valores primordiais e perenemente válidos. Até o século XVIII, os conceitos fundamentais daquela tradição poderiam ser tomados como certos; a partir do início do século XIX, os diversos historiadores e arquitetos que escreveram sobre as ordens viram-se obrigados a defender e justificá-las. Talvez isso explique o motivo pelo qual a atenção tenha sido focalizada de maneira insistente na ordem dórica grega e também por que meus três notáveis exemplos do século XX pertencem a essa ordem. O dórico parecia mais antigo, mais nobre – ou pelo menos conceitualmente mais "primitivo" e, portanto, menos "histórico" – que as outras ordens. O testemunho mais convincente dessa veneração ainda pode ser o relato do Pártenon, de Le Corbusier, tanto no *Vers une architecture* (que exerceu uma influência incalculável sobre várias gerações de arquitetos), como de modo mais detalhado no seu diário de viagem, *Voyage en Orient*[1].

Para muitos arquitetos nos séculos XVI e XVII, o recurso constante às ordens havia apresentado um problema bastante diferente, já que sua antiguidade pagã necessitava uma apologia. As ordens ainda podiam ser vistas adornando as ruínas dos templos de deuses pagãos, tal como tinham sido canonicamente descritas nas obras de Vitrúvio, contemporâneo de Augusto. Portanto, era essencial uma *interpretatio christiana* à luz das Escrituras e dos escritos dos padres da Igreja, particularmente em vista da redescoberta puritana de que o corpo humano era o único templo verdadeiro que o Espírito exigia. Os apologistas envolvidos nessa empreitada tinham à sua disposição os textos sobre os edifícios que Deus especificara para os Seus eleitos – Noé, Moisés, Salomão, Ezequiel – bem como uns poucos fragmentos antigos tardios que poderiam ser associados a pessoas e lugares mencionados nas Escrituras, conferindo uma realidade física aos textos[2].

As Colunas das Escrituras: John Wood, o Velho

A alta crítica bíblica iria assinalar a superação de toda aquela iniciativa, mesmo que, para muitos, ela ainda pudesse parecer intelectualmente respeitável – se bem que bastante antiquada – em meados do século XVIII[3]. John Wood, o Velho, o arquiteto criador da georgiana Bath, seguiu as ideias de dois jesuítas do século XVI, Juan Bautista Villalpando e Jerônimo Prado, que alegavam que as três ordens gregas descendiam de uma proto-ordem, revelada ou ditada pelo próprio Deus ao rei Salomão; eles argumentavam que os antigos pagãos, de algum modo, a haviam roubado, apropriando-se da grande revelação, que poderia, portanto, ser relida nas Escrituras apenas através de Vitrúvio. John Wood amalgamou essas ideias com as suas próprias e estranhas reflexões sobre as lendas das origens britânicas, extraídas principalmente da crônica de Geoffrey de Monmouth, na qual a noção de uma sociedade arcaica, justa e quase democrática foi associada pela primeira vez a um monoteísmo britânico pré-cristão. Wood imaginava que ela fora pregada por druidas protonewtonianos, em uma era idílica de harmonia social do antigo povo britânico, celebrada em academias dentro e ao redor dos círculos de pedra: Stonehenge, Avebury e um menor, próximo a Bath, em Stanton Drew, que em virtude da localização assumiu enorme importância em seu relato[4]. A reconciliação dessa antiguidade arcádica com as Sagradas Escrituras poderia apenas ser elaborada por meio de uma teoria arquitetônica, na qual as ordens pudessem ser vistas tanto como britânicas quanto como totalmente bíblicas. Ao descrever a noção essencial subjacente a todas as diversas ordens, Wood ofereceu esta definição, muito mais exaltada do que a que apresentei no início do capítulo anterior: "Ordem é aquela espécie de aparência exibida ao olho por qualquer objeto ou figura artificial que, pela regularidade de sua composição, é agradável e responde aos vários propósitos para os quais é criada, ou aos quais se destina". Mais adiante, na mesma passagem, ele prossegue, "O homem é uma figura completa e a perfeição da ordem […] E do número infinito de partes das quais ele é composto, somente desdobre qualquer uma delas e que surpreendente beleza irá surgir para o olhar mais inteligente."[5]

Para John Wood, a figura humana parecia a encarnação exemplar daquela harmonia expressa também na edificação mediante as várias ordens da arquitetura: não só o corpo humano quando vivo e em movimento, mas mesmo aquele submetido à faca do dissecador, que evidencia a organização interna de cada membro, de modo que cada um por si seja visto em relação ao todo assim como o próprio corpo na sua relação com o mundo ordenado. Daí a insistência de Wood sobre a circularidade essencial de todos os órgãos do corpo, uma concepção newtoniana de unidade corpórea que ele compartilhou com muitos de seus contemporâneos[6]. Seu uso das ordens arquitetônicas era, portanto, tão apaixonado, tão estimulante e tão pessoal quanto se poderia esperar desse entusiasmo. As fachadas de três camadas que encerram o King's Circus (o primeiro espaço circular dessa espécie na Grã-Bretanha) são articuladas por meias-colunas em pares, coríntias sobre jônicas sobre dóricas – uma sucessão regular de três ordens, cada pilar sustenta uma noz britânica no lugar da romã bíblica[7]. Tal analogia entre o corpo e as ordens, ecoada por outros paralelos entre o corpo e os edifícios em geral, está profundamente enraizada em todo o pensamento arquitetônico documentado.

II : A Ordem no Corpo

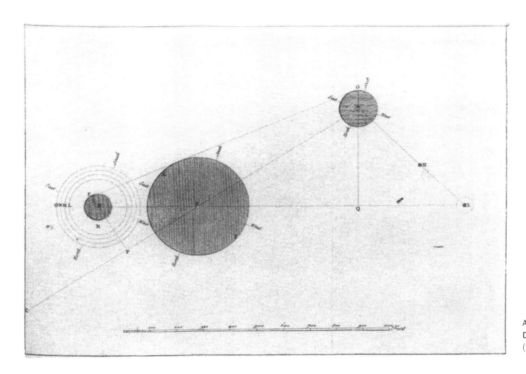

Academia de Stanton Drew. Gravura de J. Wood (1765).

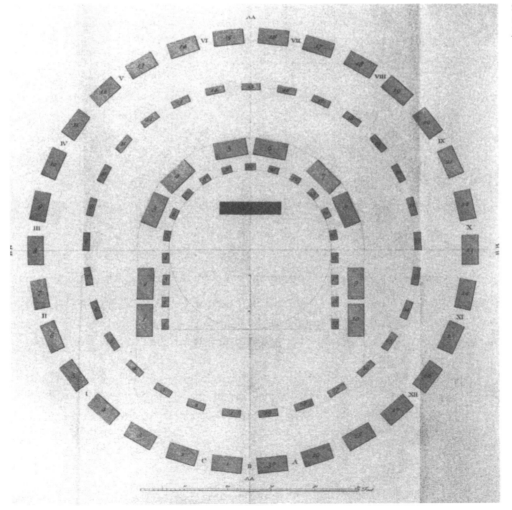

Stonehenge restaurada. Gravura de J. Wood (1747).

Ordem compósita: Nascer do Sol. Gravura de H. Vredeman de Vries.

Gian Lorenzo Bernini: Sobre Corpos e Colunas

        Quase um século antes que o livro de Wood fosse publicado, essa analogia viera à tona ostentosamente, como sempre se deu na história da arquitetura. O incidente é familiar aos historiadores da arte, pois ocorreu durante a única visita a Paris, feita por Gian Lorenzo Bernini, o mais famoso arquiteto e escultor de seu tempo que, a propósito, também era quase que acidentalmente dramaturgo e poeta[8]. Por ocasião de sua visita, tinha por volta de setenta anos. Bernini fora chamado a Paris por Luís XIV, depois de ter vencido o concurso fechado para um novo palácio do Louvre, organizado entre os principais arquitetos romanos da época, quando o rei e seu ministro chefe decidiram que nenhum arquiteto francês estava à altura do encargo. Na ocasião, o comportamento arrogante de Bernini criou-lhe inimigos em Paris; seu projeto (mesmo após ter sido redimensionado) revelou-se demasiadamente caro para o rei – que de todo modo decidira concentrar seus esforços em Versalhes – e Bernini retornou a Roma. Contudo, quando de sua chegada, no início de junho de 1665, ele ainda era cortejado como se pertencesse à realeza. Quando a liteira na qual viajava aproximou-se de Paris, Paul Fréart, Senhor de Chantelou,

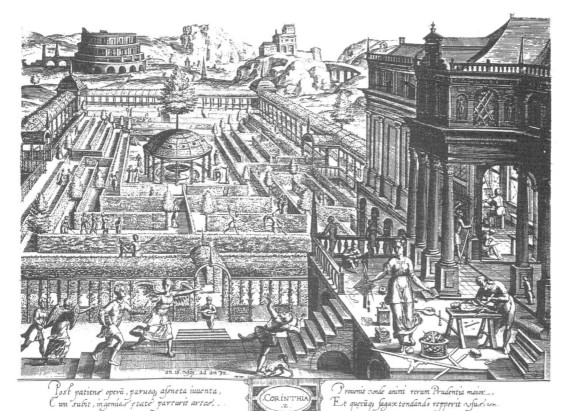

Ordem coríntia: Manhã. Juventude. Gravura de H. Vredeman de Vries.

administrador da casa real e respeitável *connoisseur* e colecionador (que também era fluente em italiano), foi mandado ao seu encontro como enviado especial do rei, para saudá-lo. Chantelou manteve um diário da visita de Bernini, a partir do qual meu relato do episódio é extraído. O diário consiste, na verdade, de uma série de longas cartas que Chantelou endereçou ao seu irmão Roland Fréart, Senhor de Chambray, ele próprio um escritor de arte e autor do que tornar-se-ia, ao lado da obra de Vignola, o manual mais popular sobre as ordens[9].

Chantelou fez com que sua carruagem emparelhasse com a liteira na qual Bernini fizera sua viagem ao norte. Ambos desceram e, após as civilidades preliminares, compartilharam a mesma carruagem para entrar em Paris. Seguiu-se uma conversa conduzida, aparentemente, sobretudo por Bernini, e que Chantelou reporta ao seu irmão com alguns detalhes, finalizando:

> quanto ao assunto para o qual viera, ele disse-me que o belo de todas as coisas no mundo (e portanto também da arquitetura) consistia em proporção; que quase pode ser chamada a parte divina em qualquer coisa, já que derivou do corpo de Adão; não somente modelado pelas Próprias mãos de Deus mas também à Sua imagem e semelhança; a variedade das ordens surgiu a partir da diferença entre o corpo do homem e da mulher – por causa das proporções distintas de cada um deles – e acrescentou muitas outras coisas sobre isso que nos são suficientemente familiares[10].

A ordem dórica e Hércules. (acima à, esquerda) Gravura em cobre de J. Shute ([1563] 1964).

A ordem jônica e Hera. (acima, à direita) Gravura em cobre de J. Shute ([1563] 1964).

A ordem coríntia e Afrodite. (página ao lado) Gravura em cobre de J. Shute ([1563] 1964).

E, de fato, aproximadamente vinte anos antes, Chantelou recebera uma carta de Poussin, que incluía outra referência irresistível a essa ideia. Na época, Chantelou viajava com a corte pelo sul da França, e Poussin, escrevendo abatido de uma Paris úmida e cinzenta, imagina "que as belas jovens que viste em Nimes teriam inundado o vosso espírito através dos olhos [...] com não menos deleite que as belas colunas da Maison Carrée – já que as segundas são meramente cópias envelhecidas das primeiras. Eu considero um motivo de grande satisfação conseguir tal descanso que suaviza o esforço durante nossos labores".

Para os observadores modernos, os fustes com caneluras da Maison Carrée não podem evocar nem a mais suave das imagens eróticas. Para Poussin, como para muitos eruditos seus contemporâneos, a associação deve ter sido óbvia. Agora, tais referências podem parecer esporádicas, contudo, elas ainda mostram que Chantelou podia meramente aludir às observações improvisadas de Bernini – sobre o lugar-comum do corpo humano como um microcosmo, expressando a crença de que essa noção era fundamental à edificação –, considerando que não mereciam ser relatadas ao seu irmão: elas pareciam um resumo bastante elementar das ideias que os irmãos Fréart há muito dividiam entre si[11].

Na época daquele incidente, o livro de Chambray sobre as ordens já estava com quinze anos. Sua reputação duradoura e crescente devia-se, em parte, à beleza e clareza de suas lâminas, em parte, à sua assimilação das contraditórias e particularizadas opiniões de seus predecessores, mas, talvez, sobretudo à inédita precisão acadêmica. Com suas críticas a Palladio e até mesmo a Vignola, o livro tornou-se um dos veículos da nova hegemonia cultural francesa na Europa[12]. Não pode

haver dúvida acerca de sua devoção ao ideal que Bernini mencionara tão superficialmente ao seu irmão. Tamanha devoção levou Chambray a considerar até mesmo as ordens mais claramente imitativas, estátuas-colunas – as "persas" (telamão ou atlante) e particularmente as "cariátides"[13] (mais tardiamente) – com certa aversão, já que ele como um homem cortês acreditava ofensivo que as mulheres devessem carregar tanto peso.

Tais imitações literais, que Chambray sumariamente preteriu, tinham sido imensamente populares no século anterior; seu desdém era dirigido principalmente à prática de seus contemporâneos, que usavam estátuas como suportes, quase heráldicos, de uma forma que, de fato, não tinha precedente antigo. Tal uso proliferara no século XVI: o primeiro livro sobre a arquitetura em inglês, *First and Chief Groundes of Architecture*, de autoria de John Shute, de 1563, destina-se quase que exclusivamente a ilustrar o paralelo entre cada uma das ordens e o corpo humano que é seu equivalente apropriado[14]. Elaborando a partir de indicações vitruvianas, Shute amplia a metáfora de modo que as ordens também signifiquem as cinco idades do homem, cada qual encarnada em um deus ou herói – do venerável Atlas, como a ordem toscana, à virginal Pandora, como a compósita. Apesar de não haver precedentes explícitos para as lâminas de Shute, por volta daquela época vários gravadores em Flandres (dos quais, Hans Vredeman de Vries foi o mais prolífico e conhecido) estavam interessados em tais ideias[15]. No entanto, Shute, alegava seguir apenas Serlio e Guillaume Philandrier (ou Philander)[16], o primeiro dos comentaristas franceses de Vitrúvio; efetivamente, sua atribuição das figuras às ordens é uma variação do texto de Serlio, apesar de que o estreito paralelismo entre a coluna e a figura parece ser uma contribuição do próprio Shute (grosseira como é) para o entendimento da natureza das ordens, em uma terra setentrional, no interior de cuja cultura elas resultavam bastante estranhas.

Por volta do mesmo período, a ideia do paralelismo é examinada muito mais a fundo por Vincenzo Scamozzi, o discípulo de Palladio, que foi o mais refinado e minucioso de todos os *trattatisti* especificamente arquitetônicos. Sua formação erudita era absolutamente verdadeira, mas ele também era um construtor experiente e bem sucedido. A insistência de Scamozzi em encontrar uma derivação "natural" para cada detalhe arquitetônico é quase obsessiva; ele era da opinião, por exemplo, que o fuste – o elemento menos inflectido da coluna – deveria ser tão especificamente caracterizado, de modo que, mesmo observado sem o seu capitel e base, pudesse ser imediatamente identificado à ordem a que pertencia, analogamente à capacidade do ser de reconhecer as feições de um amigo, ainda que lhe mostrassem o seu cadáver truncado[17].

Jacques-François Blondel: Sobre Faces e Capitéis

Mais convincente que a analogia entre o torso e o fuste da coluna foi a afinidade mais óbvia (e, consequentemente, mais elaborada) entre a cabeça e o capitel. *Caput-capitulum-capitellum* é um fragmento arcaico da etimologia latina e está inextricavelmente entrelaçado no vocabulário das ordens[18]; a analogia entre a coluna por inteiro como um corpo e a cornija como cabeça é também feita ocasionalmente, se bem que com menos frequência. Portanto é estranho, mas não inesperado, vê-la reaparecer como uma espécie de pedra de toque crítica nos discursos de Jacques-François Blondel, contemporâneo de John Wood, um dos últimos representantes da antiga tradição, o teórico definitivo do *Ancien Régime*. Blondel ministrava anualmente uma série de conferências na Academia de Arquitetura, e propôs editá-las como um tratado (seguindo precedentes), mas faleceu antes da empreitada concluída[19]. O detalhe ao qual me refiro é ilustrado ao longo de uma discussão genérica sobre o paralelo entre corpo e coluna, que ele toma em boa parte como certo[20]. Para Blondel essa não é apenas a melhor ferramenta, mas também aquela essencial para o ensino das ordens, visto que a analogia corpórea fornece ao arquiteto aspirante a única verdadeira garantia mnemônica: somente memorizando o estreito paralelo com o corpo, ele poderá lembrar com precisão as diferentes partes das várias ordens. Além disso (o que, para Blondel, parece resultar diretamente da garantia mnemônica), as analogias face-capitel, face-cornija podem ser utilizadas como um instrumento crítico

Ele exemplifica o que pretende mediante a sua aplicação em uma variedade de molduras. Comparando as proporções de três cornijas toscanas, selecionadas a partir de Palladio, Scamozzi e Vignola, ele sobrepõe o perfil humano a cada uma delas e descobre que o perfil de Palladio é "como uma face humana, cujas partes não parecem [...] ter sido feitas para harmonizar [...] O nariz de alguém de doze anos [é] imposto ao queixo de um homem de oitenta e coroado pela testa de um homem de meia idade". A crítica a Scamozzi é feita sobre bases similares; Vignola, por outro lado, recebe grandes elogios: "aqui as três partes parecem apresentar uma relação mais aceitável entre testa, nariz e queixo, a qual resulta no perfil unificado que os exemplos anteriores não apresentam. Se essas observações têm fundamento, elas poderiam, de alguma maneira, justificar nossos arquitetos franceses que têm preferido o ensinamento de Vignola ao de Palladio ou ao de Scamozzi".

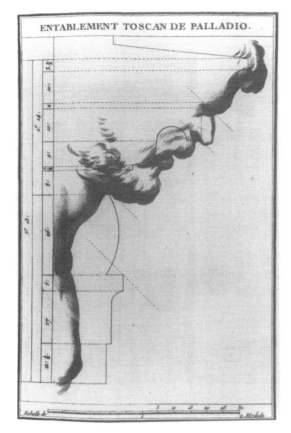 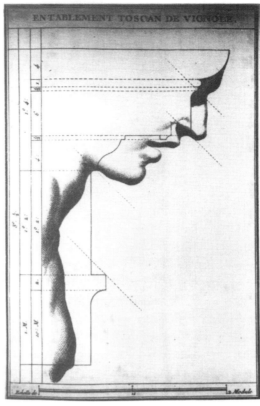

O entablamento toscano de Palladio. (à esquerda) J.-F. Blondel (1771-1777).

O entablamento toscano de Vignola. J.-F. Blondel (1771-1777).

Apesar de Blondel advertir seus leitores de que a analogia pode servir apenas "como um auxílio para comparar natureza e arte", ele também considera que o caráter de um edifício pode ser influenciado e modificado pela alteração do tamanho das molduras, de modo que se ajustem ao perfil humano apropriado, "sem ferir as regras da boa arquitetura"[21]. Blondel não faz menção a nenhum dos diversos precedentes por mim citados até agora; mas ele reivindica ter derivado sua ideia a partir de dois autores anteriores, Diego de Sagredo e Jean Le Blond. Jean Le Blond foi um pintor-gravador menor do século XVII, que também escreveu um pequeno tratado sobre as ordens, dedicado a Charles Le Brun – devendo algo a Fréart de Chambray. No entanto, nessa obra, ele pouco alude à questão da analogia entre coluna e corpo[22]. Por outro lado, Blondel poderia ter conhecido, seja em francês seja no original espanhol, o breve livro de Diego de Sagredo, escrito dois séculos antes[23]. Diego, um clérigo de Toledo do século XVI, que aparentemente revelara um interesse quase profissional pela arquitetura, leu com atenção algumas obras anteriores: o comentário de Philander sobre Vitrúvio, por exemplo, que já mencionei. Talvez, mais interessante, foi sua referência ao *De Sculptura*, do humanista napolitano Pompônio Gaurico, contendo uma longa seção sobre fisiognomonia que, por sua vez, recorria tanto à especulação contemporânea quanto aos fragmentos de obras antigas que lhe eram conhecidos[24].

Essa parte do argumento de Blondel aborda a temática geral do paralelo entre corpo e coluna, mas também toca em toda uma área especulativa que é hoje tratada com ceticismo (se não desdém), apesar de ter sido tema vital de investigação durante séculos: a fisiognomonia. Junto a esta emerge outro argumento do maior interesse para os filósofos e para os psicólogos mais ou menos "científicos" do tempo: o caráter. Esta última expressão viria a adquirir um novo significado nos séculos XVII e XVIII, o que a levou a tornar-se, no século XIX e até mesmo no século XX, o termo de crítica arquitetônica mais comum e ainda assim o mais incômodo. De fato, ela chegou a assumir alguns dos significados de *ordem*, de modo que o uso por Blondel da comparação entre face e cornija difere de maneira radical daquele dos predecessores aos quais fizera referência. Assim, devo considerar em seguida as implicações e o contexto da metáfora de Blondel.

Face, Caráter, Destino

O estudo da face, a fisiognomonia, que na Antiguidade provera a base para uma psicologia e fisiologia científicas, bem como para uma técnica diagnóstica na prática médica, chegou a ser considerado na Idade Média como uma forma de adivinhação, por meio de suas associações com a astrologia. Ele foi consagrado pela autoridade de Aristóteles, a quem se atribuiu um tratado sobre o assunto (no qual semelhanças físicas com animais levavam a revelações do caráter humano), sendo operado por muitos escritores da época[25]. Posteriormente, no século XVI, ele foi ainda mais elaborado. A autoridade mais respeitada e citada sobre o assunto era o mago científico napolitano Giambattista della Porta, cujo livro desenvolvendo o preceito aristotélico foi popular por mais de cem anos[26]. Como muitos outros fisiognomonistas, ele teve que seguir um curso cuidadoso entre o determinismo fisiológico e o privilégio do livre-arbítrio humano. Isso continuou a ser um problema de certo peso na economia da causalidade psicológica: o caráter físico condicionava ou apenas tornava manifesta a paixão? A fisiognomonia expressava paixão ou só a revelava? A exterioridade física era simplesmente uma expressão codificável dos estados interiores em mutação ou um índice da permanente e inalterável formação psíquica? Um repertório das várias formas de configuração facial nos homens e nos animais evitou a delicada questão pela proliferação dos dados: ao elaborar sua taxonomia, Della Porta parece ter alcançado a transmutação cientificamente aceitável do antigo saber, contornando ao mesmo tempo acusações de heresia.

Por parecer tão determinista e, portanto, colocando limites precisos no livre-arbítrio humano, a fisiognomonia foi condenada, da mesma forma que a astrologia, pelos concílios eclesiásticos e os padres da Igreja. Na segunda metade do primeiro milênio, ambas as disciplinas enfraqueceram em virtude dessa proscrição, embora não desaparecendo por completo. As coisas mudaram após o ano 1000. Isso se deveu, em parte, à influência islâmica, porém as mudanças também foram determinadas por fortes motivos internos. O novo entendimento da tessitura social promovida pelo Império Ocidental, bem como a profunda aspiração à sanção divina enquanto manifestação da saúde coletiva da sociedade, levaram a uma forte corrente de investigação sobre a obscura noção do microcosmo, retomada de certos autores da Antiguidade. No mesmo período a noção de julgamento assumiu um novo prestígio social, associada agora a leis recém-codificadas e escritas. No imaginário e no vocabulário da época, o livro encadernado, *liber*, substituiu o rolo, *rotolum* ou *volumen*.

Liber scriptus proferetur	Veja! O livro com exatidão redigido
In quo totum continetur	No qual tudo é contido
Unde mundus judicetur	Com base no qual o mundo será julgado.

diz um verso do *Dies Irae*, um hino cantado ou pronunciado em todas as missas em intenção dos mortos. Tomás de Celano, um frade franciscano, escreveu aquele hino ou sequência por volta de 1220[27]. Na iconografia do século XII e início do XIII, a imagem daquele livro de registros aparece alternadamente com o livro de leis ou o livro do Evangelho, mas ela logo será deslocada. Nas imagens posteriores Cristo, o juiz, mantém Suas mãos feridas erguidas para significar Sua humanidade, e os anjos aproximam-se com emblemas da Paixão ou com balanças, nas quais o destino das almas é decidido nas pinturas que representam o "dia do Juízo Final". Existiu, contudo, um breve período, durante os séculos XI e XII – a grande era do legalismo nascente – em que o julgamento escrito deveria ser registrado em algum livro tangível e ostentosamente volumoso[28].

Tal pensamento, comprometido com a lei, parece implicar também uma reconsideração de natureza judiciosa da tessitura do mundo. A codificação do comportamento exigiria uma classificação análoga de tipos humanos e a descrição da natureza moral de cada um deles em sua relação com a aparência física. Por volta de 1140, Raimundo de Marselha, o mais erudito astrônomo da época, lançou a primeira apologia cristã fundamentada da astrologia[29]; ao mesmo tempo, o épico em prosa e verso de Bernard Silvester (mais conhecido como Bernardo de Tours), sua *Cosmografia* (ou *De mundi universitate, sive megacosmus et microcosmus*), que continha muitas referências astrológicas, foi lido publicamente perante o papa Eugênio III[30]. O tema do microcosmo recorria insistentemente no pensamento do período, não somente entre os filósofos neoplatônicos, mas também entre os mais ponderados pensadores escolásticos. Por volta do ano de 1160, John de Salisbury, amigo das cortes francesa e inglesa (bem como da papal), escreveu um manual sobre a arte de governar, o *Policraticus*, que dedicou a Thomas Becket e que se mostrou extremamente popular. Embora ele fosse um inimigo declarado da astrologia, a analogia entre o mundo criado, a sociedade e o corpo (que ele reivindica derivar de fontes antigas) torna-se quase a nota chave de seu texto:

> Um Estado, de acordo com Plutarco, é um certo tipo de corpo dotado de vida por concessão divina [...] Aquelas coisas que estabelecem e implantam em nós a prática da religião e transmitem a nós o culto de Deus [...] ocupam no corpo do Estado o lugar da alma [...] Ademais, como a alma é, assim como foi, o príncipe do corpo [...] assim aqueles a quem nosso autor chama de os ministros da religião, presidem sobre todo o corpo.
>
> O lugar da cabeça no corpo do Estado é preenchido pelo príncipe, que está subordinado apenas a Deus e àqueles que exercitam Seu ofício e O representam na Terra, assim como no corpo humano a cabeça é vivificada e governada pela alma. O lugar do coração é preenchido pelo senado, que está na origem das iniciativas boas e das perniciosas. Os deveres dos olhos, das orelhas e da língua são reivindicados pelos juízes e governadores das províncias. Oficiais e soldados correspondem às mãos [...] Os intendentes de finanças e os contadores podem ser comparados ao estômago e aos intestinos, os quais – se congestionados por excessiva avidez [–] geram inumeráveis e incuráveis doenças, de modo que [...] o corpo todo é ameaçado pela destruição. Os camponeses correspondem aos pés, que estão sempre em contato com o solo, e necessitam mais especialmente dos cuidados e da perspicácia da cabeça já que, enquanto caminham sobre a terra fazendo serviço com seus corpos, são mais suscetíveis que outros a tropeçar sobre as pedras e, portanto, merecem auxílio e proteção, o que é perfeitamente justo, pois são eles que criam, sustentam e movem adiante o peso de todo o corpo [...] Remova do mais forte dos corpos o suporte dos pés e ele não poderá se movimentar por sua própria força.[31]

Como ocorria com a comunidade, assim também com relação aos edifícios que a abrigavam e mais obviamente com a igreja, que não apenas abrigava, mas também representava o Corpo Místico. Cerca de um século depois de John de Salisbury, Guillaume Durand (conhecido como Durandus), bispo de Mende no sul da França, escreveu um manual para a prática litúrgica, ao

Pádua, Palazzo della Ragione, Salone. Painéis das paredes laterais (pinturas e relevos). © Fratelli Alinari.

mesmo tempo erudito e popular, no qual ele guia seu leitor no entendimento da planta de uma igreja: "a disposição da igreja material corresponde ao corpo humano na articulação de suas partes, já que a capela-mor, onde o altar é posicionado, representa a cabeça; os transeptos à esquerda e à direita, os braços e as mãos; enquanto a outra parte, que se estende na direção oeste, é o restante do corpo"[32]. O manual de Durandus fazia eco às reflexões muito mais amplas e profundas de teólogos anteriores, de Agostinho a Honório de Autun e Pedro de Celle (que antecedeu a John de Salisbury como bispo de Chartres), sobre o mesmo tema, mas, ele perpassa boa parte da teologia ocidental ortodoxa dos séculos XII e XIII.

Michael Scotus, mais velho que Durandus, porém mais jovem que John de Salisbury, foi cientista da corte do imperador Frederico II, e era tanto fisiognomonista como astrólogo[33]. Não havia nada de surpreendente nessa conjunção: o céu do astrólogo era, afinal, coroado por animais – aqueles que guardavam as casas zodiacais, e mesmo aqueles, mais numerosos, nos quais as constelações foram configuradas. Uma associação entre natividade e caráter, mediante a semelhança animal era, pois, deveras tentadora. A associação entre caráter e natividade tampouco negava o livre-arbítrio. No entanto, na geração seguinte, o físico paduano Pietro d'Abano (reputado como colaborador de Giotto nas imagens do Palazzo della Ragione em Pádua) traçou o paralelismo entre a determinação fisiognômica e a astrológica[34], desviando a ênfase da tendência "moral" e descritiva da fisiognomonia da Antiguidade para aquela da física. A fisiognomonia havia então adquirido a sua faceta "decadente", associada à leitura dos sinais do corpo, outros, diferentes dos faciais (como as linhas da palma da mão), para não somente revelar o caráter, mas também predizer o futuro; nos séculos XVI e XVII, a leitura fisiognomônica chegou a ser considerada em muitos países, junto com a quiromancia, como uma espécie de charlatanismo e vagabundagem. Contudo, na França do século XVII, onde o livro bastante discursivo de Della Porta era popular, a fisiognomonia estava sendo transformada em uma ciência moderna no mesmo período de Descartes e Gassendi.

Enquanto Della Porta (mesmo não tendo a reputação de mago) havia proposto a fisiognomonia como um índice muito mais poderoso e "natural" da natureza humana do que aquele fornecido pelas datas de nascimento na astrologia judicial, no século XVII, seu mais celebrado praticante e expoente "científico" foi Louis Marin Cureau de la Chambre (a propósito, um anticartesiano seja nos temas da filosofia como nos da física). Ele foi um dos quarenta "imortais" originais da Academia Francesa, bem como médico de muitos homens conhecidos e influentes de seu tempo, entre eles o clamorosamente execrado financista Foucquet, e seu inimigo, o chanceler Séguier[35].

Marin Cureau pode ter conhecido o pintor Charles Le Brun, que havia decorado o notável palácio de Foucquet em Vaux-le-Vicomte, seja a serviço de Séguier ou mais tarde, a serviço do financista. Já ilustres, ambos os homens, foram protegidos por Séguier e por Colbert (que, afinal, iniciara sua carreira no mesmo ambiente) de quaisquer problemas ao tempo da queda de Foucquet, em setembro de 1661; a sua amizade permaneceu constante. Nesse período, Le Brun havia se tornado chanceler (1648) e seria reitor (1668) da Academia de Pintura (o instrumento utilizado por Colbert para submeter toda a arte francesa à máquina de propaganda real), bem como (a partir de 1663) diretor da fábrica de tapeçarias Gobelins – e, portanto, o homem mais poderoso no mundo da arte francesa. Ele projetou o túmulo de Cureau de la Chambre em Santo Eustáquio, em Paris, como também já havia desenhado os frontispícios dos seus livros[36].

A relação entre os dois homens teria consequências relevantes quando Le Brun começou a reestruturar o ensino da escultura e da pintura na França para a nova Academia Real de Arte, que deteria esse monopólio segundo algumas das novas ideias científicas; esse programa "acadêmico" tornar-se-ia um modelo para o ensino da arte em todo o mundo. Anteriormente, os artistas haviam dado vida às características voluntárias e involuntárias de suas figuras, compondo com poses e gestos que pressupunham todo um repertório de precedentes retóricos. Agora Le Brun convidava os artistas a capturar a expressão involuntária de uma ação interior da alma.

Certamente, Le Brun apoiou-se em Cureau na formulação desse programa, porém ele estava igualmente familiarizado com a doutrina fisiognomônica e "passional" de Descartes. O *Paixões da Alma* e o *Tratado do Homem* eram breves e claros, ao passo que as obras de Cureau eram prolixas, difusas – e inacabadas[37]. A diferença não dizia respeito apenas ao estilo. Todo o espaço de Descartes era preenchido: a extensão era idêntica (ou pelo menos coextensiva) à matéria. Tudo que ocorria em extensão deveria ser explicado mecanicamente, como matéria agindo sobre matéria. Seguia-se que os espíritos animais, que regulavam tanto a paixão quanto a expressão movendo-se através do corpo, eram pequenos e velozes, porém definitivamente corpóreos. Seu "motor" era o calor natural do coração. Cureau (que nesse aspecto, como em outros, estava mais próximo da visão de William Harvey, do sangue circulando no corpo, do que estaria Descartes) pensava que os espíritos animais eram privados de substância, como outros tipos de espírito; que existiam em uma categoria separada do ser, entre o corpo (o qual, como Descartes, ele satisfazia-se em descrever em termos mecânicos) e a alma; e que eles eram os instrumentos da alma. As suas opiniões sobre toda a questão deve-se, em grande medida, aos primeiros neoplatônicos[38]. Cureau também pensava que os espíritos precisavam impelir o sangue do coração para a face e o cérebro, já que um líquido como o sangue não poderia transportar a pulsação do batimento muscular através de todo o corpo: é nisso que ele divergia de Harvey. Cureau aceitava a doutrina da circulação do sangue sem reservas, mas ainda necessitava dos espíritos em sua qualidade química (talvez também alquímica) para fazer o trabalho de Harvey de bombeamento do corpo.

Por outro lado, o modelo de Descartes não requeria uma categoria própria do ser, mediadora entre corpo e alma. A alma possuía uma alavanca ou dobradiça, por assim dizer, no corpo; localizada na glândula pineal (a qual ele também considerava como a "processadora" de nossas sensações simetricamente recebidas) na base do cérebro, ela permitia a passagem entre a percepção e a vontade, como entre o corpo e a mente. Na visão de Descartes, a alma poderia comandar o corpo para dissimular expressões e sinais de emoção. Isso criou uma distinção crucial entre ele e Cureau, que acreditava que o movimento involuntário dos músculos faciais sempre trairia o verdadeiro estado da alma, para um observador atento. Descartes, embora estivesse interessado pela emoção voluntária e involuntária, não possuía interesse em uma fisiognomonia "natural" ou "semiótica"; e já que a *res extensa* era completamente independente da *res cogitans*, as paixões poderiam mover o corpo enquanto este, por sua vez, não poderia condicionar a faculdade do pensamento, que procedia livre de qualquer coerção física[39].

A Psicologia no Estúdio: As *Conférences* de Charles Le Brun

Por mais útil que a taxonomia de Descartes lhe tenha sido, Charles Le Brun iria fundamentar-se nas observações e na fisiognomonia de Cureau[40]; afinal, ele não estava tão preocupado com princípios científicos, mas procurava uma leitura direta do efeito visível da paixão sobre o corpo. O aparato descritivo de Le Brun, a fisiologia da paixão, foi, portanto, emprestado principalmente de Cureau, bem como suas elaboradas analogias entre a

Platão como um cachorro. Giambattista della Porta (1586).

Angelo Poliziano como um rinoceronte. Giambattista della Porta (1586).

fisiognomonia animal e a humana, que não mobilizaram Descartes; ainda de Cureau provinha a descrição dos mecanismos das paixões. Por sua vez de Descartes, que considerava os movimentos do olho e da sobrancelha como os indícios mais importantes tanto do caráter permanente quanto do humor transitório, já que ambos estavam mais próximos da glândula pineal[41], Le Brun tomou a ideia de que essas partes visíveis do corpo, as mais próximas do assento da alma, também eram o seu índice mais evidente, ou (segundo Jennifer Montagu) o mostrador no qual se manifestavam os movimentos interiores; contudo, ele acreditava que a importante linha facial inferior, aquela da boca, era regulada pelo coração[42]. E nisso Le Brun seguia Cureau.

Tratava-se, em boa parte, de uma reação contra o aluvião de literatura retórica na França, durante a metade do século anterior a Le Brun[43]. Vários dos livros lidavam não apenas com o discurso (declamação) ou com a expressão facial, mas também dedicavam uma grande parcela de atenção à *actio*, a linguagem gestual das mãos, que alguns tratavam mesmo como uma ciência à parte, a quirologia. A *actio* não somente amplificou a palavra falada do pregador, do advogado e do ator: ela também forneceu um subsídio vital aos surdos e mudos, e até podia ser perscrutada em busca dos indícios da linguagem universal da humanidade, antes da confusão de Babel[44]. Contra tal visão os céticos (melhor representados por Montaigne) sustentavam que a linguagem natural do corpo – da mão, da cabeça e das sobrancelhas –, na qual o amor e o ódio, o terror e outras paixões ditavam movimento e gesto a partir do instinto (naturalmente, por assim dizer), não tinha, portanto, necessidade das convenções e dos artifícios da retórica: Descartes estava particularmente em débito com esta visão[45]. Nos termos de Marin Cureau, entretanto, eles foram dados por Deus, à semelhança dos gestos e expressões animais, ao passo que os gestos da retórica, como a linguagem falada, eram artefatos, produtos do homem.

Gesto Artificial, Gesto Natural

A linguagem do gesto passional, revelada pelo estudo científico da fisiognomonia e da psicologia, tinha, pois, que ser absolutamente distinta da linguagem altamente convencional e artificial da retórica. Essa é a razão pela qual os desenhos de Le Brun representam pacientes – homens e mulheres que são presas e estão possuídos por suas paixões – e não os protagonistas da retórica, cujos gestos são deliberadamente direcionados à construção de um discurso. Esse foi o primeiro passo de Le Brun na reestruturação da formação do artista, o que

64

A Coluna Dançante

Gravura da Página de rosto
de J. Bulwer, *Chirologia* (1644).

tornou seu ensino estranhamente "moderno" e original – antirretórico é claro, já que na prática quase retórica do pintor a atenção se concentrava sobre a importância dos gestos voluntários, inclusos os gestos artificiais do corpo e da mão, a *ação*, enquanto tudo aquilo que fora catalogado e registrado por Le Brun era amplamente involuntário, a *paixão*. Ao lançar a fisiognomonia no centro do ensino acadêmico francês, ele provocou uma reorientação brutal e permanente da atividade dos pintores e escultores.

No momento em que a representação das paixões fora relacionada aos modos – os modos musicais que tanto interessaram Poussin – e, além disso, ao grande sistema típico das ordens, tal apelo ao imediatismo cru da paixão atuou como um solvente sobre esse sistema, contribuindo assim para enfraquecer a inquestionável autoridade das ordens sobre o pensamento arquitetônico. Ele requeria uma investigação do caráter próprio (o *ēthos* de cada ordem), que iria determinar seu posicionamento adequado em um cenário natural e, assim, privava as colunas de sua corporeidade ativa.

O problema da relação exata entre o caráter interior e seus sinais externos era outro aspecto que ocupava Le Brun, exigindo igualmente um apelo à Antiguidade. Outro livro aristotélico, o (ético) *Caracteres*, de seu discípulo imediato Teofrasto, se tornou um texto canônico no século XVII. A primeira edição, quase completa, fora encaminhada aos editores pelo humanista de Genebra Isaac Casaubon, em 1592[46]. Teofrasto apresentou uma galeria de tipos humanos mediante uma habilidosa e fragmentária assembleia de características externas. O livro logo encontrou imitadores: o mais famoso e bem sucedido em língua inglesa foi a *Microcosmographie* do devoto John Earle, publicada em 1628. O *Brief Lives*, de John Aubrey, também lhe é devedor. Entretanto, a "modernização" clássica teria lugar com *Caractères*, de Jean de La Bruyère, de 1688, que apareceu pela primeira vez como um apêndice à sua tradução da obra de Teofrasto[47]. As breves punhaladas de malícia de La Bruyère são mais brutais que o original grego: talvez por essa razão a sua *ethopoiesis*, seu desenho do caráter, exerceu uma profunda influência na ficção europeia posterior. Assim, na passagem do século XVII para o XVIII, a palavra *caráter* assume uma importância inédita.

Além de La Bruyère, o escritor que mais afetou o modo de emprego da palavra foi lorde Shaftesbury, o conde filósofo; em sua principal obra, *Characteristics*, ele não faz menção direta a Teofrasto, contudo é evidente a forte influência do filósofo antigo sobre a sua concepção do que constitui o caráter, seja das pessoas seja dos lugares. Shaftesbury interpretou a palavra em um sentido radical, significando os próprios símbolos da escritura e da pintura, bem como o seu significado, de modo bastante semelhante ao emprego que ainda fazemos do termo com relação às *letras*, particularmente as impressas. De fato, ele propôs reformar o uso que os artistas faziam dos símbolos universalmente significativos, as *características*, às quais seu título faz referência através da busca pelo verdadeiro tipo na linguagem; a melhor característica seria então uma figura "natural", capaz de transmitir um significado imediato aos não instruídos. O velho aparato da alegoria e da referência erudita, no qual os artistas há muito confiavam, parecia-lhe já estar gasto e, de todo modo, corrompido pelo preconceito gótico e "monástico"[48]. O estudo da individualidade expressiva, de uma expressão naturalmente indexada e quase mensurável (contraposta à sua concepção como referência a um tipo ou a um dos numerosos aspectos de uma figura integrada), era o único caminho adiante. Shaftesbury, em todo caso, foi outro inimigo da retórica tradicional, e sua obra implicava a desvalorização de toda retórica e artifício.

A técnica da retórica aristotélica havia mostrado aos seus adeptos como conquistar o favor de uma audiência mediante uma apresentação favorável de si mesmo, ou do etos, combinada com um profundo conhecimento prévio das reações do público, o *páthos*. O *páthos* está de fato associado às emoções dos ouvintes ou dos espectadores e como estas podem ser influenciadas. Compêndios posteriores sobre a retórica incluíam um relato mais ou menos sistemático do caráter e da paixão

O olho, o cérebro e a glândula pineal (Descartes). Gravura em madeira, segundo Adam e Tannery (eds., 1897-1909).

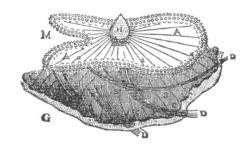

A operação da glândula pineal (Descartes). Gravura em madeira, segundo Adam e Tannery (eds., 1897-1909).

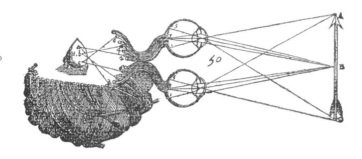

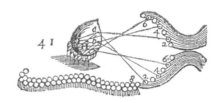

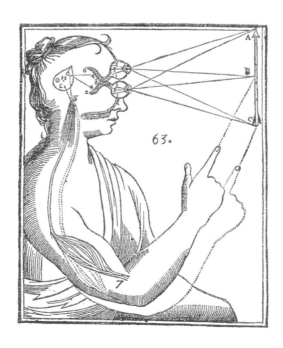

humana, para os quais a *Retórica* de Aristóteles havia fornecido um modelo[49]. Mas a associação realizada por Teofrasto entre etos e *charakter*, a marca ou selo indelével, já havia sugerido uma mudança do modo pelo qual a palavra fora empregada por Aristóteles, Platão e seus antecessores: para eles, ela não possuía o sentido de uma cadeia de características inescapáveis, irreversíveis e determinantes, mas, sim, de tudo aquilo que guiava as ações humanas (aspecto físico, contexto, hábitos), à semelhança do que a reflexão racional poderia fazer. Até mesmo isso pode ser lido como uma redução do significado que a palavra retinha para os primeiros filósofos, que dela se serviram para denotar a experiência completiva do homem na sua interação com o mundo ao seu redor. Aristóteles, em particular, discutiu as expressões corpóreas da alma – ou melhor, da alma como a enteléquia de um corpo particular – em seu tratado sobre as partes dos animais, mesmo que para ele, como para os filósofos precedentes, o etos, com a sua implicação de uma escolha, pudesse apenas descrever o comportamento humano[50].

Para Aristóteles, toda a criatividade humana era *mimēsis*, uma imitação (ou talvez mais corretamente, uma "representação") da ação humana, uma *praxis*. A *praxis* nunca era neutra, mas devia, necessariamente, tender para o bem ou para o mal, e aquele feixe de possibilidades respondia por seu etos; contudo, em toda imitação (e, portanto em todas as formas de arte) o etos do imitador, por sua vez, é também um guia para a maneira pela qual ele escolhe imitar a pessoa ou a coisa imitada[51]. O estudo do etos do orador, da sua disposição, atrofia-se na retórica helenística, quando o etos passa a ser identificado cada vez mais com um caráter indelével. O aspecto dialógico da palavra é finalmente suprimido na tradução ciceroniana de *ethikē* enquanto *moralis*. Os retóricos

Hieróglifo para *Characteristics* do conde de Shaftesbury. Gravura em cobre de Simon Gribelin para a Página de rosto do volume 3 (1732).

latinos nunca encontraram a palavra exata para traduzir o termo grego de modo satisfatório. De fato, nos tempos do Império, Quintiliano chegaria mesmo a sugerir que a diferença entre etos e patos é similar àquela entre comédia e tragédia, entre emoções suaves e lentas (*mites atque compositos*) e *concitatos*, aquelas emoções turbulentas; ele acrescentou (como pensava) prestativamente: *ut amor-páthos, caritas-ēthos*[52]. Seguindo Agostinho, o uso teológico de caráter como uma marca permanente – como a de um ferro em brasa – conferido por certos sacramentos, foi desenvolvido na Idade Média. Essa noção de marca indelével é transmitida pela onomatopeia, um som semelhante ao de um instrumento afiado arranhando uma superfície dura, *charassein:* daí *charagma, charax, charakter*. A transmutação altera ainda mais o significado da palavra, de modo a transformá-la em um conjunto de marcas que corresponde a um tipo[53].

Já para Le Brun a psicologia, o etos, do artista não era uma preocupação, visto que ele estabeleceria (assim acreditava) uma doutrina da arte da pintura a-histórica e de aplicação geral. As intenções principais de seus ensinamentos eram a descoberta dos sintomas da paixão interior para, a seguir, representá-los por meio das configurações faciais e das atitudes corporais de cada personagem (ou caráter) individual no interior de qualquer narrativa. Ele tampouco estava interessado em encontrar maneiras de apelar ou influenciar o juízo dos espectadores pelo engajamento da paixão. A persuasão seria garantida pela ideia, o caráter central da pintura – seu etos, na verdade. Em vez de influenciar a paixão, compondo-a na pintura e na escultura mediante gestos e atitudes, ele procurou fazer das artes visuais uma demonstração sistemática, ou um índice, dela; Le Brun, por assim dizer, inverteu a relação aristotélica de etos e patos.

No entanto, Le Brun e seus seguidores não foram capazes de construir, a partir da observação direta, um sistema de notação que rivalizasse com o poder alusivo das convenções retóricas. Portanto, foi inevitável que voltassem para a única fonte alternativa, a descrição físico-psicológica. Os exercícios e as imagens que Le Brun desenvolveu foram reunidos pela primeira vez em um conjunto de ilustrações, que correspondia aproximadamente ao elenco das paixões listadas por Descartes. Essas ilustrações de Le Brun exerceram uma vasta influência para além das artes visuais[54]. Sem dúvida, os vários conjuntos esplêndidos de gravuras contribuíram em muito para a sua popularidade, porém mesmo os textos e desenhos que não foram amplamente reproduzidos inspiraram inúmeros estudantes e intérpretes[55]. A miologia da face, relacionada à expressão da paixão, tornou-se tema predileto dos anatomistas, bem como dos artistas. Ao buscar uma atenção científica detalhada para a face entendida como "reveladora", como a chave para o caráter autêntico e a paixão verdadeira (mesmo que oculta ou mascarada), ela reduziu o poder comunicativo do corpo em sua completude. É por isso que, embora não fosse seu desejo desvalorizar o precedente antigo, a cópia de estátuas e moldes ou a emulação de Rafael, as conferências fundamentais de Le Brun asseguraram que o lugar dessas experiências na formação do artista jamais seria central novamente[56].

No ensinamento de Le Brun, o relato de Descartes a respeito dos movimentos do olho e da sobrancelha, da linha do nariz, e da relação geométrica entre o comprimento e a posição da boca e do olho, tornou-se uma espécie de classificação física protocientífica (quase uma topologia) de todas as paixões humanas, aliada ao sistema mais antigo de paralelos entre os tipos animais e humanos – ou pelo menos à fisiognomonia. O próprio Le Brun foi além e tentou oferecer uma "prova" mensurável, ou de qualquer modo geométrica, da relação entre paixão e fisiognomonia. A inclinação da linha que passa pelo centro do olho e das narinas, bem como o lugar de junção dos olhos em relação à ponte do nariz, mostrariam com precisão o grau de ferocidade de um animal, e poderiam ser aplicadas em paralelo na face humana. Com um exercício ultracartesiano, ele abriu caminho para uma nova forma de antropometria, concentrada principalmente na face; disso dependeu toda a fisiognomonia posterior, bem como o estudo que passou a ser conhecido como antropologia física[57].

Seria deveras enganoso atribuir a Le Brun um sistema filosófico consistente; seguramente, ele não era um cartesiano. Mesmo que seu pensamento fosse sistemático, era um pensamento empírico; seus esquemas geométricos eram sempre fundados sobre observações. Ele aniquilou a única tentativa rigorosa de tornar a Academia racional e cartesiana, empreendida pelo muito prolífico gravador Abraham Bosse que, por sua vez, foi discípulo (e porta-voz) do engenheiro e geômetra Gérard Désargues. Désargues foi protegido de Descartes e do padre Mersenne, admirado por Pascal, foi um generoso professor de artífices e também de outros matemáticos, mas publicou muito pouco[58]. Ele jamais ocupou uma posição oficial, enquanto Bosse – apesar de gravadores não serem admitidos como acadêmicos efetivos, e de ele ter sido sempre descrito como um gravador – foi nomeado professor de perspectiva na Academia em 1648 e tornou-se membro efetivo em 1651, ele acabou por se revelar um colega dogmático, difícil e briguento.

O próprio Bosse sustentava que, por conta de uma crítica desfavorável a um dos quadros de Le Brun, havia atraído a antipatia do eficiente mestre da Academia[59]. Entretanto, suas diferenças não eram apenas pessoais. O método de perspectiva de Bosse-Désargues dependia de uma versão muito refinada da *costruzione legittima*. Era um procedimento totalmente dedutivo e geométrico, que desafiava a experiência. Na *perspectiva naturalis,* tanto a visão estereoscópica quanto a curvatura do olho têm a possibilidade de corrigir a perspectiva construída a partir da observação direta: esse era o método defendido pela Academia[60].

Désargues primeiro e, depois dele, Bosse possuíam uma desconfiança quase platônica, e certamente cartesiana, de qualquer percepção sensorial. É por isso que eles (e seus colegas como o grande padre Niceron, mestre da construção anamórfica) estavam tão fascinados com as maneiras de enganar o olho[61]. Contudo, quando chegou o momento de fazer da sua doutrina o ensinamento oficial da Academia, juntamente à afirmação dogmática da perspectiva central com os edifícios dispostos paralelamente ao plano da imagem, a maioria dos acadêmicos se opôs. Os detalhes da disputa foram relatados por diversas vezes e envolviam muitos personagens que já mencionei – o mais importante deles sendo Fréart de Chambray, que com a publicação de sua tradução do tratado de pintura de Leonardo (com sua pouco acurada doutrina proporcional) forneceu a oportunidade de ao menos uma batalha. Pouco depois desse episódio Bosse foi expulso da Academia, após uma desagradável controvérsia sobre plágio, em 1661. A escola independente que ele (ou seus alunos) tentou fundar, um ano mais tarde, foi fechada pela polícia instigada por Le Brun, e seus alunos mais leais banidos da Academia[62].

Aparentemente, Bosse via a si mesmo como uma espécie de academia de um único homem e, sendo assim, inevitavelmente, também editou um tratado sobre as ordens. Mesmo explicando em tom de autocrítica que seu livro não teria muito texto destinando-se aos profissionais (e encaminhando seus leitores para o *Parallèle*, de Fréart de Chambray, para maiores detalhes), ele consegue introduzir uma ou duas notas polêmicas e indelicadas sobre Chambray e François Blondel (o professor de teoria na Academia de Arquitetura, sem parentesco com Jacques-François)[63]. O Blondel mais velho foi o principal defensor da visão "antiga" das ordens – sua exatidão intemporal e sua relação com o ensinamento das proporções em relação à harmonia universal – que seria, de fato, gradualmente posta de lado, ainda durante a vida de Blondel e Bosse. Sobre esse aspecto, não existe qualquer sugestão no livro das ordens de Bosse, que propõe somente receitas sumárias, que ele reivindica ter extraído sobretudo de Palladio (dotado de melhor gosto) e de Vignola (que conhecia mais geometria)[64]. Os arquitetos ainda deveriam esperar mais uma década, até a edição de Vitrúvio, feita por Claude Perrault, para receber a mensagem cartesiana em toda a sua completude.

O paralelo entre o empreendimento arquitetônico de Perrault e aquele de seu amigo Le Brun é bastante notável. Perrault, um arquiteto que também era um famoso anatomista comparativo, junto

Águia. Desenho, Charles Le Brun. © Photo Réunion des Musées Nationaux.

O Homem Águia. Desenho, Charles Le Brun. © Photo Réunion des Musées Nationaux.

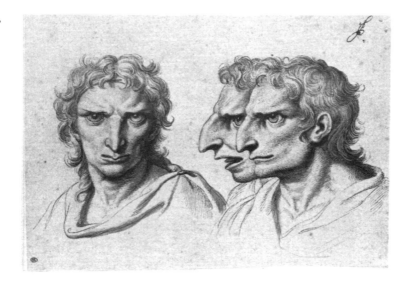

O Homem Águia. Desenho, Charles Le Brun. © Photo Réunion des Musées Nationaux.

11 : A Ordem no Corpo

O Homem Coruja. Estudo, Charles Le Brun. © Photo Réunion des Musées Nationaux.

O Homem Camelo. Desenho, segundo Charles Le Brun. © Photo Réunion des Musées Nationaux.

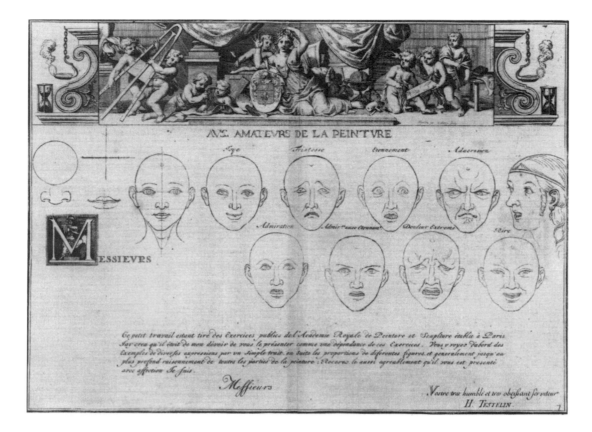

Ilustrações das paixões, segundo Le Brun. Placa dedicatória. Gravura de H. Testelin.

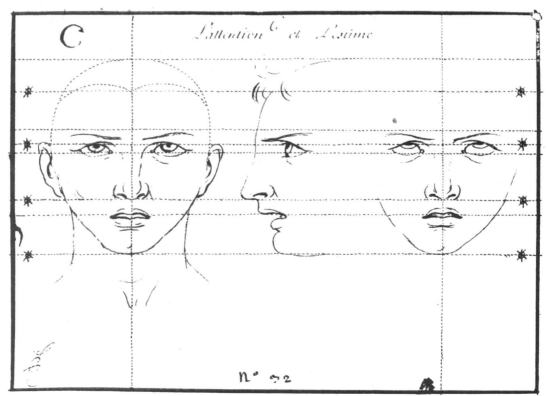

Attention et Estime, de Charles Le Brun. Paris, Louvre, Cabinet des Dessins. Em grelha. © Bulloz.

II : A Ordem no Corpo

Etonnement, de Charles Le Brun. Paris, Louvre, Cabinet des Dessins. © Bulloz.

O ângulo de selvageria, de Charles Le Brun. Paris, Louvre, Cabinet des Dessins. © Giraudon.

com seu irmão Charles (um funcionário público de alta posição), desempenhou um papel análogo ao de Le Brun na arquitetura francesa. Com base em suas observações arqueológicas e anatômicas, Claude demonstrou que não havia uma correspondência estreita entre harmonia musical e visual, conforme acreditavam implicitamente os teóricos anteriores da música e da arquitetura sem outros questionamentos[65]. Essa constatação o induziu a propor uma subdivisão entre o senso comum ou a beleza positiva que era "natural", de um lado, e o arbitrário e as belezas das artes subordinadas à cultura, do outro lado. Não obstante a acurada observação dessa diferença, Perrault também sustentava a validade do antigo preceito, visto que a mente humana voluntariosa necessitava da força do exemplo para orientar e reprimir os gostos decadentes e corruptos condicionados pela imaginação. Na visão de Perrault (que, de certo modo, é repercutida por Le Brun), o valor do venerável exemplo histórico estava na educação e na contenção daquela imaginação humana equivocada, ainda que a origem e a aceitação dos arquétipos fossem convenções transmitidas quase por acidente. Perrault estava bastante consciente do paralelo que havia entre ele próprio e Le Brun, a quem exaltava como um dos maiores se não *o* maior pintor de todos os tempos[66]. No entanto, a doutrina revolucionária proclamada pelos irmãos Perrault não se afirmou com a mesma rapidez que aquela de Le Brun: ela não possuía o respaldo de uma instituição acadêmica, e devia infiltrar-se por intermédio de emuladores individuais e seguidores.

O primeiro teórico de arquitetura a fazer do caráter a proposição essencial de seu ensinamento foi, provavelmente, o velho Charles Boffrand, em sua imitação da *Arte Poética*, de Horácio[67]. Na

Construção perspéctica corrigida sobre um plano liso. Gravura de A. Bosse (1667).

Construção de retângulos e paralelepípedos. Gravuras de A. Bosse (1665).

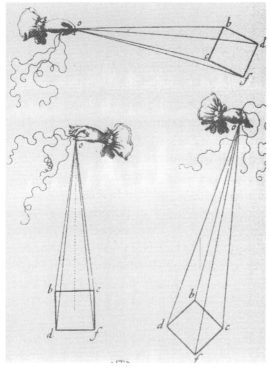
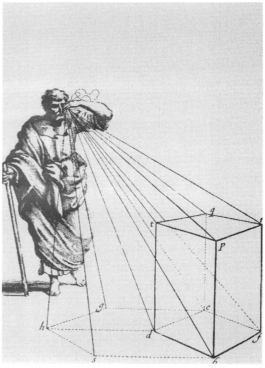

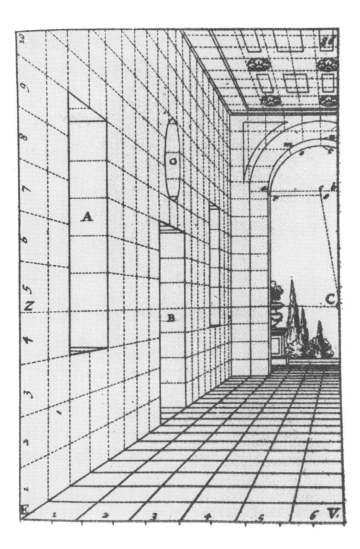

A regulação do espaço interior. Gravura de A. Bosse (1667).

França, durante os séculos XVII e XVIII, havia uma grande demanda para tratados sobre artes em verso e Horácio proveu o modelo mais difundido para o exercício. Contudo, mesmo que a forma escolhida por Boffrand para o seu tratado fosse pouco singular, ele inovou ao afirmar que a questão essencial da arquitetura era causar a impressão do *caráter* de um edifício sobre o espectador, evidenciando seu uso e contexto pela adoção apropriada das diferentes ordens.

Para Boffrand isso justificava a diversidade das proporções e ornamentos. Ele considerava seus próprios preceitos sobre a expressão e a impressão que o edifício provoca, como uma simples atualização das regras vitruvianas sobre *decorum*. Ele não considerou, ou não estava interessado, em outra implicação de seus ensinamentos: se a escolha de uma ordem depende da implantação ou do uso para o qual o edifício é destinado, então apenas uma ordem pode ser apropriada para ele. Em consequência, nenhum edifício jamais poderá reivindicar o *status* microcósmico pelo qual se empenharam tão avidamente (não sem certa ingenuidade) as torres e palácios de cinco ordens do século XVI, e ao qual de algum modo aspira qualquer edifício que compreenda mais de um tipo de coluna. A partir desse momento, o caminho estava aberto para a concepção oitocentista de uma "ordem das ordens", a que descrevi no primeiro capítulo.

As cinco ordens. Gravura segundo C. Perrault.

Face, Caráter, Estado de Espírito, Paisagem

No entanto, uma emulação mais curiosa e episódica de Horácio surgira na Inglaterra em 1734, onze anos antes daquela de Boffrand: as *Lectures on Architecture*, de autoria de um crítico inglês, de resto, pouco conhecido, Robert Morris. Alternando passagens em prosa e outras em verso (muito medíocres), ele recomenda recorrer às várias ordens não somente conforme o uso do edifício, mas também conforme a sua implantação (cidade ou campo, montanha ou vale, e assim por diante). Nos tratados antigos, e mais explicitamente naquele de Alberti, a implantação e o nome do local eram considerados parte do "ornamento", a presença interna e física do edifício, enquanto a escolha de uma ordem dependia de sua destinação ou da posição da coluna em sua construção. Morris faz do local, do cenário, um determinante externo do caráter do edifício e, por conseguinte, da escolha da ordem apropriada. Tanto o livro de Boffrand quanto o de Morris estabelecem o termo *caráter* como a justificativa das ordens contra os céticos pós-perraultianos, e graças a eles, a palavra entrou no vocabulário arquitetônico, assumindo as várias implicações posteriores que se encontram elencadas nos dicionários arquitetônicos do início do século XIX, de Antoine-Chrysostome Quatremère de Quincy e Francesco Milizia[68], embora seja igualmente discutida em escritos relacionados de forma mais geral à teoria da arte.

Retorno, pois, a Jacques-François Blondel, o primeiro que me levou a fazer essa consideração sobre caráter e fisiognomonia, na esperança de fornecer um contexto adequado para o seu aparentemente estranho e isolado exercício. Blondel estava familiarizado com grande parte da literatura que citei, inclusive as conferências de Le Brun; ele conhecia e admirava o livro de Boffrand[69]. Todavia, ele não cita Le Brun; ao invocar Le Blond remontando até Diego de Sagredo, ele parece tentar conciliar o seu psicologismo com uma tradição mais antiga e independente. De sua parte, Diego aprendera os detalhes dessa doutrina na Itália, onde é sabido que esteve[70].

Variedade de Caráter e Fixidez de Cânone

A *medida*, no título da obra de Diego, *Medidas del Romano* (isto é, de Vitrúvio) é o padrão pelo qual devem ser corrigidos os enganos cometidos por seus contemporâneos espanhóis, no que diz respeito às proporções das colunas. Ele começa pela instrução essencial traçando um relato do cânone da proporção humana, algo que certamente estava no centro da discussão da arte italiana dos séculos XV e XVI. Seu livro apresenta-se sob a forma de um diálogo entre o autor (ou, então, um personagem chamado Tampeso, que parece representá-lo) e seu interlocutor e amigo, o pintor Leon Picardo[71]. Ele inicia aludindo à noção de microcosmo; sublinha a importância da face como o ponto mais alto da criação e oferece o esboço de um cânone, no qual sustenta ter aperfeiçoado a altura de um homem estabelecida por Vitrúvio, de 10 faces, bem como a de Pompônio Gaurico, que preferia uma altura de 9 faces[72]. Diego explica sua própria preferência de 9 e 1/3 (a qual ele também ilustra como 28/3, considerando 28 como um número "perfeito")[73].

Ao especificar a fórmula da relação face-corpo, os vários compêndios variavam desde os 8 e 2/3, do pintor Cennino Cennini no início do *Quattrocento*, até os 10 de Vitrúvio[74], enquanto Diego sustentava que o seu coeficiente particular era invenção própria. Entretanto, todos os livros concordam na divisão da face em três unidades (por vezes posteriormente subdivididas em duas ou três subunidades); o comprimento do nariz, que é de 1/3 da face, é frequentemente tratado como o módulo pelo qual as demais partes da face e do corpo são medidas. O cânone bizantino, conhecido através da *Hermenêutica da Pintura*, compilada no monte Athos, também propõe 9 e 1/3[75]; sugeriu-se que esta relação particular foi herdada de uma tradição muçulmana, por sua vez, abstraída do ensinamento helenístico[76].

As *Medidas* contêm inúmeras referências evidentes, sobretudo a Vitrúvio e a Alberti. Quanto a Blondel, ele tomou emprestado de Diego a noção de uma congruência entre face e cornija que este parece ter deduzido do *De Divina Proportione*, do frei Luca Pacioli, e do tratado do grande pintor--arquiteto-engenheiro de Siena, Francesco di Giorgio; este último pode ter chegado ao conhecimento de Diego por uma das diversas cópias parciais em circulação na época, embora ele pudesse também ter visto e lido um manuscrito original. Existem vários manuscritos que podem ser definidos como "originais", no sentido de que Francesco supervisionou sua execução e talvez tenha ajudado a ilustrá--los, e quatro deles contêm duas versões diferentes de um tratado de arquitetura e engenharia[77].

De Pacioli, Diego tomou a modulação da cabeça por meio de um quadrado subdividido; foi também Pacioli quem sugeriu a quadratura do perfil, ainda que a divisão em nove subquadrados feita por Diego seja mais grosseira. Entretanto, o primeiro a desenhar o perfil humano sobrepondo-o à seção de uma cornija, para explicar o fundamento lógico que permite relacionar seus distintos elementos, foi Francesco di Giorgio; assim como também havia feito Pacioli, ele modulou o perfil

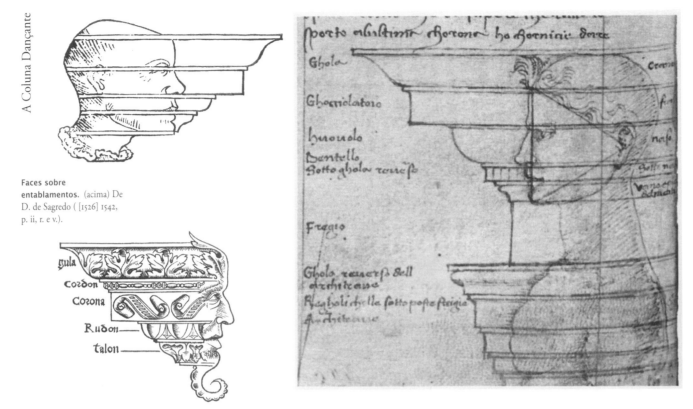

Faces sobre entablamentos. (acima) De D. de Sagredo ([1526] 1542, p. ii, r. e v.).

Face sobre cornija. (acima, à esquerda) Francesco di Giorgio, Turim, Cod. Saluzz.

fazendo uso de um triângulo equilátero, cujos vértices coincidiam com a linha do cabelo, a do queixo e a abertura do ouvido. A argumentação de Francesco para justificar tal procedimento foi o inevitável apelo aos antigos:

> muitas vezes, ao considerar e investigar se as proporções de uma cornija não poderiam ser reduzidas às de uma cabeça humana [...] vi muitas que, mesmo se às suas partes pudesse ser dada uma forma definida, ainda assim suas proporções não poderiam ser certificadas por medidas; porém, ao medir muitas outras cornijas, encontrei [mais e mais vezes] que elas tinham a mesma proporção que a cabeça em meu desenho mostra: epistílio [ou arquitrave] para os ombros, um friso para o pescoço, um astrágalo para o queixo, dentículos para os dentes.

Ele chega a insistir na homonímia óbvia e prossegue enumerando as outras molduras, finalizando com "o cimácio ou pescoço do cume e a curva da cabeça". De tudo isso, conclui, é evidente que assim como os ombros carregam o peso sobre si, do mesmo modo o epistílio carrega aquele da cornija, e o restante do corpo responde tanto pela forma de uma coluna como pela fachada de um templo: "Ao examinar as obras dos antigos, eu os encontrei relacionados desta maneira."[78]

Essa citação provém da última e mais literária versão de seu tratado, se bem que, efetivamente, a figura face/cornija seja muito similar em ambas as versões. A diferença marcante é a proporção dos dentículos para os outros elementos. Na primeira versão, eles parecem muito menores que na maior parte dos exemplos antigos, visto que correspondem à boca fechada sobre a face; na última versão, a boca está totalmente aberta e, graças a esse simples estratagema, os dentículos tornam-se 1/5, ao invés de 1/8, da cornija.

II : A Ordem no Corpo

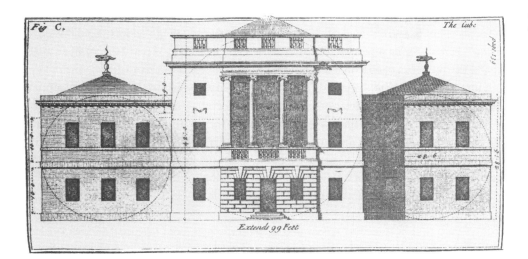

A mansão cubo. Gravura segundo R. Morris (1759).

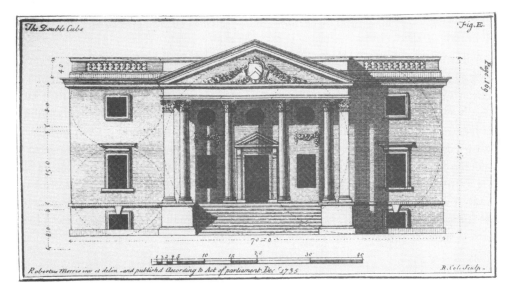

A mansão coríntia. Gravura segundo R. Morris (1759).

A mansão jônica. Gravura segundo R. Morris (1759).

Existe uma correspondência razoavelmente estreita entre os argumentos apresentados nas duas versões do texto de Francesco, e aparentemente ele esteve envolvido na ilustração dos dois grupos de códices[79]. Em ambas as versões a comparação de Francesco entre o perfil da cornija e a face humana era parte do que agora parece uma insistência obsessiva na aplicação da analogia entre o corpo humano como um todo e o edifício. Depois da cornija, ele se ocupa do capitel da coluna: este também deve ser disposto do mesmo modo que a cornija, por analogia com as três zonas da face; "como os pintores a dividem". Ele pode ter encontrado a regra no tratado de Alberti sobre a pintura, em Vitrúvio, ou tê-la assumido como parte da prática de oficina[80]. Se a cornija e o capitel são as instâncias da menor escala do microcosmo da edificação, a planta e a fachada de uma igreja oferecem provas mais convincentes e conclusivas. A face é apenas uma parte de toda a analogia entre edifício e corpo.

Francesco afirma com brandura:

> Descreverei agora como as fachadas e portas dos templos devem ser feitas. Visto que as fachadas dos templos são derivadas do corpo humano, eu as determinarei de acordo com os métodos e medidas que a ele pertencem. Você deve saber que o corpo é dividido em nove partes, ou em nove cabeças, do limite ou inclinação da testa até a ponta do queixo.[81]

A ilustração mostra um homem com a mão estendida, seu tronco e cabeça correspondendo à nave da igreja, os braços inclinados indicando a mesma direção dos telhados das naves laterais. O corpo inteiro, seja do homem "vitruviano", seja da igreja, possui a altura de 9 faces e 1/3 (o 1/3 suplementar da fórmula corresponde à altura de toda a cabeça a partir da linha do cabelo para baixo), a nave se articula a partir das alas laterais nos cotovelos e a porta principal abre-se na altura das juntas dos joelhos. E naturalmente a cabeça está "no" frontão. Na versão posterior, Francesco impôs uma grade sobre a figura. O corpo possui agora sete cabeças de altura e não existe a linha do cabelo – o homem parece calvo, à semelhança dos corpos inscritos nas plantas: eles são mais esquemáticos, como se no segundo grupo de manuscritos a questão fosse reduzida a um método[82]. Quando discute as plantas, Francesco é mais explícito, quer seja sobre o método quer seja sobre as fontes:

> muitas mentes alertas e especulativas trabalharam com afinco para imitar a natureza em todas as suas atividades e da natureza aprenderam seu método: como as divisões e membros do corpo humano, a partir dos quais, o número perfeito sobre o qual escreve Platão pode ser descoberto para ser derivado. Vitrúvio [deduz a partir dele] as medidas e proporções de templos e colunas, sem cuja simetria, assim ele diz, nenhum artífice pode fazer qualquer coisa bem e de modo razoável[83].

A Igreja Como um Corpo

A seguir, Francesco descreve dois métodos alternativos para sobrepor uma planta a um corpo humano "canonizado": o primeiro, definido para um edifício simples com uma nave e duas alas, baseia-se em sete subdivisões (isto é, sobre a mesma grelha da fachada descrita anteriormente), o outro ainda mais elaborado é indicado para uma igreja cruciforme com uma cúpula central. Naturalmente, se trata da aplicação visual das ideias que ao longo

11 : A Ordem no Corpo

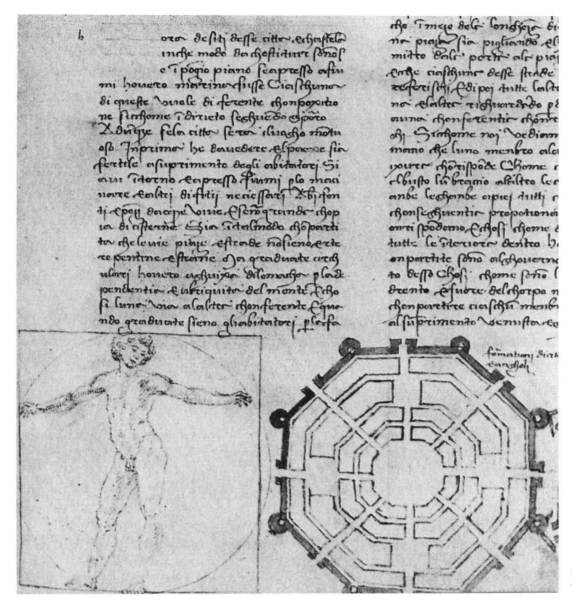

Homem no quadrado e no círculo. Francesco di Giorgio.

deste capítulo atribuí a Honório de Autun e a Pedro de Celle; no entanto, a preocupação desses últimos com a articulação geral e com a numerologia foi, no caso de Francesco, substituída por uma confiança na geometria derivada do corpo.

Como resultado, as formas retangulares e até mesmo as quadradas deveriam ser conciliadas com aquelas circulares. Na versão posterior e mais teórica (ou, então, mais explicitamente aristotélica) de seu tratado, Francesco emprega com frequência dois ou três números primos incomensuráveis – 5, 7, 11 – que intrigaram alguns comentaristas. Em um diagrama, no início do livro, ele explica como chegar a uma relação geométrica entre 5 e 7, desenhando um semicírculo num quadrado duplo, e uma diagonal através de um dos quadrados, resultando na dimensão que o interessava, a *sagitta* (flecha) do arco que a diagonal corta fora do semicírculo (este segmento mede cerca de 1/5 da diagonal, e 1/7 do lado maior do quadrado duplo). A medida da diagonal de um quadrado de lado

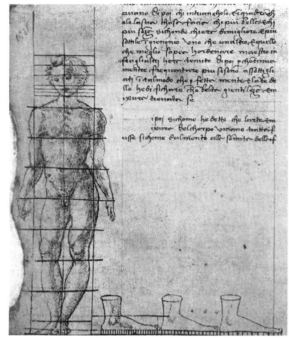
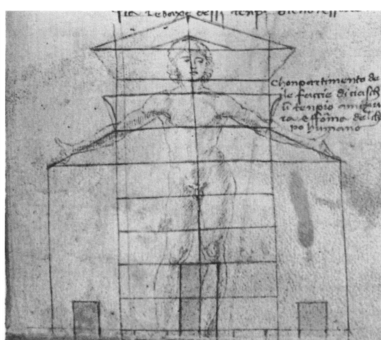

O cânone de proporção com o pé dividido em doze, dezesseis e vinte e quatro unidades. (acima) Francesco di Giorgio.

O corpo na fachada da igreja. (acima, à direita) Francesco di Giorgio.

5 está, em todo caso, a menos de 3% de 7; e a diagonal de um quadrado de lado 7 é 2% menor que 10. O lado maior do duplo quadrado é o diâmetro do semicírculo, portanto, este último mede 11 unidades, já que Francesco, assim como a maioria de seus contemporâneos ilustrados, considerou o valor arquimediano de pi mais elevado (e mais preciso), ou seja, 22/7 ou 3 1/7.

Francesco, que segue Vitrúvio e Alberti ao ilustrar os próprios princípios de desenho sobre o mais sublime de todos os tipos construtivos, o templo ou a igreja, admitiu a existência de três formas: a circular (ou centralizada); a longa (ou basilical); e a mista (a basílica com cúpula), que ele parece ter preferido. O uso dos números derivados de pi permitiu-lhe manipular este último tipo com a grelha fundada na proporção humana das sete faces, que ele adotara anteriormente, integrando o método medieval da proporção *ad quadratum* baseado em quadrados rotantes. Essa miscelânea de relações aritméticas prové Francesco com o mais elaborado de seus diagramas proporcionais, a secção através da abóbada de uma igreja basilical que constitui, de certo modo, o clímax de suas especulações geométricas, baseadas em uma grelha dupla operada dentro do mesmo quadrado de sete e de quatro unidades. Ela também permite que ele harmonize o cânone da proporção humana com as medidas do quadrado e do círculo – em um certo sentido, realizando a quadratura do círculo através da figura humana e solucionando assim um dos grandes dilemas do desenho do seu tempo[84]. Ao mesmo tempo, ele relaciona seu procedimento de desenho com outro enigma bastante difundido, o número perfeito: isto é, um número cujos fatores sejam iguais a sua soma, como 6 = 1+2+3 = 1x2x3, ou 28 = 1+2+4+7+14 = 1x2x14 ou 1x4x7. Francesco alega ter aprendido sobre essa espécie de número a partir de Vitrúvio, embora também faça referência a Platão[85]. Naturalmente, eles estavam entre os muitos enigmas numéricos que fascinavam os pitagóricos. No entanto, o que é notável sobre as fórmulas que ele recomenda, por todas as suas complexidades numéricas e geométricas, é a vívida corporalidade com a qual o arranjo da planta é descrito. Para a planta menor, a cabeça corresponde a um sétimo do corpo: "então se coloca a

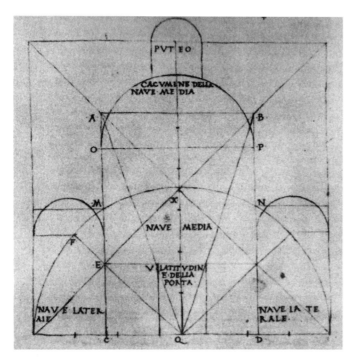 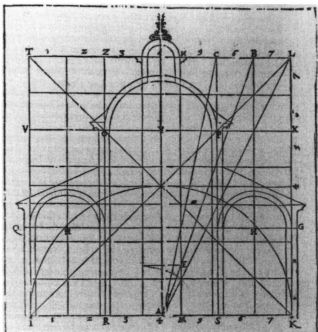

Seção geométrica de uma igreja. (à esquerda) Francesco di Giorgio, Magliab. II. l . 141, fol. 41 r.

Seção de uma igreja. Gravura em madeira de Philibert de l'Orme (1648).

ponta do compasso sobre o umbigo, que é a interseção das linhas [e traça] uma circunferência a partir da ponta do queixo até à junta do joelho [...] [após o quê] você traça um semicírculo no topo do crânio terminando em AB, e esse deve ser o lugar da imagem"[86].

A qualidade tátil e a proximidade – quase como se o próprio Francesco estivesse apontando para o membro em questão no corpo de seu leitor – caracterizam boa parte da escrita sobre proporções e arquitetura, temas que desde então se tornaram deveras abstratos; porém no caso particular de Francesco, todo o seu tratado é construído sobre (por assim dizer) a imagem do homem encarnada na planta da própria cidade. A primeira página da versão anterior de seu tratado apresenta um desenho extraordinário e claro que fornece uma ilustração literal dessa ideia:

> Como considera Vitrúvio, toda arte e seus métodos são derivados de um corpo humano bem composto e proporcionado [...] havendo a natureza mostrado [aos antigos], portanto, que a face e a cabeça são suas partes mais nobres; como o olho que vê pode julgar o seu todo, assim também um castelo deve ser posicionado na parte mais eminente da cidade, para que possa examinar e julgar todo o corpo. A mim parece que a cidade, a fortaleza e o castelo devam ser formados de acordo com o corpo humano, e que a cabeça tenha uma correspondência proporcional às partes apropriadas; de modo que a cabeça possa ser a fortaleza, os braços suas muralhas adjacentes e confinantes que, circundando-a por todos os lados, irão transformar o restante dela em um único corpo, uma imensa cidade.[87]

A Cidade Como um Corpo

Na primeira versão de seu tratado, Francesco segue especificando os detalhes daquela fortaleza; na segunda versão, mais desenvolvida, aquela primeira ilustração simples e direta transformou-se em um desenho muito mais refinado, representando Dinócrates tendo nas mãos o modelo de uma cidade fortificada (presumivelmente similar àquele que Vitrúvio descreve como sendo o modelo proposto por Dinócrates para o monte Athos, transformado em uma estátua colossal de Alexandre sentado, mesmo que no desenho ele se assemelhe mais a uma das fortalezas úmbrias de Francesco). O texto escrito insiste ainda mais na imagem do corpo tal como é aplicada à cidade:

> Digo, pois, primeiro, que a praça principal [*piazza*] deve estar no meio e no centro da cidade (ou o mais próximo dele possível), localizada assim como o umbigo no corpo humano [...] e a razão para essa analogia é a seguinte: já que a natureza humana no princípio toma todo o seu nutrimento e perfeição pelo umbigo, assim, através da [principal] praça pública todos os outros lugares [da cidade] são nutridos. E existe uma justificativa a partir da natureza: que todas as coisas comuns devem estar igualmente disponíveis a todos, assim como o centro [é equidistante] de cada uma das partes da circunferência. Ele deve ademais estar rodeado de lojas e negócios honrosos.

Francesco continua detalhando as 22 condições para uma planta correta, na qual o corpo retorna apenas na última regra: "que todas as ditas partes devam corresponder e estar em proporção à cidade como um todo, assim como cada membro está para o corpo humano"[88].

A aplicação da analogia resulta talvez mais clara no desenho de Francesco, naquela página, do que no texto, demonstrando, por exemplo, que a igreja, como ele a entende corresponde claramente ao coração. Naquela época a ideia de um microcosmo cidade-edifício-corpo era tão amplamente difundida que o comentário bastante singular de Francesco a seu respeito não deve ser considerado absolutamente excêntrico. De fato, ele possui paralelos claros com a comparação de John de Salisbury, citada no início do capítulo.

Outro importante escrito arquitetônico daquele tempo, o tratado "novela", logorreico e difuso, de Antonio Filarete (escrito cerca de trinta anos antes dos livros de Francesco, por volta de 1460)[89], oferece uma justificativa bíblica da ideia fundamental: sendo a arquitetura uma arte, ela deve ser uma invenção humana e certamente devemos assumir que quando Adão foi expulso do Paraíso pelo anjo, ele colocou suas duas mãos sobre a cabeça, para fazer um telhado contra o tempo inclemente do mundo depois da Queda. Inevitavelmente, ele deduziu o restante do edifício de seu próprio corpo: ele, Adão, como paradigma da proporção humana. De fato, os edifícios podem derivar do corpo humano por meio das colunas, que imitam a diversidade da psique humana em suas diferenças. Os edifícios assemelham-se aos corpos humanos em outros aspectos: eles precisam ser nutridos e sustentados ao longo de toda a sua vida, podem ser feridos e, no final, são destinados a morrer. As cidades também derivam sua forma do corpo humano, o que é mencionado de forma bastante superficial e sem os detalhes circunstanciados fornecidos por Francesco[90]. Contudo, Filarete reitera a mesma ideia em diversas ocasiões e mesmo desenvolve aspectos diferentes dela.

II : A Ordem no Corpo

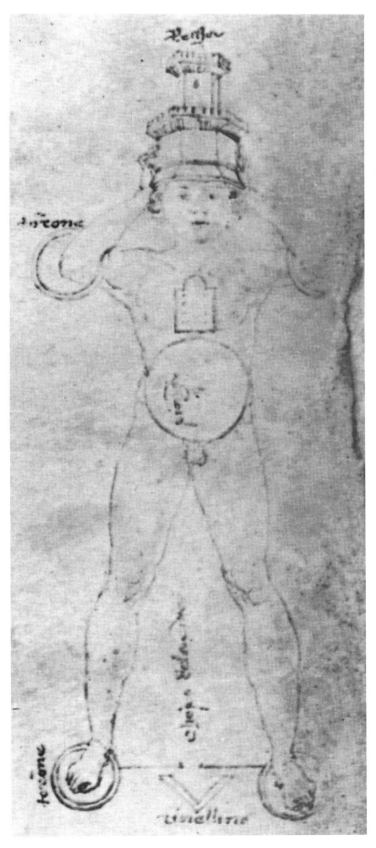

A cidade como um corpo.
Francesco di Giorgio, Turim, Cod. Saluzz.

A Cidade Como uma Casa

Naquele momento porém, Filarete e Francesco, bem como outros autores de arquitetura, estavam apenas aplicando uma ideia tão corrente que se tornou parte de um repositório de pensamento geral e inquestionável. A ideia de que o corpo humano é "um pequeno mundo feito com habilidade"[91] teve repercussões na medicina e na alquimia, mas também na astronomia e na teologia – e, inevitavelmente, na jurisprudência e na teoria política. No que diz respeito aos tempos modernos, ela foi solidamente implantada no pensamento arquitetônico por Leon Battista Alberti que, no entanto, separou as suas duas partes. "A cidade é uma grande casa, a casa é uma pequena cidade"[92] é a primeira parte. Que o edifício deve ser sempre pensado e, sobretudo, analisado, como um corpo, é a outra parte. Sobre isso, como sobre tantas outras questões, os escritores da arquitetura que se seguiram tenderam a assumir que houvesse familiaridade de seus leitores com o texto de Alberti.

No que diz respeito a Alberti, ele reivindicava ter derivado sua doutrina dos textos antigos e ter assumido explicitamente como modelo o único autor antigo remanescente que escreveu exclusivamente sobre arquitetura, ou seja, Vitrúvio. A doutrina de Vitrúvio sobre essa questão é principalmente geométrica, e ele começa pela assimilação da figura humana ao quadrado e ao círculo. No entanto, entre Vitrúvio e Alberti, um aspecto diferente e igualmente antigo da analogia, topológico ao invés de geométrico, foi desenvolvido de forma muito mais exuberante e logrou um domínio completo sobre a imaginação popular, bem como sobre a científica: o astrológico, ao qual aludi anteriormente, mas que agora devo considerar com mais cuidado.

III: O Corpo e o Mundo

▪ Amor e Discórdia ▪ O Corpo do Primeiro Homem ▪ Humores, Elementos e Estrelas ▪ Homem Astral, Homem Canônico ▪ A Dignidade e a Miséria do Corpo ▪ Geometria de Deus e do Homem ▪ O Homem, a Medida ▪ O Cânone Realizado ▪ O Homem de Vitrúvio em Movimento ▪ Dürer: Sobre a Diversidade Humana ▪ Gian Paolo Lomazzo ▪ Michelangelo ▪ Estrutura do Homem, Estrutura do Mundo

O fascínio precioso, brilhante e um tanto estéril do homem zodiacal, presente no frontispício de um dos manuscritos que os irmãos Limbourg ilustraram para Jean de France, duque de Berry, em torno de 1400, tem frequentemente cegado os estudiosos quanto ao lugar-comum que representa. Seu (ou talvez o dela?) corpo duplo, o gênero dúbio e a pose surpreendentemente "clássica" atraem tanta atenção que somos inclinados a esquecer com que assiduidade um homem (com menos frequência uma mulher) tão articulado – ou talvez mais acuradamente, rotulado – com todos os doze signos zodiacais, aparece em muitos livros de horas, bem como em muitos dos primeiros compêndios médicos, e persiste em herbários ou almanaques no nosso tempo[1]. Nessa forma quase diagramática ele/ela ilustravam um conceito fundamental de toda a medicina antiga e medieval, segundo o qual o corpo humano era uma representação topológica do universo, ao longo do tempo e do espaço. "O próprio homem, a quem os sábios chamavam *microcosmos* (isto é, um pequeno mundo) é dotado de um corpo inteiramente temperado por qualidades que certamente imitam os humores individuais dos quais ele é composto, como se seguisse a estação pela qual é dominado": conforme Beda, o Venerável, em seu calendário de meditações, que contribuiu para difundir o termo na Igreja Ocidental[2].

Amor e Discórdia

A noção à qual ele alude teve, no entanto, uma aceitação muito mais generalizada do que o neologismo que Beda havia cunhado ou adotara. Santo Ambrósio de Milão (para tomar um exemplo ilustre), um dos quatro pais da Igreja latina, familiarizou-se com tais doutrinas a partir dos escritores helenísticos e dos antigos padres gregos, ou mesmo autoridades tão antigas como Aristóteles. Ele aderiu explicitamente ao ensinamento dos filósofos e astrônomos estoicos, segundo os quais o corpo humano, como o mundo inteiro e tudo que ele contém, era constituído de quatro elementos (*stoicheia*), terra, água, ar e fogo. Ademais, estes elementos eram separados pelo conflito, *neikos*, e atraídos, uns aos outros, pelo amor, *philotes*, uma palavra que denotava ao mesmo tempo virtude, paixão e a força de atração entre os corpos inanimados – um vínculo universal, quase físico. A alternância entre afeto e repulsa, entre *eros* e *polemos*, sustenta a ordem, o *logos*, da estrutura do mundo, sendo a causa do fluxo cíclico e recorrente do universo: da total coesão da esfera, quando o amor está no clímax, à total desintegração do reino da discórdia.

O ensinamento sobre essa constância dinâmica e da imortalidade do mundo físico foi exposto com clareza, pela primeira vez, em torno de meados do século v a.C. por Empédocles de Acragás e até ser efetivamente posto de lado por Robert Boyle, o autodeclarado químico cético[3], foi uma parte das principais correntes da física, da química e mesmo da medicina no Ocidente e no mundo islâmico, a despeito da formação contínua de doutrinas rivais[4]. Empédocles era considerado físico, médico, mago e até um deus – e se dizia que havia operado numerosas curas. O conceito de que o ser só poderia ser atribuído aos quatro elementos e às duas forças, amor e ódio, era parte do seu ensinamento, que passou depois para a física de Aristóteles e da seita estoica; por intermédio dos filósofos estoicos, ele tornou-se parte da imagem do mundo segundo a patrística[5].

Esse esquema apresenta algumas implicações: que o ar é uma substância; que o mundo se move necessariamente através de uma série de ciclos de duração variável, e nossos corpos com ele; além disso, que a maneira pela qual os elementos são equilibrados ou desequilibrados no corpo humano de cada indivíduo pode ser conhecida – e retificada – com referência ao seu lugar e tempo sob as constelações. Àquelas constelações mais próximas da eclíptica foi garantido o controle sobre os movimentos do Sol, da Lua e das principais estrelas. Elas também foram identificadas como identidades animadas (daí, zodíaco, o cinturão de animais), muito antes que fossem feitos quaisquer registros dessas atividades. Aparentemente, mesmo no Período Paleolítico, foram efetuados cálculos complexos dos movimentos regulares dos planetas e das estrelas. Muitas mitologias distintas descrevem o céu povoado de deuses e heróis, animais e criaturas míticas, sendo bastante provável que em todo o mundo os povos classificassem fenômenos celestiais com a mesma precisão obsessiva que aplicavam aos terrestres, ainda que casos singulares demonstrando o contrário possam ser identificados[6]. Os movimentos aparentemente sem motivo das luzes celestiais demandaram uma explanação narrativa em termos análogos aos movimentos da experiência: não havia alternativa para essa grande elaboração que a razão impôs aos seus possuidores. As constelações eram criaturas vivas, sempre poderosas, às vezes arbitrárias, cujos movimentos celestiais refletiam, mas também pareciam guiar os habitantes terrestres. Entre todas as coisas e as criaturas do mundo, o corpo humano era quase universalmente reconhecido como o caso mais imponente da harmonia dos elementos.

III : O Corpo e o Mundo

O Homem Zodiacal. Très Riches Heures. Miniatura. Chantilly.

O deus Fanes no ovo zodiacal. Relevo em pedra do período helenístico. Modena, Museo Lapidario, ©Galleria Estense.

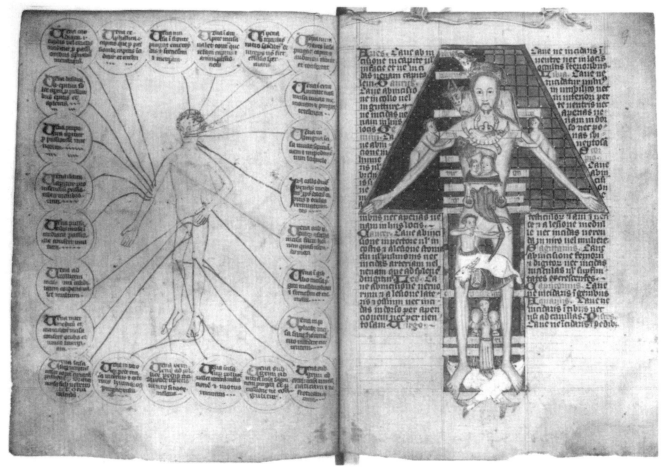

O homem-veia e o homem zodiacal. Miniatura. Oxford, Bodl. Ashm. 391.

O Corpo do Primeiro Homem

A leste da bacia do Mediterrâneo – que deverá permanecer o palco principal de minhas referências – em vários textos indo-europeus provenientes da Pérsia e da Índia, a criação do universo como homem primordial ou mesmo a criação do universo a partir do seu corpo era também reiteradamente cantada e elaborada. Inevitavelmente, tais "Escrituras" são espelhadas em rituais, tais como aqueles antigos referentes ao mais simples altar de fogo, o chão de sacrifícios elementar. O mais conhecido, o nonagésimo hino do Rig-Veda, sugere a criação do cosmos e da sociedade por meio de um desmembramento sacrificial de Purusa, o primeiro homem[7].

A construção de um edifício é, em geral, a "ereção" ou a elevação do "corpo" do edifício sobre a fundação ou o plano do diagrama do mundo, o *Vāstupurusamandala*. As variedades de mandalas e os rituais a elas associados são, entre muitas outras coisas, uma elaborada mnemônica das formas construtivas. Os primitivos altares e santuários hindus, anteriores ao início da construção dos templos maurya em pedra e tijolo (que corresponde ao domínio do *koiné* helenístico no Mediterrâneo), bem podem ter sido erigidos pelos mesmos planos. A constância e prática universal dos ritos mandala na Índia implicam certamente uma continuidade nocional entre os vastos templos gupta construídos em pedra e os santuários provisórios em terra e madeira do período pré-gupta,

Convenientia anni et mundi. Gravura a partir de manuscrito de Beda, o Venerável (1688).

que remontam à pré-história[8]. Rituais e noções similares fundadas em analogias entre edifício e corpo, presentes mais a leste e mais ao sul, na China e na África, exigiriam muito espaço para serem igualmente esboçadas aqui.

Humores, Elementos e Estrelas

Não está claro em que momento preciso – pouco antes do início da Era Cristã – os dois sistemas baseados nos quatro elementos e nos doze signos zodiacais foram associados ou sobrepostos. Desde o século v a.C., os médicos concordavam que a prevalência de qualquer um dos elementos sobre os outros no corpo humano produzia humores variados; algum tempo mais tarde, cada elemento foi considerado como que correspondendo a uma das estações do ano, ou a uma das direções do mundo, as quais, por sua vez, correspondiam aos dois equinócios e aos dois solstícios. Cada um dos quadrantes foi, posteriormente, subdividido ao longo do anel eclíptico em três casas, formando as doze casas do zodíaco[9]. Portanto, o corpo humano era a representação da totalidade no tempo, como um ano-calendário, contendo, simultaneamente, a estrutura física do universo espacial, desde Áries, o carneiro, correspondente à cabeça, em cuja casa o Sol tradicionalmente abre o ano no equinócio da primavera[10], até Peixes, correspondente aos pés.

Esse repertório de animais celestes é parte da herança mesopotâmica. Os reis cassitas da Babilônia já os consideravam suficientemente poderosos para garantir fronteiras, e faziam representá-los em marcos de pedra[11]. O calendário lunar e o círculo de 360° foi formulado pela primeira vez na Mesopotâmia, embora as mais antigas representações completas de tais ciclos sejam egípcias. De fato, os egípcios possuíam um sistema próprio análogo, mas muito anterior: aquele dos 36 decanatos – um termo cunhado pelos gregos, uma vez que cada animal/estrela regia sobre 10° do equador ou, mais propriamente, da trajetória do Sol[12]. No período do Médio Império e talvez muito antes, o corpo de Nut, a deusa do céu egípcia, era certamente articulado às divisões do calendário em decanatos. Seu adorador, que era ao mesmo tempo seu duplo e seu irmão, na morte também identificava seu próprio corpo (preferivelmente) mumificado com a extensão, dividida em decanatos, da deusa. Assim como a deusa governava a recorrência de todos os eventos sazonais pela passagem do Sol através do seu corpo, ela também revelava a ordem do espaço estendendo-se sobre a terra: os animais com os quais as partes do seu corpo eram identificadas constituíam a experiência corpórea completa da natureza sensível, unindo e mediando tempo e espaço.

A técnica de ajustamento dos humores, que dependia dessas antigas crenças, foi por muitos séculos a forma mais comum de terapia para todas as doenças. Ela era operada por métodos como as purgações e a sangria, que inevitavelmente tinham de ser executados nas estações apropriadas. Um diagrama de corpo-mundo, semelhante àquele dos irmãos Limbourg, com o qual introduzi este capítulo, foi, por conseguinte, associado com o calendário em muitos documentos médicos, podendo mesmo ser lido como uma simples tabela de sangria. Também os "simples"– plantas e minerais puros, não processados, utilizados em todas as formas de terapias químicas – eram inevitavelmente selecionados de acordo com suas propriedades humorais. Havia figuras de homens-zodíaco lunares, assim como homens zodíaco-solares. Esses diagramas apresentavam elaborações distintas, uma vez que o sol e os planetas nas casas zodiacais governavam o corpo exterior, enquanto a lua governava os movimentos internos dos humores (e portanto as vísceras), assim como controlava as marés sobre a terra. Para alguns autores do século XVI, toda a medicina parecia apenas uma parte da astrologia judicial[13].

Ao longo da Idade Média, a divisão do universo em quatro partes e sua ulterior articulação nas doze casas do zodíaco determinaram os lugares-comuns da agricultura (cujas evidências se conservam nos modernos herbários e almanaques dos fazendeiros), assim como da prática médica; o zodíaco também era um mnemônico importante e bastante difundido, um instrumento de interpretação e cálculo. No entanto, tal sistema não estava necessariamente vinculado à ideia de que o corpo humano fosse, de algum modo, um modelo de toda a criação, embora essa associação fosse muito antiga. Como sugeri anteriormente, alguns filósofos antigos eram céticos acerca do uso desse sistema para a adivinhação, ao passo que muitos padres da Igreja e teólogos posteriores o condenavam: a astrologia parecia uma negação ainda mais categórica do livre-arbítrio humano do que a fisiognomonia. Todavia, tal condenação foi sempre moderada pelo reconhecimento de duas referências essenciais ao Evangelho: a estrela de Belém e o eclipse na crucifição, que os apologistas da astrologia sempre citavam[14].

Giovanni Pico della Mirandola, um dos grandes pensadores italianos do século XV, que rejeitava terminantemente a astrologia mântica em nome do livre-arbítrio humano, ainda assim tomou o paralelo entre corpo e mundo como certo: "Trata-se de expressão comum nas escolas afirmar que o homem é um mundo menor no qual um corpo, misto dos elementos e um espírito celestial são percebidos – um espírito celestial e as almas vegetais das plantas; os sentidos dos brutos e a razão, a inteligência angelical e a semelhança de Deus."[15] Pico sabia muito bem que a doutrina fora consagrada por uma longa linha de testemunhas, que incluía o próprio Platão[16]. E que, de qualquer forma, por mais cético, crítico ou mesmo condenatório com o sistema zodiacal como instrumento de previsão do futuro, ainda se deveria considerá-lo seriamente como uma chave para certos traços de caráter, um auxílio para os diagnósticos e na *pharmakopeia*[17].

A Deusa Nut entre signos zodiacais. Tampa do sarcófago de Petamenofis (conhecido como Múmia Cailliaud), de Luxor. Paris, Louvre.

Zodíaco em decanatos do teto do templo a Hátor, Dendera. Relevo em arenito. Paris, Louvre. ©Photo Réunion des Museés Nationaux.

Homem Astral, Homem Canônico

As inúmeras pinturas medievais com a temática do microcosmo que chegaram até nós, mesmo quando parecem abstratas e geométricas, apresentam de algum modo uma referência à articulação zodiacal do mundo. Nesse aspecto, o mundo cristão medieval e o mundo islâmico tinham muito em comum. Além disso, a astrologia islâmica floresceu nos primeiros séculos da conquista árabe, visto que, como assinalei anteriormente, ela não sofreu a desaprovação dos teólogos, como havia ocorrido no mundo cristão; ao contrário, os estudiosos muçulmanos apropriaram-se avidamente dos trabalhos helenísticos por vezes negligenciados por seus vizinhos bizantinos[18].

Ao tempo que Pico e outros pensadores desprezavam ou questionavam as implicações de um sistema microcósmico-astrológico, o renascimento dos estudos vitruvianos deslocou a atenção científica para outra doutrina microcósmica, o entendimento canônico da proporção humana – argumento esse bem conhecido também pelos autores medievais, não obstante a impressão de que para eles, a questão tinha um interesse secundário. Por toda a Idade Média, o texto de Vitrúvio foi copiado inúmeras vezes; a passagem particular sobre as proporções do corpo humano foi citada por Vincent de Beauvais (bibliotecário de St. Louis), em uma paráfrase acurada na sua *Speculum Quadruplex* – que estava entre as mais extensas e populares enciclopédias medievais[19] –, ecoando em muitos trabalhos teológicos e educacionais. Um caso notável é representado pelo *Placides et Timéo*, uma espécie de diálogo não socrático, no qual o "sábio" Timeo explica ao seu discípulo o mundo e o lugar nele reservado ao homem. Sua antropologia trata substancialmente da sexualidade e da reprodução, mas termina com uma apologia ao homem, *si digne beste, si haute créature* ("tão digna besta, tão alta criatura"), que pode

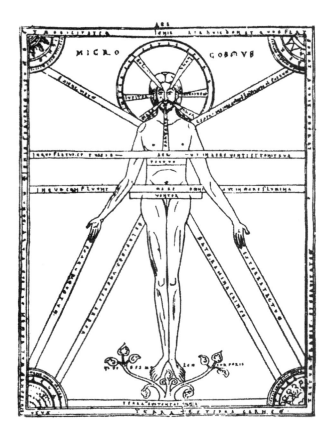

O Homem microcósmico: Estações, temperamentos, planetas. Desenho em tinta. Munique.

ser chamado de microcosmo, visto que nele se combinam todos os quatro elementos. Ele prossegue: "Saiba, primeiramente, que como o mundo é circular, então todo o homem de medida apropriada é circular. E, da mesma forma, um homem de medida apropriada deve ter a mesma medida na envergadura de seus braços e na extensão de sua altura, para fazer um círculo apropriado."[20]

Não muito tempo depois desse escrito, o astrônomo toscano Restoro d'Arezzo desenvolveu o argumento com maior profundidade:

> e o corpo do mundo, com seus poderes, que ele obtem do mais alto Deus, deverá ser todo proporcionado de acordo com a razão, uma parte com a outra, e um membro com outro […] e os artistas sábios, aos quais a natureza deu e outorgou o poder de planejar e desenhar as coisas do mundo, quando desenham a figura de um homem, dividem a medida em dez partes iguais. E da parte mais alta eles fazem a face e de lá nove partes abaixo são contadas, e pela face eles proporcionam as mãos, os pés, o tórax e todo o corpo. A forma e a figura bem proporcionadas foram vistas e conhecidas por eles. E isso aconteceu pela grandeza e pela imaginação da alma intelectual, que foi fundada no homem[21].

Vitrúvio praticamente não é mencionado ou mesmo textualmente citado, contudo a ideia do corpo humano como microcosmo, quer seja zodiacal quer seja conexão geométrico, reaparece constantemente, assim como a ideia de que o corpo é uma espécie de edifício ou mesmo um templo, como apontei no capítulo anterior[22].

Restoro e seus contemporâneos não tinham pronto acesso aos livros que mesmo a erudição do século XVII demandava, sendo assim as referências a essa ideia são dispersas e fragmentárias. Tampouco

III : O Corpo e o Mundo

Mapa do mundo de Ebstorf, de 1234.
Fotogravura (Hannover, 1891).
Foto de Ernst Sommerbrodt.

existe qualquer informação sobre como (ou mesmo se) medidas de corpos humanos contigentes foram tomadas e relacionadas, e quais seriam as suas implicações microcósmicas[23]. Não obstante, o texto de Vitrúvio parece ter sido familiar o bastante, tratado (se os livros aos quais estava relacionado valem como guia) seja como um manual técnico, seja como uma especulação cosmológica. Ademais, o cânone também tinha a sua *interpretatio christiana,* visto que o corpo de Adão antes da queda era o Corpo perfeito (à imagem e semelhança de seu Criador); como somos todos seus descendentes, essa também era uma garantia da unidade humana, a despeito de todas as nossas diferenças de circunferência, altura e cor. O corpo de Adão também estava em conformidade com o do Salvador, tanto antes como após a ressurreição: e sua perfeição (sobre a qual as Escrituras parecem concordar com Vitrúvio) correspondia às proporções canônicas da arca de Noé, do tabernáculo no deserto, do templo de Jerusalém e de outros instrumentos da salvação, conforme asseveraram muitos padres da Igreja – em particular Ambrósio e Agostinho – e seus comentadores reiteraram[24].

Muito mais explícito do que todos os precedentes é o poema-pintura diabolicamente engenhoso de Rhabanus Maurus, abade de Fulda (e posteriormente arcebispo de Mainz), que escreveu na época de Carlos Magno. Cada uma de suas iluminuras está assentada sobre uma grelha de letras, algumas vezes quadrada (35 em cada direção), outras, retangular; cada quadrado da grelha é uma letra e a totalidade do retângulo pode ser lida como um longo hexâmetro. No entanto, a figura no seu interior e, algumas vezes, suas partes singulares podem ser igualmente lidas como diferentes poemas completos em si mesmos, visualizadas de maneiras distintas. Na miniatura do frontispício, a obra é dedicada a Luís, o Gordo, sucessor de Carlos Magno. Enquanto a imagem de abertura do *Species Salvatoris* fornece uma reflexão sobre a perfeição do corpo de Cristo, é a quinta miniatura, um quadrado de 35 por 35 letras, que torna a mensagem explícita: ela está dividida em quatro campos (17 por 17) por uma cruz (contendo o mesmo poema de 35 letras da esquerda para a direita, e para baixo), e cada um deles tem um pequeno quadrado (10 por 10) no seu interior. O diagrama completo declara-se a imagem do paraíso, assim como do templo de Jerusalém. Porém ele também é a imagem da Igreja, pois os quatro quadrados internos (10 por 10) representam suas pedras fundamentais: em cada um dos quadrados menores, o poema deve ser lido a partir do ângulo superior direito, confirmando que os quadrados inferiores representam os profetas e patriarcas, os superiores, os apóstolos e mártires, enquanto a meditação completa utiliza todas as passagens das Escrituras que fazem referência ao corpo como o templo de Deus, conforme mencionei[25].

Um cânone assim "moralizado" é crucial para o relato das visões místicas da criação divina que, em meados do século XII, foram atribuídas à santa Hildegarda de Bingen[26]. O mais suntuoso manuscrito de seu livro é brilhantemente iluminado. Em duas das miniaturas, o homem-microcosmo, com suas mãos estendidas numa posição quase vitruviana, encontra-se encerrado pelos círculos concêntricos do mundo; em um deles, o círculo da criação que o envolve é, por seu turno, também abraçado por uma grande figura do mundo-alma, cujas mãos se estendem ao seu redor. Embora o homem de Hildegarda encontre-se ereto, suas mãos não estão distendidas para cima como aquelas de Vitrúvio, mas relaxadas abaixo dos ombros, de modo que enquanto o centro de todos os círculos que o rodeiam está no nível inferior da virilha (como é o caso do homem quadrado de Vitrúvio), ainda assim o lugar onde o topo da cabeça e os braços tocam o círculo parece organizado de forma a compor um pentágono regular. Essa mesma figura reverbera no *Leonardan Codex Huygens*, difundindo-se através da gravura em madeira do segundo livro de Cornélio Agrippa[27]. O círculo central interno é um sexto da altura do homem. Alguns traços dessa imagem têm como referência Bernard Silvester e a literatura gnóstica que este último absorveu e transmitiu[28].

A poucas milhas de Lucca, onde o manuscrito de Hildegarda estava depositado em uma biblioteca monástica[29], existe outra grande imagem da alma do mundo abraçando o universo. Ela foi pintada por volta de 1300 na parede do Camposanto de Pisa, aproximadamente um século depois que o manuscrito foi ornado com iluminuras (provavelmente na Renânia), e parece obedecer a um esquema geométrico análogo, claramente baseado na construção de um hexágono regular[30]. A figura quadrada do criador – cuja cabeça, mãos e pés equidistantes representam as quatro direções – aparece em alguns mapas do mundo, dos quais o mais famoso é o *mappa mundi* Ebstorf, agora destruído.

Hildegarda e outra importante escritora sua contemporânea (embora mais uma antologista que uma visionária), Herrade von Hohenberg, têm alguns débitos em relação aos astrônomos e astrólogos árabes, cujos trabalhos vinham sendo traduzidos para o latim por esse período. No microcosmo de Herrade há referência a outra crença astral, segundo a qual as sete aberturas da cabeça aludem aos sete planetas, sendo a cabeça um microcosmo do microcosmo[31]. Assim como Herrade encontrou o número sete, igualmente no corpo outros números foram verificados e enumerados.

A ideia de cômputo a partir do corpo é muito arcaica[32]. Talvez o mais antigo e explícito texto da tradição judaico-cristã que chegou até nós seja uma passagem do início do *Sefer Yetzirá* [*O Livro da Criação*], uma reflexão acerca da integridade do mundo manifesta no corpo por meio dos números um e dez: "Dez emanações do nada, semelhante ao número relativo aos dez dedos, cinco contra cinco, com uma aliança estabelecida no centro deles, através da palavra da língua e através da circuncisão da carne". O autor desse livro conhecia quase seguramente as ideias de Pitágoras, ele escreveu no início do primeiro milênio d.C., mas seu livro tornou-se o texto fundamental para muito da especulação cabalística, da qual derivou o mito do Golem: o homem reconstituído (ou ao menos simulado) pela operação das letras e dos números[33].

O homem cósmico:
O homem e seu Criador.
Miniatura, Hildegarda de
Bingen. Lucca, Bibl. Stat.
MS 1942.

O homem cósmico.
Afresco. Pisa, Camposanto
Monumentale. ©Fratelli
Alinari.

A Dignidade e a Miséria do Corpo

Conforme já havia sugerido, no antigo pensamento pagão a condição do homem como um pequeno universo era considerada um aspecto evidente de sua dignidade. No pensamento cristão a ideia do homem – em abstrato, por assim dizer – como a imagem de Deus, uma noção inegavelmente bíblica, estava em conflito permanente e irreconciliável com a lamentação mais comum relativa à insignificância do indivíduo frente ao seu Criador, e a convicção de que o corpo é a miserável prisão da alma imortal, que o pensamento cristão deve à tradição judaica. O conflito era mitigado pela ideia perenemente poderosa de que o corpo de Cristo – como o último e completo receptáculo da salvação – era o corpo humano perfeito: Ele era de fato o novo Adão. Portanto, seu corpo, tinha que ser representado e considerado como uma imagem espelhada do antigo Adão[34]. De fato, durante a Idade Média tardia e talvez ainda antes, em Bizâncio, havia uma devoção quase vitruviana às medidas exatas de Cristo. Uma prova desse fenômeno encontra-se ainda preservada no claustro de São João de Latrão. Inevitável que exercesse um fascínio particular sobre os artistas do século XV[35].

Não obstante o profundo interesse por Vitrúvio durante a maior parte do período, e o grande entusiasmo pelo tema da dignidade humana, quase nenhuma das representações do cânone da proporção humana do *Quattrocento* parece ter sobrevivido. No entanto, a glorificação da dignidade humana tornar-se-ia um tema especialmente popular para os autores humanistas do final do século xv e início do século xvi. Por volta de 1350 – 1360, Petrarca escrevera um exercício exemplar a propósito, em seu popular livro de conselhos morais, *Dos Remédios das Duas Espécies de Fortuna*[36] que, em certo sentido, foi uma resposta a um opúsculo devocional muito lido do papa Inocêncio III, *De miseria humanae conditionis*[37], escrito mais de um século e meio antes (entre 1190 e 1200).

O devoto Petrarca estava deveras familiarizado (conforme deixou claro em outra parte do seu livro) com a "miséria da condição humana" e a evanescência da beleza humana para atribuir demasiada importância a uma ou a outra. Não obstante, ele poderia, de certa forma, apelar a uma autoridade acima de Inocêncio, como foi o caso, para a obra popular de Lactâncio, um dos primeiros padres da igreja, sobre a beleza do corpo humano como demonstração da generosidade de Deus[38]. No curso dos comentários sobre *Gênesis* 1,27, alguma apreciação da beleza humana tornou-se ingrediente indispensável de qualquer reflexão sobre a natureza da imagem de Deus no homem, como havia sido em muitos relatos do argumento a partir do desenho da imagem[39].

O antigo modelo pagão de tais escritos era a série de questões retóricas que no livro *Da Natureza dos Deuses* são formuladas por Cícero[40], a quem (entre muitos outros autores da antiguidade) Lactâncio também apelou. Entre as muitas orações e ensaios, a maior reafirmação da doutrina no século xv talvez tenha sido aquela feita por Nicolau de Cusa em sua primeira obra importante, *Da Douta Ignorância*. Nicolau era uma personalidade de poder e influência na igreja de Nicolau V e Pio II: bibliófilo, matemático, teólogo, místico, político, pregador e polemista, diplomata e cardeal. Sua terminologia era mais audaciosa do que a de quase todos os seus contemporâneos.

Geometria de Deus e do Homem

O ponto de partida de Nicolau em relação à filosofia e à teologia correntes – que tinham refinado um entendimento elaborado das proporções e encadeamento – era que não havia uma relação proporcional possível entre finito e infinito, entre o mundo e Deus[41]. Essa disjunção ou fratura abriu o caminho para um novo empirismo na epistemologia, uma tendência fideísta na teologia, e o recurso ao paradoxo, ao enigma e ao rito na abordagem das coisas últimas. Nicolau esperava que ainda pudéssemos saber algo sobre Deus (e o mundo que ele criou) por conta da semelhança do homem com Ele. O acesso da mente aos números e às medidas possibilita apreender o paradoxo de nossa extrema ignorância, pois a relação entre a verdade e a mente é como aquela entre o círculo e o polígono nele inscrito: embora muitos dos seus ângulos possam tocar a circunferência, a identidade definitiva entre círculo e polígono é impossível, porque é infinitamente remota. O poder do pensamento humano pode, portanto, ser apenas metafórico, e as metáforas podem ser criadas apenas pelos homens: elas são um artifício construído a partir da nossa própria experiência. Somente reconhecendo a inviolabilidade dos confins que circundam a mente humana podemos aspirar ao inatingível, uma vez que o intelecto deseja ardentemente o conhecimento[42]. A ordem do mundo é uma imagem de seu criador onipotente, que criou o mundo livremente. Ele não era uma espécie de demiurgo coagido a criar, como ensinaram os filósofos antigos. Deus era livre para fazer o mundo do modo que desejasse, e Ele poderia ter feito um outro totalmente diverso do que fez. Contudo, uma vez que o Criador *era* o próprio Ser, Ele era o único padrão possível para qualquer outro ser[43]. O ser humano é, portanto, movido por uma vontade que é livre – como a vontade de seu Criador é livre; e o homem constrói o seu universo continuamente por meio das palavras, assim como Deus criou o cosmos por meio da Palavra. Mas a proposição inversa, por conseguinte, deve ser que "O homem é Deus, mas não no sentido absoluto, uma vez que é homem. Ele é, pois, um Deus humano". O homem também é o mundo e, portanto, um "microcosmo ou uma espécie de mundo humano (*humanus quidem mundus*)". Não é de surpreender que Nicolau de Cusa tome como seu o aforismo de Protágoras (conhecido por intermédio de Platão e Aristóteles) de que o homem é a medida de todas as coisas[44].

De fato, na concepção de Nicolau, o homem é o centro e mesmo a justificativa da existência do mundo inteiro. A centralidade do homem foi demonstrada pela Encarnação. Mais que em outros escritos, é na obra *Da Douta Ignorância* que Nicolau demonstra essa centralidade como a razão (embora, naturalmente, não a "causa") da Encarnação: a realização última e a conclusão do microcosmo é – se uma escala de valor pudesse ser permitida no que diz respeito ao argumento – mais importante, mais essencial que a redenção do pecado original[45].

O Homem, a Medida

O aforismo de Protágoras sobre o homem como a medida de todas as coisas, frequentemente apresentado como o princípio fundamental do que hoje é denominado humanismo, é citado com aprovação incondicionada ainda por uma fonte mais convencional e escolástica que qualquer um dos escritos de Nicolau: a *Summa theologica* de seu quase contemporâneo Santo Antonino (arcebispo de Florença de 1446 a 1459), inevitavelmente no curso de uma longa passagem que Santo Antonino dedica à dignidade do homem enquanto microcosmo[46].

Para ele, a continuidade da grande corrente não é quebrada: o macrocosmo, a grande ordem, é de fato o próprio Deus; o médiocosmo é o mundo criado, e o *minor mundus*, o microcosmo, é o homem. Tudo isso é coerente com a excelência do homem, com o seu livre-arbítrio, a sua sublime dignidade de ser e a gravidade da sua conduta – embora devamos sempre lembrar que ele foi feito de barro e possui apenas um curto período de vida[47].

A reafirmação da doutrina microcósmica proposta por Nicolau foi muito além da formulação mais convencional do grande e pio arcebispo, cuja *Summa*, de todo modo, preocupa-se mais com a doutrina social do que com os princípios basilares. O ensinamento de Nicolau devia muito ao misticismo alemão das gerações precedentes e ainda tentava responder ao desafio nominalista no que diz respeito à escolástica; conforme escreveu uma historiadora recente[48], ele "navegou o estreito canal entre a Cila do nominalismo e a Caríbdis da escolástica". É certamente verdade que, após a revolução nominalista, a autoridade de suas afirmações somente podia ser reconhecida pelo método negativo, ou demonstrada por analogias com metáforas aritméticas e geométricas elementares, porém altamente engenhosas. Ou ainda, pelo recurso ao pensamento microcósmico: na medida em que o homem conhece as categorias através de sua re-criação à semelhança de Deus em cada simples objeto percebido, ele acedia à habilidade numérica do Criador ao reconhecer quantitativamente número, proporção e medida.

Nessas elaborações Nicolau também retomava as ideias dos primeiros neoplatonistas, de alguns dos primeiros padres da Igreja e dos cabalistas judeus. E ainda assim – como ele acreditava que uma correspondência exata entre o conhecido e o cognoscível era impossível – sempre existiria uma contradição inevitável e irreconciliável entre a medida ideal e aquela empírica, que questionaria o valor de qualquer sistema cosmológico escolástico, embora a busca pela máxima precisão ainda fosse

Mensura Christi. Construção em pedra. S. João de Latrão, Claustro. Fotos do autor.

necessária. Ou talvez, dito de outra forma: a não ser que o empírico seja, de certo modo, relacionado ao ideal, como o polígono é ao círculo, ele permaneceria completamente incompreensível[49]. Esse conflito é superado apenas na obra de arte, pois os artistas não imitam a natureza diretamente, mas seguem sempre a *symbolica paradigmata*, quer seja pintando quer seja fabricando colheres, e seu trabalho deve ser sempre dirigido pela mente. Nada do que é cognoscível pode existir sem que dele participem arte e natureza, uma vez que o próprio ato de conhecer é criativo.

Antonino, o popular e devoto arcebispo de Florença, morreu quando Leonardo ainda era criança; Nicolau de Cusa era quinze anos mais novo que Antonino, um contemporâneo de Masaccio e Alberti. O que ele escreveu bem pode ter interessado alguns artistas mas, ao que parece, Nicolau teve pouca influência direta sobre seus contemporâneos imediatos[50]: qualquer contato entre seu mundo intelectual e aquele de Leonardo não poderia ter sido direto. De fato, os contemporâneos de Nicolau refletiram sobre um cânone da figura humana, e sobre a diferença entre as proporções ideais e as medidas empíricas, mas aparentemente eles gostariam que as suas especulações fossem concretizadas nas estátuas de bronze e nas pinturas de santos ou heróis e, acima de tudo, nas imagens da própria Encarnação perfeita. O homem no interior do quadrado estende seus braços para fora, no gesto do Cristo crucificado, e essa inevitável similaridade não escapou à observação dos pintores[51].

O Cânone Realizado

Contudo, a evidência gráfica que ilustra essa ideia bastante difundida na arquitetura medieval parece escassa e dispersa. Poucos desenhos arquitetônicos da Europa medieval sobreviveram (atualmente contam-se cerca de dois mil), o que significa que muito se extrapola a partir de pouca evidência. A coleção mais conhecida, o "caderno" mantido pelo Mestre Villard d'Honnecourt (e talvez dois de seus sucessores), foi coligida em meados do século XIV. Ela foi publicada diversas vezes ao longo dos últimos 150 anos[52]. É improvável que o caderno de Villard tenha sido um caso isolado, e provavelmente sua fama deve-se mais a sua sobrevivência acidental que a uma excelência intrínseca.

A maior parte de suas figuras humanas parece planejada de modo a fornecer uma figuração mnemônica para a estrutura geométrica utilizada por arquitetos e escultores, sem outros significados mais ou menos importantes e sem que o texto anexado seja particularmente revelador; mesmo que algumas das fórmulas possam ser direta ou indiretamente derivadas de Vitrúvio – como a tripartição da face –, outras devem pouco ou nada aos antigos precedentes. Os escassos manuais e cadernos de esboços de artistas que chegaram até nós, assim como os registros da prática de oficinas, sugerem uma circulação ampla e independente de diferentes fórmulas para a geometria humana[53]. Quase todas eram dedicadas à disposição proporcional das figuras sobre superfícies planas. Tais diagramas medievais, ecoados por esboços preparatórios e sinopias de afrescos, eram também concebidos sobretudo como mnemônica ou guias, mais do que como uma apresentação sistemática de relações entre medidas, ou mesmo relações numéricas. Embora diferissem uns dos outros, eles possuíam certos traços em comum: assim, por exemplo, a divisão da figura em um número de cabeças ou faces (conforme descrevi no capítulo anterior), bem como uma relação mais ou menos fixa entre as dimensões da mão, do pé e da face, ou a divisão da face em três zonas. Eles compartilhavam ao menos alguns desses traços com as fórmulas literárias herdadas da Antiguidade Clássica.

O único sucessor legítimo de Villard apareceu cerca de 150 anos mais tarde, em um ambiente um tanto distinto. Mariano Taccola era um contemporâneo e colaborador ocasional de Brunelleschi. Seu *Liber de Ingeneis*, composto no segundo quartel do século XV, era também uma coleção de aforismos e outros dispositivos, ainda que o conteúdo relativo à engenharia seja muito mais elaborado e efetivo que aquele de Villard, e o estilo gráfico muito mais articulado e pictórico. O livro de Taccola, assim como o de Villard, é escrito numa caligrafia clara; no entanto, ao contrário de Villard, seu único corpo geometrizado é um desenho de página inteira (certamente, não gracioso – quase negligente, mas sem dúvida impressionante) acompanhado de uma declaração ameaçadora: "Ele, de quem nada é oculto, me criou. E eu tenho comigo toda medida, tanto daquilo que é celestial acima, como terreal e infernal. E aquele que entende a si mesmo, entende muito. Ele tem o livro dos anjos e da natureza oculto em sua mente. E abaixo, etc."[54]

O *Manuscrito Munique*, obra de Taccola, foi anotado por Francesco di Giorgio, que também copiou algumas das máquinas de Taccola em seu próprio livro. Mas o seu "reconhecimento" de um trecho de Vitrúvio, que lhe era muito familiar, e sobre o qual discutirei em detalhe no próximo capítulo, era um desenho bastante gracioso, relaxado e ao mesmo tempo impaciente – quase um bailado – esboçado à margem de seu próprio tratado, que por sua vez Leonardo conhecia. Como em quase todas as representações posteriores, a figura era mostrada em pé, não deitada no chão (como sugere Vitrúvio)[55].

O comentário pictórico de Leonardo iria se tornar, sem dúvida, o mais famoso de todos aqueles sobre a proporção humana. Ele foi feito no final do século XV e encontra-se atualmente na Academia

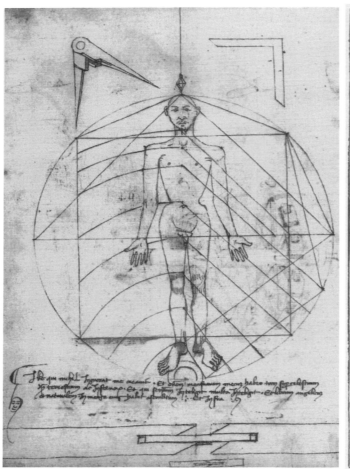 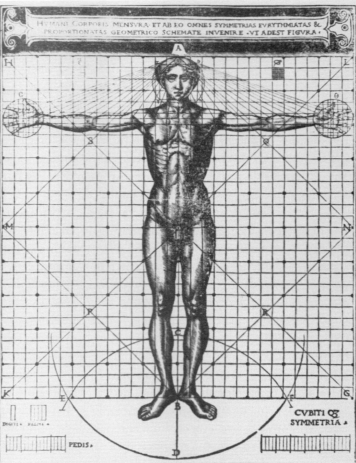

Homem no quadrado.
Desenho à tinta por (Pietro Mariano) Taccola. ©Munich, Bayer. Staatsbibl.

Homem no quadrado.
Gravura em madeira a partir do Vitruvius de C. Cesariano (1521).

de Veneza[56]. Esquece-se com frequência que ele foi desenhado antes que qualquer edição ilustrada de Vitrúvio fosse impressa, e que nenhum manuscrito com iluminura relativa àquele trecho existiu (pelo menos nenhum chegou até nós). Os dois desenhos são destacados pelo fato de partirem explicitamente do texto de Vitrúvio sobre a proporção humana, contudo, ao contrário de todas as ilustrações sucessivas, buscam conciliá-los colocando o mesmo homem com os braços estendidos, tanto no círculo como no quadrado. Além disso, o círculo de Leonardo não tem o mesmo centro que o quadrado, mas tem a borda do quadrado como uma tangente. Dessa forma, o centro da figura move-se para cima, da base do pênis (pela figura com pernas unidas no quadrado) para o umbigo da mesma figura no círculo, cujos pés estão agora abertos num triângulo equilátero[57]. A escala na base da folha é calibrada em cúbitos, palmos e polegadas, embora a única parte da figura que mede exatamente um palmo é o membro reprodutor. É essencial lembrar que a figura vitruviana de Leonardo está estreitamente vinculada aos seus próprios estudos mais detalhados da proporção, que envolviam a busca por relações matemáticas internas ao corpo humano, desde os detalhes das extremidades até as seções internas do crânio[58].

Dos diagramas codificados e fragmentados do caderno de Villard d'Honnecourt à notável unicidade da imagem de Leonardo, foram conservados somente dois algo enigmáticos desenhos

III : O Corpo e o Mundo

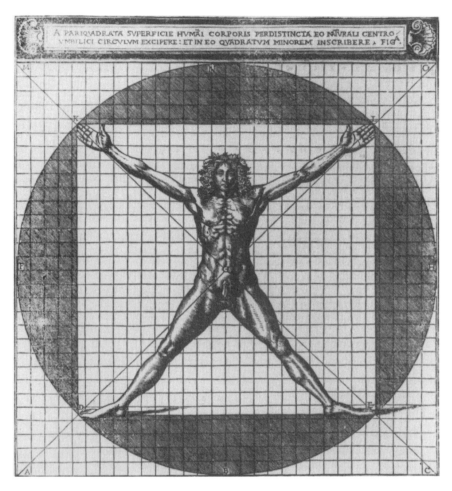

Homem no círculo.
Gravura em madeira a partir do Vitruvius de C. Cesariano (1521).

especulativos buscando investigar a questão, não obstante o grande interesse de Leon Battista Alberti e seus seguidores imediatos em relação ao argumento. Uma vez que o desenho de Leonardo surgiu original e brilhante da crisálida de palavras, muitos outros artistas e comentadores o seguiram: *De perspectiva pingendi*, de Piero della Francesca, permaneceu como manuscrito, mas em 1502 os impressores Giunta de Florença publicaram o livro de Pompônio Gaurico sobre escultura, que mencionei no capítulo anterior. A sua segunda parte foi inteiramente dedicada à fisiognomonia; de fato, ela abre com um relato do cânone da proporção humana[59]. Ao relacionar a fisiognomonia ao cânone, Gaurico concebeu um método quase empírico para introduzir variantes nas medidas canônicas, instrumental que foi retomado pelo livro de Frei Luca Pacioli, *Da Divina Proporção,* e nas várias edições de Vitrúvio. A figura canônica foi igualmente ilustrada pela primeira vez no Vitrúvio editado pelo velho Giovanni Giocondo, que também foi impresso pelos irmãos Giunta em 1511; dez anos mais tarde, surgiu a edição milanesa de Cesare Cesariano, muito mais impressionante, que refina indiretamente a primeira especulação de Leonardo sobre a geometria humana. Contudo, enquanto a ciência humoral e a fisiognomonia estendidas ao corpo como um todo oferecem um método de investigação da validade do cânone, outro era estabelecido ao defini-lo em movimento.

O Homem de Vitrúvio em Movimento

Efetivamente, Leonardo foi bem além de Vitrúvio em seus questionamentos a respeito do corpo geometrizado – o que era inevitável, uma vez que ele não apenas aspirava investigar a sua harmonia interna, mas buscava colocar o homem proporcionado circunscrito numa geometria, bem como numa perspectiva racionalizada. Portanto, ele precisava tomar as coordenadas dos pontos fundamentais em alguns corpos, a fim de calcular sua posição exata em qualquer perspectiva. Para fazê-lo de modo convincente, ele também teve que registrar a forma pela qual esses pontos eram deslocados em movimento. Na verdade, ele toma como seu postulado o círculo e o quadrado circunscritivos de Vitrúvio: o centro do círculo em torno do homem em toda a extensão de seus braços e pernas encontra-se no umbigo, ao passo que para o homem cruciforme no quadrado, ele encontra-se na virilha; assim, justifica-se a distância entre os dois centros como sendo uma nona parte da altura do corpo. Leonardo apresenta o seu homem, figura inscrita no quadrado, regido por cinco triângulos equiláteros, um pentágono e um octógono, enquanto a figura no círculo (envolvendo um homem com seus braços erguidos em posição tal que ele parece estar posando para as séries azul e vermelha do *Modulor* de Le Corbusier) está também envolvida num hexágono. O seu homem mede seis de seus próprios pés de altura, e também existe um cânone de oito pés para uma mulher. Estes estudos do movimento humano são conhecidos principalmente graças às cópias recolhidas em um caderno ora denominado Codex Huygens, em homenagem ao seu proprietário mais famoso, o grande astrônomo holandês Christian Huygens.

Nesse caderno, cada uma das figuras "platônicas" sobrepostas circunscreve o corpo em movimento. Quem quer que tenha copiado esses desenhos de Leonardo também acreditou ser necessário mostrar, em outra página, o contorno simples de um homem, ao qual foram sobrepostos quatro círculos regularmente decrescentes, designados cada qual como um dos elementos. É certo que, na medicina dos dois séculos seguintes, as analogias entre o microcosmo métrico e o microcosmo dos elementos iriam fornecer uma base teórica para muita especulação e experimentação, enquanto os astrólogos da época estavam apaixonadamente interessados na operação geométrica e musical dos signos astrológicos[60].

Dürer: Sobre a Diversidade Humana

Ao contrário de Leonardo, Albrecht Dürer trabalhando por volta do mesmo período, em Nuremberg, a partir de pressuposições um tanto diferentes, parece bastante indiferente acerca dos detalhes anatômicos. Todavia, ele também necessitava de uma geometria e fisiologia do movimento, ainda que não tão espantosamente complexas como as de Leonardo. Dürer atribuía uma importância ainda maior à configuração variável dos diferentes tipos humanos, do alto e magro ao baixo e gordo, do ancião ao bebê; ele tentou uma espécie de álgebra das várias proporções humanas, ou ao menos sua topologia, se o leitor me perdoar pelo

III : O Corpo e o Mundo

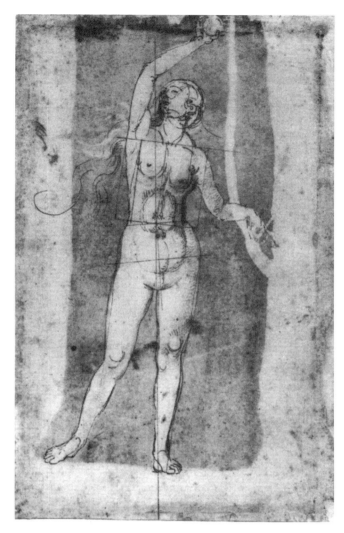 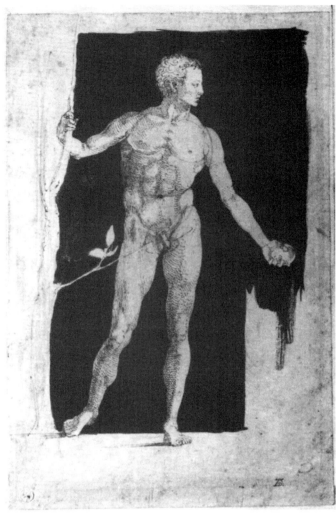

Eva. Desenho de construção por Albrecht Dürer. Viena, Albertina.

Adão. Desenho preparatório para uma gravura de água-forte por Albrecht Dürer. Viena, Albertina.

uso anacrônico desse termo do século XVIII. No entanto, é bastante surpreendente que suas figuras medidas empiricamente (por vezes até distorcidas numa curva – não havia espelhos de distorção disponíveis em um tamanho suficientemente grande para o experimento de Dürer) sejam rígidas e inertes, quando ele registra pessoas reais como exemplos de tipos físicos, quase como se fossem desenhos de manequins articulados, feitos apenas com a intenção de estudar seus movimentos, enquanto suas figuras construídas e ideais parecem estar repletas de vida.

Embora Dürer estivesse, sem dúvida, consciente e mesmo fascinado pela variedade fisiognômica dos seus modelos, ele também sugeriu a possibilidade de estabelecer uma sistematização da relação entre corpo e face, ainda que essa tenha permanecido fragmentária em seus escritos. Dos volumosos apontamentos que fez sobre a proporção humana (que constituem, de longe, a maior parte de seus abundantes escritos), Dürer extraiu uma lição essencial, a saber: que o amplo elenco dos diferentes tipos poderia, ele próprio, ser o reconhecimento do microcosmo: "O Criador modelou os homens de uma vez por todas como eles *devem* ser, e eu mantenho que a perfeição da forma e da beleza está contida na soma de todos os homens."[61]

Gian Paolo Lomazzo

Meio século após a morte de Dürer, suas alusões foram transformadas em uma espécie de sistema pelo pintor e teórico cego Gian Paolo Lomazzo. Lomazzo sistematizou o cânone, por assim dizer, a partir do exterior, moderando o seu valor, visto que suas prescrições deviam ser sempre ajustadas ao ponto de vista do espectador. Entretanto, ele estabeleceu uma série de regras, relacionando valores numéricos a humores e ao trabalho de artistas contemporâneos, que nunca antes haviam sido discutidas nesse tipo de texto. Um homem com altura de dez faces no interior de um quadrado segue a receita de Vitrúvio para a figura "normal", ainda que Lomazzo também forneça uma conformação mais esbelta, sempre de dez faces: ágil, parecida com Marte, quente e seca. Porém, existe ainda uma outra conformação, de um homem mais esbelto, sempre com dez cabeças: extravagante, mas essencial, posto que recomendada pelo grande Dürer e incluída em homenagem a ele. A seguir, Lomazzo descreveu o corpo de um jovem de nove cabeças, segundo o Apolo Belvedere e uma proporção utilizada por Rafael: isso o leva a abrir um parêntese sobre a necessidade de variar as proporções no quadro, como sempre fizera Parmigianino. Logo depois, ele considera uma figura masculina de oito cabeças (o Netuno de Zêuxis) e outra de sete cabeças, esta última de um Hércules. Então, ele passa a detalhar uma mulher: uma de dez faces, uma de dez cabeças, uma de nove faces – a proporção mediana é aquela indicada como apropriada à Virgem Abençoada – e ainda outra de nove cabeças, e depois uma de sete cabeças. Crianças de seis, cinco e quatro cabeças são consideradas. A seção termina com três capítulos sobre a proporção dos cavalos. Estes últimos são seguidos por um relato convencional das ordens desenhadas por Vitrúvio, Alberti e Vignola. A novidade desse livro de instruções bastante eclético é a introdução de outra fonte, os escritos de Cornélio Agrippa, a quem Lomazzo deve boa parte do seu conhecimento do temperamento e seus relatos sobre o gesto e as paixões, bem como sobre a influência dos planetas[62]. A multiplicidade de indicações, contrastantes e contraditórias, tornara-se prolixa por demais para prover um artista com preceitos utilizáveis. De que modo os antigos lidaram com esse complexo aparato?

Talvez fosse inevitável que Lomazzo se voltasse para o artista que podia falar sobre o tema com autoridade, Michelangelo, que ele conta ter dito que "os pintores e escultores modernos deveriam ter a proporção e a medida no olho [...] e que a ciência maravilhosa dos antigos relativa a esse tema, foi perdida pelos modernos"[63]. Talvez não tenha sido um preceito útil, mas foi uma resposta.

Michelangelo

A aparência rígida, à semelhança de bonecos, das figuras calculadas de Dürer resultava ofensiva para Michelangelo: "Albrecht discute apenas as proporções e variedades dos corpos humanos, para os quais nenhuma regra fixa pode ser fornecida; e ele molda suas figuras eretas, em pé, como postes; e quanto ao mais importante, os movimentos e os gestos de um ser humano, ele não diz uma palavra"[64]. O livro do próprio Michelangelo sobre o tema é um dos maiores documentos jamais escritos na literatura, e cujos traços parecem sobreviver na obra de seu amigo (e talvez colaborador) Realdo Colombo, um famoso anatomista lombardo[65]. Ao mesmo tempo, o interesse obsessivo de Michelangelo pela anatomia e pelo problema de estabelecer

Cristo Segurando a Cruz.
Figura de mármore por
Michelangelo. Roma, Santa
Maria sopra Minerva. ©Fratelli
Alinari.

as proporções do corpo humano é atestado, sobretudo, pela natureza de seus desenhos. Vale a pena observar que uma das estátuas sobre a qual é sabido que Michelangelo fez seus estudos procedendo do esqueleto para a superfície é aquela do Cristo, em Santa Maria sopra Minerva[66]. No entanto, Michelangelo também entendia essa atividade exaustiva e angustiante como um modelo para seus projetos arquitetônicos revolucionários, como confessou certa vez. Sua obsessão insatisfeita foi transferida no século e meio seguinte para a teoria da arte através do testemunho de seus pupilos e discípulos[67].

Assim, foi Leonardo quem finalmente transformou o cânone descritivo de Vitrúvio em uma representação que se tornou um arquétipo. Se o seu modelo parece ter sido deduzido a partir da observação empírica, a precisão anatômica e a curiosidade aguçada são próprias de Leonardo. Mesmo antes de seu tempo, o estudo de anatomia tornara-se um feito importante para qualquer pintor ou escultor, continuando a sê-lo por longo tempo. Alguns dos primeiros anatomistas empíricos foram de fato artistas, como os irmãos Pollaiuolo, talvez apenas porque não eram inibidos pela anatomia galeniana erudita corrente nas escolas médicas. Os maiores artistas das gerações seguintes continuaram a nutrir um interesse ativo e apaixonado pela dissecação, provendo para si um campo de instrução totalmente diferente, que perduraria até a revolução do ensino operada por Le Brun, sobre a qual discuti no capítulo anterior.

Realdo Colombo, amigo de Michelangelo, pediu a seu mecenas uma autorização para deixar o ensino em Pisa, a fim de trabalhar com anatomia em Roma, com "o artista mais famoso do mundo"[68]. Vesálio, o professor de Colombo, queixara-se do grande número de artistas em suas dissecações públicas[69], mas deve ter colaborado estreitamente com seu gravador-desenhista, que provavelmente era discípulo de Ticiano. De fato, acredita-se que Ticiano contribuiu para o sucesso de Vesálio[70]. O título da obra mais importante de Vesálio, *De humani corporis fabrica*, parece fazer referência a muitas das ideias por mim consideradas; a despeito desse título, ele não estava honestamente comprometido com uma descrição arquitetônica do corpo e zombava de seu discípulo Colombo (que também foi seu sucessor como demonstrador anatômico em Pádua) por prestar demasiada atenção a tais metáforas[71].

Estrutura do Homem, Estrutura do Mundo

O acaso, se de acaso se tratar, quis que a primeira publicação do livro de Vesálio, datada de 1543, pudesse ser associada a outra obra publicada naquele mesmo ano por um médico completamente diferente: Nicolau Copérnico. A coincidência da data tem, por vezes, seduzido os estudiosos a sugerir que as obras constituíram um ataque simultâneo em duas frentes ao antigo sistema microcósmico/macrocósmico. Que agora se levante tal hipótese deve-se provavelmente a uma visão retrospectiva, visto que Copérnico alegava estar reafirmando noções pitagóricas[72]. No tocante aos anatomistas, quando se tratava do estudo das proporções, mesmo o mais apaixonado empírico entre eles parecia contentar-se em basear todas as suas especulações no texto de Vitrúvio, ou em outros escritos menos importantes – que eles parecem ter usado como meras fórmulas. Contudo, certamente nas figuras de Vesálio, e mesmo naquelas de Claude Perrault, mais de um século depois, a estreita semelhança entre a estrutura anatômica e a construída é apontada com insistência[73].

Não obstante a crítica de Michelangelo, Dürer representou a grande exceção a essa regra geral. Ele foi o primeiro a dar um passo adiante na tentativa de desenvolver um levantamento diferenciado das várias figuras humanas, talvez com a intenção de descobrir uma concordância algébrica comum entre elas. O livro de Dürer sobre a proporção humana, publicado somente muitos meses após sua morte, tornou-se, conforme atesta a sua popularidade, uma fonte de referência para os artistas europeus e certamente uma fonte autorizada também para os médicos[74].

Da mesma forma que Michelangelo e Leonardo, Dürer estava familiarizado com o cânone vitruviano e com outras fórmulas relativas à proporção humana. Como também estiveram muitos artistas antes dele e ao longo de toda a Idade Média, como já argumentei. Embora só possamos fazer suposições a respeito do modo de transmissão do cânone, é evidente que ele era considerado com certo apreço pelas pessoas letradas, ainda que fosse utilizado apenas como uma regra prática por parte dos artistas. Nenhum procedimento arqueológico conhecido revelou inteiramente de que modo ou quando o cânone de Vitrúvio ou os vários outros cânones foram formulados. A única coisa certa é que ao serem redigidos por Vitrúvio, a fórmula específica que foi anotada por ele já vinha circulando por algum tempo[75].

IV : Gênero e Coluna

- O Homem Quadrangular e o Homem Circular ▪ *Kanōn*
- Policleto ▪ Um Cânone Feminino? ▪ Sorte e Invenção

No capítulo anterior procurei argumentar que a própria ideia de uma ordem canônica na construção, particularmente de uma ordem baseada no ajuste da proporção entre viga e coluna, extraiu todo o seu sumo e nutrimento de uma fundamentação enraizada na analogia entre edifício e corpo, e entre corpo e mundo. Ou, se preferirem, que a validade dos diferentes tipos de coluna era garantida pelo fato de constituírem uma maneira especial de compreender a edificação como um microcosmo.

Alguns desses fundamentos foram eliminados quando o corpo foi interpretado como um sistema de circulação, após a grande descoberta de William Harvey. A circulação de sangue, água e bílis era vista cada vez mais como uma analogia do movimento de pessoas e mercadorias na cidade. Contudo, conforme escreveu na dedicatória de seu livro a Carlos I, para Harvey, o coração não era simplesmente uma bomba. Ele estava para o corpo como o Sol para o mundo copérnico, e o soberano para a cidade real. Já em fins do século XVII, esse aparato analógico foi suprimido e, durante os séculos XVIII e XIX, as ordens da arquitetura foram progressivamente consideradas como um revestimento exterior, uma espécie de roupagem histórica entre tantas outras, um disfarce conveniente para as formas arquitetônicas surpreendentes e ameaçadoras da era industrial (tais como fábricas e estações ferroviárias) a serem marginalmente privilegiadas em relação às formas ornamentais árabes, indianas ou chinesas. Nos países exóticos e remotos, as ordens podiam ser oferecidas – e frequentemente o eram – como símbolos da superioridade ou da dominação europeia, ou então de ambas.

Por mais que a inércia dos costumes tenha sustentado a validade das ordens clássicas ou o colonialismo tenha estendido o seu território em meados do século XIX, tornou-se evidente que, se um ambiente criado pelo homem devesse ser reorganizado segundo um único modelo de ordem, este último deveria fundamentar-se em alguma visão de mundo totalmente diversa.

O Homem Quadrangular e o Homem Circular[1]

Contudo, naqueles mil e quinhentos anos entre Vitrúvio e Leonardo, quando as evidências gráficas poderiam, com frequência, parecer tênues e inconsistentes e o apelo aos princípios ordenadores da Antiguidade, instável, a polaridade entre microcosmo e macrocosmo permaneceu central no pensamento do mundo ocidental: a doutrina estabelecida por Vitrúvio continuou, ao longo do século XIX, a ser considerada como uma evidência essencial que relacionava aquela polaridade com a edificação. Isso explica a presença de ecos da fórmula vitruviana em textos literários e litúrgicos durante toda a Idade Média – mesmo que a fórmula propriamente dita seja lembrada mais como um conceito geral sem ser examinada em maiores detalhes[2]. A pressuposição por trás dessa fórmula é o cânone do corpo humano. Trata-se de um modelo aritmético e geométrico, registrado no início do terceiro livro de Vitrúvio, no qual ele expôs suas crenças nos princípios do desenho (presumivelmente do modo como os herdou) quando aplicados aos templos, considerados o tipo mais nobre de edificação:

DÉCIMO

OITAVO

SEXTO

QUARTO

TERÇO
x SEIS
x QUATRO

Não é possível para qualquer construção ser desenhada corretamente sem simetria e proporção, ou seja, se suas partes não estão relacionadas com precisão, como aquelas na figura de um homem bem formado. Posto que a natureza compôs o corpo de modo tal que o rosto, da extremidade do queixo ao topo da testa (ou à raiz dos cabelos) apresentasse uma décima parte dele, que é também o comprimento de uma mão aberta, desde o pulso até a ponta do dedo médio; a cabeça desde o queixo até seu topo extremo, um oitavo; a distância do ponto mais alto do osso do peito, onde este encontra o pescoço, até a raiz do cabelo é um sexto; [do meio do peito] à coroa da cabeça é um quarto. Quanto ao rosto, um terço, da ponta do queixo até abaixo das narinas, e o mesmo até a linha das sobrancelhas; desta linha até o cabelo da testa segue-se outro terço. O pé perfaz seis vezes a altura do corpo; o cúbito, quatro vezes; o peito, também um quarto. Os outros membros têm suas medidas apropriadas: pelo uso delas pintores e escultores célebres da Antiguidade alcançaram louvores gloriosos e duradouros[3].

Na última sentença Vitrúvio indica claramente que seu cânone é apenas uma seção da descrição mais ampla da comensurabilidade recíproca das partes internas do corpo. Ele faz uso dessa fórmula, um exemplo tirado da natureza, para justificar a atenção que propõe dedicar à comensurabilidade das partes do templo por meio das colunas e viga; e reafirma que tal cânone é o modelo ou padrão fundamental, respeitado por todos os mais importantes artistas da Antiguidade. Algumas partes do corpo, conforme elencadas por Vitrúvio, são também as medidas empregadas comumente pelos gregos e romanos. A inteira extensão do braço corresponde à braça ou *orgyia*; meia braça, ou da ponta do nariz até as extremidades dos dedos, é a jarda composta de três pés; a quarta parte da braça é o *braccio* ou cúbito; o pé é um sexto da braça, e o palmo um sexto do cúbito, até o dedo (que, por sua vez, é a quarta parte do palmo), de modo que o pé é subdividido em dezesseis dedos, enquanto o pé moderno se divide em doze polegadas, sendo a "polegada" uma corruptela da *uncia* latina, uma décima segunda parte[4]. Ele prossegue explicando uma convicção mais generalizada:

A natureza é tal que o centro do corpo é o umbigo; se você deitasse um homem de costas no chão, com seus braços e pernas esticados e abertos, e colocasse a ponta do compasso em

IV : Gênero e Coluna   117

Íxion sobre a roda. Relevo
em mármore. Berlim, Museu
Pergamon. Fotografia do autor.

seu umbigo, a circunferência do círculo, que você poderia então desenhar, tocaria os dedos esticados das mãos e dos pés. Também o esquema quadrado pode ser encontrado no corpo humano, assim como o circular. Pois se você tirar as medidas [de um homem] desde os pés apoiados no chão até o topo da cabeça, e comparar essa medida à de suas mãos esticadas, de ponta a ponta, perceberá que elas são exatamente iguais. […] Ademais, a partir dos membros do corpo, [os antigos] derivaram os padrões de medida que lhes pareciam necessários para todo o seu trabalho[5].

Ninguém jamais sugeriu que Vitrúvio tenha chegado a tais medidas empiricamente ainda que, por tudo o que sabemos, ele talvez tenha tentado verificar as figuras tradicionais. De fato, os membros do corpo são os instrumentos de medição primários mais óbvios e a sua comensurabilidade interna deve ter um papel na mais antiga das experiências humanas. O gesto de cobrir o rosto com as mãos é a maneira mais simples de verificar a fórmula – e, por isso, foi sugerido como sendo a percepção mais primária da simetria do corpo. Em muitas sociedades os homens ainda medem o tecido ou a corda utilizando o cotovelo e a mão espalmada, e Vitrúvio deve ter visto com frequência esse tipo de medida nos mercados ou nos canteiros de obra. No entanto, existe um outro aspecto relacionado aos dois textos, pelo menos no que diz respeito à maneira como foram articulados, e

Relevo Metrológico.
Oxford, Museu de Ashmolan.

que é raramente observado: as dimensões deveriam ser desenhadas a partir do homem-em-pé-no--interior-do-quadrado, do homem-em-repouso-no-interior-do-círculo, ou de ambos. Por mais que Leonardo tivesse tentado fazer a quadratura círculo através do corpo humano, poucas dimensões podiam ser verificadas num corpo em movimento. Os artistas dos séculos XV e XVI que tentaram controlar e elaborar tais dimensões, certamente aprenderam, conforme sugeri anteriormente, que a questão não era inequívoca[6].

Kanōn

Existe um objeto da Antiguidade que sobreviveu, ainda que mutilado, e parece ter sido feito para ilustrar um cânone das dimensões humanas: trata-se do assim chamado relevo metrológico, atualmente no Museu Ashmolean em Oxford, provavelmente entalhado por volta de 450 a.C. ou um pouco mais tarde, em algum lugar das terras jônicas. Ele mostra a metade superior do corpo de um homem jovem, com os braços esticados de modo a completar uma braça, inserido em uma placa ligeiramente triangular similar a um frontão, enquanto na altura da cabeça observa-se a marca de um pé; a braça neste caso corresponde exatamente a sete pés. No outro lado, parcialmente destruído, havia talvez, como foi recentemente sugerido, a impressão de um punho ou de um palmo. O ângulo de topo, o qual aparentemente não era simétrico, é de quase 140º, ligeiramente mais agudo do aquele de um frontão regular, ainda que a ideia de frontão pareça ser evocada por seu contorno – o que levou alguns especialistas a sugerir que não se tratava de uma "obra de arte" independente, mas do ornamento de alguma edificação. Ele também pode ter servido para conciliar medições ou cânones conflitantes, ou até mesmo para estabelecer um cânone para o qual não existem fontes literárias. De todo modo, seguramente ele testemunha o interesse pelo tipo de relações entre o corpo e a edificação, sobre o qual Vitrúvio escreve[7].

De fato, Vitrúvio parece ter transmitido uma regra formulada muito antes do seu tempo. Talvez sua informação tenha sido extraída de mais de uma regra ou livro: tudo isso é sugerido por suas inconsistências, pelas sobreposições dos termos por ele utilizados e pelo modo alusivo como estabelece o seu enunciado, como se estivesse apelando com confiança a um conhecimento comum. No entanto, nenhuma fórmula sobre a proporção humana anterior a Vitrúvio sobreviveu até os nossos dias. Tais cânones certamente existiram entre os artistas helênicos que, por sua vez, dependiam de tradições mais antigas. O mais famoso desses cânones foi estabelecido em meados do século V a.c. pelo escultor Policleto de Argos (ou de Sicião), na forma de uma estátua cujos membros eram uma solene declaração dos números e suas proporções. Quase certamente ele escreveu um comentário explicativo a respeito[8]. Provavelmente, em particular no tocante à primeira parte de minha citação, as considerações de Vitrúvio acerca das proporções humanas valeram-se do cânone de Policleto. Contudo, antes de explorar a regra de Policleto, gostaria de refletir sobre a noção genérica de um cânone de proporções.

A própria palavra *kanōn* já era bastante usada na época de Vitrúvio e, como tantos outros termos denotativos de um conceito mais ou menos abstrato, é de origem muito antiga. Como a maioria dessas palavras, outrora representara algo tangível: ao que parece, significava uma "vara reta" ou "vareta", uma espécie de bastão que, por metonímia, veio a significar uma vara de medida no grego clássico, ou ainda a régua ou mesmo o esquadro de carpinteiro, o prumo de pedreiro, o traveseiro, ou o fiel de uma balança; sua introdução na teoria da música – que inevitavelmente implicava a teoria numérica – é talvez mais importante nesse contexto[9]. *Kanōn* veio a significar um monocórdio, no qual a intensidade da corda tangida podia ser alterada movendo-se o cavalete. De fato, o termo para um som ou tom límpido, *phthongos,* pode ser uma onomatopeia da corda tangida[10].

A tradição atribuiu a Pitágoras a descoberta da relação direta entre harmonias musicais audíveis e "objetivas" e quantidades mensuráveis de peso e comprimento[11]. A descoberta foi resultado de um feliz acaso. Os sons harmoniosos de martelos batendo em bigorna quanto Pitágoras passava por uma ferraria provocaram a revelação, e ele então traduziu pesos desses martelos em harmonias elementares: a *oitava*, que correspondia a bloquear a corda a meio caminho (2:1); a *quinta*, a dois terços da corda (3:2); e a *quarta*, a três quartos da corda (4:3); um *tom maior* foi descrito como sendo a diferença entre a quinta e a quarta (3/2 dividido por 4/3 = 9/8). Isso significava que os números 1, 2, 3 e 4 descreviam ou delimitavam a inteira harmonia musical e que, quando somados, eles perfaziam dez, o número perfeito sob muitos outros aspectos[12], o que poderia ser – e geralmente era – demonstrado "experimentalmente" através de um instrumento de uma única corda, o monocórdio, ainda que algumas vezes fossem também utilizados instrumentos de duas ou mesmo de três cordas[13]. No entanto, é particularmente difícil conceber a importância e a excitação dessa descoberta, talvez "a primeira formulação de uma lei natural em termos matemáticos"[14], no que concerne à execução da música, em especial, porque a noção elementar da relação entre a distância e o tom devia ser conhecida empiricamente por todos os fabricantes e músicos, quer fosse de instrumentos de corda, quer de sopro[15]. De toda forma, instrumentos de várias cordas já eram tocados em todo o Mediterrâneo oriental pelo menos dois milênios antes de Pitágoras e, presumivelmente, a técnica para afiná-los era de conhecimento comum muito antes de ter sido teorizada. Entretanto, para a demonstração numérica completa da harmonia, o primeiro número ímpar e o primeiro número par eram multiplicados (2x3) e seu produto, 6, outro número perfeito, produzia a série demonstrativa 6:8:9:12, que formava outro tetracorde: duas quartas separadas por um tom. A fração 6:12 perfaz uma oitava, 9:8 o tom maior, e 6:8 e 9:12, uma quarta[16].

Os comentaristas medievais já haviam percebido certas semelhanças entre a lenda da descoberta da harmonia numérica por Pitágoras e a invenção da música e dos trabalhos em metal pela dupla de meio-irmãos Jubal e Tubal-Caim descrita no livro do Gênesis[17]. A absoluta irrealidade do mito grego a respeito da descoberta da harmonia (visto que não há relação entre o peso dos martelos e o som por eles produzido) pode servir de indicador da origem arcaica do relato – e talvez de uma associação entre músicos e ferreiros fundada no modelo bíblico[18].

Como muitos de seus contemporâneos, Vitrúvio conhecia tais especulações pitagóricas sobre o número: na passagem canônica ele passa por cima delas de forma tão casual que os grandes temas cósmicos não são imediatamente reconhecidos, ainda que ele faça uma referência a Platão e dialogue com Pitágoras e os pitagóricos em outras partes do livro. Ao discutir o número perfeito, *teleion*, Vitrúvio faz a mais explícita referência ao ensinamento pitagórico (se bem que não mencione suas fontes):

> O número perfeito estabelecido pelos antigos era o número dez, o número [tirado] dos dedos das mãos; do palmo instituíram o pé. Embora o número denominado *dez* seja encontrado perfeito por natureza nos dedos das duas mãos, Platão estava convencido de que o número era perfeito, já que era constituído de coisas singulares, que os gregos chamam de *mônadas* […]. Por outro lado, os matemáticos alegavam que o número denominado *seis* era perfeito, pois é divisível em frações que se combinam para formar o número seis […] e não menos porque o pé corresponde à sexta parte da altura de um homem. […] Mais tarde, quando reconheceram que ambos os números, seis e dez, são perfeitos, eles combinaram ambos em um só e fizeram o mais perfeito dos números: dezesseis. Eles encontraram suporte para tal no pé: visto que se alguém retira dois palmos do cúbito, ficará com um pé de quatro palmos; e cada palmo tem quatro dedos. […] Portanto, se existir um consenso de que os números são derivados do corpo […][19]

Apesar de parecer banal – até mesmo mecânica – a organização do texto de Vitrúvio era claramente derivada de alguma fonte pitagórica perdida; no entanto, a relação de Vitrúvio com os "antigos" e os "matemáticos" é obscura. Sua dívida parcialmente reconhecida para com tal fonte sugere uma conexão entre os esquecidos cânones pitagórico e pós-Policleto, ainda que a filiação deva permanecer como uma pressuposição.

Embora, talvez, o cânone monocórdico da lenda original não tenha sido muito utilizado em espetáculos, ele era certamente utilizado para experimentos musicais e para afinação[20]. Não obstante, a elaboração tanto numérica como em termos de cálculos (e, portanto, racional) do ensino da harmonia, havia outro ponto de vista, originalmente formulado por Aristóxeno de Tarento, o polêmico discípulo de Aristóteles. Ele argumentava que as harmonias numéricas nem sempre operavam fenomenalmente, que elas foram desenvolvidas a partir de princípios primários e, portanto, não poderiam fornecer um relato fiel da experiência de um ouvinte. O Sócrates de Platão leva em conta esse problema; porém, em contraposição a Aristóxeno, considerava a harmonia calculável superior àquela ouvida, ridicularizando pois os músicos que "irritam e torturam" suas cordas nas cravelhas das harpas ou liras para definir de ouvido os menores intervalos audíveis possíveis sobre os quais poder-se-ia basear uma escala[21]. Quaisquer que fossem as limitações dos pitagóricos, o próprio Platão não os teria acusado de tal tolice prática, tanto que propôs consultá-los sobre o estudo da harmonia ao definir as regras para a educação correta dos guardiões de sua república. Essa passagem na *República* mostra as divisões iniciais entre os dois tipos de teóricos da música gregos[22]; sendo que a disputa toca em uma questão realmente bastante importante do meu tema, ou seja, a contradição entre a escola racional ou noética dos teóricos da música e a escola da fenomenalidade, daqueles que pretendiam concentrar-se naquilo que escutavam. Os arquitetos gregos tinham que lidar continuamente com uma divisão análoga, visto que as fórmulas sistemáticas, tanto "visuais" como "dimensionais", dos escultores e arquitetos tinham de ser modificadas do mesmo modo, devido às exigências do ajuste ótico e às inevitáveis contradições internas ao próprio sistema – sobre as quais discorrerei oportunamente[23].

IV : Gênero e Coluna

Hermes com sua lira. Vaso com figura vermelha de Vulci. Londres, Museu Britânico

Não obstante todo o seu sarcasmo e agressividade, Aristóxeno não questionou os cálculos fundamentais da harmonia pitagórica, visto que pareciam irrelevantes à música tocada e ouvida. Efetivamente, por extensão metafórica, o *kanōn* passou a significar quailquer norma ou critério de excelência. Tal sentido ampliou-se ainda mais e, na lógica de Epicuro e de seus adeptos, passou a significar o modelo da verdade, uma prova de verossimilhança ou mesmo de pensamento simples e equilibrado[24]. A noção foi ampliada para a literatura: assim, Heródoto era considerado o autor canônico do dialeto jônico e Tucídides do dialeto ático[25]. E desde que os artistas visuais e plásticos estavam igualmente interessados em encontrar uma norma ou um critério de excelência, inevitavelmente o corpo humano passou a ser considerado como uma chave para tal. A palavra *kanōn* tornou-se, assim, um termo técnico para a descrição das proporções do corpo e é neste contexto que o portador da lança em bronze de Policleto adquiriu seu nome. Durante o tardo-império romano e no período medieval, a transcrição latina da palavra, *canon*, significava tudo aquilo que deveria permanecer imutável, assim como o texto bíblico ou a parte central da missa em latim.

O termo também foi utilizado para indicar qualquer guia ou modelo onde essas relações eram registradas para, em seguida, serem aplicadas a outros objetos que mostrassem ou estabelecessem padrões de medição. Tampouco, tal concepção de relações fixas no quadro do corpo humano se limita à Antiguidade greco-romana, mesmo que os gregos possam ter associado a noção de um cânone como medida linear àquele exatamente análogo em termos de som. Para citar um exemplo comum, embora o argumento ainda seja estudado de forma insuficiente, na Índia, existe uma panóplia de medições canônicas para as distintas deidades do panteão hindu. A altura total de

Tocador de Lira. Estatueta cicladense em alabastro. Atenas, Museu Arqueológico.

uma personalidade importante envolvida na construção de um edifício, ou o comprimento de sua palma, ou ainda da falange exterior do dedão, parece ter sido utilizada com frequência pelos construtores e escultores indianos para fornecer o módulo do edifício e até mesmo as formas de moldagem dos tijolos de um altar para o rito do fogo sacrificial[26].

Existe uma fonte tardia, mas bastante importante, de uma tradição análoga na Grécia. Plutarco (assim escreve Aulo Gélio no início de sua loquaz antologia de variadas informações) elogiou o raciocínio sutil de Pitágoras na reconstrução da imponente estatura de Hércules,

> pois era largamente conhecido que Hércules mediu com passos a distância do estádio de Júpiter Olímpico em Pisa. Embora outros estádios na Grécia, fundados mais tarde, medissem igualmente seiscentos pés de comprimento ou até menos, ele compreendeu de imediato que o tamanho de Hércules, reconstruído a partir do seu pé, excederia aquele de outros homens, na mesma medida em que o estádio olímpico era mais longo que qualquer dos outros[27].

Qualquer coisa que Plutarco tenha inferido do que lhe foi dito ou daquilo que leu em alguma fonte escrita perdida, essa espécie de argumento era parte da lenda pitagórica e revela uma familiaridade geral com as fórmulas canônicas. Em suas linhas gerais, a lenda era bastante antiga e Píndaro já fizera referência a ela ao relatar a fundação dos jogos por Héracles, o qual,

> musculoso filho de Zeus,
> demarcou um lugar sagrado

> para seu poderoso pai.
> Cercou o Áltis e o delimitou
> como um espaço puro.[28]

Como sempre, o mito não registra nenhuma atividade ordinária, mas um ritual heroico que consagra e exalta o lugar-comum. A partir desses temas heroicos, eu chego ao particular, voltado ao cânone de Policleto. Ele foi um dos maiores artistas do século V a.C., a grande era da escultura e da arquitetura gregas e provavelmente fora discípulo do ainda mais famoso Fídias, na oficina de Agelaídas (também de Argos). Ambos eram chamados de homens sábios, conhecidos por sua *sophia*[29].

Policleto

Conforme sugeri anteriormente, o cânone de Policleto estava encarnado em uma estátua em bronze, o lanceiro Doríforo, bem como em um texto explicativo ou descritivo do qual ele provavelmente teria sido o autor. Citações fragmentárias permitem apenas conjecturar acerca da natureza e conteúdo deste último, sendo que a escultura original tampouco sobreviveu[30]. Afortunadamente, ela foi uma das obras de arte antigas mais frequentemente copiadas, tanto em pedra como metal, com tamanho empenho e fidelidade que mesmo fragmentos de tais cópias não são de difícil identificação. À medida que os examinava, o Doríforo tornou-se familiar, quase um amigo: a conformidade de alguns torsos de pedra desprovidos de membros com o tipo pareceu-me seguir a observação de Scamozzi, anteriormente citada[31].

As cópias e as referências literárias demonstram a admiração pela estátua na Antiguidade, bem como sua grande autoridade. Policleto era considerado como uma espécie de novo Dédalo pois, à semelhança daquele artista arquetípico, fazia suas estátuas caminharem. O Doríforo erguia-se em *contrapposto*, o peso do corpo apoiado sobre um dos pés, enquanto o outro se movia livremente. Naturalmente, havia outros precedentes para essa liberdade de postura, porém atribui-se à Policleto a libertação final das estátuas masculinas, a capacidade de fazer as figuras movimentarem-se, possibilidade esta que foi associada à figura gramatical do *quiasma* (ênfase cruzada)[32], embora o termo não seja empregado pelos antigos críticos das artes visuais. Curiosamente, ao relatar essa realização, Plínio também menciona uma crítica bastante discutida a respeito de Policleto, por ele atribuída a Varrão, um erudito anterior, para quem as estátuas de Policleto eram "quadradas, cada uma delas" (ou então "todas baseadas no mesmo modelo"). Visto que essa menção comparece na mesma passagem na qual ele atribui a Policleto a invenção da postura relaxada em *contrapposto*, sua afirmação deve ser entendida como mais uma contradição desse quebra-cabeças[33].

A existência de um texto de autoria de Policleto está implícita em várias supostas citações feitas por autores posteriores. Além da passagem presente em Vitrúvio, mencionada anteriormente (por ser a mais longa delas talvez seja uma citação indireta), há outros fragmentos em Plutarco, Filo de Bizâncio, Luciano e Galeno. Este último, por sua vez, parece tê-los lido em alguns escritos hipocráticos. Hipócrates de Cós pertence à geração posterior àquela de Policleto e era o mais conhecido médico da Antiguidade. Ele desempenhou um papel quase heroico, visto que muitos dos escritos que levam o seu nome eram, na realidade, compilações ao contrário de comentários originais. Galeno, médico da corte dos imperadores Marco Aurélio e Vero, foi o mais famoso e prolífico de seus editores e comentaristas posteriores. Ele teve a oportunidade de citar Policleto inúmeras vezes

124

A Coluna Dançante

Doríforo. Nápoles, Museu Arqueológico. ©Fratelli Alinari.

IV : Gênero e Coluna 125

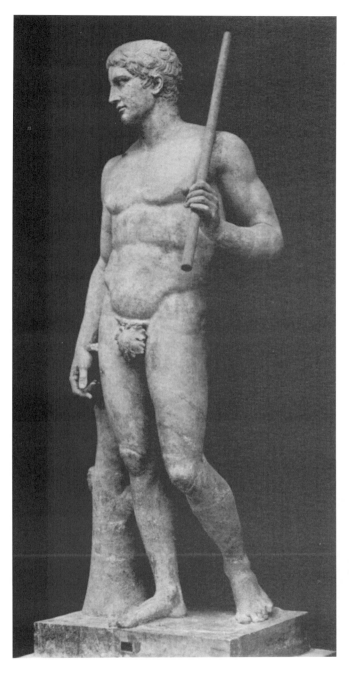
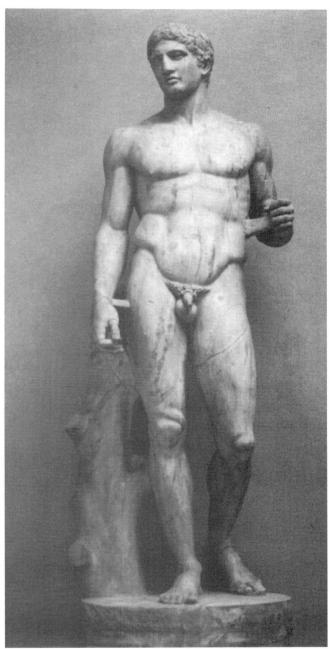

Doríforo. (à esquerda)
Vaticano. ©Fratelli Alinari.

Doríforo. Florença. Uffizi.
Fotografia do autor.

Doríforo. Fragmento de cabeça e torso. Roma. Museu Baracco. ©Fratelli Alinari.

Doríforo. Somente o torso. Diorito. Florença. Uffizi. Fotografia do autor.

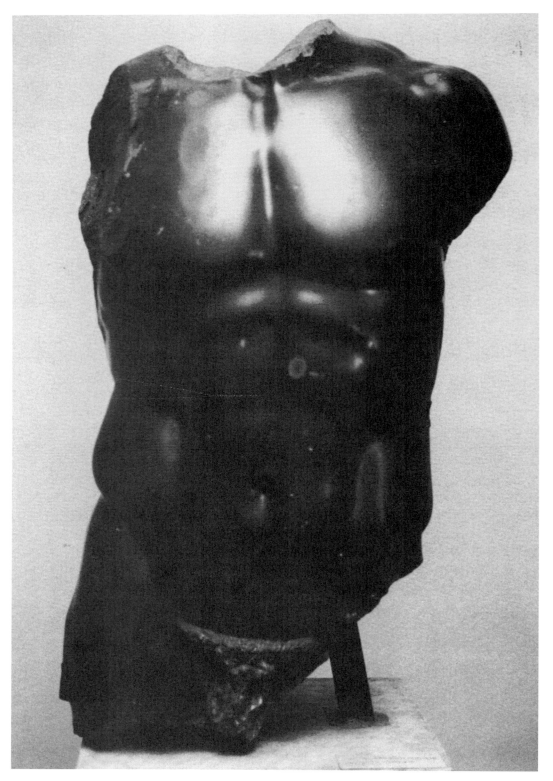

Doríforo. Cópia de herma em bronze, de Apolônio de Atenas (do Herculaneum). Nápoles. Museu Arqueológico. ©Max Himmer.

Policleto: Amazona. Cópia de herma em bronze. Nápoles. Museu Arqueológico. ©Fratelli Alinari.

em um texto importante no qual o associa a Crísipo, o filósofo que compilou e sistematizou a sabedoria estoica durante o século III a.C. Crísipo ampliou a conhecida doutrina sobre a coesão dos elementos no corpo: ao discutir as doenças mentais, ele distinguiu entre a *summetria*, que combina harmoniosamente a *stoicheia* (os seus elementos) de maneira a constituir a saúde do corpo, e a análoga, porém bastante distinta, *summetria* de *moirai* (de seus membros ou extremidades), que o tornam belo. Esta simetria, diz Galeno, "deve relacionar dedo com dedo, todos os dedos com a palma, a palma com o punho [*carpos* e *metacarpion*: talvez seja mais acurado dizer 'palma' e 'a base da mão']; estes com o cúbito ou antebraço, o antebraço ao braço, e todas as partes entre si, assim como está escrito no cânone de Policleto"[34].

Outro dito de Policleto comparece como uma citação na *Belopoeika*, de Filo de Bizâncio, um livro no qual ele também aborda o aperfeiçoamento gradual, por passos curtos similares, do refinamento ótico. Tendo examinado a construção de diversas máquinas de assédio, ele concluiu: "a coisa certa [*to gar eu*] é alcançada através de passos curtos [*para mikrōn*] por meio de muitos números"[35]. O dito ecoa, mesmo sem referência a Policleto, na pequena obra de Plutarco, sobre a audição, na qual este último sustenta que a beleza (*to kalon*, ao invés de *to eu*) de qualquer obra humana é alcançada gradualmente, assim como na citação de Filo, "mediante vários números que alcançam um acordo [*kairos*] em uma simetria e uma harmonia, enquanto a feiúra pode se manifestar de repente, como consequência de qualquer defeito ou excesso trivial, podendo ser reconhecida [em um discurso] pelo franzir das sobrancelhas, as caretas, os olhos errantes, as pálpebras caídas, os bocejos, as pernas cruzadas e pela indecorosa inquietude"[36]. Uma passagem citada em um contexto distinto apresenta uma associação ainda mais enigmática: Policleto parece ter dito que "a tarefa é muito mais difícil quando a argila está na unha e a obra busca a perfeição". O que quer que tenha pretendido dizer, aparentemente a expressão parece indicar, uma vez mais, a obsessão do mestre com a perfeição do detalhe[37].

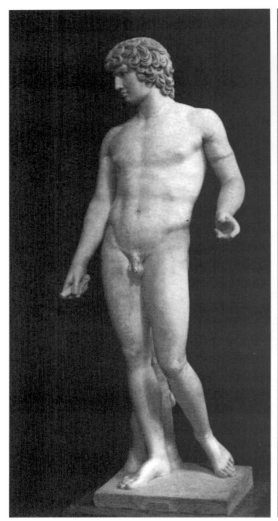 

Eufránor (segundo) Antinous. (à esquerda) Também conhecido como Atleta de Lansdowne. Cópia. Nápoles, Museu Arqueológico. ©Fratelli Alinari.

Lisipo: Eros esticando o seu arco. (à direita) Vaticano. ©Fratelli Alinari.

Embora em sua "bibliografia"[38] Vitrúvio refira-se explicitamente ao cânone de Policleto, não é absolutamente certo, conforme observei anteriormente, que, ao especificar as proporções do corpo humano, ele estivesse citando diretamente a partir de um texto de autoria do escultor. Mais tarde, ele menciona nove artistas menos conhecidos, cada qual tendo produzido um cânone; desses, Eufránor de Corinto (também conhecido como o Ístmio), ao que tudo indica, era o único cujas ideias sobre o tema eram conhecidas por outros autores da época[39]. Sua figura humana ideal era provavelmente muito mais diferenciada, com características mais acentuadas que aquela de Policleto. O bastante prolífico Lisipo de Sícion, considerado com frequência o último escultor "verdadeiramente grego" (é assim que Vitrúvio o menciona), artista da corte de Filipe II e Alexandre, o Grande, também era famoso por seu interesse apaixonado pela proporção humana. É conhecido que ele teria sustentado não possuir outro mestre além do Doríforo[40], se bem que está claro, pelo contexto, que estava fazendo referência à estátua de Policleto, como um exemplo negativo do tipo de "perfeição" que ele queria rejeitar. A reputação de Lisipo no tocante ao estudo do cânone é, entretanto, um dilema ainda maior do que o de Policleto, pois não há vestígios do seu texto. Seu dito mais conhecido, tão enigmático quanto as afirmações de Policleto, era que "enquanto eles [os antigos] representavam os homens assim como eram, ele os fizera como aparentavam ser"[41].

Um Cânone Feminino?

Não obstante as evidências disponíveis, o contexto de toda a especulação acerca de uma figura masculina ideal no século v e iv a.C. é nebuloso. Ao mesmo tempo, não existem evidências comparáveis no que diz respeito a um interesse pelas proporções do corpo feminino, talvez porque a figura feminina desnuda fosse uma raridade na arte grega arcaica, ou mesmo clássica, assim permanecendo até meados do século iv[42]. Contudo, a partir de certo ponto, tornou-se necessário afirmar ao menos a possibilidade do cânone feminino. A ocasião foi propiciada pelo concurso realizado entre quatro ou cinco escultores, para a execução de uma estátua de amazona a ser dedicada ao templo de Ártemis em Éfeso. A de Policleto foi considerada a melhor (se é que o relato de Plínio pode ser tomado com seriedade), enquanto as demais obras eram de autoria de Fídias, Kresilas, Kidon e Phrádmon[43]. As cópias que sobreviveram não são tão numerosas e fiéis como aquelas do Doríforo e, efetivamente, os historiadores

Policleto: Amazona (tipo "capitólio"). Vaticano.
©Fratelli Alinari.

da arte não são unânimes na atribuição dos distintos protótipos a cada um dos três escultores. Os tipos de amazonas encontram-se todos eles parcialmente vestidos e a maioria apresenta um seio desnudo que, por assim dizer, era o aspecto mais óbvio de seu traje nacional. A figura escassamente vestida pode ter levado a uma definição clara das proporções do corpo feminino, por analogia com o Doríforo; de fato, em Herculano, na Villa de Pisoni, encontravam-se duas extraordinárias hermas em bronze, uma do Doríforo e a outra da amazona. No entanto, quaisquer que tenham sido as intenções dos escultores, aqui também não existem evidências da existência de algum cânone por escrito[44].

Sorte e Invenção

O corpo vitruviano, ao mesmo tempo quadrado e circular, estava em movimento – porém, ainda assim, ele era atemporal; enquanto microcosmo, era único e inalterável, e, portanto, sua assimilação ao edifício exigia uma mediação. Ademais, o microcosmo único não parecia igualmente aplicável às colunas dóricas e jônicas, e certamente também não à posterior coríntia. Nesse sentido, Vitrúvio tinha um problema narrativo, visto que seu objetivo no início do quarto de seus dez livros era justificar em termos históricos (talvez fosse mais exato dizer racionalizar, ou mesmo canonizar) a distinção entre os diversos sistemas gregos. Por conseguinte, ele tirou proveito da contraposição (que provavelmente herdou de seus mestres) entre a estrutura microcósmica e noética do edifício, dependente desses princípios, e o aparato fenomenal das proporções ajustáveis e do ornamento mimético, que poderia ser explicado através dos mitos, senão pela história. Vitrúvio e seus leitores com certeza estavam familiarizados com a mais conhecida evidência histórica: duas das colunas levavam os nomes dos principais dialetos da língua grega, o dórico e o jônico; a terceira, a coríntia, recebera o nome de uma cidade.

A coluna citadina foi inevitavelmente apresentada como a mais recente das três. No que diz respeito às outras duas, Vitrúvio ofereceu evidências na forma de uma etiologia lendária, porém estabelecida em um período tão tardio que se torna difícil discernir o fundo mitológico, e talvez mesmo ritual, a partir do seu relato. No entanto, ele escreve:

> Quando Doro, filho de Heleno e da ninfa Ftia, governava toda a Aqueia e o Peloponeso, ele construiu um templo para Juno, na antiga cidade de Argos, um santuário que, afortunadamente, tinha esse estilo e depois continuou a construir mais templos do mesmo tipo nas outras cidades da Aqueia, ainda que a regra da simetria ainda não tivesse nascido.[45]

É evidente que, embora Vitrúvio estabeleça a invenção da ordem em um momento decisivo da era heroica, ele parece deixar sua origem ao acaso: o templo era "eius generis fortuito formae". Os tradutores interpretaram o termo *fortuito* como "por acaso", "par hasard". Entretanto, como o relato sobre Argos deve ter origem em alguma fonte ou informante grego, vale observar que *fortuito* é a tradução comum do grego *kata tuchēn,* sendo que a palavra *tuchē*, enquanto causa, muito interessou Aristóteles[46]. Efetivamente, aqui, o termo pode ser melhor interpretado como "afortunadamente", ou mesmo – indo um pouco além do limite – "segundo um desígnio".

O templo no qual ele encontra tudo isso acontecendo era, sem dúvida, admirado e conhecido: Hera Argiva tinha um dos templos mais esplêndidos de toda a Grécia, nele, Policleto (ou talvez

 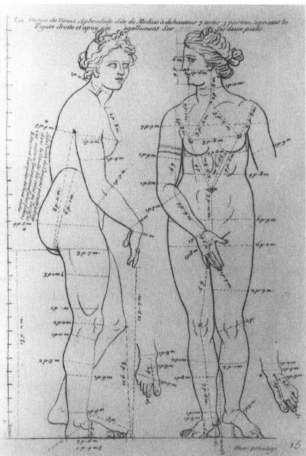

Apolo Belvedere ou Apolo Pítio.
Gravura de G. Audran (1785).
Vênus de Médici.
Gravura de G. Audran (1785).

Policleto, o Jovem, seu sobrinho e também um escultor de renome) criou a sua imagem criselefantina da deusa, para rivalizar com as duas outras imagens criselefantinas feitas por Fídias: a de Atena no Pártenon ateniense, e a de Zeus em Olímpia. Argos era um dos mais antigos assentamentos dóricos, a capital de Agamêmnon que, como seu rei, comandou a frota e o exército gregos para Troia.

Vitrúvio pensava que a ausência de um protótipo visível, e a inevitável ruptura da arte dos construtores levariam à formulação de uma regra:

> Quando posteriormente os atenienses fundaram treze colônias na Ásia, de uma só vez, de acordo com o oráculo do Apolo délfico e do conselho comum de todos os gregos, eles designaram líderes para cada uma delas, porém conferiram o comando supremo a Íon, o filho de Xuto e de Creúsa [...] Eles chamaram aquela parte do mundo de Jônia, em nome de seu líder Íon e, tendo estabelecido santuários para os deuses imortais, começaram a construir templos. Primeiro eles decidiram construir um para Apolo Panionios, tal como haviam visto em Aqueia, o qual eles denominavam dórico, uma vez que tinham visto essa espécie de construção pela primeira vez nas cidades dóricas. Quando quiseram nele colocar colunas, desde que não conheciam a simetria, e imaginando por qual método poderiam fazê-lo, de modo que fosse adequado para suportar peso e, na aparência, tivesse a beleza à qual estavam acostumados, eles mediram a planta do pé de um homem e compararam-na

> à sua altura. Quando perceberam que, em um homem, o pé era a sexta parte de sua altura, eles transferiram o mesmo cálculo para o fuste; e, por mais espessa que eles fizessem a base do fuste, eles o elevaram em seis vezes a altura, com o capitel. Foi assim que a coluna dórica começou a exibir a beleza e a força do corpo masculino em edifícios.[47]

Um pouco mais adiante, nesse mesmo trecho, Vitrúvio prossegue para determinar a origem da coluna jônica em um período igualmente remoto:

> Quando mais tarde eles quiseram erigir um templo para Diana e exploraram uma nova espécie de beleza, mediram novamente a planta do pé, mas alteraram-na para a delicadeza feminina, e fizeram a espessura de suas primeiras colunas em um oitavo da altura, a fim de tornar sua beleza mais esbelta. Uma base curva, como um sapato, foi colocada sob o [fuste] e na cabeça eles colocaram volutas, como lindos cachos pendendo à esquerda e à direita. Decoraram a fronte com cimácios e festões, e deixaram as caneluras caírem como os drapeados de uma túnica matronal. Assim eles distinguiam as duas formas de desenhar colunas com base no corpo humano: uma de uma beleza desnuda, viril e desprovida de qualquer ornamento, e a outra feminina.[48]

A lenda etiológica, como grande parte dessas histórias, oculta tanto quanto revela. Antes de considerar suas implicações, gostaria de enfatizar o valor nominal dos mitos, do modo como são relatados por Vitrúvio: que as duas ordens centrais, a dórica e a jônica, são identificadas pelo nome com os dois principais dialetos da língua grega – o dórico, que nos tempos históricos era falado no Peloponeso e em Creta, e o jônico, falado na Ática e pelos gregos da Anatólia ocidental. Os dialetos literários (em contraposição aos coloquiais) foram formulados nos séculos VII e VI, bem como as regras para colunas e vigas. Também essas eram bastante "artificiais", e mais relacionadas ao uso literário do que ao dialeto, assim como era falado até mesmo pelos próprios poetas. O dórico era o principal meio de expressão da lírica coral – de Estesícoro e de Píndaro (que, na realidade, era da Boécia) – e posteriormente da poesia pastoral e do epigrama. O jônico era a linguagem do épico – de Homero e de Hesíodo – assim como da prosa, particularmente da prosa científica[49]. Os dialetos eram geralmente combinados e até mesmo misturados numa mesma obra. Na tragédia, era comum a justaposição do dórico para as partes corais e do ático para as personagens principais. Mais tarde, na comédia, os dialetos locais eram empregados para a caricatura[50].

Essas duas espécies de coluna são também plena e detalhadamente identificadas com as dimensões canônicas do corpo humano masculino ou feminino. Tal identificação seria constantemente reiterada pelo fiel, em qualquer santuário grego, pela sequência de estátuas votivas de meninos, *koroi* (quase sempre desnudas), e de meninas, *korai* (sempre vestidas), os quais com tal abundância contornavam os caminhos sagrados, que nenhum museu de arte ou antiguidades clássicas respeitável ficaria sem pelo menos um ou dois exemplares. No próximo capítulo retornarei aos *kouroi* e às *korai*.

v : O Lugar-Comum Literário

- O Menino e a Menina ▪ O Animal Metafórico
▪ O Choque do Significado ▪ O Poste Primevo ▪ Imitação e Manufatura ▪ Se a Natureza Construísse uma Casa
▪ Faça Igual, Pareça Igual ▪ Construção Trágica ▪ Persas e Atlantes ▪ Cariátides

O Mosaico de Narciso.
Da Casa de Narciso,
em Dafne-Harbie.
Universidade de Princeton,
Museu de Arte de Baltimore.

O Menino e a Menina

Korē e kouros, "menina" e "menino", são denominações técnicas úteis para os tipos comuns da escultura grega que, mais do que a de qualquer outra cultura, concentrou-se na figura humana isolada, quer seja vestida e feminina, quer seja desnuda e masculina. O simples fato de que os projetistas dos principais edifícios eram com frequência notórios escultores em bronze ou pedra de notoriedade já poderia conferir uma certa plausibilidade à analogia entre o corpo representado e o edifício projetado.

A mesma analogia, a mesma metáfora já foi insistentemente invocada nos capítulos anteriores. O recurso recorrente à metáfora, em um livro dedicado à edificação, requer uma apologia mais ampla, uma vez que, para muitos leitores, ela pode parecer um revestimento superficial, uma filigrana frente a questões reais de caráter utilitário e abstrato formais do empreendimento. A minha concepção é distinta: eu acredito que a metáfora é parte essencial do contexto da edificação, assim como de toda atividade humana. A metáfora específica e negligenciada do corpo fornece a chave para decifrar alguns traços enigmáticos da arquitetura grega. Eu concluí que ela pode definir o modo pelo qual todos os homens e mulheres se colocam em relação àquilo que constroem.

O Animal Metafórico

E, no entanto, a linguagem "natural" em si, a própria possibilidade de linguagem, foi considerada como extensão de alguma metáfora primeva – razão pela qual o homem foi chamado de animal metafórico[1]. A linguagem (pelo menos como se costuma dizer) sempre significou um som articulado, complementado por expressões faciais e gestos manuais que transmitiriam mais clara e diretamente uma intenção e um conteúdo. No entanto, o homem compartilha as expressões faciais, gestuais e os sons expressivos – até mesmo articulados – com os animais, que emitem seus sinais particulares em código conforme o contexto. Por mais rico e variado que seja seu "vocabulário" (como nas danças das abelhas operárias fora da colmeia, ou nos rituais de acasalamento dos pavões), tais sinais são produzidos na expectativa de uma leitura unívoca, ao passo que o som e o gesto humanos sempre buscam qualquer interpretação por parte do outro, numa expectativa contínua e com o receio da polivalência do sinal[2]. O homem compartilha com os outros animais não somente o som articulado e expressivo, mas também o jogo ou brincadeira (*play*)*; no entanto, a diferença dos jogos e brincadeiras entre os homens e aqueles entre os animais se expressa em inglês pela preposição usada com "jogar": animais jogam ou brincam "com" (*play* with), humanos jogam ou brincam "em" (*play at*)[3]. E de fato, o jogo ou brincadeira dos seres humanos pressupõe um local e um regulamento: uma referência e um consentimento ou pacto.

O pacto interpretativo é o laço social primário da humanidade, ou pelo menos assim me parece. Compõe-se de sinais, marcas e alusões que têm como fonte única o corpo e seus movimentos como único meio. Essa é a razão pela qual o valor metafórico do corpo é minha herança humana primária, assim como a do meu leitor. Tal valor teve que ser conquistado por meio de uma separação violenta, talvez mesmo catastrófica, entre o corpo humano e o fluxo indiferenciado da natureza.

Eu sinto meu corpo como distinto de qualquer outra partícula da criação. O ato de perceber a mim mesmo enquanto uma entidade separada e única e, ao mesmo tempo, um composto, um multiforme, só acontece quando me configuro no meu semelhante. Este ato é exclusivamente humano. É o que Nietzsche quis dizer quando escreveu que o "tu" é mais velho que o "eu"[4]. Todavia, também vejo um outro, um eu inquietante, que me observa da superfície de poças e rios, da pedra e do bronze polido: o destino de Narciso ou *Narkissos* é uma advertência de que o mero ato de configurar-se por reflexo pode ser simples, mas também perigoso, pois o nome que aquele delicado jovem compartilhava com uma flor perfumada e inebriante (a bem dizer, narcótica), amante da umidade da primavera, carrega consigo a promessa da embriaguez, mas também a ameaça do estupor e até da morte[5]. A iniciação na consciência de outra cisão, bastante distinta, talvez o primeiro reconhecimento de nossa semelhança em um cadáver – aquela de nossa própria espécie entre pura e impura – deve ter sido igualmente catastrófica e assustadora. É uma divisão que desafia contínuas interpretações e especulações. No entanto, um outro eu sempre segue meus passos, de forma que eu reconheço a mim mesmo como um ser ereto criador de sombras e a terra como meu relógio de sol[6].

O reconhecimento, junto com a separação que comporta – o estranhamento primário – é a condição do meu *conhecimento* do mundo fora de mim, mundo que posso apenas apreender e compreender (com o perdão do truísmo) *a partir de fora* do meu corpo, porque é isso que eu sou e também é o que tenho como mapa ou modelo da minha experiência exterior. Esse é o primeiro "acontecimento" intelectual, se não uma verdadeira operação intelectual. A linguagem, que constitui a condição e a limitação do meu pensamento, emana do corpo que é a limitação e a condição do meu ser[7]. Ela é a geradora de todo o vasto projeto da cultura humana, sua *felix culpa*[8]. Quando eu *penso* em meu próprio corpo (ou nos corpos dos meus iguais) eu posso pensar somente em termos de metáfora; e ainda devo pensar em gemidos e gritos, em gestos, movimentos corporais e até caretas, como os artefatos mais elementares (ou pelo menos aqueles mais íntimos). Talvez a única resposta possível ao estranhamento primordial seja a re-presentação[9], o ordenamento constantemente renovado da experiência metafórica e sua reconstituição no processo de maturação do indivíduo. E qual representação é mais elementar que a reflexão?

O Choque do Significado

Tais operações exigiram de nossos ancestrais grandes esforços intelectuais, que são muito fáceis de subestimar ou mesmo negligenciar. Nossos primeiros antepassados são figuras que pertencem ao mito e à revelação, uma vez que a história conhece apenas a continuidade da sociedade humana politicamente organizada. Contudo, a passagem catastrófica do corpo percebido ao corpo pensado e a invenção da sua linguagem não podem ser localizadas em nenhuma história ou mito, nem em qualquer outra narrativa. Também não podem ser obviamente associadas a quaisquer outras conquistas biológicas da "revolução humana". No estado atual de conhecimento, nenhum consenso parece possível sobre se os homens de Cro-Magnon foram os primeiros a controlar plenamente a linguagem, ou se a raça de Neandertal já possu[ia o domínio das técnicas da fala[10].

De qualquer maneira, os meus e os seus ancestrais alcançaram e tiveram que consolidar essa imensa e difícil vitória intelectual de separação por meios árduos e muitas vezes dolorosos. O processo por meio do qual seus corpos foram marcados e assinalados como distintos – ou mesmo alheios ao seu contexto – teve que ser tanto memorável como evidente. Essa é a razão pela qual ele envolveu invariavelmente marcações corporais que eram mutilações: escarificação, extração de dentes, decepação da articulação de um dedo, circuncisão ou, talvez a mais comum de todas elas, a tatuagem[11]. A dor que envolve essas marcações é compreendida, tanto pelo operador como pelo "paciente", como uma prova pela tortura: recuperar o sujeito do prazer irrefletido do mundo, para que nele alcance um lugar novo e responsável, por meio de uma concentração intensa no seu próprio corpo e no seu isolamento. Paradoxalmente, ela também assinala a incorporação do indivíduo mutilado na companhia de seus pares (igualmente mutilados). Em muitas sociedades, homens e mulheres realizam esse ato reflexivo transformando dolorosamente seus corpos em artefatos[12]. Herman Melville descreveu Queequeg, seu misterioso marinheiro polinésio, entalhando um caixão para si mesmo, de forma a imitar as tatuagens de seu corpo que, embora ele próprio não pudesse "ler", conhecia como um mapa do mundo "sendo a obra de um falecido profeta ou vidente de sua ilha que, por meio daqueles sinais hieróglifos, traçara sobre seu corpo uma teoria completa dos céus e da terra, e um tratado místico sobre a arte de alcançar a verdade"[13]. Essa passagem apresenta uma aguçada observação etnográfica, visto que em muitas sociedades as marcas de tatuagens atuam justamente da maneira cosmicamente descrita por Melville: como senhas para o outro mundo ou um mapa para a jornada da alma. A tatuagem e a pintura corporal (e, muitas vezes, as mutilações) são também concebidas como formas de tornar o indivíduo mais aceitável socialmente, bem como sexualmente mais atraente: elas são um modo de embelezamento[14]. Qualquer que seja a forma como esse "embelezamento é entendido, ele submete o corpo à interpretação – transforma o próprio corpo em uma história, visto que a percepção que tenho do meu corpo é por demais articulada para permitir que eu o imagine como um traço indiferenciado.

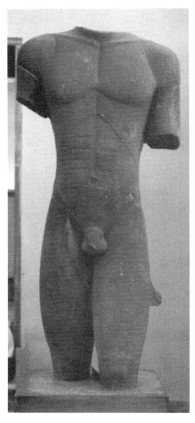

Kouros carregando um porquinho. Museu de Izmir. Fotografia do autor.

Kouros. De Sounion. Atenas, Museu Arqueológico. Fotografia do autor.

O equipamento técnico para a elaboração dos padrões ou signos ornamentais no corpo sempre foi muito elementar: espinhos, espinhas de peixe, ferrões de insetos e pedras cortantes sempre estiveram disponíveis e continuaram a ser utilizados por muitos milênios, antes que facas fossem laminadas na pedra dura. A dolorosa, e por vezes perigosa, operação de subincisão ainda é executada na Austrália com uma lâmina de impacto de pedra, do tipo paleolítico[15].

O Poste Primevo

Se você admite como uma premissa o exposto acima, eu poderia inferir que o entendimento de um poste vertical como uma analogia do corpo talvez não seja algo tão absurdo porque, assim como a verdade da fala, do gesto e do corpo adornado é projetada para o exterior, ou em direção ao mundo circundante, o mesmo deve valer no caso dos demais artefatos. Parece que uma propriedade inalienável do pensamento humano, assim como a forma primária da percepção animal, é a orientação no espaço[16].

Tendo abstraído meu corpo da natureza, isolando-o desse modo como um objeto de atenção, eu também o inseri em um contexto apropriado para a sua interpretação metafórica. Como consequência, quando entalho ou apenas faço uma incisão em um poste vertical com algum sinal intencional – assim como faço (ou fiz) uma incisão no meu próprio corpo para torná-lo sociável –, a fim de que qualquer passante ocasional possa perceber que lugar e que forma aquele poste recebeu

Korē poikile. Atenas, Museu da Acrópole. Fotografia do autor.

Korē. Atenas, Museu da Acrópole. Fotografia do autor.

(talvez meramente apropriados) por algum agenciamento humano, eu convido, inevitavelmente, esse transeunte a vê-la como uma analogia corporal. Cravar um poste, para não falar de uma sequência deles, tem, por conseguinte, sido sempre visto como um gesto metafórico e como um tipo de construção em geral. É também o gesto da tomada de posse de um solo: cada poste fincado implica um círculo ao seu redor, mesmo que resulte da sombra que projeta, cuja direção será sempre paralela à sombra projetada pelo meu corpo ereto.

A cravação de um poste é um gesto primal – a capacidade de nos orientarmos, de conhecermos a ortogonalidade do nosso corpo no solo, é uma condição de nosso ser[17]. O *homo* é *sapiens* somente porque, ou mesmo depois que, se tornou *erectus*. Antes de levantar os primeiros postes e deles se apropriar através do entalhe, o homem deve ter aprendido essa técnica em árvores vivas enraizadas no solo[18]. Por mais que tenha levado milênios, a passagem da associação entre o corpo perecível e a árvore em crescimento, ou poste friável, para uma associação bem distinta entre o corpo e a coluna duradoura parece quase inevitável. Se este poste sustenta ou não uma viga, neste ponto, é irrelevante.

Nesse contexto, eu espero que a assimilação do corpo masculino a um tipo de coluna, a dórica, e do feminino a outra, a jônica, pareça uma instância específica da metáfora geral, sendo tão aceitável como geralmente era até o século XVIII. Era um dos conceitos fundamentais em torno do qual os arquitetos iriam especular e criar[19]. A extensão da metáfora para mais três outras "ordens", e as inúmeras variações posteriores sobre as colunas e seus ornamentos, deveu-se (ao menos em parte) ao desacordo em torno de seu exato detalhamento: sobre as minúcias das regras de proporção contidas nas autoridades literárias antigas, em oposição àquelas que podiam ser medidas tanto a partir das ruínas como das próprias antiguidades, acerca dos melhores exemplos a serem imitados, sobre o caráter exato dos ornamentos e, sobretudo, acerca da própria figura humana. Apesar da crescente dependência da disciplina acadêmica no desenho a partir do modelo nu, os pintores e escultores tendiam a buscar as estátuas antigas, e não o corpo humano vivo, como modelo de retidão proporcional[20]. Quando a influência da metáfora enfraqueceu-se no final do século XVII (conforme descrevi no Cap. II), o argumento que justificava o uso das ordens foi abalado e a tão discutida estrutura proporcional e dimensional foi estabelecida em um sistema de regras arbitrário. A força geradora das ordens reduziu-se e sua influência transformou-se em constrição. O acúmulo de evidências arqueológicas conflitantes somente intensificou a insegurança em relação a elas, reforçando a tirania da regra convencional.

Embora uma analogia entre o corpo e o mundo tenha se tornado progressivamente improvável, a outra, entre o corpo e a construção, permaneceu entrincheirada na linguagem e, portanto, no pensamento do dia a dia. Porém, não se tratava de um resíduo linguístico isolado como uma mosca aprisionada no âmbar. Wittgenstein, tão atento às estratificações da linguagem, observou certa vez: "O nosso discurso é uma encarnação de mitos antigos. E os rituais dos mitos antigos eram uma linguagem"[21]. Ele certamente não teria considerado inertes tais depósitos linguísticos, mas Wittgenstein também estava apaixonadamente interessado pela construção.

Talvez fosse mais significativo utilizar o testemunho de Georges Bataille, um escritor cuja influência cresceu muito desde a sua morte, e que detestava arquitetura (em particular a contemporânea), assim como desprezava seu próprio corpo, perdido na lascívia. Em um antidicionário compilado durante os anos de 1930, ele vê a arquitetura como a inimiga de uma forma de comunicação transgressiva que para ele – e para muitos de seus contemporâneos – correspondia ao estado da verdadeira liberdade humana, a única condição humana desejável. Na sua concepção, a incerteza volitiva em relação ao futuro, exaltada por Nietzsche como a situação humana ideal, deve ser inimiga de projetos, visto que qualquer projeto pressupõe a esperança de que a sensação será de alguma maneira assimilada à premeditação. O espírito de Bataille era intolerante frente a qualquer projeto desse gênero: para ele, a própria condição da modernidade foi estabelecida *contra* a arquitetura, que é

> a expressão do cerne das sociedades, do mesmo modo que a fisiognomonia humana é a expressão do ser individual [...] os grandes monumentos erguem-se como diques, impondo a lógica da majestade e da autoridade frente a todos os elementos perturbadores [...]. A queda da Bastilha simboliza esse estado de coisas: é difícil explicar esta ação da multidão salvo pela hostilidade de um povo para com os monumentos que são seus verdadeiros governantes [...]. A ordem matemática imposta à pedra é o pináculo da evolução das formas terrenas – cujo significado na esfera biológica é comprovado pela passagem da forma símia para a forma humana; e esta última já continha implicitamente em seu interior todos os elementos da arquitetura. No processo morfológico, os homens representam nada mais que um estágio intermediário entre os macacos e as grandes construções [...]. As formas tornaram-se cada vez mais estáticas e dominantes. Se você se encontra em desacordo com a arquitetura [portanto] [...] se encontra em desacordo com o próprio homem. Uma inteira gama de atividades – sem dúvida as mais brilhantes do ponto de vista intelectual – tende naquela direção, revelando a inadequação da dominação do homem; assim, embora pareça estranho quando se trata de uma criatura tão elegante como o ser humano, um caminho é apontado pelos pintores em direção à monstruosidade bestial: como se esta fosse a única forma de escapar dos grilhões da arquitetura[22].

Desse ponto de vista, a arquitetura somente é concebível como um espelho de uma ordem social opressiva e, portanto, como a "ordem das ordens", redundante na condição da modernidade explosiva, descrita e prontamente aceita por Bataille. Contudo, mesmo ele sustentou a definitiva impossibilidade de qualquer arquitetura moderna fora da analogia entre corpo e edifício: um edifício cujo esqueleto rígido é uma paródia do corpo macio, flexível, esquálido e amável. A arquitetura deve necessariamente buscar a completude que, por sua vez, constrange a humanidade e, portanto, impede a verdadeira liberdade, que consiste na indulgência gratificante do interminável e insaciável desejo – uma prática piedosa que teve no Marquês de Sade seu verdadeiro profeta.

Imitação e Manufatura

Assim como no caso da negação desdenhosa de Bataille, em muitos escritos recentes sobre arquitetura o problema volta-se para o antigo conceito de *mimēsis*, que os romanos infelizmente traduziram como *imitatio*, que nós em geral limitamos à *imitação*, significando verossimilhança. O termo vem sendo objeto de muita atenção[23], se bem que não relacionado à ideia de imitar o corpo no edifício. Neste caso, porém, a imitação – do modo como um arquiteto entenderia a palavra – dificilmente pode ser a criação de uma semelhança reconhecível, devendo envolver algum processo de recomposição de uma imagem decomposta (ou desconstruída, por assim dizer), restabelecida novamente como um edifício. Isso foi claramente reconhecido por Bataille, assim como o fora por Schopenhauer muito antes dele.

Na medida em que essa espécie de imitação pode ser lida de volta em qualquer edifício – um templo, uma prefeitura ou mesmo uma habitação – pelo público leigo que é seu usuário cotidiano, ela demandará explicações reiteradas ou releituras do edifício, não necessariamente convencionais. Essas interpretações podem fundar-se sobre gestos ou lugares-comuns, ou envolver o mais doméstico dos ritos; elas podem até mesmo exigir uma compreensão tácita daqueles temas específicos que Bernini discutiu com Fréart de Chantelou; no mínimo, terão que confiar em alguma espécie de disposição instintiva e pré-consciente. Por mais convincente que possa ser a resposta empática inconfessada do espectador pelo edifício (e sobre esse argumento praticamente não existe consenso), um arquiteto que acredita poder confiar na empatia do seu projeto, deve levar em conta a maneira pela qual ele próprio está apreendendo e decompondo a corporalidade da sensação. A percepção que cada um de nós possui em relação ao seu corpo na ordem natural contém um presságio de todo esse contexto. Muitos dos primeiros projetistas que escreveram sobre as antigas ordens (e as utilizaram) apoiavam-se, mais ou menos conscientemente, em algum amálgama desses fatores. O argumento da empatia ainda é sustentado por alguns autores recentes que escrevem sobre proporção, agora que as ordens já não mais suscitam tanta especulação[24]; nessa forma tácita, ela pode até ser entendida como uma variante banalizada da antiga alegoria, que ensinava que o amor, como filho da Carência e dos meios, nos guiaria para o bom e o belo, conforme ensinara Diotina a Sócrates[25].

No entanto, esse não é de forma alguma o tipo de empatia que Platão tinha em mente ao utilizar a palavra *mimēsis*. Para ele, ela ainda possuía (fazendo uso do anacronismo) o cheiro persistente da maquiagem de palco, em vista da sua associação com *mimos*, "um ator"; uma palavra derivada (remotamente e por reduplicação) da raiz **ma*, "medir" e, portanto, imitar através do gesto e da voz – e por consequência também dançar. *Mimētikē* significava dança e música, e efetivamente não poderia ser separada de ambas. Nesse sentido, a música era, por assim dizer, a arte mimética platônica por excelência. No século IV, um *mimos* era considerado de nível inferior em relação a outro tipo de artista, o *hupokritēs*, "um intérprete", "um dialogante" ou "recitador". O termo viria a adquirir uma conotação muito desagradável no Novo Testamento grego; para os romanos, ele tornou-se *histrio*, um termo derivado do etrusco[26].

Se, conforme pregava Sócrates (ou pelo menos Platão), uma harmonia absoluta e transcendente tem algum *status* fora do nosso imaginário, inspirando *demiourgos*, o deus criador-artesão, na criação do mundo por imitação, então a consciência dessa harmonia deve ser, mesmo que obscura, parte de nossa humanidade. Pois o mundo percebido está pleno de alusões e cumplicidades, a partir das quais mesmo o artefato mais comum extrai a sua dignidade (e seu artífice, a própria posição social), mediante um consenso sobre a habilidade necessária para fazê-lo, habilidade esta que o inventor teria alcançado pela decomposição da ordem do mundo e recomposição, por meio dos gestos da prática do ofício através do qual o artefato foi fabricado. Pois Eros, deus ou espírito, o *daimon* unificador, incitou os *demiourgoi* a gerarem todas as distintas obras a partir do seu intelecto e de suas mãos[27].

A palavra grega para essa habilidade, *poiein*, e para seu produto, *poiēsis*, também significa "poesia" no sentido que lhe é atribuído no século XX. Na Antiguidade ela possuía um significado mais amplo, que incluía tudo o que hoje denominamos de artes e ofícios, todas as habilidades da manufatura. As "habilidades criativas", como somos tentados a definir aquelas que tornam o artista tão semelhante a Deus. Mas cabe lembrar: no *Timeu* de Platão o demiurgo trabalhou para construir nosso mundo por imitação, assim como o faziam os artesãos mortais. Portanto, o seu ato criativo foi cosmológico, não ontológico[28].

A *poiēsis* era tão diversificada em suas formas como o próprio amor e fazer poesia tinha tantos significados quanto o "fazer amor", já que a poesia é "um termo geral para a capacidade de invocar à existência algo que não existe: de modo que todo tipo de habilidade inventiva é poesia e todo artista, um poeta"[29]. Assim sendo, todos os tipos de poesia – o pastoreio, a pesca, o cultivo da terra, a cerâmica, a carpintaria, a narrativa trágica ou épica e, inevitavelmente, também a construção – tem a sua *technē*, seu modo de proceder, a sua experiência e prática acumuladas. Aristóteles afirmou, surpreendentemente, que todas essas formas de poesia são maneiras de imitar a natureza: *hē technē tēn phusin mimetai*[30]. No pensamento de Aristóteles, conforme o filósofo deixa claro em inúmeras ocasiões, a *mimēsis* não é simplesmente espelhar a natureza, porém muito mais "fazer como", "criar à maneira de".

Se a Natureza Construísse uma Casa

A *mimēsis* passou da dança e do teatro para a fabricação de artefatos em geral durante o período de Platão. Aristóteles indicou sumariamente como isso poderia se configurar no caso da arquitetura, enquanto demonstrava que, assim como na arte, tudo na natureza tende para algum fim, pois

> como nas ações humanas, também no processo da natureza, e como no processo natural, também na ação humana (a não ser que algo interfira). As ações humanas visam a um fim, portanto, da mesma forma é o processo natural. Se uma casa, por exemplo, fosse criada pela natureza, ela teria sido criada [...] exatamente como agora ocorre pela arte; por outro lado, se os objetos naturais fossem criados pela arte ao invés da natureza, ainda assim seriam criados [...] exatamente como ocorre no curso da natureza[31].

A formulação de Aristóteles em relação a este argumento não é tão distinta da que teria sido a de Platão, no entanto, Platão não teria dito dessa forma, pois a sua intenção era inevitavelmente polêmica: ele apresentou seus argumentos contra os "mecanicistas", que alegavam (segundo ele) que tudo na natureza é produto da necessidade, ao passo que Aristóteles argumentava que tudo é produto da lei e da repetição, por intermédio da regularidade.

Os eventos casuais não estão sujeitos às leis da finalidade, e seu propósito não é determinado por nenhuma intenção; portanto, eles se transformam na justificativa, por assim dizer, de seus próprios fins. Aristóteles, no entanto, assim como Platão antes dele, estava assumindo uma posição polêmica contra um lugar-comum. Na *Poética*, ele retoma e amplia os argumentos platônicos diversas vezes, sem evocar o nome de seu mestre[32], como quando discute a noção de *poiēsis* e *mimēsis*, que preocupou Platão em várias etapas de seu desenvolvimento. Ao longo dos dois grandes diálogos sobre a natureza do Estado, *A República* e *Leis*, Platão dedica muita atenção ao lugar das artes em geral e à imitação, em particular, no interior de uma comunidade[33].

A palavra *poiēsis* mudara radicalmente de sentido, conforme sugeri acima, algumas gerações antes quando, no final do século VII, os poetas começaram a cobrar pagamentos. À medida que suas atividades se tornavam menos "entusiásticas" e menos improvisadas, seus procedimentos tornaram-se mais sólidos, e habilidosos, e sua *technē* mais explícita. Pensava-se que os poemas conferiam uma fama mais duradoura que o mármore, porém, no início do século V, Píndaro cantou em versos a construção de uma fundação de pedra, uma *krēpis*, para suas músicas, até mesmo de ouro, sobre a qual ele construirá o *teichizomen*, um monumento adornado de eloquência[34]. Ele já percebera a utilidade da analogia entre a construção e o trabalho em metal, assim como faria Platão em seu *Sofista*.

No *Sofista* de Platão, as variações da *poiēsis* são classificadas por Xenos, um visitante não identificado da cidade ítalo-grega de Éla, a cidade de Parmênides e o berço de uma das principais escolas filosóficas gregas. Embora Sócrates estivesse presente naquela ocasião, o visitante "Estrangeiro" é o narrador principal[35]. No decorrer do diálogo, ele detalha as categorias da *technē*. Existem as do tipo aquisitivo como caçar, lutar ou negociar, e as produtivas, o tipo "poético", como a agricultura ou a construção de navios. As poéticas podem até ser divinas: dar a luz às pedras, plantas, animais, e aos seres humanos é a produção da habilidade divina como também é uma categoria de seres completamente distinta: sonhos, sombras e reflexos. A habilidade humana é analogamente dividida: por um lado, a *eikastikē* (uma conjetura ou uma representação) que, por *mimētikē*, imita algum protótipo formal em suas qualidades primárias, tais como número e medida, e que é posta em ação na construção de uma casa. Do outro lado, a *phantastikē* é a habilidade de representação secundária, por meio de imagens ou de gestos corporais, do *mimēma* original, a imitação primária. O verdadeiro produtor de qualquer coisa é o criador divino de sua ideia, da qual o artesão, o artífice, produz uma concretização perceptível ou mesmo tangível[36]. *Phantastikē* tem a mesma relação com a criação divina que os reflexos e os sonhos possuem com animais e seres humanos.

A preocupação de Platão com a imitação foi além (de maneira um tanto distinta) ao tratar da arte e da verdade no terceiro e décimo livros da *República*. Os poetas épicos e dramáticos, como criadores de imagens dos deuses e heróis, como imitadores que simulam convincentemente a voz de outros e que, portanto, podem tornar plausíveis falsas declarações, foram desprezados por Platão, que fez da condição ontológica da falsa declaração um dos temas de *O Sofista*; contudo, a própria forma do diálogo, da qual Platão foi o primeiro verdadeiro mestre, é mimética, visto que se fia no discurso direto. No entanto, a razão principal pela qual ele propôs expulsar o poeta da sua cidade ideal não era a inferioridade ontológica do seu produto, mas o modo sedutor através do qual este último pode mostrar exemplos maus, perniciosos. Sob essa imputação, também as mais cativantes modalidades da música precisaram ser banidas da cidade e mesmo os criadores de instrumentos excessivamente plangentes foram excluídos[37].

Faça Igual, Pareça Igual

Há uma outra forma de imitação, apartada da verdade por uma barreira dupla[38]: aquela dos pintores e poetas, que imitam não somente os objetos (tais como plantas ou animais) produzidos pelo artífice divino, mas também aqueles fabricados pelos humanos como imitação dos protótipos divinos. Enquanto o artífice humano transforma "*a* cama" em "*esta* cama de casal de carvalho", o pintor transforma "*esta* cama" em "uma determinada cama de casal, vista sob determinada luz e a partir de determinado ângulo".

O ofício dos poetas e pintores de Platão, portanto, não parecia "real", uma vez que consistia em imitar aquilo que outros faziam por meio de imagens ilusórias; e, o que é pior, eles podiam imitar qualquer coisa. Nisso eles pareciam ter algo em comum com os sofistas avarentos, que o estrangeiro de Éléa considerou tão desagradáveis. A discordância, por parte de Platão, da imitação como *mimēsis* (que por vezes ele alternava com o conceito bem mais positivo de *methexis*, "inclusão" ou "participação"[39]) tem sido excessivamente enfatizada, visto que, efetivamente, em algumas ocasiões, ele elogiou bastante a obra de artistas, comparando-os favoravelmente com os sofistas. Na verdade, segundo uma antiga tradição, ele estudou pintura; Platão empregava os termos técnicos dos pintores e recorria constantemente às palavras dos poetas. Por sua vez, Xenofonte descreveu as visitas de Sócrates para artistas, ocasiões nas quais ele os provocava perguntando se imitavam a aparência visível e mensurável ou a alma interior[40]. Nesse contexto, a obra do arquiteto ou de qualquer *demiourgos* estaria certamente num plano mais elevado que aquela de um pintor – assim como também estaria a do carpinteiro. O carpinteiro, que utiliza muitos instrumentos de medida para assegurar a exatidão e que aprecia o trabalho preciso do construtor naval, encontra-se no extremo oposto, na escala da *technē* em relação à música, para a qual os melhores resultados são atingidos através da intuição[41]. A distinção entre o trabalho manual (ou servil) do carpinteiro e a arte "liberal" do arquiteto pertence a uma época posterior; contudo, grande parte dos argumentos do século XVIII sobre a imitação na arquitetura, que exerceram uma influência determinante na teoria arquitetônica posterior, ainda girava em torno do pressuposto de que o arquiteto que imita um corpo numa coluna está fazendo algo análogo ao "fantasiar" de Platão. Porém, não se espera que o arquiteto imite um corpo humano específico (nem sequer o conjunto dele), mas o corpo humano enquanto tipo, ou mesmo como ideia. O corpo está para a coluna do século V assim como a ideia, criada dele divinamente, está para a cama.

De todo modo, no que diz respeito à temática da imitação, Aristóteles tinha uma visão bem mais complacente que Platão; ele recorreu aos ensinamentos de uma filosofia anterior – talvez até mesmo a um modo de pensamento mais antigo e menos sistemático – sendo que, ao considerar em sua *Poética* a maneira pela qual o poeta imitava, ele a estendeu, assim como fizera Platão, para todos os ofícios produtivos. Como qualquer outro artista, o poeta de Aristóteles deve necessariamente ter objetos como modelos para a sua imitação. Eles podem ser de três tipos: 1. coisas como eram outrora ou como são agora; 2. coisas como se diz que são e como se pensa que são; e 3. coisas como deveriam ser[42]. Essa triplicação é uma das passagens mais citadas da *Poética*; as coisas a serem imitadas são tanto processos como objetos tangíveis. A última das três categorias imitáveis é talvez a mais interessante nesse contexto, pois parece referir-se não a algumas "ideias" dos objetos (conforme Platão teria argumentado), mas à suposição de que o processo de sua produção possui um objetivo que o imitador pode realizar.

Desde a época em que tudo isso foi escrito (e talvez porque tenha sido escrito), a pintura e a escultura, assim como a poesia, passaram a ser conhecidas como as artes miméticas – as artes da imitação. Na Antiguidade tardia, a especulação neoplatônica exaltou a alma em detrimento do corpo, enfatizando assim o aspecto negativo do trabalho do demiurgo que criou o mundo material. Também a sua *mimēsis* foi desprezada e sua dignidade platônica original obscurecida. Os critérios aristotélicos, retomados por muitos pensadores medievais, foram frequentemente tingidos pela reprovação neoplatônica. No entanto, a imitação recebeu um novo brilho no século xv, quando a noção de escolher e seguir um exemplo transformou-se em uma das ideias predominantes da mentalidade que foi denominada Renascença (uma das obras religiosas mais populares do período é a *Imitação de Cristo*). Ao mesmo tempo, um novo respeito pelas obras de arte levou a uma reinterpretação do precedente antigo não somente por parte dos artistas, mas também dos filósofos, entre os quais Nicolau de Cusa parece ser o mais interessante[43].

Entre os séculos xv e xviii, os critérios aristotélicos não foram, em todo o caso aplicados uniformemente a todas as artes. Críticos e teóricos confundiam, por vezes, imitação e verossimilhança. A discussão apaixonada no século xix, sobre se a música poderia ser considerada uma arte de imitação ou não, inverteu as categorias platônicas, que a tinham tomado como o exemplo primeiro de *mimēsis*. O debate sobre a arquitetura começara ainda antes – no século xvii – mas tinha ficado envolvido numa questão de categoria bastante distinta: aquela de uma bela arte contraposta à arte servil ou mecânica. Para retomar o esquema de Aristóteles e assim vislumbrar o gesto radical de Platão antes dele – e dos pré-socráticos a uma distância maior ainda – eu devo desafiar a rígida divisão comumente aceita entre as belas artes e as artes aplicadas que Kant estabeleceu de tal maneira, que tornou a classificação da arquitetura como parte das belas artes cada vez mais difícil.

À semelhança de todos os grandes pensadores, também Kant racionalizou os lugares-comuns do seu tempo; ele distinguiu as belas artes das artes aplicadas segundo seu princípio geral de que o belo na arte é uma atividade *livre*, no sentido de que o artista atua sem qualquer fim coercitivo externo; e o espectador experimenta prazer naquela atividade livre ou em seus efeitos, sem qualquer ideia de apropriação. Esse pensamento aparentemente ecoa, mas, na verdade, inverte as categorias do *Sofista* de Platão[44], dado que na Antiguidade a divisão entre o belo e o vulgar nas artes era vista em termos bastante diversos[45]. Era impensável uma diferença entre as belas artes, enquanto atividade livre sem qualquer finalidade restritiva, e as artes aplicadas em suas limitações: uma arte podia apenas ser denominada livre se fosse adequada para ser praticada por homens livres, em oposição a uma arte adequada somente para escravos. O conceito de uma arte não restrita por qualquer regra teria desafiado todas as ideias sobre aquilo que constituía uma arte – e, portanto (em primeiro lugar), uma *technē*. Foi apenas no final do século xviii que se tornou imperativo ensinar que "a natureza era bela somente quando parecia ser arte; e a arte pode ser definida como bela somente quando temos a consciência de que ela é arte e, no entanto, ela nos parece igual à natureza"[46]. Esse ensinamento incorporou uma visão da mimese quase diametralmente oposta àquela dos pensadores gregos, ao menos conforme são representados por Platão e Aristóteles. Em particular, se retomarmos o conceito de Aristóteles de uma casa gerada pela natureza que parece igual a uma casa criada pela arte, veremos como a noção se transformou.

Construção Trágica

Tanto Platão como Aristóteles fizeram de sua discussão sobre a *mimēsis* um argumento altamente polêmico, visto que esse era evidentemente um tema bastante discutido em seu tempo. A estreita associação entre o corpo e a coluna, em particular, era matéria chave da metáfora literária. Para dar um exemplo óbvio: um dos mais assustadores e terríveis santuários em toda a literatura grega era o templo de Ártemis, em Táurida, na Crimeia, no qual, segundo a lenda, Ifigênia foi confinada após ser resgatada pela deusa do altar sacrificial[47]. Ela era a filha de Agamêmnon, o grande rei de Argos, que comandou o exército e a frota grega durante a guerra de Troia. Enquanto a frota estava atracada em Áulis, aguardando para dirigir-se a Troia, os ventos contrários continuavam a soprar. O adivinho consultado pediu o sacrifício da filha do rei à fúria de Ártemis. O rei obedeceu, os ventos mudaram de direção e a frota finalmente pode zarpar. Diz-se que a obediência do rei tanto enraiveceu a sua rainha Clitemnestra que ela o assassinou quando retornou triunfante dez anos depois[48], forjando, assim, mais um elo na corrente do destino de culpa e expiação, que é o tema da *Oresteia* de Ésquilo.

Quando o rei vitorioso retorna de Troia ao seu palácio depois de dez anos, sua rainha infiel, que já havia planejado seu assassinato, encadeia metáforas, uma após outra, em prolongadas boas vindas de transparente insinceridade:

> bem vindo à vossa casa, meu senhor,
> como um cão pastor fiel é bem vindo ao rebanho, o cordame
> ao navio, a forte coluna ao telhado, o filho
> único ao seu pai, a fonte ao viajante sedento,
> bem vindo como a terra firme divisada pelo marinheiro desesperado.[49]

Sua analogia entre o rei salvador e o pilar de sustentação tinha a intenção de soar como um lugar-comum tão convencional quanto as suas outras comparações. Nessa noite ela vingaria o sacrifício de sua filha.

Eurípides retomou a versão alternativa da lenda segundo a qual Ártemis – seletivamente misericordiosa – havia substituído a menina no altar por uma corça, fazendo-a desaparecer misteriosamente, através do Mar Negro até a distante terra da Táurida (na Crimeia), para ser sacerdotisa no temível templo onde todos os gregos errantes eram sacrificados à deusa. Ifigênia não os matou com as próprias mãos, como ele explica no prólogo da peça, apenas os preparava para o sacrifício no interior do templo; outros procediam à execução no altar externo. Quando a peça tem início, seu irmão Orestes chega a Táurida com o companheiro Pílades. Olham aterrorizados para o altar manchado de sangue e veem as caveiras dos gregos, previamente sacrificados penduradas como troféus sob a cornija[50]. No mesmo prólogo, Ifigênia faz uma tocante descrição de um sonho que teve, no qual

> Eu havia escapado desta terra
> E vivia em Argos. Ali eu dormi entre minhas meninas:
> De repente, um tremor sacudiu a terra escura,
> Fugi e fiquei fora: a cornija
> da casa quebrou-se, e todo o telhado
> desmoronou do alto para o chão.
> Um único pilar (parece-me) restou

de toda a casa de meu pai. Do capitel
belo cabelo jorrou e, assumindo forma humana, disse:
Então eu, fiel ao meu dever cumprido para com os estrangeiros,
Borrifei-o com a água que prepara para a morte
Eu mesma aos prantos, assim construí minha visão:
Em devoção a Orestes, agora morto –
Pois os filhos varões são os pilares da casa.[51]

A metáfora que equipara a coluna à progênie masculina não precisava de nenhum comentário para o público de Eurípides. Ela tornou-se, como já devia ser muito antes daquele tempo, proverbial em muitas línguas. Afinal, ela é somente a aplicação particular de uma metáfora quase universal. Figuras sustentando um peso, quer sejam eretas e majestosas (como os cabos dos espelhos egípcios, etruscos ou mesmo gregos), ou então oprimidas e curvadas (a maioria das vezes nos bronzes helenísticos e romanos), são encontradas em móveis e relevos[52], mesmo que, as fontes literárias e arqueológicas forneçam, surpreendetemente, poucos exemplos de sua aplicação mais óbvia na construção. Não obstante a grandiosidade e a familiaridade da metáfora, bem como a importância da mimese, os arquitetos gregos aparentemente relutavam em representar figuras esculpidas – masculinas ou femininas – no lugar de pilares. O próprio Vitrúvio menciona apenas um exemplo para cada gênero de coluna.

Persas e Atlantes

Em sua ágora, assim inicia Vitrúvio o seu relato sobre as colunas-esculturas masculinas, os espartanos erigiram um pórtico no qual uma fileira de escravos persas fazia as vezes das colunas dóricas[53]. Essa é uma associação entre corpo e coluna bastante distinta daquela digna que selecionei entre as tragédias áticas, justificada por Vitrúvio com base na conhecida história da batalha de Plateia, quando um pequeno número de espartanos venceu o vasto exército persa. Com os espólios da batalha, eles ergueram um "pórtico persa" em sua ágora que deveria assustar e intimidar os estrangeiros recordando o ato de bravura, ao mesmo tempo que encorajava os cidadãos a defenderem sua liberdade. Pausânias, que viu o pórtico um século e meio após Vitrúvio (que também o descreveu, provavelmente sem tê-lo visto), parecia mais interessado nas estátuas como retratos de figuras históricas do que na sua função estrutural: ele descreve uma das estátuas que representa Mardônio, o comandante persa em Plateia; outra estátua também mencionada por ele, apesar da distinção de gênero, era a da rainha cária Artemísia de Halicarnasso, que lutara ao lado da frota persa na grande batalha naval de Salamina. A fileira de estátuas-retratos observada por Pausânias não é absolutamente o pórtico de escravos em trajes bárbaros, inclinados sob o peso da cornija, descrita por Vitrúvio. De todo modo, as estátuas de Pausânias pareciam estar em pé *na frente* das colunas, não *no lugar* delas[54]. Nenhum vestígio desse famoso pórtico foi encontrado até hoje.

Por outro lado (para ficar com os dóricos), existe pouca referência na literatura antiga sobre um outro monumento, o templo de Zeus Olímpico na cidade de Acragás ou Agrigento, ao sul da Sicília[55]. Ele era o maior de todos os templos da Sicília e, certamente, de todos os dóricos. Durante muitos séculos permaneceu fora dos limites da cidade, como um notável acúmulo de

Persas. Fréart de Chambray (1702).

Atlantes. Templo de Zeus em Agrigento. Fotografia do autor.

pedras. Quando algumas delas foram combinadas entre si pela primeira vez por arqueólogos no começo do século XIX, os telamões ou atlantes foram reconstituídos. No templo eles haviam estado um posição elevada, sobre um apoio mais ou menos dois terços da altura da coluna, cuja altura era os atlantes se estendiam desse ponto até a cota da espessa cornija. Havia uma figura em cada intercolúnio. Eles alternavam-se um a um – ou assim parecia – entre figuras com barba e sem barba. Ao que tudo indica, todos estavam nus e em pé, com as costas voltadas para a parede, esforçando-se para sustentar a cornija sobre seus braços e pescoços arqueados. É muito difícil determinar suas proporções exatas (a superfície está desgastada e todos os pés pelo visto desapareceram), da mesma forma, a reconstrução do templo deixou muitas dúvidas. É certo, no entanto, que as meias colunas cingidas pela parede erguiam-se por mais de vinte metros de altura sobre uma estilóbata, cuja parte superior, primorosamente moldada, projetava-se num semicírculo abaixo de cada uma delas quase que as dotando de uma base – configuração única no caso da ordem dórica do período. Ao que tudo indica, elas apresentam uma proporção de 11:4 em relação à cornija. Essas meias colunas projetavam-se através das paredes externas em pilastras no interior, enquanto duas paredes internas de suporte, também aparentemente, reforçadas, com pilastras quadradas, corriam ao longo de todo o comprimento interno do edifício. É quase certo que a estrutura fosse forte o suficiente para sustentar um telhado bastante pesado, que ela provavelmente nunca recebeu, embora os frontões tivessem recebido seu complemento de esculturas: na face leste havia uma gigantomaquia, ao passo que o frontão da face oeste apresentava a queda de Tróia, ambos os temas extremamente convenientes para um templo que comemorava a vitória sobre os bárbaros cartagineses. Assim como os telamões, essas esculturas foram provavelmente feitas antes de 450 a.C.[56]

Muito pouco se conhece sobre a história da construção desse templo de Agrigento. Ele foi provavelmente fundado quando da queda da cidade vizinha de Himera, depois que seus protetores,

v : O Lugar-Comum Literário   149

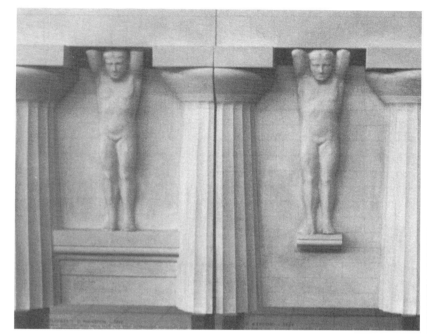

os cartagineses, foram definitivamente derrotados por uma aliança entre os dois tiranos gregos: Gelo de Siracusa e Theron de Acragás. Diz-se que a batalha ocorreu em 480, no mesmo dia da batalha de Salamina. Portanto, pode-se entender de forma plausível que os atlantes representavam os escravos cartagineses (e himerianos?). Os cartagineses, que constituíam uma ameaça constante para os gregos do sul da Sicília, tiveram a sua vingança quase um século depois, em 408, sob o comando de Aníbal[57]. Segundo Diodoro, o templo estava sendo construído com trabalho escravo cartaginês e a associação entre as estátuas dos escravos esculpidas nas paredes, com os próprios escravos distribuídos entre os andaimes da construção, deve ter sido uma bela demonstração de triunfo. É quase certo que o templo nunca foi terminado.

Cariátides. Fréart de Chambray (1702).

Modelo: Templo de Zeus em Agrigento. Fotografia do autor.

Acragás era uma cidade dórica opulenta e ostentosa; todos os templos que lá sobreviveram são dóricos. Com a única exceção do templo de Zeus olímpico, todos eles conformavam-se ao tipo. O gigantesco Olympeion, contudo, não é notável apenas por seus telamões (que bem podem ter sido únicos em seu tempo), mas também por sua disposição bastante pesada e desajeitada. Esta configuração incomum é muitas vezes atribuída à tendência siciliana para a vulgaridade e a confusão, e ao seu arcaísmo provinciano; no entanto, parece que o mero tamanho do templo confirma a célebre extravagância dos habitantes de Acragás e seu amor pelo exibicionismo. A peculiar composição de colunas e atlantes foi ainda atribuída à influência cartaginesa e egípcia, assim como a base moldada de forma vulgar que corre continuamente sob as colunas e paredes[58]. De qualquer maneira, apesar de apresentar a "nave" usual e os dois corredores laterais, o templo também possuía um número ímpar de colunas frontais – sete – e por essa razão não poderia dispor de uma porta central. Na verdade, esse foi um dos últimos templos a serem construídos com o arcaico número ímpar de colunas nas laterais menores.

Pórtico das Cariátides. Erecteion. Vista da frente e vista lateral (à direita). Fotografia do autor.

Cariátides

Agrigento fornece o único exemplo arqueológico, enquanto Esparta fornece o único exemplo literário da justaposição física de colunas dóricas com o corpo masculino. No entanto, com a possível exceção representada pela estátua da guerreira Artemísia na ágora espartana, não há contraexemplos claros de colunas dóricas associadas com o corpo feminino; na arquitetura grega, o corpo feminino é, de modo geral, relacionado com as colunas ou os entablamentos jônicos. O exemplo mais famoso e evidente é representado pelas *korai* do pórtico, agora conhecido como o pórtico das Cariátides do Erecteion de Atenas, embora na Antiguidade aquele templo fosse também conhecido, por sua dedicação principal, como o santuário de Atena Pólias, a antiga agalma feita de madeira de oliveira, à qual era ofertado o peplo adornado de estrelas durante a festa das Panateneias[59].

Todavia, "cariátide" é a denominação dada por Vitrúvio ao equivalente feminino do telamão. Aparentemente o paralelismo entre eles era tão próximo que ele quis estabelecer uma etiologia análoga das colunas-estátuas masculinas e femininas. Vitrúvio não faz menção à alternância dórica entre coluna e telamão (como em Agrigento), mesmo que existam paralelos a essa alternância em um contexto funerário, ctônico, no que diz respeito à ordem jônica: no monumento às nereidas em Xantos e no sarcófago das "carpideiras" entre colunas no Museu de Istambul[60]. De acordo com Vitrúvio, as cariátides receberam esse nome por causa das mulheres da pequena cidade de Cária, no Peloponeso. A cidade aliara-se aos persas durante as guerras, ou pelo menos teria se mantido neutra. Depois da derrota persa, as suas mulheres escravizadas foram representadas carregando a pesada carga (da cornija), transmitindo a mesma advertência dada pelos telamões persas a Esparta[61].

Uma série de dificuldades são inerentes ao relato de Vitrúvio. A única outra menção às cariátides na literatura grega alude a uma atitude bem diferente das *korai* de Atenas: em um aparte anedótico de Ateneu, um sagaz ateniense, convidado para uma casa em ruínas, supostamente queixara-se de que "nesta casa você tem de jantar com a mão esquerda segurando o telhado, como as cariátides"[62]. Ateneu escreveu por volta do ano 200 d.C; dois séculos antes, as cariátides tinham sido representadas portando uma pequena caixa sobre a cabeça, e a mão esquerda no propileu interno do telestério em Elêusis. Fragmentos de duas dessas figuras subsistiram, um dos quais exibe claramente a caixa decorada; embora essas com propileu interno tenham sido consagradas em 54 a.C., elas só foram finalizadas na geração seguinte[63]. Plínio também escreveu sobre as cariátides feitas por um certo Diógenes de Atenas para o Panteão em Roma, do mesmo modo, elas também devem ter utilizado uma das mãos para ajudar a sustentar a carga. Elas podem até ter sido – à semelhança das cariátides do Fórum de Augusto ou aquelas da Vila de Adriano – cópias diretas das estátuas atenienses[64]. Os romanos apreciavam esses graciosos suportes femininos, tanto quanto gostavam daqueles masculinos, musculosos e arqueados pelo peso; eles foram encontrados em relevos decorativos, sendo bastante populares também nos teatros[65].

No entanto, não há nada de intimidado ou de servil no tocante a essas cariátides romanas, e nem, com certeza, no que diz respeito às *korai* atenienses: ao contrário, aos olhos ingênuos e não instruídos, estas últimas parecem serenas e equilibradas, caminhando de sandálias – quase dançando – com passo suave. Elas estão vestidas com um elegante quitão dórico de lã com cinto, com um himácio drapeado nas costas. Em uma das mãos portavam provavelmente tigelas baixas para oferenda, enquanto a outra segurava a ponta do himácio. Elas inclinam o pé direito na lateral esquerda do edifício e o esquerdo na direita: as oito cariátides estão divididas em dois grupos espelhados de três, com uma em cada lado. A cornija não se apoia diretamente sobre as suas cabeças, mas sobre um ábaco quadrado moldado, colocado, por sua vez, sobre um equino circular com óvalo-e-dardo ou um capitel, denominado *polos* por alguns, embora outros acreditem ser um tipo de cesta. Há quem aponte corretamente para a sua semelhança com um tipo de rodilha, que os modernos gregos usam quando carregam objetos sobre suas cabeças[66].

O pórtico ateniense das cariátides voltado para o sul foi construído entre 420 e 410, mais de meio século depois da suposta deserção cária[67]. Vitrúvio, o único autor da Antiguidade a mencioná-lo, não se preocupa em fornecer outros detalhes a seu respeito, como o fato de que ele era (ou estava contíguo com) o *heroon* de Cécrope, o mítico nascido da terra, fundador e primeiro rei de Atenas, serpentiforme, bem como de que o elevado pórtico jônico setentrional do mesmo santuário parece relacionado com o culto de seu neto, Erecteu. Por volta de quarenta ou cinquenta anos mais tarde,

Cariátide. (à esquerda) Istambul. Museu Arqueológico. Fotografia do autor.

Fragmento de cariátide. (ao centro) Do tesouro de Cnido. Museu de Delfos. Fotografia do autor.

Cabeça de cariátide. (à direita) Do Tesouro de Sifnos(?). Museu de Delfos. Fotografia do autor.

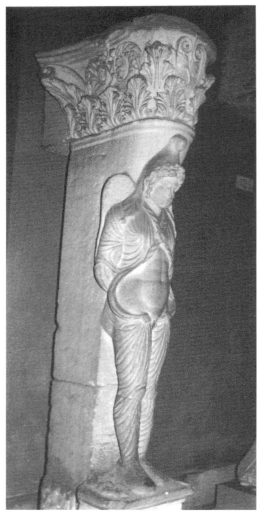

Suporte alado "persa" helenístico. Istambul, Museu Arqueológico. Fotografia do autor.

Tell Halaf: Pórtico restaurado. Berlim, Tell Halaf Museum (atualmente destruído). Segundo M. von Oppenheim (1931).

Tell Halaf: Restauração do "templo-palácio" Perspectiva e corte, segundo M. von Oppenheim (1931).

o rei Péricles de Limira, aliado dos atenienses, construiu um *heroon* – que pode ter servido como o túmulo de seu pai – na longínqua Lícia; que também dispunha de pórticos de cariátides à frente e atrás[68]. Essas cariátides de Limira são menores e mais grosseiras do que seus protótipos atenienses: suas cabeças são cobertas por véus e, portanto, o penteado dos cabelos é menos elaborado.

Ambos os pórticos de cariátides são comemorativos e apresentam cornijas jônicas arcaizantes sem frisos, embora nenhum deles possa ser reconhecido na lenda vitruviana. É bem possível que Vitrúvio tenha misturado dois relatos, de modo que a Cária da qual deriva o nome das cariátides não seria a cidade do Peloponeso, mas a província jônica[69]. Tal episódio, como relatado por ele, poderia ter sido celebrado por um único edifício ou por sua dedicatória, porém dificilmente justificaria uma forma de edificação rara e recorrente. Uma forte tradição deve ter persistido envolvendo o grande grupo de *korai* que provavelmente se erguia nas vizinhanças do antigo Erecteion, uma vez que ou elas foram enterradas muito próximo deste pelos atenienses quando fugiam dos persas (conforme parece mais provável), quando do seu retorno[70]. Em todo o caso, a contradição óbvia entre as evidências encontradas nas obras de arte e nos textos tem sido resolvida de diferentes maneiras, em geral recusando a denominação de cariátides para as mulheres do Erecteion ou considerando, apesar das aparências, que elas eram de fato escravas punidas[71].

Todavia, ainda que fosse bastante legítimo interpretar essas figuras como "servas" do templo, similares às *arrhēphoroi*, as virgens que portavam objetos secretos recobertos, representadas em diversas estátuas antigas que sobreviveram, e com quem são frequentemente comparadas, elas eram escravas oprimidas[72]. Essas quase sacerdotisas eram alojadas na Acrópole de Atenas (muito próxima ao Erecteion) às expensas do Estado. Seu papel era honroso, não diferente daquele das *kanēphorai*, as canéforas, portadoras das cestas sagradas, que desempenhavam uma função importante na procissão eleusiana, e cujo fardo de escravidão, vergonha e punição devia, portanto, ter sido sagrado e honroso, bem distinto daquele das cariátides de Vitrúvio.

O enigma gerado pelo relato de Vitrúvio deve-se em parte à sua escolha de um pequeno e insignificante vilarejo da Arcádia para denominar a quase-ordem relacionada com a servitude e, dessa forma, representar todas as cidades do Peloponeso aliadas dos persas, ou pelo menos neutras, no esforço nacional de guerra, tal como Argos. A pequena cidade de Cária era, de fato, famosa em toda a Grécia por algo bastante distinto de sua desgraça nas guerras médicas: ela foi o berço do culto Carneia a Ártemis ou de Cariátide, cujo rito principal consistia de uma dança majestosa de mulheres devotas ao redor de uma nogueira sagrada. Na verdade, o termo *karuatisein*, significando "dançar de modo cerimonioso", "fazer uma dança circular", era usado como um verbo comum[73].

De fato, existem "cariátides" que antecedem as guerras persas em muitos anos e, portanto, já tinham sido erguidas por ocasião da lendária humilhação dos cários. Dois dos tesouros em Delfos, o da ilha Egeia de Sifnos (provavelmente a atual Sifanto, nas ilhas Cíclades) e o de Cnido, a cidade dórica em Cária (dórica no dialeto, jônica no estilo – atual Tekir na Turquia), eram edifícios menores apresentando distilo entre antas, tendo cariátides no lugar das duas colunas. As suas cornijas são inovadoras, uma vez que são as primeiras construções jônicas continentais com um friso contínuo. Quanto às cariátides, são figuras com sorriso à maneira arcaica, carregando o que parece romãs, tendo maior semelhança com as *korai* posicionadas de forma independente do que com quaisquer telamões. Suas vestes e o trançado dos cabelos são primorosos, e restos de ornamentos de metal, brincos, incrustações e guirlandas ainda se mantêm aderidos à pedra. As figuras em ambos os tesouros portavam uma caixa esculpida cilíndrica sobre suas cabeças, presa ao cabelo primorosamente elaborado por uma fita que passa por cima (Cnido) ou por baixo (Sifnos) dele. Uma grande e vistosa "almofada" semelhante a um equino (que no caso do tesouro de Sifnos é bastante figurada mostrando dois leões atacando um veado, enquanto a de Cnidos é dividida em pétalas) sustentava

um ábaco quadrado sem moldura, de modo que essas figuras délficas apresentavam capitéis mais explícitos e "estruturados" que as das cariátides do Erecteion[74]; elas aportam uma graça jônica explícita (mesmo asiática) para o mais dórico dos santuários.

Permanece o fato de que a evidência sobre a *natureza* da substituição da figura pela coluna são um tanto quanto escassas na arquitetura grega. Se nos afastarmos ainda mais, em direção à Ásia Menor e Mesopotâmia, e ao Egito, vamos encontrar muitos exemplos de colunas que sustentam ou exibem uma figura, e mesmo de estátuas-suportes. Estes também podem ser encontrados na arquitetura de povos não letrados e certamente contos de fadas e lendas estão sempre se referindo a pilares que falam, advertem ou mesmo profetizam. Eu terei a oportunidade de rever esses relatos posteriormente, ao examinar os testemunhos não helênicos representativos desses temas. No momento gostaria apenas de registrar minha opinião de que essa analogia aparentemente já havia sido familiar para os construtores megalíticos, cujas pedras verticais eretas a ela aludem claramente[75].

Nesse sentido, os atlantes, os "persas" e as "cariátides" podem ser entendidos como exemplos esclarecedores de uma analogia central entre coluna e corpo, uma analogia que os gregos tinham como certa, mas que pode ter exigido representações mais explícitas e insistentes nas culturas onde a produção da arquitetura monumental ainda era uma descoberta empolgante. Considerando os meus argumentos acerca da natureza da mimese na construção, afinal parece sensata a relutância dos arquitetos gregos em expor a essência do processo metafórico, assim como a sua insistência no fato de que esse era um caso especial a requerer justificativa histórica. Na verdade, a modelação explícita de tais figuras pode ter sido considerada com desconfiança pelos gregos que a viam como que por demais anedótica, ou muito particular em relação aos grandes princípios gerais da edificação[76].

No entanto, a analogia natural entre coluna e figura é complicada por fatores mitológicos posteriores: inicialmente, tanto as colunas dóricas, de modo mais direto, como as jônicas, mais indiretamente, falam de formas primitivas e lendárias de construção; por outro lado, ambas também contam a história das duas nações cujos nomes carregam. Esse é o argumento que proponho examinar em seguida.

Pedras "humanizadas" verticais. Do sul da Bretanha. Museu de Locmariacquer. Fotografia do autor.

VI : A Regra e a Canção

▪ Os Filhos de Héracles ▪ Os Primeiros Santuários ▪ O Sacrifício dos Heróis ▪ O Deus e o Rei ▪ O Altar e o Templo ▪ As Partes do Edifício ▪ O *Dēmiourgós* no Sacrifício ▪ Os Leões e uma Coluna ▪ A Coluna Sagrada ▪ O Dórico Egípcio ▪ O *Djed*: A Coluna e a Múmia ▪ Os Egípcios e os Gregos ▪ As Origens Gregas

Os Filhos de Héracles

Algumas gerações depois que os heróis gregos mataram-se uns aos outros na Guerra de Troia, os filhos de Héracles "alcançaram a Grécia" – ou, de outro modo, a Grécia foi conquistada pelos dóricos. Isso teria acontecido entre 1200 e 1000 a.C.[1] O breve relato de Tucídides parece resumir a situação assim como agora a conhecemos:

> após a Guerra de Troia, os gregos ainda continuaram as suas transferências e colonizações, a ponto de nunca descansarem, sem no entanto aprimorarem a sua força. Porque o retorno tardio dos gregos de Ílio não provocou sequer uma pequena inovação, e na maioria das cidades surgiram rebeliões… [E] oitenta anos depois da guerra, os dórios, juntamente com os heráclidas, conquistaram o Peloponeso[2].

O povo que se atribuía o nome de dórico falava um dialeto grego que se espalhou pelo sul e leste do Peloponeso, por Creta, pelas Cíclades e pelo sudoeste da Turquia[3]. Os heráclidas deviam ser fortes e rudes como o seu pai-herói, e era também desse modo que os dóricos, que diziam ser seus seguidores e descendentes, viam a si próprios[4]. O caráter hercúleo de suas colunas deve ter guardado alguma referência dessa paternidade lendária.

Na época da realização dos primeiros Jogos Olímpicos, o ordenamento da coluna e da viga, que passou a ser conhecido como dórico, devia ser constituído de madeira e terracota, sendo traduzido a seguir em pedra. Esses primeiros Jogos – ou ao menos os primeiros jogos remodelados – foram realizados em 776, passando os gregos a contar sua história a partir dessa data⁵. Os primeiros jogos duravam apenas dois dias, de pôr do sol a pôr do sol, assim como era contado o seu calendário: na primeira noite, uma cerimônia em homenagem a Pélops, o herói fundador de Olímpia; na manhã seguinte, a hecatombe dedicada a Zeus e, a seguir, a maratona. Aos poucos, introduziram-se outros eventos, como as corridas de cavalos na 25ª Olimpíada.

Durante o século VIII, quando a pólis tomou forma, a população da Grécia triplicou. Nesse período, a "ordem" dórica em pedra estava completamente definida, sendo utilizada regularmente até a época de Alexandre, o Grande. Então, ela caiu em desuso até os romanos elaborarem a sua versão modificada⁶. Na Antiguidade tardia, as colunas dóricas também passaram a ser usadas em muitos outros tipos de edifícios: salões públicos, estoas e, ocasionalmente, mesmo em casas particulares⁷. Porém, elas haviam sido concebidas e aperfeiçoadas para os templos. Apesar do período de vida relativamente curto, a coluna dórica sempre fascinou os teóricos da arquitetura e, quando a sua verdadeira forma antiga foi redescoberta, em torno de meados do século XVIII, ocasião em que os monumentos gregos tornaram-se novamente acessíveis, ela foi adotada com entusiasmo para uso corrente em todas as espécies de edifícios, sobretudo naqueles relacionados à lei e às forças militares.

O templo da Grécia "clássica" foi uma dessas inovações radicais mencionadas por Tucídides. Ele era bem diferente de qualquer outra construção mediterrânea precedente. Nos sítios minoicos e micênicos, anteriores ao primeiro milênio, praticamente não existiam edifícios que pudessem ser denominados de templos, no mesmo sentido em que os gregos viriam a compreender o termo *naos*: a casa do deus, uma câmara abrigando algumas estátuas, uma recordação, ou fetiche do deus como marca de sua presença, circundada por fileiras de colunas em todos os seus lados. A casa do deus era um tipo de edifício conhecido em todo o antigo Mediterrâneo, no entanto, o santuário situado a céu aberto, suas colunas alçando o frontão esculpido acima de todos os demais edifícios da cidade – ou acima dos campos ao seu redor – era uma criação grega⁸. Invariavelmente, tal *naos* encontrava-se no interior de um recinto fechado, o têmeno (*temenos*). Porém, o têmeno não necessitava de um templo, de um *naos*. Na verdade, tratava-se do contrário: o edifício do templo não poderia existir sem o seu têmeno.

Os Primeiros Santuários

Na Idade do Bronze e na Idade das Trevas, antes da construção dos primeiros templos arcaicos, os gregos cultuavam os seus deuses em cavernas e no topo das colinas, bem como em terreno plano e cercado. Talvez Vitrúvio tenha condensado séculos de pré-história em seu relato sobre a origem das colunas. Quando os gregos chegaram à Ásia, ele relata, "templa deorum immortalium constituentes, coeperunt fana aedificare". Vitrúvio distingue (e a maioria de seus tradutores encobre essa distinção) duas fases: na primeira, o estabelecimento de recintos fechados, *templa* (aqui a palavra deve ser entendida tecnicamente significando um pedaço de solo cercado, nunca antes utilizado e sagrado, quase literalmente têmeno); e a seguir, a introdução no interior desses recintos de *fana*, "objetos sagrados", "artefatos sagrados" (não necessariamente edifícios, ainda que a palavra costumasse ser usada para traduzir o termo grego *naos*). Esses eram os primeiros altares e casas do deus⁹. Existe outra palavra latina, quase sempre utilizada para designar um templo: *aedes*, "edifício", "habitação". Ela é comumente acompanhada de uma dedicatória – *aedes Vestae, Jovis* ou *Martis* – e seu uso é semelhante ao da palavra grega *naos*; um

Priene: as colunas restauradas do templo. Foto do autor.

significado menos claro era aquele de mégaro, "câmara interna". Contudo, mégaro também tinha outro equivalente latino, *adytum*, no sentido de santuário, a parte interna do templo. Esse termo era uma transliteração direta do grego *aduton*, o inacessível, o proibido, a parte sagrada do templo; o termo é utilizado, particularmente, quando se trata dos espaços internos aos templos oraculares, como em Delfos. Porém, *aduton* e mégaro eram termos intercambiáveis para a descrição dos poços, das fendas ou das grutas rituais, nas quais se jogavam porcos durante as tesmofórias (um festival grego realizado em outubro em honra de Deméter Tesmófora, a portadora das leis e das normas)[10]. Nenhum argumento foi oferecido para justificar a combinação dessas duas palavras distintas entre si, uma associação que sugere a existência de contextos em que tanto uma como a outra poderiam ser igualmente aplicadas de forma apropriada.

Embora o *aduton* pudesse abrigar uma estátua ou uma sibila, o sacrifício era a função principal seja do *naos*, seja do têmeno. O sacrifício era aquilo que separava os humanos dos deuses, os sacrificantes, daqueles a quem era ofertado. A grande separação entre a humanidade e os deuses foi definida quando o astuto e visionário Prometeu, ele mesmo um Titã, instituiu o sacrifício como uma ponte entre ambos. A instituição do ritual foi narrada com detalhes por Hesíodo[11] e envolveu uma farsa. Prometeu matou um boi enorme e o dividiu em duas partes: uma continha a carne e as entranhas cobertas pelo estômago do animal, as tripas brancas; a segunda continha os ossos e a vesícula biliar embalados por gordura branca. Ele ofereceu ambas as porções a Zeus com expressões de submissão. O grande deus percebeu o engano, ainda que imperiosa e livremente tenha feito a escolha da gordura e dos ossos para alimentar a sua raiva contra os homens em geral e Prometeu, em particular.

O sacrifício pode ter dividido os homens dos deuses, mas também os uniu novamente como partícipes do mesmo corpo sacrificado. O segundo ardil de Prometeu, talvez consequência do primeiro, foi roubar o fogo dos deuses – do trovão de Zeus, da carruagem do Sol ou da forja de

Hefesto – escondendo-o no caule de uma férula quando Zeus tomou o fogo do homem indefeso e nu[12]. Prometeu foi punido por seus dois crimes, sendo acorrentado à rocha da Crimeia (da qual ele foi finalmente resgatado por Héracles), enquanto os homens foram punidos com a especial criação de Pandora, que portava em sua caixa todas as maldições da mortalidade, maldições essas das quais os homens nunca terão alívio.

A escolha feita por Zeus frente à instituição de Prometeu tornou-se imperativa daquele momento em diante, de modo que em todos os sacrifícios a parte reservada aos deuses do Olímpo era aquela dos ossos da vítima envoltos em gordura e consumidos pelo fogo. A parte comestível do animal era degustada, quase sempre em uma refeição comum, pelos ofertantes ou, às vezes, vendida em benefício do templo.

O Sacrifício dos Heróis

Os heróis de Homero estavam sempre oferecendo sacrifícios aos deuses ou aos espíritos dos mortos, no entanto, pelo menos em seus épicos, os gregos raramente o faziam em edifícios comuns. Mas então Homero estava descrevendo um exército sitiante, que devia cumprir os seus sacrifícios em altares ao ar livre, entre as barracas. Na própria Troia, havia um templo dedicado a Palas Atena, onde a deusa estava presente, como o Paládio, um objeto de natureza incerta (dizia-se que tinha caído dos céus), ao passo que Apolo tinha um templo para além dos muros, ao sul da cidade. O sacerdote de Apolo Esminteu, Crises, dedicou ao deus um templo coberto de palha (que talvez tenha construído com suas próprias mãos), um ato do qual ele lembra o deus ao invocar sua ajuda para recuperar a filha, Criseide, cujo rapto e prisão pelas mãos de Agamêmnon deram início à disputa que se tornou o argumento temático da *Ilíada*. Em outra ocasião, Agamêmnon consultou o oráculo no "rico" santuário de Apolo, em Pito, ou Delfos, um santuário que já naquela época tinha uma soleira de pedra que parecia ter abrigado uma estátua de culto de tamanho maior que o natural[13]. No tempo em que a *Ilíada* foi escrita, por volta do mesmo período em que a coluna dórica e a estrutura que ela suportava foram traduzidas pela primeira vez para a pedra, existiam muitos desses templos na Grécia.

Muitos dos antigos santuários, inclusive muitos dos posteriores, não passavam de recintos ao ar livre. A antiga palavra têmeno, significando "uma porção", foi encontrada nos documentos escritos em linear B, embora nesses últimos ela faça referência a uma propriedade real, e não ao recinto de um santuário[14]. O rei miceniano não era um *basileus*, como eram chamados os príncipes e os nobres da Grécia helênica, mas *anax*, *wanax*, um termo que, no Período Arcaico, perdeu a importância, passando a significar "senhor", "alteza" – um título honorífico genérico[15]. Os greco-micênicos o utilizavam para "grande senhor" ou "soberano absoluto". Para os gregos antes de Troia, Agamêmnon era um *anax andrōn*, um "senhor", "líder dos homens": os dois títulos podiam ser combinados, mostrando como eles eram diferentes. *Anax basileus* provavelmente significava "senhor supremo e chefe tribal", visto que provavelmente *basileus* implicava o indivíduo herdeiro de honra ou mesmo riqueza no interior de uma estrutura tribal (talvez *noble prince* seja o equivalente mais próximo na língua inglesa)[16]. *Anax* referia-se a um papel constitucional (talvez eletivo). De qualquer modo, é bastante difícil mapear a história e a geografia da palavra. Numerosos *basileis* alegavam ser descendentes dos filhos de Héracles – não apenas os dóricos, aqueles de Argos e Messênia, ou ainda de Esparta, mas também (pela força de algum malabarismo de linguagem) aqueles da Macedônia e até mesmo os bárbaros da Lídia[17].

Basileus passou a identificar aqueles com um título hereditário (e, portanto, mais legítimo?) na Grécia do Período Arcaico, do tirano, cujo papel constitucional sobreviveu durante os tempos republicanos como título de uma autoridade do Estado. Em Atenas, ele era um dos nove arcontes que governavam coletivamente o Estado[18].

O Deus e o Rei

O *wanax* das placas escritas em linear B tinha o seu próprio têmeno, bem como alguns de seus inferiores imediatos. Essa era a sua fonte de renda: o têmeno da divindade encarnada em um rei ou herói. Um têmeno podia ser concedido a um tal herói ou grande senhor, como recompensa por sua coragem exemplar e habilidade. Além disso, eles também parecem ter sido concedidos como uma homenagem à condição divina de um herói ou um rei[19]. De todo modo, o rei costumava ser venerado como herói, recebendo até mesmo sacrifícios, dos quais muitos tinham lugar inevitavelmente no salão do rei, no seu local do fogo ou no seu pátio que funcionava, portanto, como uma espécie de templo.

Não existem evidências claras, seja em relação à veneração, seja em relação à heroicização de um grande governante de Creta, como aquele que deve ter ocupado o palácio de Cnossos – embora as lendas sobre Minos e seu irmão Radamanto, legislador e juiz dos mortos, ou então Sarpédon[20] (amante de Zeus e fundador das cidades asiáticas), testemunhem a memória de tal pessoa. Sob o argumento antropológico, a figura relacionada – Minos-tauros, Minotauro ou mesmo Minos, o touro – foi interpretada no início do século XX como referindo-se a Minos ou a alguma personagem próxima a ela (talvez seu filho, Astério) fazendo uso da máscara de touro. Embora essas especulações tenham perdido impacto em nossos dias, a enorme popularidade da cabeça de touro na arte minoica não permite que elas sejam desconsideradas[21].

A separação entre a divindade e o rei no primeiro mundo grego não era tão clara como veio a se tornar logo que a história helênica começou. Houve um tempo, se é que podemos acreditar nas lendas, em que todos os humanos viviam em comunidade com os imortais; homens e mulheres mortais certamente uniram-se aos deuses e às deusas, gerando filhos, crianças de condição ambígua ou incerta, meio mortais, meio divinos – heróis e ninfas – e se dizia frequentemente que os reis descendiam dessas uniões.

O Altar e o Templo

De qualquer modo, na Idade do Ferro (que, no caso da Grécia, passou a ser chamada de Período Helenístico), o sacrifício e a refeição que o seguia eram os principais usos do têmeno. Ao que tudo indica, o conhecido têmeno clássico do templo tinha um propósito quase exclusivamente religioso. Ele estava separado, "isolado" das pastagens e da terra arável (ou daquelas desertas), delimitando um lugar que seria estéril sem as unções constantes dos afloramentos rochosos originais, ou das demais pedras ali colocadas pelos fiéis, feitas por meio de libações com água, óleo ou sangue.

Sarcófago de Hagia Triada: cena de sacrifício. Iraklion, Museu Arqueológico. Foto ©Alison Franz Collection, American School of Classical Studies, Atenas.

A grande maioria desses recintos identificados pelos arqueólogos é mais ou menos retangular[22]. Em geral, eles continham uma árvore, uma fonte de água e um afloramento rochoso ou uma pedra: árvore e pedra[23]. O altar de fogo costumava ser a pedra ou uma estrutura a ela associada. Existem indícios de que esses afloramentos rochosos eram importantes, pelo menos para determinados cultos. Eles eram entendidos como os ossos da terra, assim como os ossos dos animais representavam a parte incorruptível e, portanto, divina do sacrifício. Era como se a criatura terra oferecesse os seus ossos como uma fundação para os construtores. Os ossos de Gaia, a Mãe Terra – portanto, a sua parte imutável – eram constantemente revitalizados pela gordura e pelo sangue dos sacrifícios. O pedaço de terra isolado da cidade e da terra arável para ser umedecido e untado, o têmeno, era os ossos da terra: as pedras. E o sacrifício era a razão do templo.

Nem todos os sacrifícios eram sangrentos. Ofertavam-se líquidos como o leite, o óleo e o vinho, bem como farinha e pães de todos os tipos, frutas e flores. Alguns sacrifícios envolviam a alienação de um objeto de uso secular dedicando-o ao deus. Outros envolviam a sua destruição por submersão ou queima – holocausto. No entanto, os sacrifícios de animais eram os mais espetaculares e os mais dispendiosos. Em geral, os animais maiores eram mortos com um golpe de machado desferido por detrás, a seguir a sua garganta era cortada com uma faca e o sangue recolhido em um prato para ser aspergido sobre a pedra ou o altar. Já os animais menores ficavam suspensos sobre este último para que o sangue jorrasse diretamente sobre a pedra. O sangue sobre a pedra devia ser constantemente renovado como uma ação fertilizadora, reparadora e ressuscitadora. Além disso, o abatimento – no sentido de cortar, esquartejar e distribuir a carne e os órgãos internos – era uma parte importante do rito. De fato, a palavra para a parte do animal devidamente distribuída, *moira*, veio a significar destino, ou o papel desempenhado pelo destino na vida[24].

A gordura, os ossos e a pele eram geralmente reunidos, reconstituindo-se o animal. Alimentado pela gordura, o fogo então queimava até que os restos perdessem a forma transformando-se em cinzas. Em Olímpia, as cinzas dos ossos do fêmur eram misturadas com as águas do rio próximo (sagrado), o Alfeu, e a pasta resultante utilizada como cimento para construir o altar de fogo de Zeus que, no século II d.C., tinha mais de seis metros de altura[25]. Se Pausânias estiver correto, existia um altar semelhante a esse dedicado a Hera, em Samos, sendo comuns outros menores na Ática. O grande e famoso altar de Pérgamo também foi construído em torno de uma grande quantidade de cinzas[26].

Para os antigos, o paralelo entre a cremação e o rito sacrificatório era muito marcante, embora a queima dos ossos no sacrifício fosse bem diferente da cremação de um familiar. O fogo da cremação era apagado com vinho e os ossos do cadáver reunidos, "lidos" e recompostos, a exemplo dos ossos do animal sacrificado antes da queima (uma analogia feita pelos escritores órficos)[27], a seguir eles eram embalados em tecido e colocados em uma urna para o sepultamento. Tanto no sacrifício como na cremação, os ossos eram a parte incorruptível, divina ou imortal da criatura, um emblema daquilo que é enviado aos céus na fumaça do sacrifício. No sepultamento, eles se tornavam a relíquia perpétua do falecido, algo que o transformava em um tipo de divindade – a quem, por sua vez, deveria ser dedicada a oferenda de água, óleo e sangue para torná-la imortal e fértil[28].

O ato do sacrifício era uma espécie de transgressão múltipla, e, por analogia, o isolamento do têmeno também podia ser assim entendido: o primeiro, porque violava a integridade de um animal comestível; o segundo, contra a integridade do solo. A transgressão era necessária porque, sem matar, o homem não pode comer a carne do animal, assim como não pode cultivar a terra sem proceder a alguma espécie de separação entre a natureza virgem e indômita e os campos arados. O sacrifício está para a criação de gado, assim como a consagração do têmeno está para a agricultura – uma reparação – e pressupõe uma teologia, ainda que grosseira, difusa e imprecisa[29]. Uma teologia fica implícita na ação do ritual e no relato do mito, mesmo que venha a se tornar explícita somente muito posteriormente e talvez, sem jamais tornar-se sistemática.

As Partes do Edifício

Os primeiros edifícios dos gregos, após o retorno dos filhos de Héracles, não podiam ter incorporado um tipo definido como o templo, assim como suas colunas não podiam ter o modelo de algum gênero reconhecível. Porém, existiam portes que sustentavam pórticos antes mesmo do surgimento do mais modesto dos pequenos santuários, no início da Idade do Ferro. Em seu interior, em uma câmara escura com um fogo central, erguiam-se por vezes duas colunas no eixo mais longo do santuário, em ambos os lados do fogo[30].

Os primeiros sacrifícios dos "helênicos" de que há vestígio foram realizados nos limites definidos por esses santuários frágeis e modestos. No caso dos sacrifícios de animais, eles somente poderiam ser carneiros ou cabras; mesmo o mais determinado dos boiadeiros não conseguiria entrar com uma vaca viva no interior dos primeiros templos dóricos – como, por exemplo, naqueles de Prínias ou Dreros em Creta. Assim, o sacrifício certamente se iniciava no lado externo visto que apenas algumas partes dos animais (ou as oferendas de fácil manejo) eram queimadas no fogo da lareira central. Não há evidências definitivas da existência de altares externos onde o sacrifício seria ofertado e o animal morto levado em seguida para o interior do santuário para ser queimado. Em alguns edifícios, há uma prateleira ou banco onde estão dispostas pequenas estatuetas votivas e outras oferendas não perecíveis, como chifres, uma prática que remonta aos costumes minoicos, muito antes daqueles de Micenas[31]. Além disso, é bastante provável que essas estruturas muito simples – que deviam exigir manutenção constante – bem como os têmenos, no interior dos quais foram erguidas, eram deliberadamente relacionadas a um arranjo protourbano. É quase certo que os cultos ali praticados exigiam um modo de acesso solene e um percurso semipermanente para as vítimas do sacrifício que devem ter alterado o modelo de conformação do assentamento. Infelizmente, porém, sabemos pouquíssimo a esse respeito[32].

Contudo, o que separa esses santuários "protodóricos" dos edifícios anteriores e posteriores é a natureza e o uso da lareira. Em alguns casos, não se trata apenas de um pedaço de piso alteado, circundado por uma borda decorativa, mas de uma espécie de caixa sepulcral em pedra. As análises das cinzas contidas nessas lareiras indicam claramente que ali era queimado material orgânico (supostamente dos sacrifícios), o que significa que quando utilizadas segundo sua finalidade original, as paredes dessas pequenas câmaras preenchidas por fumaça eram cobertas por uma fuligem rançosa. Assim, um orifício para a saída da fumaça teria sido essencial e a maioria das restaurações os inclui. Supostamente, na heroica Idade do Bronze, os lanternins dos palácios micênicos desempenhavam essa função nos mégaros mais espaçosos que apresentavam, em geral, dois andares. Por outro lado, todos os modelos de templos (com uma única exceção, a casa de telhado plano encontrada perto de Cnossos) têm telhados de duas águas, sugerindo o uso da palha, o único material disponível que poderia permitir aquela inclinação: foi desse modo que o sacerdote Crises, conforme a narrativa de Homero anteriormente citada, cobriu o templo de Apolo Esminteu, perto de Troia. No entanto, o que resta dos edifícios atualmente é muito fragmentado para permitir uma reconstrução segura da relação entre coluna e viga.

Nesse sentido, falar de "ordem" (entendida como um sistema coluna e viga) ou de "tipo" (entendido como projeto), em circunstâncias arquitetônicas tão primitivas, pode parecer voluntarioso e exagerado. As técnicas de construção eram distintas, até mesmo as mais rudimentares. Depois dos palácios micênicos, durante a Idade das Trevas, os construtores nem mesmo sabiam ao certo como os pilares deviam ser fincados no solo: em alguns edifícios mais elaborados, eles eram fixados em um buraco[33], em outros, em uma pedra ou base de terracota (como teria sido na casa minoica e, talvez, justamente como uma imitação dessa última), ainda que seja igualmente possível que as aptidões desses construtores tivessem sobrevivido às agitações históricas[34]. Como esses dispositivos eram transmitidos por um povo pré-letrado ou iletrado? As inferências a indícios arqueológicos insuficientes, sustentadas por leituras duvidosas da obra de Homero ou Hesíodo, não podem solucionar efetivamente esse problema. Sem dúvida, mesmo as técnicas construtivas mais simples, sobretudo quando praticadas por amadores (ou não especialistas) em comunidades agrícolas, ou naquelas que vivem como caçadoras-coletoras, dependentes de uma bagagem comum de procedimentos práticos e certas formas de memorização e transmissão, pressupõem um sistema fundado em relações sociais estáveis: essas últimas são quase sempre corroboradas pelas narrativas obscuras das lendas. Com o refinamento da construção em assentamentos maiores, ou pelo menos mais abastados, a existência de ofício de construtores especializados – *demiourgoi* – parece confirmada pela repetição de certos projetos e procedimentos. A ampla difusão dos tipos construtivos e das técnicas estruturais no primeiro século do período olímpico podia até mesmo indicar que esses construtores se deslocavam de um lugar ao outro, a exemplo dos ferreiros. Aqueles que trabalhavam o metal desfrutavam inevitavelmente de uma posição privilegiada em todas as sociedades que passaram da tecnologia da madeira, da pedra e da cerâmica para aquela do metal[35].

O *Dēmiourgós* no Sacrifício

Muito antes que qualquer clássico discurso a respeito dos tipos de colunas (assim como delineado por Vitrúvio) fosse articulado sob a forma escrita, já existiam várias organizações de ofícios. Elas reuniam de pedreiros, gesseiros, carpinteiros e marceneiros a pintores, ceramistas e escultores, e já deviam ser atuantes em Creta e Tera, onde o nível de habilidade alcançado no final do terceiro milênio só poderia ser explicado pela presença de artistas e artesãos trabalhando em tempo integral, por muitas gerações, sob uma estrutura organizada de ensino e transmissão de técnicas; fato que é particularmente notável no que diz respeito aos motivos de suas pinturas[36]. Havia ainda os ourives e aqueles que trabalhavam o bronze. Dédalo tornou-se o arquétipo desses ofícios, assim como dos fundidores e dos pedreiros[37].

Dos documentos micênicos remanescentes, aqueles decifrados até o momento são muito áridos e incompletos para serem utilizados como evidência de qualquer prática construtiva escrita (ou mesmo desenhada), porém, a rápida elaboração e a similaridade dos edifícios levam à suposição, mesmo que por analogia, de que a prática deve ter sido codificada. A forma mais comum de tal codificação é um corpo de cantos de trabalho acompanhados por uma espécie de etiologia heroica. Sem essas características, nenhum ofício do mundo antigo teria alcançado coesão. Contudo, muito antes que os ofícios alcançassem uma condição social estável, para não falar de uma organização própria, os construtores da Grécia neolítica já deviam transmitir determinados procedimentos de construção, oralmente, por gerações e de maneira mnemônica, que se apoiava em números, versos em rimas ou mesmo gestos, por meio dos quais seus tipos construtivos foram perpetuados.

A transmissão dos tipos ocorreu do mesmo modo que aquela das técnicas: os construtores da Idade do Ferro herdaram determinadas formas dos seus precursores da Idade do Bronze. O fogo central dos primeiros santuários de duas colunas da Idade do Ferro ecoa o fogo central do mégaro de quatro colunas, a "grande" sala do palácio *wanax* micênico. Remanescentes dessas lareiras também sobrevivem nos mégaros em Micenas, Pilos, Tirinto e talvez em Atenas e Tebas. A própria disposição dos palácios micênicos é eloquente: naquele fogo central, em sua *eschara*, o rei micênico recebia oferendas (que poderiam ser quase chamadas sacrifícios); ao lado do fogo, as suas joias brilhavam e ele ostentava sua majestade. Esse lugar era efetivamente o "foco" do seu palácio[38].

Ao redor do fogo erguiam-se, em geral, as quatro colunas que sustentavam o telhado no qual um lanternim ou uma abertura para a saída de fumaça se abria sobre a lareira. Ao que tudo indica, os micênicos tomaram emprestado dos minoicos duas formas de colunas: a primeira delas era uma peça única, geralmente de madeira, larga no topo e mais estreita em direção à base, o inverso da coluna helênica[39]; a outra, era o pilar quadrado, quase sempre feito de blocos de pedra, com um capitel volumoso[40]. O pilar quadrado, comum nas construções minoicas, aparentemente era mais raro na plena Idade do Bronze – o período Tardo Heládico ou Micênico – talvez porque a disposição dos "palácios" minoicos fosse baseada em um modo de vida completamente diferente. Em sua ilha os minoicos viviam em edifícios abertos, não fortificados, quase sempre em solo plano e os palácios eram aquecidos por braseiros; o que sugere alianças feitas tanto com os sírios, como os anatólios e os povos do sul. Por contraste, embora os micênicos tivessem incorporado muitas das características e dos procedimentos construtivos minoicos, criavam edifícios muito diferentes, fortificados e implantados no alto de colinas, e centrados ao redor de uma lareira ladeada por colunas. Alguns fragmentos das colunas circulares micênicas, em pedra, sobreviveram (a maioria delas carbonizadas), bem como vestígios um pouco mais distintos de alguns poucos pilares de pedra.

Contudo, existem numerosas representações dessas colunas que permitem hipóteses de restauro e – talvez o mais importante para mim – fornecem uma ideia de como elas eram entendidas por seus construtores.

Os Leões e uma Coluna

A mais explícita dessas imagens inspira o seu próprio questionamento. Trata-se do relevo sobre o Portal do Leão, em Micenas, a maior de todas as esculturas micênicas, também considerada a mais antiga escultura monumental conservada na Grécia[41]. Ela mostra uma coluna única apoiada sobre uma base moldada, em geral identificada como um altar duplo. De cada um de seus lados, dois leões apoiam as suas patas dianteiras sobre o altar e as traseiras na terra, formando uma composição triangular truncada. No entanto, embora os leões tenham perdido as cabeças, a coluna manteve o seu ábaco e a cornija. Se observada com atenção, notamos que, na verdade, trata-se de um sistema de coluna e viga, ou mesmo coluna e cobertura. O ábaco suporta um bloco feito de duas faixas horizontais: a inferior é uma linha contínua de discos, como se fosse as extremidades serradas de troncos de árvores ou de ramos grossos; enquanto a superior fica próxima demais da borda de cima do bloco para ser distinguível. Contudo, no portal do Tesouro de Atreu, onde duas colunas de forma e decoração similares ornamentam os batentes da porta, a faixa superior é recoberta por uma decoração com motivos de ondas espirais, geralmente conhecidas como a onda ou *chien courant*[42]. Os fustes das colunas do tesouro são ziguezagueados por faixas chevronadas preenchidas com espirais. O *torus*, a parte mais larga do capital, tem os mesmos ornamentos que o fuste, ao passo que a moldura côncava acima dele é adornada com uma coroa de folhas. Por outro lado, a coluna do Portal do Leão, muito menor e mais atarracada, é bastante lisa. Essas diferenças entre as colunas, no que diz respeito às proporções e ao ornamento (com caneluras ou não, ornadas de flores ou lisas), tal como se apresentam no Portal do Leão e no Tesouro de Atreu, eram muito comuns, embora as molduras provavelmente fossem somente de dois ou três tipos[43]. Por vezes, também o fuste podia apresentar caneluras.

Porém, nesse ponto, o que me interessa não é tanto a coluna micênica em si (que será abordada mais à frente), mas a composição da placa esculpida e a razão pela qual ela foi colocada sobre o portal. Uma primeira explicação parece óbvia de imediato. Ela se encontra de guarda: uma coluna atua por excelência como objeto de vigilância[44]. Em Micenas, é a coluna central que parece ser a sentinela, mesmo que, por sua vez, ela também seja guardada. A composição do relevo, conforme foi usualmente observado, é uma variante do dispositivo familiar (costumeiramente denominado "heráldico"), que apresenta um objeto inanimado entre dois animados: em geral, uma árvore entre dois animais. Na maioria das vezes, o que parece ser uma árvore é um objeto compósito, que contrasta a sua artificialidade rígida com a verossimilhança movimentada e sinuosa dos humanos ou dos animais que o sustentam. Por vezes, o tema dos três elementos pode variar apresentando uma figura humana, geralmente masculina, impondo a sua vontade sobre duas feras, touros ou leões. Esse tema aparece cedo na arte glíptica, nos primeiros lacres cilíndricos de Uruk, ainda antes dos primeiros instrumentos de metal e da criação da escrita na Suméria, bem como em esculturas menores do mesmo período aproximadamente. Embora também fosse encontrado no Egito na mesma época, ele era muito menos comum ali, sendo entendido, por vezes, como uma marca característica da arte mesopotâmica. O motivo logo se estendeu aos relevos de pedra, aos vasos

e esculturas de bronze e de cobre, bem como ao marfim utilizado em mobiliário e em bordado. Comum nos ortóstatos dos palácios assírios, ele foi adotado pelos hititas, fenícios e pelos demais povos da Síria que também emularam os lacres cilíndricos mesopotâmicos, como fizeram (durante algum tempo) os egípcios, os habitantes de Rodes e, naturalmente, os minoicos.

A arte glíptica viaja. Os potes lacrados constituíam os objetos de comércio mais comuns. Os lacres propriamente ditos eram pequenos e, por vezes, os mercadores os carregavam consigo efetivamente como joias pessoais[45]. Esse motivo heráldico particular era, portanto, tão conhecido pelo escultor micênico quanto o fora pelos minoicos. Contudo, acredito que podemos afirmar que nenhum artista jamais imitaria um motivo tão genérico de maneira gratuita, como um modelo abstrato: ele somente o adotaria se pudesse atribuir-lhe um determinado uso e um determinado contexto. No caso do Portal do Leão, esse motivo não tinha particularmente a função de proteger a entrada, visto que essa função era melhor expressa (senão melhor realizada) ao longo de todo o Mediterrâneo oriental (e além dele, como sugerem os contos de fadas), pela colocação de duas feras de cada lado das ombreiras– conforme procediam os assírios, os persas e os hititas – para a proteção da cidade[46]. Essas feras podiam ser leões ou esfinges: até mesmo os próprios deuses nas terras hititas; ou grifos e monstros com rosto humano na Babilônia e na Assíria. Em períodos anteriores isso parece ter sido feito com a colocação de duas colunas divinas ou postes distribuídos de cada um dos lados de um portal ou porta. Visto que em Micenas os leões foram colocados acima do portal, guardando a coluna, é provável que a coluna, sobre o seu altar duplo, fosse um símbolo da cidade divinizada, guardada por seus ferozes protetores[47].

Uma alternativa que me parece mais provável, é que a viga como um todo fosse uma representação apotropaica da custódia da cidade, diante de qual tanto o visitante como o agressor eram convidados a se identificar e com relação à qual deviam se precaver. Esse argumento propõe a questão que tem provocado vários estudiosos: saber se essa coluna poderia de algum modo ser divina

Micenas: O Portal do Leão. (à esquerda) Vista externa. Br. Sch. Atenas.

Micenas: O Portal do Leão. (à direita) Vista interior. Foto do autor.

A Figura do Governante Heráldico. Nova York, Museu Metropolitano. Foto do autor.

e não meramente (como sugeriram alguns) o símbolo de um edifício, o palácio dos descendentes de Atreu sobre a colina acima dela, e do circuito de muros, ou mesmo, por metonímia, da tribo dos descendentes de Atreu e sua dinastia. Por extensão, a mesma questão sugere ainda uma outra mais ampla que não pode ser respondida diretamente: de certo modo, as colunas também não são sempre a parte mais sagrada de um edifício?

A maneira pela qual o material (e, portanto, o ofício) sofreu mudanças exige comentários adicionais. A maior parte das colunas cônicas dos palácios minoicos e micênicos era de madeira. A primeira vez em que a coluna cônica foi representada em pedra na escala de um palácio real – ao contrário dos minúsculos lacres e dos, pouco maiores, *rítons* e pinturas murais um pouco maiores –, em Micenas, deu-se no Tesouro de Atreu e Clitemnestra, assim como no Portal do Leão. Considerando que aquela coluna é usualmente representada sustentando a sua própria viga, surge outro problema: o orifício triangular, criado na alvenaria por meio de projeções sucessivas para conter a placa acima do Portal do Leão, tem o mesmo formato da abertura sobre a porta do Tesouro de Atreu (e de outros tolos ou tumbas) e talvez tenha ostentado decoração similar, esculpida ou pintada. O orifício triangular costuma ser justificado empiricamente como um *alívio* da carga sobre a viga que se estende sobre a abertura da porta logo abaixo. O formato triangular contido pelas pedras assentadas em balanço é quase exatamente o mesmo que aquele dos orifícios de saída de fumaça dos poucos modelos remanescentes de pedra e argila[48], que parecem ser santuários e não habitações, o que por sua vez sugere que a relação entre coluna, viga e abertura triangular não foi uma invenção do período Geométrico grego, nem uma importação dórica, possivelmente, teria sido formulada de maneira sistematizada pelos artesãos micênicos como um *tópos*, um conjunto de conhecimentos técnicos comuns transmitidos e ensinados. Um telhado de duas águas, supostamente de palha, também aparece em uma das raras representações glípticas de um edifício.

A fórmula certamente diz respeito a edifícios "reais" e "vivenciados" em madeira e terracota, e talvez em metal, – e não àqueles "ideais" pintados. Ao contrário dos muitos pilares sagrados dos gregos e de outras civilizações, representados sem qualquer carga, no Portal do Leão em Micenas temos, talvez pela primeira vez, a representação explícita de uma estrutura de coluna e uma viga consagrada ou quase sagrada.

Relevo "O Ritual ou a Árvore Sagrada": Nimrud. (à esquerda) Londres, Museu Britânico. Foto do autor.

Relevo "O Ritual ou a Árvore Sagrada": Nimrud. (à direita) Marfim. Nova York, Museu Metropolitano. Foto do autor.

A Coluna Sagrada

Que as colunas fossem consideradas sagradas em determinadas circunstâncias é fato reconhecido. O que talvez não seja tão evidente é que elas eram consideradas algo bem distinto dos *baetyls*, ou bétilos, mais enigmáticos, também conhecidos como pedras sagradas[49]. Portanto, devo distinguir a coluna que sustenta uma carga e o bétilo, de um lado, e a coluna de madeira e a árvore sagrada, do outro. Uma árvore pode ser designada como sagrada, escolhida quase arbitrariamente, como em uma epifania. Contudo, existe uma categoria inteira de objetos artificiais, como por exemplo, o "mastro de maio"*, tratados como objetos de veneração em muitas culturas. Já ressaltei esse tipo de árvore nas representações assírias. Ele parece ter sido um objeto de culto comum, similar ao *djed* egípcio, ou seja, um mastro, fabricado com juncos ou madeira e trançado com fibras, às vezes decorado com fitas, flâmulas e flores[50]. Em algumas representações, ele também podia ser coberto por uma rede ou tecido. Nos relevos assírios, sua natureza artificial é sublinhada pelos grifos e monstros que o circundam, e que costumam ser apresentados portando uma pequena cesta em uma das mãos e, na outra, um cone com o qual tocam as "flores" do mastro de maio. Essas imagens foram interpretadas por alguns estudiosos da cultura assíria como uma demonstração da fertilização da tamareira fêmea pelas flores masculinas, ainda que, na verdade, o clima da Assíria fosse frio demais para que a tamareira produzisse frutos comestíveis. Nesse sentido, as imagens talvez representem uma antiga tradição agrícola pertencente aos sumérios localizados mais ao sul (os quais, por sua vez, jamais a descreveram), rememorada apenas como um procedimento ritual[51].

A construção desses objetos rituais ou de culto a partir de diversas plantas, o *ascherot* ou *ascherim* dos semitas, e as suas representações em pedra e majólica ecoam na superfície em relevo do capitel micênico-minoico, revelando a sua natureza compósita. Com frequência uma coroa de folhas em metal (supostamente de bronze) circunda a sua moldura côncava[52]. O fuste da coluna apoiava-se em uma base plana, caso houvesse uma, e era coroado por um toro pesado, com um colarinho côncavo ao qual era ligado. Tal colarinho é visível nos fragmentos das colunas inferiores e maiores do Tesouro de Atreu e também em vários dos pequenos modelos em marfim que restaram. E o que dizer do toro sobre ele? Ele certamente não terá sido torneado juntamente com o capitel, provavelmente foi moldado em terracota ou bronze e a seguir fixado ou pregado a ele.

Qualquer que tenha sido a sua forma de construção, não há dúvida de que a coluna sobre o Portal do Leão deveria ser vista como sagrada, ou mesmo assustadora – e masculina. As estatuetas minoicas masculinas e as pinturas murais tendiam a representar a figura masculina com os pés unidos, os quadris estreitos e ombros bastante largos. Essas figuras têm um aspecto muito semelhante àquele dos *rítons*, o que é particularmente evidente no chamado afresco dos copeiros no palácio de Cnossos. Teriam essas figuras sido elaboradas com a intenção de assimilar o perfil da coluna árvore-invertida? As figuras femininas têm ombros estreitos e vestem saias cônicas, volumosas e amplas, o que as torna diversas de qualquer forma conhecida de coluna.

Minha ideia de que talvez tenha existido uma analogia intencional entre a figura masculina da arte minoica e o formato das colunas minoicas e micênicas constitui somente o esboço de uma hipótese. Porém, neste ponto ainda devo abordar outro tema. Excepcionalmente, na arte micênica, encontramos colunas cilíndricas com laterais paralelas: estas últimas estão presentes tanto no pequeno modelo, recentemente encontrado em Arcanes perto de Cnossos, como na cena de culto ligeiramente anterior encontrada no tolo em Kamilari, perto de Festo; e na estranha coleção de terracotas do final do período Minoico Médio encontrada no palácio de Cnossos, no "subsolo dos pesos de tear", existem três dessas colunas completas com uma base comum e capitéis separados. Elas sustentam vigas cilíndricas simbólicas como a coluna do Portal do Leão e, sobre duas delas, supostamente também sobre a terceira, havia pássaros empoleirados[53].

Os estudiosos atribuíram grande importância à presença de pássaros entre os remanescentes da sacralidade minoica; porém, neste ponto devemos recordar uma outra imagem, aquela do modelo de santuário em folha de ouro em relevo, encontrado em uma das sepulturas cilíndricas, em Micenas, com "acrotério" representando pássaros[54], utilizado por Arthur Evans como base para sua restauração daquela parte do palácio de Cnossos, que ele acreditava ser a sua área sagrada. Na verdade, muito pouco se conhece a respeito do uso das diversas câmaras dos palácios – se algumas eram mais ou menos "sagradas" que outras, ou se, de fato, o palácio como um todo deveria ser entendido como uma espécie de templo[55].

Um testemunho fundamental dessa conexão é o sarcófago de Hagia Triada, que exibe a representação mais explícita que restou de um ritual micênico[56]. Não me cabe decidir se ele representa o culto dos mortos ou o culto dos deuses: o que me interessa é como os objetos são dispostos nas cenas. As duas longas laterais do sarcófago mostram processões e sacrifício. De um lado, uma mulher seminua despeja o que parece ser uma libação de um grande balde para dentro de um vaso ainda maior, semelhante ao *skyphos* grego; ela encontra-se em pé entre duas colunas, coroadas cada uma delas com machados duplos cruzados, nas quais se encontra um pássaro empoleirado. Os machados duplos e os pássaros são coloridos de amarelo, sugerindo (em conjunção com alguns dos objetos materiais) que o "capitel" inteiro dessa coluna é feito de bronze, podendo ser um elemento de coroamento em bronze dourado. A celebrante é acompanhada por outras duas mulheres trajando longas vestes com franjas; a mais próxima carrega outros dois baldes suspensos por uma vara apoiada sobre os seus ombros, como se fosse uma canga, enquanto a outra, mais distante, toca uma lira. Movendo-se em outra direção encontram-se três homens jovens seminus; os dois primeiros carregam bezerros em posição de salto, numa postura tão viva que devem retratar artefatos, enquanto o terceiro porta uma meia-lua, geralmente interpretada como o modelo de um barco. As figuras movem-se em direção a uma construção escalonada, atrás da qual se ergue uma árvore estilizada e uma figura masculina trajando uma veste, também estilizada, considerada por alguns a estátua de um homem morto (ou mesmo, a sua múmia); e por outros, uma divindade, já identificada até como o Zeus Velcanos, um Zeus adolescente e barbudo, ao qual foi posteriormente dedicado um templo em Hagia Triada.

A outra longa lateral do sarcófago mostra três figuras femininas trajando longos hábitos (a figura, cuja cabeça ainda restou, usa um adereço na cabeça), de pé, em um gesto de oferenda. Diante delas encontra-se a mesa de oferendas, sobre a qual se estende um touro ou boi amarrado, cujo sangue parece fluir para o interior de um balde semelhante àquele utilizado na primeira lateral do sarcófago. Atrás da mesa de oferendas, um jovem toca um aulo; uma mulher seminua, como a anterior a despejar a libação, parece ofertar um cesto e um jarro sobre um altar. Este se encontra diante de um edifício, ou um muro, coroado com "chifres de consagração", dentro do qual há uma árvore, talvez uma oliveira. Entre o altar e o edifício, ergue-se ainda outro poste que sustenta um machado duplo, sobre o qual está pousada uma ave preta (um corvo?).

Uma série de comentaristas notou certos aspectos particulares dessas cenas relacionando-as com tradições gregas posteriores. O despejar das libações sobre os túmulos, através de vasos sem fundo, era comum na Grécia da Idade Geométrica e Arcaica. O tocador de aulo e o cesto no qual era levada a faca sacrificial eram aspectos usuais dos sacrifícios de sangue também na Grécia. A estátua envolta em um manto, característica que fez com que alguns a identificassem como uma múmia egípcia, é efetivamente mais parecida com um acrólito. Mais curioso, a meu ver, são os postes que sustentam os machados duplos e pássaros, os símbolos usuais da sacralidade minoica-micênica. Portanto, eles devem ser interpretados como uma outra configuração, talvez semipermanente, da árvore sagrada.

As colunas pintadas no sarcófago de Hagia Triada eram certamente invertidas em relação às micênicas, estreitando-se em direção ao topo, ao contrário de alargar-se. Se elas fossem interpretadas como pilares de troncos de árvores, consequentemente tinham de ser colocadas de pé, do modo como cresce uma árvore, e não invertidas. Seriam esses postes erguidos por ocasião de alguma cerimônia (talvez um funeral) e depois derrubados? Ou então talvez fossem já precursores de uma nova espécie de coluna que veio a aparecer nos templos dos gregos, sobretudo dos dóricos?

Templo de Hatshepsut em Deir-el-Bahari. Exterior, foto do autor.

O Dórico Egípcio

          Apesar de todo o peso das lendas que tenho citado para justificar a identificação do gênero dórico com a figura heroica masculina, muitos estudiosos têm relutado em discutir, e mais ainda em aceitar, uma origem, seja ritual ou corpórea, da criação de uma forma tão comum, difundida e concreta como a coluna dórica. Historiadores da arquitetura têm preferido procurar precedentes formais, positivos, ou mesmo materiais: no caso da coluna dórica, havia um precedente no Egito, um exemplo tão claro que todo argumento do corpo-coluna poderia ser relegado ao estudo da mitologia.

    Em Beni-Hasan, na margem oriental do Nilo, talhadas na rocha viva, ficavam as tumbas dos grandes homens da cidade de Menat-Khufu (ao norte de Tell-el-Amarna), encontradas por Champollion, voltadas em direção ao Ocidente e ao rio[57]. Muitas delas tinham um ou dois pilares poligonais que sustentavam um tipo de ábaco. Em algumas dessas tumbas, sobretudo naquelas de Nomarch Amenemhat (n. 2) e do "prefeito" da cidade, Khnum-Hotep (n. 3), as colunas poligonais também "sustentavam" a cobertura no interior da tumba. Champollion ficou bastante entusiasmado por sua descoberta e sugeriu que a ordem grega dórica devia ser derivada do precedente egípcio. Por ter considerado – erroneamente, como se verificou depois – que as tumbas de Beni-Hasan datavam do século IX a.C., e que algumas das pinturas murais representavam prisioneiros gregos, uma derivação direta parecia totalmente plausível, sobretudo porque, de fato, Champollion era um seguidor dos historiadores da arquitetura do século XVIII que haviam especulado sobre o tema. Desde a sua época, tanto essas colunas como outras egípcias similares (embora muito mais posteriores), passaram a ser conhecidas como protodóricas[58].

    O uso mais espetacular dessas colunas ocorreu alguns séculos depois, a centenas de quilômetros mais ao sul, em Deir-el-Bahari, nos arredores de Tebas, no imenso cenotáfio da rainha

Templo de Hatshepsut em Deir-el-Bahari. Interior, foto do autor.

Hatshepsut. Ali, elas aparecem em maior número e com muito mais refinamento. Elas aparecem, também, nos edifícios de Tutmoses III, em Karnak. Nesses exemplares construídos mais tarde (ao contrário dos anteriores, cortados na rocha), a maioria das colunas é composta por blocos cilíndricos. Muitas delas são cortadas em oito faces; outras, em dezesseis, o que sugere que a forma foi alcançada chanfrando-se cada canto de um pilar de seção quadrada: uma vez para obter as oito faces; e duas, para a obtenção das dezesseis. De modo geral, elas se apoiam em um disco plano e baixo que funciona como base, enquanto o topo da coluna tem usualmente seção quadrada, sendo paralelo e rente à cornija que, por sua vez, também é plana e sem destaque na sua parte inferior. Assim sendo, quando as colunas são observadas pela frente, o bloco do ábaco pode ser entendido como pertencente às colunas, como uma flexão da cornija ou como uma excrescência de seu plano inferior.

O caráter claramente lítico desses exemplares remanescentes levou um ou dois comentaristas a sugerir que esses primeiros pilares de seção transversal quadrada (como aqueles que podem ser encontrados no templo de granito do vale de Quéfren, em Karnak, para mencionar um exemplo famoso do Império Antigo) evoluíram para as colunas facetadas, de Beni-Hasan, para permitir a entrada de mais luz nas câmaras das tumbas[59]. No entanto, o protótipo de seção quadrada continuou a ser bastante empregado durante o Período Helenístico, enquanto as muito esguias colunas de seção circular e acanaladas, tanto muito antes como depois do aparecimento do pilar chanfrado – seu uso mais antigo são as altas pilastras dos pavilhões no recinto da primeira grande pirâmide, a de Djoser, em Saqqara. De todo modo, essas teorias a respeito da evolução das colunas tendem a mascarar as dificuldades mais significativas: nas cornijas, em Beni-Hasan, pequenas nervuras projetam-se ao longo da borda superior da viga principal, como se imitassem os caibros de uma construção em madeira, ao passo que os tetos das tumbas de Khnum-Hotep e Amenemhat são pintados em um padrão quadriculado, que visa claramente uma representação da esteira de junco: algumas das vigas de pedra são também pintadas para simular a madeira. Assim, a imitação da construção em madeira a partir da pedra parece ser uma característica tanto da arquitetura egípcia como da grega. Nesse sentido, os túmulos em pedra, em Beni-Hasan, valem aqui como exemplificação, simplesmente por terem sido tão à miúde mencionados como modelos da arquitetura egípcia em pedra que teria servido de protótipo para os gregos.

De qualquer modo, há uma grande distância, tanto no tempo como no espaço, entre Deir-el-Bahari, para não falar de Beni-Hasan, e as formas mais primitivas do grego-dórico. Como mostram as evidências até o momento, essas colunas foram provavelmente utilizadas apenas por um período limitado entre as dinastias XI e XVIII, e, portanto, os últimos exemplares egípcios antecedem em um milênio os primeiros exemplares gregos[60]. Além disso, eles se diferenciam bastante das colunas minoicas e micênicas suas contemporâneas.

O *Djed*: A Coluna e a Múmia

Caractere *Djed*: originário do templo de Seti I, em Abidos. Segundo R. David (1981).

No entanto, aqui eu menciono as tumbas de pedra por outro motivo, visto que o pilar de seção quadrada é geralmente associado ao corpo humano masculino, especificamente ao do deus Osíris, em sua forma comum de faraó embalsamado. Envolto pelas ataduras da mumificação, com a sua coroa dupla, suas mãos cruzadas sobre o peito e segurando o mangual e o cajado da realeza egípcia, essa figura propicia uma combinação distinta daquela de 1,80m do texto vitruviano. A figura – ou, talvez, ele – apoia-se no pilar; esta presa a ela, mas não se identifica com ele. Essa conjunção se apresentou em Deir-el-Bahari e em Karnak, dois santuários já mencionados, assim como nos diversos templos ao redor de Tebas, como o Ramesseum e o santuário em Medinet-Habu. Mas talvez a imagem mais imponente seja aquela do santuário escavado na rocha em Abu-Simbel. A força dessa figura, reiterada em dimensões colossais, é hipnótica e mostra, se mostrar for necessário, que a associação entre a coluna e o corpo humano não é uma invenção dos gregos.

Essa associação entre o corpo e o pilar na arquitetura egípcia é novamente obscurecida por seu próprio lugar-comum, como no caso grego. Para mim, a associação entre a múmia – corpo de Osíris – e a coluna *djed* (ou *tet*, cuja transliteração mais comum é agora *dd*) é particularmente significativa. Alguns estudiosos chegaram a sugerir que o *djed* já fosse um objeto sagrado independente, um instrumento ritual arcaico, antes de ser identificado com Osíris.

Trata-se de um objeto fisicamente muito friável, até mesmo perecível: um feixe desses juncos que crescem abundantemente ao longo do Nilo, amarrado com filetes nas partes superior e inferior. Internamente, os juncos eram retirados e os demais aplicados formando uma coroa ou halo, por três ou quatro vezes, para criar um tipo de capitel compósito[61]. Como hieróglifo, ele representava o deus Osíris, assim como o suporte coroado com um nó, constituindo outro gênero de instrumento ritual, representava Ísis. Havia mitos em que *djed* era a característica central de um templo em algum ciclo de criação precedente; por vezes, como uma encarnação do próprio deus; por vezes, como um "poleiro" sobre o qual o deus podia repousar. Na cosmogonia de Tebas, ele também significava uma das origens do mundo: o feixe protuberante de juncos no qual o Hórus-falcão pousou na manhã do mundo. Nos rituais, erguia-se o *djed* em muitos dos templos de Osíris: ou seja, ele era confeccionado deitado e, depois, içado com cordas[62]. Em alguns templos, eles eram feitos, posicionados e içados frequentemente; em outros, o *djed* era reservado para ocasiões especiais. Em Busíris (Abusir), ele era usado para sustentar a múmia de Osíris. Busíris, "a casa de Osíris", era o centro do nono nomo do baixo Egito, denominada *Dd.w*. O hieróglifo fazia parte das muitas palavras relacionadas à estabilidade e à justiça.

O *djed*, formalizado, quase hieroglífico, aparece precocemente como um dispositivo decorativo. Nas telas de vime simuladas em faianças que decoravam as paredes do templo no recinto de Djoser, em Saqqara, ele já se encontrava fixado aos suportes dos arcos, de maneira a confirmar que era uma forma familiar e facilmente identificável. As suas várias transformações, desde o pequeno amuleto de faiança até a coluna representando o deus, em tamanho bem maior que o natural, nunca foram adequadamente descritas.

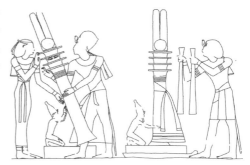

Contudo, não existe nenhum repertório canônico das formas das colunas egípcias. A maior parte das histórias da arquitetura fornece um ou dois exemplos mais comuns: a coluna reta com o capitel em forma de sino, a forma abaulada do feixe de juncos (talvez relacionada ao *djed*); a coluna com capitel na forma da cabeça da deusa Hátor e folha de palmeira, e diversas outras variantes menores. Várias formas podiam ser utilizadas no interior de um único edifício e todas podiam ser combinadas com pilones de seção transversal quadrada. As mais delgadas – talvez as mais "refinadas" de todas aos olhos ocidentais – são as pilastras com caneluras que sustentam os telhados levemente arqueados do pátio Heb-Sed, no complexo de pirâmides do rei Djoser. Mais uma vez, a forma e os detalhes são tão bem realizados que é difícil imaginá-los como exemplares únicos ou iniciais de uma maneira arquitetônica completamente nova. Djoser foi o fundador da terceira dinastia e, de modo geral, o seu reino é datado de 2650 a.C.; o seu complexo de pirâmides é o primeiro de tais gigantescas construções egípcias, no qual, além de tudo, ficou registrado o nome do arquiteto: o vizir e curandeiro de Djoser, Imhotep. Desde há algum tempo a tumba de Imhotep vem sendo procurada sob o Serapeum, em Saqqara, onde, no Período Helenístico, Asclépio, que os gregos identificariam com Imhotep, era venerado[63]. Embora Asclépio seja identificado com Imhotep, o curandeiro, a sua aptidão como artista e criador de artes sugere uma helenização bastante diversa, o que talvez justifique a afirmação de Diodoro Sículo de que Dédalo era venerado "na ilha de Mênfis". Segundo Diodoro, Dédalo aprendeu uma de suas mais famosas aptidões com os egípcios, a feitura de estátuas, tendo trabalhado no Egito como arquiteto. De fato, alguns gregos acreditavam que ele imitava a escultura egípcia[64].

O içamento do *djed* do templo de Seti I, em Abidos. Segundo R. David (1981).

***Djed* e ornamentos em forma de lírio em uma placa de calcário.** Nova York, Museu Metropolitano. Foto do autor.

Não existe consenso sobre como deveria ser a arte de Dédalo. Conforme algumas autoridades antigas, as suas estátuas aparentavam tanta vida que viravam os olhos e movimentavam os membros; porém, as figuras que foram mostradas a Pausânias como obra de Dédalo eram, em sua opinião, pouco graciosas, assim como as esculturas que ele em outra ocasião descreveu como egípcias.

Qualquer que seja a origem (sem dúvida complexa) da figura grega *kouros*, que descrevi no capítulo anterior, os primeiros *kouroi* têm afinidades egípcias explícitas. Alguns deles podem até mesmo ser confundidos com esculturas egípcias: as pernas separadas em posição de caminhada, a perna esquerda à frente, os punhos cerrados (na escultura egípcia geralmente segurando um pequeno cilindro), os braços pendendo rígidos ao longo dos flancos, os longos cabelos encaracolados, recolhidos em um coque que cai como o adereço de cabeça de um retrato faraônico. No entanto, a vestimenta que costumava ocultar a parte média do tronco é removida: curiosamente, os egípcios, que não eram tímidos em relação à nudez feminina, quase nunca representavam a figura masculina completamente nua[65].

Os Egípcios e os Gregos

Afora as lendas sobre Dédalo, existe outra tradição que confirma a dependência grega do precedente egípcio: aquela dos irmãos de Samos que fizeram uma estátua a partir de duas partes distintas, esculpidas em pedreiras diferentes, utilizando um método egípcio de coordenadas (sem fazer uso das proporções) de forma que as partes se ajustassem com perfeição ao serem unidos[66]. O relato dos gregos no que diz respeito à sua dívida para com os egípcios (ou mesmo da superioridade egípcia em algumas coisas) era uma história conhecida no tempo de Platão[67].

A influência egípcia na arte grega, que observei na escultura grega, sobretudo nas representações do corpo, foi comumente reconhecida pelos gregos. Nesse sentido, a influência da arquitetura egípcia não pode ser reduzida às cópias simplórias de recursos formais isolados, conforme sugeriram os teóricos e historiadores do século XIX. O que os gregos certamente deviam aos egípcios – ou talvez apenas compartilhassem com eles e com muitos outros povos antigos – era o costume de representar edifícios mais antigos e mais perecíveis por meio de formas em pedra[68].

O hábito consistente dos egípcios de reproduzir madeira, barro e até junco em terracota vitrificada e pedra tinha uma finalidade descritiva. Embora não existam relatos do modo pelo qual esses procedimentos eram adaptados, os edifícios da pirâmide escalonada de Djoser fornecem uma obsessiva representação na pedra de uma arquitetura efêmera. Em pleno Período Helenístico, formas dessas edificações perecíveis, construídas para os vivos em palha, tijolos de barro cozidos ao sol e trabalhos de carpintaria, coexistiam, desafiando comparações com a pesada arquitetura em pedra das tumbas e dos templos.

Esse procedimento é deveras intrusivo em uma parte dos edifícios anexos no entorno da pirâmide escalonada. A área conhecida como o Pátio do Heb-Sed era a monumentalização em pedra de uma construção temporária muito especial, um "campo" ritual usualmente montado para o trigésimo aniversário da "coroação" ou entronização do faraó, o festival Sed (o festival do trono ou da sua implantação, o jubileu), quando se esperava que ele corresse ou dançasse em torno daquele pátio como se, por metonímia, este fosse o seu reino em miniatura, no qual cada nomo ou distrito era representado por um dos pavilhões de juncos, folhas e argila que contornavam o campo. Em Saqqara, esse campo solidificou-se em pedra esculpida: cada pavilhão tem uma porta que apenas permite que se entre um nicho superficial escavado na rocha maciça. Os telhados arqueados parecem sustentados pelas delgadas colunas com caneluras, conforme mencionei anteriormente; as cunhas e correias da construção temporária são mostradas, ou mesmo exibidas, no calcário esculpido. E, no entanto, o conjunto todo é esculpido a partir de uma massa composta por blocos de pedra polida: nenhum dos edifícios possue interiores. Imhotep deve ter preservado minuciosamente para a eternidade toda a aparência do festival Heb-Sed que Djoser havia celebrado uma vez[69]. As pilastras do pavilhão Heb-Sed representavam somente um de vários tipos de coluna, todas com referências vegetais, que podem ser encontradas em outras partes do recinto. Não se sabe como esse estranho monumento era usado ritualmente, se é que tinha um uso ritual, no culto funerário do faraó. Visto que ele fazia parte do primeiro grande complexo de pirâmides (sendo o primeiro edifício em pedra polida, de acordo com o historiador Maneto), era de se esperar que tivesse características excepcionais. Os complexos de pirâmides construídos posteriormente, que mantiveram e mostraram os diversos aspectos do ritual faraônico, não apresentavam a elaborada articulação da pirâmide de Djoser.

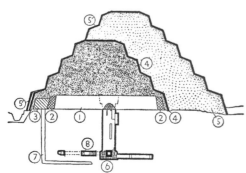

A Construção da pirâmide de Djoser. Corte dos diversos níveis, segundo I.E.S. Edwards (1967).

De Djoser até os últimos faraós (que também eram imperadores romanos), há uma continuidade nos edifícios egípcios que perdura por três mil anos. No entanto, os egípcios nos deixaram apenas descrições fragmentadas de suas tradições construtivas; os textos rituais e os livros sagrados contêm as passagens mais extensas porém, geralmente alusivas e sempre difíceis de interpretar. No que diz respeito à arquitetura civil, mesmo a dos palácios reais, os escritos são ainda menos úteis, ao passo que as evidências arqueológicas de edifícios de madeira, junco e argila pintados em cores vivas são extremamente escassas. Assim sendo, temos que interpretar as intenções dos arquitetos e construtores a partir das pinturas e dos modelos, visto que dos edifícios propriamente ditos pouco sobrou.

Os pavilhões de pedra de Heb-Sed. Complexo da pirâmide de Djoser, em Saqqara. Foto do autor.

Detalhe exterior de Heb-Sed. Complexo da pirâmide de Djoser, em Saqqara. Foto do autor.

As Origens Gregas

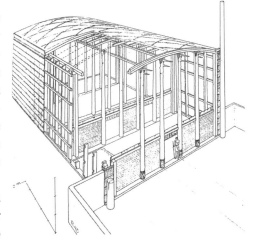

A reconstrução do protótipo de madeira do pavilhão de Heb-Sed. Segundo L. Borchardt (1937).

Sem dúvida, na Grécia conhecia-se alguma coisa sobre os grandes edifícios egípcios. Contudo, é difícil traçar em termos formais as influências arquitetônicas diretas do Egito para a Grécia continental, ainda que seja mais fácil identificar os mesmos contatos e relações nas costas da Ásia Menor e nas ilhas do mar Egeu. Porém, nenhuma dessas associações pôde fornecer evidências concretas para um relato alternativo da origem ou derivação da coluna dórica e de seus ornamentos que superasse a única explicação teórica disponível sobre a arquitetura grega, que alega apontar seus métodos, e justifica as intenções de seus construtores: a de Vitrúvio. Nos próximos três capítulos, eu sugiro essa discussão.

Não obstante todas as analogias entre as civilizações de língua grega neolítica e da Idade do Bronze, por um lado, e as da Idade do Ferro, por outro, também existem imensas diferenças entre elas. Em três séculos todo

O Colosso de Ramsés III. De Luxor. Foto do autor.

um modo de vida parece ter sido esquecido, enquanto um novo ainda estava por ser definitivamente formulado, envolvendo tanto novos métodos construtivos como novos modos de habitar. Quando o período precedente era lembrado, o era como a idade dos deuses e dos heróis, de quem os vestígios dos edifícios davam testemunho. Já aludi a uma possibilidade desse tipo em Elêusis. Uma prova fundamental da conexão física entre as duas épocas, mas também da disjunção entre elas, é oferecido pelas ruínas do antigo santuário no local do principal mégaro, no complexo palaciano (ou "acrópole"). O mégaro micênico preexistente parece ter sido convertido em uma espécie de templo protodórico em algum momento do século VIII, ou antes.

O templo em Tirinto (considerando que era mesmo um templo – até o momento é um exemplo único) mostra um fenômeno conhecido de outros sítios com uma precisão quase anatômica. O local e as ruínas do palácio micênico são absorvidos por um culto grego. Talvez, o mégaro tenha permanecido em ruínas por algum tempo, quando foi construído o templo arcaico; mas os recém-chegados, os novos colonizadores, usaram a sua parede oriental e duas das quatro bases de colunas existentes de base micênica para construir uma câmara, cuja área era cerca de dois terços do mégaro, embora fosse muito mais estreita. Eles também usaram as bases das colunas orientais e o pórtico para fazer uma colunata interna central. Talvez, em um período anterior, o altar circular do pátio tenha sido alargado e transformado em uma forma irregular, próxima ao quadrado e revestido com o mesmo material de estuque com o qual foi assuntado o piso do pátio. Essa construção é de baixa qualidade quando comparada com a circular, o poço de pedras cortadas radialmente do Período Micênico, porém esse edifício improvisado pode ter sido o primeiro templo de Hera, destruído no ano de 420 pelos habitantes de Argos que, por sua vez, dali tomaram uma antiga imagem da deusa para o seu muito mais imponente Heráion[70].

A sobreposição do novo tipo de templo processional sobre o mégaro abandonado, com o fogo no centro do espaço quadrangular formado pelas quatro colunas, testemunha a violenta mudança nos costumes, nas práticas religiosas, na estrutura social – na mentalidade como um todo. De modo ainda mais acentuado que nos primeiros santuários geométricos, conforme os métodos construtivos tornaram-se mais elaborados, desenvolve-se uma clara tipologia de templo. Vários dos mais imponentes deles (como em Samos, na Erétria) apresentam uma planta de cem pés de extensão, *hekatompedon*, com um eixo central de colunas. Tal estrutura pressupõe que qualquer função desempenhada no interior do edifício requer uma movimentação em torno da colunata central, uma função processional que pode significar que qualquer oferenda trazidas tivesse de ser depositada na abside ou no ponto mais distante da porta de entrada. Assim como nos pequenos santuários da Idade das Trevas, essas oferendas não podiam ser os bois do *hekatombeus* – as palavras estão obviamente relacionadas – mas eram tanto as partes "incorruptíveis" dos animais como alguns objetos bastante incomuns. De todo modo, esses edifícios mostram que o seu uso era institucionalizado, e que a superposição da nova tipologia grega sobre a antiga base micênica permitiu uma mudança nas formas do culto, nas formas construtivas e no pensamento.

Colosso de Ramsés II. De Luxor. Foto do autor.

Coluna com relevo de folha de palmeira. Museu Britânico. Foto do autor.

A reconstrução do Mégaro em Tirinto como templo arcaico. Segundo H. Schliemann (1886).

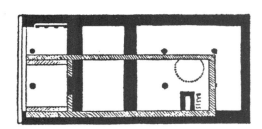

VII : O Herói Como uma Coluna

- Base
- Coluna: O Fuste
- Coluna: O Capitel
- Vigas e Telhado
- Métopas
- Tríglifos
- Modelos
- Delfos: A Lenda
- Erétria e Lefkandi
- Dreros e Prínias
- Thermon
- Olímpia: O Templo de Hera
- Olímpia: A Casa de Enômao
- Delos: O *Oikos* de Naxos
- Corinto
- O Dórico Desajeitado

O que Vitrúvio chamava *templum* e *fanum* ou *aedes*, os gregos haviam chamado *temenos* e *naos* ou *oikos*. *Naos,* o próprio edifício do templo, era o tipo de construção grega que mais se distinguia, não só porque dominava o espaço da cidade como seu mais alto – ou maior – edifício mas também porque sua característica mais proeminente, a coluna e a viga (e a exata relação entre elas) em seus diferentes gêneros, foi desenvolvida no e para o edifício do templo, como a essência da prática e do pensamento arquitetônicos gregos. Vitrúvio alegava ter exposto os métodos e explicado as intenções dos construtores desses templos de maneira fidedigna. Não obstante suas pretensões sistemáticas e a evidência corroborada de outros escritores gregos e latinos, seu relato permanece desconcertante, no mínimo por ele ter escrito muito tempo depois que o objeto de estudo fora formulado pela primeira vez, e em um idioma diferente. Por conseguinte, algumas vezes ele apresentou argumentos contraditórios para a mesma característica, sem qualquer desculpa legítima pela natureza irreconciliável da evidência.

Na mais famosa de suas formulações, o templo foi medido ou dimensionado em termos do corpo humano masculino, para estabelecer a relação entre a figura humana e a geometria da estrutura do mundo. Mais especificamente, o homem era também o modelo ou *idea* da coluna dórica. E ao expor a gênese da particular relação dórica, como também será o caso da feminina jônica, a antiga composição da coluna, antes de ser canonizada em pedra, é explicada com referência a materiais e práticas construtivas mais antigas – obviamente à carpintaria, mas também à cerâmica e, em menor extensão, à tecelagem.

Para colocar as coisas de outro modo: a analogia do corpo garantia a integridade conceitual da ordem, sua natureza incorporada, sua identidade numérica e dimensional, o aspecto cosmogônico e histórico-lendário da arquitetura; porém, a evidência casual era mais apropriada ao detalhe fastidioso, que era também uma lembrança da ação destrutiva do tempo. Petrificar aquilo que o tempo teria destruído era desafiar os elementos. Qualquer que fosse o significado disto para os egípcios ou para os

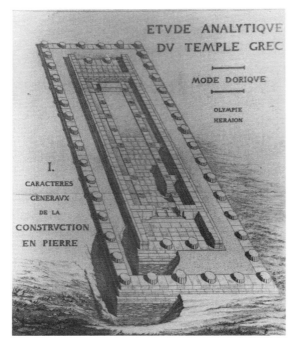 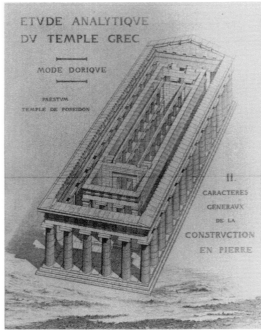

A reconstituição de um templo grego: o Heráion de Olímpia. (à esquerda) Fotogravura segundo C. Chipiez.

A reconstituição de um templo grego: o Templo de Poseidon em Pesto (Paestum). (à direita) Segundo C. Chipiez.

indianos, tal desafio era heroico para os gregos. Os dois relatos de Vitrúvio sobre as fontes das formas arquitetônicas se completam: como na epopeia, a cosmogonia e a teogonia florescem na lenda heroica.

A fim de tecer comentários de forma proveitosa sobre a terminologia das diferentes características do templo, ainda que somente com o propósito de descrevê-las, devo abordar cada membro de maneira histórica, já que Vitrúvio foi bastante dogmático acerca da fidelidade dos arranjos em pedra às técnicas dos edifícios primitivos que eles imitavam e representavam. Tendo, como pensou, exibido a analogia do corpo de forma bastante adequada, ele passou a comentar outro aspecto dos gêneros que parecia exigir justificativa, a começar pela cornija dórica, para dizer "como elas foram geradas, e segundo quais princípios foram delineadas pela primeira vez". Vitrúvio concluiu o raciocínio detalhado, que retomarei com frequência, proclamando sua regra geral de que "o que não poderia ter ocorrido [na realidade], eles [isto é, os antigos] acreditavam que não poderia ser realmente justificado como uma imagem"[1].

Ao descrever o templo – e, de fato, ao desenhá-lo – os gregos articulavam-no frontalmente, e procediam da base para cima; Vitrúvio os seguiu, e serei fiel a ele. Vistas de frente, portanto, as principais áreas do edifício do templo eram óbvias: a base; o conjunto de colunas e paredes; e as vigas com sua estrutura do telhado, que incluía os frontões.

Base

A base propriamente dividia-se em duas partes: as fundações em pedra bruta (a *krēpis*, geralmente invisível), e a plataforma de acesso que a envolvia, na qual as colunas se perfilavam, e que erguia o templo acima do nível de aproximação.

A plataforma elevada do templo enfatizava e reafirmava os afloramentos ósseos e pétreos sobre os quais estavam assentados tantos templos, a rocha a partir da qual eles brotavam. Ela também tinha algo a ver com outra ideia difundida no mundo antigo: a elevação da casa dos deuses a um nível mais

VII : O Herói Como uma Coluna

Estilóbata e pé da coluna:
Templo de Afaia em Égina.
Foto do autor.

alto que o do comércio cotidiano dos homens, colocando os deuses sobre um plano superior, por assim dizer. Ela estava, portanto, mais próxima das montanhas artificiais da Mesopotâmia ou dos "lugares altos" dos sírios do que do conjunto de degraus que conduz aos edifícios "clássicos" de algum banco ou prefeitura. Nos templos etruscos (e, por conseguinte, também nos romanos do período da República) com os quais Vitrúvio estava familiarizado, esse efeito era muito mais óbvio, já que tais templos – que continuavam a ser erguidos em madeira e tijolo, muito depois que os gregos optaram pela pedra – apoiavam-se sobre uma base moldada em pedra, geralmente mais alta do que as dos templos gregos análogos. Ela era lisa em três lados, franqueando apenas com um lance de degraus bastante funcionais.

Correndo o risco de cansar o leitor, devo insistir que os próprios degraus da plataforma em um templo grego eram primordialmente considerados por seus construtores como uma representação e, por este motivo, quase sempre eram muito altos e profundos para que pudessem ser galgados. O visitante que quisesse se abrigar sob a colunata (ou adentrar a cela) deveria subir pelos blocos intermediários colocados sobre os degraus em pontos selecionados, ou subir por uma rampa[2]. Nua e descalça, a coluna dórica apoiava-se sobre o degrau mais elevado da *krēpis*, na estilóbata. Quando os romanos familiarizaram a coluna (seguindo o uso helenístico durante o período republicano tardio), colocavam com frequência o fuste sobre uma base, que era moldada de maneira mais elaborada do que aquelas utilizadas pelos construtores romanos anteriores para as colunas etruscas ou toscanas[3]. Entretanto, em quase todo exemplo grego, as colunas desciam diretamente até a plataforma do templo. O degrau mais elevado era a própria "estilóbata" – das palavras gregas *stulos*, "um poste", e *bainein*, "permanecer ereto". *Stylobatum*, uma palavra latina, ao que tudo indica foi cunhada por Vitrúvio e, como a maior parte de seus outros termos técnicos, é um neologismo greco-latino, transliterado de um dos muitos tratados helenísticos nos quais ele se baseou[4].

Tomada de forma estrita, estilóbata aplica-se apenas à superfície superior do degrau mais elevado, porém, por extensão, o nome foi dado à plataforma como um todo[5]. Ademais, o termo era empregado – no grego helenístico, de qualquer modo – quase como sinônimo de *krēpis* ou *krēpidōma*, que denota uma base na terminologia construtiva, apesar de coloquialmente significar um sapato ou uma sandália, especialmente a popular sandália amarrada[6]. *Krēpidōma*, *krēpis*, ou até mesmo *crepis* pode, pois, significar todo o lance de degraus, como Hesíquio aponta em seu dicionário[7]. Ela não ficava diretamente sobre a fundação, a *themeilia*, e há geralmente uma outra camada, a *euthuntēria*, de pedra mais fina que a da fundação e unida como a própria *krēpis*, que estabelece um dado para o edifício[8].

Coluna: O Fuste

Entre a superfície da estilóbata e a parte inferior do fuste da coluna, nenhuma moldura ou outro fundamento visível se interpunha. As colunas que se erguiam sobre ela não eram padronizadas, embora se possa interpretar a regra de Vitrúvio a partir daquelas colunas que restaram nos principais templos gregos subsistentes. Sua abordagem experimental sugere que ele estava fornecendo um modelo, ao invés de uma prescrição rígida. É por essa razão que o termo "tipo" parece traduzir o texto de forma mais apropriada do que "ordem", e por isso existem tantas variantes nas proporções, bem como no ornamento, da coluna dórica e de sua cornija durante os quatro séculos de seu maior vigor.

O caráter nu e tosco do fuste podia conter em si mesmo uma alusão a troncos de árvores grosseiramente trabalhados, colocados de pé sobre a base de pedra e mantidos no lugar apenas pelo grande peso que carregavam. Afinal, o uso de tais troncos de árvore adequava-se à autoimagem dos dórios, tal como era refletida por seus costumes. Em Esparta, que podia ser considerada o centro do território dórico, o uso da enxó era de fato proibido: a madeira só poderia ser trabalhada com uma serra ou um machado. A visão espartana da carpintaria super-refinada é ilustrada por uma anedota contada por Plutarco sobre seu famoso rei, Agesilau II, que, enquanto jantava em uma casa opulenta na Anatólia (onde estava em campanha), olhou para o teto e com falsa surpresa perguntou se as árvores realmente cresciam quadradas naquela parte do mundo. Quando lhe disseram que elas na verdade cresciam redondas, ele perguntou novamente: "E se crescessem quadradas, gostaríeis de fazê-las redondas?"[9]

Nos edifícios gregos pré-helenísticos, os fustes das colunas não parecem ter tido caneluras, cito como exemplos os encontrados no, assim chamado, Tesouro de Atreu em Micenas, ou no relevo sobre o Portal do Leão. No tesouro, a superfície lisa dos fustes tinha um padrão de listas em ziguezague preenchidas com espirais em toda sua extensão, ao passo que o fuste da coluna do Portal dos Leão aparentemente não possuía adornos. Contudo, próximo ao Portal do Leão, existe ainda outro túmulo, menos impressionante (mas quase igualmente bem preservado), em forma de colmeia, conhecido como o Tesouro de Clitemnestra, onde fragmentos da parte inferior de uma meia-coluna e de um capitel subsistem em um lado de sua porta[10]. Essas meia-colunas de gipsita possuíam caneluras, treze

Bases das colunas: Palácio em Pilos. Pórtico do Mégaro. Foto do autor.

delas para a meia-coluna, e eram fixadas à armação principal mais tosca de conglomerado com grampos de metal. Existem alguns outros exemplares remanescentes desse tipo na construção micênica, inclusive uma amostra um tanto dúbia de canelura convexa ao invés de côncava[11].

Essas construções micênicas são de pedra. Há, entretanto, um exemplar parcialmente em madeira, e que em geral não é citado nesta relação: o chamado Palácio de Nestor, em Epano Englianos, na Baía de Navarino (que pode ter sido a antiga Pilos). O palácio foi construído por volta do início do século XV e queimado no final do século XIII, sendo talvez o último palácio micênico a ser assim destruído por invasores ou por rebeldes (ou ambos). Muitas das colunas de madeira, que foram irremediavelmente consumidas pelo fogo, deixaram uma impressão negativa nas suas bases: no mégaro principal, no átrio e nos anexos, como o edifício queimou, há buracos de encaixe endurecidos nas bases de argila e cacos de cerâmica. Essa evidência muito sutil sugere que elas se estreitavam de cima para baixo (como a maioria das colunas minoicas e micênicas), e que eram trabalhadas com algum tipo de lâmina curva que sulcava a madeira, embora os sulcos possam ter sido disfarçados com tinta ou decorados com uma pasta de acabamento lisa. As colunas eram quase certamente feitas de troncos de árvore inteiros; na verdade, a coluna minoico-micênica é um tronco de árvore colocado de ponta-cabeça[12].

O fuste dórico e a coluna helênica são geralmente afunilados de baixo para cima, na direção "natural", enquanto a coluna minoico-micênica segue o costume de muitas comunidades rurais que posicionam estacas de cabeça para baixo. Esse era um recurso óbvio, como pensavam alguns têm pensado, para impedir o enraizamento. É claro que o mesmo problema de enraizamento dos troncos também deve ter existido para os construtores das primeiras colunas da Idade do Ferro ou para os dórios, mas então os construtores da Idade do Ferro usavam postes que eram simplesmente martelados no solo, ainda que colunas mais substanciais fossem colocadas em buracos próprios e cravadas. Todas elas devem ter apresentado o mesmo problema de enraizamento que os minoicos e micênicos evitavam, e que se tornaria muito menos urgente tão logo o costume de colocar a coluna de madeira sobre uma estilóbata ou base de pedra (e não sobre a terra batida ou a argila) se tornasse a regra; procedendo assim, esses construtores posteriores podiam estar seguindo alguma técnica importada ou estrangeira, embora pudessem evitar algumas das consequências dessa tendência de enraizamento "natural" com a utilização de madeira dura como o cipreste, que não cria raízes uma vez cortado – e cuja resistência ao apodrecimento a tornava uma madeira altamente valorizada, como insistem Plínio e Vitrúvio.

Existe ainda outra distinção óbvia entre a coluna micênica e a coluna helênica da Idade do Ferro: o fuste da última, mesmo quando feito em mármore, estucado e pintado, parece ter sido desenhado em todos os seus detalhes para fazer referência insistente ao modo como a construção em madeira fora uma vez conjugada. Nenhuma dessas construções restou intacta na Grécia, mas no salão principal do tesouro do palácio em Persépolis, que fazia parte da fundação original de Dario, que empregou muitos construtores gregos por volta do ano 500, havia virtualmente uma floresta – 99 delas. A base, um toro único, carregava um fuste de tronco de árvore envolvido com faixas de junco para fazer um molde para o revestimento em estuque, que era altamente padronizado e brilhantemente pintado; as colunas em pedra (das quais havia diversos grupos) dos edifícios principais parecem todas ter recebido caneluras de maneira elaborada[13].

A epopeia e a tragédia traziam esse tipo de detalhe de modo enfático. No vigésimo terceiro livro da *Odisseia*, há uma referência surpreendente a raízes de árvores em um edifício quando, depois que seus indesejados pretendentes foram massacrados, Penélope desafia Odisseu em uma prova final de sua verdadeira identidade. Após ter dito a um servo que tirasse a cama de seu aposento matrimonial, Odisseu reage com indignação à sua aparente falta de confiança e, na versão de Chapman diz:

Quem é que pode mover
Minha cama de seu lugar?
    […] foi feita
Por mim, e ninguém além de mim, e assim foi feita:
Havia uma oliveira que teve seu crescimento
em meio a uma sebe, e da sombra orgulhava-se. […]
Por isso tive a compreensão
de construir minha câmara nupcial; que é toda em pedra
espessa como a árvore de folhas que ergui, e moldei
sobre ela uma cobertura que não era pobremente adornada. […]
Então da oliveira cada ramo folhoso
desbastei; e cortei a árvore; e então
a ela me dirigi com meu machado e com minha plaina,
ambos governados por meu plano.[14]

Está claro que Odisseu sabia que a cama seria irremovível, porque uma parte de sua estrutura ainda estava enraizada. E embora Chapman tenha acrescentado uma plaina à *chalkōi* de Homero, ele seguramente está certo (ao contrário de alguns outros tradutores) ao fazer do bronze de Homero um machado e não uma enxó[15].

A desconfiança espartana do acabamento elaborado, que mencionei anteriormente, foi canonizada pelas leis de Licurgo, que não permitiam o uso de nada mais fino que o machado para elementos estruturais, embora serras pudessem ser usadas para cortar tábuas[16]. Quando Odisseu estava fazendo sua cama (e ninguém ainda mostrou de modo convincente qual parte dela era o toco da árvore, nem tampouco a forma do quarto construído ao redor da oliveira)[17], todo o trabalho bruto, é claro, tinha de ser feito com um machado; presumivelmente, as incrustações em prata e marfim que ele exalta foram trabalhadas mais tarde com uma faca ou um cinzel. Seu machado deve ter sido o machado duplo padrão, *pelekus*[18], o tipo de machado com o qual os heróis são representados lutando nas imagens, e os sacerdotes utilizavam nos sacrifícios. Nenhum herói que se preze pode ser imaginado usando uma enxó. Infelizmente, o único exemplo do machado duplo empregado como uma ferramenta de trabalho na pintura grega representa Héracles derrubando uma coluna dórica[19], se bem que em um fragmento euripidiano, uma personagem não denominada descreve os templos sagrados cujas vigas de cedro são ajustadas com precisão, com a ajuda de um machado de aço e de cola feita de pele de touro[20].

A curva usual da lâmina de um machado é um arco sobre uma corda, de modo que o perfil da canelura parece o seu negativo. No ajuste geral de uma estrutura de madeira como aquela descrita por Eurípides (embora a madeira efetiva das colunas fosse carvalho ou o pinho – enquanto a cama de Odisseu era de figueira), o espaço entre a cavidade da canelura e a curva do machado devia ser muito justo. O topo e a base do fuste de tronco podiam ser cortados com uma serra, é claro, mas na preparação da coluna tronco é bem possível que o trabalho de um machado a rodeasse e cortasse um entalhe em toda a volta, ou talvez marcasse com um número de entalhes para dar-lhe um acabamento. Na coluna de pedra, esses entalhes eram representados pelo *hupotrachēlion*, literalmente, "sob a garganta"[21]. É quase como se a metáfora do corpo se sobrepusesse à descrição de uma característica que se refere ao trabalho do carpinteiro. Esses entalhes mostravam a um carpinteiro onde completar suas caneluras. O topo do tronco, acima do final das caneluras, era deixado tosco, para ficar oculto no interior do capitel.

Onde a extremidade de uma parede corresponde a uma coluna, a parede termina em um elemento cujas três faces reproduzem a ordem estrutural daquela coluna e suportam a mesma cornija. Esse arremate de parede é chamado *anta* ou *parasta*: uma peça eco, um pedaço face. Ele pode ser lido como uma réplica em pedra das pranchas de madeira que protegiam o final de uma parede de tijolo ou de pedra bruta – um ortóstato (*orthostatēs*), por assim dizer, longo a ponto de cobrir toda a altura da parede em um ponto exposto. Toda a terminologia de *templum in antis* ou *naos in parastasin* fala de paredes perpendiculares à fachada, que podem ser imaginadas como sendo de tijolos secos ao sol, protegidas nas extremidades expostas com pranchas de madeira, que se equiparam às colunas e que, juntas, suportam um frontão[22].

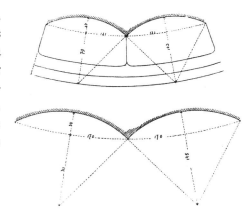

O estreitamento da canelura dórica. Segundo C. Chipiez.

Coluna: O Capitel

A própria palavra capitel obviamente reintroduz a terminologia da imagem do corpo: *capitelum,* como um diminutivo de *caput*, "a cabeça"[23]. Trata-se de uma palavra bastante comum, usada até mesmo como um termo carinhoso, e apesar de Vitrúvio não oferecer aqui o equivalente grego, é principalmente uma variação de *kranion*, "topo da cabeça ou crânio": *epikranis*, "o cérebro" – mas também *epikranion*, "o coroamento ou touca", bem como *kiokranion, kiokranon*. Às vezes é também empregada a outra palavra que denota cabeça, *kephalē*[24], se bem que a analogia seja tão óbvia que a maioria dos comentadores não se dá ao trabalho de comentá-la.

Inevitavelmente, a parte do fuste entre o *hypotrachelion* e o capitel era chamada de *trachēlos*, "colarinho"[25]. De fato, no que concernia aos teóricos helenísticos, o capitel dórico propriamente dito começava no *hypotrachelion*[26]. O colarinho quase sempre envolvia a finalização das caneluras em uma curva antes de encontrar a parte alargada do capitel, o *echinus*. No local em que o fuste da coluna adentrava o equino, sua linha curva se enrugava em uma série de anéis (que são algumas vezes substituídos por uma moldura ornamental), tradicionalmente denominados pelo termo latino *anuli*, "pequenos anéis"; via de regra, há quatro dobras labiadas que cobrem ou enfatizam a junção entre os dois membros[27].

A convenção do anel quádruplo torna-se generalizada em algum momento anterior a 500 a.C. Antes disso, há vários exemplos nos quais a moldura é côncava, internamente esculpida em um relevo com desenhos florais. Esses foram encontrados no "novo mégaro" em Tirinto, no Grande Templo de Ártemis em Córcira (Corfu), no Antigo Templo em Siracusa – e em Pesto, no templo de Deméter e na "Basílica", onde o relevo de palmetas no colarinho é particularmente crespo[28].

Se os detalhes do fuste metamorfoseiam e transformam a madeira trabalhada com um machado, os detalhes do equino, com suas molduras côncavas e convexas, parecem lembrar a cerâmica ou a argila moldada, talvez quando limpas e seccionadas com um fio. Várias formas de ornamento em palmetas, tais como os de Pesto, são comumente encontrados em fragmentos e peças de barro de vários edifícios dos períodos Geométrico e Arcaico[29]. A moldura estreita, profundamente escavada, pode estar separada por um filete da larga ondulação do equino, ou a passagem pode se dar repentinamente de um perfil para outro. É o tipo de relação entre curvas e molduras geralmente encontrada em muitas ânforas ou crateras na maioria dos grandes museus que possuem uma coleção de vasos gregos.

Quanto ao equino, ele significa quase todo tipo de elemento curvo e espinhoso na natureza: a casca da castanha, por exemplo, ou um porco-espinho. Mais frequentemente, ele alude às várias

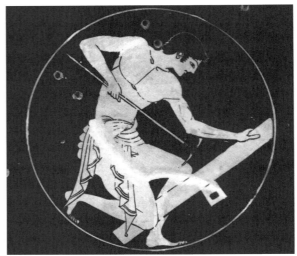

Héracles empunhando um machado. Segundo A. Orlandos (1966-1969).

Carpinteiro manejando uma enxó. Londres, British Museum.

espécies de ouriços-do-mar, que fora da água perdem seus espinhos à medida que secam, transformando-se em finas conchas de cor bege ou rosa, usadas como taças: "Hipócrates" recomenda uma concha seca de ouriço-do-mar para misturar remédios, por causa de sua pureza[30]. A palavra passou a significar uma taça de cerâmica e, mais tarde, praticamente qualquer vasilha ou prato; em sua forma latinizada, ela é quase qualquer item de cerâmica. Suponho, pois, que o nome da moldura se refira a uma peça de cerâmica, em forma de taça, que cobria a junção entre o poste e o suporte que ele carregava. De todo modo, os escritores antigos, inclusive Vitrúvio, pouco têm a dizer sobre isso. Trata-se de um membro no arranjo dórico que se desenvolve consistentemente: em quase todos os exemplos primitivos, o equino chato, pouco profundo, corresponde a uma aguda curvatura do fuste da coluna de pedra e a um estreitamento mais apertado do fuste no *trachēlion*. O posterior estreitamento e alongamento do equino é quase uma suave progressão desde a construção arcaica até a helenística, até que no final se torna um elemento aproximadamente vertical.

Um exame das cerâmicas do período Geométrico poderia quase endossar a ideia de que a moldura não era uma peça feita para esse propósito, mas, ao invés, o nome lembrava o uso de uma taça através da qual o tronco ou fuste da coluna era engastado. Trata-se de uma analogia com as grandes crateras do período Geométrico do final do século IX e início do século VIII a.C., que eram usadas como monumentos (algumas vezes do tamanho de um homem, isto é, por volta de 1,75m de altura) e tinham as bases furadas, de modo que as libações nelas derramadas penetrassem diretamente no solo. Certamente foram feitas muitas taças chatas para beber sem pés, tais como as que poderiam ter sido usadas para um equino dórico[31].

Fios ou tiras, amarrados ao redor do fuste, imediatamente abaixo dele, mantinham o equino em posição. Esses eram o mesmo tipo de tiras de junco que atuavam como uma guia para o gesso sobre as colunas do tesouro em Persépolis, e que talvez tenham sido recordadas ou imitadas pelos *anuli*. Em todas as discussões posteriores, o caráter cerâmico da moldura, com pequenas saliências anelares atuando um debrum ou massa sulcada de marcação da junta, foi esquecido.

Contudo, a maneira pela qual o equino faz a transição entre a ponta estreita do fuste e a placa sobre a qual a viga é apoiada permanece constante. Essa placa, o ábaco, ajuda a fixar a viga sobre o poste e provê um elemento de transição, garantindo que ela fique plana. Em quase todos os exemplos existentes, a planta da terminação superior do equino é um círculo inscrito no quadrado desse ábaco. O ábaco é novamente um membro da carpintaria. No latim, *abacus* pode significar qualquer

Pito funerário gigante. De Atenas. Museu Metropolitano, Nova York. Foto do autor.

Reconstrução da decoração pintada sobre o equino e o ábaco. Segundo C. Boetticher (1874).

tipo de tábua: tábua de jogo, tábua de cálculo, banco, balcão, aparador[32]. A tábua quadrada e lisa sobre o topo da coluna parece ser o único membro do dórico a ter subsistido inalterado, tanto na forma quanto no uso, desde os tempos minoicos. Nas pinturas murais e nas joias, nos relevos e nos resquícios das colunas de pedra, a "ordem" minoico-micênica é coroada por uma moldura ondulada e coberta por uma tábua plana[33].

A articulação entre ábaco e equino deve ter sido ecoada – se os fragmentos arquitetônicos que sobreviveram forem tomados como representantes da prática grega geral – pelas cores que cobrem a maioria das molduras gregas em pedra, às quais retornarei mais tarde. No entanto, ao passo que muitas também eram esculpidas e moldadas, o equino e o ábaco eram apenas pintados. A partir dos fragmentos de cor que restaram, parece que ornamentos de folhas pendentes ou linguetas, às vezes arranjados de tal forma a quase se assemelharem a um padrão de óvalo-e-dardo, eram próprias do equino, enquanto o ábaco carregava uma grega retilínea (também denominada um "labirinto quebrado"). Essa relação de padrões – folhas pontudas na parte inferior do vaso, e a grega quebrada em uma das inscrições superiores – constitui também a forma mais comum em que eram pintadas as cerâmicas geométricas e arcaicas[34].

Vigas e Telhado

Tudo o que pertence a e ocorre acima das colunas dóricas, juntamente com toda a cornija ou entablamento que carregam, é uma representação confusa e que confunde de uma estrutura de telhado em madeira. O membro inferior se mostra bastante simples: em geral, é uma superfície plana e desprovida de ornamentos, a viga que repousa diretamente sobre as colunas, por assim dizer. Ele é chamado *epi-stilium* em latim, por analogia à estilóbata – a partir das palavras gregas *epi*, "em cima de", "sobre"; e *stulos*, "uma coluna ou poste". Contudo, ao que parece, esse termo não foi absolutamente usado nos textos gregos[35]. Em algum momento no século XV, os italianos inventaram o neologismo *architrave* para denotar a viga principal, e este é o termo mais comum empregado hoje em dia[36].

A "Basílica" em Pesto. Foto do autor.

    Entre o epistílio e o próximo membro principal acima dele existe uma fina projeção chamada *tainia*[37], ou "filete", que parece ligar toda a estrutura. Na prescrição para as ordens, o epistílio e as vigas transversais que repousavam sobre ele, bem como os espaços preenchidos entre as vigas transversais, chamados *métopas*, contavam como uma armação estrutural. O nome da moldura, portanto, não guarda nenhuma relação particular com qualquer forma de construção, quer seja de madeira, quer seja de barro, mas já que o filete de lã chamado *tainia* era frequentemente usado por homens e mulheres para prender o cabelo, a palavra retorna a terminologia para a imagem do corpo, com referência agora não apenas à coluna, mas a todo o arranjo.

    O nome moderno do membro alto e elaborado feito de métopas, as quais mencionei anteriormente, e das terminações serradas das vigas que elas separam é "friso". A palavra foi cunhada tardiamente, uma corruptela do latim *phrygiones, phrygium opus*: "um vestido bordado", ou apenas "uma bainha bordada", imitando o tipo de trabalho no qual as mulheres da Frígia, na Anatólia Central, eram consideradas particularmente hábeis. A expressão logo se deslocou do latim para o italiano: Dante já usava *fregio* para denotar "bainha" ou "ornamento", e até mesmo *fregiare* "ornamentar", e seu oposto *sfregiare*, "desonrar"[38]. Na arquitetura, ela surge no século XVI. O termo técnico antigo era *zōphoros*: aquilo que carrega animais, figuras. E *zophoron* é como Vitrúvio o chamava, transliterando o grego diretamente para o latim[39].

    O friso dórico (para usar a expressão moderna) consistia de membros que se alternavam. Um deles, a métopa, carregava figuras em relevo sobre um fundo quadrado, e era separado do outro, constituído de formas mais estreitas. Este segundo membro, que se projetava além das métopas para fora do plano do friso, era chamado de tríglifo. A palavra significa "três marcas" (glifos). O tríglifo solta uma pequena língua, chamada *regula*, "regra", para baixo através da *tainia* à frente dos planos do epistílio e friso[40]. Às *regulae* estavam presos pequenos blocos cilíndricos, delineados nitidadamente contra a superfície lisa do epistílio; havia quase sempre dois deles para cada saliência

VII : O Herói Como uma Coluna   193

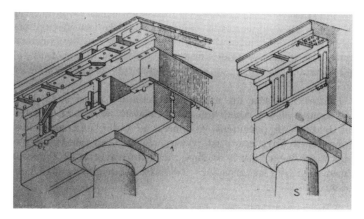
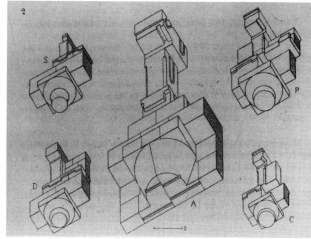

Capitel dórico. A origem em madeira da construção em pedra. Segundo A. Choisy.

Capitéis dóricos. Construção em pedra da cornija em relação aos detalhes. Segundo A. Choisy.

entre os glifos. Os pequenos blocos eram chamados em latim *guttae*, "gotas"; seu nome técnico grego parece não ter sobrevivido[41].

Vitrúvio tece comentários acerca da cornija dórica, composta de tríglifos e métopas, e dos detalhes de todos os seus ornamentos, para insistir a respeito da regra geral sobre a imitação fiel da construção arcaica em pedra, ampliando o trecho que citei anteriormente:

> Cada membro deve ser mantido em seu lugar, arranjo e categoria próprios. Em vista disso, e imitando o trabalho dos carpinteiros, quando os artistas edificam templos de pedra ou mármore, reproduzem tais detalhes [dos carpinteiros] esculpindo-os na pedra, e acreditam que os arranjos de madeira devam ser fielmente seguidos [...]. Por exemplo, artesãos antigos que estivessem construindo em certo local colocassem as vigas de tal modo que elas se projetassem para fora, para além da linha da parede, e preenchessem os espaços entre essas vigas com alvenaria; [...] então, serrasse as vigas rente à parede. Como isso não parecesse absolutamente agradável, colocasse placas cortadas do mesmo formato que agora fazemos os tríglifos, e as pintasse com um encáustico cerúleo, de modo que as pontas de veios rústicos não ofendessem a visão. [...] Foi assim que a ordenação dos telhados em tríglifos com métopas entre eles deu origem à arquitetura dórica.[42]

Uma dificuldade é evidente a partir da primeira leitura do texto: Vitrúvio parece descrever um edifício cujas paredes externas paralelas são ligadas por vigas. Não há aqui nenhuma palavra sobre quaisquer colunas exteriores, nem a colunata muito menos qualquer inclinação para o telhado. As paredes são niveladas e as vigas colocadas sobre elas – sobre algum tipo de frechal, talvez. Então, entre os vazios deixados pelas vigas, a alvenaria é erguida até a face de baixo do sofito, ou talvez até mesmo mais para cima, de modo a formar um parapeito ao redor de um telhado plano.

Apesar de Vitrúvio não estar preocupado, nesse trecho, com princípios básicos – tomando como garantido o arranjo de coluna e viga – ele ainda quer demonstrar a etiologia de detalhes singulares para um investigador, e alude à controvérsia entre suas fontes:

> Entretanto, outros artesãos projetaram mais tarde caibros perpendiculares à [linha dos] tríglifos, e os arremataram com uma moldura do tipo cimácio [ou calha]. Como os tríglifos eram derivados de um arranjo das vigas, assim os mútulos eram derivados daqueles caibro

que se projetavam no lado de baixo do membro superior da cornija. É por isso que os mútulos são, via de regra, esculpidos em um plano inclinado l nos edifícios em pedra [do mesmo modo] como os caibros teriam sido colocados, pois necessitavam da inclinação para lançar fora a água da chuva[43].

Como os tríglifos representam vigas dispostas horizontalmente, assim os mútulos representam os caibros colocados em uma inclinação; é claro que barrotes colocados sobre vigas horizontais estariam em ângulos retos, e não paralelos a elas – e, com o devido respeito a Vitrúvio, não poderiam aparecer na mesma cornija.

Uma das maneiras de lidar com tais contradições é pressupor que Vitrúvio se refira a dois tipos de edifícios bastante distintos. Isso talvez se deva ao fato de basear-se em duas fontes gregas separadas, que ele não se deu ao trabalho, ou talvez não tenha conseguido, harmonizar. Se olharmos o detalhe com atenção, veremos que os mútulos de fato não se conectam estruturalmente com qualquer outro membro da cornija. Em nossos dias pós-ruskinianos (e pós Viollet-le-Duc!) isso parece, em todo caso, um tanto excêntrico. E à medida que Vitrúvio continua (no tom de alguém que explicou tudo), torna-se cada vez mais claro que seu relato não é plenamente satisfatório, nem sequer para si próprio. Na verdade, ele prossegue discutindo um ponto de vista que só foi mencionado de forma escrita por ele, se bem que deve ter sido bem conhecido e defendido por algum gramático ou arquiteto primitivo: "É impossível que os tríglifos tenham representado janelas, como sustentaram alguns".

Métopas

Esse curioso aparte, que parece contradizer as explicações anteriores de Vitrúvio dos tríglifos como coberturas para as extremidades das vigas, é uma tentativa de prover uma genealogia para a palavra *metope*. *Opaios* pode significar qualquer tipo de buraco ou abertura, e *metopaios*, ou *methopaios*, qualquer coisa que esteja entre tais buracos[44]. A palavra definitivamente carrega a implicação de estar entre dois vazios, dois buracos-na-parede, quando usada arquitetonicamente. Nesse caso particular, os buracos só poderiam destinar-se aos encaixes da viga, a serem cobertos pelos tríglifos. Vitrúvio considera a explicação das janelas totalmente inaceitável, até mesmo ofensiva:

> tríglifos são colocados nos ângulos [de um edifício] e sobre os centros das colunas, onde é impossível colocar aberturas de janelas, qualquer que seja o motivo. [...] Pela mesma razão, os dentículos nos edifícios jônicos teriam que ser interpretados como se colocados nos espaços de janelas, já que os intervalos entre os dentículos, como aqueles entre os tríglifos, eram chamados métopas. Pois os gregos chamam de *opai* os buracos para vigas e caibros que nosso povo chama *columbaria*, "buracos de pombais"[45].

O problema parece ter sido causado pela fusão de duas terminologias que descrevem construções bastante diferentes: por um lado, é como se Vitrúvio comentasse sobre um edifício composto apenas de paredes, no qual os encaixes da viga são, de fato, como aberturas em uma parede de alvenaria, como buracos de pombais. Essa descrição também seria acurada se a alvenaria continuasse para cima, sobre um frechal do mesmo material, particularmente se ela tivesse sido feita antes que as vigas fossem

VII : O Herói Como uma Coluna   195

postas nos encaixes, ou um telhado plano colocado sobre elas. Por outro lado, se ele estivesse comentando acerca de uma estrutura de armação em madeira, então as vigas longas apoiadas sobre colunas carregariam vigas transversais e, por conseguinte, os espaços entre as vigas transversais pareceriam aberturas.

É justamente assim que elas figuram nas representações primitivas dos templos dóricos, tal como aquela no Vaso François de Chiusi, onde as extremidades da viga, os tríglifos, são visivelmente sólidos como o restante da estrutura, ao passo que as *metopai* (os espaços entre as vigas) aparecem como vazios. O Vaso François foi feito provavelmente entre 560 e 550 a.C., por volta da mesma época dos primeiros templos dóricos "clássicos" em pedra que restaram, como o Artemision de Córcira[46]. À semelhança de algumas outras representações em pinturas de vasos, o Vaso François mostra um edifício em madeira, tal como deve ter subsistido em seu tempo. Contudo, as ações representadas nos vasos e os edifícios que servem de cenário, não eram pensados para serem contemporâneos; ao invés, representava os feitos e moradas de heróis, até mesmo dos deuses em alguma época remota ou atemporal, embora os pintores contassem com sua própria experiência para muitos dos suportes e cenários.

Templo dórico. Detalhe do Vaso François. Florença, Museu Arqueológico. © Fratelli Alinari.

Deixemos que Eurípides sirva novamente de testemunha para ilustrar as obscuridades vitruvianas: na passagem de *Ifigênia em Táuris,* citada anteriormente, Orestes e Pílades planejam não apenas sua fuga, mas também o furto da imagem de Ártemis do templo de Táuris (fora esse o primeiro motivo de sua vinda). Enquanto olham para as paredes do templo, Pílades observa: "Olha, na cornija, as lacunas entre os tríglifos [os *opai*]/são suficientemente largos para que possamos sair por elas".[47]

Embora as tragédias de Eurípides também relatassem eventos míticos, sua data pode ser determinada nos dias dos heróis. No caso das tragédias de Ifigênia, tratava-se da geração pós Guerra de Troia; os edifícios que Eurípides descreveu já eram, portanto, antigos, distantes dele há meio milênio.

Para resumir: Vitrúvio falava tanto sobre um tipo de edifício no qual as extremidades das vigas correspondiam a vazios, quanto sobre uma arquitetura de paredes mais antiga, na qual as colunas não desempenhavam nenhuma função. Em tal arquitetura sem colunas, os vazios seriam visíveis como *opai* antes que as vigas fossem assentadas, e as porções de parede entre eles poderiam ser corretamente chamadas de *metopai*. Teria Vitrúvio, de qualquer modo, considerado edifícios desprovidos de colunas como templos? Estaria ele preocupado mesmo em elucidar o trecho nesses termos? Creio que não. No entanto, uma vez mais ele parece considerar uma arquitetura em madeira, ou parcialmente em madeira, na qual as extremidades da viga são vistas como sólidas e separadas por vazios, como parte de uma armação estrutural, que poderia ser erguida tanto sobre postes quanto sobre paredes.

Tríglifos

Estes acabamentos de viga, os tríglifos, evidenciam o problema da representação em arquitetura de modo muito preciso. A palavra tríglifo se refere aos entalhes ou incisões, os glifos. Há dois sulcos completos na superfície do painel ou placa que é chanfrado no canto; e os dois chanfros, considerados como meio-glifos, perfazem um terceiro – ou assim

Modelo de templo arcaico. Do antigo Pártenon. Atenas, Museu da Acrópole. Foto do autor.

Detalhe de cornija em terracota: um tesouro em Selinunte. Museu de Agrigento. Foto do autor.

pensavam os comentadores do século XVI. De fato, o número de glifos pode variar, mas três é o preferido para a regra, já que três é o número da "inteireza". As saliências entre eles são *femur*, em latim, *meros*, em grego – "um osso", "uma coxa", ou "um bloco"[48]. A única regra, quase não quebrada, sobre a relação entre coluna e friso é que um tríglifo deve ficar sobre o meio da coluna. Na versão em pedra, as gotas ou *guttae* que se projetam abaixo dos tríglifos parecem cavilhas de madeira que calçam a placa no lugar, através da *tainia*, o que faz desta a representação de um frechal. Isso, de todo modo, é consistente tanto com uma possível construção em madeira quanto com o texto de Vitrúvio. Por sua vez, não existe definitivamente nenhuma explicação coerente no que se refere à presença de uma placa nesse ponto do edifício em madeira, aquela provida por Vitrúvio não é articulada o suficiente. A partir do texto, entretanto, não há dúvida que as vigas serradas, cosmeticamente representadas pela placa, eram vigas compostas – isto é, *trabes*, vigas feitas de diversas pranchas – e era uma regra firme que as pranchas em vigas compostas deviam ser separadas por espaços entre elas. Uma viga composta de quatro pranchas deveria produzir três desses *laxationes*, "intervalos", com glifos correspondentes. Contudo, se as extremidades da viga fossem todas chanfradas, apenas três pranchas seriam necessárias para um protótipo do arranjo comum[49].

Podemos apenas conjeturar acerca de quando as extremidades não visíveis de viga foram, pela primeira vez, camufladas por placas (que também mantinham no lugar os painéis das métopas decoradas). A representação em pedra da construção em madeira foi uma representação de segundo nível: a placa de madeira do tríglifo, introduzida no frechal e contra-calçada por cavilhas de madeira, já representava as extremidades chanfradas de uma viga composta. Essa explicação não tem satisfeito muitos especialistas; alguns sugerem que elas constituíam outro tipo de coluna, que derivava mais ou menos diretamente do Kyanos minoico-micênico ou friso tríglifo, ou que elas (ou as métopas) eram as janelas de um sótão[50].

A parte de cima do tríglifo era frequentemente projetada para fora de modo tênue, como uma faixa que poderia, algumas vezes, até mesmo continuar sobre as métopas. Uma moldura fina e chata era colocada imediatamente sobre o friso, no qual se alternavam tríglifo e métopa. Assim como os tríglifos fixavam as métopas no lugar, eram por sua vez fixados entre essa moldura chata e a *tainia* abaixo[51]; de vez em quando (se bem que raramente), a moldura entre o friso e a cornija era mais elaborada. A cornija acima se projetava para a frente de forma muito acentuada, e era inclinada para baixo, de modo a formar um ângulo agudo com a próxima moldura chata acima dela e prover uma pingadeira. A face de baixo do sofito nessa projeção desmente a função de simples pingadeira. Era geralmente esculpida com painéis em relevo, um para o tríglifo e um para métopa, chamados *mutuli*, em latim, geralmente "modilhões" (a partir de uma corruptela do italiano); estes eram, por sua vez, guarnecidos com pequenos cilindros, geralmente três fileiras de tantas cavilhas quantas fossem gotas sob o tríglifo, e chamadas pelo mesmo nome[52]. Se de fato representassem caibros, como defendia Vitrúvio, a contradição mencionada anteriormente aumenta ainda mais, já que as cavilhas serviam, presumivelmente, para prender ripas (ou até mesmo tábuas) aos caibros inclinados (elas não seriam necessárias sobre as vigas planas).

Mais acima ainda, a faixa plana da cornija, algumas vezes separada das molduras abaixo e acima por filetes finos, é chamada *geison* (mas não por Vitrúvio), uma "faixa" ou "cima"; ou em latim *corona*, uma "grinalda" ou "coroa"[53]. Como *tainia*, *geison* e *corona* são termos do corpo (parcamente) vestido. Ambas as palavras para a moldura plana implicam a amarração da cabeça: a grinalda e o filete. A palavra *corona* transforma-se em "cornija", por meio de mais uma corruptela do italiano, mas sua implicação é clara: ela é a coroa do arranjo.

Na maioria dos casos, existe ainda outra moldura de topo, o cimácio: ele é algumas vezes contado como um único elemento junto com o *geison*[54]. Os termos *cyma*, *cimatium*, e *sima* derivam do grego *kuma*, qualquer coisa ondulante ou dilatada, comumente uma "onda". Esta ondulação particular, que presumivelmente retomou a terminologia da construção em terracota, agia como uma calha e, portanto, acompanhava um telhado inclinado. Em geral, era perfurado por gárgulas de cabeça de leão para descarga, com palmetas ou madressilvas espalhadas entre elas[55]. Não fazendo propriamente parte do arranjo de coluna e viga, ela completava o edifício. A linha do telhado era decorada com acrotérios nas quinas e na cumeeira. A cornija não deveria ter *geison* ou cimácio no lado estreito do edifício se houvesse sobre ele um frontão[56].

Assim eram a coluna e a viga do templo dórico com frontão. A relação entre ele e os primeiros templos com quatro águas em Ístmia e Corinto não foi ainda explorada de modo satisfatório. Ademais, ainda que todo esse arranjo se tornasse corrente no curso do século VII (como agora parece mais provável), a exata origem e implicação de cada moldura aparentemente já era caso de especulação naquela época, apesar de seus nomes relembrarem e celebrarem uma prática construtiva honrada pelo tempo, e de ainda estarem em uso algumas das técnicas às quais elas faziam referência.

Os membros separados da coluna e da viga foram discutidos até agora de maneira independente. Foram identificados e rotulados – mas suas relações e interconexões originais só podem ser apreciadas no contexto das escassas evidências que subsistiram em modelos, em alguns usos culturais, e em fragmentos nos vários sítios arqueológicos.

Modelos

Dos modelos relevantes que restaram, a maioria é de edifícios mais ou menos retangulares, com telhados de inclinação aguda, muito mais acentuada do que a de qualquer frontão clássico. Os dois exemplos mais conhecidos vêm de Argos e de Peracora. Eles possuem pórticos e empenas abertos, e são também pintados de forma bastante elaborada. Ambos possuem pequenas aberturas de janelas na parte alta de suas paredes.

O modelo de Peracora possui uma planta em abside, um telhado que se sobressai (presumivelmente de colmo), e suas paredes parecem feitas de tijolos crus rebocados; o pórtico é sustentado por postes duplos circulares. O modelo de Argos possui fundo quadrado e seu pórtico é sustentado por

Modelo: Do templo de Hera, em Peracora. •Estado atual e reconstrução. Atenas, Museu Arqueológico. Segundo J.N. Coldstream.

Modelo de um templo em Argos. Atenas, Museu Arqueológico.

Modelo do Heráion em Samos. Samos, Museu Vathy.

Modelo de Khania Tekke. Iráclio, Museu Arqueológico.

Modelo de um edifício circular de Archanes. Iraklion, Museu Arqueológico.

postes quadrados. O telhado pode ter sido de argila sobre junco; de qualquer modo, ele era pintado, assim como as paredes. O pórtico tem uma cobertura plana separada, que se prolonga em direção ao interior, como uma espécie de frechal sobre o qual o telhado parece repousar; as paredes são de nervuras, indicando construção parcialmente em madeira.

Outros modelos em pedra calcária – presumivelmente votivos – tanto de casas de telhado plano quanto de telhado inclinado de colmo, apesar de muito danificados, foram encontrados em Samos, no recinto do templo de Hera. A restauração das casas com fundo oval, cujas fundações foram encontradas na antiga Esmirna, com telhados íngremes em colmo apoiados sobre as absides e uma abertura de empena entre a curva do telhado e a cumeeira, tem seguido esses modelos[57].

Um modelo em terracota de uma casa com cobertura plana foi encontrado em Khania (ou Chania) Tekke, próximo ao Iráclio, em Creta. As paredes são ordenadas em quadrados, talvez indicando alvenaria regular. Há pequenas janelas quadradas laterais, enquanto a pesada moldura da porta possui, acima e moldada a ela uma claraboia (ou um vão para saída de fumaça?). O telhado plano avança além das paredes, e há uma chaminé proeminente. Esse deve ser o tipo de edifício de cobertura plana que Vitrúvio tinha em mente ao escrever sobre a antiga cornija dórica. A folha da porta é ornamentada com os familiares círculos concêntricos da cerâmica do período Geométrico Tardio[58].

Enquanto na Itália muitos modelos elaborados de casas circulares (e de algumas retangulares) eram feitos como urnas cinerárias, não há na Grécia virtualmente nenhum desse tipo; por outro lado, alguns foram encontrados em Creta, um dos quais – provavelmente de finais do século IX – é de terracota pintada, e está melhor preservado do que os outros. Seu telhado cônico ergue-se até uma chaminé ou vão para saída de fumaça; duas figuras sobre o telhado (acompanhadas por um cão?) parecem estar olhando para baixo. Na lateral do edifício em miniatura fica um nicho que se eleva até a altura total da parede, e contém uma figura feminina – *orans* – protegida por uma porta removível, que era presa por uma barra transversal. Sugeriu-se que esse tipo fosse uma importação oriental, que pode ter se destinado a cultos domésticos: o fato de que pudessem ter sido usados como santuários, dos quais a porta com barras era removida para o culto da deusa, explicaria, de qualquer modo, por que cada um deles, qualquer que seja seu tamanho, possuía tal característica[59]; sugeriu-se igualmente que pudesse representar a revelação de um túmulo tolo enterrado.

Os modelos cretenses, ao que tudo indica, não tiveram sucessores diretos, tampouco estão obviamente relacionados a quaisquer edifícios remanescentes. De fato, o desenvolvimento do edifício (como do tipo de coluna) não foi levado a cabo nas construções circulares, mas sim nas retangulares da Idade das Trevas e do período Geométrico, muitas das quais são conhecidas apenas a partir das lendas[60]. Destas, as que cercam o edifício do santuário em Delfos são, em sua maneira enigmática, talvez as mais intrigantes e evocativas.

Templo de Apolo em Delfos: vista a partir do teatro. Foto do autor.

Delfos: A Lenda

Quando visitou o santuário de Apolo, o viajante Pausânias ouviu várias lendas. De acordo com um de seus informantes, o santuário havia sido feito primeiramente "em forma de uma cabana" e foi construído com madeira de loureiro trazida de Tempe, o vale da Tessália onde era celebrado o principal festival de Apolo Dafnéforo, o portador de louro. Ele foi presumivelmente construído de varetas finas e vergas; o loureiro não cresce em forma de árvore e não é muito útil para construção[61]. O loureiro, *daphnē,* está presente com frequência no culto de Apolo. A lenda mais conhecida fala de Dafne, uma jovem que ele persegue amorosamente, transformada em uma árvore de louro doce ao escapar de seu abraço[62]. Em Delfos, a crer em Pausânias, uma cabana de louro era queimada regularmente. Um jovem era nela confinado, porém salvo para liderar uma procissão dafnefórica com seus contemporâneos até Tempe (o vale do rio Peneo, pai de Dafne).

Aquele ritual comemorava o primeiro santuário. Duas lendas alternativas fornecem detalhes sobre o segundo. Alguns alegavam que ele tivesse sido feito por abelhas, de cera e penas, e enviado para os hiperbóreos por Apolo; de acordo com essa versão, Oleno (um cantor hiperbóreo) seria o fundador do oráculo (aos hiperbóreos eram sempre atribuídos diversos poderes sobrenaturais, como nas lendas sobre Pitágoras)[63]. De acordo com a outra versão contada a Pausânias, o santuário teria sido construído "por um homem chamado Pteras", que não é de outro modo conhecido na mitologia, mas cujo nome significa "asa/alado". *Pteron* significa uma "aba", "barbatana" ou "asa" – mas também um "leme", ou "remo", ou "vela". Também significava "abrigo" ou "teto"; o mais importante aqui: sua derivação *pteroma* era o termo técnico para designar a colunata ao redor do templo – e é assim que Vitrúvio o emprega. *Pteris,* entretanto, também significa "feto arborescente", a planta emplumada; e ainda em outro relato da mesma lenda délfica, Pausânias descarta a sugestão de um de seus informantes de que os fetos fossem o material original do santuário. Se aquele segundo santuário era semelhante ao pequeno edifício que os arqueólogos restauraram em Erétria, talos de fetos (ou talvez gramíneas de fetos?) poderiam ter sido torcidos em uma corda de amarração em sua construção, ou entrançados em esteiras para as paredes. A conjunção feto-pena--asa-colunata é outro exemplo da parcialidade grega pelo jogo de palavras[64].

O terceiro santuário teria sido em bronze, e Pausânias relata que Hefesto foi reconhecidamente seu construtor ou forjador; ele não aceita a história totalmente, mas tampouco vê razão para desacreditar na existência do edifício em bronze e, na verdade, cita paralelos[65]. É possível que pelo menos algumas partes desses edifícios – portas, elementos do telhado – fossem realmente de bronze, quer seja de chapas marteladas ou de peças moldadas de cera perdida. A maioria dos ambiciosos primeiros bronzes gregos eram feitos por meio da técnica da cera perdida (*cire-perdue*). A associação de abelhas e cera com um edifício em bronze é portanto plausível, ainda que o modelo em cera fosse inevitavelmente destruído no processo de moldagem.

Todavia, como material de construção, o bronze não era comum; presumivelmente, a folha de bronze era usada sobre um núcleo de madeira, como em muitas folhas de portas que remanesceram (as da entrada do Panteão romano ainda retêm seu núcleo de madeira original, bem como sua cobertura em bronze, como também ocorre com aquelas um tanto posteriores na Santa Sofia, em Constantinopla).

Esse tipo de construção, muito usado na Mesopotâmia para coisas como portões de cidades, constituiu um estágio intermediário óbvio entre o acabamento em terracota e madeira e a dura permanência da pedra; e o bronze, é claro, podia ser usado para ornamentar uma estrutura em madeira, do mesmo modo que a terracota. Presumivelmente, tivesse um núcleo em madeira coberto por uma folha de bronze batido – se bem que o ornamento, como os acrotérios, talvez fosse moldado separadamente. Pausânias, entretanto, descarta como implausível o louvor de Píndaro aos "seis magos todos de ouro" que cantavam sobre sua empena; ao que tudo indica, tratava-se meramente de acrotérios com figuras meramente douradas (sobre o bronze?)[66]. No entanto, uma vez que os elementos de construção em bronze eram geralmente derretidos e reutilizados, sendo pois eliminados de qualquer registro arqueológico futuro, a reconstrução é notoriamente difícil[67].

Mesmo se não aceitasse que havia acrotérios de ouro sobre o templo, Pausânias não tinha dificuldades com a parte do bronze na história: de fato, ele cita muitos edifícios em bronze, lendários e reais. O templo délfico em bronze havia então, sem sombra de dúvida, desaparecido, e se Pausânias não admitiu que ele tivesse sido deliberadamente derretido, tampouco tinha certeza de que fora tragado pela terra ou derretido em um incêndio. De qualquer modo, ele foi substituído por um templo de pedra desenhado por dois renomados e celebrados heróis-arquitetos, Trofônio e Agamedes. Aquele primeiro templo de pedra também fora queimado no primeiro ano da 58ª Olimpíada (554 a.C.). O grande e famoso segundo templo de pedra, que Pausânias realmente visitou e que os arqueólogos desde então reconstruíram, era o edifício dórico desenhado (assim lhe contaram) por um tal Espíntaros de Corinto, sobre quem nada mais se sabe[68].

Erétria e Lefkandi

Apolo Dafnéforo também era o deus cultuado no antigo edifício (talvez do século VIII) com o fundo em abside, que foi substituído no século VI por um templo retangular, na cidade de Erétria ou Eubeia, não distante de Tebas. O edifício com abside [cuja planta lembra a forma de um grampo], um hecatômpedo, possuía um pórtico com antas e uma fileira central de colunas, como a maioria dos templos dos períodos Geométrico e Arcaico cujas plantas remanesceram.

Bem próximo a ele, em um nível inferior e posicionada em um ângulo estranho, havia uma cabana muito menor, proporcionada quase exatamente como o modelo de Peracora: em planta, um

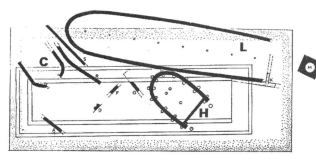

Dafnéforo de Erétria: Planta do local. Segundo P. Auberson (1968).

Modelo reconstruído da cabana: Dafnéforo de Erétria. Segundo P. Auberson (1968).

grampo curto, meio quadrado, quase uma ferradura. A parede do edifício do templo propriamente dito possui um afundamento para incorporar a extremidade dessa minúscula cabana, talvez para mostrar sua prioridade no local. Apenas em Erétria a estrutura do edifício menor – que aparentemente era leve e de madeira amarrada com corda – foi provavelmente colocada em ambos os lados de uma parede de borda diminuta, talvez de esteira de junco, ou até mesmo de *pisé*[69]. Esse arranjo único sugere que ela, na verdade, deve ter sido desenhada como os modelos, com três postes ao redor de um fogo (talvez um fogo para sacrifícios com base no precedente micênico), enquanto a fumaça saía por um buraco no frontão, ou talvez por um buraco triangular entre o topo do pórtico e o declive do telhado principal. O espaço ocupado pela revelação do deus no templo clássico era simplesmente deixado aberto.

Outra descoberta realizada a poucas milhas dali, em 1980, modificou consideravelmente as suposições dos estudiosos acerca da Idade das Trevas. Um edifício substancial, agora chamado algumas vezes de um *heroon*, foi encontrado próximo à vila Eubeia de Lefkandi. O lugar não parece ter sido mencionado em nenhum texto antigo, nem tampouco nomeado pelos estudiosos modernos. Esse *heroon* é uma sala orientada, de uns cinquenta metros de comprimento, subdividida em mais compartimentos do que era usual na época de sua construção, provavelmente por volta de 1000 a.C., ou pouco depois. Seu telhado colmado repousava sobre uma linha central de postes

Dafnéforo de Erétria: Escavação. Foto do autor.

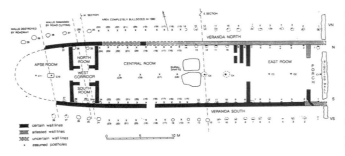

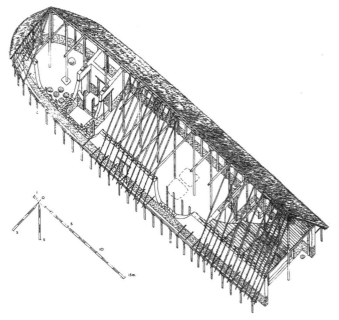

Heroon de Lefkandi. Planta da escavação, segundo M. Popham (1933).

Heroon de Lefkandi. Reconstrução axonométrica, segundo M. Popham (1933).

circulares, sobre paredes de tijolos crus com base de pedra, e havia uma linha dupla de postes retangulares, muito menores – uma se alinhava dentro das paredes e perto delas, a outra a uma distância de cerca de um metro – formando o que os escavadores chamaram uma "varanda" ao redor do edifício. Todos os postes estavam em buracos especiais, e seguros com pedras – um cuidado inusual para a época. O pórtico leste se abria para uma sala frontal, quase quadrada (talvez aberta para o pórtico), seguindo-se então a câmara principal; a abside, da qual pouco restou, era fechada por duas outras salas menores, ao que tudo indica utilizadas como depósitos.

A câmara principal continha a característica mais singular, duas fossas de sepultamento intatas, de ambos os lados da colunata central. Em uma delas estavam os esqueletos de quatro cavalos. Na outra, encontravam-se enterrados os restos cremados de um homem, embrulhados em um pano púrpura e colocados no interior de uma urna de bronze (provavelmente cipriota), que devia ter mais de um século por ocasião do sepultamento. Adjacente à fossa havia os restos inumados de uma mulher consideravelmente mais jovem, cujo tórax estava coberto com um peitoral de ouro, a maior peça de ouro datando da Idade das Trevas da Grécia; havia outra joia, uma espada em uma bainha, e outros objetos. Esse enterro "homérico" parece ter sido de alguma figura importante ou de um potentado: das muitas tumbas encontradas naquela parte da Eubeia (principalmente do período Geométrico), ele é de longe o mais impressionante[70].

O edifício de Lefkandi, ao que tudo indica, permaneceu acima do solo por cerca de quarenta anos, sendo então deliberadamente arrasado. O telhado caiu no interior das paredes, mas os túmulos não foram tocados, o que sugere que ele não foi destruído por inimigos hostis, saqueadores. A ruína foi coberta por uma tumba. Não está muito claro se esse era um edifício de culto no qual eram realizados enterros, ou se um culto celebrava os enterros. Contudo, o que é pertinente aos meus propósitos é a construção em dois estágios: primeiro, as paredes de pedra bruta e de tijolos secos ao sol, depois a estacada, que parece ter sido quase um perípteros elementar. Isso sugeriu a alguns que o telhado inclinado de certos edifícios posteriores da Idade das Trevas ou do período Geométrico foi adicionado a uma estrutura de telhado plano, talvez, de tipo micênico. De qualquer modo, de acordo com uma sequência plausível de eventos, as paredes foram construídas antes da cremação do "guerreiro" e o telhado, depois do sepultamento. A cerca de uma milha desse local há um assentamento da Idade do Bronze, conhecido como Xerópolis, ainda não suficientemente escavado quando da redação deste livro, e que pode guardar alguma chave para desvelar o significado do edifício de Lefkandi. Ele foi certamente ocupado tanto durante a Idade do Ferro quanto a do Bronze[71].

Erétria e a próxima Chalkis tiveram seu papel na lenda grega: foi a partir de lá que os gregos zarparam para conquistar Troia, e mesmo que não se conheça muito sobre a história primitiva da ilha, não é de surpreender que destroços não registrados nas crônicas tenham se provado importantes.

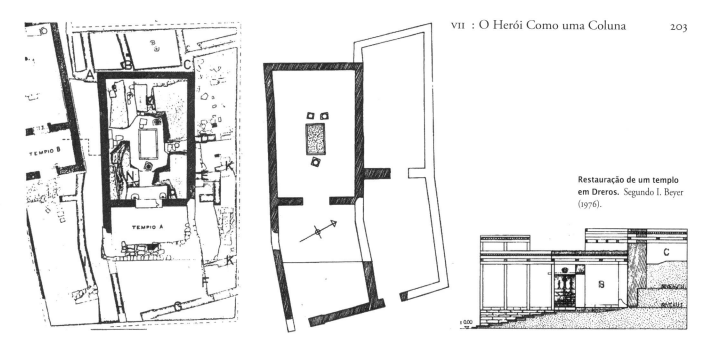

Restauração de um templo em Dreros. Segundo I. Beyer (1976).

Dreros e Prínias

Por outro lado, Creta, que fora o local dos maiores edifícios europeus em finais da Idade da Pedra e na Idade do Bronze, pouco contribuiu para a principal corrente durante o grande meio milênio da história grega. Nada de muita importância foi ali construído durante o período Clássico, porém, na Idade das Trevas e no período Geométrico--Arcaico que se seguiu, Creta viveu uma era de brilhante inovação legal e constitucional. Dois pequenos templos desse período inicial, um na parte setentrional central, o outro ao norte da caverna Ideon, sugeriram a alguns arqueólogos que eles, na verdade, estavam lidando com um encontro de tradição conflitante na então empobrecida ilha.

O principal santuário em Dreros (próximo à baía de São Nicolau) permite uma ampla visão de uma grande ágora de uns trinta por quarenta metros, a partir da qual ele é alcançado por uma escadaria. Evidências mostram que ele era dedicado a Apolo. Foi tão bem construído que suas paredes de alvenaria seca ainda se erguem por mais de dois metros. No interior há uma *eschara* retangular de pedra de um lado, e duas bases de colunas em ambas as extremidades que provavelmente suportavam uma cobertura plana. Uma pequena górgona em pedra calcária é sua única peça de escultura arquitetônica; mas três estátuas de bronze encontradas no interior foram interpretadas como sendo Leto e seus dois filhos, Apolo e Ártemis[72]. O deus tem a cabeça exposta, está despido e caminha; as duas mulheres estão estáticas, vestidas e têm a cabeça coberta. As estátuas foram feitas de chapas marteladas e cravadas, colocadas sobre um banco no interior da sala do santuário. Presumivelmente, eram as estátuas do culto, e bem podem ser posteriores ao edifício propriamente

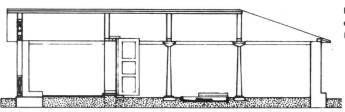

Restauração de um templo em Prínias. Segundo I. Beyer (1976).

dito, talvez colocadas depois que ele já estivesse em uso por algum tempo. O escavador original, Spiridon Marinatos, inspirado pelo modelo de Peracora, sugeriu que o pórtico possuía um telhado plano, enquanto a câmara do templo teria um telhado muito inclinado, o que permitia um grande vão triangular para saída de fumaça entre o pórtico e o santuário. Restaurações recentes mostram-no mais parecido com o modelo de Khania Tekke, com um telhado plano sobre todo o edifício, e talvez uma ventilação de clerestório de tipo micênico ou uma chaminé sobre a *eschara*[73].

O templo em Prínias (localizado quase no meio da ilha, na metade do caminho entre os dois grandes palácios de Festo e Cnossos) foi provavelmente construído cerca de cinquenta anos após o de Dreros, e as ruínas oferecem uma confusão de esculturas arquitetônicas de pedra e terracota. Ele foi restaurado por seus escavadores como uma câmara de pedra com telhado plano e pesados pilares quadrados de pedra formando um pórtico; os relevos de animais foram ordenados como um friso. Mais recentemente, a restauração foi revisada e o edifício mostrado como uma construção parcialmente em madeira, com empena ou frontão na frente, com o telhado desaguando sobre a parede nos fundos, o telhado de duas águas, um tipo replicado da estrutura de pilares mestres, baseada em paralelos cipriotas. Ao invés de serem colocadas sobre o friso, as placas em relevo foram restauradas como ortóstatas, beirando as paredes de tijolos de barro (que liga o edifício às tendências orientalizantes na cerâmica contemporânea). No interior há uma *eschara* de pedra, como em Dreros, e as colunas devem ter sido duas em ambos os lados ou mais colocadas em um triângulo, como os postes no santuário de Erétria[74].

Thermon

Vestígios de um templo dórico períptero completo, que não foi reconstruído em pedra, sobrevivem em Thermon, junto ao Lago Trikhonis, a noroeste de Delfos. Os resquícios de uma colunata em madeira não só constituem uma peça principal de evidência que corrobora o relato vitruviano, mas sua construção relativamente leve não perturbou os edifícios mais antigos em níveis mais profundos. Thermon parece oferecer uma documentação particular do desenvolvimento do arranjo dórico[75]. O local foi provavelmente assentado em tempos micênicos e já possuía na época uma espécie de santuário, pois um pequeno grupo de edifícios muito mais antigos circunda as fundações de um templo do século VII. O mais longo (conhecido como edifício A) é uma sala com planta em forma de grampo sem colunas, com seu pórtico usual na entrada, ou assim parece. Outros edifícios de natureza incerta eram alinhados ao redor dele no mesmo nível, presumivelmente construídos ao mesmo tempo. Mais tarde, porém ainda na Era do Bronze, outro e mais ambicioso edifício, B, foi colocado quase exatamente paralelo ao edifício A. Era mais largo, também tinha um pórtico sem colunas, mas era retangular, com uma câmara separada (um "tesouro"?) oposta ao pórtico. As quinas e extremidades das paredes bem podem ter sido protegidas por antas de madeira.

Talvez um século ou mais depois de sua construção, esse edifício posterior de terminação plana (e provavelmente de telhado plano) foi circundado por uma linha de postes que reproduziam ou ecoavam a planta em forma de grampo do edifício original A (que então devia ter desaparecido). Esses postes foram interpretados de maneira variada, como uma estacada demarcando um pequeno têmenos, ou como os suportes de um novo e inclinado telhado em duas águas (e, portanto, presumivelmente colmado?). Sugeriu-se inclusive, o que é improvável, que eles fossem estacas

VII : O Herói Como uma Coluna 205

Thermon: Escavação dos edifícios A e B. Segundo G. Soteriadis (1901).

Thermon: Planta da escavação. Segundo G. Soteriadis (1901).

Thermon, Templo de Apolo: local do templo. Foto, segundo G. Soteriadis (1901).

Thermon: Reconstrução da cornija, projeção. Segundo G. Soteriadis (1901).

As quatro placas métopas sobreviventes, restauradas a partir de fragmentos. (em sentido horário, a partir do alto à esquerda) a. Gorgoneion; b. Caçador segurando presa; c. Jogo de xadrez(?) entre dois homens; d. Perseu com a cabeça da Medusa. Atenas, Museu Arqueológico.

oblíquas que reforçavam a resistência à pressão do telhado, como em alguns telhados colmados do norte da Europa. Talvez a interpretação mais provável é que um edifício com abside, chamado B1 e fazendo uso de grande quantidade de postes de madeira, tenha substituído o edifício retangular B que, por sua vez, serviu de base para C. De fato, o telhado do edifício B, como na maioria dos edifícios com abside, teria sido inclinado. Quanto a seu uso, grandes depósitos de material orgânico carbonizado foram encontrados nas extremidades meridionais de ambos os edifícios, em um poço de bordas de pedra nas proximidades e em pitos dentro e fora do edifício, sugerindo anos de sacrifícios pelo fogo.

Em todo caso, esse novo mégaro com colunas foi destruído no século VII para dar lugar àquele templo dórico muito maior e mais novo. Este era uma estrutura de madeira sobre uma estilóbata em pedra, com elaborados acabamentos em terracota, e nunca foi transformado em um templo de pedra. Todavia, era um santuário rico e importante, que servia como o centro da Liga Etólia até ser destruído em um ataque selvagem por Filipe V, o último rei independente da Macedônia[76]. O que sobreviveu à destruição forjada pelas tropas de Filipe V é a própria estilóbata e, sobre ela, as bases de algumas das colunas, bem como fragmentos de quatro métopas em terracota e fragmentos de cerâmica da cornija. Como em muitos santuários arcaicos, a cumeeira do telhado era suportada por uma linha central de colunas, presumivelmente muito semelhantes às do períptero, a colunata exterior; as duas séries de colunas, ao que parece, tinham o mesmo diâmetro. Esse, de qualquer modo, era o arranjo seguido em templos arcaizantes muito posteriores (tais como a "Basílica" em Pesto), onde a linha de colunas centrais carregava uma parede anã para suportar a cumeeira. Uma vez que nada restou de ambas as linhas de colunas, tudo são conjecturas[77]. A sucessão de edifícios no local e as similaridades de localização, dimensão e forma sugerem uma continuidade entre as ocupações micênica e helênica.

Um edifício similar, do qual poucos vestígios restam, foi construído por volta da mesma época um pouco mais ao sul, em Calidon. Os poucos fragmentos em terracota que sobreviveram são tão parecidos com aqueles de Thermon, sugerindo-se, inclusive que fossem provenientes da mesma oficina de Corinto, ainda que o detalhe de fixação das métopas à estrutura principal seja diferente em cada uma: por peças de apoio salientes moldadas como parte dos painéis em Thermon, pelo ato de escarear para embutir cavilhas na parte traseira em Calidon[78].

Embora Thermon fosse rica e politicamente importante como capital da Liga Etólia, ela não era central à vida da nação grega. A sobrevivência de seu templo em madeira em tempos helenísticos

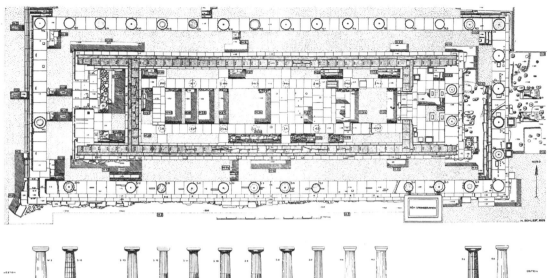

Planta: Heráion em Olímpia. Desenho de H. Schleif, segundo W. Dörpfeld (1935).

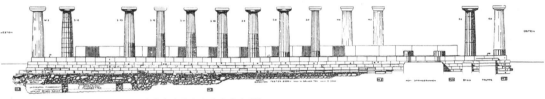

Elevação: Heráion em Olímpia. Desenho de H. Schleif, segundo W. Dörpfeld (1935).

pode ser considerada como um arcaísmo provinciano. Muito mais importante, se bem que mais enigmático, era o templo de Hera em Olímpia, o santuário dos grandes jogos pan-helênicos e um dos santuários universalmente reverenciados da nação grega.

Olímpia: O Templo de Hera

O Heráion de Olímpia era o templo mais famoso de construção mista – usando pedra, terracota e madeira – ainda em existência nos tempos de Vitrúvio. Dois séculos depois, quando o templo foi descrito por Pausânias, o viajante, ainda era um dos grandes santuários do mundo de língua grega, mais venerável que o grande templo de Zeus nas proximidades, muito maior, que abrigava uma das Sete Maravilhas do Mundo, a estátua do deus, de Fídias[79].

Pausânias visitou o templo em 176 d.C. e encontrou, no pórtico posterior (ou opistódomo), uma coluna em carvalho ainda de pé entre as de pedra. Esse relato intrigara comentaristas anteriores, mas foi confirmado e explicado pelas escavações do século XIX. A primeira surpresa ocorreu quando as colunas do templo foram reagrupadas, já que os capitéis e fustes, diâmetros e perfis eram totalmente diferentes, até mesmo em sua construção; a maior parte das colunas era feita de tambores, mas três eram monolíticas. No total, dezoito subsistiram; não existe resquício da única coluna em madeira. Ela naturalmente pode ter sido substituída por uma coluna em pedra após a época de Pausânias, já que cada coluna em madeira do templo original do século VII foi substituída por outra em pedra, como um presente votivo circunstancial de algum potentado ou cidade, e o templo foi usado até o século IV d.C.

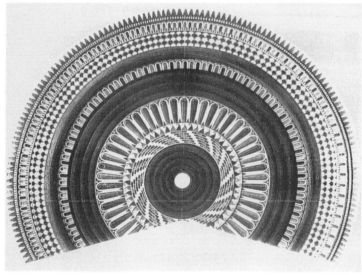

Colunas mostrando cortes para placas votivas: Heráion em Olímpia. Foto do autor.

Heráion de Olímpia: acrotério central, restaurado a partir de fragmentos. Olímpia, Museu Nacional. Segundo W. Dörpfeld (1935).

Esse processo de substituição parece ter começado logo depois que o templo foi erguido. Em alguns dos fustes das colunas existem incisões que atravessam diversas caneluras, e cada qual funciona como um nicho para abrigar uma placa dedicatória[80]. A primeira coluna em pedra é quase contemporânea às fundações. Da cornija nada restou, e supõe-se que ela fosse de madeira, embora os resquícios dos acrotérios e de outros acabamentos mostrem que ela era adornada em terracota, à semelhança dos santuários anteriores; a sua relíquia mais esplêndida é o grande acrotério em forma de prato, apoiado sobre a cumeeira, de frente para o altar. De todo modo, o templo tornou-se um repositório da devoção das nações gregas (e de seus aliados) ao lugar olímpico, assim como os ricos tesouros que o velavam. O altar, ao redor do qual era encenado um rito que era parte crucial dos Jogos Olímpicos, ficava em frente ao templo. Ainda é o local em que a tocha é acesa para os jogos modernos.

O Heráion, cujos resquícios vemos agora, foi provavelmente construído por volta de 600 a.C.; como muitos outros templos famosos, erguia-se no local de dois santuários sucessivos mais antigos, incorporando partes de ambos. Pouco sabemos acerca de tais santuários mais antigos, embora o informante de Pausânias tenha lhe contado que o primeiro foi construído por Oxilo, o mítico rei de Élis na Idade do Bronze que, segundo relatos, teria aparecido no Peloponeso com os filhos de Héracles: isso situaria sua fundação em algum momento entre 1100 e 1090 a.C.[81] Por outro lado, credita-se a Héracles a instituição dos jogos propriamente ditos[82], o que estabeleceria sua fundação numa época anterior, até mesmo na cronologia de Pausânias. Como observei no Cap. VI, os jogos alegavam uma variedade de ancestrais míticos, porém os históricos, que se tornaram um dado da cronologia grega, foram registrados pela primeira vez em 776 a.C. Na época, o mais antigo santuário de Hera e o grande altar ao ar livre de Zeus deveriam parecer suficientemente veneráveis para atuar como edifício de consagração para o mais grandioso evento pan-helênico.

O templo do século VII é, de fato, o mais antigo remanescente a ter uma dupla colunata interna ao invés de uma única, característica do Período Arcaico. É também o mais antigo de cuja figura de culto (uma estátua de Hera em pedra calcária, de cerca do dobro do tamanho natural) restaram algumas relíquias[83]. Sua construção material assemelha-se mais à do templo em Thermon do que à de qualquer outro grande santuário clássico. A base e as paredes eram de pedra com alguns tijolos, contudo também eram metade em madeira, enquanto a estrutura colunar períptera era de madeira e as decorações todas de terracota[84].

Olímpia: A Casa de Enômao

Pausânias escreveu também sobre outra coluna de madeira em Olímpia, mais venerável ainda, cuja exata localização e forma não foram recuperadas. A partir de sua descrição podemos inferir, entretanto, que ela ficava quase na metade do caminho entre o "grande" altar (em frente ao templo de Hera), e o "novo" templo de Zeus. Os eleanos, o povo local, chamavam-na de pilar de Enômao. Esse Enômao era um rei-herói de Pisa, em Élis (muito próximo a Olímpia) e filho de Ares, o deus da guerra: de acordo com uma versão de sua lenda, era também genro do gigante Atlas. Enômao determinou dar sua filha Hipodâmia como prêmio a qualquer pretendente que pudesse vencê-lo em uma corrida de bigas, mas se perdessem, morreriam. Enômao sempre vencia e matava todos os pretendentes. Seus crânios eram exibidos sobre o telhado de seu palácio, do mesmo modo que os táuridas exibiam aqueles dos gregos sacrificados. Pélops, o filho-herói de Tântalo, revivido pelos deuses após ter sido morto por seu pai e servido a eles em um guisado, venceu a corrida com um golpe baixo. Os cavalos de Enômao arrastaram-no para a morte, Pélops casou-se com Hipodâmia, e deu seu nome ao Peloponeso; entretanto, sendo este um mito grego, ninguém viveu feliz para sempre[85].

Placa votiva de bronze "personalizada". Atenas, Museu Nacional. Foto do autor.

A Casa de Enômao, que provavelmente pode ser pensada como um complexo de mégaro do tipo micênico, foi destruída por Zeus, e a única coluna que Pausânias ainda viu em Olímpia foi tudo o que dela restou, unida por aros de ferro e coberta por um dossel sustentado por quatro pilares, para impedi-la de ruir. Pausânias acrescenta:

> Há uma pequena placa em bronze sobre a qual se lê esta inscrição elegíaca:
> Sou tudo o que restou de uma famosa casa, estrangeiro;
> Fui um pilar na casa de Enômao,
> e agora por Zeus croniano encontro-me em grilhões.
> Agora sou venerável: o fogo terrível não me devorou.[86]

Essa placa deve ter sido análoga às *vota* sobre as colunas do Heráion. De qualquer modo, Pausânias apresentou sua ideia convencional acerca da idade dessa coluna, apesar de a inscrição implicar que ela seja talvez a coisa mais antiga no local. De todo modo, seria anterior ao primeiro santuário de Hera (e mesmo ao seu culto), e que, de fato, poderia ter sido fragmento de uma construção micênica. Quando quer que tenha sido consagrada, já deve ter sido identificada como uma relíquia.

Tais antiguidades de construção em madeira não eram comuns, mas existiam em outros lugares. Próximo a Mantineia havia um santuário em madeira de Poseidon, o Cavalo ao redor do qual o imperador Adriano construiu uma caixa exterior em pedra. Pausânias registra não ter visto o interior, que era acessível apenas aos iniciados. Haviam lhe relatado que o edifício original fora erguido por Trofônio e Agamedes, os lendários construtores do primeiro templo de pedra em Delfos. Havia alguns desses edifícios "primitivos" de construção mista ainda em uso no final do paganismo. Entretanto, alguns foram deliberadamente erguidos de forma arcaizante, ao passo que outros foram mantidos inalterados e reconstruídos regularmente. O ritual, por conseguinte, manteve viva a memória da construção arcaica e, portanto, no imaginário popular[87].

Delos: o *Oikos* de Naxos

A progressão desde os pequenos templos, construídos parcialmente em madeira, com uma fileira central de colunas, para a planta "helênica" padrão em pedra, com nave e duas alas, é ainda regular demais. Existe, inevitavelmente, um exemplo que coloca a progressão em reverso: o *Oikos* dos naxianos em Delos mostra a transformação oposta. Do edifício original (no lugar que alguns consideram o primeiro templo de Apolo na ilha), as paredes externas de granito envolviam uma colunata dupla em madeira, construída por volta de 650 a.C. ou, logo depois, quase na mesma época do templo dórico em madeira de Thermon, e talvez um século depois da transformação do mégaro de Tirinto. O edifício, que aparentemente nunca teve um pteroma, ganhou um pórtico tetrastilo. O que parece ter sido uma bacia de libação em mármore, e duas fileiras de oito buracos de pilares na rocha, são as relíquias da planta interna. O *kouros* colossal, com cerca de 7,60m de altura – uma das primeiras (e das maiores) esculturas monumentais em pedra da Grécia – foi colocado próximo, na verdade quase tocando, do lado norte do edifício logo após sua construção. Quase um século mais tarde, talvez por volta do tempo da "purificação" de Delos por Psístrato em 540, esses postes internos foram derrubados e um novo pavimento em pedra colocado sobre o piso de terra batida do edifício original, cujas paredes externas provavelmente foram deixadas intactas. De mais a mais, a colunata dupla foi substituída por uma fileira central de colunas jônicas de mármore de Naxos, para suportar um novo telhado de duas águas[88]. Não está nada claro por que, ao mesmo tempo em que a ascendência ateniense sobre Delos substituiu a de Naxos, os naxianos escolheram transformar o seu "avançado" edifício do século VII em um edifício "arcaico". É possível que em Naxos a modificação da planta interna marcasse uma mudança de uso, de templo para tesouro. O principal templo de Apolo em Naxos foi construído por volta daquela época, a poucos metros de distância.

Corinto

É claro que o inventor – se essa for a palavra certa – do templo dórico períptero de nave central, cujo exemplo mais antigo a ter subsistido ainda parece ser o Heráion de Olímpia, nunca foi nomeado. Píndaro, que pode ser considerado o herói-fundador da lisonja profissional, louvou Corinto como o lar da paz e da justiça, e acrescentou que a cidade também era a casa dos avanços *técnicos* gregos: os coríntios criaram os ditirambos dionisíacos e o freio de cavalo, e "nas casas dos deuses [eles] colocaram o duplo pássaro real"[89]. O "duplo pássaro real" tem sido interpretado por muitos comentaristas como referência aos frontões gêmeos do templo dórico. O pássaro real é quase sempre a águia, *aetos*; e esta é também a palavra para frontão, porque este possui a forma de um pássaro com as asas abertas[90]. Posteriormente o frontão, por metonímia, passou a representar o templo todo, de modo que o verso elíptico de Píndaro foi interpretado como uma asserção de que uma (se não *a*) "ordem" dórica foi inventada em Corinto,

Águia do frontão. Museu de Perga. Foto do autor.

em meados do século VI, quer seja como culminação de um período experimental, quer seja como uma nova criação[91]. Essa é uma sugestão atraente, já que sete colunas do templo de Apolo ainda se mantêm pitorescamente em pé na cidade, e apresentam características arcaicas familiares: elas não possuem êntase, mas os intercolúnios finais são estreitados, as colunas das extremidades ligeiramente mais finas, a estilóbata encurvada para correção óptica. É um templo longo, já que possui a cela usual para a imagem de culto bem como uma câmara posterior (que tem sido interpretada como um outro santuário, ou como um tesouro). O templo foi provavelmente construído logo depois do ano de 550, algumas décadas após o Heráion de Olímpia.

Até o século XVI havia no local outro templo dórico, um pouco mais tardio, que foi destruído pelos venezianos. De fato, até mesmo o templo "regular" de Apolo não foi o primeiro santuário: existira um templo de início do século VII para abrigar uma imagem que, como indicam os fragmentos do telhado, seria um edifício de quatro águas, à semelhança do templo de Poseidon na Ístmia vizinha, com decorações em terracota brilhantemente pintadas. Ele pode ter sido destruído quando Corinto passou da tirania para a oligarquia, no final do século VII, após o que teve início o subsistente templo de Apolo.

Plínio quis nos fazer crer que todo o aparato de revestimentos em terracota, acima da borda com suas máscaras de gárgulas e relevos escultóricos em argila (bem como o *fastigium*), foram todos inventados em Corinto por Butades (ou Debutades) de Sícion. Ele contou a encantadora lenda da filha de Butades desenhando o perfil da sombra projetada pela cabeça de seu amante que partia: o pai fez um relevo em argila a partir desse traço e inventou a arte de fazer retratos[92]. É também possível que o aperfeiçoamento do ladrilho da cobertura fosse obra dos ceramistas de Corinto. Seu emprego geral, a partir do início do século VI em diante, levou a um rebaixamento da linha do telhado e, portanto – o que quer que Plínio quisesse dizer –, à formação do frontão triangular figurado como um elemento essencial do templo.

O Dórico Desajeitado

A ligação das construções dóricas maduras com alguns dos exemplos que mencionei anteriormente, como a pequena cabana-santuário em Erétria, ou os modelos de Peracora, de Samos e da Acrópole, permanece um enigma. A maioria delas possuía pórticos com postes ou colunas nas quinas sobre os quais as vigas deveriam se cruzar; de qualquer modo, elas denotavam edifícios cujos telhados eram parcialmente em duas águas e parcialmente planos, talvez como resultado da transmissão de técnicas construtivas, que bem podem ter sido trazidas de uma época anterior.

Qualquer que seja a natureza dos relatos – lendária, pseudo-histórica, topográfica, arqueológica – a transição da madeira e da argila impermanentes para a aparentemente indestrutível pedra, algumas vezes mediada pela terracota, pelo bronze, ou por ambos, é comum a todos eles. Contudo, existe algo escandalosamente violento em uma metáfora que demandava que uma forma estrutural concebida para ser talhada e encaixada com cavilhas e cunhas, como qualquer carpintaria tosca, fosse transformada em escultura na mais dura e cristalina das pedras para construção, e que a bela e miraculosamente trabalhada pedra fosse coberta com estuque colorido, manchado ou pintado de modo a imitar mais de perto o original em madeira.

Essa violência não é totalmente camuflada pelo estilo afável de Vitrúvio. O próprio Vitrúvio não se sentia à vontade com o arranjo dórico, apesar de oferecer um relato tão extenso e detalhado dele. No final, ele desaconselha (ou pelo menos previne contra) o seu uso. Na verdade, os romanos raramente o utilizavam, enquanto os arquitetos helenísticos, que o fizeram muito esguio e reduziram a cornija a uma fração de sua profundidade original em relação às colunas, tampouco estavam muito satisfeitos com ele. "Vários arquitetos da Antiguidade," diz Vitrúvio, "não pensavam que fosse adequado construir templos na ordem dórica, por causa de suas "proporções defeituosas e discordantes [*mendosae et disconvenientes*]."[93]

A razão pela qual esses arquitetos dos séculos V e IV rejeitaram a ordem dórica só se tornará aparente quando a maneira como ela se desenvolveu for contrastada com o cânone totalmente convencionalizado, no qual as manifestas contradições históricas que marcam o relato de Vitrúvio serão expostas. O que se segue a partir delas, de qualquer maneira, são todos aqueles desalinhamentos que Vitrúvio menciona: a impossibilidade de levar o sistema de tríglifos e métopas ao redor da quina, de espaçar coluna e friso com alguma regularidade. Todos aqueles desacordos entre os cânones arquitetônicos e as demandas da ótica, bem como da construção (à semelhança das dissonâncias da música), poderiam ser suavizados apenas pela distância de um passado lendário.

VIII : O Que se Sabe e o Que se Vê

■ O Templo e Seus Usuários ■ Tolos ■ Tipo e Projeto ■ Seiscentas Variedades ■ Tímpano ou Frontão ■ O Tríglifo de Canto – Mais uma Vez ■ Ajustes Ópticos ■ Teoria e Prática ■ Superfície

As discrepâncias genuínas que tanto constrangeram Vitrúvio em seu relato da ordem dórica, talvez tenham sido um incômodo tão essencial para sua vitalidade quanto a coma e o tema o foram para o desafio apresentado pela escala musical grega; e essas discrepâncias foram, de qualquer modo, consequência inevitável do desenvolvimento longo e fortuito que descrevi. Elas resultaram em um dilema irremediável, que subordinou a arquitetura a uma dialética entre o cânone eterno da proporção humana, de um lado, e a narração histórica dos detalhes, de outro.

A impressão que se tem é que essa dialética estava completamente internalizada no final do Período Arcaico. Os gêneros de colunas proporcionaram a nota dominante do ambiente criado pelo homem, e a terminologia em que eles foram articulados ou discutidos se harmonizou com o discurso cotidiano. Se perguntássemos a um grego do século VI ou V como deveria ser um templo, é provável que ele nos desse uma descrição semelhante a uma especificação de projeto. Ele começaria posicionando o templo em seu têmeno e certamente diria que o edifício era retangular: plantas irregulares ou circulares não eram a norma para templos, embora também fossem importantes[1]. Em seguida, ele nos conduziria pela entrada na parede externa, sendo esta um pórtico geralmente com colunas, o propileu, por onde veríamos um altar de pedra: uma construção grande o suficiente para acomodar no mínimo uma carcaça inteira de uma vaca ou de um boi, ainda que algumas fossem grandes o bastante para acomodarem várias carcaças. Em geral, o altar ficava à vista da porta central do templo, embora não no mesmo alinhamento, nem mesmo formando um ângulo reto com ela. O que meu hipotético guia grego descreveria com mais precisão, o que mais o surpreenderia no templo (como ainda nos surpreende), seria a floresta de colunas que sustentava as cornijas e o teto. Ainda que um visitante de qualquer cidade grega pudesse ver o templo de vários pontos, ou até mesmo vê-lo sobressaindo da paisagem à distância, a primeira vista completa do edifício ao entrar no têmeno seria uma perspectiva oblíqua (os propileus raramente eram axiais) da lateral de menor extensão que ficava diante do altar. Meu fictício grego antigo certamente contaria com o fato de o frontão, que coroava o frontispício, conter uma epifania esculpida do deus ao qual era dedicado o templo, mas, como mostrei antes, o frontão sobre a parte posterior da construção podia ser liso. O triângulo, obviamente, implicava um telhado de duas águas, cujo cume passava entre os ápices dos dois frontões.

Havia um número par de colunas nos dois frontispícios menores e isso, mais uma vez, passaria despercebido pelo meu interlocutor da Antiguidade – mesmo se houvesse algumas notáveis exceções arqueadas de que tratarei mais tarde. O número par de colunas permitia que o intercolúnio médio correspondesse a uma porta central, e a estátua a ser cultuada seria então colocada contra a parede posterior do nicho interno, de frente para o devoto que entrasse no local.

O interior da cela era iluminado por essa imensa porta que, às vezes, era mais larga que o intercolúnio médio; a iluminação era suficiente para que alguém que estivesse de fora enxergasse seu interior. Alguns templos erguiam-se abertos para o céu e, em alguns deles, a iluminação oriunda da porta podia ser complementada por várias clara boias menores, no teto[2].

Demorou quase um século para que o modelo ou plano básico do templo fosse elaborado. É mais provável que a forma dórica tenha evoluído no Peloponeso e a jônica (da qual tratarei posteriormente), no litoral leste do mar Egeu. É possível que os dois padrões tenham sido concebidos sem referência a materiais de construção específicos, ainda que a disseminação de templos de pedra de maçonaria fina tenha sido rápida depois que a técnica foi adotada. A magnitude e a velocidade da difusão indicam uma formulação inicial oral e numérica da norma e do tipo, porque é improvável que ela tenha acontecido por intermédio de algum meio gráfico. Contudo, o tipo também continha muitas contradições e incoerências e isso, por sua vez, sugere que ele deve ter sido elaborado em mais de um lugar e por diversos grupos de pessoas – mesmo se todos estivessem trabalhando para o mesmo fim, ao mesmo tempo[3].

Várias contradições foram consequência da mudança do uso de madeira e cerâmica para a pedra na construção; porém, no final do século VII, algumas contradições refletiram outra mudança, a de um número ímpar para um número par de colunas. A nova planta baixa do frontispício, com número par também, implicou uma reorganização interna de todo o templo e causou muitos problemas para seus construtores; além disso, continua sendo uma preocupação (de outra dimensão) para seus historiadores. Na verdade, durante o século VI e, talvez, no V, construções importantes (ainda que provincianas ou secundárias) – por exemplo, a "Basílica" em Pesto (Paestum), ou os templos de Hermes/ Afrodite e Apolo/ Ártemis em Samos, bem como aquela maravilha siciliana, o Zeus agrigentino – continuaram a ser planejadas segundo a antiga organização, a exemplo do templo de madeira em Thermon. Ali, os frontões na lateral de menor extensão do templo eram apoiados por um número ímpar de colunas, sendo que a do meio correspondia a uma colunata central dentro da cela que supostamente sustentava uma parede anã[4].

Ainda mais relevante, o plano da colunata central pressupunha uma forma de culto em que a ação principal envolvia uma procissão que entrava no templo por uma porta, seguia ao longo da linha central de colunas e em torno dela e saía pela outra porta. Isso implica também que, qualquer que fosse o local ou o objeto de culto, ele era relativamente pequeno e se posicionava assimetricamente na planta – como nos santuários cretenses que descrevi no capítulo anterior. E ainda que existam dados arqueológicos que permitam tal interpretação, pouquíssimo se sabe sobre sua implicação do plano da colunata para a prática ritual. De qualquer modo, a estabilidade do tipo contribuiu para mascarar as contradições que mencionei, sem solucioná-las.

No ano 600, a estrutura totalmente desenvolvida do templo de madeira foi adaptada para um novo tipo de culto, que exigia um espaço interno centrado em uma imagem divina dominante.

Talvez o primeiro desses templos tenha sido ofertado a Hera em Olímpia, com um corredor e um acesso centrais para mostrar uma estátua de culto com dimensões gigantescas. Esse foi o tipo de templo que dominou a arquitetura de pedra na Grécia durante quatro séculos ou mais. Portanto, devemos supor que em Argos, Corinto, Atenas e Tebas, os centros importantes dos períodos Geométrico e Protogeométrico, bem como nas ilhas (Samos obviamente), houve exemplos anteriores de construções dóricas "experimentais" que não deixaram vestígios aparentes. É difícil conceber que os construtores de um templo na provinciana Thermon, que dão a impressão de serem tão exímios, tão precisos em sua manipulação do tipo dórico, também seriam os primeiros a formulá-lo. Thermon se assemelha muito mais à realização de um esquema bem testado do que a uma construção inicial e original.

O Templo e Seus Usuários

O surgimento dos primeiros templos de colunata central coincidiu com a formação da instituição grega fundamental, a pólis: talvez paradoxalmente, eles se tornaram as construções clássicas da cidade grega. Primeiro, surgiram os santuários com parede de fundo em abside com uma fileira central de pilastras (por exemplo, o hecatômpedo de Apolo Dafnéforo em Erétria). Posteriormente, os templos com colunata central se tornaram quadrados como o Thermon B e o templo arcaico de Ártemis Ortia, que era o santuário nacional dos espartanos[5]. Ambos eram quase contemporâneos à maioria dos modelos que analisei no capítulo anterior. O santuário espartano era construído de taipa e reforçado com pilastras de madeira. Diante das partes inferiores da parede havia ortóstatos de pedra – uma forma de construção comum em toda a Mesopotâmia e Anatólia, que poderia ser compartilhada com algumas construções cretenses como o templo em Prínias.

Muitos desses novos templos eram "medidos a passos", ou seja, tinham cem pés de comprimento. O número cem, que implicava um porte grande mas calculável, tinha uma conotação sagrada especial: grandes templos eram *hekatompeda*, grandes sacrifícios eram *hekatombé* (sacrifício de cem animais), como já ressaltei. *Hekatompedon*, "que mede cem pés", é uma palavra usada por Homero, quando ele se refere aos navios, e foi supostamente usada em relação aos templos que tinham essa medida; o termo chegou ao período Clássico (Antiguidade greco-latina) como o nome da cela, o nicho interno do grande templo ateniense, popularmente conhecido como Pártenon. Ele homenageia o antigo templo dórico, entre antas de madeira e tijolos com cem pés, que ficava no sítio contíguo, até que o tirano Pisístrato o substituiu por um edifício dórico períptero em meados do século VI[6].

Muitos dos primeiros templos perípteros eram hecatômpedos, mas também os da segunda geração: mais provavelmente o templo geométrico de Hera, em Olímpia, e a cela do templo coríntio de Poseidon em Ístmia, bem como o templo mais antigo em Éfeso, que ficava aproximadamente no meio daquele posterior e seu altar, perpendicular com a direção principal do templo de Ártemis. Os telhados desses templos, com os elementos de coroamento de suas estruturas, foram inevitavelmente as partes que mais pereceram: se esquemas numéricos eram representados ali, os indícios talvez estejam perdidos para sempre. É óbvio que isso preocupava os construtores gregos: por exemplo, a medida exata de cem pés medidos a passos, usada no comprimento de edifícios com absides, foi transferida posteriormente para a largura e, sobretudo, para o frontispício. Além do mais, ela reaparece nas medidas das paredes das celas de muitos templos dóricos subsequentes: Atena Álea; em Tégea, Apolo Epicúrio, em Bassa. Ela também se aplicou aos templos jônicos, por exemplo, o de Atena em Priene e o aclamado santuário de Ártemis na Magnésia, elaborado por Hermógenes[7]. Obviamente, suas dimensões métricas mudam, porque foram medidos em um pé local, que variava de uma cidade para a outra[8]. Os primeiros hecatômpedos quadrados, o de Hera em Samos ou o de Poseidon em Ístmia, pertencem aos séculos VII e VIII.

Esses templos tinham pórticos e, supostamente, duas portas, ou apenas vãos de entrada, um de cada lado da linha central de colunas. Não se sabe se essa colunata central costumava ser mais elevada do que o períptero ou se ela sustentava uma parede anã (mureta) em que se apoiava o telhado. De qualquer modo, não há indícios de local de culto nessa abside.

Porém, entre a construção desses primeiros hecatômpedos – ou o templo espartano de Ártemis Ortia (por volta de 850-800 a.C.) e os primeiros edifícios totalmente jônicos ou dóricos (que surgiram por volta de 650 a.C.), – todo o conjunto de detalhes deve ter sido codificado – se não em palavras, no mínimo, na prática do ofício de construtor que, nessa época, já devia estar organizado de algum modo rudimentar. Não há registro de nomes, nem de lugares mais específicos do que aqueles fornecidos por arqueólogos e por Vitrúvio que, ao segui-los, resumo aqui. A alteração que descrevi da colunata central para a câmera central com uma estátua de culto pressupõe uma transformação da prática religiosa e ritual ou, de qualquer maneira, de religiosidade[9].

A justaposição dos dois pequenos templos cretenses e as variações dos tipos de modelo, bem como a sucessão de eventos em Lefkandi, sugerem que o relato de Vitrúvio das duas formas de construção, de fato, segue alguma sequência histórica remota e já esquecida em sua época. Parece que alguma coisa semelhante também controlava a construção e o culto dos principais santuários em Erétria. Porém, há um outro precedente negligenciado: no norte da Grécia – em Epiro e na Macedônia – desenvolveu-se uma técnica estrutural que dependia de madeira sólida e disponibilidade de argila e lama para os tijolos. Os construtores do Neolítico e da Idade do Bronze ou Heládica separavam os elementos estruturais dos de vedação. Os resultados eram edifícios semelhantes ao pequeno santuário de Apolo Dafnéforo em Erétria, exceto que as pilastras, e provavelmente também as vigas, dão a impressão de terem sido feitas com toras de madeira maiores. Nessas casas, praticamente nada se sabe sobre o telhado. A impressão que se tem é que ele era plano nas primeiras estruturas, mas no final da Idade do Bronze também surgem absides, supostamente cobertas com telhados de duas águas[10].

Tolos

Apesar da predominância dos templos retangulares, os gregos sempre construíram estruturas circulares tanto acima quanto abaixo da terra. Sem dúvida, a primeira e a maior dessas estruturas deve ter sido a vasta rotunda de tijolos que outrora ocupou a colina em que, muito mais tarde, foi construída Tirinto, a cidadela micenaina. Ela remonta ao início da Idade do Bronze, antes de 2000, e é, portanto, contemporânea dos primeiros palácios minoicos. O diâmetro tinha provavelmente cerca de 28 metros – talvez cem pés? Nada se sabe sobre o telhado, se era plano ou arredondado, e seu uso – complexo "cerimonial" ou celeiro – permanece igualmente incerto, embora seja a maior construção da Grécia continental que restou daquela época[11].

Câmaras cobertas circulares, supostamente para armazenamento, foram construídas em Cnossos e Festo[12], e havia muitos tolos em Micenas, Pilos e Orcômeno[13]. Outras tumbas, tolos encimados por um *cairn*, foram encontradas em Vrana, perto de Maratona e em Tóricos, no sudeste de Ática. Em Micenas, a galeria funerária da realeza era circundada por uma passagem coberta; no entanto, é possível que a galeria toda estivesse coberta por um *cairn*; para o qual os ortóstatos da passagem podem ter atuado como muro de sustentação. Era simplesmente a mais grandiosa das galerias funerárias, embora existisse outra em Micenas; e mais algumas foram encontradas em Pilos e bem ao norte, no que é hoje a Albânia. Além disso, vários modelos de construções circulares bastante misteriosas, talvez usadas como santuários domésticos, foram encontrados em Creta. Eu os mencionei anteriormente[14].

Não existe um vínculo direto entre esses edifícios e modelos, por um lado, e os tolos do período Arcaico avançado, por outro[15] (dos quais pouquíssimos sobreviveram). Única relíquia do período Geométrico talvez sejam as quatro colunas sustentando um telhado dentro de uma parede circular, na pequena comunidade de Lathuresa, em Ática. O santuário arcaico dos cabiras, perto de Tebas, tinha um altar circular; e, é claro, talvez existissem outros, mas esses são todos os vestígios que restaram. Os tolos voltaram a assumir importância no final do século V: é mais fácil discuti-los no contexto do edifício coríntio, por isso, voltarei a falar sobre eles no capítulo 10.

Tipo e Projeto

O espaço público da cidade grega, com suas ortogonalidades, acolheu o edifício circular independente. Quanto às colunas, dentro e fora dele, os tolos do século V seguiram os edifícios retangulares precedentes. Supõe-se que as variações do tipo de coluna também seguiram as desses edifícios. O tipo de construção do templo de madeira, de tijolo ou de pedra a que elas se aplicavam surgiu quase ao mesmo tempo em toda a Grécia no período Geométrico: em Thermon, no noroeste; em Erétria, na Eubeia; em Corinto e no Istmo; e talvez mais notadamente na ilha de Samos, no extremo leste do mar Egeu. Na época em que a pólis passou a ser dominada pelos tiranos[16], uma nova categoria de governantes apoiada pela classe média em ascensão, o tipo era tecnicamente conhecido como períptero. Visto que as colunas circundavam as celas como asas, as *ptera* (asas) passaram a dominar a construção grega[17].

Porém, exatamente por causa da familiaridade e da persistência do tipo, o arquiteto desse edifício estava muito preocupado em refinar e elaborar o mecanismo da coluna e da viga para combiná-lo à variante do templo que lhe pediam para projetar, independentemente das exigências práticas e de organização do local de construção. Além disso, é claro, ele também se preocupava com a relação exata entre o nicho interno e o períptero, embora no esboço o tipo "normal" do século V e VI fosse tão simples que parecia diagramático. Na verdade, as primeiras decisões de projeto – em relação ao número e ao "gênero" das colunas, aos intercolúnios e à profundidade das filas de colunas – não tinham de ser tomadas pelo arquiteto, nem exigiam desenhos ou modelos; podiam ser verbais e talvez nem fossem registradas por escrito.

Se pudermos considerar Vitrúvio um guia confiável, depois de definidos o número de colunas no frontispício (entre dois e dez, mas nunca superior a dez), sua natureza e seus intervalos, podia-se tomar a próxima decisão crucial: a definição do tamanho total do edifício. Para acompanhar Vitrúvio mais uma vez, tem-se a impressão de que o tamanho total do edifício era determinado pelo comprimento externo da colunata do frontispício, supostamente mensurado na parte superior da estilóbata porque, segundo ele, seu "comprimento total" deveria ser dividido para que se obtivesse o módulo – e dois desses módulos resultam no diâmetro da base da coluna. O que ele não informa aos leitores é como esse comprimento original era definido. Provavelmente em alguns casos ele era medido em unidades de números inteiros da jarda ou do pé local – daí o hecatômpedo – mas muitas outras coisas devem ter entrado em cena, desde os limites impostos pelos fundos disponíveis às inspirações de respostas oraculares ou algum ritual que envolvia o arquiteto[18].

De qualquer maneira, do módulo – que está para a arquitetura como o *prōtos chronos*, "o tempo original", a medida breve indivisível do ritmo, está para a música e a recitação poética – surgiram as outras mensurações, ou seja, por subdivisão. O módulo será a primeira característica do edifício para a qual algo desenhado seria essencial, mesmo se até então tudo pudesse ter sido decidido oralmente. Portanto, não deve causar surpresa que, com exceção do *graffiti didimeu*, nenhum desenho funcional grego foi recuperado até agora; mas várias especificações funcionais detalhadas, *sungraphē*, escritas em pedra e em placas depois afixadas monumentalmente aos edifícios, foram registradas e discutidas[19].

A prescrição de Vitrúvio segue o padrão dessas especificações; ou seja, cada parte é dimensionada em relação àquelas que já foram posicionadas[20], embora os outros elementos da coluna e da viga não sejam necessariamente definidos em relação ao módulo, mas sua proporção varie progressivamente para cima. Minha descrição tenta seguir os artesãos à medida que erigem o edifício, derivando as dimensões das partes maiores e acrescentando suas frações, em vez de multiplicar as unidades menores.

É notável (sobretudo quando os modernos fanáticos pela proporção vêem isso pela primeira vez) que a altura do edifício não é diretamente proporcional à largura da estilóbata em nenhuma das equações, mas se relaciona ao modo como os detalhes foram planejados. Quanto ao comprimento do templo, Vitrúvio dá apenas uma equação (e ela é resumida): o comprimento deve ser o dobro da largura, o que é conseguido por meio da duplicação dos intercolúnios. Segundo Vitrúvio, se em vez disso o número de colunas for duplicado, comete-se o erro de produzir um intercolúnio a mais. A cela, por outro lado, deve obedecer à proporção 3:4. Pouquíssimos templos seguem exatamente essa equação[21]. Isso sugere que é bem provável que existissem outras receitas canônicas que Vitrúvio desconhecia ou preferiu ignorar – ou ainda que a equação canônica não era uma regra, mas a descrição de um tipo a ser imitado e variado.

A largura do templo na estilóbata talvez não fosse a primeira, mas era a dimensão fundamental a ser determinada, e cada parte relevante do edifício podia ser planejada como sua fração. A largura vinculava a dimensão ao tipo, porque o número pelo qual se dividia o comprimento para encontrar o diâmetro da coluna e o intercolúnio variava de acordo com a espécie de coluna e a natureza do templo. Para a ordem dórica, Plínio afirma que, na mais remota Antiguidade, a altura das colunas era de um terço da largura do templo, o que parece ser verdadeiro – ao menos em alguns casos[22]. Por sua parte, Vitrúvio propõe duas regras distintas. No terceiro livro, ele cita com reverência a equação que seu herói intelectual, Hermógenes, elaborou para os templos jônicos, calculada em diâmetros. A estilóbata deve ser dividida em 11 ½ partes para um tetrástilo, ou seja, quatro colunas em uma fachada; 18 para um hexástilo, seis colunas; e 24 ½ para um octástilo, oito colunas. A "parte" assim planejada é o módulo. Em seu quarto livro, ele determina outra regra (talvez mais antiga) e dá dois números de módulo: 27 para tetrástilo e 42 para hexástilo. O primeiro é um número ímpar, que sugere um intercolúnio central mais largo; ao passo que o segundo sugere espaçamento uniforme. De qualquer modo, o tipo básico de disposição de colunas em ambos os casos seria o distilo, ou seja, três diâmetros: um tipo apreciado por Vitrúvio, ainda que ele o considerasse arriscado (estruturalmente, como terei a oportunidade de mencionar). Porém, nem preciso insistir na importância numerológica do 27, o cubo de três, no esquema pitagórico das coisas; contudo, o 42, seis vezes sete, também era popular. Os comentaristas têm muitos problemas com essa especificação, e alguns até mesmo deram a entender (de modo improvável, para mim) que esses números eram "abstratos" ou "ideais", e que foram obtidos por especulação numerológica, sem nenhuma relação com a prática nem com as mensurações tomadas em edifícios existentes[23].

O intercolúnio introduz outra variante ao tipo: há cinco espécies calculadas em relação ao diâmetro da base do fuste que variam do mais estreito – picnostilo, com 1 ½ diâmetro – ao mais largo, areóstilo, com 3 diâmetros ou mais; um espaçamento tão grande que não poderia ser coberto por nenhuma viga de pedra, pois teria rachado em consequência do tamanho do vão. Discutirei isso em conjunto com a coluna toscana. Contudo, havia outra condição envolvida nessas variações, porque a altura do módulo do fuste (supostamente jônico) também estava relacionada ao intercolúnio. As variações ocorriam do fuste de 10 módulos no picnostilo até 8 ½ no areóstilo: comentaristas observaram que o número dominante obtido pela soma dos módulos da altura ao intercolúnio era sempre 11 ½.

A exceção, e o ideal entre essas relações, é inevitavelmente denominado êustilo – sendo *eu* o prefixo de aprovação. Ele possuía intercolúnio de 2¼ diâmetros, ao passo que a coluna continuava com 9½ , de forma que a soma dos módulos era 11¾ : de qualquer modo, ele chegava a 3 diâmetros no meio. Se o crédito é de Vitrúvio, trata-se de outro esquema de Hermógenes[24]. Um conjunto bem distinto de possíveis variantes está na relação entre coluna e parede, do pórtico de duas colunas entre paredes de antas (diostilo flanqueado) àquele com fila de dez colunas de largura, duas de profundidade, em torno da cela em todos os quatro lados (decástilo díptero). Tudo isso proporciona 35 variantes, quando se combina coluna e coluna, colunas e parede, o que parece se aplicar indistintamente a todos os três gêneros gregos.

Seiscentas Variedades

Contudo, alguns comentaristas observaram que os 27 módulos do templo de quatro colunas de Vitrúvio coincidem mais ou menos com as divisões dos grandes e famosos templos hexástilos dos séculos VI e V: Afaia, em Égina; o de Teseu, o propileu da Acrópole, em Atenas; os templos de Deméter e Poseidon, em Pesto; ou de Apolo Epicúrio, em Bassa. Além disso, visto que Vitrúvio coloca dois tríglifos entre as colunas (sendo que os templos clássicos têm apenas um), seu tetrástilo e o hexástilo clássico têm o mesmo número de tríglifos (onze) e de métopas (dez) para a largura do templo. Assim, a escolha do módulo parece estar intimamente relacionada a restrição numérica do tipo[25].

Já ressaltei a orientação de Vitrúvio de que é melhor evitar a deselegante ordem dórica em templos. É por isso que ele deixou a receita modular dessa ordem para seu quarto livro. Com um procedimento bem distinto do dele, eu considero o tipo do templo como o elemento unificador – ou divisor – entre a ordem dórica (que discuti no capítulo anterior) e a ordem jônica (que considerarei no seguinte). Para Vitrúvio, o diálogo assimétrico entre os dois tipos mais antigos de colunas – a dórica, robusta e resistente; e a jônica, graciosa, ainda que austera – é equilibrado pela coríntia, mais delgada e modesta. Porém, a jônica é obviamente o *eu*, a melhor: só porque é a coluna intermediária entre as colunas extremas. Não importa o que escritores posteriores tenham dado a entender, mas o método de Vitrúvio (ou esquema, chame-se como quiser), para qual a composição etrusca ou italiana é um complemento ou, talvez, um reflexo, só permite três colunas gregas. O método ou esquema para os edifícios jônicos e coríntios origina-se diretamente

Propileus da Acrópole em Atenas. Foto do autor.

Templo de Poseidon em Pesto. Foto do autor.

da discussão de Vitrúvio sobre a proporção do corpo humano apresentada no terceiro livro. Além disso, esse método é muito mais detalhado.

Contudo, quando passa a especificar os detalhes de um templo jônico, Vitrúvio introduz um outro método para calcular proporções, distinto do dórico, dependente não das proporções abstratas, mas das dimensões das colunas. Ele prescreve outras proporções para a redução do diâmetro da coluna entre o topo e a base, bem como para a proporção variável entre o epistílio e a coluna. Sua composição jônica não é, portanto, exatamente modular, uma vez que o tamanho mensurável tem precedência sobre a relação proporcional[26]. Mas diferenças de tamanho à parte, e apesar da permanência do tipo – supondo-se, também, que a maioria das variações poderia ser feita usando-se todos os quatro tipos de colunas que ele propõe –, as variantes enumeradas por Vitrúvio poderiam gerar algo semelhante a seiscentas fachadas possíveis de templos.

Tímpano ou Frontão

Outra relíquia que restou dos edifícios mais antigos e temporários – o vão triangular entre as inclinações do telhado de duas águas e a cobertura plana do pórtico – passou a ser chamada, curiosamente, "frontão" na linguagem moderna (ao menos em português)[27] e *aetos* ou *tympanon* (*-um*), em grego e latim. A alegação de Píndaro de que o termo apareceu pela primeira vez na Corinto dórica, durante o reinado de seu mecenas, o tirano Kypsellos, já foi considerada em minha discussão sobre a suposta invenção das colunas de pedras dóricas em Corinto.

O frontão era o componente mais elevado não do gênero da coluna, mas do templo como tipo. Embora ele faça parte daquele tipo de templo simétrico, foi considerado como mais importante e, talvez, ainda mais sagrado na fachada voltada para o altar principal nos têmenos[28]. Nas plantas com parede de fundo em abside, que costumam formar a base do comprido e estreito hecatômpedo, teria havido apenas um tímpano, porque no fundo um telhado semicircular cobria a abside. Em templos arcaicos, o tímpano era sempre decorado, ao passo que aquele que não estava voltado para o altar podia ficar em branco, como parece ter acontecido no templo de Atena em Corfu, Córcira.

O leitor apreciará as implicações técnicas dessa forma se também considerar que os construtores dos templos gregos não usavam a triangulação na construção do telhado. Parece que eles apoiavam os telhados inclinados diretamente sobre as colunas e as paredes[29], e a persistência desse uso desajeitado e extravagante deu ainda mais plausibilidade à descrição tradicional das origens da ordem dórica. Contudo, esse uso não permitia outro elemento – o pórtico pegado à parede externa da estrutura.

O Tríglifo de Canto – Mais uma Vez

Esse tipo ou esquema complexo detalhado por Vitrúvio (e por mim, seguindo seus passos) dominou toda forma de construção em qualquer lugar onde se falasse grego, e em outros cujo idioma não fosse o grego. Embora a ordem de vigas e colunas fosse, em essência, desenvolvida em templos, os edifícios civis de toda espécie – palácios, prefeituras e ginásios, bem como edifícios circulares – eram articulados e ornamentados com colunas e vigas que provavelmente tinham sido elaboradas para templos. Embora a cornija, o elemento final de remate da composição, costumasse ser usada para encimar uma parede dentro de um têmeno. Por exemplo, uma cornija coroava todos os edifícios colunares – templos, propileus e tesouros; não obstante as cornijas também rematarem os altares e até mesmo coroarem as paredes internas. O esquema era dominante apesar (ou talvez em consequência) de suas incoerências interiores.

Tive a oportunidade de considerar uma dessas incoerências mais detalhadamente: o friso de métopas e tríglifos dá a impressão de que as vigas principais do edifício, aquelas cobertas pelas placas dos tríglifos, correm apenas em uma direção, através da lateral de menor extensão de um templo. A dificuldade de construir o canto com tríglifos era, portanto, inevitável quando a representação tinha de ser planejada em relação à construção de pedra, se as vigas principais eram colocadas em paralelo com a linha de colunas e diretamente sobre elas; então os epistílios (que eram efetivamente frechais) tinham de ser mais espessos do que a viga transversal de maior vão que eles sustentavam. A hierarquia das vigas exigia que o epistílio, sendo a mais inferior, também deveria ser a viga mais pesada, enquanto as superiores deveriam ser progressivamente mais leves.

Templo em Segesta. Detalhe do canto da cornija. Foto do autor.

A dificuldade real é uma consequência dessa primeira inflexibilidade: os tríglifos de canto, que representavam a viga menos espessa, não podiam, assim, ambos chegar ao bordo da construção e se estender sobre o centro da coluna do canto abaixo deles. Como Vitrúvio ressaltou, há três modos de resolver (ou de eliminar) esse problema, todos insatisfatórios porque rompem a regularidade da alternação bem como a regra da composição:

1. pode-se ampliar a extensão da métopa de canto;
2. pode-se deixar uma parte da métopa no bordo do friso para fazer o canto, enfraquecendo assim a representação estrutural; ou
3. pode-se puxar a coluna do canto para que o intercolúnio final seja menor do que os outros.

Embora haja exemplos dos três modos, por vezes misturados, o último foi adotado mais frequentemente pelos arquitetos dos grandes templos dóricos. O problema do tríglifo de canto tem sido frequentemente considerado como o paradigma da dificuldade de adaptar o canto a algum sistema construtivo. No entanto, na arquitetura grega, o estreitamento do intercolúnio no canto e consequente deslocamento do tríglifo de canto estava ligado a outros e mais elaborados esquemas, por meio dos quais as dimensões principais do edifício eram corrigidas ou dispostas por meio de ajustes mais finos.

Ajustes Ópticos

Quando Vitrúvio recomenda "ajustes" ópticos para colunas jônicas, semelhantes aos que os problemas da métopa-tríglifo de canto davam a entender para a coluna dórica, ele o faz com muito mais detalhes. Segundo ele, os fustes das colunas precisam ser mais largos à medida que a distância entre elas aumenta:

> Em um areóstilo, se as colunas forem um nono ou um décimo de sua altura, elas parecerão esguias e delgadas […] porque o ar consome e reduz a espessura do fuste […]
> Se, por outro lado, elas forem um oitavo da altura em um picnostilo, elas parecerão mais grossas e deselegantes pela proximidade e aperto do espaço intermediário […] As colunas do canto precisam [assim] ter o diâmetro 1/50 maior [do que as demais], porque são cercadas de ar e parecerão aos espectadores mais delgadas [do que realmente são].

Ele conclui: "Portanto, onde o olho nos engana, a razão precisa remediar o defeito."[30]

Escrevo mais de sessenta anos depois que essa característica específica da arquitetura grega foi estudada pela última vez de forma didática[31]. Obviamente, na literatura grega, havia menções da prática, ainda que codificadas. O próprio Platão se refere mais explicitamente a essa correção óptica como prática dos escultores em *O Sofista*, quando o Estrangeiro de Eleia e Teeteto discutem a "realidade" das imagens, de modo a decidirem que tipo de fabricante, ou melhor, "poeta", o Sofista poderia ser.

> ESTRANGEIRO: Vejo primeiro a arte de copiar [*eikastikēs*], que consegue os melhores resultados quando o original é reproduzido em suas proporções de comprimento, largura e profundidade, além das cores apropriadas a cada parte, do que resulta uma cópia perfeita.

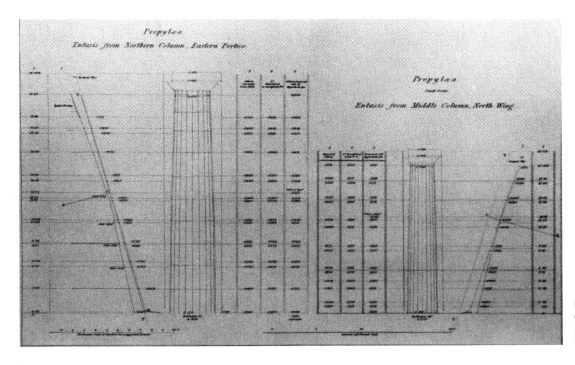

Ênfase e inclinação das colunas do Pártenon e propileus. Segundo F.C. Penrose (1888).

TEETETO: Como! Não é isso, justamente, que todos os imitadores procuram fazer?

ESTRANGEIRO: Pelo menos, não é o que se verifica com os que modelam ou pintam obras monumentais. Pois se quiserem reproduzir as verdadeiras proporções do belo, sabes muito bem que as partes superiores parecerão menores do que o natural, e maiores as de baixo, por contemplarmos umas de longe e outras de perto.

TEETETO: Sem dúvida.

ESTRANGEIRO: E então? E o que dá a impressão de belo, por ser visto de posição desfavorável, mas que, para quem sabe contemplar essas criações monumentais em nada se assemelha com o modelo que presume imitar, por que nome designaremos? Não merecerá o de simulacro, por apenas parecer, sem ser realmente parecido?

TEETETO: Sem dúvida.

ESTRANGEIRO: E não constitui isso parte considerável tanto da pintura como da arte da imitação em geral?

TEETETO: Como não?

Estrangeiro: E a arte que produz simulacros, não imagens, não seria mais acertado denominá-la ilusória?

TEETETO: Certíssimo.

ESTRANGEIRO: Aí temos, pois, as duas espécies de fabricação de imagens a que me referi: a imitativa e a ilusória.[32]

Platão fez muitas outras referências superficiais à inconfiabilidade da percepção sensorial e aos artistas que ajustavam ou falsificavam as verdadeiras dimensões e cores das coisas que eles representavam para fazê-las parecerem "corretas", assim como ridicularizou os experimentos acústicos de alguns de seus contemporâneos[33]. Por outro lado, exaltou a construção e a carpintaria acima

A curvatura da estilóbata do Pártenon. Foto do autor.

de outras *technai*, outras artes (por ex., medicina, música, retórica), porque envolviam cálculo exato e se apoiavam em instrumentos "científicos". Esse tipo de ofício, em que o jogo dos números era uma *technē*, era mais próximo de outra espécie de atividade, *tiktein*, "gerar" – ou até mesmo *teknopoiein*, ou seja, "gerar filhos" (algo que Eros insta cada ser vivo, humano e animal, a fazer para que possam se aproximar da imortalidade por meio da reprodução). Mas os seres vivos nunca querem gerar na feiúra, porque o amor nos conclama a "reproduzir e parir na beleza", ou seja, *tokos em kalōi*. Diotima ensinou a Sócrates sobre uma *technē* em que a imitação – seja ela a obra de deus, homem ou animal – não é ontologicamente inferior ao objeto imitado[34].

Por tudo isso, a relação entre sensação e dimensão foi interessantíssima para muitos dos primeiros "psicólogos"[35]. Quanto aos artistas, sabia-se que Fídias era conhecido por ter especial aptidão nesse tipo de ajuste. A história de sua competição contra Alcamenes (talvez um de seus discípulos) foi contada por John Tzetzes, um bizantino letrado do século XII, em duas ocasiões distintas, ainda que ele não citasse a fonte da história. Parece que Alcamenes fazia figuras humanas muito graciosas, mas não era habilidoso nem em óptica, nem em geometria. Era um grande frequentador de assembleias públicas nas quais tinha contato com aproveitadores, amantes e amigos. Fídias, por outro lado, evitava eventos públicos e reservava o amor e a devoção para a sua arte […]

Em certa ocasião, os atenienses resolveram dedicar duas estátuas em grandes pedestais a Atena, e os dois escultores começaram a trabalhar, apresentando-as à vontade popular. Alcamenes fez a estátua da jovem deusa delicada e feminina a um só tempo; Fídias fez a sua de acordo com as regras de óptica e de geometria, sabendo que quanto mais altos os objetos, menores eles parecem ser: assim, ele deu à estátua lábios protraídos e narinas proeminentes […] A princípio, a obra de seu concorrente pareceu muito melhor do que a de Fídias, por isso as pessoas começaram a se preparar para lhe atirar pedras. Contudo, quando as estátuas foram erguidas e colocadas sobre as colunas, a obra de Fídias surgiu muito mais esmerada, ao passo que Alcamenes e sua estátua foram ridicularizados[36].

A descrição de Tzetzes das correções ópticas em estátuas gigantes ou situadas em pontos elevados é, além da discussão vitruviana, o paralelo mais explícito na crítica antiga de arte ao ajuste das dimensões e à correção de linhas horizontais na construção. É verdade que havia outras aplicações de regras ópticas nas artes, por exemplo, as perspectivas de cenário teatral ou o ajuste de letras em inscrições altas. Mas a correção de partes do edifício e de linhas horizontais era praticada de modo geral, ainda assim tão sutilmente que, apesar das dicas de Vitrúvio, nem mesmo a êntase foi notada por analistas dedicados do século XVIII: ela foi percebida aos poucos nas décadas de 1820 e 1830. De todos esses ajustes, a curvatura das linhas horizontais do edifício inteiro foi a mais elaborada e espetacular, e também a última a ser descoberta[37].

Como é comum reconhecer agora, as estilóbatas e os epistílios ou arquitraves de muitos edifícios dóricos e de alguns edifícios jônicos (pórticos e templos) eram curvos, geralmente paralelos, quase sempre na altura e, às vezes, também na horizontal[38]. Essa curva, como a da êntase, nem

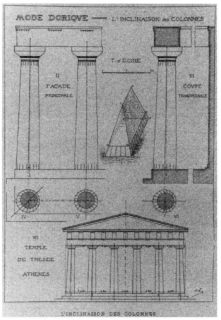

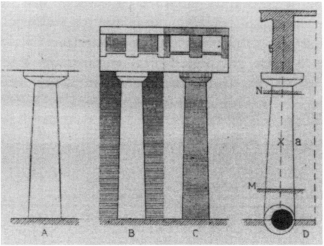

Efeito "óptico" e inclinação das colunas de um templo dórico grego. (à esquerda) Segundo A. Choisy.

A inclinação das colunas: o templo em Égina e o de Hefesto em Atenas. Segundo C. Chipiez.

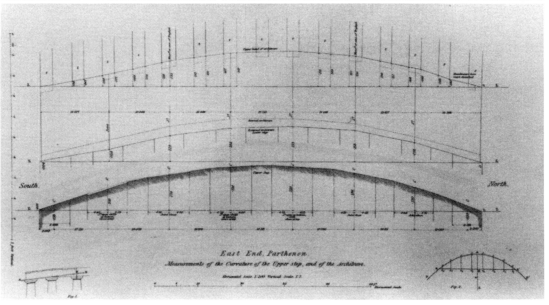

Representação diagramática da curva da estilóbata do Pártenon. Segundo F.C. Penrose (1888)

sempre era convexa, como pensaram os primeiros autores sobre o assunto. Além disso, em muitos templos, as colunas de canto não só ficavam mais próximas, para reduzir o intercolúnio, mas eram também levemente inclinadas para dentro. Em alguns dos edifícios do mais alto acabamento, toda a colunata tinha até mesmo uma leve inclinação para dentro, enquanto os centros, na parte superior e inferior, deviam ambos coincidir com a tal curva[39].

O ajuste minucioso do detalhe para proporcionar o efeito óptico foi uma grande conquista técnica, porque ele exigia tanto o cálculo exato quanto a mensuração precisa na execução. Esse ajuste entra em contraste gritante com a falta óbvia de interesse por aquilo que parece ser o principal objetivo da tecnologia no século XX: a economia estrutural. Nas colunas feitas de tambores, a anatirose – o método de encaixar pedras cortando-as precisamente nos bordos, enquanto a porção central era deixada recuada e irregular – indicava que apenas cerca de 10% da superfície da pedra tinha alguma função estrutural[40].

Exemplo de anatirose: dórico. Templo de Zeus em Olímpia. Foto do autor.

Curvatura côncava da estilóbata. Templo de Apolo em Delfos. Foto do autor.

Teoria e Prática

Além do mais, esses ajustes parecem entrar em conflito teórico com a regulamentação canônica elaborada da coluna e da viga, ainda que os gregos certamente não dessem a impressão de considerar essas duas abordagens como opostas, apesar de Platão. É quase como se esses ajustes não fizessem parte da *poiēsis* do edifício, de sua tipologia teórica, do *rhuthmos*[41], mas pertencessem a outra ordem de assuntos: como se correspondessem à prática habitual do arquiteto, assim como a velocidade de seus dedos sobre as cordas do alaúde ou o timbre de sua voz faziam parte da prática habitual de um músico, e não tivessem nenhum vínculo direto com a estrutura majestosa, porém, complexa da teoria musical. Foi Aristóteles quem primeiro distinguiu claramente "fabricação", *poiēsis*, de "lidar com", *praxis*, ainda que para Platão tal distinção já estivesse clara. Como já ressaltei, Platão comparou a aptidão na música, que dependia amplamente de suposições, à aptidão na carpintaria, que dependia em sua totalidade de mensuração e exatidão[42].

Afinal de contas, o desempenho musical não exigia nenhum treinamento teórico, mas dependia de aprender por imitação de gestos e de tocar instrumentos "de ouvido". A prática habitual era ensinada de uma geração de músicos à outra, através dos canais usuais de transmissão do *know--how*: regra prática, gestos, mnemônica[43]. Analogamente, como sugeriu Filo de Bizâncio, o processo de fazer com que partes do edifício pareçam diferentes do que são, na verdade, não se dá por meio de cálculo exato, mas por experimento: "por meio de um processo de tentativa e erro, adicionando-se às dimensões e, depois subtraindo-se, inclinando-se planos e todos os outros métodos até que a forma seja agradável à perspectiva e harmoniosa para a visão [*euruthma phainomena*]"[44].

A êntase é a característica das colunas antigas que pode ser considerada a correção óptica mais óbvia. A palavra em si é de origem duvidosa, como ressaltei anteriormente; Vitrúvio falou indiretamente sobre a êntase ao prometer colocar no final do livro um diagrama que ajudava a entendê-la. Infelizmente, esse diagrama não consta de nenhum manuscrito sobrevivente. Wags deu a entender que achou dificílimo fazer a êntase e acabou abandonando-a. Arquitetos do século XVI e XVII praticaram diversas formas exageradas de engrossamento, mas foi C.R. Cockerell, em Égina, quem observou e mensurou a verdadeira curvatura das colunas gregas pela primeira vez. Contudo, o método pelo qual a curva mais suave era calculada permaneceu desconhecido até que Lothar Haselberger encontrou o diagrama da construção inscrito na parede interna do santuário de Apolo, em Didima, perto de Mileto. O método baseia-se em desenhar um quadrante sobre uma superfície quadriculada e tirar dimensões dele de tal modo que elas são mantidas em uma direção e multiplicadas por uma constante na outra para resultar em uma curva que, aos olhos modernos, lembra uma elipse suave. Sugeriu-se que o método plausível usado em Mileto serviu como indicação para a construção das curvas ópticas gregas em geral[45].

No vocabulário greco-latino de Vitrúvio, simetria ou comensurabilidade parece intimamente relacionada a *posotēs*, quantidade e número, ao passo que a eurritmia determina a *poiotēs*, a qualidade da construção[46]. Parece que Filo usa terminologia semelhante ao discutir a habilidade do construtor de máquinas de guerra; do mesmo modo que nos edifícios, afirma, seu *design* não podia ser totalmente reduzido ao cálculo, mas tinha de ser constantemente aprimorado por meio de experimentos[47].

Supostamente é por isso que o artifício da correção óptica, ao contrário da invenção da proporção canônica, não é atribuído a nenhuma revelação divina, nem mesmo (ao menos não nos registros por escrito) dignificado com um inventor-herói. É bem provável que os gregos tenham aprendido isso com os egípcios, mas no único tratamento prolongado da questão, de autoria de Vitrúvio, não há nem mesmo a tentativa de produzir uma lenda, até certo ponto histórica, sobre sua descoberta.

De fato, a orientação de Vitrúvio sobre essa questão é vaga, e dada mais em forma de sugestões e insinuações do que na forma de uma descrição contínua. Nem sempre ela é coerente, talvez, porque ele tenha se baseado em diversos manuais e não tentou adaptar suas recomendações. Ele resume sua atitude geral com mais clareza no início do sexto livro, no qual se pode detectar um eco, ainda que fraco, da observação de Platão segundo a qual

> uma é a beleza que está próxima, outra aquela que está acima de nós. Da mesma forma, o mesmo não é válido para o espaço fechado e o espaço ao ar livre, de forma que precisamos de muita criatividade para tomarmos a decisão certa. Além disso, os olhos não dão uma ideia correta das coisas, eles enganam a mente em seus julgamentos [...], visto que o que pode parecer falso é verdadeiro, ao passo que o olho, ao contrário, aceitará coisas que são muito diferentes da realidade. Afirmo, sem sombra de dúvida, que algo deve ser adicionado ou eliminado de acordo com as exigências e a natureza da situação [...] e, para isso, o conhecimento retórico não é suficiente, a criatividade aguda também se faz necessária [...] Primeiro, portanto, deve-se definir a mensuração das simetrias, cujas modificações certamente podem ser deduzidas; depois, a unidade do comprimento externo é fixada no local do futuro edifício; em seguida, haverá o planejamento das proporções de modo que os observadores não tenham nenhuma dúvida sobre sua eurritmia[48].

As leis que governavam os fenômenos ópticos, assim como a natureza da visão, foram amplamente discutidas muito antes de Vitrúvio. Euclides formulou as leis da deformação óptica em sua costumeira forma límpida. Aristóteles e seus discípulos especularam a respeito das teorias dos filósofos pré-socráticos, alguns dos quais afirmavam que a visão se originava do olho, ao passo que outros acreditavam que ela entrava no olho a partir do mundo externo[49]. Mas uma opinião contrária a todas essas foi proposta por Epicuro e seus seguidores, para quem os *sentidos* eram a única realidade possível, assim como as "correções" noéticas eram irrelevantes para o construtor e mesmo para o espectador – para quem as linhas retas e, consequentemente, a solidez do edifício era o que mais importava. Ao impor belamente (porém, sem sucesso) a doutrina epicurista sobre todos os romanos instruídos na geração anterior a Vitrúvio, Lucrécio explicou por que a descrição que os sentidos davam dos fenômenos devia ser sempre preferível a qualquer descrição "mensurada": "Proinde animi vitium hoc oculis adfingere noli"[50] (Nunca deixe os olhos seguirem tal fraqueza da mente). Posteriormente, no mesmo livro, ele compara a confiança nos sentidos à ortogonalidade na construção. Como única garantia da verdade e, consequentemente, também da estabilidade, a confiança total nos indícios dos sentidos tornou irrelevante a especulação sobre quaisquer questões como *scamilli impares*, que se baseiam na disparidade entre o mensurado e o sensorial:

> Como em um edifício, se a primeira régua estiver disforme e o esquadro sinuoso, se ele se desviar da linha reta ou se houver uma falha em qualquer parte do prumo, então, toda a construção terá problemas, tudo parecerá torto, irregular ou oblíquo, inclinado para frente ou para trás, de modo que se tem a impressão de que algumas coisas estão prestes a cair, outras a ruir, condenadas pelas primeiras mensurações erradas; assim, a causa de qualquer coisa, que surgiu da infidelidade aos sentidos, pode parecer perversa e falsa.[51]

Contudo, o ensino dos retóricos e filólogos que formularam o vocabulário latino para filósofos posteriores seguidores de um modelo grego – Cícero e Varrão foram os mais relevantes – deveu-se mais à Nova Academia e aos pensadores estoicos. O fato de Vitrúvio defender o ajuste óptico inspirado nos gregos, por menos que tenha sido praticado por seus contemporâneos (e Vitrúvio não cita nenhum exemplo), estava de acordo com o que Otaviano – como patrono da arquitetura – teria escolhido aprender, mesmo se ele não tivesse construtores com as aptidões necessárias para aplicá-lo.

Vitrúvio pode ter tomado conhecimento de tudo isso diretamente a partir da literatura científica, ou talvez apenas de fontes secundárias, ou seja, dos escritores esquecidos da área da arquitetura. Certamente, ele achou normal e não viu nenhuma contradição do ajuste óptico com as regras canônicas; a prova disso é a passagem que eu citei acima. Como Filo de Bizâncio, ele descreveu a execução da eurritmia como um procedimento secundário, que aconteceu depois de determinar tamanho, tipo, detalhe e proporções do edifício. Nas palavras de Vitrúvio e de Filo, a eurritmia consiste em acrescentar e subtrair um dado de alguma dimensão modular, supondo, portanto, que havia algo a subtrair e a acrescentar. Obviamente, o dado era obtido em *posotēs* – harmonia proporcional e numérica – que a eurritmia permitia registrar adequadamente no sentido falível do observador. Vitrúvio define "eurritmia", no início de seu tratado, entre os termos críticos essenciais como:

> a aparência graciosa e comensurável dos elementos da composição toda quando se correspondem uns aos outros. Isso resulta da concordância das partes da obra entre si: a altura com a largura, a largura com o comprimento – em suma, quando tudo é uma harmonia de comensurabilidade[52].

A harmonia a que Vitrúvio se referiu não era a harmonia musical, numérica fundamental do número e da quantidade, mas outra, mais difícil de definir – daí os problemas de seus comentaristas –, de qualidade. Isso era obtido pelo processo de ajuste delicado, de acordo com o tamanho absoluto, o lugar, a posição, a coloração e a elaboração do detalhe ornamental, para os quais nenhuma regra positiva sobreviveu, se é que essas regras chegaram a ser formuladas. Contudo, procedimentos do tipo a que Vitrúvio se refere talvez fossem conhecidos no século VII, ainda que seja impossível dizer em que ponto essa aptidão prática era isolada dentro de uma discussão "profissional" – e não "prática" – da teoria. Além de não existirem documentos escritos sobre essas questões, a estrutura dos edifícios que os arqueólogos recuperaram não dá nenhuma pista confiável, porque as mensurações exatas de edifícios anteriores, em que se usavam a terracota e a madeira, além da pedra, são quase impossíveis de serem comprovadas. Porém, mesmo em algumas construções profanas, feitas sem qualquer ajuste, as estilóbatas tinham uma curvatura convexa prontamente visível.

Na construção só de pedra, esse detalhamento englobava a moldagem exata e, talvez, até mesmo a colocação separada de cada bloco de pedra aparente estanque, para o visitante, e de muitas outras peças que ficavam ocultas. A começar com a crepidoma – embora todas as suas juntas verticais fossem perpendiculares, as linhas horizontais eram inclinadas para tornar a curva convexa na elevação e, às vezes (talvez), para fazer uma curva côncava ou convexa no plano. Às vezes, o declive do piso entre a parede do templo e as colunas também era acentuado. A curvatura influenciava tanto a estilóbata quanto o intradorso do epistílio sobre ela e, em muitos casos, também o frontão e sua parede interna. Na elevação, a corda da curva era quase sempre paralela ao horizonte; inevitavelmente, a curva não era contínua, mas composta por linhas retas inclinadas. Isso era válido para os lados longos e curtos da planta. De outra parte, os lados curtos costumavam ser curvos na planta, e no precedente egípcio (se Pennethorne for digno de crédito), essa curva era côncava. Portanto, seria justo dizer que como regra geral as curvas costumavam ser convexas na elevação e, às vezes, côncavas na planta, ainda que os critérios para fazê-las de um jeito ou de outro não tivessem sido sistematicamente investigados. Como descrevi anteriormente, as colunas se curvavam para a êntase; os blocos de ábaco eram cortados em leve diagonal na frente, ortogonalmente nas laterais. A superfície da coluna e, às vezes, também a parede dentro do frontão eram inclinadas para frente. Tudo isso exigia o corte preciso e a abrasão da pedra; as inclinações eram às vezes de apenas um grau em relação à perpendicular. Ainda não há um levantamento geral desses fenômenos, e apenas recentemente se percebeu que eles afetam não somente os templos, mas também outros edifícios públicos[53].

Levando-se em conta a relação bem distinta de custo e material no edifício moderno, vale a pena citar um paralelo recente. Em 1919, quando Edwin Lutyens projetou o Cenotáfio de Londres como um monumento comemorativo em homenagem aos mortos na Grande Guerra, a estimativa do construtor era de apenas um décimo da soma votada pelo Parlamento para essa finalidade. Para gastar toda a soma sem alterar o projeto original que agradava plenamente a Lutyens, ele ordenou que as pedras fossem cortadas individualmente para acompanhar a sinuosidade da rua e o abaulamento da pista. Ao calcular essas curvas e as proporções gerais do Cenotáfio, tem-se a impressão de que Lutyens baseou-se inteiramente em publicações bastante questionáveis de Jay Hambridge, o profeta da "simetria dinâmica", embora tivesse ciência das pesquisas publicadas sobre a questão nas décadas anteriores. Mesmo assim, quando projetou as linhas verticais do Cenotáfio para que se encontrassem a uma milha acima do centro do edifício, ele estava convencido de que seguia o exemplo grego[54].

Ruínas de estuque colorido. Templo C em Selinunte. Foto do autor.

Os olhos incrustados de uma estátua desaparecida. Atenas, Museu Arqueológico. Foto do autor

Superfície

Podia-se esperar encontrar um acabamento preciso e elevado em edifícios de alvenaria aparente, mas os edifícios gregos recebiam acabamento em estuque, todo colorido. Essas cores costumavam ser vivas e puras – quase heráldicas – e sempre lisas, nunca mescladas. Os gregos gostavam de contrastes fortes, como em cerâmica preta e vermelha e também gostavam de objetos intensamente coloridos "encontrados" na natureza: veja-se o mármore azul do altar do lado de fora do templo de Delfos e no friso abaixo do templo de Nike em Atenas. O efeito dissonante e visualmente atraente desses contrastes dá ao observador moderno a impressão de desviar sua atenção das correções ópticas e geométricas, nas quais não se poupou criatividade e zelo, e isso sugere que o objetivo da eurritmia não era só produzir uma impressão suave na perspectiva do observador, uma impressão que alguns historiadores modernos consideram a meta principal dos ajustes ópticos.

Quanto às cores, sabemos mais sobre os corantes usados graças às referências óbvias: Vitrúvio e Plínio. Ambos escreveram em uma época em que o estuque pintado era usado mais no interior do que no exterior dos edifícios. Porém, Vitrúvio não deixa dúvida sobre o uso feito pelos gregos: os tríglifos de templos de madeira foram impermeabilizados com um revestimento de cera azul, *cera caerulea*; daí ser esse tom a cor dos tríglifos nos templos dóricos[55]. No entanto, Vitrúvio, como Plínio, está mais interessado no uso da cor em pinturas do que nas superfícies chapadas de contraste agudo dos templos gregos.

Como os prédios, as esculturas eram pintadas. Elas eram até mesmo feitas com mais de um material – madeira e terracota, pedra e metal; era comum que as estátuas de mármore tivessem cintos e perucas de bronze, trajassem armadura de bronze e adereços dourados. As estátuas de bronze eram envernizadas com uma camada fina de betume para impedir a oxidação da superfície, e isso deve ter lhes dado a famosa cor "biliosa" descrita por Plínio, o Velho, cuja obra enciclopédica é a origem de grande parte de nossas informações[56]. A cor naturalmente dourado-avermelhada do bronze com teor elevado de cobre também era apreciada. Em edifícios, era muito usada para rótulas e portas, e as lendas – que mencionei em outra ocasião – falavam de templos inteiros de bronze com acrotérios dourados[57]. Nem mesmo o acabamento mais oneroso e vistoso, a douradura, era

Os efeitos tonais da policromia. Templo de Ártemis na Córcira. Segundo W. Dörpfeld (1935).

desprezado. A arquitrave lisa do Pártenon de Atenas, que algumas pessoas consideram o arquétipo da arquitetura grega branca, era decorada com uma série de escudos circulares de bronze dourado. Às vezes, o bronze era deliberadamente patinado. Há um registro de folhas de acanto de bronze em um capitel coríntio, em Roma que foram marinadas em urina para que pegassem uma pátina verde viva antes de serem presas à coluna[58].

Mas de pedra ou de bronze, a estatuária grega quase sempre ostentava aplicação de douradura e de coloração e, às vezes, incrustações também. Olhos de concha e vidro podem ser encontrados na estátua-curul em Delfos ou no curos de Maratona e, de forma mais proeminente, nos bronzes de Riace. Lábios vermelhos e sangue em ferimentos eram feitos de pasta de vidro, ainda restam vestígios disso em várias estátuas (por exemplo, a do lutador sentado no Museu delle Terme, em Roma). Unhas, cabelos e sobrancelhas prateadas eram comuns e deixaram vestígios em muitos bronzes. Essas incrustações deixavam marcas reveladoras, mas as cores pintadas costumavam descorar ou descascar se não fossem renovadas ou conservadas. O olhar vazio de tantas estátuas gregas é devido simplesmente ao fato de a cor ter sido removida ou descascada.

As duas estátuas mais famosas do mundo grego, a de Zeus em Olímpia e a de Atena no Pártenon, ambas com altura de várias vezes o tamanho natural, foram feitas com diversos materiais. Cernes feitos com a madeira das oliveiras eram revestidas com placas de ouro nas vestimentas e marfim (para simular a cor e a textura da pele humana) para as carnações; olhos de conchas, é claro; armadura de bronze, joias verdadeiras e assim por diante. Essas estátuas criselefantinas brilhavam nos santuários escuros (sem janelas, apenas algumas aberturas na parte superior e alguns lampiões a óleo que não geravam exatamente uma luz ofuscante), e um altar para queima de incenso diante delas emitia, de vez em quando, uma nuvem de fumaça. Além disso, as paredes de pedra, as colunas e os tetos e telhados de madeira recebiam acabamento de estuque preparado para a pintura com cores vivas e chocantes, que deviam ser refletidas pelas placas de ouro apesar da fumaça do incenso.

Os minoicos e os miceneus, além de seus contemporâneos setentrionais, construtores muito mais esmerados do que os "primeiros gregos", também coloriram suas esculturas e edifícios. Quando os gregos "clássicos" começaram a usar a pedra, em vez de tijolo ou pau-a-pique, costumavam protegê-la com placas moldadas e decoradas de cerâmica queimada no forno que eram pregadas ao tufo macio com pregos de bronze. Esses revestimentos eram, no mínimo, tão delicadamente esmaltados quanto os vasos de cerâmica orientais e geométricos do período.

Quando, ao final do Período Orientalizante, antes de 600 a.C., os gregos passaram de tufos e calcários mais macios e grosseiros para o mármore duro e cristalino, o estuque colorido substituiu os revestimentos cerâmicos. Mesmo nas pedras mais macias, usava-se o estuque como base para as cores, as quais se tornavam mais vivas. Os corantes ou tintas eram ocres minerais – óxidos e carbonatos de ferro e cobre – argilas queimadas, fuligem, substâncias vegetais (como o açafrão) ou animais (a tinta púrpura de crustáceos, que era muito volátil e onerosa) e pedras básicas como malaquita, hematita, cinabrino ou lápis-lazúli que, por serem estáveis, dão a indicação mais certa sobre determinados matizes usados pelos antigos[59].

Usavam-se duas técnicas básicas para a pintura. A primeira, a encáustica (preferida por muitos escultores, segundo Plínio), consistia em tingir cera quente, que podia ser aplicada diretamente à madeira ou pedra quando estivesse líquida. Ao endurecer, era raspada com uma ferramenta quente, deixando impressa a cor como uma mancha no mármore ou na madeira. Isso tinha a vantagem de não afetar a superfície do escultor, mas a aplicação sobre grandes áreas era cansativa. A abordagem alternativa era pintar sobre estuque. No estuque seco, os gregos misturavam pigmentos com clara de ovo, goma ou cola de peixe, mas, às vezes, esses pigmentos manchavam o gesso fresco e úmido na técnica posteriormente denominada *afresco*[60]; na pintura de áreas muito grandes, o corante era até mesmo misturado diretamente no estuque, antes de ser aplicado. Cores mais voláteis costumavam ser envernizadas com uma mistura de cera e óleo. Esse processo, conhecido como *ganōsis*, era realizado ritualmente pelos romanos em algumas estátuas[61].

É claro que os gregos e os romanos não foram os primeiros a pintar seus edifícios. Na Mesopotâmia, os sumérios, os babilônios e os assírios revestiam edifícios de tijolos cozidos ao sol com cerâmica vitrificada e altamente colorida. Os egípcios revestiam os seus com um estuque branco, e também os pintavam com cores vivas e heráldicas. Mas a combinação grega de terracota vitrificada e estuque dá a entender que os gregos reuniram em seus templos as técnicas de terracota colorida, que haviam sido usadas para decorar os edifícios mesopotâmicos de tijolos e o estuque pintado sobre a pedra, comumente usado pelos egípcios.

Contudo, diferentemente dos egípcios, os gregos quase nunca deixavam entrever o estuque branco, ao contrário, ele era sempre colorido e usado para "quebrar" o branco ofuscante do mármore. Isso podia ser feito misturando o estuque ao leite saturado com açafrão. Plínio menciona um templo onde ainda era possível sentir o aroma do açafrão nos dedos quando umedecidos com saliva e esfregados na pedra[62]. Os degraus, os capitéis e a estrutura do teto, bem como as paredes da câmara do templo tanto internas quanto externas, todos eram pintados, além dos relevos na cornija e as figuras nos frontões – e, é claro, todos os detalhes do teto: acrotérios, antêmios, gárgulas.

Se as cores usadas em edifícios não se referiam diretamente aos fenômenos naturais, elas davam a impressão de mostrar como as coisas eram feitas nos tempos antigos, lembrando a construção em madeira, os entalhes em madeira e padrões têxteis – além das terracotas dos períodos Geométrico e Orientalizante. Formas de plantas, a palma ou a madressilva, eram sempre tão convencionais na cor quanto na forma e algumas eram tomadas emprestadas diretamente da arte egípcia ou do Oriente Próximo.

O verde vivo do óxido de cobre, que mencionei anteriormente, era apenas uma aproximação grosseira do profundo verde-folha do acanto verdadeiro: a coloração grega não era naturalista. Em uma famosa passagem no Livro IV da *República*, Platão exemplifica o equilíbrio da felicidade de diferentes classes dentro do Estado, com a história do escultor abordado por um visitante *naïf*:

> Era como se estivéssemos pintando uma estátua e alguém nos abordasse para nos censurar, dizendo que não aplicávamos as tintas mais belas às partes mais formosas do corpo; de fato,

os olhos, sendo a coisa mais linda, não seriam sombreados com cor de púrpura, mas com o negro. Parece que nos defenderíamos convenientemente replicando: "Meu caro amigo, não julgues que devemos pintar os olhos tão lindos que não pareçam olhos, nem as restantes partes, mas considera-se que atribuindo a cada uma o que lhe pertence, formamos um todo belo".[63]

Em edifícios dóricos, as colunas e as vigas, se feitas de pedra amarela – tufo ou pedras porosas – ficavam inalteradas. Se elas fossem de mármore, seriam revestidas de estuque ou apenas tingidas de amarelo. No friso, cada métopa guardava uma escultura vibrante e de cores vivas, que não necessariamente recebia pintura em toda sua superfície: as partes "nuas" podiam não ser tratadas, mas roupas, armadura, cabelos e assim por diante eram coloridos, e as cores eram muito mais variadas do que os meros vermelhos e azuis dos ornamentos. As métopas eram separadas por tríglifos "cerúleos", ao passo que as molduras horizontais na cornija e aquelas que envolviam o tímpano eram fortemente decoradas em vermelho e azul. O fundo do tímpano, contra o qual foram delineadas algumas das maiores e mais famosas esculturas gregas (os Mármores de Elgin, o Apolo de Olímpia, a Atena de Égina), era azul vivo, porque ele representava a abóbada celestial, onde as figuras divinas que se revelavam no tímpano tinham de ser vistas, assim como os mortos eram vistos diante da cor do outro mundo. As figuras do frontão eram, mais uma vez, de cores vivas e, às vezes, ornamentadas com peças de bronze. Acima da linha principal do telhado, os acrotérios e outros ornamentos costumavam ser de cor vermelha e azul, mas, às vezes, eram de bronze e douradura. De qualquer modo, uma certa quantidade de douradura na silhueta superior não era incomum em edifícios mais opulentos.

Nas colunas jônicas e coríntias, as bases costumavam se destacar em vermelhos e azuis vivos, às vezes com adição de verde, preto e um pouco de dourado. A parte superior das colunas era ligada com um colarinho de cores vivas sob o capitel, e as espirais da voluta jônica eram acentuadas com vermelho e azul para lhe dar uma aparência flexível, quase metálica; praticamente a mesma coisa foi feita em alguns ornamentos do telhado. Os anexos, as estátuas votivas e os propileus do tempo eram de coloração similar.

A arquitetura monocromática e a escultura monocromática que a acompanhou pertencem ao final do Império Romano. Talvez fosse essa a mudança de que Virgílio lamentava profeticamente, quando escreveu sobre o advento de uma *discolor aetas*, uma era monocromática de guerra e ganância, que devia suceder à era dourada de Saturno.

Há outra questão relativa à superfície, que a maioria dos observadores costuma notar incidentalmente (quando o faz) sobre os edifícios gregos: eles eram inscritos. Não como seriam os edifícios modernos, com placas ou rótulos – ou mesmo em grandes caracteres monumentais em um friso ou painel – mas em toda parte. Degraus, paredes e até mesmo colunas podiam ser cobertos de caracteres, às vezes contidos dentro de um pedaço de parede especialmente liso ou, talvez, anexados em uma placa de bronze à madeira ou pedra de uma coluna. Eles podiam ser grandiosos e enigmáticos, como o "E" no templo de Apolo em Delfos, que levou Plutarco a escrever um livro inteiro em comentário; ou gnômicos, como o *gnōthi sauton*, "conhece-te a ti mesmo", que Sócrates (e/ou Platão) não cessa de citar[64]. Mas a maioria das inscrições refere-se a dedicatórias, grandes eventos, doações, comentários explicativos sobre esculturas, e até mesmo especificações sobre o próprio edifício. A estilóbata e as paredes do tesouro ateniense, em Delfos, podem ser lidas como um livro; os degraus do templo de Apolo, em Siracusa, mostram uma inscrição arcaica em caracteres monumentais do tipo que se esperaria ver em uma cornija. As letras dessas inscrições, a menos que destacadas em cor, eram ilegíveis. O vermelho seria óbvio para a finalidade: contudo, essa cor costumava ser usada para destacar as partes inferiores de um edifício, sobretudo os degraus, porque era a cor associada à terra e ao outro mundo (os fundos de monumentos funerários, em que um morto era representado, eram quase sempre vermelhos por essa razão).

Todas as inscrições, os ornamentos de bronze, a douradura e as cores vivas chocantes não mascaravam as discrepâncias dóricas, nem desviavam a atenção dos arquitetos e observadores das sutilezas dos ajustes ópticos. No século IV, a única maneira de os arquitetos lidarem com as discrepâncias era reduzi-las literalmente: as colunas se tornaram mais esguias, os capitéis diminuíram proporcionalmente e a cornija ficou tão fina que, às vezes, havia três tríglifos entre as colunas, em vez de apenas um. Quanto às colunas, eram curvadas para cima no tenso movimento das caneluras e comprimidas para que parecessem ainda mais esguias do que na realidade eram[65].

Em seu entusiasmo pelo poder desses efeitos, Vitrúvio até mesmo os associa à própria origem dos templos cercados por colunas, quando diz que a colunata circundante "foi inventada para fazer com que os edifícios parecessem dominantes por meio da plasticidade do contraste; além disso, a colunata proporcionava abrigo informal em torno do santuário para uma multidão de pessoas surpreendidas por uma chuva inesperada e impedidas de prosseguir seu caminho"[66]. O leitor talvez considere essas explicações parciais, até mesmo um pouco insatisfatórias, mas vale a pena citá-las como testemunho do *asperitas* que os arquitetos e críticos helenistas atribuíam à qualidade plástica de seu edifício; eles a consideravam um atributo essencial dos templos, uma explicação de seu isolamento dentro do tecido urbano e sua exaltação em relação às casas e aos prédios cívicos de qualquer cidade.

IX: A Máscara, os Chifres e os Olhos

- Jônico e Descritivo - A Lenda do Primeiro Jônico
- Território Dórico - Ártemis em Éfeso - A Adoração a Ártemis - Ártemis e Dioniso - O Templo de Ártemis em Éfeso - Colunas Votivas - Os *Thalamoi* Siciônios
- Um Jônico Persa? - A "Ordem" Eólica - Paralelos Orientais - Na Anatólia: Mitanitas, Hititas e Urartianos
- Na Anatólia: Frígia, Lídia, Lícia, Cária - Espirais e Árvores
- Afrodite em Pafos - Astarte em Kition - Os Guardiões das Portas - Modelos e Santuários - Móveis e Tecidos
- Caveiras com Chifres - Humbaba - A Estátua-Coluna
- O Feixe de Juncos: O Pilar de Inanna - Hátor

"Templos não devem ser feitos para cada deus seguindo o mesmo padrão", insiste Vitrúvio, "porque cada deus gera uma sacralidade distinta em seu culto"[1]. No início de seu primeiro livro, ele já esboçara essas diferenças, ao explicar o significado do termo *decoro*. Como substantivo, a palavra tornou-se quase obsoleta em inglês, ainda que dois adjetivos bem distintos derivados dela, *decorado* e *decoroso*, davam uma noção bastante exata do sentido latino. Vitrúvio considerava que os requisitos do decoro eram atendidos, quando as características apropriadas eram reunidas segundo a tradição. Isso se origina de *statio*, "que os gregos denominam *thematismos*", e que ele identifica superficialmente com costume e natureza[2]. Mas ele prossegue e exemplifica: templos para certos deuses,

> por exemplo, Júpiter "Trovejador", o céu, o Sol e a Lua não deviam ser cobertos; os templos dedicados a Minerva, Marte e Hércules, deviam ser dóricos, sem muitos ornatos, porque esses deuses exerciam grande poder; os templos dedicados a Vênus, Flora, Prosérpina, fontes e ninfas atrairiam os adoradores certos se fossem construídos no estilo coríntio, porque essas colunas eram mais esguias e ornadas [...] A situação mediana de Juno, Diana, Liber Pater (o correspondente romano do grego Dioniso), e de deuses semelhantes a eles, era respeitada com a construção de templos jônicos para manter a medida exata entre o aspecto austero do dórico e a ternura do coríntio[3].

Fica evidente nessa passagem que para Vitrúvio a natureza da divindade e o culto a ela dedicado controlavam a disposição formal dos templos em geral. O determinante mais óbvio disso era a escolha do tipo "apropriado" de coluna. Ele insiste em fazer essa recomendação (talvez um pouco cansativa) para dois deles em relação ao gênero. O dórico é masculino, despojado, forte, heroico. O jônico é explicitamente feminino:

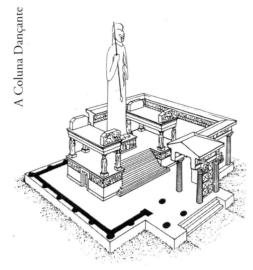

A Coluna Dançante

primeiro tiraram um oitavo da espessura da coluna para que parecesse mais esguia. Colocaram a parte larga da base sob ela, como se fosse uma sandália; ao capitel prenderam, à esquerda e à direita, volutas trançadas que pendiam como mechas de cabelo, e usavam livremente molduras redondas e grinaldas, como se fossem tranças caindo sobre a testa; os sulcos caíam sobre o corpo todo da coluna, como se fossem as dobras de um vestido matronal[4].

A descrição de Vitrúvio transforma a coluna jônica em um ícone muito mais explícito da figura humana do que a coluna dórica. Ele a descreve quase como uma escultura figural. Porém, nem a coluna dórica nem a jônica receberam características sexuais genitais, por mais insistente que ele seja na questão do gênero. Os gregos não demonstravam nenhuma timidez em nomeá-las ou mostrá-las; por isso, se elas não foram mencionadas nem mostradas é porque não tiveram importância nessa conexão. O que se mostra aqui é o gênero – a suposta característica cultural – e não alguma função reprodutora explícita. Com o intuito de conferir ainda mais ênfase à questão, cita-se Liber Pater[5] como agraciado com um templo jônico, ao lado de Juno/ Hera ou Diana/ Ártemis, ao passo que Minerva/ Atena recebem um templo dórico. Essa distinção entre sexo e gênero é relevante: a feminilidade de certas divindades masculinas e a masculinidade correspondente de divindades femininas serão discutidas posteriormente neste capítulo.

Por mais que conhecesse os textos – que desde então se perderam – de onde se originou esse conceito da forma do templo adequada a determinadas divindades, Vitrúvio era tão alheio à prática religiosa grega que não fez nenhum comentário sobre a maioria das violações óbvias do decoro: no santuário de Olímpia, tanto Hera quanto Zeus tinham templos dóricos; ao passo que no santuário igualmente famoso na Acrópole de Atenas, Minerva/ Atena recebeu tanto um templo jônico quanto um dórico dentro do mesmo têmeno, dedicados aos seus aspectos diversos (jônico como Polias, protetora da cidade e provedora da oliveira; dórico como Pártenos, guerreira virgem). Mesmo dentro de um templo as regras podiam ser negligenciadas: o Pártenon dórico tinha características jônicas. A mistura ou combinação de gêneros era muito mais comum do que dava a entender a doutrina simples de Vitrúvio. Em Amiclea, perto de Esparta, na pátria dórica, Baticles da Magnésia, com um grupo de artesãos jônicos, projetou colunas para o trono de Apolo que eram dóricas de um lado e jônicas do outro, transformando o templo em um dos mais excêntricos descritos por Pausânias[6].

A distância – histórica e geográfica – entre Vitrúvio e seus mentores gregos, bem como dos monumentos que eles construíram, talvez tenha sido o motivo que o levou a ficar alheio (ou simplesmente desinteressado) à grande raridade do terceiro tipo de coluna no início da construção grega, mesmo no Período Clássico. Portanto, deixando essa discussão para o próximo capítulo, não acompanharei Vitrúvio quando ele coloca o coríntio depois do dórico. Ao contrário, prefiro trabalhar cronologicamente; por isso, vou discutir, a seguir, o jônico, que ele considera "de meia-idade".

Baticles: O trono de Apolo em Amiclea. Cortes, planta, elevação e projeção, segundo R.E. Martin (1987).

Jônico e Descritivo

Como Vitrúvio descreveu na época, e porque ela foi construída ao menos desde o início do século VI, a coluna jônica e suas vigas eram articuladas com as mesmas partes principais da dórica; por isso, alguns termos técnicos eram comuns às duas. Para começar mais

O templo de Nike Ápteros. Atenas, Acrópole. Foto do autor.

Base da parede e estilóbata jônica. Templo de Nike em Atenas. Foto do autor.

uma vez da fundação: a coluna jônica apoiava-se em uma crepidoma e uma estilóbata, mas a estilóbata jônica também diferia da dórica lisa, porque costumava ser marcada por uma profunda junta de corte quadrado entre os degraus[7]. A primeira diferença mais importante entre elas era que o fuste da coluna jônica era "calçado" na base, ao passo que o fuste da dórica assentava-se diretamente sobre a estilóbata.

A Base

A regra para essa base, definida por Vitrúvio, exigia um plinto quadrado. *Plinthos* significa "tijolo" ou "azulejo". Visto que Vitrúvio trabalhava com múltiplos ou frações de um módulo para a ordem jônica, como fazia para a dórica (o módulo era o total do diâmetro do lado de baixo do fuste, e não metade como na coluna dórica)[8], ele especificou que o plinto devia ter a espessura de um sexto do módulo, e o resto da base devia ter um terço do diâmetro; portanto, a altura total da base toda era metade do módulo. A base circular e moldada, a base propriamente dita, apoiava-se no plinto quadrado. Como na ordem dórica, grande parte da terminologia das diversas partes da base, coluna e viga relaciona-se ao trabalho de madeira ou de cerâmica. Mas, além disso, a ordem jônica apresenta vários elementos têxteis ou, de qualquer modo, relativos a nós.

Vitrúvio especificou duas variantes da base para esse tipo de coluna; ele denominou a primeira "ática". Ela era articulada em três molduras: um toro convexo (chamado *spira* em alguns textos, uma "protuberância"; alternativamente, uma "corda trançada" ou uma "fita trançada"); uma escócia côncava ou tróquilo; e outro toro. Em latim, *torus* pode ser qualquer nó ou protuberância, ao passo que em grego a palavra – como muitas palavras que começam com "tor" – refere-se à carpintaria, ao torno, ao ato de perfurar ou penetrar[9]. Essas três molduras eram separadas por filetes planos, ainda que Vitrúvio descrevesse a base e o fuste separados por um astrágalo (uma saliência, uma articulação);

Base jônica: Erecteion. Foto do autor.

Bases jônicas: Didimeu. Foto do autor.

uma faixa côncava e fina geralmente preenchida com um rosário, como um cordão de nós ou contas, a que o termo podia muito bem referir-se; da mesma maneira, *spira* poderia ser uma corda torcida ou trançada, empastada com argila ou coberta com estuque. De qualquer modo, a sequência toro-escócia- -toro tinha implicações "funcionais" e dava uma descrição da sequência da base: claro-escuro-claro.

Embora o torno fosse uma invenção relativamente nova, palavras com o prefixo *tor* são tão antigas quanto o próprio idioma grego. Da mesma maneira, *torus* significa "emocionante", "estridente" (a voz) e "brilhante" (a luz). Talvez esse último significado seja o mais relevante, porque *skotia* é escurecimento, uma dissimulação ou um sombreamento: na verdade, a palavra "sombra" tem o mesmo radical. *Trochilos* quer dizer sulco: tanto de uma roda quanto de uma polia.

A outra base jônica de Vitrúvio era semelhante; mas suas molduras (escócia-escócia-toro) eram divididas em terços e sétimos, ao passo que a ática era dividida em terços e quartos. Além disso, a base ática dava a impressão de ser um sexto mais larga do que o diâmetro da coluna, ao passo que a jônica era três oitavos mais larga; esses engrossamentos também têm nome técnico em grego, *ekphora*, literalmente uma "projeção".

As duas receitas numéricas dadas por Vitrúvio tinham por objetivo ser típicas e não normativas: elas são um exemplo. Disposições muito mais complexas do que essas duas bases ainda restam em monumentos existentes: o plinto podia ser octogonal, como no templo de Apolo, em Didima, na região de Mileto; molduras únicas podiam ser repetidas ou a sequência toda duplicada; um ou ambos os toros podiam apresentar caneluras ou frisos. Quase invariável era a curva semicircular na parte inferior do fuste da coluna, onde ele se encontra com o astrágalo que o separava da moldura superior da base. Na maioria dos exemplos que restaram, o fuste era estriado, ainda que a terminação das caneluras na curva (apófige) diferisse na execução.

  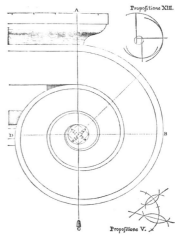

O Fuste

Ora as caneluras, como Vitrúvio afirma, deviam lembrar ou até mesmo representar as dobras de um vestido feminino, o quitão jônico. Portanto, elas não se unem numa aresta convergem para um contracanal, como as caneluras dóricas, que representam trabalho heroico com o machado, mas são sulcadas a partir do tronco de madeira do fuste – supostamente com um cinzel semicircular – e, assim, devem ser semicirculares no plano, separadas por filetes[10]. Deve haver 24 delas (contra vinte das dóricas). A êntase na coluna jônica é calculada de modo similar ao da dórica; Vitrúvio pretendia demonstrar esse cálculo em um diagrama no final do livro – mas não há vestígio dele nos manuscritos que restaram[11].

Na maioria das vezes, na parte superior do fuste, exatamente abaixo do capitel, há um colarinho achatado (para o qual Vitrúvio não dá nenhum nome técnico), decorado com madresilvas, palmetas ou ambas.

O Capitel

Outro diagrama que foi omitido de todos os manuscritos que restaram, que era essencial para complementar a exposição verbal, foi o do desenho da voluta – a característica mais distinta e enigmática da coluna. Pode-se imaginar as volutas – entalhadas ou cortadas em um consolo inserido entre o fuste e a viga, inevitavelmente paralelo à linha da viga, uma disposição quase sempre ilustrada em histórias "evolucionárias" da arquitetura – que Vitrúvio descreveu como representação dos cabelos femininos, cacheados e trançados.

Em exemplos reais, a voluta ou espiral originava-se do olho (o óculo) ou círculo central (que costuma ser convexo – um bocete – mas também podia ser um orifício redondo, uma perfuração). Para construí-la, inscrevia-se um quadrado no círculo do óculo, e os quadrantes que compunham a espiral eram desenhados a partir de centros definidos nas diagonais desse quadrado. A espiral era praticamente contínua, porque cada quadrante era reduzido em metade do diâmetro do óculo, ao passo que o centro a partir do qual ele era desenhado movia-se ao longo das diagonais[12]. A geometria do capitel, como um todo, baseava-se em uma pequena subunidade: 1/18 do módulo. O diâmetro do óculo era uma dessas subunidades. Os centros dos dois óculos ficavam a 16 unidades de distância

Degraus intermediários e estilóbata jônica: Mileto. (a esquerda) Foto do autor.

Capitel jônico com colarinho de antêmio. (ao centro) Delfos, pórtico ateniense. Foto do autor.

Voluta jônica. (à direita) Segundo Giuseppe Porta em G. Selva (1814).

e nivelados com a parte superior do fuste. Eles ficavam a 4 ½ unidades da linha inferior do ábaco. Todo o capitel de volutas tinha 16 unidades de profundidade e 24 de largura.

Vitrúvio dedica-se, então, a explicar os outros detalhes ao imaginar linhas de prumo que passam sobre a face do bloco do qual o capitel será esculpido, embora ele continue a usar a mesma subunidade para informar ao leitor como calcular os diversos itens – como se estivesse especificando instruções para um operário. O ponto mais largo do capitel tem 24 unidades. A dimensão mais profunda tem 8 unidades (excluindo-se o ábaco) e dá as proporções mais simples possíveis: (1) altura, (2) profundidade = distância entre os centros dos centros dos óculos e (3) largura total[13].

Nos capitéis canônicos, a linha da espiral era composta por um ou mais filetes, ao passo que a superfície entre suas volutas era côncava. A espiral crescente que saía de um óculo não era específica para o capitel jônico: ela estava presente em cantos de altares e em consolos, às vezes em múltiplos; ou era simplesmente pintada, como na *tainia* da cornija do Pártenon. Na pintura do capitel (a exemplo do dórico, o jônico era quase sempre pintado em cores vivas), a qualidade do "olho" do óculo era enfatizada por cor especial e, às vezes, por um bocete de metal ou de vidro preso a ele[14].

Contudo, a espiral não se apoiava diretamente sobre o fuste da coluna, mas em uma almofada ou base – que, na verdade, era denominada *pulvinar* em latim (a palavra em grego, *proskephalaion*, é conhecida apenas em inscrições[15]) – que, para Vitrúvio, tinha que ter 2 ½ unidades de profundidade. Visto que sua seção era similar a um quadrante e pertencia ao fuste e não ao consolo, o travesseiro projetava-se mais além da superfície do capitel do que o ábaco e sua protuberância era enfatizada por ornamento com motivo de óvulo-e-dardo que costumava ocupar sua altura total. Outro detalhe que a especificação de Vitrúvio omitiu foi o desenho da espiral até o travesseiro, sobre o centro da coluna. Isso criava um hiato no encontro de três curvas, que era geralmente coberto por uma pequena palmeta que saía da dobra, a prega da espiral em direção ao travesseiro. Tudo isso era colorido em padrões complexos. A espiral, por exemplo, costumava ter três cores: uma para a moldura plana elevada; uma para a espinha central e uma terceira para o fundo em rebaixo.

Além disso, os capitéis não eram igualmente acabados em ambos os lados do bloco. Às vezes, a espiral era entalhada de um lado e apenas pintada do outro[16]. Contudo, há mais um detalhe que essa questão traz à tona e que a especificação de Vitrúvio também omitiu, qual seja: o tratamento da superfície lateral curva, que une as duas faces da espiral. Vistas de lado, é como se as espirais fossem os bordos de uma folha de papel enrolada. Essa "folha de papel", nos primeiros exemplos atenienses, costumava ser côncava e ornada com um filete central. Os capitéis de Creso, em Éfeso, têm três delas, mas no século V era comum aparecerem em número par: quatro, no templo no rio Ilissos; oito, no Erecteion. Posteriormente, toda a superfície podia ser coberta com um padrão reticulado, como o da coroa de louros, que representava a espiral como um tipo de grinalda achatada e enrolada; além desses, havia tratamentos mais rebuscados.

Assim como no capitel dórico, o ábaco era uma placa quadrada que se assentava diretamente sob a viga. Mas o ábaco jônico era muito menos espesso, apenas 1 ½ subunidade de espessura; ele também não era um bloco simples, mas articulado, geralmente com um filete delicado sobre uma moldura do tipo cimácio reverso, quase sempre esculpido com um motivo de óvulo-e-dardo. Contudo, a distinção formal óbvia (que a largura das volutas projetadas além do quadrado do ábaco implica) era a sua distorção unidirecional, bem diferente daquelas dos capitéis dóricos e coríntios.

O capitel era, portanto, em sua própria natureza, unidirecional. Além disso, até onde se pode comprovar, os capitéis jônicos nas laterais dos templos não eram paralelos aos que ficavam à frente e ao fundo; todos eles eram voltados para fora, criando uma fachada. Isso significava que um problema formal era representado pelo capitel no canto do templo e não pela cornija como

Capitel de canto: Didimeu em Mileto. Paris, Louvre. Foto do autor.

Detalhe do capitel. Troia, templo de Apolo Esminteu. Foto do autor.

no templo dórico[17]. Nos capitéis maduros, resolvia-se esse problema com o agrupamento das duas volutas de canto em uma só, que se projetava a 45º em relação às faces do edifício, ao passo que ao fundo, as duas volutas uniam-se em ângulo reto. O primeiro exemplo disso foi o templo no rio Ilissos, perto de Atenas, projetado por Ictino e Calícrates, os arquitetos do Pártenon, por volta de 450. Cerca de vinte anos depois, essa disposição repetiu-se no templo de Nike Ápteros, na Acrópole de Atenas – ainda que entre essas duas datas desenvolva-se a tentativa, um tanto surpreendente, de projetar capitéis jônicos com quatro faces (virtuais!) no templo de Apolo Epicúrio em Bassa. A voluta quase rebaixada rente ao chão e sua projeção moderada resultaram em um tipo de capitel que muitos arquitetos helenistas imitariam[18].

A Cornija

A exemplo da viga dórica, a viga jônica é articulada em três elementos. Uma arquitrave de três partes, ou epistílio, que deve ter a largura da parte superior da coluna, ou seja, 16 subunidades do capitel[19]; apoia-se no ábaco. Acima encontra-se a faixa larga do zoóforo (exibindo figuras esculpidas), que agora costuma ser denominado "friso" discuti esse termo em relação à viga dórica e, sobre ele, o elemento mais superior, a cornija propriamente dita.

Os três elementos ou faixas do epistílio costumam ficar a alturas distintas (por exemplo, 3:4:5, de acordo com Vitrúvio) e, às vezes, separados por um astrágalo ornamentado; sendo que o epistílio alarga-se para cima na mesma proporção em que a coluna estreita-se. No topo, ele é contornado por um cimácio com um sétimo de sua altura total. Para o zoóforo, Vitrúvio determinou que a altura dependeria do fato de ser ornado com figuras (como o seu nome sugere) ou não. O zoóforo deve manter a proporção de 3:4 em relação ao epistílio se for liso, e de 4:5 se for ornado, mas em qualquer caso ele deve ter um cimácio com a mesma proporção em relação a ele que o epistílio: 1:7. Tem-se a impressão de que o zoóforo foi uma importação tardia para a ordem jônica. Nenhum dos tipos de edifícios jônicos significativos – sobretudo o templo de Ártemis em Éfeso, o Mausoléu de Halicarnasso, o templo de Atena em Priene e, até mesmo, o pórtico das cariátides no Erecteion em Atenas – têm qualquer friso entre a cornija e a arquitrave.

Alguns estudiosos têm sugerido que esses zoóforos imitam os ortóstatos dos primeiros edifícios anatolianos, e que eles eram analogamente exibidos na base das paredes de edifícios jônicos. Esses ortóstatos foram repetidos em painéis em relevo de alguns arranjos asiáticos na cobertura, e nos jônicos depois deles. Esses estudiosos alegam que, provavelmente no final do século V[20], o terceiro elemento foi introduzido no entablamento jônico, a fim de puxar para baixo os painéis do telhado e assim conferir-lhe uma divisão tripartida, semelhante à dórica, entre a cornija e a arquitrave.

Acima do friso, projetam-se os dentículos, que representam as vigas de madeira de um telhado. Supostamente, esse protótipo de telhado era plano, porque os dentículos formavam um ângulo reto com a parede, ao contrário dos mútulos sob a cornija dórica. Os dentículos devem ser tão altos quanto o elemento médio do epistílio e projetarem-se na mesma dimensão. O espaço entre os dentículos é denominado métopa, como o intervalo dórico entre os tríglifos, mas é minúsculo em comparação a ele; se a largura da face do dentículo for considerada igual a uma unidade, ele terá duas de altura, ao passo que o dentículo está para a métopa na proporção de 2:3 e, mais uma vez, a proporção é 1:2:3. Além disso, os dentículos são guarnecidos com um cimácio que se ergue até um sexto da altura deles. Uma outra faixa, com a mesma altura da moldura média do epistílio, remata a cornija com mais um cimácio. Como no Dórico, o elemento superior da cimalha ou calha é um elemento isolado, ou seja, não faz parte da cornija exatamente.

O leitor perceberá que é praticamente impossível dar uma especificação para o capitel que seja exata e legível ao mesmo tempo. No entanto, alguns detalhes curiosos e encantadores do capitel são susceptíveis de interpretação histórica e é isso que tentarei mostrar a seguir.

A Lenda do Primeiro Jônico

Para além de todas as diferenças óbvias entre as duas colunas e as muitas disparidades entre os templos dóricos e jônicos (como, por exemplo, a orientação predominantemente ocidental e não oriental da cela) a tipologia do altar, do braseiro e dos têmenos era

Capitel protojônico: canto.
Atenas. Museu da Ágora.
Foto do autor.

bem parecida nos dois tipos de santuários, de forma que os autores que escreviam sobre construções não precisavam se preocupar com essas questões[21].

De acordo com a descrição de Vitrúvio, o primeiro templo dórico construído pelos gregos jônicos foi dedicado a Apolo. Os novos colonizadores na costa asiática queriam que ele fosse igual ao venerável templo de Hera em Argos; porém, como não tinham nenhum registro exato das proporções do primeiro templo, escolheram a pegada de um belo jovem para servir de módulo e adaptaram a proporção do templo à altura do jovem. Isso aconteceu na época dos heróis; pela época de Vitrúvio, um templo dórico de pedra há muito substituíra o velho templo feito de madeira em Argos, que ficava em uma das fundações mais antigas no Peloponeso e fora destruído por um incêndio em 423 a.C.

A descrição de Vitrúvio foi prejudicada por mal-entendidos. O santuário panjônico não era dedicado a Apolo, mas a Poseidon, sobretudo a Poseidon Heliconios, domador de cavalos e salvador de navios[22]. O templo ficava nas encostas setentrionais do monte Mykkale, em uma região costeira disputada entre o povo de Priene e os habitantes da ilha de Samos. Mas o erro de Vitrúvio foi natural, porque na descrição da colonização grega que ele estabeleceu para explicar as origens e as diferenças dos diversos tipos de colunas, Apolo recebeu a dedicação original dos colonizados, ao passo que o segundo templo, cuja localização Vitrúvio não informou, foi dedicado a sua irmã Ártemis. A composição coluna e viga foi denominada jônica, acrescentou Vitrúvio, porque ela surgiu primeiro na Jônia, assim como a dórica recebeu o nome da cidade dórica de Argos, onde foi registrada pela primeira vez. De fato, os templos gregos arquetípicos com histórias de construção épicas e míticas abrangentes são o de Ártemis, em Éfeso, para a ordem jônica, e o de Apolo, em Delfos, para a dórica[23]. Portanto, a dórica e a jônica poderiam ser consideradas como irmão e irmã, como Apolo e Ártemis – *enfants terribles* divinos, caçadores, atiradores precisos, mas também o Sol e a Lua. Eles eram os filhos gêmeos de Leto ou Latona, cujo templo principal ficava perto de Xanto[24] e que também era conhecida no litoral do mar Egeu como a Grande Mãe dos Deuses, cujo domínio sobrepunha ao de Ártemis em vez de Apolo.

Território Dórico

O território da coluna dórica não era apenas o do dialeto dórico, mas também o domínio do Olimpo, onde Zeus reinava supremo: ele sabia tudo e percebia todos os subterfúgios. Como o pai, Apolo era perspicaz, clarividente. Primeiro, nas folhas sussurrantes do carvalho em Dodona, depois nos gritos incoerentes da sibila em Delfos, ambos eram os senhores da profecia, ambos declaravam a vontade e a sabedoria dos deuses. Têmis, a segunda esposa de Zeus e a mãe da paz e da ordem, que guia os homens para que saibam e cumpram a vontade dos deuses, estava presente no nascimento de Apolo. Exatamente porque eram tão parecidos, Apolo era o deus mais provável para destronar Zeus. Para impedir que isso acontecesse, Zeus pegou a pedra que sua mãe outrora dera a Cronos como substituto do filho que ele queria devorar – a pedra que Cronos não conseguiu digerir – e colocou-a como "um sinal e uma maravilha" no próprio templo de Apolo em Delfos[25].

A passagem da construção de madeira para terracota, bronze e pedra foi relatada na lenda em Delfos e celebrada com ritos[26]. Colunas dóricas bastante precoces, feitas em madeira e terracota foram registradas em histórias de viajantes, bem como em escavações, para permitir detalhes mais

Capitel: Templo de Ártemis em Sárdis. Vista lateral. Foto do autor.

Capitel: Templo de Ártemis em Sárdis. Vista frontal. Foto do autor.

Templo de Ártemis em Sárdis. Vista. Foto do autor.

Templo de Ártemis em Sárdis. Planta baixa em três estágios de construção. Segundo K.J. Fraser em G. Hanfmann e J. Waldbaum (1975).

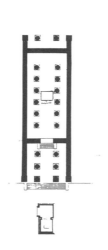
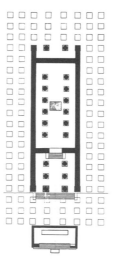
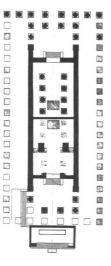

249

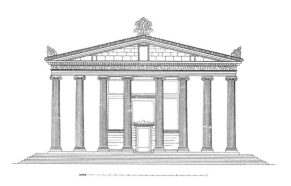
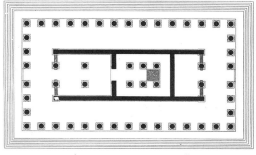

Templo de Ártemis na Magnésia. Elevação. Segundo C. Humann e J. Kohte (1904).

Templo de Ártemis na Magnésia. Planta baixa. Segundo C. Humann e J. Kohte (1904).

Templo de Ártemis na Magnésia. Detalhe. Segundo C. Humann e J. Kohte (1904).

Templo de Ártemis na Magnésia. Capitel. Foto do autor.

ou menos críveis desse desenvolvimento. Não há escassez de colunas de pedra precoces e "primitivas", a partir das quais se pode acompanhar o desenvolvimento da madeira e terracota para pedra, assim como não há também nenhuma dificuldade real em isolar o caráter masculino e heroico da ordem dórica. O caráter mais "feminino" da ordem jônica é igualmente explícito. A descrição muito mais detalhada que Vitrúvio deu da natureza figural do ornamento jônico, bem como os seus precedentes mais próximos, talvez seja mais bem examinada no templo que tinha o mesmo caráter arquetípico para o conjunto do edifício jônico que Delfos tinha para o dórico: o templo de Ártemis em Éfeso.

Ártemis em Éfeso

O templo dedicado a Ártemis, em Éfeso, foi o maior templo jônico depois do templo dedicado a Hera, em Samos, que nunca foi finalizado e não era tão alto e do templo didimeu, próximo a Mileto, que não tinha cobertura. Ele foi também uma das Sete Maravilhas do Mundo. Éfeso era um santuário muito mais antigo do que a história da construção dos monumentos no sítio pode mostrar, como geralmente ocorre. A epopeia e o mito contam histórias que os arqueólogos podem refutar, contestar ou comprovar diante das ruínas e dos fragmentos encontrados.

As lendas da fundação da cidade, bem como do templo, são muito confusas. O fundador epônimo da cidade era Éfeso ou Koressos, um autóctone (e varão), filho de Kaystris (pai e filho também dão origem aos nomes de uma montanha, hoje denominada Bülbül-Dagh, e de um rio, atualmente denominado Kuçuk Menderes). Outra figura epônima às vezes mencionada é Éfeso, "amazona lídia". Contudo, o fundador-herói divinizado, a quem foi dedicado um culto na cidade, não foi seu epônimo, mas o greco-jônico *ktistēs* e colonizador Androcles, filho de Codro, o último (ou penúltimo) rei de Atenas, que morreu nas mãos dos filhos de Héracles ou de seu irmão Néleo. Os filhos de Codro, os Codridai, eram reverenciados como fundadores em várias cidades jônicas localizadas um pouco ao norte de Éfeso[27], sendo Claros a mais importante nesse contexto. Havia ali um oráculo dedicado a Apolo, famoso o suficiente para competir com o outro grande oráculo dedicado a Apolo na Jônia, em Dídima, nos arredores de Mileto. Claros era um irmão mais jovem de Éfeso; talvez só por causa de sua proximidade e conexão, o templo dedicado a Apolo tinha de ser dórico – o que era incomum na Jônia – para distinguir entre o templo do irmão e o da irmã e fazer a conexão familiar com Éfeso[28].

De acordo com outra lenda, muito antes de Androcles expulsar os léleges e os cários, o culto de Ártemis chegou a Éfeso com as amazonas[29], que eram conhecidas por terem fundado várias outras cidades na Eólia, sobretudo Esmirna. A memória de sua rainha Samorna ou Esmirna também era venerada em Éfeso[30]. Segundo a lenda, essas mulheres guerreiras, que veneravam Ares, habitavam o norte da Anatólia, talvez até mesmo a Crimeia e o Cáucaso, ainda que pudesse haver outros grupos delas, por exemplo, na Líbia. Elas apareciam frequentemente nos épicos e mitos gregos: envolveram-se com Dioniso, Héracles e Teseu; sitiaram Atenas, onde eram cultuadas; e lutaram contra os gregos na Guerra de Troia[31]. No final do segundo milênio, dizia-se que tinham dominado grande parte da costa jônica "com a aprovação de Héracles". Por tudo isso, pouco se sabe sobre seus antecedentes históricos, além disso, os arqueólogos nunca recuperaram nenhum vestígio associado a elas. Não importa a resolução do conflito das diversas lendas de Éfeso, a versão de Androcles indica

IX : A Máscara, os Chifres e os Olhos   251

Templo de Ártemis em Éfeso. Local do templo visto pelo assentamento urbano original. Fotos do autor.

que um oráculo mandou que ele se estabelecesse onde encontrasse um carvalho sagrado (talvez o mesmo onde outra amazona, a rainha-sacerdotisa Hippo [provavelmente idêntica a Hipólita] fixou o primeiro xoano, uma vara ou prancha que representava um deus ou deusa)[32] e uma fonte de água doce. Em todas essas lendas, enfatiza-se nitidamente a natureza feminina do culto e a importância das mulheres na adoração a Ártemis. As tumbas dessas principais figuras míticas – Hippo, Samorna, Éfeso e Androcles – ficavam nas vizinhanças de Éfeso[33].

Quanto ao grande templo, ele ficava em um vasto cercado na mesma costa, na planície pantanosa e coberta de juncos, em que Androcles estabeleceu-se e que era um lugar adequado para o templo em homenagem a Ártemis. O templo voltava-se em direção ao oeste (como era comum na Ásia Menor), acima do porto e do mar, e os peregrinos que chegavam podiam atracar os barcos à beira dos têmenos. No início, a cidade elevava-se acima dele, sobre a colina, na acrópole hoje denominada Ayusoluk[34]. Depois, expandiu-se colina abaixo, aos poucos, ao redor dos têmenos. O assoreamento do rio Meandro empurrou o litoral para oeste (ele deslocou-se cerca de 16,09km em 2.500 anos), mas já na época da construção do templo helenista, em 286 a.C., o diádoco Lisímaco transferiu toda a cidade para o novo local do porto, no sopé de Bülbül-Dagh. Um caminho duplo, com quinze estádios (mais de 2,5km) de comprimento, ia do portão de Magnésia da nova cidade em direção ao grande templo helenista (que Vitrúvio conheceu e que São Paulo viu) incendiado pelos godos em 263 d.C.[35]

Contudo, no segundo milênio, na era dos heróis – e talvez até antes –, desde tempos imemoriais, havia um objeto no centro do culto: um xoano, uma estátua, conhecida por réplicas em pedra, bronze e terracota que era, de fato, bem parecida à *Potnia therōn Ártemis agroteri*, de Homero, "mestra dos animais selvagens, Ártemis, a Caçadora" – a protetora especial de animais lactentes, *Polymaston, multimammia* (muitos seios)[36]. A enorme figura semelhante a uma múmia ficava provavelmente no *sēkos*, o santuário interno do templo, os pés projetando-se sob um tipo de avental que lhe prendia as pernas e o torso; de modo geral, os xoanos nunca consistiam em nus.

Nas versões maiores da estátua, as bordas retas da túnica rígida são claramente visíveis nos flancos, bem como o tecido pregueado da gola e das costas do quíton jônico. As bordas inferiores do quíton também projetam-se sob a túnica, cobrindo os pés. A veste é dividida em retângulos heráldicos, os centrais ornados com gamos, leões, cavalos e grifos e os das bordas, com abelhas, gênios e rosetas. Acima da saia, o tórax da estátua, na maioria das vezes, é afestoado com quatro fileiras de protuberâncias pendentes, em geral, denominadas seios. Nos braços rígidos estendidos, ela carrega leões, ao passo que a mão provavelmente segura bastões. No tórax, acima dos seios, há colares de bolotas, de figuras do zodíaco e outras diversas, bem como grinaldas. Atrás da cabeça há uma auréola (às vezes um capuz) de onde saem leões alados. Na cabeça, ela traz um chapéu alto, *kalathos*, um cesto, um polos ou diadema ornado com esfinges e grifos – e na maior figura desse tipo, encontrada no *prytaneion* de Éfeso, o chapéu é coroado com uma colunata rendada. Obviamente, esses atributos elaborados eram acrescentados: eram como roupas jogadas sobre um pedaço amorfo, ou apenas grosseiramente moldado, de madeira ou pedra, o fetiche original que a Rainha Hippo cultuou pela primeira vez no carvalho, em Éfeso. O termo técnico para a túnica rígida, *ependytes* (literalmente, "roupa de cima") aplica-se às estátuas de culto de outras divindades, e também à veste cerimonial dos sacerdotes oficiantes[37].

A Adoração a Ártemis

A grande estátua de Ártemis. Museu de Éfeso. Foto do autor.

De qualquer modo, Ártemis era uma deusa poderosa e popular na Ásia Menor. Em Éfeso, também era adorada como a deusa do primeiro trono, que foi provavelmente esculpido na rocha em Bülbül-Dagh[38]. Em Perge, o ídolo de Ártemis Anassa (a Senhora) era obviamente um bétilo que trajava vestes ainda mais rígidas e "destacáveis" do que o homônimo dela em Éfeso, bem como Ártemis em Sárdis; ao passo que a Ártemis Leucofrina (de rosto branco) da Magnésia no rio Meandro era muito parecida com a deusa de Samos-Éfeso, a julgar pelas moedas da cidade. Em Afrodísias, na Cária, um pouco mais para o interior do que Éfeso, o grande templo jônico também abrigava uma estátua semelhante de uma Afrodite um pouco diferente (ainda que igualmente matronal para a sua cidade); a estátua também trajava uma túnica com muitos bordados, se é que podemos acreditar nas cópias que restaram[39].

As imagens nas moedas e nos emblemas mostram que as estátuas de culto das outras grandes deusas do Egeu – Hera, no templo em Samos, e de Atena, no Paládio em Ílion – eram vestidas como as estátuas de Ártemis e de Afrodite. A única imagem diferente nesse grupo de cultos era a de Zeus Stratos de Labranda (muito cultuado no Mausoléu de Halicarnasso) e associada ao famoso Júpiter de Heliópolis[40], ainda mais incoerentemente enfeitada com seios.

De modo geral, supõe-se que Zeus de Heliópolis era um avatar helenizado do deus sírio do céu, Hadad, um parente próximo do Ba'al semítico; a sua túnica era coberta de cabeças moldadas em relevo que representavam os sete planetas personificados. Na verdade, a túnica bordada, rígida, com as aplicações metálicas, é um item totalmente asiático, conhecido na arte anatoliana, síria e mesopotâmica; como era o polos, o enfeite de cabeça fortificado de Cibele que, a exemplo de sua homônima, a Kubaba sírio-hitita, costumava agir como protetora das cidades e responsável pelas colheitas e pela fertilidade de modo geral[41].

Cibele, Nin-Astarte, Afrodite, Hera, Atena e, obviamente, Latona – é fácil demais identificar cada culto individualizado com o culto geral da Grande Mãe na Ásia Menor, que às vezes é considerado hipoteticamente um desenvolvimento tardio do culto arcaico e imemorial dos primeiros agricultores. Porém, as diferenças entre essas divindades podem ser tão significativas quanto as semelhanças. Por exemplo, alguns tentaram explicar a presença de polimastia como uma banalidade – um colar de ovos de avestruz ou uma guirlanda de algum tipo de fruta – mas, na verdade, as características óbvias de Ártemis em Éfeso não são nada banais e devem referir-se a instrumentos rituais específicos, a alguma característica deliberadamente significativa dos trajes do xoano. De qualquer modo, o que essas divindades vestidas com túnicas têm em comum não é o seu gênero, mas o enfoque de seu culto em uma imagem caída dos céus – *diopetus*:

A bela Ártemis. (acima) Museu de Éfeso. Foto do autor.

Vaso leneano. (ao centro) Nápoles, Museu Arqueológico. © Fratelli Alinari.

Skyphos (vaso) ático. (acima, à direita) Londres, Museu Britânico.

Desenvolvimento do vaso leneano de Nápoles. (ao lado) Segundo A. Frickenhaus (1912).

blocos de madeira ou, como no caso da Grande Mãe de Pessino[42], de pedra, às vezes grosseiramente moldados, às vezes amorfos, mas duplamente vestidos como Zeus Stratos de Labranda, com roupa de baixo semelhante ao quíton, e com a túnica densamente bordada vestida "por cima". Era o modo mais óbvio e adequado de "personificá-las"[43].

As faces dos xoanos, grosseiramente moldadas, inevitavelmente eram acréscimos rituais ou quase: máscaras. As usadas por xoanos de madeira podem ter sido meramente pintadas ou muito mais elaboradas, até mesmo feitas de prata ou de ouro. A rígida frontalidade das estátuas de Ártemis de Éfeso provavelmente baseia-se na identificação da face com uma máscara[44]. Praticamente todas as cópias remanescentes da estátua pertencem ao final do Período Helenístico ou Romano, e muitas são mais ou menos restauradas, ainda que grande quantidade delas deve ter sido feita no decorrer dos séculos, em vários lugares e com materiais diversos, porque os cultos em Éfeso, como em Delfos e em Delos, há muito eram missionários[45].

Outrora foi tentador considerar o culto em Éfeso como periférico à "verdadeira" religião grega, e essa estátua como um ídolo oriental consagrado em um templo grego. Porém, esse mesmo ídolo e o semelhante, de Hera, em Samos, eram culturalmente centrais à identidade grega. Homero, ainda que reivindicado com mais insistência em Esmirna, foi intensamente estudado em Éfeso, que foi também o lar da poesia elegíaca grega. Hesíodo veio de Cime, no litoral próximo à ilha de Lesbos; Safo e Alcaios vieram da ilha propriamente. Heráclito foi magistrado hereditário em Éfeso. Xenófanes de Colofão fundou a escola de Elea. Pitágoras era supostamente da ilha de Samos, e assim por diante. A importância do templo, além do seu vasto tamanho e esplendor universalmente reconhecido, também dependia do lugar do culto na estrutura da vida religiosa grega[46].

Ártemis e Dioniso

É quase certo que o xoano de Ártemis, como algumas das outras estátuas que mencionei, tinha uma máscara; porém, a divindade grega especial da máscara, o deus mascarado por excelência, não era Ártemis, e sim Dioniso. Diz a lenda que ele veio da Frígia ou da Trácia como imigrante. Mais conhecido como o deus do vinho e da embriaguez, era cultuado em um festival ateniense rústico, a Leneia, como uma máscara pendurada de uma árvore acima de um quíton jônico[47]. A máscara era barbada, mas o quíton, geralmente bordado, também era ornado, na altura do tórax, com duas taças viradas para o espectador para que parecessem seios incomuns. Ofereciam-se ânforas e cântaros de vinho ao deus, bem como tigelas de mingau e bolinhos de cevada; além disso, o estranho ídolo misto era enfeitado com ramos de videira e de hera[48].

Não importa se Dioniso veio de alguma região geograficamente conhecida ou da lendária terra de Nissa, ele já era conhecido pelos gregos micênicos[49], ainda que o seu nome secundário, Baco, que é também o nome dado aos seus iniciados – bacantes –, fosse de fato lídio, ou talvez frígio[50]. Dioniso Dendros, o frondoso, a forma mascarada que eu descrevi, era conhecido em toda a Grécia e aparecia em uma série de vasos áticos[51]. Em alguns lugares, por exemplo em Naxos, havia duas máscaras, uma do deus furioso feita de madeira da videira e outra, do deus bondoso, feita de madeira da figueira[52]; ao passo que em Corinto havia xoanos do deus feitos do pinheiro de onde o infeliz Penteu de Eurípides havia assistido às orgias de Baco[53]. No culto a Baco, assim como nos cultos a

Moedas de Samos e da Magnésia. Segundo T.L. Donaldson (1859).

A Afrodite de Afrodísias. Museu de Afrodísias. (acima, à esquerda) Foto do autor.

Ártemis e Zeus. Placa em relevo. Museu de Éfeso. Foto do autor.

A deusa Perge. (abaixo, à direita) Museu de Antália. Foto do autor.

Relevo votivo de Tégea que mostra Zeus Labraundos ladeado por Ada e Idrieu. (abaixo) Londres, Museu Britânico.

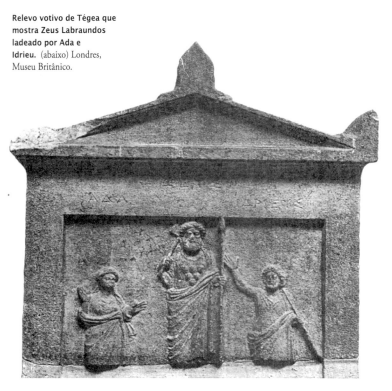

Ártemis e Afrodite que descrevi, as "vestimentas" da divindade eram parte fundamental de sua adoração, porque além de a imagem ser mascarada e vestida, o vestir e desvestir as roupas faziam parte do rito. Nisso Baco realmente parece representar o oposto da nudez esplêndida de Apolo em Delfos.

Dioniso sempre foi o deus imprevisível. Os seus adoradores eram possuídos, "fora" ou além de si, alguns deles evitavam deliberadamente a sociedade urbana e até mesmo a rural. Houve vários casos de processos contra os seus iniciados que, na República Romana, antes da perseguição os cristãos[54], proporcionaram um dos raros exemplos de perseguição religiosa, nesse caso, por imoralidade pública. Ártemis também era uma deusa do "exterior", de coisas selvagens – as forças indomadas da natureza – de tudo além do escopo da cidade e da aldeia, ainda que de um modo bem diferente; porém, ela e Dioniso eram ambos deuses do Olimpo, e ambos dominavam aspectos da vida humana que a clareza das religiões do Estado não conseguia alcançar. Mas cada um desses aspectos era essencial para a vida religiosa na Grécia antiga.

O templo de Ártemis em Éfeso, patrocinado por Creso. Segundo F. Krischen (1956).

Tem-se a impressão de que os gregos alocaram, de forma deliberada, seções do que consideraríamos território matriarcal às divindades masculinas, das quais Dioniso é o exemplo mais notável. Ao contrário de vários deuses sírios e fenícios, ele não aparece como o consorte da Grande Mãe em uma de suas muitas manifestações, porque ele é a divindade central de seu próprio mistério e culto popular[55]. Além disso, ele é quase sempre um deus fálico que ostenta a masculinidade. Supostamente, ele foi o primeiro ídolo de Atenas, o falo ereto conhecido como orto (teso) colocado no templo das Horas, as deusas do amadurecimento. A procissão com um falo era uma característica normal das dionisíacas[56]. Embora ele seja um deus fálico e dileto das mulheres em um aspecto, em outro, como nas muitas imagens de máscaras erigidas em seus templos, ele aparece como "desviril", hermafrodita ou bissexual.

Como Apolo e Dioniso são o verão e o inverno, eles também são peã e ditirambo. Sua alternância governa o calendário délfico. Apolo tem outro par igualmente importante, porque, como eu disse anteriormente, Apolo e Ártemis eram irmãos, filhos de Latona, às vezes denominada a Grande Mãe dos deuses.

Além disso, Apolo talvez fosse um deus grego "jovem" (no sentido de ser "muito recente"), a exemplo de Dioniso[57], mas em Delfos não há dúvida de que ele suplantou uma divindade mais velha, como a sua irmã também o fez em Éfeso. Quaisquer que fossem as suas manifestações marginais na religião olímpica e ctônicas, como camundongo ou cobra, Apolo era o senhor da harmonia, da justiça, da visão clara e ampla e também da profecia mântica. Assim, a ordem dórica lhe era adequada, como disse Vitrúvio e o templo em Claros já mostrou. Parece-me que o fato de a ordem jônica ser adequada tanto a sua irmã quanto ao homólogo, Dioniso, – ainda que as colunas jônicas sejam tão caracterizadas por Vitrúvio como femininas – exige um comentário especial que há de ser, melhor realizado retornando-se aos edifícios e às colunas do grande templo em Éfeso[58].

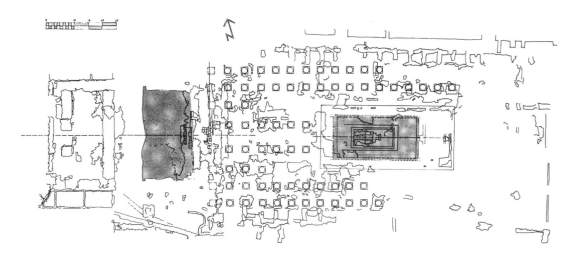

Templo de Ártemis em Éfeso. Pesquisa de ruínas, segundo A. Bammer (1984). Os dois hecatômpedos estão sombreados.

O nome do rei Agesilau apagado da base da coluna em Éfeso. Londres, Museu Britânico. Segundo W. Schaber (1982).

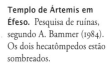

O Templo de Ártemis em Éfeso

Esse templo era considerado o oitavo do local e construído exatamente sobre as ruínas do sétimo, que foi em grande parte custeado por Creso, da Lídia, e destruído por Heróstrato, um incendiário (que não tem nenhuma outra importância para nós), no ano 356, supostamente na mesma noite em que nasceu Alexandre, o Grande. O sétimo templo tinha, em seu centro, uma série de santuários mais antigos – que remontavam talvez à Idade do Bronze. Quando Alexandre tomou Éfeso sem batalhas ou cercos, em 334, ele ofereceu pagar pela reconstrução do famoso e venerável santuário, desde que fosse dedicado a ele. A oferta foi rejeitada e o último templo foi construído com dinheiro público. Segundo Plínio, as colunas do templo foram ofertadas por vários reis[59].

Esse famoso templo, o sétimo e penúltimo, foi "projetado" e construído por Teodoro de Samos, que também foi o arquiteto do templo dedicado a Hera em sua ilha natal, em conjunto com um parente (talvez seu pai), Roeco. Os efésios, que pretendiam superar os sâmios, contrataram Teodoro e outro arquiteto, Quersifron de Cnossos, em Creta. Diz-se que o filho dele, Metagenes, terminou a obra. Os trabalhos no novo templo devem ter começado em 580 e em 562, Creso, da Lídia, tomou Éfeso, exilou o tirano Píndaro e, antes de ser deposto por Ciro da Pérsia[60], custeou muitas das colunas do templo.

Segundo Vitrúvio, Roeco e Teodoro escreveram um livro sobre o templo de Hera em Samos, enquanto Quersifron e Metagenes escreveram outro sobre o templo de Ártemis[61]. Seriam deles

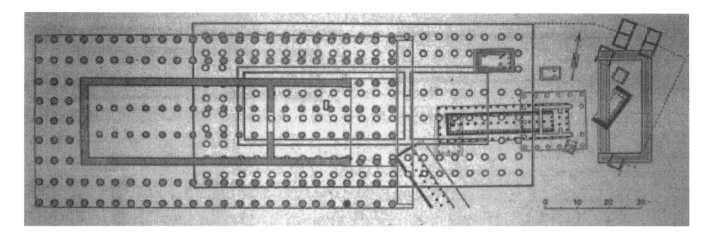

Templo de Hera, Samos: as sobreposições de vários templos no local. Segundo Ernst Buschor.

provavelmente, as primeiras descrições literárias, até mesmo canônicas, sobre o edifício jônico. Visto que esses enormes templos também são os dois primeiros edifícios assim datados que restaram do mundo grego, a história do edifício jônico tem início com eles.

Ainda que muitos templos tenham sido erguidos no local, antes do grande empreendimento de Roeco e Teodoro, a forma do sétimo santuário é dificílima de ser determinada no atual estágio das escavações, pois encontraram-se muitos vestígios, bem como inscrições, e eles, de modo geral, confirmam a descrição dos antigos historiadores: os dois últimos templos tinham o mesmo número de colunas gigantescas, provavelmente 127, segundo Plínio[62]. Além disso, é quase certo que tanto o sétimo quanto o oitavo templo tinham o frontão octástilo, três fileiras de profundidade e um amplo intercolúnio central ao lado do altar. Nos fundos do edifício, uma fileira de colunas preenchia o intercolúnio central mais largo, que resultava, ao fundo, em uma fachada de nove colunas. Isso parece certo, mesmo se a disposição de mais colunas dentro do templo não tenha sido estabelecida. Além disso, visto que havia um canal que passava pelo piso, do bloco em que ficava a estátua até a entrada principal, supõe-se também que o templo era, ao menos em parte, hipetro.

Se o fundo do edifício tinha as nove colunas arcaicas; a frente, oito, ao passo que os lados, duas filas de vinte colunas, tratava-se, então, de acordo com a terminologia de Vitrúvio, de um octástilo díptero. O mesmo *layout* foi seguido no templo de Hera em Samos[63]. Em Éfeso, algumas das colunas eram inscritas com a dedicatória a Creso nos astrágalos na parte inferior do fuste. Dessas inscrições, algumas eram bilíngues, escritas em lídio e em grego. Uma coluna, supostamente também oriunda do sétimo templo, portava uma descrição muito mais tardia de Agesilau – talvez o rei de Esparta (que mencionei anteriormente) e que visitou Éfeso nos anos de 396-395[64].

Contudo, antes do início da construção do templo de Creso, havia um edifício do século VII, de silharia, entre a estilóbata do último templo e o local do futuro grande altar. A exemplo do altar, esse santuário, do qual não sobrou nada exceto a camada da fundação, não era orientado no sentido oeste-leste, mas sim norte-sul, embora não exista nenhuma explicação convincente para a alteração na direção. O seu caráter é desconhecido, embora, como muitos outros templos primitivos, provavelmente tivesse cem pés efésios de comprimento, outro hecatômpedo. Talvez esse fosse o santuário que os cimérios destruíram e que o templo de Creso substituiu.

O estranho uso de um número ímpar de colunas no fundo e par na frente do templo, bem como o altar voltado para o sul, são provas da persistência de características arcaicas do culto do xoano efésio. É claro, é impossível dizer qual era o estilo das colunas antes da reforma patrocinada por Creso, porque os parcos fragmentos arquitetônicos que restaram dos edifícios anteriores a Creso não incluem nenhuma moldura. Parece que algumas das colunas do sétimo templo, supostamente na frente e, talvez, também nas laterais, tinham tambores ornados, bem como colarinho no topo do fuste, bem abaixo do capitel. Como disse anteriormente, o entablamento desse templo, como os da maioria dos templos jônicos asiáticos, não tinha friso, mas era coroado por um cimácio ricamente entalhado, com esplêndidas gárgulas com cabeça de leão. É provável também que ele tivesse relevos, semelhantes a ortóstatos, nas porções inferiores das paredes: de qualquer modo, parece que alguns fragmentos sobreviventes pertencem aos cantos desses frisos mais baixos[65]. Os capitéis do templo de Ártemis, patrocinado por Creso, como muitas das primitivas colunas jônicas, não tinham "olho": a espiral terminava em um ponto. Nessas colunas, ou talvez apenas nas colunas da fachada principal, a espiral do capitel era inteiramente coberta por uma roseta de oito pétalas[66]. Ainda não houve nenhuma tentativa convincente de restaurar os capitéis do templo construído por Roeco em Samos.

Os indícios sobre o primeiro desenvolvimento da ordem jônica são, portanto, amplos e surpreendentes. Mas por volta da mesma data aceita para a construção do templo em Éfeso, os edifícios jônicos dedicados a Ártemis aparecem em sua forma canônica e obviamente familiar em Marselha, em Locri Epizefiri, na Itália e em Náucratis, no delta do Nilo. Também, nessa época, usou-se uma ordem jônica completa em uma tumba nas montanhas remotas da Pérsia. Muitos desses exemplos não são estruturais; as suas colunas não chegam a sustentar as vigas, mas são entalhadas na pedra como parte de uma fachada, ou moldadas em bronze ou, ainda, aparecem isoladas, sustentando uma estátua. As colunas votivas são quase sempre jônicas; os exemplos dóricos existentes, por exemplo, na Acrópole de Atenas ou em Delfos (dos quais restaram apenas fragmentos), parecem ter sido orientalizados de uma forma ou de outra[67].

Colunas Votivas

Se no final do século VII as colunas jônicas também apareceram em isolamento conspícuo, elas quase sempre tinham volutas sem olho, e a impressão é de que todas eram usadas como base de uma esfinge: primeiro em Égina, depois em Delfos e em Delos, onde os habitantes da ilha de Naxos, rica e fértil, assombrada por Dioniso, ofereceram a Apolo esfinges em colunas jônicas em ambos os santuários[68].

A associação da esfinge com a coluna jônica aponta para outras questões. A esfinge chegou na Grécia – provavelmente oriunda do Egito, via Síria e Anatólia – e mudou de sexo no caminho. Talvez na Síria, ele/ela passou a ser feminino: uma negociadora da morte e uma devoradora de homens (como na história de Édipo) e, portanto, também um ser apotropaico, que é representado em escudos bem como em muitas tumbas lídias, cipriotas e gregas. Nas tumbas gregas, a esfinge, às vezes, é colocada sobre uma base de volutas quase jônicas (ainda que mais elaboradas), como os ornamentos da cobertura de um templo ou de tesouro, e não sobre o capitel de uma coluna[69]. Em Delfos, a coluna de Naxos sustenta uma esfinge sobre o mesmo lugar em que Apolo supostamente matou Píton. Mais uma vez, isso associa a coluna ornada com volutas a outro nexo da religião grega: a mudança de ideias sobre a morte e a alma, que obviamente causaram grande impacto sobre a arquitetura, como terei oportunidade de ressaltar mais tarde, sobretudo no próximo capítulo. Os habitantes de Naxos oferecem colunas votivas, mas não tinham tesouros nem em Delfos, nem em Olímpia. Esses tesouros nos santuários pan-helênicos eram edifícios minúsculos, às vezes de exterior bem singelo, e abrigavam grande quantidade de metal moldado

A coluna de Naxos, em Delfos. Museu de Delfos. Foto do autor.

na forma de trípodes e de estátuas que também eram considerados metal precioso e garantia; feitos sobretudo de bronze, mas também de prata e de ouro, eles tinham um papel importante na vida econômica grega.

Os *Thalamoi* Siciônios

Assim, não é nenhuma grande surpresa o fato de que quando Pausânias visitou Olímpia, mostraram-lhe dois *thalamoi* de bronze – a palavra costuma ser traduzida por "câmaras" – no tesouro dos siciônios, um dórico, outro, jônico; desde então, eles desapareceram. Disseram-lhe que eles foram dedicados por Miron, tirano siciônio, para comemorar a vitória na corrida de bigas da 33ª Olimpíada (648 a.C.). Pausânias supôs que o siciônio, visto que se encontrava na extremidade oeste da plataforma de tesouros, era também o mais antigo de todos; porém, as escavações mostraram que o que restou, e o que ele teria visto, foi construído, em parte, com pedras locais e, em parte, com arenito avermelhado importado de Sicião, e foi, de fato, construído dois séculos depois da data que ele supôs. Contudo, mesmo em meados do século v, um edifício jônico no Peloponeso ocidental seria uma raridade; se Pausânias tivesse razão sobre a data, a existência desse edifício seria contraditória com a descrição atual desses desenvolvimentos.

Sicião era uma cidade portuária no golfo de Corinto, onde os desembarques dóricos posteriores parecem ter entrado em conflito com uma população jônica mais antiga: é provável que os dois *thalamoi* fizessem alusão a esse fato. De qualquer modo, Pausânias ficou muito impressionado e observou até mesmo que o menor dos dois pesava 500 talentos (cerca de 18.000kg!). Visto que o depósito escavado e sobrevivente é um edifício dórico de câmara única, a suposição dos primeiros comentaristas – que o bronze era usado para separar duas câmaras internas – é insustentável, e adotou-se, de modo geral, a hipótese alternativa, de que eram modelos "desprendidos" (o termo "portátil" quase nunca é usado). Isso introduz o paradoxo de uma primeira ordem jônica encontrada em terras dóricas (ou, de qualquer maneira, na Eólia e Arcádia). No entanto, esses modelos não podem ser reconstruídos – nem mesmo teoricamente[70].

Um Jônico Persa?

Um edifício jônico "primitivo", remoto e bem diferente, com colunas (ou, no mínimo, meias-colunas) que sustentam consoles que terminam em capitéis com volutas espiraladas, não é um edifício no sentido estrito do termo, mas uma tumba cortada na rocha em Da-u-Dukhtar, perto de Kurangun (cerca de 50km ao norte de Kazerun), no sudoeste da Pérsia. Embora roubado e esvaziado séculos atrás (como aconteceu com as tumbas vizinhas), o seu descobridor supôs que Tespes (Chishpish) e Ciro I (Kurash) foram enterrados ali. Pai e filho são mencionados como governantes do sul do reino persa em um documento de Assurbanípal, datado de 639. Assim, a data aproximada do monumento (antes de 640) o colocaria várias décadas antes do templo em Éfeso patrocinado por Creso, ainda que alguns anos depois da suposta data do *thalamos* de Olímpia. Contudo, essa atribuição foi tão questionada recentemente que é dificílimo localizar o edifício em relação a outros indícios[71].

A mesma coisa é válida para alguns dos primeiros exemplos registrados de colunas jônicas mais ou menos adequadamente reconhecidas, com ou sem as suas vigas. Outros são mencionados em textos; alguns estão localizados em sítios esdrúxulos, fora do contexto normal do templo urbano, e esses talvez sejam anteriores aos grandes templos em Éfeso e em Samos. Contudo, ainda que em toda a história grega o templo dedicado a Ártemis seja o arquétipo mítico do edifício jônico, um tipo bem diferente de capitel está associado à origem das volutas jônicas.

A "Ordem" Eólica

As primeiras colunas construídas pelos gregos com volutas nos capitéis não proporcionam um precedente direto para o capitel jônico canônico, nem se encaixam na célebre descrição de Vitrúvio sobre a sua origem, e é por isso que alguns estudiosos elevaram o conjunto à dignidade de uma "ordem" separada. Encontraram-se várias dessas colunas nas ilhas (Lesbos, Samos) e na Ásia Menor (Esmirna, Neandria, Larissa); além disso, há algumas similares, posteriores, na Grécia continental, sobretudo em Ática[72]. A única característica comum entre esses capitéis e os jônicos posteriores é a espiral dupla. Porém, no capitel jônico, ela parece sair ou impor-se sobre a face de um consolo e trabalha horizontalmente. Nos capitéis eólicos, as espirais surgem na vertical de uma moldura em anel, como se estivessem amarradas ao topo do fuste. Assim, o capitel parece muito primaveril, muito florido, para dar qualquer sustentação a uma viga. Às vezes,

Capitel eólico de Neandria. Istambul, Museu Arqueológico. Foto do autor.

Capitel eólico de Lesbos. Istambul, Museu Arqueológico. Foto do autor.

as folhas têm sido identificadas com as da vitória-régia, mas parecem mais genéricas. Além disso, a sua forma, definida no decorrer de vários séculos, parece muito fixa e regular para ter se originado da impressão de uma flor tridimensional desenhada em perfil.

Retornemos à descrição das colunas eólicas: o olho costuma ser oco e o espaço triangular entre as espirais divergentes é preenchido por uma palmeta. Não há dúvida de que esses capitéis eram coloridos, ainda que praticamente não haja vestígios de tinta neles. Vários deles ainda mostram as perfurações para a fixação dos ornamentos metálicos, talvez para o revestimento completo. O ábaco e a viga sobre ele apoiavam-se ou na palmeta ou, às vezes, nela sozinha e nos topos das volutas, fazendo com que o capitel funcionasse como um consolo[73]. Ao contrário das colunas jônicas às quais eles são relacionados, os capitéis eólicos são um fenômeno provinciano e de existência relativamente curta. O conhecimento posterior sobre essa forma obtidos pelos gregos é comprovado por muitas representações das colunas "eólicas" em cerâmicas pintadas em que elas representam edifícios da época dos heróis, quase sempre apoiando uma cornija dórica em tríglifo[74].

Muito depois de ser substituída pelo capitel jônico canônico em construção de pedra, essa forma de espiral dupla permaneceu como padrão na decoração de móveis – no mínimo como está registrada na pintura de vasos. Os capitéis eólicos apareceram, pela primeira vez, no contexto da atividade construtora, que tinha muito mais em comum com os tipos de edifícios mais a leste no início do milênio ou mesmo antes: na Frígia e na Lídia, Urartu, Síria e Mesopotâmia[75]. Visto que as espirais nesses capitéis surgem na vertical a partir de uma moldura de união em forma de anel, as formas "naturais", às quais elas mais se assemelham, são chifres e não cachos de cabelo. Mas mesmo essa semelhança é indireta. A moldura em forma de anel de onde elas surgem costuma ser ornamentada com folhas convencionais (às vezes dois desses anéis) e um vínculo botânico, portanto, parece mais óbvio do que um vínculo zoológico. De qualquer modo, Vitrúvio é explícito ao dizer que as grinaldas eram invocadas pela moldura atribuída ao capitel.

As grinaldas são um item constante no culto religioso grego, sobretudo nos sacrifícios; por isso, é como se o anel de folhas sob os chifres eólicos estivesse ali para fazer essa alusão[76]. As cabeças dos animais prestes a serem sacrificados, costumavam ser ornadas com grinaldas, assim como as caveiras com chifres que apareciam com frequência nas métopas da cornija dórica, ainda que não fossem um ornamento comum da coluna ou da viga jônica[77]. Mas depois eu terei a oportunidade de falar sobre o bucrânio, sem referência às grinaldas[78]. Contudo, se são chifres, os do capitel eólico lembram os de um bode, de um muflão ou mesmo de um carneiro comum, e não os de um touro.

Na arte do Oriente Próximo, é comum a representação – de forma heráldica, se não ritual – de dois bodes escalando e comendo de cada lado de uma árvore: em geral, a árvore, composta ou artificial, presente nos relevos mesopotâmicos que mencionei anteriormente[79]. Esses temas são bastante comuns no oriente, em terras hititas ou no Lorestão. As esplêndidas espirais que ornam as primeiras cerâmicas da Idade do Bronze das terras altas elamitas são, na maioria das vezes, os chifres ampliados e estilizados do muflão, do cabrito montês e do bode. As divindades elamitas, por exemplo aquelas na estela de Untashgal ou no relevo da rocha em Kurangun, usam adereços de cabeça com chifres. Obviamente, o capacete ou chapéu com chifres era uma marca de divindade ou de realeza em todo o mundo antigo, mas os chifres tiveram importância especial para os povos da Mesopotâmia oriental e das terras altas que agora ficam entre o Iraque e o Irã. Mesmo no final do século XX, os habitantes do Lorestão, bem como outros povos modernos do norte do Iraque, mantiveram a prática de incorporar uma cabeça descarnada, com chifres, e parcialmente modelada, de muflão, carneiro ou cabrito montês nos telhados das casas, sobretudo nos cantos[80].

Paralelos Orientais

Protomes de touros e de bode são itens muito comuns nos capitéis da arquitetura palaciana persa. As colunas esguias e altas dos palácios em Susa e Persépolis tinham bases que podiam ser descritas como versões elaboradas das molduras jônicas de Vitrúvio. Grande parte dos entalhes detalhados foi provavelmente executada por artesãos gregos[81]. Porém, o que mais surpreende aqueles que procuram paralelos entre as colunas persas e as jônicas é que esses *protomes* nos capitéis não são esculpidos no consolo, a exemplo das volutas espiraladas dos historiadores evolucionários, mas estão perpendiculares às vigas que eles sustentam. Isso talvez seja mais óbvio em um dos primeiros exemplos sobreviventes desse tipo de coluna, que também não foi

Coluna votiva de Larisa. (à esquerda) Restauração, segundo J. Boehlau e K. Schefold (1940-1942).

Capitel eólico: coluna votiva de Larisa. Istambul, Museu Arqueológico. Foto do autor.

Tumba de Ciro. Segundo R. Ghirshman (1964).

construído, mas sim escavado na rocha em Naqsh-i Rustem, na tumba de Dario, o Grande (522-486). Pode-se ver com clareza que o consolo passa entre os *protomes*, como provavelmente sempre aconteceu no palácio em Persépolis. Portanto, no final do século VI, os persas, com ou sem ajuda grega, usavam essas formas de um modo distinto dos gregos, o que não sugere filiação, mas talvez uma origem comum. Os críticos helenistas, que reconheceram as similaridades entre os edifícios gregos e os persas, os descreveram como sendo mais opulentos do que os gregos[82].

A arquitetura persa em pedra teve um desenvolvimento rápido (até mesmo súbito) por volta de meados do século VI, no reinado de Kurash II, Ciro, o Grande (553-528). O seu suposto cenotáfio, ou tumba, próximo à cidade que ele fundou, Pasárgada, pode sem dúvida ser considerado o monumento que inaugura a sequência da vasta construção persa. A tumba não tem marcas nem inscrições identificadoras e jamais abrigou um sepultamento, ainda que, segundo a tradição, Ciro tenha sido morto na batalha contra tribos caspianas, mas sepultado em sua nova cidade[83]. A tumba sóbria, semelhante a um zigurate, é um estranho amálgama persa de características jônicas e mesopotâmicas.

Muito antes de Ciro, uma arquitetura altamente desenvolvida, em madeira e pedra, havia sido praticada pelos reis hititas a oeste, na Anatólia central. Quando os persas chegaram na região que agora consideramos a sua terra natal, o Irã, o vizinho império hitita era apenas uma lembrança confusa, uma lenda, e os seus monumentos já estavam em ruínas. Contudo, os persas conheciam a arquitetura monumental da Mesopotâmia e da Síria, que Ciro havia conquistado e, é claro, o seu filho, Cambises, posteriormente subjugaria o Egito.

A arquitetura de pedra dos palácios persas é, até certo ponto, uma imitação das monarquias a oeste e ao norte que eles derrotaram – os urartianos e os neo-hititas – e não dos elamitas, cujas terras eles ocuparam. Algumas de suas formas, sobretudo os grandes hipostilos dos palácios, lembram as das terras hititas; o que pode ter influenciado ainda mais os persas é que recrutaram artesãos na Anatólia, e não entre os construtores de alvenaria mesopotâmicos[84]. Eles também empregaram outros povos anatolianos como construtores: urartianos, frígios e lídios, e até mesmo os jônicos mais distantes da costa do Egeu.

Na Anatólia:
Mitanitas, Hititas e Urartianos

A arquitetura de pedra mais impressionante na Anatólia, anterior às obras dos gregos e de seus aliados, eram os edifícios dos hititas e dos urartianos. O povo do império hitita falava muitos idiomas[85], alguns deles indo-europeus, outros caucasianos, representados em escrita cuneiforme (emprestada da Mesopotâmia), com hieróglifos próprios (de origem incerta) e, posteriormente, também em uma escrita silábica linear. Parece provável que as suas cerimônias religiosas e palacianas tenham sido quase programaticamente poliglotas. Eles tinham relações comerciais complicadas e intensas com as potências mesopotâmicas (que documentavam em seus idiomas próprios, em sumério e em acádio, a língua franca da diplomacia do Mediterrâneo oriental) e também com o Egito. A expansão para leste deixou-os em conflito com os mitanitas, que falavam caucasiano, uma elite ou uma casta governante que estabeleceu um Estado forte entre a Anatólia e a Assíria. Os mitanitas obstruíram as rotas comerciais assírias e provocaram a crise econômica que contribuiu para o declínio do primeiro império assírio. Quando o Estado interposto dos mitanitas foi finalmente esmagado por seus dois vizinhos poderosos, o confronto entre hititas e assírios passou a ser direto. Mas os mitanitas nunca conseguiram dominar a costa mediterrânea, e ali o Egito e os hititas dominaram durante o segundo milênio.

Um certo volume de casamentos dinásticos entre os grandes reis hititas e as famílias dos faraós ou os príncipes sírios marcou as suas alianças. Síria, Canaã e as terras fenícias foram influenciadas tanto pelos hititas quanto pelos egípcios e formavam o palco óbvio de suas rivalidades. Várias guerras foram disputadas entre as duas superpotências, e a famosa batalha de Khadesh em 1288[86], quando os hititas, comandados pelo grande rei Muwatallish, e os egípcios, por Ramsés II, ainda que indefinida, fascina os historiadores, porque é circunstancialmente registrada como vitória por cronistas de ambos os lados. Alguns anos depois, Ramsés II desposou a filha de outro grande rei, Khattushilish III.

A metrópole hitita, Hatusa, próxima à moderna aldeia turca de Boghazköy, tinha dentro de seu perímetro no mínimo um grande templo do tipo mesopotâmico, com muitas câmaras abobadadas e vários outros templos menores. A sua "acrópole" era fortificada separadamente e agora se chama Büyükkale; no alto do morro, os muros protegiam um palácio com uma ampla biblioteca diplomática e um *hall* hipostilo, que era uma floresta artificial de colunas finas, bem diferente dos hipostilos ribeirinhos dos egípcios – e incomparável até o surgimento dos edifícios gregos clássicos tardios (sendo o mais impressionante o Salão dos Mistérios em Elêusis) ou os palácios dos grandes reis persas[87]. Hatusa era circundada por um muro enormemente longo reforçado por contrafortes e com ameias; os portões eram guardados por deuses armados, leões e monstros.

Nos trezentos anos de duração do império hitita, o título do grande rei, *Lugal-gal*, era escrito nos emblemas e nos relevos comemorativos como caractere composto: um era um feixe cônico amarrado com tiras em dois ou três lugares, *lugal*, e o outro, escrito sobre ele em forma de espiral dupla, *gal*[88]. Dois desses caracteres eram colocados de cada lado do nome do rei e sustentavam um disco solar alado como se fosse uma viga, de forma que o conjunto assemelha-se curiosamente a um oratório jônico.

Em 1175, o grande rei Shuppiluliumash II caiu diante de invasores desconhecidos, não os seus tradicionais inimigos assírios, e com ele caíram Hatusa e o poder hitita central. O império hitita nunca se recuperou[89]. Infelizmente, esses vencedores e os construtores posteriores de aldeias vizinhas não deixaram muita coisa no lugar para os historiadores da cultura material considerarem, o que

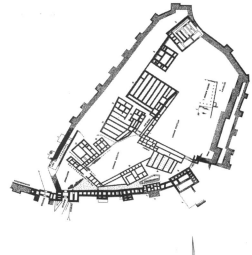

Hatusa: plano geral.
Segundo R. Naumann (1955)

Hatusa: palácio real.
(acima) Segundo R. Naumann (1955)

Hatusa: edifícios A e D.
(abaixo) Segundo R. Naumann (1955)

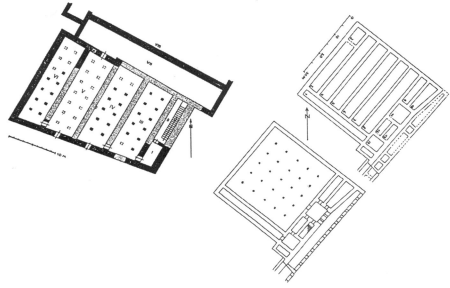

torna o estabelecimento de qualquer paralelo entre os caracteres nos emblemas e as formas dos edifícios um problema intrigante e insolúvel.

Grande parte da construção anatoliana do segundo milênio era feita na técnica enxaimel – para adaptar um termo aplicado à construção europeia ocidental – como grande parte da arquitetura cretense e miceniana. Um dos maiores edifícios daquele tempo, na Ásia Menor, foi o palácio "incendiado" de Beycesultan, nas terras altas do Meandro, a montante de Mileto e Priene, na região dos lagos. É bem provável que esse palácio tenha sido destruído quando os arzawa foram derrotados pelo grande rei Labarnash, fundador do império hitita, e que o palácio tenha sido uma metrópole arzawa[90]. O idioma dos arzawa relacionava-se ao hitita, bem como os seus métodos de construção: fundações de pedra, paredes enxaimel usando tijolos secos ao sol e, às vezes, também pedras. Contudo, o paralelo mais próximo, não só em métodos de construção, mas também em disposição (plantas compactas, com muitas câmaras, pátios internos e poços de iluminação), parece ser os edifícios contemporâneos em Creta[91]. Os hititas tinham grandes acordos comerciais com os governantes cretenses e parecem ter praticado uma forma de tributação de importação preferencial a seu favor[92]. Todos os Estados do Egeu devem ter aprendido alguma coisa sobre as aptidões diplomáticas dos hititas, o valor da negociação e o comércio preferencial, bem como sobre os casamentos dinásticos entre Estados. Os arzawa mantinham vínculos comerciais com o Egito e, embora os detalhes sejam confusos, provavelmente também tiveram relações com os miceneus. Contudo, permanece obscura a explicação sobre como a guerra de Troia encaixa-se nesse padrão. De qualquer modo, os hititas tinham conhecimento de outros dois Estados poderosos na costa ocidental da Anatólia, Millawanda e Apsas e, embora a semelhança desses nomes com Mileto e Éfeso pareça acidental, a maioria dos estudiosos consideram-na muito estreita para ser desprezada.

O vácuo de poder deixado na Anatólia depois da queda do império hitita não foi preenchido pelas cidades neo-hititas do norte da Síria, mas pela aliança urartiana. O povo que vivia ao redor do Lago Van e a leste dele falava um idioma caucasiano semelhante ao hurrita, que escreviam em cuneiforme assírio.

No início do primeiro milênio, os urartianos se transformaram em uma monarquia poderosa a leste dos antigos centros hititas. Além disso, eram excelentes construtores. Infelizmente, a sua arquitetura não foi estudada adequadamente, em parte porque os sítios estão divididos entre a antiga União Soviética, a Geórgia, o Azerbaidjão, a Turquia, o Iraque e o Irã e muitos deles encontram-se em locais inacessíveis. No entanto, é claro que os seus assentamentos eram protegidos por poderosas fortificações de pedra semelhantes às dos hititas, cuja aparência se conhece tanto nos relevos assírios quanto nos modelos de bronze urartianos, que eram, talvez, oferendas votivas. Eles também construíram salões colunares substanciais, talvez até mesmo hipostilos; e é provável que tenham planejado os primeiros assentamentos inteiramente ortogonais, ainda que tenham ficado mais famosos pelas aptidões na fundição em bronze[93]. De fato fabricavam bronze para exportação e parece até que o exportaram para a Grécia arcaica e inevitavelmente orientalizada. O império hitita fragmentado havia sido tomado por esses príncipes que eram os vizinhos mais próximos ao sul e a leste.

O poder urartiano enfraqueceu-se com a constante pressão dos nômades da Ciméria oriundos do Cáucaso e dos elamitas do leste. Ele finalmente caiu diante de Sargão II, da Assíria, que atacou do sul. O rei Rusas I suicidou-se, em 714, ao saber da queda da cidade sagrada urartiana, Musasir, como Midas II, da Frígia, filho de Gordias, assim o faria alguns anos mais tarde, em 696 ou 695,

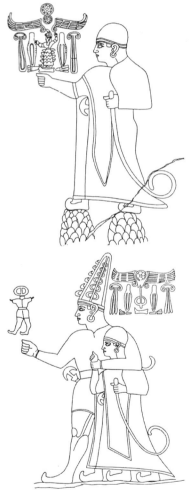

Emblemas reais hititas com o caractere lugal-gal. Yazilikaya, Câmara A; Tudhaliyas IV. Segundo E. Akurgal (1962).

Emblemas reais hititas com o caractere lugal-gal. Yazilikaya, Câmara B; Tudhaliyas IV com o seu deus protetor. Segundo E. Akurgal (1962).

depois de outro ataque da Ciméria[94]. O Estado urartiano continuou por mais ou menos um século e, durante esse tempo, foram construídos alguns de seus palácios fortificados mais esplêndidos – com salões colunares, predecessores dos hipostilos persas. Porém, no final do século VII, Urartu cessou de existir independentemente e passou a ser conhecido como Armênia pelos novos senhores; sob esse nome, tornou-se uma satrapia do império persa.

Durante os séculos de poder urartiano, a organização bem como as aptidões dos hititas e até mesmo uma forma do idioma luviano foram mantidos em vários centros provincianos ao sul das terras hititas que nem sempre foram leais ao poder imperial: Zinçirli, Karatepe, Tilmen-Huyuk, Tarso, Carquemis e vários outros. Esses principados, às vezes em aliança com os urartianos, trouxeram muitos problemas aos assírios[95].

Alguns dos Estados menores tinham construtores tão bons quanto os urartianos ou os hititas imperiais, seus contemporâneos. Em Tell Halaf (outrora Guzana, onde se falava o aramaico), entre o Tigre e o Eufrates e no lado sírio da atual fronteira turca, o seu príncipe, no século IX, Kapara ben Chadianu (cerca de 850-830), construiu ou ampliou um palácio (o "Palácio Ocidental") – ou talvez um templo – cuja entrada principal, guardada pelas costumeiras esfinges monstruosas, era apoiada por três divindades-colunas: da esquerda para a direita, um deus em um leão, um deus em um boi e uma deusa em um leão. O artifício icônico é obviamente hitita, mas o seu uso arquitetônico parece um desenvolvimento idiossincrático do pórtico colunar, que teve sua origem na Síria no segundo milênio. Em Tell Halaf, cada uma das estátuas no entorno tinha uma base em forma de animal; o corpo do deus, por assim dizer, como fuste, e o alto adereço da cabeça, *polos*, como um ábaco de tamanho incomum. Tudo isso transforma essas divindades anônimas em ancestrais indiretos e improváveis das cariátides jônicas[96].

Esse palácio é um exemplo clássico de um *bit-hilani*, uma expressão assíria que se transformou em termo técnico. Ela denota um edifício palaciano (às vezes, mas menos frequentemente, um templo), cujo pórtico de uma a quatro colunas é cercado por pavilhões de cada lado e leva a uma extensa sala pública, geralmente transversal ao eixo. Não se sabe ao certo onde essa forma originou-se. Ela foi identificada primeiro no norte da Síria, no palácio do rei Niqmepa de Alalakh (protegido do faraó Tutmoses III, 1504-1445), a montante de Antioquia no rio Orontes, provavelmente construído logo depois de 1450[97]. O *bit-hilani* tornou-se muito popular com os construtores neo-hititas: em Zinçirli, Tel Tayanat e Sakjagözü, há outros exemplos contando desde uma a três colunas. Infelizmente, colunas inteiras esculpidas sobreviveram apenas em Tell Halaf.

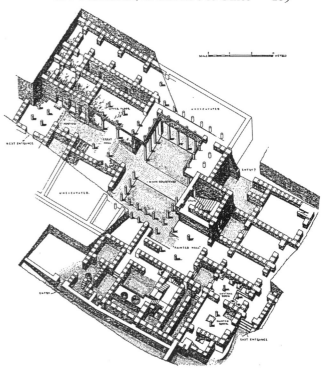

Palácio incendiado, Beycesultan. Segundo H. Seton Lloyd (1967).

Mégaro 3, Gordion. Vista interior. Reconstituição desenhada por G.F. Muscarella. © Museu da Universidade da Pensilvânia, Filadélfia.

Mégaro 3, Gordion. Planta desenhada por J. Last. © Museu da Universidade da Pensilvânia, Filadélfia.

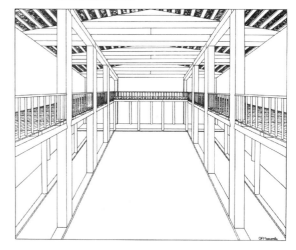

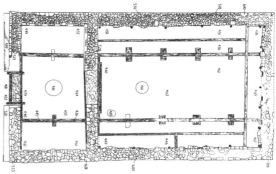

Na Anatólia: Frígia, Lídia, Lícia, Cária

Türbe, perto de Erkizan no Lago Van, Turquia. Foto do autor.

Mosaico do piso do Mégaro 2, Gordion. Desenho de J. Last e Christopher Polycarpoi. © Museu da Universidade da Pensilvânia, Filadélfia.

Mosaico do piso do Mégaro 2, Gordion. © Museu da Universidade da Pensilvânia, Filadélfia.

Pouco se conhece da configuração política da parte ocidental, particularmente do reino arzawa, que o extinto império hitita considerava sua rival; tampouco se sabe ao certo quem eram exatamente os vizinhos a oeste dos arzawa, a quem os hititas denominavam "luqqa" e "karkissa". Na verdade, o estabelecimento desses centros no Egeu e a época de sua prosperidade e expansão coincidiram com o início da colonização grega na costa ocidental da Anatólia, onde os povos que eles denominavam lícios, lídios e cários viviam e que alguns identificaram como os mesmos luqqa e karkissa.

Enquanto os urartianos preenchiam o vácuo de poder no leste, um grupo bem distinto de saqueadores, provavelmente oriundo dos Bálcãs, a quem os assírios chamaram de "mushki" e "tabal", parecem ter se fixado no Estado conhecido como Frígia, que, de um modo bem diferente, tornou-se a potência a oeste do antigo império hitita.

Os monumentos frígios eram bem distintos daqueles dos supostos arzawa ou dos hititas. A residência real da capital frígia, Gordion, parece ter sido muito mais simples do que o complexo palácio em Beycesultan — com alinhamentos de salões do tipo mégaro, tão comuns na Anatólia. Ao menos um deles tinha provavelmente uma estrutura de madeira independente dentro de suas paredes de alvenaria, para sustentar uma galeria no segundo pavimento, e um telhado que pode por sua vez ter sido sustentado por uma forma primitiva de tesoura. Infelizmente, restou muito pouco da arquitetura em madeira pré-cimeriana.

O maior (MM) de muitos túmulos em Gordion pode, de fato, ter sido a tumba de Midas II, o grande príncipe quase mítico dos frígios. Parece que ela foi construída de acordo com um modelo importado, em geral conhecido por sua denominação russa ou, ao menos, altaica, *kurgán*: o sepultamento dava-se em um abrigo de madeira com uma só câmara, que era então coberto por um montículo artificial. Os itens na tumba eram esplêndidos, embora no caso da suposta tumba de Midas houvesse muitos tecidos, madeira elaboradamente entalhada e incrustada (prova da extraordinária habilidade dos frígios no trabalho em madeira), e marfim, mas pouquíssima prata ou bronze, provavelmente por ter sido saqueada pelos cimérios antes do sepultamento do rei.

Por outro lado, os santuários que os frígios escavaram nas faces das rochas em suas terras são suas relíquias arquitetônicas mais esplêndidas e, em sua maioria, são representações de edifícios na face da rocha. Em geral, são fachadas com telhados levemente inclinados; muitas têm um acrotério central na forma de duas volutas, que podem representar chifres convencionados. Quase sempre há um pilar central na empena, às vezes guardado por dois animais. Há outros tipos de edifício mostrados, mas todas as suas paredes são raspadas de uma maneira evocativa da tecelagem, ainda mais do que a sua marchetaria muito repetitiva — como se elas representassem tendas feitas de tapetes elaboradamente

IX : A Máscara, os Chifres e os Olhos 271

Xanto: detalhe do teatro.
(à esquerda) Foto do autor.

Xanto: tumba Harpy.
(acima, à direita) Foto do autor.

Xanto: tumba Harpy.
(ao lado) Detalhes da base. Foto do autor.

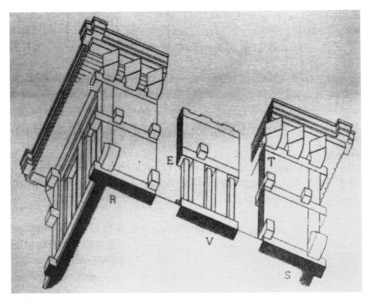

Xanto: tumba "em formato de trenó". Foto do autor.

Xanto: tumba "em formato de trenó". Detalhes da construção. Segundo A. Choisy.

Fethiye: grande tumba jônica. Foto do autor.

Fethiye: tumba "em formato de trenó" e pequena tumba jônica. Fotos do autor.

decorados e dependurados em uma leve armação de madeira, como se eles ainda pretendessem relembrar as tendas de distantes ancestrais nômades, como (muito mais tarde) as *türbes* de santos islâmicos nas terras de Seljuk foram destinadas a reproduzir em pedra sólida, as superfícies e as formas perecíveis de tendas bordadas ou tecidas[98]. Muitas fachadas frígias cortadas na rocha têm um nicho vazio e a sugestão de um espaço público defronte como se servissem de fundo para algum ato de culto no decorrer de uma procissão em que uma imagem fosse carregada e depositada no nicho. Alguns dos relevos são conectados a tumbas: por exemplo, em Arslan Tas no Vale Köhnüs, onde dois leões nas patas traseiras guardam cada lado de um pilar de aparência fálica, suas patas dianteiras pousadas em uma caixa que é tanto a base da coluna quanto a entrada da tumba, em uma versão ampliada dos dois leões de cada lado da coluna sobre o Portal do Leão em Micenas.

Já mencionei que *opus phrygium* é o radical da palavra *frieze*; outra palavra lídia ou frígia, *tapete*, infiltrou-se em muitas línguas europeias por meio do latim: *tapestry, tapis, tapizzieren*. Os tecidos eram, sobretudo, portáteis e, sem dúvida, os portadores de muitos temas e estilos: os bordados e os tapetes pergelissolos dos *kurgán* e sepulcros em Pazirik, devem algo à Ásia Menor, à Pérsia e talvez, até mesmo, à Mesopotâmia[99]. E, na verdade, a mais negligenciada contribuição singular frígia às belas artes foi provavelmente a invenção do mosaico de seixos. Seu efeito altamente decorado mas aleatório, pode bem ter sido concebido como uma substituição para os tapetes jogados sobre um piso de junco ou de terra batida[100].

Além de suas vastas tendas com tapetes de pedras, os frígios representavam outro tipo de construção em suas tumbas: armações estruturais em madeira pesada, cuidadosamente ajustadas. Outrora, a Anatólia fora rica em madeira de construção – carvalho, pinho, lariço – quase como o Líbano fora rico em cedro. Os santuários e as tumbas dos frígios eram menos explicitamente "de madeira" do que as construções posteriores, dos lídios e dos lícios, cuja arquitetura funerária cobre áreas extensas de rocha em todo o sudoeste da Anatólia. Todas essas tumbas de pedra são uma imitação de construções em madeira. Isoladas ou cortadas na rocha, a maioria delas representa dois tipos análogos (e talvez arcaicos) de construção em madeira: caixas cobertas por uma abóbada aguda, às vezes com um pilar central ou fachadas cobertas com armações quadradas de madeira, elaboradamente reentrantes e cuidadosamente encaixadas[101]. De vez em quando, essas caixas eram realçadas com painéis esculpidos, que, excepcionalmente, tornavam-se o elemento dominante, como na tumba Harpy em Xanto.

Ao sul da terra dos frígios, os lícios, que habitavam terras montanhosas, também eram um povo que registrava os seus feitos nas rochas e nas paredes dos edifícios. O grande pilar de pedra inscrito em Xanto, provavelmente a tumba de seu dinasta, é bilíngue, escrito em grego e em lício, e essa é uma língua indo-europeia relacionada aos idiomas dos arzawa e dos luvianos – e também ao dos hititas. Essa tumba (ainda que construída um século mais tarde, no final do século VI) era provavelmente coroada com um trono neo-hitita ladeado por dois leões. Uma inscrição posterior, na vizinha Leto, acrescenta o aramaico como uma terceira língua em uma estela comemorativa[102].

Os construtores lícios devem ter promovido a carpintaria a um nível tão elevado quanto o da marcenaria dos frígios. O seu país ainda é relativamente pouco conhecido dos arqueólogos, e os indícios sobre as suas realizações têm que se basear no que pode ser encontrado acima do solo. Não restaram edifícios de madeira de nenhuma antiguidade, e os paralelos modernos que são invocados para mostrar a semelhança entre algumas formas recentes de construção em madeira e aquelas que devem ter existido outrora, para dar precedente às tumbas de pedra, são miseravelmente construídas para serem minimamente convincentes. Em particular a configuração de todo o quadro ou caixa sobre vigas curvas em ambas as extremidades, como se fosse um tipo de trenó, parece ter sido uma invenção local. A representação da estrutura de madeira, aliás, não era só entalhada mas, em alguns casos, as peças de pedra eram cortadas separadamente para representar cada um dos componentes de madeira. Essas representações são muito mais lógicas do que na arquitetura grega.

Quanto às tumbas cortadas na rocha, as suas fachadas representam um tipo de elevação seccional de uma pesada estrutura de madeira, que também parece ter sustentado uma cobertura de argila e palha, que eram assentados sobre uma camada de traves roliças de madeira. Mas enquanto no entablamento de edifícios clássicos os detalhes eram mantidos nas duas faces do canto, como se não houvesse distinção entre a construção frontal e lateral de um telhado de madeira e argila, nas tumbas lícias a natureza direcional da construção é um aspecto importante do ornamento, ao passo que as superestruturas, triangulares ou ogivais, parecem indicar que esses telhados independentes eram uma parte proeminente de seu edifício de madeira[103].

Espirais e Árvores

Em todo o império hitita, as inscrições hieroglíficas aparecem lado a lado com a escrita cuneiforme[104], que posteriormente deu lugar ao alfabeto cuneiforme (registrado pela primeira vez em Ugarit, Ras Shamra) e, finalmente, à escrita fenícia e semítica ocidental. Já naquela época, as variações linguísticas e epigráficas refletiam-se na arte da região, incluindo sua arquitetura. A técnica de proteger a porção inferior de paredes de alvenaria e argila contra respingos e enchentes com colunas de pedra, agora denominados *ortóstatos*, um termo derivado do grego (que mencionei ao falar dos primeiros edifícios jônicos), parece ter surgido em terras hititas e na Síria na mesma época, um século ou dois depois de 2000, e tornou-se parte essencial da arquitetura assíria e do norte da Síria[105]. Os ortóstatos costumavam ser entalhados com inscritos e relevos que, quase sempre, eram do tipo narrativo, ainda que alguns também fossem emblemáticos e comemorativos. São esses que mostram um motivo de grande interesse nesse contexto: a árvore "composta" ou artificial[106].

Já mencionei esse tema e sugeri a sua conexão com o Egito, visto que, na arte babilônica e até mesmo sumeriana tanto a coluna ou pilar *djed* quanto o "nó de Ísis" parecem ter algumas das características de uma planta artificial, talvez de uma planta ritualmente fabricada. Em Carquemis, a árvore

Ombreira em Tamassos, Chipre. Segundo V. Karageorghis (1973).

Tamassos, Tumba XI: planta e corte transversal. Segundo M. Ohnefalsch-Richter (1903).

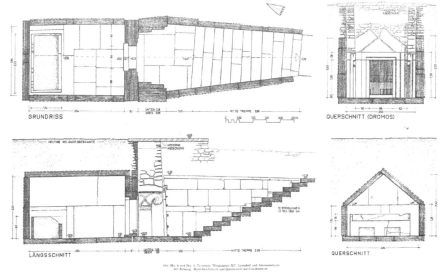

sagrada ou, mais exatamente, a "árvore ritual" aparece em vários relevos, às vezes ladeada como em um brasão, a exemplo das antigas árvores babilônicas, por duas figuras, em geral bélicas e masculinas. A árvore, por vezes, deriva de duas espirais em sua base. Todas essas imagens apresentam entre uma e três espirais duplas, do tipo que descrevi ao mencionar o capitel da coluna eólica. Elas erguem-se uma acima da outra, mas não verticalmente, a partir do suporte de um tronco. Elas cruzam-se para formar um triângulo, e as duas espirais saem do triângulo como se fossem chifres saindo da testa de um animal – ainda que essa leitura óbvia não pareça ser intencional nesse caso[107].

Afrodite em Pafos

Moedas que mostram os templos em Pafos e em Biblos. Segundo T.L. Donaldson (1859).

Na entrada de duas tumbas principescas em Tamassos, Chipre (hoje Politiko), esses capitéis inserem-se nas ombreiras da câmara principal, que foram esculpidas na rocha, imitando uma casa de madeira. A inserção é tão destoante que alguns arqueólogos chegaram a pensar que essas estelas eram monumentos mais antigos reusados. Nenhum inscrição homenageia os príncipes, sua família, nem os seus companheiros (que foram enterrados ali no século VIII ou VII), embora formas de escrita já fossem usadas em Chipre há muito tempo[108].

Chipre abriga alguns dos legados micênicos mais desvalorizados. O dialeto fazia parte da família cipriota arcadiana e, no Período Arcaico (quando os príncipes de Tamassos floresceram), era redigido tanto na nova escrita alfabética quanto no silabário mais antigo. Ao contrário do linear B, ao qual ele provavelmente era relacionado, o silabário sobreviveu à Idade das Trevas, foi usado em uma forma levemente modificada para registrar as novas palavras e nomes gregos, em alguns casos com registros em duas escritas, lado a lado com o alfabeto mais novo[109]. Os gregos micênicos colonizaram o litoral oeste de Chipre durante o século XIV, talvez pacificamente. Ainda não se sabe ao certo quem foram os cipriotas "originais", nem de onde eles vieram (se é que vieram de algum lugar)[110]. No segundo milênio, a ilha certamente caiu sob o comando ou, no mínimo, a influência egípcia e hitita, alternadamente.

A cultura grega não sofreu eclipse em Chipre durante as incursões dos povos do mar – essa aliança bárbara, predadora e famosa em todo o Mediterrâneo oriental – como aconteceu em terras gregas. Algum tempo depois da "ocupação" desses povos do mar, os fenícios estabeleceram-se na costa leste cipriota; um pouco mais tarde, os assírios exerceram domínio com a cobrança de impostos sobre a ilha, que os egípcios conquistaram novamente um século depois[111]. A ilha é, portanto, uma das poucas áreas continuamente ocupadas, onde os gregos conviveram com os fenícios, bem como com o Egito e a Mesopotâmia. É praticamente o único lugar onde os complexos vínculos de seu relacionamento, durante a Idade das Trevas e a Arcaica, podem ser localizados e, até mesmo, separados.

O mito grego estabeleceu uma teogonia essencial em Chipre. Cronos castrou seu pai, Urano, e atirou ao mar os genitais decepados. Eles caíram nas águas perto de Pafos. Dessas águas, rosadas e fertilizadas pelo sangue e sêmen derramados dos genitais divinos, surgiu Afrodite; próximo ao local, construiu-se o santuário mais famoso da deusa e, em torno dele, cresceu uma cidade[112]. Diz a lenda que o santuário e o culto foram estabelecidos ou por Agapenor, rei de Tégea, que liderou as tropas etólias na Guerra de Troia, ou por outro, provavelmente Ciniras, o primeiro colonizador-*ktistēs* (fundador), que deu seu nome à dinastia dos reis-sacerdotes de Pafos[113]. Restos arqueológicos adequados a uma fundação como Pafos, onde a ocupação foi praticamente contínua desde o Período Calcolítico, só foram identificados com certeza há cerca de trinta anos em Paleopafos[114].

Enquanto em Pafos oferecia-se um culto à deusa que já era denominada Afrodite no Período Arcaico, em Kition, a apenas oitenta quilômetros a leste, no litoral sul da ilha, outra deusa (ou talvez análoga) era cultuada pelos fenícios como Astarte/ Ishtar, a partir de meados do século IX, em um local que fora santificado alguns séculos antes de sua chegada.

Astarte em Kition

As técnicas de alvenaria dos templos da Idade do Bronze, em Pafos e Kition, eram semelhantes: silharia com juntas definidas. A técnica, que também tinha sido desenvolvida pelos hititas e urartianos, foi usada pelos fenícios depois deles. Até hoje, não foi oferecida nenhuma reconstrução detalhada do templo da Idade do Bronze em Paleopafos, embora fique claro a partir das imagens em moedas de Pafos, bem como pelas ruínas, que ele não se parecia em nada com os santuários gregos, mas sim com os fenícios ou mesmo sírios[115]. Kition foi muito mais explorada. Os primeiros templos, provavelmente construídos em torno de 1300, mas abandonados antes da virada do milênio, parecem ter sido de um tipo sírio-mesopotâmico comum: edifícios alongados, de câmara única, com paredes duplas[116]. Não há indícios das divindades que eram cultuadas nesse local na Idade do Bronze, nem sobre a natureza do culto, ainda que o recinto incluísse um jardim sagrado. Um templo explicitamente dedicado a Astarte parece ter sido consagrado pela primeira vez na época de Itba'al ou Etbaal; por volta de 890-860, que fora sacerdote da deusa em seu templo em Tiro; depois de sua ascensão, ele uniu essa cidade a Sidon. Jezabel, sua filha muito mais famosa, casou-se com Acab, o rei de Israel; matrimônio cujas consequências o segundo livro dos *Reis* (e o profeta Elias), teve muito a dizer[117].

Itba'al certamente promoveu o culto de Astarte nas colônias fenícias. A sua fundação em Kition é interessante, porque representava um tipo de edifício famoso em toda a Síria e Mesopotâmia: um templo com abordagem colunar. Era bem maior do que os primeiros edifícios no local. Em Kition, havia duas fileiras de sete colunas de cada lado da "nave", terminando em uma abside quadrada e pouco profunda. Essa abside era separada do átrio colunar por uma porta de duas folhas. Um tipo de templo composto por um pátio de acesso (ou câmara) e um santuário em abside é associado, no Oriente Próximo, com portões da cidade e com os anexos construídos no nível do terreno de um zigurate[118]. Como ocorria frequentemente na Mesopotâmia e na Síria, os pilares da antecâmara ou átrio eram pilares quadrados de madeira, encaixados em bases de pedra chatas e quadradas, ao passo que os pedestais de pedra, construídos com blocos de silharia guardam a porta do santuário. Não se sabe ao certo se eles sustentavam estátuas, ou se eram os pilares altos (não estruturais) que guardavam a porta e que apareceram nas moedas de Kition e de outros templos cipriotas (e fenícios).

Essa prática difundiu-se amplamente e, algumas vezes, foi traduzida para circunstâncias bem distintas. Os urartianos, por exemplo, colocavam folhas em forma de seta (que eles agrupavam ou ramificavam em plantas artificiais, talvez de certa forma equivalentes às árvores mesopotâmicas

IX : A Máscara, os Chifres e os Olhos   277

sagradas) em bases de pedra de cada lado das entradas dos seus santuários – supostamente como guardiões da porta. É assim que essas plantas aparecem no relevo assírio, que comemora a captura do templo urartiano em Musasir, bem como de cada lado do relevo majestoso do deus do tempo, Teisheba, que aparece entre elas montado em um touro, segurando com uma das mãos, uma lâmina de folha e, com a outra, uma tigela, em um gesto que lembra os gênios assírios fertilizadores.

Os Guardiões das Portas

Segundo Estrabão, em Cádiz (ou Gades), para além dos pilares de Héracles (como os gregos denominavam o Estreito de Gibraltar), no templo de Melquart (o Héracles fenício), havia duas colunas de bronze com oito côvados de altura[119]. Essas duas colunas, uma de ouro, a outra de esmeralda, também foram vistas por Heródoto no templo de Melquart em Tiro[120]. Talvez igualmente famosas (ainda que de outro modo) eram as duas colunas diante do santuário interno no templo em Jerusalém, denominadas Jaquim e Boaz[121].

Os ornamentos elaborados de Jaquim e Boaz, como descritos no primeiro livro dos *Reis*, não parecem com as colunas e as estelas de Chipre e da Fenícia, que foram entalhadas algumas gerações depois. Contudo, visto que não há nenhum vestígio físico do templo de Salomão, só se pode deduzir algo sobre a estrutura e os ornamentos com base nos edifícios que restaram desse período – em

Relevo em basalto de dois demônios com uma "árvore sagrada." Museu de Ancara. Foto do autor.

Capitéis "eólicos": Megido. Jerusalém, Museu de Israel. Foto do autor.

Capitéis "eólicos": Ramat Rachel. Jerusalém, Museu Rockfeller. Fotos do autor.

IX : A Máscara, os Chifres e os Olhos   279

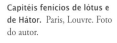

Relevo de Nabu-aplu-iddina "Placa do deus-sol". Londres, Museu Britânico.

Estela cipriota (eólica). Nova York. Museu Metropolitano. Foto do autor.

Estela cipriota da deusa Hátor. Nova York. Museu Metropolitano. Foto do autor.

Capitéis fenícios de lótus e de Hátor. Paris, Louvre. Foto do autor.

Megido, Hazor, Ramat Rachel e mesmo em Jerusalém – ou, talvez, fazendo-se inferências sobre as representações de diversos monumentos assírios e fenícios. Seria a "obra de lírios", *ma'aseh shoshana*, das Escrituras, as espirais duplas das familiares colunas conhecidas? Seriam as correntes (ou guirlandas) e romãs semelhantes aos ornamentos dos baldaquins assírios? A exemplo de outros que tentaram encaixar os fragmentos arqueológicos no texto, só posso especular que sim, poderiam ter sido.

De qualquer modo, talvez a maior conquista do artesanato fenício tenha sido o templo em Jerusalém que era anterior aos exemplos cipriotas. Além disso, ele estava em um contexto ainda pouco conhecido: em Megido, para citar um exemplo, os umbrais, semelhantes aos de Tamassos, em Chipre, guardavam as portas do edifício 338 (o "Palácio do governador"), do qual restam muitos fragmentos e que, provavelmente, era anterior à estela cipriota em um século ou mais. Em ambos, mais uma vez, os "chifres" das volutas de flor-de-lis projetam-se de cada lado de um triângulo. Em Ramat Rachel, umbrais similares, um pouco posteriores aos de Megido (mas ainda mais novos do que os de Tamassos), têm um tipo de palmeta atrofiada no lugar do triângulo[122]. Em vários casos, o triângulo contém um ornamento emblemático: um crescente em torno de um disco, o símbolo da lua associado a Astarte no Mediterrâneo oriental e a Ta'anit pelos fenícios ocidentais – deusas tão semelhantes que, muitas vezes, são consideradas idênticas[123]. Como em Tamassos, esses capitéis não eram totalmente padronizados: portas simples podiam ser ladeadas por dois com padrão bastante distinto. Talvez ainda mais curiosa seja outra propriedade dos capitéis judeus: cada um é entalhado em um único bloco de pedra e alguns apresentam altíssimo acabamento. Em outros até a decoração pintada sobreviveu, o que os torna componentes notáveis em uma arquitetura de muita alvenaria, reforçada com madeira e com acabamento em gesso, ainda que seus marcos e cunhais fossem quase sempre feitos de pedra lavrada.

Em terras fenícias e em Chipre, as colunas com espirais duplas também foram reproduzidas em estelas, fora de qualquer contexto estrutural; às vezes isoladas, outras em par ladeando um oratório. Nesse relevo, além das volutas usuais "proto-jônicas" projetando-se para baixo a partir do triângulo, gavinhas ascendentes saltam dele, emoldurando um campo em que uma árvore é ladeada por duas esfinges minúsculas. Como na maioria dos meus outros exemplos, essas gavinhas frágeis, que parecem mais aceitáveis em joias e em móveis, são coroadas por um ábaco moldado, como se a estela fosse, de fato, destinada a sustentar uma viga. Em uma dessas estelas, no altar de sacrifícios no monte Sirai, na Sardenha, há duas dessas colunas – não voltadas para a abertura como em Tamassos ou nos exemplos israelitas, mas posicionadas frontalmente. Essas pilastras sustentam uma cornija em estilo egípcio em que é mostrado um disco solar alado (um símbolo de divindade?), coroado por uma fileira de cabeças de serpentes. Dentro desse oratório egípcio, uma mulher estilizada, supostamente uma deusa, segura um disco (lua?) nas mãos: outra figura familiar da escultura fenícia[124].

Um pequeno santuário (*naiskos*) no Louvre, muito mais "clássico", possui colunas com adequados capitéis jônicos que ladeiam a cena de um sacerdote invocando a deusa, embora em uma ou duas dessas outras estelas as colunas sejam versões do dórico[125]. Essas estelas retratando oratórios frontais são encontradas espalhadas pelos diversos territórios fenícios: norte da África, Sardenha, Sicília, Espanha. O museu arqueológico em Palermo tem várias dúzias delas, bem como o museu em Cagliari[126]. Nas rochas funerárias perto de Biblos (no vale do rio Adônis, agora denominado Nar Ibrahim), outros dois desses oratórios, mais ou menos "jônicos" e com frontão contendo divindades indistintas, são entalhadas em baixo relevo[127].

Modelos e Santuários

Os oratórios não são modelos diretos, ainda que eles possam ser entendidos como contrações, com escala e características reduzidas em relação a um *aedes* (santuário). Na pátria fenícia, em Amrit (Marathus), ao norte de Biblos, um templo similar de data incerta na Idade do Ferro, tem uma cela mais ou menos intacta, ainda que os outros ornamentos e colunas tenham desaparecido, com exceção da cornija.

Ao menos em um caso, no templo arcaico em Tharros, na costa leste da Sardenha, o que restou de pé de um edifício fenício foi suficiente para permitir uma restauração na forma de um oratório ampliado com um nicho santuário ladeado por pilastras jônico-fenícias. A cela desse templo pode ter abrigado a estátua de uma divindade, ou bétilos (pedras verticais – já foram encontradas até cinco delas), ou mesmo ainda símbolos: o chamado caduceu fenício, por exemplo, ou um incensário esquemático ou uma figura feminina composta por um triângulo grande coroado por um pequeno círculo com uma linha horizontal entre eles voltada para cima nas pontas, representando braços em *orans* (em posição de oração), também conhecido como o "sinal de Ta'anit". Outra ainda é uma curiosa forma de garrafa, provavelmente representando ou um corpo sem cabeça, ou uma múmia, ou mesmo alguma combinação de alguns ou todos esses[128]. Muito frequentemente, as colunas que ladeavam o nicho eram soltas. Nos templos em Amrit, como em Tharros, as colunas eram provavelmente presas às paredes em antas. Colunas gêmeas guardando as portas de um santuário, isoladas ou não, eram um elemento essencial do edifício fenício.

Em Idálio, na região central de Chipre, também havia um santuário famoso dedicado a Melquart/Héracles, onde foi encontrado um dos raros exemplos de um modelo arquitetônico completo em Chipre, embora ele pareça referir-se ao culto de Astarte e não ao de Melquart. Esse modelo mostra um edifício quadrado, com um pássaro com face e seios femininos, olhando pela porta de cada, e mulheres olhando de cada janela. As paredes são perfuradas, supostamente à semelhança

Modelo em terracota de Idálio. (à esquerda) Paris, Louvre. Foto do autor.

Oratório de terracota em miniatura na forma de uma casa. Paris, Louvre. Foto do autor.

Estela cipriota com esfinge. Nova York, Museu Metropolitano. Foto do autor.

Pregos de fundação sumérios. Nova York, Museu Metropolitano. Foto do autor.

de um "pombal" para os pombos de Astarte/ Afrodite. A porta da frente é protegida por um plano estreito, como se fosse um pórtico, e ladeada por duas colunas que mal tocam o pequeno teto. Essas colunas são uma versão tridimensional do tipo desenhado nas estelas, um botão de flor cercado por quatro folhas em voluta, que nada sustentam[129]. Elas costumam ser descritas como sendo em estilo egípcio, mas colunas semelhantes, de fato, aparecem com frequência por todo Oriente Próximo. Contudo, essas colunas minúsculas são o único protótipo tridimensional para os capitéis de consolo achatado vistos em edifícios de tamanho normal.

Móveis e Tecidos

Um exemplo precoce e muito citado dessas colunas tridimensionais é a única coluna visível de duas – o relevo mostra apenas uma elevação lateral – que suporta um baldaquim flexível ou maleável sobre a estátua de Shamash em um edifício dedicado por Nabu-aplu-iddina, rei da Babilônia entre 880-855[130]. O fuste da coluna, um esguio tronco de palmeira, termina num capitel em broto de palmeira não estrutural, como no modelo em Idálio, mas tem um motivo quase idêntico a esse na base, ao passo que a versão ampliada dessa coluna sustenta o disco solar diante da estátua.

Em torno da mesma época, esse exato motivo apareceu suportando um baldaquino em um relevo de ortóstato, do inimigo e rival de Nabu-aplu-iddina, Assurnasirpal (883-857), rei da Assíria. Nesse relevo posterior (há vários exemplos paralelos mais ou menos esquemáticos), o motivo nem mesmo simula a sustentação de peso: é apenas um coroamento, e a viga prende-se à coluna abaixo dele. Isso levou alguns historiadores a generalizar que o capitel em volutas, mesmo o jônico, origina-se como um coroamento, cujo assentamento oculta a junta entre viga e coluna[131]. Mas a "tenda" de Assurnasirpal, exibida nesse relevo, é, talvez, mais um baldaquim honorífico do que uma moradia. E vários desses baldaquins lembram os "estandartes" – mastros com ponta de pedra ou de bronze – que os cocheiros de bigas assírias às vezes aparecem carregando nos primeiros relevos de ortóstatos dos séculos IX e VIII. Ao mesmo tempo, capitéis com volutas duplas aparecem em representações de edifícios permanentes, onde são mostrados sem dúvida como os suportes do telhado[132]. De fato, esses capitéis parecem mais próximos das árvores sagradas artificiais, uma característica dos relevos palacianos assírios, do que dos mastros de ponta frágil que sustentavam os baldaquins.

O motivo de espiral dupla, ainda explicitamente dependente da árvore sagrada, tornou-se muito disseminado no início do primeiro milênio. A sua imagem mais impressionante talvez seja a parede de tijolos vitrificados e policromados na "Sala do Trono" do rei Nabucodonosor II da Babilônia (604-562). Uma parede é coberta com um painel dessas "árvores" altas – quatro delas, cada uma coroada com três conjuntos de volutas, uma acima da outra, do tipo que se origina de um triângulo. Elas são conectadas por faixas tênues, à semelhança de fitas, amarradas com flores de lótus, ao passo que o "capitel" inteiro é coroado com uma palmeta. Fica evidente que essas árvores não sustentam nenhum peso.

Os painéis são contornados por bordas trabalhadas, que não são contínuas, mas unidas como se fossem tiras bordadas costuradas juntas[133], de fato, o conjunto dessa decoração evoca um tecido pendurado. Há precedentes na Mesopotâmia: várias soleiras de pedra são claramente entalhadas imitando tapetes[134]. A imitação de tecido em pedra, por todo o antigo Oriente Próximo, lembra outra questão que ressaltei antes: o uso da espiral dupla de desenho "eólico" no ornamento, e, provavelmente, na própria fabricação em bronze e em madeira de móveis antigos. Esse uso sobreviveu como tema decorativo em madeira e marfim muito depois de ter desaparecido da construção em pedra[135]. Mesmo as colunas no oratório de Nabu-aplu-iddina de Shamash são, de certa forma, mais semelhantes a partes de móveis do que de edifícios: o fuste esguio, parecido ao tronco de uma palmeira, deve ser de metal ou de madeira de lei, não de pedra, nem de tijolo. De qualquer modo, o tronco da palmeira é obviamente artificial, bem como são as muito mais antigas meias-colunas palmiformes fragmentárias do templo em Tell-el-Rimah[136].

A analogia entre planta e coluna é explicitamente invocada em muitas representações que mencionei, mesmo se o aspecto da planta for mediado pela ação humana, sobretudo por rituais, como na criação da árvore sagrada. Não há nenhuma referência a isso nos escritos arquitetônicos antigos, nem no texto de Vitrúvio sobre a coluna jônica.

Caveiras com Chifres

As colunas com espirais duplas reaparecem em modelos anteriores de edifícios em forma de cabana, que eram urnas funerárias relativamente comuns ou oratórios domésticos, em muitos lugares do Oriente Próximo. Vários desses modelos inevitavelmente apresentam uma variante, um dos mais interessantes tem dois pares de espirais em cada coluna: um ascendente, outro descendente[137]. O tema da curva dupla é mais explícito em dois oratórios de terracota da Jordânia, ligando-o a muitos ornamentos e capitéis de volutas duplas em terras fenícias e às estelas cipriotas.

Uma analogia bem distinta entre cabeça e capitel era muito mais próxima aos ensinamentos de Vitrúvio. Coroamentos com palmetas alternam-se nas imagens mesopotâmicas com coroamentos de animais, sobretudo animais com chifres. Como já tenho observado, os chifres, sobretudo de touros, tinham sacralidade na região oriental do Mediterrâneo, como tinham para qualquer povo que dependesse do gado para a sua subsistência. É provável que os "chifres de consagração" da arte micênica e minoica não dispusessem de nenhuma referência animal direta, mas chifres autênticos de animais para consagração (ou algo semelhante a eles) parecem ter figurado no topo de alguns

Oratório cipriota em miniatura. (no alto) Museu de Nicosia. Segundo V. Tatton-Brown (1979).

Máscaras de touro cipriotas. Museu de Nicosia. Segundo V. Tatton-Brown (1979).

dos pilares diante de oratórios cipriotas e sírios. Em alguns casos, esses coroamentos podem concernir às próprias caveiras de touro ou de boi, ainda que, obviamente, nenhum desses monumentos tenha chegado aos nossos dias intacto. Por outro lado, há dois modelos dessa estrutura, pequenos, mas bastante críveis, em que cabeças descarnadas de touros são os coroamentos dos três pilares verticais que emolduram a parede de um oratório[138]. Se a figura humana que parece ofertar um vaso diante deles for considerada uma indicação da escala, esses edifícios teriam nove a dez metros de altura. Em Chipre, também, há alguns indícios de que caveiras de touros e de bois adequadamente limpas eram usadas como máscaras em templos – em Cítio, por exemplo – e em circunstâncias que praticamente desconhecemos. Uma explicação do Minotauro de Creta era que ele só podia ser compreendido como um celebrante mascarado dessa forma, ainda que esse fosse apenas um aspecto de um ritual muito comum no mundo antigo[139]. A arqueologia, assim como a literatura, pode oferecer muitos exemplos de seu uso – ritual e quase ritual[140].

Mas, como máscaras ou de outra forma, os chifres eram frequentemente usados como sinal de divindade, como ressaltei ao discutir os usos que os elamitas faziam deles. Na verdade, personagens heroicos ou divinos usavam elmos com chifres, ao passo que chifres isolados muito comumente adornavam os chapéus ou elmos de diversas divindades assírias, hititas e cipriotas[141]. Cabeças de touro totalmente artificiais, ocas para fazer vasos – rítons talvez destinados a libações, com chifres pintados ou dourados – são representações comuns na arte do Egeu. O interesse dos deuses por chifres de touros especialmente quando eram dourados, era bem conhecido. Virgílio mostra os votos do jovem Ascânio a Júpiter[142]:

> Cada ano
> Trarei oferendas com as minhas próprias mãos
> ao teu templo e em teu altar colocarei um boi lustroso,
> com a testa dourada

Sabe-se também que alguns construtores usavam caveiras de animais, adequadamente modificadas, como elemento de construção ou, de qualquer modo, ornamental, desde o início dos tempos[143]. Em todo o final do Período Neolítico, no Antigo Oriente Próximo, há uma continuidade comprovada de ideias a respeito da relação entre caveiras com chifres e o topo de pilares e colunas. Mesmo os gregos de origem dórica cultuavam Apolo Karneios como um pilar com cabeça de carneiro, um tipo de herma animal[144]. Já havia comentado sobre as máscaras que divinizavam postes em conexão com Dioniso, o qual, é claro, também podia apresentar chifres. Contudo, bucrânios apareceram em muitos contextos de construção. Um último comentarista helenístico de Homero, observou que o touro é um animal lunar, supostamente por causa da forma de seus chifres em meia-lua. Essa associação sugeriu a estudiosos recentes que os povos neolíticos, que dispunham dos mortos por meio da escarnação, estavam familiarizados com a forma do útero, e de como este se ligava às trompas de Falópio; eles viam-no como uma imagem do bucrânio, ressaltando, ainda mais firmemente, a metáfora no domínio da Mãe, do que era sugerido pela imagem dos chifres em meia-lua[145].

Humbaba

Por outro lado, a máscara aparece como elemento de construção, cedo na Mesopotâmia. O costume de fazer depósitos na fundação, que costumavam incluir pregos ou pinos com forma meio-humana, era comum na Suméria e copiado em toda a Mesopotâmia desde eras pré-históricas até a conquista persa. A figura, feita primeiro de argila queimada e posteriormente moldada em cobre, era um cone pontiagudo em uma extremidade e uma figura humana (masculina ou feminina) inscrita pelo ofertante na outra; embora pudesse ser um animal, por exemplo, um touro. O objeto tem sido interpretado como a representação de uma versão divina do cone vitrificado que era um elemento comum de acabamento nos primeiros edifícios mesopotâmicos. Por outro lado, e talvez mais plausivelmente, ele seria a representação do umbral divinizado como guardião do edifício; servia para vincular, ritualmente, as fundações do templo a Apsu, a água que era a base do mundo[146].

Um guardião comum, que assumiu proporções gigantescas na construção assíria, é o demônio alado, com rosto de homem e corpo de animal. Ele costumava ser representado em uma escala muito menor, como um talismã. Um outro guardião distinto era a divindade Humbaba ou Huwawa, o protetor dos cedros do Líbano e patrono da adivinhação por meio da análise das vísceras do animal sacrificado, que era também o infame inimigo do primeiro herói épico, Gilgamesh. A sua cabeça, que Gilgamesh decepou, tinha algumas das propriedades da górgona e é igual e comumente encontrada como amuleto[147]. Em um sítio arqueológico iraquiano, Tell-el-Rimah (talvez o antigo Karana), ao menos uma máscara de Humbaba, que tem um aspecto insistentemente linear e espiralado, estava montada em pilares antes dos portões do templo zigurate[148].

Embora sejam capitéis de colunas singulares – ao menos por enquanto – as máscaras de Tell-el-Rimah são fundamentais: elas estão entre os poucos capitéis de todo *design* que restou dos edifícios mesopotâmicos e, de fato, elas podem ter sobrevivido por acaso. Porém, elas supostamente representavam uma prática comum de construção.

A Estátua-Coluna

Não se sabe ao certo onde e quando a coluna foi "inventada", nem substituída pelo esteio de madeira. No início da construção dinástica suméria e egípcia, a meia-coluna já era um importante artefato articulador. Pilares antropomórficos eram bastante comuns no nordeste da Europa, no sudeste asiático e na África, ou onde quer que a madeira fosse o principal

Colunas de Tell-el-Rimah.
Paris, Louvre. Foto do autor.

Coluna palmiforme do pátio.
Istambul, Museu Arqueológico.
Foto do autor.

IX : A Máscara, os Chifres e os Olhos   287

Templo Inrin, Warka. Berlim, Museu Pergamon. Foto do autor.

Colunas de Osíris. Luxor, templo de Ramsés II. Foto do autor.

material estrutural. A constituição da coluna, seja de blocos de pedra (como nos pavilhões que circundam a pirâmide de Djoser em Saqqara) ou de tijolos (como nas paredes crivadas de cravos cônicos do Templo Branco em Warka), exigia uma etapa a mais em abstração[149].

É impossível determinar, conceitual ou historicamente, de que modo a ideia do capitel como uma cabeça relaciona-se à ideia da coluna como um corpo. Na Mesopotâmia, as estátuas alternadas de deuses e deusas, cada uma delas vertendo água de algum tipo de vaso globular, encaixam-se nos recessos das paredes do templo de Inrin, em Warka, que o rei de Kassite, Karaindasch, construiu por volta de 1440[150]. Divindades vertendo água de vasos é um tipo bem conhecido, mas o que torna o templo de Inrin em Warka especial é que as estátuas alternam-se com pilares e, na verdade, formam elementos de um edifício.

No Egito, as estátuas "colunares" mais antigas que restaram estão em tumbas da quinta dinastia cortadas na rocha[151]. Não há vestígios dessas estátuas em construções mesopotâmicas mais perecíveis, se é que chegaram a existir ali. Contudo, ambas as civilizações veneravam e faziam rituais ligados a um feixe divinizado feito de junco, de palha ou de ambos. No Egito, ele parece ter sido masculino – o feixe *djed*, que mencionei acima, embora houvesse também outro modelo menos comum, o chamado "nó de Ísis", uma construção flexível de folhas que às vezes se alternava com o *djed*, sobretudo nas obras da primeira dinastia[152]. Na Mesopotâmia, feixes similares aparecem em relevos de cenas rituais, ladeando tanto a entrada do templo quanto a figura da divindade, conhecidos pelos comentaristas como feixes Inanna; eles são feitos de junco e coroados, no topo, com um nó ou um rolo. "Elemento de construção" talvez não seja o termo certo para eles. Quando guardavam a porta, eles marcavam a santidade de um recinto. Quando colocados de cada lado da deusa, é provável que fossem símbolos de sua divindade e autoridade, e é assim que aparecem em um vaso de alabastro de Warka em que a deusa recebe oferendas, talvez para a sua festa de casamento. Uma tina contemporânea de gesso e estilisticamente relacionada mostra, no centro, o que parece ser um edifício *srafa*, de onde surge um cordeiro de cada lado, em direção a um carneiro e a uma ovelha. Os feixes projetam-se do edifício e pendem sobre os carneiros, enquanto outros feixes emolduram a cena.

O desenho reaparece constantemente vinculado a divindades e edifícios na arte suméria mais primitiva, sobretudo em lacres cilíndricos. Às vezes, feixes emparelhados são mostrados ao lado da porta ou em ambos os lados, mas em outras ocasiões, eles parecem surgir do meio do telhado. Além disso, há muitas variantes do feixe básico, ele pode ter uma só fita e um nó, três ou dois pares de nós e nenhuma fita, e assim por diante: obviamente, ele não é considerado elemento da construção, mas algo mais semelhante a um símbolo, ou mesmo um caractere, uma letra, ainda que o seu valor, como unidade de significado ou de som, seja incerto[153]. Contudo, por mais comum que ele fosse nas inscrições e relevos primitivos sumérios, parece ter desaparecido durante o período dinástico inicial, logo depois do ano 3000.

O Feixe de Juncos: O Pilar de Inanna

As diversas explicações para o feixe e a sua sacralidade são inevitavelmente insatisfatórias. O grande arqueólogo alemão, Walter Andrae (que pretendia que eles fossem os geradores e os ancestrais diretos das colunas jônicas), acreditava que eles fossem os dois

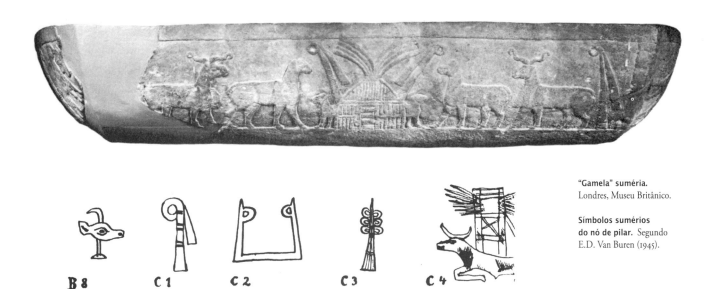

"Gamela" suméria. Londres, Museu Britânico.

Símbolos sumérios do nó de pilar. Segundo E.D. Van Buren (1945).

umbrais perpetuados de uma cabana de juncos. O nó no pilar de juncos representava os olhos através dos quais passava uma vara em que a esteira (que servia como porta do santuário) era enrolada. Esse argumento parece-me um tanto difícil de sustentar, apesar do vasto conhecimento que Andrae junta a ele. O motivo aparece na arte suméria mais primitiva vinculado aos edifícios e às divindades, porém parece ter desaparecido das imagens aos poucos, embora o tenha feito mais de dois mil anos antes até mesmo dos primeiros capitéis eólicos salomônicos serem arquitetados pela primeira vez.

Contudo, a constituição da coluna a partir do feixe de juncos, como Andrae explicou, tem vários antecedentes críveis. Andrae dá grande importância aos métodos de construção dos árabes dos pântanos, a quem ele viu usando os enormes juncos do estuário dos rios Tigre e Eufrates (eles chegam a atingir seis metros de altura, ou mais de dezoito pés), do mesmo modo que os sumérios haviam feito, em uma transmissão contínua de técnicas de construção durante cinco mil anos. As construções mais impressionantes são os *mudhifs*, semelhantes a túneis, "casas dos homens". Antes da Guerra do Golfo, eles eram construídos com uma técnica denominada *srefe*: feixes de junco eram colocados na lama em duas fileiras paralelas, e inclinadas uma em direção à outra para formar um túnel. Nos arcos das extremidades, os tufos floridos cruzam-se para dar um coroamento decorativo. A armação era coberta por esteiras de junco trançado e, às vezes, emplastradas com barro. Nas cabanas maiores, dois feixes verticais funcionavam como colunas e reforço, e as "paredes" das extremidades eram ornadas com um entrançado mais elaborado, os pisos eram tapetes e esteiras colocados sobre a terra batida[154]. Onde tenho a impressão de que Andrae falsifica as provas é ao querer que o feixe de juncos curvado, que desde o início sustenta a cobertura, tenha função estrutural, como poderia ser ocaso nas cabanas *srefe* dos árabes dos pântanos[155], embora, na verdade, não isso não aconteça.

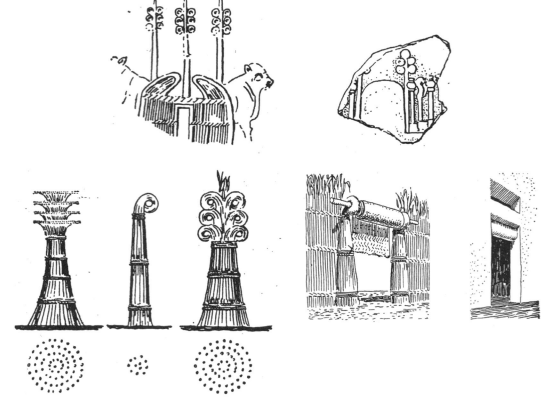

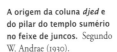

A origem da coluna *djed* e do pilar do templo sumério no feixe de juncos. Segundo W. Andrae (1930).

Por outro lado, nos primeiros edifícios egípcios dinásticos de tijolos e madeira, até mesmo de pedra, um detalhe repete-se insistentemente: a representação de ligação com corda ou tiras de couro. Ele é entalhado em relevos e esculturas com repetição e exatidão obsessivas, e a sua importância para os egípcios confirma-se com o hieróglifo *sem*, que significa "unir": uma versão esquemática dos nós das plantas do papiro e trepadeira, os símbolos vegetais do Alto e do Baixo Egito[156]. De forma mais impressionante, ele é um dos detalhes da corte de Heb-Sed gravados na primeira grande pirâmide de Saqqara, a de Djoser, e aparece repetidas vezes no capitel palmiforme, que a partir da quinta dinastia torna-se recorrente em toda a arquitetura egípcia. Esses capitéis são obviamente "compostos". Eles não são troncos de palmeiras como os encontrados na natureza, mas troncos despidos e quadrados na extremidade superior para fazer um ábaco, em geral inscrito com folhas de palmeira presas à coroa para mascarar a junta (ainda que não simulem nenhuma função estrutural) em que a viga possa apoiar-se. A tira que prende as folhas ao fuste da coluna é sempre entalhada e mostra a extremidade dobrada para atar. Portanto, apesar do nome, a coluna não representa uma árvore verdadeira, mas sim artificial, talvez um tronco de palmeira despojado, o seu topo quadrado projetando-se das folhas amarradas ao seu redor para "reconstituí-lo" por meio de algum ritual de construção. Do mesmo modo, os capitéis de lótus mais comuns têm um ábaco quadrado que se projeta da flor, ao passo que os capitéis em botão ainda, mais comuns, com seu abaulamento duplo e os botões reunidos formando o capitel, também têm um ábaco quadrado sustentado por um pilar dentro do feixe e não nos frágeis botões de flor. Assim, tenho a impressão de que as colunas egípcias são representações coerentes de um poste ao qual se prendem ornamentos florais ou não, e a natureza desses ornamentos tem representação nesse processo de ligação.

Hátor

Outro indício importante é a forma dos estandartes egípcios. Eles eram mastros longos com coroamento entalhado. Em épocas históricas, os estandartes de todas as quase quarenta províncias em que se dividia o Egito acompanhavam o faraó em ocasiões cerimoniais[157]. Assim, eles são mostrados na paleta de Narmer. Narmer, ou Hórus Nar, costuma ser identificado com Menés, o fundador do poder dinástico dos faraós. Desses estandartes, o de Diospolis Parva (na metade do caminho entre Tebas e Abidos) era uma caveira de vaca montada em uma vara[158]. Diospolis era a província da deusa Hátor, uma divindade arcaica com forma de vaca, a quem vários faraós (sobretudo Miquerinos, o construtor da terceira pirâmide de Gizé, em 2500) tinham especial devoção[159]. Interesso-me especialmente por ela, pois é a única divindade egípcia cuja cabeça também aparece como um capitel de coluna – analogamente à de Humbaba e em indícios anteriores.

Além disso, ela é uma das primeiras divindades a ter uma imagem sobrevivente identificável: a cabeça de vaca com rosto humano na mesma paleta da vitória do rei Narmer[160]. Posteriormente, ela começou a aparecer ou como uma mulher com chifres de vaca entre os quais se apoia o sol, ou como uma mulher com cabeça de vaca ou uma vaca com rosto humano, ou ainda um ser humano com uma máscara de vaca[161]. Como vaca, ela representava o céu (que era o lado inferior de seu abdome), de seu úbere jorrava a Via Láctea e as suas pernas eram os quatro cantos sobre os quais o mundo se apoiava. Essa imagem majestosa da vaca celeste pode, às vezes, obscurecer a sua natureza venérea, explícita no relato mítico em que ela seduz o pai, Re, da sua predileção excessiva pela cerveja e da sua bondade para com a humanidade[162]. O centro do seu culto era um pouco a montante de Diospolis, em Denderah; ainda que agora o templo no local seja ptolemaico, certamente havia outro ali, desde a época de Quéfren, pai de Miquerinos, e talvez até antes[163]. As vinte e quatro vastas colunas no pórtico do atual templo ptolemaico têm a cabeça de Hátor com uma face voltada para cada direção, ao passo que seis delas ficam de frente para o visitante que está na entrada principal. Como todas essas imagens, elas mostram a deusa jovem, com as orelhas de vaca projetando-se pelos cabelos espessos, que provavelmente não são da deusa, mas uma peruca. Na Mesopotâmia, onde a barba e os cabelos eram considerados itens rituais, eles costumavam ser encaracolados, ou mesmo laqueados e cobertos com pó ou folha de ouro; os egípcios, por sua vez, usavam perucas e barbas falsas, às vezes como parte das vestes cerimoniais. De fato, uma barba firmemente trançada parece ter sido uma das insígnias do faraó. Além disso, estátuas, da mesma forma que pessoas, usavam perucas de pedra ou de metal, mas também de madeira ou de cabelo verdadeiro[164].

A peruca de Hátor, às vezes, pende reta de cada lado do rosto, outras vezes, ela ondula em acentuados caracóis sobre os ombros e sobre o largo peitoral em forma de colar que os cobre. Este é geralmente o caso de capitéis com a cabeça de Hátor, seja ela esculpida ou pintada. Dois desses capitéis em tamanho natural com perucas em espiral, de Chipre, estão no Louvre; dois em miniatura (embora com a deusa apresentando chifres bastante proeminentes no lugar das orelhas de vaca) foram encontrados em Pafos e Amatos. Todos pertencem ao final do "clássico"; há também um exemplo mais antigo, em uma estela do final do século VII ou início do VI[165]. A imagem é reproduzida em vários meios e em diversas escalas: uma cabeça de Hátor com a peruca espiralada

Cabo de sistro com a cabeça de Hátor. Nova York, Museu Metropolitano. Foto do autor.

Capitéis da capela de Hátor. Tumba de Hatshepsut em Deir-el-Bahari. (no alto) Foto do autor.

Capela astronômica. Templo de Hátor, Denderah. Foto do autor.

aparece como imagem em baixo-relevo em um pedaço de placa de bronze de um túmulo próximo com as colunas em volutas[166]. Essa cabeça é configurada exatamente como aquela na estela e está relacionada à estela assim como a "palmeira" de curva dupla está relacionada ao capitel. Portanto, pode-se dizer que as imagens cipriotas, "provincianas" ou "coloniais," reproduzem os contornos de cabeças muito mais antigas de Hátor, por exemplo, aquelas esculpidas no templo da rainha de Ramsés II, Nefertiti, em Abu-Simbel e pintadas na tumba praticamente contemporânea de Vizier Senmut em Tebas. Seu aparecimento mais notável é na da capela de Hátor, no templo da rainha Hatshepsur, em Deir-el-Bahari[167].

Contudo, com aquela estela cipriota, fica óbvio que a cabeça da deusa é praticamente intercambiável com as volutas da "obra de lírios" dos capitéis eólicos e pode ser entendida como análoga a elas. Será, talvez, que foi *também* isso que Vitrúvio relembrou, quando identificou as volutas jônicas com os cachos de cabelos femininos? Que a cabeça e a peruca poderosa de Hátor são um tipo de realização da metáfora Vitruviana? Em outras palavras: pode ser que a grande conquista dos artesãos jônicos (e de seus patronos) foi terem criado ou, para usar um termo talvez mais exato, selecionado entre protótipos existentes, (provavelmente entre setecentos e seiscentos, na mesma época em que a ordem dórica amadureceu), uma forma que seria abstrata e generalizada o suficiente para não se referir diretamente a qualquer dos temas específicos que citei, e ainda assim manter contato suficiente com eles: com "árvores sagradas" compostas, com ídolos mascarados, trajando vestes cerimoniais e peruca, e com pilares ostentando caveira (ou concha ou chifres). Tudo isso pode parecer distante do refinamento e da criatividade geométrica do capitel jônico, mas quando Vitrúvio escreveu sobre a sua criação, seiscentos ou setecentos anos depois, esses temas ainda faziam parte da realidade dele – como devem ter feito parte da realidade de muitos de seus contemporâneos, que conheciam a coluna como sendo do sexo feminino, porque ela tocava aquele território da vida grega que medita sobre os animais e a sua fertilidade, a germinação de sementes no solo, a morte e o renascimento.

x : A Virgem Coríntia

- A Moça ▪ Morte e Sepultamento ▪ A Cesta de Oferendas
- Acanto: a Planta ▪ Acanto em Delfos ▪ Acanto e Trípode
- Delfos: A Paisagem ▪ Novamente a Moça: Perséfone
- Monumentos 1: Os Templos ▪ Monumentos 2: Tolos
- Monumentos 3: Monópteros ▪ O Templo de Zeus Olímpico em Atenas

Vitrúvio não redigiu instruções detalhadas para o desenho do seu terceiro tipo de coluna, a coríntia; de acordo com o seu parecer, ela era quase um tipo de jônica, pois tinha praticamente a mesma base e o mesmo fuste[1]. Apenas o capitel é diferente – muito mais alto, com a altura equivalente a um diâmetro do fuste, ao passo que o capitel jônico tem apenas um terço do diâmetro[2]. Esses dois terços acrescentados ao seu capitel fazem efetivamente a coluna coríntia parecer desproporcionalmente mais esguia que as duas outras.

Quanto ao resto, embora a porção inferior do capitel deva ter a mesma dimensão do alto do fuste do qual ele parte, suas demais medidas são determinadas, como nas outras colunas, pelo módulo, derivado do diâmetro do fuste na base. No capitel, que tem a altura do módulo, a unidade superior é dividida em sete partes, a sétima superior é cedida ao ábaco quadrado, ao passo que as seis sétimas restantes subdividem-se convenientemente em três zonas iguais. as quatro sétimas inferiores têm duas camadas superpostas de folhas de acanto e as duas superiores são tomadas pelas hastes e flores da planta que se enrodilham na direção das diagonais do ábaco[3]. Este, do mesmo modo que os ábacos das outras colunas, se apresenta como uma placa quadrada, não obstante no capitel coríntio as laterais se curvam para dentro e os ângulos são normalmente chanfrados. A diagonal do ábaco na planta é duas vezes a altura do capitel, e a elevação do capitel na diagonal é, portanto, de um para dois, mas ortogonalmente (como se costuma mostrá-lo) está contido num retângulo de 1 para $\sqrt{2}$.

A composição e a geometria do capitel coríntio levam-no a ter dois eixos de simetria, o que constitui uma grande vantagem em relação ao capitel jônico, pois assim o problema do canto não se apresenta: se colocarmos um capitel coríntio sob um entablamento jônico os enigmas intrincados propostos pelo canto do entablamento no dórico ou pelo capitel de canto no jônico simplesmente não ocorrerão.

Vitrúvio prosseguiu dizendo que essa nova coluna podia sustentar um entablamento dórico ou jônico; contudo os monumentos contam uma história diferente, pois praticamente todas as

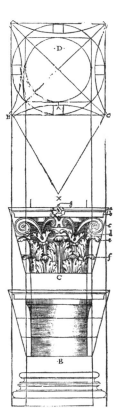

A construção do capitel coríntio. Conforme Serlio.

A origem da ordem coríntia e a construção do seu capitel. (à esquerda) Extraído do Vitruvius de C. Perrault (1684).

Invenção da ordem coríntia. (à direita) Calcografia, conforme Fréart de Chambray.

construções gregas subsistentes com colunas coríntias têm entablamento jônico[4]. Vitrúvio justificou esse preceito bastante curioso sobre entablamentos alternativos dizendo que o terceiro tipo de coluna foi "procriado" pelos dois anteriores e assim podia se "relacionar" com ambos[5]; era seu filho. Contudo uma duplicidade de gênero precisava ser explicada. Vitrúvio distingue as duas colunas femininas dizendo que assim como a jônica tinha uma feminilidade amadurecida, a delgada coríntia era juvenil, virginal. A título de comentário, ele recorre a um historieta:

> Uma jovem cidadã de Corinto, de boa família, mal chegada à idade de pensar em casamento, adoeceu e morreu. Depois do sepultamento a ama da menina juntou numa cesta as canecas e xícaras de que ela gostava muito, levou-a para o monumento e colocou-a no alto dele. Cobriu-a com uma tégula para que as coisas postas lá dentro pudessem durar mais tempo do que se ela ficasse aberta. Por acaso a ama havia posto a cesta diretamente sobre uma raiz de acanto que – pressionada pelo peso –, chegada a primavera, fez brotarem caulículos e folhas que, ao crescerem, grudaram-se às laterais da cesta e, sendo forçados para fora pelo peso da telha, arquearam-se nos ângulos em linhas curvas e volutas. Calímaco (a quem, pela elegância e refinamento de seus entalhes, os atenienses chamavam *catatechnos*) passou então pelo monumento e notou a cesta e as folhas tenras. Tendo gostado do conjunto e daquela forma nova, fez algumas colunas para os coríntios baseado nesse modelo e fixou a norma para a sua proporção[6].

Embora seja uma explicação bastante frágil, de qualquer modo, essa narrativa tocante difere por completo dos relatos de Vitrúvio sobre como as colunas dórica e jônica foram imaginadas, uma vez que se situa explicitamente na história recente, e não na época dos heróis. Ela envolve até mesmo um artista muito conhecido, cujas obras assinadas podiam ser vistas em coleções e em locais públicos na época de Vitrúvio. Embora alguns comentaristas achem-na irrelevante[7], parece-me que ela mostra todas as características de um mito – um mito que reflete o uso ritual e atrelado às novas exigências religiosas.

A Moça

Existem cinco elementos na história: a moça, a morte e o sepultamento, a cesta de oferendas, o acanto, com a primavera e o reflorescimento. A moça (enfatizada no relato de Vitrúvio) era virginal, mesmo se um leitor grego pudesse achar isso quase paradoxal – uma vez que ela era coríntia.

Korinthos aphneios, "Corinto, a opulenta", era como os gregos costumavam chamar a cidade: rica e orientalizada, e portanto também corrompida. Em Corinto a virgindade tinha grande valor enquanto curiosidade, como acontece também em muitas sociedades licenciosas ou permissivas. Num dos vários santuários de Afrodite – que era a divindade protetora de Corinto, assim como Atena era a de Atenas, e cuja estátua figurava (junto com as de Ares e Eros) no Acrocorinto –, o sacerdócio dessa deusa incluía prostitutas do templo[8], segundo o modelo siro-fenício[9]. Para os poetas, Afrodite era *Kuprogeneia*, "nascida em Chipre": em Corinto acreditava-se de modo geral que o seu culto efetivamente provinha de Chipre, embora alguns achassem que ele havia sido importado de outra ilha colonizada pelos fenícios, Citera. Certamente ele era considerado "oriental".

Morte e Sepultamento

Quer fosse virgem ou apenas virginal, a moça morreu de causas não mencionadas e foi sepultada do modo costumeiro, presumivelmente à margem de uma estrada, fora dos portões da cidade. Seu corpo não foi cremado, e sim enterrado, que era o tipo mais frequente de sepultamento na Grécia, embora a cremação fosse eventualmente praticada[10]. Entretanto o fato de o corpo ter sido enterrado parece essencial à narrativa.

Sobre a sepultura foi colocada uma lápide, de acordo com o costume: *monumentum*, chama-a Vitrúvio. Que palavra grega ele estava traduzindo no caso? *Mnima*, para a qual *monumentum* era a tradução habitual, servia para qualquer coisa que funcionasse como lembrança. Um decreto suntuário de Demétrio de Falera (317-307), promulgado numa emulação do decreto de Sólon sobre o mesmo assunto (promulgado quase três séculos antes), limita os marcadores de túmulos a três tipos: uma coluna (de não mais de três côvados de altura), uma estela ou uma ânfora[11].

Todas essas formas de monumento tiveram uma longa história, que remonta à Idade das Trevas. Antes do Período Arcaico muitas ânforas, crateras e lutróforos (*loutrophoros*) com pinturas fúnebres, medindo 1m80 ou mais de altura, já haviam servido de marcas tumulares segundo o modo estabelecido por Demétrio; e muitas delas eram furadas para que as libações nelas despejadas caíssem diretamente na sepultura[12]. No século VI ânforas e lécitos (*lekythoi*) de mármore estavam substituindo as de cerâmica nas sepulturas dos ricos. A estela e o vaso parecem formas mais antigas de marcadores de sepultura do que a coluna; ainda mais antiga é a pilha de terra ou de pedras, *tumba* (mencionada frequentemente por Homero), de forma que a sepultura era muitas vezes concebida como sendo composta de dois elementos: tumba, a pilha; e estela, a placa vertical. Os túmulos do círculo real de Micenas já eram marcados assim. Contudo, a fim de oferecer um modelo adequado para o muito meticuloso e pouco imaginativo Calímaco, o monumento mencionado por Vitrúvio deve ter sido uma coluna do tipo daquela que o decreto de Demétrio visava especificar, para Atenas, ao menos.

A Cesta de Oferendas

Oferendas no túmulo – desde sacrifícios de animais até o tipo de pequenos presentes dentro de uma cesta que a ama da donzela coríntia havia levado – eram muito comuns. A palavra que Vitrúvio usou nesse ponto, para a cesta em torno da qual cresceu o acanto, *Calathos*, é uma transliteração do grego; os gramáticos latinos normalmente a traduzem por *quasillus*, um grande cesto redondo que é mais largo em cima[13].

Acanto: A Planta

Os gregos associavam muitas plantas aos ritos fúnebres. Em Atenas a manjerona ou o orégano eram normalmente espalhados sobre o féretro, e quatro ramos partidos de videira eram postos sob o cadáver exposto diante daqueles que vinham pranteá-lo, na parte do ritual chamada *prothesis*. Ramos de cipreste eram pregados nas portas das casas enlutadas, e à entrada mergulhava-se um ramo de louros em uma tigela com água para aspersão purificadora. A cabeça do cadáver era engrinaldada ou coroada com *selinon*, traduzido ora como "salsa" ora como "aipo".

O féretro também era decorado com tiras – faixas de lã mais tarde levadas para o monumento, enroladas em torno dele e normalmente dobradas ou amarradas em um nó. Plantas e coroas de flores eram, às vezes, colocadas no alto do túmulo, mas elas também podiam estar presas aos nós das tiras; em geral se usava para isso o *selinon*, mas depois do funeral o acanto também era deixado nas duas extremidades dos monumentos[14]. O asfódelo (que crescia abundantemente no mundo ínfero, de acordo com os poetas) era frequentemente plantado sobre ou em torno das sepulturas[15]. Os enlutados não explicitaram o que tinham em mente ao prestar esses tributos; no presente quem põe flores nos túmulos provavelmente dirá que está mantendo fresca e viva a lembrança da pessoa que morreu[16].

O fato de uma cesta ser posta *in summo*, no topo de uma lápide, já pareceu bastante estranho para os comentaristas dessa passagem, mas uma raiz de acanto no alto de um túmulo, sob a cesta com oferendas, era um verdadeiro enigma. Na verdade a ilustração mais popular dessa narrativa, incluída no *Parallèle*, de Fréart de Chambray, mostra Calímaco fazendo um desenho da cesta coberta pela telha que havia sido colocada num pequeno monte de terra (aos pés de uma pirâmide muito maior), com um acanto cerrado crescendo em volta dela, e essa gravura foi frequentemente imitada[17]. Contudo, conforme os detalhes do padrão grego e de sua cerâmica pintada tornaram-se familiares durante o século XIX, o que anteriormente era tido como um enigma a ser explicado converteu-se num lugar-comum, ilustrado pelos pintores que decoraram muitos dos lécitos, vasos longos e delgados, com o gargalo extra fino, e eram usados para unção desde os tempos arcaicos; os *lekythoi* decorados que tenho em mente foram desenvolvidos na Ática, perto do início do século XV, e deixaram de ser feitos depois de 390 ou próximo dessa data[18].

Por vezes, lécitos eram colocados à cabeceira do cadáver enquanto ele estava sendo vestido, ou sob o caixão, mas os lécitos com pintura em fundo branco foram desenvolvidos especificamente como uma oferenda para sepultura; eram usados para despejar um fio de óleo odorizado sobre o cadáver e muitos deles eram postos ao redor da base do monumento. A maioria desses vasos tinha o pé e a borda vidrados na cor negra, ao passo que o bojo e o gargalo eram cobertos com uma faixa

Lécito com fundo branco.
(à esquerda) Nova York. Museu Metropolitano. Foto do autor.

Lécito com fundo branco.
(à direita) Nova York. Museu Metropolitano. Foto do autor.

branca sobre a qual se desenhavam figuras negras vidradas, às vezes realçadas com vidrado branco ou cores – azul, verde, castanho-avermelhada –, normalmente apenas esboçadas, como nos desenhos de Picasso nos anos de 1920. A cena representada tinha (quase sempre) relação com funerais: o morto é levado para o monumento ou os enlutados estão sentados, ou de pé, em torno dele. Em muitos lécitos o monumento, se tinha a forma de coluna, sustentava uma cesta, às vezes cercada por uma planta repolhuda, que poderia ser interpretada como o desenho tosco de um acanto; certamente era exuberante demais para ser salsa ou aipo[19].

Outra ambiguidade é inerente aos costumes e à lenda (da qual muitos comentaristas se queixam), pois em grego a palavra *akanthos* significa algo como "espiga florida", e nos países mediterrâneos muitas plantas não aparentadas com o acanto têm esse nome científico: por exemplo, a *Acanthus spinosus*, um cardo grande, ou a *Acanthus mollis*, que também é conhecida como *Brancus ursinus*. A planta de Vitrúvio deve ser essa última, a macia[20]. De qualquer modo ambas as plantas têm folhas moles e serrilhadas, e talos retos, longos, simples e lisos. As duas são ervas tenazes que crescem praticamente em qualquer lugar, embora apenas o *mollis* fosse cultivado como ornamento de jardim[21].

Na escultura do túmulo grego, o acanto de pedra aparece bem antes da coluna coríntia, principalmente no acrotério que coroa as lápides ou, às vezes, em combinação com uma forma elaborada de palmeta. Na Ática, sobretudo, a palmeta, um remate da estela da sepultura arcaica, é substituída posteriormente por um relevo de acanto com folha de palmeira.

A palmeta é um feixe de folhas muito estilizado (lembrando uma espécie de pompom), amarrado em sua base por uma faixa. A origem dessa figura é incerta: houve quem sugerisse ser ela cretense, minoica[22]. Certamente a palmeta surge nas árvores dos relevos assírios e neobabilônios, e ali assume uma forma bem mais próxima da representação das tamareiras da escultura assíria, do que da palmeta dos capitéis em voluta que descrevi no capítulo anterior[23]. Os hititas e os urartianos também a conheciam[24]. Às vezes ela era usada juntamente com a lótus, que é uma forma convencionalizada e pode ter origem egípcia. De qualquer modo, os assírios gostavam de barrados de lótus alternadas com brotos em suas roupas, na mobília e nas esculturas em relevo. Os gregos do Período Arcaico, por outro lado, parecem ter transformado esse tipo de barrado num padrão comum de palmeta e lótus. Essas figuras ornamentais alternadas dispõem-se ao longo do cimácio, coroando as cornijas dos templos do Período Clássico[25].

As estelas arcaicas da Ática tinham acrotério de palmeta coroando-as e, ocasionalmente, as palmetas eram contornadas por espirais duplas que sustentavam a esfinge guardiã da túmba[26], mas, às vezes, eram ornamentos de coroamento independentes, em geral sem relevo, ou até pintados em encáustica sobre um fundo plano enquadrado. No final do século V elas se tornaram agressivamente concretas e até mesmo tridimensionais – ou pelo menos avolumando-se até o alto-relevo. Em todas, dois talos espiralados e anaglíficos de alguma planta indefinida e de folhas franzidas parecem sair irrealisticamente de um acanto baixo e largo, ao passo que os frondes de palmeira erguem-se entre os talos e acima deles entrelaçando-se em forma de palmeta. Os talos são sempre canelados, sugerindo o aspecto sulcado do aipo, e não a lisura do acanto. Vale a pena enfatizar a junção improvável de folhas, pois o ornamento não representa uma planta única, mas parece se compor de três plantas: um acanto folhoso na base, um talo estriado e espiralado (talvez de aipo ou alguma planta similar) e frondes de palmeira que se erguem entre eles[27].

O acrotério com a palmeta saindo de um acanto não era apenas um ornamento de tumba. Era um remate bastante comum até mesmo nas construções arcaicas: o templo dórico de Assos e o templo de Afaia em Égina tinham acrotérios centrais muito semelhantes – embora mais elaborados – aos remates de estelas. Esses acrotérios aumentaram em tamanho e complexidade durante o período helenístico. Em Tégea, no templo de Atena Álea (da qual me ocuparei mais tarde), os ladrilhos do cume eram provavelmente uma sucessão de acantos e palmetas eretos, e o acrotério central sobre o frontão triangular era uma confecção fantástica, em que três palmetas

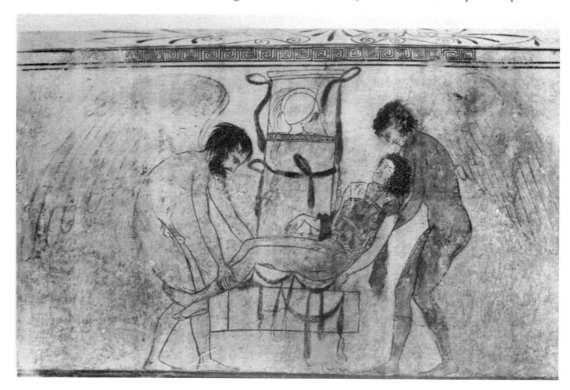

Desenvolvimento do lécito com fundo branco: O sono e a morte depositam um guerreiro em seu túmulo. Conforme E. Pfühl (1923).

Acanto. Foto do autor.

Desenvolvimento do lekythos com fundo branco: Participantes do sepultamento trazem cestas de cerâmica para o túmulo, coroado com uma planta que lembra o acanto.

Decoração de palmeta num vaso funerário da Campânia. Londres, British Museum. Foto do autor.

brotavam de uma elaborada planta artificial composta de acanto e ramo espiralado. Em Neméia nada sobrou do acrotério, mas o templo arcaico (que a construção cobriu) também tinha uma cumeeira de modestas telhas de palmeta[28]. Outro acrotério desse tipo coroava o alto do tolo em Epidauros, e ainda outro é o Artemísion jônico pseudodíptero de Hermógenes, em Magnésia, no rio Meandro. O monumento de Lisícrates, em Atenas, tinha sua trípode sustentada por uma versão truncada desse remate.

Acanto em Delfos

Entre essas "plantas", a mais impressionante talvez fosse a de arenito, com mais de doze metros de altura, erigida logo acima da entrada principal do templo de Apolo em Delfos, ao lado do têmeno de Neoptólemo, cuja base provavelmente foi construída na estrutura do pequeno santuário. Neoptólemo (ou Pirro), filho de Aquiles, é uma figura secundária nos relatos da Guerra de Troia, embora tenha sido ele quem efetivamente matou o rei Príamo. Sua importância em Delfos era bastante desproporcional ao papel obscuro que ele teve na epopeia. De acordo com os trágicos, ele, por sua vez, foi assassinado pelo ciumento Orestes, na héstia, o altar de fogo do templo de Delfos, que de certo modo era o altar de fogo de toda a Grécia. Ele também foi associado a uma divindade pré-apolínea do lugar[29]. Seu corpo, originalmente enterrado sob a entrada do templo, foi levado para um santuário próprio pelo rei Menelau quando este visitou o oráculo[30].

O nome "Neoptolemos" pode ser traduzido como "jovem guerreiro" ou "novo recruta", ao passo que "Purrhos" o conecta tanto ao fogo quanto a Deucalião (o Noé grego), que teve Pirra por esposa e cuja "arca" aportou no Parnaso. O altar em que ele foi morto, dentro do santuário, fica próximo tanto do ônfalo, fixado por Zeus como o centro do mundo, quanto do túmulo de Dioniso, ao lado da trípode da Pítia. Porém o seu santuário e a coluna de acanto – se as reconstruções estiverem corretas – situavam-se bem diante dos visitantes de Delfos quando eles viraram a esquina do altar azul de Quíos, em direção do templo propriamente dito.

Os arqueólogos encontraram fragmentos do grande acanto trípode-estrado espalhados sob a escada do templo: apenas o "capitel" e o pé da escultura foram reconstituídos no Museu de Delfos[31]. Acima de um plinto quadrado inscrito, um talo longo, composto (e mais parecendo aipo do que acanto), sai de três grandes folhas moles de acanto. Quatro anéis de folhas menores fazem as vezes de atilho para os juncos que compõem o talo; partindo do quinto, o mais alto, três folhas de acanto maiores se abrem. Moças em tamanho natural dançam de costas umas para as outras. Cada uma delas usa um diadema ou uma guirlanda ou, talvez, o que parece ser um diadema seja uma folha de palmeira amarrada em torno da cesta repleta de coisas boas, como aquelas que carregavam na cabeça as moças que seguiam a procissão sacrificial em honra a Neoptólemo[32].

No entanto muitos intérpretes desse monumento acharam que essas moças eram as tíades dançarinas, as três mênades dionisíacas, cujo nome alude a Tyia, a filha de um lendário sacerdote autóctone que, de acordo com alguns autores antigos, introduziu no lugar o culto a Dioniso. Elas dançavam extáticas no Parnaso, às vezes vagando inteiramente sem rumo[33]. O Dioniso que elas adoravam, e a quem despertavam com sua dança, chamava-se *liknites*, por causa da cesta-peneira em que o "descobriram" numa caverna no alto da montanha: o *liknon*, cesta de fundo plano que aparentemente era usada como joeira, e como berço para os recém-nascidos, e que tinha uma forma bem diferente da do *kalathos* do capitel coríntio.

O gigantesco acanto délfico e as figuras dançantes.
Fotos do autor

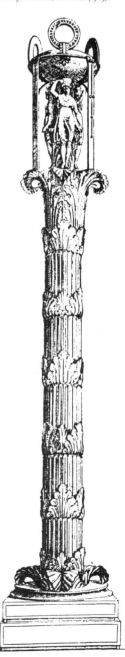

Reconstrução do acanto gigante de Delfos como um pedestal de trípode. (abaixo)
Por J. Pouillox; G. Roux (1963).

Apolo na trípode. Relevo em mármore. Atenas, Museu Arqueológico. Foto do autor.

Acanto e Trípode

     Do anel superior de folhas murchas, brota o talo para sustentar a bacia de uma trípode de bronze, cujas pernas repousavam nas pontas das folhas do acanto, entre as moças, ao passo que a bacia elevava-se acima da cabeça delas. A trípode, que desapareceu há muito tempo, devia ter, portanto, mais de dois metros de altura, e assim o grupo inteiro deve ter tido mais de quinze metros. Uma trípode bem maior – a maior trípode de bronze conhecida, com cerca de seis metros de altura, produto da fundição das armaduras dos soldados persas capturados em Plateia em 479 – ergue-se há cerca de vinte metros[34]. A luta entre Héracles e Apolo pela trípode délfica é uma das lendas sobre a criação do santuário[35]. Trípodes de tamanhos diversos proliferavam no santuário. De longe, a mais importante delas era a trípode dourada que havia dentro do templo, na qual a sibila se sentava para que o deus a possuísse quando ela profetizava. Para isso, a bacia era coberta com uma tampa côncava, o *holmos* ou *epithēma*, que (como o bacia-trípode) tem uma associação mitológica recorrente com Dioniso[36]. O ônfalo, que ficava diante da trípode, era também uma de suas supostas tumbas[37].

  Trípodes para exibição e rituais eram *apuroi*, "não destinadas ao fogo" nem para cozinhar, como os modernos troféus atléticos em forma de taça que não servem para beber. Não obstante, por certo a trípode é originalmente um caldeirão ou tacho, um *lebēs*, sobre um suporte exíguo, de três pés[38]. Não se encontrou nem se descreveu em nenhum outro lugar um monumento razoavelmente parecido com o grande acanto délfico. Porém, a associação entre *lebēs*, poderes do mundo inferior e plantas – particularmente o acanto – parece muito antiga. Em Delfos mesmo, no museu, há um suporte-*lebēs* arcaico de pedra que quase parece um modelo ou protótipo primitivo da coluna délfica de acanto. Três figuras inspiradas em hecateanas, de costas umas para as outras, postam-se em torno do talo de uma planta, e o *lebēs*, de bronze equilibra-se sobre a flor (bastante estilizada) que brota do talo. Não se sabe nada sobre esse objeto curioso, encontrado no têmeno, exceto que ele provavelmente foi feito no final do século VII (ou no início do século VI)[39].

No uso ritual grego a trípode, propriamente dita, assumiu um papel curioso: em sua forma votiva ela era um lingote, e essas trípodes, de bronze, eletro, banhados a ouro e até mesmo de ouro, apinhavam-se nos tesouros do templo (e podiam ser usadas como garantia em empréstimos bancários) ou ficavam em pedestais de pedra nas imediações dele, como era o caso de muitas em Delfos. As trípodes eram também símbolo de poder nas relações diplomáticas. Podiam ainda, ser troféus e também petrechos rituais (como a que era usada pela sibila). Entretanto outra associação também parece importante aqui: em alguns mitos os corpos dos idosos eram fervidos para rejuvenescer; os dos mortos, para reviver. Medeia, que tinha uma devoção especial por Hécate (talvez fosse sua filha), fez a experiência de ferver com suas ervas mágicas o corpo de um veado velho e trazê-lo de volta à vida rejuvenescido para convencer as filhas do rei Pélias de Iolco a fazer o mesmo com o pai — embora essa segunda operação tenha falhado porque ela lhes negou a erva mágica[40].

Lebēs, associado ao acanto, é outro tema recorrente. Um *lebēs* sobre seu suporte é um dos monumentos funerários atenienses mais impressionantes do período helenístico: o conjunto é esculpido em mármore e o *lebēs* com alças em forma de cabeça de gárgula, como se fosse um arcaico de bronze, é disposto sobre palmetas que saem de enormes folhas de acanto[41]. Os acantos de ouro que cresciam entre as colunas jônicas do dossel da carruagem fúnebre de Alexandre, o Grande, descrito por Diodoro Sículo, devem ter sido ainda mais opulentos e impressionantes[42]. Efetivamente *lebēs* e acanto, *lebēs* e trípode e *lebēs* e Hécate são óbvias associações funerárias; nos séculos V e IV elas parecem aludir não só à morte, mas também à ressurreição ou, de todo modo, à vida após a morte.

O fato de os típicos *lebēs* com alça de dragão terem deixado de ser feitos em bronze para passar a ser de arenito chama a atenção para outro problema: os primeiros monumentos de "acanto e *lebēs*" podem muito bem ter sido inteiramente de bronze. Talvez seja pertinente assinalar que o bronze de Corinto era quase tão célebre quanto os seus perfumes[43]. "Coríntio" pode ter designado tanto o bronze dos ornamentos quanto o seu lugar de origem. A passagem ostentosa do bronze para a pedra, do metal maleável e rebitado para o duro mármore monolítico, pode também ter representado a imortalidade oferecida pelo monumento.

Delfos: A Paisagem

De volta a Delfos: os visitantes que, subiam do santuário de Atena mais abaixo, em Marmaria, através do grande têmeno de Apolo, passando pelo seu templo e pelo teatro, até o *lesche cnido* com suas pinturas de Neoptólemo e sua visão do mundo inferior, podiam olhar para trás, ao longo das ruínas do povoamento micênico, onde havia um ônfalo secundário, a "Pedra de Cronos", em direção ao tolo de Neoptólemo e à grande coluna de acanto. Abaixo deles, poderiam divisar os tesouros da cidade tessália de Acanton e mais além, o de Corinto, para fazer uma brincadeira verbal e também visual com as associações de que me ocupei aqui[44].

Abaixo do principal têmeno de Apolo, mais abaixo no santuário que agora se chama Marmaria, ficava o tesouro de Massália, onde a coluna com flores ou folhas aparece pela primeira vez na Grécia, embora sem as folhas de acanto. O pequeno tesouro era um ex-voto do povo da cidade portuária que hoje se chama Marselha. Marmaria era o primeiro recinto em que o peregrino entrava ao subir para o santuário principal, e era dedicada a Atena Pronaia[45]. O tesouro massálio ficava entre o

Grupo de hécates ou *perirranterion* délfico. (abaixo) Mármore pário e bronze. Foto do autor.

O tesouro dos massilienses, **Delfos.** (ao lado) Capitel da coluna. Foto do autor

Gigantesco lebês de mármore sustentado por acanto e palmetas. Atenas, Museu Arqueológico. Foto do autor.

Palmeta e acanto. Londres, Museu Britânico. Foto do autor.

pequeno templo dórico da deusa e o tolo. Como a maioria dos demais tesouros de Delfos, Olímpia ou Delos, seu único salão era precedido de duas colunas entre antas. Essas colunas sustentavam um entablamento jônico simplificado e audaciosamente ornamentado, e tinham vinte caneluras separadas por arestas, e não por filetes como é usado nos fustes jônicos. Os capitéis eram feitos de folhas enfeixadas e altamente convencionalizadas, modeladas um pouco como as pétalas da palmeta mesopotâmica, cada folha do capitel correspondendo a uma canelura do fuste, do qual eram separadas por uma moldura de grânulo e rolo. A razão de ser do *votum* massílio e a origem oriental das colunas, geralmente aceita, continuam sendo um enigma[46]. A pedra dura, as proporções e o ornamento sugerem uma comparação com os tesouros de Cnido e Sifnos que discuti num capítulo anterior[47]. Eles ficavam num nível um pouco mais alto no têmeno principal e seus entablamentos, cujo repertório de molduras tinha uma óbvia semelhança com o tesouro massílio eram sustentados por cariátides – também entre antas, como as colunas massílias, essa associação de tamanho, assim como de ornamento, deve ter suscitado outro conjunto de conexões, que na época podem ter sido tão óbvias para um visitante quanto são obscuras e fragmentárias para nós.

Desde a sua descoberta, as colunas massílias foram chamadas de protocoríntias, embora antecedam em um século a Calímaco ou aos templos de Bassa e Nemeia: ainda não se descobriu nenhum monumento que ofereça o elo ausente, para mostrar a substituição das folhas de palmeta com aspecto sintético pelo acanto, como aconteceu nos túmulos da Ática. Até as meias-colunas coríntias, que estão dentro do tolo que fica nas proximidades, assemelham-se mais à coluna isolada da longínqua Bassa do que às próximas de massaliotas. Sua forma e presença levantaram um incômodo problema paralelo acerca das origens das colunas coríntias. O ornamento da palmeta certamente era conhecido dos gregos, além disso, durante toda a história dinástica e até a época romana, os egípcios usavam uma coluna de pedra para representar um

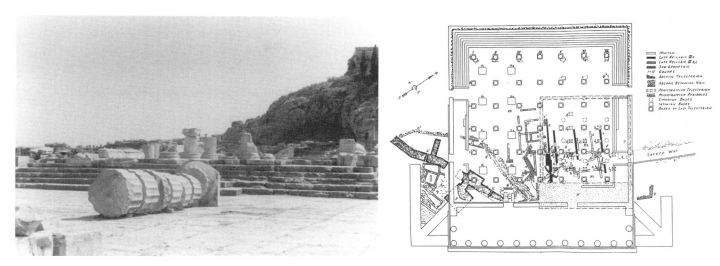

O telestério eleusiano.
(acima) Plano das escavações.
Segundo G.E. Mylonas (1961).

Legenda:
Mínias Heládico tardio III A
Heládico tardio III b, c
Sub-geométrico
Sepulturas I-II
Telestério arcaico
Muro de retenção do período arcaico
Telestério De Psístrato
Períbolo De Psístrato
As fundações de Címon
As fundações de Ictinos
As fundações do último Telestério

(na lateral do desenho) CAMINHO SAGRADO

O telestério eleusiano. Vista do local. Foto do autor.

tronco de palmeira, com fronde de folhas de palmeira amarradas a ela por uma correia com nós para compor um capitel nas construções funerárias. As colunas massaliotas, projetadas e construídas para um porto comercial florescente, foram ligadas tanto a precedentes egípcios como a, menos obviamente, fenícios, mas levou um século até que os construtores gregos estabelecessem a relação entre o "protótipo" délfico e o novo tipo de coluna. Então, rapidamente, no início do século IV, elas se tornaram um elemento aceito, quase canônico, da sua arquitetura.

No contexto do santuário délfico, a associação entre funerais e cestas de oferendas, rejuvenescimento, acanto e trípode, e imortalidade da alma, parece efetivamente girar, ou mesmo se organizar, em torno da coluna coríntia. Tal associação, evidentemente, não se restringe a Delfos e envolve todos os elementos da narrativa de Vitrúvio – com exceção da moça.

E a moça? A palavra mais óbvia para "moça", *korē*, era também um nome alternativo de uma deusa, Perséfone "dos belos tornozelos"[48]. O violento Hades arrastou-a a contragosto para o mundo inferior, para reinar sobre os mortos. Sua mãe, Deméter, ficou desesperada e a procurava dia e noite – até com a luz de uma tocha, sobretudo com a luz de uma tocha. Descansando finalmente no Elêusis, Deméter ingeriu sua bebida sagrada (água com cevada maltada e aromatizada com hortelã)[49], o *kukeōn*, que se tornaria o seu sacramento. Porém, ela ainda estava enfurecida com a perda, e teria privado a terra de grãos e reduzido a humanidade à fome se Zeus não tivesse intervindo a fim de obter a volta de Perséfone para sua mãe – embora o astuto Hades tenha providenciado para que antes de voltar ao mundo dos vivos e dos deuses ela comesse algumas sementes de romã. Esses grãos tinham um encanto tão poderoso que todo ano, durante os três meses de inverno ela precisava permanecer no mundo inferior, o dos mortos, para ser a sua rainha.

Deméter, Triptólemo e Perséfone. Relevo em mármore. Paris, Louvre. Foto do autor.

Novamente a Moça: Perséfone

Metēr kai Korē, "Mãe e menina", eram os nomes de culto de Deméter e Perséfone. O homérico *Hino a Deméter* se inicia com um relato do famoso rapto e prossegue narrando a consolação da mãe e a instituição do culto em Elêusis, onde pela primeira vez Deméter ensinou seus mistérios à humanidade e onde eles foram celebrados à luz da tocha.

O estupro de Perséfone por Hades não foi o único pelo qual ela teve que passar no mito. Os órficos acreditavam que ela também fôra violentada por Zeus, seu pai, na forma de uma serpente (ou dragão); o fruto da união foi Zagreu, o filho destinado a herdar o domínio do mundo[50]. A ciumenta Hera incitou os titãs contra Zagreu; eles seduziram o deus-menino com espelhos e brinquedos, fizeram-no em pedaços, cozinharam-no numa trípode, em espetos, e o devoraram. Somente o seu coração sobreviveu, e este Atena salvou; ela o deu a Zeus, que o engoliu antes de se unir a Sêmele para gerar Dioniso. Assim, Dioniso é Zagreu renascido. Porém os titãs foram queimados por um relâmpago e de suas cinzas fez-se a humanidade; consequentemente Zagreu/Dioniso é a parte divina dos homens, ao passo que dos titãs eles herdaram a selvageria e a culpa[51].

Zagreu também era caçador, como sugere seu nome (*za-agreios*): o divino, o grande caçador. Ésquilo identificou-o a Hades, ou pelo menos considerava-o filho de Hades, e não de Zeus. Seus papéis eram tão paralelos, suas funções tão semelhantes, que há uma teoria segundo a qual a passagem de Zagreu para Dioniso assinala a passagem da caça para a viticultura como geradora da experiência extática[52]. Zagreu nunca se fundiu completamente com Dioniso no mito. Quando os dois deuses eram vistos agindo do mesmo modo isto se dava porque Zagreu era também Dioniso ctônico – embora o Dioniso ctônico (a se fiar em Heráclito) fosse apenas Hades com outra aparência[53]. Assim como Deméter e Corê, também Dioniso tinha cultos que o ligavam explicitamente à agricultura. No mistério eleusiano o primeiro iniciado e sacerdote, Triptólemo (o "triplamente arador"), era inventor do arado e o missionário propagador da agricultura. Já Hades/Plutão era não só o deus do mundo inferior que reinava sobre os mortos como também o intimidante guardião da semente[54].

O relato e a representação ritual desses mitos de origem podem não só ter estado presentes e até mesmo ajudado na transmissão aos jovens das habilidades necessárias para arar, plantar e colher, mas devem também – intensificadas pelo terror da escuridão e pela luz bruxuleante da tocha – ter investido esse trabalho de um significado espiritual[55]. E, além disso, se considerava que elas ofereciam outra promessa muito poderosa e bem mais geral. Não é possível rastrear a metamorfose de uma lenda agrícola em um símbolo de imortalidade. Qualquer que tenha sido o estímulo original para a formação de cultos de mistério e para a sua organização na sociedade grega, na época em que Sócrates falou sobre iniciados, aparentemente, fora prometido a eles pureza, alegria e visão divina imortal – não só uma colheita abundante[56].

Elêusis era simplesmente o mais conhecido dos santuários nos quais a promessa havia sido feita; para os atenienses os mistérios eleusinos eram os mistérios por excelência, e pode ter havido ali um culto desde os tempos micênicos[57]. Mais ao norte de Atenas, em Flia (atual Chalandri), bem mais perto da cidade do que Elêusis, havia outro santuário de mistério, e ainda outro próximo de Messênia, em Andania; perto de Megalópolis, o antigo mégaro arcadiano de Deméter-Corê de Licosura reivindicava uma antiguidade ainda mais remota. Igualmente arcaicos eram os de Zeus do monte Ida, em Creta e os átrios dos cabiros, na Samotrácia. Havia outros mistérios que não dependiam de um santuário específico, sendo transmitidos por iniciadores ambulantes – como os mistérios mitraístas no mundo romano. Tais cultos não localizados se diziam criados por um deus, Dioniso, ou por um herói, Orfeu, ou ainda por uma figura histórica, Pitágoras[58].

Todos esses ritos parecem ter em comum a dor e o sofrimento da iniciação, numa imitação daqueles de um deus; além disso a preocupação com a fertilidade, individual e sexual, assim como social, a fertilidade do solo; e finalmente uma promessa de vida eterna, ou pelo menos de libertação do temor da morte. Nas iniciações dos "mestres" itinerantes esse último elemento se tornou cada vez mais importante. Tais mistérios nunca substituíram – e nem sequer deslocaram – a religião cívica em que todos os gregos nasciam; eles existiram paralelamente a ela. Assim, a iniciação era feita por um indivíduo, por sua própria vontade, e os mistérios eram crescentemente vistos como um meio de salvação pessoal.

Nos séculos VI e V, a iniciação num dos cultos de mistério mais antigos pode ter satisfeito uma vontade individual de salvação. No final do século V, o desejo, a avidez, tinham se tornado tão gerais, tão difusos e fortes, que os antigos cultos de Deméter e Corê ou de Dioniso, tais como eram celebrados nos santuários públicos, foram considerados insuficientes e os mistérios tornaram-se muito mais diversificados. A construção também requeria uma alusão mais específica do que aquela que poderia ser provida pelo tradicional estilo, ou maneira, maternal jônico, consagrado pelo tempo.

A deusa que era uma moça – Corê –, era também a própria coluna. Ela é filha dos modos dórico e jônico de construir, e nasceu quando os gregos precisaram de um novo signo. Por quatrocentos ou quinhentos anos os dois modos mais antigos de interpretar o mundo na construção representaram os dois lados da religião grega: o exterior, o lado masculino do nomo, e do céu, e o lado feminino interior, da terra e da fertilidade, da morte e do renascimento. Essa ligação ficou tensa quando os gregos "inventaram" a alma imortal e individual: uma invenção significativa que Platão (provavelmente uma geração mais jovem que Calímaco, o escultor) celebrou em *Fédon* e em *Fedro*[59]. Inevitavelmente os arquitetos gregos não podiam mais confiar nas suas convenções. Era preciso dar à Corê uma posição dominante em suas obras.

Monumentos 1:
Os Templos

Dos dez últimos templos dóricos em hexastilo da Grécia, Itália e Ásia Menor, três incluíam colunas coríntias. No templo de Apolo Epicúrio, em Bassa, ao sul de Olímpia, e nas montanhas que dominam o golfo de Kiparissa, a primeira coluna coríntia aparece no contexto da construção de um templo. É uma coluna única na cela, emoldurada por duas colunatas jônicas; o perípero é dórico. Assim, em sua estreia ela tem por damas de companhia as colunas mais antigas: no templo de Bassa há de tudo.

O templo, provavelmente, foi construído logo depois do Pártenon de Atenas e Pausânias, que o considerava mais bonito, mais "harmonioso" o templo do Peloponeso, à parte o de Atena Álea, em Tégea, na Messênia, atribui o seu projeto a Ictino (que havia colaborado com Fídias no Pártenon de Atenas e talvez também em Olímpia)[60]. Apesar da recomendação de Pausânias, as colunas dóricas de Ictino não tinham êntase: os fustes são afilados, porém retos. Examinado de perto, porém, o

x : A Virgem Coríntia

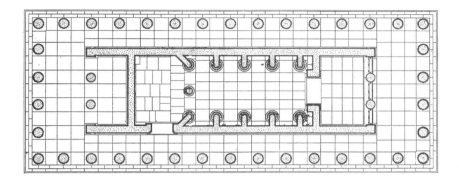

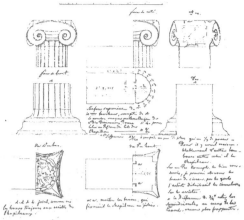

**O templo de Apolo Epicúrio.
Bassa Planta.** Conforme W.B. Dinsmoor (1950).

Coluna jônica. Desenho com medidas feito por Haller von Hallenstein.

O templo de Apolo Epicúrio, Bassa. Vista. Foto do autor

projeto do conjunto revela muitas sutilezas: as colunas da fachada norte são mais grossas que as das laterais. Seus intercolúnios também são um tanto mais estreitos. Menos óbvio – isso somente foi percebido alguns anos atrás – era o formato da planta, uma espécie de trapézio irregular, talvez com o intuito de reduzir o comprimento aparente das laterais, para o devoto que se aproximava tendo passado pelo propileu.

O templo de Bassa está voltado para o norte, ao contrário da maioria dos templos dóricos: para Delfos, sugeriram alguns. Além disso, ele é mais comprido do que o normal, medindo seis colunas por quinze[61]. Os materiais utilizados foram calcário local, para o grosso da obra, e mármore (talvez de Paros?) para alguns ornamentos. A cela (que pode ter sido hipetra) tinha de cada lado cinco colunas jônicas de três quartos que se projetavam para dentro dela arrematando o topo de curtas paredes tranversas[62]. Entre o último par, fechando a cela e a separando do ádito, se erguia, arcaicamente, uma coluna única, central – a mais antiga coluna coríntia subsistente num templo[63]. O ádito tinha outra característica interessante: uma porta que se abria para leste, que, segundo alguns, destinava-se a permitir à estátua de Apolo olhar para o sol nascente[64].

Desde a sua descoberta, e quase imediata destruição, o capitel coríntio de Bassa apresentou problemas[65]. Os especialistas, intrigados pelo seu aparecimento não anunciado e por sua proeminência – arcaicamente central no santuário apolíneo –, preferiram uma explicação formalista para essa inovação. No entanto, a sugestão de que Ictino o projetou para resolver o eterno problema direcional do capitel jônico parece insatisfatória não só pelas razões contextuais que sugeri, como também pela evidência fornecida pelo próprio monumento: as colunas jônicas que o cercam são (potencialmente) de quatro faces em sua forma modificada de Bassa. Embora a posição central da coluna dentro da cela tornasse uma visão lateral do capitel jônico comum totalmente inadequada, o modo como o friso interior corria sobre as colunas teria permitido até a uma coluna jônica normal ajustar-se frontalmente sob o entablamento[66]. Colocar uma coluna coríntia numa fileira de colunas jônicas implicou outro problema, o da altura relativa. Em Bassa isso foi resolvido dando-se aos fustes jônicos um molde de base mais profunda com um grande alongamento, ao passo que o coríntio é assentado sobre uma base bem mais fina, enfatizando, assim, pelo contraste, sua esbeltez. A razão para o seu súbito aparecimento não pode, portanto, ser explicada como uma solução para o problema do ângulo do canto jônico.

Alguns anos depois, outro mestre famoso, Escopas de Paros, construiu o templo de Atena Álea em Tégea, cujo santuário arcaico fôra queimado por volta do ano 390. A antiga deusa Álea, provavelmente pré-helênica, parece ter tido um antigo culto nas vizinhanças e deve ter sido assimilada a Atena bem mais tarde na sua história[67]. O templo de Escopas tinha um periptero dórico, mais curto que o de Bassa: seis por catorze. Suas colunas dóricas eram muito esguias, o que era quase ostentoso num templo muito grande[68]. A cela tinha uma porta lateral, como a de Bassa (mas voltada para o norte, uma vez que o templo tinha um eixo leste-oeste), que se alinhava com meias-colunas coríntias, sete de cada lado, sustentando uma cornija aparada[69]. O frontão da fachada cercava um grupo esculpido que representava a morte de um javali de Calidão, enquanto o do fundo mostrava Aquiles ferindo Télefo[70].

O último dos três, o templo de Zeus em Nemeia, foi construído meio século depois, talvez já em 330. Nemeia fica cerca de vinte quilômetros a sudeste de Corinto. Embora a maioria dos leitores vá associar esse vale ao primeiro trabalho de Héracles, o de matar e esfolar o invencível leão (presumivelmente o último europeu!)[71], na Antiguidade havia outra, e igualmente venerável, tradição ligada à criança real, Ofeltes, que só chegaria à maturidade feliz (de acordo com o oráculo de Delfos) se até a puberdade seu corpo não tocasse o chão. Sua ama, Hipsípila, encontrou os Sete que estavam a caminho de Tebas e estes lhe pediram algo para beber; a ama então pôs a criança num

x : A Virgem Coríntia

A coluna coríntia. Detalhes. Conforme C.R. Cockerell (1860).

A coluna coríntia com seu entablamento. Conforme C.R. Cockerell (1860).

pé de aipo, do qual ela caiu, sendo morta por uma serpente que guardava a fonte. Em memória de Ofeltes – que pode ter sido celebrado num *heroon* arcaico das vizinhanças – instituíram-se jogos pan-helênicos bianuais (embora outro relato atribua a sua criação a Héracles depois do seu primeiro trabalho); as instalações remanescentes do estádio são mais ou menos contemporâneas do templo[72]. Infelizmente Nemeia não chegava a ser uma cidade. Parece ter sido a princípio um centro cerimonial e, embora cristãos do século v viessem a construir ali uma basílica, o santuário já estava arruinado quando Pausânias o viu, o templo fora abandonado e a imagem de culto levada para outro lugar.

Em seu exterior, o templo de Zeus era um hexastilo períptero com o costumeiro pronau entre antas. Contudo, não tinha opistódomo, tendo portanto até menos profundidade que o templo de Tégea – seis colunas por doze. Os fustes dóricos eram incomumente finos, com uma êntase suave. A estilóbata e a crepidoma eram "refinadas", tanto na curvatura vertical quanto no declive do degrau superior, da parede para a borda. No interior, seis por quatro colunas coríntias, adossadas, com cerca de dois terços da altura das dóricas, cercam um espaço central; as quatro do fundo, contra as quais uma estátua de culto pode ter estado, separavam a cela (como acontece com as três de Bassa) de um ádito estreito, onde um afundamento e uma cripta serviam para alguma cerimônia, de natureza até agora ignorada e talvez oracular. As bases dessas colunas parecem versões bastante estilóbatas das bases jônicas de Bassa, ao passo que os capitéis são versões (novamente refinadas) daqueles de Tégea. Cada coluna coríntia sustentava uma jônica menor (numa relação de 2:5) sobre o seu entablamento bastante aparado.

Monumentos 2: Tolos

As primeiras colunas coríntias apareceram em construções circulares, que os gregos chamavam tolos, assim como nos templos. *Tholos* é uma palavra homérica que significa uma câmara circular ou abobadada, como as tumbas-tesouro de Micenas, discutidas no Capítulo 8, ou em Orcômeno[73], embora na época de Platão ela fosse aplicada – sobretudo em Atenas – aos edifícios cívicos circulares onde os prítanes recebiam embaixadores e até faziam suas refeições regulares[74]. No final do século v surgiram prédios circulares com colunas coríntias em seu interior, mas dóricas (como em Delfos e Epidauro) ou jônicas (como em Olímpia) no exterior. Ainda que apenas alguns dos templos desse período incluam colunas coríntias, todos os tolos importantes as têm[75].

Por volta de 470-460, o mais famoso deles, o Pritaneu, foi construído na ágora ateniense. Sua parede externa era de fato circular, com cerca de 17,5m de diâmetro. As seis colunas internas (ou postes) dispunham-se num hexágono quase regular e não havia colunas externas[76]. Em algum momento do século v, um edifício circular com uma vedação externa ou colunata com o mesmo diâmetro da parede externa do Pritaneu ateniense foi construído na parte sul da cidade de Erétria, ou Eubeia[77]. Tinha uma cavidade circular central, talvez um altar, mas nada se sabe acerca de sua superestrutura ou uso.

O primeiro tolo períptero autêntico que subsistiu, o pequeno tolo arcaico de Delfos (com 6,5m de diâmetro), foi presumivelmente um tesouro ou um anátema* na entrada do recinto principal, uma vez que o tesouro de Sicião, que fica próximo, foi parcialmente construído com os seus fragmentos. É quase a única construção dórica, cujo friso com tríglifos foi organizado sem levar em consideração o espaçamento das colunas que o sustentavam, embora todas as suas métopas fossem quadradas; essa cornija era extraordinariamente pesada, uma vez que tinha metade da altura das colunas[78]. Mais de um século depois, entre 415 e 380, um tolo bem mais refinado (com treze metros de diâmetro, o dobro do tamanho do arcaico) foi construído perto do tesouro massilio que descrevi acima, no recinto de Marmaria, em Delfos[79]. Vinte colunas dóricas bastante robustas (com 6½ diâmetros de altura) rodeavam o santuário cilíndrico; internamente havia dez (?) colunas coríntias com a mesma altura dos fustes dóricos e completamente cilíndricas, só que ligeiramente afastadas da parede. Elas eram erguidas sobre uma base baixa de mármore negro, o mesmo mármore que recobre o chão; a estrutura era de mármore branco apenas onde havia necessidade de exigir acabamento fino, sendo o restante de calcário. Os capitéis coríntios tinham suas volutas centradas numa palmeta e uma única fileira de folhas de acanto, com um ábaco de cantos bem definidos, uma disposição que lembra o capitel da coluna única de Bassa[80]. Desafortunadamente, nada restou do teto ou do forro. Uma vez mais, a natureza da construção é desconhecida; já se sugeriu que também ela fosse um anátema dos atenienses para a sua deusa padroeira, cujo templo fica próximo.

O segundo desses edifícios perípteros está no recinto de Asclépio, em Epidauro. É o maior deles, tendo pouco mais de vinte metros de diâmetro[81]. Pausânias, que o admirava e julgava-o obra de Policleto (como o teatro)[82], chamava-o de "tolo", ao passo que as inscrições que registraram a execução da obra chamam-no *thumelē*, o "altar", o "lugar de sacrifício". A disposição geral era semelhante à do tolo de Delfos, exceto que suas colunas coríntias eram totalmente soltas. Foi também construído com uma mistura de mármore e arenito, embora tenha muito mais traços de cor. Assim como a construção de Eritreia, tinha no centro do piso uma abertura circular, que contudo dava para uma câmera cilíndrica em torno da qual havia três paredes circulares separadas por galerias interligadas. As fontes antigas não oferecem nenhuma explicação para essa câmera, apesar de se ter sugerido que fosse usada para terapia de choque, fechando-se os pacientes nas galerias com as cobras amarelas (inofensivas) consagradas a Asclépio. As colunas externas dóricas e internas coríntias têm a mesma altura; a coríntia aproxima-se da vitruviana, com folhas duplas

Tolo de Marmaria, em Delfos. (à esquerda) Detalhe. Foto do autor.

Tolo de Marmaria, em Delfos. Foto do autor.

de acanto. A superestrutura – como o restante desse tolo – está mais bem preservada, inclusive o restos do extravagante remate de palmeta do teto[83].

A última dessas três construções perípteras circulares é o santuário de Olímpia, que Filipe II da Macedônia prometeu erigir em 338, depois da batalha de Queroneia, na qual ele derrotou os exércitos aliados de Tebas e Atenas, o que o tornou senhor efetivo de toda a Grécia – na verdade ele havia sido proclamado capitão-geral, *stratēgos* [c.a. no original] *autokratōr*, tendo em vista uma nova guerra com a Pérsia, que foi adiada pelo seu assassinato. Esse *heroon* sobrelevava e defrontava-se com o do fundador de Olímpia, Pélops: registro e testemunho da reivindicação da dinastia macedônia à greicidade bem como à sua descendência heroica de Héracles, que criou os jogos olímpicos[84].

Monumentos 3: Monópteros

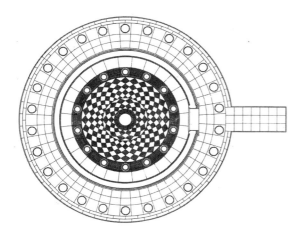

Tolo no santuário de Asclépio em Epidauros. Planta, segundo G. Roux (1961).

Tolo de Epidauro. Corte, segundo G. Roux (1961).

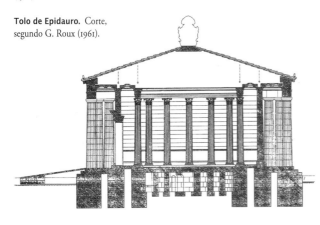

O Filipeion não foi o último tolo. Houve muitos outros posteriores, dos quais o Arsinoeon (dedicado de Arsínal) da Samotrácia talvez seja o mais famoso, mas eles já não eram relevantes para o desenvolvimento da coluna coríntia.

Por outro lado, há uma outra classe de construções circulares que efetivamente teve um papel nesse desenvolvimento. Trata-se de bases de pedra (e até monumentos) sobre as quais trípodes de bronze, por exemplo prêmios de competições, foram frequentemente instaladas em locais públicos. Entre as que restaram, a que mais impressão causa é o monumento corégico de Lisícrates em Atenas, que comemorou a vitória do seu coro num festival dionisíaco de canto no ano 335. Esse é o único remanescente de vários monumentos do tipo alinhados ao longo da rua Trípode, que acompanhava sinuosa a extremidade oriental da Acrópole, desde o quadrilátero do Prítaneu até a entrada oriental do Teatro de Dioniso.

O monumento de Lisícrates é um monóptero cilíndrico[85] esmeradamente decorado com acantos: seis meias-colunas, das mais antigas colunas coríntias plenamente desenvolvidas – esculpidas cerca de oitenta anos depois da sua lendária origem vitruviana – rodeiam o cilindro de pedra[86]. É o primeiro aparecimento desse tipo de coluna no exterior de uma construção. Os relevos do friso mostram a história de Dioniso e os piratas, tal como foi narrada no *Hino Homérico* e frequentemente repetida pelas literaturas grega e latina. A parede do cilindro, articulada logo abaixo do capitel da coluna, tem no seu segmento superior uma fileira de trípodes em relevo, reafirmando assim as associações – acanto, trípode e Dioniso – a que já me referi.

Tolo de Epidauro. (acima, à esquerda) Ordem coríntia no interior e dórica no exterior. Foto do autor.

Tolo no santuário de Asclépio em Epidauro. (acima, à direita) Vista da subestrutura. Foto do autor.

Monumento corégico de Lisícrates. Atenas. Exterior. Foto do autor.

Templo de Zeus Olímpico, Atenas. Coluna caída. Foto do autor.

O Templo de Zeus Olímpico em Atenas

O último dos templos gregos, um dos mais altos e maiores, era totalmente coríntio, o único verdadeiro templo períptero coríntio da Grécia continental. Foi construído sobre a base do enorme e singular octostilo díptero, iniciado por Psístrato por volta do final do século VI, mas que foi mais ou menos abandonado logo acima do nível da estilóbata quando o filho de Psístrato, Hípias, exilou-se de Atenas no ano 510. Bem maior do que qualquer outro templo ateniense, ele foi visto com desaprovação: Aristóteles equiparou-o às pirâmides e ao Heráion de Samos (iniciado por Polícrates, outro tirano) como o tipo de obra pública projetada para evitar a rebelião, mantendo os cidadãos pobres e ocupados[87]. A retirada de alguns tambores de colunas para construir o portão da cidade vizinha por Temístocles, em 479, não suscitou nenhuma reclamação[88].

A associação do Templo de Zeus Olímpico com o Heráion de Samos feita por Aristóteles chama a atenção para o fato de que os dois templos eram enormes octostilos dípteros. Embora as dimensões dos tambores de Psístrato recuperados, assim como seus intercolúnios, sugiram um templo dórico, o espaçamento das colunas, refinado e muito variado, parece pertencer a um templo jônico[89].

A construção no local recomeçou no ano de 179, por ordem de Antíoco IV Epifanes da Síria. Chegou-se ao novo projeto por uma competição, vencida por um cidadão romano (provavelmente de origem grega), Cossútio[90]. Suas enormes colunas coríntias são consideradas "clássicas", normativas. Quando Sila tomou Atenas, no ano 86, ele transportou algumas delas para o Capitólio em Roma[91], para o templo de Jupiter Optimus Maximus; a partir de então, em contrapartida, elas parecem ter produzido um efeito irreversível na arquitetura e na escultura romanas. O Templo de

x : A Virgem Coríntia

Zeus Olímpico foi finalmente concluído e inaugurado pelo imperador Adriano em 120 d.C. (ou 131), trezentos anos depois do início da sua construção. Na verdade um antepassado de Antíoco, Seleuco Nicator, havia encomendado um templo de Zeus Olbios com características coríntias em Diocesareia, na Cilícia, e o empreendimeno de Antíoco em Atenas era parte da sua campanha para tornar Zeus Olímpico o deus supremo do seu império, numa imitação de Seleucus. Antíoco agora é lembrado principalmente pela profanação do Sagrado dos Sagrados em Jerusalém e por construir ali um altar – de Zeus Olímpico, obviamente: uma das medidas que provocou a rebelião macabeia. Os atenienses não tinham uma causa desse tipo, mas quando da morte de Antíoco a construção parou e, depois, de dois começos desordenados, precisou esperar pela ação decisiva de Adriano.

Agora, se estiver correto o que Vitrúvio disse sobre a relação entre os diferentes tipos de coluna e a inauguração do templo, então certamente nem mesmo um arquiteto helenista tardio como Cossútio teria achado decoroso construir um templo coríntio para Zeus Olímpico, cujo santuário dórico em Olímpia era uma das maravilhas do mundo. No entanto, o templo ateniense não era somente consagrado à divindade da sua imagem de culto. Era também um santuário dos velhos deuses ctônios, de Gaia e Cronos. Mais memorável ainda: ele continha a fenda por onde a água do dilúvio que Zeus tinha mandado (e ao qual Deucalião sobreviveu) fora tragada pela terra. Dizia-se que Deucalião havia fundado o primeiro santuário do lugar, que tem sido identificado com as

Templo de Zeus Olímpico, Atenas. Foto do autor.

paredes de calcário sob a estilóbata de Psístrato[92]. Até mesmo sob a proteção de Zeus Olímpico as colunas coríntias precisam comemorar ou celebrar o mundo inferior e seus poderes: elas marcam o lugar entregue aos pensamentos de destruição e regeneração.

Assim, a coluna coríntia iria se tornar a coluna do final da República e da arquitetura imperial. Tendo em vista o desenvolvimento da religião no Império Romano, isso não chega a ser surpreendente. Sua popularidade pode se dever ao gosto dos romanos pelos ornamentos detalhados e florais (como têm sugerido a maioria dos especialistas), mas também pode ter algo a ver com o modo como essa última coluna isolou e representou um aspecto novo e essencial da vida religiosa: a ênfase na imortalidade da alma.

XI : Uma Coluna Nativa?

■ O Arranjo Etrusco ■ A Disposição ■ Rito Grego, Rito Etrusco ■ Capitólio ■ Ceres ■ Um Jônico Toscano? ■ Colunas de Honra ■ Uma Ordem Itálica

Embora viesse a se tornar a mais popular entre os romanos, a coluna coríntia – como a dórica e a jônica – era nativa do Egeu, assim, na Itália era uma coluna importada ou imigrante. Vitrúvio dedicou a essas colunas estrangeiras uma parcela tão grande da sua capacidade descritiva que quando se voltou para a nativa, que ele chamava toscana, lidou com ela de modo muito resumido. O arranjo jônico (seu preferido) tinha ocupado a maior parte do seu terceiro livro, ao passo que o dórico e o coríntio tomaram as seis primeiras seções do quarto. Na sétima seção ele finalmente tratou do templo toscano, antes de lidar com os templos circulares e com os altares[1]. Embora tenha abordado muito das tradições e técnicas nativas de construção em outras partes da sua obra, aqui ele tratou a coluna toscana como uma parenta pobre, uma vez que até mesmo na sua época ela era executada mais frequentemente em madeira do que em pedra e era tão amplamente espaçada que a viga sustentada por ela precisava ser de madeira. Ele parece tratar com desprezo as construções com colunas muito espaçadas de madeira, refere-se a elas como "desordenadas", "pesadas na parte superior", "modestas", "atarracadas"[2]. O detalhe nelas é sempre extrínseco, uma vez que essas construções de madeira exigiam muita proteção contra o tempo e eram quase sempre carregadas com um aparato de revestimentos de terracota e também com esculturas de cerâmica nos cantos e sobre a cumeeira[3].

O Arranjo Etrusco

As normas de Vitrúvio para essas colunas e seus entablamentos são muito mais superficiais que as fornecidas para as três gregas. Além do mais ele não apresenta nenhuma lenda, nem mesmo um relato histórico, para explicar a origem do templo etrusco ou de sua coluna. Mas os etruscos, que tinham se alfabetizado entre os séculos VIII e VII – um pouco depois dos gregos –, nos deixaram uma língua que até hoje é quase incompreensível, e muito pouco daquilo que nós atualmente chamamos literatura[4]. Na verdade as pinturas e relevos etruscos, ilustrando cenas que podem ser reconhecidas como épicas ou trágicas, em geral se referem a peças e peãs gregas, particularmente a histórias sobre a guerra de Troia ou sobre os Sete contra Tebas[5]. Os textos etruscos acessíveis que sobreviveram são textos rituais esmerados, citados em tradução latina por vários historiadores e antiquários romanos.

No tratado de Vitrúvio a primeira referência ao templo etrusco aparece próximo do início, quando ele expõe os habituais ensinamentos gregos sobre decoro na escolha do local apropriado para cada divindade e prossegue com um comentário retirado das normas da "disciplina" etrusca: os templos de Vênus, Vulcano e Marte devem ser localizados além dos limites da cidade. A razão disso, explica ele, é que "os adolescentes e as mães de família não devem se acostumar ao espetáculo da licenciosidade sexual; os edifícios ficarão livres do perigo do fogo, se as preces e os sacrifícios forem oferecidos a Vulcano fora das muralhas; finalmente, se a devoção ao deus Marte for oferecida ali evitar-se-á o conflito armado entre os cidadãos, ao passo que o deus abrigará dos inimigos e dos perigos da guerra essas mesmas muralhas"[6].

Não está claro até que ponto esse trecho era uma explicação racionalizada de Vitrúvio e até que ponto era a norma etrusca; e tampouco há mais algum conhecimento sobre outros detalhes da localização do templo que pudessem ter sido regulamentados desse modo. Mas mesmo chamando essas normas de "etruscas", "toscanas" é a palavra que ele usa posteriormente para o templo e a coluna. Toscana ou etrusca: as palavras podem parecer permutáveis, mas ao usá-las Vitrúvio faz uma pequena diferenciação. *Tusci*, de onde *tuscus, tuscanicus*, era sobretudo um adjetivo, pode ter sido uma corruptela de uma forma italiana antiga (como a palavra *turskum*, do idioma osco, que por sua vez é uma corruptela da grega *tursēnoi* e não de qualquer termo etrusco conhecido. "Etrusco" era para o uso mais elevado: Cícero usava a palavra quando se referia à *disciplina* ou a coroas de ouro. Por sua vez os etruscos se autoproclamavam *Rasenna*[7].

De qualquer forma, quando passou a especificar a sua "disposição" toscana, Vitrúvio começou expondo a planta, como havia feito quando tratou dos templos gregos. Seu perímetro, o *locus* (não a área do templo grego), era quase sempre formado por uma base alta, com moldura no topo e na parte mais baixa (embora ele não diga isso), e nunca pela estilóbata, cercada por degraus, dos gregos[8]. A base devia ter cinco unidades de largura e seis de comprimento – quase quadrada, portanto. Em seguida ele dividiu ao meio as unidades da largura, para criar uma elevação de dez "módulos". Quatro dessas (meias) unidades eram destinadas à câmera central, a mais importante – o templo etrusco de Vitrúvio, ao contrário do seu templo grego, tem três câmeras de santuário –, e três para cada uma das câmaras laterais[9]. O comprimento inteiro também seria dividido ao meio, a parte dianteira para o pórtico e a traseira para os santuários. As colunas dos cantos deviam estar alinhadas com as antas das paredes externas, as intermediárias com as paredes que separavam os santuários e devia haver uma segunda fileira de colunas entre as da fachada da construção e as paredes dos santuários: essa norma produzia um pórtico de pelo menos duas colunas de profundidade para preceder as celas sem janelas. Assim, ele é um *tipo* de construção muito diferente do templo períptero dos gregos. Mas para assimilá-lo à tipologia greco-vitruviana que já discuti anteriormente ele poderia ser chamado um tetrastilo prostilo díptero", embora tenha sido chamado também *perípteros sine postico*[10]. Na verdade o próprio Vitrúvio ressalta que era muito fácil substituir as colunas "toscanas" de madeira por colunas jônicas ou coríntias de pedra e assim tornar o templo uma construção mais alta e portanto mais esguia, mais parecida com a grega[11].

Quanto às colunas, as instruções de Vitrúvio são de que sua altura devia ser um terço de toda a largura da base[12] e que – exatamente como no seu dórico "modificado" – o fuste devia ter a altura de sete diâmetros. Plínio, o Velho, também teve algo a dizer sobre essa questão (embora apenas num aparte) quando considerava a composição do estuque. Também ele conhecia quatro tipos de colunas cilíndricas: uma dórica de seis diâmetros, uma toscana de sete, uma jônica de nove e também uma coríntia, cujo fuste possuía a mesma proporção da jônica, embora tivesse (como a de Vitrúvio) um capitel de dois módulos de altura. Plínio também conhecia uma coluna "Ática" de base quadrada, mas nada teve a dizer sobre as suas proporções[13].

A Disposição

Diferentemente dos inventores gregos da coluna dórica, os construtores toscanos deram ao fuste das suas colunas não só um capitel como também uma base quando ele passou a ser de terracota e pedra; o processo de substituição da madeira pela pedra na Itália foi diferente do da Grécia (e bem mais tardio).

Para começar, na base, ela e o capitel deviam ter a altura de meio diâmetro cada um. Da base, metade do volume era constituído pelo plinto e a outra metade era um toro grosso com o seu filete. O plinto toscano, ao contrário do jônico e do coríntio, ambos quadrados, devia ser circular, ao passo que o toro da base era um calço simplificado de argila ou cerâmica para o fuste – que não devia ser estriado[14]. O fuste devia ser liso, o que lhe dava um aspecto de solidez ainda maior do que o transmitido pelas colunas gregas com caneluras verticais. Além disso a diminuição (o alto da coluna sendo três quartos do diâmetro na base) era bem mais pronunciada do que a êntase grega vitruviana, embora, evidentemente, nos fustes dóricos arcaicos ela fosse ainda mais brusca.

O capitel se divide em três partes iguais: um hipotraquelo separado do fuste por um astrágalo; um equino em quadrante sustentando um ábaco quadrado, cujos lados igualam o diâmetro da coluna na base; e o ábaco propriamente dito[15]. Novamente, algumas das evidências arqueológicas não ilustram bem o texto. Uma terracota pintada isolada usada como invólucro de uma coluna do templo arcaico de Mater Matuta no Foro Boário, em Roma, foi ali descoberta nas escavações de São Homobono. O poste estrutural de madeira no interior dela era liso, mas o envoltório foi modelado para representar um fuste estriado com um capitel e uma base bastante elaborados. Do fuste pouca coisa restou, mas a base é um toro altamente decorado, ao passo que no capitel o equino – que é um quadrante delgado com um ábaco quadrado igualmente delgado – é sustentado por um anel de folhas esquemáticas.

Cada folha corresponde a uma canelura e tem uma pequena língua que se estende para baixo através de uma moldura cilíndrica despojada que parece amarrá-las. Esse detalhe produz uma seção comum a outros exemplos de pedra etrusca, de Vulci e Falerii, e se liga ao micênico tão bem quanto muitos protodóricos[16].

Vitrúvio prossegue especificando os detalhes das traves que essas colunas teriam de sustentar. Elas deviam ser de madeira e compósitas, tão grossas (ele presumivelmente quer dizer não mais

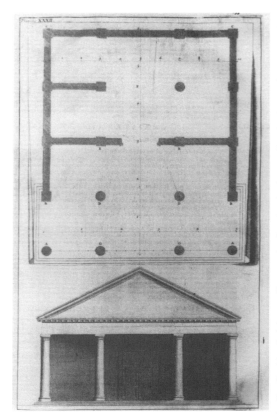

Tuscanicae dispositiones. Segundo C. Perrault (1684).

Amarração da cornija toscana sendo presa com grampo. Conforme Vitruvius de S. Stratico (1830).

grossas que) quanto o fuste no hipotraquelo, compondo-se de duas tábuas presas uma à outra com grampos em forma de cauda de andorinha, de modo a deixar um espaço livre de dois dedos entre uma e outra para ventilação, a fim de evitar a deterioração por fungos[17]. Deviam ser "tão altas quanto exigisse a construção". O texto não especifica nenhum friso, embora o exemplo "monumental" mais famoso (o "andar térreo" do Coliseu romano) já tivesse um. O friso foi inserido na fórmula no século XVI, quando a disposição foi transformada numa ordem[18].

Vitrúvio é explícito em sua prescrição para a cobertura ornada que coroa a *dispositio*: acima das vigas e acima das paredes, barrotes da cobertura deviam se projetar um quarto da altura da coluna como mútulos[19]. Os revestimentos de cerâmica, *antepagmenta*, deviam ser fixados às suas extremidades[20]. Ainda mais alto devia estar o tímpano do frontão, que tanto podia ser em pedra quanto em madeira. No topo devia ir a viga (em projeção) do cume, o *columen* ou *culmen*[21], e o acrotério central associado a ela.

O *columen* era uma parte da construção bem mais considerável e proeminente do que qualquer viga de cume grega. Quase certamente era composto, como as traves do pórtico e, portanto, apresentava as mesmas "feias" divisões e os textura de topo que, segundo se afirma, os construtores gregos disfarçavam com um tríglifo. Em muitos templos esse mascaramento pode perfeitamente ter sido a principal escultura do frontão. Algo desse tipo já foi sugerido por alguns dos modelos fragmentários, sobretudo o templo de terracota de Nemi[22]. Ele mostra um frontão profundamente recuado (no qual se instala uma cobertura anã com antefixas elaboradas) como um tipo de pórtico atrofiado dentro do espaço do frontão. Em seu *antepagmentum* há uma figura-escultura elaborada, assim como nas extremidades das traves laterais. Menos conhecida, pois foi escavada recentemente, é a escultura de frontão brilhantemente intrincada (e relativamente bem preservada) do templo tripartite A em Pyrgi – o porto da cidade de Caere – mostrando uma cena do ciclo tebano. Trata-se exatamente daquele tipo de revestimento de *columen* que faz as vezes de acrotério. Também no recinto do templo de Pyrgi, as primeiras inscrições etruscas bilíngues foram descobertas em placas de ouro que registram a dedicatória de um templo erguido ali para Uni-Hera-Astarte, em fenício e em etrusco. Uma vez que o idioma da dedicatória e também o nome da deusa indicam ligações siro-fenícias, e não cartaginenses, essa descoberta muito surpreendente deu um novo colorido ao orientalismo etrusco e ao mesmo tempo confirmou os vínculos especificamente sírios de Caere[23]. Os protetores e os devotos do porto parecem ter desejado um templo etrusco de madeira e cerâmica que fosse composto ao mesmo tempo do tipo italiota e do tipo grego. Contíguo ao templo A de três celas ficava o templo B de uma única cela. Este era períptero e tinha um frontão de cerâmica em estilo inteiramente grego, apesar de seu intercolúnio ser areostilo[24].

Certamente no templo etrusco de Vitrúvio o tímpano (como está implícito no próprio termo empregado por ele) era fechado e ornamentado. Os frontões também podem ter tido figuras no lado interno – isto é, se os triângulos rasos entre os tetos inclinados e as paredes retas pintadas dos túmulos de Tarquínia e Chiusi (supostamente imitando interiores de casas) puderem ser tomados como um precedente. Em vários deles o pesado *columen* esculpido na rocha é "sustentado" pela representação pintada de uma coluna atarracada, embora seja muito difícil estabelecer sua relação com a construção real.

XI : Uma Coluna Nativa

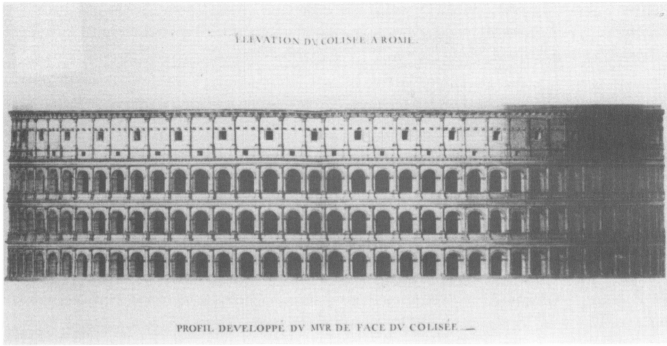

O Coliseu, Roma. Segundo A. Desgodets (1682).

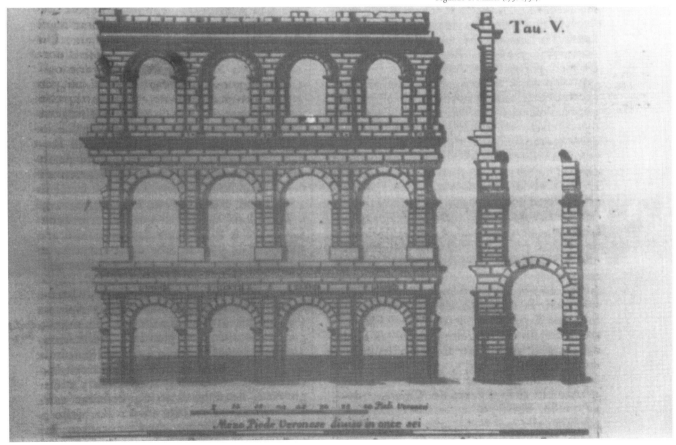

O Anfiteatro de Verona. Segundo S. Maffei (1731-1732).

Quanto às laterais da construção, mútulos deviam ter uma projeção de um quarto da altura da coluna, ao passo que o balanço com a sua calha devia equivaler a um terço da cobertura concluída[25]. A quantidade de estátuas e acrotérios que sobreviveu em fragmentos é suficiente para nos dar uma ideia geral do aspecto desses templos de madeira e terracota vistos de fora. No topo da cobertura, sobre a cumeeira, eram colocadas esculturas figurais muito elaboradas. Isso está claro pelo santuário que fica nos arredores de Veios, em Portonaccio, onde se encontra um pequeno templo tripartite de cerca de 18,5m², com pouco mais de 10m de altura, do alto do pódio até a viga da cumeeira. Pouca coisa sobrou do frontão. Mas no cume do templo ficavam pelo menos quatro figuras, um pouco maiores que o tamanho natural, consideradas obras importantes da escultura em cerâmica etrusca e que foram comparadas às corês jônicas da Acrópole de Atenas[26]. Elas são uma feição especificamente etrusca e têm sido consideradas por alguns especialistas descendentes figurativas e altamente refinadas dos enormes apoios em forma de chifre das coberturas de palha que aparecem nas urnas domésticas dos séculos IX e VIII[27].

Que as primeiras construções dos latinos e etruscos tinham teto de palha é um fato bem atestado, não só pelas inclinações e a superfície das urnas em cabana dos túmulos mais antigos, como também pelas imitações desses em pedra de cabanas com teto de palha; os túmulos "della Capanna" e "della Nave" em Cerveteri mostram isso claramente. O *columen* também remetia a uma conhecida característica estrutural das primeiras construções etruscas e latinas. Sabe-se que as cabanas, fossem elas ovais (como em San Giovenale) ou retangulares (como no Palatino em Roma), tinham uma fileira central de postes, que suportavam uma trave de cumeeira; na fachada da cabana, ela terminava (como mostram as urnas em cabana), num buraco triangular para saída de fumaça e entrada de luz e num pórtico, ao passo que a outra extremidade era presumivelmente absidal, como nas urnas em cabana e em muitos túmulos[28]. Vitrúvio nada diz sobre um segundo frontão nos fundos da construção. Se a minha leitura das evidências estiver certa, então o teto teria sido absidal nas mais antigas, mas depois as águas do telhado estariam em ângulo de 45°: apropriado no templo direcional etrusco-itálico, de um modo que não seria satisfatório num períptero grego[29].

De que forma os etruscos rezavam em seus santuários é algo que se sabe apenas por meio de analogias com a prática religiosa romana. Mas isso não é sempre claro, uma vez que os romanos e os etruscos tinham atitudes ambíguas uns com os outros. Os etruscos eram uma confederação rica e poderosa quando a Roma dos reis e a jovem República eram uma pequena (embora ascendente) cidade-estado da qual um grupo de aldeias dependia. Durante algum tempo os etruscos parecem ter dominado Roma, com oposição intermitente a esse domínio, em outras épocas os romanos estavam em guerra com eles – conforme testemunha Lars Porsena de Clúsio[30]. Em outras ocasiões algumas cidades etruscas eram, de bom grado ou não, aliadas dos romanos. Na época em que entraram na história, no entanto, os etruscos já estavam enfraquecidos pela pressão dos romanos e dos gregos ao sul e pelas invasões gaulesas ao norte. As tentativas inoportunas (mas sucessivas) de formar uma aliança com os fenícios de Cartago inevitavelmente apressaram o seu declínio político. Acreditando-se fadados à extinção depois de dez *saecula* ("gerações", e não séculos, de cem anos) de prosperidade, eles foram mais ou menos voluntariamente absorvidos pela sociedade romana[31]. Sua língua caiu no esquecimento, ao passo que muitas das suas práticas sociais e religiosas foram adotadas pelos romanos, e assim o que Vitrúvio considerou o templo do tipo toscano (e hoje muitos consideram, de modo mais geral, itálico) tornou-se parte da herança romana.

A ambivalência de Roma nessa questão tem algo a ver com seu senso romano de inferioridade política e cultural em relação aos etruscos. Quando mais tarde os romanos transferiram esse senso para os gregos, o sentimento foi expresso perfeitamente pelo refrão de Horácio:

Graecia capta, ferum victorem cepit et artis
Intulit agresti Latio[32].
Uma vez conquistada, a Grécia capturou o seu vencedor selvagem
E trouxe as artes para o rústico Lácio.

Horácio não formulou de modo assim conciso a dívida para com os etruscos, os quais, de acordo com a tradição romana, em alguma época dominaram não só Roma, mas toda a Itália; na verdade seu domínio nunca chegou a mais de um terço da península. Eles haviam reivindicado descender de uma elite de emigrantes asiáticos[33]. De acordo com a lenda também os romanos descendiam de um herói troiano – e portanto de um asiático: Eneias, e seus companheiros. Na verdade na "sociedade" romana, era definitivamente uma situação social vantajosa poder reinvindicar ascendência etrusca[34].

Rito Grego, Rito Etrusco

Para os romanos, os etruscos pareceram um povo inusitadamente devoto[35]: suas antiguidades foram consequentemente consideradas veneráveis, assim sendo, tanto "etrusco" quanto "toscano" foram ampliados para significar nativo e antigo de modo geral e não especificamente etrusco. Esse sentido mais geral pode bem ser o que Vitrúvio quisesse dizer com as suas *Tuscanicae dispositiones*: modos antigos, veneráveis, nativos, de dispor as coisas[36].

Na prática religiosa, de qualquer forma, os romanos faziam uma diferença entre ritos "etruscos" e "gregos". A disciplina etrusca era uma religião toda revelada, fixada em livros supostamente ditados por duas divindades: um deus-criança nascido na terra, Tages, e a ninfa Vegoia. Suas normas são hoje conhecidas apenas a partir de fragmentos preservados por vários escritores latinos. Elas regulavam a organização do Estado, a fundação das cidades e a divisão da terra; governavam também toda a questão da adivinhação a partir das vísceras de animais sacrificados, dos relâmpagos e dos pássaros[37]. Os ritos gregos lidavam com outros tipos de sacrifício e com a consulta a oráculos (em oposição à interpretação de augúrios): o clero eleito dedicado a eles foi chamado – sucessivamente, à medida que seu número aumentava – *Duom, Decem* ou *Quindecem viri sacris faciundis*. Eles consultavam livros sibilinos, escritos em rolos (de linho, ou talvez de couro) que ficavam sob sua custódia, e para isso tinham inclusive de pagar tradutores do grego[38].

Os romanos eram deliberadamente ecléticos em suas práticas religiosas. Eles inclusive orgulhavam-se de se apropriar de divindades e cerimônias estrangeiras, a ponto de, durante um cerco ou antes de uma batalha, atrair para Roma os deuses que protegiam cidades e nações inimigas, fazendo-lhes promessas de templos e culto[39]. Essas divindades chegavam na forma de suas estátuas, o que significa que os romanos praticavam atos piedosos por meio do roubo de estátuas de culto dos seus inimigos. Mas como os demais povos latinos e seus afins – oscos, umbros, até os faliscos etruscanizados, os romanos tinham ainda seus próprios deuses e ritos aborígines, que eles não deviam nem aos gregos nem aos etruscos ou a seus outros vizinhos e, portanto, não os agrupavam sob nenhum rótulo especial[40].

Capitólio

De todos os templos romanos, o mais famoso e também o maior foi construído por Lúcio Tarquínio Prisco, o quinto rei romano, nos primeiros anos de uma Roma próspera e em rápido crescimento[41]. Quando o primeiro santuário romano registrado foi transportado do Quirinal para a colina do Capitólio e o novo templo foi consagrado a Jupiter Optimus Maximus, o rei – como não poderia deixar de ser – convocou os artífices etruscos para executar essa obra enorme, que (declararam os augúrios) iria se tornar *caput mundi*. Ele não viveu para terminá-la. A construção foi prosseguida pelo seu sucessor, Sérvio Túlio, e finalmente concluída pelo filho deste, Tarquínio, o Soberbo, que, por sua vez, importou carpinteiros etruscos para a fase final, presumivelmente para construir o telhado[42]. Tarquínio Prisco também contratou Vulca de Veios (o único artista etrusco cujo nome foi preservado pelos historiadores) para fazer a principal estátua de culto de Jupiter Optimus Maximus, com o seu rosto regularmente avermelhado e a *toga picta* bordada em ouro – que o dirigente romano triunfante imitou. A quadriga que formava o acrotério principal sobre seu frontão foi tema de outra lenda, que confirmava o destino oracular de Roma tornar-se soberana do mundo. Também ela foi encomendada para escultores de cerâmica de Veios, dessa vez por Tarquínio, o Soberbo[43]. O templo fora consagrado em 509, logo depois que Tarquínio, num dos primeiros atos da República, foi expulso de Roma[44].

O próprio tamanho do templo capitolino fez dele um edifício excepcional na época da sua construção. Escritores romanos posteriores comentaram o seu tamanho, desproporcional à modesta cidade "primitiva", uma vez que ele era maior que o de Zeus em Olímpia e não muito mais estreito que o de Ártemis em Éfeso[45]. Por séculos, é difícil ver que rivais itálicos ele pode ter tido, poucos templos de três celas anteriores ao século III sobreviveram, mesmo em estado extremamente fragmentário. Os de Orvieto, Pyrgi, Marzabotto e até Veios são todos menores.

O Capitólio era bem semelhante ao tipo de construção que Vitrúvio descreveu, com um pórtico profundo e assentado sobre um pódio elevado. Sua base não era exatamente proporcionada de acordo com a fórmula que ele forneceu[46], e o edifício também se diferenciava num outro sentido, mais óbvio: era um hexastilo, e não um tetrastilo. As duas colunas extras na fachada correspondiam a uma linha de colunas delimitando ambos os lados das celas, ao passo que na fórmula de Vitrúvio as paredes da cela não tinham peristilo. Essas colunatas terminam em antas, que completam a parede do fundo do edifício projetada nos dois lados. A configuração geral dá a impressão de que o núcleo de um tetrastilo do tipo vitruviano foi cercado de três lados – tipologicamente, se não historicamente – por uma fileira extra de colunas[47].

Na plataforma havia um santuário para uma divindade que fora cultuada ali antes de Júpiter e a Tríade: Término. Em sinal de seu direito prévio do local, o altar de Término ficava dentro do templo, mas fora de alinhamento com as paredes do edifício mais novo e grandioso. Uma vez que seu culto só podia ocorrer ao ar livre, foi feito um buraco na cobertura do pórtico para que seu altar não fosse coberto[48]. Essa abertura no telhado e o altar não alinhado dedicado a outra divindade eram certamente repetidos em outras construções etruscas e romanas.

Um desses altares ficava na plataforma do templo conhecido como Ara della Regina, em Tarquínia. Formava um ângulo de pouco mais de 65° com o prédio principal, mas ele próprio era orientado de modo bastante acurado no sentido norte-sul; compunha-se de uma pequena plataforma e de um bloco moldado, que era, presumivelmente, o altar propriamente dito. Algumas pedras do pavimento ortogonais a esse altar ficavam sob a base do edifício principal, sugerindo que a orientação peculiar tivesse as mesmas razões que aquelas dadas para a localização do santuário de

Término no Capitólio de Roma. O templo propriamente dito era um edifício grande e majestoso, com colunas em voluta, e foi construído em meados do século IV. O grupo de cavalos alados em terracota que revestia seu *columen* é uma escultura etrusca quase tão famosa quanto o Apolo de Veios, e foi reproduzida nos selos italianos durante a década de 1930[49].

Outro exemplo de santuário "desorientado" é o templo capitolino de Cosa, uma colônia romana na fronteira etrusca, no território de Vulci, fundada em 273. Ali, um altar a um ângulo de 45° em relação às ortogonais do edifício do templo também se erguia fora do pórtico, mas sobre a plataforma. O altar estava alinhado com um santuário mais antigo no local (provavelmente o primeiro de todos), que fora enterrado dentro do pódio desse novo templo, sob o centro geométrico da cela do meio; o altar ficava fora, ao ar livre. Outra vez, o pórtico também tinha uma grande abertura no telhado, um implúvio como o de uma casa romana ou etrusca, com uma grande cisterna de pedra embaixo (revestida com blocos de pedra cobertos de piche) para coletar a água da chuva canalizada para ela pelo telhado. Os etruscos, assim como os romanos, pareciam cultivar essas irregularidades como sinais ou até mesmo afirmações da santidade primitiva e rústica dos seus templos urbanos[50].

O aniversário da consagração do templo de Jupiter Optimus Maximus nos idos de setembro era o começo do ano do Estado romano, e nessa data o pretor martelava um prego de bronze na parede externa do templo, do lado do santuário de Minerva. Essa cravação de calendário também parece ter sido um rito etrusco[51]. No seu pódio alto o edifício de pedra macia, estruturado com madeira, com suas esmeradas e multicoloridas decorações de terracota e sua parede cravejada de pregos, tinha definitivamente uma aparência etrusca. Ele precisou sofrer várias restaurações completas, pois dada a sua posição alta, exposta, era suscetível de ser atingido por relâmpagos; além disso foi irreparavelmente queimado por um incendiário desconhecido no dia 6 de julho de 83 a.C., quando a estátua original de culto também foi destruída.

Ao resolver reconstruí-lo em pedra, Sila trouxe capitéis do templo de Zeus Olímpico em Atenas para fornecer modelos aos seus artífices, como já mencionei no último capítulo. Mas sabe-se muito pouco sobre a construção de Sila. Ela foi concluída por Júlio César em 46 e restaurada por Augusto (foi esse o templo que Vitrúvio conheceu, certamente). Além disso, o edifício tinha a superestrutura de madeira – presumivelmente com ornamentos de cerâmica –, queimada na guerra civil que levou à ascensão de Vespasiano[52]. Domiciano finalmente o reconstruiu como um templo coríntio de mármore de Paros, que foi saqueado e destruído pelos vândalos de Genserico em 455 d.C.[53] A importação de capitéis coríntios de Atenas por Sila e o uso deles por Domiciano sugerem que até mesmo no primeiro templo capitolino, que quase pode ser considerado o arquétipo da "disposição toscana", os capitéis das colunas talvez não fossem exatamente aqueles rudimentares que Vitrúvio descreveu[54].

Templo de Jupiter O.M., Capitólio, Roma. Segundo E. Gjerstad (1953-1973).

Templo de Jupiter O.M.: Detalhe das colunas e cornijas. Segundo E. Gjerstad (1953-1973).

Túmulo "dell'Alcova", Cerveteri. © Fratelli Alinari.

Ceres

Cerca de vinte anos depois da consagração do Capitólio, durante a fome de 496 e depois de consultar os Livros Sibilinos (gregos!), Espúrio Cássio (Vecelino), que foi cônsul três vezes, prometeu um templo para outra tríade, Ceres, Liber e Líbera, consagrado em 493[55]. Ele foi incendiado no ano 31, quando Augusto resolveu substituí-lo por uma construção de pedra, que por sua vez foi consagrada por Tibério em 17 a.D.

Embora fosse uma divindade latina, Ceres tinha muita coisa em comum com a grega Deméter. Esse templo dela, próximo do *Circus Maximus*, ficava – talvez obedecendo à norma exposta por Vitrúvio – fora do *pomerium* republicano, que se estendia um pouco além do *Circus Maximus*, nas encostas inferiores do Aventino. Espúrio Cássio era plebeu, o último cônsul plebeu durante um século e meio. Enquanto o Capitólio foi o santuário da monarquia e posteriormente dos patrícios, o culto de Ceres associou-se à República e era muito popular entre a plebe. Vitrúvio incluiu esse santuário de Ceres entre os areostilos do tipo etrusco-itálico, junto com o templo de Hércules que ficava nas proximidades[56].

Apesar da sua clientela diferente, o templo de Ceres parece ter sido planejado com base no modelo capitolino; sendo certamente um edifício do tipo etrusco, ele era considerado grande e famoso, e era muito admirado, sobretudo por Cícero, embora Vitrúvio o denegrisse[57]. Era decorado com terracotas de artistas cujos nomes sobreviveram por terem assinado seu trabalho com um epigrama grego (afirmando que o lado direito da construção fora feito por Demófilo e o lado esquerdo por Gorgasos)[58]. O emprego de artistas gregos terá sido um tributo ao caráter helenizador do culto da deusa? As autoridades se calam sobre esse assunto, embora Dioniso de Halicarnasso, autor do relato mais circunstanciado da história do templo, tenha helenizado a sua dedicatória a Deméter, Dioniso e Kore. As esculturas em terracota foram cuidadosamente preservadas, os painéis decorativos das laterais das celas foram inclusive desmontados e emoldurados, talvez para

Túmulo "dei Capitelli", Cerveteri. © Fratelli Alinar.

serem exibidos no templo reconstruído[59]. Isso tudo não resultou num edifício grego períptero, que provavelmente teria sido estrangeiro demais para os romanos dos primeiros tempos da República.

Vitrúvio menciona alguns outros templos de tipo itálico ou toscano em Roma, que ele certamente tinha visto. O templo com três celas, o único que ele especificou, não é contudo o único etrusco ou itálico, embora o tipo triplo tivesse uma óbvia dignidade, exaltasse a construção da casa etrusca e abrigasse alguns cultos importantes. Menos comum, e não relacionado na Antiguidade, era o tipo com uma única cela oblonga, cuja parede de trás se projetava dos dois lados, ao passo que três lados eram cercados por colunatas: por exemplo, o templo de Diana em Ariccia. Além disso o tipo mais comum de templo romano (do qual um exemplo esplêndido era o de Marte Ultor no Fórum de Augusto) descende diretamente dele. Uma terceira variante, que também pode ser reconhecida como um tipo separado, tem uma cela comprida com duas câmeras laterais projetando-se para frente em asas e entre elas um pórtico entre antas. Entre esses templos, o mais importante (e o maior) foi o de Ara della Regina em Veios, embora muitos exemplos anteriores pareçam seguir o mesmo plano. As restaurações não proporcionaram efetivamente a esse último tipo uma plena configuração arquitetônica[60].

Um Jônico Toscano?

O único exemplo monumental em pedra sobrevivente em Roma do arranjo de coluna e viga chamado por Vitrúvio de toscano – embora minimamente mais delgado, mas com uma base apenas ligeiramente mais elaborada e com a cornija lisa que ele exige – está no Coliseu, que foi iniciado por Vespasiano bem depois da morte de Vitrúvio[61]. Até mesmo essa disposição é frequentemente chamada dórica e não toscana. Tanto Serlio quanto

Scamozzi viram as ordens do Coliseu como uma sucessão regular de dórica, jônica e coríntia, e apoiaram-se nas descrições dos edifícios desaparecidos, fornecidas por Vitrúvio e pelos antiquários para sua Toscana. Por tudo isso Serlio (e outros escritores depois dele) modificou a exposição de Vitrúvio para obter uma mnemônica simples: a proporção do diâmetro em relação ao fuste nas cinco ordens era uma sequência simples da toscana 1:6 até a Compósita 1:10. Palladio, de fato, encontrou monumentos para legitimar a sua toscana, mas precisou avançar mais no terreno, até os anfiteatros de Verona e Pola, pelo seu precedente.

Contudo, seu aluno Vincenzo Scamozzi supôs que em tempos anteriores essas colunas figuraram em templos e edifícios públicos, até em teatros de madeira. Infelizmente o que restou dos templos italianos não se compara nem em antiguidade nem em quantidade com os da Grécia; eles eram tão perecíveis que suas relíquias mais visíveis são os pódios de pedra que restaram[62]. Pode-se aprender algo mais sobre eles com os poucos modelos votivos em escala reduzida dos templos etruscos e com as primitivas urnas em forma de cabana, que fornecem as evidências mais seguras, embora nem sempre inequívocas, sobre as construções em tamanho natural[63]. Os túmulos oferecem um tipo diferente de evidência, uma vez que muitos deles foram esculpidos na rocha. Inelutavelmente a resistente arquitetura de pedra dos mortos é um testemunho primário (como no caso do Egito) sobre outros modos de construção[64]. Fora esses túmulos e algumas marcantes fortificações poligonais de pedra com portões arqueados, os povos itálicos, bem ao gênero dos etruscos, não parecem ter produzido uma arquitetura específica monumental e resistente, na qual os ritos pudessem ser celebrados e consagrados. Dos túmulos, muitos têm câmeras centrais semelhantes a átrios, com um teto entalhado numa representação de cobertura de madeira ou – como em alguns dos casos mencionados anteriormente – de palha[65]; muitos também têm na câmera central três aberturas de porta que dão para alcovas ou câmeras internas, uma disposição que repete a antiga casa etrusca, assim como o templo descrito por Vitrúvio. Alguns túmulos e muito poucas urnas em cabana têm telhado com abertura central e inclinação dispostas para incluir um *impluvium* (simulado), sendo o mais famoso deles o túmulo Della Marcareccia, em Tarquínia[66]. Vez por outra há detalhes baseados, embora remotamente, em precedentes gregos ou mesmo orientais.

Esses detalhes são bastante comuns em túmulos lavrados em tufo calcário macio, embora o grupo mais rico seja a grande e apinhada necrópole – a Banditaccia de Cerveteri (Caere)[67] – que esteve em uso durante muitos séculos. Não chega a ser surpreendente encontrarmos em muitos deles colunas facetadas "toscanas" e até, em alguns casos, quase dóricas[68]. Mas o que não foi ressaltado ou estudado suficientemente é a presença ali de capitéis com volutas e floridos. Num dos túmulos mais antigos, conhecido como Tomba dei Capitelli (datado do início do século VI), duas colunas octogonais têm capitéis cúbicos em baixo-relevo, do tipo eólico grego arcaico: pares duplos de volutas (com uma palmeta entre eles) sustentam um ábaco estreito e sobre ele uma viga[69].

Quando a cremação predominou sobre o enterro como principal costume funerário dos etruscos, por volta do final do século V, reduziu-se a importância dos túmulos como testemunho da arquitetura dos vivos[70]. Contudo, o maior túmulo do cemitério de Banditaccia, o túmulo Dei Rilievi, foi construído e ornamentado no final do século IV. Deve seu nome a uma espetacular série de relevos, que certamente foram cobertos com estuque e pintados para representar armaduras e diversos objetos domésticos, pendurados em suas paredes e pilares. Sua grande câmara central assemelha-se ainda mais a um átrio do que a da maioria dos outros túmulos. Os pilares quadrados centrais e as largas pilastras que articulam as paredes têm, ligados a eles capitéis bastante estreitos, rigorosamente eólicos, lembrando aqueles muito mais antigos descobertos em Chipre[71].

Capitéis muito semelhantes, embora mais simples – mais "toscanos" – estão representados num sarcófago retangular do século IV, de Chiusi, em forma de casa; em sua fachada estreita, uma porta de entrada arqueada é flanqueada por duas pilastras eólicas que sustentam vasos redondos. Parece quase a fachada de um templo em estilo fenício com seus pilares guardiões. Essa urna representava uma casa ou um palácio, ou até mesmo um templo para a alma? Uma vez que ela é absolutamente única, a resposta é quase impossível[72]. Todos esses capitéis "pseudoeólicos" datam, obviamente, de alguns séculos depois dos capitéis eólicos gregos ou cipriotas. Mas sua presença em Caere, junto com a presença das inscrições fenício-etruscas em seu porto, Pyrgi, que eu mencionei antes, dá substância para muitas especulações sobre o orientalismo etrusco.

Assim como nos edifícios e também em pilares honoríficos isolados, pode ter havido capitéis eólicos ou outros capitéis com figuras que representavam um *consuetudo* itálico mais geral do que a *dispositio* toscana dogmática de Vitrúvio. As colunas com capitéis eólicos parecem ter sobrevivido apenas nos túmulos, embora suas representações em espelhos de bronze com figuras e na cerâmica sejam muito comuns, com ecos no mobiliário etrusco (e também grego). Isso pode significar que houvesse edifícios com algo como colunas toscano-jônicas, além do tipo bem reconhecido toscano--dórico encontrado em Vitrúvio e em manuais posteriores.

Colunas de Honra

As mais famosas e ostentosas dessas colunas toscanas da Antiguidade são – e não poderia ser diferente – romanas e imperiais: as duas imensas de Trajano e a imitação delas, a de Marco Aurélio em Roma. Cada uma sustentava a estátua do imperador (substituída por estátuas de são Pedro e são Paulo, respectivamente); todas são coroadas por um ábaco moldado de forma simples sobre um equino em quadrante; todas são decoradas com um relevo de óvalo-e-dardo; e em todas o fuste se eleva numa base toro engrinaldada e é envolvido por uma faixa em espiral que declara os feitos do imperador[73]. As colunas gêmeas eram um dos referenciais que identificavam a cidade, assim como o Coliseu e o Panteão.

Como não podia deixar de ser, houve muitos precedentes para elas. "*Columnarum ratio erat attoli super ceteros mortales*", escreveu Plínio, o Velho, para explicar o uso de colunas comemorativas, embora (se o poeta Ênio merece crédito) os romanos as erguessem rotineiramente[74]. Considera-se que a mais antiga fora erguida pelo rei Tarquínio Prisco em homenagem ao adivinho etrusco Attius Navius e contemplava de cima o Comitium, próximo da Cúria Hostília, no Fórum Romano. Dizia-se que a estátua sobre ela era de bronze e menor que o tamanho natural, mas nada se sabe sobre a sua base, a coluna propriamente dita, a não ser que ela desapareceu num incêndio em 52 d.C.[75] Sobre a coluna mais interessante, de L. Minucius Augurinus, que ficava além da Porta Trigemina – no sopé do Aventino e próximo do templo de Ceres – temos bem mais informações. Minucius foi um popular benfeitor durante a fome de 439, e a estátua foi dedicada a ele pela plebe agradecida. As moedas cunhadas por seus descendentes mostram uma coluna com um capitel eólico e um fuste composto de faixas horizontais[76], dos cantos do capitel pendiam sinos sustentados por correntes. Os construtores etruscos de monumentos gostavam muito desses sinos. O fantástico e enorme túmulo de Lars Porsena, que Varrão (como citado por Plínio) de fato parece ter visto, tinha sinos de bronze pendurados. A enigmática descrição sempre fascinou artistas e comentaristas[77] (na Etrúria até os ceramistas gostavam de correntes e sinos, e o uso desses ornamentos numa coluna comemorativa não é absolutamente improvável). Mas as moedas oferecem evidências muito indistintas, e os textos não são tampouco muito explícitos. A única coisa certa é que a coluna de Minucius tinha alguma

Duas moedas de Minucii mostrando a coluna de Minucius Augurinus. Segundo Becatti.

Túmulo "Dei Rilievi", Cerveteri. © Fratelli Alinari.

forma de capitel eólico, talvez com uma cabeça humana na nascente das espirais (o detalhe da moeda não é suficientemente claro)[78].

Uma evidência muito diferente é fornecida pelas portas em arcada das cidades etruscas; em Falerii, Satúrnia e Volterra as portas são abarcadas por arcos plenos de aduelas, suas chaves e impostas são esculpidas em relevo. No "Arco de Augusto" em Perugia (igualmente um arco de aduelas)[79], pilastras jônicas atarracadas se erguem em cornijas que superficialmente (mas talvez intencionalmente) parecem dóricas: quadrados recuados contendo escudos circulares, divididos por colunetas a modo de tríglifos e até mais atarracadas, guarnecidas com bases e capitéis jônicos atrofiados. Sobre outra porta em Perugia, a Porta Marzia, duas pilastras jônicas emolduram o arco efetivo: entre elas se desenvolve uma galeria que passa sobre o arco, mas debaixo da cornija. Essa galeria é composta de quatro colunetas estriadas e (novamente) atarracadas, ao passo que uma balaustrada guarnecida com treliça chega até metade da altura das colunas. Estátuas, talvez de divindades – Tinia ladeado pelos Dioscuros é uma sugestão – elevam-se em três das cinco "janelas", com cavalos projetados das que ficam nas extremidades, como se fizessem um comentário irônico à ideia de Vitrúvio de que as métopas de uma cornija pudessem ser lidas como janelas[80]. A arquitetura em pedra dessas portas mostra colunas e vigas quase como citação a partir de uma preocupação diferente com a construção.

Fora das terras etruscas há uma intrigante (e até agora pouco conhecida) evidência arqueológica que parece apoiar a minha conjetura: um tipo misto eólico-coríntio de capitel aparece primeiro nas cercanias de Taranto, na Apúlia. As volutas brotam de um único círculo de folhas de acanto e são separadas por uma máscara humana (normalmente feminina); exemplos notáveis são os que estão na arruinada igreja da cruz grega de San Leucio, nos arredores de Canosa[81]. Até mesmo anteriores – de meados do século IV – são os do hipogeu no jardim do Palazzo Palmieri, em Lecce: capitéis com folhas de acanto, águias e cabeças femininas. Eles eram usados, mais ou menos na mesma época, em túmulos recortados na rocha dos séculos III e II: em Volsínios, no túmulo Campanari, em Sovana, na tumba Ildebranda. Existem alguns capitéis isolados em museus[82], em construções completas que sobreviveram eles são menos comuns. Entretanto, um único templo com exatamente esses capitéis, sobranceava o Fórum (e se sobrepunha ao Comitium circular) de Pesto, a antiga colônia grega da Posidonia. Embora tenha sido fundada primeiramente a partir de Síbaris, Pesto foi tomada no início do século IV pelos lucanos que falavam a língua osca; incorporada à confederação latina em 273, ela se tornou uma colônia romana algum tempo depois. O Comitium circular provavelmente foi iniciado no começo do século III, ao passo que o edifício relativamente pequeno do templo (o pódio tem cerca de 32 por 14 metros, incluindo a escada e o altar) provavelmente tenha sido iniciado cerca de um século depois[83].

A cornija desse templo era uma disposição mista dórico-jônica: um friso de métopa e tríglifo com dentículos de ponta a ponta, do tipo que Vitrúvio havia deplorado. Embora a especificação de três diâmetros entre as colunas (o fuste é de cerca de 1:8) a tenha tornado um aerostilo, as vigas e toda a superestrutura eram de pedra e não de madeira. As proporções da planta eram mais helenísticas do que ítalo-etruscas, mas um detalhe é revelador: a parede do fundo da cela se projetava de ambos os lados, para acabar em antas. O peristilo se estendia por toda a fachada e as laterais, e as colunatas acabavam nas antas, de acordo com o precedente do capitolino.

Os lucanos tornaram-se notoriamente "toscanizados". Esse seu templo era um edifício muito diferente, e bem mais rústico do que os monumentos gregos anteriores de Pesto/Posidonia. Não está claro se ele era uma confecção helenístico-itálica tardia, provinciana e desajeitada, um simples eco dos usos tarentinos, ou se ele poderia ser considerado, como o edifício, bem anterior e muito mais refinado o da Tomba dei Rilieve em Caere, como um testemunho do uso muito mais amplo de capitéis eólicos nas construções etruscas.

De qualquer modo, na ausência de alguma evidência definitiva sobre a sua aparência, é possível supor que as mais grandiosas e talvez as maiores delas, as colunas capitolinas (num templo com uma ornamentação tão esmerada) não eram de uma "ordem toscana" vitruviana, como normalmente elas são mostradas na restauração, mas deviam ter sido um tanto mais eólicas. Desde o tempo de Sila, afinal de contas, elas vinham sendo substituídas por colunas de mármore coríntias. E eu não vejo nenhuma razão indiscutível para não pensar nelas como adornadas com folhas e volutas[84].

Uma Ordem Itálica

Assim, a disposição toscana de Vitrúvio não deve ser lida como uma interpretação minuciosa das evidências arqueologicamente confirmadas de construções etruscas. A sua coluna toscana – e consequentemente a dos teóricos renascentistas posteriores – não pode ser derivada com qualquer garantia de um levantamento geral dos monumentos etruscos; seu breve registro foi uma tentativa de colocar a arquitetura nativa no mesmo patamar que a dos dóricos e jônicos. Nisso ele foi imitado por Plínio, o Velho.

Mas arquitetos romanos posteriores tenderam a preferir a versão italianizada da coluna dórica criada por eles à autenticamente nativa de Vitrúvio. Em Roma, propriamente, o andar inferior do Coliseu pode ser o que mais se aproxima dela, embora nem isso seja claro; mas de fato ela aparece (com as bases circulares que Vitrúvio exigia) nos anfiteatros de Verona e de Pola. Seu uso comum em anfiteatros ter sido uma tentativa deliberada de enfatizar a origem "itálica" do tipo anfiteatro em oposição ao templo e ao teatro, que vieram dos gregos[85].

Porta Augusta, Perugia.
©Fratelli Alinari.

Todos esses exemplos são, contudo, suficientemente isolados para justificar a observação de Vignola de que ele teve de compor a sua ordem toscana inteiramente com base na descrição de Vitrúvio, uma vez que não lhe foi possível medir nenhum exemplo dela em Roma[86]. Roland Fréart de Chambray (1650), muito mais preciso, chegando a ser pedante (além de erudito), recusou o título de ordem para a toscana, considerando-o adequado apenas para colunas sem entablamento, e citou a de Trajano como o seu exemplo por excelência.

Já na época de Serlio e Palladio todos os registros da ordem toscana eram filtrados por um desconcertante relato histórico-mítico dos etruscos. Na Idade Média houve muita incerteza sobre eles. O fim do paganismo significou que o pouco que sobrevivera da língua etrusca e da sua disciplina estava fadada a desaparecer. Na época de Diocleciano a Etrúria tinha se tornado Tuscia e seu nome mais solene era apenas uma lembrança muito fraca. Durante mil anos o tropo do poder dos etruscos, da superioridade cultural e uma devoção dispersiva à liberdade em relação a uma autoridade central só era lembrado ocasionalmente – uma vez que Virgílio e Tito Lívio, de qualquer forma, eram lidos. Mas a informação sobre eles era bastante generalizada, como foi para Dante, por exemplo, que em *De Monarchia* lembra o lugar deles na genealogia de Eneias e sua progênie e confina muitos heróis homéricos e virgilianos ao primeiro círculo do inferno como descrentes[87]. Boccaccio incluiu Lucrécia entre as suas *Mulheres Famosas*, e para muitos moralistas ela se mostrou um exemplar útil de fidelidade heroica[88]. Fora isso, os etruscos só são mencionados esporadicamente na literatura medieval.

Contudo o mito do brilho e grandeza etruscos foi revivido entusiasticamente durante o período da grande prosperidade florentina no século XIII. Os historiadores e encomiastas florentinos – Giovanni Villani, Ricordano Malespini, Brunetto Latini, Coluccio Salutati, Gherardi da Prato e posteriormente Maquiavel – aludem, todos eles, ao grandioso passado etrusco, à sua cultura superior e à política de amor à liberdade contra as pretensões imperiais de Roma e Milão[89]. As palavras "*toscanicus*" e "*etruscus*" voltaram para a língua italiana no final do século XV, e "*Etruria*" foi revivida tanto como termo geográfico quanto como título para os duques Médici[90].

Porta Marzia, Perugia.
© Fratelli Alinari.

Quanto à arquitetura, Leon Battista Alberti, devoto dos etruscos como pintores, tinha plena convicção de que na Itália a arte da arquitetura havia sido levada a uma perfeição ainda maior do que na Grécia, e assim as colunas itálicas (que tinham características das outras três) ocupavam um lugar especial no seu ordenamento[91]. A própria prática de Alberti mostra-o brincando com essa ideia: os capitéis do seu primeiro edifício importante, o templo Malatestiano em Rimini, correspondem à sua descrição dessa coluna itálica. Ele usou uma versão da toscana vitruviana – que, no que lhe dizia respeito, era uma versão anterior e mais perfeita da dórica – no andar inferior do rústico Palazzo Rucellai; e parece ter desenvolvido um capitel ático-dórico-itálico de seção quadrada (usado nos pilares laterais de Santa Maria Novella) que foi muito imitado. A coluna "itálica" também foi desenvolvida, de modo bastante independente das normas vitruvianas, por Francesco di Giorgio. Ela se mostra plenamente desenvolvida no quadro das ordens de Cesare Cesariano que ilustra o terceiro livro de Vitrúvio[92].

Outros arquitetos usaram essas normas na construção; Bernardo Rossellino (que pode ter sido nisso, como em outras coisas, diretamente influenciado por Alberti) usou uma toscana bem mais delgada (1:7) no andar inferior do palácio papal e uma curiosa toscano-itálica nos pilares principais da catedral em Corsignano/Pienza, para o papa Pio II. Giuliano da Sangallo, na *Vila* que reconstruiu na década de 1480 para Lorenzo, o Magnífico, em Poggio a Caiano, aplicou à fachada uma "frontaria de templo" de pedra com frontão e largura "não-clássica", para criar um pórtico com colunata. As colunas podem ser consideradas uma versão das toscanas-áticas de Alberti, e são até inferiores àquele um terço da largura que Plínio e Vitrúvio recomendam para a sua altura. O friso em cerâmica vitrificada da sua cornija parece pretender ser um *antepagmentum* em estilo etrusco; Andrea Sansovino, que o realizou, também havia feito uma grande figura em cerâmica de Lars Porsena de Clusio para Montepulciano, comuna que considerava Porsena o seu fundador mítico – uma figura que Vasari afirma ter com certeza visto[93].

As construções dos etruscos, apenas por seu estilo não ter sido ligado a nenhuma lenda pagã nem detalhado ou elaborado suficientemente nos textos, adquiriram o *status* de uma protoarquitetura.

Santa Maria Novella, Florença. Colunas de canto. Foto do autor.

Uma evidência confiável sobre as construções etruscas era muito tênue antes do início da arqueologia sistemática, e os mitógrafos precisaram inventar sobre esse material. Sua relação complexa com os romanos foi usada para estabelecer a prioridade histórica – e a superioridade moral, assim como política – dos etruscos. A lenda de que Dárdano, fundador de Troia, tinha vindo da Etrúria (mais especificamente de Fiesole, embora seu pai Corythus também fosse considerado o fundador epônimo de Cortona) foi reformulada por causa do comentário de Sérvio sobre Virgílio. Atlas, por sua parte, foi considerado ancestral de Corythus e fundador de Fiesole (Giovanni Villani já acreditava nisso). Segundo se afirmava, Atlas fora transformado em pedra por Perseu, usando da cabeça de Medusa, e se transformou na montanha africana que sustentava a estrutura do céu[94].

No final do século XV o teólogo-mitógrafo e falsário Annio da Viterbo fundiu tudo isso num fragmento de etimologia muito nocivo: o misterioso idioma etrusco podia ser lido (ele sustentava) como aramaico. Ele usou essa noção, juntamente com um jogo de palavras muito peculiar, para fundir as Escrituras com crônicas e lendas medievais e assim sugerir que o rei-deus itálico Jano (homenageado no nome da colina romana Janículo) era a mesma pessoa que o patriarca Noé, que era "o segundo Adão" e assim o verdadeiro ancestral da humanidade. Noé havia ido para a Itália depois do dilúvio e morreu ali na sua última morada, uma caverna no Janículo. Essa colina foi assim associada não só a um passado pagão como também às Escrituras que forneciam respeitabilidade cristã às lendas sobre as origens etruscas e romanas[95].

A sua "crônica" – para a qual ele sustentava uma remota antiguidade que, no entanto, parece ter sido de sua própria autoria – mostrou-se muito atraente não só para os Médici e outros príncipes italianos como também para a realeza francesa (mesmo por meio da ligação com os Médici). O relato de Alberti sobre a superioridade e a grandeza arcaica das colunas itálico-toscanas foi muito útil para a corte dos Médici e por isso elas figuram com tanto destaque no quartel-general projetado por Giorgio Vasari em 1560 para a família que logo assumiu o título de grão-duques da Etrúria: o Palácio dos Uffizi em Florença. Toscano era igualmente o ornamento do fuste feito com um monólito de granito (das Termas de Caracala) que o duque Cosimo I ergueu na Piazza Santissima Trinità e ao qual ele acrescentou uma base e um capitel de bronze. A associação dos Médici com a ordem foi exibida de modo ainda mais extravagante quando Catarina de Médici, como viúva de

Villa Médici, Poggio a Caiano. © Fratelli Alinari.

Henrique II, rainha-mãe da França, construiu seu palácio parisiense, onde ela ergueu uma coluna toscana de vinte metros de altura – com uma escada interna, como as duas colunas romanas – para uso como observatório astrológico[96].

Essas questões não foram atraentes apenas para os interesses partidários dos Médici: as colunas gêmeas de Hércules, com seu lema *Plus ultra*, que era a máxima pessoal de Carlos V, são portanto, como não podia deixar de ser, colunas toscanas – ligadas ao Atlas da Mauritânia e também a Hércules, a máxima perfeita para o governante do mundo, em cujo império o sol nunca se põe[97]. Muitas outras liberdades foram tomadas com o nome toscano. Talvez não seja surpreendente que o arquiteto suíço Hans Bluom, ou Blom, tivesse podido sustentar com muita seriedade que a ordem mais forte, que ele derivou da dórica, era a toscana. "Toscana", acrescentou ele, é uma corruptela de *Teutsch*, e isso também a recomendava sobremaneira para os alemães[98].

Portanto em que pese toda a condescendência de Vitrúvio, bem conhecida na época, colunas e entablamentos toscanos aparecem em muitos edifícios do final do século XIV e do século XV. Bramante e Peruzzi usaram-nas constantemente. Eles aparecem com frequência em edifícios mais básicos, fato que a sua associação rústica e óbvia rudeza, encorajava: em estábulos e anexos, em portas de cidades e fortificações. Seu triunfo está no átrio de São Pedro, que Gian Lorenzo Bernini idealizou como uma vasta colunata dubiamente toscana em forma de anfiteatro[99]. As colunas do século XV e do início do XVI eram por vezes muito caprichosas. Depois de 1537 e da restrição de Serlio, o estilo toscano passou a ser mais reconhecível à medida que se padronizava[100]. Os gêneros das colunas, que desde a Antiguidade até então tinham sido variados e permutados, tornaram-se as Ordens da Arquitetura.

Uma vez que as outras "ordens" associavam-se claramente à Grécia, e até a locais gregos específicos que na época eram distantes demais, muito afastados das rotas dos viajantes e até inacessíveis, a rústica coluna toscana de Vitrúvio tornou-se atraente como o arquétipo da coluna, exatamente em razão da sua falta de definição. E de fato ela era a mais elementar das ordens; pelo menos na lista de Serlio, embora para ele (assim como para Alberti) os capitéis dórico e toscano fossem praticamente idênticos. Serlio forneceu algumas possíveis aplicações para ela, todas envolvendo paredes rústicas, mantendo a relação de 1:3 entre a altura da coluna e a largura do edifício: são construções com propósito utilitário, tais como fortalezas e portas de cidade. Mas essa visão rústica da coluna toscana, embora comum, não era um princípio geral.

No século XIX historiadores e arquitetos promoveram os dóricos ao *status* de gregas por excelência (indo-europeus e protoprussianos), e a recém-descoberta ordem grega dórica ao *status* de "ordem das ordens". Quatrocentos anos mais cedo algo muito parecido fora feito pelos mitógrafos e encomiastas da Renascença florentina que elevaram a coluna toscana a um *status* semelhante. Mas no final não pode haver uma ordem das ordens. Os antigos, mais sábios em sua conduta, não poderiam ter concebido uma ideia tão exclusivista. As colunas e suas cornijas foram usadas para articular e até mesmo para diferenciar, e não para unificar, uma construção. É precisamente na ampla série de mudanças que eu tenho discutido – tanto de proporção quanto de ornamento – que a ideia da coluna como gênero e como temperamento fascinava os gregos e os romanos, assim como continuou a fascinar os artistas dos séculos XV e XVI.

As ordens: o Vitrúvio de C. Cesariano (1521).

XII : Ordem ou Intercurso

- A Dupla Metáfora ▪ Objetividade Dórica ▪ Pele e Ossos
- Sensação e Produção ▪ Criar, Imitar, Amar

Um simples poste, um esteio, uma coluna – e a trave ou viga que sustenta – podem não parecer a melhor estrutura para manifestar as dificuldades de temperamento e gênero ou desemaranhar as complexidades da identidade grega. Porém, a metáfora que agrupa noções sobre esses temas – temas tanto da mente ou da alma, como do corpo – dentro de um objeto simples e inerte de madeira ou de pedra, persiste há milênios. Ela elabora a identificação primal do corpo humano ereto como um poste em pé.

A Dupla Metáfora

O elemento coluna-e-viga é, em si, um componente do mundo artificial, feito pelo homem. Ele também faz parte de uma metáfora abrangente que transforma o abrigo humano em uma personificação, uma *in*corporação. A tenacidade dessa imagem, que não pode simplesmente ser reduzida a uma declaração simples, "conceitual", de algum interesse ou clareza em particular, só na superfície pode ser surpreendente. Enquanto eu registrava as suas muitas transformações, ela passou a ser irredutível, atômica. Contudo, não importa onde nem quando essa imagem foi criada, uma vez que a organização de qualquer edifício desde então evoca, ou até mesmo impõe, uma certa comparação com o corpo humano, com as suas articulações, variedades, mutações com toda a sua inevitável historicidade. A metáfora em si, consciente ou inconscientemente almejada pelos construtores, assumiu para mim um caráter absoluto, apesar de toda a sua imprecisão e falta de definição, de sua fluidez quase inevitável. A impressão é que dela não advinha, nem podia ela ser reduzida a uma forma definida por se tratar muito mais de um conjunto de conexões, de relações. Posso apenas deduzir ou intuir essa metáfora arquetípica por meio de todas as variedades desconcertantes de exemplos históricos visíveis e palpáveis. Observar e registrar essas variedades pode me fornecer uma história mais profundamente enraizada, do que qualquer relato de um conceito racionalmente formulado jamais poderia. A compreensão humana é, afinal de contas, sempre determinada – até mesmo constrangida – por limites que a própria época lhe impõe, ao passo que as diversas transformações de uma metáfora podem, às vezes, ser um vestígio das correntes ocultas que perpassam a paisagem intelectual de determinado período; elas podem delinear o perfil dessas atitudes dominantes capazes de moldar, confinar e até mesmo distorcer os conceitos e as ideias mais racionalmente formulados. O seu próprio caos efervescente é a base em que se fundamenta o significado: elas nutrem todo o pensamento sistemático. A variedade e a riqueza dessas transformações também podem mostrar a audácia com que a mente humana é capaz de transcender a razão pela própria manipulação da imagem[1].

De modo geral, a metáfora é compreendida como uma figura de linguagem limitada apenas a dois termos: *isto é como aquilo*[2]. Mas a metáfora com que me preocupa é mais ampla – é dupla – porque envolve três termos: o corpo é como um edifício e o edifício, por sua vez, é como o mundo. Essa metáfora retorna em uma similitude mais global: o mundo inteiro é entendido como um tipo de corpo. Foi bem essa condição que inspirou as meditações de Walter Benjamin sobre as origens da astrologia, o paradoxo da mimese transcendental – ou, ao menos, não sensual: uma parte do que ele denominou a "herança mimética" da humanidade[3].

A condição para qualquer pessoa "encontrar-se" no mundo feito pelo homem deve ser, portanto, que os edifícios, em primeiro lugar, devem ser como corpos e, em segundo, como mundos completos, por mais forçado que isso possa soar. Mais explicitamente, há uma maneira na qual todas as partes distintas da minha equação metafórica formam uma "função": elas reúnem diversas variáveis com um elemento fixo. Por um lado, há uma consciência eternamente mutável do corpo, a modificação mais lenta dos métodos de construção e as distintas concepções da ordem (ou desordem) do mundo; por outro, há a expectativa certa do comércio metafórico entre elas contra o qual todas as mudanças podem ser mensuradas.

A condição talvez única necessária em que a arquitetura pode ser afinal produzida, sempre dependeu dessa metáfora dupla, pois a arquitetura é o *parlar figurato* essencial da construção. A capacidade humana para a linguagem figurativa (ao contrário da expressiva) nos deu a poesia – ela é o verdadeiro ser da poesia – e o processo metafórico é o seu modo de operação primordial. Discuti o declínio e a marginalização dessa linguagem figurada (ou ao menos a sua decomposição e a sua substituição no centro da comunicação humana pela simples declaração) no decorrer do século XVII, quando a retórica passou a ser conhecida como a "mãe das mentiras"[4]. A natureza então deixou de dar lições, as estrelas empalideceram em seu efeito sobre o nosso caráter e destino; pedras e plantas perderam quaisquer afinidades notáveis com as emoções humanas; os animais pareciam não ter mais nenhuma virtude para nos ensinar, nem vícios contra os quais nos alertar. Nas artes visuais, as consequências dessa mudança foram tomando forma gradualmente, como aconteceu, por exemplo, quando a composição do gesto foi substituída pela expressão da paixão no ensino acadêmico francês.

Quanto à arquitetura, as noções de harmonia e composição foram postas de lado por noções de gosto e caráter. No século XIX, a ausência, ou a marginalidade, de qualquer figuração era dada como certa enquanto parte de uma atmosfera intelectual compartilhada e, até certo ponto, gerada por arquitetos e outros artistas, bem como por seus críticos. Lewis Mumford, para dar um exemplo famoso e recente, fez uma distinção entre a "prosa" e a "poesia" da arquitetura em um ensaio publicado em 1951. Ao ecoar, ao mesmo tempo que modificara severamente Ruskin, ele sugeriu que deveríamos esperar poesia arquitetônica apenas dos pouquíssimos grandes mestres de uma geração, esses que forçam as fronteiras da disciplina ao transformarem os tipos de edifícios recebidos. Outros, os menos brilhantes, surgem alguns anos ou décadas depois, desenvolvendo manifestações poéticas dos mestres em obras mais insípidas, porém menos exigentes e que satisfazem as necessidades cotidianas dos clientes e do público, compondo assim o "discurso direto", o jornalismo da arquitetura.

Será que Mumford estava certo? Será que agora o mundo deveria, de qualquer maneira, esperar de seus construtores apenas o discurso direto? Não seria a promessa do prosaico a garantia sob a qual todo edifício do século XX, de qualquer porte, é financiado, produzido, recebido? Mesmo se alguma figuração for permitida, como acabamento de qualidade em sedes empresariais importantes e luxuosas, será que a parte principal do edifício (como os burocratas e os incorporadores há tanto tempo insistem) não deveria ser confiavelmente prosaica? Tenho grande respeito por Mumford, mas essa distinção que ele fez acabou por se revelar tão inútil quanto a alegação muito mais conhecida de Nikolaus Pevsner, de que a arquitetura está para a construção como a Catedral de Lincoln está para um abrigo de bicicletas, porque, segundo ele, "o termo arquitetura aplica-se apenas aos edifícios projetados tendo em vista o apelo estético"[5].

As observações de Mumford e Pevsner, feitas há cerca de meio século, por mais grosseiras, reducionistas e mesquinhamente binárias, são muito influentes. Embora, certamente não tenha sido essa a intenção deles, essas observações foram interpretadas para justificar que se colocasse em segundo plano qualquer coisa que tratasse de um assunto tão obviamente estético – e, por implicação, supérfluo e "ornamental" – como a arquitetura, de forma que, a maioria daqueles que se autodenominavam arquitetos podia sentir-se dispensada de pensar que o seu trabalho seria alguma vez submetido ao escrutínio econômico ou político ou que, se isso acontecesse, teria alguma importância. A "arte" de construir, determinada de maneira objetiva, econômica e tecnologicamente, que visava satisfazer às necessidades humanas básicas, sem nenhuma pretensão ou luxo, poderia assim ser considerada independente da arte "estética" da arquitetura e, de certa forma, até mesmo superior a ela. Isso foi uma mudança crucial no pensamento da época, que teve um efeito poderoso durante a apressada reconstrução depois da Segunda Guerra Mundial, a necessidade urgente de moradia em massa, a construção de hospitais e escolas na Europa arruinada parecia justificá-la. Entretanto, quando esses problemas deixaram de ser imediatos, os empreendimentos comerciais na América do Norte conseguiram beneficiar-se do mesmo retraimento da coerção "estética". Inevitavelmente, quaisquer questões de história e teoria foram, então, removidas do centro das atenções dos arquitetos.

Objetividade Dórica

Os argumentos para romper todas as amarras estéticas eram mais antigos e mais arraigados. Imediatamente após a Primeira Guerra Mundial, havia um pequeno mas influente grupo de vanguarda na Alemanha com aversão a tudo que cheirasse a artifício e forma. As distorções emocionais do expressionismo seriam substituídas pela volta do objeto em si. Na austera e conturbada República de Weimar, a arte vivenciava um paradoxo, porque ela devia ser sóbria e sem afetações, uma declaração literal, um documento[6]. Da pintura, o slogan *Sachlichkeit* foi rapidamente adaptado à arquitetura. A arte guilhermina*, pesada e ornamentada, tinha sido enterrada com as ambições imperiais. O *art nouveau* imitado na obra de alguns contemporâneos, sobretudo na de Erich Mendelsohn, com o seu interesse obsessivo pela invenção ornamental, também fora descartada.

Neue Sachlichkeit (Nova Objetividade) começou como o título de uma exposição de pintura e escultura, mas foi logo adotado pelos arquitetos. Mies van der Rohe, sem dúvida, a figura mais importante no grupo, proclamou, em 1923, que "a arte de construir é a vontade do presente configurada no espaço", ele rejeitou explicitamente quaisquer tentativas de inovação não diretamente dependentes de novos materiais e declarou sem rodeios o seu desprezo "por toda especulação estética, toda doutrina e todo formalismo". O próprio termo "arquitetura" lhe era inaceitável e ele continuou a falar de seu trabalho como *Baukunst,* a "arte de construir". "Nosso trabalho é modelar formas a partir da essência de nosso ofício com os meios que a nossa época oferece", ele alegava – ainda que as suas "formas" pudessem ser denominadas mais precisamente "modelos", visto que na terminologia "objetiva" de Mies elas não têm um "autor" responsável e intencionado, sendo ditadas pelo "presente" impessoal. De qualquer modo, as formas são produtos diretos e não adulterados de um processo manufatureiro industrial, destituídas de qualquer implicação metafórica ou mesmo referencial; elas também não são moldadas por nenhuma busca de refinamento proporcional ou sintático. A transmutação desses elementos "objetivos" e sua composição em edifícios que valham a atenção "estética" – nos termos de Pevsner – dependeria, assim, de um "receptor" subsequente, um usuário ou crítico; um consumidor-observador poderia até mesmo interpretá-los como os portadores inconscientes da "poesia" mumfordiana, ainda que esperanças ou expectativas de tal sanção não devessem governar nenhuma das decisões do projetista. A função deste último é "fazer o que sabe e sempre fez" para satisfazer todas as exigências possíveis do trabalho. A estética e a poesia são de responsabilidade do receptor. Portanto, a arte tinha que evitar qualquer resquício estilístico e ornamental, não só estético. Paradoxalmente, o objeto apresentado, uma declaração nua e crua das coisas como elas são, deveria ser de forma autossuficiente a obra de arte. Mies van der Rohe transformou essa formulação no centro de seu ensino, ao mudar-se para Chicago, no final da década de 1930, e sempre manteve-se fiel a ela.

A doutrina de *Sachlichkeit* – pelo menos na arquitetura – refletia a convicção, promovida por vários pensadores importantes no século XIX, de que a arte estava morta. Não exatamente morta, como Hegel – o primeiro a formular a ideia em seus cursos de *Estética* – deu a entender, mas sem nenhuma importância real, visto que o trabalho do Espírito tinha, em sua época, sido libertado dos modos indiretos e figurativos pelos quais os artistas podiam investir a verdade de manifestação sensorial; ele estava direcionado para as declarações mais claras do filósofo e do estadista. Assim como os filósofos do Iluminismo proclamaram a morte do mito e da superstição (e com isso muitos deles referiam-se à religião organizada, bem como aos estreitos interesses sectários que dependiam das igrejas), também Hegel e muitos de seus discípulos proclamaram a morte – ou ao menos a irrelevância, a falta de importância – da arte. Na França, conseguiu-se um efeito bastante semelhante com outro argumento, baseado em diferentes premissas. Este era o argumento dos professores da École Polytechnique, sobretudo de Jean-Nicolas-Louis Durand e de seu discípulo, Charles Normand, que mencionei no capítulo 1: toda a ornamentação histórica (da qual as ordens da arquitetura eram, sem dúvida, as mais importantes) era uma convenção que não precisava estar relacionada a nenhuma descrição de seu desenvolvimento, nem a nenhuma concepção de metáfora em arquitetura. A convenção meramente fornecia essas formas intermediárias que serviam para unir as exigências de material e manufatura, de um lado, e as purezas grandiosas da geometria, do outro. Um século depois, a *Neue Sachlichkeit* ampliaria o argumento para demonstrar a futilidade dessas formas intermediárias.

De qualquer modo, para Hegel, a arquitetura estava ainda mais morta do que as outras artes; por ser a primeira, a mais material e a mais terrena de todas, ela fora (obviamente) também a primeira a atrofiar-se. A poesia, por ser a menos dependente da experiência sensual, permaneceu a mais duradoura de todas as artes, a única para a qual o Espírito ainda teria uso. Quer tenham assimilado muito ou pouco de Hegel, vários pensadores que o sucederam ficaram fascinados com tal noção, mesmo se a sua própria preocupação com a beleza (como a revelação da Ideia) deixasse de considerar todo um domínio de experiências cotidianas, a província do artesão e não do artista. Ainda assim, essa ideia atrairia muita atenção estética depois de sua morte: o início da industrialização (que Hegel não previu) inevitavelmente exigiu que as pessoas que se denominavam artistas interferissem na configuração do cotidiano. Mas "arte", no sentido de Hegel, não podia incluir a feitura de coisas como móveis ou joias, que eram muito materiais e vinculadas a uma finalidade para atrair a verdadeira atenção estética. Foi Goethe, embora uma geração inteira mais velho que Hegel, quem previu a ameaça que a reprodução mecânica representava para as artes visuais e tentou desenvolver uma concepção do artista como um superartesão capaz de resistir a essas tendências[7].

A visão de Hegel sobre a arquitetura teve um papel menor na muito citada meditação de Victor Hugo (inserida como pós-escrito em seu *O Corcunda de Notre-Dame*), *Ceci tuera cela* (Isto matará aquilo): a arquitetura, cujo ápice é o livro de pedra da catedral, ficará obsoleta com o advento do livro mais premente e acessível com a impressão em papel[8]. Ao contrário de Hegel, Hugo, que sem dúvida só pode ter conhecido as ideias de Hegel por ouvir falar, não considerou isso como uma etapa em um processo inevitável, mesmo que para ele, assim como para Hegel, qualquer experiência de arquitetura fosse essencialmente cognitiva. A arquitetura podia, portanto, ser recuperada e novamente atiçada por um novo tipo de embelezamento da estrutura, que traria de volta esse elemento cognitivo, cantando com as letras do alfabeto e em motivos naturais. Foi o que seu amigo, Henri Labrouste, tentou fazer na biblioteca Sainte-Geneviève, construída entre 1843 e 1850.

A ausência de um estilo para a época, o século XIX, passou então a ser considerada um dos sintomas da condição mórbida da arte (e sobretudo da arquitetura). Tinha de haver um estilo que pudesse ser comparado aos do passado, cujas características estavam sendo analisadas por vários historiadores de arte – ao menos era isso que pensavam alguns arquitetos e historiadores, não necessariamente hegelianos. O apelo para formular um estilo partiu explicitamente do arquiteto Heinrich Hübsch, de Karlsruhe, em 1828[9], e foi repetido por Augustus Pugin e Owen Jones, Eugène Viollet-le-Duc e Gottfried Semper – e muitos outros. O estabelecimento da *Kunstgeschichte* como disciplina acadêmica veio a ser um dos legados de Hegel. Obviamente, para muitos dos novos historiadores, parecia que a marca de qualquer estilo era um repertório de ornamentos e, por consequência, eles sugeriram que outro, completamente novo, poderia ser derivado – como os diversos estilos ornamentais do passado parecem ter sido – livremente das formas da natureza para que ficasse livre de qualquer referência histórica.

O "estilo", oportunamente planejado e bastante anunciado, surgiu na última década do século XIX e recebeu muitos nomes otimistas: *art nouveau, stile liberty, yachting style*. O objetivo de muitos de seus artistas atuantes e publicistas era submeter a vida como um todo ao controle estético, transformando cada pequeno objeto prático em uma obra de arte. Muitos que se consideravam "artistas" ocupavam-se apenas com esses artefatos considerados banais em demasia para, no passado, terem merecido a atenção de seus semelhantes e, que sem dúvida, não haviam sido discutidos por nenhum filósofo estético: não apenas móveis ou joias, mas ferragens de portas e janelas, bordados, serviços de mesa. Esses objetos, como já ressaltei, eram cada vez mais feitos por máquinas e produzidos em grande escala. Assim, eles teriam de ser projetados por arquitetos e artistas, uma vez que a profissão de *designer* industrial ainda não fora pensada. Visto que eram produtos de autores de renome, eles eram inevitavelmente objetos de atenção "estética" ou, ao menos, de "design", atenção essa que não seria dedicada às produções de meros artesãos. A fragmentação que o conflito entre esses objetos desenhados de modo autoconsciente implicava exigia um novo estilo para controlá-los e harmonizá-los. Implicava ainda – ou era o que parecia para alguns desses *designers* – que um novo estilo teria de assumir o controle de todo o ambiente físico.

Ancilar a esse processo era a crença, razoavelmente comum, de que a indústria ofereceria à sociedade soluções para muitos dos problemas que há tempos a assediavam. A nova organização do trabalho industrial e a ascensão constante na qualidade dos produtos industrializados acarretariam – ou ao menos ajudariam a causar – a reforma ético-estética, que favoreceria a estabilidade e a prosperidade da sociedade.

Essa noção banal de que a arte deve incluir a confecção de qualquer objeto capaz de atrair atenção estética consequentemente teve que ser ajustada. Georg Simmel, fascinado como era pela apresentação exteriorizada do "self", teve oportunidade de considerar tal questão em *Soziologie*, seu tratado sobre sociação. Ela figura na seção sobre sociedades secretas, em que o autor considera *Schmuck* (que pode ser traduzido por "joia", "acessório", "ornamento"). Segundo ele, para que esse acessório seja apreciado de modo geral, deve ter "estilo" além de qualquer valor inerente à pedra ou ao metal, porque em geral o estilo torna a forma acessível.

> Na *Kunstwerk* [a obra de arte propriamente dita], quanto mais potente a contribuição pessoal e a vitalidade subjetiva nela expressadas, mais ela é apreciada, porque [esse tipo de obra] invoca a reação singular do observador – que está sozinho no mundo com uma obra de arte, tal como é. Faz-se necessária uma forma generalizada e "típica" no que denominamos *Kunstgewerbe*, os produtos do artesão – que por sua utilidade no cotidiano são entendidos como uma generalidade. Não uma personalidade singular, mas uma atitude social e histórica deveria se expressar neles [...] O maior erro é considerar que os acessórios individuais deveriam ser uma obra de arte especial porque adornam o indivíduo. O contrário é verdadeiro: visto que eles servem o indivíduo, não deveriam ter nenhuma reação característica específica, e isso também deveria acontecer com as cadeiras em que sentamos e a louça que usamos.[10]

Ele contrapõe a obra de arte propriamente dita, que tem mundo próprio e distinto e, portanto, exige que o observador entre na vida dela, ao meio ambiente contínuo, que demanda objetos "típicos", neutralidade pessoal, "estilo". Contudo, a palavra *Kunst* regeu, em alemão, ambas as categorias.

A distinção de Simmel não ajudou a resolver, nem mesmo a racionalizar, o assunto da invenção em *design*. A sua preocupação com o adorno pessoal (até mesmo com a tatuagem) e com o anonimato da elegância teve seu paralelo em Adolf Loos, quase contemporâneo vienense, que abordou a distinção de um ponto de vista levemente diferente, ainda que com premissas similares. Para Loos, a maioria dos edifícios que o arquiteto projetava deveria ter as mesmas características que a louça e as joias que Simmel considerara; a maioria dos edifícios não tinha nada que tentar ser "obra de arte", porque a arte é reservada para a elevada carga emocional do monumento e da tumba. Portanto, para ele, ornamentos "inventados" para a produção industrial – ou de fato inventados por um "artista" – no intuito transformar objetos cotidianos em objetos "artísticos" eram uma barbaridade regressiva e, por isso, ele abominava o *art nouveau* e todas as suas obras.

A atitude de Loos, declarada de forma alusiva mas com clareza, em seu ensaio mais famoso, *Ornament and Crime*, costuma ser mal interpretada, talvez por causa da veemência de sua linguagem. De fato, o ornamento em si não era criminoso, deleitar-se com objetos ornamentais era aceitável, desde que esses ornamentos fossem produzidos por pessoas que pudessem ser consideradas mais ou menos "primitivas": artesãos contemporâneos como sapateiros ou tecelões, ou os artistas e artesãos de outra era e civilização. Os ornamentos eram válidos, uma vez que sua invenção era o subproduto do prazer no gesto espontâneo da mão que trabalha. Contudo, os artesãos quase burgueses, frequentadores de concertos, da moderna sociedade urbana, como os artífices da prata e os das selas da Viena de Loos, deviam evitar essa invenção, assim como deviam evitá-la os alfaiates ingleses e, muito mais o arquiteto, ainda que ele fosse livre – a exemplo do pintor ou do escultor – para "citar" ornamentos do passado a fim de estabelecer a legitimidade histórica por meio desses temas "tipificados". Mas o arquiteto nunca deveria pensar em projetá-los ou inventá-los. Portanto, não havia nada incoerente no fato de Loos adaptar uma coluna dórica fora de escala como modelo para um arranha-céu em Chicago, como se fosse um monumento. Era um objeto tipo, se é que algum existiu. O motivo para ter ele escolhido a ordem dórica requer mais comentários e contexto do que eu pude dar no final do primeiro capítulo deste livro, quando apresentei todo o meu projeto.

Loos e seu círculo nunca se deixaram convencer completamente pelo otimismo, pela crença na promessa de uma sociedade bem ordenada e bem equipada, que era valorizada por muitos "iluministas" na virada do século – uma perspectiva que, na verdade, foi destruída pelos horrores da Primeira Guerra Mundial e suas consequências. Quando todas essas ideias sobre o controle artístico da indústria também foram derrotadas pelos fabricantes pragmáticos (e seu público), o problema que Simmel outrora abordara cautelosamente teve que ser reformulado de modo radical. Isso foi feito pelo principal pensador alemão da época, Martin Heidegger, mas sem nenhuma referência explícita à distinção de Simmel. O que lhe parecia crucial era estabelecer que todo o modo de ser de uma obra de arte deveria ficar além e à parte de qualquer contexto de uso. Isso pode ser interpretado como um eco da percepção de Kant, da beleza em um objeto sendo revelada por meio da percepção de que esse objeto tem um propósito, ainda que separado da ideia de ser ele direcionado a qualquer finalidade específica.

A insistência de Heidegger de que a "obra" – isto é, a obra de arte – cria seu "próprio mundo"[11], que ela demanda um contexto que lhe é próprio, dá à estética uma outra coloração. Ainda que com frequência ele se professe um admirador do artesão, do trabalhador manual, como a maioria dos filósofos que se preocupa com a estética, a favor ou contra ela, ele tem pouco ou nada a dizer sobre o produto do artesão, *Kunstgewerbe* – e ainda menos sobre qualquer fundamento do *design* que esteja separado do processo inerentemente digno do trabalho manual. Ele se preocupa "esteticamente" apenas com as *Kunstwerke* e, mesmo assim, apenas quando elas são o que ele denomina "grande arte". O que determina a qualidade dessas obras? Segundo Heidegger, "Das Sich-ins-Werk-Setzen der Wahrheit des Seienden", que pode ser traduzido – aproximadamente, é claro – como "colocar em funcionamento a verdade do ser nas obras". Esse conceito complexo tem sido tema de muitos comentários. Quaisquer que sejam as regras internas que possam governar as operações do artista em seu trabalho, elas não dizem respeito diretamente ao filósofo, pois apenas a confrontação com "a obra" e sua conscientização dessa experiência é que pode prender a sua atenção. Heidegger prontamente admite que grandes obras também têm de ser belas, mas a sua beleza pode não ter nada a ver com uma impressão agradável (como a que se espera que os objetos artesanais produzam) uma vez que a beleza – diz ele – é o modo como a verdade existe como desvelamento, como não esquecimento, sua versão da palavra grega *alētheia*, que é crucial em seus escritos para avaliar o que pode ser entendido por "verdade". Para isso, argumentou Heidegger, a confrontação pessoal é essencial[12].

A obra de arte, *das Werk*, portanto, existe por si, ela não se propõe a nenhum uso humano corrente. Ainda que possa ser originalmente produzida como artefato útil, um edifício, um altar ou algo mais modesto – e como parte de nosso contexto manufaturado e artificial – *das Zeug* (em sua terminologia, "a ferramenta"), se for percebida como uma obra de arte, tem que ser posicionada em seu próprio mundo bastante distinto. Essa distinção é importantíssima para o pensamento de Heidegger por outras razões[13]. Muitas vezes, ele expressou (e esse tema foi adotado por seus discípulos) que objetos feitos por máquinas, sendo produtos de produção em massa para um mercado de massa, são quase inevitavelmente não autênticos – nem mesmo *Zeuge,* mas *Gestell*, ou seja, "armação, estrutura", uma classificação que também englobaria a maioria dos edifícios contemporâneos, constituídos por partes produzidas pela indústria[14].

Grande parte do que acabei de escrever fundamenta-se no frequentemente discutido texto de Heidegger *A Origem da Obra de Arte*, que teve como base uma palestra proferida por ele em 1935 (e agora reeditada postumamente, com as suas anotações)[15]. Inevitavelmente, muitas obras que ele cita nesse ensaio são literárias, mas a pintura, a escultura e a arquitetura, na medida em que ele se preocupa com dois objetos exemplares, são inspecionadas e revisadas de modo detalhado e, portanto, sempre reaparecem nos muitos artigos de seus comentaristas. O primeiro deles é o quadro de Van Gogh que mostra um par de sapatos. Para Heidegger, eles são sapatos de uma camponesa, gastos e sujos de lama; essas *Zeuge* essenciais foram transformadas pelo pincel de Van Gogh em uma obra de arte que revela uma verdade interior ao observador, uma verdade que fazia parte – de fato, que era dada por certa como parte – de uma vida de virtuosa labuta e, portanto, nunca chamara a atenção da dona. De fato, há vários quadros de Van Gogh que mostram um par (e mesmo vários pares) de sapatos, embora o que Heidegger deve realmente ter visto, mostre os próprios sapatos do pintor: gastos, mas com realces que lembram graxa de sapato. Qualquer que tenha sido a verdade pintada na tela pelo artista, ela não parece ser a mesma "revelada" pelo filósofo em seu ensaio[16]. A alegação de seus comentaristas de que ele estava, de fato, preocupado com uma verdade "mais profunda", com a *Zeugheit* do *Zeug* na tela, de modo que os detalhes de aparência e contexto se tornaram irrelevantes, parece implicar que, no fim, o quadro, a "obra", não merecia atenção séria.

Na mesma passagem, Heidegger propôs outro exemplo que, por ser não figurativo, não mimético, pode permitir que a verdade se torne evidente ainda mais diretamente do que no caso da tela de Van Gogh. É o templo grego sobre o qual ele faz o seguinte comentário:

> Um edifício, um templo grego, não diz nada. Ele simplesmente existe ali, no meio de um vale rochoso e acidentado. O edifício encerra a forma do deus e por meio desse encobrimento permite que ele se destaque através da colunata aberta no recinto sagrado [...]. Ali, de pé, o edifício repousa no solo rochoso. Esse repouso da obra ressalta do rochedo a obscuridade do seu apoio maciço.

Parece que Heidegger quis dizer "dórico" quando escreveu "grego" e, de fato, a sua descrição está de acordo com toda a vasta literatura concernente conexão teuto-dórica. Acima de tudo, ele menciona um templo dórico específico em outro ponto do ensaio: o templo de Poseidon, em Pesto (Paestum). Contudo, Pesto – ou Poseidônia, como era chamada na Antiguidade – não é nem acidentada nem se encontra em um vale rochoso, mas sim em uma planície fértil, famosa por seus jardins e rosas que floresciam duas vezes por ano. Quatro famosos templos dóricos em ruínas são o seu legado mais notável, embora existam também uma ágora, um teatro, um *bouleterion* e todos os anexos de uma cidade próspera. De fato, é difícil imaginar um templo grego – dórico, jônico ou mesmo coríntio – situado em um vale rochoso: vales rochosos não têm "nada a ver" com eles.

Se Heidegger, então, usou deliberadamente esses dois exemplos de modo inexato ("negligente") em relação à intenção dos seus construtores, imagino se a sua própria interpretação deles não pode ser "desconstruída" para sugerir que ele está usando a obra "mimética", para significar o ato-de-colocar-em-funcionamento-da verdade feminina, paciente, terrena e laboriosa, ao passo que a versão masculina, visto não ser mimética, toca a verdade mais diretamente. A natureza dessa *Zeugheit* é dura e impassível. Ela oculta o deus, mas lhe permite declarar-se por meio do frontão aberto e do ambiente "em que desastre e benção, vitória e desgraça, ascensão e queda adquirem a forma do destino da humanidade"[17].

Aqui – como em outras obras – Heidegger não se preocupou com características específicas das obras de arte que, portanto, tornam-se meros exemplos de uma posição teórica. Ele parece ter negligenciado a sábia injunção de Schopenhauer: "todas as pessoas deveriam portar-se diante de uma pintura como se diante de um príncipe, aguardando se o que ela dirá. Como se diante de um príncipe, não fale primeiro"[18].

Escrito em 1934, mais ou menos um ano antes do pronunciamento, agora canônico, de Heidegger, e bem parecido com ele, ainda que mais eclético, Gottfried Benn fez uma estranha colagem de textos de Burckhardt, Nietzsche e Taine que chamou de "Dorisch Welt" (Mundo Dórico), no qual alegou que "quando nós […] nos voltamos para a substância da arte grega, o templo grego nada expressa, não é inteligível, a coluna não é natural, eles [coluna e templo] não assumem nenhuma intenção política, ou cultural." O objetivo de Benn era mais diretamente didático, mais banal e, portanto, mais óbvio do que o de Heidegger: convencer-se e aos seus leitores de que o "estilo" dórico, totalmente abstrato e não referencial, representava uma arte criada em paralelo à violência nua, ao poder arbitrário, ao orgulho racial, ao antifeminismo homoerótico, e demonstrar que uma arte vital será apenas criada nessas condições. "Os dóricos trabalham na pedra, deixam-na sem pintar. As suas estátuas são nuas. A pele é dórica, mas tesa sobre os músculos, a carne masculina. O corpo bronzeado pelo sol. Ou novamente: "atrás do perfil dos gregos, concebido de modo pan-helênico, erguem-se a coluna cinza sem base, o templo de blocos de silhar, o acampamento dos homens na margem direita do Eurotas"[19].

Obviamente, as peças da colagem de Benn não se encaixam. Esparta, evocada pela sua menção ao rio Eurotas, não tinha nenhum grande templo dórico de pedra. As colunas dóricas, praticamente todas elas, não eram de pedra cinza e desnuda, mas quase sempre de mármore ou outro calcário de cor clara e eram, em todo caso, cobertas com estuque, tingido de amarelo, com os capitéis, as cornijas e as estátuas ainda mais vistosamente coloridos e ornamentados. Além disso, o principal monumento de pedra no Eurotas era o altar-trono de Apolo, em Amiclea, elaboradamente colorido, que tinha essas colunas dóricas-jônicas mistas, que já abordei[20]. Contudo, o texto de Heidegger apresenta dificuldades análogas. Apolo, em Delfos, nas encostas do Parnaso, é o único deus cujo templo pode ser descrito como "em um vale rochoso" – se tal descrição for estritamente necessária[21]. De qualquer maneira, o templo de Apolo, em Delfos, como todos os seus tesouros, ou de fato qualquer templo dórico – ou outro templo grego, por assim dizer – não pode ser considerado realmente "silencioso" ou "mudo"* porque, além de ser tingido e ornamentado, é espalhafatoso, com troféus de bronze dourado, ornamentos pintados e muitas inscrições. "Relachado" ou "verborrágico" seria uma descrição mais adequada.

Muitos templos dóricos foram construídos sobre afloramentos rochosos, se não em vales, enquanto alguns repousavam em terreno bem diferente, sobretudo aqueles em Pesto, que mencionei antes, ou o de Ártemis, em Éfeso, que estava afundado no litoral pantanoso e aluvial – uma situação semelhante a de outros, sobretudo jônicos. Curiosamente, é no templo de Ártemis, em Éfeso, que Heráclito, "o Obscuro", o filósofo antigo que Heidegger mais admira – e comenta com frequência e a quem cita um pouco mais tarde no ensaio *Origem da Obra de Arte* – tinha função oficial hereditária por ser um aristocrata. Essas trivialidades não são mero pedantismo: elas mostram como as evidências tiveram que ser manipuladas por Heidegger e por Benn, ainda que por razões algo distintas, para produzir o "imemorial" templo dórico como objeto "estético" exemplar. Porém, apesar de todas as suas falhas e discrepâncias, tal opinião foi adotada por muitos dos meus contemporâneos[22].

O templo dórico de Benn-Heidegger é inexpressivo, ele não porta nenhuma referência e não é maculado por nenhum desenvolvimento histórico. Não é o edifício descrito nem por arqueólogos nem por escritores antigos; é uma ruína que mal se destaca em seu entorno natural, embora "crie o seu mundo", segundo Heidegger. Para ele, como para Benn, esse mundo é a antiguidade dórico--ariana fabricada por um grupo de filólogos alemães um século antes. Seu principal proponente, o fabulosamente douto e prolífico estudioso saxônio Carl Otfried Müller, morreu ainda jovem, em 1840, em uma expedição à Grécia. Seu relato das cidades e tribos gregas concentrou-se nos dórios, o povo de Apolo, e eu já tive oportunidade de referir-me a ela ao discutir as lendas das invasões dóricas. A versão persuasiva – se não perversa – dessa lenda por Müller teve um efeito poderoso sobre a identidade nacional prussiana e até mesmo alemã; o seu livro foi rapidamente traduzido para o inglês, e a mesma imagem dos invasores louros do norte foi adotada pela ideologia imperial britânica por meio do cultivo dos clássicos na escola pública. Ela também deixou a sua marca na Grécia recém--independente. Não obstante a alegação de Nietzsche de que o livro mostrava apenas metade do quadro, de que o brilhante mundo apolíneo tinha que ser complementado pelo mundo dos Dionísos sombrios e inspiradores de loucuras, a história e a filologia alemã, desde então, têm sido dominadas pela lenda de Müller.

Essa versão, inevitavelmente, teve também suas consequências arquitetônicas. Apesar de tudo que Vitrúvio havia escrito, a ordem dórica foi idealizada como quintessencial, a concentração de tudo que havia de melhor na arquitetura grega. Foi por isso que Gaudi apropriou-se dela como o elemento fundamentalmente "mediterrâneo" no Parque Güell, e que Adolf Loos acreditou poder adotá-la como cânone de integridade arquitetônica. Para Loos, a coluna dórica parecia ser um objeto perfeito, não limitado por escala, nem lugar nem história – a "ordem das ordens", que dominaria por completo Chicago com a sua beleza e mudaria para sempre a configuração do arranha-céu como tipo de edifício. Essa crença na ordem dórica também não é coisa do passado[23].

Por outro lado, o conhecido e contemporâneo de Hegel, Karl Friedrich Schinkel, quase quinze anos mais velho que Müller, ainda via a coluna jônica como, em certo sentido, perfeita: ele usou-a em seus edifícios mais famosos, o Schauspielhaus, de 1818-1821, e o Altes Museum, de 1823-1828, ambos em Berlim. Ela até mesmo emoldurava o primeiro plano de uma visão idílica e pintada da criação da arquitetura grega[24]. Seu único famoso edifício dórico, uma pequena casa de guarda, bastante vitruviana, o Neue Wache, ao lado do Arsenal, em Unter den Linden, foi construído pouco antes de 1820. No interior desse edifício aclamado que, entre 1930 e 1931, Mies van der Rohe projetou o seu mais dórico-cinzento e austero – o Monumento à Queda de 1914-1918, – ainda que nunca tenha sido executada[25]. Essa associação coloca o empreendimento de Mies dentro do edifício de Schinkel, mas – por extensão – também ao lado dos templos dóricos literários, quase exatamente contemporâneos de Benn e Heidegger, porque todos têm algo de não histórico e tolo, o caráter não referencial da construção encontrado nas declarações programáticas de Mies van der Rohe.

Apesar de sua insistência na rendição de toda consideração formal às demandas de produção, nem sequer Mies se livrou inteiramente da metáfora com a qual tenho me preocupado. No manifesto de 1923, que citei anteriormente, ele proclamou que o aço, o concreto e o vidro eram os "materiais de uma construção em pele e osso", e essa era a forma que ele preferia. Reduzido a pele e ossos, o corpo inevitavelmente se torna uma coisa definhada[26]. Porém, esse corpo reduzido do edifício tem sido talvez a "construção" mais influente da arquitetura ocidental contemporânea. A sua validade é reforçada pelo paralelo da mitologia dórica que ambos, Heidegger e Benn, subscreveram.

Heidegger ainda é um dos dois ou três principais pensadores do século[27]; Benn, um dos escritores alemães mais influentes de sua geração. A mitologia greco-dórica que eles perpetuaram mantém-se firme na imaginação moderna. Hoje, qualquer um que queira adquirir alguma noção de como os gregos construíam seus edifícios, ou ao menos o que fizeram deles, precisa chegar a bom termo com a posição que Heidegger e Benn adotaram, e que teve efeito duradouro sobre os historiadores e arquitetos de sua época. A concepção provida por eles é o capítulo mais recente na estranha história de como essas colunas, essas "ordens", foram entendidas; ela pode ser enganosamente clara e até distorcida, mas ainda mantém o seu poder.

Pele e Ossos

A concepção que têm Heidegger e Benn do passado – aqueles templos dóricos mudos, forjados por dórios louros, bronzeados, nus e brutais que, mudamente, extraíam força da rocha – está, por sua vez, intimamente relacionada às asserções de Mies sobre os edifícios igualmente insípidos do seu presente (e do futuro). Essa interdependência não levantou suspeita e não foi analisada, ainda que as duas concepções pertençam à mesma época e ao mesmo clima intelectual. Por meio da ampliação da proclamação de Mies em um argumento[28], o *Sachlichkeit*, que ele professara pela primeira vez a mais de meio século atrás, manteve-se como o único modelo adequado para os construtores do final do século XX. O isolamento do edifício cristalino e estilizado de sua vizinhança, erguido sobre um pódio com suas colunas altas (exaltadas na obra de Mies), emula o templo austero do mito dórico em seu soclo rochoso. Esse ensinamento de Mies, apesar de nada ter a ver nem com a veneração do artesão nem com desprezo pela "era da máquina", também foi interpretado como representante de uma estética de silêncio e ausência que alguns consideram a única adequada para a nossa época alienada e dominada pela tecnologia[29].

Espero não estar difamando um argumento sutil neste breve resumo, mas ele parece levar à seguinte conclusão: na sociedade pós-capitalista e, portanto, alienada, do final do século XX, qualquer busca de um significado que a fabricação possa "conter" ou incorporar só pode levar à frustração, porque a nossa sociedade de massas perdeu qualquer senso orgânico da relação entre o processo de produção e o produtor: o construtor. Também perdida está a conexão entre o produtor e o consumidor, seja ele um consumidor de bens tangíveis, oferecidos no mercado, ou das mensagens consoladoras intangíveis, pelas quais o "bom projeto" mascara as contradições internas da produção em massa (visto que, no fundo, tanto o produtor quanto o consumidor são indivíduos impotentes manipulados por forças impessoais). A atitude desinteressada que Georg Simmel tão bem descreveu, em que o caráter particular de diversos objetos e todas as suas qualidades são anuladas em seu valor monetário, de forma que qualquer entusiasmo que eles possam proporcionar tem que ser um sabor adicional, substitui – na sociedade totalmente voltada para o mercado – o estímulo constante e variado que anteriormente era proporcionado pelo meio ambiente em circunstâncias do cotidiano[30].

A partir do ponto de vista privilegiado desses observadores, que entendiam o escopo da inevitável alienação do capitalismo tardio, é claro que qualquer menção a uma arquitetura "significativa", a um planejamento urbano que reivindica que se impusesse forma em uma cidade de produção e comunicação de massas, seria ilusória; de fato, seria até pior do que isso, por representar um caso monumental de ideologia como falsa consciência. As banalidades do projeto industrial são apenas "embalagem", não merecendo a atenção estética séria de um crítico muito menos de um filósofo. Porém, mesmo os defensores desses argumentos reconhecem, ainda que tacitamente, que não pode haver arquitetura sem metáfora, eles concluem, portanto, que a busca de uma arquitetura para além, ou distinta, da arte de construir no final do século XX deve ser condenada a atividade supérflua – da qual um exemplo sintomático é a tentativa de Louis Kahn inevitavelmente frustrada de encontrar uma expressão plástica moderna na construção para instituições[31].

Algo sobre essa formulação traz à baila o argumento sobre a traição do intelectual, *Trahison des clercs*, que Julien Benda – o paladino da razão e inimigo da intuição e de todas as coisas alemãs – denunciou na França, na época das primeiras declarações de Mies. A ira de Benda era direcionada àqueles intelectuais que abjuraram as reivindicações de racionalidade diante das demandas de interesses "superiores", fossem eles nacionais, institucionais ou organizacionais, mas ele também protestou ao observar as reivindicações da razão incorporadas às do historicismo. No que lhe parecia uma caricatura da dialética de Hegel, ele observou esses "falsos intelectuais" cederem à premência de forças históricas anônimas, como se estivessem mergulhando em uma corrente na qual quisessem nadar, como se o crítico e historiador verdadeiramente ilustrado fosse o vencedor de algum tipo de competição de natação histórica rio abaixo.

Por mais sutilmente que seja omitida e formulada, a abdicação diante de forças históricas, com *sua* rendição implícita das faculdades críticas do indivíduo, dominou grande parte da atividade construtiva do século XX e, consequentemente, grande parte da obra de historiadores e críticos que vivem às margens da arquitetura e se veem no papel de provedores de argumentos para justificar o processo de construção industrial como o único determinante verdadeiro dos empenhos formais dos arquitetos. Contra essa resignação, eu diria que nenhuma construção historicista pode absolver o produtor-construtor, o arquiteto ou qualquer outro artista, da obrigação humana comum e elementar de agir segundo sua razão, por escolha e princípio considerado e não por obediência à necessidade.

Qualquer insistência sobre a eficiência como o único critério válido para julgar edifícios e sobre a ênfase na gestão, tão estridente nos pronunciamentos de Mies e seus subsequentes (alguns, dos quais, como os de Hannes Meyer, o segundo diretor da Bauhaus, foram muitíssimo influentes), também poderia ser entendida como o equivalente arquitetônico da *trahison* de Benda. A insistência de que a arquitetura é meramente o suplemento "estético" da construção mostra como esse conceito reestruturou o pensamento ocidental e de há muito levou a uma mudança completa nas expectativas sobre "beleza" em uma obra de arte, que não se busca em resposta a um objeto bonito em si (ou seja, em virtude em certas qualidades identificáveis em sua superfície e estrutura); ao contrário, a qualificação de "belo" é permitida apenas ao que produz um determinado tipo de prazer. Essa é uma concepção que Martin Heidegger obviamente considerava desagradável: ele negou explicitamente que a obra (de arte) poderia ser considerada uma coisa (seu *Zeug*) equipada com um valor estético como se acessório agregado[32]. Entretanto, uma versão dessa mesma crença levou alguns escritores a supor o "abrigo decorado" como a única arquitetura possível no final do século XX, um argumento que pode servir de correlato "artístico" e justificativa para uma política de desenvolvedores de projeto.

Sensação e Produção

Paradoxalmente, essa "redução estética" reflete outra preocupação de Benda: que, entre os artistas, as considerações estéticas eram esmagadoramente intelectuais[33]. Essa pode ser uma das razões pelas quais o elemento de jogo ou brincadeira perdeu a força no pensamento arquitetônico. O jogo ou brincadeira humano, como sugeri anteriormente, diz respeito principalmente a jogar *em* (*play at*), e "jogar em" é um jogo. Um jogo, seja ele futebol, xadrez ou amarelinha, tem regras e padrões e deve ser jogado a partir dessas regras e por meio delas. As regras de um jogo são autoimpostas por necessidade interna e são racionalmente expressáveis – até mesmo para os jogos mais infantis, como não pisar nos rejuntes das pedras ao caminhar pelo calçamento – mas nunca devem ser subordinadas a nenhuma finalidade externa: o termo "esportes profissionais" é um oximoro, ou seja, eles não são de modo algum jogos. Quando a arquitetura passa a ser a serva não só da tecnologia da construção, mas do mercado imobiliário, o seu elemento de jogo ou brincadeira obviamente desaparece. Ainda que seja vista como o motor da "emoção estética" a sua coerência interna será abalada.

É provável que o leitor tenha notado que não considerei questões estéticas aqui, porque a minha preocupação, em essência, não é com *aisthēsis* – o modo como as coisas são vistas e percebidas – mas com *poiēsis*, o modo como elas são feitas. A separação entre a habilidade de fazer e o aparato de *aisthēsis* permaneceu implícita para Alexander Baumgarten, mas tornou-se evidente para Kant, cujos textos mais importantes sobre arte fazem parte de sua *Crítica do Juízo*. Hegel estabeleceu a estética, de modo influente, como o único modo verdadeiro de pensar sobre arte, e a sua concentração no espectador e sua contemplação desinteressada levaram a muitas dificuldades conceituais, que Nietzsche soube exatamente como explorar:

> A ilusão do prazer desinteressado e do caráter impessoal e a universalidade do julgamento estético surge apenas da perspectiva do espectador, contudo, da perspectiva do artista produtivo, percebemos que as *avaliações* de valor são necessariamente *suposições* de valor. A estética da produção revela a experiência do gênio-artista que *cria valores*.[34]

Inevitavelmente, as mesmas dificuldades foram também esquadrinhadas por autores neoescolásticos, ainda que tivessem a tendência de elidir algumas das dificuldades da discussão na era pós-industrial um tanto levianamente; essas mesmas dificuldades levaram Heidegger – para dar o exemplo mais gritante – a formular as suas considerações radicais sobre tecnologia.

Mencionei sucintamente os meios usados para despertar a "emoção estética" no observador (e produzi esse lugar-comum do século XIX deliberadamente imitando Nikolaus Pevsner), concentrando-me naqueles elementos, motivos e relações que são concebidos ou empregados por um fabricante para constituir objetos – cidades, edifícios, máquinas, itens domésticos –, de fato, todo o mundo artificial que habitamos. Contudo, o modo como esses objetos são percebidos sanciona o lugar que ocupam no mundo, assim como o efeito do *ēthos* de um orador depende da reação de seu público – como ressaltei ao discutir *ēthos* e caráter no segundo capítulo. Porém, a literatura da *poiēsis* tem sido vista com ressalvas desde que Hegel, seguindo Kant, peremptoriamente, descartou todas as obras sobre a teoria da criação artística – da *Poética* de Aristóteles aos conselhos de Goethe – considerando-as baseadas em uma experiência incompleta de obras-primas e apta apenas a ditar regras tais como são necessárias em uma época de decadência. Nisso ele foi acompanhado por muitos filósofos.

No final do século XX, a estética já, por completo, engolira e deglutira a teoria da arte; isso em uma época na qual o ato de construir tornou-se uma das atividades humanas mais dispendiosas, tanto em relação ao capital quanto à energia, e o processo de fabricação passou a ser quase exclusivamente industrializado. Uma consequência que daí decorre tem sido a de que o ofício do fabricante só pode ser objeto de especulação particular. Por isso, quero chamar a atenção para a importância de teorias da criação que – com Hegel – são independentes de uma teoria da percepção, talvez por serem anteriores a ela, do que é feito, do que é artificial e necessitam de *poiēsis*.

O objetivo da *poiēsis* não é apenas a produção de determinadas, e muito distintas, classes de objetos, por exemplo, poemas ou casas, mas sim, (Platão e Aristóteles nisto concordam), a criação de algo a partir do nada. Contudo, visto que nenhum ser humano pode fazer alguma coisa a "partir do nada", é parte da condição e do limite do ato de criar que ele seja sempre uma imitação e uma montagem. A imitação do artista não é a de criar algo que *pareça* com alguma outra coisa, mas sim algo que tenha um *modo de ser* como o de alguma outra coisa. Não se pode exigir que casas *pareçam* pessoas – obviamente isso seria um absurdo; em vez disso, elas precisam "ocupar um lugar no mundo", análogo ao modo como as pessoas ocupam o seu lugar no mundo. Nem se trata de uma mera declaração sobre a opinião dos filósofos da Academia ateniense na Antiguidade, ela repercutiu em muitas obras sobre arte e *design* no final do século xx.

Criar, Imitar, Amar

Se o que eu digo sobre as transformações da minha metáfora básica – o corpo e a coluna, o corpo e o edifício – for verdadeiro, então, também não faz sentido fazer com que os nossos edifícios se pareçam com os dos gregos (embora alguns tenham tentado!). Portanto, não precisamos aprender com eles a forma exata e o uso deste ou daquele de seus elementos, porque as nossas concepções do corpo e de seu funcionamento, nossas visões muito diferentes sobre a estrutura do universo – sem falar nos nossos métodos de construção – tornam vã qualquer tentativa de reproduzir o exterior da vazia arquitetura grega. É claro, a nossa mente funciona da mesma maneira que a deles, continuamos a usar termos gregos no vocabulário de nossa filosofia e conduzimos muitos de nossos debates dentro dos parâmetros que foram, em primeiro lugar, estabelecidos pelos pensadores gregos. É por isso que devemos prestar atenção às suas crenças sobre como os edifícios são projetados e produzidos por esse mesmo processo, por meio do qual os seres vivos produzem a sua própria semelhança: por amor, como Platão diz naquela passagem de *O Banquete* que discuti anteriormente, que requer que os dois parceiros, em qualquer ato de criação, vejam um ao outro como "bom". Tal é a analogia que existe na recapitulação de Platão a respeito da criação do mundo no *Timeu*: como a razão persuadiu a necessidade a conceber o mundo. Há, inevitavelmente, três tipos de seres nesse processo: aquele que é gerado, aquele em que algo é gerado, aquele à semelhança do qual se cria o que é gerado. Este último, o modelo, é pai; a matriz ou útero, a mãe, é o que é gerado, a criança[35].

O que o demiurgo, o deus artesão (ou arquiteto) operava era o *chōros*, o espaço pré-cósmico, o lugar e o "berçário" de todos os seres. Platão propôs esse ato criativo como o modelo de toda a ação humana correta, quer fosse a do governante sábio agindo na sociedade, quer a do artesão moldando formas nos materiais. O arquiteto dispondo de seus elementos é, portanto, meramente outro exemplo do funcionamento desse modelo, e a articulação do edifício poderia ser interpretada, como por Vitrúvio, como uma evocação e cumprimento dessa grande visão universal. O Criador, jogando com a ordem cósmica, ensinou aos arquitetos de que modo jogar com a construção.

Essas invocações cruciais de procriação são ignoradas pelos críticos modernos, que se preocupam retrospectivamente com a "pureza" ou a "coerência" das ordens e ficam perturbados pelo fato de que o peristilo dórico do Pártenon, em Atenas, envolva uma parede moldada segundo o estilo jônico ou que as colunas do santuário de Apolo, em Amiclea, sejam meio dóricas, meio jônicas – um tipo de hermafrodita. Esses críticos confundem a natureza dessas categorias porque o que eles consideram impureza, ou mesmo confusão, é, de fato, uma forma de *methexis*, a mistura ou "participação" que, de acordo com Aristóteles, era meramente a modificação de Platão do que os discípulos de Pitágoras denominavam *mimēsis,* a imitação de formas divinas em objetos tangíveis[36]. A melhor demonstração arquitetônica desse enlace amoroso foi, talvez, o templo de Apolo Epicúrio, em Bassa, onde o peristilo dórico engloba um jônico maternal que, por sua vez, abraça a coluna-filha solitária que aparece como uma delgada e singular coríntia. Vitrúvio foi muito enfático em relação à sua coluna-moça, a coríntia, ser procriada pela coluna-homem, a dórica, e pela coluna-mulher, a jônica, apenas para impedir – ao menos essa é a impressão que tenho – uma interpretação errônea tal sobre as ordens como a praticada pelos autores modernos[37].

A crença na importância da ação mimética pode ser vista como uma superstição antiga. Kant a considerava um fator incidental na criação da arte: "todo mundo concorda que o Gênio deve ser considerado totalmente oposto ao espírito de imitação. Uma vez que aprendizagem não passa de imitação, segue-se que até mesmo a maior das aptidões, a aptidão (capacidade) de aprender, certamente nunca pode ser considerada genialidade". No que diz respeito às artes, Kant anteriormente deixara claro que: "O gênio é o talento, (o dom da natureza), que dá regras à arte. Como esse talento, sendo o patrimônio produtivo inato do artista, pertence à natureza, é possível reiterar a questão desta forma: a genialidade é qualidade inata da mente (*ingenium*) pela qual a natureza concede regras à arte."[38] Regras, Kant afirmou, são a marca de toda arte. As marcas do gênio são sua originalidade, sua capacidade de produzir protótipos, a formulação inconsciente e a intransmissibilidade de seu método – a natureza dá ao gênio as regras para a arte, não para a ciência. O gênio não age imitando a natureza – ao contrário, a natureza, (e não qualquer pensamento ou ação conscientes) *dita* regras ao gênio.

Hegel levou o argumento além, mas a atitude de Kant de relegar a mimese às margens de sua estética, dominada pela figura do gênio e de sua originalidade essencial, foi decisiva para o futuro, sendo repetido por críticos e filósofos ao longo do século XIX, tendo importância marginal na escola biológica da sociologia, como no caso de Walter Bagehot ou de Herbert Spencer. Já quase no final do século, contudo, a imitação foi elevada à condição de princípio estrutural da associação humana pelo jurista francês e sociólogo "racional" Gabriel Tarde, que é, às vezes, considerado o pai da psicologia social e parece mais próximo de Simmel do que seus contemporâneos britânicos. O seu método racional e indutivo era totalmente oposto a qualquer relato linear e historicista dos fenômenos sociais. Tarde afirmava que os vínculos sociais originavam-se de uma dialética (uma palavra que ele evitava, creio eu, devido à sua conotação hegeliana) entre a imitação, que é o curso normal das relações humanas, e a invenção, que produz a mudança catastrófica na condição humana, que a imitação difunde e traduz em costumes, tradição e moda. Essa formulação influenciou uma geração de antropólogos e sociólogos americanos e alemães, assim como muitos dos seus próprios compatriotas[39]. Ele optou por explicar a sua ideia por meio do exemplo da disposição egípcia e grega da viga e da coluna (para o que cita Georges Perrot): elementos de pedra, que a princípio imitam a construção em madeira, são decorados com plantas locais (o acanto na Grécia, o lótus no Egito); o maciço pilar de pedra é, em seguida, subdividido em base, fuste e capitel; depois, ornamentos novos e inventados acrescentam-se a essa forma. Tarde nega qualquer desenvolvimento linear, como, por exemplo, a passagem de colunas grossas e atarracadas para colunas delgadas e frágeis na arquitetura grega, por considerá-lo sempre sujeito a muitos contraexemplos. O estilo é um fenômeno sociomental independente, que quase nenhuma relação tem com indústria ou necessidade física[40].

No pensamento de Tarde, a interação entre imitação e invenção é assunto da história social, mesmo da história *tout court*. A sua ênfase na imitação foi inevitavelmente contestada, ainda que, tenha causado algum efeito na estrutura da psicologia moderna por intermédio de Jean Piaget[41]; na antropologia, por meio da obra de Arnold Gehlen e Helmut Plessner, e na etologia em geral.

Ela foi, também, um fator oculto nas teorias linguísticas da representação[42]. A imitação, que Kant havia removido do seu lugar dominante na filosofia da arte, retornou como noção central na filosofia. Obviamente, a imitação instintiva de sociólogos e antropólogos não é exatamente a mimese deliberada, quase artificial, dos críticos e filósofos. Tal mimese está intimamente associada ao jogo – e o historiador holandês, Johan Huizinga, restaurou o jogo como força social da mesma forma que Tarde o havia feito com a ideia de imitação[43].

A atividade estética ou o jogo (ligada à imitação) é um fim em si mesma. Contra Kant, Schiller já havia reivindicado o valor do jogo como ocupação estética essencial e até mesmo humana. É o impulso que reconcilia os apetites sensoriais com os apetites formais e numenais – daí, a sua famosa frase, quase um aforisma: "O homem joga somente quando é homem no sentido pleno da palavra, e somente é homem por inteiro quando joga". Esse fundamento tornou-se o tópico de muito comentário erudito na crítica literária recente e levou a imitação a ser considerada mais uma vez fator essencial na criação de uma obra de arte; e, de fato, (ainda que este professe haver esquecido a fonte), também é repetido por Herbert Spencer quando associa o jogo ao potencial estético de uma humanidade em evolução[44].

Mimesis é o título e também do tema da obra de Erich Auerbach, escrito há mais de meio século, e que serviu de estímulo para o interesse renovado pela questão. René Girard (mencionado anteriormente em conexão com as origens do sacrifício) dedicou-lhe muita atenção e, para ele, o impulso mimético é quase contérmino ao pecado original, pois todo desejo humano é um desejo de possuir o outro, e esse desejo, sendo especular, tem de ser mediado por algum reflexo – um modelo ou imagem. Assim, segundo Girard, o desejo sempre envolverá rivalidade, ódio, violência[45]. Eis o drama que não foi revelado pelos antigos filósofos (Platão, Aristóteles e os outros), mas que foi inteiramente posto em cena na obra dos grandes romancistas do século XIX. Praticamente todos os exemplos de Girard são literários. Há raríssimas referências a elementos visuais.

De qualquer modo, a vasta obra de Georg Lukács, certamente o mais famoso e erudito apologista do realismo social, reivindicou o modo mimético contra os esquemas "clássicos" das "belas-artes" do século XVIII[46] como fundamental para o entendimento tanto da arquitetura quanto da música – e mesmo do artesanato (já citei Georg Simmel, seu professor, sobre *Kunstgewerbe*) e do cinema. No curso dessa extensa reivindicação que, em grande parte, alega lidar com todo o domínio estético, pintura, escultura e arquitetura inclusas, a sua análise da arte é concernente em grande parte com as teorias e baseia-se em manuais e livros de referência e não na experiência direta. Para Lukács, depois de Cézanne e Van Gogh, as artes visuais deram errado irremediavelmente[47]. E ainda que discorra com brilhantismo sobre Bramante e Michelangelo, além de Dvořak e Burckhardt, ele só teve oportunidade de mencionar um arquiteto do século XX – Le Corbusier, a quem condena pela fé excessiva na geometria pura. Mais uma vez, o julgamento não advém pelo exame de qualquer de seus edifícios, nem mesmo pela citação direta, mas de segunda mão: com Lukács, curiosamente, assentindo à referência condenatória de Hans Sedlmayr, cuja visão política de direita e o integrismo católico são o outro extremo do espectro ideológico de seu próprio stalinismo "crítico". Sedlmayr e Lukács, não obstante por motivos distintos, condenavam o modernismo na arte: Sedlmayr voltava-se para uma época perdida de sistemas de mundo e de crença totalizantes; Lukács, de sua parte, via a compreensão dos fundamentos que caracterizava os artistas realistas como um remédio contra o perigo da reificação em uma era alienada. Porém, ele também mostrou-se nostálgico de uma visão de mundo totalizante: em seu *habitat*, o romance do século XIX, Lukács foi cuidadoso ao distinguir a prosa descritiva inferior da obra do verdadeiro artista, a narrativa composta, permitindo-se chegar à ousada conclusão de que não há narrativa sem uma hipótese de mundo[48].

Reificação, a criação de um fetiche a partir de uma obra de arte, tem sido o fantasma da vanguarda, ou do que dela sobrou, desde a década de 1960: *body art, land art*, arte conceitual, todas são tentativas de libertar o artista do ônus da comodidade – mesmo se a obra produzida por alguns pareça com pacotes de poder enigmático, como se fosse um exótico talismã embrulhado. Anteriormente, nas décadas de 1940 e 1950, Theodor Adorno havia considerado a arte de vanguarda um verdadeiro remédio para todos os males da época; era uma arte que oferecia profundidade de experiencial e avanço técnico e permitia aos seus praticantes agir dentro das contradições do capitalismo tardio de forma a se contrapor à reificação pelo trabalho[49]. A dialética negativa, que o assunto dominante da racionalidade do Iluminismo estabeleceu com o seu meio ambiente foi dissolvida em uma relação mimética, dialógica e foi, portanto, muito mais importante para Adorno do que tinha sido para Lukács.

Para Lukács, a arte superior, (e a mais poderosa) era a imagem narrativa da realidade social que, no estado de cultura moderno e elevado, corresponderia às primitivas representações mágicas – que, para ele, eram idênticas às religiosas – e monótonas do mundo exterior, em uma tentativa de controlá-lo[50]. Para Adorno, por outro lado, a mimese tornou-se *o* modelo das relações sociais humanas desejáveis, já que uma empatia pré-racional possibilitava a interdependência do imitador e do imitado no diálogo e no jogo, não em hegemonia ou dominação. Ao contrário de Lukács, ele estava apaixonadamente envolvido nas recentes controvérsias literárias e musicais. Em um de seus primeiros livros, escrito com Max Horkheimer, Adorno apresentou a mimese como um modelo para libertar dos grilhões da razão instrumental, como um tipo de análogo positivo de intersubjetividade. A mimese não seria apenas um critério para discutir a obra do artista, mas também a racionalidade das relações sociais em geral[51].

A exemplo dos teóricos do movimento romântico, Adorno também via um paralelo perfeito entre a música e a arquitetura. Na história intelectual, a reforma técnica da tonalidade por Schoenberg não era apenas paralela à batalha de Karl Kraus contra o clichê jornalístico ou à condenação do ornamento por Adolf Loos: elas tinham exatamente a mesma intenção, e foi a essa atitude que Adorno denominou de "funcionalista"[52]. Contudo, ele estava ciente de que a modernidade delas era contraditória, porque "o segredo obscuro da arte é a natureza fetichista dos objetos de consumo. O funcionalismo libertou-se da armadilha e rompeu em vão os seus grilhões, porém permaneceu vinculado ao tecido social enganador"[53].

A única arma que um artista podia empunhar contra o fetichismo dos objetos de consumo era a invenção e a aptidão técnica, que poderia, às vezes, proporcionar ao público a profundidade de experiência que trazia a promessa de uma sociedade mais justa – livre do medo. Na verdade, Adorno viu um exemplo dessa aptidão mimética em um edifício recente. Em seu último grande livro, *Teoria Estética*, ele teceu comentários entusiásticos sobre a Sala de Concertos da Filarmônica de Berlim (que Hans Scharoun projetou no final da década de 1950, mas terminou em 1963) e tais palavras podem ser lidas como um índice de sua teoria completa da arte: segundo ele, a Filarmônica era "bela porque, para criar condições espaciais ideais para a música orquestral, assimila-se à música sem explicitamente tomar de empréstimo seus elementos. A sua função está expressa no edifício e por meio dele, mas transcende o mero propósito, ainda que essa transcendência não seja determinada pelas formas funcionais em si mesmas". Ao remeter a alguns dos argumentos que apresentei anteriormente, ele prossegue: "a 'nova objetividade' dispensa a expressão e a mimese como adornos decorativos supérfluos e como ornamentos frivolamente subjetivos. Essa condenação é válida apenas nos casos em que a construção é abarrotada de expressão como uma sala é abarrotada de móveis"[54]. Adorno via as obras de arte como lembranças, *anamnēses* de um poder mágico arcaico que ecoa o diálogo receoso e original do homem primitivo com o outro – a objetificação original.

A anamnese dava acesso ao poder primitivo, mesmo na época do Iluminismo delimitado pela razão. O excesso de razão gera medo. A sociedade desejável é aquela da qual o medo foi banido. A linguagem do verdadeiro artista pode antecipar o que está além do medo, e o modo primário da sua linguagem é a mimese, ou seja, o modo que se divide em duas maneiras de se relacionar com mundo: a mágica e a estética, termos que ele usou de forma muito distinta da de Lukács. Posto que para Adorno, a mimese era a racionalização inevitável e o avanço histórico da mágia simpática dos primeiros homens e mulheres, ela também era a garantia de que a arte fosse tanto racional quanto cognitiva: racional no sentido de ser sempre direcionada a algum fim social e, portanto, inteligível; e cognitiva, por ser inevitavelmente referencial. Mesmo se qualquer artista, trabalhando na sociedade do capitalismo tardio, estiver realizando um trabalho alienado, quando ele ou ela objetificar os impulsos miméticos, a natureza passa a ser refletida na cultura. Essas obras de arte proporcionam um modelo de como, em uma sociedade liberal e sem medo, o ego pode lidar com os seus impulsos libidinosos sem reprimi-los, e o trabalho humano pode ser organizado sem dominação. A grande arte é aquela que convoca tal forma de mimese. A obra do artista tem a ver com a objetificação: é trabalho social, que dispensa qualquer licença e, por sua própria natureza, pode contribuir para a transformação social[55].

Com o conceito de Adorno, reverte-se o processo pelo qual a arquitetura foi removida do grupo das artes de imitação no decorrer do século XVIII e volta-se ao genuíno tipo de operação mimética. Ainda que Adorno estivesse preocupado, primeiramente, com a música e a literatura, os seus conceitos parecem igualmente utilizáveis na arquitetura e em outras artes visuais. Além disso, ele insistiu para que a grande arte tenha o poder liberador dela exigido, ela tem que oferecer a riqueza de experiência, a inovação e o virtuosismo técnico tão admirados por ele.

Que a mimese e a racionalidade sejam o duplo manancial da atividade do artista é um conceito que subverte a majestosidade do grande sistema de Hegel no qual as artes eram um veículo menos transparente da verdade do que a religião ou a filosofia, por poderem transmitir apenas aquelas verdades de forma como os sentidos as apreendiam. Em sua obra póstuma, *Teoria Estética*, que de modo estranho e curioso ecoa a *Estética* póstuma de Hegel, Adorno, usando a terminologia de Kant e Hegel, tenta reivindicar para as artes o que Hegel lhes negara, ou seja, a capacidade de comunicar verdades filosóficas por meio da apreensão sensorial, sem usar o vocabulário ou os métodos de filosofia. Ele não podia dar aos seus leitores uma visão triunfante de realização suprema; Hegel, por outro lado, pôde apontar a poesia de Goethe e a estrutura do Estado prussiano como pontos cuminantes da realização humana.

Assim, Adorno estabeleceu um valor bem distinto para a *poiēsis* racional e as modalidades da mimese. Por tudo isso, ele não se preocupou excessivamente com os aspectos técnicos pelos quais a mimese havia sido atingida – ou poderia ser obtida novamente. A minha preocupação essencial neste livro, por outro lado, foi mostrar como o artifício mimético organizava-se durante determinado período do passado.

Esses artifícios, essas técnicas, foram tão negligenciados que precisarão ser reinventados para a nossa própria época, se quisermos dominá-los outra vez. Inevitavelmente, isso será feito aos poucos pela recriação e invenção e não com o estabelecimento de um conjunto de regras a serem seguidas. Um exemplo do que pode ser feito foi dado pelo *Modulor* de Le Corbusier. Ele foi talvez, a tentativa mais convincente de estabelecer um ensino mimético – e é, ao menos em parte, bem-sucedida, embora não como Corbusier desejara – tornando-se a base para novos padrões de medição industrial. Contudo, ele é usado por vários arquitetos mais jovens como padrão construtivo, em parte por relacionar escalas imperiais e métricas a uma medida comum e, também, por introduzir uma figura humana canônica, e o sistema proporcional nela baseado, no trabalho rotineiro, no escritório do arquiteto – um procedimento técnico explicitamente mimético.

Até hoje, o *Modulor* é um exemplo isolado de *technē* formulado para as condições vigentes e teve aceitação limitada. Para a maioria das construções do final do século XX, ele foi praticamente irrelevante, porque a produção de renda é, de modo geral, considerada a principal função social do edifício. Assim, até mesmo as instituições altamente burocráticas do governo e da justiça adaptam ao serviço público a maneira dos atuais incorporadores, eles são os patrocinadores determinantes da arquitetura. Portanto, as suas opiniões sobre a arquitetura são importantes e um dos mais antigos dentre elas na profissão deu um resumo abalizado: os edifícios são um produto comercial "como o sabão em pó. Precisamos saber que tipo de projeto atrairá os consumidores, que se tornaram muito mais consciosos em relação ao projeto, em todas as categorias. O desenho é um aspecto secundário adicional [...] Nós *não* estamos lidando com o público de modo geral: a *mídia* é que gera interesse nos projetos que desenvolvemos"[56].

Muito mais do que os produtos de pintores ou escultores, sem falar dos artistas "conceituais", os edifícios são vistos por seus proprietários e investigadores, que são os seus reais produtores, como superfície ornamental necessária (que pode, indiferente e intermitentemente ser neogrega, neogótica, pós-moderna ou até mesmo "moderna" – mas que, com certeza, será muda), com a qual se alimenta a mídia, de forma a desviar a atenção do verdadeiro objetivo dos incorporadores que é produzir "abrigos", máximo espaço de aluguel. Os edifícios do final do século XX tornaram-se uma mercadoria crua disfarçada em embalagem para presente.

Obviamente, os incorporadores/empreendedores estão preparados para saciar a curiosidade renovada do público sobre o projeto, porque se trata apenas de curiosidade sobre a embalagem. De fato, muitos edifícios urbanos são fetiches fálicos descomunais, cuja verdadeira forma é disfarçada pelo tamanho colossal: torres que recompensam os investidores mas que, ao fazê-lo, sugam a energia da cidade em seus dutos de manutenção e poços de elevadores e que acabarão destruindo o tecido urbano. Seriam eles obras de arte em algum sentido desse termo? Visto que fazem parte do ambiente visual e sensível, eles são recebidos pelo público como tal, daí o interesse no projeto do qual os incorporadores estão cientes. Contudo, os problemas e terrores contra os quais os artistas de vanguarda lutam (se nos fiarmos em Adorno) são ridicularizados e travestidos em sua produção.

"A atrocidade máxima é a leitura literal."[57] Não é exatamente o que Adorno disse, mas algo parecido sublinha grande parte de sua obra sobre estética. A "leitura literal" de um edifício é a sua descrição antimetafórica e unívoca que o apresenta como mudo, cujo significado não ultrapassa ele mesmo, o modo como é construído e usado. A ameaça oculta no discurso de uma arquitetura muda é a atrocidade máxima que os edifícios dos incorporadores podem representar. Porém, essa concepção de arquitetura muda permanece como a doutrina dominante nas escolas de arquitetura e em boa parte da crítica arquitetônica. O exemplo grego mudo tem sido invocado por tempo e com muita eficiência para higienizar o processo de construção e apresentar os seus produtos como mudos (*dumb*) incuráveis.

A arquitetura grega falava para outra época e em outras circunstâncias, mas creio que também nós podemos ouvir o seu discurso. Ela não nos convidará ao mimetismo, à repetição de catálogos de detalhes ou características, mas, sem dúvida, demonstra a validade de especulações técnicas sobre a mimese, como o *Modulor*. A arquitetura grega mostra como os edifícios devem ser concebidos, como as formas físicas relacionam-se ao tecido dos grupos humanos – às sociedades e comunidades. A construção é, afinal de contas, uma atividade em grupo por excelência. O que os gregos realmente nos mostram é aquilo que temos o direito de esperar de nossos edifícios[58]. E já que temos tal direito, devemos protestar, quando somos ludibriados e é isso que também estou fazendo.

Assim, pois, espero ter apresentado a arquitetura grega como a mais encantadora e vigorosa, a arte exemplar da construção, uma arquitetura que ainda convida ao diálogo e ao toque e que requer contato físico no decorrer de milênios. Ela não pode nos ensinar – a história nunca pode. Mas podemos aprender com ela.

Posfácio à Edição em Italiano

Dentro da imensa quantidade de estudos publicados sobre o tema nos últimos quinze anos, procurarei isolar os que considero mais pertinentes aos temas por mim abordados. Se fosse escrever hoje este livro, eu partiria de um ponto ligeiramente diferente. Paradoxalmente, talvez tenha sido sobretudo no campo da Antiguidade remota que ocorreram as mudanças mais notáveis, modificando o terreno de base. Algumas das escavações que mencionei foram levadas adiante; outras foram retomadas ou publicadas, trazendo à luz edifícios ainda desconhecidos no momento em que meu texto original era publicado, e alguns velhos achados foram reinterpretados. Com certeza, hoje eu teria dado como certa a existência de uma "*koiné* da Idade do Bronze" ou mesmo de uma "*koiné* egeia", enquanto a controvérsia sobre a dívida dos gregos para com a África e Ásia (a disputa da "Atenas negra") continua candente, sem chegar a uma conclusão[1].

Algumas modificações comportam uma mudança de foco: o templo arcaico de Hera em Olímpia foi restituído (ao menos em parte) ao culto primário de Zeus, sem prejuízo dos detalhes arquitetônicos e arqueológicos que expus (p. 207s.). Outras ocorreram em função de reinterpretações e descobertas recentes. Enquanto este livro era escrito, o períptero (*peripteron*) do primeiro Período Geométrico de Lefkandi, na Grécia continental, parecia o único representante de desenvolvimentos sucessivos[2], mas agora tem a companhia de outro – um pouco posterior e diferente, do Período Geométrico Tardio, que surge em Ano Mazaraki (Rakita), no interior do golfo de Corinto no Peloponeso aqueu.

Ali também foi encontrado um longo edifício retangular quase oval (com uma abside em cada extremidade) de madeira sobre uma base de pedra bruta. Era circundado por um "peristilo" de estacas, algumas fixadas sobre uma base de pedra, outras diretamente no chão. As estacas maiores formavam um espaçoso pórtico junto ao que provavelmente era a entrada: somavam ao todo 41. A partir do momento em que se verificou a extensão do edifício, de cerca de trinta metros, ele foi definido como hecatômpedo (p.218)[3], tendo, ao que parece, permanecido em uso por cerca de três séculos, até que a região se tornou despovoada[4]. Diferentemente daquele de Lefkandi, ele não abrigava nenhuma sepultura e foi identificado, pelas epígrafes, como um templo dedicado a Ártemis, embora ainda não esteja disponível um estudo aprofundado dos achados arqueológicos (dentre os quais, cinco modelos de casas)[5]. Sepultado na baia de Portocheli foi identificado outro hecatômpedo primitivo, centro de um santuário extramuros da antiga Halieis, na Argólida[6].

Parece mesmo que construir santuários com colunas foi uma prática que os gregos tomaram de empréstimo de seus vizinhos da Anatólia e Egito, à medida que as sedes do culto religioso se deslocavam das nascentes, das grutas e do topo das colinas para edifícios apropriados. A realeza em si mesma deriva do papel que desempenha no culto e o mégaro (μέγαρον) do edifício transformou-se em sala, abrigando uma imagem do deus (estátua ou relíquia; p. 179s.)[7]. As recentes descobertas, de Lefkandi, Ano Mazaraki e outras ainda não completamente analisadas, fazem supor que esses perípteros não eram o fenômeno acidental e isolado que os arqueólogos acreditavam[8].

Passando da Grécia continental às ilhas, nos anos 1980, começou a circular entre os estudiosos[9] a suspeita de que as ilhas Cíclades mereciam um estudo específico, quando surgiram elementos surpreendentes da ilha de Naxos. A grande coluna encimada por uma esfinge, consagrada em Delfos pelos habitantes da ilha (p. 260) e sua *oikos* em Delos (p. 210), não pareciam ligados àquilo que se sabia das antigas ruínas da ilha. A mais importante ruína de Naxos era um amplo portal isolado (com seis metros de altura), fragmento remanescente de um templo jônico abandonado, que o tirano Ligdami estava construindo para Apolo, antes de ser aprisionado pelos espartanos em 524 a.C. Porém, tendo surgido a cerca de 30km ao norte, na rochosa Delos, "rica de altares e orações"[10] – onde os naxianos tinham construído anteriormente aquela longa sala com a colunata central protojônica e erguido o grande *kouros* (o maior de todos) –, o patrono de Naxos não era o Apolo jônico e, sim, Dioniso. Talvez tenha sido naquela planície da Yria, fértil e rica em vinhedos, mas fustigada pelas chuvas, que Dioniso tenha encontrado Ariadne abandonada, "cheia de lágrimas e de dor", como disse o poeta[11].

O vinho de Naxos era muito conhecido e apreciado: o "malicioso" Arquíloco, nascido na vizinha Paros (mas assassinado por um naxiano), recordava os figos da ilha natal, mas também o vinho doce como néctar e as altas colunas de Naxos (*to Naxos kionas*)[12]. Incontroláveis rumores levaram a escavações sumárias e inconclusivas de um santuário dionisíaco em Yria, onde, nos anos de 1980 e 1990, havia sido escavado e documentado um templo jônico[13], além dos restos de três santuários precedentes localizados no mesmo sítio arqueológico.

O primeiro – e o menor desses santuários – havia sido construído sobre as ruínas de um "local sagrado" micênico. Caracterizava-se por uma fileira central de estacas e foi datado, pelos arqueólogos responsáveis por sua descoberta, como sendo do início do século VIII. Cerca de meio século depois foi ampliado, e três fileiras de colunas acrescentadas. No início do século VII foi reconstruído no interior das mesmas paredes, mas agora com duas fileiras de colunas maiores. Seriam essas, talvez, as cantadas por Arquíloco?

É possível que as frequentes reconstruções tenham sido necessárias devido às fundações um tanto improvisadas no terreno pantanoso, mas também para fazer frente à crescente prosperidade da ilha. De qualquer forma, o edifício final, em pedra de cantaria, era um tetrastilo prostilo, subdividido em uma nave central e duas laterais por duas fileiras de colunas jônicas com uma câmara posterior. Os capitéis dessa coluna assemelhavam-se muito aos da coluna votiva de Delfos, sendo, talvez, decididamente mais elaborados que aqueles esquemáticos da sala de Delos[14]. Outros capitéis jônicos menores e arcaicos foram encontrados em Naxos no interior de casas particulares, talvez provenientes de algum pequeno edifício – ora perdido – em Chora/Kastro, mas nenhuma escavação esclareceu ainda a qual edifício poderiam eles ter pertencido.

Além de Sangri, a cerca de 5km a sudeste de Yria, foi encontrado outro santuário dedicado a Deméter e a Cora. Trata-se de um pentastilo entre antas, com duas portas laterais em vez de uma central, o que permite supor que se destinava a um rito processional que exigia entrada e saída. Ligdamis, o tirano de Naxos, o mesmo que havia construído o santuário de Apolo, era aliado e bem próximo do ateniense Pisístrato, notório como um apaixonado protetor dos mistérios de Elêusis, o que levou à hipótese de que o rito praticado em Sangri fosse análogo àquele de Elêusis, onde o *telesterion** de Pisístrato era uma sala quadrada sustentada por cinco colunas por cinco (p. 307)[15].

Segundo o relato dos arqueólogos, as cinco colunas de Sangri, no interior do edifício, eram muito finas, com capitéis semidóricos rudimentares, de altura não uniforme que sustentavam entablamentos em mármore: uma trave foi conservada quase intacta e é levemente moldada, mas não está claro se era um tipo de êntase ou de qualquer outro acabamento[16]. Os descobridores atribuíram ao exterior do edifício um pórtico, com colunas de mesma altura, fazendo crer que sustentavam um frontão com uma envergadura bastante ampla; disso resultaria uma disposição quase única, com colunas de altura crescente no interior e de altura uniforme no exterior. Embora não remetendo facilmente a nenhum "tipo" ou "ordem" reconhecível, o templo parece organizado de maneira muito precisa e, ao que parece, segue uma proporção geométrica[17].

Até hoje, é o primeiro edifício que conhecemos a ter um telhado de duas águas com telhas de mármore fino, translúcidas e colocadas com cuidado. Pausânias atribuiu a invenção das telhas de mármore a Bizas de Naxos, cujo filho, o escultor Evergeta relembrou a iniciativa de seu pai, em epigrama colocada como assinatura das estátuas de Apolo e Ártemis esculpidas para o templo de Zeus, em Olímpia: "o escultor de Naxos me fez para os filhos de Leto – Evergeta, filho daquele Bizas, que foi o primeiro a fazer telhas de pedra para o telhado". O telhado daquele templo de Olímpia era em mármore pentélico. Na verdade, as telhas do Período Clássico são artefatos muito comuns em vários sítios[18]. O grau de translucidez depende da qualidade do mármore e da espessura da telha; as de Sangri, provavelmente, permitiam boa iluminação do templo durante o dia.

Naxos dista cerca de 140km da Anatólia continental, ou em outras palavras, está mais ou menos a meio caminho de Atenas a Éfeso, onde Creso contribuiu com o financiamento dos maiores santuários jônicos e na qual as escavações prosseguiram intensamente nos últimos vinte anos. Novas provas da presença precoce dos fenícios e seus cultos vieram à luz, e alguns estudiosos identificaram as amazonas – às quais se credita a fundação do culto a Ártemis (p. 250) – com os cimérios e talvez os sármatas[19]; e o culto realizado no sítio efésio era ainda mais antigo e sincrético do que eu havia insinuado. Todavia, bem pouco se pode dizer da configuração dos primeiros templos que surgiam no local do grande edifício jônico, ou nas proximidades. No século VIII, uma inundação (de que a lenda não fala) parece ter destruído alguns desses primeiros edifícios. À época, um hecatômpedo (*hekatompedon*) de grandeza e função incerta surgiu perpendicularmente em relação ao local daquele que teria sido o templo de Creso, e pequenos santuários eram já reagrupados no local onde, mais tarde, seria erguido o grande altar.

Os achados que suscitam maior perplexidade são os vestígios de um pequeno templo períptero tetrastilo com oito colunas ao longo dos lados, único à época (9,40m x 13,50m: uma dimensão que parece bem próxima ao 2, o que leva a crer que seja intencional)[20]. Lamentavelmente, foram conservadas apenas algumas das bases de xisto das colunas, além de partes de paredes. Ele foi restaurado como santuário retangular, com as seis colunas internas formando uma espécie de dossel ou de um *naiskos* (pequeno templo) interno. O pequeno edifício, que pode ter atravessado duas fases distintas, encontra-se diretamente sob o centro dedicado ao culto no grande templo, e os vestígios cerâmicos atribuídos sugerem sua datação no Período Geométrico Tardio, o que o tornaria quase contemporâneo do santuário oval de Ano Mazaraki e faria dele ainda o primeiríssimo templo helênico ortogonal. As descobertas no entorno datam da época micênica; quaisquer que fossem os construtores do templo pequeno, o local parece ter sido habitado já a partir do segundo milênio.

Na mesma costa, pouco mais de 50km ao norte de Éfeso, surge Izmir, a Esmirna antiga. Na realidade, a cidade que originalmente assim se chamava, e agora é conhecida como Velha Esmirna (Smyrna Bayraklı Höyüğü ou Old-Smyrna), está um pouco mais a norte. Quando este livro foi escrito, o sítio já era bem conhecido, mas o restauro de importante santuário no interior das muralhas da cidade criara algumas dúvidas e foi revisto. A Velha Esmirna, ao longo da costa, existia já há um milênio. Os gregos estavam presentes ali há séculos como demonstram os utensílios protogeométricos encontrados *in loco* e muito anteriores ao assentamento histórico. Diz-se mesmo que o próprio Homero se proclamava originário de Esmirna[21]. Heródoto conta a história de seus habitantes lídios e eólios (a cidade surgia no limite eólico do território jônico), que haviam ido para fora das muralhas da cidade para celebrar Dioniso em campo aberto, e acabaram trancados do lado de fora delas pelos imigrantes jônios da vizinha Cólofon, que bloquearam as portas da cidade aos moradores locais ocupados com os festejos[22]. É difícil datar a lenda de Heródoto, mas pode-se provavelmente situá-la próxima do ano 700 a.C., quando a cidade também foi sacudida por um terremoto. Pouco depois do terremoto, do lado interno da muralha setentrional, foi construído um primeiro templo que os arqueólogos acreditam que tivesse uma cobertura de colmo em duas águas, talvez como o modelo encontrado na vizinha Samos (p. 198). Tal templo já poderia ser obra desses colonos jônicos, e meio século depois foi substituído por uma estrutura mais ambiciosa, provavelmente períptera: outro hecatômpedo. Uma terceira estrutura, bem mais ambiciosa ainda, foi iniciada por volta do ano 610 a.C., mas cerca de dez anos depois foi destruída, já na metade dos trabalhos, quando a cidade foi saqueada pelo rei lídio Aliates de Sárdis (pai de Creso). Seus construtores talvez tenham sido esses colonos jônicos que pareciam nutrir a ambição de erguer um grande santuário. Utilizaram colunas de tipo antigo, ora conhecidas como eólicas, com espirais duplas que não se apoiavam sobre o equino curto (como ocorre no capitel jônico), mas subiam em linha reta a partir de um equino muito mais vistoso (p. 262). As colunas de Esmirna concentravam-se uma ao lado da outra, mais próximas do que qualquer coluna jônica, o que faz supor que apoiassem um entablamento em pedra friável, talvez como suporte de um telhado plano (p. 444 n.72). Depois da vitória de Aliates, esse templo eólico inconcluso e arruinado deve ter parecido um fragmento trágico. Ele foi, em seguida, substituído por um edifício muito menor e mais pobre. Ao longo do século seguinte, no entanto, a cidade foi progressivamente abandonada, à medida que a linha costeira retrocedia e, durante o século IV a.C., a população se deslocou para o sul em direção ao sítio moderno.

O templo eólico da antiga Esmirna foi destruído uma ou duas gerações antes de ser iniciada em Éfeso a fundação da grande obra de Creso, o que inevitavelmente repropõe a *vexata quaestio*, a questão crucial, das origens jônicas e do problemático vínculo entre o capitel jônico das Cíclades e os capitéis eólicos da Ásia Menor. Mas voltemos agora a Naxos, ao santuário de Sangri, onde foram encontradas numerosas colunas votivas. Uma delas, cuja inscrição permite vinculá-la ao final do século VII, foi definida pelo seu descobridor como a "primeira coluna jônica". O capitel em espiral, plano e entalhado, apresenta uma dedicatória arcaica a Apolo. O capitel gravado é rústico, esquemático, mas as espirais são ligadas na horizontal, como em um capitel jônico, enquanto o fuste se alarga à medida que sobe em direção ao capitel: um equino atrofiado. Esse esquema diagramático induziu seu descobridor a acreditar que comemorava a origem construtiva do jônico: uma plataforma quadrada sobre um pilar circular de madeira, cujas extremidades projetadas são adornadas simetricamente com discos de bronze em espiral[23]. Isso me faz supor, ao contrário, que o artífice deste *ex-voto* rústico conhecesse a disposição pulvino-equino de uma coluna "construída" (como as de Delos e Delfos), ou mesmo de alguma de Naxos ainda perdida, e que sua prioridade seja, quem sabe, um acidente arqueológico, tendo sido moldada com base em um protótipo ainda mais antigo, porém desaparecido.

Descobertas provenientes de Lesbos nos fornecem uma ponte: em Mitilene, em Clopedi, em Eresso foram encontrados capitéis nos quais aparece uma palmeta dentre as volutas que brotam eolicamente do equino; um capitel ainda mais jônico com palmeiras e volutas, proveniente de Oropo (rico sítio arqueológico no continente, escavado apenas recentemente) e conservado no Museu da Ágora em Atenas, quase parece fornecer o elo faltante entre as volutas eólicas e as jônico-áticas. Outro capitel, talvez uma dedicatória naxiana a Delos[24], parece ter volutas dispostas na horizontal, como no jônico maduro, mas é interrompido no centro por uma palmeta remanescente. Um dia talvez seja possível elaborar uma progressão contínua – ou ao menos uma passagem óbvia – entre os capitéis eólicos e jônicos, e suas volutas.

As variações e o refinamento crescente da espiral jônico-eólica chegaram mesmo a induzir alguns historiadores a especular que seu desenho fizesse referências às conchas em espiral. De qualquer modo, os modelos arcaicos existentes parecem construídos com o auxílio de régua e compasso, e a curva contínua parece ser obtida deslocando os centros, a partir dos quais cada quadrante é traçado dos centros no olho da espiral[25]. Sempre foi evidente que os arquitetos gregos eram dotados de uma prática gráfica intelectualmente refinada, ainda que tecnicamente elementar, embora seus métodos de cálculo sejam qualquer coisa, exceto claros.

Quase que em sua totalidade, os métodos parecem ter sido concebidos e formulados durante a passagem do Período Geométrico para o Arcaico. Os gregos começaram a calcular coletivamente o tempo a partir dos primeiros jogos olímpicos, em 776 a.C.; era uma época em que o manuseio dos metais havia sido incrementado e as colônias ocidentais estavam em pleno desenvolvimento. A capacidade de fazer uso da escrita silábica micênica estava perdida na Grécia continental e insular (salvo em Chipre) e, segundo o mito, a escrita alfabética fora trazida para a Beócia pelo fenício Cadmo (irmão de Europa, marido de Harmonia)[26].

As primeiras escritas alfabéticas, importadas pelos escribas semitas da Ásia menor, aparecem, aproximadamente, nesse momento e seu uso se estende a todo o mundo grego, de modo que os primeiros textos literários surgem por volta do final do século VIII.

É o ápice da cultura dedálica e dos primeiros templos em pedra. A natureza da competência construtiva muda quando são concebidas as primeiras colunas dóricas em pedra, o que parece ter ocorrido no Peloponeso setentrional: em Corinto, diz a lenda (p. 210s.). Daí alguns arqueólogos especularem que sua fonte deva ser a disposição micênica, que estaria evidente nas "tumbas" de Agamêmnon e Clitemnestra, bem como sobre a placa de pedra superior do Portal dos Leões[27]. Mesmo levando em conta o quase meio milênio que separa o exemplar das presumidas emulações e, apesar da vaga semelhança do capitel com escócia, toro e plano de apoio com o capitel dórico, entre os dois existe uma diferença crucial que impede qualquer ideia de 'derivação', para não falar de imitação: o estreitamento do capitel dórico para o alto e o do hipotético modelo para baixo. Essa diferença me leva a deduzir que sucessivos construtores tenham chegado às suas formas enganosamente simples através de um processo autônomo e laborioso, do qual a nomenclatura das partes do edifício oferece mais de uma sugestão, ainda que de mais valia do que qualquer suposto "modelo" ancestral.

É tão somente pela construção de volutas nos capitéis, eólicos ou protojônicos, requerer certa habilidade geométrica que a elaboração gradual do capitel jônico, desde seus primórdios geométricos nas ilhas Cíclades e na Ásia Menor, pode ser lida também como índice de um crescente "profissionalismo" dos projetistas (ver p.165-167.)[28]. O certo é que os artesãos se deslocavam, frequentemente junto com os seus preciosos e volumosos materiais. Talvez os testemunhos mais eloquentes dessa prática venham de fora da Grécia. O templo de Júpiter (em latim Iuppiter ou Jupiter Optimus Maximus), no Campidoglio, em Roma, foi definido como o maior templo etrusco, e quem esculpiu a estátua-objeto de culto foi Vulca, artista de Veio, ao passo que o templo de Jerusalém foi construído em madeira, de cedro do Líbano enviado, junto com os artesãos responsáveis, pelo rei Hiram de Tiro, cujo homônimo que fundia o bronze foi responsável por boa parte das obras de metalurgia de Salomão.

Os edifícios do Período Geométrico também devem ter exigido a organização de um intercâmbio elementar e de algum tipo de acordo ou contrato com a comunidade ou o potentado que os encomendara, e que, no Período Geométrico, teria sido verbal. Por essa época, estes *tektones* e outros *demiourgoi* devem ter-se consorciado em "ofícios". Seguramente, tinham divindades protetoras: Hefesto e Hermes, mas também heróis-fundadores como Dédalo, que tinha inventado o fio de prumo e construíra o labirinto[29]; ou os aparentados Trofônio e Agamedes, que tinham construído o primeiro templo de pedra em Delfos dedicado a Apolo, e a quem este recompensou com uma morte rápida e indolor. Como é inevitável, houve paralelos: o construtor da primeira pirâmide, Imhotep, um semideus egípcio, era também curandeiro e mago, e o Hefesto ugarítico-babilônico foi Kothar wa-Hasis*, que construiu o palácio de Baal. Se os paralelismos com condições mais recentes permitem uma projeção em direção ao passado, com certeza, seríamos induzidos a pensar que os construtores e os artesãos tenham encontrado a própria identidade em tais figuras semidivinas, quando se reuniram em associações ou guildas. É difícil dizer até que ponto os construtores gregos se vincularam a tais "colégios", cuja "disciplina" provavelmente esteve ligada, de alguma forma, ao desenvolvimento do desenho arquitetônico. Nem é totalmente claro, não obstante as várias tentativas de atingir uma padronização da questão, como se chegou a uma organização das dimensões entre os artesãos dos vários sítios. Naturalmente, essas técnicas faziam parte da competência de qualquer construtor da Mesopotâmia: o primeiríssimo – já em escala – aparece em uma prancha colocada sobre os joelhos da estátua sedente de Gudea em diorito, o *patasi*** de Lagash (antes de 2000 a.C.), hoje no Louvre. Há algum tempo, tornaram-se conhecidos alguns desenhos egípcios, embora nenhum da Grécia pré-helênica ou da Ásia Menor; tal competência, se existia, deveria estar perdida junto com a escrita silábica. Os desenhos que recentemente apareceram no Didymaion, perto de Mileto (o grande templo que Estrabão e Vitrúvio atribuíram a Peonio de Éfeso e Dáfnis de Mileto, talvez pouco anterior a 300 a.C., mesmo que a construção tenha perdurado muitas décadas) mostram uma construção, em tamanho natural, de coluna-êntase; em seguida também foi localizado ali o desenho de painéis de teto. Outros desenhos foram encontrados em Sárdis, Priene e Lagina[30]. Sem dúvida, se aqueles traçados sobre cera ou argila não forem recuperados, outros desenhos do gênero virão à luz. Felizmente, muitos deles foram inscritos nas paredes em pedra lisa e provavelmente recobertos pelo estuque do edifício pronto. Até agora, não surgiu nenhum relatório dos antigos desenhos remanescentes, nem foi feito um estudo comparativo em relação aos desenhos dos pedreiros da Idade Média.

A partir dessa época, e durante o Período Arcaico, os gregos tornaram-se os construtores de templos por antonomásia, de modo que, por três séculos o templo no topo de uma colina constituiu seu edifício canônico; e o templo períptero, a colunata que circundava o santuário, tornou-se o húmus sobre o qual as colunas se desenvolveram da forma mais marcante e evidente em sua infinita variedade, primeiramente em dois, depois em três tipos (*genera*), puros ou em combinações híbridas. A posição dominante dos templos era sinal das paixões e das disputas que inspiravam. Com o passar do tempo, no entanto, a dimensão desses templos não aumentou, nem suas ambições, mesmo se alguns dos mais imponentes entre os primeiros edifícios – em Samos e Éfeso, entre os jônicos; o de Ártemis em Corfu; o desaparecido templo hecatompêdo de Atenas; e o templo E em

Selino – pertencem aos primeiros cinquenta anos de edificações de templos em pedra, uma época de consolidação da *pólis* e de colonização agressiva, de modo que alguns estudiosos sugeriram que não fossem apenas edifícios destinados ao culto religioso, mas reafirmações da identidade grega diante da presença dos bárbaros, como no caso dos fenícios na Sicília[31]. Porém, independentemente de quão variada seja a interpretação dada, esses templos permanecem os arquétipos luminosos dessa atividade humana coletiva essencial, que é a edificação.

Notas

PREFÁCIO À EDIÇÃO EM INGLÊS

* Tradução livre: "Vocês, cuja boca é feita à imagem daquela de Deus / Boca que é a própria ordem / Sejam indulgentes quando nos compararem / Aos que foram a perfeição da ordem / Nós, que buscamos em toda parte a aventura" (N. da E.).

PREFÁCIO À EDIÇÃO EM ITALIANO

1. Gottfried Gruben tentou uma abordagem semiótica bem sumária (E.L. Schwandner, *Säule Und Gebälk: Zu Struktur Und Wandlungsprozess Griechisch-Römischer Architektur. Bauforschungskolloquium in Berlin Vom 16. Bis 18. Juni 1994*, Mainz am Rhein: P. von Zabern, 1996, p. 2s.) aplicando-a aos conceitos vitruvianos de *decor e statio* (*thematismos*), i, 2v. Tal abordagem parece negligenciar a essencial prudência de Vitrúvio, uma vez que o *decor autem est emendatus operis aspectus probatis rebus compositi cum auctoritate* (decoro é o aspecto correto da obra realizado pela composição de elementos considerados). Não é uma frase fácil de traduzir: cf. Vitr. (1979, p.85n. [237 e 374, n.2]).

INTRODUÇÃO À EDIÇÃO BRASILEIRA

1. Susan Sontag, *Tradurre letteratura*. Milano: Archinto, 2004, p. 7-16; 61; 66-67.
2. Alina Payne, "The Dancing Column: On Order in Architecture" by Joseph Rykwert, *American Journal of Archeology*, v. 103, n. 2, April, 1999, p.103
3. Joseph Rykwert, Adam at Forty, *Journal of Architectural Education*, v. 65, n. 2, p. 7-8, 2012
4. Ibidem.
5. Idem, Meaning and Building, *The Necessity of Artifice*. New York: Rizzoli, 1982, p. 9-16
6. Idem, The Corinthian Order, *The Necessity of Artifice*, 1982, p. 33-43.
7. J. Rykwert; Tony Atkin, Building and Knowing, em J. Rykwert; T. Atkin (eds.), *Structure and Meaning in Human Settlemens*, Philadelphia: University of Pennsylvania Museum of Archeology and Anthropology, 2005, p. i.
8. Le Corbusier, *Por uma Arquitetura*, 7. ed., São Paulo: Perspectiva, 2013, p. 43.
9. J. Rykwert, Adam at Forty, op. cit., p. 7-8, 2012.
10. André Leroi-Gourhan, *Gesture and Speech*. Cambridge: The MIT Press, 1993, p.188-193, "o grafismo não se iniciou com representações ingênuas da realidade mas com a abstração [...] questões mágicas e religiosas foram responsáveis pela arte figurativa [...] Era uma transposição simbólica, não copia da realidade [...] o meio de suporte de um contexto oral perdido para sempre".
11. Vittorio Gregotti, apud J. Rykwert; T. Atkin, op. cit.
12. Theodor W. Adorno, *Teoria Estética*, Lisboa: Edições 70, 1970, p. 289.
13. Ver supra, p. 363
14. John Summerson, *The Classical Language of Architecture*, London: Methuen, 1963, p. 7-8.
15. J. Rykwert, The 15th Triennale, *The Necessity of Artifice*, p. 75
16. Ernst Gombrich, Dream Houses: On Adam's House in Paradise –The Idea of the Primitive Hut in Architectural History, *The New York Review of Books*, nov. 20, 1973; Helen Thomas, Invention in the Shadow of History: Joseph Rykwert at the University of Essex, *Journal of Architectural Education*, v. 58, n. 2, nov. 2004, p. 39-45.
17. Vittorio Gregotti, *Diciassette lettere sull'architettura*. Roma: Laterza, 2000, p. 19-20.

18. Ver Anat Falbel, A Ideia de Cidade de Joseph Rykwert, em J. Rykwert, *A Ideia de Cidade*, São Paulo: Perspectiva, 2006, p. xvii-xxxi.
19. Rudolf Wittkower, Interpretation of Visual Symbols, *Allegory and the Migration of Symbols*, New York: Thames and Hudson, 1987, p. 173-187.
20. Do mesmo modo, Erwin Panofsky também utiliza as categorias da hermenêutica tradicional como modelo fundamental para a análise de uma obra de arte, sugerindo a existência de três extratos significativos (o tema primário ou natural, o tema secundário ou convencional, e finalmente o significado intrínseco ou conteúdo), a partir dos quais ele define a disciplina da iconografia e da iconologia. Panofsky define iconografia como a descrição e classificação das imagens ou motivos que conduzem significados secundários ou convencionais; e iconologia como um método de interpretação do significado intrínseco ao conteúdo da obra que por sua vez representa a cultura de uma nação, o período, a classe, a religião e a filosofia nos quais o artista encontra-se inserido e que se manifestam em sua obra. Cf. E. Panofsky, Iconografia e Iconologia: Uma Introdução ao Estudo da Arte na Renascença, *Significado nas Artes Viruais*, 3. ed., São Paulo: Perspectiva, 2012, p. 47-87.
21. V. Gregotti, "Joseph Rykwert: An Anthropologist of Architectural History?", em George Dodds; Robert Tavernor (eds.), *Body and Building: Essays on the Changing Relation of Body and Architecture*, Cambridge: MIT, 2002, p.322.
22. Apontamos como exemplo das semelhanças metodológicas entre Rykwert e Edgar Wind, o trabalho deste último, Charity: The Case History of a Pattern, *Journal of the Warburg Institute*, v. 1, n. 4 , abr. 1938, p. 322-330, no qual o autor busca reconstruir a linha de descendência de um modelo particular que relaciona o século XVIII com o século XVI, e o primeiro com os séculos XIX e XX.
23. J. Rykwert, On First Hearing about Hermeneutics, *October*, v. 29, 1984, p. 117-119.
24. Erich Auerbach, Philology and Weltliteratur, *The Centennial Review*, v. xiii, n. 1, 1969, p. 14.
25. V. Gregotti, "Joseph Rykwert…", op cit., p.324.
26. J. Rykwert, First Criticism, Then Building, *Journal of Architectural Education*, v. 62:3, 2009, p. 28-29.
27. S. Sontag, op. cit., p. 66-67.

I: ORDEM NA EDIFICAÇÃO

1. Tal rejeição persistiu não obstante os recorrentes "retornos à ordem", assim como aqueles na França e na Itália no início de 1920. A literatura do pós-modernismo é bastante extensa e requer referência à parte.
2. O marquês Giovanni Poleni (*Exercitationes vitruvianae*, p. 8s.) foi o primeiro a estabelecer essa data: por inferência, uma vez que o *editio princeps* não leva o nome do tipógrafo, tampouco a data. Poleni pressupõe que a paz entre o papa e Ferrante de Nápoles, em 11 de agosto de 1486, é o *terminus post quem*, e a maioria dos bibliógrafos o seguiram; ele acreditava que o tipógrafo fosse Georg Herolt ou Heroldt, um dos alemães radicados em Roma. No entanto, A.W. Pollard (*Catalogue of Books Printed in the XVth Century*) dá o nome de outro prolífico tipógrafo alemão, Eucherius Silber. O editor foi Giovanni Sulpizio de Veroli, e ao texto de Vitrúvio seguiu-se o de São Júlio Frontino, *On Aqueducts*, que Sulpizio editou com um estudioso mais famoso, Pompônio Leto. Por razões não reveladas, na sua edição, A. Choisy fornece como data o ano de 1488 (*Vitruve*, v.2, p. iii.).
3. Sobre Serlio, ver C. Thoenes (*Sebastiano Serlio*), mesmo que desde há muito até este momento não tenha surgido uma monografia ou biografia. Ver, ainda, A.B. Amorini (*Elogio di Sebastiano Serlio*) e L. Charvet (*Sebastien Serlio*). Dos seus seis ou sete livros, o quarto foi o primeiro a ser impresso em Veneza, em 1537, se bem que ele tivesse editado algumas gravuras das ordens já em 1528. Cinco livros foram publicados pela primeira vez em conjunto, em Veneza, em 1551, depois em francês (1551), latim (1568) e alemão (1608). O texto latino serviu como base para a popular versão holandesa (Amsterdã, 1606), sobre a qual, por sua vez, baseou-se a tradução inglesa (Londres, 1611). Um elenco das edições é apresentado por J.B. Bury em C. Thoenes (op. cit., p. 100s).
4. L.B. Alberti, *De re aedificatoria*, VII. 8, *On the Art of Building in Ten Books*, v. 2, p. 584s. Conforme sugeriu Alberti, ele poderia ser considerado um tipo mais "completo" de coluna do que qualquer outra coluna grega. As colunas na fachada do templo Malatestiano, em Rimini, podem ter sido uma tentativa de desenvolver esse "genus".
5. Trata-se dos exemplos mais importantes, mas houve outros capitéis dessa ordem no Arco dos Argentários, na igreja circular de Santa Constança (conhecida como o templo de Baco) e na bacia central do Tepidarium dos Banhos de Diocleciano (a Igreja de Santa Maria degli Angeli). Efetivamente, Serlio o vê como complemento de sua sequência: "que os antigos romanos, talvez, não sendo capazes de ir além da invenção dos gregos, inventores da dórica, segundo a forma dos homens, e da jônica, à semelhança das mulheres, e da coríntia, segundo o modelo das donzelas, fizeram da jônica e da coríntia uma composição, combinando a voluta da jônica com o equino no capitel coríntio."

O sétimo livro, que não foi publicado até o século XX, foi impresso a partir de dois manuscritos: o primeiro encontra-se na Avery Library, na Universidade de Columbia, e o segundo na Bayerische Staatsbibliothek, em Munique. Ver A.K. Placzek et al., *Sebastiano Serlio on Domestic Architecture*; e M. Rosci, *Il trattato di architettura di Sebastiano Serlio*. Sobre esse texto, ver M.Carpo, The Architectural Principles of Temperate Classicism, RES, 22.

6. A palavra *ordines* provavelmente foi aplicada pela primeira vez aos quatro *genera* de colunas no círculo de Rafael. Ver sua carta a Fabio Calvo (datada de 15 de agosto de 1514), na qual lhe agradece a tradução do manuscrito de Vitrúvio e se oferece para desenhar o frontispício: "e ve farò el frontespitio de hordine doricho". Contudo, quando as ordens são enumeradas, na "anônima" *Carta ao Papa Leão X*, elas são realmente cinco. No entanto, a quinta ordem, a ática, é de fato uma pilastra quadrada ("ha le colonne facte a quattro facce"), como no livro de Grapaldi, que segue Plínio, o Velho. Ver V. Golzio, *Raffaello nei documenti*; R. Sanzio, *Tutti gli scritti*, p. 39, 63s. Porém, ver também idem, *Il pianto di Roma*, p. 38s. No que diz respeito à carta para Leão X, ver a edição crítica de R. Bornelli em A. Bruschi, *Scritti rinascimentalli di architettura*, p. 459s, esp. 483s. O texto de sua última redação, agora em Munique (e anotada por Rafael), foi reeditado por I.D. Rowland (Raphael, Angelo Colocci, and the Genesis of the Architectural Orders, AB, 76, p. 100s), com referência à prática de seu escriba principal, Angelo Colocci – um secretário apostólico e bibliófilo, cuja participação no círculo de Rafael não foi considerada.

Na carta, a palavra *ordini*, em vez de *modi*, é empregada para os três modos de desenho (plano, elevação, perspectiva). Bonelli sugere que a seção sobre o estabelecimento das cinco ordens, em que a palavra *ordini* também é usada, foi escrita em outro momento. Acerca do uso do termo *ordo* para as "cinco ordens", ver I.D. Rowland, op. cit., p. 83, 97s. Uma discussão recente sobre as ordens na arquitetura do século XV é feita por A. Bruschi, "L'antico e la riscoperta degli ordini architettonici nella prima metà del Quattrocento", em S.D. Squarzina (*Roma, centro ideale della cultura dell'antico nei secoli XV e XVI*, p. 410s.), que fornece uma ampla bibliografia. A carta de Rafael também pode prover o primeiro uso da arquitrave, embora Leonardo também a utilize mais ou menos na mesma época (ed. J.P. Richter, *The Literary Works of Leonardo da Vinci*, v. 2, p. 473). O *Gr. Diz.* cita Bernardo Tasso como a primeira pessoa a empregar o termo *ordine* nesse sentido, mas ele o fez depois de Rafael, e o contexto mostra que aqui a palavra ainda possui a velha denotação de "pavimento". É interessante observar que Cesariano utiliza as palavras *ordini stilobati* e *parastatici* para distinguir colunas de pilastras na sobrecarregada e claramente gótica Catedral de Milão.

A invenção de ordens não canônicas ou mesmo não clássicas, do século XVI ao XX, merece um livro à parte.

7. C.A. Daviler, *Cours d'architecture*, v. 2, p. 736. A palavra *ordo* (como o grego *orthos*, "em posição vertical", reto, justo), está relacionada à raiz indo-europeia *rta, da qual derivam palavras tais como *ars* e *ritus*. Ver E. Benveniste, *Le Vocabulaire des institutions indo-européenes*, v. 2, p. 100s. Vitrúvio assimila *ordinatio* ao grego *taxis*, como uma das três operações principais do arquiteto (1.2.i; as outras são *dispositio* e *distributio*), e ele explica isso em 1.2.ii, "considerando as menores dimensões da obra uma a uma e relacionando-as à maior proporção para simetria. Essa deriva da quantidade, que os gregos chamam *posotēs*. Quantidade é o cálculo de módulos a partir da própria obra e o resultado de uma harmonia entre os membros isolados e o trabalho

como um todo". A interpretação de *taxis* como *ordinatio* é a usual, como na tradução, por Cícero (em *De Univ.*, e de Platão, em *Tim.*, 30a), de *eis taxin auto ēgagen ek tēs ataxias* para *idque ex inordinato in ordinem adduxit*. *Posotēs* como *quantitas* também possui um precedente ciceroniano (em *Acad.*, I). S. Ferri (*Vitrúvio*, p. 50s.) sugeriu que essa definição ecoa algum tratado helenístico, no qual *symmetria* era alcançada mediante *posotēs* e *eurythmia*, mediante *poiotēs*. Porém, Ferri acredita que Vitrúvio não pôde apreciar a diferença, o que levou a muita confusão. Há inúmeros comentários, particularmente aquele neoaristotélico de Daniele Barbaro, *I dieci libri dell'architettura*, p. 27s.

A palavra *ordo* aparece um pouco mais tarde, no fim de 1.2.ix. Ela significa a ordem devida às coisas, que não deve ser perturbada pela mistura de detalhes dóricos e jônicos, mas é utilizada num sentido bastante geral e não específico, à semelhança do emprego feito por Alberti de *ordines columnarum* para significar "fileiras de colunas". *Ordo*, por si só, pode significar qualquer coisa, de uma ordem universal a uma fiada de tijolos, porém nunca "ordem" no sentido de dórica ou jônica; Alberti, como Vitrúvio, emprega alternadamente *compartitio*, *mos*, *opus* e *ratio*, como se não houvesse um termo padronizado; de fato, o *ordo* de 1.2.ix é traduzido por "sistematização". A psicofilologia da vida cotidiana de Francesco Maria Grapaldi, que aparece com frequência nas bibliografias sobre arquitetura por causa do seu título *De partibus aedium* (*Das Partes dos Edifícios*), divide as colunas em três categorias ou *genera*: *teretes, quadrangulas, striatas* – "lisas", "quadradas" e "estriadas" (1501, p. 7); as quadradas são para os cantos, assim como as *antae*. No tocante à sua altura e largura, ele remete o leitor ao livro III de Vitrúvio. Na terceira edição (Colônia, 1508, fólio vii r. – a numeração das pranchas não é fidedigna), ele acrescenta outros comentários sobre as colunas estriadas, bem como sobre a proporção entre a altura e o diâmetro das colunas: dórica (6:1), jônica e coríntia (9:1) e toscana (7:1). Ele inclui uma quinta ordem, a ática. Esta última, porém, não tem Vitrúvio como referência (que descreve uma base ática em III.5.ii), mas uma citação abreviada de Plínio, *NH* XXXVI, vi, 179.

8. Os primeiros cinco volumes foram publicados em vários fascículos; os volumes vi ao viii não foram tão subdivididos. George Perrot, que durante a publicação tornara-se diretor da École Normale Supérieure, bem como secretário vitalício da Académie des Inscriptions, lançou mais dois volumes, em 1911 e 1914, mantendo a dupla autoria.

9. O *Trojanische Alterthümer* (1874), de Schliemann, consistia em um texto sumário e uma coleção de cerca de duzentas fotografias muito toscas; *Mykenä* não fora publicado antes de 1877. C. Chipiez lhe faz referência (*Histoire critique des origines et de la formation des ordres grecs*, p. 156); ele deve tê-lo visto durante a publicação.

10. Auguste Choisy, *Histoire de l'architecture*. Choisy não era arquiteto por formação; tendo começado como matemático, ele foi associado à École des Ponts e Chaussées, onde permaneceu por toda a sua carreira, não obstante publicou muitas obras sobre tecnologia da construção e história das técnicas construtivas. C.P.J. Normand, *Nouveau parallèle des ordres d'architecture des grecs, des romains et des auteurs modernes*; a primeira edição inglesa apareceu em 1829 (trad. de Augustus Pugin), e a primeira edição alemã, em 1830 (trad. de M.H. Jacobi).

11. A obra de Vignola foi publicada pela primeira vez em 1562; periodicamente, ao longo dos séculos XVII e XVIII, praticamente a cada ano, surgia uma nova versão ou reimpressão. Ver M.W. Casotti (*Il Vignola*, v. 1, p. 99s.). Uma bibliografia mais ampla é fornecida por A.G. Spinelli (Bio-bibliografia dei due Vignola, originalmente publicada em *Memorie e studi intorno a Jacopo Barozzi pubblicati nel IV centenario dalla nascità*; em 1908, foi reimpressa à parte [Roma, 1968]). A obra *Vignole des ouvriers*, de Charles Normand, apareceu pela primeira vez entre 1821 e 1823; mas a prática de publicar edições de bolso começara no século XVIII.

12. Publicada pela primeira vez em 1860 (houve várias edições posteriores; ver p. 157s.).

13. Sobre David-Pierre Humbert de Superville (1770-1849), diretor da primeira coleção gráfica da Universidade de Leyden, e o contexto cosmológico de suas ideias, ver B.M. Stafford (Les Deux edifices, *AQ*, 35, p. 51s.; Medusa, *JWCI*, 35 p. 308s.; Mummies, Herms, and Colossi, *AQ*, 36, p. 31s.). Ele adotara um terceiro nome de batismo, Giottino, a partir de um apelido que lhe fora dado na Itália, como um pré-rafaelita precoce e entusiasta; sobre isso, ver G. Previtali et al., *Mostra dei disegni di Humbert de Superville*. O *Essai sur les signes inconditionnels dans l'art*, da autoria de Humbert, foi publicado em 1827 e reimpresso pela Academia Real dos Países Baixos em 1857. Na Inglaterra havia George Field, *Outlines of Analogical Philosophy*; a seu respeito, ver D. Brett, Aesthetical Science, *AH*, 9, p. 336s. Ele formulou princípios que influenciaram diretamente muitos artistas, enquanto a obra *Science of Beauty* (1856), de seu colega mais jovem D.R. Hay, desenvolveu essas ideias de maneira ainda mais aprofundada. Na Alemanha, Gottfried Schadow, pintor e escultor significativo, publicou um estudo sobre a proporção humana (*Polyklet*) que deu origem a vários estudos "científicos" e experimentais alemães sobre a proporção, dos quais os mais importantes foram os de Adolf Zeising, *Neue Lehre von den Proportionen des Menschlichen Körpers*; e, postumamente, *Der Goldene Schnitt*. A partir dos experimentos de Gustav Fechner, todos esses argumentos se transferiram do campo da estética para o da psicologia experimental.

14. "Über deren architektonische Schönheit und Zweckmässigkeit hinaus früher und später nichts mehr erfunden ist", G.W.F. Hegel, *Die Aesthetik*, v. 2, p. 64s.

15. A. Schopenhauer, *Sämtliche Werke*, v. 1.1, p. 252s.; v.. 1.2, p. 467s. No Cap. V muito mais será dito a respeito das ideias platônicas e a forma de artefatos e edifícios, mas aqui deve-se observar que as ideias platônicas de Schopenhauer nada tinham a ver com categorias de objetos manufaturados (mesa, cadeira, casa), mas com categorias mais abstratas como peso e suporte, que ele enumerou. Schopenhauer contradiz Platão especificamente nessa questão (idem, v. 1.1, p. 249 s.; v. 2.1, p. 449s.). Sobre a transferência operada por Schopenhauer das ideias do campo da ontologia para o da estética, ver G. Simmel, *Schopenhauer und Nietzsche*, p. 110s.

16. F.W.J. von Schelling, *Werke*, v. 5, p. 488s. Mas ver também G. Lukács, *Werke*, v. 12, p. 402s. A ideia de *estarrte Musik* em Schlegel parece bastante diferente da *gefrorene Musik* de Goethe que ele, por sua vez, emprestou da *Corinne*, de Madame de Staël.

17. J. Burckhardt, *Der Cicerone*, p. 4. Acerca de sua visita a Pesto, ver W. Kaegi, *Jakob Burckhardt*, v. 3, p. 456s., 503s.

18. Sobre o contexto francês e alemão das ideias de Buckhardt, particularmente acerca de sua dívida para com Franz Kugler, ver W. Kaegi, op. cit., v. 2, p. 48s., 146s., 229s., 264s.; e K. Löwitch, *Sämtliche Schriften*, v. 7, p. 91-100. Mesmo em suas últimas palestras sobre a civilização grega (1898-1902), publicadas postumamente em quatro volumes (1929-1933), Buckhardt falou acerca do *ieros gamos* entre os povos alemão e grego (ver v. 8, p. 5); essas ideias reverberam em noções tais como a convicção frequentemente reiterada de Martin Heidegger de que o alemão é o único idioma para o qual os textos gregos podem ser traduzidos adequadamente. A assunção prussiana das características gregas é abordada com mais detalhes infra Cap. VI, nota 4, p. 403.

19. J. Ruskin, *The Stones of Venice*, v. 1, p. 14.

20. Idem, p. 275; sobre a inútil variedade de ordens, ver p. 359s.

21. J.-N.-L. Durand, *Précis des leçons d'architecture donées à l'École Royale Polytechnique*, p. 8s. Sobre Durand, ver W. Szambien, *Jean-Nicolas-Louis Durand*; sobre a difusão de suas ideias fora da França, ver particularmente p. 74s. D. van Zanten, em Architectural Composition at the École des Beaux-Arts, em A. Drexler (*The Architecture of the École des Beaux-Arts*, p. 506, 60n), observa o entusiasmo de teóricos alemães e ingleses com relação às ideias de Durand, em comparação ao "silêncio sepulcral" dos franceses. Ele seguramente está correto ao entender que isso se deve, por um lado, ao fato de que Duran estava codificando o que era autoevidente para eles e, por outro, à enorme popularidade do seu livro.

22. No que tange à relação de Quatremère com o ensino de Arquitetura, ver L. Hautecoeur, *Histoire de l'architecture classique en France*, v. 6, p. 146s.; e R. Schneider, *L'Esthétique classique chez Quatremère de Quincy*, p. 10s., 65s. Para uma síntese de sua abordagem sobre a origem das ordens, ver Quatremère de Quincy, *Dictionnaire historique de l'architecture*, s.v. "Architecture" e "Dorique"; ambas foram versões condensadas dos mesmos artigos da primeira edição do dicionário, que viera à luz em 1794 como parte da *Encyclopédie méthodique* de C.J. Pancoucke.

23. Sobre as concepções cambiantes de Gottfried Semper acerca da cabana primitiva, ver a discussão em W. Herrmann, *Gottfried Semper*, p. 164s.

24. Frei Carlo Lodoli foi o expoente mais importante e influente dessa visão, ver J. Rykwert, *The First Moderns*, p. 296s.; Lodoli on Function and Representation, *The Necessity of Artifice*, p. 114s.

25. L. Hautecoeur, op. cit., p. 335s.

26. E.-E. Viollet-de-Duc, *Lectures on Architecture*, v. 1, p. 104; um relato similar acerca do facetamento gradual da coluna quadrada (mas em madeira,

anterior ao *Stoffwechsel* do material em pedra) já havia sido feito por D. Ramée, *Histoire générale de l'architecture*, v. 1, p. 462s.

27. Embora ele se refira às concepções de Viollet indiretamente; C. Chipiez, op. cit., p. 224s.
28. Idem, p. 371.
29. J. Guadet, *Eléments et théorie de l'architecture*, v. 1, p. 327s.
30. O primeiro inglês, Richard Lane, era oriundo de Manchester e foi praticar na sua cidade natal, ali ele treinou (entre outros) Alfred Waterhouse e, ao que parece, também influenciou John Billington, o segundo inglês a estudar em Paris. Lane foi admitido na École em 1826; ao retornar, após uma permanência nada extraordinária, ele produziu um tratado de divulgação dos seus métodos, *The Architectural Director*; a primeira edição de 1831 ainda era muito durandiana, mas a versão revisada de 1834 devia muito a Quatremère de Quincy. Sobre Lane e Billington, ver H.M. Colvin, *A Biographical Dictionary of British Architects*, s.vv.; e R.S. Chafee, *The Teaching of Architecture at the École des Beaux-Arts and Its Influence in Britain America*, Ph. D. diss., p. 200, 234s., 321.
31. Sobre Joseph Gwilt (1784-1863), ver H.M. Colvin, op. cit., s.v. *A Encyclopaedia* foi publicada em 1842, 1845, 1854, 1859, e, postumamente, em 1867, 1876 e 1889 (editada por Wyatt Papworth, que continuou a usar o material de Durand até a última edição, embora o tenha complementado com uma discussão arqueológica das ordens, redigida por Edward Creasy). A edição por mim utilizada foi a de 1859.
32. J. Gwilt, *An Encyclopaedia of Architecture*: sobre a arquitetura grega, p. 57s.; sobre a beleza, p. 673s.; sobre as ordens, p. 680-746; sobre Durand e a composição, p. 772s. É curioso o fato de Ruskin ter expressado várias vezes uma visão igualmente desdenhosa da estética (*The Complete Works*, v. 4, p. 7s., 42s.; v. 20, p. 207s.).
33. A. Alison, *Essays on the Nature and Principles of Taste*. A beleza é uma emoção; é produzida pela evidência do 1. desenho, 2. adequação e 3. utilidade. Sobre a analogia de desenho, máquina e beleza animal, ver v. 1, p. 291s. Sobre os três tipos de beleza (*natural*, expressão das qualidades "derivadas da natureza dos corpos"; *relativa*, "derivada do tema ou da produção da arte", e *acidental*, que se deve a uma "associação casual"), ver v. 1, p. 318s. Sobre a proporção e a emoção associada, ver v. 2, p. 21s. Sobre as ordens, seu caráter distinto e sua supremacia como exemplo de adequação ao propósito, ver v. 2, p. 33, 137s., 141-168. Acerca de Alison e Loudon, ver G. Hersey, *Loudon's Associationism*. Sobre a persistente influência de Alison, ver Sir Thomas Dick Lauder e Sir Uvedale Price, *On the Picturesque*, p. 4s. Pelo modo como a professava, as ideias de Gwilt parecem uma aplicação monótona do associacionismo de Alison.
34. No início do século XIX, os efeitos dessa exposição tinham sido considerados um desastre absoluto para a arquitetura americana: Like something awful, F.L. Wright, *An Autobiography*, p. 126.
35. Sobre a carreira mais que medíocre de Hunt na École (promoção em 1846, primeira turma em 1851), ver R.S. Chafee, Hunt in Paris, em S.R. Stein, *The Architecture of Richard Morris*; P.R. Baker, *Richard Morris Hunt*, p. 24, 36; e A. Drexler, *The Architecture of the École des Beaux-Arts*, p. 464s. Baker mostrou claramente como a primazia de Hunt na Beaux Arts garantiu a sua posição dominante no cenário da Costa Leste. Ware fora recomendado para o MIT e para Columbia por Hunt (Baker, op. cit., p. 100s., 459).
36. No tocante ao enfoque de Perrault sobre as ordens, ver A. Perez-Gomez, *Architecture and the Crisis of Modern Science*, p. 71s.; e J. Rykwert, *The First Moderns*, p. 41s. Acerca de uma opinião diferente, ver W. Herrmann, *The Theory of Claude Perrault*, p. 95s. Provavelmente, Hunt aprendeu o truque perraultiano do *Vignole* de Normand (ver, contudo supra, nota 11) ou de um de seus derivativos posteriores.
37. Sobre Gaudí e Viollet-le-Duc, ver T. Torii, *El Mundo Enigmático de Gaudí*, v. 1, p. 94s.
38. J.J. Sweeney e J.L. Sert, *Gaudi*, p. 122s.; T. Torii, op. cit., v. 1, p. 247s.; v. 2, p. 300s. O próprio Gaudí ocupou uma das duas casas construídas no local em 1906. Era um tipo denominado chalé, em Barcelona, e fora projetado por Francisco Berenguer, discípulo e assistente de Gaudí. Gaudí ali viveu até mudar-se para a oficina na Sagrada Família, já no fim da sua vida.
39. O extraordinário acabamento da cerâmica quebrada foi identificado como uma das fontes da técnica de colagem na pintura moderna. Conforme C. Giedion Welcker, *Bildhafte Kachel-kompositionen von Antonio Gaudi*.
40. Gaudí citado em E. Casanelles, *Nueva Vision de Gaudí*, p. 212.
41. H. d'Espouy, *Fragments d'architecture antique d'après les relevés des anciens pensionaires de l'Académie de France à Rome publiés sous la direction de H(ector) d'Espouy*, v. 1, lâmina 35, para Cori; v. 2, lâminas 6s., para Pesto. As lâminas não são numeradas e nem sempre estão encadernadas na mesma ordem. A restauração feita por Labrouste fora publicada antes em L. Dassy, *Compte-rendu sur la restauration de Paestum par Henri Labrouste* (Paris, 1879); as restaurações também tinham sido impressas em *Restauration des monuments antiques par les architectes pensionnaires de l'Académie de France à Rome* (Paris, 1877). A leve inclinação das colunas gregas dóricas foi exagerada para efeito de demonstração em G. Perrot e C. Chipiez, *Histoire de l'art dans l'Antiquité*, lâmina 7. Ver, no entanto, supra Cap. VIII, figuras, p. 227.
42. Os inúmeros autores sobre Gaudí têm sido muito reticentes sobre seu conhecimento histórico, mas um discípulo próximo, Domingo Sugranes, alegava que sua principal fonte havia sido a *Architettura antica*, de Luigi Canina (duas edições em formatos diferentes, 1830 e 1844). Canina também discutiu e fez gravuras tanto do templo em Cori (v. 3, lâmina 15), como da "Basílica" em Paestum, que (à semelhança de Labrouste) ele chamou de *Portico a Pesto*, e apresentou como tendo telhados de quatro águas e, portanto, sem frontão. Sobre o caráter "cívico" daquele telhado de quatro águas, ver L. Canina, *L'architettura antica descritta e demostrata coi monumenti*; e N. Levine, Architectural Reasoning in the Age of Positivism, p. 770s., 796s. Sobre sua exibição na Villa Medici em 1827, ver Levine, idem, p. 1-123, 912n. A dórica de Gaudí, entretanto, assemelha-se mais à de Piranesi do que à de Canina. As publicações pertinentes de Piranesi são *Antichità di Cora* (nº 537-550 no catálogo de Focillon); e *Différents vues de quelques restes de trois grands edifices qui subsistent encore dans le milieu de l'ancienne ville de Pesto* (nº de Focillon 583-599).
43. Asplund vencera a competição para o projeto de todo o cemitério em 1914, em parceria com Sigurd Lewerentz. Ver H. Ahlberg, *Gunnar Asplund, Architect*, p. 41s., 94s.; e M. Capobianco, *Asplund e il suo tempo*, p. 36s. Lewerentz projetou uma capela crematória "coríntia" bem menos afortunada (em minha opinião) no mesmo cemitério: ver J. Ahlin, *Sigurd Lewerentz, Architect, 1885-1975*, p. 70s. Também ele tornou-se moderno por volta de 1930, e permaneceu fiel à nova abordagem.
44. Sobre o Cinema Skandia, ver H. Ahlberg, op. cit., p. 46s., 112s.
45. *Chicago Tribune* (1923, lâmina 196).
46. A referência é ao Edifício Rookery em Chicago, de Burnham e Root.
47. Esta era uma coluna egípcia de Paul Gerhardt, de Chicago, que apresentou o projeto igualmente inapropriado de um obelisco (*Chicago Tribune*, lâminas 159, 160). Todavia, outro desenho, de Matthew L. Freeman, do Mississippi Agricultural and Mechanical College (lâmina 162), mostra um edifício de vinte andares com frontão, não obstante deveras despido, encimado por uma coluna dórica, de altura aproximada de dez andares a partir do centro, contendo talvez um painel elétrico. Entre os muitos projetos que têm como característica central alguma forma de anúncio elétrico, o de Erich J. Patelski (lâmina 165) apresenta uma coluna com altura de dez andares, suportando um globo iluminado no seu topo.
48. Foi reimpresso no *Inland Architect and News Records*, em maio de 1896 e, com pequenas modificações, no *Craftsman*, em julho de 1905; em janeiro de 1922, o *Western Architect* o reimprimiu, com a observação de que Sullivan não via qualquer necessidade de revisá-lo. Ver L.H. Sullivan, *Kindergarten Chats*, p. 8s., 202s. Por outro lado, Sullivan criticava fortemente o projeto de edificação da maior coluna dórica do mundo, em memória dos pais fundadores da cidade de Detroit (p. 58s.). Efetivamente, Sullivan aprendeu a importância da tripartição com William R. Ware, cuja palestra no MIT ele ouvira em novembro de 1872. Suas notas conclusivas, embora fragmentadas, encontram-se na Avery Library, na Universidade de Columbia; eu gostaria de agradecer ao dr. J.A. Chuning por chamar minha atenção para elas. Curiosamente, Montgomery Schuyler, o mais importante crítico de arquitetura da época, considerou o Union Trust Building, de George B. Post, em Nova York, como o primeiro arranha-céu tripartite. Ver Winston Weisman, em E. Kaufmann, *The Rise of an American Architecture*, p. 115s.
49. Sullivan para Loos, por volta de outubro de 1920; a carta aparentemente desapareceu embora Heinrich Kulka, discípulo e biógrafo de Loos, recorde-se de tê-la visto: o arquiteto vienense-californiano Rudolph M. Schindler atuou como intermediário. Ver B. Rukschio e R. Schachel, *Adolf Loos*, p. 246s., 252s.
50. *Chicago Tribune* (1923, p. 14s.).
51. A. Loos, citado em L. Münz e G. Künstler, *Adolf Loos*, p. 176. A curiosa noção de que havia algo jocoso no projeto de Loos é ainda perpetuada, como em T. Benton et al., *Europe*, p. 39. Ver uma discussão a respeito em B. Gravagnuolo (*Adolf Loos*, p. 175s.), se bem que mesmo ele persiste em atribuir uma intencionalidade irônica a Loos e em considerar a coluna como

um fragmento arrancado de seu contexto – análogo ao famoso urinol de Duchamp. Isso parece totalmente contrário à visão de Loos sobre o ornamento em geral e sobre as ordens em particular. Ele acreditava que os gregos ainda eram capazes de inventar ornamentos; os romanos, suficientemente menos primitivos, apenas poderiam adaptá-los. Isso é muito diferente da visão que tem Duchamp do poder do artista, de isolar e revelar algo por opção própria. De todo modo, o ornamento clássico fazia parte essencial do treinamento do arquiteto; ver A. Loos, *Trotzdem*, p. 206s. M. Tafuri (em G. Ciucci et al., *La città americana*, p. 429s.) atribuiu ao projeto, com a sabedoria de um joão-bobo (N. da T.: tradução possível do original "humpty dumpty wise"), muito mais significado do que ele podia sustentar. Uma visão mais sóbria é adotada por M. Cacciari na sua introdução a A. Loos,

Das Andere, p. 32s. O relato mais confiável sobre o episódio encontra-se em B. Rukschcio e R. Schachel (op. cit., p. 273s., 562s.). De fato, no inverno de 1922, Loos tentou confrontar-se diretamente com o Coronel McCormick (proprietário do *Chicago Tribune*) no Train Bleu, de modo a persuadi-lo a construir a coluna, apesar dos resultados da competição (B. Rukschcio e R. Schachel, op. cit., p. 281).

52. Publicado em uma edição privada, originalmente em Nice (1922); citado em L. Münz e G. Künstler, op. cit., p. 177; B. Gravagnuolo, op. cit., p. 170; e B. Rukschcio e R. Schachel, op. cit., p. 556. A mesma forma da base da coluna de Chicago já aparecera, em miniatura, na tumba do historiador de arte Max Dvořák. A pequena câmera de granito negro seria decorada em mosaico por Oskar Kokoschka.

II: A ORDEM NO CORPO

1. O pronunciamento mais famoso de Le Corbusier sobre a ordem dórica está em *Vers une architecture* (p. 165-192). Mas, em relato anterior (e menos acurado) de seu encontro com o Pártenon, no seu diário de viagem (1966, p. 123s.; 1989, v. 1, p. 120s., v. 3, p. 98s.), ele faz um relato mais detalhado e perplexo de seu encantamento. J. Petit (*Le Corbusier lui-même*, p. 39) discute a relação entre os dois textos.
2. *Gn* 6,13s.; *Ex* 25,10-27,19s.; 36,8s.; *1Rs* 6,2s. (e *2Cr* 3,3s.); *Ez* 40,5s. Na arquitetura, isso levou a uma aplicação ampla do que Erwin Panofsky denominou de "o princípio da disjunção" (*Renaissance and Renascences in Western Art*, p. 83s.). A exposição mais popular da correspondência entre o Corpo de Cristo e os arquétipos construtivos do Antigo Testamento está em Aureliano Agostinho, *De Civ. Dei*, xv.26s. Entretanto, a analogia entre o corpo e a igreja como uma instituição (se não exatamente como um edifício) já havia sido feita por São Paulo (*2Cor* 12). O estudo detalhado do paralelo entre a Arca de Noé, a Arca da Aliança e o Corpo de Cristo foi representado graficamente na importante Bíblia poliglota impressa por Plantin e editada por Benito Arias Montano, de 1569 a 1572. Sobre essas conjecturas e seus efeitos imediatos na arquitetura dos séculos XVI e XVII, ver J.A. Ramirez, *Dios arquitecto*.
3. Sobre as origens e a influência imediata do "alto criticismo", ver A. Fliche e V. Martin, *Histoire de l'église depuis les origines jusqu'à nos jours*; v. 19, por E. Preclin; E. Jarry, p. 710s.; assim como H. Jedin e J. Dolan, *History of the Church*, v. 4, p. 99s., esp. 111n; ainda que a importância capital do *Tratado Teológico-Político*, de Barukh de Spinoza, que apareceu pela primeira vez em 1670, seja frequentemente subestimada nesse contexto. Ver, ainda, M. Arnold, *Spinoza and the Bible* (p. 30s.) e sobre Richard Simon e Spinoza, ver J. Steinmann, *Richard Simon et les origines de l'exégèse biblique*, p. 50s., 208s., 373s.; entretanto, ver também B. Willey, *The Seventeenth-Century Background*, p. 76s.; e P. Hazard, *La Crise de la conscience européenne*, p. 239s. Sobre o efeito das duas *Critical Histories*, de Richard Simon, ver P. Barrière, *La Vie intellectuelle en France du XVIe siècle à l'époque contemporaine*, p. 225s., 277, 281s.; e E. Cassirer, *The Philosophy of the Enlightenment*, p. 154s. Sobre o ponto de vista crítico de Simon a respeito da recepção do texto e da natureza da tradição, ver J. Le Brun, *Sens et portée du retour aux origines dans l'oeuvre de Richard Simon*, p. 185s.
4. R.S. Neale, *Bath 1650-1850, a Social History: or a Valley of Pleasure Yet a Sink of Iniquity*, p. 183s. William Whiston, o astrônomo e teólogo arianista, expôs um modelo do templo de Jerusalém em Bath, em 1726, assim como em Bristol e em Tunbridge Wells entre 1726 e 1728; John Wood havia chegado a Bath em 1726. Whiston deu conferências durante as exposições dos modelos do tabernáculo mosaico e do templo feitos por um "Sr. Crosdale, um artesão muito habilidoso [,] [...] de cujas importantes conferências eu adicionei a essência por volta de 1728/1729 a um projeto mais amplo daquele modelo, depois de tê-lo comparado ao de *Sir* Isaac Newton [...] ao qual ele quase que totalmente correspondeu". Presumivelmente, ele está se referindo à obra *A Description of the Tabernacle of Moses and of the Temple in Jerusalem in a very large Sheet* (Londres, 1737), que foi reeditada na edição de Josefo feita por Whiston; ver Whiston, *Memoir of My Life*, p. 333s.; assim como M. Farrell, *William Whiston*, p. 324; e J.E. Force, *William Whiston, Honest Newtonian*, p. 21, 129s. Embora as conjecturas de Villalpando fossem bem conhecidas no decorrer dos séculos XVII e XVIII – ainda que apenas através do livro de Fréart de Chambray, *Parallèle de l'architecture antique et de la moderne* – poucos imaginaram o tipo de consequências que Wood elaborou. Um representante da principal tradição "estabelecida" foi Henry Aldrich, decano do Christ Church College, da Universidade de Oxford, arquiteto, músico prolífico e teólogo latitudinário que compôs um tratado popular (deixado incompleto com sua morte; *Elementa architecturae*) na qual a ordem de Villalpando é reproduzida a partir de Fréart (lâmina 14), embora não haja menção a um plágio antigo.
5. J. Wood, *The Origin of Building*, p. 71s. Sobre John Wood, ver ainda T. Mowl e B. Earnshaw, *John Wood, Architect of Obsession*. Conforme indica o próprio título do livro – *John Wood, Architect of Obsession* – os autores assumiram infelizmente uma visão paternalista com as preocupações de seu herói. A concepção de Wood é um caso particular de argumentação a partir do projeto, bastante defendido pelos teólogos latitudinários (ver G.R. Cragg, *The Church and the Age of Reason*, p. 70s.) e apoiado por muitos biólogos do século XVIII, como John Ray (particularmente em *The Wisdom of God Manifested in the Works of the Creation*); sobre Ray, ver C.E. Raven, *John Ray, Naturalist, His Life and Works*, p. 374s.; e S. Hales, *Vegetable Staticks*, p. xii e seguintes, 181s. – ainda que o *locus classicus* deva ser Robert Boyle, *The Sceptical Chymist* (mas latim 1684, alemão 1729), p. 24s. Argumentos similares aparecem em Whiston, *Astronomical Principles of Religion, Natural and Reveal'd*, p. 98s., 117s., 184s., 233s. – esta última citando Boyle. Uma das mais populares exposições do argumento foi a *Physico-Theology*, de William Derham, baseada em suas conferências Boyle de 1711 e 1712 e publicada pela primeira vez em Londres em 1713, ainda que bastante reeditada (na última vez, com o autor ainda vivo; Londres, 1798; aqui está sendo usada a primeira edição). O argumento microcósmico é tratado em conexão com o olho (v. 1, p. 139s.) e com o homem em geral (v. 2, p. 166s.). Derham também escreveu, em continuação, *Astro-Theology* (1714); bem mais tarde, em 1729, ele pregou um sermão em Bath, no qual baseou sua *Christo-Theology*, (1730).

Especulações sobre os druidas eram muito populares na Inglaterra, no fim do século XVII e primórdios do século XVIII, e antes ainda também na França. Eles eram inevitavelmente associados com os monumentos megalíticos, tais como Stonehenge e Avebury, na Inglaterra, ou as rochas de Carnac, na Bretanha; ver, por exemplo, D.P. Walker, *The Ancient Theology*, p. 73s.; J. Baltrušaitis, *La Quête d'Isis*, p. 102s.; e S. Piggott, *The Druids*, passim. A fonte direta de Wood pode ter sido a nova edição da *Brittannia* de William Camden, feita por Edmund Gibson (1695), que incorporou algumas das concepções de John Aubrey sobre o tema, que ele expusera no seu manuscrito não publicado *Monumenta Britannica*, ao qual Gibson tinha acesso. John Toland, o "miserável agitador", que parecia conhecer o bretão e o gaélico, havia publicado "A Specimen of the Critical History of the Celtic Religion and Learning, Containing an Account of the Druids... with the History of Abaris the Hyperborean", na sua póstuma *Collection of Several Pieces* (1726). Essa última foi reimpressa várias vezes, a última delas por R. Huddleston (1814).
6. A visão de Newton sobre esse assunto é apresentada no Scholium Generale para sua *Principia* (sobre cuja composição e publicação, I.B. Cohen tratou – *Introductions to Newton's Principia*, p. 240s.) e nos capítulos finais de sua obra *Optica*. Há uma correspondência negligenciada entre ele e o Rev. John Harrington, membro do Wadham College, em Oxford; Newton agradece Harrington (30 de maio de 1693; corrigido em 1698) por sua "demonstração da proporção harmônica de [...] a 47ª [proposição] de Euclides [...]

tudo isso resultante das dadas linhas 3, 4 e 5. Observarás que seus múltiplos fornecem ao desenho arquitetônico aquelas proporções que o tornam agradável aos olhos [...] Eu estou inclinado a acreditar que algumas leis gerais do Criador prevaleceram com respeito às emoções agradáveis ou desagradáveis de todos os nossos sentidos; pelo menos tal suposição não deprecia a sabedoria e o poder de Deus, e parece altamente consoante à simplicidade do microcosmo em geral."

Ver Newton, *The Correspondence*, v. 4, p. 272s. NN (Sir John Harington), *Nugae Antiquae*; e F. Webb, *Panharmonicon*, apêndice. Wood tinha lido sobre o rei Bladud (o pai do rei Lear, supostamente um mágico que morreu tentando voar) na *History of the Kings of Britain*, II.10, de Geoffrey de Monmouth (escrito por volta de 1150; *Historia Regnum Britanniae*, p. 261; ver, também, J.S.P. Tatlock, *The Legendary History of Britain*, p. 47 e 360s.). Na edição de Camden feita por Gibson (*Britannia*), ele surge como Bleyden Doith. Toland parece ter sido o primeiro a fazer a identificação entre o Bladud, de Geoffrey de Monmouth, e Ábaris, mencionado por Jâmblico em sua obra *Vida de Pitágoras*. Essa última foi traduzida, a partir da versão francesa de Dacier, por Nicolas Rowe, que tornou-se posteriormente um poeta laureado, e publicada em 1707. A obra de Toland pode, obviamente, ter sido feita independentemente da publicação de Rowe. O monoteísmo dos druidas é sustentado por Gibson (*Britannia*, p. lxxxiv, cxvi) com base em alguns comentários de Orígenes de Alexandria. Os druidas de Wood são quase uma inversão direta da descrição feita por Inigo Jones em sua obra *Most Notable Antiquity of Great Britain*, (1725, p. 2s.).

7. O diâmetro do Circus, de 318 pés, é relacionado por R.S. Neale (*Bath 1650-1850, a Social History...*, p. 196s.) com o de Stonehenge, ainda que em seu levantamento Wood refira-se ao diâmetro desse último como tendo 312 pés até a borda do fosso e 342 pés até a parte externa do fosso. W. Ison (*The Georgian Buildings of Bath*, p. 150s.) o relaciona com a dimensão da Queen's Square (embora ele mesmo forneça uma dimensão de 300 por 350 pés). T. Mowl e B. Earnsham (*John Wood, Architect of Obsession*, p. 96s., 187s.) argumentam, de forma convincente, fundamentados em uma correspondência não publicada entre Wood e Lord Oxford, pertencente ao acervo do Museu Britânico, que os números e a descrição do King's Circle ajustam-se ambos tanto à ideia de Wood sobre o Segundo Templo de Jerusalém quanto à sua reconstrução do Stone Circle, em Stanton Drew, e que a relação entre o Círculo e o Crescente constitui uma invocação do Templo do Sol e do Templo da Lua, os quais Wood havia imaginado que estivessem localizados em Stanton Drew.

8. Sua única peça subsistente, *Fontana di Trevi* (ed. C. D'Onofrio) foi impressa em Roma em 1963; sobre suas atividades teatrais, ver I. Lavin, *Bernini and the Unity of the Visual Arts*, v. 1, p. 146s.

9. Roland Fréart, Senhor de Chambray, *Parallèle de l'architecture antique et de la moderne*, ed. rev., 1702.

10. Paul Fréart, Senhor de Chantelou, *Journal de voyage du cavalier Bernin en France*, p. 18s. Essa passagem foi brevemente analisada por mim em outro lugar (J. Rykwert, *The First Moderns*, p. 30 e 34). Sobre a visita de Bernini, ver o texto mais recente de C. Gould, *Bernini in France*. Sobre a competição, ver A. Blunt, *Nicolas Poussin*, v. 1, p. 189s.; e D. del Pesco, *Il Louvre di Bernini nella Francia di Luigi XIV*. Entretanto, podem ser consultados também Lady Dilke, *Art in the Modern State*, p. 57s.; M. Soriano, *Le Dossier Perrault*, p. 124s.; e W. Herrmann, *The Theory of Claude Perrault*. O outro lado é apresentado por C. Perrault, *Mémoires de ma vie*.

11. N. Poussin, *Correspondance*, p. 65. A carta, datada de 20 de março de 1642, está endereçada a Chantelou "à la Cour" e responde à carta de Chantelou, escrita em Nimes. Sobre as ideias sintetizadas por Bernini no contexto geral de sua teoria, ver I. Lavin, *Bernini and the Unity of the Visual Arts*, v. 1, p. 9s. Ver, também, R. Wittkower e H. Brauer, *Die Zeichnungen des Gianlorenzo Bernini*, v. 2, lâmina 54a; v. 1, p. 100s.

12. O protetor de Chambray era seu primo, o poderoso Soublet des Noyers, diretor de edificações de Richelieu. Chambray tornou-se um crítico influente e tradutor: de Palladio, em 1650; da *Perspectiva* de Euclides em 1663; do *Tratado* de Leonardo, editado e traduzido, com algumas ilustrações segundo Poussin, em 1651 (e seria o pomo da discórdia entre Abraham Bosse e a Academia de Pintura; ver infra, nota 62). Ele também escreveu um ensaio original, *Idée de la perfection de la peinture* (1662). Ambos os irmãos foram patronos e correspondentes de Poussin, sendo que Chambray foi quem recebeu uma carta muito importante datada de 1 de março de 1665, frequentemente considerada como tendo sido a última declaração da posição teórica de Poussin sobre a correspondência dos sentidos: sobre isso, ver P. Alfassa, *L'Origine de la lettre de Poussin*, p. 125s.; e A. Blunt, *Nicolas Poussin*, v. 1, p. 353s., 371s. Uma carta anterior para Chantelou (24 de novembro de 1647) tece alguns comentários preliminares sobre os modos, ver N. Poussin, *Correspondance*, p. 238s., 309s.

13. R. Fréart de Chambray, *Parallèle de l'architecture antique et de la moderne*, p. 39s. Ele também considerou iconograficamente inapropriado substituir anjos ou virtudes por colunas (como era frequentemente feito) uma vez que são os vícios que deveriam ter sido punidos com a sujeição a uma sobrecarga; ver, porém, E. Forssman, *Säule und Ornament*, p. 144, 213s. A versão inglesa do *Parallèle* foi feita por John Evelyn e passou por várias edições depois de sua primeira publicação em 1664. Sobre as várias edições, ver J. Schlosser-Magnino, *La letteratura artistica*, p. 634; e D. Wiebenson et al., *Architectural Theory and Practice from Alberti to Ledoux*, III-A-14. As autoridades modernas discutidas para cada uma das ordens são Alberti, Palladio, Scamozzi, Pietro Cataneo, Daniele Barbaro (a partir de seu comentário sobre Vitrúvio de 1556/7), e o bem menos conhecido Zanini (Gianni) Gioseffe Viola, cujo livro sobre as ordens apareceu em Pádua, em 1626, assim como dois franceses, Jean Bullant e Philibert de l'Orme.

14. Sobre Shute, ver J. Summerson, *Architecture in Britain*, p. 46s., 51s.; e J. Rykwert, *The First Moderns*, p. 200, 18n. Sobre o paralelo ordem/divindade, ver S. Serlio, *I sette libri dell'architettura*, p. 126 r.

15. Sobre Hans Vredeman de Vries e seus dois filhos, Paul e Samuel, ver TB, s.v.; sobre suas ideias a respeito das ordens como análogas à completude, ver J.A. Ramirez, *Edificios y sueños*, p. 166s.

16. Shute foi, sem dúvida, adepto de Serlio. Ver J. Poleni, *Exercitationes Vitruvianae*, 1739, p. 47), citando a edição do ano de 1600 da *Opere*, de Serlio (p. 81). A primeira edição de Guillaume Philandrier apareceu em Estrasburgo, em 1543, e foi reeditada em Roma e Paris num espaço de poucos meses. Ele era geralmente conhecido pela forma latinizada de seu nome, Guillelmus Philander ou Philandrus.

17. V. Scamozzi, *L'idea della architettura universale*, v. 2, p. 37; sobre Scamozzi como arquiteto, ver F. Scolari, *Della vita e delle opere di Vincenzo Scamozzi*; F. Barbieri, *Vincenzo Scamozzi*; e R.K. Donin, *Vincenzo Scamozzi und der Einfluss Venedigs auf die Salzburger Architektur*.

18. Varrão, L.L. VIII.14; VIII.79. Portanto, também em grego; "capitel" ou "coroamento" é *kephalidon* (Filo de Bizâncio II.147); *kranion* (como coroamento: Xenofonte, *Cyr*. III.3.lxviii; como capitel, epígrafe); ou *kiokranon* ou *epikranis* (Píndaro, frags. 88, 10; Eurípides, *Iph. Taur*. 51). Em hebraico, *rosh* (1Rs, 7,21).

19. J.-F. Blondel (*Cours d'architecture...*). A edição foi organizada por Pierre Patte. Ver J. Rykwert, *The First Moderns*, p. 417, 449, 26-29n.

20. J.-F. Blondel (*Cours d'architecture...*, v. 1, p. 195s.), onde as lendas vitruvianas estão dispostas acriticamente.

21. Idem, p. 258s. Pode ser lido como uma referência às primeiras linhas da obra *De arte poetica*, de Horácio.

22. A referência parece evidente apontando para Le Blond, conhecido principalmente como pintor e gravador, mas também como o autor de um pequeno livro sobre as ordens, *Deux examples des cinq ordres de l'architecture antique* (1683), que é na verdade uma compilação do Vignola, vista através de Chambray, e um dos primeiros "Vignole de Poche". Este último teve, efetivamente, um público pequeno e o filho de Jean, Alexandre-Jean Baptiste Le Blond (ele mesmo um prolífero escritor e gravador, embora tenha morrido jovem na Rússia), parece ter convencido o crítico-editor Jean Mariette a reeditar o livro, com um novo frontispício e dedicatória, como *Parallèle des cinq ordres d'architecture* (Paris, 1710; e novamente em 1716); ver B. Lossky, *J.B.A. Le Blond*, passim. De qualquer maneira, é possível que Blondel também estivesse a par das opiniões de outro escritor-artista completamente diferente, Jean-Christophe Le Blon, nascido em Frankfurt de pais flamengos e mais conhecido como o gravador que aperfeiçoou o processo de impressão em três cores a partir dos princípios newtonianos, o que o levou a estabelecer-se em um ateliê em Londres. Após o fracasso financeiro de sua "Picture Office" e uma segunda falência, fixou-se em Paris, onde morreu em 1741; ver J. Byam Shaw, *Paintings by Old Masters at Christ Church*, p. 21s. Pupilo de Carlos Maratta, ele (quase que incidentalmente) traduziu para o inglês o ensaio francês sobre *le beau idéal* que Laurence Ten Kate tinha prefaciado para sua tradução do *Essay in the Theory of Painting* de Richardson (Amsterdã, 1728). (Esse prefácio também é citado por William Hogarth em *The Analysis of Beauty*, ainda que de forma bem menos

favorável; (1753, p. 80). A tradução foi importante o bastante para receber uma breve menção na biografia de Le Blon, da autoria de Horace Walpole, *Anecdotes of Painting in England*, v. 5, p. 258s.; ver também H.W. Singer, *Jakob Christoffel Le Blon*. Embora seja duvidoso que Blondel conhecesse aquele texto, ele pode muito bem ter se deparado com o livro de Le Blon sobre o processo de impressão em três cores, que foi publicado em Paris por Gualtier de Montdorge em 1756 e no qual ele fez algumas observações análogas sobre harmonia. Minha hipótese é de que Blondel pode ter confundido os dois Jeans por seus sobrenomes tão semelhantes; de qualquer forma, mais do que uma referência específica à arquitetura, ele pode estar refletindo uma visão sobre as artes em geral assim como foi expressa mais propriamente por Ten Kate no prefácio à Richardson, op. cit., 1728, p. xxxs.

23. Diego de Sagredo (que Blondel chama de Sangrado) foi o capelão da corte de Juana la Loca. *Medidas del Romano*, que pode também ser traduzido como *Os Métodos dos Romanos* ou simplesmente *Medidas Romanas* (algumas vezes tratado como uma mera paráfrase de Vitrúvio), apareceu em espanhol em 1526 (em Toledo, reeditado em 1549 e 1564); em português em 1541/1542; em francês em 1531 (e novamente em 1539, 1542, 1550 e 1608) e foi o primeiro livro "vitruviano" editado em todas as três línguas; ver W. Stirling-Maxwell, *Annals of the Artists in Spain*, v. 1, p. 157s. Ver, também, além disso, suas notas: 46s. As ideias de Diego foram secundadas por uma pesquisa sobre a dimensão exata do pé romano, conduzida em Salamanca e que foi tema de uma série de conferências nessa universidade.

24. Pomponius Gauricus (Pompônio Gaurico), *De sculptura*. Pompônio (ca. 1480-1530) chegou ainda muito jovem em Pádua, onde escreveu seu tratado, inserindo – depois de uma interessante, mas não muito inovadora discussão sobre a proporção humana – considerações sobre fisiognomonia baseadas na versão latina de um autor judeu do IV ou V século d.C., Adamâncio de Alexandria. O livro de Gaurico foi publicado pela primeira vez em Florença, em 1504. No mesmo ano, Bartolomeo Cocles (pseudônimo de Bartolomeo della Rocca) publicou seu livro pseudoaristotélico sobre fisiognomonia, que foi o primeiro trabalho desse tipo a ser ilustrado com xilogravuras. Lucas, irmão de Pompônio, reeditou ambos os livros depois de sua morte. Ver Gaurico, op. cit., p. 118s.

25. Sobre fisiognomonia e as belas artes em geral, ver o capítulo muito breve em J. Baltrusaitis, *Aberrations*, p. 9s., e A. Niceforo, *La fisionomia nell'arte e nella scienza*. Sobre fisiognomonia na antiguidade, ver PW, s.v., e E.C. Evans, *Physiognomic in the Ancient World*. Sobre fisiognomonia medieval, ver E. Male, *L'Art religieux de la fin du moyen-age en France*, p. 331s.; E. de Bruyne, *Études d'esthétique médiévale*, v. 1, p. 287s.; e J. Bialostocki, *Teoria i Twórczosc*, p. 52s. A grande moda das publicações astro-fisiognômicas em fins do século XV e começo do XVI está descrita, quiçá de maneira caótica, em J.B. Delestre, *De la physiognomonie*, p. 23s. Ver ainda E. Battisti, *L'Antirinascimento*, p. 209s. Havia muitas edições de incunábulos de Michael Scotus (algumas listadas por L. Thorndike, *Michael Scot*; ver infra, nota 33), por exemplo, e o livro continuou a gozar de ampla popularidade mesmo no transcorrer do século XVI.

26. *De humana physiognomonica* apareceu pela primeira vez em Nápoles em 1586, alguns anos após ter sido submetida aos censores. Foi sugerido que a reivindicação de Della Porta do livre arbítrio tinha a intenção de acalmar as autoridades. Houve várias reimpressões, sendo que as mais relevantes aqui são as duas francesas, de 1655 e 1665. A obra de Della Porta é apenas a mais importante e popular dentre esses livros, muitos deles escritos por clérigos. Seus autores tendiam a associar fisiognomonia com quiromancia, várias formas de astrologia e terapêuticas simples – ou mesmo introduções à lógica.

27. Muito pouco se conhece a respeito de Tomás de Celano, entretanto, ver F.J.E. Raby, *A History of Christian-Latin Poetry from the Beginning to the Close of the Middle Age*, p. 443s.; E.R. Curtius, *European Literature and the Latin Middle Ages*, p. 317s., 389s. A tradução é de W.J. Irons, *English Hymnal*, 351n.

"Em nenhuma outra época, desde os clássicos dias da lei romana, tão grande parcela da soma total do esforço intelectual foi devotada à jurisprudência" (F. Pollock e F.W. Maitland, *History of English Law*, citado em C.H. Haskins, *The Renaissance of the Twelfth Century*, p. 194).

28. Honório de Autun, descrevendo o "dia do Juízo Final" em seu *Elucidarium* (III, parágrafos 12-15; PL 172, p. 1165s.) um século antes de Tomás de Celano, citou em julgamento "os livros dos profetas, dos apóstolos, […] e o mais perfeito, que é a vida de Cristo." Honório e Tomás de Celano referem-se às passagens nas Escrituras nas quais foi pronunciada uma sentença e foram abertos os livros (livros celestiais): *Jr* 17,1; *Dn* 7,10; *Sl* 56,9 e acima de tudo *Ap* 5,1s.; 20,12s. O livro de Honório foi traduzido muitas vezes e usado como fonte por artistas. O Cristo Majestoso é repetidamente representado segurando um Evangelho; na arte cristã primitiva, ele é frequentemente visto como o legislador, entregando um pergaminho para Pedro. A transição (da figura de Cristo) de majestoso portador do livro para juiz universal é clara no tímpano de São Trófimo em Arles, para citar um antigo e esplêndido exemplo. Enquanto em Vézelay o Juiz já está mostrando Suas mãos feridas, na tradição cristã bizantina (Ele) é frequentemente mostrado segurando o Evangelho ou um livro escrito. No "dia do Juízo Final" bizantino, ele está normalmente "atormentado", como no importante mosaico de Torcello. Esse livro de julgamento é um dos aspectos do "grande livro" estudado por Hans Blumenberg, *Die Lesbarkeit der Welt*, embora se deva observar que o *liber* em questão é um novo tipo de artefato: o códice raro realmente apareceu nos tempos imperiais, mas no século VII os volumosos rolos de pergaminho ainda estavam sendo escritos.

29. Sobre Raymond de Marseille e sua apologia, ver M.-T. d'Alverny, Astrologues et théologiens au XIIe siècle, *Mélanges offerts à M.-D. Chenu*, p. 36s. A astrologia zodiacal foi explicitamente condenada por muitos dos primeiros padres da Igreja (Minucius Felix; Tertuliano; Aureliano Agostinho, *De Civ. Dei* V, 3s.; Gregório Magno, *Hom. Ev.* II; PL 76, p. 1110s.), como a adivinhação em geral fora proibida diversas vezes no Antigo Testamento (*Jr* 27,9; *Ez* 28,28). Eles se apoiavam frequentemente nos argumentos usados pelo cético helênico Carnéades de Cirene contra os físicos estóicos (ver D. Amand, *Falisme et liberté dans l'antiquité grecque*, *Recueil des travaux d'histoire et de philologie*), bem como nos Concílios de Saragoza, em 380, de Toledo, em 400 e de Braga, em 561, cujo décimo cânone é explícito: *Si quis duodecim signa vel sidera quae mathematici observare solent, per singula animae vel corporis membra dissipata credunt et nominibus Patriarcharum adscripta dicunt, sicut Priscillianus dixit, Anathema sit*. Prisciliano de Ávila, cujas ideias foram condenadas, foi o primeiro heresiarca a ser queimado na fogueira em 385. Ele havia tentado estabelecer uma tipologia bíblica do zodíaco assimilando os signos aos doze patriarcas. O Concílio de Toledo fulminou suas ideias, entretanto, os cânones de Braga mostram que as ideias de Prisciliano perduraram, a despeito da perseguição. Na realidade, Prisciliano parece ter sido realmente ortodoxo, ainda que fosse um ascético feroz. Ver E.C. Babut, *Priscillian et le priscillianisme*; e B. Vollmann, *Studien zum Priszillianismus*. Porém, ver, também, Cap. III infra, nota 1, p. 384. Além disso, Isidoro de Sevilha distinguiu claramente a astronomia – o estudo natural dos astros em seus movimentos – da astrologia, uma forma adivinhatória da observação das estrelas, *Etym.* III.27. E, realmente, a astrologia divinatória (contrária à astrologia médica) quase não foi praticada na Europa durante a segunda metade do primeiro milênio d.C.; ver F. Saxl, The Revival of Late Antique Astrology, *Lectures*, v. 1, p. 75s.; e F. Boll, *Sternglaube und Sterndeutung*, p. 30s. Todas essas circunstâncias tornaram a primeira apologia cristã completa da astrologia judiciária de Raymond de Marseilles uma obra muito corajosa.

Contudo, as condenações não pararam ali. Em 1559, Paulo IV colocou um certo número de livros de astrologia e de quiromancia no *Index expurgatorum*, sendo seguido pela condenação geral de Xisto V, em 1585. Condenações em outros países foram bastante comuns, como na Inglaterra: 4 por Elizabeth I, 39. Modificadas por 13 Ana, 26; e a seguir por 17 Jorge II, 5. O Vagrancy Act (Ato de Vadiagem, 1824), que substituiu a legislação anterior, limitava as sanções à quiromancia. Obviamente todas as práticas adivinhatórias eram suspeitas para a Igreja, mesmo que os teólogos ultraortodoxos admitissem a influência das estrelas sobre o corpo e até sobre a alma; ver São Tomás de Aquino, *Ep. Reg.* Dante expressa a visão ortodoxa no *Purgatório* XVI, 16.64s, pela boca de um cavalheiro veneziano, Marco Lombardo. A mais célebre condenação escolástica da astrologia é a de Nicolas Oresme (*Livre de divinacions*; as visões de alguns contemporâneos – Jean Gerson, Pierre d'Ailly – são discutidas na p. 39s.). Entretanto, Nicolas também demonstra a natureza não científica e não teológica do procedimento astrológico em seu *Ad pauca respicientes*, proposições 19 e 20 (p. 425s.), ambas argumentando que conjunções planetárias são infinitamente variáveis e que o procedimento não reconhece o livre arbítrio.

30. W. Wetherbee, *Platonism and Poetry in the Twelfth Century*; B. Silvestris, *De mundi universitate*, e Trad. de Wetherbee (1973). Sobre questões gerais, ver R. Javelet, *Image et ressemblance au douzième siècle*, passim. São Tomás não utiliza a imagem do microcosmo frequentemente; ver, no entanto, *Sum. Th.* pt I, qu. 96, n. 2; *De Reg. Prin.* I.12.

31. John de Salisbury, *The Letters of John Salisbury*, v. 2, 1979, p. 61; 1848, v. 3, 261s.; v. 4, 1s. O texto, que existe em inúmeros manuscritos, foi editado

32. pela primeira vez antes de 1500; o *Policraticus* foi reeditado com frequência e em muitas línguas. John alega fundamentar seu ensinamento no *Institutio Trajani*, de Plutarco, uma obra de outro modo desconhecida; ver R.H. Barrow, *Plutarch and His Times*, p. 47s.; e H. Liebschütz, *Medieval Humanism in the Life and Writings of John of Salisbury*, p. 24s., 43s.

32. (Guillaume) Durandus de Mende I.14, *The Symbolism of Churches and Church Ornaments*, p. 24s.; uma breve referência similar aparece no *Mitrale*, de Sicardo de Cremona (*PL* 213, p. 35s). Este árido texto é baseado nos escritos mais exaltados de Pedro de Celle (*PL*) e Honório de Autun, o enigmático teólogo (provavelmente alemão), ainda que, de fato, Durandus mencione Ricardo de São Victor. Porém, todos eles ecoam Santo Agostinho (*Enarr. in Ps.* 39, 126), bem como Máximo, o Confessor, sobre o qual ver H.U. von Balthazar, *Liturgie cosmique*, p. 246s. Entretanto, ver J. Sauer, *Symbolik des Kirchengebäudes und seiner Ausstattung in der Auffassung des Mittelalters*, p. 98s., 291s.

33. L. Thorndike (*Michael Scot*, p. 5s., sobre os manuscritos; p. 87s., sobre as fontes helenísticas e árabes da fisiognomonia. Sobre Michael Scotus, como tradutor de Aristóteles, ver F. Copleston, S.J., *A History of Philosophy*, v. 2, p. 206s. Sobre seu lugar na corte de Frederico II, ver E. Kantorowicz, *Kaiser Friedrich der Zweite*, p. 313s., 323s.; e, mais recentemente, D. Abulafia, *Frederick II, A Medieval Emperor*, p. 254s.

34. Sobre as fontes astrológicas de Michael Scotus e Pietro d'Abano, ver F. Boll, *Sternglaube und Sterndeutung*, p. 38s., 55s. Sobre a *Physiologus*, de Pietro d'Abano, e sua relação com sua astrologia, ver S. Ferrari, *I tempi, la vita, le dottrine di Pietro d'Abano*, p. 190s., 413s.; *Per la biografia e per gli scritti di Pietro d'Abano*, p. 629s.; e E. Pascietto, *Pietro d'Abano, medico e filosofo*, p. 139s. Sobre sua parte no planejamento das pinturas astrológicas de Giotto no Palazzo della Ragione, em Pádua, ver F. Saxl, *La fede astrologica di Agostino*, p. 14s. As pinturas foram desfiguradas no incêndio de 1420 e restauradas por Niccolo de Miretto (ou Mireti: Vasari, *Vite*, v. 3, p. 639s.), usando o *Astrolabium* de Pietro d'Abano como guia.

35. U.V. Chatelain, *Le Surintendant Nicolas Foucquet*, p. 321s., 379s.; e B. Teyssèdre, *Roger de Piles et les débats sur le coloris au siècle de Louis XIV*, p. 35s.

36. Ainda que o desenho fosse também atribuído ao próprio Bernini possivelmente pela primeira vez por Piganiol de la Force em seu guia de Paris, talvez porque o filho de Marin, abade de la Chambre, escrevera uma biografia de Bernini. O túmulo foi entalhado por Jean-Baptiste Tuby, um escultor de origem italiana, mais conhecido como o colaborador de Coysevox (A. Blunt, *Art and Architecture in France*, p. 254, 103n; H. Jouin, *Charles Le Brun et les arts sous Louis XIV*, p. 254, 1n, p. 615s.). Essa foi uma das esculturas transferidas para o Musée des Monuments Français na época da revolução (n. 190; A. Lenoir, *Musée Impérial des Monuments Français*, p. 257), encontrando-se agora em Versalhes.

37. Sobre o desacordo crucial entre Descartes e Cureau referente à natureza da luz (Cureau sustentava que era apenas qualidade, enquanto na visão de Descartes era uma substância), ver A.I. Sabra (*Theories of Light*, p. 137s), que também trata da controvérsia de Descartes com Pierre de Fermat. Sobre o *plenum* cartesiano, ver A. Kenny (*Descartes*, p. 204s., comentando sobre a "Resposta à Sexta Objeção" de Descartes) e B. Williams, *Descartes*, p. 208s.

Das obras de Cureau, *Les Charactères des passions* apareceu originalmente entre 1648 e 1662, em quatro volumes; *L'Art de connoistre les hommes*, em três volumes, em 1669. Mas, ainda haveria muito mais: nos volumes de 1659 (p. 424), a lista inclui 21 capítulos sobre as "Paixões" (presumivelmente aqueles publicados), 100 sobre as "Virtudes e Vícios", 52 sobre os "Temperamentos", 29 sobre "Anatomia Animal Comparada", 50 sobre a "Beleza do Homem e da Mulher", 60 sobre a "Influência do Clima", 20 sobre as "Mudanças Provocadas pela Idade, Estilo de Vida, etc." e um volume extra sobre "Dissimulação" que formariam uma vasta "Arte de Conhecer os Homens".

38. Particularmente, a doutrina do "amor por afinidade" foi diretamente emprestada do comentário de Ficino sobre o *Banquete* de Platão; de fato, ele reconhece Marsílio Ficino nesse ponto de vista específico. Na visão de Cureau, a atividade dos espíritos em nossos corpos não era instrumental apenas para provocar as paixões, mas era necessária para explicar fenômenos tão diferentes (e de outra forma incompreensíveis) como o arco-íris, as enchentes fertilizantes do Nilo e aquilo que ele chamava de amor por afinidade. Esses temas foram recorrentes durante sua vida – embora ele também tenha continuado a refinar sua concepção sobre o processo digestivo, o qual (ele acreditava) dependia da dissolução dos espíritos no estômago: ver A. Darmon, *Les Corps immateriels...*, p. 18, 23s. Galeno já havia considerado os espíritos como indispensáveis para explicar o funcionamento do corpo.

Um tema, bastante importante e extenso para esta nota de rodapé, diz respeito à forma pela qual a metáfora do microcosmo foi adaptada para absorver a visão de Copérnico do sistema solar. Contudo, um relevante e conspícuo exemplo é sugerido na dedicatória feita por William Harvey para Carlos I da Inglaterra ([1628] *Exercitatio anatomica de motu cordis et sanguinis in animalibus*, p. A2, v) em seu livro sobre a circulação sanguínea: "O coração das criaturas é o fundamento da vida, o príncipe de tudo, o Sol de seu microcosmo, do qual toda a vida vegetal depende [...] Da mesma forma, o rei é o fundamento de seu reino, o Sol de seu microcosmo e o coração de seu Estado, de onde emana todo o poder e compaixão". Portanto, a divisão da face em Le Brun, refere-se à mudança da metáfora de "coração como príncipe" para "cabeça como príncipe".

39. Sobre a oposição "antropológica" entre Cureau e Descartes, ver A.G.A. Balz, *Cartesian Studies*, p. 42s. Contudo, ver também o "Éloge" de Cureau por Condorcet, *Oeuvres*, v. 2, p. 3s.

40. "De minha parte, é minha opinião que a alma recebe as impressões das paixões no cérebro e que sente o efeito dessas impressões no coração. Os movimentos externos que tenho observado me confirmam fortemente esta opinião"; Le Brun, *Conférence*, trad. J. Montagu, em Montagu, *Le Brun's conférence sur l'expression générale et particulière*, p. 27.

Sobre os empréstimos tomados por Le Brun de Descartes, Cureau de la Chambre e de outras autoridades, ver Montagu (idem, passim). São listados principalmente os provindos diretamente de Descartes; por outro lado, o primeiro biógrafo de Le Brun, Claude Nivelon, achou necessário defendê-lo de uma denúncia anônima que o acusava de plagiar Cureau. A biografia permaneceu manuscrita (Bibl. Nat., Fond Français 12987). Ver A. Fontaine, *Les Doctrines d'art en France*, p. 100s. De dois acadêmicos mais jovens, Michel Anguier (que também ensinava anatomia e as proporções das estátuas antigas depois de 1669) analisou mais particularmente os efeitos da raiva (1675) e Pierre Mosnier (ou Monier), os efeitos do amor (1698). Ver B. Teyssèdre, *Roger de Piles et les...*, p. 126, 160, 207. Com o renascimento do interesse pela fisiognomonia, alguns desenhos foram litografados por L.-J.-M. Morel d'Arleux, em sua "Dissertation sur un traité de Charles Le Brun concernant le rapport de la physiognomie humaine avec celle des animaux", como um apêndice para a monumental edição de J.-M. Moreau de la Sarthe da *Physiognomonie*, de Lavater (1806). Ver J. Montagu em *Charles Le Brun* (n. 130-137). Charles Darwin tinha conhecimento desse texto pela sua reedição de 1820, ver C. Darwin, *The Expression of the Emotions in Man and Animals*, p. 1.

41. Sobre a rejeição explícita por parte de Cureau, em seu *Le Système de l'âme*, do ensinamento cartesiano referente à glândula pineal ver A. Darmon, *Les Corps immateriels*, p. 36s. Em sua *L'Art de connoistre les hommes* (p. 189s.) ele tenta conciliar sua doutrina dos espíritos com a descrição de Harvey sobre a circulação; no mesmo livro (p. 326s.), ele sugere o delineamento de um "Tratado sobre a simulação" que nunca escreveu, mas que deveria relacionar exatamente a linguagem do corpo com as paixões da alma. No entanto, ver Darmon, p. 39, 43s.).

42. Descartes tinha uma ideia muito clara sobre a distinção entre o homem, o "autômato espiritual" e o mecanismo animal. Ver H. Caton, *The Origin of Subjectivity*, p. 74s. Caton refere-se ao relato, um pouco fantasioso, de Descartes sobre o funcionamento da glândula pineal (op. cit., p. 89s.). Ele distingue claramente e busca reconciliar a visão de Descartes da relação corpo-mente, na Sexta Meditação, com as noções mais complexas da obra *Les Passions de l'âme*, na qual a paixão inclui toda a percepção, tudo o que não é "produto da alma", mas provém do exterior, pela volição. No entanto, "a mesma alma que é sensitiva é também racional, e todos os seus apetites são também volições". O conflito entre volição e reflexão está localizado na glândula pineal (p. 182s., 194s.). Spinoza menosprezou a dependência conceitual de Descartes em relação à glândula pineal, conforme indica o prefácio da parte 5 de sua *Ética*, p. 244s.; ainda que deva ser visto também o final da seção 3, Definição Geral das Emoções, p. 185s.). A dualidade que forçou a dependência de Descartes da ideia da glândula pineal permaneceu como um problema para os filósofos; ver R. Rorty, *Philosophy and the Mirror of Nature*, p. 54s., 95s.

A teoria da cor, de Cureau, foi demonstrada em *L'Iris* (i.e. *O Arco-íris*, 1650), ainda que sua influência sobre Le Brun, até onde eu sei, não tenha sido estudada.

A formulação mais clara de Descartes da ideia de que a boca é regulada pelo coração está em seu Traité de l'homme, *Oeuvres* (p. 844s.). Embora escrito entre 1630 a 1635, foi editado pela primeira vez em francês, postumamente, em 1664, ainda que uma tradução latina tivesse aparecido em Leyden em 1662. Esse texto ficou acessível bem antes em seu *Les Passions de l'ame*, que Elzevier publicara em 1649 (parágrafos 34s.; 1958, p. 712s.).

Sobre o rosto como um mostrador, ver J. Montagu (*Le Brun's conférence sur l'expression générale et partculière*, p. 60; *Roman Baroque Sculpture: The Industry of Art*, p. 53s.). Ela atribui o termo a *Sir* Ernst Gombrich.

43. Ver M. Fumaroli, *Le Corps eloquent*. Em relação a este contexto, são particularmente interessantes as *Peintures morales*, de Pierre Le Moynes, de 1640-1643; idem, *L'Age de l'eloquence*, p. 379s.

44. Essa foi a visão adotada pelo estudioso Giovanni Pierio Valeriano de Belluno, ao escrever sobre a cabeça e outras partes do corpo como fontes hieroglíficas (*I ieroglifici*, p. 396s., 478s.). Sobre essa questão, ver P. Rossi, *Clavis universalis*, p. 208s.; M. Fumaroli, *Le Corps eloquent*, p. 238s.; e D.P. Walker, *The Ancient Theology*, p. 98s. *Chirologia, or the Natural Language of the Hand... whereunto is added Chironomia or the Art of Manuall Rhetoricke* foi o título do livro escrito por John Bulwer, cuja principal preocupação era ajudar os surdos-mudos, mas que também viu as implicações filosóficas do assunto; sobre Bulwer, ver DNB, s.v., e A.-M. Lecoq, Nature et rhétorique, *Dix-septième siècle*, no. 132, p. 265s. A respeito da influência dessas discussões sobre a noção de *actio*, a linguagem dos gestos no teatro, ver A. Goodden, *Actio and Persuasion*, esp. p. 12s. Curiosamente, Charles Coypel, que exerceu uma influência considerável sobre essas ideias no século XVIII, era neto de Noel, assistente e sucessor de Charles Le Brun.

45. Apologie de Raymond Sebond, em M. de Montaigne, *Oeuvres*, L. II, Cap. XII, p. 436; entretanto, ver também M. Fumaroli, *L'Age de l'eloquence*, p. 237s. A.G.A. Balz (*Cartesian Studies*, p. 52s.) permanece o melhor relato do débito de Cureau para com Descartes. Cureau considerava que os animais também podiam pensar, assim como os seres humanos, embora não tivessem o dom da imaginação e da generalização; sobre a questão específica da alma influenciando ou dirigindo o corpo humano pelo movimento, ver p. 62s. A descrição de Balz fundamenta-se especialmente no *Traité de la connaissance des animaux*, de Cureau.

46. Naquele tempo Casaubon estava lecionando em Montpellier. O termo "ético" foi introduzido no título por Diógenes Laércio. Várias edições estão listadas em *Caracteres*, de Teofrasto, p. 31s. Uma descrição útil de seu débito para com Aristóteles é fornecida por E. Voegelin, *Order and History*, v. 3, p. 362s. Sobre a leitura inicial da edição de Casaubon, ver B. Boyce, *The Theophrastan Character in England*, p. 44s. Os textos em inglês foram compilados por H. Morley, *Character Writings of the Seventeenth-Century*. Sobre a influência de La Bruyère na literatura posterior, ver J.M. Smeed, *The Theophrastan Character*, especialmente o apêndice Character and Physiognomy (p. 292s.). Fica claro pelo próprio prefácio de Teofrasto e pela menção feita por Eustácio de Salônica (ad Il. 93.21) ao contraste entre o homem corajoso e o covarde que Teofrasto também descreveu "bons" caracteres em seu livro ora extraviado (ad Il. 93.21).

47. *Les Caractères de Théophrastes traduits du grec avec les caractères ou les moeurs de ce siècle* (1688) foi reeditada anualmente. Sobre La Bruyère, ver C.-A. Sainte-Beuve, *Portraits littéraires*, v. 1, p. 389s. Sobre a influência de La Bruyère na literatura posterior, particularmente no romance, ver J.M. Smeed, *The Theophrastan Character*, que traz um apêndice (p. 292s.) sobre a relação entre caráter e fisiognomonia.

48. Shaftesbury, *Characteristicks of Men*, v. 3, p. 380s.; B. Rand, *Second Characters*. Teofrasto é mencionado como fonte para La Bruyère apenas nos fragmentos póstumos (B. Rand, *Second Characters*, p. 99, 5n). No início do ensaio inacabado Plastics (p. 90s.) Shaftesbury define três tipos de caracteres: 1. notas ou marcas (i.e., significadores); 2. sinais, signos ou *sigilla*, que alguns chamariam hoje de signos icônicos; e 3. a forma "intermediária", emblemática. Esses três caracteres são radicalmente diferenciados por Shaftesbury a partir da aplicação do conceito de "verdadeiro" (i.e., natural e simples) e "falso" (bárbaro e misturado, enigmático). Uma mescla da primeira e da segunda categorias (assim como nos hieróglifos egípcios) seria totalmente inaceitável. Ver ainda D. Leatherbarrow, *On Shaftesbury's Second Characteristics*, Tese de doutorado; Character, Geometry and Perspective, *JGH*, 4.4, p. 332s.

49. Aristóteles, *Ret.* II.12s. (1388b), mas também III.6, vii e seguintes (1408a). Ver A. Plebe (*Breve storia della retorica antica*, p. 15s.) sobre a *politropia* pré-aristotélica. Sobre o *êthos* e o *páthos* aristotélicos, ver J. Wisse, *Ethos and Pathos from Aristotle to Cicero*, p. 36s., 60s.; Plebe, *Breve storia della retorica antica*, p. 77s.; e, também, G. Kennedy, *The Art of Persuasion in Greece*, p. 92s.,

135s. Naturalmente, o *páthos* introduziu todo o tema da paixão (no sentido moderno) na retórica e, com ele, a passividade da possessão; sobre isso, ver E.R. Dodds, *The Greeks and the Irrational*, p. 185s. Neste contexto, ele menciona o enigmático *ēthos anthropos daimōn* de Heráclito (DK fr. 119), que foi traduzido tanto como "o caráter é a voz interior do homem" como "o caráter do homem é o seu gênio". Para interpretações anteriores, ver G. Colli, *La sapienza greca*, v. 3, p. 112; M. Marcovich, *Heraclitus*, p. 500s.; ver também Dodds, *The Greeks and the Irrational*, p. 46s. Sobre o uso enigmático da palavra pelos filósofos pré-socráticos – como no fragmento de Heráclito – ver M. Heidegger, *Heraklit*, v. 55, p. 215s. Charles Kahn (*Anaximander and the Origins of Greek Cosmology*, p. 252s., 260s.) desloca o peso da interpretação do fragmento do *ēthos* para *daimōn*. Nesse sentido, talvez a tradução mais correta (embora muito incômoda) deva ser: "o modo em que o homem se relaciona com o mundo ao seu redor, este é o seu destino".

Porém, no próprio relato de Aristóteles, as duas palavras também apresentam um significado mais elementar. Ao descrever as virtudes de poetas épicos, ele ressalta como Homero é ao mesmo tempo simples e patético, rico de sentimentos, ainda que na *Odisseia*, na qual as cenas de reconhecimento são abundantes, ele seja complexo e ético, preocupado com a questão da identidade: ver *Poet*. 24 (1459b). O uso do patos e do etos na antiga teoria literária foi recentemente examinado por C. Gill, The *ethos/pathos* Distinction in Rhetorical and Literary Criticism, *CQ*, 34, p. 149s.

A precisão e a fidelidade na descrição ética tornaram-se, inevitavelmente, muito valorizadas pelos críticos romanos e bizantinos das artes visuais, a maioria mestres em retórica, visto que o criticismo é verbal e eles eram os mestres das palavras; daí porque a avaliação de pinturas (assim como sua prática) era estreitamente dependente das noções da retórica.

Desenvolvimentos ulteriores desse tema foram enriquecidos pelo fato de que ambas as palavras latinas *actio* e *pronunciatio* traduziam o termo grego *hupokrisia*, dividindo as atividades de atores e oradores entre a sua linguagem gestual ou corporal e a elocução. O termo não tinha nenhuma conotação negativa em Aristóteles (*Eth. Nic.* 1118a, *Rhet.* 1386a), nem adquiriu seu sentido atual inteiramente negativo até o final do período helenístico; ver G. Kennedy, *The Art of Persuasion in Greece*, p. 12, 283s.

50. Aristóteles, *De An.* I.1 (403a5s), I.3 (407b), II.1 (411b27s; *Part. An.* II.10 (656a).

51. *Ethos* (da qual também derivam palavras como *ethnos*, significando grupos de pessoas acostumados a viver no mesmo lugar; ou *ethismos*, habituação) poderia ser transliterado mais corretamente como *ehtos* ou ainda *aythos*, uma vez que *e* é longo se tomarmos a palavra na acepção de *caráter* ou de *atitude moral*; o verbo *ethō*, entretanto, apresenta um *e* breve e, quando escrito dessa forma, *ēthos* é utilizado com o significado de "costume" ou "hábito". O uso aristotélico da palavra foi recentemente discutido por W.F.R. Hardie, *Aristotle's Ethical Theory*, p. 36s.; e E. Schuetrumpf, *Die Bedeutung des Wortes Ethos in der Politik des Aristoteles*. A mudança no sentido da palavra é bastante perceptível nos escritos dos últimos retóricos helenísticos. Ver, por exemplo, in *Peri Ideon* II. 2, de Hermógenes de Tarso (Trad. Cecil W. Wooten, *On Type of Style*; a única parte de sua *Technē Rhetorikē* a ser traduzida para o inglês, 1987, p. 70s.). Theodore Buckley, um antigo tradutor talentoso, sugeriu "humor" como um equivalente inglês, *The Canons and Decrees of the Council of Trent...*, 1851, p. 149, 2n, em referência à peça *Every Man out of His Humor*, de Ben Jonson. Em particular, ele menciona o longo discurso sobre humores de Asper, o Puritano, na introdução da peça (linhas 86s.; igualmente v. 9, p. 391s.) e refere-se à condição da teoria humoral na literatura inglesa no início do século XVI. A adaptação dos humores foi denominada *krasis* – mistura, composição, combinação – como no título do livro de Galeno sobre os temperamentos, *Peri kraseōn*. O termo "temperamento" tem sido preferido por outros tradutores.

A precisão ética de *ekphrasis* não foi efetivamente examinada. A palavra aparece em um contexto relativamente diferente no retórico *Technē* atribuído a Dioniso de Halicarnasso (XI.88) e o procedimento é recomendado como um exercício na *Progumnasmata*, atribuída a Hermógenes de Tarso, que se tornou muito popular com os escritores bizantinos. Eles, por sua vez, transmitiram a habilidade para os retóricos italianos dos séculos XIV e XV; ver K. Krumbacher, *Geschichte der Byzantinischen Literatur*, p. 454s.; e M. Baxendall, *Giotto and the Orators*. Recentemente, esse termo foi utilizado de forma um tanto abusiva cobrindo toda e qualquer descrição de pintura ou escultura. Ver R.A. Macdonald, Ekphrasis, Paradigm Shift, and Revisionism in Art History, p. 112s.

Na *Retórica*, Aristóteles retoma o tema diversas vezes: o modo como o *ēthos* do próprio orador é parte de seu poder persuasivo (1.2.iv; 1356a); como a natureza do argumento deve ser relacionada ao caráter do governo da cidade na qual o discurso é feito (1.8.i; 1365b); como a natureza das diferentes disposições "éticas" relaciona-se à idade e à sua fortuna (com maior detalhamento II.12s, 1388b). Sobre o valor da narrativa ética no discurso indireto (particularmente no estilo epidítico), ver III.16 (1416b) a respeito do estabelecimento de caráter através do relato de uma anedota.

52. Quintiliano, VI.2.ii.
53. A palavra é usada quase que alternadamente com *sphragis* (esfragística), um selo, na literatura patrística anterior. No entanto, o relato de Agostinho da doutrina não utiliza essa palavra, mas *signum dominicum* ou *consecratio* (CSEL, v. 52, p. 355; v. 51, p. 79). O precedente paulino é normalmente citado a partir de *Ef* 1,13 e *2Cor* 1,21s.

    Sobre o paralelo entre o grego *charaxi* e o acadiano *hurassu*, ver W. Burkert, *The Orientalizing Revolution*, p. 38, 175, 19n. Conforme ele ressalta, este paralelo é mencionado por LSJ, mas ignorado por PC. Não obstante, a palavra *hurassu* é utilizada com o significado de "escrita" na epopeia de Gilgamesh (1.1.viii).

54. As conferências de Le Brun foram apresentadas pela primeira vez na Academia nos dias 6 de outubro e 10 de novembro de 1668; os desenhos foram mostrados para Colbert no dia 28 de março de 1671. A primeira publicação de *Physiognomy*, com apenas alguns desenhos gravados e um texto abreviado foi de J. de Lorne e E. Picart (Amsterdã e Paris, 1698); ver B. Teyssèdre, *Roger de Piles et les...*, p. 628s. Ver, também, A. Fontaine (*Quid senserit Carolus Le Brun de arte sua*, p. 105s., sobre o texto mutilado de Nivelon, e p. 105, 117s.; 1909, p. 68s.; *Académiciens d'autrefois*). Para uma crítica da abordagem de Le Brun, que ele compartilhava com muitos pintores, ver R. de Piles, *Cours de peinture par principes*, p. 146s. Ver, também, B. Teyssèdre, *L'Histoire de l'art vue du grand siècle*, p. 162s.; e N. Bryson, *Word and Image*, p. 44s.

    A aplicação de triângulos equiláteros às faces animais é claramente demonstrada em alguns desenhos do Louvre. Eles foram posteriormente rotulados e explicados em uma publicação de Morel d'Arleux. Alguns dos desenhos foram reeditados por L. Métivet, *La Physionomie des animaux d'après les dessins de Charles Le Brun*. Sobre tudo isso, ver J. Baltrusaitis, *Aberrations*, p. 25s.

55. Houve, pelo menos, três diferentes versões das conferências executadas em gravuras (por Hubert Tastelin, Sebastien Le Clerc e Bernard Picart, todos esplêndidos gravadores) que foram utilizadas ao longo de muitas edições, atravessando o final do século XVII, o século XVIII até o século XIX. A lista é fornecida por J. Montagu, *Le Brun's conférence sur l'expression générale et particulière*, p. 289s.

    Um interesse apaixonado pela fisiognomonia desenvolveu-se entre cientistas e artistas do século XVIII; provavelmente, seu mais famoso representante foi Johann Kaspar (ou Gaspard) Lavater e sua obra *La Physionomie ou l'art de connaître les hommes*, de maneira geral benevolente, publicada pela primeira vez em 1773 (a edição aqui mencionada é a de H. Bacharach, 1845). De fato, ele faz pouquíssimas menções a Le Brun (carta para o Conde Thun, p. 258; sobre escrita e fisiognomonia, ver p. 303). Sobre a preocupação obsessiva de Franz Xaver Messerschmidt (1736-1783), um artista da época, com a fisiognomonia, ver E. Kris, *Psychoanalytic Explorations in Art* p. 128s. O interesse igualmente obsessivo de J.J. Lequeu pela fisiognomonia, aplicada diretamente à arquitetura, não foi realmente estudado, contudo, ver P. Duboy, *Lequeu: An Architectural Enigm*, p. 179, 208, 224, 323s.

    Sobre a importância da "fisiognomonia animal" para o desenvolvimento da caricatura, ver E. Kris (*Psychoanalytic Explorations in Art*, p. 192s. [com E. Gombrich]), E. Gombrich (*Mediations on a Hobby Horse*, p. 136s.) e W. Hofmann (*Caricature from Leonardo to Picasso*, p. 38s.). Assim como outros fisiologistas posteriores Charles Bell (ver seu *Essays on the Anatomy and Philosophy of Expressions in Painting*, 1806, com várias edições publicadas durante o século XIX) assimilou Le Brun através de Peter Camper (ver nota 57 infra). Porém, ver J.A. Lemoine, *De la physiognomie et de la parole*, p. 31s. Em sua introdução, Charles Darwin (*The Expression of the Emotions in Man and Animals*) faz uma resenha da literatura. Ele conhecia Le Brun através das litografias de Morel d'Arleux constantes do apêndice da monumental edição parisiense de J.-L. Moreau de la Sarthe, feita em 1806 por Lavater; Darwin teve acesso a uma reedição de 1820 e menosprezou Camper inteiramente.

    No tempo em que Bell escreveu, os frenologistas haviam deduzido um sistema de diagnóstico mais literal a partir de observações empíricas anteriores. Goethe havia ficado fascinado pelo livro de Lavater e, inclusive, colaborou com seus *Physiognomische Fragmente* (ver suas observações sobre a fisiognomonia, 1948-1964, v. 17, p. 439s.). Embora ele tivesse rompido com Lavater por motivos religiosos, em seus últimos anos de vida ainda estava claramente atraído pelos ensinamentos de Franz Josef Gall, fundador da frenologia, cujas conferências ele ouvira em Weimar, em 1805, e quem, obviamente, considerava brilhante e cativante ao mesmo tempo (v. 11, p. 716s, 755s.). Por outro lado, embora brincasse com a ideia da fisiognomonia, o físico e escritor de sátiras Georg Christoph Lichtenberg, cinco anos mais velho que Goethe, a princípio rejeitou com muito desdém a doutrina de Lavater (Ueber Physiognomik wider die Physiognomen zur Beförderung der Menschenliebe und Menschenkenntnis) no *Göttingischer Taschenkalender* de 1778 (*Werke*, p. 171s.). No ano seguinte, ele acrescentou uma paródia sobre Lavater, na qual este último propunha especificar um caráter baseando-se nos rabichos das perucas (p. 411s.). As doutrinas fisiognomônicas ganharam uma nova credibilidade científica com a "criminologia antropológica", de Cesare Lombroso (1836-1909) e seus discípulos, sendo bastante ampliadas por E. Kretschmer (*Körperbau und Charakter*) em uma classificação positiva de "constituição, temperamento e caráter".

    Ainda há muito a aprender sobre este tema. As fontes e a influência do ensaio de Winckelmann sobre as proporções do rosto humano são ainda pouco conhecidas e os estudos pertencentes à Società Colombaria, em Florença, são recentes; ver H.-W. Kruft, *Studies in Proportion by J.J. Winckelmann*, *Burlington Magazine*, 114, p. 165s.; e M. Kunze (ed.), *Die Florentiner Winckelmann Manuskript*.

56. J. Baltrusaitis, *Aberrations*, p. 34s.; e M. Kunze (ed.), op. cit.
57. Os desenhos foram publicados por J. Baltrusaitis, *Aberrations*, p. 19s. O método foi adotado por Lavater (*L'Art de connaître les hommes par la physiognomie*, v. 2, p. 34s.) — de forma um pouco elementar — conforme ele mesmo diz — porém desenvolvido numa "ciência" madura pelo anatomista alemão Peter Camper, que por sua vez reconhece a anterioridade de Le Brun neste campo; ver Baltrusaitis, *Aberrations* p. 37s.
58. Gérard (ou Gaspard) Désargues (ou Des Argues) publicou muito pouco de seus próprios escritos e entre esses alguns não sobreviveram. Os textos conhecidos foram compilados pelo historiador da matemática, Noël Poudra (*Oeuvres de Désargues réunies et analisées*), que justificou o lugar de destaque que tem sido atribuído a Désargues por seus contemporâneos e alguns outros poucos matemáticos posteriores. Ver W.M. Ivins, *Art and Geometry*, p. 103s.
59. G. Janneau (*La Peinture française au XVIIe siècle*, p. 144s., 166s.) e H. Jouin (*Charles Le Brun et les arts sous Louis XIV*, p. 142s.) particularmente do ponto de vista de Le Brun. Ver, porém, o relato pessoal de Bosse em *Le Peintre converty aux précises et universalles règles de son art* (p. 2 v.f.); A. Blum, *Abraham Bosse et la société française au dix-septième siècle*, p. 46s.
60. Sobre o lugar dos métodos de Désargues-Bosse na história das construções perspectivas, ver L. Vagnetti, *Studi e documenti di architettura*, p. 354s., 389s.
61. Sobre os precedentes e o desenvolvimento dos anamorfismos no século XVII, ver J. Baltrusaitis, *Anamorphoses*; ele examina a discussão entre Bosse e a Academia nesse contexto (p. 69s.), e a relaciona a ideia de Descartes sobre a percepção visual (p. 64s.). A Quarta Meditação é sua assertiva mais articulada. Sobre a desconfiança de Descartes quanto à *percepta*, ver B. Williams, *Descartes*, p. 207s., 214s.; A. Kenny, *Descartes*, p. 24s., 218s.
62. O próprio Bosse divulgou sua querela com a Academia através de três panfletos em 1660, 1661 e 1667. Ver, também, B. Teyssèdre, *Roger de Piles et les...*, p. 53s.
63. As duas querelas com a Academia foram devidas em primeiro lugar à proposta de adoção da tradução feita por Fréat de Chambray do *Trattato* de Leonardo, com suas ilustrações atribuídas a Poussin, como texto modelo sobre perspectiva em preferência ao de Désargues-Bosse. Logo a seguir, Bosse escreveu para Poussin, que respondeu — em uma carta publicada por Bosse após a morte de Poussin — condenando as ilustrações nas quais (conforme dizia a carta) ele havia desenhado apenas as figuras. Alguns acadêmicos considerariam a carta espúria. Ver B. Teyssèdre, *Roger de Piles et les...*, p. 129s.; e J. Bialostocki, Poussin et le *Traité de la peinture* de Léonard, em A. Chastel, *Nicholas Poussin*, v. 1, p. 133s. No tocante às observações sarcásticas sobre Blondel e a circunferência da êntase, ver A. Bosse, *Traité des manières de dessiner les ordres de l'architecture en toutes leurs parties*, fol. 33. O principal objetivo de Bosse era a redução das ordens para uma regra mensurável'.
64. Ver A. Bosse, *Traité des manières...*, fol. 1.
65. J. Rykwert, *The First Moderns*, p. 33s.; A. Perez-Gomez, *Architecture and the Crisis of Modern Science*, p. 30s.

66. C. Perrault, *Les Hommes illustres qui ont paru en France dependant ce siècle*, v. 1, p. 91. Perrault já havia ficado do lado de Marin em outra controvérsia – a respeito da capacidade dos animais de pensar e formular conceitos abstratos; ver A. Picon, *Claude Perrault ou la curiosité d'un classique*, p. 82s.
67. *Livre d'architecture contenant les principes généraux de cet art...* (1745). A enorme popularidade dos tratados em hexâmetros ao estilo de Horácio sobre artes visuais começa com *De arte graphica*, de Charles Alphonse Du Fresnoy, publicado pela primeira vez em 1668 e difundido na Inglaterra pela tradução de Dryden (1695). Ver J. Schlosser-Magnino, *La letteratura artistica*, p. 635; e L. Lipking, *The Ordering of the Arts in Eighteenth-Century England*, p. 38s. Tanto Boffrand como Du Fresnoy publicaram textos paralelos em latim e francês.
68. As ideias de Robert Morris estão resumidas em suas *Lectures on Architecture* (1736; 1759, 2ª ed.). Com relação aos dicionários, o de Sulzer (um dos mais extensos), refere-se ao termo apenas para pintura, escultura e poesia; J.G. Sulzer, *Allgemeine Theorie der Schönen Künste*, s.v. Charakter.
69. J.-F. Blondel, *Cours d'architecture...*, v. 1, p. 104.
70. A versão francesa traduz o título do livro de Sagredo como *Raison d'architecture antique*. Sobre Diego de (ou da) Sagredo, ver supra, nota 23; W. Stirling-Maxwell, *Annals of the Artists in Spain*, v. 1, p. 157s.; N. Llewellyn, Two Notes on Diego da Sagredo, p. 292s.; e J.A. Ramirez, op. cit., p. 132s. Um fac-símile da edição de Toledo de 1549, com comentários, foi publicado em 1986 (editado por Fernando Marias e Agustín Bustamante).
71. Sobre Leon Picardo, ver W. Stirling-Maxwell, *Annals of the Artists in Spain*; ele parece ser mais conhecido por sua amizade com o Conde Salvatierra do que como pintor. Não obstante, ele foi pintor da corte para o Condestável de Castilha, em Burgos, em 1514 a 1530, e duas de suas pinturas, a *Anunciação* e a *Purificação da Virgem* encontram-se no Prado (n.s 2171, 2172).
72. P. Gaurico, *De sculptura*, p. 76s., 94s.
73. Diego de Sagredo, *Medidas del romano*, p. a v, s. Ele atribui a fórmula a Varrão como uma autoridade antiga e a seu conhecido Filipe de Borgonha, conhecido como Vigarny (sobre o qual ver W. Stirling-Maxwell, *Annals of the Artists in Spain*, v. 1, p. 145s.).
74. *The Art of the Old Masters*, de Cennino Cennini (p. 64s.).
75. Dionysious of Fourna (Dioniso de Fourna), *The Painter's Manual*, p. 12. Esta *hermeneia* parece ter sido compilada por volta de 1730, a partir de material mais antigo, ainda que o cânone proporcional – assim como outros dos temas inclusos – também possa ter como referência fontes do Ocidente. Sobre outros materiais canônicos não publicados, ver p. 113, 25n).
76. H. Corbin, *Storia della filosofia islamica*, p. 237s.; por outro lado, muita especulação neopitagórica inspirou a Irmandade da Pureza, *Ikhwan al-Safa*, um grupo esotérico xiita conhecido pela coleção de 52 "epístolas", o *Rasa'il* (provavelmente do século X), também chamado de *Kitab Ikhwan al-Safa*. Da tradução de Susanne Diwald, apenas o volume três foi publicado até agora (1975). Ver H. Corbin, *Storia della filosofia islamica*, p. 94s., 140s.; Y. Marquet, *La Philosophie des Ihwan assafa*, p. 206s., 241s.; e Marquet em *Encyclopaedia of Islam*, s.v. "Ikhwan-al-Safa".

    Existem outros ecos das doutrinas nos ensinamentos ismaelitas anteriores sobre o Adão celestial; ver S.H. Nasr (*Islamic Cosmological Doctrines*, passim, mas, especialmente, p. 25, 66s.) - ele também tem alguma coisa a dizer sobre as doutrinas microcósmicas de Al-Biruni (p. 149s.), e de Ibn-Sina (p. 251s.). Ver, também, Cap. III, supra. Pode ter sido mera coincidência que um dos mais ilustres pensadores da tradição islâmica neopitagórica, Ibn al-Sid de Badajoz, tenha passado muitos anos em Toledo quatro séculos antes do nascimento de Diego na cidade.
77. Diversas versões estavam em circulação naquele tempo. Para um elenco das cópias que restaram, ver G. Scaglia, *Francesco di Giorgio*, passim; e F. di Giorgio Martini, *Trattati di architettura, ingegneria e arte militare*, v. 1, p. XXVII e seguintes. Sobre material suplementar e sua datação, assim como a autoria dos desenhos e seus vários paradeiros, ver G. Scaglia, Review of *Trattati*, AB, 52, 4, p. 439s.; e ver C.H. Ericsson, *Roman Architecture Expressed in Sketches by Francesco di Giorgio*, p. 40s. Contudo, ver também R.J. Betts, Review of Francesco di Giorgio Martini, *Trattati*, JSAH, 31.1, p. 62s.; On the Chronology of Francesco di Giorgio's Treatises, JSAH, 36.1, p. 3s.
78. F. di Giorgio Martini (*Trattati di architettura...*, v. 2, p. 390), Mencionei a versão sienesa-magliabecchiana e acompanhei os editores, pressupondo a integridade distinta de dois grupos de manuscritos: os mais antigos sendo as versões de Turim e a Laurenciana e o mais recente a versão aqui mencionada. A ilustração foi copiada (de boca aberta) do manuscrito pertencente à Biblioteca Pública de Nova York. Ver R.J. Betts, Review of Francesco di Giorgio Martini, *Trattati*, JSAH, 31.1, p. 12s. A referência à *cyma* [cimácio] da cornija como "gola" é presumivelmente uma glosa sobre o trocadilho "cima" (topo, cume,) e "o topo da cabeça".
79. Ver G. Scaglia, Review of *Trattati*, AB, 52, p. 440s.
80. Francesco di Giorgio, Turim 15, *Trattati di architecttura...*, v. 1, fig. 25. Trata-se da mais comum de todas as regras canônicas. Sobre essa regra e sobre o material aqui analisado, ver E. Panofsky, The History of Human Proportions as a Reflection of the History of Styles, *Meaning in the Visual Arts*, p. 55s.
81. Apenas na versão Turim/Laurenciana (Turim 21 v.; Laurenciana 21 r.; 1967, v. 1, p. 90s.). Aqui, a face é tomada desde o queixo até a linha do cabelo, de forma que a altura total é de 9 faces e 1/3. Francesco menciona outros cânones (Vitrúvio: 10, e outro autor não nomeado: 7) afirmando que eles são alternativas aceitáveis (*Trattati di architettura*, v. 1, p. 46). O próprio Francesco parece trabalhar com duas divisões canônicas da figura: a primeira considerando 7 cabeças, conforme v. 1, p. 68, e outra considerando 9 faces e 1/3 como aqui (o que tem sido especificado é o rosto como um nono + um terço do corpo). Sobre a proporção na prática de Francesco, ver L. Lowic, Francesco di Giorgio on the Design of Churches, *Architectura*, 12, p. 151s.; e H.A. Millon, The Architectural Theory of Francesco di Giorgio, AB, 40, p. 257s., ainda que Millon pareça ter presumido que o rosto e a cabeça formam a mesma unidade; assim, Ver também G. Hellmann, em (L. Bruhns) *Miscellanea Bibliothecae Hertzianae zu Ehren von Leo Bruhns*, p. 157-167.
82. Ele abre a seção sobre o projeto de igrejas somente no manuscrito Magliabecchiano, 38 v. (Francesco di Giorgio, *Trattati di architettura*, v. 2, p. 394s.). O corpo é dividido em sete alturas a partir da cabeça e quatro larguras de dois círculos sobrepostos, sendo que um dos raios vai do topo da cabeça até o meio do peito e o outro dos joelhos até a planta dos pés. A sobreposição resultante é, obviamente, de um módulo e a grade formada por 28 módulos.
83. Magliabecchiano, 42 r. *Trattati di architettura...*, v. 2, p. 402s.; não no códex Sienese. Ver as versões de Turim (16 v.) e Laurenciana (15 v.) (de 1967, v. 1, p. 68s.).
84. Isto é subentendido no Magliabecchiano 22 r. (*Trattati di architettura...*, v. 2, p. 348s.) e no Magliabecchiano 40 v. e s. [?] (*Trattati di architettura...*, v. 2, p. 399s.). O modelo de 4 x 7 é fornecido no Magliabecchiano fol. 41 (*Trattati di architettura...*, v. 2, p. 400s.). Essse diagrama e, portanto, presumivelmente, todo o manuscrito, era conhecido por Philibert de l'Orme que, mesmo não fornecendo a sua fonte, o reproduz, com a dificuldade adicional da especificação da espessura das paredes, em sua *Architecture* (*Oeuvres*, p. 235). O mesmo tema foi definitivamente mal compreendido por A. Blunt, *Philibert de l'Orme*, p. 129s. O problema da comensurabilidade do lado e da diagonal do quadrado foi bastante debatido nos séculos XIV e XV; ver V. Zoubov (Autour des quaestiones super geometriam Euclidis de Nicolas de Oreme, MRS, 6, p. 150s.).
85. Vitrúvio, III.1. v. O problema do número perfeito foi elaborado por Teon de Esmirna em seus comentários matemáticos sobre Platão, e a fórmula em geral, ficou conhecida através de Euclides (livro IX, teorema 34, prop. 36). Platão discute o número "perfeito" ou "nupcial" em Rep. VIII.546b e seguintes.
86. Magliabecchiano 42 v. (*Trattati di architettura...*, v. 2, p. 403).
87. Turim 3 r. (*Trattati di architettura...*, v. 1, p. 4). A noção de cabeça "observando de cima" o corpo aparece em Pompônio Gaurico (*De sculptura*, p. 137), ainda que seja mais provável que Pompônio possa ter extraído a imagem da obra *de Opificio Dei* (*As Obras de Deus*) VIII.11 e IX.2, de Lactâncio, em vez daquela de Francesco. A imagem fisiognomônica mais difundida é a de olhos como entradas ou portas, ao contrário de janelas, da alma.
88. Magliabecchiano 28 r. (*Trattati di architettura...*, v. 2, p. 362s.). A passagem é discutida por L. Lowic, The Meaning and Significance of the Human Analogy in Francesco di Giorgio's *Trattato*, JSAH, 42.4, p. 36os.
89. Antonio Averlino detto Il Filarete, *Trattato di architettura* (algumas vezes, chamado de *Libro architettonico*. A data é discutida em p. XII e seguintes.
90. Idem (p. 14s., 23s., 104)
91. J. Donne, Holy Sonnets, V, linha 1. A imagem reaparece frequentemente nos versos de Donne, mais elaboradamente no Hymn to God my God on my Sickness (*The Divine Poems*, p. 50; ver notas, p. 108).
92. [C]ivitas philosophorum sententia maxima quaedam est domus, et contra domus ipsa minima quaedam est civitas, L.B. Alberti, *De re aedificatoria*, 14 r. (I.ix; *De re aedificatoria*, p. 65). Isso é reafirmado, de forma modificada, em v.i., ii (idem, p. 337s.). O paralelo entre corpo e edifício é repetido muito frequentemente para justificar uma referência distinta.

III: O CORPO E O MUNDO

1. Fólio 14r. As miniaturas do manuscrito incompleto (talvez por causa da morte do duque em 1416) foram publicadas algumas vezes. Ver J. Longnon e R. Cazelles, *The Très Riches Heures of Jean, Duke of Berry*, 14n; H. Bober, *The Zodiacal Miniatures of the Très Riches Heures of the Duke of Berry: Its Sources and Meaning*, JWCI, 11, p. 1s. Sobre os irmãos Limbourg e o patronato do duque, ver M. Meiss, *The Limbourgs and Their Contemporaries, French Painting at the Time of Jean de Berry*, v. 6, p. 144s., 308s., 421s. A ordem na qual os signos astrológicos estão relacionados às partes do corpo é exatamente a mesma apresentada por M. Manílio em sua *Astronômica* (*Il.* 453s.), provavelmente escrita no reinado de Tibério. Eles também estão listados nos quatro cantos, de acordo com o temperamento e os humores. A *vesica piscis* cercando as figuras é graduada tanto pelos signos como por meses e dias. Quanto ao gênero da figura, sugeriu-se (J. Longnon e R. Cazelles) que a figura loira vista de frente representa um temperamento feminino – de sexo feminino ela claramente não é – enquanto aquela de costas, de cabelos negros, é masculina.

   Um relato um pouco obscuro da medicina astrológica é feito por R. Eisler, *The Royal Art of Astrology*, p. 94s., 246s. Sobre a penetrabilidade do homem zodiacal, ver H. Bober, *The Zodiacal Miniatures…*, JWCI, 11, p. 2s. A correspondência entre o corpo humano e o zodíaco, conhecida como *melothesis*, foi altamente desenvolvida na Antiguidade tardia. Sobre sua origem na iatromatemática egípcia, ver A.-J. Festugière, *La Révélation d'Hermès Trismégiste*, v. 1, p. 125s. Contudo, Raymond de Marselha ofereceu a primeira apologia cristã consistente de astrologia judicial; ver supra, Cap. II, nota 29, p. 379.

   O caráter andrógino do homem zodiacal, microcósmico, ou o primeiro homem na tradição judaico-cristã foi justificado em *Gn* 1,27: "macho e fêmea Ele os criou" (à Sua imagem). Ver L. Ginzberg, *The Legends of the Jews*, v. 1, p. 88s. Sobre o andrógino como arquétipo, ver M. Eliade, *The Two and One*, p. 98s. Sobre os antecedentes antigos dessa ideia, particularmente os iranianos, ver R. Reitzenstein e H.H. Schaeder, *Studien zum Antiken Synkretismus aus Iran und Griecheland*, p. 210s.; sobre a leitura maniqueísta das tradições iranianas e judaicas, p. 240s. Entretanto, ver também Festugière, idem, v. 4, p. 178s. O mais conhecido desses mitos é a contribuição de Aristófanes ao *Banquete* de Platão (189d e seguintes) que, de forma coloquial, espelha as ideias de Empédocles (DK fr. 60, 62) embora Platão, naturalmente, tivesse três tipos de criaturas de duplo dorso: homem/homem, mulher/mulher e "hermafrodita".

   Uma ideia um tanto diferente dos monstruosos e bestiais primórdios andróginos da humanidade é oferecida por Lucrécio (v.837s.). No Bundahishn zoroastriano, o primeiro casal Matro e Matroyao (também chamados Mashye e Mashyane) é um andrógino duplo devorador de crianças (xv.2s; E.W. West, *Pahlavi Texts*, v. 1, p. 53). Ver R.C. Zaehner, *Zurvan*, p. 130s. O andrógino é uma figura familiar na tradição hindu, e a noção de um microcosmo está intimamente associada à de um primeiro andrógino universal, sobre o qual ver M. Falk, *Il mito psicologico nell'India Antica*, p. 35s.; o Criador Atman é andrógino no Brhad-aranyaka Upanishad 1.4.iii (S. Radhakrishnan, *The Principal Upanishads*, p. 164). Sobre a unidade Siva-Sakti no andrógino Ardhanarisvara, ver S. Kramrisch, *The Presence of Siva*, p. 199s. Outro material comparativo é estudado por W. Doniger, *Women, Androgynes, and Other Mythical Beasts*, esp. p. 283s. Ver, contudo, infra, nota 16.

   Sobre a relação entre a astrologia da Antiguidade e a do século XV, ver F. Saxl, *The Revival of Late Antique Astrology, Lectures*, v. 1, p. 73s.; e sobre a medicina astrológica dos séculos XV e XVI, ver A.G. Debus, *Man and Nature in the Reinaissance*, p. 121s., 133s.

2. *Sed et homo ipse, qui a sapientibus microcosmos id est minor mundus appellatur, iisdem per omnia qualitatibus habet temperatum corpus, imitantibus minimum singulis eius, quibus constat humoribus, modum temporum quibus maxime Pollet*: Beda, *De Temporum Ratione*, xxxv (*Opera theologica, moralia, historica, philosophica, mathematica et rhetorica omnia*, v. 1, p. 114s., e PL 90, p. 457). A transliteração do grego parece não ter tido circulação no latim clássico ou mesmo no pós-clássico (os autores romanos prefeririam *minor mundus, brevis mundus*) antes de Beda. Parece ter sido cunhado por Isidoro de Sevilha uma geração antes. Ele usa o termo com referência à harmonia musical: *Sed haec ratio quemadmodum in mundo est ex volubilitate circulorum, ita et in microcosmo in tantum praeter vocem valet, ut sine ipsius perfectione etiam homo symphoniis carens non consistant* (*Etym.* III.23). Isidoro emprega também os termos no latim mais comum: ver J. Fontaine, *Isidore de Seville et la culture classique dans l'Espagne wisigothique*, p. 376s., 423s., mas esp. 662s.; e F. Rico, *El Pequeño Mundo del Hombre*, p. 40s.

3. O Hon. Robert Boyle, *The Sceptical Chymist*, e algumas edições tardias, passim. O ceticismo referia-se à combinação dos quatro elementos do universo. Boyle, que foi uma vez descrito como o "filho do conde de Cork e pai da química" (com frequência citado erroneamente como "o pai da química e tio do conde de Cork": assim DNB, s.v.; ver, porém, R.E.W. Maddison, *Studies in the Life of Robert Boyle*, p. 179) queria procurar a substância da matéria em princípios completamente diferentes, que ele chamou de "essências", de sal, enxofre e mercúrio. Isso o levou a reconhecer tanto a diferença primária entre mistura e composto, como a importância da análise pelo fogo. Ver A.G. Debus, *The Chemical Dream of the Renaissance*, p. 484s.

4. Sobre a formação da doutrina dos quatro elementos, ver M.R. Wright, *Empédocles*, p. 22s.; W.K.C. Guthrie, *A History of Greek Philosophy*, v. 2, p. 138s.; E. Bignone, *Empedocle*, p. 521s.; e S. Sambursky, *Physics of the Stoics*, p. 2s. Acerca da introdução do *pneuma* como um quinto elemento, ver Sambursky (idem, p. 4s.). Sobre a originalidade de Empédocles, ver G. de Santillana, *The Origins of Scientific Thought*, p. 108s.; e S. Sambursky, *The Physical World of the Greeks*, p. 16s. O quinto elemento é por vezes identificado com Aion, a respiração do mundo, a alma do mundo; imagens de Aion com a serpente do mundo e o zodíaco (a mais famosa das quais é a estátua no Museu do Vaticano) são discutidas em suas diferentes formas por C.G. Jung em *Aion* (v. 9.2) e A.-J. Festugière, op. cit., v. 4, p. 176s. Como também exposto por Sexto Empírico (*Adv. Math.*, VII.115, 120s.), a doutrina de Empédocles envolve os quatro elementos e as duas forças de amor e discórdia, que os autores helenísticos chamaram as seis *kriteria tes aletheias*, "garantias da verdade".

   Os principais textos remanescentes de Empédocles sobre esse tema são relatados por Simplício em seu comentário sobre a *Física* de Aristóteles (DK frr. 21.17-64. G.S. Kirk, et al., *The Pre-Socratic Philosophers*, p. 280s. As principais edições são de J. Bollack, *Empedocle*; e M.R. Wright, *Empédocles*. Aristóteles atribui a esta instrução o seu caráter "ético" em *Met.* I.4 (985 a); III.4.xxvi (1001 a); XII.10.vii (1075 b). Para um levantamento geral da literatura de interpretação antiaristotélica, ver R.A. Prier, *Archaic Logic*, p. 123s. Há muito se assinalou que certos fragmentos de Heráclito pressupõem o sistema de quatro elementos: por exemplo DK 12.126, a partir dos escólios de Tzetzes sobre a *Ilíada* (ver M. Marcovich, *Heraclitus*, p. 220s.). Outros aludem ao eterno conflito: por exemplo, DK 12.53, 80 (ver Kirk, Raven e Schofield, *The Pre-Socratic Philosophers*, p. 193s.; Marcovich, *Heraclitus*, p. 132s.; e P. Wheelwright, *Heraclitus*, p. 34s.).

   Sobre o zodíaco islâmico, ver S.H. Nasr, *Islamic Cosmological Doctrines*, p. 151s. Sobre a aceitação do zodíaco na Índia e na China, ver F. Boll, *Sternglaube und Sterndeutung*, p. 57, 85, 97, 150, 155; R. Berthelot, *La Pensée de l'Asie et l'astrobiologie*, p. 96s.; e A. Rey, *La Science orientale avant les grecs*, p. 341s., 359s. Sobre a concepção chinesa da astrobiologia, ver P. Wheatley, *The Pivot of the Four Quarters*, p. 414s.

5. Ambrósio, *Hexameron* (comentário sobre os seis dias da Criação) III. 4.xviii (PL 14, p. 164 b): *sic sibi per iis jugales qualitates singula miscentur elementa […] atque ita sibi per hunc circuitum et chorum quemdam concordiae societatisque conveniunt. Unde et Graece stoicheia* [em grego no texto] *dicuntur, quae Latine elementa dicimus, quod sibi conveniant et concinant*. Ambrósio segue aqui (como em muitas outras coisas) a anterior *Homilia V in Hexameron*, de S. Basílio de Cesareia (IV.9.xcii a, PG 29, p. 19s.); ver J. Fontaine, *Isidore de Seville et la culture classique dans l'Espagne wisigothique*, p. 656, 4n. Esse trecho é, na verdade, uma versão livre do ensinamento de Empédocles em seu *Peri Phusios* ("Sobre a Natureza") agora muito conhecido por meio das citações breves de Simplício. Embora tenha escrito no século VI d.C., Simplício é considerado um relator acurado (ainda que matizado pelo neoplatonismo) da antiga filosofia grega. Ambrósio certamente tinha conhecimento disso por meio de outras fontes mais antigas, tais como uma obra perdida de Posidônio.

   No esquema de Empédocles estava implícito um corpo do mundo, o esférico *Sphairos kukloterēs*, completo – anterior à diferenciação pela discórdia – embora seja problemático introduzir o elemento tempo em tal imagem. Ver, contudo, D. O'Brien, *Empedocles's Cosmic Cycle*, p. 4, 2n; 28s. Sobre a relação entre o homem cósmico de Empédocles e outras ideias microcósmicas dos filósofos pré-socráticos, bem como a sua revisão por Platão, ver A. Olerud, *L'Idée de macrocosme et de microcosme dans le Timée de Platon*, p. 43s.

Sobre a importância dessa quadripartição como um elemento interpretativo, ver A.C. Esmeijer, *Divina Quaternitas*; com referência particular à figura humana como microcosmo, ver p. 50, 100s. Sobre as operações do acaso e da necessidade, nesse e em outros esquemas elementares, ver J. Barnes, *The Presocratic Philosophers*, p. 119s. Inevitavelmente, essa não era a visão de todos os padres. Gregório de Nissa, irmão mais jovem de Basílio, adotou uma perspectiva cética acerca de alguns aspectos da doutrina microcósmica em *De opificio hominis* (PG 44, p. 132s., 177s.; trad. e ed. J. Laplace e J. Danielou, 1943, p. 6s., 90s., 148s.). Sobre os primeiros padres da Igreja (particularmente Tertuliano, Atenágoras e Clemente de Alexandria), ver M. Spanneut, *Le Stoïcisme des pères de l'Église*, p. 171, 390s., 411s. Infelizmente, Spanneut é desdenhoso em relação às ideias de Tertuliano.

Os quatro e cinco elementos aparecem em outras cosmogonias: assim, o *ogdoad* do Rig-Veda é composto pelos quatro elementos + éter + o sol e a lua + as outras estrelas. Ver S. Kramrisch, *The Presence of Siva*, p. 108s.

6. A hipótese de registros de um cômputo paleolítico dos movimentos estelares foi argumentada de forma eficiente por A. Marshack, *The Roots of Civilization*; ele não apresenta hipóteses sólidas sobre a relação entre os animais associados a tais cálculos, embora a suposição de que os animais, na prática os únicos temas representados pelos artistas paleolíticos, fossem obsessivamente agrupados em algum tipo de esquema classificatório, talvez de gênero, já tivesse sido feita por A. Leroi-Gourhan e Annette Laming-Emperaire. Ver A. Leroi-Gourhan, *Préhistoire de l'art occidental*, p. 80s. Para uma revisão recente das evidências, ver E. Hadingham, *Early Man and the Cosmos*.

7. Rig-Veda x.90, o Purusa-Sukta, é um dos mais conhecidos e comentados hinos védicos, embora seja considerado um tanto tardio por C.S. Geldner, *Der Rig-Veda*, p. 286s. Ele descreve a criação do mundo e da sociedade a partir do corpo humano sacrificado de Purusa, o homem primordial e *involucrum* do mundo. O termo também denota a medida de sete pés e meio, que pode ser tomada do patrono do sacrifício, na posição em pé, com os braços levantados; ver F. Staal, *Agni*, v. 1, p. 96s. Ver também A.K. Coomaraswamy, *A New Approach to the Vedas*, p. 69s.; J. Gonda, *Vedic Literature*, p. 137s., 330.; M. Eliade, *Le Mythe de l'eternel retour*, p. 41s.; e R. Panniker, *The Vedic Experience*, 72s., entre outros. Fiz uma adaptação da versão de Panniker, versos 6s., grafando com letras maiúsculas O HOMEM, em lugar de Purusa.

> 6   Usando O HOMEM como sua oblação,
>   os Deuses realizaram o sacrifício.
>   A primavera serviu para sua purificada manteiga,
>   o verão para o combustível, o outono para a oferenda [.]
>
> 11 Quando eles dividiram O HOMEM,
>   em quantas partes eles o dividiram?
>   O que se tornou sua boca, e seus braços?
>   Como são chamadas as suas pernas? Ou seus pés?
>
> 12 Sua boca tornou-se o brâmane; seus dois braços –
>   Rajanya, os príncipes-guerreiros; suas pernas –
>   Vaisya, as pessoas comuns, que se ocupam do seu ofício.
>   Sudra, os servos humildes nasceram de seus pés.
>
> 13 A lua nasceu de sua mente; o sol brilhou de seus olhos,
>   de sua boca vieram Indra e Agni,
>   de sua respiração, nasceu o vento.
>
> 14 De seu umbigo saiu o Ar,
>   de sua cabeça desenrolou-se o céu,
>   a terra eram seus pés, suas orelhas as quatro direções,
>   assim todo o universo foi organizado.
>
> 15 Sete eram os pilares rodeando o recinto,
>   três vezes sete as tochas combustíveis foram contadas,
>   quando os Deuses que realizaram o sacrifício
>   ataram O HOMEM como sua vítima.

Sobre sua declamação e um comentário sobre ela, ver F. Staal, *Agni*, p. 112s., 415s. Sobre a conexão entre o hino de Purusa e o Bundahishn, ver R.C. Zaehner, op. cit., p. 136s. J.G. Frazer sugeriu em The Scapegoat (*The Golden Bough*, v. 9, p. 40s.) que as cosmogonias estavam relacionadas ao corpo humano por meio do sacrifício humano, sem nenhuma referência ao Rig--Veda. Em um contexto diferente, A. Olerud (op. cit.) vinculou a noção de microcosmo à criação "a partir" do corpo e, portanto do sacrifício, particularmente em relação à cosmogonia iraniana, sobre a qual ver R.C. Zaehner, op. cit., p. 134s.; *The Dawn and Twilight of Zoroastrianism*, p. 257s. Sobre o problema da cosmogonia a partir do corpo do Criador, ver H.W. Bailey, *Zoroastrian Problems*, p. 121s.; e G. Widengren, *Die Religionen Irans*, p. 9. A data dos textos de Pahlavi, especialmente do material mais antigo que incorporaram, é fortemente contestada, e eu apenas apresento as referências. Ficará evidente que o corpo de um animal sacrificial pode ser "quarteado" exatamente da mesma forma que um corpo humano.

De qualquer modo, mesmo nas realizações de sacrifícios recentes, o entorno do altar de madeira e o abrigo são cerimonialmente queimados depois do sacrifício. Ver F. Staal, *Agni*, p. 689s.

8. Eu devo a última sugestão a Charles Correa. A literatura relativa à mandala e à construção é vasta. Ver, no entanto, principalmente S. Kramrisch, *The Hindu Temple*, v. 1, p. 7s., 21s.; v. 2, p. 357s.; P.K. Acharya, *Indian Architecture According to Mānasāra-Silpasastra*, p. 37s. Purusa é algumas vezes o homem primordial perfeito, ou o espírito do lugar, ou um anão corcunda. Prajapati, o Senhor de todas as criaturas, é ao mesmo tempo sacrificador e vítima. Não está claro como Prajapati, enquanto causa eficiente de todas as coisas, difere de Purusa como o tipo de vítima sacrificial. Purusa, o corcunda, caiu e rompeu-se em pedaços; Purusa, a vítima, foi feito em pedaços pelos deuses (como no Purusa-Sukta, supra, nota 7). Sendo a queda ou o desmembramento de Purusa a cena primordial da ação hindu, todas as construções hindus – a começar pelo altar de fogo de cinco estratos – poderiam ser descritas como a tentativa de recompor Purusa novamente. Sobre Kim-purusa ("que homem?"), interpretado alternadamente como homem falso, homem deformado, homem depravado, e assim por diante, ver F. Staal, op. cit., v. 2, p. 62s.

9. Sobre o zodíaco na Antiguidade Clássica, ver S. Cumont em DS, s.v.; e mais recentemente H. Gundel e R. Böler em PW, 2 Reihe, v. 19; ver também H. Gundel em EAA, s.v. "Tierkreis". Sobre a formação de um zodíaco de doze casas de 30° cada na Ásia Menor, ver O.E. Neugebauer, *The Exact Sciences in Antiquity*, p. 102s., 188, 207; e R. Berthelot, *La Pensée de l'Asie et l'astrobiologie*, p. 24s., mas também R. Guénon, *Symboles fondamentaux de la science sacrée*, p. 120s. Sobre os decanatos, ver S. Schott em W. Gundel, *Dekane und Dekansternbilder*, p. 11s.; E.A. Wallis Budge, *From Fetish to God in Ancient Egypt*, p. 245s.; e O.E. Neugebauer, op. cit., p. 82s. A astrologia egípcia era baseada nesse sistema e, no período ptolomaico, o zodíaco babilônio, importado pelos gregos, parece ter-se fundido com o nativo. Muito da complexidade posterior de cálculo baseava-se nas mudanças entre o sistema de cálculo egípcio fundamentalmente solar e o método mesopotâmico lunar. A hipótese sobre as primeiras relações entre observações e construção já havia sido formulada por *sir* Norman Lockyer em *The Dawn of Astronomy*.

A primeira exposição clara do sistema zodiacal "clássico" é atribuída ao grande astrônomo do século IV Eudóxio de Cnidos, discípulo de Platão, sobre cujas doutrinas o poeta helenístico Arato escreveu um relato em versos muito popular, conhecido no Ocidente por meio da tradução de cerca de metade do poema feita por Cícero: ver em Calímaco (ed. A.W.; G.R. Mair, 1977); fragmentos são citados na versão inglesa de T.L. Heath, *Greek Astronomy*, p. 112s. Um relato um tanto diferente foi dado por Simplício, que citava a partir do *Elementa astronomiae* de Geminus (ver T.L. Heath, idem, p. 123s.). Geminus teria sido provavelmente um contemporâneo próximo de Júlio César.

10. O ano astrológico foi fixado durante o período helenístico, talvez antes de 300 a.C., embora as "casas" fossem identificadas com nomes de planetas e constelações já antiquados naquele tempo. Quando ele foi fixado, o ponto do equinócio da primavera estava em Áries. Em virtude do movimento retrógrado dos equinócios (conhecido como a "precessão de equinócios"), ele moveu-se entrementes para Peixes. Esta precessão de "aproximadamente 1º a cada século" – de fato, a cada 72 anos, ou 25.920 anos para todo o ciclo – foi descoberta por Hiparco, em 127 a.C., de acordo com Cl. Ptolomeu em *Syntaxis* VII. 3 (citado por T.L. Heath, op. cit., p. 142s.). Ver G. de Santillana e H. von Dechend, *Hamlet's Mill*, p. 142s., 186s. O costume de traçar horóscopos pessoais também parece datar do período helenístico; antes disso, aqueles que observavam as estrelas faziam predições sobre eventos públicos com base em observações astronômicas mais gerais. Ver A.-J. Festugière, op. cit., v. 1, p. 75, 4n; e O.E. Neugebauer, op. cit., p. 102s., 170.

11. Isto é, do ciclo completo. Alguns dos animais e monstros zodiacais figuram nos marcos fronteiriços babilônicos conhecidos como *kudurru*, se bem que

12. Sobre os decanatos, ver supra, nota 6. Não estamos bem informados acerca da natureza dos decanatos animais. Ver, entretanto, C. Lévi-Strauss (*Mythologiques*, v. 4, p. 102s.), para um contexto diferente.

13. Quanto aos humores, eles derivam sua qualificação a partir da noção de que o "temperamento" do corpo poderia ser detectado por meio da falta, ou do excesso, de um dos quatro "líquidos ou partes fluidas do corpo nele compreendidos, e nascido conosco ou [...] fortuito e adquirido": segundo Robert Burton (Democritus Junior) em *The Anatomy of Melancholy* (p. 92s.). Os quatro líquidos eram: sangue, bílis, fleuma e melancolia; naturalmente, o sentido secundário de humor denotando "capricho" indica o excesso de um humor com relação aos outros. Burton cita como suas fontes autorizadas Crato e Laurêncio, "a partir de Hipócrates".

14. Em Natividade: Mt 2,2s., Na Crucificação: Mt 17,45s., Lc 23,44s

15. Ver E. Garin, *De hominis dignitate, heptaplus, de ente e uno, e scritti di Pico della Mirandola*, v. 2, p. 192; e também C. Trinkaus, *In Our Image and Likeness*, p. 507s.; embora, de fato, a totalidade das seções 6 e 7 do Cap. 5 do *Heptaplus* de Pico poderia ser citada como suporte. Porém, naturalmente, Pico assim como seu amigo Savonarola, era um inimigo convicto da astrologia, cujos postulados ele considerava (como fizeram vários de seus primeiros inimigos cristãos) uma negação implícita do livre arbítrio: ver G. Saitta, *L'umanesimo*, v. 1, p. 628s.; e E. Garin, *Lo zodiaco della vita*, p. 87s. Sobre outros diagramas e figuras interpretativos (tais como a "árvore da sabedoria", a "árvore da virtude", a "torre da sabedoria", a "escada da virtude", o "escudo da fé" ou a "pons asinorum" como suporte ao pensamento medieval, mas também como estruturas de visões místicas), ver M. Evans, The Geometry of the Mind, *AAQ*, 12.4, p. 32s. Infelizmente, o material de H. Bober sobre este tema não foi publicado, à exceção de dois trabalhos: An Illustrated Mediaeval School-Book of Bede's *De Natura Rerum*, *Journal of the Walters Art Gallery*, 19-20 (p. 65s.), e idem, In Principio, Creation before Time, em M. Meiss (De artibus opuscula XL em *Essays in Honor of Erwin Panofsky*, v. 1, p. 13s.). Ver também M.J. Reeves e B.H. Hirsch-Reich, *The Figurae of Joachim of Fiore*, p. 73s.

16. Sobre essa noção em geral, ver G.P. Conger, *Theories of Macrocosms and Microcosms in the History of Philosophy*; e F. Saxl, op. cit., v. 1, p. 58s. Sobre a tradição ocidental, ver R. Allers, *Microcosmus from Anaximander to Paracelsus*, p. 319s. Sobre as primeiras abordagens medievais do antigo tema, ver M.-T. d'Alverny, Astrologues et théologiens au XIIe siècle, *Mélanges Offerts à M.-D. Chenu*, p. 69s. O material medieval posterior é tratado por M.-D. Chenu, L'Homme et la nature, *Archives d'Histoire Doctrinale*, 19, p. 39s.; e M.M. Davy, *Initiation à la symbolique romane*, p. 39s. Allers classificou seis abordagens microcósmicas distintas, correntes no pensamento ocidental, algumas das quais (inevitavelmente) sobrepostas:

1. O homem contém em si todos os elementos do mundo.
2. A visão estrutural, na qual a sua composição reflete a regra e a ordem de todo o mundo. Essa, por sua vez, tem dois "modos": cosmocêntrico, no qual o homem entende que é organizado de acordo com os mesmos princípios que a ordem do mundo; e antropocêntrico (como em Platão), no qual o entendimento do mundo é lido a partir da figura e alma humanas.
3. A ideia é estendida do indivíduo para a sociedade, abarcando (a) a organização da sociedade como um modelo do mundo e (b) a estetização da ideia, transformando a vida humana numa obra de arte, como no pensamento romântico.
4. O enfoque simbólico, no qual o microcosmo corresponde ao – ou é um símbolo do – universo ordenado.
5. A visão epistêmica, na qual o homem contém o universo conforme o conhece.
6. A visão metafórica, na qual o corpo humano, como um microcosmo, é simplesmente um caso especial de cada coisa organizada como um "pequeno mundo".

Embora não muito precisa, a categorização de Allers é a melhor disponível. Quanto à palavra em si, ela deve ter sido cunhada por Demócrito de Abdera (DK v. 2, p. 72, fr. 34: "en toi anthrōpoi mikroi kosmoi onti", sobre o qual ver G. de Santillana, op. cit., p. 155s.; embora o fragmento seja registrado apenas pelo filósofo armênio do século V David de Nerken) que, de acordo com a lenda, era um ano (algumas vezes, dez anos) mais velho que Sócrates. O primeiro autor a usar a palavra corretamente foi Aristóteles: *Phys.* VIII. 2 (252b.26), mas ver também *De anima*, III.8. Embora ele não a nomeie realmente, a ideia foi intensamente afirmada por Platão no *Timeu* (33b, 41d e seguintes, 69a e seguintes; ver A. Olerud, op. cit., particularmente sobre os antecedentes orientais da ideia). A noção de que a cabeça constitui um outro grau distinto do microcosmo repete-se algumas vezes no *Timeu* (44d e seguintes, 69d e seguintes, 72d). O emprego da palavra *kosmos* para denotar a ordem do mundo foi atribuído a Pitágoras por alguns autores mais antigos: Aécio I.3.8 (in DK 45B, 15), Jâmblico (*V. Pyth.* 162, ed. A. Nauck, 1884, p. 118s, o que é seguido por Firmicus Maternus III.proem.4, e é discutido em toda a extensão por Filo, o Judeu, *De Opif. Mundi* 53s.). Ver, contudo, W. Burkert, *Lore and Science in Ancient Pythagoreanism*, p.77, notas 151s.). Por outro lado, Filo procurou combater a ideia de que o homem era a "imagem" de Deus e o antropomorfismo que isso implicava (145s). Tal ideia era também uma força poderosa na tradição hermética. Embora a própria palavra "microcosmo" não apareça no *Poimandro*, a ideia ali está claramente expressa (I.12s., VIII.5 – *ho anthrōpos kat'eikona tou kosmou genomenos*; ver H. Trismegistus, *Corpus Hermeticus* (ed. A.D. Nock e A.-J. Festugière, 1945), v. 1, p. 11s., 89. Sobre seu tratamento na teologia católica recente , ver C. Korwin-Krasinski, Die Schöpfung als "Tempel" und "Reich" des Gottmenschen Christus, *Enkainia, Gesammelte Arbeiten zum 800 jahr ... der Abteikirche Maria Laach*, p. 206s.

Sobre a identificação alegórica da alma platônica do mundo com o Espírito Santo operada por Pedro Abelardo, ver T. Gregory, *Anima Mundi*, passim; A.V. Murray, *Abelard and St. Bernard*, p. 94s., 110s.; e D.E. Luscombe, *The School of Peter Abelard*, p. 123s., 188s., 237s. Para São Bernardo, Satã é uma paródia do microcosmo: Tract. De Erroribus Abelardi em PL 182, p. 1055. Esse microcosmo anverso parece um eco da segunda alma demoníaca do mundo de certos gnósticos e sua relação com várias concepções dualísticas (em particular as zoroastrianas posteriores) – sobre as quais ver H. Borst, Abelärd und Bernhard, HZ, 3.14, p. 497s.; M.-D. Chenu, Involucrum, *Archives d'Histoire Dogmatique et Littéraire du Moyen Age*, 22, p. 75s.; L. Grill, Die neunzehn *Capitula* Bernhards von Clairvaux gegen Abelärd, HJ, 80, p. 230s.; R. Klibansky, Peter Abailard and Bernard of Clairvaux, MRS, 5, p. 1s.; e L. Ott, Die Platonische Weltseele, em K. Flasche, *Pariusia: Festschrift J. Kirchberger*, p. 307s.

Sobre a relevância dessa ideia para a arquitetura medieval, ver O. von Simson, *The Gothic Cathedral*, p. 36n, citando Pedro de Celle. (Ver P. de Celle em PL 202, p. 610; também D. de Mende, *Ratio divinorum officiorum* I.i.14, e a *Clavis Melitonis* - a "Chave de Melito de Sárdis", em J.B. Pitra, [1885-1887] *Analecta novissima spicilegii solesmensis*, v. 3, p. 184 – assim como Hildegarda de Bingen, passim.) O texto explícito de Durandus, que é um *excursus* no seu muito popular manual de eclesiologia (Trad. C. Barthélemy, *Repertorium aureum Gulielmi Durandi*, v. 1, p. 19s.; mas ver também The Symbolism of Churches and Church Ornaments, p. 24s.), parece fazer referência a uma ideia totalmente evidente para ele, mesmo que ele a explique com um comentário sobre as três ordens da salvação que compõem a sociedade humana.

Aparentemente foram raras as representações pictóricas da ideia em questão. Contudo, como insiste A.C. Esmeijer, o estudo da influência da figura vitruviana sobre artistas medievais – em particular escultores – é um campo negligenciado (*Divina Quaternitas*, p. 100, 171, 18n; também em J. Bruyn, *Album amicorum*, p. 9, 26n), e essa figura parece aludir às iluminuras de certo manuscrito (F. Saxl, op. cit., v. 1, p. 61s.).

Sobre o rei apresentando a imagem de Deus por meio de seu "outro" corpo, ver E. Kantorowicz, *The King's Two Bodies*, passim, mas esp. p. 500s. Sobre o manto da coroação como a imposição ritual do microcosmo sobre um rei ou um imperador, ver R. Eisler, *Weltenmantel und Himmelszelt*, v. 1, p. 3s.; e F. Saxl, op. cit., v. 1, p. 87s. Acerca de material pertinente aos séculos XVI e XVII, ver S.K. Heninger, *Touches of Sweet Harmony*, passim, esp. a bibliografia sugerida na p. 199, 62n. Sobre o contexto medieval, ver H. Liebeshütz, *Medieval Humanism in the Life and Writings of John of Salisbury*; sobre a tradição luliana, ver J.N. Hilgarth, *Ramon Lull and Lullism in Fourteenth-Century France*, p. 223s., 423s. Sobre a vasta literatura pertinente aos séculos XV e XVI, ver E. Cassirer, *The Philosophy of Symbolic Forms*, v. 2, p. 109 e passim; P.O. Kristeller, *Cultural Aspects of the Italian Renaissance*, p. 174s.

17. L. Thorndike, *A History of Magic and Experimental Science*, v. 4, p. 132s., 374, 446s. Sobre a farmacopeia zodiacal primitiva e outras formas de terapia, ver A.-J.

Festugière, op. cit., v. 1, p. 139s. Na França, por exemplo, os cirurgiões-barbeiros eram obrigados (por uma patente concedida por Carlos VII em 1427) a exibir um quadro do homem zodiacal em suas lojas; ver F. Saxl, op. cit., v. 1, p. 67.

18. Sobre o microcosmo no pensamento muçulmano, ver S.H. Nasr, op. cit., passim, mas esp. p. 75s., 149s.; e H. Corbin, *L'Imam caché et la rénovation de l'homme en théologie shiite*, p. 163s. Sobre as suas implicações para a arte muçulmana, ver A. Papadopoulos, *Islam and Muslim Art*, p. 40s., 93s., 239s. Sobre o Ikh-wan al-Safa, ver supra, Cap. II, nota 76, p. 383. S. Dieterici ([1865-1878] *Die Philosophie der Araber im Zehnten Jahrhundert nach Christi*, v. 3 [1865, *Die Propaedeutik*], p. 136s.), fornece um relato do microcosmo de acordo com o matemático Al-Muharrir, que também fornece um cânone das proporções das formas das letras.

O cânone de Al-Muharrir afirma que Deus fez o comprimento do homem em correspondência com a sua largura e com a concavidade de seu torso. O comprimento do braço e do antebraço corresponde às duas partes das pernas, o pescoço à espinha dorsal, a cabeça às nádegas. A curva da face corresponde à largura do peito, a forma dos olhos àquela da boca, o comprimento do nariz à largura da metade da face, as orelhas às maçãs do rosto, os dedos das mãos aos dedos dos pés, o comprimento dos intestinos àquele das veias, o estômago ao fígado, o coração a um pulmão, a forma do fígado àquela dos rins, a largura do pescoço às dimensões do pulmão.

O comprimento e a espessura dos nervos correspondem aos ossos, o comprimento dos flancos, por seu turno, à concavidade do tórax, o comprimento e espessura das veias à espessura da seção do corpo; apenas o Criador, o próprio Deus, pode conhecer essas correspondências, que se repetem exatamente por todo o corpo humano. Se a semente cai no ventre sem quaisquer misturas danosas ou más influências celestiais, então a criança recém-nascida completa e bem desenvolvida terá a altura de oito dorsos do pé: dois dorsos da base dos joelhos até as solas dos pés, dois a mais até a cintura, dois até a base do peito e dois até o topo da cabeça. Se as mãos estão estendidas como as asas de um pássaro em vôo, elas também terão oito palmos de extensão, metade para o tronco onde esse encontra o pescoço, e um quarto até os cotovelos. Se ambas as mãos estão estendidas acima da cabeça e um compasso é colocado no umbigo, ele irá circunscrever os dedos dos pés com um círculo de dez palmos de diâmetro, um quarto mais palmos que a altura. O comprimento da face, do queixo até a linha do cabelo, é de um palmo e um quarto, o mesmo que a distância entre as orelhas; o nariz tem um quarto de palmo de comprimento; o olho tem um oitavo de palmo de comprimento; a testa é um terço da face; a extensão da boca iguala o nariz. A sola do pé é um e um quarto do dorso do pé – o que faz da sola um sexto da altura total.

A mão, da ponta de sua raiz ao dedo médio, tem um palmo; o dedo mindinho iguala o polegar; os dedos intermediários são um oitavo de palmo mais longos. A largura do peito é de dois e meio palmos, e a distância entre os mamilos, um palmo. Há dois palmos entre os ombros, um palmo da base do peito à base do pescoço. Os órgãos internos, ossos e nervos seguem a mesma regra. O que é verdade em relação ao homem é também verdade em relação aos animais, e artistas sensíveis fazem que suas formas se correspondam analogamente uma à outra imitando assim a obra do Criador. De fato, a filosofia pode ser definida como o vir a ser o mais semelhante a Deus possível para o homem. Estas mesmas relações persistem nas estrelas e em seu movimento, assim como na música. O trecho termina com uma invocação a Hermes Trismegisto como o profeta Idris, e a alma de Pitágoras.

A diferença essencial entre os vários cânones ocidentais e esse de Ikhwan é a adoção do dorso do pé como módulo equivalente a três quartos do pé (i. e., o pé menos os dedos).

19. Vincent de Beauvais ([1624] *Bibliotheca Mundi Vincentii Burgundi... Episcopi Bellovacensis+*, v. 1, col. 1994; XXVIII.2). A despeito da indicação na página do frontispício, Vincent nunca foi um bispo.

20. *Placides et Timéo* 214 (1980, p. 93). Provavelmente composto em meados do século XIII, era um livro razoavelmente popular: sete manuscritos dos séculos XIV e XV sobreviveram, e outros três foram catalogados (em 1373), mas perderam-se. Algumas edições impressas surgiram no século XVI, entre 1504 e 1540.

Pouquíssimos autores antigos são citados: Aristóteles, Hipócrates, Homero, Lucano, Ovídio (e seu amigo Macer Floridus, a quem um livro posterior sobre plantas é falsamente atribuído), Platão, Porfírio, Virgílio. O Catão de Roma é o autor dos populares dísticos medievais.

21. Embora Restoro mencione autores antigos com menos frequência (na maioria árabes) do que ocorre em *Placides et Timéo*, essa passagem parece ecoar Vitrúvio III. praef.ii. e 1.ii.

22. Muito material a esse respeito foi coletado por H. Flasche (Similitudo templi, *Vierteljahrsschrift für Literaturwissenschaft und Geistesgeschichte*, 23, p. 81s.). Contudo, ver supra, p. 84s.

23. Muitas noções anatômicas permanecem ligadas a lugares comuns suportados por uma tradição textual que servia de guia para a prática da dissecação, mas que não resistiria até o final do século XV. Ver A. Carlino, The Book, the Body, the Scalpel, RES, 16, p. 33-51.

24. Aurélio Agostinho, *De Civ. Dei*, XV.26. O argumento é enfaticamente confirmado por Eugípio, o Abade, um africano que escrevia, no final do século VI (1885; CSEL, v. 8, p. 215s.); no tocante à reflexão de S. Agostinho sobre a identidade de medidas entre a arca e o corpo de Cristo, ele acrescenta a elaboração de que o corpo ressuscitado do Salvador deve ter mantido exatamente nas mesmas dimensões que tivera durante a sua vida terrena.

25. *PL* 107, p. 150s., 167s.

26. *PL* 197. A obra de maior interesse é o *Liber divinorum operum simplicis hominis*. A descrição do microcosmo tem início com uma asserção grandiosa da figura humana de pé em meio ao círculo cósmico, suas mãos estendidas tocando as extremidades (p. 761s.). A figura humana era importante para Hildegarda como a síntese e a medida de toda a criação. Ela aponta esse último argumento na seção 43 da quinta visão do segundo livro do *Liber divinorum operum* (PL 197, 945c). Ver B. Widmer, *Heilsordnung und Zeitgeschehen in der Mystik Hildegards von Bingen*, p. 46s.

Um cânone detalhado, consoante o "seção áurea" dos preceitos da Escola de Beuron, foi extraído de oito passagens posteriores por I. Herwegen, Ein Mittelalterlicher Kanon des Menschlichen Körpers, *Repertorium für Kunstwissenschaft*, 32, p. 443-446. O homem cósmico é descrito na p. 813s. As passagens canônicas estão na p. 815, Cap. XVII (divisão tripla da face); 816, Cap. XVIII (os lábios têm o mesmo tamanho; a distância entre as orelhas, da abertura da orelha para o ombro e para a base da garganta, é a mesma); 819, Cap. XXII (a testa é dividida em sete segmentos que correspondem aos planetas); 831, Cap. XXXII (os olhos são iguais em tamanho e seus movimentos são coordenados); 843, Cap. LIII (partes iguais a partir do topo da cabeça à base da garganta, desta última ao umbigo e novamente ao *locum egestionis*); 844, Cap. LV (do ombro ao cotovelo, do cotovelo ao final do dedo médio, é igual à distância do tornozelo ao dedão do pé); 845, Cap. LVI (a distância entre os ossos das coxas iguala àquela entre o umbigo e o lugar da evacuação, a zona genital); 869, Cap. XCII (dos joelhos aos tornozelos equivale a distância da zona genital – ou os ossos da coxa – aos joelhos); essas medidas são ampla e cuidadosamente moralizadas por Hildegarda. Elas também são esplendidamente ilustradas em Lucca, Munic. Libr. Cód. 1942, iluminadas (talvez?) no Rupertsberg ca. 1230, que constitui a base do texto Migne, uma reimpressão da edição de Giandomenico Mansi. Ver K. Liebeschütz, *Das Allegorische Weltbild der Heiligen Hildegard von Bingen*, p. 86s.; e H. Schipperges, *Das Menschenbild Hildegards von Bingen*, p. 14s.

27. Agrippa von Nettesheim, *De Occulta Philosophia*, v. 1, p. 187s. Ver E. Panofsky, *The Codex Huygens and Leonardo da Vinci's Art Theory*, p. 113, inclusive nota 1; figuras 105, 106, 107.

28. Sobre Bernard Silvester (também Bernard de Tours), ver C.H. Haskins, *The Renaissance of the Twelfth Century*, p. 104s., 375s.; E.R. Curtius, *European Literature and the Latin Middle Ages*, p. 106s., e passim; e B. Stock, *Myth and Science in the Twelfth Century*.

29. A despeito das persistentes investigações, a Biblioteca Cívica de Lucca (à qual o manuscrito foi consignado após a secularização) nada pôde me confirmar sobre a sua proveniência. Sou grato ao Prof. Albert Derolez, que me contou embora ele deva ter sido trazido para a Itália por um dos antepassados alemães do Cardeal Mansi, a julgar pelo *postille* em suas margens, no século XIV ele já estava na Itália.

30. A grande figura do Criador no claustro setentrional do Camposanto em Pisa, que cria um universo circular coincidente com seu corpo, é ora atribuída a Pietro di Puccio, de Orvieto – embora Vasari a tenha atribuído ao florentino Buonamico Buffalmacco, assim como fez A. de Morrona, *Posa antica e moderna*, p. 61s.; e L. Lanzi *Storia pittorica dell'Italia*, v. 1, p. 35s. Contudo, ver *Vite*, de G. Vasari (ed. G. Milanesi, 1878-1906, v. 1, p. 513; ed. R. Bettarini e P. Barocchi, 1966-1976, texto v. 2, 172s., comentário v. 2, A, p. 490s.); ver também A. Letalle, *Les Fresques du Camposanto de Pise*, p. 101s.; e A. Caleca et al., *Pisa*, p. 86s.

A figura da divindade circundada por anjos no vizinho *Sacrifício de Noé*, obra do mesmo mestre, parece basear-se na projeção de um hexágono regular.

Não é comum a observação de que este mundo-homem-deus de Pisa constitui o painel de abertura de uma sequência sobre a criação e a redenção humanas, em grande parte tirada do Gênesis e do Êxodo (ela termina com a história de Salomão e da rainha de Sabá), distribuída sobre toda a parede sul do Campo; o painel foi retomado por Benozzo Gozzoli, quase um século mais tarde (1468-1484), gesto que os habitantes de Pisa agradeceram enterrando-o no Camposanto.

31. Ela é também conhecida como Herrade de Landsberg. Seu principal trabalho, o *Hortus deliciarum*, foi destruído na campanha de 1870 em Estrasburgo e ora reconstruído: ver Herrad of Hohebourg, *Herrad of Hohebourg*, v. 1, p. 96, 221. Existem várias especulações menos difundidas sobre o antropomorfismo do mundo e de suas partes, tais como as reflexões de Opicinus de Canistris sobre o mapa do mundo, que permaneceram desconhecidas até o século XX. Ver R. Salomon, *Opicinus de Canistris, Weltbild und Bekenntnisse eines avignonesischen Klerikers des 14. Jahrhunderts*.

32. Ver K. Menninger, *Number Words and Number Symbols*, p. 12s, 34s, 117s.

33. De fato, o Livro da Criação, aparentemente um texto pré-talmúdico, baseia sua especulação sobre a completude do número 32, o qual é composto pelas 22 letras do alfabeto hebraico e os dez números. O texto de L. Goldschmit (*Sepher Jesirah, Das Buch der Schöpfung*) permanece como o melhor disponível, mas ver também M. Lambert, *Commentaire sur le Séfer Yesira ou livre de la création par le Gaon Saadia de Fayyoum*. Sobre a data e as edições do texto, ver G. Scholem, *Origins of the Kabbalah*, p. 20s; sobre o seu uso pelos primeiros cabalistas, ver p. 40s. e passim. Sobre o Livro da Criação e o Golem, ver G. Scholem, *On the Kabbalah and Its Symbolism*, p. 165s.

34. O pensamento medieval dedicou muita reflexão ao argumento. Na busca por inspiração, o tetragrama ADAM foi examinado com frequência: Aurélio Agostinho, *Enarr. in Ps.* (*Sl* 95, 15); *In Joann. Evan.* (IX.14, X.12). S. Agostinho deve tê-lo traçado a partir do Livro Sibilino III, 24. Ver A. Kurfess, *Sibyllinische Weissagungen*, p. 72 e nota, p. 287. Esta fonte possivelmente judaica menciona o "tetragrammaton Adam", embora o nome Adão (*Ad'm*) seja, de fato, um trigrama em hebraico. Não conheço nenhum estudo sobre a iconografia do confronto entre o novo e o velho Adão, não obstante, ver F. Saxl (op. cit., v. 1, p. 61s.) sobre os evangelhos de Uta de Ratisbon. A tradição do velho Adão vitruviano refletida no novo é adotada por W. Blake (*Jerusalem*, lâm. 76); ver a respeito D. Bindman, *Blake as an Artist*, p. 179s. O homem perfeito de Blake é, na realidade, o gigante Albion, e a figura reproduzida nessa lâmina é a vista posterior da figura mais conhecida do "Albion Arose" com a sua deliberada emulação do homem proporcionado de Scamozzi. Ver M.D. Paley, *The Continuing City*, p. 113s.

35. O culto da "medida de Cristo" parece ter tido origem em Constantinopla, onde uma das três cruzes de ouro (no arco de Constantino, no Forum Artopolium, e no Forum Filadelfium) deve ter exibido tal medida. Um dos primeiros documentos ocidentais do culto é um manuscrito florentino do século XIII (Laurenziana Plut. XXV.3, datado de 1293), sobre o qual ver A.M. Bandini, *Catalogus codicum latinorum Bibliothecae Mediceae Laurentinanae*, v. 1, col. 748; e G. Uzielli, *Le misure lineari medioevali e l'effigie di Cristo*, p. 9s., 29. Os outros manuscritos são Riccardi (1294) e Riccardi (1763). Havia ainda uma antiga folha devocional, sem data, sobre as medidas de Cristo. Uma placa de pedra (sobre a qual dizia-se que os soldados jogaram dados pelo manto na Crucificação), suportada por quatro colunas do *Quattrocento*, tem sido conhecida como a *mensura Christi*; ela foi instalada na assim chamada Câmara do Conselho do Palácio de Latrão, de onde foi transferida para o claustro da igreja por Sixto V; *mensura* refere-se provavelmente às colunas, isto é, à parte inferior da placa. Ver G. Rohault de Fleury, *Le Latran au Moyen Age*, lâm. 51; e também C. Ginzburg, (*Indagini su Piero*, p. 72s. Ela é ainda descrita no guia Murray de 1899, mas não no guia CIT de Roma (Roma, 1965). Havia também colunas do *praetorium* de Jerusalém, que foram consideradas como a medida de Cristo, pois eram tidas como as colunas da flagelação às quais seu corpo foi amarrado. A despeito da enorme devoção popular à *mensura Christi*, particularmente na Toscana (ver G. Uzielli, *Sulle misure e sul Corpo di Cristo come campione di misura nel Medio Evo in Italia*, v. 12, p. 192s.), não encontrei até hoje nenhuma conexão entre esta devoção, que parece concentrar-se no corpo como 3 *braccie* (cada uma medindo dois pés) de altura, e a devoção às pegadas de Cristo que, segundo a tradição, ele teria deixado nas pedras do calçamento, ao fazer São Pedro retornar depois de indagar: *Domine, Quo Vadis?* As pegadas estão preservadas na Basílica de São Sebastião, na Via Appia, bem como numa cópia do século XVII, na capela Quo Vadis. De fato, os vários manuscritos e documentos apresentam dimensões variáveis. Sabe-se que tais cultos eram amplamente difundidos. A devoção ao Santo Sepulcro, em Jerusalém, e a imitação de sua forma foi discutida por R. Krautheimer, *Introduction to an Iconography of Medieval Architecture*, p. 1s.

36. F. Petrarca, *Dial.* 93 (*Francisci Petrarchae De Remediis Utriusque Fortunae*, p. 590s.).

37. Inocêncio III (Lotario dei Conti di Segni) (PL 207, p. 701s.); F. Petrarca, op. cit., p. 16s., e passim. O tema é constantemente reiterado nas cartas de século XV. Ver G. Toffanin, *Storia dell'umanesimo*, p. 273s.; E. Garin, *L'umanesimo italiano*, p. 94s.; e C. Trinkaus, *In Our Image and Likeness*, passim. Sobre o debate teológico em torno do tema, ver J.W. O'Malley, *Praise and Blame in Renaissance Rome*, passim.

38. Lucius Coelius (Caecilius?) – Firmiano Lactâncio (PL 6).

39. O argumento teleológico, ou do desenho divino, está implícito no elogio que Santo Agostinho faz a Platão e seus seguidores, *De Civ. Dei*, VIII.6 e adiante em XI.4 e Sermão 241. Foi formalizado por Santo Anselmo em *Cur Deus Homo*. Sobre seu papel no pensamento escolástico, ver E. Gilson, *L'Esprit de la philosophie médiévale*, p. 73s.

40. Cícero. *De Nat. Deo.* 53s.

41. Nicolau Chrebs (Krebs, *Câncer* – o caranguejo, que ele adotou como seu emblema) de Cusa ou Cues (uma pequena cidade acima do rio Moselle, a partir de Bernkastel) nasceu em 1401; ele morreu como Cardeal e príncipe-bispo de Brixen, no Tirol, (agora mais conhecido como Bressanone, nos Alpes Italianos) em Todi, em 1464. *De docta ignorantia*, II.3, III.3. Ver também as observações acerca de *De doctrina christiana*, em P.M. Watts, passim, e particularmente p. 96, 109s., 206. Mas ver também G.P. Conger, *Theories of Macrocosms and Microcosms in the History of Philosophy*, p. 54s. Um vislumbre de Cusanus, segundo os florentinos da geração seguinte, está em V. de Bisticci, *Vite di uomini illustri*, p. 169.

42. *De venatione sapientiae*, XII. 32, citado por H. Blumenberg, *Aspekte der Epochenschwelle*, p. 39. *Infinitum ad finitum proportionem non esse* (*De Doc. Ign.* 1.3.i). *Proportio* é traduzido como "gradação" na única versão inglesa (ed. por G.M. Heron, *Of Learned Ignorance*, p. 11), transmitindo o sentido, mas enfraquecendo a associação. Aqui Cusanus comenta Aristóteles *Met.* I.1 (980a).

43. Ver P.M. Watts, *Nicolas Cusanus*, p. 25s.

44. Nicolau de Cusa (H. Blumenberg, *The Legitimacy of the Modern Age*, p. 525s). Protágoras de Abdera em Platão, *Tht.* 152a, 178b, e *Crat.* 383a, assim como Aristóteles, *Met.* 1053a, 1062b, *Eth. Nic.* 1113a. Ver também Sexto Empírico, *Adv. Math.* VII.60. Sobre esse tão citado e comentado dito, ver W.K.C. Guthrie, *A History of Greek Philosophy*, v. 1, p. 401s.; e H. Cherniss, *Aristotle's Criticism of Pre-Socratic Philosophy*, p. 33, 55s. Sobre a leitura feita por Nicolau deste aforismo como uma das quatro hipóteses fundamentais de sua obra posterior, *De Beryllo*, ver H. Blumenberg, (*Aspekte der Epochenschwelle*, p. 83s.; e P.M. Watts, *Nicolas Cusanus*, p. 174, 180, 185s. Sobre o lugar desse aforismo no pensamento do *Quattrocento* em geral, ver C. Trinkaus, Protagoras in the Renaissance, em P.O. Kristeller, *Medieval Aspects of Renaissance Learning*, e E.P. Mahoney (ed.) *Philosophy and Humanism*, p. 190-213. Em seu livro *De globo* (Sobre o Jogo do Globo), Nicolau de Cusa mais uma vez apela para Protágoras a fim de formular uma teoria do tempo inteiramente antropocêntrica como uma simples medida de movimento, segundo a qual, a divisão esquemática em anos, dias e horas é uma criação da alma racional, sem a qual não existe tempo. A alma racional, embora incapaz de medir o movimento sem a ajuda do tempo, se encontra fora dele, sendo dele independente. Ver H. Blumenberg, *The Genesis of the Copernican World*, p. 485s.

45. H. Blumenberg, *Aspekte der Epochenschwelle*, p. 63, 85s. Trata-se de um esquema e, portanto, inevitavelmente uma traição da concepção de Nicolau, de que Deus é o entorno, o invólucro, o *complicatio* de sua criação, enquanto a criação é, por sua vez, o desdobramento, o desenvolvimento, a *explicatio* de Deus. Ver E. Vansteenberghe (*Le Cardinal Nicolas de Cues*, p. 310s.) e G. Santinello (*Introduzione a Niccolò Cusano*, p. 43s.) sobre a relação entre os dois conceitos de complexidade e explicação de Deus, e outro conceito chave de Nicolau de Cusa, a contração: o mundo feito a partir da contração do Criador. Ver P.M. Watts (*Nicolas Cusanus*, p. 66s.), baseando-se em *De docta ignorantia* II.3; ver G.M. Heron, *Of Learned Ignorance*, p. 77.

46. Antonino (*Summa theologica*, parte 1, p. 57): *Anaxagoras* [sic!] *qui interrogatus quid esset homo, ait mensura omnium rerum*.

A seção *de quidditate homini et ejus excellentia* inicia na p. 54. Antonino cita "Method. 10" como sua fonte, presumivelmente Metódio de Olímpia. Essa passagem é citada e atribuída corretamente, por volta do mesmo período, por L.B. Alberti, (*On Painting and on Sculpture*, v. 1, p. 132; *The Family in Renaissance Florence*, p. 134). Protágoras era certamente conhecido na época através da tradução de *Vidas dos Filósofos*, de Diógenes Laércio, feita nos anos de 1430 por Ambrogio Traversari (Ambrósio, o Camaldulense), prior geral camaldulense. Ver C. Trinkaus em C.H. Clough (ed.) *Cultural Aspects of the Italian Renaissance*, p. 190s., esp. 194s. Santo Antonino deve ter combinado a citação que Alberti fazia de Protágoras com outra que Alberti atribuía a Anaxágoras: "Deus criou o homem para que este contemplasse os céus e as obras de Deus, o que é confirmado por sua postura ereta" (*On Painting and on Sculpture*, v. 1, p. 132). Este ditado é igualmente citado em seu *Della pittura* (p. 69s.; ver *On Painting and on Sculpture*, v. 3, p. 34), que ele menciona a partir de Lactâncio Firmiano, *De falsa sapientia* (*Inst.* III.9.ii). Sobre outra confusão, Pitágoras/Protágoras, feita algumas vezes por ambos os copistas de Alberti e Nicolau de Cusa, ver C. Trinkaus, *In Our Image and Likeness*, p. 199, 18n.

47. P.M. Watts, *Nicolas Cusanus*, p. 179. Citado, quase exatamente, por Pico della Mirandola, *Heptaplus* VII.7.

48. P.M. Watts, *Nicolas Cusanus*, p. 184s. Sobre a tentativa de Nicolau de conciliar Platão e Aristóteles por meio de sua doutrina da distinção entre formas (deduzida, como em Platão) e espécies (conceitos intelectuais induzidos, como em Aristóteles), ver G. Santinello, *Introduzione a Niccolò Cusano*, p. 46s.

49. O esforço em referir o empírico ao ideal o levou a deduzir a circularidade imperfeita dos planetas e suas órbitas: Cusa, *De Doc. Ign.* II.12. A ruptura no método é bem descrita por E. Cassirer (*Individuo e cosmo*, p. 47s.), que o considera uma "realização" das palavras de Sócrates sobre a falta de confiabilidade da observação astronômica em Platão, *Rep.* VII.529s. Ver G. Santinello, *Introduzione a Niccolò Cusano*, p. 50s.

50. Nicolau estava envolvido nas negociações antes e durante o Concílio de Florença; ele foi feito cardeal *in pectore* por Eugênio IV e ainda que não fosse conhecido como tal, era uma figura bastante pública para ser votado no conclave que elegeu seu amigo Nicolau V (L. von Pastor, *The History of the Popes*, v. 2, p. 11). Santo Antonino também foi votado nessa ocasião. Alberti era membro da corte papal nessa época; ambos eram amigos íntimos do matemático Paolo Toscanelli e de um bispo humanista, Giovanni Andréa de'Bussi. Teria sido quase impossível que eles *não* tivessem se encontrado. Um manuscrito de Alberti do século XV, *Elementae picturae*, no Hosital de São Nicolau em Cues (cód. 112) provavelmente fazia parte da biblioteca do fundador: ver J. Rykwert e A. Engel (*Leon Battista Alberti*, p. 425s.) e E. Hempel (Nicolas von Cues in seinen Beziehungen zur Bildenden Kunst, *Berichte über die Verhandlungen der Sächsischen Akademie der Wissenschaften zu Leipzig*, p. 14s.). Alberti, Toscanelli e Nicolau de Cusa compartilhavam uma paixão comum pela confecção de mapas: ver G. Santinello, *Introduzione a Niccolò Cusano*, p. 101. O assim denominado Mapa de Cusanus está reproduzido por E. Meffert, *Nikolaus von Kues*, p. 72s.

A evidência circunstancial da dependência de Leonardo do ensinamento de Nicolau foi demonstrada por M.N. Duhem, *Études sur Léonard da Vinci*, v. 2, p. 99s., mas esp. p. 101s., 149s., 180s. Ela foi rejeitada como "congetture troppo fragili" por E. Garin (Cusano e i platonici italiani del Quattrocento, em G.F. d'Arcais, ed., *Niccolo da Cusa*, p. 78). No entanto, a provável familiaridade de Leonardo com o *De transformationibus geometricis* é sugerida por M. Kemp, *Leonardo da Vinci*, p. 250s. Garin (p. 80s.) também rejeita a sugestão de Vespasiano da Bisticci, de que Nicolau era "dotto in Greco"; contudo, seu amigo Lorenzo Valla (a quem Garin considera um daqueles humanistas orgulhosos do seu grego) também chama Nicolau *doctissimus vir et graecarum litterarum peritus* (*Collatio Novi Testamenti*, citado em S.I. Camporeale, *Lorenzo Valla*, p. 360). Pio II, o terceiro papa a ser amigo de Nicolau, sugeriu em seus *Commentaries* (ed. L. Totaro, p. 2498) que ele era *suae gentis nimis amans*; contudo Nicolau foi uma grande figura pública, que pregava em italiano, assim como em latim e alemão, e tinha um grande séquito como pregador em Roma: ver E. Vansteenberghe, *Le Cardinal Nicolas de Cues*, p. 158s.; e J.W. O'Malley, op. cit., p. 92s., 142. Portanto, seus ensinamentos teriam sido familiares a muitos daqueles que não conheciam seus escritos. Ver, porém, G. Santinello, *Il pensiero di Niccolò Cusano nella sua perspettiva estetica*, passim; E. Hempel, Nicolas von Cues in seinen Beziehungen zur Bildenden Kunst, *Berichte über die Verhandlungen der Sächsischen Akademie der Wissenschaften zu Leipzig*; e W. Tatarkiewicz, *Estetyka Nowozytna*, v. 3, p. 76s. Tatarkiewicz parece rejeitar a influência de Nicolau, inclusive sobre as gerações imediatamente subsequentes na Itália: é certamente verdade que os únicos artistas que ele mencionou pelo nome foram Rogier van der Weyden e Hans Memling. Ilustrações úteis de seus bens e patronato encontram-se em E. Meffert, *Nikolaus von Kues*. Embora o estilo da maior parte de seu túmulo na sua igreja cardinalícia, San Pietro in Vincoli, possa ser descrito como "gótico internacional" ele é um *Quattrocento* tardio, construído por Andréa Bregna, de Milão, o principal escultor romano de túmulos.

51. A preocupação canônica está implícita na famosa disputa entre Brunelleschi e Donatello sobre a figura do Cristo Crucificado: a história de Donatello quebrando os ovos em assombro diante da obra-prima de seu amigo é contada por Vasari duas vezes, em sua obra sobre a vida de Brunelleschi (ed. Milanesi, *Vite*, v. 2, p. 333s.) e de Donatello (v. 2, p. 398s.). Ambas as figuras representam um homem de três *braccie* florentinas (i. e., cinco pés e dez polegadas) de altura, em vez da *mensura Christi*, que é de seis pés palestinos (i. e., cinco pés e onze polegadas); ver O. Cassazza, Il crocifisso ligneo di Filippo Brunelleschi, *La critica d'arte*, 43, p. 209s. Ver, de todo modo, também L. Steinberg, *The Sexuality of Christ*, p. 131s.

52. As trinta e três folhas de pergaminho (Paris, Bibliothèque Nationale MS fr. 19.093; talvez menos da metade tenha sobrevivido) foram publicadas pela primeira vez – em uma reprodução litográfica com um comentário do arquiteto-restaurador e colaborador de Viollet-le-Duc – por J.A.B. Lassus, em 1858. Foi uma publicação póstuma. O manuscrito pertencera à família Félibien desde o século XV, e era muito conhecido. Uma tradução inglesa da edição de Lassus feita por Robert Willis (como "Wilars de Honecort") apareceu no ano seguinte em Londres. Desde então, foram publicados vários fac-símiles, que são comentados por C.F. Barnes (*Villard de Honnecourt*); é claro que não existe acordo entre as várias autoridades no que diz respeito ao propósito do livro ou às suas fontes.

A edição padronizada permanece aquela de H.R. Hahnloser (*Villard de Honnecourt*, reimpressa com material suplementar em 1972). Hahnloser estabeleceu de modo convincente que os desenhos e textos tinham como origem três mãos distintas; uma edição mais acessível foi preparada por Alain Erlande-Brandenburg, *Carnet de Villard de Honnecourt*. Os esquemas geométricos foram comentados por R. Bechmann, *Villard de Honnecourt*, p. 224s., 305s.

Hahnloser também publicou outro livro de modelos, um álbum em estilo mais propriamente bizantino do princípio do século XIII, da biblioteca de Wolfenbüttel (*Das Musterbuch von Wolfenbüttel*). D.J.A. Ross (A Late Twelfth-Century Artist's Pattern-Sheet, p. 119s.) considera que duas páginas de pergaminho encadernadas como um *bifolium* eram exatamente tal livro de modelos fragmentário.

Acerca dos desenhos de Villard do cânone humano, ver H.R. Hahnloser, op. cit., p. xxxv, xxxvi, xxxvii, xxxviii. O próprio Villard chama estas páginas de "mode de poraicture/materia picturaurae", sobre estas últimas ver H.R. Hahnloser, op. cit., p. 84s., 275s.; e R. Bechmann, op. cit., p. 305s.

53. Uma dessas últimas veio à luz recentemente: apontamentos sobre a proporção humana tomados em um encontro sobre escultura. Ver B. Bischoff, *Anecdota novissima*, p. 233s. Ele faz uso do "módulo" vitruviano da face, mas embora começe dividindo o trabalho em dez unidades, de fato permite ao artista uma latitude compreendida entre oito e dez e meio módulos.

54. Fólio 36 v., parte 2, Cód. Lat. 197, Bayrische Staatsbibliothek, Munique. Ver *De ingeneis* de Mariano Taccola, v. 1, p. 67; v. 2, p. 72. S.C. Prager e G. Scaglia (*Mariano Taccola and His Book* De Ingeneis, p. 46, 167s.) entendem esse desenho, que tem na parte superior um compasso, uma linha de prumo e um esquadro, como muito ligados às tradições medievais do que como um iniciador de novas especulações vitruvianas, embora de fato o círculo no qual o homem de Taccola está inscrito tenha – vitruvianamente – oito cabeças de diâmetro e estas oito unidades estejam claramente marcadas como os pontos de compasso no desenho. Duas dessas unidades (um quarto da figura) constituem a sua largura; a razão entre a mão e a cabeça é 8:10, i. e., a dimensão da face vitruviana. Os pés da figura, contudo, não tocam a borda do círculo, e ela parece ter sido desenhada com a altura de sete de seus próprios pés. Quanto aos demais manuscritos de Taccola, *Liber tertius de ingeneis* (Florence Palat. 766) foi editados por James H. Beck; *De rebus militaribus* (MS Paris, Bib. Nat. Lat. 7239 – um livro de "apresentação") foi editado por Eberhard Knobloch.

55. Desenho de Francesco no Cód. Saluzz. 148, Torino, fólio 6 v. (ca. 1480, provavelmente antes de 1486). Francesco emprestou outro manuscrito de seu tratado (agora Ashburnham 361, na Laureziana, em Florença) para Leonardo, em Milão, por volta de 1490, e ele está anotado à mão por Leonardo, se bem que a atribuição de alguns de seus desenhos a Leonardo ainda não tenha sido confirmada; ver C. Maltese em F. di Giorgio Martini (*Trattati di architettura, ingegneria e arte militare*, p. xxi, 1n; p. xxiv, 3n). O homem de pé tem seu centro no interior do quadrado colocado na altura dos genitais; o círculo é circunscrito um tanto sem cuidado e não corresponde à prescrição vitruviana.

56. Veneza, Accademia no. 228, datado variadamente entre 1476 ou algum momento entre 1485 e 1490. O texto sobre o desenho foi transcrito por J.P. Richter, ed., (*The Literary Works of Leonardo da Vinci*, v. 1, p. 255s., 343n), e comentado em C. Pedretti (em reedição, v. 1, p. 244s.). Richter agrupou os desenhos da Accademia conforme seus números 308-388 (dos quais o 315 – Veneza, Accademia 236 – pode ser um retrato de Piero, o pai de Leonardo; assim, de todo modo ver R.S. Stites et al., *The Sublimations of Leonardo da Vinci*, p. 115s.). A estes devem ser acrescentados os desenhos da caveira em Windsor (19057 r., 19058 r. e v.; K. Clark e C. Pedretti, *The Drawings of Leonardo da Vinci in the Collection of Her Majesty the Queen at Windsor Castle*, v. 3, p. 24) nos quais Leonardo investiga o cânone da estrutura óssea. O empreendimento de Leonardo envolveu a reconciliação da observação empírica com a antiga. No que ele próprio confessou não ter sido bem sucedido: Platino (o poeta milanês Piattino Piatti), que reivindicava sua amizade, escreveu um epitáfio em latim, no qual o artista autocrítico é levado a dizer "Sum Florentinus Leonardus Vincia proles; Defuit una mihi symmetria prisca: peregi Quod potui; veniam da mihi posteritas" (citado em G. Bossi, *Delle opinioni di Leonardo da Vinci intorno alla simmetria de' corpi umani*, p. 14; mas ver também C. Pedretti, *The Drawings of Leonardo da Vinci in the Collection of Her Majesty the Queen at Windsor Castle*, v. 2, p. 9s.). Sobre a relação entre os cânones de Villard, Leonardo e Dürer, ver V. Mortet, *Mélanges offerts à M. Emile Chatelain*, p. 367s.

57. Embora de fato, conforme por ele desenhado, o triângulo equilátero (oito de suas palmas para um lado) não tem seu centro no umbigo, mas cinco polegadas (na escala de Leonardo) abaixo do centro do círculo. Sobre este desenho, ver G. Hersey, *Pythagorean Palaces*, p. 97s.; e M. Kemp, *Leonardo da Vinci*, p. 113s. As minhas observações constituem conjecturas a partir de uma gravura. Contudo, ver G. Favaro (Il canone di Leonardo da Vinci sulle proporzioni del corpo umano, *Atti del R. Istituto Veneto di Scienze, Lettere ed Arti*, 77, p. 167s.; Misure e proporzioni del corpo umano secondo Leonardo, *Atti del R. Istituto Veneto di Scienze, Lettere ed Arti*, 78, p. 109s.), assim como E. Panofsky, *Meaning in the Visual Arts*, p. 92s.

58. Windsor 19057 r. e v., 1908 r.

59. No que diz respeito à abordagem de Leon Battista Alberti em relação à medição empírica, ver sua obra *De statua* 12: *satis constare certum est, ab vivo etiam exemplari cum dimensiones tum etiam finitiones captari adnotarique posse percommode*. De fato, as dimensões canônicas fornecidas por Alberti são "perfeitas" ou canônicas ao modo vitruviano (*On Painting and on Sculpture*, p. 132s.), embora no que diz respeito ao procedimento de compilação de tal cânone, ele tenha feito alusão à história de Zêuxis que derivara as proporções do corpo feminino perfeito a partir das cinco moças mais bonitas de Crotona, assim como relatou Plínio (*NH* XXXV. xxxvi.64) e Cícero (*de Inv* II.1.1-iii).

Sobre Pompônio Gaurico, ver supra, Cap. II, p. 57 e nota 24, p. 379.

60. A evidência mais completa do interesse de Leonardo pela questão da proporção no movimento é a suposta cópia do manuscrito de Leonardo sobre o tema, o Codex Huygens, agora na Biblioteca Pierpont Morgan, Nova York e atribuída, por C. Pedretti (*The Drawings of Leonardo da Vinci in the Collection of Her Majesty the Queen at Windsor Castle*, v. 1, p. 69s., que também reproduz o texto), a um pintor milanês do século XVI, Girolamo Figino. Com base em evidências documentais convincentes, ele parece ter sido ora atribuído a outro pintor do mesmo círculo, Carlo Urbino; ver S. Marinelli, The Author of the Codex Huygens, *JWCI*, 44, p. 214s. Ele foi gravado assim como aquele de Leonardo em torno de 1720 por Edward Cooper, quem restaurou e montou os desenhos para Constantine Huygens, um cientista e colecionador holandês (e irmão do mais famoso Christian); ele havia comprado os desenhos em 1690. Essas gravuras são reproduzidas por Pedretti (v. 1, p. 53). O códex foi publicado por E. Panofsky (*The Codex Huygens and Leonardo da Vinci's Art Theory*), que então procurou atribuí-lo a Aurélio Luini, ou então a Ambrogio Figino, outro pintor milanês (sem parentesco com Girolamo). Duas folhas de desenhos, que agora fazem parte da coleção do Christ Church, em Oxford, foram declaradas por Pedretti (v. 1, p. 244s.) como tendo feito parte do códex original embora, a julgar pela evidência das fotografias, elas pareçam ser fruto de uma procedência distinta. Parece possível especular que John Wood, de Bath, deva ter tido conhecimento das gravuras de Cooper, as quais foram reimpressas por Edward Oakley, um promotor da arquitetura, arquiteto e representante da maçonaria, em seu *Magazine of Architecture: Perspective and Sculpture in Five Parts* (Westminster, 1730; reimpresso em 1732 e 1736). Este trabalho baseava-se, em grande medida – no que tange às partes sobre perspectiva e outras –, no livro de Abraham Bosse, e inclui uma seção regravada das medidas tomadas, por Gilles Audran, de estátuas antigas.

61. A. Dürer, *Hierinn sind begriffen vier Bücher von Menschlicher Proportion*. Na verdade, ele foi publicado poucos meses após a morte de Dürer. O manuscrito aparentemente estava pronto em 1523, mas (conforme argumenta W.L. Strauss, *Albrecht Dürer*, p. v. n.) Dürer pode ter hesitado acerca de sua publicação até que examinou o livro de Alberti sobre o tema (talvez o *De statua*, se bem que nenhum texto impresso estivesse ainda disponível), que teria chegado às suas mãos depois de ter finalizado seu próprio texto. É fato bem conhecido que Dürer trabalhou essa questão; quando muito jovem, ele foi fundamentalmente influenciado no tema por Jacopo de' Barbari conforme escreveu:

"Jdoch so ich keinen find, der do etwas beschriben hett van menschlicher mas zw machen, dan einen man, Jacobus genent, van Venedig geporn ein liblicher moler. Der wies mir man und weib, dÿ er aws der mas gemacht het [...] und wen ichs hett so wolt ich ims zw eren in trug pringen gemeinem nutz zw gut. Aber ich was zw derselben tzeit noch jung und hett nie fan solchem ding gehört [...]. Dan mir wolt diser forgemelt Jacobus seinen grunt nit klerlich an zeigen das merckett ich woll an jm. Doch nam ich mein eygen ding für mÿch und las den Fitrufium, der beschreibt ein wenig van der glidmas eines mans."

O depoimento acima ele escreve em um esboço da dedicatória a Wilibald Pirckheimer do livro sobre a proporção do corpo, ora no British Museum. Ver W.M. Conway, *The Literary Remains of Albrecht Dürer*, p. 165, 253s.; H. Rupprich, *Dürers Schriftlicher Nachlass*, v. 1, p. 101s.; v. 2, p. 31s. O desenho da juventude de Apolo e Diana (BM L 233) e a gravura-manifesto Adão e Eva (B.1., 1504, para a qual existe uma série de desenhos parciais: para Eva, Viena, Albertina W.421/2, e Londres, BM L 242; para Adão, Viena, Albertina W 423/4, e Dresden, fólios 110a, 135a) e os dois painéis ligeiramente posteriores (*The Fall of Man*, de 1507, no Prado) são os frutos mais óbvios dos ensinamentos de Jacopo; ver a respeito L. Servolini, *Jacopo de' Barbari*, p. 87s. Dürer estava convencido de que Barbari havia ocultado algo, que poderia inclusive existir alguns desenhos ou escritos conhecidos por ele. Sem dúvida, Dürer sabia da existência dos escritos canônicos da Antiguidade, e acreditava que os antigos padres da Igreja tinham cometido um erro ao destruí-los assim como haviam feito com as estátuas, em lugar de permitir uma *interpretatio Christiana* (W.M. Conway, op. cit., p. 178, 203). Dürer declarou sua intenção pelo exercício da medida no assim chamado excurso estético do livro sobre a proporção, de 1528 (fólios T1-T4); ver H. Rupprich (*Dürers Schriftlicher Nachlass*, v. 3, p. 290s., com esboços preliminares). Ambos, Leonardo e Dürer, tomaram como certa a analogia musical de suas pesquisas sobre a proporção (Rupprich, p. 298s.; ed. J.P. Richter, *The Literary Works of Leonardo da Vinci*, v. 1, p. 76s., 243). A topologia precoce de Dürer pode ser vista claramente na sua transformação da cabeça masculina no interior de um quadrado, dividido em sete seções verticais, enquanto as horizontais seguem as principais articulações da face. Dresden Sketchbook 94 (Rupprich, v. 2, p. 476); naturalmente, há muitos comentários sobre esse procedimento nos demais ensaios de Dürer (Rupprich, idem, p. 397s.).

As proporções de Lomazzo estão estabelecidas em seu *Trattato della pittura* (em *Scritti sulle arti*, v. 2, p. 38s.). Sobre o movimento, ver p. 238s., 255s. Sobre a relação entre cor e humores, ver p. 269s.; sobre o gesto, ver p. 388s. Conselhos sobre ótica são recorrentes ao longo de todo o livro.

62. G.P. Lomazzo (*Scritti sulle arti*, v. 2, p. 44s.): *Trattato dell'arte della pittura, scoltura e architettura*, livro I, Caps. 6-19 sobre os corpos humanos, 20-22 sobre os cavalos, e 22-29 sobre as ordens; seguem-se dois capítulos de princípios gerais. Para as fontes de Lomazzo, ver o prefácio de R.P. Ciardi (v. 1, p. xxix e seguintes).

63. G.P. Lomazzo, *Scritti sulle arti*, v. 2, p. 288s.
64. A. Condivi, *Michelangelo*, p. 99s. Sobre o criticismo de Michelangelo acerca da anatomia de Dürer, ver D. Summers, *Michelangelo and the Language of Art*, p. 380s.
65. Sobre Colombo, um discípulo de Vesálio mas, posteriormente, seu crítico e inimigo, ver DBI, s.v. Sobre a sua associação com Michelangelo, ver A. Hyatt Mayor, *Artists and Anatomists*, p. 68s. Ao que parece, ele tratou de Michelangelo (de cálculos e dores renais): carta a Giorgio Vasari, 22 de maio de 1557 (ver E.H. Ramsden, *The Letters of Michelangelo*), embora tenha morrido antes que Michelangelo, em 1559. Tem sido sugerido que uma das figuras barbadas (à direita do cadáver), no frontispício do *De re anatomica* de Colombo, pretendia ser um retrato de Michelangelo; essa é, de qualquer forma, a opinião de A. Carlino (*La fabbrica del corpo*, p. 61).
66. Sobre essa estátua, ver M. Weinberger, *Michelangelo the Sculptor*, p. 185, 200s. Sobre os problemas de sua composição, ver D. Summers, *Michelangelo and the Language of Art*, p. 85, 395s. Summers sugere que ambos, o junco e a cruz levados por Cristo, são indicações do módulo. Sobre o problema da nudez e do Cristo Encarnado, ver L. Steinberg, *The Sexuality of Christ*, p. 18s., 130s.
67. Sobre a relação entre anatomia e arquitetura, ver a bastante citada e não datada (1550, para o Cardeal Marcello Cervini? 1560, para o Cardeal Rodolfo Pio da Carpi?) carta na qual, após umas poucas frases vitruvianas, Michelangelo adiciona: "chi non è stato o non è buon maestro di figure e massime di notomia non se ne può intendere" ("quem jamais foi ou não é bom mestre de figuras e sobretudo de anatomia não pode entender isso") (E.H. Ramsden, *The Letters of Michelangelo*, v. 2, p. 129, 290s.; Milanesi, 490n). Vincenzo Danti e Francisco da Hollanda deram ambos seus testemunhos desta obsessão de Michelangelo. Ver D. Summers, *The Sculpture of Vincenzo Danti*, p. 9s., 46s.
68. Carta a Cosimo I de' Medici, de 17 de abril de 1548. Ver A. Carlino, The Book, the Body, the Scalpel, RES, 16, p. 33-50.
69. Sobre a queixa de Vesálio, ver Epistola Rationem… Radicis Chynae em sua *Opera omnia anatomica et chyrurgica* (v. 2, p. 680); ver também A. Hyatt Mayor, op. cit., p. 102.
70. Sobre a parte de Ticiano no empreendimento de Vesálio, ver W.M. Ivins em S.W. Lambert et al., *Three Vesalian Essays*, p. 65s., 85s.; e C.D. O'Malley, *Andreas Vesalius of Brussels, 1514-1564*, p. 124s.
71. D. Summers (*Michelangelo and the Language of Art*, p. 432), citando T. Koch, Die Schüler Vesals, p. 65-80, esp. p. 72.
72. Na carta que dedica ao papa Paulo III. Copérnico (*On the Revolutions of the Heavenly Spheres*, p. 26) atribui concepções pitagóricas a Filolao, Heráclides do Ponto e Ecfanto a partir de Platão, *Plac. Phil.*, III.13. Para um relato da formação intelectual de Copérnico e da natureza de sua realização imediata, ver H. Blumenberg, *The Genesis of the Copernican World*, p. 206s. e passim.
   C. Singer (*The Evolution of Anatomy*, p. 122) relaciona Copérnico e Vesálio; mas ver G. Canguilhem, *L'Homme de Vésale dans le monde de Copernic*, p. 27s.
73. Ver A. Picon, *Claude Perrault ou la curiosité d'un classique*, p. 75s., 151s.
74. Houve muitas edições do livro de Dürer:
    primeira edição alemã: 30 de outubro de 1528;
    segunda edição alemã: Arnheim, 1603;
    primeira tradução em latim (por J. Camerarius, em duas partes): Nurenberg, 1532, 1534;
    segunda tradução latina: Paris, 1535;
    terceira tradução latina: Paris, 1557;
    tradução francesa: Paris, 1557;
    segunda edição: Arnheim, 1613;
    tradução italiana: Veneza, 1591;
    segunda edição: Veneza, 1594;
    tradução espanhola: Madri, 1599 (?);
    tradução holandesa: Arnheim, 1622;
    segunda edição: Arnheim, 1662.

    O tradutor espanhol Luiz da Costa também pode ter preparado uma tradução portuguesa, que permaneceu como manuscrito. Ver W.M. Conway, op. cit., p. 229s.

    Sobre a influência de Dürer na França, particularmente em Poussin e Bosse, ver G. Kauffmann, *Poussin-Studien*, p. 22s. Inevitavelmente Dürer foi utilizado como evidência contra Le Brun.
75. Um relato dos precedentes do cânone vitruviano é fornecido por S. Ferri em sua edição de Vitrúvio (*Vitruvio*, p. 94s.). Ver, entretanto, supra Cap. IV.

IV: GÊNERO E COLUNA

1. Ver supra, Cap. I.
2. F. Zoellner (*Vitruvs Proportionsfigur*) parece ter recolhido uma grande quantidade de material para rever a ideia do homem microcósmico que foi proposta, em primeiro lugar, pelo próprio Aby Warburg e desenvolvida por Rudolf Wittkower. Entretanto, o material que ele mesmo coletou sugere que uma das duas hipóteses invocadas por ambos os estudiosos – que a recorrência do tema seria devida ou à sua validade ahistórica, talvez mesmo arquetípica, ou que estamos frente a um fenômeno de transmissão textual "oculto" e interrompido – poderia explicá-la. Uma vez que ele mesmo não coloca nenhuma outra hipótese para explicar o fenômeno, a interpretação dos estudiosos mais antigos mantém a sua validade.

   Sobre as várias citações de Vitrúvio na literatura medieval, ver H. Kock, *Vom Nachleben des Vitruv*, passim.
3. Vitr. III.1.1 e seguintes. Com Ferri (*Vitruvio*) e Fensterbusch (*Zehn Bücher über Architektur/Vitruv*), eu sigo a correção textual de Rose: *manus pansa* para *manus palma*. Outras variantes não afetam a tradução. A inserção de *a medio pectore* ("desde o meio do peito" antes de "a coroa da cabeça"), feita por Bernardo Galiani em 1758, foi aceita pela maioria dos editores (Rose, *De architectura libri decem*; Granger, *Ten Books on Architecture*; Ferri; Fensterbusch – ainda que não Stratico/Poleni, *De architectura libri decem*, ou Marini, *De architectura libri decem*).

   Uma série de problemas resulta de pequenas inconsistências nas proporções canônicas de Vitrúvio: se a altura de uma cabeça inteira é um e um quarto (sendo a face um décimo do corpo e a cabeça um oitavo), então a braça, de oito cabeças inteiras, é igual a seis (Policleto, sete?) pés; todavia, isto também é igual a dez faces, sendo a face igual a uma mão; a discrepância parece ser de 1/16 do braça e esta discrepância tem ocupado vários comentaristas. A braça, e não qualquer uma de suas partes, é a unidade básica de medida, assim como no templo, o comprimento do estilóbata é subdividido para descobrir-se o módulo; *symmetria* parece ser originalmente um método de divisão.

   No início da citação – *non potest aedis ulla sine symmetria atque proportione rationem habere compositionis* – eu simplesmente transliterei as palavras *symmetria* e *proportio*. Antes disso, na mesma passagem, Vitrúvio define *symmetria* como sendo o resultado ou o efeito de *proportio*, uma palavra que ele tomou como uma tradução correta da palavra grega *analogia*. Cícero alega (*De Univ.*: *Graece analogia, Latine – audendum est enim quoniam haec primum a nobis nouantur, comparatio proportioue dici potest*) haver cunhado o termo ao traduzir passagens do *Timeu*. Porém, na realidade, Varrão (que, embora dez anos mais velho que Cícero, dedicou o livro a ele) usou correntemente a palavra, definindo-a etimologicamente, sem fazer referência a Platão em L.L.X.35. Euclides (V.4; V.8, 9; VII.20, 21, sobre números *analogous*) define a palavra com um significado muito mais próximo a séries de dimensões ou números de quatro-termos (a:b = c:d, reduzível a três termos como a:b = b:c; Speusippos distinguiu entre as relações geométricas de números analógicos e a relação aritmética de números anacolúticos, ainda que essa distinção não seja, de forma geral, adotada). Sobre esse assunto, ver P.-H. Michel, Les Mediétés, *Revue d'Histoire des Sciences*, 2, p. 141s.

   Sobre a fortuna destes termos *pro portio* e *pro ratio*, ver S. Ferri, *Vitruvio*, p. 93s. Euclides, entretanto, é muito cuidadoso na definição da palavra quando aplicada para significar proporcionalidades, particularmente, no contexto de proporção geométrica.

   De fato, conquanto Plínio lamente que *non habet Latinum nomen symmetria* (NH XXXIV.xix65), Vitrúvio parece ter cunhado o adjetivo *commensus*, usando-o com frequência (I.3.ii, III.I.iii; ver III.2.ix, VI.I.vii), embora essa frequência do uso sugira que ele preferia a palavra grega. O verbo *commensurare* e seu derivado substantivo, *commensuratio*, e adjetivo, *commensurabilis*, não aparecem antes da *Interpretatio Topicorum Aristotelis* de Boécio. Aristot.

Interp. III.1 e *De Mus.* 1.31 ou Aurel. Aug. *Enarr.* em *Ps.* Ver V. Mortet, Recherches critiques sur Vitruve et son oeuvre, *RA*, 4th ser., 13, p. 46s.

4. Vitr. III.I.v e seguintes. Diz-se que *uncia, oungkia* é uma palavra de origem siciliana. Há uma curiosa glosa sobre essa passagem em *De Civ. Dei*, de Santo Agostinho (XV.26; sobre essa passagem e sua citação por Eugípio, o Abade, ver supra Cap. III, nota 24, p. 387), ainda que Santo Agostinho sustente, sem fornecer qualquer fonte relativa à essa informação, que o corpo humano é seis vezes sua largura e dez vezes sua espessura: ele relaciona essas dimensões às dimensões da Arca de Noé. Tal afirmação pode ser, sem dúvida, deduzida do texto bíblico mais do que derivada de algum cânone artístico. Ela corresponde à amplitude do homem vitruviano de Leonardo, tomada no seu ponto mais estreito.

   Nesse trecho, alguns editores (em particular Rose, *De architectura libri decem*) retiraram de Vitrúvio uma longa e repetitiva passagem. A numerologia é ampliada pelas múltiplas referências a cunhagens tanto gregas como latinas que a confirmam, porém, não a alteram, alegando que a cunhagem também é derivada do corpo. Aristóxeno de Tarento, um pupilo briguento e amargo de Aristóteles (a sua maior frustração era não ter sucedido seu mestre como líder do *Lykeion* ateniense) sustentou que Pitágoras interessou-se pela matemática por causa de seu prático emprego comercial: ver F. Wehrli, *Die Schule des Aristoteles*, v. 1, ii, fr. 23, p. 14, 49s. Há uma conexão quase legendária com a cunhagem de Crotone e tudo isso se reflete naquilo que poderia ser denominado como uma visão marxista vulgar de seu papel ali; ver G. Thomson, *Aeschylus and Athens*, p. 212s. Uma muito distinta interpretação marxista de Pitágoras, associando-o com a reação aristocrática e o considerando como o místico fundador da sua fraternidade, totalmente desconectado das atividades científicas de seus futuros seguidores, encontra-se em S. Luria, *Anfänge Griechischen Denkens*, p. 34s. É difícil fornecer regras fixas para as dimensões e suas subdivisões. Por exemplo, a braça, que geralmente é entendida como equivalente a seis pés, é considerada por Plínio como equivalente a dez pés, o que demonstra que as divisões e subdivisões são mais convencionais que normativas.

5. Vitr. III.I.iii. Nesse trecho, o corpo humano torna-se a resolução de um problema geométrico arquetípico, que é a quadratura do círculo. Isto é novamente proposto no tratamento do teatro (V.6.i, V.7.1). Inevitavelmente, o argumento atraiu alguns comentaristas posteriores, constituindo um dos temas do desenho de Leonardo discutido supra (ver Cap. III, nota 56, p. 390). Sobre isso, ver H.K. Lücke, Mercurius Quadratus, *Mitt. des Kunsthistorischen Institutes in Florenz.* 25.1, p. 61-84.

   Entretanto, as evidências a respeito dessas crenças são contraditórias; "Hipócrates" parece novamente confirmá-las (*Peri ebdomadon*, ed. H. Roger e E. Littré, Oeuvres Complètes, v. 8, p. 666: *definitio autem superiora partum, et inferiora corporum umbilicus*), mas Varrão, em sua etimologia da palavra *umbilicus* comenta a respeito do fragmento de um verso (atribuído a Ênio por um editor):

   > O Sancte Apollo, qui
   > umbilicum certum terrarum optines
   > Unde superstitiosa
   > primum saeva evasit vox fera [.]

   Cícero completa o fragmento no *De Div.* II.115, ainda que ele tenha colocado *obsides* em lugar de *optines*: "Divino Apolo que rege o impassível centro do mundo, de onde emana a severa voz proclamando seus oráculos". Ver Varrão *L.L.* VII.17 (ed. R.G. Kent, v. 1, p. 285), que rejeita explicitamente a crença no umbigo como o centro do corpo assim como no ônfalo de Delfos como o centro do mundo; ele relaciona a doutrina com a crença pitagórica no *antichthon,* uma anti-terra, que gira em torno do fogo do centro do mundo em sentido contrário ao movimento da esfera terrestre (sobre isso, ver W. Burkert, *Homo Necans*, p. 231s., 347s.). A linha desenhada através do umbigo délfico não é mais o eixo do céu e da terra (*ut media coeli et terrae linea ducatur infra umbilicum*) do que a linha horizontal desenhada através do umbigo e que delimita a distinção entre masculino e feminino ou o lugar da reprodução.

   A passagem vitruviana é invocada por Diego de Sagredo (*Medidas del Romano,* p. a v., r.) para justificar seu cânone de nove cabeças e um terço. Sobre a dependência desse cânone (dos *modernos autenticos*) da prática medieval, ver R. Klein em P. Gauricus, *De sculptura*, p. 76s. Entretanto, ver também R. Hahnloser, *Villard de Honnecourt,* p. 59s., 86s. Uma das inconsistências que confundiu comentaristas posteriores foi a indicação do umbigo como centro do corpo fornecida por Vitrúvio, enquanto no homem-inscrito-no-quadrado o centro está localizado claramente na base do pênis. Tal questão já havia sido observada por Lorenzo Ghiberti em seu *I Commentari* III.45 (p. 214) e, de certo modo, resolvida no desenho de Leonardo. Ela foi discutida por todos os comentaristas de Vitrúvio. A solução mais notável é aquela de Cesare Cesariano que faz do membro reprodutor uma de suas unidades quadrangulares, a qual também se iguala à metade da face e à metade da distância entre a base do púbis e do umbigo (1/30 do quadrado grande e 21⅓ do pequeno) reconciliando, portanto, os dois centros. O desenho atribuído a Pietro Paolo Sagazone (Vitrúvio, *De architectura libri dece tr. de latino in vulgare*, fol. 49 v.), um nobre de Como, tem outras peculiaridades, como p˙és com 5⅓ da altura da figura. Esse problema tinha ocorrido entre os desenhistas medievais de outra forma. R. Klein e A. Chastel salientam (em Gaurico, *De sculptura*, p. 78, 9n) que Villard d'Honnecourt tinha desenhado sua figura imóvel, com o centro na virilha, enquanto a figura em movimento tinha seu centro no umbigo.

6. Assim como nos casos particulares de Alberti, Leonardo e Dürer discutidos no Cap. III.

7. No Museu Ashmolean, em Oxford, (Michelis, 83). Ver mais recentemente E. Fernie (The Metrological Relief in Oxford, *AJ*, 61, p. 254s.), assim como H. Ben-Menahem e N.S. Hecht, A Modest Addendum to the Greek Metrological Relief in Oxford, *AJ*, 65, p. 139s. Na placa de Oxford, entretanto, a relação entre a braça e a marca visível do pé parece ser de 1:7 (Vitrúvio, 1:6); para a cabeça completa 1:8 de Lisipo (?), do tronco até as axilas 1:4 (ambas estão de acordo com as de Vitrúvio); e para a face 1:11 (Vitrúvio 1:10). Por outro lado, a altura ortogonal da placa, 26,15 cm, está na proporção de 1:8 com a braça, enquanto corta o lado do octógono regular (do qual o frontão triangular é uma parte) em 3:4; isto pode, obviamente, representar algum cânone ainda não identificado. Existe uma placa métrica muito mais danificada e pouco conhecida recentemente encontrada como parte de uma parede da Capela de São Demétrio, em Salamina (I. Dekolakou-Sideris em *AJA*, 94, p. 445s.), mas com indicações análogas: tem sido recentemente sugerido que a braça da placa de Oxford intentava medir cem *dactyloi*, dedos, e que suas peculiaridades devem algo a essa dimensão singular, considerando que uma braça de seis pés mede 96 *dactyloi*: E. Berger, B. Müller-Huber e L. Thommen, *Der Entwurf des Künstlers Bildhauerkanon in der Antike und Neuzeit*, Cap. IV; no entanto, um estudo comparativo das duas placas ainda está por fazer.

8. As referências explícitas a esse livro são tardias: Plutarco (Sobre a Virtude, Sobre a Audição, Sobre a Galinha e o Ovo), Filo de Bizâncio, Galeno (Sobre as Ideias de Platão e Hipócrates, Sobre os Temperamentos) e Luciano (Sobre a Dança, Sobre a Morte de Peregrino, onde é proverbialmente usado "este cânone de Policleto!", com o significado de "você acha que ele é perfeito, não acha?"). Há pouca dúvida sobre a existência de tal livro e sobre a sua autoria, seja a ele atribuída a um, seja quem for que tenha sido seu verdadeiro autor. Esse foi um dos muitos escritos produzidos por artistas (Fídias, o mais conhecido deles, parece não ter deixado nada escrito, ainda que seu interesse por temas como a correção óptica tenha sido conhecido), alguns dos quais eram certamente alfabetizados – considerando que no século VI haviam decorrido apenas dois séculos da concepção do alfabeto grego. Sobre isso, ver H. Philipp, Zu Polyklets Schrift *Kanon*, em *Polyklet* 1990, p. 135s.; *Tektonon Daidala*, p. 42s.

   Entretanto, o texto de Vitrúvio é o remanescente mais antigo a registrar números; quando comparados com as medidas de Doríforo, eles mostram algumas concordâncias e discrepâncias. Por exemplo, o pé é igual a um sexto e a face é um décimo do total da altura, a face é quadrada (dentro do limite de 2 mm) e as três partes são iguais em um intervalo compreendido nos 3 mm da média.

9. *Kanōn* significava alguma coisa reta, alguma coisa com a qual ou através da qual se media; antigamente, era escrita com ômega e, posteriormente, passou a ser escrita com ômicron. Também significava o fiel ou o travessão da balança, um cabo de remo ou uma corda transversal de lira, assim como muitos outros significados secundários – portanto, também um conjunto de regras, um padrão. Sobre a relação da vara de medidas e da haste e a possível origem semítica da palavra proveniente de *kanech*, "uma cana", "vara de medidas" ou "fiel da balança" (como em *Is* 46,6), ver W. Burkert, *The Orientalizing Revolution*, p. 38, 176, 21n. A palavra *metron* como um sinônimo próximo já é familiar para Homero (*Il.* XII.422), que descreve a

batalha renhida ocorrida à frente do muro do campo grego como uma disputa entre dois camponeses por um campo comum. Entretanto, no livro seguinte, *kanones* são as barras que mantêm rígido o escudo do cretense Idomeneu, a figura-de-oito (*Il.* XIII.407).

Na lógica posterior, particularmente a lógica epicurista, a palavra veio a significar um teste da realidade, da verdade ou de ambas; ver Diog. Laert. X 29s.; e E. Zeller, *Outlines of the History of Greek Philosophy*, p. 232s. Ver Cic. *Acad.* II.30 e supra, nota 17; mas ver também E. Boisacq, *Dictionnaire etymologique de la langue grecque*, s.v.

10. Etimologistas não oferecem uma explanação geral de palavras gregas como *phythongos, klangos*, as quais, entretanto, eles relacionam ao lituano *sphengti*, o norte-eslavo *zviek, dzwiek*, todas significando barulho ou som. De acordo com o *Euclidian Section of the Canon* (A. Barbera, p. 115), um *phthongos* é sempre o resultado de uma percussão, *pligis*.

11. No pântano da especulação pitagórica, no qual muitos estudiosos melhores que eu mesmo perderam o seu caminho, proponho tomar W. Burkert, *Lore and Science in Ancient Pythagoreanism* como guia.

A descoberta acidental da harmonia foi descrita pela primeira vez por Nicómaco de Gerasa (*Encheiridon* 6), provavelmente a partir de uma fonte mais antiga (mas sem registro). A ideia foi retomada em uma série de textos posteriores: Iamb. *V. Pyth.* 115; Macr. em *S.S.* II.1; Cens. X, XI. Os detalhes da lenda foram analisados por Giovanni Comotti, "Pitagora, Ippaso, Laso e il metodo sperimentale" em R.W. Wallace e B. MacLachlan, *Harmonia mundi*, p. 20s. O estudo relata como Pitágoras, após ouvir batidas harmoniosas de martelos, notou que esses martelos eram de diferentes tamanhos; ele, então, fixou pesos correspondentes em tiras trançadas de pele de carneiro ou tripas de boi e obteve a mesma harmonia. Posteriormente, ele percebeu que as mesmas relações aritméticas se mantinham nas alturas de colunas de ar (assim como nas flautas de Pã) e nas quantidades de água em vasos – que poderiam ser golpeados para produzir as notas e assim por diante. Na realidade, o número de harmonias foi aumentado de quatro para seis que, sendo o resultado da soma de seus fatores (1 + 2 + 3 = 1 x 2 x 3), constitui um número tão "perfeito" quanto dez, se não mais. Essas consonâncias que, conforme aponta Vitrúvio, a voz pode modular, tinham nomes gregos e latinos: *epitritos, diatessaron*, uma quarta; *hemiolios, hemiolius* ou *diapente*, uma quinta; *duplaris, diapason*, uma oitava; além disso, havia *triplaris, diapason kai diapente*, uma terça; *quadruplus, disdiapason*, uma quarta ou oitava dupla. Esses seis intervalos foram chamados de *symphoniae*, como Vitrúvio (V.iv.7) corretamente diz, ainda que ele não forneça toda a terminologia técnica, conforme a qual a oitava também era chamada *diplasios*; a oitava mais a quinta, *triplasios*; e a oitava dupla, *tetraplasios*. O tom era *tonus* ou *epogdoos*. Esses exaurem as relações possíveis, ou pelo menos, aquelas permissíveis do *tetraktus*.

Nessa escala, não havia mais espaço para terceiras e sextas. Mesmo nas afirmações mais explícitas da teoria da música pitagórica elementar, a assim chamada *Sectio Canonis*, a produção de intervalos através da multiplicação cruzada de razões simples não é inteiramente coerente; 8:3, uma oitava e uma quarta, por exemplo, não é mencionada. Ver A. Barker, Methods and Aims in the Euclidean *Sectio Canonis*, JHS, 101, p. 1s., esp. p. 4, 9. Embora aquele intervalo fosse geralmente reconhecido como uma *symphonia*, e realmente soava como tal, ele foi considerado ilícito visto não poder ser obtido do *tetraktus*. De fato, Ptolomeu (*Harm.* I.6s.) foi o único teórico a tentar uma solução para este problema; sobre o qual, ver A. Barker (*Greek Musical Writings*, v. 2, p. 284s.) e A. Barker Reason and Perception in Ptolemy's *Harmonics*, em R.W. Wallace e B. MacLachlan, *Harmonia mundi*, p. 104s. Aristóxeno é invocado por Vitrúvio para introduzir seu relato da teoria musical em v.4, em conexão com a acústica do teatro. Quanto às séries harmônicas, há uma na qual a reciprocidade dos números está em proporção aritmética: o exemplo mais simples é 1, ½, ⅓, ¼ e assim por diante. A regra foi formulada pelo filósofo pitagórico e amigo de Platão, Arquitas de Tarento (DK 35 A2), embora ela não tivesse nenhuma das implicações musicais que tem para o leitor moderno.

12. A crença de que o número dez "fosse alguma coisa perfeita e que continha em si mesmo toda a natureza do número" conforme relatado por Aristóteles (*Met.* I.5.ii e seguintes, 985b), parece ter sido um dos princípios fundamentais dos pitagóricos. Efetivamente, quando eles juraram por seu fundador Pitágoras, cujo nome não pronunciavam, referiam-se a ele simplesmente como "aquele que nos entregou o *tetraktus* [o quádruplo divino], fonte e raiz da eterna natureza (*Ver. Aur.* 47s.; ver Iamb. *V. Pyth.* 18, onde o *tetraktus* é identificado com o oráculo délfico). Outras "simpatias" são $6 + 10 = 4^2$; e $10^2 = 1^3 + 2^3 + 3^3 + 4^3 = 100$. Ver J. Lomas, *Musiké und Logos*, p. 74s. Boa parte desse raciocínio realmente só é compreensível nos termos figurais com os quais os gregos conduziram a maioria de suas especulações aritméticas.

A terminologia do universo cartesiano (tridimensional) é uma barreira elementar para nosso entendimento da atração exercida por essa ideia, uma vez que o mundo pitagórico não era de três dimensões, mas de quatro pontos – 1, um ponto; 2, uma linha; 3, um triângulo; 4, um tetraedro – mesmo que essas noções sustentem a definição fundamental de ponto, linha e assim por diante, na abertura do livro I de Euclides. Sobre o *tetraktus* e a harmonia, ver Iamb. *V. Pyth.* 150; *Ver. Aur.* 47s. Alguns comentaristas sugeriram mesmo que a alma imortal da teologia pitagórica é a harmonia numérica do *tetraktus*: como Sext. Emp. *Adv. Math.* IV.3s. Ver A. Delatte, *Études sur la littérature pythagoricienne*, p. 249s.; W.K.C. Guthrie, 1977, v. 1, p. 224s.; W. Burkert, *Lore and Science in Ancient Pythagoreanism*, p. 72s., 186s. Tudo isso inevitavelmente evoca o mundo de quatro elementos dos estoicos, sobre o qual, ver supra, Cap. III, nota 4, p. 384.

Sobre o número perfeito no sentido euclidiano, ver livro IX, teor. 34, prop. 36. O número perfeito euclidiano apenas ocorre quando os fatores são iguais à sua soma: 1, 6, 28, 496, 8128 e assim por diante. Sobre essa passagem, ver também P.H. Scholfield (*The Theory of Proportion in Architecture*, p. 29s.), e para um tratamento elementar de questões aritméticas, ver L. Hogben, *Mathematics for the Million*, p. 190s. Sobre o *teleion* na teoria da arte, ver J.J. Pollitt, *The Ancient View of Greek Art*, p. 262s. Minha suposição é que Vitrúvio esteja fazendo referência ao manejo de seixos, mais do que a uma estrita teoria de números. Ele não menciona outra classe de números "amigáveis": aqueles cujos números inteiros multiplicam-se para perfazer o outro número, como 10 e 24 (1 + 2 + 3 + 4; 1 x 2 x 3 x 4). A importância de tal relação é o fato de reconciliar os sistemas de contagem decimal e duodecimal.

A *interpretatio Christiana* desse raciocínio foi dada por Santo Agostinho quando comentou sobre o conjunto do universo sendo criado em seis dias: ver em *De Gen.* IV.2, *De senarii numero perfectione*; PL 34, p. 190s.

13. Os instrumentos de corda foram afinados de acordo com um dos sete "modos" ou *harmoniai*. Sua natureza é discutida de forma mais acessível em A. Barker, *Greek Musical Writings*, v. 1, p. 163s.; e M.L. West, Ancient Greek Music, p. 177s., 233s. Platão expôs suas ideias sobre o tema em Rep. III.399a e de forma mais ambígua em *Leg.* II.664b. Aristóteles é, de modo geral, mais abrangente sobre o assunto – como já se poderia esperar (*Pol.* VIII.3, 1339b) – e parece dever muito às suas afirmações ao enigmático sofista Dâmon, conselheiro e amigo de Péricles (Plut. *V. Per.* 4, 153); sobre quem, ver A. Barker, *Greek Musical Writings*, v. 1, p. 168s.; e P.A. Stadter, *A Commentary on Plutarch's Pericles*, p. 68s. Sobre a possível relação de Dâmon com os pitagóricos de seu tempo, ver Diod. Sic. X.4.iii. Ele pode muito bem ter sido o autor da interpretação moralizante dos modos de Platão. Sobre a sua origem e a relação com a afinação oriental, ver C. Sachs, *The Rise of Music in the Ancient World*, p. 211s. Barker considera que a atitude relativamente tolerante de Platão nos confrontos com o modo frígio está relacionada com a mudança na natureza do culto dionisíaco naquele tempo o qual tornou-se mais solene.

Teóricos posteriores dividiram os modos em autóctones (hipodórico e dórico: solene, grave, orgulhoso, sólido, alegre) e asiáticos ou bárbaros (frígio e lídio: báquico, *pathetikon*, "entusiasta"). Sobre esses epítetos e suas implicações, ver J. Combarieu, Histoire de la musique, v. 1, p. 84s. A acreditar-se na tradição, para a afinação dos instrumentos recorria-se ao modo dórico; H. Helmholtz, *On the Sensations of Tone*, p. 262s.

14. W. Burkert, *Lore and Science in Ancient Pythagoreanism*, p. 371.

15. E. Frank, *Plato und die sogenannten Pythagoreer*, p. 11; sobre o qual ver, entretanto, J. Lomas, *Musiké und Logos*, p. 75; W. Burkert, *Lore and Science in Ancient Pythagoreanism*, p. 373. Entretanto, Burkert continua enfatizando que é o reconhecimento de uma relação direta da teoria da proporção e a natureza vibratória quantificável do som que faz com que a descoberta "pitagórica" seja tão original. Por tudo isso, a afinação, e mesmo a manufatura de instrumentos continuou sendo guiada pelo ouvido e pela aproximação, conforme reconhece Burkert. E, realmente, o alerta dos filósofos contra a tentativa de qualquer grande virtuosidade – assim como aquela de Aristóteles ao final de *Política* – tem um pouco da suspeita do teórico em relação ao improvisador.

16. Especulações numéricas são comuns nas composições musicais gregas. A mais antiga que chegou até nós pode ser uma passagem, talvez citada através

de Aristóteles, no tratado *Sobre Música*, atribuído a Plutarco (1131a e seguintes). Ela foi reproduzida e comentada por A. Barker (*Greek Musical Writings*, v. 2, p. 230s), ainda que tal doutrina tenha sido, quase que com certeza, exposta explicitamente por Filolau de Crotona (DK 44 B6), que presumivelmente reportou a primeira doutrina de seu grupo, embora escrevendo no final do século V. Boa parte dela gira em torno da afirmação numérica básica da quarta como duas quartas (4:3) separadas por um tom (8:9), que pode ser indicada como quatro números (um outro tetracorde), 12:9:8:6.

Sobre a natureza conservadora desse pensamento "musical", ver H.-I. Marrou, *Saint-Augustin et la fin de la culture antique*, p. 204s. Aqui, de qualquer forma, Vitrúvio está discutindo comumente a harmonia numérica em termos pitagóricos, enquanto, posteriormente, no seu livro, ao revisar a música no teatro (V.3.vi e seguintes), ele o fará em termos neo-aristotélicos e aristóxenos: ver F. Wehrli, *Die Schule des Aristoteles*, v. 1, p. ii.

A objeção física ao ensinamento pitagórico sobre a harmonia – de que os equivalentes numéricos às escalas musicais não funcionam, de que a oitava é inferior ao sexto tom – é insolúvel. Essa "coma" pode surgir na afinação do monocórdio; ela é descrita tanto por Ptolomeu como no *Sectio Canonis*. Ela é considerada também por A. Barker, *Greek Musical Writings*, v. 2, p. 199s. Entretanto, ver H. Helmholtz, *On the Sensations of Tone*, p. 228s. Sobre o conceito de coma, o "resíduo", ver também J. Lohmann, *Die Komposition der Reden in der Ilias*, p. 67s., 113. Assim, por exemplo, doze quintos não funcionam para sete oitavas (como deveriam do ponto de vista numérico): a diferença, conhecida por coma pitagórica, 531441:524288, foi chamada de *diabolus in musica* no final da Idade Média (S. Sadie, *The New Grove Dictionary of Music and Musicians*, s.v. "Tritone interval"). A coma simples ficou conhecida por coma de Dídimo (em nome do gramático que estabeleceu a fórmula da diferença entre os tons interiores maiores e menores, por volta de 20 a.C., ou talvez segundo um Dídimo musicalmente mais dotado – conhecido através de Plutarco e Ptolomeu – que deve ter vivido no período de Nero), embora talvez sua afirmação relativa à apreciação sensorial da intenção musical contra as especulações dos "matemáticos" ou "físicos" seja ainda mais importante: ver A. Barker, Music and Perception, *JHS*, 98, p. 9s. Aristóxeno é o primeiro "músico" mencionado por Sexto Empírico (*Adv. Math.* VI.1s.) em sua declaração muito mais agressiva sobre a posição "estética".

Sobre o conflito entre as duas harmonias e as suas resoluções rivais no pensamento tardo-pitagórico, ver F.R. Levin, *The Harmonics of Nicomachus and the Pythagorean Tradition*, p. 42s. Sobre as concordâncias entre os aristóxenos e os pitagóricos, ver A. Barker (Methods and Aims in the Euclidean *Sectio Canonis*, p. 9, 16), que também mostra as diferenças básicas concentrando-se em dois pontos: os pitagóricos (1) consideravam as relações de comprimento equivalentes aos intervalos musicais e às razões numéricas e (2) davam prioridade à razão (cálculo numérico) sobre a sensação; Aristóxeno e seus discípulos (1) consideravam os intervalos como distâncias em uma linha contínua e (2) consideravam a percepção como o árbitro final da harmonia – cujo último ponto, conforme afirma Barker, é difícil de definir (Methods and Aims in the Euclidean *Sectio Canonis*, *JHS*, 101, p. 3).

17. Isidoro de Sevilha foi o primeiro escritor cristão a especular sobre esse paralelo. Sobre essas especulações, ver J.W. McKinnon, Jubal vel Pythagoras, quis sit inventor musicae?, *Musical Quarterly*, 64. 1, p. 1s. Todos os nove teóricos medievais compilados por Martin Gerbert, abade de St. Blasien (*Scriptores ecclesiastici de musica sacra... typis San-Blasianis*) mencionam Pitágoras, enquanto apenas três (Isidoro, Aureliano de Reome e Johannes Cotto ou Afflighemensis) mencionam Jubal ou Tubal.

18. O primeiro a afirmar explicitamente (e experimentalmente!) que o episódio relativo aos martelos e bigornas poderia não ter sido verdadeiro foi o frade mínimo parisiense, do século XVII, Marin Mersenne, amigo e representante de Descartes, que dedicou grande parte de sua energia e trabalho à teoria musical (*Questions harmoniques, dans lesquelles sont contenues plusieurs remarquables pour la physique, pour la morale et pour les autres sciences*, p. 166s.); ver, também, W. Burkert, *Homo Necans*, p. 375, 23n. Ele foi, como era de esperar, bastante radical. Algumas variantes da história relatam como Pitágoras trabalhou então com cordas às quais foram suspensos os pesos harmonicamente calculados. Se a história informasse que esses pesos não eram calculados diretamente, mas de acordo com suas raízes, os resultados teriam sido corretos. Conforme foi destacado por A. Barker (*Greek Musical Writings*, v. 2, p. 291), Ptolomeu suspeitou desse erro (*Harm.* I.8) ainda que ele não tenha fornecido qualquer resposta. Devo ao professor Barker toda essa informação.

Sem dúvida, a magia musical e a arte de forjar o ferro existiram muito mais próximas ao lar. Os dáctilos do monte Ida (ver H. Jeanmaire, *Couroi et courètes*, p. 438s.), sobre os quais se dizia terem alcançado Creta vindo da Frígia para Creta com Minos, eram ferreiros-dançarinos e músicos, e Orfeu foi considerado seu discípulo ou iniciante. Ver W. Burkert, *Homo Necans*, p. 171 34n, 376s.

De fato, os precedentes ou a herança oriental de Pitágoras parecem ter sido muito mais ricos do que normalmente se admite. Em seu comentário sobre o *Timeu*, de Platão (De Anima Procreatione, em *Opera*, v. 2, p. 1028d), Plutarco aponta que os caldeus equipararam as quatro harmonias pitagóricas às quatro estações; seus antigos biógrafos citam escritores mais velhos que alegam que Pitágoras não era nem sírio nem persa e que ele vagou por muito tempo na Síria e no Egito antes de estabelecer-se em Samos. Efetivamente existem tradições gregas, algumas completamente equivocadas – como pode ocorrer – segundo as quais, enquanto os nobres instrumentos de cordas eram autóctones, aqueles de sopro eram orientais. Ver H.G. Farmer, Music of Ancient Mesopotamia, em E. Wellesz, *Ancient and Oriental Music*, p. 250s. Sobre o contexto, ver M.L. West, *Early Greek Philosophy and the Orient*, p. 228s.

19. Vitr. III.1.v-viii. Ver W. Burkert, *Lore and Science in Ancient Pythagoreanism*, p. 290 64n. *Antiqui, palaioi* – "os antigos" são uma referência comum para a autoridade e não significam, normalmente, um grupo específico, enquanto *mathematici* é uma forma comum de referir-se aos pitagóricos.

O termo *teleion* também foi importante tanto como um termo crítico quanto numérico, significando "terminado perfeitamente", "impecável". J.J. Pollitt (*The Ancient View of Greek Art*, p. 262s., 302s., 419s.) o vê ainda como o equivalente ao latino *absolutus, consummatus, perfectus*.

20. Pl. *Rep.* VII.531b e seguintes. Sobre o monocórdio (ou *pandoura*), ver A. Barker, *Greek Musical Writings*, v. 1, p. 268s. Ver, entretanto, C.-E. Ruelle, Le monocorde, instrument de musique, REG, 10, p. 309s.

21. Pl. *Rep.* VII.530e, 531a. Ver A. Bélis, *Aristoxène de Tarente et Aristote*, p. 95s. Mesmo monocórdios poderiam ser utilizados para tanto, visto que – a despeito de seu nome – eles frequentemente tinham duas, às vezes três cordas, uma ou duas com escala e a outra sem escala, para comparação.

22. A *grosso modo*, os "pitagóricos" contra os "aristoxênicos" – ou, para ser menos anacrônico, os "canonistas" contra os "músicos", conforme expressou Ptolomeu; mas ver nota 11, supra.

23. Ver Cap. VIII, supra.

24. Ver D.P. Walker, *Studies in Musical Science in the Late Renaissance*, passim.

25. O *Thesaurus Linguae Latinae* lista nove significados distintos. Em alguns casos, a palavra é derivada do assírio-babilônico *qanu*, "cano" ou do semítico ocidental *k'n'h*, "cana", do qual temos nosso *cânone*, ainda que o cânone espanhol, "saltério", seja uma transliteração do árabe *quanun*, que pode ser um simples homônimo. Em hebraico a palavra adquiriu nuanças similares ao grego: vara de medida (*Ez* 40,3s.) e o fiel da balança (*Is* 46,6) ou, ainda, uma medida, como aquela do grão. A palavra aparece no *Novo Testamento* tanto como uma regra (como em Gl 6,16), quanto para expressar o mensurável em contraposição ao imensurável (*2Cr* 10,13s.).

A simples distinção inicial de Heródoto e Tucídides foi elaborada na biblioteca alexandrina convertendo-se em uma lista de poetas, sendo quatro heroicos, três iâmbicos, quatro elegíacos e nove líricos; nove historiadores; e dez oradores: existiu também uma lista alternativa de Pérgamo. Havia, obviamente, os *clássicos*. Sobre o contexto histórico, ver R.R. Bolgar, *The Classical Heritage and Its Beneficiaries*, p. 19s.; e A.E. Douglas, Cicero, Quintilian, and the Canon of the Attic Orators, *Mnemosyne*, 4th ser., 9, p. 30s. Ver, particularmente, Cícero (*Brut.* 36, *Or.* 1s.) e Quintiliano (1.4.iii, x.1iv), que estavam bem informados a respeito desse processo de redação.

26. Outra medida é a distância entre a segunda e a terceira junta, *angula* em sânscrito, ainda que esta também seja a largura de um dedo e, portanto, seja por vezes calculada como um módulo da estátua: a quarta parte do punho. Em outros documentos, ela é a falange distal do polegar. As medidas do doador do edifício quando utilizadas como módulo, são tomadas, em alguns documentos, como sendo a sua altura total com as mãos levantadas (S. Kramrisch, *The Hindu Temple*, v. 1, p. 25s., 134, esp. 16n; F. Staal, *Agni*, v. 1, p. 195s.). De fato, as regras relativas à proporção das estátuas são muito mais explícitas e inequívocas do que aquelas que dizem respeito à proporção dos edifícios. Alguns tem inevitavelmente argumentado que o sistema canônico hindu é o produto da influência grega pós-alexandrina. Entretanto, a mim ele parece fundado na concepção do plano como uma

mandala, uma concepção que não possui um precedente ou equivalente mediterrâneo, e muito menos grego. As proporções icônicas budistas também foram adotadas na China.

Alguns desses textos provenientes de fontes cingalesas são fornecidos por A.K. Coomaraswamy (*Mediaeval Sinhalese*, p. 124s, 150s.), que é muito instrutivo sobre o uso de uma estrutura de cordas como um instrumento para proporcionalizar figuras. Sobre o uso desta estrutura no Oriente Próximo, ver *Is* 45,13. Para referências gerais, ver B. Rowland, *The Art and Architecture of India*, p. 164s.

27. Aul. Gel 1.1. O livro perdido de Plutarco sobre Héracles trata supostamente (entre outras coisas) da meditação pitagórica sobre a estatura humana que não é mencionada em nenhum outro lugar. Pausânias relata que Hércules tinha quatro cúbitos e um pé de altura: nove pés, mais do que os seis normais. *Stadium* era, obviamente, a forma latinizada da medida grega *stadion* (cem orgyai ou seiscentos pés), um *furlong* [a oitava parte de uma milha romana] ou 125 passos, sendo cada passo equivalente a cinco pés. Por coincidência, o estádio de Olímpia tinha 192,3 m de comprimento (1 pé = 0,32 m), ainda que o hipódromo tivesse mais provavelmente trezentos metros, uma medida que corresponderia aos seiscentos pés de Hércules, conforme Aulo. O estádio em Delfos era, entretanto, um pouco menor: 177,5 m (1 pé = 0,296 m). Ver W. Dörpfeld, Das Schatzhaus der Sikyonier, MDAIR, 8, v. 1, p. 40s. Aristófanes consegue fazer a caricatura da noção do pé de Hércules e, talvez ainda, da ideia do homem como medida de todas as coisas ao sugerir que o pulo da pulga somente pode ser medido com o pé da pulga. *Nub.* 144s, 830; ver alusão em Xen. *Symp.* VI.8.

Sobre a *interpretatio Christiana* desta passagem, ver supra, Cap. III, nota 35, p. 388.

28. Pind. *Ol.* x.44s. A palavra para "medido", *stathmato*, sugere uma medição através de um padrão.

29. Diz-se que Agelaídas trabalhou quase que exclusivamente em bronze, por volta de 520 a.C. e depois, assim como fez Policleto, sobre o qual não se sabe as datas com exatidão (ainda que se estime que ele tenha trabalhado entre 450-410 a.C.). Míron foi o terceiro dos famosos discípulos de Agelaídas.

Os principais textos escritos por e sobre Policleto foram reunidos pela primeira vez por J.A. Overbeck (*Die Antiken Schriftquellen zur Geschichte der bildenden Künste bei den Griechen*, p. 929s.) e em DK 28 A e B, v. 1, p. 391s., que também estabelece as citações a partir do cânon. Estes foram editados criticamente por R. Bianchi Bandinelli (Policleto). Os textos foram recentemente estudados por J.J. Pollitt (*The Ancient View of Greek Art*, p. 14s.), enquanto as cópias das esculturas foram analisadas por H. von Steuben (*Der Kanon des Polyklet*) com o objetivo de estabelecer o cânone dimensional e numérico. A impossibilidade dessa iniciativa, em virtude das variações entre as cópias e a falta de confiabilidade em relação aos copistas, foi asseverada por T. Lorenz (*Polyklet*), que também lista outras variações e cópias. Desde que esses dois livros sobre esculturas foram publicados, alguns novos fragmentos de moldes – talvez de estátuas originais – foram encontrados em Baiae [Baia]. Ver W.-H. Schuchhardt, Antike Abgüsse Antiker Statuen, AA, 89, p. 631s.; e A.F. Stewart, *The Canon of Polykleitos*, p. 122s. As principais fontes em relação à sua vida são Xen. *Mem.* III.10 e Pln. NH XXXIV.xix.55 (ver Ael. *Nat. An.* XIV.8). Ver P.E. Arias (*Policleto*): p. 41s. para os textos, p. 52 para as duas bases de esculturas assinadas que foram publicadas pela primeira vez por E. Loewy (*Inschriften Griechischer Bildhauer*, p. 42s., 71). Plínio (NH XXXIV.xix.55) afirma que ele veio de Sícion, 35 milhas ao norte de Argos. Certa confusão é causada pela existência de outros dois escultores chamados Policleto e que também são de Argos, os quais, de fato, parecem ter sido relacionados ao grande Policleto: ver PW, s.v.

A passagem sobre a *sophia* de Fídias e Policleto aparece em Arist. *Eth. Nic.* VI.7 (1141a19). J.J. Pollitt (*The Ancient View of Greek Art*, p. 92s.) sugeriu (em minha opinião, corretamente) que a *sophia* mencionada por Aristóteles nesse trecho está consoante com outra descrição que ele faz dela em *Met.* (1.1.xviii e seguintes, 982a) e como uma combinação de *nous* e *epistemē*. Portanto, ele está claramente aludindo à importância desses primeiros enquanto teóricos e intelectuais e não apenas às suas habilidades manuais, mesmo que, em textos anteriores, *sophia* tenha sido utilizada para designar apenas destreza manual e, dessa maneira, conforme aponta Pollitt, não possa ser utilizada exclusivamente com o significado de "teoria" ou "doutrina". Sobre a *sophia* e a habilidade, ver também W. Tatarkiewicz (Classification of Arts in Antiquity, JHI, 24, p. 231s.) comentando sobre Phil. *Icon.* 1.1.iii. Muito da especulação helenística a respeito da noção de *sophia* enquanto conhecimento tanto de coisas humanas e divinas como da *technē peri ton bion* – "a arte da vida" – é discutida em M. Isnardi Parente (*Technē*, p. 337s.), uma vez que, obviamente, *sophia* é um objeto do amor do filósofo: a formulação da palavra e de sua exata significação é atribuída a Pitágoras por Heráclito do Ponto, um aluno de Platão. No entanto, sobre a mais provável origem platônica da palavra ver W. Burkert (Platon oder Pythagoras, p. 59s.; *Homo Necans*, p. 65s.). Acerca da origem de *sophia* em sua acepção com habilidade, ver B. Snell, Wie die Griechen Lernten, was Geistige Tätigkeit ist, JHS, 93, p. 178s.

Os nomes de Fídias e Policleto como dois sábios escultores continuaram a ser conhecidos ao longo da Idade Média: ver Aq. *In Eth. Nic.* VI, lectio V, 1180, ou Dante *Purgatório* x.29s. Sobre o seu contexto ideológico, ver também L. Stefanini, 1944, p. 84s.

30. Sobre Policleto como escultor, ver os trabalhos mais recentes de: P.E. Arias, *Policleto*, p. 15s.; M. Robertson, *A History of Greek Art*, v. 1, p. 328s.; e B.S. Ridgway (*Fifth Century Styles in Greek Sculpture*, p. 201s., 244s.), embora J. Overbeck (*Geschichte der Griechischen Plastik*, p. 385s.) também forneça um levantamento interessante a respeito de algumas questões ainda em aberto. Uma cópia em mármore, considerada mais refinada que a estátua de Nápoles, está, no momento em que escrevo, sendo oferecida para um museu americano não nomeado. A confiabilidade das cópias foi discutida pela primeira vez por C. Anti (Policleto). Ver G.M.A. Richter (How Were the Roman Copies of Greek Portraits Made?, MDAIR, 69, p. 52s.) e M. Bieber, *Ancient Copies*, p. 6s. Sobre Platão e o cânone, ver P.-M. Schuhl, *Platon et l'art de son temps*, p. 51s. A fidelidade na reprodução do cabelo ondulado é, particularmente, impressionante (conforme tem insistido H. von Steuben, *Der Kanon des Polyklet*); ele era normalmente esculpido em bronze frio. Ver, também, S. Casson, *The Technique of Early Greek Sculpture*, p. 164s. e segs.).

31. Ver supra, Cap. II, p. 56 e nota 17, p. 378. A lista de todas as cópias existentes foi compilada por D. Kreikenbom, *Bildwerke nach Polyklet*.

32. O primeiro assim descrito por A. de Ridder e W. Deonna, *L'Art en Grèce*, p. 222s. Sua aplicação para o caso do Doríforo, por B.S. Ridgway (*Fifth Century Styles in Greek Sculpture*, p. 202s.), não parece ter iluminado a questão. A pesquisadora apelou para a solução das medidas canônicas que invocavam uma corda com nós, com as juntas proporcionadas pela razão 1:√2, que à primeira vista não parece plausível de forma alguma: entretanto, ver R. Tobin, The Canon of Polykleitos, AJA, 79, p. 307s. Mesmo que, conforme sugere Tobin, o cânone possa muito bem ter sido "operado através" de um tipo de corda com nós, suas dimensões √2, parecem não se adequar confortavelmente nem a um corpo vivo nem às estátuas por ele examinadas. Uma sugestão mais plausível acerca de tal procedimento é aquela oferecida por A. Stewart, The Canon of Polykleitos, JHS, 98, p. 122s., esp. p. 129s.

33. Plínio, NH XXXIV.xix.56s; J.J. Pollitt, *The Ancient View of Greek Art*, p. 263s. Infelizmente, os manuscritos parecem ter sido corrompidos nesse ponto: Proprium eius est uno crure ut insisterent signa excogitasse, quadrata tamen esse ea ait Varro et paene ad unum exemplum; ou quadratam tamen excogitasse [esse] eam ait Varro [...] Proprium eius est uno crure ut insisterent signa et Paene ad unum exemplum. Ver S. Ferri (*Plinio il Vecchio, storia delle arti antiche*, p. 79s; Nuovi contributi esegetici al canone' della scultura greca, Riv. Ist. Arch., 7, p. 117s.). É evidente que o "quadrado" assim como o "apoio em um único pé" são considerados características de Policleto. *Quadratus*, todos concordam, é a forma latina da expressão grega *tetrágonos*, que poderia simplesmente significar "retangular", ainda que ela também tenha nuances moralistas explícitas: assim como na citação de Simônides em Pl. *Prot.* 339a, onde a palavra significa "quatro quadrados" (ou, extrapolando, "com todos os quatro elementos equilibrados", "moralmente perfeito". "Quadrado" também foi usado como uma gíria um tanto antiga com o sentido de "pessoa rígida" ou fora de moda. Ver H. Philipp em *Polyklet* (p. 142); contra a sua interpretação retórica do termo, T. Lorenz (*Polyklet*, p. 60s.) sustenta a necessidade de restringir seu significado para "equidimensional". Outros textos são discutidos por A. Stewart (The Canon of Polykleitos, JHS, 98, p. 131) e G.V. Leftwich (The Canon of Polykleitos, Princeton, 1986, manuscrito datilografado).

34. Galeno, *De Plac. Hipp. Plat.* (ed. I. Mueller, p 425s.); *De Usu Partium* 28A, 3 II.441H. Ver, mais recentemente, J.J. Pollitt, *The Ancient View of Greek Art*, p. 14s. De fato, *carpos* significa também "punho" enquanto *metacarpion* é usado para designar a estrutura óssea da mão. Ao contrário de "dedo", "pé" ou "antebraço", estes são nomes de partes do corpo que não foram utilizados como dimensões padrão. Portanto, pode-se inferir que aqui Galeno esteja escrevendo sobre a organização dimensional interna do corpo, sem

qualquer referência a medidas padrões. Ver H. Philipp em *Polyklet* (p. 139); A. Stewart, *The Canon of Polykleitos*, JHS, 98, p. 131.

Sobre Crísipo e a unidade da pessoa, ver J.M. Rist, *Stoic Philosophy*, p. 256s. A outra citação é breve e não se refere a Hipócrates: em Hip. Aer. 1.9. Galeno escreve sobre a "muito louvada estátua conhecida como o Cânone de Policleto, que tem esse nome em virtude da perfeita simetria dos membros entre si".

35. E.W. Marsden (*Greek and Roman Artillery*, p. 50s., 106); também Filo de Biz. *Mech. Synt.* IV.1. Este é um dos poucos livros mencionados na "bibliografia" de Vitrúvio (VII.praef.xiv e seguintes) que sobreviveram. "Para mikrōn" tem causado muitos problemas aos comentaristas. Assim, por exemplo, Walther Kranz acrescenta uma versão alternativa, "através dos mais curtos passos", para Hermann Diels (DK 1906, v. 1., p. 229s.; 1934, v. 1, p. 392s.), "quando cada um dos menores detalhes é importante", ainda que várias outras versões tenham sido sugeridas, incluindo "aproximadamente". Elas são discutidas por J.J. Pollitt (*The Ancient View of Greek Art*, p. 86s., 6n) e por A. Stewart (The Canon of Polykleitos, JHS, 98, p. 126), que prefere "com cada pequeno passo". A outra atraente interpretação "através de alguma coisa pequena [ou por um 'je ne sais quoi', para usar uma expressão útil, embora anacrônica] *além de* muitos números" parece ter sido descartada pelo sentido do contexto. Assim como *to eu*, ela foi utilizada tanto por Diels como por Kranz para dar um colorido pitagórico ao trecho. Esse argumento foi sustentado de forma persuasiva por J.E. Raven, Polyclitus and Pythagoreanism, CQ, 45, p. 147s. Ver Pl. *Tim.* 68e e Arist. *Met.* XIV.5 (1092b), que trata de uma discussão cética sobre "o bem que deriva do número".

36. Plut. *De Aud.* 45, 13. Aqui a palavra *kairos* é um termo técnico; ela tem sido interpretada por alguns escritores como uma espécie de graça "extra-canônica": mas ver H. Philipp em *Polyklet* (p. 140s.) e A. Stewart, The Canon of Polykleitos, JHS, 98, p. 126. Philipp sugere efetivamente que ela pode significar alguma coisa similar a *suntaxis*, conforme utilizado por Filo de Bizâncio.

37. Esse ditado é uma composição elaborada por Diels (DK 28 B, 1) a partir de duas diferentes citações que aparecem em Plutarco: *De Prof. Virt.* 17 (86a, que contém uma elaborada alusão a um poema de Píndaro do qual apenas um fragmento chegou até nós, Schroeder 194, e no qual "Polykleitos" é usado em seu sentido comum, o "muito afamado") e *Quaest. Con.* II.3 (636c, "O que vem primeiro, a galinha ou o ovo?"). Parece como se Plutarco tivesse feito as duas citações, levemente distintas entre si, de memória e que o ditado tivesse passado à linguagem coloquial. Entretanto, o que Policleto queria dizer com "na unha" constitui um enigma. Kranz (DK, v. 1, p. 295) traduz: "Wenn man mit der Tohnbearbeitung zur Nageldicke gekommen ist". De qualquer forma, em latim, a frase *in unguem* (Virg. *Geor.* II.277) ou *ad unguem* (Hor. *Sat.* I.v.32s.: *ad unguem factus homo*, isto é, "o perfeito cavalheiro") significava "à perfeição"; comentando sobre o verso virgiliano, Sérvio explica que o termo foi emprestado dos escultores ("a marmoriis"), os quais testariam as juntas com a unha. Isto *poderia* fazer sentido aqui: mas também poderia fazer referência ao modo como a argila penetra por debaixo da unha no detalhamento final de uma figura. T. Visser-Choitz, Zu Polyklets Canon, em M. Schmidt (*Kanon*, p. 127s.), sugere que essa passagem diz respeito ao refinamento da técnica de fundição em bronze, na qual a argila utilizada no molde externo "penetra por debaixo" da unha do modelo de cera preparado para a fundição à *cire-perdue* (por cera perdida).

38. Vitr. VII.praef.xii e seguintes. Entre aqueles mencionados, Nexaris, Teocides, Leônidas e Melampo Sarnaco parecem, por outro lado, desconhecidos; enquanto todos os outros reaparecem na *História Natural*, de Plínio: Demófilo de Imera (XXXV.XXXVI.61) foi o mestre do grande pintor Zêuxis e, portanto, um quase contemporâneo de Policleto; Pollis (ou Polis) foi um pintor (XXXIV.XIX.91); enquanto Silanião (XXXIV.XIX.81) foi, provavelmente, Silanião de Atenas que, de acordo com Pausânias (VI.4.v; VI.14.iv, xi) fez três figuras de atletas famosos em Olímpia que eram tão conhecidas quanto o seu retrato em bronze de Platão. Existem algumas tentativas de correção. O "Melampus de Sarnaka", de Granger (Vitr., 1931-1934, 1955-1956, p. 74s.), é um código tanto quanto os dois nomes separadamente, enquanto Marini (1836) timidamente sugere "Melanto" – um artista conhecido de Plínio e Pausânias, em relação a quem o próprio Apeles reconhecia a sua inferioridade (Pln. NH XXXV.XXXVI.80), e que é considerado por Quintiliano (XII.10) como um dos teóricos; conforme Diógenes Laerte (em *Pol.* IV.18), ele escreveu um livro sobre pintura. Sobre as conjecturas de Platão a respeito da renovação do cânone (*Soph.* 334), ver P.-M. Schuhl, *Platon et l'art de son temps*, p. 6s.

39. Sobre Eufránor, ver Pln. NH XXXIV.XIX.50, XXXV.XL.128; Dio Chrys. XXXVII.43.

40. Cic. *Brut.* 275; entretanto, em outra citação, Plínio (NH XXXIV.XIX.61) relata que ele teria respondido a Eupompos, um colega artista que lhe perguntara qual mestre havia seguido, enquanto apontava para uma multidão de pessoas mostrando que ele mesmo seguia apenas a natureza. Sem dúvida, esses dois comentários não são de forma alguma contraditórios.

41. Sobre o cânone de Lisipo, ver M. Collignon, *Lysippe*, p. 101s. Apesar de Eufránor ser famoso, poucos trabalhos chegaram até nós, nem sequer como cópias: ele mesmo foi citado como tendo dito que enquanto o Teseu de Parrásio era alimentado com rosas, o seu próprio parecia ter sido alimentado com carne (Pln. NH XXXV.XL.129, Plut. *De Gl. Ath.*). Em outro lugar (NH XXXV.XL.128s), Plínio, que admirava seu conhecimento teórico e versatilidade, o critica por ter feito os torsos de suas esculturas muito finos e ter exagerado no tamanho dos outros membros – aquele exagero foi, presumivelmente, a inovação do cânone de Eufránor. Isso fez com que seus heróis realmente – *Hic primus videtur expressisse dignitates heroum* –, parecendo ainda que ele se transformou na principal autoridade no que diz respeito ao cânone da proporção: *et usurpasse symmetriam* ("e ter usado proporções"), ele "fez sua própria a simetria", "assumiu o tema da simetria". Efetivamente, ele dá a impressão de tê-los feito parecer particularmente vigorosos (*artipous*, Dio Chrys. XXXVII.43). Ver J.J. Pollitt, *The Ancient View of Greek Art*, p. 358, 368s., 378s.; e M. Robertson, *A History of Greek Art*, v. 1, 412, 433s., 493s. Plínio identifica uma série de seus trabalhos, a maioria dos quais ora perdidos, no entanto, a parte inferior da estátua do culto a Apolo Patroos, oriunda de seu templo na ágora ateniense, sobreviveu (ela encontra-se no Museum da Ágora, S 2154, onde também existe um modelo completo em bronze de 1:10, S 877). Existem ainda (na Villa Torlonia, Museo Capitolino) duas cópias da estátua de Leto, a Grande Mãe dos Deuses, com seus dois filhos, Apolo e Ártemis, que Plínio (NH XXXIV.XIX.77) tinha visto no Templo da Concórdia e que também aparece nas moedas de Éfeso e de Stectorio. Ver, ainda, J.A. Overbeck, *Geschichte der Griechischen Plastik*, v. 2, p. 86s. Ao levantar o número de artistas nessa passagem vitruviana, S. Ferri (*Vitruvio*, p. 253s.), notou que havia quatro escultores de mausoléus, nove "escultores menos nobres" e doze "mecânicos", sugerindo que Vitrúvio está, de fato, estabelecendo alguns cânones artísticos baseado nos cânones dos modelos da literatura de Alexandria e de Pérgamo.

42. Ver, entretanto, J. Charbonneaux (*Archaic Greek Art*, p. 145) sobre as estatuetas espartanas. A pequena mulher nua em marfim, utilizando enfeites de cabeça, da tumba de Kerameikos (Museu Nacional, Atenas) constitui outra estatueta antiga. Vinte e seis pequenas figuras femininas nuas em bronze foram listadas por T.J. Scanlon em W.J. Raschke, *The Archaeology of the Olympics*, p. 203s. E existe uma série de pequenas figuras femininas nuas orientalizadas. Uma curiosa exceção é um casal pertencente ao museu de Tessalônica: uma menina e um menino em mármore datados de meados do século V – o menino apresenta uma genitália proeminente por baixo de sua túnica –, ambos vestidos da mesma forma.

Somente os espartanos tinham o hábito de fazer corridas entre garotas despidas ou permitiam que meninos e meninas lutassem despidos, provocando comentários severos sobre a inconstância das garotas espartanas, as quais, de qualquer forma, tinham um mau exemplo em sua mítica rainha Helena. Entretanto, mesmo em Esparta, a nudez atlética limitava-se às virgens, e tais lutas e corridas eram interpretadas como um ritual pré-nupcial. Fora de Esparta, meninas parcialmente vestidas (em "trajes de amazonas") corriam em Brauron e no festival olímpico de Hera (Paus. V.16.ii e seguintes). Afora isso, a nudez feminina era rara, tanto no cotidiano como na arte grega.

Entretanto, um cânone do corpo feminino foi reconstruído por H. von Steuben (*Der Kanon des Polyklet*, p. 56s.) utilizando a cópia restaurada da amazona do Palazzo dei Conservatori (assinada por "Sosikles"). Não existe uma documentação literária até o século IV, ainda que exista uma compilação, *Anecdota Graeca et Graecolatina*, que se apoia em três autores anteriores (Polemão, Loxus e Aristóteles, p. 106s.); sobre estes, ver V. Mortet (*Recherches critiques sur Vitruve et son oeuvre*, RA, 4th ser., 13, p. 68s.) e E.C. Evans, *Physiognomics in the Ancient Word*, p. 14s.; mesmo neles, as diferenças são descritas em termos gerais, sem menção às dimensões. Das duas estátuas que Praxíteles fez para o templo de Afrodite em Cós – uma vestida e a outra despida – os habitantes de Cós preferiram a vestida (Pln. NH XXXVI.IV.20-22). A estátua nua foi posteriormente comprada pelos habitantes de Cnido para o seu santuário de Afrodite e causou sensação. Ela foi considerada a primeira estátua de culto a representar um corpo feminino nu. Ver A. Furtwängler, *Meisterwerke der Griechischen Plastik*, p. 386s., esp. 387, 1n.

Uma segunda perspectiva sobre o tema é oferecida por S.B. Pomeroy, *Goddesses, Whores, Wives, and Slaves*, p. 36, 141s. Cennino Cennini em seu *Libro* ([c. 1450], par. 70) recusou-se a considerar as proporções do corpo feminino, uma vez que ele é, ao contrário do masculino, fatalmente imperfeito: " [le misure] della femmina lasci stare, perché non há nessuna perfetta misura."

43. Sobre essa competição, ver Pln. NH XXXIV.XIX.53. Diz-se que Policleto ganhou porque os escultores foram solicitados a indicar o nome daquele cuja estátua deveria ser a segunda; ainda que este tenha sido claramente o tipo de vitória estabelecido por Temístocles depois da batalha de Salamina (Her. VIII.123, Plut. *V. Them.*).

    Na realidade, não havia cinco competidores, mas quatro: Kresilas, de Kidon (em Creta) representava duas pessoas no manuscrito. Ver as dúvidas de A. Furtwängler sobre o relato de Plínio, que foi reivindicado por B.S. Ridgway, A Story of Five Amazons, AJA, 78, p. 1s.

44. D. Kreikenbom (*Bildwerke nach Polyklet*) lista 67 cópias e emulações de Doríforo, mas exclui a amazona. Entretanto, R. Bol, em *Polyklet* (p. 213s.) tentou uma reconstrução e atribuição dos vários tipos. As hermas da amazona e as de Doríforo (Inv. 4885) no Museo Nazionale, em Nápoles, estão, na verdade, assinadas por Apolônio, que pode ter sido o mesmo escultor que assinou a cópia de Apolo de Mântua pertencente ao Ny Carlsberg Glyptothek (n. 59).

45. Vitr. IV.I.iii. Embora seja breve, essa passagem indica uma série de problemas: a colonização da Ásia Menor provoca o surgimento de sistemas de proporcionalidade distintos quando a continuidade da transmissão tradicional do ofício é rompida. Esse pode ser o significado do texto. Heleno, o herói epônimo dos helenos é, variavelmente, filho de Zeus ou de Deucalião e Pirra; sua esposa deu à luz um epônimo tessálico: Ftia ou Orseide, Orstis. Seus filhos Doro, Xuto (que por sua vez é pai de Aqueu e Íon) e Éolo são epônimos dos principais dialetos gregos.

    De fato, a deidade do Panionium era Poseidon e seu santuário, dedicado a Poseidon de Helicônio, dominava a vista do Estreito de Samos ao noroeste de Priene. Ele pertencia a Mélia, perto de Éfeso, uma cidade que foi destruída pela liga jônica por volta de 700 a.C. A liga apropriou-se do santuário que, daquela data em diante, foi chamado de Panionium e que, todavia, ainda funcionava no século IV d.C.

    Como ilustração do cânone, Apolo é uma deidade bem mais conveniente ou típica que Poseidon; o fato de que a associação de Apolo e Ártemis configure a lenda e/ou de que Vitrúvio tenha pensado no antigo templo de Apolo em Claros (Strb. XIV.642, Paus. VII.3.1), um dos grandes oráculos jônicos, pode ter contribuído para o seu engano relativo à dedicação do santuário.

46. O trabalho de arte "acidental" tem uma longa genealogia ainda não historiada. Ver H.W. Janson (*Sixteen Studies*, p. 55s.) e J. Baltrusaitis (*Aberrations*, p. 55s.): ainda que não esteja claro no texto se a expressão "fortuito" utilizada por Vitrúvio, refere-se à sorte ou ao acaso. Na realidade, isso me parece uma questão negligenciada: os tradutores estão tranquilos em conferir à descrição de Vitrúvio de que o templo foi construído *eius generis fortuito formae* o significado de "por acaso" ou "acidentalmente"; no entanto, visto que o relato deve ter tido origem em um informante ou uma fonte grega, a expressão "fortuito" só poderia ser a tradução latina de *tuchê, kata tuchên*. Conforme apontaram repetidamente os tradutores de Aristóteles, tal interpretação é inadequada: "felizmente", "afortunadamente", ou ainda "de propósito" seriam mais adequados ao sentido aqui expresso. Porém, sobre a diferença entre *tuchê* e *to automaton* ver Arist. *Phys.* II.3-6 (195a e seguintes); ver *Met.* XI.9 (1065b e seguintes). Uma reflexão interessante sobre esse conceito encontra-se em John Selden, *De Dis Syris syntagmata* (1617).

    Sobre o grande santuário de Hera Argiva, ver C. Waldstein, *The Argive Heraeum*, v. 1, p. 105s.

47. Vitr. IV.I.iii-vi. A paternidade de Íon é escandalosa: Xuto, seu suposto pai, casou-se com Creúsa, a filha do rei ateniense Erecteu; ela (conforme o prólogo de Eurípides para *Íon*) abandonou seu primeiro filho ilegítimo, que o deus adotou através de uma sacerdotisa délfica, reconhecendo assim implicitamente a paternidade (Pl. *Euthy.* 302c, d). Há variações desse mito em Heródoto (V.66, VIII.44), Veleio Patérculo (I.iv), Estrabão (VIII.383) e Pausânias (VII.I.ii). Sobre seu irmão, Aqueu, ver Apol. I.50 e Her. II.98. Pausânias viu a tumba de Íon em Torico, Ática (1.31.ii). Este Íon, o fundador epônimo do demo jônico, pode não estar relacionado com o mitológico.

48. Vitr. IV.I.vii. Gisela M.A. Richter (*Korai*) oferece a pesquisa mais recente sobre essas estátuas (em colaboração com Irma A. Richter). Para material anterior, ver W. Deonna, *Les Apollons archaiques*.

    Neste ponto, pode ser útil estabelecer que tanto o menino como a menina são representados pela planta do pé, *vestigium*, e não pelo próprio pé em relação à altura. Portanto, o texto interpreta como se fizesse referência a algum evento, talvez um ritual, quando o módulo foi tomado a partir de uma pessoa real. A relação entre dóricos e jônicos será considerada em maiores detalhes no Cap. VI.

49. A. Thumb (*Handbuch der Griechischen Dialekte*, v. 1, p. 14s.): sobre o uso literário dórico, ver v. 1, p. 217s.; sobre o jônico, v. 2, p. 202s. Estrabão (VIII.1.ii) tentou organizar a multiplicidade de dialetos em dois grandes grupos: jônico-ático e eólico-dórico. Embora o grupo jônico-ático seja aceito pela maioria dos gramáticos, de fato, grande parte deles, prefere dividir os dialetos em três grupos: ver Thumb (idem,v. 1, p. 47s.). Em Corinto, era falada uma variedade do dórico.

50. Sobre o uso da forma "falada" e jocosa desses dialetos, ver A. Thumb, idem, v. 1, p. 124s.

V: O LUGAR-COMUM LITERÁRIO

1. C. Lévi-Strauss em M. Mauss, *Sociologie et anthropologie*, p. xlvii; minha afirmação pode ser entendida como uma extensão da teoria "romântica" da metáfora, de I.A. Richards (*The Philosophy of Rhetoric*, p. 89s.), conforme elaborada não por ele, mas, por G. Lakoff e M. Johnson, *Metaphors We Live By*, passim. Existe uma vasta literatura anterior sobre o tema da metáfora, em grande parte listada por W.A. Shibles (*Metaphor*), e há discussões específicas adicionais no livro de A. Ortony, *Metaphor and Thought*. A questão da metáfora tem ocupado inúmeros filósofos recentemente: ver M. Merleau-Ponty, *Signes*, p.155s.; e J. Derrida, *L'Écriture et la différence*, p. 412s., 425s.; ver P. Ricoeur, *La Métaphore vive*, esp. p. 356s.; *Philosophie de la volonté*, v. 2.2, p. 228s.

    A metáfora nunca mais foi encarada da mesma maneira desde a distinção feita por Husserl entre o que é significado, *Bedeutung*, e o que é manifestação, *Kundgabe*. Ver H. Spiegelberg (*The Phenomenological Movement*, v. 1, p.104s.) sobre sua influência – no pensamento crítico inglês, por exemplo, mesmo que de forma indireta (ver C.K. Ogden e I.A. Richards, *The Meaning of Meaning*, p. 260s.; e mais recentemente, para uma leitura particularmente husserliana e bastante empática dos poetas românticos ingleses, ver S.R. Levin, *Metaphoric Worlds*), e no pensamento russo, em especial no "formalista", de forma mais vital, V. Erlich, *Russian Formalism*, p. 62s., 180s. Ver também A. Warren e R. Wellek, *Theory of Literature*, p. 190s.; e C. Perelman e L. Olbrechts-Tyteca, *The New Rhetoric*, p. 191s., 398s. Para uma descrição psicológica do processo metafórico, ver J. Piaget, *Biologie et connaissance*, p. 115s.; e E. Neumann, *The Origins and History of Consciousness*, passim. É a visão inferida por Aristóteles no quarto capítulo da *Poética*, quando a metáfora faz sua primeira aparição sistemática. Sobre a natureza social apriorística da razão, ver J. Piaget, *Études Sociologiques*, p. 143s.

2. Isso é, em parte, o que Hegel quis dizer quando descreveu o homem consciente dotado de autorreflexão como um animal doente (*Jenaer Realphilosophie*, p. 213s.). Isso remete inevitavelmente o leitor ao conceito de alienação, tão importante para Hegel, e depois transformado por Feuerbach, Marx, e seus seguidores. Ver C. Taylor, *Hegel*, p. 177s., 381s. Sobre os desenvolvimentos pré-hegelianos da alienação, ver L Kolakowski (*Main Currents of Marxism*, v. 1, p. 16s., 25s., 38); entre outros seguidores de Hegel, p. 88s., 155; em Marx, passim, mas esp. p. 133s., 177s., 265s. A dialética do em-si mesmo e do para-si mesmo no tema do corpo é discutida por M. Dufrenne, *The Notion of the A Priori*, p. 145s.

    Sobre a "linguagem" animal, ver H. e M. Frings, *Animal Communications*; e D.R. Griffin, *The Question of Animal Awareness*, p. 15s. Sobre a linguagem das abelhas, ver K. von Frish, *The Dance Language and the Orientation of Bees*. A distinção entre comunicação animal e linguagem humana é afirmada sintética e categoricamente por N. Chomsky, *Language and Problems of Knowledge*, p. 38s. Existe uma vasta literatura sobre as origens da linguagem, para a qual G.W. Hewes (*Language Origins*) forneceu um resumo conciso. Alhures (em R.W. Wescott, *Language Origins*), ele bem utilizou da caricatura para descrever tais teorias como pertencentes a uma ou mais dentre doze categorias: 1. interjecional ou pooh-pooh; 2. imitativa de animais ou au au; 3. imitativa de objetos ou dim dom; 4. canto de trabalho ou êh ôh; 5. que movimenta a boca ou ta ta; 6. balbucio; 7. instintiva; 8. convencionalista; 9. contratual; 10. dada por Deus; 11. fortuita; e 12. gestual. Um resumo mais articulado das teorias da origem da linguagem está disponível numa antologia editada por J. Gessinger e W. von Rahden, *Theorien vom Ursprung der Sprache*. Sobre a relação entre os problemas biológicos e culturais das origens da linguagem, ver J. Wind et al., *Language Origin*. Contudo, a qualquer das doze categorias de Hewes que se dê prioridade, a questão real está entre as teorias evolutiva/de aprendizagem e inata/gerativa. Ver S. Kanngiesser em J. Gessinger e W. von Rahden, *Theorien vom Ursprung der Sprache*, v. 2. p. 438s.; e M. Piattelli-Palmarini, Evolution, Selection, and Cognition, *Center for Cognitive Science*, MIT, 35, esp. p. 68s.; M. Piattelli-Palmarini, *Théories du langage*, esp. p. 406s.

* A forma verbal *play* (assim como o substantivo às vezes empregado pelo autor, *game*) tem em inglês um sentido mais amplo que seu equivalente em português. O foco aqui é no seu aspecto lúdico, jocoso, de folguedo, de brincadeira válida por si só, sem outro objetivo, daí o acréscimo do último termo. O mesmo no capítulo XII (N. da E.).

3. E. Fink, *Il gioco come simbolo del mondo*, p. 16s., 71s.; e H.-G. Gadamer, 1975, p. 97s., esp. p. 100 2n. Gadamer reconhece sua dívida para com J. Huizinga, *Homo Ludens*, p. 101s., esp. 104. Kostas Axelos (*Le Jeu du monde: Vers la pensée planétaire*) e Gustav Bally (*Vom Ursprung und von den Grenzen der Freiheit*, p. 52s.) discutem a distinção entre o jogo humano e o animal, feita explicitamente pela primeira vez por F.J.J. Buytendijk (*Wesen und Sinn des Spiels*). Uma discussão proveitosa da literatura anterior sobre competições e jogo aparece em A.C. Haddon, *The Study of Man*, p. 219s. O jogo é frequentemente analisado na literatura etológica; no que se refere à curiosidade e à experiência, ver também K. Lorenz, *Über Tierisches und Menschliches Verhalten*, v. 1, p. 104s., 182s.; v. 2, p. 180s., 236s.

4. Citado por W. Köhler, *Gestalt Psychology*, p. 126s., 234.

5. O vidente Tirésias predisse à mãe de Narciso que ele teria uma vida longa se jamais visse seu reflexo na água. Narciso olhou e apaixonou-se pela sua própria imagem. O motivo do seu afogamento é explicado variadamente nas literaturas grega e latina: Filóstrato, *Icon.* 1.23, Pausânias IX.31, Ovídio, *Met.*, III.339s. Seu excessivo amor próprio e a consequente rejeição da ninfa Eco transformou-o numa voz desencarnada, de acordo com uma versão (Moschus VI, Longus III.23, Dio Chrys. VI.204 r). A flor (se é possível crer em Sófocles em *Oed.* Col. 681s.) brotava em abundância em Colona.

Ao que parece, a identificação e a denominação do complexo foi feita por Havelock Ellis e Rémy de Gourmont, assim como pelo psiquiatra Paul Näcke. Freud apropriou-se do termo (confessadamente) e o descreveu em seu Case of President Schreber (*Works*, v. 12, p. 9s.) e em Introduction of Narcissism (v. 14, p. 73s.). Desde então, muito se tem escrito sobre o papel do reflexo na constituição do ego; ver especialmente G. Stuart, *Narcissus*. Sobre a imagem no espelho e seu papel na construção do ego, ver J. Lacan (*Écrits*, p. 88s.), que retornou ao tema diversas vezes no *Séminaire* (n. 11, p. 71s, 131s, 188s). O complexo tem sido muito criticado ultimamente; ver C. Lash, *The Culture of Narcissism*, esp. p. 33s., 170s.

De qualquer modo, é o aroma da flor *Narcissus poeticus* que supostamente possui as propriedades embriagantes que encantaram Cora para que ela pudesse ser levada por Hades: conforme Homero, *Hym. Dem.* 8s. Supunha-se que o extrato retirado das flores tivesse propriedades antiespasmódicas. A superstição relatada por Artemidoro (*Onei.* II.7) de que sonhar com o próprio reflexo na água é um presságio de morte pode estar relacionada com essa lenda; a esse respeito e sobre crenças similares, ver J.G. Frazer, *The Golden Bough*, v. 3, p. 92s. Naturalmente, como os espelhos são feitos de vidro, quebrá-los (e com eles, a sua imagem) é interpretado como sinal de má sorte. É possível que Narciso tivesse uma gêmea do sexo feminino, Narcisa – o que abre toda uma série de outras possibilidades; sobre o culto, ver I. Chirassi, *Elementi di culture precereali nei miti e riti greci*, p. 143s.

6. As "superstições" que relacionam o homem com a sombra foram coletadas por J.G. Frazer, *The Golden Bough*, v. 3, p. 77s. O destino de Peter Schlemihl, que de fato vendeu sua sombra na novela de mesmo nome da autoria de Adelbert von Chamisso, é sua mais conhecida representação literária.

Talvez por causa da presença de restos funerários, os arqueólogos por vezes tomam a percepção da morte como o primeiro sedimento de sentido na linguagem: ver D. Schmandt-Besserat em J. Wind et al., *Language Origin*, p. 225s.

7. A diferença entre um *modelo para*, instintual ou codificado, e o reflexivo *modelo de* é claramente mostrada por C. Geertz, *The Interpretation of Cultures*, p. 89s.

8. Sobre gestos e linguagem corporal, ver G. Cocchiara (*Il linguaggio del gesto*, p. 15s.), que cita a distinção entre gestos *instintuais* e *convencionais* feita por G. Malley, Language among North American Indians, *Bureau of American Ethnology Bulletin*. J. Bremmer e H. Roodenburg (*A Cultural History of Gesture*) tentaram fazer uma história e uma bibliografia fragmentárias do gesto.

Sobre o contraste entre as teorias "gradualista" e "catastrofista" das origens da linguagem, ver E.H. Lenneberg, *The Biological Foundation of Language*, p. 227s. Esse problema tem interessado tanto biólogos e paleontólogos como filósofos: ver C.F. Hockett e R. Ascher, The Human Revolution, *Current Anthropology*, 5, p. 20s. Um relato das provas experimentais recentes está disponível em R.E. Leakey, *The Making of Mankind*, p. 127s. Ver também P.L. Berger e T. Luckmann, *The Social Construction of Reality*, p. 34s. Contudo, tal ponto de vista já havia sido esboçado por Jean-Jacques Rousseau em seu *Essai sur l'origine des langues*, e pode, de fato, remontar às teorias de Cordemoy. Subordinada ao problema das origens (ver a bibliografia supra, nota 2) está a questão sobre se os primeiros seres humanos falantes teriam efetivamente algo a dizer antes que desenvolvessem a capacidade de falar: ver A. Marshack em J. Wind et al., *Language Origin*, 421s.

9. H.-G. Gadamer, *Truth and Method*, p. 138s., 151s. Sobre apresentação e re-presentação, ver p. 108s.

10. Alguns antropólogos e biólogos querem relacionar o desenvolvimento da fala – não da linguagem – ao surgimento das subespécies *sapiens sapiens*; ver G.S. Kranz, Sapienization and Speech, *CA*, 21. Alguns negam tal relação, por exemplo, B. Arensburg et al., A Middle Paleolithic Human Hyoid Bone, *Nature*, 338, p. 758-760. Uma extensa discussão dos problemas anatômicos e acústicos encontra-se em P. Lieberman, *On the Origins of Language*, p. 121s.

11. Louis-Antoine de Bougainville foi o primeiro europeu a registrar a palavra como *tattou* (*Voyage autour du monde*); na Inglaterra a palavra tinha sido antes cunhada como *tattow* pelo Capitão Cook em 1769, em sua visita ao Tahiti (*The Journals*, v. 1, passim, mas esp. p. 278s., 585s.). Em muitas línguas da Polinésia, *ta* significa "golpe" ou "pancada", de onde a palavra tatuagem, que geralmente envolvendo uma ponta afiada e um martelete para furar a pele, é obtida por duplicação.

Apesar da proibição bíblica da mutilação do corpo que figura no Levítico, alguns grupos cristãos (em especial os coptas e os armênios) praticam-na, particularmente como uma recordação de peregrinações. Ver J. Carswell, *Coptic Tattoo Designs*.

A tatuagem é considerada uma das artes mais importantes da Polinésia (junto com a construção de casas e barcos) por M. Mead, *An Inquiry into the Question of Cultural Stability in Polynesia*, p. 71s. O tema é tratado bem superficialmente em trabalhos antropológicos mais antigos: *Sir* John Lubbock (*The Origin of Civilization and the Primitive Condition of Man*, p. 46s.) é bastante descritivo, e E.B. Taylor (1903) preocupa-se em estabelecer uma relação com mitos etiológicos. Embora a tatuagem seja descrita com frequência em estudos etnográficos, poucas abordagens gerais foram intentadas. Talvez a primeira delas tenha sido um curioso ensaio positivista de Wilhelm Joest (*Tätowieren, Narbenzeichnen und Körperbemalen*), enquanto um tratamento bem mais apurado e amplo foi o de W.D. Hambly (*History of Tattooing and Its Significance*); para uma breve discussão, ver V. Ebin, *The Body Decorated*; e A. Virel, *Ritual and Seduction*. Mais recentemente, ver C.P. Jones, Tattooing and Branding in Graeco-Roman Antiquity, *JRS*, 77, p. 139s.

Cesare Lombroso e alguns de seus contemporâneos e seguidores limitaram o estudo da tatuagem moderna ao território da psicopatologia criminal; ver J.-A. Lacassagne, *Les Tatouages*; *Le Criminel du point de vue anthropologique*; e H. Prinzhorn, *Bildnerei der Geisteskranken*; *Bildnerei der Gefangenen*. É verdade que a tatuagem tem sido adotada por muitas subculturas e grupos desviantes como sinal de pertinência: ver C.R. Sanders, *Customizing the Body*, p. 18s. Sobre a conexão com arte corporal, ver Bryce Bannatyne Gallery, *Tattoo Art*. Os aspectos médicos foram recentemente discutidos por C.S. Zwerling et al., *Micropigmentation*, p. 179s.; ao que tudo indica, o perigo de a tatuagem provocar infecção ou reação alérgica é surpreendentemente pequeno.

O problema da tatuagem e da pintura do corpo é reproposto por C. Lévi-Strauss, *Anthropologie structurale*, p. 282s. Há muitos estudos etnográficos sobre as tatuagens de regiões específicas; por exemplo, A. Hamilton, *The Art and Workmanship of the Maori Race in New Zealand*, esp. p. 308s.; K. von Steinen, *Die Marquesaner und ihre Kunst*; e J.C. Faris, *Nuba Personal Art*. Sobre os caduveo do Mato Grosso do Sul, ver C. Lévi-Strauss (*Tristes tropiques*, p. 183s.), embora eles já tivessem sido registrados por G. Boggiani, *I caduvei*, p. 105s. Sobre os maoris, ver D.R. Simmons, *Ta Moko*. O fato de que essas marcas envolviam igualmente separação e reintegração na comunidade constitui uma questão à parte extremamente importante. Sobre o tema geral da deformação de órgãos, ver R.D. Guthrie, *Body Hot Spots*.

12. M. Mauss (*Oeuvres*, v. 2, p. 409s.); sobre circuncisão, imortalidade e sociabilidade, em uma crítica de J.G. Frazer (*The Golden Bough*), v. 1, p. 141s.; sobre tatuagem, em uma análise de W. Wundt (*Voelkerpsychologie*), v. 2, p. 195s. Ver também E. Durkheim (*The Elementary Forms of Religious Life*, p. 136s., 262s.) e J.G. Frazer, *The Golden Bough*, v. 5, p. 278s., v. 11, p. 255s. Nas mãos reproduzidas nas pinturas rupestres europeias às vezes falta uma falange, mas isso não é prova conclusiva de mutilação. Ver A. Leroi-Gourhan, *Préhistoire de l'art occidental*, p. 109s.

Muitos dos etnólogos do passado distinguiam a circuncisão de outras marcas corporais, como é o caso de C. de Pauw, *Recherches philosophiques sur les américains*, v. 2, p. 149s. Realmente, a circuncisão em bebês pode diminuir o efeito traumático, afastando-se assim dos ritos mais comuns da puberdade. Como todos, sobre este tema estou em débito com A. van Gennep, *Les Rites de passage*.

13. H. Melville, *Moby-Dick*, p. 1307. Melville teve a oportunidade de ver muitos polinésios tatuados. Ver H.P. Vincent (*The Trying-out of Moby Dick*, p. 6, 756s., 371s.) e R.S. Forsythe (Herman Melville in Honolulu, *New England Quarterly*, 8, p. 99s.; Herman Melville in the Marquesas, *New England Quarterly*, 15, p. 1s.; Herman Melville in Tahiti, *New England Quarterly*, 16, p. 344s.).

14. E. Grosse (*Les Débuts de l'art*, p. 41) cita o Capitão Cook sobre os habitantes da Terra do Fogo: "Eles estão satisfeitos em ficar nus, mas ambicionam estar belos". As páginas seguintes à citação estão entre as poucas que tratam o assunto de maneira geral. O achatamento de testas em crianças era induzido em certas ilhas da Polinésia (Novas Hébridas) ou entre os índios do noroeste da América do Norte (kwakiutl e chinook). Ver B. Lincoln, *Emerging from the Chrysalis*, p. 34s.

15. Ver E. Strauss, *The Primary World of the Senses*, p. 207, 365s. Sobre as cerimônias australianas, ver B. Spencer (*The Northern Tribes of Central Australia*, p. 166s.; B. Spencer e F.J. Gillen (*The Native Tribes of Central Australia*, p. 133s.; *The Arunta*, v. 1, p. 207s.). Mais recentemente, subincisões têm sido feitas com junco afiado (conversa com o autor, R. Guidieri).

16. Wolfgang Porzig, *Das Wunder der Sprache* (1950), citado por K. Lorenz, *Über Tierisches und Menschliches Verhalten*, p. 229s.

17. Ver E. Strauss, *Phenomenological Psychology*, p. 137s.; G. von Kaschnitz-Weinberg, *Die Grundlagen der Antiken Kunst*, v. 1, p. 12s.; e S. Giedion, *The Eternal Present*, v. 2 p. 440s. Sobre a postura e a relação entre ego e *Umwelt*, ver K. Koffka, *Principles of Gestalt Psychology*, p. 389s., 514s.

18. Denise Schmandt-Besserat (em J. Wind et al., *Language Origin*, p. 225) sugeriu que os vestígios mais antigos de uma "linguagem visível" estavam relacionados à representação de ideias, e não de coisas.

19. Nesse contexto, ver J. Lacan (*Écrits*, p. 697s.), que compara a teoria do símbolo de Ernest Jones com uma construção engenhosa:

Cet édifice [...] pour métaphorique qu'il soit [...] est bien fait pour nous rapeller ce qui distingue l'architecture du batiment: soit une puissance logique qui ordonne l'architecture au-delà de ce que le batiment supporte de possible utilisation. Aussi bien nul batiment, sauf à se réduire à la barraque, ne peut-il se passer de cet ordre qui l'apparente au discours. Cette logique ne s'harmonise à l'efficacité qu'à la dominer, et leur discord n'est pas, dans l'art de la construction un fait seulement éventuel [...].

Ele mostra deste modo o contraste entre as preocupações teóricas de Jones e o empirismo profissional de seus contemporâneos, assim como entre a arquitetura e a mera construção. O fato de este trecho ser tratado com uma certa desaprovação por um crítico francês, Dennis Hollier (*La Prise de la Concorde*, p. 68s.), constitui um comentário interessante sobre o status da arquitetura no final do século xx.

20. Uma exceção interessante foi *Polyklet*, o livro de Gottfried Schadow (1834; reimpresso em inglês sob os auspícios do Departamento de Comércio e Indústria em 1883), que tentou recalcular os diferenciais de Dürer em corpos vivos, embora Schadow pensasse estar ele próprio aplicando os princípios de Leonardo e de Gérard Lairesse. Ele também compilou uma série de dados fisiognomônicos nacionais, que considerava uma extensão do trabalho de Peter Camper. Ver Dr. [*sic!*] Johann Gottfried Schadow, *Kunst-Werke und Kunst-Ansichten*, p. 251s. David R. Hay de Edimburgo, lembrado principalmente como um decorador de interiores (a Abbotsford de *sir* Walter Scott, a Galeria Nacional da Escócia) publicou inúmeros livros: ele também deu prosseguimento às especulações de Camper sobre a geometria do crânio e do rosto na arte e na natureza em *On the Science of those Proportions by which the Human Head and Countenance as represented in Works of Ancient Greek Art are distinguished from those of Ordinary Nature* (1849). Seus livros foram recebidos com grande aclamação, no entanto, é difícil estimar sua influência. Na segunda metade do século, houve inúmeros estudos culminando com aquele de *sir* D'Arcy Wenworth Thompson (*On Growth and Form*) que, no entanto, aplicavam-se à natureza "orgânica" como um todo, sem privilegiar o corpo humano.

21. "Unsere Sprache ist eine Verkörperung alter Mythen. Und der Ritus der Alten Mythen war eine Sprache." Esta declaração talvez possa ser classificada como um *obiter dictum*, já que Wittgenstein omitiu a sentença manuscrita da sua versão datilografada final, de 1931, do Bemerkungen über Frazers *Golden Bough* (1967). Ver R. Rhees, *Wittgenstein über Sprache und Ritus*, p. 35s. Mais adiante no ensaio (p. 56s.), Rhees ilustra o pensamento de Wittgenstein com edifícios específicos (uma igreja normanda, uma catedral gótica) que dão "forma visível a um pensamento religioso". Apesar das diferenças serem autoexplicativas, conforme aponta Rhees, o sentido segundo o qual a arquitetura e o ritual podem ser descritos como uma linguagem, poderia ser ampliado e desenvolvido.

Uma discussão sobre a conexão entre metáfora e hipótese, no que concerne ao mito, é encontrada em E.R. MacCormac, *Metaphor and Myth in Science and Religion*, p. 102s.

22. G. Bataille, *Oeuvres complètes*, v. 1, p. 171s. A esse respeito e sobre toda a questão da arquitetura e da construção em Bataille, ver D. Hollier, *La Prise de la Concorde*, passim, mas esp. p. 66s. O dicionário completo possui apenas vinte verbetes (de diferentes autores), porém ver, em todo caso, Hollier (p. 28s.).

23. J. Verdenius (*Mimesis*; W. Weidlé (1963, p. 249s.); H. Blumenberg (ed.) (Nachahmung der Natur, *Studium Generale*, p. 266s.); H. Koller, *Die Mimesis in der Antike*; e E. Grassi, *Die Theorie des Schönen in der Antike*, p. 76s., 120s.

Um levantamento das elaborações recentes sobre o tema está disponível em R. Bogue (ed.) *Mimesis in Contemporary Theory*. A constituição do conceito na obra de um filósofo moderno é discutida por J. Früchtl, *Mimesis*. F. Tomberg (*Mimesis der Praxis und Abstrakte Kunst*), que utiliza a declaração combativa de Wilhelm Pinder – que a mim parece errônea – "nem uma catedral e nem uma sinfonia representam a realidade" para justificar o realismo de Georg Lukács, deve rejeitar a distinção cuidadosamente documentada e argumentada de Kohler a fim de proceder dessa maneira. Entretanto, ver ainda textos mais gerais: M. Heidegger (*Nietzsche*, v. 1, p. 166s.); M. Dufrenne (*La Phénoménologie de l'expérience esthétique*, p. 225s.); S.K. Langer (ed.) (*Feeling and Form*), p. 46s.; 71s., 352; *Problems of Art*, p. 94s.); e E. Auerbach, *Mimesis*, passim. A irrelevância fundamental da mimese no que diz respeito à arquitetura foi afirmada significativamente por M. Dessoir, *Aesthetics and Theory of Art*, p. 366s. Todavia, vários arquitetos do século xx desenvolveram aplicações radicais da ideia: entre eles, talvez Ricardo Porro, o arquiteto cubano-francês, seja aquele que vem operando de maneira mais insistente e obsessiva.

Reconheço que ainda não fiz referência a outro importante aspecto da imitação do corpo na construção, que eu denominaria de psicossomático e por meio do qual o espectador se identifica e gera empatia com as partes de um edifício através da experiência da aparência e dos elementos de seu próprio corpo – como os lábios e as pálpebras em relação às molduras que contornam portas e janelas. Essa é, contudo, muito mais uma identificação *post facto* do espectador, enquanto meu interesse é a perspectiva do criador e do teórico. Adrian Stokes trabalhou em grande parte dos seus escritos com esse tipo de imitação-identificação; mais recentemente, R. Wolheim (*Painting as an Art*, p. 305s.) analisou a pintura veneziana do final do século xv e do século xvi sob esse ponto de vista. De maneira mais surpreendente, ele apontou, por meio de uma elipse brilhante, como a metáfora ainda pode

24. Ver C. Bragdon (*Architecture and Democracy*, p. 188s.; *The Beautiful Necessity*, p. 64s.; *Old Lamps for New*, p. 114s.); M.C. Ghyka (*Le Nombre d'or*, v. 1, p. 99s., v. 2, p. 127s.; *Essai sur le rythme*, p. 19s.); e mesmo Le Corbusier, *Le Modulor*, p. 18s.

25. Platão, *Simp.* 201d e seguintes. De acordo com Sócrates, ela era uma profetisa ou adivinha de um templo em Mantineia, na Arcádia, embora ele não tenha especificado qual. Um guia dos templos é fornecido por Pausânias, VIII.9.

26. Os espetáculos específicos de mímica na Antiguidade tardia eram comédias sem máscaras; o hino ao Apolo em Delos (1. 163) enaltece as meninas do templo que *mimeisth' isasin*, mimetizavam o som e o balbucio de todas as línguas estrangeiras. Jane Harrison já protestou com relação à sua abstração do contexto sacral tendo a "imitação" como propósito (*Ancient Art and Ritual*, p. 46). O *hupokritēs* grego deriva de **krit*, que diz respeito a julgar e falar; de todo modo, trata-se de um termo um tanto posterior. Na tragédia, o *hupokritēs* personificava uma figura importante que dialogava com o coro como um todo, ou com o seu líder, o *exarchos*; sua arte ou habilidade foi também assimilada à *actio* retórica. Ver M. Bieber, *The History of the Greek and Roman Theater*, p. 18, 80, 147s.; e H.-G. Gadamer, *Truth and Method*, p. 113s. H. Koller (*Die Mimesis in der Antike*) argumentou persuasivamente – e com riqueza de exemplos – sobre a íntima conexão entre a mímica, a música e a dança e, portanto, as nuances da mimese em função desse precedente. Os gramáticos romanos consideravam que a palavra *histrio* (o *hupokritēs* do teatro romano), assim como a palavra *persona*, a máscara que era seu acessório, tinham origem etrusca. Sobre a transformação de *mimos* para a mímica, ou mesmo a pantomima do teatro moderno, ver H. Wiemken, *Der Griechische Mimus*. Sobre a intensa relação entre dança e drama nos escritos teóricos indianos, ver M. Bose, *Movement and Mimesis*, p. 256s.

    Acerca do seu uso por Aristóteles, ver *Phys.* II.2 (194a21) e ainda G. Vattimo (*Il concetto di fare in Aristotele*, p. 23s.) e P. Somville, *Essai sur la poétique d'Aristote*, p. 45s. Sobre a *mimēsis* do *ēthos* em Aristóteles, ver supra, Cap. II, nota 49, p. 381. Nessa conexão, os edifícios surgem antes, haja vista a observação de Heródoto de que as colunas do túmulo do faraó Apries de Sais (589-570) eram de pedra, entalhadas de modo a imitar folhas de palmeira.

27. Numa obra frequentemente interpretada como um elogio ao amor homossexual, é digno de atenção que a *poiēsis* seja dignificada como um análogo da procriação e reprodução humanas; ver também G. Vlastos, *Platonic Studies*, p. 38s. A esse respeito e sobre a figura de Diotima como uma Aspásia ficcional, ver D.E. Anderson, *The Masks of Dionysos*, p. 70s.; e S. Rosen, *Plato's Symposium*, p. 191s., 223s., 243s.

    A palavra aqui utilizada por Platão para indicar procriação e parto é *tiktein*, uma expressão próxima o suficiente da *technē* de modo a levar filólogos anteriores (tais como Georg Curtius) a associar as duas palavras e suas raízes **tek*, **tik*, com **tih* (estou usando "i" para transliterar o ípsilon em um conceito comum de "geração" e "produção". Essa conexão é descartada por etimologistas recentes, tais como Chantraine; ver, contudo, LSJ, s.v. *tiktö*.

28. A última sentença parafraseia H. Blumenberg (ed.) Nachahmung der Natur, *Studium Generale*, 272).

29. Platão, *Symp*, 205b; ver M. Heidegger (1962, p. 64s.; 1970N, v. 54, p. 190). Esse relato é necessariamente resumido. Uma discussão extensa sobre o conceito na obra de Platão, enfatizando certas contradições internas implícitas do uso da palavra feito pelo filósofo, é fornecida por W.J. Verdenius, *Mimesis*. Ver também P.-M. Schuhl, *Platon et l'art de son temps*, p. 42s.

30. Aristóteles, *De Mundo* V. 396b. Ele comenta como a natureza reconcilia os contrários, da mesma forma que os artistas alcançam a harmonia por meio da combinação dos opostos, e cita em apoio Heráclito, "o Obscuro" (*ho skoteinos*), cuja citação ocorre em DK B12.

31. Aristóteles, *Phys.* II. 8(199a); trad. modificada de R. Hope, 1961, p. 37. O paralelo exato entre *kata phusin* e *kata technēn* tem sido tema de muitos comentários. Sobre esse e outros trechos do *Banquete* de Platão (nota 25 supra), ver H. Blumenberg, Nachahmung der Natur, *Studium Generale*, p. 267s.; e G. Agamben, *L'uomo senza contenuto*, p. 85s.

32. Conforme Aristóteles, *Poet.* 2 (1448a e seguintes), fazendo eco a Platão, *Rep.* X. 603c. Ver G. Finsler, *Platon und die Aristotelische Poetik*, p. 40s. A esse respeito e sobre as páginas seguintes desse capítulo, ver de maneira mais geral H. Koller, *Die Mimesis in der Antike*; e G. Sörbom, *Mimesis and Art*. Vale a pena, no entanto, mencionar que no período helenístico as doutrinas de imitação por mimese não diziam respeito à imitação da natureza, mas dos "velhos mestres"; assim sendo, o bastante fragmentado *Peri mimēseos*, de Dioniso de Halicarnasso, se ocupa extensamente da imitação dos "antigos", no seu caso, Tucídides e Demóstenes. O segundo capítulo do décimo livro de Quintiliano é inteiramente dedicado ao tema, mas não faz nenhuma menção à imitação da natureza. Sir Joshua Reynolds, no sexto dos seus *Academic Discourses* (1778), limita deliberadamente o tópico da imitação à questão da cópia de quadros de mestres. Sobre o destino da mimese na teoria artística do século XVIII, ver A. Rey, Mimesis, Poétique et Iconisme: pour une relecture d'Aristote, em P. Bouissac et al., *Iconicity*, p. 17s.

33. Todavia, grande parte do *Sofista* e do *Íon* dizem respeito a isto. Para outros lugares, ver J.G. Verdenius, *Mimesis*. Parece que nos diálogos posteriores, especialmente nas *Leis*, Platão assumiu uma perspectiva menos crítica da *mimēsis*: ver P. Friedländer, *Plato*, v. 1, p. 116s.; v. 3, p. 406s. No entanto, mesmo em *O Político* (*Pol.* 300c), Platão reconheceu que as leis deveriam ser *mimēmata tēs alētheias*, "imitações do que é real".

34. Píndaro, fr. 194 (Sandys); ver J. Svenbro, *La parola e il marmo*, p. 157s. O argumento sobre a mudança da posição social do poeta é, logicamente, de Svenko.

35. Platão, *Soph.* 219a e seguintes. Sobre essa enigmática figura e suas intenções, ver mais recentemente S. Rosen, *Plato's Sophist*, esp. p. 17s. Sobre *mimēta tou ontos*, ver p. 309s. Ver também W.K.C. Guthrie, *A History of Greek Philosophy*, v. 5, p. 135s.

36. Platão, *Soph.* 264e e seguintes; ver G. Finsler, *Platon und die Aristotelische Poetik*, p. 22s. A distinção básica entre produção, poesia e as várias *technai* de aquisição não é relevante aqui. Sobre os diferentes usos dados à palavra por Platão e Aristóteles, ver A.B. Neschke, *Die Poetik des Aristoteles*, p. 82s.; ver também F.M. Cornford, *Plato's Theory of Knowledge*, p. 323s.

37. Platão, *Rep.* III. 397s. Os instrumentos "apolíneos", a cítara e a lira, são os únicos permitidos – mesmo se o pastor for autorizado a tocar sua flauta de bambu, a siringe. Os instrumentos de Mársias são excluídos da cidade. O trecho todo é analisado por A. Barker, *Greek Musical Writings*, v. 2, p. 128s., 163s. A lira de Pitágoras, como o leitor certamente se lembra (ver supra, Cap. IV, nota 13, p. 393), era afinada no modo dórico. Uma estranha reflexão sobre o tema é que a primeira referência literária à mimese (Píndaro, *Pyth.* XII. 11s) relata como Palas Atena criou a flauta de cana (aulos) para imitar o som do lamento da Górgona misturado com o sibilo dos seus cabelos de serpente; ver Barker (idem, p. 14s., 57s.). Sobre o mau hábito da exibição de virtuosidade dos tocadores de aulos ver H. Koller, *Die Mimesis in der Antike*, p. 74s.

38. Platão, *Rep.* X. 595a e seguintes. Sobre essa passagem ver M. Heidegger, *Nietzsche*, v. 1, p. 173s.

39. O próprio Aristóteles já confessava a sua confusão com essa ambiguidade terminológica de Platão em *Met.* 1.6.iii (987b). Ao mesmo tempo, Platão também considerou outras formas de imitação. No sentido do homem tanto ser, como tornar a si próprio a imagem de um deus, ele emprega *omoiousis* (*Parm.* 132e), que lhe é útil para aquilo que subsiste entre a ordem sensível e a inteligível (*Rep.* VI.510a); a semelhança do cosmos criado com o demiurgo exigia um termo distinto, *paraplēsis* (*Tim.* 18c). Estas palavras e conceitos afins em Platão são discutidos sumariamente por C. Rutenber, *The Doctrine of the Imitation of God in Plato*, p. 19s.

40. Xenofonte, *Mem.* III.10. Os artistas eram Parrásio, componente do trio de importantes artistas gregos (junto com Zêuxis e Apeles); o escultor Kleiton (não há registro de forma distinta, embora alguns acreditem que o nome seja uma contração de Policleto); e o fabricante de armaduras de bronze Pístias. No caso de todos eles, Xenofonte discute o que imitavam e como a imitação do que era ruim em si mesmo poderia então se tornar boa enquanto imitação, argumento que ele considerava proveitoso para os artistas. Zêuxis, Policleto e Fídias aparecem nos diálogos de Platão como figuras exemplares. Ver também B. Schweitzer, *Platon und die Bildende Kunst der Griechen*, p. 22s., 77.

41. Platão, *Phil.* 55d e seguintes. Isso foi escrito provavelmente um pouco depois do *Sofista*. Não está claro quanta a importância deve ser atribuída ao fato de que Platão/Sócrates estivesse interessado em carpintaria e construção de casas e não na arquitetura em pedra. Todo o argumento é virtualmente revertido por Schopenhauer na passagem por mim citada supra, Cap. I, nota 15, p. 375.

42. Aristóteles, *Poet.* 25 (1460b e seguintes; 1907, p. 96s., 121s.; 1909, p. 80, 324s.). O capítulo inteiro, que aborda a relação entre o possível e o poético, tem a natureza de um apêndice: sua importância crucial é enfatizada por D. de Montmollin (*La Poétique d'Aristote*, p. 99s.), que considera-o a chave para sua interpretação do texto como resultante de duas redações, enquanto o não conclusivo G.F. Else (*Poetics*, p. 632) encara a passagem como relativamente independente do restante do texto, não obstante "espinhoso". Uma análise linguística do conceito de *mímēsis* em relação à *technē* e *katharsis* é encontrada em A.B. Neschke, *Die Poetik des Aristoteles*, p. 76s., 118s. Aristóteles discute os problemas apresentados pelo ofício do poeta, assim como por outras formas de *eikonopoiēsis*, tais como a pintura e a escultura, apesar de não haver aqui nenhuma menção específica à arquitetura. E na verdade, é a ideia de purificação a qual o espectador pode aspirar na sua identificação com o herói da tragédia que separa a noção de *mímēsis* de Aristóteles daquela de Platão.
43. H. Blumenberg, *Nikolaus von Cues*, p. 270s. Sobre Nicolau de Cusa, ver supra, Cap. III, nota 41, p. 388.
44. Os termos kantianos são *Lust* para prazer, e *Genusz* para apropriação; ver I. Kant, *Werke*, v. 5, p. 379. A perspectiva de Kant é rebatida por Nietzsche, 1975-1980, v. 6.2, p. 305s. Ver também P. Lacoue-Labarthe em S. Agacinski et al., *Mimesis des articulations*, p. 194s. J. Derrida observou (*L'Écriture et la différence*, p. 68s.) que essa questão está diretamente ligada, na mente de Kant, ao problema da responsabilidade social do artista, no entanto, Kant parecia então relutante em incluir a arquitetura (*Baukunst*) entre as belas artes (v. 5, p. 398).
45. Um problema secundário é o fato de que será a *technē* grega, e não a *poiēsis*, que se torna a *ars* latina, a escolástica "recta ratio factibilium" (Tomás de Aquino, *Sum. Th.* I.ii, q. 57a. 3 ad. 3). Os gramáticos derivaram a *ars* latina de *aretē*, mais comumente traduzida como *virtus* (ver o comentário de Donato sobre Terêncio), ou alternativamente de **aro*, "eu aro". Varrão enumera três *artes*: a medicina, a feitura de sapatos e a música. Cícero distingue as *artes liberales* das *sordidae* (*De Off.* 1.42), ou seja, aquelas que envolvem o ganho pessoal e estão sujeitas ao ódio humano (coleta de impostos, usura), todas as ocupações mecânicas, e aquelas que implicam a mera gratificação dos sentidos (cozinhar, feitura de perfumes). Para ele a medicina, a arquitetura e o ensino das humanidades eram apropriados para o homem educado. A distinção já estava em vigor no período helenístico. A palavra *architektōn* era aplicada a todos os artesãos criativos "superiores" (como ainda era por Papus de Alexandria no século IV d.C.). Ver M.S. Cohen e I.E. Drabkin, *A Source Book in Greek Science*, p. 183s.; e G.E.R. Lloyd, *Later Greek Science*, p. 91s., 111s.
46. "Die Natur war schön wenn sie zugleich als Kunst aussah; und die Kunst kann nur schön gennant werden, wenn wir uns bewusst sind sie sei Kunst, und sie uns doch als Natur aussieht […]" (I. Kant, *Werke*, v. 5, p. 381). Essa é certamente uma inversão do famoso e antigo princípio de que a habilidade do artista é ocultar sua arte, cunhada especialmente para os retóricos: Aristóteles, *Rhet.* III.2 (1404b), III.7 (1408b); Long. XXII.1; *ad Her.* IV.7.x; e continuamente em Cícero e Quintiliano. Por outro lado, é inevitável que, em função da intransmissibilidade e originalidade do gênio serem condições de produção de grandes obras de arte, toda doutrina da imitação, por mais importante que seja como um aspecto da representação, deva ser vista como secundária (Kant, v. 5, p. 383s.).
47. A localização exata do santuário é desconhecida, embora se acredite que tenha sido em algum lugar no leste da Crimeia. Os habitantes da Táurida eram também chamados de *Tauroskuthoii*; ver PW, s.v. "Tauris". Áulis era um porto importante no estreito de Eubeia, exatamente a noroeste de Tebas, do lado oposto a Chalkis. Pausânias (IX.19.v) visitou o templo de Ártemis, que ainda era um santuário na sua época. O episódio, tema de *Ifigênia em Áulis*, de Eurípides, é descrito por Ésquilo (*Ag.* 185s.) e mencionado por Hesíodo (*Op. D.* 650s.), bem como na *Cypria*. Sobre a relação entre os três templos de Ártemis em Áulis, Halai e Brauron, ver M.B. Berg Hollinshead, *Legend, Cult, and Adventure at Three Sanctuaries of Artemis*, Ph.D diss.; e H. Lloyd-Jones, *Artemis and Iphigenia*, JHS, 103, p. 87s. Ifigênia tem sido às vezes identificada com Hécate (Pausânias, I.43.i), mas havia igualmente um culto à Ártemis Ifigênia (Pausânias II.35.i, VII.26.v). Dizia-se que a estátua de culto em Halys era um *xoanon*, uma imagem de madeira, trazida da Táurida por Orestes, irmão de Ifigênia (Pausânias, III.16.vii). Pausânias também menciona que Heródoto haveria dito que os habitantes da Táurida sacrificavam párias para a própria Ifigênia. Ela também era reverenciada como a fundadora do culto em Brauron. Sobre o sacrifício de Ifigênia e o sacrifício de vidas humanas na Grécia em geral, ver A. Henrichs, *Human Sacrifice in Greek Religion*, p. 195s.

Sobre a construção do cenário no palco grego como reprodução do templo e do palácio heroico, ver R. Padel em J.J. Winkler e F. Zeitlin (eds.), *Nothing to Do with Dionysos?*, p. 345s.
48. Ésquilo, *Ag.* 1438s.
49. Idem, 896s. (para comentários, ver: 1950, v. 2, p. 403s.; 1966, v. 2, p. 72s.).
50. Eurípides, *Iph. Taur.* 68s. Não fica claro a partir do texto se as caveiras eram penduradas sob a beirada do altar ou acima na cornija da edificação; "*thrichōmata/thringkois*" parecem associar linguisticamente a borda da mancha de sangue e a cornija do templo. Ovídio talvez faça referência a essas linhas em *Pont.* III.ii.53s.; *Araque, quae fuerat natura candida saxi. / Decolor adfuso tincta cruore rubet*. Na *Bacchae* (1214s.), Eurípides uma vez mais faz referência à colocação das caveiras na cornija, quando Agave, ainda possuída por Dioniso, retorna de sua expedição extática com a cabeça do filho, que ela pensa ser um filhote de leão. Ela pede para Penteu (este mesmo filho) trazer uma escada resistente, colocá-la contra a parede e pregar a cabeça "acima, nos tríglifos" (*krata trigluphois*), uma instrução muito mais precisa do que aquela exigida pelo hábito moderno de exibir troféus de caça.
51. Eurípides, *Iph. Taur.* 42s.
52. Uns duzentos exemplos, incluindo atlantes e cariátides, foram reunidos por F. Schaller-Harl, *Stützfiguren in der Griechischen Kunst*. Material anterior, muitos de procedência não grega, foi reunido por E. Wurz, *Plastiche Dekoration des Stützwerkes in Baukunst und Kunstgewerbe*.
53. Vitrúvio, I. 1.v.; ver também P. Fleury (ed.), *De l'architecture/Vitruve*, ad. loc. As figuras masculina e feminina são mencionadas nessa passagem para demonstrar quão necessário o arquiteto irá achar o estudo histórico se tiver que explicar a iconografia do edifício para seu cliente. A esse respeito e sobre as cariátides da seção seguinte, ver o levantamento feito por F. Schaller-Harl, *Stützfiguren in der Griechischen Kunst*.
54. *Epi ton kionon*: Pausânias, III.11.iii (Ed. H. Hitzig and H. Bluemner, *Description of Greece*, v. 1.2, p. 687, 768s.; idem, v. 1, p. 149, v. 3, p. 328); ver também K. Lange, *Haus und Halle*, p. 105s. Mais recentemente, ver R.E. Martin, *Recherches sur l'agora grecque*, p. 495; e J.J. Coulton, *Lifting in Early Greek Architecture*, JHS, 94, p. 39s. Para isso e muito daquilo que segue, ver A. Schmidt-Colinet, *Antike Stützfiguren*; e Eva M. Schmidt, *Geschichte der Karyatide*. Ver também Ateneu, VI.241d e seguintes. Inúmeros pórticos com figuras masculinas "sustentadoras" afixadas às colunas foram construídos nos tempos imperiais: ver Cornelius C. Vermeule III, *Figural Pillars: From Asia Minor to Corinth and Rome*, em M. del Chiaro e W.R. Biers (eds.), *Corinthiaca*, p. 71s. Em geral, ao contrário dos romanos, os gregos não misturavam os gêneros dos seus suportes.
55. Embora o templo aparentemente tenha sofrido um desmoronamento em 1401 devido à negligência e pilhagem, as ruínas continuaram conhecidas como o Pallazo dei Giganti, e os telamões continuaram a figurar no brasão da cidade. Muitas pedras foram retiradas das ruínas para construir o Porto Empédocle, entre 1749 e 1763. As ruínas foram examinadas e desenhadas "arqueologicamente", pela primeira vez, por C.R. Cockerell, *The Temple of Jupiter Olympius at Agrigentum*; ver J.J. Haus, *Saggio sul tempio e la statua di Giove in Olimpio e sul tempio dello stesso in Agrigento*. As pedras de duas figuras foram agrupadas por um antiquário local: ver R. Politi, *Il viaggiatore in Girgenti e il cicerone di piazza*, p. 38; D. Lo Faso Pietrasanta, Duca di Serradifalco, *Le Antichità della Sicilia*, v. 3, p. 52s.; e W. Wilkins, *The Antiquities of Magna Graecia*, p. 30s., lâminas 14s. O relato completo e a reconstrução se encontram em R. Koldewey e O. Puchstein, *Die Griechischen Tempel in Unteritalien und Sizilien*, v. 1, p. 153s., v. 2, lâminas 21s. O relato é criticado por W.B. Dinsmoor, *The Architecture of Ancient Greece*, p. 101s.; e A.W. Lawrence, *Greek Architecture*, p. 179s. Ver também P. Marconi, *Studi agrigentini*; e B. Pace, *Arte e Civiltà della Sicilia Antica*, v. 2, p. 191s.

O termo telamão é usado por Vitrúvio (VI.7.v e seguintes) para suportes com a forma masculina em jardins e salões de banquete, como uma alternativa aos *atlantes*. Porém, embora ele faça uma pequena observação sobre Atlas, não diz nada a respeito de Telamão, usualmente considerado o pai de Ájax e companheiro de Héracles em inúmeras aventuras, particularmente na luta com as amazonas. Ele tem sido identificado por alguns como o Atlas que carrega o mundo; os nomes aparecem agrupados como *Atlas-Telamão* em algumas inscrições posteriores.
56. Ver também Diodoro Sículo, XIII.82.i e seguintes. Apesar de não dizer absolutamente nada sobre os telamões, ele menciona as esculturas nos frontões.

A única cópia aproximada dessas estátuas é um Atlas helênico barbado, maior do que o tamanho natural, pertencente ao Museu de Reggio Calabria (em monte Scaglioso). Ver Eva M. Schmidt, *Geschichte der Karyatide*, p. 116.

57. Sobre a metáfora comum gigante/bárbaro, ver PW, s.v. "Gigantes"; *EAA*, s.v. "Gigantomachia"; e F. Vian, *La Guerre des géants*, p. 184s. Outros bárbaros eram os silenos curvados, que sustentavam o palco do teatro de Dioniso em Atenas – lá colocados, ao que tudo indica, pelo arconte Faidros (que manteve esse cargo intermitentemente, de 296 a 281); ou mesmo posteriormente, os tritões e os titãs do pórtico de Odeon na ágora ateniense (H.A. Thompson e R.E. Wycherley, *The Agora of Athens*, p. 113), que foram acrescentados quando a edificação foi reconstruída no arcontado de Dioniso, em meados do século II d.C., após o colapso do telhado. O edifício original foi encomendada por Marcus Agrippa depois do ano 15 a.C.; ele também apresentava uma série de hermas masculinas e femininas, das quais algumas cabeças danificadas restaram como parte da estrutura do palco. Porém estas, como os "escravos" no fórum de Trajano, foram feitas muito depois da morte de Vitrúvio.

58. Ver F.E. Winter, Tradition and Innovation in Doric Design, *AJA*, 80, p. 143s. No entanto, parece que um anteparo, com aproximadamente metade da altura das colunas, circundava o peristilo do templo F (templo de Atena?) em Selinunte, também na Sicília, um pouco anterior (ca. 540?): G. Fougères e J. Hulot, *Selimonte*, p. 246s.

59. Pausânias, I.26.v e seguintes; ver M. de G. Verrall e J.E. Harrison, *Mythology and Monuments of Ancient Athens*, p. 484s., 506s.; e C. Picard, *L. Acropole*, v. I, p. 30s. Kristian Jeppesen (*The Theory of the Alternative Erechtheion*, resumindo seus ensaios anteriores sobre o tema) considera plausível que o santuário de Atena Polias – o Antigo Templo – não era o Erecteion, mas uma edificação próxima, a assim chamada Casa das Arrhephoroi, perto da muralha norte.

60. Ver R. Demangel, *La Frise ionique*, p. 267s. Ao mesmo tempo, a cariátide, como o tipo de *korē* de maneira geral, parece ter tido uma origem oriental: ver B. Ridgway, *The Archaic Style in Greek Sculpture*, p. 113s., 203s. O sarcófago das carpideiras é o de n. 368 no Museu de Istambul; ele é de mármore pentélico, feito talvez por um artista sírio ático ou por um grego, em meados do século IV. Grande parte do monumento às Nereidas encontra-se no Museu Britânico. Mas, ver P. Coupel e P. Demargne, Le Monument des néréides; W.R. Lethaby, The Nereid Monument Reexamined, p. 208s.; e A.H. Smith, *A Catalogue of Sculpture in the Department of Greek and Roman Antiquities*, p. 1-46.

61. Porém os gramáticos do século II d.C. – o grego Diomedes, comentando as *Bucólicas* de Teócrito, e o latino Marcus Valerius Probus, comentando a *Ecl.* II.8 de Virgílio – ambos transmitem uma história diferente: aquela da fuga aterrorizada das donzelas-sacerdotisas por causa da guerra e sua substituição no banquete por rudes pastores. O fato de Probus chamar o canto camponês de *Astrabikon* introduz uma nova complicação; ver também M.P. Nilsson, *Griechische Feste von Religiöser Bedeutung*, p. 196s.

62. Ateneu, VI.241d, citando uma peça do comediante médio Alexis, que remontaria o comentário para cerca de 350 a.C.; embora talvez seja justo acrescentar que seu livro é quase como um comentário contínuo.

63. G.E. Mylonas, *Eleusis and the Eleusinian Mysteries*, p. 11, 158s. Uma das duas estátuas fragmentadas que restaram encontra-se no museu de Elêusis enquanto a outra, no Fitzwilliam Museu, em Cambridge (n. 81). A caixa decorada com relevos pode ter sido um recipiente com tampa de metal; ela não se encontra apoiada diretamente sobre o cabelo, mas em cima de uma almofada no topo da cabeça. Diferentemente das *korai* do Erecteion, parece que as mulheres eleusianas não apresentavam simetria.

Os aldeões do século XVIII, que hesitaram em liberar uma das estátuas, conheciam-na como Santa Demetra e acreditavam que ela garantia a fertilidade dos seus campos. Na Antiguidade, as estátuas eram populares como modelos: duas cariátides de Milasa, ricamente entalhadas e simétricas (sem cabeça, sem braços, provavelmente afixadas e não autoportantes) sustentando uma cesta ou uma caixa, encontram-se em Istambul (294, 294a; ver G. Mendel, *Catalogue des sculptures grecques, romaines et byzantines*, v. I, p. 281s.). Quatro *kanēphoroi* reduzidas e bastante restauradas, provenientes da vila de Herodes Ático, na Via Ápia, foram transformadas em um pórtico – do santuário de Diana de Éfeso – na Vila Albânia: Peter Bol, *Forschungen zur Villa Albani*, p. 90s.; n. 178-180. Outras duas (n. 224, 225) também estão na Vila Albânia, hoje Torlônia, e parecem ser cópias das eleusianas. Outras cariátides, mais ou menos incompletas e restauradas, encontram-se no Museu do Vaticano (Braccio Nuovo, n. 2270, 2296), no Museu Britânico (n. 1746), e assim por diante.

64. As cariátides do Panteón são conhecidas apenas a partir da descrição de Plínio (NH XXXVI. iv.38); ele as elogia efusivamente atribuindo-as ao, de outra forma desconhecido, escultor Diógenes de Atenas. Tendo em vista que aparentemente existiram em Roma moldes de gesso das cariátides do Erecteion – elas foram provavelmente a base daquelas do Fórum de Augusto e da Vila de Adriano – é tentador atribuí-las a esse obscuro escultor grego.

Os fragmentos das cariátides do Fórum de Augusto (encontradas nos anos de 1930) foram na verdade restaurados por Gismondi, com a ajuda de tais moldes de gesso: ver E.E. Schmidt, Die Kopien der Erechtheion Koren, *AntP*, 13, p. 7s. A inscrição "C(aius) VIB(ius) RUF(inus)" em um dos fragmentos da base tem sido considerada como a assinatura do artista. No Fórum de Augusto, as cariátides formavam, ao que tudo indica, um tipo de friso enorme, alternado com grandes escudos circulares. Schmidt elenca também outras três cópias completas (Florença, Mântua e Vaticano) e seis cabeças, assim como um registro de tais estátuas desaparecidas desde o século XVIII.

As quatro cariátides de mármore de Pária, da Vila de Adriano (encontradas em abril de 1952), ficavam ao lado do Canopus e eram cópias em tamanho natural daquelas do Erecteion, com equinos e ábacos. Elas eram ladeadas por dois silenos agachados, carregando cestas de frutas sobre as cabeças, o que fazia com que as seis estátuas tivessem o mesmo tamanho. Ver E.E. Schmidt, Die Kopien der Erechtheion Koren, *AntP*, 13, p. 19s.; e S. Aurigemma, *Villa Adriana*, p. 113s.

No entanto, um outro tipo de cariátide pode ser reconstruído apenas parcialmente. O Museu Nacional de Atenas dispõe de duas que parecem um par assimétrico: uma veste um longo himácio sobre um quitão (n. 1641) e a outra, um peplo muito comprido, enrolado como um sári (n. 1642). Eva M. Schmidt (*Geschichte der Karyatide*, p. 98s.) associa essas duas estátuas sem cabeça, mas com os dois braços, com uma cabeça de cariátide bastante danificada que se encontra no depósito do Museu Nacional; se ela estiver correta, então as duas *korai* da Vila Romana de Herodes Ático na Via Ápia (Braccio Nuovo do Vaticano n. 2270, BM n. 1746) são cópias desse tipo.

65. Tais cariátides, com uma cesta sustentada numa das mãos, possivelmente cópias arcaizantes de estátuas áticas, foram também encontradas em Tralles (G. Mendel, *Catalogue des sculptures grecques, romaines et byzantines*, Museu de Istambul n. 541, 1189; M. Collignon, (Sculptures grecques trouvées à Tralles, p. 5s.) e Cherchel (ou Iol-Cesareia) na Argélia (n. 103); ver C.C. Vermeule, *Greek Sculpture and Roman Tast*, p. 25, 34n; e S. Gsell, *Cherchel* , p. 70, 91.

66. As joias e a expressão das mãos seguem as cópias romanas, visto que todas as estátuas atenienses perderam ambas as mãos. O que exatamente as cariátides carregavam sobre suas cabeças é mais do que um problema. Certamente alguns dos sátiros (do teatro de Pompeia no Museu Capitoline, n. 5.23 ou aqueles da Vila de Adriano) carregam cestas. Parece que as cariátides de Delfos carregavam caixas cilíndricas, enquanto aquelas de Istambul e da Via Ápia, levavam vasos. Mas são tantas as cerimônias gregas que envolviam carregar cestas ou caixas de oferenda sobre a cabeça que tal referência viria à mente com muita naturalidade. Ver J. Schelp, *Das Kanoun*, p. 15s.

67. Para um relato geral sobre as figuras e a sua localização, ver G.P. Stevens et al., *The Erechtheion*, p. 111s., 232s. C. Picard (*L. Acropole*, p. 30s.) faz uma conexão entre o pórtico e o monumento e o culto a Cécrope, enquanto a perspectiva de J.A. Bundgaard (*The Parthenon and the Mycenaean City on the Heights*) de que o pórtico tenha sido construído como um suporte para alguns dos ramos da venerável e enorme oliveira sagrada que crescia do lado de fora (e talvez também dentro) do templo, tem algum valor; porém nenhuma das sugestões explica o caráter especial desse pórtico. Ver mais recentemente H. Lauter (Die Koren des Erechtheion, *AntP*, 16) para um levantamento das esculturas.

68. O príncipe da Lícia recebeu seu nome do pai, um admirador do governante ateniense. Péricles de Limira, possivelmente o último governante da dinastia de Lícia, era um emulador de todas as coisas gregas e inimigo dos persas: ver Borchhardt (Limyra, *Ist. For.*, 17; Die Bauskulptur des Heroons von Limyra, *Ist. For.*, 32) e J. Zahle, Lykische Felsgräber mit Reliefs aus dem 4. Jahrhundert, *JDAI*, 94; ver também W.A.P. Childs, Lycian Relations with Persians and Greeks in the Fifth and Fourth Centuries Re-examined, *AnSt*, 31, p. 73s. O *heroon* de Limira foi descoberto em 1966.

69. As figuras do Erecteion já estavam no local (mesmo que ainda não sob um teto), de acordo com o relato da construção de 408/9 a.C. inscrito em lajes

de mármore (*IG* I³. 474; tradução de G.P. Stevens e J.M. Paton em Stevens et al., *The Erechtheion*, p. 290).

A hipótese de que as cariátides de Delfos sejam na verdade muito posteriores ao que se supunha (o tesouro de Cnidos é geralmente datado entre 550-545 a.C. e o de Sifos, por volta de 525 a.C.) foi aventada por E.D. Francis e M. Vickers (Signa Priscae Artis, p. 48s.) que não só quiseram atualizar as informações relativas às esculturas, mas atribuir os dois tesouros a cidades anônimas. Nunca ficou bem claro qual das cariátides pertence ao edifício de Sifno e qual delas àquele de Cnidos. Ver C. Picard e O. Frotier de la Coste Messelière, Art archaique, *FD*, 2, fasc. 2; e P. Frotier de la Coste Messelière, *Delphes*, p. 321s.

Se devemos acreditar em Pausânias, a pequena cidade de Selásia, vizinha de Cária, foi destruída pelos aqueus e seus habitantes escravizados depois da derrota de Cleómenes de Esparta em 222. Talvez Vitrúvio tenha também incorporado essa história em sua lenda.

70. Sobre as *korai* enterradas, ver P. Kavvadias e G. Kawerau, *Anakaphaitis Akropoleos*, p. 23s. Os desenhos foram republicados por J.A. Bundgaard, *The Excavations of the Athenian Acropolis*; ver também A. Boetticher (*Die Akropolis von Athen*, p. 78s.) e da mesma forma G. Dickins e S.M. Casson, Catalogue of the Archaic Sculptures in the Acropolis Museum, v. 1, p. 5s., 30s. A maioria das figuras que sobreviveram encontram-se no Museu da Ácropole (n. 582-696); algumas dessas figuras podem efetivamente ter sido apresentadas carregando uma cesta sobre a cabeça. A respeito do tipo *korè* em geral, ver L.A. Schneider, *Zur Sozialen Bedeutung der Archaischen Korenstatuen*, p. 31s.

71. W.H. Plommer (Shadowy Megara) sugere, fundado na inscrição citada por G.P. Stevens e J.M. Paton (ver supra, nota 69) que elas não eram chamadas de "cariátides" na Antiguidade. Acerca do contexto político, ver G.L. Huxley, The Medism of Caryae, *GR&BS*, 8, p. 29s.; ver também H. Lauter, Die Koren der Erechtheion, *AntP*, 16, p. 40s.; e M. Vickers, 1985, p. 3s.

72. Pausânias, 1.27.iii (*Description of Greece*, v. 1, p. 40; v. 2, p. 344s.) refere que seriam mantidas pelo Estado e substituídas depois da apresentação anual do seu rito. Existe um determinado número de cópias das estátuas em Istambul (Museu Arqueológico, de Tralles), Cherchel, Mântua, Leningrado e Viena. Uma réplica das cariátides de Atenas estava na Vila de Adriano, em Tívoli, encontram-se agora no Museu Metropolitano, Nova York (*Bull. of Metropolitan Museum*, 1963, 116os.); ver M. Robertson, *A History of Greek Art*, v. 1, p. 347. Seja como for, o tipo do devoto, ou devota, que leva a sua oblação em uma cesta firmada sobre a cabeça pela própria mão, enquanto a outra carrega um jarro ou um prato com a oferenda, já era muito antigo; ver C.H.W. Johns, *Ur-Enqur*.

Cariátides agrupadas, com seus cotovelos em cada lado da cabeça, seus braços dobrados para sustentar a viga sobre o pescoço e braços, são quatro "ménades" danificadas, em tamanho natural e peito nu, pertencentes aos museus de Taranto e Lecce, originárias de uma tumba perto de Vaste; melhor preservadas e do mesmo tipo são as duas figuras em miniatura (menores que 50 cm), em pedra calcária, do Musée de l'Art et de l'Histoire, em Genebra. No monte Iato na Sicília, foram encontradas duas figuras masculinas e duas femininas, um pouco maiores do que o tamanho natural, que de maneira alternada sustentam a cornija nos antebraços e na cabeça. As femininas exibem longos hábitos e as masculinas, barbas, guirlandas e peças de couro. Eles foram entendidos como ménades e sátiros, uma oportuna associação com Baco no caso de um teatro. Ver H. Bloesch e H.P. Isler (eds.), *Studia Ietina*, v. 1, p. 15s.

73. A respeito do culto, ver L. Preller, *Griechische Mythologie*, p. 234, 236, 2n; e M.P. Nilsson, *Geschichte der Griechischen Religion*, v. 1, p. 161, 486, 491. Ver W. Burkert (*Anthropologie des religiösen Opfers*, v. 8) sobre o culto (p. 128, 222) e sobre Dioniso (que apadrinhou Cária, a ninfa da nogueira – em Cária, p. 320, 326); ver também S. Wide, *Lakonische Kulte*, p. 102s., 108. Havia também um culto à Ártemis Cariátide, relacionado com a aldeia e a dança, conhecido por Sérvio (ad *Ecl.* VIII. 29) e Estácio (Theb. IV. 225). De acordo com Ateneu (x.392s.), Pratinas escreveu uma peça chamada *Karuatides*, da qual apenas o título restou. As danças também são mencionadas por Pausânias (III.10.vii e IV.16.ix) e Luciano (*Salt*. 10). Plínio, o Velho, usava a palavra como sinônimo de *thyas* (NH XXXVI.iv.23). Hesíquio e Fócio (s.vv.) denominaram o banquete da deusa *Karyteia*.

74. Para uma discussão detalhada dessas figuras, ver C. Picard e P. Frotier de la Coste Messelière, Art archaique, *FD*, 2, fasc. 2, p. 1s., 57s. Sobre o friso, ver R. Demangel, *La Frise ionique*, p. 260s. Vitrúvio que, em outra passagem, insiste na diferença entre os frisos dóricos com seus mútulos e os jônicos com seus denticulos, aqui curiosamente declara que o arquiteto deveria *insuper mutulos at coronas conloca(re)* (1.1.v). Que essa arquitrave acentuadamente jônica fosse descrita nesses termos dóricos se deve – assim como sugeriu Roy W. Lewis (Philadelphia, 1992, datilografado) – à descrição de Vitrúvio da situação das cariátides no Fórum de Augusto, onde elas quase que formam um gigantesco friso dórico.

Uma das características curiosas e inexplicáveis das cariátides é que a estrutura do capitel – um equino circular curvo sustentando um ábaco quadrado – é mais dórica do que jônica, embora os elaborados penteados, os vestidos artisticamente preguedos e as sandálias sejam características incorporadas por Vitrúvio em sua coluna jônica.

75. O costume é comum entre os construtores de megalitos do sul e oeste da Europa. Pedras desse tipo aparecem na Ibéria (Folha da Baradas, Casainhos, Moncarapacho); na França-Britânia (Locmariacquer, Carnac); nas tumbas do Vale do Marne, na Provença (um grupo em Orgon-Sénas); e no sudoeste da Rússia. Eles foram curiosamente "teologizados" por O.G.S. Crawford, *The Eye Goddess*; ver também H. Müller-Karpe, *Handbuch der Vorgeschichte*, v. 2.1, p. 287s., 548s., 592s., 763s.; assim como S. Piggott, *Ancient Europe from the Beginnings of Agriculture to Classical Antiquity*, p. 59s.; e G. Clark, *World Prehistory*, p. 125s.

76. Aparentemente, R. Fréart de Chambray teve alguma percepção disso em sua condenação um tanto generalizada dos suportes figurados. (*Parallèle de l'architecture antique et de la moderne*, p. 39).

VI: A REGRA E A CANÇÃO

1. Várias fontes sustentaram que havia cerca de setenta ou mais de cem desses filhos. Várias tribos reivindicaram a sua descendência; a *Ilíada* descreve os heráclidas em Tirinto, em Rodes e em Cos, ainda que esse fosse também o nome de um clã espartano. O material foi reunido por L. Preller, *Griechische Mythologie*, v. 2, p. 648s; e N.G.L. Hammond, *CAH*, v. 2.2, p. 678s. Sobre a identidade dos dórios e dos heráclidas, ver A. Jardé, *La Formation du peuple grec*, p. 127s. A história da invasão – do nordeste mais do que do noroeste, como preferem os arqueólogos modernos – foi narrada por Heródoto (1.56s.). Sobre as evidências arqueológicas, ver A.M. Snodgrass (*The Dark Age of Greece*), para quem estas últimas não justificam o relato de uma invasão externa. Ver também V.R.d'A. Desborough, *CAH*, v. 2.2, p. 686s.; e O. Murray, *Early Greece*, p. 17s., 170s. Sobre o uso político da mitologia dórico-heraclidiana, ver A.M. Snodgrass, *Archaic Greece*, p. 115s. Sobre o papel dos heráclidas nos cultos dos heróis gregos, ver L.R. Farnell, *Greek Hero Cults and Ideas of Immortality*, p. 109s.

   O mais famoso dos heráclidas, o "nobre e importante" Tlepolemo, que se estabelecera em Rodes e liderou as tropas de Rodes em Troia, foi morto pelo príncipe da Lícia, Sarpédon (Hom. *Il*. v.628s.).

2. Tuc. 1.12 (trad. Thomas Hobbes). A data foi calculada por Apolodoro de Atenas, no século II, em cerca de oitenta anos depois da Guerra de Troia e 329 anos antes da primeira Olimpíada (i.e., 1104); ver R.H. Drews, *The Coming of the Greeks*, p. 204s. Drews discute ainda as diversas teorias do século XX sobre a invasão dórica e o retorno dos heráclidas.

3. Sobre os dialetos da Grécia antiga, ver C.D. Buck, *Introduction to the Study of the Greek Dialects*, p. 12s; A. Thumb, *Handbuch der Griechischen Dialekte*, v. 1, p. 70s.; e J. Chadwick *CAH*, v. 2.2, p. 805s., esp. p. 811s.

   O nome *doriei* é geralmente relacionado, pelos modernos lexicógrafos, a *doru*, "árvore" (principalmente o carvalho), "madeira de navio", "haste", "mastro", "lança". De modo geral, os antigos gostavam de derivar o nome de seu herói epônimo.

4. As várias questões referentes às origens dóricas eram inextricavelmente confundidas pela propaganda da guerra do Peloponeso. Uma visão radicalmente cética da "etnicidade" das nações foi assumida por E. Will, em *Dories et ioniens*; ver, contudo, J. Alty, Dorians and Ionians, *JHS*, 102, p. 1s. No período helenístico, a fronteira jônico-dórica foi supostamente estabelecida por Teseu (o Hércules jônico?; Plut. *V. Tes*. 27) ao passo que os primeiros relatos foram resumidos por Tucídides (1.3s.) e sobreviveram nas histórias de heróis epônimos das inúmeras cidades e tribos. Muitos deles concordam que Heleno ou Hélen, ancestral epônimo dos helenos, teve três

filhos, Doro, Éolo e Xuto. Xuto, por sua vez, teve dois filhos, Aqueu e Íon, que são os pais-heróis das quatro nações gregas. Os helenos figuram no catálogo das embarcações: Hom. *Il.* II.684 (assim como o termo *Panhellenas*, "de todos os gregos": II.530). Os helenos abrem a *História* de Tucídides (I.I). Heleno era conhecido de Hesíodo (frr. I, 4), porém o culto, ainda que registrado, não era muito importante; ver A. Brelich, *Gli eroi greci*, p. 144s. A genealogia hipotética é fornecida por C. Kerenyi (*The Heroes of the Greeks*, quadro C), mas a dificuldade de alcançar genealogias consistentes para os heróis é conhecida. Uma variante (seguida por Vitrúvio) é dada por Eurípides (*Íon* 1575s.).

O mito racial dos dórico-heráclidas loiros vindos do norte conquistando os "aqueanos" de cabelos escuros e pele cor de oliva foi praticamente criado por C.O. Müller (*Geschichte Hellenischer Stämme und Städte*) com o sentido de uma missão elevada, até mesmo sagrada (v. 2, p. v, ix e seguintes). Os dóricos mitológicos de Müller eram praticamente monoteístas, visto que adoravam somente Apolo (o culto de Apolo recebe 327 páginas, todos os outros deuses e Héracles apenas 117 páginas) com ritos sem sangue e produziram a filosofia pitagórica "superior" (v. 2, p. 47s., 250s.; v. 3, p. 382s.). Ele discute a perspectiva altamente idealizada que os dóricos tinham de si mesmos (v. 2, p. 392s) e a chegada do culto de Apolo entre os hiperbóreos do norte (v. 2, p. 275s.). Mais tarde, Müller condensou a sua visão dos dóricos (1852, p. 19s., 25s.). Ele foi um dos últimos expoentes do conceito de civilização grega atacado por Nietzsche em *O Nascimento da Tragédia*. Contudo, parece que a curiosa imagem dos dóricos traçada por Müller foi mantida pelos filósofos no século XX, segundo os quais a língua alemã tinha o privilégio único enquanto veículo para a tradução do grego. Sobre o contexto e as implicações do "dorianismo-prussiano" de Müller, ver A. Momigliano, *Sesto contributo alla storia degli studi classici e del mondo antico*, p. 48s; uma descrição mais direta e detalhada, senão mais colorida, da questão é encontrada em M. Bernal, *Black Athena*, v. 1, 308s.; 329s.; v. 2, p. 177.

O fato dos espartanos estarem especialmente associados à representação típica do *kouros* da nudez masculina é testemunhada por vários autores; a nudez conformava-se bastante bem com a sua autoimagem. Tucídides (1.6) relata que os espartanos foram os primeiros a demonstrá-la. A própria palavra *gumnasion* é obviamente derivada de *gumnos*, "nu", e sugere homossexualidade – ou pederastia – assim como exercícios. Ver S.L. Glass, The Greek Gymnasium, em J. Raschke (ed.) (*The Archaeology of the Olympics*, p. 158s.), que também reuniu os textos adequados. As jovens espartanas também se exercitavam nuas, ou quase, o que levou a acusações a respeito de seus baixos padrões morais e inconstância (Helena era, afinal, a rainha de Esparta); a esse respeito, ver T.F. Scanlon, Virgineum Gymnasium, em Raschke (idem, p. 189s.). Contudo, mesmo em Esparta, a nudez esportiva era limitada às virgens e considerada um ritual nupcial. Fora de Esparta, jovens parcialmente nuas ("em trajes de amazonas": supostamente com um seio à mostra) corriam em Brauron e no festival dedicado a Hera em Olímpia (Paus. V.16.ii e seguintes). Fora isso, a nudez feminina era tão rara na vida grega como o era na arte. Como em outras questões, os escritores gregos contraditoriamente exaltam a virtude e a fidelidade das mulheres espartanas e racionalizaram o adultério ali praticado em "prol de crianças saudáveis"; E.N. Tigerstedt *The Legend of Sparta in Classical Antiquity*, v. 1, p. 166s.; v. 2, p. 21s., 234.

Pausânias (I.44.i) afirma ter visto a tumba de Orsipos, cujo epitáfio alegava que ele fora o primeiro (em 720) a disputar nu a corrida olímpica em Mégara; mas a tradição espartana parece mais antiga (Tuc. I.6; Dion. Hal. VII.72 atribui um certo Acanto de Esparta o mesmo feito na 15ª Olimpíada, aquela vencida por Orsipo). Sobre a nudez ritual dos *kouros* e os jogos, ver J. Drees (*Der Ursprung der Olympischen Spiele*, p. 126s.) e F.M. Cornford (*Plato's Theory of Knowledge*), que relaciona o costume de correr nu à lenda dos *kouroi* cretenses – sobre a qual ver com mais detalhes H. Jeanmaire (*Couroi et courètes*, p. 413s.). Para as principais evidências literárias em PW; s.v. "Sparta" (II.3.ii, esp. 1373s.).

5. Foi Héracles quem deu início aos jogos olímpicos nos tempos heroicos (Pind. *Ol.* II, x), seja como comemoração do herói, Pélops (que deu o nome ao Peloponeso e cujo *heroon* era um túmulo entre os templos de Hera e de Zeus; segundo K. Meuli, *Gesammelte Schriften*, v. I, p. 881s.), ou como um festival do deus máximo de Olímpia (L. Weniger, Das Hochfest des Zeus in Olympia, *Klio*, 4) – que, poderia efetivamente ter Pélops como seu avatar (L. Drees, op. cit., p. 30s.). Na verdade, Drees entende a substituição do Zeus celestial por Pélops, o rei da fertilidade, *pharmakos*, em termos da aquisição do culto pré-helênico à fertilidade por parte do festival dórico nórdico ao deus-céu. Estudos recentes tenderam a refutar a Antiguidade pré-helênica do monumento a Pélops e a tradição dos jogos no sítio olímpico antes do século VIII, ver C. Renfrew e A. Mallwitz em W.J. Raschke, *The Archaeology of the Olympics*, p. 13s, 81s. Contudo, as esculturas no frontão oriental do grande templo de Zeus mostravam a corrida entre Pélops e Enômao; e, de fato, alguns arqueólogos reivindicaram a data no período helládico inicial (II: antes de 2100) sob o monumento a Pélops. Assim, BSA *Arch. Rep.* 36 (1989-1990, p. 30); 37 (1990-1991, p. 31).

Os jogos do calendário foram reinstituídos, em 884, pelo rei Ífito de Élide a conselho do oráculo de Delfos. Eles foram retomados em 776, V. Vanoyeke, *La Naissance des jeux olympiques et le sport dans l'Antiquité*, p. 72s.; Paus. (V.4.v e seguintes, V8.v e seguintes). O prêmio original das corridas era uma maçã, até que Apolo de Delfos ordenou a coroação com ramos de oliveira silvestre, o que passou a ser praticado a partir da sétima Olimpíada (F. de Tralles, em FHG, v. 257, fr. 1.2). As oliveiras silvestres de Olímpia descendiam supostamente daquelas que os hiperbóreos deram a Héracles, as quais ele havia plantado na Élide (Pind. *Ol.* III.11-35). Nos demais jogos pan-helênicos, as coroas eram de louros (Delfos), sendo que uma folha de palmeira e uma maçã eram por vezes também ofertadas ao vencedor; de pinheiro (Istmo); e de aipo ou salsa (*salsa silvestre*, em Nemeia). Ver J. Fontenrose em Raschke, *The Archaeology of the Olympics*, p. 136s.

6. Sobre a formação das pólis e a população estimada na Grécia dos séculos VIII e VI, ver A.M. Snodgrass, *Archaic Greece*, p. 21s.; e CAH v. 3.3, p. 286s.

Sobre o acréscimo romano de uma base à ordem dórica, e a ordem dórico-romana em geral, ver ainda W.J. Anderson et al., *The Architecture of Ancient Rome*, p. 43s.; D.S. Robertson, *A Handbook of Greek and Roman Architecture*, p. 207s.; e G. von Kaschnitz-Weinberg, *Römische Kunst*, v. 1, p. 43s.; v. 3, p. 74s. Ver também G. Worsley The Baseless Doric Column in Mid-Eighteenth-Century English Architecture, *Burlington Magazine*, p. 331s.

7. A.W. Lawrence, *Greek Architecture*, p. 239s, 337s; W.B. Dinsmoor, *The Architecture of Ancient Greece*, p. 117s.

8. Sobre a variedade dos santuários pré-helênicos, ver sobretudo B. Rutkowski, *The Cult Places of the Aegean*; de modo mais geral, ver J. Chadwick, *The Mycenaean World*, p. 141s.; F. Schachermeyr, *Die Ägäische Frühzeit*, p. 99s.; *Minoische Kultur des Alten Kreta*, p. 158s.; E. Vermeule, *Greece in the Bronze Age*, p. 282s.; C.G. Starr, *The Origins of Greek Civilization*, p. 172s.; T.B.L. Webster, *From Mycenae to Homer*, p. 106s., 139s., 212; H.L. Lorimer, *Homer and the Monuments*, p. 439s.; M.P. Nilsson, *The Minoan-Mycenaean Religion and Its Survival in Greek Religion*, p. 77s., 110s., 117s.; e H.R. Hall, *Aegean Archeology*, p. 145s. Sobre a implantação dos templos gregos no interior e nos limites da cidade, em uma situação "suburbana"; ou para além desses limites em território desabitado, como um santuário isolado, ver F. de Polignac, *La Naissance de la cité grecque*, p. 30s.

9. Vitr. IV.I.v. Os gramáticos do final do século XVI procuraram até mesmo derivar o latim *fanum* do grego *naos* (acusativo, *naon*, transposto para *anon*, com som áspero…). Contudo, a maioria dos estudiosos do momento relaciona a palavra ao ainda confuso *fas* ("de acordo com a lei divina". "afortunado", "moralmente correto": *ius ac fas* significa "correto de acordo com a lei moral e civil"), que se relaciona a outras línguas itálicas: (*fasnom* em latim antigo, *fesna* em úmbrico, *fiisma* em osco. Ver G. Devoto, *Tabulae Iguvinae*, v. 1, p. 359s.; E. Benveniste, *Le Vocabulaire des institutions indo-européennes*, v. 2, p. 134s. Esses autores ainda relacionam *fas* com *fascia*, "um feixe"; também *fascinus*, "um charme fálico", "um encantamento". Contudo, (por meio de *fanum*), a palavra resultante é *fanaticus*, "um servo do templo" – uma palavra cujo sentido foi completamente modificado.

Sobre *templum* e *têmeno*, ver J. Rykwert, *The Idea of a Town*, p. 45s. De certa forma, *fanum* é quase a melhor tradução para *fetiche* em seu sentido mais antigo; a esse respeito, ver W. Pietz, The Problem of the Fetish, RES, 9,13,16,17, n. 16, p. 105-124.

10. Os seus restos putrefatos foram posteriormente trazidos para ser usados na confecção de imagens de sorte, em forma de leitão, que eram enterradas nos campos para atrair fertilidade. Sobre as duas palavras e o uso ritual desses poços, ver K. Clinton, Sacrifice in the Eleusinian Mysteries, em R. Hägg et al. (eds.), *Early Greek Cult Practice*, p. 72s.; W. Burkert, *I Greci*, p. 350s.; H. Jeanmaire, *Couroi et courètes*, p. 266s., 305s.; e J.E. Harrison, *Prolegomena to the Study of Greek Religion*, p. 120s. As principais fontes antigas são Xen. *Hel.* V.2.xxix; Plut. *Quaest. Gr.* 31.; Luc. *Dial. Het.* II.1 (e *scholia*;

isto foi publicado pela primeira vez por E. Rohde, Unedirte Lucianscholien, die attischen Thesmophorien und Haloen betreffend, *RhM* n.f., 25, p. 548s., tornando-se fundamental para a interpretação dos outros textos); Aten. VII.37s.; Clem. Alex. *Protr.* II.

11. Hes. *Theog.* 534s. (ed. R. Merkelbach e M.L. West, 1966, p. 131s., 316s.), a passagem criticada por Luciano em seu *Prom.* 3; embora Ésquilo faça disso uma das regras religiosas gerais de Prometeu (*Prom. Vinc.* 496s.). De fato, depois do sacrifício, os ossos queimados nesse altar eram aqueles do fêmur (*mera,* sobre o qual ver abaixo, p. minha 12), pelve e rabo, que eram recompostos na pedra do altar assim como eram no animal antes de ser queimado. Supunha-se que o pacto tivesse tido lugar durante uma assembleia de homens e deuses em "Mécon", o lugar das papoulas – um dos nomes antigos, pelo que se sabe (Str. VIII.7.xxv; Steph. Biz., s.v. "Sikyon"), de Sícion, ou talvez um lugar próximo a esse. Por esse engodo, bem como pelo mais famoso furto do fogo (Hes. *Op. D.* 45s.), Prometeu foi acorrentado ao rochedo. Ver M.P. Nilsson, *Geschichte der Griechischen Religion,* v. 1, p. 27s., 143; e W. Burkert, *Anthropologie des religiösen Opfers,* v. 2, p. 252s., 190s.; isso condensa a sua declaração anterior (*Homo Necans,* p. 10s., 42.4). Uma crítica detalhada aparece em G.S. Kirk, *Some Methodological Pitfalls in the Study of Ancient Greek Sacrifice.*

Sobre o lugar do sacrifício no mitologema, ver C. Kerenyi, *Prometheus,* p. 42s.; ver G.S. Kirk (*The Nature of Greek Myths,* p. 137s.) para uma interpretação positiva do mito. M. Detienne e J.-P. Vernant (*La Cuisine du sacrifice en pays grec,* p. 15s., 37s.) fazem uma análise profunda dessa passagem e das práticas rituais que ela garante, além de explicarem o ritual detalhado do abate pelo qual o animal era esquartejado (p. 23s., 154s.). Ver também L.M. Nield, *The Superstructure of the Greek Doric Temple,* M. Litt. diss., p. 160s. Ainda que a noção de sacrifício conforme definida por H. Hubert e M. Mauss (*Essai sur la nature et la fonction du sacrifice,* em M. Mauss, *Oeuvres,* v. 1, p. 193s.), o fenômeno foi bastante discutido recentemente, ver R.G. Hamerton-Kelly (ed.) *Violent Origins,* passim. Sobre a simetria das duas traições e a percepção de Zeus, ver H. Lloyd-Jones, *The Justice of Zeus,* p. 33s., 82.

12. Prometeu e Hefesto são por vezes assimilados um ao outro. Contudo, Prometeu (premeditação) também tinha um irmão, Epimeteu (repensamento), quem, de fato, de acordo com Platão (*Prat.* 320d e seguintes), perdeu atributos valiosos quando fez o homem – daí o problema.

Os poetas o chamaram *ho purpharos theos, titan Prametheus:* "o deus portador da tocha, Prometeu, o titã" (Sof. *Édipo, Col.* 55s.). A sua linhagem é muito complicada e as lendas sobre ele (assim como foram reunidas por Ludwig Preller) eram muito confusas. Como o portador do fogo, ele também figura – ao lado de Hefesto – como uma das divindades que ensinaram as artes aos humanos, conforme Plínio ainda testemunha (*NH* VII. lvi.199, 209).

13. O sarcófago de Hagia Triada (Archeological Museum, Heraklion) parece mostrar a adoração de uma estátua de culto ou, ao menos, um tipo de herma diante de um edifício e não no seu interior. Uma leitura muito explícita nesse sentido encontra-se em B. Rutkowski, op. cit., p. 101s. Sobre a origem da estátua de culto, ver supra, este capítulo e Cap. VII. Ver também M. Robertson, *A History of Greek Art,* v. 1, p. 11, 35s.; e H.L. Lorimer, op. cit., p. 442s.

T.B.L. Webster entende os templos homéricos como ficções "modernas" inventadas para aquelas cenas particulares (op. cit., p. 221); ainda que, em outra parte da obra (p. 242), ele aluda ao rito do *supplicatio* ali praticado como "muito antigo e… conhecido apenas pelos poetas micênicos" (ver também p. 212). A palavra *nuos* ou *naos* ocorre várias vezes nos épicos homéricos: na própria Ílion [Troia] (*Il.* VI.269, 297s.), a rainha Hécuba oferece uma veste a Palas, ou melhor, a Paládio, em um templo servido por Teano, a única sacerdotisa troiana mencionada na história. A oferenda de uma veste é uma prática de culto suficientemente comum na Grécia – testemunham as panateneias. Críses, o sacerdote, (*Il,* I.35s) lembra ao deus em suas preces que ele *erepsa* o templo: isso costuma ser traduzido como "colocar telhado", ainda que *erepsei, erefsei,* possam significar mais especificamente, "cobrir com palha"; segundo H.L. Lorimer, op. cit., p. 441 1n. Se Críses pretendia dizer que ele próprio cobriu o templo, ele poderia estar fazendo referência ao contrário de um templo permanente, à alguma cabana temporária, como aquela construída para o *septentrion* de Delfos; sobre a qual ver Plut. *De Def. Or.* 15 e *Quaest. Gr.* 12; Str. IX.422. Em *Od.* VIII.80s., Agamêmnon consultou o oráculo sobre o fim da guerra. A soleira de pedra ou a varanda representa no poema o templo todo, que também é mencionado em *Il.* IX.404s. Um templo também é dedicado a Apolo pela tripulação de Ulisses antes de matarem os seus rebanhos em *Od.* XII.346, porém como o deus já havia feito a sua própria vingança, o voto foi rompido e o templo não foi construído. Dizia-se que o fundador da Feácia construiu templos como parte de sua primeira fundação (*Od.* VI.5s). Sobre as implicações de todos esses textos, ver G.S. Kirk, *The Songs of Homer,* p. 185s.

14. J. Chadwick, *The Decipherment of Linear,* p. 114. Os deuses citados também possuíam terra, ainda que não seja muito claro por meio de quem eles a obtinham. Ver também A.J.B. Wace e F.H. Stubbings, *A Companion to Homer,* p. 454s.; e T.B.L. Webster, op. cit., p. 105s.

15. Sobre a etimologia de *wanax, wanass* e *basileus,* ver E. Benveniste, op. cit., v. 2, p. 23s.; e R.H. Drews, *Basileus.* Drews inicia (p. 3s.; ver também p. 108s.) com um relatório crítico da tese de J. Andreev (Könige und Königsherrschaft in den Epen Homers, *Klio,* 61, p. 361s.) segundo a qual o *basileus* era um chefe de povoado, que se tornou membro da aristocracia quando o seu povoado foi absorvido pela pólis como resultado do sinecismo do século VIII. Como observa Drews (p. 101s.), o plural de *anax, anaktes,* é praticamente desconhecido do épico, ao passo que o plural, *basileis,* é comum.

16. É bem provável que o nome *Nestor* não fosse pessoal, mas também cobrisse uma função real. Ver D. Frame, *The Myth of Return in Early Greek Epic,* p. 81s.

17. Her. VIII.137s.; Apol. II.8.ii e seguintes; Diod. Sic. IV.58.i. Os heráclidas da Lídia, a segunda dinastia, descendem do Héracles assírio e hitita, Sandos ou Sandon, ver M.C. Astour, *Hellenosemitica,* p. 65s. É notável que o seu "bastão de comando" militar seja o machado de borda dupla que Hércles tomou da amazona Hipólita e ofertou a Ônfale. Ver N. de Damasco, FHG, v. 3, p. 382s.; Plut. *Quaest. Gr.* 45; e G. Radet, *La Lydie et le monde grec au temps des mermnades,* p. 64s.

18. O arconte principal era o epônimo, que dava o seu nome (como acontecia com o cônsul em Roma) ao ano; o arconte *basileus* era o segundo. W. Burkert (*Homo Necans,* p. 94; embora ver p. 387) sugere que as tarefas sacerdotais do reinado não passariam ao oficial de Estado mesmo que este último portasse o título de *basileus* (a sua esposa era conhecida como *basilissa*), que essas tarefas estavam vinculadas sobretudo ao novo culto de Dioniso, ao contrário de Atena Polias e ao Erecteu. No entanto, esse argumento parece ter ido fundamento a uma interpretação limitada de seus deveres; sobre esse tema, ver também A. Mommsen, *Feste der Stadt Athen im Altertum,* p. 103s., 218s., 379, 399. Sobre a antiga relação entre *basileus* e *monarchos,* ver R.H. Drews, *Basileus,* p. 114s.

19. Sobre o *wanax* e o seu têmeno, ver A.J.B. Wace e F.H. Stubbings, op. cit., p. 454s.; sobre a divindade do reinado, ver A.M. Hocart, *Kingship,* p. 9s.; e J.G. Frazer, *The Golden Bough,* v. 4, 190s. Sobre os reis divinos do Egito e da Mesopotâmia ver H. Frankfort, *Kingship and the Gods,* sobretudo sobre o seu culto (p. 291s.). É sabido que muitos reis alcançavam uma condição heroica e, portanto, quase divina: ver A. Brelich, op. cit., p. 83, 178, sobre o rei-herói; p. 99s., 315s., sobre o culto do herói vivo.

20. Essa personagem aparece em Homero como um príncipe lício que lutou com os troianos; ele matou Tlepolemo e foi, por sua vez, morto por Pátroclo (*Il.* II.876s., v.479, XII.292, XVI.419s.). Por vezes, ele é dado como filho de Laodamia, filha de Belerofonte, ou irmão de Minos e Radamanto e, portanto, filho de Europa e Zeus, o Touro, que fugiu para a Lícia depois da discussão entre os irmãos (Apol. III.1.ii; Appian *Bel. Civ.* IV.78; Her. I.173). Ver PW, s.v.; também A.B. Cook, *Zeus,* v. 1, 464s.; E. Rohde, *Psyche,* p. 151s. Ele também foi cultuado como uma divindade oracular, sendo que o nome *Zrppdoni* comparece em uma inscrição em Xanto.

21. Ver PW, s.v. "Minotauros". O costume de usar máscaras de animais, ainda que incomum no palco grego ou romano, era muito comum nas cerimônias religiosas egípcias. A figura mutante, meio-animal, meio-homem, não tem uma relação determinável com a figura mascarada. Por outro lado, a relação entre o portador da máscara e a máscara foi discutida por R. Merz, *Die Numinose Mischgestalt,* p. 60s., 83, 266s.; e E. Canetti, *Masse und Macht,* p. 428s. Ver também R.L. Grimes, *Research in Ritual Studies,* p. 75s.; A.D. Napier, op. cit., p. 204s.; e M. Eliade *Shamanism,* p. 93s., 165s. Sobre as máscaras rituais egípcias, ver E. Otto, *Das Verhältnis von Rite und Mythus im Aegyptischen Altertum,* p. 22s.; sobre a persistência do uso egípcio da máscara no mundo clássico, ver R.E. Witt, *Isis in the Graeco-Roman World,* p. 97s., 208. Sobre a máscara no ritual grego, sobretudo no ritual dionisíaco, ver A.D. Napier, op. cit., p. 50s.; H. Jeanmaire, *Dionysos,* p. 11s. Sobre

a representação da górgona por meio de uma máscara, ver A.D. Napier, op. cit., p. 92s., 168s.; E.A.S. Burrerworth, *Some Traces of the Pre-Olympian World in Greek Literature and Myth*, p. 60, 151s., 163s. De modo mais geral, ver M. Bieber, *The History of the Greek and Roman Theater*, p. 22s. e passim; PW, s.v. "Maske".

As conexões egípcias dos minoicos são bem conhecidas: enviados cretenses portando produtos minoicos aparecem na pintura egípcia a partir da oitava dinastia; escaravelhos egípcios de um período ainda mais anterior foram encontrados em Creta. Sem dúvida, os cretenses estavam familiarizados com os egípcios, provavelmente como *Keftiu* e, de alguma forma, eram relacionados com o "povo do mar": sobre isso, ver H.R. Hall, Keftiu, em S. Casson (ed.), *Essays in Aegean Archaeology Presented to Sir Arthur Evans*, p. 31s.; e F. Schachermeyr, *Die Minoische Kultur des Alten Kreta*, p. 109s. Os minoicos certamente possuíam um culto ao besouro análogo aquele dos escaravelhos, e utilizavam para finalidades de culto um sistro muito parecido com o egípcio. Os egípcios veneravam um touro em, pelo menos, três santuários sendo que em um deles, a figura de culto era um homem com cabeça de touro: Ur-mer, um dos touros sagrados de Heliópolis. Mais surpreendente, é o fato de que um outro aspecto da lenda do Minotauro também comparece em uma versão central da lenda de Osíris e Ísis: Ísis reagrupa os membros dispersos de Osíris, com exceção do membro reprodutor, em um touro artificial, pelo qual ela é fertilizada. Para essa inevitável variante da lenda original de um povo, para o qual o gado era a principal fonte de subsistência, ainda que tanto no Egito como na Ásia Menor essa lenda não assuma a importância que tem para os cretenses, conforme os próprios egípcios reconheceram, ver Plut. *De Is. et Os.* 14s., Diod. Sic. 1.21.lv.

22. Das trinta e duas escavações de têmeno identificados como anteriores a 500 a.C., conforme levantamento feito por B. Bergquist (*The Archaic Greek Temenos*, p. 62s.), mais de vinte delas são retangulares e orientadas na direção leste-oeste; as duas superpostas localizam-se em Larissa e Samos. Bergquist atribui as características de ambas a motivos topográficos. O único têmeno quadrado parece ser aquele de Delion em Paros.

23. Sobre a árvore e a pedra como elementos comuns nos locais do ritual grego, ver S. Mayassis, *Architecture, Religion, Symbolisme*, passim. M. Eliade (*Forgerons et alchimistes*, p. 35, 164) oferece alguma documentação sobre os afloramentos rochosos, entendidos como os ossos da Mãe Terra.

24. PC, s.v. "*meiromai*". Ver também M. Detienne e J.-P. Vernant, op. cit., p. 23s. Detienne propõe a distinção entre a *moira*, pela qual o corpo da vítima era hieraticamente dividido, e a *isodomia* dos sacrifícios posteriores na pólis, quando a carne era dividida em partes de igual peso para ser distribuída mediante sorteio. Sobre a *moira* e a *têmis* nos poemas homéricos, ver A.W.H. Adkins, Homeric Gods and the Values of Homeric Society, *JHS*, 92, p. 1s. No grego posterior, *themis* tinha um sentido similar ao de *moira*, ainda que também pudesse ser traduzida – literal ou metaforicamente – por "bens". Sobre as substâncias utilizadas e os diversos métodos de sacrifício, ver M.P. Nilsson, *Geschichte der Griechischen Religion*, v. 1, p. 132s.

25. Pausânias (v.13.viii e seguintes) o descreve com 6,6m de altura; 37,5m de circunferência em sua base; as cinzas dos ossos da coxa incinerados nos sacrifícios eram misturadas anualmente pelos *mantes*, "adivinhos", do santuário, às águas ricas em calcário do Alfeu, formando gesso. Sobre as dimensões, ver E.N. Gardiner, *Olympia*, p. 193s. W. Dörpfeld (*Alt-Olympia*) supõe que esse altar seria o altar original de Zeus e Hera, fundado no século XV a.C., correspondendo à caverna do monte Ida, do outro lado da colina de Cronos (cerca de 50 m de distância; ver v. 1, p. 70s.). Sobre a reconstrução da forma conforme Pausânias, ver C.G. Yavis, *Greek Altars*, p. 210s.

26. Segundo Pausânias, o povo ático denominava esses altares "lareiras improvisadas". Não está claro se o altar em Pérgamo era o famoso altar agora reconstruído em Berlim. Sobre esse assunto, ver M. Kunze e K. Volker, *Führer, Staatliche Museen zu Berlin*, p. 25s.

27. Na cremação, os ossos eram considerados a parte eterna e, portanto, incorruptível do corpo, de forma que a pira era extinta antes que eles perdessem a forma, e os restos do esqueleto eram recuperados e "lidos", ou recompostos em algum ossário. Sobre a analogia entre sacrifício e cremação, ver W. Burkert, *Homo Necans*, p. 64s.

28. E. Rohde, *Psyche*, p. 18s., 166s. É uma diferença assumida na teologia apostólica ou patrística, garantida pela distinção de São Paulo entre *sarx* e *sôma* em *1Cor.* 15.45s. Ver C.A. von Peursen, *Body, Soul, and Spirit*, p. 88s.; e J.A.T. Robinson, *The Body, a Study in Pauline Theology*, p. 28s. Ver também R. Rorty, *Philosophy and the Mirror of Nature*, 43s.

29. Essas observações refletem uma posição no debate sobre a natureza do sacrifício que eu localizaria em algum lugar entre o relato psicoestrutural de René Girard do complexo ritual-mímico/vítima-substituto, e a concepção evolutiva/formativa de Walter Burkert da agressão interespecífica e a caçada ritualizada empreendida pelos homens do Paleolítico. O debate é exposto e mediado no livro de R. Hamerton-Kelly (ed.), de 1987, *Violent Origins*, para o qual, ambos os protagonistas contribuíram com trabalhos científicos e discussões. Pessoalmente, conforme indiquei no capítulo anterior, eu concordo com a concepção do ritual, de A. Jensen (*Myth and Cult among Primitive Peoples*) entendido como uma formalização do que ele denomina "choque ôntico".

30. Fragmentos de diversos desses edifícios-templos chegaram até os nossos dias em Ásine, na Argólida; sobre eles e outras ruínas desse tipo, ver R. Hägg, Geometric Sanctuaries in the Argolid, BCH, suppl., 22 p. 9s. Em Creta, os templos A e B em Prínias e em Dreros são exemplares; na Sicília, o assim chamado templo de Megaron, em Selinunte. É provável que o templo em Korakou, nas proximidades de Corinto, remonte à Idade do Bronze. Quanto ao templo G, em Elêusis, talvez faça parte de um complexo de mégaros, ver P. Darcque, Les Vestiges mycéniens découverts sous le Télestérion d'Eleusis, BCH, 105, p. 593s.

31. Sobre esses templos protodóricos, a estrutura e o uso de suas "lareiras" (ou talvez, mais corretamente, "cavidades para o fogo"), ver M.P. Nilsson, *The Minoan-Mycenaean Religion and Its Survival in Greek Religion*, p. 454s.; M. Guarducci, La "Eschara" del tempio greco archaico, STMSR, 13, p. 159s.; e C. Picard, *Origines du polythéisme hellenique*. Sobre essas cavidades para o fogo nos palácios minoicos e villas (Mallia), ver B. Rutkowski (op. cit., p. 13, mas também 120s.) a respeito dos mais usuais altares cretenses ao ar livre. Sobre as diferenças entre os lugares de culto minoicos e micênicos, ver J.C. van Leuven, Problems and Methods in Prehellenic Naology e Colin Renfrew, Questions of Minoan and Mycenaean Cult, em R. Hägg e N. Marinatos, *Sanctuaries and Cults in the Aegean Bronze Age*, p. 11s., 27s.

Sobre a manutenção de restos de sacrifícios "imortais" (ossos, crânios e chifres de animais em geral), bem como dos restos de animais mortos nas caçadas, ver K. Meuli, op. cit., v. 2, p. 957s. Ver também supra, nota 27.

32. Tais processões (a Panathenaia e a Eleusiana, em Atenas, são apenas os exemplos mais evidentes) eram caracterísiticas típicas da religião grega clássica, assim como das cidades no Oriente Próximo: ver W. Andrae, *Alte Feststrassen im Nahen Osten*.

33. Como por exemplo, o *heroon* em Lefkandi; sobre o qual ver supra, Cap. VII, p. 201-202.

34. O mais antigo mégaro conhecido apresentando uma lareira central, antecedida por um pórtico com duas colunas *in antis*, encontra-se em Dimeni, na Tessália, um vilarejo murado que, por motivos convencionais, dedicou seu nome à civilização dos "invasores" do final do Neolítico, por vezes identificados como os primeiros a falar o grego em Hellas. Mesmo que o assentamento autóctone de Sesclo datado do Neolítico também tivesse um mégaro com lareira central, considerado como um pouco posterior, o reexame mais recente dos sítios perturbou a clara classificação cronológca. Ver R. Treuil, *Le Néolithique et le Bronze Ancien Egéens*, p. 297s., e um resumo dos indícios em CAH v. 1.1, p. 575s. Sobre o mégaro de Dimeni e as suas implicações, ver p. 605s. Em meados da Idade do Bronze, as lareiras tornaram-se relativamente comuns, como no "palácio" de Phylakopi, na ilha de Melos, e até mesmo na longínqua Kültepe, na Anatólia Central; ver também R. Naumann, *Architektur Kleinasiens, von Ihren Anfängen bis zum Ende der Hethitischen Zeit*, p. 16s., 417s. Há uma lareira notável, supostamente cerimonial, com um orifício em forma de machado duplo na casa BG (início do Heládico) em Lerna, na Argólida.

Na literatura grega primitiva, a lareira, *eschara*, retém o significado duplo de "centro" e "braseiro": como "centro", *Od.* VI.52, 305; mais ou menos sinônimo de *hestia*, "fogueira", *Il.* x.418; como "braseiro", Aristof. *Achrn.* 888. Porém, a mesma palavra também retém o significado de "fogo de sacrifício" ou mesmo de "altar de fogo" – considerando um altar escavado, ao contrário de *bomos*, um altar edificado: segundo Ésq. *Pers.* 205, *Eum.* 108.; embora as duas palavras combinadas, *bomioi escharai* (Eur. *Fen.* 274), possam significar "altar edificado de fogo". E, de fato, havia um significado secundário, "santuário para os suplicantes" (*Od.* XXIII.71), ao passo que, em Vitrúvio, a palavra tem o significado técnico de "grelha" (para uma máquina de guerra: X.II.ix, 14.i). O termo sobrevive na palavra inglesa e francesa *eschar*, com o significado de marca de queimadura ou cicatriz. A forma do braseiro era

bem semelhante à da mesa de oferendas: um topo plano sustentado por três pés – na verdade, um tripé.
35. Ver M. Eliade, *Forgerons et Alchimistes*, p. 72s.
36. Ver, p. ex., N. Marinatos, *Art and Religion in Thera*, p. 118s.
37. S.P. Morris, Daidalos and the Origins of Greek Art, p. 229s.
38. A.J.B. Wace e F.H. Stubbings, op. cit., p. 368s., 494s.
39. A questão foi reaberta recentemente por F. Brommer (Zur Minoischen Säule, *AA*, 1, p. 20), que sugere que a reversão dos troncos de árvores – que no caso da arquitetura minoica, segundo A. Evans (PM v. 1, p. 343s.; v. 2, p. 145, 321; v. 4.1, p. 970), ele acredita que eram ciprestes – seria um modo natural de impedir o apodrecimento da base, um procedimento ainda adotado pelos madeireiros na Floresta Negra. Mas a questão aqui é maior, visto que essas colunas, conforme observa Brommer corretamente, eram troncos de árvores virados para baixo: um tema iconográfico-construtivo importante tratado por A. Coomaraswamy (*Selected Papers*, v. 1, p. 376s.) e identificado por muitos etnógrafos e antropólogos em várias partes do mundo, embora quase nunca em uma posição estrutural, como na construção minoica. De todo modo, o enigma persiste: por que os primeiros gregos reverteram o tronco de árvore para a sua posição original ereta utilizando-o como coluna?

Excepcionalmente, o rython "Lutador" de Hagia Triada, no museu Heraklion, mostra as colunas com cabeça quadrada que se estreitam em direção ao alto.

40. Ver o escasso material de edifícios e representações a partir de móveis e pinturas murais reunido por B. Wesenberg, *Kapitelle und Basen*, p. 3s. De fato, Wesenberg costuma fazer referência a uma coluna minoico-micênica "normal", que é da mesma espécie encontrada por Arthur Evans pintada no afresco "Espectador", assim como em outro fragmento de afresco pertencente ao palácio de Cnossos (ambos datados de cerca de 1450 e atualmente no museu Heraklion). Por outro lado, a "luminária em pedestal" em *rosso antico* (anterior a 1450), bem como o relevo pintado "grifo e coluna" do salão oriental do palácio (cerca de 1600; ambos também pertencentes ao museu Heraklion), parecem referir-se a uma coluna com seu capitel rodeado de folhas; mas ver também a nota 49 a seguir. Outra luminária de pedra (também do Minoico Recente I, cerca de 1450), encontrada no lado norte do pátio central do palácio, tem um "capitel" semelhante, mas um fuste trilobado compósito não colunar. Os fragmentos de colunas que restam *in situ*, como os dois na antessala da ala norte do segundo palácio em Festo (período Minoico Médio ou Minoico Recente I), apresentam os fustes oblíquos e as bases em disco. As suas partes superiores não sobreviveram ao tempo.

41. Estrabão, que não tinha visitado Micenas, parece acreditar que dela nada havia restado (VIII.6.x); contudo, ela era conhecida dos viajantes e foi um dos monumentos que garantiu a identificação do seu sítio. Pausânias viu o "Portal com os leões sobre ele" (II.16.v). Philip Hunt, o agente e capelão de conde Elgin, a inspecionou avidamente, mas foi desencorajado (como provavelmente muitos antes dele) pelo seu peso e pela distância do mar (W. St. Clair, *Lord Elgin and the Marbles*, p. 101s.). O sítio ao redor do portal foi cuidadosamente observado por Schliemann. Este último foi o primeiro a notar, por exemplo, que as cabeças que haviam desaparecido estavam, provavelmente, presas ao relevo por meio de buchas (para as quais existem orifícios no pescoço de ambos os leões), e deveriam ser de um material mais leve e, talvez, mais precioso, ver K. Schuchhardt, *Schliemann's Excavations*, p. 138s. A questão da data da escultura posterior àquela de algumas das paredes poligonais já foi levantada pelo assistente de Schliemann, F. Adler (ver L. Deuel, *The Memoirs of Heinrich Schliemann*, p. 230s.) sendo vinculada à relação entre o portal e o círculo sepulcral no seu interior; sugeriu-se que talvez houvesse uma tumba sob o próprio portal, ainda que nada tenha sido encontrado até agora sob a soleira de pedra. Ver mais recentemente G.E. Mylonas, *Ancient Mycenae*, p. 7s., 13, 18, 22s., 34s. De todo modo, Mylonas acredita que ele seja contemporâneo do Tesouro de Atreu, datado por volta de 1250, considerando "Atreu" o construtor de ambos (p. 88s.); com relação aos achados sob a soleira, ver p. 114s. O material das ombreiras do portal, da viga e do umbral é conglomerado, talhado e aparelhado com o martelo de modo mais elaborado que as paredes circundantes. O relevo é de pedra calcária dura, cinza clara. Ver A.J.B. Wace, *Mycenae*, p. 51s.

42. É utilizado como padrão universal para representar o mar em várias "frigideiras" cicládicas, como eram usualmente conhecidos os estranhos vasos ocos de cerâmica escura, provavelmente usadas como espelhos d'água.

Os fragmentos da fachada do Tesouro de Atreu foram presenteados ao Museu Britânico pelo conde de Elgin e pelo marquês de Sligo (n. A 51-57). A maior parte é constituída por calcário cinza-esverdeado, existindo dois fragmentos do relevo de um touro, em gesso com uma faixa em mármore vermelho. Eles são descritos e sua aquisição discutida por F.N. Pryce, *Catalogue of Sculpture in the Department of Greek and Roman Antiquities in the British Museum*, p. 14s. A fachada passou por uma série de restaurações; embora, não acredito que qualquer delas seja totalmente convincente: eu suponho que os fragmentos do relevo, assim como aquele do Portal dos Leões, tenham pertencido a uma escultura que aparecia no triângulo em relevo sobre a viga.

43. Aparentemente, as molduras nas colunas do Portal dos Leões eram comuns tanto em Micenas como na Creta minoica: uma base plana fina sob a coluna; no topo do fuste, um filete de separação; acima dele, uma espessa moldura oca. Na maior parte das vezes a moldura oca é preenchida com um anel de folhas. Em seguida, uma moldura abaulada mais espessa – em geral com seção semicilíndrica – sustenta um ábaco quadrado no topo. Por vezes, diferentes filetes e outras molduras menores atuam como espaçadores entre esses elementos.

44. Os mais antigos remanescentes (seja *in-situ* seja no museu de Ancara) foram os guardiões hititas dos portões de Alaça Hüyük e Boghazköy, do século XIV ou XIII. Os guardiões que chegaram até nós de Nimrud e Khorsabad encontram-se no Museu Britânico; obviamente, eles são muito posteriores ao Portal dos Leões (Nimrud, cerca de 850; Khorsabad, cerca de 730), tendo sido ambos emulados pelos escultores de Chipre, em Pasárgada, assim como pelos escultores de Xerxes, em Persépolis, no século seguinte. Porém, seria justo supor que muitas dessas figuras não sobreviveram e que o tema é tradicional.

A esfinge, o leão egípcio com cabeça humana do qual eles parecem derivar, é, sem dúvida, muito anterior: ela aparece totalmente formada no Egito da quarta dinastia, em meados do terceiro milênio. Sobre a palavra grega *sphinx* e a sua provável origem egípcia, ver I.E.S. Edwards, *The Pyramids of Egypt*, p. 141s. Criaturas monstruosas ainda mais precoces (por exemplo, o homem-escorpião) são representadas tanto na arte mesopotâmica quanto na egípcia. Os monstros mesopotâmicos mais comuns são o touro barbado, com rosto humano, e o touro alado, que aparecem em alguns dos lacres cilíndricos mais primitivos, em relevos e em pequenas esculturas. Em meados do segundo milênio, eles se fundem em um touro alado, com rosto humano, barbado. As esfinges aladas e imberbes que guardam os portões de Alaça Hüyük têm aparência egípcia. Ver as evidências reunidas por H. Demisch, *Die Sphinx*, p. 16s., 42s. Contudo, muito antes disso, o herói barbado agarra dois touros de rostos humanos barbados (em mosaico na caixa de ressonância da lira da rainha Shub-Ad de Ur (pertencente ao Museu Britânico; cerca de 3.500-3.200?); um tabuleiro de jogos proveniente do mesmo cemitério apresenta (com a exceção dos dois painéis de abertura e fechamento) painéis compostos por uma árvore ao centro, alternando um conjunto de cabras e touros com outro composto por dois leões heráldicos atacando uma corça e uma cabra, respectivamente; ver C.L. Woolley, *The Development of Sumerian Art*, p. 76s.

Sobre os guardiões sumérios das portas, ver E.D. van Buren, *Symbols of the Gods in Mesopotamian Art*, p. 4, 46s. As mais famosas dessas colunas guardiãs, Jaquim e Boaz, ficavam à porta do santuário no templo em Jerusalém: ver *1Rs* 7,15 e *2Cr* 3,17. Ver também E. Vermeule, op. cit., p. 214s.

45. De certa forma, a arte glíptica é mais antiga do que o metal; lacres de argila queimada foram encontrados em *Çatal Hüyük*, J. Mellaart, p. 220s. Eles eram provavelmente usados como carimbos para tingir tecidos e são datados do final do sétimo milênio. No quinto milênio, eles também aparecem na Índia: em Mundigak, no sul do Afeganistão. Ver B. e R. Allchin, *The Birth of Indian Civilization*, p. 106s., pl. 7b. Os primeiros lacres cilíndricos sumérios são provavelmente da segunda metade do quarto milênio, o período Uruk.

46. O tema heráldico aparece quase repentinamente, ver H. Frankfort *Cylinder Seals*, p. 24s., que também discute os lacres egípcios (p. 291s.), aqueles da região do Egeu (300s.) e a recorrência do motivo heráldico (p. 308s.); ver também H. Frankfort, *The Art and Architecture of the Ancient Orient*, p. 103s. No Egito, o tema heráldico aparece por volta da mesma época, na pintura de uma tumba, em Hierakonpolis (agora no Museu do Cairo), e em um relevo de marfim quase contemporâneo no cabo de uma faca de silício, originária de Gebel-el-Arak (agora no Louvre). Sobre a importância dessas duas figurações na pré-história egípcia, ver W.B. Emery,

Archaic Egypt, p. 38s. Embora o tema não seja comum na arte egípcia, ele comparece, por exemplo, na lateral do trono faraônico para representar a união do alto e do baixo Egito: isso é particularmente notável na estátua de Sesóstris I (1971-1928 a.C.), no Museu do Cairo.

O *tema* heráldico como protetor da porta aparece pela primeira vez na Suméria: a grande placa de cobre batido (agora no Museu Britânico) da águia com cabeça de leão, o deus-céu Imdugud, com dois cervos entre suas garras, ficava sobre a porta do templo de Al'Ubaid pertencente à primeira dinastia (C.L. Woolley, *A Forgotten Kingdom*, p. 72s.). Ele se repete na base de uma estátua do templo de Abu, em Eshnunna/Tell Asmar, e no vaso de prata do rei Entemena de Lagash (no Louvre), um pouco posterior, supostamente representando o deus-tempestade local, Ningirsu, segurando leões. A ave de rapina segurando dois animais está entrelaçada com o herói que, em um vaso de serpentina de Kafajah, segura dois leões: esses dois últimos encontram-se no Museu de Bagdá. Esse motivo era muito apreciado em Lagash. Ele aparece multiplicado e entrelaçado em cabos de bastões encontrados em Kish (H. Frankfort, *The Art and Architecture of the Ancient Orient*, p. 31s.); lacres cilíndricos (Woolley, *The Development of Sumerian Art*, p. 124, pl. 69k); relevos como a "Estela de Ennatum", na qual o rei Ennatum comemora uma vitória militar, e o deus segura os inimigos em uma rede através do símbolo (um punho esculpido?) da águia heráldica segurando um leão, ou então a "Estela do escriba/sumo sacerdote Dudu" de Telloh/Lagash (ambas no Louvre) que, por sua vez, servia como suporte para o cetro votivo, do tipo daqueles entalhados com a mesma cena. Aparentemente, eles eram utilizados durante os juramentos. Todos eles aludem ao uso, ainda que remoto, do machado duplo em Creta (H. Frankfort, idem, p. 32s.). Sobre os bastões votivos, ver E.D. van Buren, *Symbols of the Gods in Mesopotamian Art*, p. 166s. Sobre as origens formais do tema heráldico na Mesopotâmia, ver H.A. Groenewengen-Frankfort, *Arrest and Movement*, p. 154s.; sobre as implicações do tema heráldico no mar Egeu, ver M.P. Nilsson, *The Minoan-Mycenaean Religion and Its Survival in Greek Religion*, p. 355s. Sobre a árvore sagrada, ver H. Danthine, *Le Palmier-Dattier et les arbres sacrés*, p. 69s., 153s.; e Van Buren, p. 23s.

47. Os leões eram supostamente tomados da arte e não da natureza. O último leão nativo na Grécia deve ter sido aquele morto por Hércules, em Nemeia, que fica apenas a 11km de Micenas. A.J.B. Wace (*Mycenae*, p. 53 – seguindo A. Evans, The Mycenaean Tree and Pillar Cult, *JHS*, 21, p. 99-204) sugere uma identificação entre Cibele, geralmente associada aos leões (W. Burkert, *Structure and History in Greek Mythology and Ritual*, p. 102s.), e a coluna; a identificação *Kubeles-pelekes,* feita por Suidas, associa a coluna com o machado duplo. G.E. Mylonas (op. cit., p. 27s.) rejeita essa associação e considera a coluna com seu entablamento uma representação do palácio e, por essa via, da dinastia atreide, o que tornaria o relevo estritamente heráldico-narrativo. No entanto, o argumento também me parece insatisfatório, visto que o tema é muito comum na arte glíptica micênica (sobretudo nos engastes de anéis), na qual ele passa por várias transformações; isso sugere um caráter apotropeico. A identificação da coluna com Cibele apresenta outra dificuldade: na condição heráldica, o herói/deus costuma ser acompanhado por carnívoros; a deusa, por herbívoros.

48. As aberturas sobre as portas de pedra são sempre obtidas cortando-se as pedras em ângulo oblíquo em relação à superfície da parede, para prover uma espécie de arco de descarga a fim de aliviar o peso da viga, ainda que não se trate de um arco verdadeiro. Naturalmente, o princípio foi dominado pelos egípcios na construção das câmaras mortuárias das pirâmides, sobretudo naquela de Quéops. Entretanto, a inserção de uma placa de pedra de elaborado acabamento (e, portanto, mais densa e pesada) parece contrariar essa explicação.

O melhor levantamento desses modelos é fornecido por H. Drerup (Griechische Baukunst in Geometrischer Zeit, *ArchHom*, 2, p. 69s.), que os denomina *Hausmodelle,* ainda que sem se envolver com a natureza dos edifícios. A verdadeira abertura no frontão inclinado é, por vezes, quadrada, como a do templo de Hera, em Argos. Algumas apresentam a forma quadrangular, outras em abside. Ao contrário dos muitos modelos de casas italianas, que eram quase todos urnas crematórias, os pouquíssimos modelos gregos parecem ser oferendas votivas – *anathēmata*. No que diz respeito à Creta, cerca de vinte exemplos foram catalogados (por R. Hägg, The Cretan Hut-Models, *OA*, 18, p. 95s.). O único modelo circular, bem preservado e intensamente decorado, em Creta, vem de Archanes (ora pertencente ao Museu de Heraklelion, sigma gama 376, provavelmente do final do período Protogeométrico). Robin Hägg sugere com reservas uma origem síria para a forma, citando o modelo das urnas de Ras Shamra (agora no Louvre).

Quanto aos telhados, em alguns deles (do templo de Hera em Samos, por exemplo, cujo telhado é parcialmente inclinado) a espessura do sapé e o beiral de palha trançada são claramente marcados. De fato, em *"Aetos"* publicado em D. Zakithinos et al. (*Xaristērion éis Anastasion k. Orlandon*, p. 19s.) S. Marinatos sugere que o termo, conforme utilizado na terminologia da construção do frontão ou do elemento da cumeeira, comparava o acabamento em sapé desses telhados às asas das aves, sobretudo das aves de rapina consideradas de presságio.

O único modelo com telhado plano (de terracota) vem de Hania Tekke, perto de Cnossoss. Ele também é o único que apresenta uma chaminé claramente marcada (assim como o modelo circular de Archanes). Como praticamente todos esses modelos, esse também tem uma sequência de pequenas janelas sob a linha do telhado.

49. A própria palavra *baetyl* parece ter sido uma palavra de origem semita (de *bet-el* ou talvez *bet-eloá* – "casa do Deus"); uma derivação alternativa de *baety,* entendida como o casaco de pele dos pastores, a partir da pele de cabra que Cronos engoliu no lugar de engolir Zeus, é proposta por M. Mayer (WHR, s.v. "Knossos"), apesar de não ser aceita de modo geral.

Jacó denominou de *Bet-El* o lugar onde sonhou enquanto dormia com a cabeça apoiada sobre uma pedra (*Gn* 28,12s., 35.1s.), sendo que esse passou a ser o nome da cidade nesse local, outrora denominado *Luz,* "árvore de avelã ou de amêndoas". Também havia no lugar um imenso carvalho; de modo que o Betel original parece ter sido um lugar sagrado com uma árvore e uma pedra fincada na vertical. Sir Arthur Evans (The Mycenaean Tree and Pillar Cult, *JHS*, 21) ressaltou a associação importante entre a árvore e o pilar (p. 7s.), porém, infelizmente, ele também mencionou o bétilo como uma espécie de coluna; novamente, ele referiu-se ao culto semítico de ascherot como associado aos bétilos. Contudo, E.G. d'Alviella, *La Migration des symboles*, p. 170s., já havia apontado a natureza canaanita, anterior ao êxodo, do culto. M.P. Nilsson (*The Minoan-Mycenaean Religion and Its Survival in Greek Religion*, p. 244s.) repete a associação feita por Evans entre bétilo/ashera, no entanto, a mim parece que este último se relacionam por serem ambos objetos de culto não estruturais. O bétilo (*matzebá*) é "encontrado" sempre, e pode agir como um fetiche, um monumento ou uma lápide. Isso se manifesta na consagração feita por Jacó da pedra sobre a qual repousou a cabeça durante a visão da escada celestial (*Gn* 28,18) onde, em outra ocasião, Deus lhe ordenaria que mudasse o seu nome para Israel (*Gn* 35,14). As mesmas palavras para erguer uma estela são utilizadas poucas frases mais adiante no texto bíblico, para o monumento de Jacó para Raquel, sua esposa predileta (*Gn* 35,20).

Esses eram lugares judaicos sagrados e permaneceram como locais de peregrinação; porém existe uma série de outras pedras sagradas (*hamanim, margemah, eben, gal, gilgal*) que eram vistas com horror antipagão por parte dos profetas e dos rabinos talmúdicos. Muitos desses lugares sagrados foram registrados e escavados: provavelmente o mais bem preservado pode ser o de Hazor. A ashera pode ser uma árvore em crescimento, talvez especialmente decorada, mas também pode ser um objeto construído, compósito e manufaturado. A sua natureza é ilustrada nas proibições da Mishna em relação ao uso de quaisquer folhas de madeira que fizeram parte de uma ashera ou mesmo de seus frutos. Ver *A. Zar.* 3.7, *Orl.* 17s., e *Sukkah* 3.1s., sobre galhos de palmeira, salgueiro e murta, que não podem ser utilizados para a construção de um tabernáculo; e a cidra, que não pode ser carregada na procissão, caso faça parte de uma ashera. Contudo, a passagem mais importante é *Nez. Ab Nis.* 2.7, na qual a *ashera* é definida como "qualquer árvore que seja um ídolo", ainda que R. Simeon é mencionado com aprovação por haver "autorizado" o uso de uma árvore sob a qual um monte de pedras com um ídolo era venerado – considerando que apenas o ídolo havia faltado. As primeiras passagens referem-se às construções para cultos, e não às árvores em crescimento. Ver também W.O.E. Oesterley e T.M. Robinson, *Hebrew Religion*, p. 9s., 43s., 58s., 175s.; M.-J. Lagrange, *Études sur les religions sémitiques*, p. 120s., 171s., 204s.; e P. Torge, *Aschera und Astarte*, p. 29-33. Ver também J. Rykwert (1994).

* No original *maypole*, "mastro de [primeiro de] maio", numa referência à época do ano em que, na Europa, se costumava realizar uma celebração primaveril, de origem pagã, em torno de um mastro ereto. É celebrada ainda hoje, embora em muitos lugares não ocorra mais em maio – em Portugal, por exemplo, a chamada "Festa do Levantamento do Mastro" ocorre em julho (N. da E.).

50. Ainda que para W.O.E. Oesterley e T.M. Robinson (op. cit., p. 177) elas fossem duas divindades distintas. É curioso que o idioma hebraico apresenta

para o substantivo tanto um plural feminino (*ascherot*) como um masculino (*ascherim*). A coluna *djed* é discutida mais à frente neste capítulo.

51. Ver H. Danthine, *Le Palmier-Dattier et les arbres sacrés*, v. 1, p. 22s.; sobre a tamareira na agricultura mesopotâmica; sobre a palmeira e a árvore sagrada, ver p. 28s.
52. B. Wesenberg, *Kapitelle und Basen*, p. 23s.
53. A. Evans, *The Palace of Minos at Knossos*, v. 1, p. 221s., fig. 166; M.P. Nilsson, *The Minoan-Mycenaean Religion and Its Survival in Greek Religion*, p. 86s.
54. H.-G. Buchholz e V. Karageorghis, Tamassos, Zypern 1970-72, *AA*, 3, p. 109 1303n; M.P. Nilsson, *The Minoan-Mycenaean Religion and Its Survival in Greek Religion*, p. 86s.; A. Evans, *The Palace of Minos at Knossos*, v. 1, p. 221s., fig. 166.
55. O estado do debate atual é representado por M. et al. em R. Hägg e N. Marinatos, *The Function of the Minoan Palaces*, p. 39-74.
56. Ver B. Bergquist, The Archaeology of Sacrifice, *OA*, 38, p. 21s.; M.P. Nilsson, *Geschichte der Griechischen Religion*, v. 1, p. 401s.; e P. Demargne, *La Crète dédalique*, p. 137s.).
57. Registro anterior em E.F. Jomard (ed.), *Description de l'Egypte*, v. 4, p. 334s. Elas também foram vistas por James Burton, que publicou apenas algumas inscrições; ver F. Champollion, *Lettres écrites d'Egypte et de Nubie entre 1828 et 1829*, p. 72s.; ver G. Perrot e C. Chipiez, *Histoire de l'art dans l'Antiquité*, v. 1, p. 252s.; mas ver também C. Chipiez, *Histoire critique des origines et de la formation des ordres grecs*, p. 43s. A descrição padrão é a de P.E. Newberry e R. Willoughby Fraser, em *Beni-Hasan*. Mais recentemente, ver A. Badawy, *A History of Egyptian Architecture*, v. 1, p. 173s.; v. 2, p. 292s.; W.S. Smith, *The Art and Architecture of Ancient Egypt*, p. 315, 320s.; W.C. Hayes, *The Scepter of Egypt*, v. 1, p. 174; e K. Michalowski, *Art of Ancient Egypt*, p. 518s. Sobre o desenvolvimento das colunas e o seu lugar na arquitetura egípcia, de modo geral, ver S. Clarke e R. Engelbach, *Ancient Egyptian Masonry*, p. 136s.
58. Sobre a data real, ver P.E. Newberry e G. Willoughby Fraser, op. cit., v. 1, p. 2s. Todas parecem ser datadas da décima segunda dinastia, cerca de 2500 a.C. O grupo que Champollion entendeu como grego, denominado *aamu*, encontra-se na tumba n. 3 (v. 1, p. 69). Sobre Beni-Hasan e outras tumbas cortadas na rocha, ver G. Jéquier, *Manuel d'archéologie egyptienne*, p. 99s.; J. Vandier, *Manuel d'archéologie egyptienne*, p. 293s.
59. Segundo D. Ramée, *Histoire générale de l'architecture*, v. 1, p. 462s.; C. Boetticher, *Die Tektonik der Hellenen*, v. 1, p. 2s.; e mais notavelmente, E.-E. Viollet-le-Duc, *Entretiens sur l'architecture*, v. 1, p. 35s. Contudo, pelo fato de que as câmaras mortuárias certamente não eram visitadas na época de seus patronos, o problema de iluminação não parece ter sido de muito interesse para os antigos egípcios. A descoberta de Champollion, e sua elaboração a respeito das origens egípcias da autêntica arquitetura lítica dórica que não fosse fundada em protótipos de madeira, reproduz um modelo disseminado no século XVIII; ver J. Rykwert, *The First Moderns*, p. 322s.
60. Os problemas de C. Chipiez com a datação das colunas egípcias protodóricas são, em grande parte, devidos ao fato de que ele era incapaz de classificar as colunas em Khalabaseh (o templo da rocha de Ramsés II em Beit-el-Wali, perto de Kalabsha, ou Talmis na Antiguidade; ver A. Badawy, *A History of Egyptian Architecture*, v. 2, p. 298s.). Elas possuem quatro flanges com hieróglifos dividindo as vinte caneluras (como na ordem dórica descrita por Vitrúvio) em grupos de cinco.
61. Segundo J. Cerny, *Ancient Egyptian Religion*, p. 26, 30s. Várias outras explicações foram propostas; por exemplo, que as folhas são lascas encaracoladas retiradas de um tronco de árvore [457] (H. Kees, *Die Götterglaube im Alten Aegypten*, p. 96s.), ainda que Kees confesse sobre o *djed* que "über sein eigentliches Wesen wissen wir so gut wie Garnichts." Outras formulações sugeriram que a forma original era um feixe de varas, no topo do qual, novos feixes de palha de milho eram amarrados, conforme apontou W. Helck em *Or 23* (1954), p. 408s., ainda que a coloração geralmente verde do capitel não pareça confirmar o argumento. Outros propuseram que ele pode ser entendido como um tronco de árvore com seus ramos podados; ver A. Moret, *The Nile and Egyptian Civilization*, p. 80s., 130s.; deve-se observar que Moret o denomina *Zed*; ou, novamente, como um pilar ou poste em torno do qual o "material vegetal" – folhas e coisas do gênero – eram amarrados em anéis conforme Z.Y. Saad, Royal Excavations at Saqqara and Helwan, *SASAE*, 3, p. 27, pl. 14b.

Tem-se a impressão que ele já foi um objeto ritual – uma espécie de fetiche – e o foco de um conceito, um proto-hieróglifo, no período Pré-dinástico. Sobre conceitos, ver W.S. Arnett, *The Predynastic Origin of Egyptian Hieroglyphs*, esp. p. 7s.

Textos do antigo reinado já o denominavam "Sagrado *djed*, que pertence ao Senhor dos Céus" (H. Goedicke, A Deification of a Private Person in the Old Kingdon, *JEA*, 41, p. 31s.). Em alguns templos, ele era erguido uma vez por ano (no dia 30 do mês do Khoiak: E. Chassinat, *Le Mystère d'Osiris au mois de Khoiak*); em outros, com mais frequência. A associação com Osíris pode ter resultado do fato de ele ter absorvido (como aconteceu a Ptah em outros ritos e mitos) o deus da necrópole, Sokar. Como hieróglifo, a forma do *djed* significava estabilidade, permanência; ele costumava ser personificado, dotado de olhos e braços. Trata-se ainda de um amuleto comum, utilizado nas tampas dos caixões (geralmente no pé do caixão), nas paredes ocidentais das tumbas e, com os símbolos *Ankh* e *Was* ("o nó de Ísis"), como monograma. Ver também B. van de Walle, L'Erection du pilier Djed, *Nouvelle Clio*, 6, p. 283s.; e E. Diroton, *Page d'egyptologie*, p. 151s., bem como H. Schäfer em *MDAIK* (*Der Reliefschmuck der Berliner Tür aus der Stufenpyramide und der Königstitel Hrnb*, p. 3, pl. 2, p. 1-17).

62. E.A.E. Reymond, *The Mythical Origin of the Egyptian Temple*, p. 27s., 94s., 106s., 273s. Ver A. Badawy, *A History of Egyptian Architecture*, v. 1, p. 86; 1951, p. 1s.; 1957, p. 72s.; A. Erman, *Die Aegyptische Religion*, p. 42, 183; H. Frankfort, *The Cenotaph of Seti I at Abydos*; G. Jéquier e J. Vandier, *Manuel d'Archéologie egyptienne*, v. 6, p. 25s.; K. Sethe, Urgeschichte und Aelteste Religion der Aegypter, *Abhandlungen für die Kunde des Morgenlandes*, 18, p. 15s., parág. 19; 80s., parág. 96; W.M. Müller, *Egyptian Mythology*; E.A. Wallis Budge, *Osiris and the Egyptian Resurrection*, v. 1, p. 37, 46s.; v. 2, p. 63s., 176, 199. Ver também L. Borchardt (ed.) (*Beiträge zur Aegyptischen Bauforschung und Altertumskunde*) sobre a relação entre *Dd* e coluna-símbolo "jônica" do deus *Dw3*.

Sobre a parede ocidental do santuário de Osíris de Seti I, em Abidos, existe um vívido relevo da cerimônia; R. David, *A Guide to Religious Ritual at Abydos*, p. 134; assim como também existem grandes relevos de *djed* (p.131).

63. Sobre essa identificação, ver J.B. Hurry, *Imhotep*; sobre as suas atividades construtivas e seu pai, o "arquiteto" Kanofer, ver p. 4, 9s. No século V a.C., um mestre construtor, que era "ministro de obras" do rei Dario, no Egito, deixou uma inscrição em uma pedreira, em Wadi-Hammamat, que mostrava a sua árvore genealógica através de uma série de mestres construtores até Imhotep e Kanofer; essa transcrição foi feita por H. Brugsch, *Geschichte Aegyptens*, p. 753s. Ver também K. Sethe, *Untersuchungen zur Geschichte und Altertumskunde Aegyptens*, v. 2, p. 95s.; e S. Giedion, *The Eternal Present*, v. 2, p. 269s. O culto efetivo do vizir divinizado (cujo nome significa "aquele que vem em paz") foi registrado somente no século VI a.C., embora Sethe (p. 23s.) não questione a historicidade de Imhotep como vizir do rei Djoser. Essa última foi confirmada na decifração da base de uma estátua oriunda do complexo de Djoser, em Saqqara, na qual seus títulos são enumerados, e que parece ser quase sua contemporânea (Museu do Cairo, n. 49889; desta estátua restaram apenas os pés). Sobre isso e outros indícios mais recentes, ver D. Wildung, *Imhotep und Amenhotep*, p. 12s. Sobre o culto dos arquitetos-ajudantes, ver L. Kakosy, Imhotep and Amenhotep Son of Hapu, as Patrons of the Dead, *Acta Orientalia*, 21, p. 109s.

64. Diod. Sic. 1.97.vi; mas ver 1.61s. Sobre as figuras gregas arcaicas que "imitam" a arte egípcia, ver W. Deonna, *Dédale, ou la statue de la Grèce Archaique*, v. 1, p. 216s. S.P. Morris (*Daidalos and the Origins of Greek Art*, p. 238s.) tende a rejeitar a formulação de Diodoro sobre o Egito, visto que ela está interessada sobretudo em relacionar as artes e ofícios gregos àquelas do Oriente Próximo.

65. Sobre estátuas egípcias nuas, tanto as femininas como as masculinas, ver J. Vandier, *Manuel d'archéologie egyptienne*, v. 3, p. 248, 252, 499. A sua raridade atraiu a atenção para tais exceções como a figura do faraó Hor (décima segunda dinastia). Ver H. Frankfort, *Kingship and the Gods*, p. 61s. Algumas entre as primeiras dessas estátuas usam um cinto: em particular o gigantesco *kouros* dos naxianos em Delos. M. Robertson (*A History of Greek Art*, v. 1, p. 43s.) sugere que, para os primeiros escultores, a superfície do nu masculino era inaceitavelmente articulada.

66. Diod. Sic. 1.98.v e seguintes conta a lenda dos filhos de Roeco, Telecles e Teodoro. Roeco era famoso por uma estátua de culto em madeira de Apolo Pitiano; ele aparece em outras lendas como o arquiteto do primeiro Heráion em Samos, bem como um especialista em moldes de bronze. Conforme Diodoro, os seus dois heróis usaram grelhas de medidas egípcias para fazer

duas metades de uma estátua (talhada ao meio, da cabeça à virilha), uma em Samos; a outra em Éfeso e, depois, as reuniram. Diodoro menciona em particular um cânone de 21 ¼ módulos, supostamente medindo a figura da sola dos pés até a linha dos cabelos, assim como no novo cânone estabelecido nas reformas metrológicas da vigésima sexta dinastia no século VIII a.C.; sobre esse cânone, ver E. Iversen, *Canon and Proportion in Egyptian Art*, p. 17s., 75s.

67. Ver Pl. *Leg.* II. 656d e seguintes sobre escultura e música; de modo mais geral, ver também *Tim.* 21e e seguintes.

68. Essa questão foi intensamente debatida, por vezes com sacrasmo, na segunda metade do século XVIII (ver J. Rykwert, *The First Moderns*, p. 297s.) continuando a ser discutida na França e na Alemanha na primeira metade do século XIX. A transformação dos materiais não foi afirmada como um princípio universal da arquitetura antes de G. Semper, *Der Stil*, v. I, p. 213s.

69. Sobre o festival Heb-Sed, ver H. Frankfort, *Ancient Egyptian Religion*, p. 1s. Sobre a sua relação com os primórdios do duplo reinado e o ano novo egípcio, ver K. Sethe, Urgeschichte und Aelteste Religion der Aegypter, *Abhandlungen für die Kunde des Morgenlandes*, 18, p. 181s. Sobre o campo Heb-Sed, na pirâmide de Djoser, ver J.-P. Lauer, *Saqqara, The Royal Cemetery of Memphis*, p. 93s.

70. Schliemann foi o primeiro a propor essa interpretação, ver H. Schliemann, *Tiryns*, p. 47s., 229. Mas a sua escavação foi bastante destrutiva, e as sucessivas opiniões dividiram-se. M. Nilsson (*The Minoan-Mycenaean Religion and Its Survival in Greek Religion*, p. 475s.; *Geschichte der Griechischen Religion*, v. I, p. 346) foi seu proponente ativo, mas o argumento foi rejeitado por G. Rodenwaldt, Votivpinax aus Mykenai, MDAIA, p. 137s. Um resumo das posições pode ser encontrado em H. Drerup, op. cit., p. 17s. A estátua de Hera ficava no Heráion a ela dedicado, em Argos, sobre uma coluna votiva, ao lado da imagem de Policleto, onde ambas foram vistas por Pausânias (II.17.viii). Ele a chamou de "a mais antiga" estátua de Hera.

Um problema à parte para os opositores do santuário de Hera no mégaro é apresentado pelo capitel dórico que foi encontrado ali por Schliemann, e que estava no museu em Nauplion, K. Schuchhardt, *Schliemann's Excavations*, p. 133; B. Wesenberg, *Kapitelle und Basen*, p. 50s. H. Sulze apresenta uma revisão da literatura anterior em AA, Das Dorische Kapitell der Burg von Tiryns, p. 14s.; ele acreditava que esse capitel assim como o capitel similar originário de Agrigento (conforme o argumento sugerido por Wesenberg) já eram capitéis de pedra em colunas de madeira, sustentando uma viga de madeira.

VII: O HERÓI COMO UMA COLUNA

1. *Ita quod non potest in veritate fieri, id non putaverunt in imaginibus factum posse certam rationem habere*; Vitrúvio, IV.2.i, v. Talvez valha a pena ser um tanto desajeitado e traduzir *imagines* por "representações".

2. Rampas subsistiram no templo de Zeus em Olímpia, e no templo de Afaia em Égina. Os degraus da *krēpis* nem sempre eram da mesma altura, mas em geral tinham aproximadamente de 0,30m a 0,60m; as escadas utilizáveis eram, às vezes, feitas por meio de incisões nos degraus maiores e não por blocos posicionados sobre eles.

3. O dórico grego foi revivido em edifícios públicos tais como o Propileu da ágora – o portão de Atena Archegetes, custeado por Júlio César. Ver M. de G. Verrall e J.E. Harrison, *Mythology and Monuments of Ancient Athens*, p. 197s.

4. Felizmente, Vitrúvio fornece uma bibliografia em VII. *praef.* 11s.

5. Sobre as fontes da terminologia vitruviana, ver (ainda) S. Ferri, *Vitruvio*, p. 2, 4s.

6. Ver PW, s.v. "krēpis"; ver também R.E. Martin, *Manuel d'architecture grecque*, p. 335, 2n.

7. Hesíquio de Alexandria, s.v. "krēpis", 4074 (ed. K. Latte, 1953-1966, v. 2, p. 529). Sobre a variação *krēpidōma* (fundações internas) e *krēpidia* (blocos de pavimentação), ver R.E. Martin, *Manuel d'architecture grecque*, p. 335, 2n.

8. A palavra refere-se à colocação adequada, correção, nivelamento: poderia quase ser traduzida como "nível de referência". *Stereobates*, o termo bastante estranho empregado por Vitrúvio (III.4.i: sua única ocorrência), que tem causado uma certa confusão para os comentaristas, pode ser apenas uma transliteração a partir do grego, ainda que o texto aqui possa muito bem estar lidando com um dispositivo de construção romano e não grego; ver, contudo, W. Alzinger… quae stereobates appellantur, *JOAIW*, 50, p. 95s.

9. Sobre o comentário sarcástico de Agesilau, ver Plutarco, *Apoth. Lac.* 210d; 227c oferece uma anedota similar sobre Leotychidas I: Sobre as *rhetrae* de Licurgo e sua motivação, ver nota infra 16.

10. A tumba foi nomeada pela primeira vez em homenagem à sra. Schliemann, que dirigiu as escavações. Por outro lado, o Tesouro de Atreu e o Portal dos Leões já eram conhecidos por estes nomes na Antiguidade; testemunha Pausânias II, 16.v. que, naturalmente, registrou que os átridas eram enterrados ao redor da cidade, já destruída na época de Tucídides (I.x.2-5), no final do século V. Sobre a escavação, ver L. Deuel, *The Memoirs of Heinrich Schliemann*, p. 227s.; e K. Schuchhardt, *Schliemann's Excavations*, p. 148s. Acerca da tumba e do fragmento, ver G.E. Mylonas, *Ancient Mycenae*, p. 91s.; o fragmento é ilustrado na lâmina 30. Os "tesouros" e os túmulos em forma de colmeia foram pesquisados por O. Pelon, *Tholoi, tumuli et cercles funéraires*. O túmulo de Clitemnestra é seu I H (p. 166s.); ele discute a data relativa dos tesouros (p. 385s.) e a decoração (p. 425s).

11. Até agora, este fragmento provou ser único; ver A. Evans, *The Palace of Minos at Knossos*, v. I, p. 344, v. 2, p. 520s.; 1913, p. 76s.; ver C.W. Blegen e M. Rawson, *The Palace of Nestor at Pylos in Western Messenia*, v. I, p. 40. Evans encontrou traços "negativos" de colunas convexamente estriadas na "Área Lustral" do "Pequeno Palácio". Sua restauração enumera 28 caneluras e remete a forma aos feixes de junco da arquitetura egípcia (v. 2, 519s., figs. 323s.). Fragmentos de afrescos de Cnossos e Pilos parecem igualmente implicar colunas com caneluras, porém não são claras o bastante para que seja possível deduzir o plano ou método de construção das colunas.

12. C.W. Blegen e M. Rawson, *The Palace of Nestor at Pylos…*, v. I, p. 39s.; 61, 80, 191s., 250s.); C.W. Blegen em D. Zakithinos et al., *Xaristērion éis Anastasion k. Orlandon*, v. I, p. 122s. Onde o anel inteiro está preservado, as caneluras parecem contar 32, 44 ou 64.

Seria possível até argumentar que toda a coluna micênica-minoica fosse invertida, já que o capitel era formado por três molduras, não muito diferente da sequência *torus-scotia-torus* base ática da, ao passo que a base moldada poderia ser tomada como uma antecipação do equino dórico.

13. Na sua inscrição, Dario alegava que as colunas em pedra com caneluras eram obra de construtores gregos (R. Ghirshman, *The Arts of Ancient Iran from Its Origins to the Time of Alexander the Great*, p. 215), se bem que ele nada diz, naturalmente, sobre as importantes, em madeira e argamassa. Foram encontradas e reconstruídas por R.C. Haines: ver E.F. Schmidt, *The Treasury of Persepolis and Other Discoveries in the Homeland of the Achaemenians*, p. 53s.

14. Homero, *Od.* XXIII, 187s. (em Chapman, versos 276s.). Acerca de um possível mal-entendido por trocadilho sobre este trecho, ver J.T. Kakridis, *Homer Revisited*, p. 151s. V. Bérard (*Introduction à l'Odyssée*, v. 3, p. 157) faz da oliveira um dos quatro pés da cama. Homero escrevera que apenas um deus poderia mover a cama.

15. De fato, carpinteiros e construtores navais gregos modernos, em muitas comunidades rurais, trabalham habilmente utilizando apenas um machado. São capazes de moldar curvas simétricas e tridimensionais bastante complexas, tais como proas de barcos, apenas a olho e com um machado de mão, sem utilizar modelos. Por essa razão, é pelo menos concebível que membros estruturais bastante complexos pudessem ser desbastados em madeira ou mesmo finalizados com um machado.

16. Sobre as leis de Licurgo concernentes à carpintaria, ver Plutarco, *Es. Car.* 2 (997 c-d); ver, porém, V. *Lyc.* 13 (47c). Plutarco acrescenta que Licurgo não atacava enxós ou formões, mas pensava que o acabamento grosseiro pudesse desencorajar a corrupção da suntuosidade.

17. Ver G. Germain (*Homère et la mystique des nombres*, p. 211s.) acerca da cama enraizada como sinal mágico de estabilidade no casamento e de fidelidade.

18. R.E. Martin, *Manuel d'architecture grecque*, p. 39s. Vale a pena mencionar que, como Martin observa, *le type n'évolue pas*. É estranha a ligação dos carpinteiros gregos com o machado, tendo em vista a antiguidade do machado-enxó, forma comum mesmo na pedra polida por toda a Europa: no Egeu, ver H.-G. Buchholz e V. Karageorghis, *Prehistoric Greece and Cyprus*, p. 46s.; no início da Era do Bronze na Europa, ver H. Müller-Karpe, *Handbuch der Vorgeschichte*, v. 3, pl. 384B, Creta; 455[A], Hungria; 475C, G, H, Checoslováquia; 675, Romênia; 699, norte do Irã. Acerca do

problema geral da distribuição de machados na Europa meridional e no Egeu, ver J. Bouzek, *The Aegean, Anatolia, and Europe*, p. 41s. No entanto, a ferramenta já é substituída na Creta minoica pelo machado duplo, herdado pelos micênios e pelos heróis. Via de regra aparece como um atributo de heróis praticando atos de violência: para uma relação de tais imagens, ver A. Orlandos, *Les Matériaux de construction et la technique architecturale des anciens grecs*, v. I, p. 30, 1n. Entretanto, o machado duplo é também um atributo dos trabalhadores e especificamente de Hefesto (que o utilizou para romper o crânio de Zeus para o nascimento de Atena), como no *pelekus* desenhado na ânfora de figura vermelha de Vulci (BM E 410). Às vezes é chamado *distomos*, "de duas bocas", "de duas bordas".

19. *Lekythos* ânfora de figura vermelha Cápua (Louvre G 210); ver A. Orlandos, op. cit., v. I, p. 27s.; e R.E. Martin, *Manuel d'architecture grecque*, p. 40, e pl. 4, fig. 3. As outras figuras são Sileu (e sua filha Xenodike – Xenodoke em Tzetzes, *Chil.* II, 429s.), se bem que segundo as lendas Héracles mata Sileu com uma enxada ou com uma pá; Apolodoro II.40.iii e seguintes, Diodoro Sículo IV.31. O tema é exibido com frequência em vasos áticos (geralmente com Héracles empunhando um machado duplo: PW, s.v. "Syleos").

20. Eurípides, *Krit.* (ed. Nauck, fr. 472).

21. *Hupo*, "sob"; *trachēlos*, "o pescoço ou a garganta". Curiosamente, não há um membro da ordem denominado *trachêlos*, *collum* ou *cervix*, ou mesmo *fauces*, por sinal, embora tais termos fossem muito comuns quando aplicados a potes de argila ou de metal.

    Hypotrachelium (grafia latina: Vitrúvio III, 3, xii, 5.xi; IV.3.iv, 7.iii) ou *hypotrachelion* (transliteração do grego) ocorre somente em relação à coluna ou à anatomia humana; no corpo humano, é a parte do pescoço bem acima da clavícula.

22. *Anta* é uma palavra tanto grega (como em *anta antein*, "em frente de") quanto latina. *Parastas* é qualquer coisa que está ao lado ou em frente a – como as ombreiras da porta, por exemplo. Embora *pastades* seja às vezes empregado como uma contração de *parastades*, possui na verdade uma origem diferente. Acerca da origem das palavras gregas, ver PC, s.v.; sobre a origem e o arranjo, R.E. Martin, *Manuel d'architecture grecque*, p. 470s.

23. Varrão, *L.L.* VIII.14, 79. Varrão fornece grafias alternativas; *capitellum, capitulum*. Em IV.3.vi, Vitrúvio também chama a moldura do topo do tríglifo de *capitulum*.

24. Eles não são sinônimos: *kranon* significa "o crânio", "o topo da cabeça"; *kēphalon*, "a cabeça", também "a pessoa", e é empregada na construção para "uma cumeeira". Eurípides usa *epikranon* para o capitel da coluna a partir do qual o cabelo brotava no sonho de Ifigênia (*Iph. Taur.* 51); ver, no entanto supra, Cap. V, nota 50, p. 401.

25. L.B. Alberti (VIII.8) introduziu variantes latinas nesta terminologia: *collum* para *hypotrachelion; lanx* (tigela ou prato) para o equino; *operculum* para o ábaco. Havia inclusive um provérbio, relatado por S. Jerônimo (Hierônimos, em *Ep. Eph.*, 15): *dignum patella operculum*, "o prato é digno da cobertura". Contudo, apenas o primeiro dos termos de Alberti foi comumente aceito.

26. Vitrúvio não dá nenhum termo específico para o espaço entre o *hypotrachelion* e os pequenos anéis; embora faça parte da coluna, o capitel é sempre calculado do *hypotrachelion* para cima.

27. A grande variedade de pequenos anéis pode ser apenas registrada em secções em grande escala. Não foi realizada recentemente nenhuma pesquisa coordenada de capitéis dóricos.

    Os pequenos anéis são o único membro da ordem para os quais Vitrúvio fornece um termo em latim (e não em grego). Ainda assim, constituem a parte mais arcaica da moldura, o testemunho mais persistente da natureza maleável dessa moldura. "Annulus", uma grafia medieval incorreta de "anulus", introduziu o segundo *n* no termo inglês.

28. Estes exemplos são os que mais se aproximam das molduras dos capitéis micênicos e talvez inclusive dos minoicos, que aparentemente eram muito semelhantes.

29. E.D. van Buren, *Archaic Fictile Revetments in Sicily and Magna Graecia*; *Greek Fictile Revetments in the Archaic Period*.

30. Hipócrates, *De Foem St.* III.24. Demóstenes usa *echinos* de modo quase técnico para o vaso de cerâmica ou de metal no qual os documentos de uma ação deveriam ser depositados e selados: para que fossem considerados tão intocáveis como um ouriço-do-mar ou um porco-espinho, segundo as palavras de um comentarista afeito a trocadilhos.

31. Sobre o equino, ver B. Baldo, *Lexicon Vitruvianum*, em *Vitrúvio* (ed. Joannes de Laet), parte 2, p. 42. Em Horácio, *Sat.* I.vi.117, o *echinus vilis*, a "tigela comum" é parte do cenário para o simples jantar do poeta. A palavra grega para ouriço-do-mar foi meramente transliterada no latim, conforme observou Varrão (*L.L.* V.77) ao discutir os diversos nomes nativos ou adaptados para animais marinhos. Era também um nome bastante comum, e um herói epônimo chamado Echinus deu nome a uma série de cidades (acerca do qual ver Estêvão de Bizâncio). Havia uma ilha com esse nome na extremidade noroeste do Golfo de Calidon. De fato, PW apresenta dezessete usos diferentes da palavra (a parte arquitetônica do artigo é de autoria de R. Delbrück); ver também R. Hampe, *Ein Bronzenes Beschlagblech aus Olympia, AA*, 3-4, p. 359s.

    Carl Boetticher baseou sua interpretação do equino na concepção de que ele é idêntico à cimalha (ver infra, nota 54), e de que o cimácio era uma moldura que significava a resolução entre as funções horizontal e vertical, uma espécie de análogo em mármore de síntese dialética (*Die Tektonik der Hellenen*, v. I, p. 38s., 63s., 70s.); contudo, a fim de manter esse argumento de forma consistente, ele se viu forçado a adotar o ponto de vista "altamente crítico" de que o termo *echinus* fora adulterado, uma vez que ele denomina o membro equivalente do capitel jônico de *cymatium*. Seu emprego do termo depende de sua derivação fundamental do cimácio a partir das folhas inclinadas e pontiagudas (e, portanto, do equino) que quase sempre (segundo ele) ornamentam os cimácios jônicos em relevo, ao passo que no equino dórico, elas são pintadas (p. 70s., 187s.). Como Boetticher foi o primeiro historiador de arquitetura a desenvolver o estudo de paralelos entre detalhes arquitetônicos em pedra e formas de cerâmica (p. 128s.), esse desvio curioso é digno de nota: seu ponto fraco já foi apontado por J. Durm, *Die Baukunst der Griechen*, p. 254s. Inevitavelmente, pouquíssimos exemplos de equino subsistiram, já que eram destacadamente frágeis. Ver, entretanto, B. Schweitzer, *Greek Geometric Art*, p. 37s.

32. Varrão (*L.L.* IX.33) usa *abacus* para denotar "aparador", mas não considera a etimologia; o termo é muito comum e seu diminutivo *abaculus* é empregado para balcões e contas em jogos de azar. O termo grego *abax* (diminutivo *abakion, abakiskos*) tem sido derivado, por alguns filólogos (que adotam a sugestão de Sexto Empírico, *Adv. Math.* IX.282, que insiste sobre a materialidade das linhas traçadas sobre o ábaco em contraposição à imaterialidade das linhas geométricas, ou de Pérsio Flaco, *Sat.* 1.131) do semítico ocidental *abaq*, "poeira" – isto é, da poeira ou da areia sobre a qual os primeiros matemáticos escreviam. No entanto, *abaq* é "poeira que sopra"; o termo hebraico para "poeira assentada" é *afar*; esta derivação, por conseguinte, *reste indémontrable* (como PC, s.v.).

33. Assim já L.B. Alberti (VII.8) em meados do século XV. Embora essa forma de coluna se baseasse no precedente romano (a Basílica de Emílio no Fórum Romano e o Tablinium são exemplos óbvios), a fórmula de Alberti foi severamente descartada por R. Fréart de Chambray, *Parallèle de l'architecture antique et de la moderne*, pl. 13. É extraordinário o fato de que a única colunata dórica grega que restou em Roma, as vinte colunas em mármore de Himeto em San Pietro in Vincoli (uma igreja muito conhecida como a tumba de Júlio II, obra de Michelângelo) tenha passado despercebida e não registrada até fins do século XIX. Ver R. Krautheimer et al., *Corpus Basilicarum Christianarum Romae*, v. 3, p. 178s.; *S. Pietro in Vincoli and the Tripartite Transept in the Early Christian Basilica, APS*, 84, p. 353s.; ver também G. Matthiae, *Ricerche intorno a San Pietro in Vincoli*.

34. Esta convenção, ao que tudo indica, foi conservada na ordem jônica (capitéis pintados no Museu da Ágora, Atenas: A 1595 de Sounion, A 2973 de um edifício desconhecido), onde a grega na base plana e o óvalo-e-dardo sobre o equino são pintados sob as volutas. O único capitel coríntio sobrevivente (agora destruído) do templo de Apolo em Bassa também possuía uma grega pintada sobre o ábaco, C.R. Cockerell, *The Temples of Jupiter Panhellenicus at Aegina and of Apollo Epicurus at Bassae*, pt. 2, pl. XV. A colocação de uma grega sobre um padrão de óvalo-e-dardo é por demais comum para exigir uma referência específica. Muito já se escreveu a respeito das origens desses dois padrões. Um glossário e um índice dos padrões é oferecido por J.N. Coldstream, *Greek Geometric Pottery*, p. 395s. Para uma bibliografia sobre as controvérsias concernentes aos padrões, ver C.G. Starr, *The Origins of Greek Civilization*, p. 144, 9n; e N. Himmelmann-Wildschütz, *Über einige gegenständliche Bedeutungsmöglichkeiten des frühgriechischen Ornaments*, em *Abhandlungen der geistes- und sozialwissenschaftlichen Klasse No. 7*.

35. Varrão (*R.R.* III.5) usava *epistilium* assim como Plínio (*NH* XXXV.xlix.172), o termo é definido por Festo (*trabs, quae super columnas ponitur*; 58, p. 72).

Em grego, a palavra é encontrada em inscrições (*IG* I².372; *CIG* 2751) e ocasionalmente em autores helenísticos (Plutarco, *v. Per.* 13).

36. Ambos, *epistilium* e *architrave* seriam ofensivos para Alberti, que simplesmente utiliza a palavra *trabs* (VII.9). No entanto, Filarete e Leonardo usam *architrave*, assim como Castiglione. Na época de Palladio, já é um termo familiar.
37. Prender o cabelo com um filete de lã era algo muito comum, mas empregava-se a palavra também para denotar um traje cerimonial. *Tainia* é meramente a mais comum das palavras para as muitas formas de coroar a cabeça pelas quais os gregos demonstravam interesse – de *mitra* para baixo. Quando o ébrio Alcibíades chega ao Simpósio de Agathon (Platão, *Symp.* 212e.s.), ele porta uma grinalda de hera, *stephanos*, atada com *tainia*, e faz muita brincadeira com a hera e as fitas. A. Krug (*Binden in der Griechischen Kunst*) reconhece quatorze tipos de tais faixas. Filetes de lã, que eram chamados *tainia*, eram usados em muitas formas de rito (como sepultamentos) que exigiam que nós fossem atados. A aplicação da palavra ao filete que circundava o edifício era, pois, uma espécie de metonímia visual.
38. B. Baldo em Vitrúvio (op. cit., v. 2, p. 144). O termo foi amplamente utilizado em italiano no período medieval como referência a bordas ornamentais: por exemplo, Dante (*Inferno* VIII.46s.), sobre o empregado Filippo Argenti:

    Quei fu al mondo persona orgogliosa
    Bontà non é che sua memoria fregi.

    Ou ver Petrarca (*Rime* 263):

    Il bel tesoro
    Di castità par ch'ella aforni e fregi

    que ele, à semelhança de Dante, faz rimar com *dispregi*!

    Uma vez mais, Alberti evita o termo; *fregio* bem pode ter sido aportado à terminologia da construção por Grapaldi, assim como ocorreu com *architrave*.
39. Vitrúvio III.5.x. No grego helenístico, em geral, a palavra era empregada como sinônimo de *Kuklos*, para denotar o zodíaco, e as duas palavras são, às vezes, emparelhadas, *zôphoros kuklos*, como em Aristóteles (*De Mundo* 392a), e em *Corp. Herm.* XIII.12. Ver A.D. Nock e A.J. Festugière (*La Révélation d'Hermès Trismégiste*, v. 2, p. 206), se bem que o termo também significasse "dar à luz", "dar vida".
40. Palladio traduz *regula* "uma regra" em ambos os sentidos da palavra, como *listello*, "uma ripa ou tabuinha".
41. As *guttae* primitivas são quase sempre pinos cilíndricos, e as mais tardias transformaram-se em cunhas. A tentativa de Alberti de substituir *guttae* pelo latim *claviculi* (VII.9), ao que tudo indica não foi adotada por mais ninguém. Em alguns edifícios de cor natural (como o templo de Apolo em Bassa), as *guttae* são de um material diferente do restante da cornija, mármore branco em contraposição à pedra calcária turquesa.
42. Vitrúvio IV.2.ii.
43. Id., IV.2.iii.
44. A. von Gerkan (*Von Antiker Architektur und Topographie*, p. 386) mantém que "das Metope als femininum nicht ein substantivietes Adjektivum ist, sondern ein Haupwort, foglich ein Loch zwischen abderen Teilen", o que estabelece, seguindo Vitrúvio de forma por demais literal, a possível interpretação de métopa como um "buraco-entre-outras-coisas", em contraposição ao comum "o-que-está-entre-os-buracos", ao mesmo tempo em que despreza a etiologia da noção, como em H. Kähler (*Das Griechische Metopenbild*, p. 13s.). Essa distorção etimológica é digna de ser citada como a única solução possível (tanto quanto posso ver) ao problema que a palavra, caso contrário, deve impor, o que sugiro seguindo S. Ferri (ed.), op. cit.

    Esse trecho forneceu material para muitos comentários. Ver R. Demangel, Fenestrarum Imagines, *BCH*, 55, p. 117s.; Fenestrarum Imagines, bis, *BCH*, 70, p. 132s.
45. Vitrúvio IV.2.iv; mas ver X.4.ii, onde *columbaria* são aberturas em máquinas para sucção de água. Ver, contudo, *Vitrúvio*, C. Fensterbusch (ed.), *Zehn Bücher über Architektur/Vitruv*, p. 138s.
46. O Vaso François (ateniense, encontrado em Chiusi) é assinado pelo ceramista Ergótimos e pelo pintor Clítias; ver, a respeito, M. Robertson, *A History of Greek Art*, v. 1, p. 124s.; e J.D. Beazley, *The Development of the Attic Black Figure*, p. 26s.; Vasos de Figuras Negras atenienses 76 I 29. No que concerne ao Artemision em Corfu, ver A.W. Lawrence, *Greek Architecture*, p. 113s.; e W.B. Dinsmoor, *The Architecture of Ancient Greece*, p. 73s. A principal publicação é de G. Rodenwaldt (ed.), *Korkyra*.
47. Eurípides, *Iph. Taur.* 1112s. Esse texto já foi citado por Winckelmann para sustentar a ideia da métopa como uma abertura *Anmerkungen über die Baukunst der Alten*, p. 24s. Em *Or.* 1371, Eurípides faz com que o covarde frígio escape "por cima do pórtico de cedro, entre os tríglifos dóricos". Uma vez mais, a aliteração quase o faz gaguejar.

    Em *Iph. Taur.* 119, *hopoi* é uma preposição, "de onde". Embora ela possa ter a finalidade de enfatizar uma palavra ou expressão que possui dois significados diferentes, um dos quais obscuro, não creio que possa ser empregada (como o fez I. Beyer, Der Triglyphenfries von Thermos C., AA, 87, p. 204) para corroborar a ideia de que havia outros tríglifos além dos dóricos.

    Metôpon, no sentido de testa, frente – de qualquer coisa, inclusive de um templo – é assimilado nesta noção por G. Hersey, em *The Lost Meaning of Classical Architecture*, p. 32s.; deriva-se de *ôps*, em geral grafado com ômega e psi no nominativo e, por conseguinte, não me parece ser de grande valia aqui, embora esteja também relacionado a *op* (qualquer buraco ou abertura). De todo modo, "testa" ou "frente" não servem de auxílio no que diz respeito ao significado do termo técnico.
48. Vitrúvio emprega a palavra não apenas para essa parte de projeção do tríglifo, mas também para toda a sua face, como sinônimo de *femur* (IV.3.5), e para o *kanôn* do rebocador (VII.3.5), uma borda reta ou mesmo uma barra de ferro (V.10.iii). Esse é um dos motivos pelos quais a identificação de G. Hersey (op. cit., p. 31s.), a saber, do *meros* com as coxas sacrificiais três vezes fendidas, gotejando "líquidos sagrados", não me parece de todo convincente: não se pode ter coxas na cabeça.
49. Ambos foram discutidos por J. de Laet em De Verborum Significatione, no seu *Vitruvio* (1649; s.vv. metoche", metope, triglyphus); ver, contudo, S. Ferri (ed.), op. cit., p. 162s. Para Festo era óbvio que *trabs* nunca poderia ser uma viga sólida; podia apenas significar "duo ligna compacta", W.M. Lindsay (ed.), Notes on Festus and Plautus, *The Classical Quaterly*, 1913, v. 7, n. 2, p. 504. Vitrúvio explica os *laxationes* em IV.7.iii, ao considerar a "disposição etrusca" (à qual dedicarei o Cap. XI).
50. Sobre essas várias alternativas, ver P. Zancani Montuoro (La struttura del fregio dorico, *Palladio*, 18.2, p. 49s.), que se fundamenta, entretanto, nos exemplos praticamente únicos de tríglifos que se estreitam para cima, no Heráion em Foz do Sele, nas proximidades de Pesto, onde realizou suas escavações. A derivação micênica é mantida por W. Dörpfeld (*Alt-Olympia*, v. 1, p. 199s.), se bem que este friso aparentemente tenha sido utilizado para *orthostatês* e não para cornijas. Talvez de forma mais plausível, E. Lorenzen avalia os tríglifos em termos de toros rachados lascados e não trabalhados (De Dorike Traetemplers Bygningshistorie, *Arkitekten*, 13, p. 241-262). H. Robert (1970) vê a cornija dórica como uma versão formalizada do sótão de armazenamento numa construção protogermânica de um celeiro. Essa tese assaz implausível (nuances de Strzygowski!) constitui a base de uma versão muito mais erudita e elaborada, de I. Beyer (Der Triglyphenfries von Thermos C., AA, 87, p. 197s.), que apresenta sua restauração do templo em Thermon (ver infra, nota 74); contudo, exige que ele tenha um epistílio excessivamente alto e causa outros problemas.
51. H. Kähler (op. cit., p. 28s.) chegou a sugerir que havia *metopai* de madeira pintadas antes das de terracota, se bem que até agora não foram descobertos quaisquer vestígios disso.
52. *Mutuli*, em latim, comumente significa "console", pedaços de madeira que se projetam para frente, como em Varrão, *R.R.* III.5, ou em Columela, *de R.R.* VIII.9, onde a natureza dos suportes de madeira é tornada explícita. Os dicionários atribuem ao termo uma raiz etrusca ou derivam-na de *mitulus*, homônimo da palavra grega que significa "podada", "cortada", "mutilada", que se transforma normalmente no italiano *modiglione*, do qual deriva *modilhões*. Os espaços entre os modilhões são chamados *viae* (Vitrúvio IV.3.vi), termo para o qual parece não haver uma tradução padronizada.

    A inclinação raramente é superior a 17,5°. Com frequência, é a mesma inclinação do ângulo do telhado, já que os mútulos representam a parte de baixo das pranchas do telhado.
53. Como cumeeira: Eurípides, *Or.* 1570, 1620; *Phoen.* 1158, 1180. Como bainha ou franja de uma vestimenta (análoga a friso): Aristófanes, *Fr.* 762. Figura igualmente em inscrições. Estevão de Bizâncio (s.v. "monogissa") afirma que a palavra é de origem cária.

    A descrição mais completa das molduras gregas foi apresentada por L.T. Shoe, *Profiles of Greek Mouldings*; *Profiles of Western Greek Mouldings*.

54. O membro inclinado do frontão, via de regra, repete a *corona* e adota o cimácio, que se estende ao longo das compridas laterais do edifício. Ver, no entanto, B. Wesenberg, Kymation und Astragal, *Marburger Winckelmann Programm*, p. 1s.; e E. Wistrand, Bemerkungen zu Vitruv und zur Antiken Architekturgeschichte, *Eranos*, p. 191-225. Contudo, ver também pw, s.v. "kymation", e eaa, s.v. "Cornija".

A *cyma* não constitui, na verdade, um perfil único, mas todo um grupo de molduras. A.W. Lawrence (op. cit., p. 132s.) dividiu as cimalhas em dois grupos: (1) calhas, tais como o cimácio propriamente dito, o cimácio reverso, a *sima* e o caveto, e (2) molduras de base e da cornisa, tais como uma de perfil quadrado, óvulo e bico de ave: o cimácio reverso também pode servir como moldura de base, embora isso bata de frente com a divisão de Carl Boetticher entre *Werkformen* e *Kunstformen*, a distinção de tipo parece válida.

55. Vitrúvio sugeriu, caracteristicamente, que apenas as cabeças de leão sobre as colunas deveriam descarregar água, ao passo que as intermediárias deveriam ser máscaras sem gárgulas (III.5.xv). A conexão com Plutarco, *Symp* IV quaest. 5 (De por que os judeus não comem carne de porco; ed. G. Xylander, *Quae exstant omnia*, II, 669e), aludida por alguns comentaristas dos séculos XVI e XVII, parece obscura.

56. Vitrúvio (II.8.xviii) emprega a palavra *corona* para qualquer cumeeira ou outra moldura utilizada para impedir que a água escorra pela superfície da parede. Como várias dessas molduras possuem um perfil agudo denominado "o bico", uma etimologia bastante curiosa associa a derivação italiana *cornice* com *cornacchia*, "um corvo", por intermédio de *corniccione*. De fato, desde o século XVI, *cornice* passou a significar qualquer tipo de moldura. O termo em inglês é simplesmente o italiano anglicizado. O significado original de *corona*, "grinalda" bem como "coroa", permaneceu inalterado em italiano, enquanto o termo de construção passou por transformações.

57. E. Akurgal, *Ancient Civilizations and Ruins of Turkey*, p. 119s.; R. Hampe e E. Simon, *The Birth of Greek Art*, p. 56s.

58. Um modelo bastante diferente, mas também de terracota pintada, vem de Sala Consilina, na Lucânia. Não há pórtico, porém uma grande janela lateral: os acrotérios acornados nas duas extremidades do telhado e as estátuas de pássaros na cumeeira são dignos de nota. Parece pertencer a outra tradição construtiva, apesar de ser classificado junto com as gregas por H. Drerup, Griechische Baukunst in Geometrischer, *ArchHom*, 2, p. 69.

Contudo, outro modelo de terracota pintada, de Ítaca, ainda não foi publicado por seu escavador; ver, no entanto, I. Beyer, *Die Tempel von Dreros und Prinias A.*, pl. 25.

59. J. Boardman em *Brit. Sch. Ann.* 62 (1967, p. 66s.). Ver ainda infra, Cap. VIII, nota 14, p. 415.

60. Acerca da importância e do desenvolvimento de edifícios circulares, ver F. Seiler, *Die Griechische Tholos*, passim.

61. Pausânias x.5.v e seguintes. O loureiro é, naturalmente, *daphnē*, e Dafne foi a jovem transformada em um loureiro ao fugir do deus enamorado. As associações com o mel e a cera (à parte todas as considerações pertinentes à cera perdida) possuíam uma conexão poderosa com Delfos, onde Sibila era chamada "abelha"; Píndaro, *Pyth.* IV.60s. Ver também C. Sourvinou-Inwood, Reading *Greek Culture*, p. 194s.; e R. Triomphe, *Le Lion, la vierge et le miel*, p. 257s.

62. A mais conhecida fonte da estória encontra-se em Ovídio, *Met.* I.452s.; existem, no entanto, distintas versões em Pausânias x.7.viii, Nonnos XLII.387s. Sobre outras referências, ver pw, s.v. "Daphne".

O culto a Apolo Dafnéforo, "portador do louro", ao que parece, era principalmente beócio. Pausânias recebeu uma informação sucinta sobre ele em Tebas (IX.10.iv), porém o culto é descrito em maiores detalhes por Fócio (Schol. Ad Clem. Alex. *Protr*.II.27). Ele envolvia uma árvore "inventada": um tronco de oliveira, ao qual ramos de loureiro estavam atados, era decorada com fitas e flores, e coroada com uma bola de metal, da qual pendiam muitas outras, provavelmente para representar a árvore celestial. Ver M.P. Nilsson, *Geschichte der Griechischen Religion*, v. 1, p. 125s.; J.E. Harrison [1912] *Themis*, p. 473s.

63. Oleno foi um dos fundadores lendários do oráculo (Pausânias x.5.viii e seguintes). Pausânias também conhece um Oleno lício, "o autor dos mais antigos hinos gregos" (IX.27.iii; seus hinos a Aqueia, v.7.iii; a Hera, II.13.iii; a Ilítia, I.18.v, VIII.2.iii, IX.27.iii), que deu aos délios seus cantos: ambos podem ter sido a mesma pessoa, ver pw, s.v.; M.P. Nilsson, op. cit., col. 1, p. 548.

A cabana de cera e penas de Apolo surge como um exemplo de frugalidade divina em Flávio Filóstrato, *V. Apol. Thy.* VI.10. Há, todavia, outra conexão com a profecia apolínea: o homérico *Hino a Hermes* (552s.) fala sobre três irmãs, as *trías*, que viviam sob o monte Parnaso e foram ensinadas por Apolo a profetizar; elas diriam a verdade apenas se fossem alimentadas com mel.

64. Feto é o nome comum do *Aspidium filix-mas* ou do *Pteris aquilina*, de caules duros e resistentes, que eram às vezes utilizados para cobrir o telhado, e possuíam usos medicinais. A estipa, *Stipa pennata*, não é muito diferente do esparto, um material comum de cobertura também utilizado para fazer corda. Qualquer uma dessas plantas pode ter aparecido na lenda, e o jogo de palavras acerca dos diferentes significados de *pteron*, desde "pena" até "ala de um edifício", nem sempre é de fácil compreensão.

65. Hefesto é, afinal, visto como um construtor experiente na *Ilíada* (I.607s.; XIV.166s., 338s.; XX.9s.).

66. Pausânias X.5.xii, citando um canto de glória perdido, de Píndaro (ed. A. Puech, *Pindar*, fr. 12; v. 4, p. 134s.; Schroeder, fr. 61). Este canto de glória baseava-se numa lenda com a qual Pausânias pode ter-se familiarizado independentemente muitos séculos depois. O fragmento foi encontrado – junto com outros – em um dos papiros de Oxyrrhincus e publicado em 1922; fala também de "paredes de bronze, e colunas todas de bronze". Provavelmente, o canto dos "magos" era metafórico, mais do que mecânico ou miraculoso. Ver, entretanto, C. Sourvinou-Inwood op. cit., p. 201s.

67. Exatamente da mesma forma, o papa Urbano VIII substituiu as vigas de bronze (ou talvez revestidas de bronze) do Panteão romano por uma armação de madeira, derretendo-as para obter metal a fim de moldar o *baldacchino* de Bernini para a Basílica de S. Pedro.

68. Porém o próprio Deus (de acordo com Homero, *Hym. Pyth.* 294s.), estabeleceu a fundação. Os dois arquitetos figuram em conjunto num fragmento de Píndaro (ed. A. Puech, op. cit., fr. 2; v. 4, p. 87) como tendo recebido conselhos do deus arqueiro. O fragmento não deixa claro se esse conselho era o mesmo que o presente da morte com o qual o deus os recompensou (Plutarco, *Consol. Ad Apoll.* 14, Cícero, *Tusc.* 1.47).

Trofônio morto por abelhas selvagens, e era provavelmente o mesmo Trofônio (filho de Apolo! ou de Zeus) patrono de um oráculo muito famoso e discutido em Lebadia, na Boécia (Pausânias, IX.39.iii e seguintes; ed. J.G. Frazer, *Description of Greece*, v. 5, p. 198s.) que, de fato, fora descoberto por abelhas. Ver C. Sourvinou-Inwood, op. cit., p. 192s., 204s.

69. A primeira reconstrução por Paul Auberson, um dos escavadores, foi publicada por C. Bérard (*L'Heroon à la Porte de l'Ouest*, p. 59s.), e republicada por P. Auberson e K. Schefold, *Führer durch Eretria*, p. 118s. Foi duramente criticada por H. Drerup (*Das Sogenannte Daphnephoreion in Eretria*, p. 608s.) e menos radicalmente por J.J. Coulton (Post Holes and Post Bases in Early Greek Architecture, MA, 1, p. 59s.). A parede anã com plano em formato de grampo, com buracos para postes de ambos os lados, sugere que o restante da construção não era de pau-a-pique, como estipulava Auberson, mas de tijolos secos ao sol; todavia, Coulton rejeita a concepção de Drerup de que os postes e a parede pudessem pertencer a períodos distintos. Por outro lado, o edifício poderia ter sido uma estrutura temporária, construída para ocasiões especiais de modo a ser removida ou destruída após uma única utilização – e a parede anã pode ter servido para debruar o piso e não para dar suporte às paredes.

70. Publicado por M.R. Popham et al. (eds.), *Lefkandi* II, v. 2. Sou grato ao sr. Popham por ter-me generosamente mostrado uma planta em grande escala do levantamento da escavação, antes da publicação.

71. Ver M. Popham e L.H. Sackett (eds.), *Excavations at Lefkandi*, p. 34s., para um sumário.

72. A publicação fundamental é de S. Marinatos, Le Temple géometrique de Dréros, BCH, 60, p. 214s., 257s.; ele o datou como pertencendo à primeira metade do século VIII. Sobre a relação entre o santuário e a ágora, ver R.E. Martin, *Recherches sur l'agora grecque*, p. 107, 180); ver p. 226 acerca da relação com as outras ágoras geométricas cretenses. Aquela que leva as primeiras inscrições drerianas, em grego e em etocretense, testemunha a continuidade da população "minoica" na Creta daquele tempo.

G.M.A. Richter (*Kouroi*) data os bronzes de cerca de um século mais tarde, assim como P. Demargne, *The Origins of Aegean Art*, p. 350s. Uma tríade em terracota um pouco anterior foi encontrada no santuário de Apolo em Amiclea, perto de Esparta; encontra-se atualmente no Museu Nacional em Atenas, e os bronzes de Dreros estão no Museu Heraklion (n.

2445-2447). Ver E. Walter-Karydi, *Die Entstehung der Griechischen Statuenbasis*, *AK*, 1, p. 8s.; e I. Beyer (*Die Tempel von Dreros und Prinias A.*, p. 154s.), que data os bronzes da primeira metade do século VIII.
73. I. Beyer, *Die Tempel von Vreros und Prinias A.*, p. 17s.
74. Ibidem, p. 24s.; ver, contudo, H. Drerup, Griechische Baukunst in Geometrischer Zeit, *ArchHom*, 2, p. 187s. A reconstrução de Drerup com estacas oblíquas foi criticada por J.J. Coulton, Post Holes and Post Bases in Early Greek Architecture, *MA*, 1, p. 63s.
75. Nem uma única monografia está disponível. A melhor documentação ainda é o relatório das escavações: G. Soteriadis, Anaskephai en Thermon, *EA*, 11, 14, 16, p. 165s.; K.A. Rhomaios, Ek Tou Preistorikou Thermou, *Archaiologikon Deltion*, 1, p. 225s. Para uma reconstrução, ver G. Kawerau e G. Soteriadis, Der Apollo-Tempel zu Thermos, *AntDenk*, 2; e I. Beyer, Der Triglyphenfries von Thermos C., *AA*, 87 p. 197s. Uma discussão recente a respeito dos resquícios anteriores figura em A. Mazarakis-Ainian, Contribution à l'étude de l'architecture religieuse grecque des Ages Obscurs, *AC*, 54, p. 12s., e B. Wesenberg, Thermos B1., *AA*, 22, p. 149-157.
76. Por cujo ataque Filipe foi repreendido por Políbio v.8-18, XXVIII.44s.
77. Ver, no entanto, uma suposta reconstrução do templo de madeira com duas águas, por J.J. Coulton, *Greek Architects at Work*, p. 35s.
78. R. Hampe e E. Simon, op. cit., p. 53s.; A.M. Snodgrass, *The Dark Age of Greece*, p. 421s.; e P. Demargne, op. cit., p. 315s.
79. P.A. Clayton e M.J. Price, *The Seven Wonders of the Ancient World*, passim. As listas das sete maravilhas foram cotejadas por M.L. Madonna, Septem Mundi Miracula, *Psicon*, 7, p. 25s.; a estátua do Zeus Olímpico figura na maioria delas.
80. Várias dessas placas, algumas talvez de colunas, subsistem nomeadamente no Museu Nacional em Atenas. Algumas colunas levavam dedicatórias; uma delas, numerada S 2 por Dörpfeld, tinha até dez, op. cit., v. 1, p. 170s.
81. Segundo W. Dörpfeld (op. cit., v. 1, p. 137s.), o templo do século VII foi o terceiro a ser construído no local, e o primeiro teve duas fases distintas. Ele via esse primeiro templo como uma espécie de mégaro com um clerestório, e considerava a linha de colunas no interior da cela como uma sucessora dos suportes daquele clerestório. A discrepância entre as colunas e os capitéis, e a relação por isso e as duas colunas em madeira de Pausânias (bem como a coluna de Enômao) já foram apontadas por A. Boetticher, *Olympia*, p. 193s.
82. Ver supra, Cap. IV, nota 27, p. 395, e Cap. VI, nota 5, p. 404. Aulo Gélio 1.1 cita uma obra perdida de Plutarco, que alegava ter registrado o ensinamento de Pitágoras de que a altura de Héracles – bem como sua força e virtude – excedia a de outros homens do mesmo modo que o estádio de Olímpia era maior que outros estádios na Grécia. Aparentemente, havia uma corrida de mulheres, de mais de 60m (sendo estes medidos a partir do templo de Hera), e uma corrida correspondente de homens, também de 60m (medidos a partir do templo de Zeus); ver H.M. Lee, em W.J. Raschke (ed.) (*The Archaeology of the Olympics*, p. 113s.), que extrapola a partir de Pausânias v.16.ii.
83. Apenas a cabeça e alguns fragmentos da estátua subsistiram. Podem de fato ser posteriores à edificação do templo, e sua identificação como a estátua do culto do templo foi discutida. Ver L. Drees, *Der Ursprung der Olympischen Spiele*, p. 131s., 176 nota 20s.).

Contudo, é curioso registrar que no início dos jogos, os juízes e competidores prestavam juramento no *bouleuterion*, a "casa do conselho", que consistia de dois edifícios com planta em formato de grampo com uma colunata central, um paralelo ao outro: o primeiro provavelmente data de meados do século VI, o segundo é um pouco posterior. O juramento era prestado diante da estátua de Zeus Horkios, que se encontrava em algum lugar nesse grupo de edifícios.
84. Sobre a relação entre os templos do século XI e VII, ver W. Dörpfeld, op. cit., v. 1, p. 125s.; E.N. Gardiner, *Olympia*, p. 207s.; e K. Schefold, *Die Griechen und ihre Nachbarn*, p. 237s. A cela é um hecatômpedo, "cem pés". A única peculiaridade verdadeira da planta são as paredes transversais colunas alternadas à parede da cela, que servem como suportes internos.
85. As principais fontes da lenda são Píndaro, *Ol*.1.36s.; Apolodoro, *Epit*. II.3s.; Higino, *Fab*.83. Tântalo ainda sofre no mundo dos mortos por causa de seu crime e dá seu nome a formas de frustração. Ele manifesta dois avatares, um herói lídio e um primitivo rei de Argos, bem como duas tumbas, uma em Argos e a outra no monte Sipylus, nas proximidades da Magnésia. Ver Pausânias, II.22.iii (ed. J.G. Frazer, op. cit., v. 1, p. 104; v. 3, p. 202s.; ed. H. Hitzig e H. Bluemner, *Description of Greece*, v. 2, p. 436, 588); Homero, *Od*. XI.582; Eurípides, *Or*. 5. Ele também possuía a fama dúbia de ter sido o primeiro marido de Clitemnestra: Pausânias, *loc cit*. Sobre a antiguidade dos jogos, ver supra Cap. VI, nota 5, p. 404, e C. Renfrew, em W.J. Raschke (ed.), op. cit., esp. p. 21s.
86. Pausânias v.20.vii; J.G. Frazer (ed.), op. cit., v. 1, p. 267s.; v. 3, p. 620s. L. Drees (*Olympia: Gods, Artists and Athlets*, p. 28) é de opinião que Pausânias equivocou-se, e que nenhum dos resquícios pré-helenísticos no local poderia ter feito parte das fundações de um palácio micênico. Isso o leva a argumentar que o pilar fora meramente um falo, relacionado às corridas. No entanto, Wilhelm Dörpfeld (op. cit., v. 1, p. 32s., 71, 93) já apontara que o texto sugere que o pilar fora trazido de outro lugar para a posição em que Pausânias o viu.
87. Pausânias, VIII.10.i. e seguintes. Sobre Trofônio e Agamedes, ver supra, nota 68.
88. P. Courbin, *L'Oikos des Naxiens*, p. 11s., 26s., 43s.; Le colosse naxien et le palmier de Nicias, *BCH*, suppl. 1. Publicação original de Théophile Homolle e Maurice Holleaux (*Exploration archéologique de Délos faite par l'École Française d'Athènes*, fasc. 33), sobre o edifício mais antigo: acerca de sua data e relação com o colosso, ver p. 29s. Sobre o próprio colosso, que tinha quatro vezes o tamanho natural, formando uma única peça com a base de mármore de Naxos, ver também G.M.A. Richter, *Kouroi*, v. 1, p. 51s., n. 15; e W. Deonna, *Dédale, ou la statue de la Grèce Archaique*, v. 1, p. 112s., 426, 465. Como várias estátuas arcaicas, o colosso possuía um colar de bronze (com medalhão? – "amuleto") e um cinto (e um avental; dourado?) a ele pregado.
89. Píndaro, *Ol*. XIII.21s.
90. *Etym. Magn.*, s.v. Ver, contudo, Pausânias III.17.iv. Sobre esse trecho ainda vale a pena ler Aetos Prometheus, de Solomon Reinach (*Cultes, mythes et religions*, v. 3, p. 68s.), que rejeita essa interpretação e acha que a frase diz respeito a acrotérios de pássaros, e não à assimilação de formas da qual o *Etymologicon* falava.
91. T.N. Howe, *The Invention of the Doric Order*, p. 370s.; A.W. Lawrence, op. cit., p. 113s.; H.S. Robinson, Temple Hill, Corinth, em U. Jantzen (ed.), *Neue Forschungen in griechischen Heiligtumern*, p. 239s.; W.B. Dinsmoor, op. cit., p. 89s.; e H.N. Fowler e R. Stillwell, *Corinth*, p. 115s.
92. Plínio, *NH* XXXV.xliii.152; ele também fala acerca da invenção da *prostypa* (figura em baixo-relevo) e *ectypa* (figura em alto-relevo) por Butades, que bem podem denotar alto e baixo relevos. Não está claro se o (fastígio) do qual Plínio fala aqui é o frontão com suas esculturas, ou meramente os acrotérios.
93. Vitrúvio, IV.3.i. Ele cita como suas autoridades Arcesius, que figura posteriormente em sua obra como o projetista de um templo de Asclépio em Tralles; Pytheios, um arquiteto do século IV; e o mais famoso de todos, Hermógenes, que realmente tinha todo o material pronto para um templo dórico, mas mudou de ideia no último minuto e construiu um templo para "Liber Pater" – Vitrúvio provavelmente alude ao templo de Dioniso em Teos (Sigaçik), nas proximidades de Esmirna/Izmir. Sobre esse templo, ver P. Hermann, Antiochos der Grosse und Teos, *Anatolia*, 9, p. 29s.; Y. Béquignon e A. Lamounier, Fouilles de Téos, *BCH*, 49, p. 281s.; e R.W. Chandler et al., *Ionian Antiquities*, p. 1s. Os códices divergem no que concerne ao nome de Arcésio – Arcesius, Arkesios, Argelius, Terchesius – se bem que nada se saiba sobre qualquer um deles. Sobre Pytheios e Hermógenes de Alabanda (o favorito de Vitrúvio), ver *PW*, s.v. e W.B. Dinsmoor, op. cit., p. 273s.

VIII: O QUE SE SABE E O QUE SE VÊ

1. A mais famosa das plantas de templos irregulares foi a do Atena Erecteion, embora vários esforços tenham sido feitos para apresentá-lo como um fragmento de um edifício simétrico incompleto.
2. Vitrúvio indica templos sem teto ou hípteros – *sub divo* – para os deuses celestiais: Júpiter Tonans (trovejador); o céu, o sol, a lua (1.2.v). Em outra obra, (III.2.viii), Vitrúvio afirma que os templos devem ser decástilos, ao passo que o único desse tipo a que ele se refere é o templo coríntio de Zeus Olímpico em Atenas que (segundo ele) era na verdade um octástilo. O Didymaion (Didimeu) nos arredores de Mileto era um templo jônico, decástilo, híptero (ainda que sem a colunata interna que Vitrúvio exige),

ao passo que o de Ártemis, em Éfeso, e o templo de Hera, em Samos, eram ambos octástilos jônicos. Alguns autores também interpretam os templos dóricos de Afaia, em Égina, e de Apolo Epicúrio, em Bassa, como hípteros, mas não há provas suficientes.

Em seu *Onomasticon* II.54, Pólux descreveu tijolos furados, *karemides opaia*; ver R.E. Martin, *Manuel d'architecture grecque*, p. 78s.; e A. Orlandos, *Les Matériaux de construction et la technique architecturale des anciens grecs*, v. I, p. 107s. Vários tijolos foram encontrados em escavações em Priene, Olinto e Corinto. Nem esses exemplos, nem o verbete no dicionário de Pólux esclarecem se esses tijolos de cerâmica ou de mármore, com grandes perfurações circulares ou retangulares e quase sempre emoldurados por uma borda em relevo, eram usados para iluminação ou ventilação ou como saída para fumaça.

3. Contudo, vários estudiosos sugeriram que o padrão surgiu (como Pind. *Ol.* XIII parece implicar) em Corinto, e que talvez tenha havido um único "inventor"; também segundo, por exemplo, R.M. Cook, *Greek Art*, p. 17.
4. J.J. Coulton, *Greek Architects at Work*, p. 37s. No entanto, uma visão bem diferente da estrutura em Termo foi dada por I. Beyer (Der Triglyphenfries von Thermos C, *AA*, 87), para quem a estrutura do telhado é um tipo de amálgama de mísulas de pontaletes e pendurais de madeira, que também tinha o suporte direto da linha central de colunas. Essas colunas, portanto, tinham que ser muito mais altas (ainda que do mesmo modelo) do que as do perípetro. Sua reconstrução minuciosamente planejada, que também permitiu um sótão atrás do friso de métopas e tríglifos, não é bem aceita pelos estudiosos.
5. Sobre Ártemis Ortia, ver R.M. Dawkins et al., *The Sanctuary of Artemis Orthia*, passim.
6. W.B. Dinsmoor, The Hekatompedon on the Athenian Akcropolis, *AJA*, 51, p. 109s.; W. Judeich, *Topographie von Athen*; T. Wiegand, *Die Archaische Poros-Architektur des Akropolis zu Athen*, p. 1s.; M. de G. Verrall e J.E. Harrison, *Mythology and Monuments of Ancient Athens*, p. 464s. Ver também Hesy., s.v. "Hekatompedon naos".
7. W. Dörpfeld, *Alt-Olympia*, v. I, p. 147s.; A. Bammer em P. Gros (ed.), *Architecture et société*, p. 276s.
8. O pé padrão variava de cidade para cidade. Fizeram-se várias tentativas para chegar a alguma leitura ordenada de dimensões: ver, por exemplo, H. Bankel (Akropolis-Fussmasse, *AA*, 2, p. 151-163) sobre o uso do pé dórico (32,7cm) e jônico (29,4cm) em Ática e, mais especificamente, na Acrópole de Atenas; contudo, o padrão do Erecteion parece ter sido uma medida de 49,0287cm.
9. Ver, mais recentemente, K. Schefold, *Die Griechen und ihre Nachbarn*, p. 236s. Talvez o templo de Hera em Olímpia tenha sido modelado de acordo com o de Argos. De qualquer modo, a mudança de direção no templo de Ártemis em Éfeso (ver supra, nota 7) foi contemporânea às mudanças radicais na organização do espaço do templo.
10. Muitos resultados dessas escavações estão expostos no Museu Arqueológico de Tessalônica. Infelizmente, as publicações são esporádicas e fragmentadas; contudo, recomenda-se ver W.A. Heurtley, *Prehistoric Macedonia*, p. 5s.
11. Foi também um dos primeiros edifícios europeus (início do Helládico II) a usar tijolos cozidos em vez de secos ao sol. As paredes concêntricas no interior podem ter sustentado pisos, enquanto o todo era provavelmente abobadado. Ver K. Kilian, The Circular Building at Tiryns, e D.J. Pullen, A House of Tiles at Zygouries?, em R. Hägg e D. Konsola (eds.), *Early Helladic Architecture and Urbanization*, p. 65s., 79s. Ver também E. Vermeule, *Greece in the Bronze Age*, p. 35s.; A.W. Lawrence, *Greek Architecture*, p. 17, 31s. J.D.S. Pendlebury (*The Archaeology of Crete*, p. 64s.) discute sucintamente os problemas estruturais das primeiras tumbas circulares.

Sobre os tolos em geral, ver F. Seiler, *Die Griechische Tholos*; e G. Roux, Trésors, Temples, Tholos, em G. Roux (ed.), *Temples et Sanctuaires*, p. 153s. A ideia de que o edifício tinha um telhado plano ou mesmo unificado (como Kilian dá a entender) parece-me improvável na prática da construção.

12. Na "villa" Mallia, há uma faixa dupla de "celeiros" circulares (cada um com cerca de cinco metros de diâmetro e alguns com uma pilastra central); esses representam um grupo semelhante ao do pequeno modelo em pedra-sabão de sete celeiros circulares formando um pátio, com pórtico de entrada (ou santuário?), na ilha de Melos, agora no Museu Nacional de Atenas. Modelos de celeiros tornaram-se relativamente comuns na Grécia arcaica: de fato, recipientes individuais na forma de cones achatados, encontrados em tumbas, eram uma forma difícil de interpretar. Eram denominados câmaras circulares ou em forma de colmeia. Parece que a questão se resolveu com o modelo identificado como banco de armazenamento encontrado em uma sepultura no Kerameikos de Atenas (atualmente no Museu da Ágora); ver H. Drerup (Griechische Baukunst in Geometrischer Zeit, *ArchHom*, 2) para esse e outros modelos de celeiros.
13. E. Vermeule, op. cit., p. 120s.
14. Restam cerca de dezoito modelos de diversos tamanhos e acabamentos, catalogados por R. Hägg (The Cretan Hut-Models, *OA*, 18, p. 95s.), que sugere que o tipo é uma importação oriental e cita como paralelo urnas funerárias com portas similarmente barradas em Ras Shamra (agora no Louvre). A urna de Archanes, cuidadosamente preservada, pertencia à coleção Giamalakis e agora se encontra no museu Heraklion. Tem apenas 22cm de altura, ver B. Schweitzer (*Greek Geometric Art*, p. 220 pl. 238), que a considera muito antiga (século XI). Não restou nenhum edifício igual a esses modelos. Eles lembram depósitos de objetos de valor ou celeiros (as figuras no teto do modelo de Archane-s seriam de ladrões?), ao passo que a estátua da deusa, a ser adorada em seu nicho, é a guardiã dos conteúdos, o mesmo papel desempenhado pela Grande Mãe que se via com a abertura da porta ou que era colocada no templo para ser cultuada.

Principalmente no palácio em Cnossos, há várias câmaras circulares subterrâneas cretenses de grande porte que supostamente serviam para armazenamento, ainda que nada definitivo seja conhecido sobre sua serventia.

15. Ver G. Roux (ed.), op. cit., p. 166s.
16. A distinção entre o *basileus*, o soberano herdeiro que dependia do apoio da aristocracia, e o *tyranno*, que parece – sem dúvida –, no século V, ser considerado um déspota criado pelas classes comerciantes e abastadas contra o abuso aristocrático não era tão óbvia quanto quando a palavra surgiu pela primeira vez. Seu registro mais precoce é de um poema de Arquíloco (fr. 19), em conjunto com Gigés da Lídia, o tirano que assassinou o rei. Supostamente, a palavra deriva do lídio ou frígio e é uma importação oriental, a exemplo de *basileus*. Sobre a terminologia e o fenômeno, ver A. Andrewes, *The Greek Tyrants*.
17. Sobre *pteron*, "a plumagem", ver supra, Cap. VII, nota 64, p. 413.
18. Tenho em mente algo como a medição em passos do estádio de Olímpia por Héracles, que descrevi no capítulo 4, p. 104.
19. Ainda vale a pena analisar a publicação original de A. Choisy, *Études epigraphiques sur l'architecture grecque*. Embora ela não tenha sido substituída por nenhuma coleção, muitos documentos foram publicados separadamente.
20. J.J. Coulton, *Greek Architects at Work*, p. 57s.
21. Vitr. III.4.3 para o jônico; IV.4.1s. para o dórico e a cela. Embora Vitrúvio informe a modificação necessária para diversos tamanhos no caso do templo dórico, praticamente tudo excede o comprimento especificado por ele, sobretudo aquele da Magna Grécia. Dos exemplos jônicos, o templo de Atena em Priene é o que mais se aproxima, mas até ele excede o dobro da largura por um diâmetro da coluna, ainda que os intercolúnios sejam duplos.
22. Pl. *NH* XXXVI.lvi.178, em sua descrição das ordens arcaicas; os templos em que isso parece ter acontecido são o de Atena, em Assos, e o de Apolo, em Corinto. Ver J.J. Coulton, *Greek Architects at Work*, p. 65s., com 44n.
23. Vitr. III.3.vii, IV.3.iii. Todas essas dimensões foram o assunto de muita polêmica textual e paleográfica. O próprio Vitrúvio não ajudou ao chamar de módulo o diâmetro total (talvez usado apenas como unidade de medida e não como termo técnico) na primeira passagem.

Fra Giocondo (ed.) (Vitrúvio, 1511, 1513) sugeriu que o primeiro conjunto de dimensões – em diâmetros – refere-se ao êustilo discutido no texto. Ele funciona da seguinte maneira:

tetrástilo: 4D + (2 × 2,25D) + 3D = 11½D
hexástilo: 6D + (4 × 2,25D) + 3D = 18D
octástilo: 8D + (6 × 2,25D) + 3D = 24½D

como apresentado por P. Gros (em Vitrúvio, *De l'Architecture*, v. 3, p. 109). Gros ressalta que se as prescrições de III.5.i também forem seguidas, deve-se permitir uma *ekphora*, uma projeção ou balanço da base igual à metade do diâmetro (*sextante*) além do fuste, porque Vitrúvio leva essas dimensões além das *crepidines et projecturas spirarum*. No quarto livro, o segundo conjunto de dimensões refere-se à definição do *embater*, o módulo de meio diâmetro: a palavra está supostamente relacionada a *embateia* (entrar, marchar; talvez a ser considerado um "primeiro passo"); observe o comentário um tanto indiferente nessa passagem em S. Ferri, *Vitruvio*, p. 109. Vale a pena ressaltar, como Gros tentou sugerir (p. 111s.), que a elevação lateral do tetrástilo do Hermógenes vitruviano também media 27 unidades.

Contudo, nenhum cálculo semelhante às equações do êustilo dadas acima funciona para a coluna dórica. Visto que não há base e, consequentemente, não há *ekphora*, a aritmética seria assim:

tetrástilo: 27 – 8 (ou quatro diâmetros de coluna) = 19; dividido por 3 igual a 6 com um módulo a mais

hexástilo: 42 – 12 (ou seis diâmetros de coluna) = 30; dividido por 5 igual a 6, um resultado exato.

A disparidade entre as duas fórmulas, sendo que ambas parecem ser para um diástilo, num arranjo de três vezes o diâmetro de cada coluna, nunca foi bem explicada. S. Ferri (op. cit., p. 161) corrige o segundo numeral, 42, para 32; isso transformaria o hexástilo em sístilo, um intercolúnio de dois diâmetros.

24. Especificado com os outros em III.3.vi-viii; diz Vitrúvio que nenhum exemplo disso poderia ser encontrado em Roma, mas na Ásia havia o templo monóptero de Liber Pater em Teos. Vitrúvio, que atribuiu a Hermógenes uma monografia sobre ele e outra sobre o templo pseudodíptero de Ártemis na Magnésia, no vale do rio Meandro, muito os admirava.

25. C.J. Moe, *Numeri di Vitruvio*, p. 23s. O 27 é o sétimo (e último) número de Platão referente à alma do mundo (*Tim.* 35a e seguintes); segundo o comentário de Beda sobre o Gênese, na Idade Média o 27 foi escolhido para representar o cubo e a estabilidade, ao passo que o 42, não menos interessante para a numerologia antiga, foi lido por Beda e Honório de Autun em diversas passagens do Velho Testamento. Ver H. Meyer, *Die Zahlenallegorese im Mittelalter*, p. 154s., 161.

26. Vitr. III.3.xii relaciona o raio do hipotraquélio ao da base da coluna; por outro lado, ajusta a proporção exata à altura absoluta da coluna, sobretudo no modo jônico. Ver também III.5.viii. Contudo, enquanto a primeira passagem dá cinco variantes entre 15 e 50 pés, a segunda, que ajusta o epistílio (arquitrave) à estilóbata, tem apenas quatro variantes entre 12 e 30 pés.

27. Vitr. III.5.xii. Sobre a etimologia curiosa da palavra inglesa "pediment" ou "periment" (frontão, em português), ver nota no *Oxford English Dictionary*, s.v. Ela não tem precedente clássico, apesar de sua aparência latina. Em latim, a palavra *tympanum* também é usada para a folha de uma porta, também em Vitr. IV.6.iv. A palavra dá a impressão de ser onomatopaica – "tambor", "tímpano" e até mesmo "baqueta" – e sugere que qualquer coisa que preencheu esse orifício em épocas remotas estaria esticada. Supunha-se que a forma comum de execução, *apotumpanimos*, era uma forma rude, um tipo cruel de morte por exposição contra um poste de madeira ou tábua. Ver L. Gernet, *The Anthropology of Ancient Greece*, p. 252s. Isso mostra um curioso significado secundário da palavra, que pode, de fato, influenciar o modo como o elemento arquitetônico era interpretado na Antiguidade.

28. E. Lapalus, *Le Fronton grec*, esp. p. 325s.; T.N. Hope, *Pictures from Eighteenth-Century Greece*, p. 188s.

29. J.J. Coulton, *Greek Architects at Work*, p. 77s., 84s., 157s. Ver também K. Lehmann e P.W Lehmann, *Samothrace*, v. 3.1, p. 199s., esp. 132n, que consideram que os frígios foram os criadores da tesoura já no século VIII, seguindo a descrição de R.S. Young (Gordion, 1956, *AJA*, 61, p. 322s.) de salas frígias espaçosas, com telhados de madeira elaborados. Contudo, A.T. Hodge (*The Woodwork of Greek Roofs*, p. 38s.) faz a sugestão interessante de que os sicilianos conheciam as tesouras de telhado muito antes dos gregos continentais e que aprenderam sobre elas com os cartagineses. Isso é refutado por Coulton e pelos Lehmanns, deixando sem solução o problema de vãos maiores nos templos sicilianos do que nos templos da Grécia continental.

30. Vitr. III.3.xi e seguintes.

31. W.H. Goodyear, *Greek Refinements*. Goodyear começou seus estudos sobre o assunto ao analisar os edifícios bizantinos, góticos e italianos do século XVI; para ele, a correção de ilusões de óptica por meio da curvatura e da inclinação era uma arte universal que, de algum modo, atrofiou-se e perdeu-se depois de 1600. Ver W.H. Goodyear, *The Architectural Refinements of St. Mark's at Venice, Vertical Curves and Other Architectural Refinements in the Gothic Cathedrals of Northern France and in Early Byzantine Churches*. Sobre o assunto, de modo geral, ver W. Lepik-Kopaczyńska, *Die Optische Proportionen in der Antiken Kunst*, *Klio*, 37, p. 69s. Mais recentemente, discutiu-se a questão em parte, como em J.J. Coulton, *Greek Architects at Work*, p. 60s.; A.W Lawrence, op. cit., p. 222s.; R.E. Martin, op. cit., p. 352s.; e W.B. Dinsmoor, *The Architecture of Ancient Greece*, p. 78s., 86s. A discussão mais detalhada está em D.S. Robertson, *A Handbook of Greek and Roman Architecture*, p. 106s.; ver também A.W. Baker, *The Subjective Factor in Greek Architectural Design*, *AJA*, 22, p. 1s.; e G.P. Stevens, Concerning the Curvature of the Steps of the Parthenon, *AJA*, 38, p. 532s.; The Curves of the North Stylobate of the Parthenon, *Hesperia*, 12, p. 135s. Stevens formulou uma teoria de *scamilli impares*, segundo a qual os "degraus" são unidades ímpares que se erguem sobre uma grade horizontal regular para gerar uma curva parabólica.

32. Pl. *Soph.* 235d e seguintes (trad. de F.M. Cornford, pouco modificada). Platão descreve o processo óptico, com referência especial em *Tim.* 45b e seguintes. Mas ele retorna ao problema da deformação nas artes visuais em *Phil.* 41e e seguinte. (a distância confunde a visão que temos das mensurações); *Rep.* x.602c e seguintes. (o contraste entre a aparência enganosa e a realidade mensurável: cor com convexidade ou concavidade, deformações espelhadas e suas correções); e *Crit.* 107c (aceitação de representações esquemáticas da paisagem, atitude muito crítica em relação às representações do corpo humano). Sobre outras noções ópticas, ver *Rep.* VII.523b e seguintes. (a capacidade de julgar dados sensoriais pode ser apenas comparativa); *Tht.* 208c; *Parm.* 165c-d (as pinturas parecem fragmentadas de perto, assumem a forma adequada quando vistas à distância); *Leg.* II.663c (figuras enigmáticas, que de um ângulo parecem erradas e, de outro, parecem corretas). Sócrates faz comentários irônicos a Parrasio sobre a confiabilidade de representações artísticas em Xen. *Mem.* III.10.i. Lucian (*Pro Ikon.* 12) faz referência a isso. Ele também mostra Fídias adaptando as estátuas de acordo com a crítica do público (*Pro Ikon.* 14); mas isso não parece estar relacionado ao ajuste óptico, *de acordo com* Lepik-Kopaczyńska (op. cit., p. 75); embora Paus. v.11.ix dê muita importância às dimensões da estátua de Zeus, em Olímpia, ele não as fornece, mas critica outros que não as dão corretamente (o deus é cinco côvados mais alto do que o trono; o *nikē* na mão possui seis pés de altura). Há outra descrição em Str. VIII.353.iv. Vitrúvio (VII.praef.11) atribuiu a invenção da cenografia a Agatarco de Samos, para uma peça de Ésquilo, e sugeriu que Demócrito e Anaxágoras foram incentivados por sua descrição a escreverem sobre o assunto.

J.J. Pollitt (*Art and Experience in Classical Greece*) e Myles Burnyeat (manuscrito) discutem os termos *eikastikē* e *phantastikē*.

33. Ver supra, Cap. IV, nota 20, p. 394.

34. O texto essencial é Pl. *Symp.* 207a e seguintes.

35. Ver M.S. Cohen e I.E. Drabkin, *A Source Book in Greek Science*, p. 257s., 543s. Para a bibliografia de obras gregas sobre perspectiva, ver Vitr. VII. praef.12; ver também J. White, *On Perspective in Ancient Art*, p. 43s.

Sobre a variação dos tamanhos de letras em inscrições, ver H. Usener, Epikureische Inschriften auf Stein, *RhM*, 47 p. 414-456. Contudo, a contradição entre os tamanhos aparentes de cilindros próximos e distantes (conhecida recentemente como ilusão de colunas) recentemente chamou a atenção de teóricos; ver M.H. Pirenne, *Optics, Painting, and Photography*, p. 116s. Muitos comentaristas, a partir de Dürer, aplicaram os ensinamentos de Vitrúvio na diminuição das inscrições.

36. J. Tzetzes VIII.333s. (ed. P.A.M. Leone, *Ioannis Tzetzae Historiae...*, p. 312s.) e *Epistulae* 77. Para suas referências, ver H. Spelthahn (*Studien zu den Chiliaden des Johannes Tzetzes*) e C.C. Harder (*De Joannis Tzatzae historiarum fontibus*), que, apesar de detalhistas, são inúteis no que diz respeito a essa lenda. Sobre John Tzetzes e seu irmão, Isaac, ver K. Krumbacher, *Geschichte der Byzantinischen Literatur*, p. 526s. Tzetzes alegou pobreza como motivo para vender sua biblioteca, fato esse que o dispensou de citar suas referências. Alcamenes é conhecido entre os antigos escritores (Pausânias, Cícero, Plínio, Valério Máximo) e historiadores de arte, e uma assinatura dele é bem comprovada. A.F. Stewart (*Greek Sculpture*, v. 1, p. 26) diz que essa história é puramente informal.

37. Talvez a curvatura tenha sido observada pela primeira vez pelo astrônomo e arquiteto Francis Cranmer Penrose em 1837. Ele somente publicou suas constatações muito mais tarde (*An Investigation of the Principles of Athenian Architecture*); ele alega que notou deformações similares na arquitetura egípcia em 1833 (p. 22s.). Ao mesmo tempo, parece que elas foram percebidas por J. Hoffer e E. Schaubert, que publicaram suas observações no *Wiener Bauzeitung* de 1838. Embora Hoffer tenha visto as correções como uma tentativa de fazer com que as proporções austeras da ordem dórica criassem vida, Penrose, a exemplo de John Pennethorne, um pouco mais velho que

ele, interpretou as correções como uma tentativa de apresentar os edifícios sob um ponto de vista definido e um caminho predeterminado. Pouco antes de falecer, em 1878, Pennethorne publicou *Geometry and Optics of the Ancient Architecture*. Ver também G. Hauck, *Die Subjektive Perspektive und die Horizontalen Kurvaturen des Dorischen Styls*.

Posteriormente, a questão ficou mais confusa em consequência do uso do termo "fatter minerva" para significar um modo mais grosseiro e superficial de pensamento ou procedimento: sobre *pinguis Minerva*, ver Cíc. *De Amic.* v; *crassa*, Hor. *Sat.* II.ii.3 e Colum. I.praef.32, XI.1.xxxii; *tenuis*, Virg. *Aen.* VIII.409, Serv. ad loc., e Macr. *Sat.* II.24. Sobre o provérbio, que também foi usado por John de Salisbury, *Polycraticus* II.22 in *PL* 199, p. 449; ver A. Otto, *Die Sprichwörter und Sprichwörtlichen Redensarten der Römer*, p. 224s.; M.C. Sutphen, *A Collection of Latin Proverbs*, 248; e R. Häussler, *Nachträge zu A. Otto... Sprichwörter und Sprichwörtlichen Redensarten der Römer*, p. 110-187. Sobre a importância da ilusão perspectiva e projetiva para a criação do "interior trágico" no teatro grego, ver R. Padel em J.J. Winkler e F.I. Zeitlin (eds.), *Nothing to Do with Dionysos?*, p. 336s.; e Agatharchus and the Date of Scene-Painting (manuscrito, 1993).

38. Também segundo W.H. Goodyear, *Greek Refinements*, p. 35s., 151. No momento, não há nenhum consenso entre os especialistas quanto às curvaturas horizontais.

39. Talvez a curvatura côncava mais espetacular seja a da estilóbata do templo de Apolo em Delfos; visto que o templo fica em um declive, uma faixa é contígua a um escarpamento cortado na rocha, e é isso que apresenta uma curva côncava acentuada, não discutida no relatório de escavação.

As mensurações exatas de muitas das curvas – sobretudo as curvas nos frontões de alguns templos – ainda não foram publicadas com exatidão.

40. O significado exato da palavra grega não é fácil de definir. A estrutura proporcionada pelos bordos rejuntados em uma pedra retangular era semelhante a um portal – porta (*thera*) –, segundo J.J. Coulton, *Greek Architects at Work*, p. 46s. Mas, obviamente, ela também era feita em tambores de colunas. R.E. Martin (op. cit., p. 191s., 297s.) descreve detalhadamente os procedimentos. Pedreiros gregos levavam ornamentos e pedras ao local da construção com superfícies projetadas (e/ou com revestimento de argila) e deixavam todo o acabamento para ser feito no local, trabalhando de cima para baixo, no sentido contrário ao dos construtores.

Talvez a mais elaborada e útil das especificações que chegaram aos nossos dias seja a da nova pavimentação no templo de Zeus em Lebadia (*IG* 7.3073). Ver A. Choisy, op. cit., p. 173s.; isso também é discutido por R.E. Martin, op. cit., p. 189s.

41. *Rhuthmos* costuma ser associado ao significado moderno da palavra. Filologicamente, esta continua um enigma, a derivação convencional é de *reō*, "eu fluo", que implica uma sucessão no tempo, repetição e um compasso constante, mas sugeriu-se outra, de **eri-*, "puxar", "retirar" [*draw* em inglês]. Um resumo da discussão aparece em W. Jaeger, *Paideia*, p. 126.

Sobre as alterações de sentido no uso da palavra em grego, ver J.J. Pollitt, *The Ancient View of Greek Art*, p. 218s.; e J. Svenbro, *La parola e il marmo*, p. 134s. Ver também T. Georgiades, *Greek Music, Verse, and Dance*, p. 29s. Praticamente, não há dúvida de que os primeiros textos (Arquíloco, fr. 66; Theo. 1. 966) mantiveram o sentido de repetição (talvez os altos e baixos da vida), além da disposição em geral. Georgiades (op. cit., p. 32s.) insiste no ritmo estático e acumulativo (no sentido moderno) da enunciação do verso grego. Platão dá a impressão de tê-lo usado quase tecnicamente (*Rep.* III.400a; *Crat.* 424c; *Leg.* II.665a.) e, de fato, o diferenciou (no que diz respeito às figuras de dança) da harmonia e tom, que ele aplicou à mistura de vozes; a união da voz e da dança é *choreia*.

A palavra também tinha um significado menos definido – algo bem direto, como "forma" ou "esboço" – e foi assim que Diodoro Sículo (1.97.vi) a usou quando disse que a escultura no antigo Egito tinha o mesmo *rhuthmos* que as estátuas feitas por Dédalo. É assim também que ela aparece em Aristóteles, que dedica o capítulo 8 do Livro III de sua *Poética*, ao assunto. A palavra aparece também em outras de suas obras (*Met.* I.5, 985b16; VIII.2, 1042b14; ainda que em *Poet.* 4, 1448b ele transforme bruscamente o metro em parte do ritmo), ele diferencia *rhismos* (usando aqui a grafia jônica), *diathigē* e *tropē* como aspectos dos fenômenos. Cita Demócrito e antigos escoliastas que até mesmo sugeriram que essas palavras tinham um significado especial no dialeto de Abdera, a cidade natal de Demócrito. Pollitt as traduz respectivamente como "forma", "contato" e "inclinação"; mas elas podem ser usadas alternadamente como "figura", "ordem" e "posição",

como fez um tradutor mais antigo. É óbvio que as implicações variadas da palavra são fundamentais para a interpretação da enigmática palavra vitruviana, *eurythmia* (eurritmia).

Diógenes Laércio (VIII.46) menciona Pitágoras de Régio (e/ou Samos, deve-se entender como sendo uma única pessoa) como o primeiro a tentar atingir *rhuthmos* e *summetria* em suas esculturas e é, portanto, considerado o primeiro teórico crítico dentre os escultores gregos. Ele também é mencionado por Plínio (*NH* XXXIV.xix.59), ao passo que Pausânias viu algumas estátuas feitas por ele em Olímpia (VI.18.i), embora nenhuma delas tenha sido identificada com precisão.

42. Pl. *Polit.* 258e e seguintes, *Charm.* 163a e seguintes, *Gorg.* 450d e seguintes; ainda que seja quase escolasticamente definido por Aristóteles como uma distinção entre *poiētikē* e *praxis*: *Eth. Nic.* VI.4 (1140a e seguintes).

43. Sobre o ensino da música e de aspectos teóricos, ver I. Henderson, Ancient Greek Music; em E. Wellesz (ed.), *Ancient and Oriental Music*, p. 336s., 377s.; H.-I. Marrou, *Histoire de l'education dans l'Antiquité*, p. 44s., 49s., 74, 189s., 194s. O contraste entre a música imaginada e a música ouvida e sentida continuou um problema para Santo Agostinho; ver H.-I. Marrou, *Saint-Augustin et la fin de la culture antique*, p. 197s. Sobre esse problema na filosofia do final da Antiguidade, ver H.J. Blumenthal, Proclus on Perception, *BICS*, 29, p. 1s.

44. Filo de Bizâncio, *Mech. Syn.* IV.4: "tem a aparência de ser bem moldado"; J.J. Pollitt, *The Ancient View of Greek Art*, p. 170s.

45. Vitr. III.3.xiii. Sobre a extrapolação do edifício didimeu, ver L. Haselberger e H. Seybold, Seilkurve oder Ellipse, *AA*, 1.

46. Essa sugestão, feita primeiramente por S. Ferri (op. cit., p. 50s.), embora desprezada por comentaristas posteriores, parece-me ter uma certa força.

47. Filo de Bizâncio, *Mech. Syn.* 56.

48. Vitr. VI.2.ii.

49. F.C. Penrose, *An Investigation of the Principles of Athenian Architecture*, p. 35s., 106s.

50. Lucr. IV.386.

51. Idem, 513s. Vale a pena citar o original completo, mesmo que apenas por sua veemência:

> *Denique ut in fabrica, si pravast regula prima,*
> *Normaque si fallax rectis regionibus exit*
> *Et libella aliqua si ex parti claudicat hilum*
> *Omnia mendose fieri atque obstipa necesse est*
> *Prava cubantia prona supina atque absona tecta*
> *Iam ruere ut quaedam videantur velle, ruantque*
> *Prodita iudiciis fallacibus omnia primis,*
> *Sic igitur ratio tibi rerum prava necesset*
> *Falsaque sit falsis quaecumque ab sensibus ortast.*

Essa condenação violenta não traz nenhuma surpresa: ver Diógenes Laércio. X.32s. Vale a pena acrescentar, talvez, que a *regula* na primeira linha da citação é (se Cic. *De Fin.* I.19.lxiii merecer crédito) uma tradução do grego *kanōn*, a primeira regra da verdade de Epicuro, que Lucrécio anunciou anteriormente no mesmo livro (IV.478s.):

> *Invenies primis ab sensibus esse creatam*
> *notitiem veri neque sensus posse refelli.*

Contudo, o que não fica inteiramente explícito é a relação dos *sentidos* com a geometria do objeto. Supostamente implícita nesta passagem está a convicção de que os *sentidos* descrevem a verdade sobre o objeto percebido, e que o modo pelo qual a descrição é obtida (ajustes ópticos, deformações, etc.) é irrelevante para o filósofo. Como comentaristas anteriores observaram, essa passagem ecoa as palavras de Platão, em *Leg.* VII (793c), de que as leis e os costumes tradicionais são os apoios das leis e dos costumes promulgados e que se eles forem desprezados, a sociedade ruirá como um edifício cujas bases cederam: toda a estrutura elaborada cai por terra.

52. Vitr. I.2.iii.

53. Vitr. I.I.xv. A curvatura do degrau superior do Pártenon, por exemplo, é 0,8%. Sobre ajustes ópticos em pórticos, ver J.J. Coulton, *The Architectural Development of the Greek Stoa*, p. 48, 57, 59, 110s. Não há registro disso depois de 300 a.C.

54. Projetado em 1919-1920; E. Lutyens, *Catálogo da Exposição na Hayward Gallery*, n. 289. Na verdade, dizem que Lutyens calculou as dimensões de acordo com a "simetria dinâmica" de Jay Hambidge, que foi então publicada em sua revista, *The Diagonal*. O primeiro cenotáfio era uma estrutura temporária em madeira e lona, e o principal problema que Lutyens enfrentou foi o cálculo das curvas e das diagonais inclinadas.
55. Vitr. VI.2.ii. Não há, obviamente, nenhum consenso sobre que tom de azul era o *cerúleo*, e as opiniões variam do azul ultramarino ao azul da Prússia. Porém, não há dúvida de que mesmo na época de Vitrúvio, os tríglifos de estuque ainda costumavam ser pintados em algum tom de azul.
56. Plínio. NH XXXIV.xxi.99. Porém, os livros posteriores de Plínio dão muitas informações sobre todos os pigmentos: metal, pedra, argila, vegetal. Autores modernos abordam o assunto apenas incidentemente. Contudo, sugere-se ver L.V. Solon, *Polychromy*.
57. Ver supra Cap. VII, p. 200.
58. Essas colunas estavam no primeiro pórtico de Otávia, em Roma.
59. Essas e outras pedras são discutidas por Plínio, NH XXXVI.v.44s.
60. Vitr. VII.3.vii.
61. Plutarco usa a palavra *ganōsis* no sentido de "envernizar", "avivar a cor"; *Quaest. Rom.* 287b.
62. O templo de "Minerva", em Élis: segundo Plínio, NH XXXVI.lv.177.
63. Pl. *Rep.* IV.420c-d.
64. E que parece ter se tornado proverbial; é descrito por Crítias (com muitas outras inscrições) como sendo "a saudação que o deus oferece ao seu devoto" (*Charm.* 164d e seguintes) e era, portanto, supostamente visível da (ou na) entrada. Há referência explícita à inscrição em *Leg.* XI (923a), *Phaedr.* 230a, *Phil.* 48c, *Prot.* 343b; citada como se fosse um provérbio em *Phil.* 45a, *Hipp. maj.* 290e, e *Epis.* VII.341b. Plutarco também tem muito a dizer sobre essa inscrição e *mēden agan*, "evitar extremos": *De E Delph.* 385d, 392a. Além disso, ele menciona a sucessão de letras "E" em três materiais: primeiro madeira, depois bronze e, por fim o ouro romano (385a).
65. O templo em Cori, ao sul de Roma (mais conhecido como o templo de Hércules) foi citado como o exemplo mais extremo da tendência. Sobre as inversões supostamente praticadas pelo arquiteto, em Cori (talvez para imitar a fachada do templo de Hera em Pesto e o templo E em Selino), ver G. Giovannoni (La curvatura delle linee nel Tempio d'Ercole a Cori, MDAIR, 23, p. 109s.), modificado por R. Delbrück, *Hellenistiche Bauten in Latium*, v. 2, p. 21s. Essas especulações foram dissipadas por A. von Gerkan (Die Krümmungen im Gebälk des Dorischen Tempels em Cori, MDAIR, 40, p. 167s.), que afirmou que as "curvaturas" resultavam de movimentos do solo. Contudo, suas mensurações, calculadas por métodos pouco mais confiáveis do que os de Giovannoni ou Delbrück, não foram verificadas.
66. Vitr.III.3.ix.

IX: A MÁSCARA, OS CHIFRES E OS OLHOS

1. Vitr. IV.8.vi: *Non enim omnibus diis isdem rationibus aedes sunt faciundae, quod alius alia varietate sacrorum religionum haber effectus*. Fiz uma tradução livre, mas espero que seja fiel.
2. Vitr. I.ii.5s. *Decor*: vale a pena observar aqui que ele não precisa ser feito pelo homem. *Naturalis décor* é o resultado de uma escolha adequada do local. *Thematismos* é um derivado irregular do nome de Themis, a deusa da justiça, que representa, de modo geral, a obediência às leis divinas. *The*, o radical do seu nome, associa-a a Gaia como a "bem estabelecida". Ela significa tanto estabilidade quanto lealdade a qualquer juramento.
3. Vitr. IV.1.vi, I.2.v.
4. Vitr. IV.1.vii.
5. A respeito de Liber Pater, ver abaixo, nota 54.
6. Paus. III.18.ix. Para J.G. Frazer (ed.), *Description of Greece*, v. 3, p. 322, 351s. Esses artistas podem ter sido enviados pelo rei Creso (o que presumivelmente significa que Baticles trabalhou em meados do século VI), de quem os espartanos queriam comprar ouro para outro templo de Apolo em Tornax; mas Creso lhes deu o ouro de presente. Ver Paus. III.10.viii, Her. I.69. A respeito de Baticles, ver W.B. Dinsmoor, *The Architecture of Ancient Greece*, p. 141s.
7. Como no Erecteion, no templo de Nike Ápteros, ou mesmo no propileu meio-dórico, todas na Acrópole de Atenas.
8. As implicações desses termos para o módulo nas ordens dórica e jônica, em grego *embatēr*, um "passo," são discutidas por B. Wesenberg, *Beiträge zur Rekonstruktion Griechischer Architektur nach Literarischen Quellen*, p. 143s., 159s.
9. A arte de trabalhar no torno foi uma invenção atribuída por tradição ao arquiteto e escultor do século VI, Teodoro de Samos, que esteve envolvido na construção do templo de Hera em Samos, bem como do templo de Ártemis em Éfeso, e a quem terei a oportunidade de mencionar posteriormente. Marcas de torno foram encotradas nos tambores das colunas inacabados do templo de Ártemis-Cibele em Sárdis, bem como no templo em Náucratis.

    O caráter artesanal das palavras com prefixo *tor* já foi observado pelo humanista francês Claudius Salmasius (Claude Saumaise, 1588-1653), em seu comentário sobre Solinus e Plínio, *Exercitationes Plinianae* (1689, p. 1044); isso é citado na edição de Vitrúvio feita por Simone Stratico, *De architectura libri decem*, v. 4.2, p. 157s.

    Quanto ao detalhe das bases, além de muitos dos primeiros exemplos serem distintos das duas regras de Vitrúvio, eles também tinham o toro com caneluras. Isso aconteceu sobretudo nos primeiros exemplos em Atenas: o templo de Nike, o propileu da Acrópole ou o templo no rio Ilissos, em que o toro era distintamente separado da escócia sob ele. Ver U. Schadler (Zur Entstehung der Attischen Basis und ihrer Verwendung im Kleinasiatischen Tempelbau, *Asia Minor Studies*, 3, p. 91s.), que também discute a relação entre as bases de coluna, anta e paredes. Sobre as implicações do desenho das bases nos métodos de trabalho e alianças de um arquiteto jônico, ver J. Boardman, Chian and Early Ionic Architecture, AJ, 197, v. 39, p. 170s.

10. *Truncoque toto strias uti stolarum rugas matronali more dimiserunt* ("e por todo o fuste deixaram cair estrias como o drapeado das sobrevestes de uso das matronas"), (Vitr. IV.1.vii).

    A respeito de cinzéis gregos (gluphanoi ou smili ou até mesmo skarpelloi), ver A. Orlandos, Les Matériaux de construction et la technique architecturale des anciens grecs, v. 1, p. 43s.; e H. Blümner, Studien zur Geschichte der Metapher im Griechischen, p. 210s.
11. De fato, há o desenho da rosa dos ventos no BM MS Harl. 2767, que é o mais antigo que se conhece; alguns capitéis extravagantes aparecem um pouco mais tarde no Sélestat MS 1153. Há diagramas e miniaturas esboçados em outros, mas nenhum deles tem a autoridade de Vitrúvio, e não há nenhum vestígio de um diagrama de êntase.
12. A espiral eólica mais rudemente abaulada era centrada em apenas uma diagonal do olho, não em diagonais cruzadas. Muitos dos primeiros capitéis jônicos têm espirais desenhadas sem nenhum olho visível – como aquelas no templo de Ártemis patrocinado por Creso em Éfeso.

    W. Kirchhoff (Die Entwicklung des Ionischen Voluttenkapitells im 6 und 5 Jhd. und Seine Entstehung, Ph.D. diss.) tentou classificar os primeiros capitéis jônicos e dar um esboço de seu desenvolvimento desde as primeiras colunas votivas. A respeito dos exemplos sicilianos, ver D. Théodorescu, *Chapiteaux ioniques de la Sicile méridionale*.
13. Vitr. III.5.v. A literatura sobre o desenho da espiral é vasta. Ver, mais recentemente, B. Lehnhof, Das Ionische Normalkapitell vom Typus 1:2:3 und die Angaben Vitruvs zum Ionischen Kapitell, em H. Knell e B. Wesenberg (eds.), *Vitruv-Kolloquium*, p. 97s. A redução da receita a essas proporções simples pode bem ser uma simplificação posterior dos detalhes e regras arcaicos.
14. Os vários implantes no olho desapareceram. No Erecteion, eles eram provavelmente de vidro; no Asklepeion, de Epidauro, de metal.
15. Também um travesseiro, como o francês *oreiller*, embora depois aplicado a qualquer travesseiro ou almofada. Essa curva é bem parecida àquela da almofada grega normal, entendida sobre a cabeceira de um *klinē*, que costumava ter a forma do capitel "eólico".
16. Por outro lado, o relevo da espiral pode ser convexo no lado externo e côncavo no interno, como nos capitéis do templo arcaico de Therme, agora no Museu Arqueológico, em Thessaloniki.
17. Ver supra Cap. VII, p. 211-212.
18. J.J. Coulton, *Greek Architects at Work*, p. 126s.; G. Roux, *L'Architecture de l'Argolide aux IVe et IIIe siècles avant Jesus-Christ*, p. 49s. A pesquisa mais detalhada é provisoriamente apresentada por F.A. Cooper (*The Temple of*

Apollo at Bassae), embora C.R. Cockerell (*The Temples of Jupiter Panhellenicus at Aegina and of Apollo Epicurus at Bassae*), autor do relatório das primeiras escavações, ainda deva ser consultado; ver p. 57s. a respeito da ordem, o caráter do canto e o ábaco peculiar.

Quanto ao templo no rio Ilissos, ele foi mensurado por J. Stuart e N. Revett, *The Antiquities of Athens Measured and Delineated*, v. 1, pl. 7; v. 2, pl. 2; para discussão, ver v. 1, p. 72s. O templo foi destruído em sua maior parte durante a construção turca dos muros da cidade em 1778. Provavelmente, ele era dedicado a Ártemis Agrotera; sobre isso, ver W. Judeich, *Topographie von Athen*, p. 370s., e também p. 355.

19. Para uma discussão desses e de outros termos relacionados, ver supra, Cap. VII, p. 192s. Aqui, a viga está para o capitel na proporção 16:18 ou 8:9 – um tom.

20. Foi R. Demangel (*La Frise ionique*) quem elaborou essa tese e, embora defendesse a figuração elaborada de molduras superiores que formavam a calha, como as do templo de Ártemis em Éfeso, ele provavelmente não levou suficientemente em conta os componentes superiores das tumbas lícias, que embora posteriores (século IV) aos primeiros frisos jônicos parecem versões de pedra deliberadamente arcaizantes dos oratórios de madeira e terracota, com molduras de teto elaboradas e até mesmo cumeeiras figuradas. Esse argumento passou a ser adotado mais recentemente por Å. Åkerstrom (Ionia and Anatolia, ICCA, 10, p. 319s.), que reconhece dois tipos de ladrilhos altos e figurados: com uma borda inferior, usado como um cimácio; com uma borda superior, usado como um ortóstato substituto. Fragmentos de ambos os tipos de ladrilhos foram encontrados em Gordion.

21. Para uma discussão desses termos, ver supra, Cap. VI, p. 163.

22. O rio Hélicon passa sob o monte Olimpo na Beócia, na costa do Golfo de Corinto, ao sul de Delfos. A cidade, Helike, ficava no litoral norte de Acaia (onde o santuário de Poseidon foi "tragado" pelo mar, provavelmente em 373 a.C.; ver Paus. VII.24.vi; e J.G. Frazer (ed.), op. cit., v. 4, p. 165; Ovídio Met. XV.293s.). Não se sabe ao certo se o culto a Poseidon do mesmo nome, já conhecido por Homero (*Il.* II.506, XX.404; Hom. *Hym.* XXII.3), tem algum vínculo definido com as três localidades. Ver, porém, L.R. Farnell, *The Cults of the Greek States*, v. 4, p. 28s. Na era romana, o culto era associado a Apolo e às musas, segundo A.B. Cook, *Zeus*, v. 1, p. 130s.; e M.P. Nilsson, *Geschichte der Griechischen Religion*, v. 1, p. 446s. No sítio propriamente dito, agora conhecido por Otomatik Tepe (por causa posicionados lá das metralhadoras durante a guerra greco-turca), perto de Gözelamli, ver G.E. Bean, *Aegean Turkey*, p. 178s. Tem-se a impressão de que o santuário não teve um templo, mas um altar em uma caverna – talvez um estádio e teatro. O local foi muito danificado e nunca foi publicado um relatório das escavações, ainda que haja algum material em G. Kleiner et al., *JDAI*, supl. 23 (Panionion und Melie); em *JHS, Arch. Rep.* (1964-1965), p. 50s.; e em C.J. Emlyn-Jones, *The Ionians and Hellenism*, p. 17s., 21, 32. Havia tradições em torno da reunião dos conselhos pan-jônicos no local, como nos Comentários em Pl. *Tht.* 153c; ver M. Moggi, *I sinecismi interstatali greci*, p. 40s. No século V, os conflitos ao redor do local dificultavam a celebração que passou para Efésia, perto de Éfeso. Esses cultos foram restabelecidos por ordem de Alexandre. Para a dedicação ao Apolo pan-jônico, ver CIA 3.175 e CIG 2.32(2).4995. Mas F. Schachermeyr (*Poseidon und die Entstehung des Griechischen Götterglaubens*) p. 45, 159; e I. Malkin (*Religion and Colonization in Ancient Greece*, p. 119s.) também discutiram o culto. Ver também C. Roebuck, *Ionian Trade and Colonization*, p. 7s., 30.

23. C. Picard (*Ephèse et Claros*, p. 15, 2n) ressaltou a relação entre as duas histórias célebres da construção. Uma dedicação dupla a ambas as divindades era incomum, embora houvesse um santuário dedicado tanto a Ártemis – ou, melhor dizendo, Diana – quanto a Apolo no Palatino, em Roma, e parece o templo antigo em Lesbos (perto da moderna Klopedi) parece ter tido uma. Por tudo isso, era bastante comum encontrar estátuas de culto de um em templos dedicados ao outro como o caso de um santuário de Ártemis em Claros.

24. G.E. Bean, *Lycian Turkey*, p. 60s.; H. Metzger, *Les Fouilles du Létôon de Xanthos* (1962-1965), p. 103s.; 1967 [idem], p. 113s.); e H. Metzger et al., *La Stèle trilingue du Létôon*.

25. Hes. *Theog.* 497s.; Paus. X.24.vi. Havia também uma tradição preservada em Mantineia (onde havia um famoso santuário de Poseidon, o Cavalo) numa referência à lenda segundo a qual Reia, ao dar a luz Poseidon, entregou em seu lugar um cavalo para que Cronos engolisse, assim como tinha feito quando Zeus nasceu e ela o escondera em Creta e dera a Cronos uma pedra enrolada em panos de criança (Paus. VIII.8.ii). Em Arcádia, a verdadeira localização do episódio da pedra era, supostamente, uma caverna no monte Santo Elias, próximo à aldeia de Nemnitsa, perto da antiga Methydrium.

Segundo outra descrição, a pedra era o ônfalo no santuário de Delfos; ela sinalizava o centro do mundo, onde as duas águias enviadas por Zeus das extremidades do mundo encontraram-se. Ver A.B. Cook, op. cit., v. 3, p. 921, 937.

26. Ver supra Cap. VII, p. 200.

27. É bem provável que a dinastia real de Éfeso se denominasse "Androklids" (ver PW, s.v.), embora a condição de Androcles como *oikist* (fundador) não foi confirmada pelas homenagens costumeiras: ver I. Malkin, *Religion and Colonization in Ancient Greece*, p. 251s. A respeito do próprio Androcles, ver Ferécides em FHG v. 3, fr. 155; a respeito de Néleo (que era filho de Poseidon), ver Helânicos em FHG v. 4, fr. 125. Seguindo Helânicos, Estrabão apresenta Codro, pai da ninfa Melanto, como rei de Pilos. Melanto foi deserdada e expulsa pelos "filhos de Héracles". A respeito da versão micênica da lenda de Codro e da intervenção tardia de Atenas nas questões da Ática, ver M.P. Nilsson, *The Mycenaean Origin of Greek Mythology*, p. 152s.; e F. Schachermeyr, *Die Griechische Rückerinnerung im Lichte Neuer Forschungen*, p. 306s. É provável que o servo mais famoso do templo, Heráclito, fosse um dos Kodridai.

É possível que *Kodridai* fosse um título, "rico em fama", que foi confundido com um patronímico e levou à inserção de um Codro na lista de reis atenienses. De qualquer modo, no século V, ele possuía um têmeno em Atenas, mencionado mas não descrito por Pausânias (1.19.v); também mencionado em inscrições (IG suppl. 2.53/a). Ver M. de G. Verrall e J.E. Harrison, *Mythology and Monuments of Ancient Athens*, p. 228s. *Kodridai* é uma palavra que Aristóteles aplica (*Ath. Pol.* III.3) aos atenienses em geral. A respeito dos Kodridai jônicos e a lista de reis, ver CAH, v. 3.3, p. 364.

A identificação de Koressos permanece polêmica: Kuru Dag e Aysoklu Dag também foram propostos. Ver A. Bammer, *Die Architektur des Jüngeren Artemision von Ephesos*, p. 43, 16n; mas ver também J.G. Frazer (ed.) em Paus. VII.5.x, op. cit., v. 4, p. 129. Ainda vale a pena ler a descrição da colonização jônica em E. Meyer, *Geschichte des Althertums*, v. 3, p. 397s. A respeito das colônias orientais de modo geral, ver também CAH, v. 3.3, p. 207s. A respeito de Codro, ver PW, s.v.

28. A tradição sobre o oráculo é mencionada vagamente em Athen. VIII.62. Um píton no litoral poderia ser considerado um tributo ao Apolo délicos e a realização de um oráculo, embora para C. Picard (*Ephèse et Claros*, p. 117), um oráculo mais próximo (Claros, Didima), seria mais provável.

A expulsão dos nativos por Androcles é descrita em Str. XIV.1.xx e seguinte. Ver também F. Schachermeyr, op. cit., p. 307s.

A respeito de Claros, ver K. Buresch, *Klaros*; C. Picard, op. cit., p. 6s.; e H.W. Parke, *The Oracles of Apollo in Asia Minor*, p. 112s. Sobre as escavações, ver L. Robert, em *AnSt* 1 (1951), p. 17s.; 2 (1952), p. 17s.; 4 (1954), p. 15s.; 5 (1955), 16s.; 6 (1956), 23s.; 8 (1958), 28s.; 10 (1960), p. 21s.; também "Claros" em C. Delvoye e G. Roux, *La Civilisation grecque de l'Antiquité à nos jours*, p. 305s.

Uma descrição detalhada da lenda da fundação de Claros é dada em *Epigoni* (TGF, fr. 4), segundo a qual ela foi fundada por Manto, a filha do grande adivinho tebano, Tirésias, ou talvez por Mopso – o filho que ela teve com Rhoikos, um cretense ou micenano que ela conheceu em Delfos. Mopso é o nome de um *ktistês* em outras cidades jônicas, por exemplo, Perge. A exemplo de Manto, ele também costuma ser associado ao dom da profecia, ainda que o nome pareça nobre. As lendas posicionam a sua carreira antes e depois da Guerra de Troia; talvez houvesse várias pessoas com esse nome, ou até mesmo, profissão. Escavações recentes mostram, praticamente com perfeição total, que o templo de Apolo era dórico. A identificação tentadora de Éfeso com Apsa, ou Apasa, a capital dos arzawa que aparece com tanta frequência em inscrições hititas, é frustrada por A. Bammer (*Ephesos*, p. 131s.), que prefere situá-la em Ilicatepe, no litoral, cerca de 25km ao sul. Talvez em uma época anterior, a capital da região – se fosse a arzawa dos registros reais hititas – era a cidade palaciana, perto da moderna Beycesultan, que foi incendiada por volta de 1500 a.C. Ver H. Seton Lloyd e J. Mellaart, *Beycesultan*, v. 2, p. 3s.

Os Ahhiyawa dos documentos hititas foram identificados como os aqueanos (greco-micênicos) pelos primeiros decodificadores dos registros hititas, por exemplo, B. Hrozny (*Ancient History of Western Asia, India, and Crete*, p. 222s.), embora, posteriormente, essa identificação fosse inevitavelmente contestável. De modo geral, opiniões recentes procuraram restaurá-la um resumo proveitoso da literatura atual é dado por G. Bunnens em D. Musti [ed.], *Le origini dei Greci, Dori e Mondo Egeo*, p. 230, 247, 23n; ver também CAH, v. 2.1, p. 261s, bem como a ideia de que Apasa/Apsa poderia ser considerada uma cidade micênica em contato com os hititas – uma ideia que os achados em Éfeso parecem confirmar.

29. Há uma grande quantidade de provas arqueológicas e literárias sobre a ideia que os gregos faziam da aparência e das vestes das amazonas, ver PW; s.v. e D. von Bothmer, *Amazons in Greek Art*. Não há dúvida de que as amazonas eram consideradas sexualmente desejáveis.

Teseu desposou (ou estuprou) uma amazona chamada Antíopa ou Hipólita, e os atenienses ofereciam sacrifícios às amazonas no dia anterior ao festival de Theseia: ver L.R. Farnell, *Greek Hero Cults and Ideas of Immortality*, p. 339; F. Pfister, *Des Reliquienkult im Altertum*, p. 127, 452. A infame história de Aquiles e Pentesileia está provavelmente representada por pinturas no vaso de Munique (2688/j.370). Havia túmulos de amazonas em Atenas, Megara, Chalkis, Queroneia e na Tessália. Na Lacônia, o limite de seu avanço na Grécia foi comemorado com a construção de um templo a Ártemis Astrateia (a pacifista?), ao sul de Esparta, onde Pausânias (III.25.ii e seguinte) também localiza um culto a Apolo das amazonas. O mitógrafo suíço, Johann Jakob Bachofen, tentou pela primeira vez fazer uma "reconstrução científica" do mito em suas obras *Versuch über Gräbersymbolik der Alten* (1856) e *Mutterrecht und Religion* (1861). Emanuel Kanter (*The Amazons*) dá uma curiosa descrição antropológica do mito. A.W. Kleinbaum (*The War Against the Amazons*, p. 180s.) faz uma crítica feminista do mito. Vale a pena observar que J. Garstang (*The Hittite Empire*, p. 86s.) afirmou, com base em achados sírios, que uma das figuras dos guardiões do portão em Hatusa representava uma guerreira, cujas armas datavam do final do século XIV a.C. O mito parece ser rico e importante demais para ser um mero erro sobre o sexo dos guerreiros asiáticos (hititas?) de vestido e cabelos longos. Autores recentes propõem a ideia de que esse mito possua algum vínculo com as lendas sobre a expulsão do matriarcado pelo patriarcado, ver W.B. Tyrrell, *Amazons*, p. 26-30, 44-49; e M. Zografou, *Amazons in Homer and Hesiod*, p. 36-38. As amazonas eram, como Angelo Brelich ressaltou (*Gli eroi greci*, p. 325s.), um desses coletivos míticos ambiguamente "selvagens", mitemas (como sátiros, centauros, telquines, etc.), contra quem os heróis empreendiam conflitos civilizadores.

30. A respeito de Samorna/Esmirna, ver C. Picard, op. cit., p. 63s., 432s. Embora Éfeso fizesse parte da confederação jônica, Esmirna pertencia à confederação eólica. Sobre as lendas da fundação, ver M.B. Sakellariou, *La Migration grecque en Ionie*, p. 223s. Descobertas arqueológicas recentes (J.M. Cook, Old Smyrna, *Brit. Sch. Ann.*, 53-4, p. 1s.) transformaram a velha Esmirna em uma das cidades gregas iniciais mais bem documentadas da costa asiática. Aliates da Lídia sitiou e saqueou a cidade quando a sua população foi incorporada à de Colofón; isso ocorreu por volta do ano 600, embora Esmirna pareça ter se tornado "jônica" por volta de 688 (segundo Paus. VII.5.i).

Samorna também deu o nome à região de Éfeso mais próxima ao templo, bem como à grande cidade. Ver Athen. VIII.62, Str. XIV.14.xxi, embora seja como se Éfeso fosse considerada a cidade mais antiga e Esmirna tivesse o nome oriundo da região da cidade de Éfeso.

31. Há menção das amazonas em Hom. *Il.* III.188s. Mas os indícios da presença delas em Troia são vagos. Ver PW supl., s.v. "Pentesileia".

32. A respeito do culto e de sua estátua, ver A. Galvano, *Artemis Ephesia*. Havia muitas versões da estátua, todas elas discutidas por H. Thiersch, *Artemis Ephesia*. Para um índice prático das réplicas, ainda que incompleto, ver S. Reinach, *Répertoire de la statuaire grecque et romaine*, v. 1, p. 298-300, 302; v. 2, p. 321s. Thiersch (*Artemis Ephesia*) enumera cerca de quarenta figuras e fragmentos de pedra e onze bronzes, bem como muitas moedas e lacres. Desde que Thiersch escreveu essas informações, duas estátuas grandes foram encontradas em Éfeso propriamente dita; a maior delas (de quase três metros de altura) datada do século I d.C., é do Pritaneion. A estátua apresenta um *polos* coroado com arcadas. Uma figura menor (com cerca de 1,6m) e um tanto posterior, é bem semelhante àquela no museu de Trípoli, que provavelmente veio de Leptis Magna, Thiersch, n. 29, p. 38s. É provável que houvesse vários tipos de imagens de culto, ainda que todas elas tivessem certas características em comum, discutidas por Thiersch. Qualquer que fosse o destino original da imagem, ela difundiu-se em moedas a partir da época de Mitridates V, de Ponto. É praticamente impossível determinar a relação entre as réplicas de pedra e o ídolo original. Não há nenhum vestígio das imagens de prata com as quais muitos joalheiros em Éfeso ganharam um bom dinheiro no início da era cristã (ver At 19,23s.). Além disso, é impossível reconstruir a natureza e a constituição material da imagem. Plínio afirmou que ela era antiquíssima, tinha resistido a todas as mudanças no templo e, embora algumas pessoas afirmassem que ela seria de ébano, era feita de madeira de videira, de acordo com uma testemunha ocular, que também nomeou o seu autor, o artista Endoeos, de quem nada mais se sabe. Essa testemunha, o cônsul Mucianus, acrescentou que ela era perfurada com orifícios através dos quais colocavam óleo de nardo para impedir rachaduras (NH XVI.lxxxix.213s.).

Nas listas de palavras posteriores (Hesy. e *Etym. Magn.*), a palavra *xoano* podia referir-se a figuras de madeira, de pedra ou até mesmo de marfim; embora *xoano* dê a impressão de ser derivado de *xuein* – "raspar", "despojar" ou "polir" – na filologia grega posterior, como praticada por antiquários como Pausânia e Plutarco, ela assumiu o significado de "feito de madeira e grosseiramente moldado" e, portanto, "arcaico". Inevitavelmente, ela não se aplicou ao metal nem à cerâmica feita de agalmatólito; o uso restritivo da palavra para estátuas "primitivas" parece ser bem tardio. Os primeiros textos gregos usavam os dois termos praticamente como sinônimos entre si e para outras palavras: *andriantes, aphidrumata, bretta, eidola, kolossai*. Ver A.A. Donahue (*Xoana and the Origins of Greek Sculpture*, p. 9s.; e J. Papadopoulos, Xoana e Sphyrelata, *StA*, 24), embora a questão tenha sido levantada por H. Blümner, *Studien zur Geschichte der Metapher in Griechischen*, v. 2, p. 176s.

É sabido que xoanos e daidalas costumavam trajar vestes de tecido verdadeiro – lã ou linho – mas a questão não foi bem estudada, ver Donahue, op. cit., p. 140s.

33. Heraclid. Pont. em Steph. Byz., s.v. "Ephesos"; *Etym. Magn.*, s.v. "Ephesos"; Eustat. *In Dion. Per.* v.826. Valerius Maximus viu a tumba de Hippo no litoral, perto de Eritreia (VI.1.xiv). Androcles foi sepultado na cidade, "entre o templo de Zeus e o portão da Magnésia; o seu monumento era um homem armado" (Paus. VII.2.viii). Estrabão situa "a nascente do Hypelaeos perto do templo de Atena" (XIV.1.xxi).

34. A acrópole é, atualmente, o sítio arqueológico do castelo bizantino de Selçuk. A igreja de São João, o Teólogo, construída por ordem de Justiniano para dominar a visão do templo de Ártemis, agora ocupa o local.

35. As suas ruínas foram destruídas por um terremoto um século depois, e o templo foi então saqueado e o material reaproveitado na construção das igrejas e mansões da nova cidade cristã.

A mudança da cidade resultou de negociações e pressão: Lisímaco, como seu *ktistēs*, também renomeou a cidade Arsinoé, em homenagem a sua segunda esposa que, depois, passou a ser a rainha Arsinoé II quando se casou com seu irmão, Ptolomeu II. Ver C. Picard, op. cit., p. 635s.; PW, s.v. "Ephesos". Estrabão (XIV.1.xxi e seguintes) descreve a forma inicial da cidade e a migração forçada por Lisímaco não só de Éfeso, mas das cidades vizinhas, Teos e Lebedos.

36. Hom. *Il.* XVI.470; ver Hier. *In Ep. Eph. Praef.* que também cita as palavras de M.M. Felix do seu *Octavius* XXI: *mammis multis et uberibus extructa* ([A Diana eféria era] constituída por muitos seios e mamilos). Felix menciona as características contraditórias de Ártemis – caçadora, muitos seios, três cabeças.

37. Ver R. Fleischer, op. cit., p. 88s., 170s., 280s., 345s.; e H. Thiersch, *Ependytes und Ephod*, p. 63s.

38. O sítio é descrito por G.E. Bean, *Aegean Turkey*, p. 137s.

39. Ela era dividida em faixas horizontais, uma das quais portava cabeças de sol e de lua; a outra, as três graças; uma terceira, uma nereida em um tríton. A figura tinha braços igualmente estendidos e muitos colares e, de um deles, pendia uma lua crescente entre os seios; ela também usava um polos. Para Estêvão de Bizâncio (s.v. "Afrodísias"), a cidade de Afrodísias era originalmente denominada Ninoes, epônimo de seu fundador, Ninos, homônimo do marido de Semíramis e fundador de Nínive.

A respeito de Nin, "a senhora", em sumério, em relação tanto a Afrodite quanto a Harmonia, ver M.C. Astour, *Hellenosemitica*, p. 159s. Ninos, o filho de Bel (que é supostamente um Ninurta helenizado, filho de Enlil), foi inserido na genealogia dos reis lídios, em Sárdis, por Heródoto (1.7.iii). Ver C. Talamo, *La Lidia Arcaica*, p. 40s. Quaisquer que sejam os seus vínculos lendários, Semíramis era a versão helenizada de Semmyrammat, cujo verdadeiro marido foi o rei Shamshi-Adad V da Assíria, e que, depois da morte do marido, em 810, tornou-se regente para o filho Adad-Nirari III até 805.

Afrodísias foi, de fato, colonizada desde a era neolítica, ainda que só apareça na literatura no período helenístico. Nin é um dos nomes de Astarte, e é provável que Estevão tenha registrado o nome de uma colônia ou posto comercial assírio, cujas ruínas ainda não foram encontradas. Todas as imagens desse grupo foram analisadas recentemente, e R. Fleischer (op. cit.) discutiu as diversas opiniões sobre elas.

40. A respeito de Zeus Stratos de Labranda, ver P. Merlat, *Jupiter Dolichenus*, p. 52s., 57s. Merlat também discute a associação de Jupiter Stratos e o Zeus Heliopolitano de Baalbek. Sobre o santuário lídio, cujas escavações começaram desde 1948, ver A. Westholm, *Labranda*, v. 1, t. 2, p. 543s.). O templo de Zeus ali era jônico, ao passo que os tesouros ou "Androns" de Mausolo e de seu irmão, Idrieos (d. 344), tinham colunas jônicas sustentando entablamentos dóricos. A respeito do edifício religioso de Mausolo, ver S. Hornblower, *Mausolus*, p. 345.

A respeito de Zeus Heliopolitano, ver R. Fleischer, op. cit., p. 326s.; sobre Zeus de Labranda e Lepsinos (de Euromos) e o deus de Amyzon – conhecido apenas por meio de moedas – ver p. 310s.

41. O enfeite reforçado de cabeça de Cibele-Kubaba já surge em algumas das deusas em Yazilikaya. O *polos* bordado aparece na figura feminina orientalizada, feita de marfim, encontrada no Dipilon, por volta de 750 (Atenas, Museu Nacional). Outra figura de madeira ainda mais elaboradamente mitriforme encontra-se no museu de Vathy, em Samos (R. Fleischer, op. cit., p. 202).

42. A respeito do culto da Grande Mãe em Pessino, e sobre a sua importância econômica e política, ver B. Virgilio, *Il Tempio Stato di Pessinunte fra Pergamo e Roma nel II-I secolo AC.*, p. 60s. Os Arquigalos sempre adotavam o nome "Attis". A imagem de pedra caída dos céus foi removida para Roma, ameaçada pelos cartagineses, em 205, em obediência a um oráculo. Uma estátua de culto semelhante parece ter sido adorada em Perge, de onde muitas imagens sobreviveram, sobretudo em moedas e pedras preciosas, ver R. Fleischer, op. cit., p. 233s.

O termo *diopetus* costumava ser aplicado às imagens que supostamente caíam do céu, por exemplo, a Ártemis Taurina (Eur. *Iph. Taur.* 977) e a imagem de Éfeso (*At* 19,35).

43. Em Éfeso, o mais alto oficial, que tinha o título estrangeiro (persa?) de *megabuzēs*, era um eunuco (como os arquigalos, em Pessino, e muitos sacerdotes de Cibele); dizia-se que ele "viera de muito longe" e em cerimônias pode, de fato, ter trajado um manto, embora tudo o que sabemos sobre as suas vestimentas é que eram "feitas de púrpura e ouro". No final do período helenístico, ele foi substituído por uma sacerdotisa mais velha; porém, durante muitos séculos, foi praticamente o único sacerdote importante de um culto grego a ser castrado (uma prática que os gregos, de modo geral, consideravam ofensiva). Além disso, ele presidia um grupo feminino cuja denominação variava entre *melissai*, "abelhas", *korai*, "garotas" ou *parthenoi*, "virgens". Havia outros grupos de servos no templo, mas tem-se a impressão de que o *megabuzēs* e suas "abelhas" eram centrais no culto.

Maha-bahu, termo sânscrito que significa "de mão longa" e *Bagha-buksa*, em persa antigo, são origens plausíveis sugeridas para a palavra. Ver também C. Picard, op. cit., p. 163s., 222s. Hesíquio o transforma em título real persa. Xenofonte era amigo do *megabuzēs* que chegou à Grécia como *theoros* (observador) para os Jogos Olímpicos de 389 a.C. e a quem deu uma quantia substancial de dinheiro para manutenção da deusa. Quando o *megabuzēs* lhe devolveu o dinheiro, Xenofonte usou o valor para construir um templo para ela na Sicília (perto de Olímpia), onde ele morava, e que, a exemplo do templo em Éfeso, era cortado por um rio, o Selinute (segundo Xen. *An.* v.3). Supõe-se que Apelles e Zeuxis pintaram retratos de um *megabuzēs* na época de Alexandre, o Grande, mas não se sabe ao certo quando o sacerdócio acabou ou passou para uma mulher. Vários nobres persas eram denominados *Megabazēs, Magabazēs*, uma adulteração da palavra persa *Bagabuxsa*, "salvo pelos deuses"; ver PW, s.vv.

Os *galli* frígios, seguidores castrados da deusa Cibele, eram tratados com desdém pelos gregos e, depois, pelos romanos. Com exceção do sacerdote em Éfeso, o único deles que era castrado e tratado com respeito era o de Delfos: Labys, a quem se atribui o dito *gnōthi sauton*, C. Picard, op. cit., p. 223, citando P. Perdrizel, REG II, [1898], p. 245-249; 12 [1899], p. 40); PW, s.v. "castratus".

A abelha é um atributo comum da deusa. O mel é um símbolo de prazer sexual e de garantia de pureza, um protetor contra a corrupção. Além disso, um enxame de abelhas é como as almas dos mortos, que são denominadas *melissai* assim como as sacerdotisas de Ártemis e a própria deusa da lua. Porfírio ressalta esse fato (*De Antr. Nymph.* 16s.) ao comentar sobre a associação das abelhas com as carcaças de grandes animais, sobretudo de touro, que também é sagrado para a deusa por causa dos seus chifres em forma de meia-lua. A força que decai e dá à luz a doçura é o fundamento do enigma que Sansão propôs aos filisteus, em que as abelhas saem da carcaça de um leão (*Jz*, 14). Uma descrição paralela em que um exame de abelhas sai de quatro carcaças putrefatas de touro aparece em Georg. IV.317s., de Virgílio. Há muitas referências na literatura helenista a essas crenças, ainda que pareçam implícitas em Demócrito (DK 68 B, 29a).

A abelha aparece nas moedas de Éfeso, ao passo que o termo *melissai* para as sacerdotisas aparece apenas uma vez. Essas parecem ter tido uma líder, que trajava uma túnica feita do couro do cervo:

No topo do *parthenoi*, caminhava Anthia, [...] a mais bela das virgens: cabelos louros, parcialmente trançados, o restante solto e entrelaçado pelo vento; olhos vivos e brilhantes como os de uma garotinha; porém, intimidantes como os de uma virgem casta; o quitão roxo, a cintura marcada por um cinto, a túnica caindo-lhe por sobre os braços, até os joelhos.

Uma pele de cervo a envolvia, a aljava pendia-lhe do ombro; ela carregava um arco e algumas lanças, cães de seguiam-na [...] "Aí vem a deusa", gritava a multidão, ... ou "a imagem que a deusa fez de si mesma à sua própria semelhança!" (Xenofonte de Éfeso, *Ephesíaca* II.6s.)

Essa descrição corresponde às vestimentas das duas figuras femininas arcaicas, feitas em marfim, que J.G. Wood encontrou no "depósito da fundação" do templo D. Ver D.G. Hogarth (ed.), *Excavations at Ephesus*, v. 1, p. 173s.

Quanto aos "seios", eles são assim denominados nas referências mais antigas a que temos acesso pelos dois escritores cristãos citados na nota 36. As várias hipóteses foram discutidas pela última vez com alguma profundidade, mas sem que se chegasse a qualquer conclusão, por R. Fleischer, op. cit., p. 74s.; e por W. Burkert, *Structure and History in Greek Mythology and Ritual*, p. 130s. É improvável que eles fossem os seios extirpados das amazonas, ou mesmo seios naturais, pois nenhum deles tem vestígio de mamilos; a outra explicação anatômica, de que eles seriam escrotos extirpados de touros sacrificados, também é improvável, porque eles são similares a ovos, ao passo que escrotos são sempre geminados: *doppiette* ou *coppiette* são os nomes dados aos escrotos grelhados de carneiro vendidos na Itália (ver G. Seiterle, Artemis – Die Grosse Göttin von Ephesos, AW, 3). Seja lá o que for que os seios representassem, eles certamente eram "artificiais" quando passaram a ser exibidos na arte: uma confirmação interessante é a Cibele no Museu Kunsthistorisches, em Viena, que usa "peitoral" praticamente como se fosse um cinto.

44. Sobre a máscara e a face, ver acima. Supostamente, se o xoano fosse, de fato, como uma prancha de madeira, os pés seriam provavelmente eram apenas um par de sapatos presos a ela.

R. Fleischer (op. cit., p. 76, 180s.) dá a entender que a face e as mãos escuras no bronze e nas cópias em mármore da Ártemis de Éfeso na verdade mostram o efeito da constante unção da imagem.

45. Sérvio Túlio, um lendário rei de Roma (575-538), já emulava a confederação jônica em torno do templo, em Éfeso, na sua federação latina centrada no templo de Diana, no Aventino, ao passo que os foceanos levaram o culto da deusa para o oeste, até a colônia de Massália (Marselha), no início do século VI, onde Ártemis tornou-se Stella Maris. Além disso, havia santuários de Ártemis de Éfeso em várias cidades gregas e romanas: Corinto, Epidauro, Siracusa, Cirena e Cartago.

Sobre o culto "missionário", ver C. Picard, op. cit., p. xix e seguintes, 374s., 682s.; ele também dá um resumo de indícios numismáticos, às vezes tênues, da expansão do culto (p. xxix, 8n). A data da emigração para Massália costuma ser considerada por volta de 540 a.C. Havia vários desses cultos, por exemplo, os de Apolo Pítio e de Apolo em Delos.

46. Ver E. Will, *Korinthiaka*, p. 212s.

47. Sobre a natureza da Leneia, ver L.R. Farnell, *The Cults of the Greek States*, v. 5, p. 208-214; C. Kerenyi, *Dionysos*, p. 282s. Era uma das quatro principais celebrações de Dioniso em Ática: Leneia (o 12º dia do gamélion em janeiro/fevereiro) e Antestéria (o 12º dia do antestério em abril, no dia seguinte ao novo vinho ser "desarrolhado"; é bem provável que as pinturas nos vasos estivessem mais relacionadas a essa celebração) em terras ática-jônicas; as agriônias dórico-eólicas e as dionisíacas mais gerais, que eram celebrações rurais, bem como a Catagogia, introduzida em Atenas no século VI. Ver

48. W. Burkert, *Anthropologie des religiösen Opfers*, p. 163s.; M.P. Nilsson ([1955]) *Geschichte der Griechischen Religion*, v. 1, p. 829. Sobre os cultos gregos às árvores, ver também C. Boetticher, *Der Baumkultus der Hellenen*, p. 104s., 226s. A respeito da dificuldade de "interpretar" Dioniso e das variedades de interpretação, ver P. McGinty, *Interpretation and Dionysos*.

48. Os vasos leneanos foram registrados pela primeira vez por T. Panofka (*Dionysos und die Thyaden*) e considerados como grupo temático por C. Boetticher, *Der Baumkultus der Hellenen*, p. 103s., 226s. O 22º Winckelmannfest, em Berlim, publicou um estudo mais profundo sobre 27 desses vasos feito por A. Frickenhaus, *Lenäenvasen*. Outros materiais aparecem em A. Pickard-Cambridge, *The Dramatic Festivals of Athens*, p. 30s.

49. O fato de Dioniso ser sempre "o estranho" diz mais sobre o seu caráter dentro da religião grega do que sobre a sua importação histórica. A sua natureza grega foi vindicada quando o seu nome foi lido em algumas placas de Pilos em linear B (di-wo-nu- so-jo: PY Xa 102 + Doc. p. 127). Ver J. Puhvel, Eleuther and Oinoatis: Dionysiac data from Mycenaean Greece, em E.L. Bennett (ed.), *Mycenaean Studies*, p. 161s., e mais recentemente em um texto de Khania, em Creta, ver M. Mellinck, *Kadmos* 31, 1992, p. 75s.; ver também C. Kerenyi, op. cit., p. 68s.; e W. Burkert, *Anthropologie des religiösen Opfers*, p. 68s., 239.

50. Dioniso costuma ser considerado um dos doze deuses do Olimpo; ver WHR, s.v. "Zwölfgötter". A respeito do nome Dioniso, ver W. Burkert, *Anthropologie des religiösen Opfers*, p. 162s. Baco é, sobretudo, o deus que envia o êxtase e o deus dos iniciados que, se forem do sexo masculino, às vezes assumem o nome do deus; as iniciadas eram denominadas bacantes, H. Jeanmaire, *Dionysos*, p. 58s. A respeito de Dioniso e Nissa, "o país das maravilhas", ver W.F. Otto, *Dionysos*, p. 58s. M. Schultze (*Handbuch der Ebräischen Mythologie*, p. 230) sugeriu um neologismo curioso para referir-se à segunda parte do nome de raiz semítica *Nes, Nis*, uma "estaca" ou "vara" (como em Nm 21, 8s., onde ele sustenta a serpente de bronze). Com a derrota dos amalequitas, Moisés construiu um altar que chamou Javé-Nessi ("O Senhor é minha bandeira?" Ex 17,15). Sobre tudo isso, ver M.C. Astour, *Hellenosemitica*, p. 190, 4n.

A respeito da possível relação entre Penteus (de *pentheō*, "lamentar, lamuriar") e Baco, de origem semítica, às vezes *baku* (acadiano), *b'ky* (ugarítico) ou *baka* (hebraico) – ver M.C. Astour, idem, p. 174s.

51. Ver supra, nota 47.

52. Aten. III.78c, citando o historiador de Naxos, Aglostenes. Naxos foi, obviamente, a ilha em que Dioniso "apossou-se" de Ariadne. Ver também A.B. Cook, op. cit, v. 2, p. 1108s., figs. 944-946. Sobre Dioniso Mélicos e Dioniso Báquico, ver C. Kerenyi, op. cit., p. 123s.

53. Paus. II.2.v e seguinte. Como J.G. Frazer ressalta no comentário de 1913, Eur. *Bac.* 1064s. e Fil. *Icon.* I.17 dizem que é um pinheiro; Teócrito XXVI.II, uma aroeira. Plutarco (*Quaest. Con.* v.3) afirma que o pinheiro é a árvore especial de Dioniso. Havia dois no templo de Ártemis de Éfeso em Corinto, ambos dourados, exceto a face que era pintada de vermelho. Um era chamado Lísias; o outro, Baccheos. O vasto material comparativo de Frazer sobre a cor vermelha e o sangue não parece estritamente relevante aqui; além disso, como ele mesmo ressalta, Pausânias também viu outras estátuas pintadas de Dioniso: em Égira (VII.27.iv), perto de Pelene na Acaia; e outra, surgindo de uma base de bronze em forma de folhas de hera e de louro; as partes de madeira de ambas estavam manchadas com cinábrio (VIII.39.iv).

Ver também Plut. *Symp.* v.3.i e Hesi, s.v. "Endendros."

54. Lívio (H.XXXIX.8) relata a perseguição aos adoradores de Baco em 186 a.C. e nos anos seguintes (por decadência). Ver H. Jeanmaire, op. cit., p. 454s., 502s. Sobre a distinção entre Liber Pater (com sua consorte, Líbera) e Baco-Dioniso, ver A. Grenier, *Les Religions etrusques et romaines*, p. 99, 122. Para a bibliografia completa, ver J. Bayet, *Mélanges de littérature latine*, p. 339s. Sobre desenvolvimentos posteriores do "mistério", ver J.-M. Palisser, Lieu Sacré et Lien Associatif dans le Dionyisme Romain, em O. de Cazanove (ed.) *L'Association dionysiaque dans les sociétés anciennes*, p. 199s.

55. A Grande Mãe tinha um paredro masculino em muitas de suas formas: Adônis – Tammuz – Dumuzi tornou-se o mais famoso deles. Mas ainda que exista uma relação óbvia entre Dioniso e o "deus moribundo", ele não aparece na religião grega como um paredro; ao contrário, há várias paredras, como Ariadne ou Erígone.

56. A respeito do falo na procissão dionisíaca, ver C. Kerenyi, op. cit., p. 71s., 285s.; H. Jeanmaire, op. cit., p. 40s. Ainda não se ressaltou o fato disso parecer de modo incomum igual a um linga de Xiva.

57. Sobre Apolo, ver supra, Cap. VII, p. 199. A sua genealogia histórica (ao contrário da mítica) é incerta. Ele é *kouros*, o "jovem", mas ele também pode ser jovem, na mitologia grega, no sentido de "recém-chegado", ver W. Burkert, *Anthropologie des religiösen Opfers*, p. 212s. O fato de ele ser representado na *Ilíada* como inimigo dos gregos sugere que ele tivesse antecedentes estrangeiros. Durante as guerras persas, Apolo de Delfos ficou ao lado desse povo. Ele "vem da" Lícia, segundo Simônides (em PLG, p. 519, 55a) e, muito depois, Serv. ad Aen. IV.143. Na *Ilíada*, contudo, o peã é o seu hino especial e, embora os peãs fossem entoados a outros deuses, ele é o deus adorado como Apolo Peã. Paiawon parece ter sido uma divindade independente em Creta, como talvez Febo o fosse no norte da Grécia. Febe é mãe de Latona, às vezes identificada com a lua e com Ártemis. O sol e a lua eram representados por Apolo e Ártemis, Febo e Febe, Hélio e Sêmele que, por sua vez, costuma ser considerada (ao contrário de Deméter, Parsifae, até mesmo Ariadne) mãe de Dioniso. Para eliminar Píton, Hélio e Apolo tornam-se aliados (Hom. *Him. Pit.* 370s.), ainda que, de fato, a identificação explícita de Apolo como o Deus Sol não anteceda o século V. Havia uma estátua gigantesca de Apolo no têmeno, em Éfeso, antiga o suficiente para que a sua base estivesse trincada pelo tempo na época de Augusto (*Nostra vero memoria [...] a vetustate diffracta*; Vitr. X.2.xiii).

Nenhum nome semelhante ao dele aparece nos fragmentos de Linear B (ver W. Burkert, *Anthropologie des religiösen Opfers*, p. 78, 53n), tudo isso pode indicar uma origem oriental, assim como a abundância dos oráculos anatolianos de Apolo (dos quais Claros e Mileto foram mencionados aqui). Tentativas de vinculá-lo às divindades hititas não tiveram êxito. Às vezes, ele é identificado com o Resef semítico. Vale a pena observar que, no mínimo, em um fragmento (Esq. fr. 187 ex Macr. *Sat.* I. xviii.6) ele aparece como um duplo de Dioniso: *o kisseus Apollōn, o Baccheis, o Mantis* – "Apolo com coroa de folhas de hera, festeiro, profeta".

58. Histórica e não formalmente, críticos helenísticos, como Lucian ou Estrabão, prefeririam citar o templo de Ártemis Leucofrina na Magnésia, projetado por Hermógenes, ao templo "arcaico" em Éfeso, como um tipo de templo dedicado à Ártemis.

59. Os arquitetos também são denominados por Pln. NH XXXVI.xxi, 95. Ver F. Miltner, *Ephesos*, p. 3s.; J.M. Cook, *The Greeks in Ionia and the East*, p. 101s. A respeito de sua destruição, ver Trebélio Polião, Gallieni Duo, em *Hist. Aug. Scr.*; Jordanes *De Or.* XX; E. Gibbon, *The History of the Decline and Fall of the Roman Empire*, v. 2, p. 207. Diante do templo, havia um vasto altar fechado para sacrifícios – notável porque o sacerdote não ficava de frente nem para a porta do templo, nem para o sol poente, mas sim para o sul, formando ângulos retos com o eixo do templo. Sobre o altar e a sua direção, ver A. Bammer, *Das Heiligtum der Artemis von Ephesos*, p. 130s.; 1972, p. 40s.

Nicholas Purcell contou-me que os fragmentos escavados por Wood foram revistos recentemente, o que revelou a presença incontestável de um templo com planta alongada e fundo em abside construído antes de Creso, com a colunata central costumeira, como em Samos.

60. A referência principal para a história de Creso é Her. I.56s., 71s.; Pind. *Pit.* I.94; Bac. 31.3; e Nic. Dam. 65.68 em FHG v. 3, p. 406s. A ocasião da reconstrução provavelmente foi a mesma da devastação da invasão cimeriana (por volta de 655) – da qual poucos indícios arqueológicos apareceram até agora; ou a mesma da ordem profética para reconstruir depois da quebra sacrílega do direito de asilo pelo tirano Pitágoras (670-650). A bibliografia está em Vitr. VII. praef.12. Ver A. Bammer, *Das Heiligtum der Artemis von Ephesos*, p. 74, 223s.

É notável que a palavra *tirano* foi empregada primeiro em relação ao ancestral de Creso, Gigés, que morreu na invasão cimíria de 655, pelo poeta Arquíloco (fr. 25). A respeito desse uso, ver G. Radet, *La Lydie et le monde grec au temps des Mermnades*, p. 146s. Contudo, na dedicatória em Éfeso, Creso denomina-se *basileos*: restam fragmentos de suas dedicatórias provenientes de no mínimo três colunas distintas (BM frr. B 16, B 32, B 136).

A respeito da autoimolação de Creso, depois de sua derrota, como uma típica "apoteose" em uma pira, ver M. Delcourt, *Pyrrhos et Pyrrha*, p. 68s.; ver também J.G. Frazer, *The Golden Bough*, v. 4.1, p. 174s. G. Radet (op. cit., p. 249s.) sugere que isso pode ter parecido sacrílego para Ciro em vista de sua fidelidade zoroástrica. Sobre a sucessão de oratórios arcaicos e o templo de Creso, ver A. Bammer, *Das Heiligtum der Artemis von Ephesos*, p.165s.

61. Vitr. VII. praef. 12, 16.

62. Pli. NH XXXVI.xxi.95.

63. A respeito do templo de Hera em Samos, ver E. Buschor, Die Heraion von Samos, MEDAIA, 55, p. 1s.

64. Uma inscrição no Museu Britânico (fr. B 17) foi interpretada por F.N. Pryce (*Catalogue of Sculpture in the Department of Greek and Roman Antiquities in the British Museum*, v. 1.1, p. 39s.) como uma dedicatória de Agesilau. Ver também W. Schaber (*Die Archaischen Tempel der Artemis von Ephesos*, p. 20, 130, 66n), que a considera um tipo de "grafito" preparatório entalhado em um toro rústico em preparação para uma inscrição de acabamento no astrágalo, que provavelmente não foi executada. A respeito de Agesilau, ver também supra, Cap. VII, p. 186. É praticamente certo que ele visitou Éfeso mais de uma vez e passou algum tempo lá; foi em Éfeso que ele anunciou o plano de conquistar a Ásia para vingar as invasões persas. Ver P. Cartledge, *Agesilaos and the Crisis of Sparta*, p. 152, 213s.

    Colunas centrais são usadas no quase igualmente vasto templo de Zeus (Olympeion) em Agrigento (ver supra, Cap. X, p. 318), ainda que o *layout* e o contexto sejam bem distintos. Sobre a significância e o número exato de colunas, ver A. Bammer, *Das Heiligtum der Artemis von Ephesos*, p. 217s.

65. Ver W.R. Lethaby, *Greek Buildings Represented by Fragments in the British Museum*, p. 12s.

66. Tanto os capitéis com roseta de oito pétalas quanto os capitéis com volutas em espiral estão restaurados no Museu Britânico, ver W.R. Lethaby, op. cit., p. 1s.; A.W. Lawrence, *Greek Architecture*, p. 161s.

67. Ver W.B. Dinsmoor, op. cit., p. 121s., 326. A coluna, provavelmente votiva e de data incerta, com caneluras espiraladas, é descrita por T. Wiegand, *Die Archaische Poros-Architektur des Akropolis zu Athen*, p. 177.

68. Um santuário particularmente rico é conhecido de Cirene, no norte da África. Em Atenas foi encontrado um capitel com voluta sem olho do mesmo tipo, e parece que serviu como base para uma estátua. O grupo todo foi pesquisado recentemente por P.P. Betancourt, *The Aeolic Style in Architecture*, p. 106s.

    Quanto às esfinges *ex-voto*, não se sabe ao certo por que Dia (Naxos), a ilha particular de Dioniso, as ofertava.

69. Dois desses capitéis, um deles denominado "lira", encontram-se no Museu Metropolitano, Nova York (n. 11.185 cd, 17.230.6). O primeiro apresenta vestígios consideráveis de cor e foi restaurado. Sobre a esfinge, ver p. 162.

70. Pausânias (VI.19.ii), que é a principal referência para os tesouros, é uma testemunha tardia e, ainda que interessadíssimo na data dos edifícios que visitou, julgou a relação entre lenda e monumento com critérios bem distintos dos nossos. O edifício em Sicione era o mais ocidental dos tesouros olímpicos e, portanto, aparece em primeiro lugar na descrição de Pausânias, porque ele trabalhou de oeste para leste. Muitos fragmentos foram encontrados, entre os quais a inscrição dedicatória. Tanto os materiais quanto as marcas dos pedreiros confirmam que a pedra foi extraída em Sicione e a construção feita pouco antes de 450 a.C., embora as os engates de metal usados sugerissem para o pesquisador, Wilhelm Dörpfeld, uma data posterior. Ver W. Dörpfeld, Das Schatzhaus der Sikyoner, *MDAIA*, 8, p. 67s.; A. Boetticher, *Die Akropolis von Athen*, p. 220s. Há pouco tempo, o tesouro foi parcialmente reconstruído. Ver K. Herrmann, Bericht über Restaurierungsarbeiten in Olympia, *AA*, p. 351s.

71. A fachada é composta de pares de meias-colunas, entalhadas na face da rocha. Os fustes das colunas não apresentam caneluras, mas estreitam-se na parte superior. A sua altura é mais de seis vezes o diâmetro inferior (quase sete vezes o superior). A extremidade inferior do fuste é margeada por um filete estreito e apoia-se em um toro grosseiramente moldado, sob o qual há uma base de corte quadrado. Por outro lado, os capitéis são curiosamente refinados: sobre as espirais, há um ábaco fino e uma viga transversal rasa que sustenta uma cornija dividida em três componentes principais, coroada por uma proteção encastelada.

    A tumba (e outra, mais rústica, mas aparentemente "médica") foi mensurada e publicada pela primeira vez por E.E. Herzfeld, *Iran in the Ancient East*, p. 207s. Ver J. Boardman, Chian and Early Ionic Architecture, *AJ*, 197, v. 39, p. 215, 2n; e E. Porada, *Ancient Iran*, p. 138s.

72. P.P. Betancourt (op. cit.) toma o cuidado de não chamar esses capitéis e colunas de "ordem" (p. 4). Pouco se sabe sobre o seu entablamento, mas parece óbvio, e importante, que em alguns exemplos sírios e cipriotas, a viga apoiava-se no capitel, em sentido perpendicular ao console em que as volutas eram inscritas. Sugeriu-se até mesmo que essas colunas não tinham o objetivo de sustentar nenhum telhado de madeira, ainda que seja difícil entender como um edifício períptero – por exemplo, o templo de Atena na velha Esmirna, destruído por Aliates de Sárdis por volta do ano 600 – possa ter sido configurado sem nenhum telhado, nem entablamento, como os escavadores turcos dão a entender, ver F. Schachermeyr, *Die Griechische Rückerinnerung im Lichte Neuer Forschungen*, p. 319s.; e E. Akurgal, *The Art of the Hittites*.

    O dialeto eólio era falado na Beócia e na Tessália e coloriu algumas poesias jônicas; de fato, F. Schachermeyr (*Griechenland im Zeitalter der Wanderungen*, p. 420s.) dá a entender que indícios de uma colonização de língua eólica/micênica anterior foram suprimidos pelos jônicos. Contudo, mesmo em épocas posteriores, a Eólia patrocinou as colônias gregas do norte, no mar Egeu, onde muitos desses capitéis eram encontrados; além disso, o nome também tem sido aplicado aos capitéis similares do Mediterrâneo oriental, que foram encontrados mais tarde.

73. O relevo é até mesmo representado em estelas como a de Golgoi no Museu Metropolitano, bem como nas "pilastras" de Tamassos; as pilastras salomônicas de Ramat Raquel ou de Jerusalém têm um bloco simples sobre a palmeta.

74. Como no vaso de figuras vermelhas que mostra Télefos em Micenas (Boston 98931) ou a morte do Minotauro em uma cratera no Museu Nacional, em Atenas (Acrópolis 735). Há outras cenas não identificadas que mostram essas colunas, como um *skyphos*, em Münster (Museu da Universidade Wilhelms 45), ou uma placa no Museu Nacional, em Atenas (Acrópolis 2549).

    Outra placa da mesma coleção (n. 2547) mostra um isomorfismo interessante e aparentemente deliberado entre o capitel e a cabeça de uma coruja nas mãos de Atena.

75. P.P. Betancourt (op. cit.) fez um levantamento geral desses capitéis; ver também Y. Shiloh, *The Proto-Aeolic Capital and Israelite Ashlar Masonry*, passim.

76. Sobre o uso ritual de grinaldas, ver mais recentemente K. Baus, *Der Kranz in Antike und Christentum*, p. 7s.

77. W.B. Dinsmoor, op. cit., p. 290s. Eles aparecem excepcionalmente nos protomes de um tesouro em Delos, no século III, tarde demais para nos interessar aqui – tarde demais até mesmo para serem considerados um produto da influência persa.

78. Ver supra, Cap. VII, p. 197.

79. Ver este capítulo supra p. 283. Dois cabritos monteses em um vaso de pasta vítrea de Hassanlu no museu arqueológico, em Teerã, estão posicionados ao redor de uma árvore "composta" coroada com uma palmeta; em uma coleção particular, em Berna, há uma placa de marfim de Ziwiye com uma composição análoga; ambos são do século IX ou VIII.

    Anteriormente, essa composição era comum em lacres cilíndricos (de Susa, por volta de 3000, no Louvre), em cajados cerimoniais e arreios de cavalos do Lorestão. Ela sobreviveu na era cristã, como no relevo do estuque sasaniano, atualmente no Louvre.

80. Sobretudo os luris e os curdos; mas também ao redor de Isfahan e Shiraz, no Irã. Ver E. Porada, op. cit., p. 75; e H. Field, Horns and Skulls on Buildings, *Antiquity*, 10, p. 223.

    O relevo do século XVII, em Kurangun, nas Montanhas Bakhtiari, está *in situ*; os fragmentos da estela de Untashgal, talvez posteriores (século XV?), estão no Louvre (Acrópole Sb 14); ver E. Carter e M.W. Stolper, *Elan*, p. 154s., 185s. Em uma representação do zigurate elamita, em Susa, do palácio de Assurbanípal, em Nínive (BM Niniveh Gallery, Laje 25), duas caveiras de boi aparecem embutidas nos cantos do coroamento do templo.

    Os chifres são bastante óbvios em edifícios elamitas (talvez fossem mesmo chifres autênticos de animais ali confinados, embora seja difícil deduzir qualquer coisa definitiva a partir dos relevos, já que não há indícios arqueológicos. É provável que o antigo zigurate, em Susa, tenha sido restaurado na entusiasmada campanha de construção do rei Shilhak-Inshushinak (1150-1120). Ver *CAH*, v. 3.2, p. 488s.; W. Hinz, *The Lost World of the Elam*, p. 55s.

    Um primitivo vaso cerimonial hitita (século XVIII?) de Büyükkale, em Boghazköy, na forma do modelo de uma torre, incorpora chifres como acrotérios de canto, bem como várias cabeças com chifres, uma das quais é o bico (Museu de Ancara 144.7.64).

81. Como diz explicitamente uma inscrição muito citada de Dario, em Persépolis (E. Porada, op. cit., p. 156); embora ele também empregasse pedreiros egípcios, cuja influência foi percebida em edifícios persas, sobretudo na sua época. A respeito de Pasárgada, ver C. Nylander, *Ionians in Pasargadae*, p. 103s.

82. Também, por exemplo, Estrabão, 15.733. Mas essa forma de crítica dos bárbaros persas [485] aparece na literatura grega, no sonho da rainha Atossa sobre as duas mulheres em Esq. *Pers.* 176s.

83. As tradições sobre a morte e o funeral de Ciro são registradas por Heródoto (I.127), Estrabão (XI.514s.), Eliano (*VH* IV.1), Arriano (*An.* VI.29.iv e seguintes) e Eusébio (*Chron.* I.29). A descrição de Arriano tem sugerido a interpetação de que o cadáver de Ciro foi mumificado; a tumba, que era conhecida localmente como a da mãe do rei Salomão (Meshed-i-Madr-i-Suleiman), há muito está vazia e não apresenta nenhum vestígio de sepultamento. A exemplo de muitos outros edifícios em Pasárgada, ele provavelmente teve início na segunda metade do século VI; Ciro derrotou Creso da Lídia, em 546 (ver nota 60).

    Alega-se (mais recentemente, C. Nylander, *Ionians in Pasargadae*, passim, mas esp. p. 91s.) que ele seja tipicamente jônico, embora as suas proporções e esboço sejam de um zigurate em miniatura; no topo, há um bloco de uma câmara mortuária com telhado em duas águas. O fato de Ciro ter sido sepultado como uma múmia egípcia em um zigurate em miniatura de construção grega é, em si, um tributo a sua política sincretista.

84. Ver W. Kleiss, Die Entwicklung von Palasten und Palastartigen Wohnbauten in Iran, p. 4s.

85. Investigador precoce dos arquivos de Boghazköy, Ernst Forrer contou oito deles, mas posteriormente os seus cálculos foram modificados.

86. Ou 1275; a data da batalha de Khadesh foi recentemente discutida por, L. de Meyer, em D. Musti (ed.) (*Le Origini dei Greci, Dori e Mondo Egeo*, p. 210s.).

87. Os vastos hipóstilos egípcios que restaram eram, de qualquer modo, de caráter bem distinto, com as colunas muito próximas umas das outras, em geral separadas por pouco mais de um diâmetro de distância; sabe-se pouquíssimo sobre os hipóstilos palacianos, cujas colunas teriam sido de madeira.

88. Ele está claramente traduzido para o *sar* acadiano nas listas de palavras e inscrições bilíngues como *sar* acadiano, ver C. Rüster e E. Neu, *Hethitisches Zeichenlexikon*, p. 146s. No entanto, o caractere cuneiforme não se parece com o hieróglifo.

89. *CAH*, v. 2.2, p. 417s.

90. O palácio no nível V foi incendiado por volta de 1750, talvez pelo (primeiro?) grande rei hitita Labarnash.

91. H. Seton Lloyd; J. Mellaart, *Beycesultan*, v. 2: Middle Bronze Age Architecture and Pottery, p. 3s.

92. Sobre a (agora) notória questão de Achijawa, ver F. Schachermeyr, *Mykene und das Hethiterreich*, p. 81s.; Lord William Taylour, *The Mycenaeans*, p. 157s.; *CAH*, v. 2.1, p. 678, 812, v. 2.2, p. 186, 261; I. Singer, Western Anatolia in the Thirteenth Century BC According to the Hittite Sources, *AnSt*, 33, p. 205s.; e Guy Bunnens em D. Musti (ed.), *Storia Greca*, p. 227s.

    Sobre o casamento de Ramsés II e a filha (talvez até mesmo duas filhas?) de Khattushilish III, que se tornou a sua terceira esposa "oficial" e era conhecida no Egito como Maetnefrure, ver J.G. MacQueen, *The Hittites*, p. 50; e *CAH*, v. 2.2, p. 226s.

93. O templo em Musasir, que Sargão II saqueou em 714, durante a sua campanha contra Rusa I de Urartu, aparecia em um relevo infelizmente perdido na lama do Tigre, embora um desenho feito por Flandrin tenha sido publicado por P.-E. Botta, *Monuments de Ninive, découverts et décrits par M.P.E. Botta*; parece que o templo tinha um telhado piramidal, em forma de tenda, apoiado em pilares decorados com escudos de bronze que mostravam cães ferozes. O relevo de Sargão é a representação mais explícita de um edifício urartiano. De cada lado de suas portas, ao lado de árvores em forma de seta, havia dois grandes caldeirões em tripés. Ver T.B. Forbes, *Urartian Architecture*, p. 46, 81s. Forbes, cujo livro é o único estudo da construção urartiana, cita outros templos "quadrados" e apresenta levantamentos dos principais palácios urartianos, entre os quais o palácio em Amin-Berd/Erebani, perto de Yerevan: ele possuía um salão hipóstilo, cerca de 20 por 23 metros, comparável ao salão principal em Büyükkale, 32 por 32 metros. Infelizmente, as ruínas aquemênidas nesse sítio ainda não foram claramente separadas das urartianas. Isso também acontece no assentamento quadriculado em Zernaki Tepe, na extremidade nordeste do Lago Van. A esse respeito, ver Forbes, op. cit., p. 121s.; C. Nylander, Remarks on the Urartian Acropolis at Zernaki Tepe, *Or. Suecana*, n. 15, p. 141s.; e H.F.B. Lynch, *Armenia*, v. 2, p. 29. Lynch o considera uma fundação do rei Arghisti II (713-685), embora seja o único assentamento urartiano em grelha, e não tenha ocorrido ainda qualquer escavação sistemática. O trabalho figural mais impressionante é o relevo colossal do deus da tempestade, Teisheba, de Adilcevaz, ao norte do lago Van; ver B.B. Piotrovskii, que nada tem a dizer sobre Zernaki: *Urartu*, p. 64s.

94. Ele suicidou-se bebendo o sangue de um touro, segundo Str. 1.61. Heródoto (I.14) viu o trono do julgamento de Midas – supostamente o primeiro presente bárbaro ao oráculo – no tesouro coríntio, em Delfos, onde ele era exibido com o tesouro de ouro e prata presenteado por Gigés, da Lídia, o ancestral de Creso.

95. *CAH*, v. 2.2, p. 265s. O idioma que eles falavam e escreviam era o aramaico, a língua franca dos semitas setentrionais.

96. O descobridor de Tell Halaf, Max von Oppenheim, que abandonou a carreira diplomática para cuidar das escavações, expôs as colunas-estátuas em seu museu particular, em Berlim, que foi destruído por bombas durante a Segunda Guerra Mundial. Ver H. Schmidt et al. (eds.), *Max Freiherr von Oppenheim*; W. Orthmann, *Untersuchungen zur Späthethitischen Kunst*, p. 119s., 178s.; e R. Naumann, *Architektur Kleinasiens, von Ihren Anfängen bis zum Ende der Hethitischen Zeit*, p. 362s.

    A respeito da possível influência neo-hitita em Chipre, ver V. Karageorghis, The Relations Between the Tomb-Architecture of Anatolia and Cyprus in the Archaic Period, *ICCA*, n. 10, p. 362s.

97. Sir Charles Leonard Woolley, *The Development of Sumerian Art*, p. 101s.

98. O paralelo foi ressaltado pela primeira vez por E. Akurgal, *Phrygische Kunst*, p. 87s.

99. Ver S.I. Rudenko, *Kultura Naseleniia Gornogo Altaia*, p. 294s., 349s. A origem do tapete Pazirik é muito discutida, e as analogias dos seus padrões com as dos "tapetes" assírios de pedra usados como pavimentação de entradas são ressaltadas (há um de cada no Museu Britânico, de Nínive, e no Louvre). Ver Crawford H. Greenewalt e Lawrence J. Majewski, Lydian Textiles, em K. de Vries (ed.), *From Athens to Gordion*, p. 133s.

100. O espetacular mosaico do tipo *patchwork* de Gordion – que o seu escavador alegou ser o primeiro mosaico de todos os tempos (certamente, até agora, foi o primeiro mosaico de piso que descobriram) – parece um substituto durável de tapetes espalhados aleatoriamente no piso. Ver R.S. Young, The Phrygian Contribution, *ICCA*, n. 10, p. 15s. Quando essa técnica foi adaptada na Macedônia, o mosaico de seixos já era uma invenção pictórica independente.

101. A casa abobadada parece ter sido formalizada em um caractere luviano hieroglífico, que também aparece no disco de Faistos. Ver J. Best e F. Woudhuizen, *Ancient Scripts from Crete and Cyprus*, p. 37s., 59; e M. Mellink, Lydian Wooden Huts and Sign 24 on the Phaistos Disk, *Kdmos*, 3, p. 1-7.

102. Ver D. Asheri, *Fra ellenismo e iranismo*, p. 31s.

103. Isso é notável na tumba doméstica perto da ágora ateniense e na tumba da "Basílica oriental" em Xanto. Ver P. Demargne, Tombes-maisons, tombes rupestres et sarcophages, *Fouilles de Xanthos*, t. 5,1974, p. 20s.

104. J.G. MacQueen, op. cit., p. 22s., 101s.

105. Elas foram registradas pela primeira vez nos edifícios pré-hititas em Alaça Hüyük, ao norte de Hatusa/Boghazköy, e no palácio do nível VII, provavelmente pertencente a Yarim-Lin, protegido do faraó Tutmoses III.

106. Já se discutiu a literatura sobre o assunto. Ver também N. Perrot, Les Représentations de l'Arbre Sacré sur les monuments de Mésopotamie et d'Elam.

107. A respeito da associação do *aseroth* e *asserim* semíticos com o *Dd* egípcio, ver M.-J. Lagrange, *Études sur les religions sémitiques*, p. 176s.; e E.A. Wallis Budge, *From Fetish to God in Ancient Egypt*, p. 184s.

108. O relatório original da escavação, de autoria de Max Ohnefalsch-Richter, embora revisado por volta de 1910, nunca foi publicado; mas foi resumido por H.-G. Buchholz, junto com as suas novas descobertas (Tamassos, Zypern 1970-72, *AA*, n. 3, p. 297s.).

    A disposição arquitetônica de câmaras subterrâneas semelhantes a cabanas de madeira, cujas portas são ladeadas por estelas com revelo de colunas com volutas, forma as chamadas tumbas reais V e XI (Buchholz dá uma concordância para as diversas numerações, p. 324). Elas não são diferentes das câmaras nas tumbas lídias e hititas arcaicas; Buchholz até mesmo as chama de imitações. As duas tumbas fazem parte de uma galeria funerária "real".

109. Ver, em geral, *CAH*, v. 3.1, p. 511s.; V. Karageorghis, *Cyprus*, p. 63s.; também L.R. Palmer, *Mycenaeans and Minoans*, p. 156s. Ainda no século IV, inscrições silábicas com transliterações gregas e fenícias eram feitas em Chipre. Em outra obra, Karageorghis (The Relations Between the Tomb-Architecture of Anatolia and Cyprus in the Archaic Period, *ICCA*, n. 10, p. 363s.) sugere que as similaridades entre as tumbas anatolianas e cipriotas eram tão gritantes que as cipriotas só podiam ser o resultado do trabalho de artesãos lídios itinerantes.

110. *CAH*, v. 1.1, p. 542s. De qualquer modo, não havia vestígios paleolíticos nem mesolíticos enquanto o livro é escrito. Mas parece ter começado o

assentamento neolítico começou por volta de 6000; é bem provável que ele tivesse dois estágios separados, ainda que os indícios sobre a sua origem sejam inconclusivos, como o são sobre o período inativo entre eles. A grande prosperidade da ilha começou quando a população cipriota passou para o período calcolítico, no quarto milênio, época em que teve início a exploração das ricas minas de metal.

111. Quando Cambises da Pérsia conquistou o Egito, ele também ocupou Chipre. Alexandre, o Grande, devolveu a ilha ao *koiné* grego.

112. Ver Hes. *Teog*. 194s., que explica o nome de Afrodite, *ounek en'aphrōthrēphthi*, "porque ela surgiu da espuma do mar". A praia rochosa, agora denominada "Petra to Romou", foi apontada como o verdadeiro lugar de seu surgimento. A descrição de Hesíodo do nascimento de Afrodite foi comparada à descrição da castração de Anu por Kumarbi no relato hurrita da luta pelo reino dos céus. Porém, Kumarbi cortou os genitais de Anu; ele os mordeu com os dentes e os engoliu: depois, cuspiu sêmen misturado à saliva, de onde nasceram outras divindades. Mas a exemplo de Cronos, ele tentou comer seu filho nascido dessa impregnação, Teshub, mas em vez do filho, recebeu uma pedra. Ver H.A. Hoffner (trad.), *Hittite Myths*, p. 40s. Sobre isso e outros relatos orientais de Hesíodo, ver W. Burkert, *The Orientalizing Revolution*, p. 5s.; P. Walcot, *Hesiod and the Near East*, p. 111. O nascimento de uma Afrodite "barbada", oriunda de genitais extirpados, foi ilustrado em uma placa encontrada em Peracora, R.J.H. Jenkins, *Dionysius Solomos*, p. 231s., n. 183.

Obviamente, havia muitas descrições do nascimento dela; na *Ilíada*, ela é a filha de Zeus e Dione (com quem ela é às vezes identificada). A *Odisseia* reconta a sua ligação ilícita com Ares e o nascimento de sua filha, Harmonia, que ia casar-se com Kadmos, da Fenícia, o fundador de Tebas. Pausânias (IX.16.iii) viu um xoano triplo (feito de pranchas da popa do navio de Kadmos) da deusa em Tebas. Disseram-lhe que o xoano foi consagrado por Harmonia para representar três tipos de amor. Heródoto, por sua vez, viu o templo da deusa em Askelon (1.106) que, segundo ele, foi o primeiro consagrado à deusa.

O local alternativo do surgimento de Afrodite do mar era Citera (Kythira), uma ilha entre o oeste de Creta e Monmenvassia, que provavelmente teve uma grande colônia fenícia associada à pesca de caramujos violetas que ali abundavam (*Murex trunculus* e *Murex brandaris*, que segregam o violeta "de Tiro": Paus. III.21.vi). O nome da ilha originou-se do semítico ocidental *K'tr, K'tr't*, "coroa," segundo V. Bérard, *Les Phéniciens et l'Odyssée*, v. 1, p. 297s. e M.C. Astour, op. cit., p. 143. Heródoto (1.105) já denominara uma de suas baías de *Phoinikos*, e Pausânias observou (1.15.vii) que o templo principal da deusa era uma fundação fenícia. Xenofonte (*Hel*. IV.8.vii) registra outro lugar, Fênix. Este era um nome familiar do pai ou irmão de Europa (Her. IV.147.iv) e o pai epônimo da nação fenícia. A Afrodite de Citera também era conhecida como Urânia e a sua imagem belicosa era associada aos cultos semíticos. Os seus outros templos famosos ficavam em Corinto e no monte Erix, na Sicília. Identificada com a antiga divindade latina, Vênus (originalmente talvez a protetora das hortas), ela é estabelecida no panteão romano: como Vênus Genetrix, a ancestral divina – por meio de seu filho Eneias – do *gens Iulia*, ela tornou-se a deusa do culto imperial.

113. Agapenor, filho de Anceus, o Argonauta, aparece na *Ilíada* (11.609s.) como o líder arcadiano. Pausânias (VIII.5.ii e seguintes) contou a história de seu estabelecimento em Pafos e da construção do santuário, ao passo que J.G. Frazer (*The Golden Bough*, v. 4, p. 193) deu a entender que a lenda é um subproduto da similaridade dos dialetos. Apolodoro (*Epit*. VI.15) também refere-se a isso. Ciniras é uma figura mais complexa do que Agapenor e parece pertencer a uma época anterior, pois, às vezes, é o filho de Apolo e Pafos, do rei assírio Thias ou de Fênix. Seu caso amoroso incestuoso com sua filha Esmirna, que foi transformada em uma árvore, a mirra, gerou Adônis. Isso é assunto de muita especulação na literatura antiga e, sobretudo, em Ovídio (*Met*. X.476s.). Esse assunto também foi celebrado em um poema perdido, conhecido por *Zmyrna*, de Gaius Helvius Cinna, o magistrado linchado por engano ("Sou Cinna, o poeta!") depois do funeral de César. Alguns estudiosos derivam o nome de Ciniras do *K'n'r*, "Kinnor," semítico ocidental, a harpa endeusada – uma divindade da mitologia ugarítica; ver M.C. Astour, op. cit., p. 137s., 191, 308.

A dinastia Kinyran foi provavelmente a única de rei-sacerdote em Chipre, mas Ciniras (ou apenas um homônimo?) é também o famoso fundador do templo de Afrodite em Biblos, segundo Lucian (*De Dea Syr*. 9). Tácito (*Hist*. 11.3, *Ann*.III.62), que conheceu a dinastia, também ouviu falar de um fundador ainda mais antigo de Pafos, Éris: seu filho, Amathor Amathos, era o fundador epônimo do templo de Afrodite e Adônis, apenas um pouco a leste de Pafos, no litoral sul. O nome, a exemplo do culto, é claro, está vinculado à Fenícia; o *A* inicial aspirado do nome é forte, "Hamath". Estev. Biz., s.v. "Amathos", chama o culto de "Adônis Osíris".

114. Pafos e Kition foram os principais assentamentos em Chipre a ser marginalmente atingidos pelo cataclismo natural de 1075, que teve repercussão em toda Chipre e no sul da Anatólia. *CAH*, v. 2.2, p. 315s.; v. 3.1, p. 511s.

A respeito desse local, ver F.-G. Maier, *Alt-Paphos auf Cypern*, passim. Na verdade, o General Cesnola identificou o local e as suas ruínas há mais de um século, *Cyprus, Its Ancient Cities, Tombs, and Temples*, p. 204s. Porém, ver a descrição das escavações em F.G. Maier e V. Karageorghis, *Paphos, History and Archaeology*, p. 15s.

Tácito descreve o bétilo cônico no decorrer de seu relato (*Hist*. 11.2.3) da visita de Tito a Pafos, embora ele admita ter ficado confuso com a forma: *simulacrum deae non effigie humana, continuus orbis latiore initio tenuem in ambitum metae modo exsurgens; [s]et ratio in obscuro*.

Ele ressalta que nenhum sacrifício de sangue era oferecido ali, embora, segundo a lenda, *exspicitinium* das vísceras de cabrito, pois a deusa não gostava de vítimas do sexo feminino, era, segundo a lenda, oriundo de Cilícia.

O bétilo descrito por Tácito agora tem sido identificado como um bloco cônico de granito vermelho não natural daquele lugar encontrado como parte de um muro em Paleopafos (comunicado pessoal de Nicolas Purcell). Outro candidato, a pedra cônica verde-acizentada de 1,22m de altura, agora no Museu de Chipre em Nicósia, é ilustrado por F.-G. Maier e V. Karageorghis, op. cit., p. 99s.

115. Ainda que a partir da *Odisseia* (VII.362) ele apareça na literatura grega como um santuário grego.

116. Sobre o problema da alvenaria, ver V. Tatton-Brown, *Cyprus and the East Mediterranean in the Iron Age*, p. 20; e V. Karageorghis, *View from the Bronze Age*, p. 171.

117. *1Rs* 16,31s.- *2Rs* 10; mas ver *2Cr* 21,5s.

118. O outro tipo comum de templo envolvia um oratório alongado circundado por pequenas câmaras e provavelmente coberto por uma abóbada de berço. A respeito do tipo em geral, ver W. Andrae, *Das Gotteshaus und die Urformen des Bauens im Alten Orient*. Os templos mais antigos, por exemplo o Templo Branco (White Temple) em Warka, dão a impressão de terem sido movidos para o pé dos zigurates, um templo especialmente grandioso ficava aos pés do zigurate em Tell-el-Rimah.

Outro santuário arcaico com um pórtico coberto foi recentemente escavado, perto de Bamboulia, por uma missão francesa. Ver A. Ciubet, Le Sanctuaire Chypro-Archaique de Kition-Bamboulia, em G. Roux (ed.), *Temples et sanctuaires*, p. 107s.

119. Cerca de 4 a 4,5m, dependendo do côvado usado (Str. III.170). Est. Biz., s.v. "Gadeira", uma transliteração grega quase exata da palavra semítica ocidental para "cercado", "lugar murado". Ainda que a fundação fenícia da cidade nunca tenha sido questionada, ela ficou do lado romano depois da Segunda Guerra Púnica, e o templo maravilhoso (até mesmo alguns edifícios de madeira "arcaicos") é descrito como esplêndido por Sílio Itálico no início do livro III de *Punica* (o mais longo épico latino, bem como o pior, como já ressaltaram), ainda que não haja nenhuma referência especial às colunas hercúleas.

Um capitel "eólico" de calcário, pequeno (28 por 30cm), mas antigo (século VII), do tipo chifres-e-triângulo, foi encontrado em Cadiz e agora está exposto no museu local (exp. 780).

120. Essa coluna de esmeralda causou polêmica entre muitos estudiosos. Para Heródoto, o templo era dedicado a Héracles, é claro (2.44). M.-J. Lagrange (op. cit., p. 213s.) achava que elas fossem *ex-votos* e não pilones, o que ele discute com uma profusão de exemplos paralelos.

121. *1Rs* 7,13s.; ver *2Cr* 3,15s.; 4,11s. As Escrituras parecem discordar quanto às dimensões das colunas (18 côvados para o fuste, 5 para o capitel em *1Rs*; 35 para o fuste, 5 para o capitel em *2Cr*, e isso gerou muitas especulações: ver R. de Vaux *Ancient Israel*, p. 314s.; W.O.E. Oesterley e T.M. Robinson, *Hebrew Religion*, p. 42s. Havia também muitas especulações sobre o significado exato dos dois nomes das colunas. Em algumas tradições rabínicas, elas representavam o sol e a lua, o que diz o rabino talmúdico, Pinkhas ben Yair, em R. Patai, *Man and Temple in Ancient Jewish Myth and Ritual*, p. 108s. O artesão que as moldou chamava-se Hiram (ou Ahiram), como o rei contemporâneo

de Tiro; era filho de mãe judia e pai fenício (embora uma tradição rabínica interprete os dois textos e diga que ambos os lados eram judeus), de quem ele aprendeu a profissão, supostamente, a sua obra parecia fenícia. É provável que as colunas tenham sido substituídas depois do exílio: *Ez* 40,49.

Menandro de Éfeso (segundo Ios. *In Ap.* I.118; R. L'Estrange, *The Works of Flavius Josephus*, v. 2, p. 1224) disse que Hiram, o rei, colocou uma só coluna de ouro no santuário de Zeus Olímpico em Tiro – supostamente Baal-Shamim.

A respeito dos artesãos fenícios e de sua influência, ver a revisão da literatura feita por T.A. Busink, *Der Tempel von Jerusalem*, v. 1, p. 261s. Sobre as colunas na entrada do templo e as colunas Jaquim e Boaz, ver v. 1, p. 173s., 299s.; v. 2, p. 752s.

É comum fazer o paralelo com os obeliscos gêmeos que ladeavam as entradas dos templos egípcios. Na inscrição do edifício, bastante citada (Cairo 34025), perto do Colosso de Memnon, em Tebas, Amenotep III (por volta de 1415-1375) gaba-se: "todos os seus portais [são decorados] com ouro. Dois grandes obeliscos foram erigidos, um de cada lado, para que o meu pai [Amon-Re] possa aparecer entre eles, enquanto eu faço parte de seu séquito", J.B. Pritchard, *Ancient Near Eastern Texts*, p. 376.

122. Y. Shiloh (op. cit.) faz um levantamento completo dos 34 capitéis restantes encontrados em Israel.
123. Sobre Astarte e Ta'anit, ver D. Harden, *The Phoenicians*, p. 86s.; e S. Moscati, *Il mondo dei fenici*, p. 161s.
124. A. Parrot et al., *Les Phéniciens*, p. 217s. Há duas dessas estelas muito parecidas no Museu Nacional, Cagliari (86032 e outra sem número de inventário).
125. Século v, de origem incerta (Louvre AO 27197). Uma estela dórica posterior (século II) de Sulcis encontra-se no Museu Nacional, Cagliari (54386).
126. Principalmente de Lilibeu e Mozia, muitas delas pintadas. De modo geral, as estelas não apresentam "ordens" distintas como pilastras. Às vezes, elas são apenas emolduradas por meios-cilindros, com bases e capitéis simbólicos.
127. B. Soyez, *Byblos et la fête des Adonies*, p. 31s.; *Antiquités Syriennes* 3 (1965), pl. 18.
128. A. Lézine, *Architecture punique*, p. 43s. Lézine (p. 63s.) documenta o surgimento relativamente tardio da coluna dórica – no final do século VI – que ele associa à importação, da Sicília, do culto de Deméter e Kore. Sobre os oratórios do monte Sirai, ver A. Parrot et al. (op. cit., p. 226s.); a respeito de Tharros, ver p. 217.
129. Foi encontrado por Melchior de Vogüé e agora encontra-se no Louvre. Ver PC, v. 3, p. 277 e S. Moscati (ed.), *The Phoenicians*, p. 162s., em que os capitéis são denominados "hatóricos". Embora o culto principal em Idálio fosse de Melquart, esse modelo, com as suas mulheres nas janelas e perfurações semelhantes a um pombal, inevitavelmente sugere o culto de Astarte. O pássaro com cabeça humana também foi associado a uma das ideias egípcias da alma, como um pássaro Ba.
130. BM 90.000. Ela também está reproduzida em uma cobertura de argila para o relevo, 90.002. De fato, ela registra a restauração e a renovação da estátua de Shamash em seu templo em Sippur. A placa fala da imagem e do templo fundado 300 anos antes e danificado por inimigos sacrílegos. A iconografia é convencional: o rei é conduzido ao deus pelo sumo sacerdote. Os ornamentos são incomuns, por exemplo, o disco solar diante da estátua, que parece ser manipulado por cordas puxadas por uma figura divina, situada sobre a cobertura que, juntamente com os ornamentos também são "antigos". H. Frankfort (*The Art and Architecture of the Ancient Orient*, p. 106s.) achou que as vestes e as insígnias reais eram deliberadamente arcaicas, como se pertencessem ao terceiro milênio, ao passo que os ornamentos do templo eram mais "modernos". O capitel em voluta é quase idêntico à base da coluna, e o suporte do disco solar repete a mesma forma. Ver L.W. King, *Babylonian Boundary Stones and Memorial Tablets in the British Museum*, p. 120s., H. Frankfort, *The Art and Architecture of the Ancient Orient*, p. 106s. Essa forma protojônica já foi notada por O. Puchstein, *Die Ionische Säule*, p. 30s.; e novamente por F. von Luschan, *Entstehung und Herkunft der Ionischen Säule*, p. 31s.
131. Segundo W. Andrae, op. cit., p. 41s. O baldaquim de Assurnasirpal está em um acampamento em um relevo da sala B, NW Palace, Nimrud (no Museu Britânico, WA 1245-1248, em torno de 850-860).
132. Sobretudo nos portões de bronze do rei Shalmaneser III, de Tel Balawat, agora no Museu Britânico (WA, sem número, por volta de 850-840). Capitéis "eólicos" duplos em um "palácio de verão", em um relevo no Museu Britânico (WA, 124939), que foi feito para Assurbanípal em 650, ainda que provavelmente representasse o palácio construído por Sennacherib meio século antes.
133. No Museu do Oriente Médio, Berlim.
134. Uma, do palácio de Sargão, em Khorsabad, está no Louvre: G. Perrot; C. Chipiez, *Histoire de l'art dans l'Antiquité*, v. 2, p. 250s. Outra, ainda maior, do Palácio do Norte, em Nínive, encontra-se no Museu Britânico (WA 124962). Um mais antigo, um painel de teto miceneu do século XIV de uma tumba em Orcômeno, é curiosamente similar: é bem provável que ele represente um tecido, ainda que o detalhe do ornamento, que certamente era colorido, seja o mesmo de muitas pinturas de parede micenianas. Ele permanece *in situ* na câmara lateral do chamado tesouro de Mínias, que Pausânias (IX.36.v, 38.ii) descreveu. Ver também E. Vermeule, *Greece in the Bronze Age*, p. 120s., 21s.; R. Hampe e E. Simon, *The Birth of Greek Art*, p. 36, com pl. 51.
135. Essas espirais duplas aparecem na junta entre o pé e o assento de cadeiras, mas são ainda mais comuns sob as cabeceiras das camas. Um exemplo primitivo notável de uma cadeira com esses ornamentos é o trono da deusa da romã, no lado oeste da tumba Harpy, em Xanto (BM B 287; F.N. Pryce, op. cit., p. 122s. Na pintura de vasos do século VI, essas cadeiras são comuns: ver H.S. Barker, *Furniture in the Ancient World*, p. 264, 268s.; G.M.A. Richter, *The Furniture of the Greeks, Etruscans, and Romans*, p. 59s. Em um banquinho (*diphros*), esse ornamento costuma ocultar o entalhe da extremidade de uma haste transversal, onde ela se encaixa na tábua que serve de pé; em camas e sofás (*klinai*, etc.), essa peça transversal é a parte de baixo da cabeceira, sobre a qual se apoiam almofadas. Dois sarcófagos de terracota (no Louvre e no Museu Villa Giulia, em Roma) são notáveis exemplos extraterritoriais desses *klinai*: interessantíssimos, porque a cabeceira parece plana, ao contrário dos exemplos gregos, de forma que as volutas servem para sustentar o ábaco. A imagem dupla desse *kline* (um preto sobre vermelho, o outro, vermelho sobre preto) do pintor Andócides é impressionante (Munique 2301). A respeito dos "tecidos de pedra" frígios, ver neste capítulo supra, p. 270.
136. Ver T. Howard-Carter, An Interpretation of the Second-Millennium Temple at Tell-el Rimah, *Iraq*, n. 45, p. 283s.
137. Um, de um local desconhecido na transjordânia, encontra-se no Museu Rockefeller, Jerusalém; o outro, oriundo de Tel-el Farah, foi publicado por R. de Vaux, *Rev. Bib.* 62 (1955), pl. 13 e A. Jirku, *Die Welt der Bibel*, pl. 87, p. 249); ver também Y. Shiloh, op. cit., p. 32. Há outros dois modelos no Louvre e um no Museu de Israel, ambos oriundos da área do monte Nebo. (n. 82.24.15).

O sepultamento em uma urna com formato de casa já era comum no período neolítico. O Museu de Jerusalém tem uma vasta coleção dessas urnas, oriundas de uma caverna calcolítica (quarto milênio) próxima a Tel-Aviv. Algumas urnas são enfeitadas com rostos esquemáticos e traseiros, indicados em cada extremidade.

138. Os dois modelos, ambos de Kotchti, no centro da ilha, agora estão no Museu de Chipre, Nicósia; eles datam do final do início da Idade do Bronze, por volta de 1900. Ver V. Tatton-Brown (ed.), *Cyprus B.C.*, p. 28; 1970/IV-28/I, 1970/IV-30/I.
139. Essas caveiras de animais preparadas foram encontradas em Enkomi e Kition; V. Karageorgis, *View from the Bronze Age*, p. 171s. Infelizmente, a literatura sobre essas caveiras de animais e usadas como máscaras é escassa. A respeito do Minotauro como figura ritualmente mascarada, ver A.B. Cook, op. cit., v. 1, p. 492s.; v. 3, p. 1087s. Ainda restam duas pequenas figuras de homens colocando máscaras de cabeça de touro (em torno de 625) de um grande grupo encontrado no santuário de Apolo, em Kourion, cerca de 20km a leste de Pafos.
140. Os indícios literários mais gritantes são o uso que Hermes fez de uma caveira com chifres para construir uma lira, cuja caixa acústica era feita de um casco de tartaruga e cujas laterais eram de chifres de touro: Hom. *Him. Herm.* 49s. Ver também PW, svv. "Lyra," "Schildkröte"; B.P. Aign, *Die Geschichte der Musikinstrumente des Agäischen Raums*, p. 379s.; J.R. Jannot, La Lyre et la Cithare, AC, 48, p. 469s.; P. Courbin, Lyres d'Argos, BCH, p. 93s.); H. Roberts, Reconstructing the Greek Tortoise-shell Lyre, WA, 12, p. 303s. Tem-se conhecimento de uma caixa acústica de lira feita com casco de tartaruga, representada em um vaso de unguento em forma de figura (BM 5114); e um casco de tartaruga que foi usado para essa finalidade (BM 38171). Ver R.D. Anderson, *Catalogue of Egyptian Antiquities in the British Museum*, p. 3s., 70s.

Cabeças de touros, adornadas com rosetas na testa ou com um machado duplo vertical entre os chifres, são ornamentos comuns na arte minoana e miceniana. Uma de clorita (chifres dourados, sem roseta), é do palácio em Zakros: ver N. Platon, *Zakros*, p. 161s. Outra, de prata, com chifres dourados e uma grande roseta de ouro na testa, foi recuperada do círculo a funerário IV em Micenas (tamanho menor que o natural, datada depois de 1500, no Museu Nacional de Atenas). Uma de esteatita é oriunda do "Pequeno Palácio" em Cnossos (Museu Heraklion; *PM*, v. 2, fig. 330). Dois desses rítones aparecem em pinturas na tumba da 18ª dinastia egípcia como presentes de emissários de Creta ("De Keftiu"): de User-Amun e Re-Khmere, datados em torno de 1480-1420. A esse respeito, ver F. Schachermeyr, *Die Minoische Kultur des Alten Kreta*, p. 112s.

Oferendas de chifres, supostamente de animais sacrificados, foram encontradas em vários santuários gregos, sobretudo sob três estátuas de bronze em Dreros e em Samos. O fato de Gilgamesh, ao matar o Touro dos Céus, ter cortado os seus chifres "revestidos com lápis-lazúli com dois dedos de espessura e trinta libras de peso [...] que ele levou para o palácio e dependurou na parede", talvez não seja mais do que um exemplo primitivo de um troféu de caça.

141. Isso é verdadeiro para as divindades hititas e fenícias. Em Chipre, há duas estátuas famosas: o deus (ou adorador) de Enkomi, perto de Famagusta (1949/V-20/6); e outra estatueta, de um deus com chapéu com chifres, de pé em um lingote (sem número de inventário) conhecido como "o deus de chifres" e "o deus do lingote" (ambas datadas de cerca de 1200); ver N.K. Sandars, *The Sea Peoples*, p. 129s.; e V. Tatton-Brown (ed.), *Cyprus B.C.*, p. 42. Nesses exemplos cipriotas, como na maioria dos adereços para a cabeça usados pelos deuses, os chifres são de touro. De qualquer modo, sugeriu-se que a primeira das estátuas representa o árcade-cipriota Apolo Kereatas; alguns chifres de touro também foram encontrados no local. O santuário é construído com alvenaria de pedra de cantaria bem articulada, semelhante aos templos em Kition e Pafos.

142. Virg. *Aen.* IX. 626s.:

*Ipse tibi itd tua templa feram sollemnia dona
Et statuam ante aras aurata fronte iuvencum
Candentem...*

Ver também Serv. ad loc.

143. Caveiras de bovinos moldadas, algumas de grandes espécimes de *Bos primigenius*, são um ornamento comum dos edifícios neolíticos (santuários?) em Çatal Hüyük. Ver J. Mellaart, *Çatál Huyuk*, p. 77s.; bucrânios modelados eram os ornamentos mais conspícuos e comumente repetidos no estabelecimento "santuários", mas não parecem ter sido usados pelos habitantes do final do Neolítico ou do Calcolítico em Beycesultan e Haçilar. No templo de Ba'alat Gibal, em Biblos (Beirute, Museu Nacional), foi encontrada uma única cabeça bovina (miniatura), sem nenhum fragmento ósseo. No Egito, um conjunto de trezentas cabeças de touro e/ou vaca, com chifres naturais nelas montados, cercava a mastaba horripilante de Uadjit, talvez o quarto faraó da Primeira Dinastia (Uenephes de Manetho? Hórus Djed, o rei-serpente?), em Saqqara (tumba 3504); a esse respeito, ver W.B. Emery et al., *Great Tombs of the First Dynasty*, v. 2, p. 8s., 102s. Ele também tinha uma tumba em Abidos (Z) como os outros faraós da Primeira Dinastia, que também foram sepultados com servos sacrificados, ainda que o conjunto de touros pareça incomum. Ver *CAH*, v. 1.2, p. 55; W.B. Emery, *Archaic Egypt*, p. 71s. No Museu Britânico (59262), há uma caveira de boi pintada mais antiga, a "do túmulo de um líder pré-dinástico". Porém, caveiras de bois e de touros, em geral pintados, são um depósito de túmulo comum em tumbas posteriores de múmias, como a exposta no Museu Metropolitano, Nova York.

144. O seu santuário espartano foi descrito por Paus. III.13.iii e seguintes. Sobre ele, como uma coluna, ver o fragmento de Eumelos em Paus. IV.33.iii. Karneios era comemorado em um importante festival anual, a Carneia; a esse respeito, ver W. Burkert, *Anthropologie des religiösen Opfers*, p. 234s. Sobre o culto, ver C. Le Roy, Lakonika II, *BCH* p. 371s.

145. M. Gimbutas, *The Civilization of the Goddess*, p. 244s.

146. Ver R.S. Ellis, *Foundation Deposits in Ancient Mesopotamia*, p. 46s.; e E.D. Van Buren, *Foundation Figurines and Offerings*, esp. p. 2, 77s. É provável que a cravação de um pino tenha sido usada na Mesopotâmia, de modo geral, como símbolo de acordo. Talvez o costume anual de cravar um prego no templo de Jupiter Optimus Maximus, no capitólio romano, tinha um precedente mesopotâmico?

147. Ver C.L. Woolley e M.E.L. Mallowan, *Ur Excavations*, pls. 85-87; p. 180. Pazuzu, o demônio com cabeça de animal, também era representado nesses amuletos. Alguns estudiosos deram a entender que Humbaba esconde-se atrás do Kombabos helenizado, de cuja autocastração, e a de Estratonice (como o mito de fundação dos *galli*), Lucian fala em *De Dea Syr.* 19s.

148. As máscaras parecem ser de dois períodos: início do assírio (por volta de 1800) e do nuzi (por volta de 1600); as primeiras máscaras foram reutilizadas no piso do período assírio médio. Elas estão no Museu de Bagdá (IM 69731, 73922). Ver D. Oates, Excavations at Tell al-Rimah, *Iraq*, 29, p. 76s. Theresa Howard-Carter sugeriu (An Interpretation of the Second-Millennium Temple at Tell-el Rimah, p. 64s.) que as máscaras eram colocadas de um lado como capitéis e, do outro, os relevos de homens-touro encontrados com elas. Ver também S. Dalley, *Mari and Karana*, p. 184s.

149. Ainda restam algumas das primeiras colunas compostas no primeiro "palácio" (nível XII, 2700-2350), em Alalakh. No Louvre, há um grupo contemporâneo (início do Sumeriano Dinástico) de tijolos no formato de um quarto de círculo que compunha as colunas ocas.

150. Uma seção do canto da parede encontra-se no Museu de Pérgamo, em Berlim. A figura feminina que despeja o conteúdo de vasos que segura à altura dos seios é conhecida na arte mesopotâmica: uma deusa de pedra desse tipo, quase em tamanho natural, encontra-se no Museu Aleppo (n. 1659); um canal na parte de trás da estátua permitia o fluxo de água natural pelo vaso. Essa estátua é oriunda do palácio de Zimrilim, Mari, foi esculpida por volta de 1800-1750.

Um estranho pós-escrito a essa ideia era o banho fortificante por que o imperador bizantino tomava uma vez por ano com a água que saía de um "ícone", uma pedra vertical, supostamente um relevo de pedra, da Virgem Sagrada, na igreja de Blacherna. O banho foi provavelmente destruído quando a igreja foi incendiada, em 1070 d.C., e a cerimônia interrompida. Ver A. Berger, *Das Bad in der Byzantinischer Zeit*, p. 81s.

151. Como a Ptah-iru-kah em Saqqara.

152. A alternação é comum. Um exemplo anterior é a base de uma estátua de Imhotep no recinto de Djoser, em Saqqara, agora no Museu do Cairo (n. JE 49889). A repetição é quase obsessiva nas paredes douradas do santuário da tumba de Tutâncamon "na forma de um pavilhão para a celebração do Heb-Sed" (Museu do Cairo, Tumba de Tutâncamon, 739).

153. E.D. Van Buren, *Symbols of the Gods in Mesopotamian Art*, p. 44s. A respeito do desenvolvimento do sinal estrelar cuneiforme (C 3), ver p. 82s. Ver também W. Andrae (*Das Gotteshaus und die Urformen des Bauens im Alten Orient*, p. 48s.) sobre a ideia do feixe, tanto egípcio quanto sumério. A respeito do processo de construção, ver E. Heinrich, *Schilf und Lehm*, p. 13s. O vaso de alabastro está no Museu do Iraque, Bagdá, n. 19606, ao passo que a tina encontra-se no Museu Britânico, n. 120000. Ambos remontam ao período Uruk 4, por volta de 3100-3000 a.C. Eles são discutidos por H. Groenewengen-Frankfort, *Arrest and Movement*, p. 150s. H. Frankfort (*Cylinder Seals*, p. 115s.) fez a revisão das representações do feixe em lacres.

154. O método é descrito por W. Andrae, op. cit., p. 47-e; e E. Heinrich, *Schilf und Lehm*, p. 13s. A terminologia é confusa, porque as moradias *srefe*, mais onerosas e elaboradas, se comparadas às moradias com telhados de duas águas, costumam ser chamadas como *mudhifs*, enquanto as menores são divididas entre *mudhif* e harém ou aposentos domésticos.

155. W. Thesiger (*The Marsh Arabs*, p. 26s., 48, 71, 205s.) faz uma descrição impressionista das cabanas *srefe*. Sobre seu lugar na sociedade dos árabes dos pântanos, ver R.A. Fernea, *Irrigation and Social Organization among El Shabana*, p. 89s.

156. Gottfried Semper já observara isso há um século e meio (*Der Stil*, v. 1, p. 73s.). Mais notáveis são as imagens de cada lado do trono de Sesóstris I (1971-1928; calcário pintado, Museu do Cairo, 301) de Hórus e Set de um lado, e de dois deuses do Nilo do outro, prendendo papiro e trepadeiras ao hieróglifo *sema*, "unir," "ligar". Semper tinha visto uma representação imperfeita dos dois deuses do Nilo, ainda que as formas vegetais (sem as divindades) já tivessem aparecido nas laterais do trono da estátua de diorito do rei Quéfren (construtor da segunda maior pirâmide, por volta de 2600; a estátua de diorito, acima do tamanho natural, encontra-se no Museu do Cairo, 138) e costumassem ser repetidas.

157. Tem-se a impressão de que eles já haviam acompanhado o "rei Escorpião" em cerimônias, na cabeça do seu bastão comemorativo (Museu Ashmoleano, Oxford); era um faraó do Alto Egito, talvez anterior a Narmer.

158. O símbolo da província foi posteriormente escrito na forma de uma face em um bastão rematado por um sistro. Em muitos relevos aparecem sistros com o rosto de Hátor: por exemplo, várias vezes no templo de Seti I, em Abidos. De fato, há quarenta deles mais ou menos completos no Museu

Britânico, todos com cabeças de Hátor. Ver R.D. Anderson, *Catalogue of Egyptian Antiquities in the British Museum*, p. 40s.

Há dois tipos de sistros: um com uma fonte que sai da cabeça; e outro com um oratório no topo da cabeça com dois ramos de cada lado. Certamente, ambos os tipos parecem ter sido igualmente populares. Além disso, as cabeças de Hátor aparecem em outros instrumentos musicais, por exemplo, castanholas de marfim.

Plutarco, *De Is. et Os.* 63, dá uma interpretação "teosófica" do sistro: o seu som é apotropaico. "Tufão," que Plutarco identifica com Set, significa morte e estase, ao passo que o som do sistro indica o movimento originário da vida produzido pelos quatro elementos, que são identificados com as quatro barras do sistro, a sua espiral representa a esfera lunar e a sua emersão da cabeça (como Plutarco pensou) de Ísis ou Néftis representa tanto a geração quanto o fim. Ver *LÄ*, s. v.

A imagem de Hátor incorporava uma divindade ainda mais arcaica, Bat (a esse respeito, ver *LÄ*, s.v.), e seria ela – em vez de Hátor – a divindade na paleta de Narmer. O seu símbolo eram duas cabeças de vaca com chifres enormes e abertos, uma de costas para a outra, que foram formalizadas em imagens posteriores nas espirais de cada lado do oratório sobre a cabeça de Hátor. Ver *LÄ*, s.v. "Hathor-Kapitell" e E. Staehelin, Zur Hathor-Symbolik in der Ægyptischen Kleinkunst, *ZÄS*, n. 90, p. 76s.

159. Seu *status* como deusa-mãe arcaica foi sugerido por R.T. Rundle Clark, *Myth and Symbol in Ancient Egypt*, p. 87s. O seu nome em hieróglifos era *Hethor*, "casa de Hórus"; alternativamente, *Het-Hert*, "casa do rosto": E.A. Wallis Budge, *From Fetish to God in Ancient Egypt*, p. 59s., 228s. Na maioria das vezes, era identificada com outras deusas, sobretudo Ísis, e costumava ser chamada de a consorte do deus maior (de Ra, por exemplo). Ela era venerada na Síria, em Biblos. Geralmente era "multiplicada": havia sete Hátors em Denderah e doze em alguns textos; no ritual de mumificação, ela era a padroeira especial do rosto.

Miquerinos foi retratado com cerca de metade do tamanho natural entre Hátor e as padroeiras de diversas províncias para o seu templo. Restam quatro dessas tríades de xisto verde; uma no Museu de Belas Artes de Boston (09.200) e três no Museu do Cairo (a que eu mencionei é a de número 180).

160. Museu do Cairo, 3055. Ela é descrita em todas as obras padrão sobre a arte egípcia. Em geral, supõe-se que "Narmer" é o nome Hórus de Menes, o fundador (por volta de 3100) da primeira dinastia e unificador do Alto e Baixo Egito, e é essa união que a paleta comemora. Por outro lado, ninguém sugeriu com seriedade que as cabeças de vaca seriam de outra deusa que não fosse Hátor. Uma imagem ainda mais antiga dela pode ver-se no relevo pré-dinástico de uma cabeça de vaca cercada por três estrelas (32124); a esse respeito, ver E.A. Wallis Budge, *The Gods of the Egyptians*, v. 1, p. 78s.

161. H. Frankfort, *Ancient Egyptian Religion*, p. 11s.

162. A esse respeito ver The Deliverance of Mankind, em A. Erman (ed.), *The Ancient Egyptians*, p. 48s. A sua cerveja tinha sido coroada de vermelho para simular sangue; ver também "The Contendings of Horus and Seth," trad. Edward F. Wente, Jr., em W.K. Simpson (ed.), *The Literature of Ancient Egypt*, p. 112s.

163. Ver as inscrições no templo, que teve início sob Ptolomeu VIII Evergetes II por volta de 115 a.C.; Cleópatra VII (a Cleópatra de César e de Marco Antônio) e Cesarion são representados em inscrições e relevos; a inscrição na borda superior da cornija é dedicada a Afrodite por Tibério (talvez em 34 d.C.). Os acabamentos só foram concluídos no reinado de Trajano.

Outras inscrições no templo registram a fundação de Quéops, a restauração do santuário por Pepi I depois que ele encontrou um antigo desenho em uma pele de animal, bem como as contribuições de muitos outros faraós. Mas há tumbas, da Primeira Dinastia em diante, nas proximidades do local. A ação principal do culto era a viagem anual de Hátor ao templo de seu filho-consorte, Hórus, em Edfu.

164. O anverso disso era, obviamente, a calvície cerimonial (cabeça raspada, epilação), praticada em certos cultos mesopotâmicos e egípcios; a respeito das barbas mesopotâmicas, que certamente envolviam elaboração de cachos e unções (às vezes apliques artificiais e até mesmo a cobertura da barba com folha de ouro), ver G. Contenau, *Everyday Life in Babylon and Assyria*, p, 66; 121, 280s.

Nas diversas imagens de Tutancâmon, o caráter de insígnia da barba é óbvio: a sua múmia o mostra sem barba, ao passo que no caixão de ouro ele aparece com barba; as imagens nos vasos canópicos são imberbes; o faraó Djoser foi o primeiro a ser representado com barba, enquanto disputava a corrida do Heb-Sed, em um relevo da tumba meridional em sua pirâmide, em Saqqara. Em suas esfinges, a rainha Hatshepsut usa uma barba cerimonial.

Perucas eram ainda mais comuns: as estátuas de calcário do sumo sacerdote menfita, Ranufer (final da V Dinastia, por volta de 2425; Museu do Cairo, 224, 225), em tamanho natural, mostram-no com vestes do cotidiano, cabelos curtos, trajando um avental cerimonial e uma peruca espessa. Naquela época, havia uma autoridade na corte, cujo título era "guardião do diadema e inspetor dos fabricantes de perucas reais": ele era chamado Hetep-ka e era sepultado na mastaba (n. 3509 em Saqqara).

A cabeça de uma estátua de madeira (provavelmente da época de Sesóstris I; Museu do Cairo, 4232) tem uma peruca feita separadamente e de outro tipo de madeira, coberta com pasta e fragmentos de folha de ouro. Até mesmo a rainha Hatshepsut aparece, às vezes, com barba, que (como no caso dos faraós imberbes) parece ter sido presa a uma fita adesiva, depois amarrada sob a peruca ou coroa. Mas muitos apliques, como o penteado estranho e assimétrico do deus Khons (provavelmente uma representação de Tutancâmon; Museu do Cairo, 462), foram feitos explicitamente para serem percebidos como perucas.

Restaram também perucas separadas. Uma delas, para uma cabeça de tamanho mais ou menos natural, de Ebla (Tell Mardish), composta de várias peças de calcário duro, tem fixações de betume e de pinos de madeira e, supostamente fazia parte de uma estátua de madeira; uma outra peruca, menor, (provavelmente pintada) também veio do mesmo sítio (Aleppo, TM 76 G 433a; 77 G 115 + 155 + 175 + 184 a-c; 78 G 178+221 para a cabeça maior; 76 G 830 para a menor). Dos antigos exemplos gregos, o mais espetacular talvez seja a peruca de bronze para a cabeça de pedra (maior que o tamanho natural) do templo de Apolo Aleus em Ciro, na Calábria. Uma peruca de bronze etrusca, de Chianciano, encontra-se no Museu Etrusco, em Florença; outra, menor, peruca romana de bronze (para Júpiter? para Esculápio?) no Antiquário, em Bonn. Talvez o mais impressionante de todos esses objetos, contudo, seja a peruca-elmo dourada (e, portanto, supostamente cerimonial e não defensiva?) de Mes-kalam-dug, nome do rei de Ur (Museu do Iraque, U. 1000).

Há dois objetos de pedra com cabelos cacheados como os de Hátor no Museu Heraklion, provenientes do palácio em Cnossos (*PM*, v. 3, p. 419s.), mas a sua finalidade e a natureza da estátua à qual eles se encaixavam (terracota? madeira?) não foram investigadas. A respeito de todo o problema, ver PW, s.v. "akrolithon" e EAA, s.v. "acrolito". Nessa conexão, é preciso reexaminar a opinião de E.D. Van Buren (*Symbols of the Gods in Mesopotamian Art*, p. 106s.) de que o caractere arcaico sumero-acadiano XX representa ataduras e não uma peruca.

165. As duas cabeças grandes estão no Louvre. Esses capitéis são conhecidos como do tipo sistro, porque esse é um instrumento comum que consiste em um laço de metal com contas enfiadas em bastonetes que fecham o laço; ele tem uma alça e é sacudido ritmicamente. A junção entre a alça e o laço costuma ser uma cabeça de Hátor, com um pequeno oratório servindo de coroa, como nos capitéis. Muitos desses instrumentos chegaram aos nossos dias. Outras cabeças são oriundas de Amatos (Limassol, Museu Distrital, 853; século VI-V) e de Pafos (Louvre AM 2755); a estela do século VII ou VI é oriunda de um sítio desconhecido (coleção Cesnola no Museu Metropolitano, Nova York, 1414).

H.-G. Buchholz (Tamassos, Zypern 1970-72, p. 336, figs. 34, 35).

166. A capela funerária (também denominada "pequeno" templo: antes de 1237) é dedicada a Hátor. Ver E. Naville, *The Temple of Deir-El-Bahari*, v. 3, pl. 168; M. Werbrouck, *Le Temple d'Hatshepsout à Deir-el-Bahari*, pls. 42s. A tumba de Senmut é n. 51.

X: A VIRGEM CORÍNTIA

1. Vitr. IV.I.i: *praeter capitula omnes symmetrias habent uti ionicae*.
2. O diâmetro é tomado na face inferior do fuste (como nas demais colunas), e a dimensão do ábaco se conforma a ele, e não ao topo do fuste.
3. Vitr. IV.I.xi. Os lados do ábaco devem se curvar para dentro pela medida de um nono dos lados do quadrado; ele não diz nada sobre o recorte dos cantos. Em Bassa e em Epidauros – e em muitos outros exemplos anteriores, particularmente onde o ábaco é bem mais grosso em relação ao capitel do que pede Vitrúvio, isso não é feito, mas pode ser visto em outros exemplos anteriores, como no templo de Atena Álea em Tégea e no monumento de Lisícrates em Atenas. Sobre esses, ver abaixo, notas 67 e 85. Muitas

dessas questões são abordadas por B. Wesenberg, *Beiträge zur Rekonstruktion Griechischer Architektur nach Literarischen Quellen*, p. 110s., 486n, e H. Lauter-Bufe, *Die Geschichte des Sikeliotisch Korinthischen Kapitells*, p. 71s.

4. As exceções são muito poucas: o chamado templo Itálico da Paz em Pesto, construído depois da entrada da cidade na liga latina em 273 (M. Napoli, *Il museo di Paestum*, p. 60s.; C. Sestieri, *Paestum*, p. 23s.) e o templo de Augusto em Filae, no Egito, são dois exemplos explícitos. Ver W.B. Dinsmoor, *The Architecture of Ancient Greece*, p. 279. Sobre as ordens "mescladas", de modo geral, veja R. Demangel, *La Frise ionique*, p. 299s.

5. Vitr. IV.I.iii: *Ita* [...] *e generibus duobus* [...] *tertium genus in operibus est procreatum*. A palavra *procreare* significa "procriar", "gerar"; não com frequência é usada figurativamente.

6. Vitr. IV.I.ix. O nome Calímaco não era incomum, sendo que o Calímaco mais famoso foi o poeta alexandrino que formulou o cânone dos clássicos literários; contudo o artista aqui mencionado por Vitrúvio era desconhecido de modo geral como um mestre. O material que serviu de fonte sobre ele já foi discutido por J.A. Overbeck, *Geschichte der Griechischen Plastik*, v. 1, p. 381s. O testemunho de Plínio (NH XXXIV. xix.92) e de Dion. Hal. (*Isoc*. 113) sugere que ele trabalhou entre 430 e 400. Pausânias tinha visto uma estátua feita por ele retratando Hera "noiva" em Plateia (IX. 2. vii), assim como a lâmpada de ouro com uma palmeira (como um duto para a saída de fumaça) no Erecteion (I.26. vi). A opinião crítica antiga sobre Calímaco era de que ele era um artista fastidioso e excessivamente rigoroso consigo mesmo. Na verdade, Plínio e Pausânias o apelidavam de *catatexitechnus*, "que submete sua arte aos testes mais difíceis". Plínio acha que as suas *saltantes Lacaenae* (cariátides?) foram estragadas por um excessivo pedantismo, e Pausânias diz que embora fosse superior pela sua *sophia*, ele não chegava a estar na primeira fileira dos *technitai*. A assinatura *Kallimachos epoiei* aparece num relevo em estilo arcaico publicado por A. Furtwängler, *Meisterwerke der Griechischen Plastik*, p. 202s.

7. S. Stratico (ed.) (*Vitruvius*, 1830, v. 2.1, p. 137): *Sunt qui hanc a Vitruvio relatam narrationem pro fabula habent*; S. Ferri (ed.) (*Vitruvius*, 1960, ad loc.): "storiella più degna di um epigramma dell' 'Antologia' anziché di um trattato di Architettura"; J. Durm (*Die Baukunst der Griechen*, p. 343): *anmutiger Mythos*; C. Chipiez (*Histoire critique des origines et de la formation des ordres grecs*, p. 303): légende gracieuse et touchante; e J.J. Coulton (*Greek Architects at Work*, p. 128), que acha "impensável que um arquiteto grego pudesse introduzir um novo capitel [...] simplesmente porque fora atraído pela natureza e novidade da forma" e vê a inovação formal como o verdadeiro impulso para a reação de Calímaco.

8. Pínd. fr. 122 (em Athen. XIII. 573, e Sandys fr. 122) fala da promessa que Xenofonte de Corinto fez de consagrar cem cortesãs à deusa se ele ganhasse a coroa olímpica (Puech acha que o poeta contava cem pernas por *hekatonguion*, o que reduziria à metade o número das "moças hospitaleiras", como Píndaro as chamava). Mas ver também Pínd. *Ol*. X.105, que celebra a dupla vitória no estádio e o pentatlo; a oferta de Xenofonte e a reputação das hetairas coríntias são discutidas por J.B. Salmon, *Wealthy Korinth*, p. 397s. O proverbial "nem todos podem ir a Corinto" significava "nem todos podem pagar às moças"; assim Aristóf. *Fr*. 902 (que Horácio traduziu em *Ep*. 1. xvii.36) e Aul. Gel. I.8. O epíteto é mencionado numa conexão lócria em Pínd. *Pyth*. IV.316. Sobre as origens da Afrodite grega ver supra, Cap. IX, nota 112, p. 425.

9. E. Will, *Korinthiaka*, p. 231s.; e C.K. Williams II, Corinth and the Culture of Aphrodite, em M.A. Del Chiaro, W.R. Biers (eds.), *Corinthiaca*, p. 12s.; ver também T.J. Dunbabin, The Early History of Corinth, *JHS*, v. 68, p. 59s.

10. Sobre a pertinência das cremações do tipo homérico nos funerais da "classe baixa" e na Grécia da Idade do Ferro, de modo geral, ver I. Morris, *Burial and Ancient Society*, p. 46s. Sobre a relação da cremação com o enterro no costume funerário grego, ver R. Garland, *The Greek Way of Death*, p. 34s.; ver ainda E. Rohde, *Psyche*, p. 165s. Embora muitos mortos fossem enterrados em lotes cercados da família – *peribola* – o enterro em local separado é um sinal frequente do luto dos pais por uma criança favorita. Sobre a importância do terreno da família ver L. Goldstein em R. Chapman et al. (eds.), *The Archaeology of Death*, p. 53s.

11. W.W. Tarn, *Hellenistic Civilization*, p. 138. Demétrio era aluno de Teofrasto e era peripatético. Com relação a esse decreto sobre a escultura ateniense ver Tarn (p. 318) e a análise de A.J.B. Wace sobre Hans Möbius em *JHS*, 50 (1930), p. 154. Existe um elemento que a lei de Demétrio não menciona e que é frequentemente encontrado e representado nas pinturas de vasos: se chamava *trapeza*, uma lousa, banco ou mesa em que os enlutados eram representados sentados próximo ao túmulo.

Em muitas cidades os regulamentos sobre o enterro tinham um caráter suntuário, proibindo, como fizera Sólon, os excessos que a dor (ou o orgulho familiar inapropriado) poderia determinar aos ricos. Sobre a lei suntuária de Sólon ver Arist. *Ath. Pol*. 1-13, Plut. v. *Sol*. XII.4-5, e Cíc. *De Leg*. II.64s. Cícero também lembra um decreto posterior proibindo a colocação de hermas e o uso de estuque ou de qualquer coisa que exigisse mais trabalho do que o que poderia ser feito por dez homens em três dias. Na cidade de Platão (*Leg*. XII.950b) o limite estabelecido era de cinco homens trabalhando durante cinco dias.

12. A prática de usar esses vasos começa por volta de 950 em Atenas e do ano 1000 em Lefkandi; ver J.N. Coldstream, *Geometric Greece*, p. 56s. e B. Schweitzer, *Greek Geometric Art*, p. 37s. Sobre o problema do vaso ritualmente furado com marco de túmulo ver também A.B. Cook, *Zeus*, v. 3, p. 373s. A propósito da prática no contexto das crenças sobre o mundo ínfero, ver E. Rohde, *Psyche*, p. 19s., 162s.

13. Assim Festus, s.v. e Serv. ad *Ecl*. II.45 (a palavra ocorre em 1. 46). *Quasillus* é um diminutivo de *quasus*. Mas na verdade a palavra grega é usada não só por Virgílio como também por Plínio, o Velho, Ovídio e Juvenal. Estaria Vitrúvio transliterando uma fonte grega ou a palavra grega tinha passado para o uso latino comum? Não se dispõe de uma resposta definitiva.

A cesta mais comum vista em oferendas de sepultura nos *lekythoi* era na verdade um *kaneion* ou *kaniskion* com um fundo amplo e chato, não diferente do *liknon*. Ver R. Garland, *The Greek Way of Death*, p. 108.

Uma oferenda funerária do tipo da que Vitrúvio parece estar descrevendo aqui, na forma de uma cesta quadrada cheia de *pocula* com figuras negras, está no Museu Nacional de Atenas.

14. *Anthē te plekta*, "flores entrelaçadas e a oliva com frutos" (Aesch. *Pers*. 618) são pedidas por Atossa quando ela invoca o fantasma de Dario: é a primeira menção literária ao costume. Sobre a natureza das plantas usadas para a coroa no *prothesis* e também no túmulo, não há regra, embora o *selinon* seja também usado para as coroas dos vencedores. Ver Pínd. *Ol*. XIII.33 e Plut. *Symp*. 676c, d, embora este também a considere uma planta de mau augúrio, em virtude da sua associação funerária. Ver também infra, nota 20.

15. Hom. *Od*. XI.538, 572; XV.13. Havia muitas variedades de asfódelo: de acordo com Hesíodo (*Op. D*. 41) ele era um tipo de alimento básico. Dizia-se que os pelasgos descobriram as qualidades nutrientes da sua raiz. Pitágoras o recomendava como um alimento de acordo com Pln. *NH* XXI.lxviii.190, que gostava das suas sementes e das raízes. Ele também o considerava um antídoto para alguns venenos.

16. R. Lattimore (*Themes in Greek and Latin Epitaphs*, p. 129s.) sugeriu que os gregos mortos estavam sendo recompensados por manterem a fertilidade da terra. Mas ver (contra) S.C. Humphreys, *The Family, Women, and Death*, p. 159s. Embora a sugestão de Lattimore possa ser muito útil, uma ligação entre fertilidade e morte dificilmente seria excepcional.

17. Como nas edições de *Vitrúvio* de Claude Perrault (ed.) (1675, 1684) e Bernardo Galiani (ed.) (1758). O relato da sepultura continuou sendo um enigma para os comentadores, particularmente considerando-se o acanto que cresce sobre ela. A possibilidade de que esse monumento fosse apenas terra empilhada sobre a sepultura foi sugerida textualmente pela primeira vez por Joseph Ortiz y Sanz em sua tradução de *Vitrúvio* (1787).

Daniele Barbaro (ed.) (*Vitruvius*, 1584, p. 164s.) se recusa a ser atraído para um comentário erudito citando Plínio, Pausânias e Estrabão, por acreditar que esse trecho seja "a maggior cura mi stringe [sic] che narrar le historie, descriver luoghi & dipinger herbe". Ele prefere usar a ocasião para explicar como a natureza forneceu a solução para todo o trabalho dos artistas ao formar diferentes tipos de corpos bonitos.

Francesco di Giorgio, que parece ter lido um manuscrito incompleto de Vitrúvio, interpretou de modo equivocado o texto ao dizer que a donzela coríntia tinha sido efetivamente enterrada de pé dentro da cesta – que assim era ao mesmo tempo caixão e cesto de flores. Sobre a implicação do equívoco, ver J. Rykwert, On an (Egyptian?) Misreading of Francesco di Giorgio's, RES, 1, p. 78s.

18. Os *lekythoi* (lécitos) do século VI eram geralmente bulbosos e de gargalo curto; o contorno descontínuo com um gargalo mais comprido tornou-se comum no século V, e os que têm fundo branco são todos desse último tipo. Um tipo ainda mais achatado, aparentado com o aríbalo mas de fundo plano (Hesíquio achava que *aruballos* era apenas uma palavra dórica

19. para *lekuthos*), também apareceu mais ou menos na mesma época e era um recipiente comum de cosméticos. Todos eles têm apenas uma alça. Ver D.C. Kurtz, *Athenian White Lekythoi*, p. 77s.; também J.D. Beazley, *Attic White Lekythoi*.

Sobre a sua descontinuidade, ver D.C. Kurtz (*Athenian White Lekythoi*, p. 73) ela discute a pertinência do Artista. *Eccl.* 538s. Mas ver também W. Riezler, *Weissgrundige Attische Lekythen*; e A. Fairbanks, *Athenian Lekythoi*. Dos *lekythoi* que Fairbanks conhecia, cerca de metade dos mais antigos e quase todos os posteriores representam cenas à beira de sepulturas, embora fossem usados sobretudo como garrafas para óleo ou unguentos, alguns eram meros simulacros (p. 329s.).

19. Esses lécitos existem em muitas coleções, entre elas a do Museu Nacional em Atenas (1956, 14517), a do Instituto de Arte de Chicago (07.18), a do Museu Metropolitano de Nova York (06.1021.135, 06.1169) e a da Universidade de Zurique (2518).

20. A enorme variedade de plantas que os antigos chamavam "acanto" foi classificada por J. Yates, On the Use of the Terms Acanthus, Acanthion etc. in the Ancient Classics, CM, 3, p. 1s. Mas ver também H.O. Lenz, *Botanik der Alten Griechen und Römer*, p. 545s., 725s.; e J. Billerbeck, *Flora Classica*, p. 164s. Uma vez que o nome deriva de *akaina*, "esporão", "espigão" e *to anthos*, "flor", ele se aplica a todos os tipos de plantas pontudas e com flores: cardos e acácias, assim como a Brancursine ou Acantheae, uma família da ordem das Acanthaceae que inclui muitas outras espécies tropicais. É uma planta, ou arbusto, herbácea. Contudo ambas as plantas são discutidas por Diosc. III.19; Pln. *NH* XXII. xxxiv. 76; e Colum. IX.4. Mas ver também Teof. *De C. Pl.*, que usa a palavra para diversas formas de acácia e cardo: IV.2.i e seguintes, 10.vi; IX.1.ii, 18.i. Ver também Virg. *Ecl.* III.45 e *Geor.* IV.124, e Serv. ad loc.

Por outro lado Pausânias (II.10.iv e seguintes) fala de uma Afrodite em Sicião em cujo santuário (atendido por virgens) havia uma estátua dourada com um penteado cilíndrico e alto que tinha numa das mãos uma papoula e na outra uma maçã. Nesse santuário crescia abundante o *paiderōs* (abrótano), "que tinha folhas menores que as do *drus* [carvalho?] e maiores que as do *phēgos* [uma espécie não identificada de carvalho], não muito diferente do *prinos* [azinheiro]". Se Pausânias merece crédito, essa planta não crescia em nenhum outro lugar da Grécia; ramos dela eram queimados junto com as coxas dos animais sacrificados ali. Mas a descrição da planta parece vaga, e muito diferente do acanto, porém Plínio (*NH* XXII.xxxiv.76) identifica o *paideros* como *Acanthus mollis*; embora em outro trecho (*NH* XIX. liv.170) ele diga que ela é nada mais nada menos que o *caerefolium*, "cerefólio". Ver, sobre isso tudo, J.G. Frazer, *The Golden Bough*, v. 3, p. 68; e J. Murr, *Die Pflanzenwelt in der Griechischen Mythologie*, p. 207s. *A. spinosus* é realmente um tipo de cardo e pertence à ordem das Astraceae, como a alcachofra. O *Onopordon acanthium* é uma das plantas que entraram na formação do cardo escocês.

Os nomes Akanthis, Akanthillis e Akanthos têm nove verbetes em PW: quatro nomes de lugares (sendo o mais importante deles uma colônia de Andros na Trácia, em Calcídica) e cinco antropônimos; alguns são associados com os cardos como sinal de infertilidade. Diod. Sic. I.19 refere-se a um Akanthon no Egito onde 360 sacerdotes diariamente traziam água do Nilo para despejar por um altar perfurado.

O mito de Ocnus era representado por um homem que trançava uma corda de palha constantemente desfeita por pessoas que estavam atrás dele. Numa versão grega a corda de Ocnus era comida por um burro enquanto ele a trançava. O mito é representado assim no Lesche conídio em Delfos (Paus. X.29.i; mas ver abaixo, nota 29). Ver também Plut. *De Tranq. An.* 473.x; Apul. *Met.* VI.18. Sobre a relação de tudo isso com os mitos do inferno e do renascimento ver J.G. Frazer ad loc (op. cit., v. 5, p. 376s.) que traz outra representação dessa lenda, tudo em "underworld connections". Mas ver também J.J. Bachofen, *Il simbolismo funerario degli Antichi*, p. 522s.

21. Pln. *Ep.* v.6: *lubricus et flexuosus; mollis et paene liquidus*.

22. EAA, s.v. "Palmette". Mas ver H. Möbius, *Die Ornamente der Griechischen Grabstelen*, p. 10s. Uma tentativa anterior, interessante embora não suficientemente articulada, de investigar a sua origem encontra-se em dois artigos de W.H. Goodyear no *Architectural Record*, The Lotiform Origin of the Greek Anthemion, p. 263s.; The Acanthus Motive and of the Egg-and-Dart Moulding, p. 88s.; J. Rykwert, On the Palmette, RES, n. 26, faz uma exposição das discussões mais recentes.

23. Ela já é reconhecível como uma configuração em sinetes cilíndricos protolamitas do terceiro milênio (N. Perrot, *Les Représentations de l'arbre sacré sur les monuments de Mésopotamie et d'Elam*, p. 64s.) e na borda da túnica do rei cassita Marduk Nadin Ahze como representado na sua pedra Kudurru (cerca de 1100; BM 90, 841). É esmerada e constantemente repetida nos relevos das árvores artificiais.

24. Elas aparecem cedo nos antigos sinetes mitanitas (H. Frankfort, *Cylinder Seals*, fig. 63). Sobre o seu ortóstato Bar-Rekub de Zinçirli (cerca de 740-720) segura um cetro com palmeta. As palmetas estão no elmo de Sarduri II e em pinturas murais e nos marfins de Kamir Blur, assim como em ornamentos de bronze de Zakim e na bainha da espada de Melgunov: B.B. Piotrovskii (*Urartu*, figs. 18f, 27a, 28, 29b).

25. Motivos de palmeta e acanto (ou *selinon*?) alternados a gárgulas com cabeça de leão distribuíam-se ao longo dos cimácios das cornijas dos templos de Poseidon em Ístmia e de Apolo em Delfos, e – obviamente – de Atena Álea em Tégea, no Tolo, no templo de Asclépio, no Propileu do Norte e no Templo de Ártemis em Epidauro (no Artemision as cabeças de leão foram substituídas por cães de caça).

26. Como na estela ática (cerca de 540-530) de Megacles no Museu Metropolitano, em Nova York (11.185).

27. Uma palmeta ática do século IV da estela de Timóteo e seu filho Nikon (estela no Museu Nacional, em Atenas) está no Museu Metropolitano, em Nova York (07.206.107), assim como um acrotério ainda mais elaborado (20.198.0). Numa outra obra eu empreendi um estudo detalhado sobre a palmeta: ver J. Rykwert, On the Palmete, RES n.26.

28. Alguns desses ladrilhos do cume estão em exibição no museu de Nemeia: S.G. Miller, *Nemea*, p. 58s.

29. Na héstia-altar délfica, as cidades e os santuários gregos cujo altar tivesse sido profanado de algum modo procuravam um novo fogo; esse é o sentido da lenda de Euquidas de Plateia, que morreu de exaustão por trazer o fogo délfico de volta para a sua cidade natal depois da batalha de Plateia (em 479) porque os altares de fogo da Grécia tinham sido considerados profanados pela presença bárbara. Ver Plut. v.; *Arist.* XX.331d; M. Delcourt, *Pyrrhos et Pyrrha*, p. 105s.

O relato mais extenso sobre o assassinato de Neoptólemo é feito por Eur., *Androm.* 1085-1157. Sobre a provável coloração política desse relato ver G. Roux, J. Pouilloux, *Enigmes à Delphes*, p. 102s. Pausânias menciona o santuário em vários contextos. Ver I.4.iv, IV.17.iv; onde a morte de Neoptólemo num altar (como ele havia matado Príamo) é chamada proverbialmente "a vingança de Neoptólemo" – o que ele havia feito com outro é feito com ele; sobre o santuário délfico e o culto, ver Paus. X.24.iv. Mas ver também J. Fontenrose, *The Cult and Myth of Pyrros at Delphi* e P. Vidal-Naquet, *The Black Hunter*, p. 304s.

Há muitas referências à morte de Príamo por Neoptólemo; ver, por exemplo, Eur. *Hec.* 23s. O assassinato foi provavelmente relatado em obras perdidas de ambos Arctino no *Iliupersis* e de Estesícoro, embora o primeiro relato explícito ocorra em Virg. *Aen.* II.499s. e variações sobre ele em Serv. ad v. 506. O enterro sob a entrada do templo é citado nas anotações sobre Eur. 1648, sua retirada por Menelau nas anotações sobre Pínd. *Nem.* VII.62. Os sacrifícios a Neoptólemo são descritos com algum detalhe no início do livro III de Heliodoro. *Aethiopica*.

30. Assim a lenda é preservada nas anotações sobre Pind. *Nem.* VII.62 e sobre Eur. *Or.* 1655. Pelo casamento com Hermione, Neoptólemo tornou-se genro de Menelau – embora Hermione também fosse casada com Orestes, e a desavença por causa dela é uma das razões dadas para o seu assassinato. Outras são a velha inimizade entre Aquiles e Agamêmnon, ou até mesmo entre Aquiles e o próprio Apolo, e o fato de que Neoptólemo ter buscado em Delfos a vingança do deus pela morte de seu pai na verdade é possível que ele tenha ido lá para consultar o oráculo sobre isso (H.W. Parke; D.E.W. Wormell *The Delphic Oracle*, v. 1, p. 315s.; v. 2, p. 78s.). Mas a questão da lenda parece estar ligada a direitos que os habitantes de Delfos reivindicavam à carne dos sacrifícios em seu santuário. O nome do assassino de Neoptólemo, Macaireos, liga-se a *machaira*, a faca dos sacrifícios (ou simplesmente "carne"): Pínd. *Nem.* VII.33s., *Pae.* VI.83s.; Apol. *Epit.* VI.14. As proezas troianas de Neoptólemo, embora não a morte de Príamo, foram celebradas nas pinturas de Polignoto no Lesche (que estavam entre as mais famosas, assim como as maiores, pinturas do mundo antigo): Polignoto pintou o Lesche bem antes de 467, se for genuíno um epigrama atribuído a Simônides (que morreu naquele ano).

A vasta literatura é revista por R.B. Kebric, *The Paintings in the Cnidian Lesche at Delphi and Their Historical Context*; sobre Neoptólemo ver p. 22s.

Mas ver Plut. *De Def. Or.* 47 (436b); Paus. x.25.i e seguintes; Arist. *Pol.* VIII.5.xxi (1340a), *Poet.* 6(1450a). O Lesche ficava logo acima do santuário de Neoptólemo e era – ou pelo menos assim pensava Pausânias – relacionado com ele. Quaisquer que tenham sido os corpos enterrados ou celebrados no pequeno têmeno, as escavações mostraram que ele fora ocupado na época micênica. A ânfora da Idade do Bronze, de tamanho extraordinário, assim como fragmentos de ossos e matéria orgânica carbonizada indicam um local de culto, talvez um *bothros* (FD 2.2, La Région nord du sanctuaire, p. 49s.). Ver também B. Bergquist, *The Archaic Greek Temenos*, p. 30s. Ela está flanqueada de um dos lados por um grupo votivo tessálio (de Daocos de Farsália) e do outro pelo pórtico de Átalo de Pérgamo. Pérgamos, o fundador-epônimo da cidade, era filho de Neoptólemo. O tesouro próximo (XVII) é identificado variavelmente como de Corinto ou de Akanthon. Durante os jogos pítios os enianes trácios também faziam sacrifícios a Neoptólemo como seu rei mítico; Paus. x.24.iv, vi.

Neoptólemo/Pirro é um dos poucos heróis com dois nomes, como Páris/Alexandre. Os reis de Epiro consideravam-no seu ancestral e usavam os dois nomes. Neoptólemo I era pai de Alexandre dos molossos (cujo filho tornou-se Neoptólemo II) e de Olímpias, mãe de Alexandre, o Grande. Ver PW, s.v. "Neoptolemos" e M. Delcourt, *Pyrrhos et Pyrrha*, p. 33, 1n. As variantes da lenda de Neoptólemo foram reunidas e comparadas por C. Vellay, *Les Légendes du cycle troyen*, p. 123s., 303, 379s., 449s.

31. Pausânias, que se impressionava muito com a história de Neoptólemo e a presença dele em Delfos (1.4.iv, IV.17.iv), nada diz sobre a escultura quando descreve o têmeno (x.24.v), o que para alguns comentaristas sugere que ela tivesse sido destruída no terremoto de 373 – embora isso seja contestado: ver FD 11.2 (p. 61s.). A base fragmentária tinha a assinatura PAN, que pode perfeitamente ser um fragmento da assinatura de um conhecido empreiteiro, Pancrates de Argos, que trabalhou por volta do ano 340. Para a sua descoberta e decifração ver FD, v. 2, p. 60s.; v. 3.5, p. 340s.; v. 4, p. 32s.; e Les Danseuses de Delphes, em G. Roux; J. Pouilloux, op. cit., p. 123s.

32. A procissão é descrita em Heliod. *Aethiopica* III.

33. Exatamente quantas dançarinas havia em Delfos ou de que modo se relacionavam com Thyia é algo que as autoridades não sabem ao certo, ver J.E. Harrison *Themis*, p. 401s., 523s. A palavra significa um festival de vinho em Eleia (Paus. VI.26.i). *Thuein* era uma dança extática (C. Kerenyi sugere um êxtase erótico: *Dionysos*, p. 182s.). Pausânias (x.6.iv) considera Thyia filha do autóctone Castálio, epônimo da principal fonte do santuário; ela teve um filho, Delfos, com Apolo. Pausânias também fala sobre uma irmandade ateniense de tíades que foi a Delfos para se juntar à irmandade local em suas orgias, mas que também fez exibições de suas danças em várias cidades a caminho de Delfos – o que indica que elas eram mais disciplinadas do que se poderia julgar. Ver H. Jeanmaire, *Dionysos*, p. 78s.

Alguns comentaristas queriam que as mulheres da escultura fossem as Graças (que, contudo, normalmente estão voltadas umas para as outras) ou as Caridades. Mas o posicionamento de costas é mais característico das figuras ctônias, como as do grupo de Hécate, por exemplo.

A descoberta de Dioniso na caverna de Parnaso pelas Tíades é narrada por Plut. *De Is. et Os.* 35 (365a); ver C. Kerenyi (op. cit., p. 44s.), que também fala em outras crianças divinas embaladas que cresceram no *liknon*.

Sobre o domínio alternado (entre Apolo e Dioniso em Delfos), o *trietēris*, ver C. Kerenyi, op. cit., p. 198s.

34. Essa é a trípode que foi levada para Constantinopla por Constantino, o Grande, para ficar na poção central, *spina*, do seu hipódromo. A cobra de três voltas que sustentava a tigela ainda está no local onde Constantino mandou instalarem-na.

35. A história forneceu um dos temas mais comuns da arte grega. Pausânias (x.13.viii) menciona a lenda; ele não a notou no frontão do tesouro sifniano, embora a tenha registrado num relevo no templo de Licosura (VIII.37.i). A lenda é contada por Apol. 11.6, 2; Plut. *De E Delph.* 387; Vet. Schol. em Pind. *Ol.*IX.29(43); Cic. *De Nat. Deo.* III.16.xliij; Hyg. *Fab.* 32; Serv. ad Aen. VIII.300.

36. Dentro do *lebēs*-trípode, sob o *holmos*, ficavam os ossos e dentes de Píton, a serpente que Apolo matou quando dominou Delfos, ao passo que a sua pele estava envolvida em torno da própria trípode. Assim Hyg. *Fab.* CXL. 5; Serv. ad Aen. III.92, 360. Suidas, s.v. "Pytho", diz que ela continha *tas mantikas* [...] *psiphous* – "os seixos de adivinhação" (grãos, contadores) que forneciam a Pítia as suas respostas: ver P. Amandry, *La Mantique apollinienne à Delphes*, p. 259s.; C. Kerenyi, op. cit., p. 228s.). O ônfalo também era considerado a sepultura de Dioniso.

Vários escritores antigos já aventaram a hipótese de que Píton e Dioniso eram, de certo modo, idênticos: ver J. Fontenrose, op. cit., p. 376s. Em todo caso, o poder sobre Delfos aparentemente se alterna, sendo exercido num ano por Dioniso e no outro por Apolo.

37. Pausânias registra o ônfalo em dois lugares: ao lado da trípode da pítia dentro do templo principal (x.16.iii) e entre o Lesche e o têmeno.

38. Sobre a forma do suporte de *lebēs* grego, ver PW, s.v. "Dreifuss". Carl Otfried Müller foi o primeiro a apresentar um relato "científico" do assunto (*De Tripode Delphico*). O *lebēs* sobre o tripé parece ter sido uma invenção dos ugaritas ou, de qualquer forma, um invenção levantina; o suporte era feito de varetas, não de placas, como na Grécia. Tornou-se comum na forma ugarítica na Ásia Menor e foi assim adotado pelos cretenses e etruscos, que às vezes tinham *lebēs* de bronze sobre estrados de trípode de ferro. A trípode de placa parece ser originária do Peloponeso. Ver B. Schweitzer, op. cit., p. 164s. Algumas das trípodes gregas mais antigas são os pitos geométricos "com pés circulares": Atenas, Museu Nacional n. 2451 (281) e Museu de Argos, c 209. Ver Schweitzer (p. 29, 61, 172). Trípodes de terracota, vareta e placa, todas elas parecem surgir, na Grécia Geométrica por volta de meados do século IX.

Sobre o início do desenvolvimento do apoio de trípode como objeto votivo e o seu significado econômico, ver A. Snodgrass, *Archaic Greece*, p. 52s., 104s.

39. Esse *lebēs* foi identificado como um *perirranterion* do tipo que Heródoto (1.51) viu em Delfos. Ver O. Picard, Image de dieux sur les monnaies grecques, *Mélanges de l'école française de Rome*, p. 31. Aqui e ali essas figuras de Hécate sobrevivem: o Museu Metropolitano, em Nova York, tem um pequeno grupo em mármore, século I (d.C.), com figuras de costas umas para as outras em torno de uma planta ou coluna.

40. Diz-se (*Nostoi* fr. 6) que Medeia executou a mesma operação com Jasão e Esão: Ovíd. *Met.* VII.163s. Ela era uma feiticeira e irmã de Circe; ambas são envenenadoras mas também capazes de conceder a imortalidade. As ervas mágicas de Medeia despertaram a atenção de muitos escritores; ver J. Murr, *Die Pflanzenwelt in der Griechischen Mythologie*, p. 207s.

41. O *lebēs* é datado de cerca de 340; agora está no Museu Nacional, em Atenas, no. 3619.

42. Diod. Sic. XVII.27.

43. O bronze helenístico chamado coríntio tinha um matiz vermelho característico, atribuído ao ocre da fonte de Pirene (ver sobre essa fonte F. Glaser, *Antike Brunnenbauten in Griechenland*, p. 76s.; B.H. Hill, *The Temple of Zeus at Nemea*, 1.6, p. 1s.), que foi usada para temperar o bronze (Paus. II.3.iii). Mas Pausânias acrescenta que os coríntios não tinham bronze deles próprios, referindo-se presumivelmente aos minérios componentes. Sobre as primeiras exportações coríntias de bronze ver J.B. Salmon, *Wealthy Korinth*, p. 118s.

W.B. Dinsmoor (*The Architecture of Ancient Greece*, p. 157) sustenta a origem metálica da coluna de acanto. Plínio, como ressalta Dinsmoor, chamava de "coríntio" o pórtico de Caneaus Octavius em Roma por ele ter folhas de acanto de bronze pregadas à coluna; em Palmira as folhas de bronze eram presas aos fustes de pedra das colunas. Calímaco era, de qualquer modo, considerado tão exímio fundidor do bronze quanto escultor da pedra; já mencionei a sua lâmpada de ouro no Erecteion.

44. Paus. x.24.v tinha visto essa pedra e recebido a informação de que era a pedra oferecida por Reia a Cronos em lugar de Zeus, que Cronos vomitou ou cuspiu (a lenda é narrada por Hes. *Theog.* 453s.). A pedra era ungida diariamente. Ver também A.B. Cook, *Zeus*, v. 3, 929, 937.

45. *Pronoia* (da previsão) ou *pronaia* (do pórtico templo) – na Antiguidade isso não foi resolvido; ver J.G. Frazer, op. cit., v. 5, p. 251s. Diante do templo e ao lado do tesouro ficava uma grande estátua de bronze de Atena.

46. Massalia foi fundada sob as ordens do oráculo de Delfos e tinha um santuário para Apolo Délfico; a história do oráculo é relatada em Str. IV.179; mas ver I. Malkin, *Religion and Colonization in Ancient Greece*, p. 69s.

Pode coincidência a disposição muito semelhante de folhas de palmeta formando um capitel num "suporte de lâmpada" colunar minoico de mármore *rosso antico* (cerca de 1450, da casa do sudeste, Cnossos; Museu Arqueológico de Heraklion), cujo fuste tem caneluras em espiral alternadas com faixas de hera. Essa disposição pode se relacionar com as palmetas anatolianas "eólicas" e não com o seu derivativo massiliense em Delfos. Esses tipos de lâmpadas de pedra eram na verdade exportadas para a Anatólia e a Síria, assim como para a Grécia continental. Ver M.S. Hood, *The Art in Prehistoric Greece*, p. 150s.

47. Ver supra, Cap. v, p. 153-254.
48. Os romanos chamavam-na Prosérpina (por uma curiosa transliteração). Sobre ela escreve santo Agostinho (*De Civ. Dei* IV.8), que produziu a sua *Volksetymologie*: "deusa das primeiras folhas e brotos do trigo" (*sepes*). Mas os romanos também a chamavam Coré.
49. Sobre o *kukeōn* como (possivelmente) uma bebida alcoólica, ver C. Kerenyi, op. cit., p. 117s.).
50. As serpentes entrelaçadas em volta do caduceu de Hermes, de acordo com alguns mitógrafos, representavam a serpente Zeus e a serpente Perséfone (Ath. gr. *Pro Christ.* 20). Mas, como Atenágoras apressa-se a ressaltar, Perséfone era, ela própria, filha de Reia (a mãe, que depois de sua sedução tornou-se Deméter, a esposa) e de seu filho divino.

    A lenda de Zagreus repete – ou reflete – a de Atena; Zeus temia que seu filho com Métis se tornasse o mandante do mundo destronando o pai, como ele próprio, por sua vez, destronara seu pai e assim engoliu Métis grávida e fez seu filho tornar-se uma filha, Atena, que nasceu da sua cabeça.
51. Essa lenda órfica parece ter sido aludida pela primeira vez num fragmento pindárico (do *Meno* de Platão 81b; 133 Bergk, 127 Bowra). Mas os detalhes sangrentos são extensamente narrados por muitos autores posteriores, inclusive Nonnos (VI, esp. 155s.; X.47s.; XXIV.43s.); as fontes são revistas por O. Kern, *Orphicorum fragmenta*, frr. 209s.); ver também PW, s.v. "Zagreos". J.E. Harrison – que também tem muita coisa a dizer sobre a omofagia como rito de iniciação – considera que a lenda é a etiologia da substituição ritual. Ver outro relato desse episódio como uma versão épica de um rito de iniciação em C. Kerenyi, op. cit., p. 266s.

    Firmicus Maternus faz um extenso relato da lenda frequentemente referida de modo desdenhoso pelos padres da Igreja: Athan, *Adv. Gr. 9*; Clem. Alex *Protr.* II.15; Eus. *Prep. Ev.* II.15. Mas Isócrates (*Bus.* XI.38s.) já havia culpado Orfeu por contar histórias sobre os deuses; a imoralidade da mitologia poética é um lugar-comum platônico. O primeiro a ser explícito sobre isso foi Xenófanes (fr. 1, 11, 12; org. J.M. Edmonds, *Xenophanes*, v. 1, p. 192s., 200s.).
52. Ésq. fr. 124/228 chama-o "filho do recepcionista da hospedaria" (i.e., "do morto"). Sobre a passagem da caça para a agricultura, e portanto para a viticultura, ver também C. Kerenyi (op. cit., p. 80s.), que liga seu nome à palavra jônica *zagrē*, "armadilha". Mas ele também vê essa lenda como uma sobrevivência da prática religiosa cretense no mito grego (p. 114s.). Ver, K. Meuli, *Gesammelte Schriften*, p. 173.
53. Heráclito fr. 15 (Clem. Alex. *Protr.* II.22.ii; ver Iamb. *De Myst.* I.11 e Plut. *De Is. et Os.* 28): "Não fosse o fato de ser para Dioniso que eles estavam desfilando e cantando coisas vergonhosas, seus feitos seriam apenas obscenidades; mas Hades é aliado de Dioniso, para quem eles fazem cabriolas e celebram ritos báquicos". Em grego o trocadilho joga com *asma* ("cantar hinos"); *aidoisin*, ("coisas vergonhosas", "genitália"; *anaidestata* ("lascívia", "sem-vergonhice"); e (*H*)*aidēs*. Ver, K. Axelos (*Heraclite et la philosophie*, p. 139s.) e W.K.C. Guthrie (*A History of Greek Philosophy*, v. 1, p. 475s.). Segui a interpretação comum; ver M. Marcovich (*Heraclitus*, p. 250s.), para quem ele significa: "Se não fizessem procissões em honra de Dioniso e não cantassem hinos para as partes vergonhosas, eles estariam agindo impiedosamente. Mas Hades e Dioniso são o mesmo, por mais que eles cabriolem e delirem em seus ritos báquicos". Assim, ele o teria interpretado como uma rejeição dos ritos báquicos, que apenas celebram a fertilidade.

    Jâmblico explica essa passagem (referindo-se supostamente ao seu contexto perdido) dizendo que Heráclito chama os mistérios *pharmaka*, "remédios", porque eles libertam a alma das infelicidades da vida.
54. Sobre Hades como o guardião da semente, ver WHR, s.v. Sobre os primeiros iniciados de Triptólemo, Héracles e os *Dioscuros* [Castor e Pólux], ver Xen. *Hel.* VI.3.vi; ou assim Xenofonte relata o discurso de Callias, o portador da tocha de Eleusis, discursando aos Espartanos.
55. Clem. Alex. *Protr.* II.12.
56. Pl. *Crito* 54d, *Phaedo* 69c, 81a; mas naquela época os mistérios também eram considerados símbolos de amizade, essencialmente atividades que estabelecem vínculos sociais (*Ep.*VIII.333e).
57. Sobre o santuário e a sua antiguidade ver G.E. Mylonas, *Eleusis and the Eleusinian Mysteries*, p. 29s., esp. sobre o *Hino a Deméter* homérico e sua relação com a topografia. Mas opondo-se a essa opinião ver P. Darcque (*Les Vestiges mycéniens découverts sous le Télestérion d'Eleusis*, BCH, 105, p. 593s.), para quem não há nenhuma evidência de um santuário micênico nas ruínas das construções sob o telestério.
58. W. Burkert, *Anthropologie des religiösen Opfers*, p. 276s.
59. Pl. *Phaedrus* 245c e seguintes. Mas ver a demonstração lógica da indestrutível imortalidade da lma em *phaedo* 105b e seguintes.
60. Paus. VIII.41.vii. Embora Pausânias (que apresenta a atribuição a Ictino como boato) achasse que o deus recebeu o templo como uma promessa que protegia da peste de 430 os árcades de Figalia, quase certamente havia no lugar um templo de pedra mais antigo; talvez o plano arcaico de Ictino repetisse o do templo mais antigo, provavelmente construído por volta do ano 500. Mas o lugar devia ter um santuário de Apolo desde que Figalia foi recapturada dos espartanos, depois de 659. Ver F.A. Cooper, *The Temple of Apollo at Bassae*, AJA, 72; A.W. Lawrence, *Greek Architecture*, p. 224, 227, 231s.; W.B. Dinsmoor, *The Architecture of Ancient Greece*, p. 154s. O primeiro relato completo sobre as ruínas foi publicado por C.R. Cockerell, *The Temples of Jupiter Panhellenicus at Aegina and of Apollo Epicuros at Bassae*.

    Pausânias entendeu que o templo foi consagrado a "Apolo, o que ajuda" (isto é, "contra a peste") e portanto ele relacionava a construção a um surto epidêmico em Figalia. Contudo, de acordo com H.T. Wade-Gery, *The Rhianos-Hypothesis*, em E. Badian (ed.) (*Ancient Society and Institutions*, p. 289s.), Cooper afirma que o verdadeiro significado da consagração sugere os árcades *epikouroi* (auxiliares ou mercenários) árcades, o que explicaria o número de ex-votos de militares no lugar.

    De qualquer forma a natureza dos cultos na montanha é difícil de ser distinguida e atribuída a um local específico. Além do têmeno de Apolo, o santuário parece ter incluído um templo maior de Ártemis e um menor de Afrodite; havia também um Pã Bassas e uma primavera sagrada. Toda a montanha era provavelmente o cenário da lenda de Calisto, a Ursa, de sua filha Orco e das origens árcades. Outras obras sobre o local são discutidas por J.G. Frazer, op. cit., v. 4, p. 394s. O oráculo de Delfos no que diz respeito às relíquias de Arcas relatadas por Pausânias é discutido também por H.W. Parke e D.E.W. Wormell, *The Delphic Oracle*, v. 1, p. 196s.

    A frase que Pausânias usa em louvor à obra de Ictino, *an tou lithou te es kallos kai tēs armonias heneka*, tem sido um grande problema para os tradutores (ver J.G. Frazer, op. cit., v. 4, p. 405), uma vez que ela pode se referir à beleza da pedra e à precisão do seu encaixe; alternativamente, pode se referir às proporções perfeitas da construção (p. ex. Paus. II.27.v, louvando as proporções e talvez até mesmo a acústica do teatro que Policleto projetou em Epidauro. Sobre a palavra (*h*)*armonia* ver J.J. Pollitt, *The Ancient View of Greek Art*, p. 151s.
61. A orientação voltada para Delfos e o plano arcaico imitando o santuário délfico foram sugeridos por G. Gruben, *Die Tempel der Griechen*, p. 122s. Sobre o plano arcaico, ver A. Mallwitz, MDAIA, 77, *Cella und Adyton des Apollotempels in Bassai*, p. 140-177.
62. Diferentemente das colunas na extremidade das paredes transversais do Templo de Hera em Olímpia, cujos centros eram alinhados aos das colunas do peristilo externo, as de Bassa tinham seus centros alinhados aos centros dos intercolúnios. Essa curiosa característica da planta foi explicada como uma reconsideração por parte dos sucessores de Ictino. A improbabilidade dessa alteração é defendida de modo persuasivo por F.A. Cooper, *The Temple of Apollo at Bassae*, Ph.D. diss., p. 130s.
63. Dinsmoor sustenta que as duas colunas anexadas por último eram também coríntias, e assim elas formaram quase uma iconóstase.
64. Essa era, de acordo com Pausânias, originalmente uma estátua de bronze que havia sido mudada, por razões que ele não apresenta, para Megalópolis, onde ele a viu (VIII.30.i). Foi substituída por uma estátua acrólita, provavelmente a peça cujo pé e outros fragmentos estão no Museu Britânico (1815. 102042-49, 51), sobre a qual ver B. Madigan, *The Statue of Apollo at Bassae*, em O. Palagia, W. Coulson (eds.), *Sculpture from Arcadia and Laconia*. A disposição das lajes do chão não sustenta inquestionavelmente nenhuma das duas ideias.

    Graças ao cuidadoso alinhamento da extremidade da porta que se abre para o leste e das colunas perípteras, em certas épocas do ano a luz do sol que se levanta incide precisamente na quina que se projeta do canto noroeste do ádito. Isso foi estudado por F.A. Cooper, op. cit., p. 103s.
65. A coluna é conhecida graças a um desenho muito cuidadoso do companheiro de trabalho de Cockerell, Haller Von Hallerstein. Essas reconstruções, e as subsequentes, são examinadas por H. Bauer, *Korinthische Kapitelle des 4 und 3 Jahrhunderts vor Christus*, p. 14s. Ver também G. Roux, *L'Architecture de l'Argolide aux IVe et IIIe siècle avant Jesus-Christ*, v. 1, p. 43s., 227, 356; e K.H. von Hallerstein em H. Bankel (ed.), *Haller von Hallerstein in Griechenland, 1810-1817*, p. 122s. As peças sobreviventes do capitel foram aparentemente

66. Sobre o raciocínio "formal" ver J.J. Coulton, *Greek Architects at Work*, p. 127s.; e A.W. Lawrence, *Greek Architecture*, p. 234. W.B. Dinsmoor (op. cit., p. 164s.) está mais interessado na origem egípcia da forma. Ele também sugere que o jônico foi usado aqui para fornecer um friso zoofórico contínuo. Contudo, embora ache que os capitéis jônicos, com sua linha ascendente do astrágalo e o cimácio reverso ático entre as volutas em vez da moldura convexa quarto de círculo asiática, pareçam "surpreendentemente modernos e funcionais" (p. 157, 184), ele não comenta o admirável bloco quadrado que sai entre as volutas fazendo as vezes de um ábaco, o que dá aos capitéis um aspecto levemente egípcio.
67. O nome é intrigante. Álea era uma cidade antiga na fronteira nordeste entre a Arcádia e a Argólida; infelizmente *al-* é uma raiz comum demais para oferecer qualquer orientação sobre a natureza da deusa antes de ela ter se amalgamado com Atena. De qualquer forma, quando os habitantes da antiga Álea foram convidados para entrar no *synoikismos* de Mantineia a cidade manteve a sua identidade. Em Tégea o culto foi introduzido pelo herói Aleus, cerca de três gerações antes da "invasão dórica", quem quer que fosse a deusa, ela era certamente considerada uma poderosa protetora do templo. Pausânias (II.17.vii; III.5.vi, 19.vii; VIII.9.vi, 45.iv-vii, 47.i-iii), mas ver também Xen. *Hel.* VI.5.xxvii e Str. VIII.3.ii). A lei da refundação de Tégea, que ele data de 479, é discutida por M. Moggi, *I sinecismi interstatali greci*, p. 131s.
   Alguns outros povoamentos, menos importantes, tinham esse nome (Steph. Byz e PW, s.v.). Não está claro se a palavra latina *alea* para jogos de azar (e sorte em geral) tinha alguma relação com essa deusa.
68. No entanto os intercolúnios reproduzem fielmente não só a proporção (2⅓ diâmetros) como também a dimensão (4¾ pés dóricos) dos intercolúnios dóricos de Mnésicles no propileu ateniense. Pausânias (VIII.45.iv) sustentava que ele era não só o mais bonito como também o maior templo do Peloponeso, embora tivesse apenas metade do tamanho do templo de Zeus em Olímpia; ver W.B. Dinsmoor, op. cit., p. 218s. Sobre a comissão de Escopas e seu procedimento em Tégea, ver A.F. Stewart, *Skopas of Paros*, p. 80s.
69. C. Dugas et al., *Le Sanctuaire d'Aléa Athéna à Tégée au IVe siècle*. Pelo fato de o pronau ser bem mais fundo que o opistódomo, contudo, a simetria do exterior (a porta que dá para o norte correspondia ao intercolúnio entre a sétima e a oitava colunas) não correspondia ao interior, onde a porta ficava entre a terceira e a quarta meias-colunas; a disposição é enfatizada por antas nos cantos da construção, tornando cada lado um pseudo-heptastilo entre antas e também ressaltando a presença do número sete na construção.
70. Embora não seja clara a relação entre a lenda etólia de Calidão e a da Atlanta beócia, Télefo era filho de Auge (filha de Aleus) e Héracles. Nos cantos *Cypria* está relatada a história do seu nascimento num santuário de Atena, de sua exposição, sua migração para Mísia, seu encontro com Aquiles e sua ferida que não se fechava até ele ser curado por Aquiles com a aplicação da ferrugem da lança que o feriu.
71. Sobre esse enigmático leão, cuja toca foi exibida a Pausânias (II.15.ii) durante a visita deste a Neméia, ver – mais uma vez – J.G. Frazer, op. cit., v. 3, p. 88s.
72. As coroas dos vencedores dos jogos eram de *selinon*: da planta viva em Neméia utilizava-se a planta viva; nos Jogos do Istmo de Corinto, assim como eram de louro em Olímpia e em Delfos o *selinon* era seco.
73. Paus. II.16.iv.
74. Arist. *Ath. Pol.* 43.3; 44.1. Era lá que normalmente os prítanes ficavam. O prédio também era chamado *skias*, o "lugar sombreado".
75. Ver supra, Cap. VIII, nota 11, p. 415.
76. Quatro dos seis lados são iguais, e dois, um defronte ao outro, estão numa relação de 4:3 para os outros lados. Sobre as construções, sua função e suas medidas ver H.A. Thompson, The Tholos of Athens and its Predecessors, *Hesperia,* supl 4, passim.
77. P. Auberson e K. Schefold, *Führer durch Eretria*, p. 123s.; F. Seiler, *Die Griechische Tholos*, p. 36s. Algumas autoridades afirmaram que essa construção é do século IV (e até mesmo do século III); não há acordo tampouco quanto à "cerca", que alguns consideraram suporte para uma cobertura.

* O termo grego *anathema* originalmente significava "porção posta no alto" ou "de lado", "suspensa", e fazia referência aos presentes para a divindade que eram expostos, pendurados, à entrada dos templos (N. da E.).

78. H. Pomtow, Das Alte Tholos und das Schatzhaus der Sikyoner zu Delphi?, *Zeitschrift für Geschichte der Architektur*, 3, 4, p. 97s., 153s.; 1911, p. 171s.; e F. Seiler, op. cit., p. 40s. Sobre esse tolo e o posterior de Marmaria ver também P. Frotier de La Coste-Messelière, *Au Musée de Delphes*, p. 50s., 63s., 74s., 79s.
79. J. Charbonneaux (com Kaj Gottlob), La Tholos, em FD, v. 2, fasc. 4, pt. 2; F. Seiler, op. cit., p. 56s.
80. Teodoro de Foceia, que de acordo com Vitrúvio (VII. praef.12) escreveu uma monografia sobre o tolo délfico, foi presumivelmente o seu projetista. Mas ver F. Seiler, op. cit., p. 56, 222n.
81. F. Seiler, op. cit., p. 73s.
82. Sobre os artistas com esse nome ver supra, Cap. IV, nota 29, p. 395.
83. Sobre essa e outras construções, mais antigas, ver F. Robert, *Thymelé*.
84. O tolo de Filipe foi supostamente construído por Alexandre. Num pedestal em semicírculo, concêntrico com o anel da coluna, ficavam as estátuas criselefantinas de Filipe, de seu pai, Amintas, sua mãe, Eurídice, sua ex-mulher Olímpia e o filho que teve com esta, Alexandre Magno, todas do escultor Leócares. Com catorze metros de diâmetro, ele tem dezoito colunas jônicas no lado externo, nove meias-colunas coríntias unidas à parede (e portanto uma central oposta à porta principal) no interior (Paus. V.20.ix-x). Sobre Leocares, a quem se atribui o Apolo Belvedere, ver A. Stewart, *Greek Sculpture*, p. 180s., 282s.; e M. Robertson, *A History of Greek Art*, v. 2, p. 460s., 513s., 700, 11n. Ele também pode ter sido o arquiteto do tolo de Filipe. Sobre o prédio, ver F. Seiler (op. cit., p. 89s., 99, 41n) quanto à identidade do arquiteto; ver também A. Mallwitz, *Olympia und seine Bauten*, p. 128s.
85. A palavra aparece pela primeira vez em Vitr. VII. praef.12. O monumento de Lisícrates, que era conhecido no século XVI (e até bem antes, talvez) como a "Lanterna de Demóstenes", continuou com esse nome embora a dedicatória tivesse sido lida no século XVII. Foi examinado pela primeira vez por James Stuart e Nicolas Revett, *The Antiquities of Athens Measured and Delineated*, v. 1, p. 27s., ilusts. 1-26. Ver F. Seiler, op. cit., p. 135s. Seiler relaciona outros monumentos semelhantes: o de Termesso é muito bem preservado; restou menos de um em Delos e ainda menos com o da Magnésia do Meandro, que tem aplicadas numa inscrição a frase *ho tholos*.
86. Paus. I.20.i e seguintes; Athen. XII.542s., XIII.591; F. Seiler, op. cit., p. 138s.; H. Bauer, *Korinthische Kapitelle des 4 und 3 Jahrhunderts vor Christus*, p. 197s.; W.B. Dinsmoor, *The Architecture of Ancient Greece*, p. 263s. Ver M. de G. Verrall e J.E. Harrison, *Mythology and Monuments of Ancient Athens*, p. 243s.; e W. Judeich, *Topographie von Athen*, p. 170s., 274s. Duas outras bases sobrevivem num ponto acima do teatro. O *Epigrama* 12 de Teócrito foi destinado para inscrição em tal base.
87. Arist. *Pol.* V.11.ix (1313b).
88. Thuc. I.138s.
89. G. Gruben, *Die Tempel der Griechen*, p. 230s.; A.W. Lawrence, op. cit., p. 146, 275s.; W.B. Dinsmoor, op. cit., p. 280s.
90. Vitr. VII. praef.15, 17. Vitrúvio também registra os nomes dos arquitetos que Pisístrato contratou para o templo dórico original do local – Antistates, Calescro, Antimaquides, Porinos –, que ele supostamente latinizou, seguindo alguma inscrição. Nada mais se sabe sobre eles. Vitrúvio também lamenta que nenhum escrito de autoria do "engenhoso e erudito" Cossutius tenha sobrevivido. Uma dedicatória, provavelmente na base de uma estátua do santuário, dizia *Dekmos Kossoutios Popliou Romaios*, "Décimo Cossútio, filho de Publius, um romano" (CIA 3.561); é possível que essa base fosse a do monumento comemorativo do arquiteto. Sobre o caráter dessa obra ver G. Roux, op. cit., v. 1, p. 373, 378.
91. J.G. Frazer (op. cit., v. 2, p. 178) já sugeriu que essas colunas provavelmente eram colunas monolíticas da cela, que podem ter sido de pedra mais preciosa que as de mármore pário do exterior, que eram compostas de tambores (inclusive seus capitéis).

Essa identificação com o lendário primeiro santuário foi feita por F.C. Penrose (*An Investigation of the Principles of Athenian Architecture*, p. 74s.), embora tenha inevitavelmente sido descartada por escritores posteriores.

XI: UMA COLUNA NATIVA?

1. Vitr. IV.7; em IV.8 há também umas poucas referências.
2. *Varicae, barycephalae, humiles, latae:* Vitr. III.3.v sobre templos areostilos. Sobre o átrio ver VI.3.iii e seguintes (por oposição às casas gregas sem átrio, VI.7.i), embora as linhas principais da casa sejam esclarecidas [*ut*] *italico more et Graecorum institutis conformantur* (VI.7.vii). Na extensa relação de escritores mais antigos Vitrúvio cita o (presumivelmente) etrusco Fufidius (conhecido também pelo Cic. *Fam.* XIII.11.iii) de Arpinum e seu amigo Publius Septimius, assim como Varrão; na relação de arquitetos ele cita apenas dois: Cossútio, que trabalhou em Atenas, e Gaius Mucius, que construiu o templo da Honra e da Virtude para Marius (III.2.v; VII. praef.17). Embora na seção seguinte afirme que os *antiqui nostri* podiam ser considerados arquitetos tão bons quanto quaisquer dos gregos, ele era claramente incapaz de indicar muitos deles, especialmente qualquer um que tivesse escrito sobre o assunto.

   A apologia de Vitrúvio como o exaltador dos modos itálicos foi apresentada por Henner von Hesberg, Vitruv und die Italische Tradition, em H. Knell; B. Wesenberg (eds.), *Vitruv-Kolloquium*, p. 123s.

3. Vitr. III.3.v; ver Pln. *NH* XXXV.xlv.158. Algumas dessas esculturas foram depois transformadas em bronze e frequentemente o bronze também recebeu um revestimento de ouro. Contudo Plínio desaprovava bastante o uso excessivo do dourado nas estátuas, como a de Nero (Pln. *NH* XXXIV.xix.63s.).

4. O único escritor cujo nome sobreviveu foi um certo Volnius, que Varrão (L.L.V.9lv) cita como autor das *tragoedias Tuscas*: elas podem, evidentemente (como sugere R. Bloch, *The Etruscans*, p. 140), ter sido imitações das tragédias gregas. O poeta Anniano, amigo de Aulo Gellio (XX.9), reuniu canções "toscanas" da sua propriedade rural falisca; essas fesceninas improvisadas, rústicas e irreverentes também se tornaram conhecidas pelos relatos de Tito Lívio (VII.2) e de Horácio (*Ep.* II.i.139s.), embora na época de Horácio e certamente na de Anniano elas talvez fossem cantadas em alguma forma de latim. Nem Serv. ad *Aen.* VII.695, que as considerava de origem ateniense, nem Val. Max. II.5 mencionam sua existência em etrusco. Por outro lado danças etruscas ao som de flautas – conhecidas por estarem retratadas nas pinturas em túmulos – foram, se Tito Lívio (loc. cit.) merece crédito, introduzidas em Roma no ano 364 para acompanhar um *lectisternium* realizado com o objetivo de afastar uma peste. Elas eram sem palavras e não tinham gestos de mímica (que seria agregada pelos romanos). Tito Lívio acrescenta que a palavra etrusca (*h*)*ister*, que traduzia a latina *ludio*, mais tarde transformou-se na palavra romana *histrio* para "ator", embora explique que a representação dramática propriamente dita foi vista pela primeira vez em Roma um século depois por um escravo escritor grego, Livius Andronicus. As *Tusca Historia*, que se acredita terem sido em sua maior parte crônicas sobre as cidades, sobreviveram até os tempos imperiais. Foram usadas por escritores posteriores como Verrius Flaccus e o imperador Cláudio, cujos livros também se perderam.

   Quanto à origem da escrita etrusca, o enigma é menor, claramente ela deriva da Grécia, e foi talvez aprendida com os povoadores gregos de Ísquia e Cumas, ver G. e L. Bonfante, *The Etruscan Language*, p. 7 e 106s.; e G. Colonna, *L'etrusco arcaico*, p. 9s. Em 650, objetos que traziam inscrito o alfabeto completo testemunham a preexistência da escrita etrusca. Destes, o sobrevivente mais antigo talvez seja uma lâmina de marfim (provavelmente uma lâmina para escrever) de Marsiliana d'Albegna que está no Museu Arqueológico, em Florença. Ela tem uma borda mais alta na qual estão inscritas as 24 letras, e pode perfeitamente ter sido usada como base para uma superfície de cera para escrita; mas ver J. Heurgon, *La Vie quotidienne chez les etrusques*, p. 270s.

5. Com relação ao aspecto das cenas ligadas à lenda dos Sete contra Tebas nas urnas funerárias e da relação da lenda com o saber romano-etrusco, ver J.P. Small, *Studies Related to the Theban Cycle on Late Etruscan Urns*, p. 92s., 165s. A representação mais espetacular da lenda na arte etrusca foi reconhecida recentemente na escultura que cobria o *columen* do templo B em Pyrgi; a respeito dessa cobertura ver G. Colonna (ed.), *Santuari d'Etruria*, p. 137s., e a discussão que retomaremos mais adiante neste capítulo.

   Quase não há dúvida de que havia também formas do verso etrusco, até mesmo algum tipo de tradição "bárdica". A epígrafe, datada do final do século VII, de Aulus Feluske de Vetulonia (Florença, Museu Arqueológico) parece estar de acordo com uma métrica. Fragmentos de versos foram identificados por F.-H. Massa-Pairault, *Recherches sur l'art et l'artisanat etrusco-italiques à l'epoque hellenistique*, p. 38s. Mas embora a métrica e até a sintaxe pareçam relativamente claras, o significado dos versos continua obscuro.

   Desde os tempos mais remotos os etruscos foram ávidos colecionadores de utensílios gregos de cerâmica de todos os tipos, e também foram empregadores de ceramistas gregos: ver R. Bianchi Bandinelli; A. Giuliano, *Les Etrusques et l'Italie avant Rome*, p. 150s. Embora isso ajude a explicar a transmissão dos temas figurativos, não contribui minimamente para explicar a sua enorme popularidade.

6. Vitr. I.7.i e seguintes; ver C.O. Thulin, *Die Etruskische Disciplin*, pt. 3, p. 41s. No entanto é notável que embora relate costumes gregos sobre a localização do templo como parte da sua exposição geral sobre arquitetura, Vitrúvio relegue as normas etruscas, tratando delas entre os regulamentos sobre o planejamento urbano. Plutarco (*Quaest. Rom.* 47) tinha explicado essa norma, baseada (diz ele) numa ridícula tradição segundo a qual Rômulo (que era filho de Marte) não queria que o templo do ciumento Vulcão ficasse dentro das mesmas muralhas.

   Vitrúvio continua o parágrafo depois de um item que poderia ser interpretado como conjuntivo ou disjuntivo: "para Ceres também em local fora da cidade, num lugar que as pessoas jamais frequentam a não ser para fazer um sacrifício. Esse lugar precisa ser mantido com veneração, castamente e de um modo devoto". Embora Thulin (p. 44) exclua essa frase, ela na verdade faz parte do parágrafo.

   Parece que havia duas traduções dos livros rituais comuns na época de Vitrúvio: uma em prosa feita por Aulus Caecina, amigo e correspondente de Cícero, e outra bem feita por Tarquitius Priscus: ver J. Heurgon. op. cit., p. 142s., 289s.; Tarquitius Priscus et l'organisation de l'ordre des Haruspices sous l'Empereur Claude, p. 402s.

7. Rasenna era, de acordo com Dioniso de Halicarnasso (I.30.iii), o epônimo hegemônico ou líder dos etruscos, ao passo que segundo Heródoto (I.94) foi o príncipe lídio Tirreno, filho do rei Átis, quem comandou uma colônia de etruscos que entrou na Úmbria. Em outra fonte Átis é também pai de Lidus, o epônimo fundador da nação lídia. Muitos escritores antigos e modernos se debateram com essa questão, que ainda está longe de ser resolvida, ver M. Pallottino, *Etruscologia*, p. 81s. *Rasna* ocorre uma vez numa inscrição etrusca, numa pedra que marcava fronteira em Cortona.

   A palavra grega *tursēno* aparece em Hes. *Theog.* 1010. Alguns linguistas recentes sugeriram que a palavra deriva de **tur, *tyr*, como em *Turris*, significando portanto algo como "pessoa do castelo, da cidadela". *Turskum, tuscom, tuscer, turtsce* são formas que ocorrem nas tábuas iguvinos, indicando uma de pessoas de fora que precisava ser expulsa durante as cerimônias. Sobre esses termos ver H.H. Scullard, *The Etruscan Cities and Rome*, p. 15s., 34s.; e G. Devoto (ed.), *Gli antichi italici*, p. 81s., 228s. A solução bastante radical de Sergio Ferri, de que o *k* em *etruski* era um simples sufixo e que os *Tuschi* seriam os imigrantes originais que foram para a Itália vindos do Cáucaso no início da Idade do Bronze e constituíram o substrato itálico, ao passo que os *etrusi* seriam imigrantes da Anatólia chegados à época do Povo do Mar e que teriam formado uma elite dirigente (*Studi in onore di Calderini e Paribeni*, 1956-1957, v. I, p. 111s.) não teve muito apoio entre os etruscólogos. Na Antiguidade Etrúria por certo era mais frequentemente territorial: Vitrúvio, de qualquer modo, usa *etruschi* para se referir ao território ou a normas rituais, e *tuschi* quando fala de tipos ou técnicas de construção, nisso ele parece ter repetido o uso geral. *Tuscia* como um termo territorial é uma cunhagem latina. Evidências bastante inconclusivas foram coletadas e discutidas por D. Briquel, *L'Origine lydienne des etrusques*, p. 510s. Anteriormente (*Les Pélasges en Italie*) Briquel havia debatido as muitas versões da origem grega pré-helênica dos etruscos e sugerido que o relato das suas origens lídias era um subproduto da política econômica lídia nos séculos VI e V. Quanto ao uso latino, Cícero, por exemplo, detalha a adivinhação "etrusca" (*De Div.* I.2, 18, 41, II.23; *De Nat. Deo.* II.3s.) onde menciona também que seu pai certa ocasião rejeitou – equivocadamente – o parecer dos harúspices etruscos como sendo de "toscanos e bárbaros", não tendo portanto autoridade sobre o "augúrio romano"; em seu ímpeto de eliminar a superstição "estrangeira" (pitagórica, cristã, judaica etc.) o imperador Cláudio chamou a atenção para a respeitabilidade científica do

haruspicismo etrusco como uma disciplina histórica. Seu discurso sobre essa questão é relatado por Tácito (*Ann.* XI.15).
8. É essa base, com um lance de degraus na parte frontal, que se tornou o protótipo do edifícios "clássicos" dos séculos XVIII e XIX.
9. Vitr. IV.7.ii, *ternae partes dextra ac sinistra cellis minoribus, sivi ibi aliae futurae sunt, dentur* (as três partes da esquerda e da direita são para os santuários menores ou outras estruturas, se houver alguma). Fra Giocondo (ed.) (*De architectura libri decem*) havia corrigido *aliae* para *alae*, "asas" – como os cômodos dos dois lados do *tablinium* de uma casa romana. Isso foi aceito por muitos organizadores da editoriais, embora tornasse redundante o *sivi*, como ressalta S. Ferri (ed.) (*Vitruvio*, p. 175n). A versão de Ferri é aceita por C. Fensterbusch (trad.) (*Zehn Bücher über Architektur/Vitruv*, p. 194), mas rejeitada por A. Andrén, *Architectural Terracottas from Etrusco-Italic Temples,* p. XL e seguintes, e Pierre Gros (ed. e trad.), *De l'architecture/Vitruve,* v. 4, p. 181s. Não me parece que a questão já tenha sido resolvida. A dificuldade sintática de Ferri não foi retirada por Gros e a evidência arqueológica sobre os vários tipos de templo não indica – parece-me – com tanta firmeza quanto gostariam alguns comentaristas um "tipo" alternativo de templo contemporâneo ao vitruviano de três celas. O que A. Boëthius (*Etruscan and Early Roman Architecture,* p. 40s.) diz sobre os dois tipos de templos etrusco-itálicos, com e sem *alae* torna-se redundante quando se evita a "correção" textual. Boëthius (p. 38, 222, n. 9) conhecia o argumento de Ferri mas optou por ignorá-lo.

A outra sugestão de Ferri, de que o templo etrusco deriva de uma cabana do norte dos Bálcãs, semifechada (para as pessoas), semiaberta e cercada (para os animais), por oposição ao templo grego perípteros, meiomégaro, meiocabana, parece muito forçada.

Não é totalmente clara a distinção que Vitrúvio faz entre *area* – "clareira", "trecho baldio", "eira", "local" – e *locus*, "lugar".
10. Já se falou muito, julgo eu, sobre a "relutância" de Vitrúvio em usar as palavras *posticus* e *anticus* para as partes traseira e dianteira do templo, considerando-se que a maioria dos edifícios que ele descreveu era supostamente "consagrada". Na verdade, embora usasse a palavra *posticus* sem implicações técnicas, aludindo à parte traseira de uma construção, aparentemente ele não estava interessado no sentido técnico augural da palavra. A expressão *peripteros sine pórtico* foi cunhada por Ferdinand Krohn em 1911 e muito valorizada por Ferdinando Castagnoli, para fazê-lo os dois transpuseram o trecho de Vitr. III.2.v (*MDAIR* 62 [1955], p. 139s.). Seguindo o exemplo de Fensterbusch (trad.) (*Zehn Bücher über Architektur/Vitruv*, p. 142s.), S. Ferri (ed.) (*Vitruvio*, p. 100s.) e até P. Gros (ed. e trad.) (*De l'architecture/Vitruve*, v. 4, p. 88) adotarei a interpretação comum, que limita o tipo a um templo em Roma, o da Honra e da Virtude, construído por Gaius Mucius na época de Mário. Sobre a disposição modular os templos de ambos de Vitrúvio e dos arqueólogos, ver P. Barresi, *Schemi geometrici nei templi, dell'Italia centrale, Arch Cl.,* p. 251s. Não há dúvida de que as relações numéricas simples e as formas da planta decorreram da intenção do construtor. O retângulo 3:4:5 (e seus derivativos) é mais frequente do que a fórmula 5:6 de Vitrúvio.
11. Vitr. IV.8.v, vi: *de tuscanicis generibus sumentes columnarum dispositiones transferunt in corinthiorum et ionicorum operum ordinationes,* mas pode ser que isso nem sempre fosse direto. Contudo foi exatamente o que se realizou, e com o consentimento dos harúspices no caso da reconstrução por Vespasiano do templo Capitolino.

Outros, diz Vitrúvio ligeiramente crítico, levam as paredes do santuário para trás da linha externa de colunas e juntam-nas às colunas do *pteroma,* e com isso ocupam uma parte maior da área (do pódio) para aumentar a área em planta da cela. Mantendo as proporções e simetrias das demais partes da construção, eles parecem produzir um novo tipo de edifício chamado pseudoperíptero, do qual o Templo Coríntio Maison Carrée, em Nimes, ou o templo jônico de Fortuna Virilis, em Roma, são provavelmente os exemplos mais conhecidos.
12. Essa é a fórmula que Plínio dá (*NH* XXXVI.lvi.179) para o templo de Ártemis em Éfeso.
13. Pln. *NH* XXXVI.lvi.178s. Ele começa observando que quanto mais próximos estão, mais grossos eles parecem. Mas tendo enumerado as variedades, Plínio volta para seus revestimentos de gesso e cal. A implicação não explicitada é que as colunas eram sempre cobertas com um estuque colorido.
14. Embora Vitrúvio seja muito explícito quanto ao toro, os monumentos são bem mais ambíguos, ver L. Polacco, *Tuscanicae dispositiones,* p. 36, 104n, 58s.
15. A descrição do capitel sempre levou a interpretações diversas, ver P. Gros (ed. e trad.), *De l'architecture/Vitruve*, v. 4, p. 188s.) e B. Wesenberg, *Beiträge zur Rekonstruktion Griechischer Architektur nach Literarischen Quellen*, p. 27.
16. Agora no Palazzo dei Conservatori em Roma. Esse templo foi supostamente consagrado pelo rei Sérvio Túlio (antes do capitolino, portanto) e reconsagrado por Camilo: conforme, Tito Lívio V.19.vi, Ovídio *Fasti* VI.479s. e os resultados arqueológicos parecem confirmar a data tradicional. Infelizmente não há publicação "normativa" do local e das ruínas: ver F. Coarelli, *Il linguaggio del gesto*, p. 205s. Sobre o detalhe, ver A. Somella Mura, La decorazione architettonica del tempio arcaico, *La Parola del Passato*, 32, p. 62s. Perfis semelhantes foram relacionados por L.T. Shoe, *Etruscan and Republican Roman Mouldings*, p. 26s., 131s. A relação dessas molduras com os capitéis gregos de folhas e com os dóricos antigos com um colarinho (e também exemplos tão posteriores quanto o tesouro massiliense em Delfos, sobre o qual ver supra, Cap. X, p. 305), assim como sua relação com o precedente micênico são discutidas por B. Wesenberg, *Kapitelle und Basen*, p. 43s.
17. Literalmente :"ou elas irão se aquecer e rapidamente apodrecer". "Dois dedos" é uma medida precisa: uma vez que dezesseis dedos equivalem a um pé de 0,296m, dois dedos são 3,7cm. Quanto às junções, Vitrúvio efetivamente especifica: *compactae subscudibus et securiclis*. Sobre esses termos e os termos gregos correspondentes, ver Vitr. IV.7.iv (org. P. Gros, 1969-1992, v. 4, p. 190s.).
18. G. Morolli, *Venus Etruria,* p. 86s.; L. Polacco, op. cit., p. 66s. Sobre a ideia da "ordem", ver supra, Cap. I.
19. Os organizadores mais antigos supuseram que a parede mencionada aqui é uma parede nanica sustentada pela viga (correspondendo a um friso), embora possa igualmente ser entendida como as paredes da cela.
20. O termo *antepagmenta* refere-se normalmente a molduras do entalhe fixado ou pregado: a palavra mais próxima em uso no século XX poderia na verdade ser "ornamento". Mas ver Cato *De A.C.* XIV. Festus (s.v.) ela significa quaisquer das coisas que *adpanguntur*, que "são fixadas". A compilação fundamental das ruínas foi feita por A. Andrén, op. cit. Vitrúvio não diz uma única palavra sobre tais revestimentos de coluna como o existente no templo de Mater Matuta, mencionado anteriormente. Este foi claramente destinado a vestir uma coluna cilíndrica, e tanto o capitel quanto a base está moldada no revestimento de cerâmica, eles não mostram junções.
21. Vitrúvio não faz nenhum comentário sobre a palavra, que deu algum trabalho aos gramáticos e aos filólogos posteriores. Parece as vezes ter sido usada (embora não por Vitrúvio) alternativamente com *columna* – "suporte", até "coluna". Mas é óbvio que é próxima de *culmen*, "cume", "ponto alto" e nesse sentido ocorre em Ênio e Varrão. Porém a etimologia de cada palavra permaneceu um problema. *Acta Fratrum Arvalium* usa alternadamente *sub ... culmime* e *sub ... culmine*. A palavra grega obsoleta (Theocritus XVIII.34) *keleontes* para a trave horizontal de um tear vertical pode ter alguma relação. Os etimologistas ligam-na ora a *celsus*, "elevado", "alto", "cume" ora a *collis*, "colina", "subida", "montanha". A relação dessas palavras com a grega *kaleō* ou a latina *calo* ambas com o significado de "eu chamo", "eu concordo", não é clara. Embora os etruscos fossem famosos pela magnitude e retidão de suas madeiras, o *columen* de um templo tal como o capitolino não poderia ter sido feito de uma única peça de madeira.
22. Do templo de Diana (Vila Giulia no. 12642); R.A. Staccioli, *Modelli di edifici etrusco-italici,* p. 39s., cat. no. 30. Outro modelo do mesmo local se perdeu. Uma disposição semelhante mas bem mais simples é encontrada em dois outros modelos: um de Orvieto (Staccioli no. 19; Museu Faina, Orvieto, nos. 857, 858) e outro do santuário de Mater Matuta em Satricum (Staccioli no. 39, p. 48s.; Vila Giulia no. 11614). Sobre a relação deles com o edifício do templo, ver A. Andrén, Origine e formazione dell'architettura templare etrusco-italica, *Rend.,* p. 21s.
23. As tábuas foram descobertas durante as escavações de 1964, foram datadas de cerca de 500. Qual a ocupação do dedicador, Thefarie Velianas (*ml'ch*, "rei" em semítico ocidental) e onde ele exerceu seu comando ainda são questões discutidas, mas ver A.J. Pfiffig, *Uni-Hera-Astarte,* passim. Os templos e as tábuas são discutidos em M. Pallottino et al., *Die Göttin von Pyrgi.*
24. Outro frontão como esses era o do século II de Telamão, remontado no Museu Arqueológico, em Florença. O uso do pé Ático em Pyrgi e das colunas de pedra feitas de tambores de tufo branco (com um capitel de tufo vulcânico) estava entre os muitos traços inesperados os dois templos. Ver M. Pallottino; G. Colonna (1966, p. 251s.).

25. Isso não é claro: um terço (presumivelmente de cada lado do telhado de duas águas com altura dupla) parece demasiado. O beiral pareceu excessivo para alguns dos organizadores do Vitrúvio, mas os arqueólogos acharam aceitável a disposição, que garantia um declive suave para o telhado. Granger transcrito: "de forma que a inclinação do teto fosse de um para três". Eu prefiro o sentido de Ferri e Fensterbusch, mas ver a bibliografia dessa constrovérsia em P. Gros (ed. e trad.), *De l'architecture/Vitruve*, v. 4, p. 193s.
26. Todos esses fragmentos estão na Vila Giulia. O "Apolo de Veios" é (merecidamente) um das esculturas etruscas mais conhecidas. Sobre o estilo e a *facture* dessas estátuas ver M. Pallottino, La Scuola di Vulca, *Saggi di Antiquità*, v. 3, p. 1003s.; e O. Brendel, *Etruscan Art*, p. 237s.
27. Como a urna cinerária de bronze de Falerii ou a de cerâmica do monte Abetone, ambas na Vila Giulia, ou outra de bronze que está no Museu Metropolitano de Nova York. Remates ornamentais semelhantes já haviam aparecido nas urnas da casa em forma de Vilanova.
28. F. Prayon, *Frühetruskische Grabund Hausarchitektur*, p. 56s., 149s. Sobre as cabanas em San Giovenale ver A. Boëthius et al., *Etruscan Culture*, p. 292s. A cabana Palatino foi divulgada pela primeira vez em *Monumenti Antichi* 41, p. 45s. Ela é discutida por E. Gjerstad, *Early Rome*, v. 3, p. 48s. Sobre a cabana com cobertura de palha como protótipo de um túmulo, ver A. Boëthius, La tomba con tetto stramineo a Cerveteri, *Palladio* 15, p. 3s. Os dois túmulos de Cerveteri eu já mencionei: ver também o túmulo "Campana 1" em monte Abetone ou o do "Animali Dipinti", também em Cerveteri.
29. Mas ver P. Gros (ed. e trad.), *De l'architecture/Vitruve*, v. 4, p. 192s.
30. Ver análises recentes sobre o material em C. de Simone, Gli Etruschi a Roma; G. Colonna, Quali Etruschi a Roma, em *Gli Etruschi a Roma,* (1981), p. 93s., 159s. Ver também M. Torelli, *La società etrusca*, p. 68s.; e L. Banti, *Etruscan Cities and Their Culture*, p. 13s. Sobre Lars Porsena, rei de Clúsio e talvez um comandante de uma confederação etrusca verdadeira (e incomum), ver Dion. Hal. v.21, Tac. *Hist.* III.72, Tito Lívio II.9, e também H.H. Scullard, op. cit., p. 261s. Não há dúvida de que ele derrotou Roma e exigiu uma capitulação, ainda que clemente (Tito Lívio II.12s.), que envolveu hospedagens e um presente de "um trono de marfim, uma coroa de ouro, um cetro com uma águia e uma toga triunfal púrpura, a insígnia da realeza" (Dion. Hal. v.35.i).
31. O *saeculum* é definido por um escritor posterior, Censorinus *De Die Natali* 17: *spatium vitae humanae longissimum, partu et morte definitum*. Censorinus cita também as opiniões de vários escritores, segundo os quais ele teria algo entre 25 e 120 anos. A autoridade de Varrão (exposta num livro perdido) sustenta a crença de que uma *Tusca Historia* perdida lhes concedeu dez *saecula*, ao passo que Plutarco (*Sulla* 7) fala numa tradição de cerca de oito. Mas ver C.O. Thulin, op. cit., pt. 3, p. 63s. W. Burkert (*The Orientalizing Revolution*, p. 48, 182, 9n) considera que os quatro primeiros *saecula* eram de cem anos cada, mas posteriormente eles foram ficando mais reduzidos.
32. Hor. *Ep.* II.i.156s. Uma epístola escrita especificamente para Augusto, é um tipo de relato breve da cultura latina.
33. Virg. *Aen.* X.145 XI.567; *Geor.* II.533; e Serv. ad loc. A realidade do domínio etrusco foi bem mais modesta: eles efetivamente controlaram a maior parte da Toscana, a Campagna Romana, grande parte da Úmbria e também a parte oriental do vale do Pó. Suas tentativas de se estabelecer no sul, em torno de Cápua, foram frustradas pelos gregos, que dominaram uma boa porção da costa italiana. Mas ver M. Sordi, *Il mito troiano e l'eredità etrusca di Roma*.
34. Talvez o testemunho mais flagrante disso seja o fato de Júlio César ter consagrado um templo a Vênus Genetrix no seu próprio fórum, como a mãe de Eneias e portanto ancestral do clã Juliano. No entanto há muitos outros exemplos, mais "históricos": Mecenas, chamado *eques Hetrusco de sanguine Regium* numa dedicatória (Prop. III.ix.1; mas ver também Hor. *Carm.* III. xxix.1, *Ep.* I.xiii), orgulhava-se muito de ser descendente de Ciluii de Arezzo.

    Houve uma elaboração posterior da lenda (relatada por Serv. ad *Aen.* III.167), de acordo com a qual a própria Troia fora fundada por um colonizador italiano, Dárdano de Cortona, de modo que se poderia ter dito que Eneias estivesse voltando para casa quando aportou na Itália. Ver D. Briquel, *Les Pélasges en Italie*, p. 150s. Houve muitas outras lendas, ligando os heróis homéricos (Ulisses, Diomedes) a lugares italianos, particularmente etruscos.
35. Tito Lívio v.i.vi; Serv. ad *Aen.* II.781; Clem. Alex. *Strom.* I.306; Is. Sev. *Etym.* XIV.4.xxii. Tusci deriva de *thus*, "incenso", embora Dion. Hal. (I.30. iii) a derive de *Thuoscooi*, "padres que fazem sacrifícios". G. Bonfante sugere que as divindades etruscas eram invocadas em ocasiões "sérias", rituais, ao passo que os nomes gregos, às vezes das mesmas divindades, eram usados quando a ocasião era apenas "literária" (Religione e mitologia in Etruria, *SE*, 54, p. 113).

    A literatura antiga sobre a superioridade religiosa dos etruscos foi reunida por Thomas Dempster de Muresk (ed.), *De Etruria regali*, v. 1, p. 56s.
36. Embora Vitrúvio (v.II.i, vI.3.x) use palavras semelhantes para distinguir os modos gregos dos romanos: o *Italica consuetudo* não incluía *palaestrae*; os gregos (Cyzicene) *oeci* eram bem diferentes dos *cavaedia* dos Tusci.
37. Os textos referentes ao rito etrusco foram reunidos por C.O. Thulin, op. cit., passim.
38. O colégio estava a cargo dos gregos, mas também de outras "religiões importadas", as *di novensides*, sobre as quais ver G. Wissowa, *Gesammelte Abhandlungen zur Römischen Religions- und Stadtgeschichte*, p. 534s. Contudo, essas importações não parecem ter produzido conflitos com os outros colégios. Ver W. Warde Fowler, *The Religious Experience of the Roman People*, p. 253 s.

    De acordo com a tradição, o colégio foi fundado por Tarquínio Prisco como um dos quatro colégios de sacerdotes da cidade, depois da sua negociação com a Sibila (recontado por Dion. Hal. IV. 62; Varrão apud Serv. ad *Aen.* VI.72; Lact. Firm. *Inst.* I.6.x e seguintes). Os primeiros livros sibilinos conhecidos – os da Sibila de Cumas – foram escritos em folhas de palmeira (Varrão apud Serv. ad *Aen* III.444). A Sibila ofereceu ao rei os seus nove livros a um preço que ele recusou, e então ela queimou três deles e ofereceu seis pelo mesmo preço. Diante de nova recusa do rei ela queimou outros três. Tarquínio comprou os três restantes pelo mesmo preço pedido pelos nove. O fato de a Sibila "original" ser a de Cumas sugere o modo como os documentos gregos chegaram a Roma. Tais livros como existiram foram na verdade queimados em ocasiões diversas (sobretudo no incêndio do Capitólio, em 83) e reconstituídos. Uma revisão "definitiva" do texto foi encomendada por Augusto, e esta coleção oficial foi finalmente queimada na época de Stilicho (Rutilius Namatianus II.52s.). Alguns dos textos que circulam com o título *Libri Sibillini* são na sua maioria falsificações helenísticas.
39. O rito era conhecido como *evocatio*. Era praticado particularmente antes do ataque final a uma cidade sitiada, quando se ofereciam ao deus um templo e sacrifícios em Roma. O *carmen* e os ritos foram registrados por Macr. *Sat.* III.9; Pln. *NH* XXVIII.iv.18 dá uma definição; Serv. ad *Aen.* II.244, 351 sugere que Roma tinha um nome secreto para impedir que esse rito fosse praticado contra ela, como em Plut. *Quaest. Rom.* 61; Tito Lívio V.21 fala de Camilo "invocando" Juno antes da investida final contra Veios. Ver G. Wissowa (op. cit., p. 39, 321s.). Esse rito e outro semelhante, *devotio*, com o qual os comandantes do exército se expunham à morte certa na luta como sacrifício aos poderes do inferno podem na verdade ter integrado a prática religiosa itálica "original".
40. O documento mais extenso sobre essa religião itálica é uma série de sete (originalmente nove, mas duas se perderam) tábuas de Gubbio inscritas com uma detalhada "liturgia" para uma ordem de sacerdotes da cidade, que parece semelhante à dos irmãos Arval em Roma. É também um documento fundamental para o desenvolvimento da língua úmbrica. A melhor edição é ainda a de Giacomo Devoto (1937). A tentativa de Georg Wissowa de identificar os deuses nativos como os chamados *di indigetes*, para diferenciar dos *di peregrini* ou *novensides*, não teve aceitação geral.
41. Os Tarquínios exemplificam a persistente herança dupla dos romanos. De acordo tanto com escritores gregos quanto romanos, a família descendia de um mercador coríntio chamado Demarato, que se casou com uma nobre etrusca de Tarquínia, onde ele havia se estabelecido depois que o tirano Cípselo expulsou de Corinto o clã nobre dos Baquíadas (ao qual pertencia). Um dos seus filhos, Lucumo, casou-se com a profetisa Tanaquil, adotou o nome de Lucius e foi rei de Roma de 616 a 578, sucedendo a Ancus Marcius. Versões dessa lenda aparecem em Tito Lívio I.34 e Dion. Hal. III.46s. Plínio (*NH* XXXV.xliii.152) achava inclusive que Demarato fosse responsável por levar para a Itália a arte de esculpir retratos em perfil, inventada em Corinto por Butades ou Debutades. Plínio vai além colocando-o como o líder de uma escola de artistas (menciona três: Eucheir, Diopos e Eugramos); esse trecho é ampliado por uma citação em Ath. gr. *Pro Christ.* 17. Sobre isso ver M. Torelli, Terrecotte architettoniche arcaiche da Graviscana e una nota a Plinio XXXV, 151-152, *Nuovi Quaderni*, p. 305s.
42. Ele também havia forçado plebeus romanos a prestar corveia em sua construção: Tito Lívio, I.56; Cic. *In Verr.* II.5.xix (48). Varrão (v.158) e, concordando com ele, algumas autoridades modernas (G. Wissowa, op. cit.,

p. 126, 3n) acreditam que um santuário mais antigo, o *sacellum* da tríade, foi levado do Quirinal por Tarquínio. E. Gjerstad (op. cit., p. 9s.) supõe que o título, Optimus Maximus, significa não o melhor e maior de todos os deuses, mas melhor Júpiter das cercanias. Quanto à outra (e supostamente mais antiga) tríade, Júpiter, Marte e Quirino, de acordo com Tito Lívio (VIII.9.vi) ela foi invocada por P. Decius Mus em sua famosa *devotio* antes da batalha de Minturnae em 340 (ou seja, o ano 414 depois da fundação de Roma); sua função na religião romana é considerada por Gjerstad (p. 16s.). Mas ver Wissowa (p. 151s.).

43. Tito Lívio X.23.xii, Pln. *NH* XXXV.xlv.157. Em alguns livros anteriores sobre arte antiga (como Franciscus Junius, *De Pictura Veturum*, p. 219) ele é identificado como Turianus de Fregene, supostamente devido a um erro do escriba no manuscrito de Paris de Plínio (no. 6801). A estátua de Vulca foi substituída em 296 por uma criselefantina (por um certo Apollonios, cuja única obra conhecida é essa) que se baseava na estátua olímpica de Fídias. Assim afirma Calcídio em Pl. *Tim.* 338c. Sobre a pintura do rosto com *minium* (cinábrio, um vermelhão mineral, é um óxido de mercúrio, do qual há depósitos na Toscana), ver Pln. *NH* XXXIII.xxxvi.111; Serv. ad *Ecl.* VI.62, X.27. Sérvio também discute a importância das suas insígnias reais.

Quando registra o augúrio (XXVIII.iv.16) Plínio não menciona Vulca, e tampouco Plutarco o faz quando se refere ao mesmo assunto (*V. Publ.* 13). No entanto supôs-se – em razão dessas e de outras encomendas importantes – que Vulca criou um tipo de estúdio e escola em Roma, sobre o qual ver M. Pallottino, *Saggi di Antiquità*, passim. O nome do artista que recebeu a segunda encomenda não foi registrado, e alguns supuseram que ela ficou a cargo da mesma oficina.

Sobre os outros antigos artistas itálicos signatários, Novios Plautios e Vibis Pilipus, ver F.-H. Massa-Pairault, op. cit., p. 95s.

44. Plut. *v. Publ.* 13. O consagrador foi um dos primeiros cônsules da nova república, M. Horácio Pulvilo (o outro foi Valerius, que tinha sido colega de Brutus), cujo nome fora sorteado (Tito Lívio II.8, VII.3.viii; Tac. *Hist.* III.72). Sobre a data e o significado do consagrador, ver E. Gjerstad, op. cit., p. 168s. Dion. Hal. V.35.iii sugere que seu nome foi inscrito no templo, mas há dúvidas sobre isso: ver K. Hanell, Probleme der Römischen Fasti, *Fondation Hardt*, 13, p. 135s.

45. Como expõe Tito Lívio I.38.vi: *iam praesagiente animo futuram olim amplitudinem loci*, "o seu [de Tarquínio] espírito prevendo a futura grandeza do lugar".

46. A dimensão métrica dada é 56,83 por 61,57, o que – tomando o pé romano como sendo de 0,296m – dá a dimensão de 192 por 208 ou 12 por 13, ou seja, mais quadrado que a proporção de Vitrúvio, ver R.A. Lanciani, *The Ruins and Excavations of Ancient Rome*, p. 298. O chamado Tempio de Belvedere, em Orvieto, fica mais próximo da fórmula de Vitrúvio. Mas sobre a pobreza dos primeiros templos etruscos ver L. Polacco, op. cit., p. 81s. Por outro lado, E. Gjerstad (op. cit., v. 3, p. 162s.; v. 4.2, p. 388s.) apresenta-o como tendo 180 por 210 pés, ou 6 por 7. A reelaboração que ele fez das datações absolutas da monarquia envolve a colocação da construção do templo inteiramente no reinado de Tarquínio, o Soberbo.

Dessa plataforma, que Gjerstad julga ter 12 pés de altura (embora tenha sido elevada em 83 a.C. e novamente em 69 d.C.), cerca de dez fiadas de tufo calcário assentadas a seco ainda são visíveis no jardim do velho Palazzo Caffarelli, que agora integra o Palazzo dei Conservatori. Quando o Palazzo Caffarelli estava sendo ampliado, na década de 1680, foram retiradas da plataforma umas catorze fiadas.

47. Uma curiosa repetição dessa disposição é a tardia tumba Ildebranda em Sovana, do século II, cujas atarracadas colunas pseudocoríntias cercam três lados do túmulo. Já se sugeriu que as colunas extras eram em dos templos perípteros gregos do sul da Itália e da Sicília, como em A. Boëthius, *Etruscan and Early Roman Architecture*, p. 50.

48. Não está claro de que forma esse deus era cultuado, embora "ele" possa perfeitamente ter sido uma pedra sagrada, mas ver G. Piccaluga, *Terminus*, p. 123s. Certamente era *nefas* adorá-lo *non nisi sub divo*, como diz Sérvio (ad *Aen.* IX.448).

Ovídio (*Fasti* II.669s.) achou pequena a abertura – *Exiguum templi tecta foramen habet*. Mas essa abertura no teto e a razão dela são bem conhecidas: ver Festo 505 L; Tito Lívio I.55.iii-iv; Dion. Hal. III.69.v; Serv. ad *Aen.* IX.446.

Um segundo oratório, de Juventas, associada a Marte, também parece ter sido localizado perto da cela de Minerva; Juventas pode ter sido (de acordo com alguns relatos) outra das divindades que se recusaram a ceder seu lugar para a tríade capitolina. Mas isso pode ser uma interpolação posterior na lenda. Não há dúvida de que Término era uma divindade mais antiga e muito mais importante, como fica claro no relato de Piccaluga (p. 196s.). Como Término tinha a sua função no calendário como um terminador do ano, assim Juventas foi associada à adoção da *toga virilis* pelos jovens romanos: Serv. ad *Aen.* IV.49, Dion. Hal. IV.15; ver Piccaluga (p. 239, 23n).

Na verdade Tito Lívio registra a fundação do primeiro templo no Capitólio, inaugurado por Rômulo para outro Júpiter, Jupiter Feretrius (I.10.v e seguinte).

49. M. Torelli, *Elogia tarquiniensia*, p. 13s.); Pietro Romanelli em *NS* 73 (1948) p. 238s. A data do santuário original foi estabelecida (também com base nas descobertas de terracota) como sendo meados do século VI.

50. F.E. Brown, *Cosa, The Making of a Roman Town*, p. 53s.; The Capitolium, em F.E. Brown et al., *Cosa II, MAAR*, 26, p. 50s. O templo Capitolino de Cosa é datado de cerca de 160. O fato curioso sobre a construção desse templo é que o pódio não era absolutamente estrutural, mas meramente uma guarnição de pedra que circundava as paredes de tijolo da cela, que desciam até o alicerce.

De acordo com Aulus Gellius (II.10), que comenta a expressão *favissae Capitolinae*, havia vários deles no templo de Jupiter O.M. Ele cita a carta de um dos seus restauradores, Quintus Catulus, para M. Varrão; o restaurador queria baixar a plataforma do templo para aumentar os degraus necessários à subida ao templo (a fim de corresponder à maior altura do novo fastígio) mas não pôde fazê-lo porque havia muitos *favissae*: alguns eram *cellae*, outros, *cisternae*. Essa última palavra quase sempre significa uma câmara subterrânea para armazenar água da chuva, mas muitas das câmaras continham restos dos templos mais antigos e outros objetos sagrados.

O que é estranho é o uso da área aqui: os *favissae* eram mergulhados no chão em volta do templo, como querem alguns comentaristas, ou faziam parte da plataforma (como no Capitólio de Cosa ou na "Ara della Regina" em Veios), de modo que a subida era de dois níveis? De qualquer forma essa parece ser a implicação desse comentário.

51. Tito Lívio (VII.3) sustentou que a mesma coisa foi feita no templo da deusa Nortia, em Volsínios, por seu juiz supremo, o pretor Maximus, como um rito de calendário. No Capitólio isso se fazia como parte das cerimônias do Idos de Setembro (13), quando o rosto da estátua de culto era colorido diante do *pulum*. Os *clavi* romanos eram fixados por um cônsul ou pretor. Tito Lívio parece deixar implícito que os pregos eram numerados, supostamente *ab urbe condita*. Mas eventualmente havia também um magistrado especial para executar o rito, o *dictator clavi fingendi causa*. Por motivos que não estão claros (mas presumivelmente se relacionam com crises) esses *dictatores* foram especialmente designados em 363, 331, 313 e 263. Ver N. Turchi, *La religione di Roma Antica*, p. 98s.; e A. Momigliano, Ricerche sulle Magistrature Romane, *Quarto contributo alla storia degli studi classici e del Mondo Antico*, p. 274s. O rito de cravar pregos para evitar a má sorte e a doença é comum na África – daí as estátuas de seres humanos e animais que parecem porcos-espinhos, conhecidas graças às coleções etnográficas mas também conhecidas dos romanos: Pln. *NH* XXVIII.vi.63.

52. Tac. *Hist.* IV.53 faz um relato dos complexos ritos de fundação nessas circunstâncias. Os harúspices foram consultados e disseram aos magistrados oficiantes que os deuses não queriam mudanças na planta – *nolle deos mutari veteram formam* – mas consentiram num aumento da altura. Os harúspices s nem sempre eram tão conservadores: Plínio, o Jovem, acatou o conselho deles sobre a reconstrução do pequeno santuário dilapidado de Ceres em sua propriedade rural; disseram-lhe que devia ampliá-lo. Plínio então optou por um tetrastilo, e para isso encomendou fustes de colunas "pré-fabricados" em Roma e acrescentou um "pórtico" (*Ep.* IX.39, até Mustius).

53. Um dos maiores pesares de Sila era não ter podido consagrar o templo capitolino, no qual havia gasto grande parte da sua fortuna. Ele morreu vitimado por um derrame sofrido ao tomar conhecimento de uma fraude nos gastos da construção do templo. Ver C. Lanzani, *Lucio Cornelio Silla Dittatore*, p. 330s. Alguns fragmentos das colunas de mármore foram reutilizados por escultores do século XVII.

54. R. Lanciani, op. cit., p. 298s.

55. A consagração ocorreu durante o seu segundo consulado. Os consulados de Espúrio Cássio ligam-se à "secessão" dos plebeus e ao fortalecimento da confederação latina, dirigida contra os etruscos. Ele foi posteriormente executado, sendo atirado da Rocha Tarpeia, por tentar obter o poder absoluto.

56. Vitr. III.3.v. Ver F. Coarelli, *Il foro boario*, p. 67s.; e S.B. Platner, *A Topographical Dictionary of Ancient Rome*, 109s. O templo de Hércules tinha sido dedicado pelo ditador Aulus Tubertus Postumius.

57. Dion. Hal. VI.17.ii e seguintes, 94.iii; H. Le Bonniec, *Le Culte de Cérès à Rome*, p. 213s. Cícero achava-o *pulcherrimum et magnificentissimum* (*In Verr.* IV.108).
58. O nome de Demófilo levou alguns especialistas a considerá-lo associado a Demófilo de Hímera, mestre de um dos maiores artistas gregos, Zeuxis – que de qualquer modo teria vivido uma geração ou duas depois dos artistas que trabalharam em Roma. Mas ambos eram por certo gregos (seu nome parece dórico) e portanto possivelmente sicilianos.

    Plínio (*NH* XXXV.xlv.154) escreve como se tivesse realmente lido o epigrama, embora não o cite literalmente. Um dístico-assinatura semelhante de Kimon – ele fez no lado direito da porta que se vê entrando, Dioniso no lado direito que se vê saindo – apareceu em *Palatine Anthology* (IX.758); outro epigrama-assinatura de Kimon é citado em XVI.84.
59. Vitr. III.3.v; Pln. *NH* XXXV.xlv.154; H. Le Bonniec, op. cit., p. 254s. Sobre a colocação em moldura de tais fragmentos "primitivos" para exibição em locais públicos ou mesmo em galerias particulares, ver M. Cristofani, *L'Arte degli etruschi*, p. 5.
60. O templo de Veio foi reconstituído tanto como um *peripteron sine postico* (*NS* 73 [1948], p. 255) quanto como um santuário de três câmeras com um pórtico distilo entre antas (M. Torelli, *Elogia tarquiniensia*, p. 18s.). F. Prayon em L. Bonfante (*Etruscan Life and Afterlife*, p. 193s.) faz um breve levantamento dos argumentos.
61. As colunas inferiores do teatro de Marcello conformam-se aproximadamente à descrição dada por Vitrúvio. Mas uma vez que não têm bases e sustentam uma cornija com métopas e triglifosas, elas não se classificam verdadeiramente como "toscanas", mesmo se, apesar das variações, tenham sido assim identificadas em algumas obras modernas, por exemplo W.J. Anderson; R.P. Spiers, *The Architecture of Ancient Rome*, p. 96. Autoridades mais antigas (C. Fontana, *Templum Vaticanum et ipsius origo*) tendem a optar pelo dórico. Os vários rótulos são discutidos por S. Maffei, *Verona illustrata*, v. 3, p. 98s.
62. Por certo a madeira exigia regularmente uma renovação. Os ladrilhos e revestimentos tinham de ser reformados de tempos em tempos e totalmente substituídos uma ou duas vezes a cada cem anos. Frequentemente eles eram exibidos, reusados ou enterrados no mesmo templo ou num outro adjacente.
63. Eles foram reunidos e catalogados por R.A. Staccioli, *Modelli di edifici etrusco-italici*. Como indica o seu título, *Modelli di Edifici Etrusco-Italici*, ele excluiu todos os que devem ser considerados urnas em forma de cabana. Para estas ver G. Bartoloni et al., *Le urne a capanna rinvenute in Italia*; a obra relaciona 194 (sobretudo de Vilanova) urnas em cabana e 33 coberturas de urnas em forma de telhado, mas ainda não inclui material etrusco, como a urna cinerária de Chiusi no Museo Archeologico de Florença (ver nota 72).
64. O testemunho dos túmulos sobre a arquitetura dos vivos foi reunido por F. Prayon (*Frühetruskische Grabund Hausarchitektur*), que se preocupa principalmente com o túmulo do tipo Cerveteri, escavada na rocha mas encimado por um *tumulus*. Havia outros tipos, que não se relacionavam diretamente com a casa e o edifício do templo, mas eram construídos com abóbadas formadas por sucessivas fiadas em balanço e sustidas por pilares – como o de Montagnola, ou outro de Casal Marittimo (remontado no Museu Arqueológico, em Florença), ou ainda o Pozzo dell'Abbate, em Vetulonia. Grupos de túmulos posteriores, seja cortados na pedra (como em Norchia ou San Giuliano) ou construídos (como em Orvieto), foram na verdade planejados quase como complexos urbanos.
65. Por exemplo, o túmulo "da cobertura de palha", também cortado na rocha, em Caere, normalmente datado como sendo do início do século VII. Pelo menos um túmulo do século VI, em Tarquínia, chamado Del Cacciatore, é pintado para representar uma tenda de caçador com troféus.

    Em alguns túmulos cortados na pedra também estão representados tetos planos: eles são em sua maior parte ornamentados com caixotões de terças e caibros dispostos em ângulos retos uns em relação aos outros, e têm forte sentido tridimensional a 45° nos caixotões, sugerindo um teto de junco a ser coberto com argila ou barro.
66. O modelo mais conhecido desse tipo é a urna de pedra que está no Altes Museum em Berlim. Embora muitas autoridades mais antigas tenham descartado essa filiação, argumentando com base na ausência de uma arquitetura doméstica etrusca desenvolvida, recentemente ficou claro que no início do século VI eles efetivamente construíram edificações bastante elaboradas quase domésticas (palácios?, santuários?). Essas construções incluem a de Poggio Civitate, próximo de Siena (*NS* 101 [1978], p. 114s.), e a de Aquarossa (Complexo A-C), que por sua vez se ligam à primeira Regia no Fórum Romano.

    A antiguidade ainda maior da planta de três cômodos ficou mais clara em recentes escavações: ver F. Prayon, *Frühetruskische Grabund Hausarchitektur*, p. 152s., 179s.; e em L. Bonfante, *Etruscan Life and Afterlife*, p. 190s. As casas ínsula de Marzabotto já parecem ter planos centralizados plenamente desenvolvidos, apresentando um cômodo principal (talvez aberto para o céu) com alas laterais.
67. Considera-se que ela era chamada Agylla e era um estabelecimento pelásgico: em Dion. Hal. I.16, III.193; Str. v.220, 226; Steph. Byz., s.v. "Agylla". Sérvio (*ad Aen.* VIII.597) investiga o nome até um fundador epônimo, Agella. A encantadora história de que Caere era uma corruptela do grego *chaire*, a saudação de um local (supostamente grecófono) para os etruscos recém-chegados que perguntavam o nome do lugar, foi relatada por Estrabão, Estevão de Bizâncio e Sérvio.

    Sobre as colunas da Tomba dei Capitelli e o capitel de Chiusi, ver L. Polacco, op. cit., p. 36s.
68. Notavelmente no túmulo "das Colunas dóricas", na necrópole de Banditaccia, em Caere, e no túmulo "da princesa Margarete da Dinamarca", em San Giuliano. Mas ver F. Prayon, *Frühetruskische Grabund Hausarchitektur*, p. 43s.
69. O capitel eólico foi discutido detalhadamente acima, no Cap. IX, p. 262. Um capitel semelhante mas isolado foi encontrado em Chiusi e atualmente está no Museu Arqueológico, em Florença.
70. Embora o túmulo altamente decorado dos Volumni nos arredores de Perúgia, ainda etrusco por excelência, foi inteiramente preparado para urnas de cremação por volta dos anos 150-100; C. Shaw, *Etruscan Perugia*, p. 58s. Pelo menos um túmulo de Perúgia, que é agora a cripta de uma igreja (e conhecido como Ipogeo di San Menno [hipogeu?]), tem o principal espaço coberto por uma abóbada de berço, cujas aduelas são blocos travertinos bem modelados.

    Um aspecto curioso desse problema é a criação de muitos columbários abarrotados, às vezes dentro de túmulos mais antigos lavrados na pedra e dessagrados. Muitos deles eram na verdade usados para abrigo de pombos, especialmente no final dos tempos romanos. Algum deles se destinava ao uso funerário? A questão continua sem solução, mas ver S. Quilici Gigli, Colombari e colombaie nell'Etruria rupestre, *Riv. Ist. Arch.*, 3rd ser., p. 105s.
71. Sobre toda essa questão ver A. Ciasca, *Il capitello detto Eolico in Etruria*, esp. p. 27s. Há sarcófagos com esses capitéis no Museu Britânico, na Vila Giulia (de Tarquínia e de Veios) e no Museu Guarnacci (Volterra). Sobre o seu uso no mobiliário ver S. Steingräber, *Etruskische Möbel*.
72. Chamada um Palazzetto, agora no Museu Arqueológico, em Florença (no. 5539). Ela tem outros detalhes curiosos: sobre o arco há uma faixa com barras verticais, que tem sido interpretada como a janela de um andar superior ou um clerestório para iluminação de um "saguão" de dois níveis. Essas janelas também aparecem nos lados longos da urna, emolduradas por pilastras "eólicas" mais altas. Um "andar" inferior nos lados longos é emoldurado por pilastras em estilo toscano; de qualquer modo os dois tipos de coluna parecem coexistir muito facilmente dentro do único edifício. Na verdade as barras das "janelas" são seguras por faixas que sugerem painéis de persianas. Uma urna tem sido interpretada como um modelo de um templo, mais especificamente: o templo romano de Jano; ver R.A. Staccioli, Il "Sacello" di Giano riprodotto in un "urna cineraria chiusina"?, *Colloqui del Sodalizio*, 2nd ser., p. 91s. O templo de Jano, embora antigo, é conhecido apenas pelas moedas neronianas. Mas pode haver outras fontes comuns para as duas construções. A única urna semelhante está na Vila Danzetto, em Veliano, próximo de Perugia, e foi publicada por E. Brunn; G. Körte, *I rilievi delle urne etrusche 1870-1896*, III, CII, 2.
73. Ambas têm também cem pés romanos de altura e o fuste fica muito próximo (1:6,8) da norma vitruviana (1:7) para a toscana. A coluna de Marco Aurélio tem relevos de qualidade não tão alta, a maior parte dos ornamentos da base foi destruída e sua ênfase é menos pronunciada – e assim parece um pouco acaçapada. Em Constantinopla, Constantino erigiu para si mesmo uma coluna pórfira (hoje conhecida como a "Coluna Queimada") que abrigava em sua base algumas relíquias, bem ao modo das de Trajano (que tinha um santuário para a urna de ouro com as cinzas do imperador): ela continha o original Palladium de Troia (que fora conservado em Roma pelas Vestais) e as cestas do milagre dos pães e peixes. Os imperadores Arcádio e Teodósio o imitaram, embora o sincretismo egocêntrico de Constantino

tivesse fornecido assunto para zombarias, ver G. Fowden, *Constantine's Porphyry column*, JRS, 81, p. 119s.

Das outras colunas romanas sobreviventes, a de Antonino Pio tinha apenas metade da altura, no entanto, executada num monólito. Foi escavada no século XVIII e foram feitas tentativas malsucedidas de pô-la novamente em pé; a maior parte do que sobrou dela está no Museu do Vaticano. A coluna coríntia do imperador oriental Focas, no Fórum Romano, era cerca de um metro mais baixa, foi erigida em 608 d.C., supostamente com espólios.

As estátuas de bronze de são Pedro e são Paulo, de autoria, de Tommaso della Porta e Leonardo de Sarzana, substituíram em 1587 e 1588 as estátuas dos imperadores (na época desaparecidas).

74. Pln. *NH* XXXIV.xii.27: "O uso de colunas é para elevar [uma estátua] acima dos outros mortais". Plínio prossegue dizendo que os arcos podiam servir para o mesmo objetivo e que os gregos foram os primeiros a erguer estátuas honoríficas, embora deixe implícito que as colunas eram um uso romano.

Ênio (fr. Var. 2) escreveu:

Quantam statuam faciet populus Romanus, quantam columnam quae res tuas gestas loquatur [.]

Isso é endereçado a Cipião: "quão grandioso for a estátua que o povo romano fizer, tão grandiosamente a coluna falará de todas as coisas que você fez".

75. Ela ficava com um grupo de relíquias, associadas à história mais remota da cidade, que tinha sido milagrosamente deslocada do Palatino para lá por Attius Navius: a figueira sob a qual os gêmeos fundadores foram alimentados pela loba, a figura de bronze da loba e as crianças, e a pedra de amolar que Attius Navius cortou com uma navalha. Sobre tudo isso ver F. Coarelli, *Il foro romano*, v. 2, p. 28s. Coarelli é evasivo quanto à forma da base, mas ver G. Becatti, *La colonna coclide istoriata*, p. 33s. Plínio (*NH* XXXIV.xi.22) menciona a estátua no contexto de estátuas sobre colunas.

76. Não são faixas oblíquas, de qualquer forma, elas foram consideradas protuberâncias semelhantes às dos toros e podem, evidentemente, ser faixas horizontais com narrativas ou figuras.

77. Pln. *NH* XXXVI.xix.91s.; A. Boëthius, *Etruscan and Early Roman Architecture*, p. 99; M. Cristofani, op. cit., p. 6s.; G. Becatti, op. cit., p. 36. Sobre o túmulo de Lars Porsena ver G. Morolli, op. cit, p. 180s.; e F. Messerschmidt, *Das Grabmal des Porsenna*, *Das neue Bild der Antike*, 2, p. 53s.

A descrição de Varrão – dimensões de 300 por 300 pés, com um labirinto na base e as cinco pirâmides coroadas com círculos de bronze nos quais estavam pendurados sinos – não pode ser identificada com nenhuma ruína conhecida. Em seu guia da Itália (*Descrittione di tutta Italia*, p. 55), Leandro Alberti faz a descrição baseado em Plínio, insiste na loucura do empreendimento mas diz que não subsiste nenhum fragmento dele. Contudo ver H.H. Scullard, op. cit., p. 155s.; o túmulo entre Albano e Ariccia, conhecido como "o dos Horácios e Curiácios" mas também como "de Arruns", embora bem menor, tem sido comparado com a descrição de Varrão e como tal reconstituído.

78. A coluna seguinte, cuja data é registrada, foi erguida depois da vitória naval de C.M. Maenius sobre os volscos em Antium, no ano de 338; embora dedicada a uma vitória naval, ela não era rostral (Maenius adornou a Rostra, a área curva da tribuna dos oradores no Fórum, com a proa dos navios que ele havia capturado, cujos rostros de bronze e ferro, ou *rostra*, deram-lhe seu nome – que posteriormente se tornou a palavra comum para qualquer lugar de onde se fazem discursos públicos). O costume de decretar a construção de colunas rostrais para os vencedores de batalhas navais começou no início do século III. A primeira registrada, para Caio Duílio, foi ordenada em 260 depois de uma vitória contra os cartagineses (Serv. ad. *Geor.* III.29). A coluna de Maenius foi um marco importante no plano do judiciário romano, e dela se via o Fórum.

79. O arco pode perfeitamente ter sido "reestruturado" depois do cerco e incêndio de 40 d.C., e leva a inscrição *Augusta Perusia*, daí o nome. Certamente a sua segunda inscrição, *Colonia Vibia*, é bem posterior. Sua data e a data das demais portas continuam incertas: ver C. Shaw, *Etruscan Perugia*, p. 22s.

80. Isso era bastante comum nos sarcófagos etruscos: ver o esplêndido sarcófago de Lartha Seianti, de Chiusi (Florença, Museu Arqueológico).

81. Capitéis figurados semelhantes aparecem mais tarde na Grécia, cerca de 175, no Asklepeion de Messênia, no Peloponeso; com animais como volutas até, posteriormente, no propileu interno, em Elêusis. Eles só se tornam comuns nos tempos imperiais romanos.

82. Para tudo isso, mas especialmente para a "Tomba Ildebranda", ver R. Bianchi Bandinelli (*Sovana*, p. 89s.), que cita um exemplo púnico de Nora, na Sardenha, provavelmente até anterior, do século V.G. Patroni, *Nora, Colonia Fenicia in Sardegna*, MAL, 14, p. 142. Mas ver também M. Torelli, *Elogia Tarquiniensia*, p. 168s. Para as colunas tarantinas ver H. Lauter, *Die Architektur des Hellenismus*, p. 268s. O propileu interno, em Elêusis, foi prometido por Ápio Cláudio Pulcro quando ele era cônsul, no ano 54 a.C., mas só foi concluído depois da sua morte.

83. O edifício foi iniciado como um hexastilo e terminou (talvez na época de Sila) como um tetrastilo. Abria-se para o sul, como muitos templos etruscos e romanos. Isso significa que seu eixo era perpendicular à orientação leste-oeste dos famosos templos gregos da cidade.

Um relato da construção e do seu contexto é feito por E. Greco e D. Théodorescu (*Poseidonia-Paestum*, p. 27s.), que também sugerem que ele possa ter sido dedicado a Bona Mens; ver também D. Théodorescu, Le Comitium de Pesto, Projet et Réalisation, *Le Dessin d'architecture dans les sociétés antiques*, p. 187s. O registro mais extenso e detalhado (embora algumas partes estejam agora superadas) sobre a construção em si é de F. Krauss; R. Herbig, *Der Korinthisch-dorische Tempel am Forum von Paestum*. O contexto e as escavações recentes são relatados brevemente por J.G. Pedley, *Paestum*, p. 114s. Sobre a orientação dos templos etruscos especificamente, ver F. Prayon, *Deorum Sedes* sull'orientamento dei templi etrusco-italici, *ArchCl* 43 p. 1285s.

84. Embora valha a pena observar que a reconstituição de Börje Blomé para Einar Gjerstad (*Early Rome*, v. 3, p. 178s.) mostre capitéis "com pescoço" como os do templo de Mater Matuta.

85. Ver M. Wilson-Jones, Designing Amphitheatres, *JRA*, 2, passim.

86. Jacopo Barozzi da Vignola (1567); muitas reedições). Vignola tinha sido supervisor de monumentos antigos para a Accademia Vitruviana, o que dá mais peso às suas palavras. Palladio havia recorrido aos três anfiteatros para a sua reconstrução. Mas ver J.S. Ackerman, *Distance Points*, p. 508s. Philibert de l'Orme em seu *Premier Tome*, que tinha sido publicado em 1567 (*Oeuvres*, p. 134s.), repetiu os comentários de Vignola sobre a ausência de exemplos, mas também fez da toscana e da itálica albertiana a base da sua nova ordem de colunas francesa.

87. Dante *De Monarchia* II.3, *Inferno*, IV.85s. Mas ver também M. Sordi, op. cit., p. 17, 26.

88. Ver H. Galinsky, *Der Lucretia-Stoff in der Weltliteratur*, passim.

89. G. Cipriani, *Il mito etrusco nel Rinascimento fiorentino*, p. 1s.; H. Baron, *The Crisis of the Early Italian Renaissance*, p. 54s., 414s.

90. Sobre o *H* aspirado em Hetruria, ver L. Alberti, *Descrittione di tutta Italia*, p. 22, que interpreta Sérvio (ad *Aen.* XI.598). A princípio o título foi usado oficialmente no rescrito papal de 24 de agosto de 1569 pelo qual Pio V elevou Cosimo de Medici de duque de Florença ao título de grão-duque: "*Dilecto filio ... Cosmo Medices Ethruriae ... Magno Duci*". Ele foi, obviamente, a culminância de uma década de propaganda dos Médici. Dentro de poucos meses um humanista francês, Marc Antoine Muret (citado em G. Cipriani, op. cit., p. 107s.) estava comparando Cosimo a Lars Porsena como unificador da Etrúria:

Me Ianus tenuit primus, Porsenna secundus
Tertius hetrusco Cosmus in orbe regit.

Outro erudito francês que então residia na Itália, Guillaume Postel, entusiasmou-se com essas ideias, que foram retomadas na França na geração seguinte por poetas da corte como Guy de la Boderie e Symphorien Champier, ver D.P. Walker, *The Ancient Theology*, p. 66s. Walker ressalta que essas ideias continuaram circulando até bem entrando o século XVII e exerceram uma certa atração durante a "Disputa dos Ritos", quando se tentou fazer uma *interpretatio Christiana* do politeísmo chinês (p. 214s.).

91. A versão de L.B. Alberti da história da arquitetura aparece em VI.3. A coluna itálica é descrita em VII.8:

o mesmo desenho que o da coríntia para o vaso, o ábaco, as folhas e flores; mas em vez de talos elas tinham alças, altura de dois módulos completos, projetando-se sob cada um dos quatro cantos do ábaco. A frente do capitel, que fora isso é plana, tomou os seus ornamentos da Jônica, com talos brotando em volutas das alças e na orla do vaso, como o equino com óvalos e riscados embaixo com um fio de contas.

Variações dos capitéis que ele descreveu, diz Alberti, existem efetivamente, mas "não são aprovadas pelos eruditos".

92. Francesco di Giorgio S 15 r (ed. C. Maltese e L.M. Degrassi, *Trattati di architettura, ingegneria e arte militari*, v. 2, p. 61); C. Cesariano (ed.), *De architectura libri dece tr. de latino in vulgare*, 1521, LXIII r. Cesariano também inclui o pilar "ático" de planta quadrada de Plínio.

93. De fato Montepulciano parece ter sido fundada por volta do século XVII d.C. Quanto à estátua, Vasari somente a viu uma vez e achava que ela havia sofrido reveses. Ver G. Vasari, *Vite*, v. 4, p. 522. Porsena continuou famoso pelo registro que Plínio fez do seu labirinto (assim como pelo relato de Tito Lívio sobre como Mutius Scevola queimou a mão para desafiá-lo). Ele foi, portanto, um dos poucos etruscos cuja memória persistiu, ver G. Cipriani, op. cit., p. 23. Mas o labirinto continuou fascinando: ver, por exemplo, o relato pormenorizado sobre ele em P. Cluver, *Italia Antiqua*, p. 567s. A ideia de que a igreja de San Biagio, em Montepulciano, projetada por Antonio de Sangallo e decididamente dórica, pretendia imitar o labirinto de Lars Porsena parece-me muito forçada.
94. G. Villani, *La prima parte delle historie universale de suoi tempi*, v. 1, p. 4s.; R. Malespini, *Istoria fiorentina*, p. 1s.
95. Uma versão da história aparece no século XIV no *Dittamondo* de Fazio degli Uberti, *Il Dittamondo e le rime*, v. 1, p. 35s., "Noé, che si può dire un altro Adamo"; ela é contada ao autor por C. Iulius Solinus, que tem no *Dittamondo* um papel semelhante ao de Virgílio na *Divina Comédia*.
96. Ela foi construída por Jean Boullant, ver A. Blunt, *Art and Architecture in France, 1500-1700*, p. 93, 105 n. 15; e Mrs. Mark Pattison, *The Renaissance of Art in France*, v. 1, p. 95s. O palácio não existe mais, mas a coluna sobrevive ao lado do antigo Halle du Blé. Grande parte dos seus ornamentos foi destruída na época da Revolução Francesa. O capitel moldado da coluna certamente teve por base os capitéis romanos, embora alguns dos detalhes se pareçam de modo surpreendente – e supostamente de modo acidental – com o do capitel do templo de Mater Matuta no Fórum Boarium.
97. G. Morolli, op. cit., p. 152s.; G. Morolli; C. Acidini Luchinat, Il linguaggio dell'architettura, em *Firenze e la Toscana dei Medici*, p. 229s. do volume *Il potere e lo spazio*.
98. Essa ideia foi levantada em outros livros alemães sobre as ordens, notadamente na fantástica compilação de Wendel Dietterlin de 1598 e no livro – com um padrão bem mais primoroso – escrito pelo marceneiro Georg Caspar Erasmus, cujo prefácio em verso declara confusamente:

*Die Tuscana erstlich wird Von Tuscano so genannt,
Von dem Tusci oder teutsche, hergestammt
aus
Griechenland* [.]

Ver E. Forssman, *Dorisch, Ionisch, Korinthisch*, p. 54s.; *Säule und Ornament*, p. 222s.
99. C. Fontana, op. cit., p. 187s. Descreve a ordem como tendo uma base toscana, um fuste e cornija jônicos e um capitel dórico. Tal descrição lembra a construção por Alberti de sua ordem itálica. Mas Fontana também a identifica com a ordem da parte mais baixa do Coliseu, como, aliás, todo o plano elíptico do *theatro* (palavra de Bernini) sugere. Os muitos escritores recentes sobre a colunata, embora fascinados pela geometria, evitam a discussão da ordem e sua escolha. Ver D. Del Pesco (1988); M. Birindelli (1980); R. Wittkower (1975, p.54 ss.); T.K. Kitao (1974, p. 24 ss.); H. Hibbard (1965, p. 151 ss.); e H. Brauer e R. Wittkower (1931, vol. 1, pp. 69 ss., 56a ss., 161 ss.).
100. Sobre o seu uso para o Palazzo Massimi – uma família que reivindicava ancestralidade venerável – por Baldassare Peruzzi (que em todo caso o utilizava frequentemente) e sobre os primeiros projetos para a igreja de San Giovanni dei Fiorentini por Michelangelo, ver J.S. Ackerman, *The Architecture of Michelangelo*, p. 227s. Ackerman também examina o uso "programático" da toscana pelos Medici de Milão, sobretudo Giovanni Angelo (depois papa Pio IV) no Palazzo Medici; no túmulo de seu irmão, o marquês de Marignano, na Catedral de Milão (projetado por Leone Leoni, com a ajuda de Michelangelo); e no inacabado Palazzo Medici, assim como no Palazzo dei Giuresconsulti. Nada disso foi plenamente examinado.

XII: ORDEM OU INTERCURSO

1. As últimas linhas são uma paráfrase da descrição de Hans Blumenberg desse fenômeno, Paradigmen zu einer Metaphorologie, *Archiv für Begriffsgeschichte*, v.6, p. 10.
2. Para alguns retóricos, ela poderia ainda ser confinada a uma única palavra: um verbo ou adjetivo, deliberadamente aplicados fora de lugar para implicar uma comparação que o leitor ou ouvinte poderia fazer, como quando falamos de um navio singrando os mares; P. Fontanier, *Les Figures du discours*, p. 99s.
3. W. Benjamin, *Gesammelte Schriften*, v. 2, p. 206s.; ver também W. Menninghaus, *Walter Benjamins Theorie der Sprachmagie*, p. 60s.
4. Ver supra, Cap. II, p. 63s.; T. Fuller, *The Holy State, The Profane State* (1642; rpt.; 1841), II.vii.73.
5. L. Mumford, Function and Expression in Architecture, *Architectural Record*; N. Pevsner, *An Outline of European Architecture*, p. 15. Sobre a metáfora de uma palavra, dois termos, ver P. Fontanier, *Les Figures du discours*. É provável que Fontanier teve a mesma relação com a tradição retórica europeia que Quatremère de Quincy teve com o *trattatisti* anterior.
6. No início do século XX, o termo era comum em polêmicas e críticas. É quase a palavra-chave em *Stilarchitektur und Baukunst* de Hermann Muthesius, *Style-Architecture and Building*; ele elogia o "classicismo" do início do século XIX por sua *Sachlichkeit*. Até mesmo Heinrich Wölfflin, *Kunstgeschichtliche Grundbegriffe*, p. 252 falou do novo estilo alemão linear no início do século XIX: "Die neue Linie kommt im Dienst einer neuen Sachlichkeit". Para Wölfflin, isso não significava nenhuma aproximação, nenhuma busca de efeitos gerais, mas a representação de *Gestalt wie sie ist*.

Contudo, em consequência da exposição denominada *Die Neue Sachlichkeit*, organizada no museu de Mannheim por G.F. Hartlaub na primavera de 1923, o termo passou a ser o rótulo de um movimento; ver F. Schmalenbach, The Term *Neue Sachlichkeit*, AB, 22, p. 161s. Hartlaub viu o "movimento" que ele estava lançando como composto por duas "alas": a dos "neoclassicistas", como Picasso ou Kay H. Nebel (1888-1953) e a dos "veristas", como Max Beckmann, Otto Dix. É estranho encontrar Nebel, pouco conhecido, reunido aqui com Dix e Beckmann, para não dizer Picasso.

Na época, falava-se muito sobre o "objeto", a "coisa". Em 1922, Iliá Erenburg lançou o periódico teuto-franco-russo *Veshch/Object/Gegenstand* em Berlim, e El Lissitzky, editor de *Veshch*, também trabalhava para "G", que significava *Gestaltung*, outra palavra difícil; de fato, o periódico tinha vários nomes, por exemplo, *Material zur elementaren / Zeitschrift für elementare Gestaltung*. *Gestalt* significa tanto "forma" quanto "formato", e *gestalten* é traduzido, em geral, por "moldar" ou "projetar". Contudo, a crença de Mies destoava da crença construtivista na importância do objeto "projetado" – fosse ele um avião ou um poema – como a força organizadora do cotidiano. O texto do seu manifesto acompanhou a publicação do seu Bürohaus em "G", n. 1. (julho, 1923).

Ainda que remoto, em todos esses manifestos e polêmicas, pode-se ouvir o eco, não de *Verdinglichung* ("reificação", sobre a qual falarei depois), mas o apelo insistente de Husserl para aproximar as coisas – que é a primeira etapa do método fenomenológico.

* Referência ao período da história alemã que vai de 1880 a 1918, abrange o reinado do kaiser Guilherme II da Prússia. (N. da E.)

7. J.W. von Goethe, *Werke* (*Gedenkausgabe*), v. 13, p. 126s., 1124s. Ver também B. Schubert, *Der Kunstler als Handwerker*, p. 34s., 50s.

Obviamente, Goethe e, depois, Morrif, tiveram que lutar contra a opinião defendida por Kant (*Werke*, v. 5, p. 378) de que *Kunst*, bela arte, que é gratuita, tinha que ser diferenciada de *Handwerk*, que é paga. Assim, o *Handwerk* de Kant é um *Lohnkunst*, ou arte mercenária, paga. Assim, arte e artesanato são tão distintos quanto jogo e trabalho.

Embora Ruskin, e a exemplo dele, Morris, desenvolvessem opiniões análogas em um clima bem diferente, a influência de Goethe – por meio de Carlyle, cuja doutrina do trabalho como tarefa sagrada permeia várias páginas de suas obras, sobretudo *Past and Present* – não deve ser descontada.
8. Isso apareceu pela primeira vez na oitava edição, em 1832. Hugo pediu a Labrouste que lesse as provas desse ensaio.
9. H. Huebsch, *In welchem Style sollen wir bauen?*.
10. G. Simmel, *Soziologie*, p. 416s.
11. Ainda que isso pareça ecoar a formulação de Simmel, suponho que Heidegger negaria essa associação.
12. M. Heidegger, *Early Greek Thinking*, p. 102s., também usa a palavra *alētheia* como chave para a sua interpretação de Heráclito – embora a palavra apareça apenas como substantivo abstrato nos fragmentos que chegaram aos nossos dias (DK B 112). Ver infra, nota 22.

13. Heidegger, *Sein und Zeit*, seções 15s.
14. Sobre *Gestalt* e *Gestell*, ver J.J. Kockelmans, *Heidegger on Art and Art Works*, p. 203s.. O próprio Heidegger esboça a distinção *Ding-Zeug-Werk, Der Ursprung des Kunstwerkes*, p. 71s.
15. M. Heidegger, *Der Ursprung des Kunstwerkes*.
16. Os detalhes da pintura do sapato de Van Gogh à qual Heidegger referiu-se foram estudados atentamente por Meyer Schapiro em dois ensaios, um em 1968 e o outro em 1994 (*Theory and Philosophy of Art*, p. 138s.), que identificaram as pinturas e a ocasião quando Heidegger pode ter visto uma delas. A sua correspondência com Heidegger e a retratação parcial desse filósofo em uma edição póstuma do ensaio (M. Heidegger, *Der Ursprung des Kunstwerkes*) em nada modificam a discrepância original da interpretação e do objeto, nem o fazem os comentários elaborados de J. Derrida, *La Vérité en peinture*, p. 291s.; J.J. Kockelmans, *Heidegger on Art and Art Works*, p. 125 H.; ou G. Vattimo, *Al di la del soggetto*, p. 110s.
17. M. Heidegger, *Der Ursprung des Kunstwerkes*, p. 37.
18. A. Schopenhauer, *Sämtliche Werke*, v. 2, p. 464. Infelizmente, isso faz lembrar a visão de Octavio Paz das opiniões de Jean-Paul Sartre sobre arte: "Eu percebi [...] que o objeto de sua admiração não era os poemas que Mallarmé escreveu, mas o seu projeto de poesia absoluta, o Livro que ele nunca fez. Apesar do que a sua filosofia declara, Sartre sempre preferiu sombras a realidades", ver *On Poets and Others*, p. 38.
19. G. Benn, *Sämtliche Werke*, v. 4.2, p. 152, 135.
20. Ver supra, p. 140.
21. O aspecto mais notável sobre o sítio é a face rochosa do Parnaso acima dele; o vale do Pleistos, que ele domina, é, de qualquer modo, um tapete de oliveiras que se estende até o golfo de Itea.
* No original "dumb or mute", uma ironia com a afirmação de Heidegger de que o templo grego "não diz nada", é silencioso, pois "dumb", além de "mudo" (surdo-mudo) significa também "tolo", "idiota", "estúpido" (N. da E.).
22. A insistência repetitiva de Heidegger de que o alemão era o único idioma para o qual o grego podia ser adequadamente traduzido faz parte dessa atitude. A importância da verdade como ausência do oculto (acima, nota 12), traduzindo a palavra grega *alētheia*, é fundamental para a maior parte do que ele escreveu, contudo, a sua etimologia foi totalmente refutada por P. Friedländer, *Plato*, v. 1, p. 221s.
23. Ver supra, p. 38s. e Cap. VI, nota 4, p. 403.
24. Do *The Flowering of Greece*, pintado em 1825, só existe agora uma cópia na Galeria Nacional, em Berlim, feita por Wilhelm Ahlhorn, em 1836.
25. K.F. Schinkel, *Collection of Architectural Designs*, p. 29-30, 35. Um projeto anterior (pl. 1) tinha pilares simples; o dórico executado tinha estátuas representando vitórias, e não tríglifos, articulando a cornija. Na época do projeto, Unter den Linden terminava na extremidade oeste do encontro do Tiergarten com o Portão de Brandenburgo, "academicamente" correto, mas com bases dóricas, que Carl Gotthard Langhans projetou em 1788-1789. O projeto de Mies é descrito em F. Schulze, *Mies van der Rohe*, p. 178s.
26. A história foi contada pelo próprio Mies a Peter Blake, que a relatou em sua obra *Four Great Makers of Modern Architecture*, p. 101. Ao ser questionado por que ele não se considerava influenciado pelo grupo De Stijl, sobretudo por Theo van Doesburg, Mies respondeu: "Van Doesburg viu esses desenhos do edifício de escritórios. Eu lhe expliquei e disse que era arquitetura de pele e ossos. Depois disso, ele me chamou de arquiteto anatômico." Mies acrescenta: "Eu gostava de Van Doesburg, mas, pelo jeito, ele não entendia muito de arquitetura".
27. Para a maioria dos meus leitores, deve ser óbvio que, sem a formulação de Heidegger de um método hermenêutico, este livro não teria tomado a forma que tomou.
28. É um tipo de argumento neomarxista que alguns que o propõem chamariam de neonietzschiano; ele até mesmo rescende a Lukács. Ver M. Cacciari, Mies's Classics, RES, 16, p. 9s.
29. Ver M. Cacciari, *Architecture and Nihilism*, p. 199s.
30. G. Simmel, *The Philosophy of Money*, p. 256s.
31. Explicitamente, em F. Dal Co e M. Tafuri, *Architettura contemporanea*, p. 408s.
32. Mais uma vez parafraseio: L. Ferry, *Homo Aestheticus*, p. 15, e M. Heidegger, *Der Ursprung des Kunstwerkes*, p. 33.
33. J. Benda, *La Trahison des clercs*, p. 141s.; *Belphégor*, p. 23s. Um ataque interessante aos exageros de Benda nessa questão aparece em C. Mauriac, *La Trahison d'un clerc*.

34. J. Habermas (*The Philosophical Discourse of Modernity*, p. 124), interpretando F. Nietzsche (1975-1980, *Werke*, 6.2, p. 364s.). Ainda que, de fato, o ponto principal contra Kant se perca um pouco, porque Nietzsche está preocupado aqui em explorar as fraquezas da estética higienizada e castrada de Schopenhauer como uma versão do "desinteresse" Kantiano e com a sua influência corruptora sobre Wagner. Sobre essa passagem, ver os comentários de G. Agamben, *L'uomo senza contenuto*, p. 9s. Para os comentários neoescolásticos, ver J. Maritain, *Art and Scholasticism*, p. 162s.; E. Gilson, *The Arts of the Beautiful*, p. 10s., 116s.
35. *O Banquete* de Platão. 205b e seguintes, *Tim.* 47e e seguintes. (N. da E. "to men gignomenon" [o que devem], "to d'em ô gignetai [aquilo que devem], "to d'hothen aphomoiounemon phuetai to gignomenon" [aquele com o qual se parece o que devem].) Sobre essa passagem e o conceito de *mimēsis*, ver M. Kardaun, *Der Mimesisbegriff in der Griechischen Antike*, p. 48s.
36. Não quero disfarçar a dificuldade desse conceito sabidamente sutil. Contudo, por todos os problemas que ele causa, a maioria dos comentaristas concorda que a relação que os pitagóricos consideravam existir entre números e as manifestações físicas que compõem o nosso mundo era análoga ao conceito de Platão do modo como as formas eram refletidas ou, até mesmo expressadas, nos fenômenos. Não me diz respeito o fato de que Aristóteles aqui (*Met.* 1.6.iii, 987b) estava censurando o seu mestre.
37. Eis a *expressa verba* de Vitrúvio: "Ita e generibus duobus... tertium genus in operibus est procreatum" (IV.1.iii). Certamente, isso pode ser traduzido como "Foi assim que o terceiro gênero na construção foi procriado a partir dos outros dois gêneros." Acima, já insisti no uso quase exclusivamente sexual de *procreare*, ver supra, nota 27.
38. I. Kant, *Werke*, v. 5, p. 382s. Os parágrafos citados são, primeiro o n. 47, depois o n. 46. O segundo parágrafo continua "Denn eine jede Kunst setzt Regeln voraus", e nele aparecem os três princípios que depois citei. É possível que Kant tenha repetido deliberadamente o então famoso artigo de Diderot "Génie" na Enciclopédia: "Le goût est souvent séparé du génie. Le génie est un pur don de la nature ..." (v. 4, p. 582).
39. Gabriel (de) Tarde, *Les Lois de l'imitation*, p. 15s. Ele, ao contrário do filho, Guillaume, não dava nenhuma importância à partícula "de", por isso, às vezes, eles são citados distintamente em bibliografias. Tarde distinguiu cuidadosamente a semelhança física em consequência da recorrência periódica ou atividade vibratória da homologia ou similaridade biológica (ou, segundo ele, "corpórea"), que é geneticamente transmitida. Toda a similaridade socialmente estabelecida é consequência de diversas formas de imitação, tais como: costumes, moda, instrução, e pode ser ingênua ou reflexiva.
40. G. de Tarde, *Les Lois de l'imitation*, p. 59s.: Embora a publicação de *Histoire de l'art* de Perrot e Chipiez começou em 1882, o material que Tarde usa aqui parece ter sido retirado de C. Chipiez, *Histoire critique des origines et de la formation des ordres grecs*.
41. J. Piaget, *The Language and Thought of the Child*, p. 11 (sobre *echolalia*), 41. Sobre a especularidade e o desenvolvimento da linguística piagetiana, ver C. de Lemos em L. Camaioni, C. de Lemos (eds.), *Questions on Social Explanation*, p. 23s.
42. Ver K. Kraft, "Mind's Mirrors"; K. Eckhardt, "Concepts of Mimesis in French and German Anthropological theory", ambos em R. Bogue, M. Spariosu (eds.), *The Play of the Self*, p. 39s., 67s. Mas ver também S. Agacinski, "Découpages du *Tractatus*," em J. Derrida, *La Vérité en peinture*; e uma discussão da opinião dela em M. Spariosu, *Literature, Mimesis, and Play*, p. 54s. Ver A. Gehlen, [*Gesamtausgabe?*], v. 3. 1, p. 467s. H. Plessner, *Gesammelte Schriften*, v. 7, p. 389s., 446s.; v. 8, p. 174s.
43. J. Huizinga, *Homo Ludens*.
44. A asserção de Schiller é sobre a frase muito citada de *Aesthetic Letters;* ela está na carta 15. Sobre o uso que Spencer faz da frase, ver M. Spariosu, *Literature, Mimesis, and Play*, p. 29s.
45. R. Girard, *Des choses cachées depuis la fondation du monde*, p. 93; idem, *Violence and Sacred*, p.308; sobre isso, ver P. Lacoue-Labarthe, *Typography*, p. 102s.
46. Também, por exemplo, em G. Lukács, Die Eigenart des Ästhetischen, *Werke*, v. 12.2, p. 330s.
47. Ainda que aqui, de fato, Lukács (*Werke*, v. 12.2, p. 402s.) tenha escolhido Schelling como seu adversário. É notável que em suas primeiras obras sobre arte e estética (ver v. 16, 17, que reúnem os seus artigos escritos entre 1912 e 1918), a mimese não apareça de modo nenhum, ao passo que, em seu último

trabalho relevante, *Die Eigenart des Ästhetischen,* ela torna-se o recurso principal do processo criativo (v. 12. XII, 1, p. 352-852; v. 12.2, p. 330-574), mesmo que apenas por causa do espaço dedicado a ela. Sobre Lukács, como moralista e crítico literário, ver a estimativa justa, ainda que hostil, de S. Sontag, *Against Interpretation,* p. 82s. Lukács teria ficado indignado com a minha identificação de sua posição com o realismo social, que está associado a vestígios de Zhdanov, contudo, não parece que o realismo crítico de Lukács seja muito diferente do realismo social de Zhdanov.

48. "Aber ohne Weltanschauung gibt es keine Komposition"; ver Lukács, "Erzählen oder Beschreiben" em R. Brinkmann, *Begriffsbestimmung des literarischen Realismus,* p. 69. Esse artigo foi escrito em 1936, pouco antes dos julgamentos em Moscou. Sobre o problema da reificação nesse contexto, ver L. Zuidervaart, *Adorno's Aesthetic Theory,* p. 263s. Para a descrição de Lukács do seu próprio uso do termo "reificação", ver, ainda, a sua *History and Class Consciousness* p. 83s. Sobre as conexões entre Lukács e Sedlmayr (em que são discutidos Max Nordau e Oswald Spengler), ver B. Wyss, *Trauer der Vollendung,* p. 315s.

49. É característico que Le Corbusier seja mencionado apenas uma vez por Lukács, e que nenhum outro arquiteto do século XX apareça em seu livro; o argumento de Lukács é quase inteiramente intertextual. Vários cineastas (Chaplin, Eisenstein) são discutidos, mas não aparece nenhum outro artista visual. Contudo, há outras exclusões: Bertolt Brecht já criticara a incapacidade de Lukács de colocar toda a literatura em sua bagagem stalinista, conforme citado em B. Wyss, *Trauer der Vollendung,* p. 328. Matisse e Picasso são mencionados duas vezes: uma para serem dispensados por seus experimentos improdutivos; e, outra, pela observação maldosa de Picasso sobre a capela de azulejos brancos de Matisse, em Vence, para as freiras dominicanas – segundo a qual ele teria dito que "gostou muito da capela, mas onde era o banheiro?". Porém, parece que Lukács não teve a oportunidade de mencionar nenhum arquiteto social-realista.

50. G. Lukács, *Werke,* v. 1, p. 352s.

51. Sobre os apelos mais recentes ao conceito de mimese, ver J. Habermas, *The Philosophical Discourse of Modernity,* p. 68s., 225s. Sobre essa questão, as ideias mais tardias de Adorno são discutidas por C. Eichel, *Vom Ermatten der Avantgarde zur Vernetzung der Künste,* p. 35s. Ver também T.W. Adorno, *Negative Dialektik,* p. 151s., 178s.; T.W. Adorno, M. Horkheimer em T.W. Adorno, *Gesammelte Schriften,* p. 204s. Adorno e Horkheimer explicitamente alertaram os seus leitores sobre a confusão entre mimese e mimetismo.

Embora as diversas classificações das artes – das quais a mais popular foi provavelmente a de Abbé Charles Batteux – englobassem a arquitetura e a retórica como as artes nas quais o requisito imitativo era subordinado à utilidade, a ideia da arquitetura como arte de imitação teve os seus defensores, mesmo durante a época de seu eclipse; ver sobretudo A.-C.Q. de Quincy, *De l'imitation.* Sobre o "sistema das artes" no século XVIII, ver W. Tatarkiewicz, *A History of Six Ideas,* p. 60s.

52. T.W. Adorno, *Negative Dialektik,* p. 106s.
53. Ibidem, p. 124.
54. T.W. Adorno, *Aesthetic Theory,* p. 66, p. 453s. Essa é uma divergência incrível da sua antiga identificação com Loos, sobretudo em sua opinião sobre ornamento: ver C. Eichel, *Vom Ermatten der Avantgarde zur Vernetzung der Künste,* p. 230s.
55. Resumi, espero que sem caricaturar, alguns dos argumentos propostos por L. Zuidervaart, *Adorno's Aesthetic Theory,* p. 101s.
56. Ron Siskolne, vice-presidente de projeto e desenvolvimento de Olympia e York, citado por M.S. Larson, em *Behind the Postmodern Facade,* p. 132.
57. O que ele de fato escreveu foi "Das Barbarische ist das Buchstabliche", ver T.W. Adorno, 1973, p. 97.
58. "[A]nyone who thinks that art can no longer be adequately grasped using Greek concepts is not thinking in a sufficiently Greek way" ("Quem pensa que a arte não pode mais ser entendida usando-se os conceitos gregos não pensa de modo suficientemente grego"), H.-G. Gadamer, *The Relevance of the Beautiful and Other Essays,* p. 122.

POSFÁCIO À EDIÇÃO EM ITALIANO

1. Mary R. Lefkowitz; Guy MacLean Roger, *Black Athena Revisited.* Chapel Hill: University of North Carolina Press, 1996; Martin Bernal; Moore, David C., *Black Athena Writes Back: Martin Bernal Responds to His Critics.* Durham: Duke University Press, 2001, ambos *passim.*

2. Agora que foram estudados receptáculos funerários, descobriu-se que são importados e que já eram "antigos" na época das sepulturas. A urna funerária de bronze era cipriota e remontava à era tardia do bronze e, portanto, possuía quatrocentos ou quinhentos anos na época das sepulturas; o peitoral da dama era mesopotâmico e talvez tivesse mil anos. No cemitério dos arredores foram encontradas muitas outras peças sírias e fenícias. Ver John Boardman, *The Archaeology of Nostalgia: How the Greeks Re-Created Their Mythical Past,* London: Thames & Hudson, 2002, p. 70s. As relações entre o edifício e as peças foram discutidas de maneira aprofundada por Alexander Mazarakis Ainian, *From Rulers' Dwellings to Temples: Architecture, Religion and Society in Early Iron Age Greece (1100-700 b.C.),* Jonsered: P. Åströms, 1997, p. 48s. Os achados fazem pensar mesmo numa organização social única na Grécia do tempo. Ver Robin Osborne, *Greece in the Making, 1200-479 b.C,* London: Routledge, 2009, p. 55s.

3. Catherine Morgan, *Early Greek States Beyond the Poli,* London: Routledge, 2003, p. 81s.; A. Mazarakis Ainian, op. cit., p. 72s., sugere que o edifício estivesse em uso entre a metade do VIII e o IV séculos, quando parece ter sido destruído por um terremoto. Ver também R. Osborne, op. cit., p. 84.

4. Ibidem.

5. Kolia, Erophile e Gadolou, Anastasia, *A Geometric Temple in the Area of Ancient Eliki, Archeologia kai Techniki,* Atenas, sem data.

6. R. Osborne, op. cit., p. 84.

7. Walter Burkert, *Greek Religion: Archaic and Classical,* Oxford: Blackwell, 1985, p. 88s.; *The Orientalizing Revolution: Near Eastern Influence on Greek Culture in the Early Archaic Age,* Cambridge: Harvard University Press, 1992, p. 20s. Essa progressão foi prudentemente retomada, e de maneira bastante particularizada, por A. Mazarakis Ainian, op. cit., p. 393s.

8. Também A. Mazarakis Ainian, op. cit., p. 278s.

9. "[...]a arquitetura das Cíclades. Essa categoria não existia há 20-25 anos". Marie Christine Hellman em J. des Courtils; Jean-Charles Moretti, *Les Grands ateliers d'architecture dans le monde Égéen du VI siècle Av. J.-C: Actes du Colloque d'Istanbul, 23-25 Mai 1991,* Istanbul: Institut français d'études anatoliennes, 1993, p. 273.

10. Cal. *Hymn* iv.317.

11. Naturalmente ela não era apenas a mocinha assustada da grande pintura de Ticiano, mas uma complexa deusa-heroína, filha de Minos e de Pasífae, mulher de Dioniso e vítima de Ártemis. Ver Henri Jeanmaire, *Dionysos: Histoire du culte de Bacchus,* Paris, 1951, p. 344s., e C. Kerenyi, *Archetypal Image of Indestructible Life,* Bollingen Series 65.2, Princeton, 1976, p. 104s.

12. Figos de Paros, fr. 116, 166; vinho de Naxos, 151 da Athen *Deipn.* I. 30. Heródoto fala sobre um contemporâneo do rei lídio Gigés, que reinou no início do período 675-650 a. C.

13. Sou grato a Christopher Blencowe e a Judith Lavine, naxoanos de adoção, por me haverem apresentado essas escavações e numerosos fragmentos esparsos pela ilha, assim como por partilharem comigo esse conhecimento. A grafia Yria (ao invés da mais comum Iria) foi a adotada pelos responsáveis pelas escavações.

14. Gottfried Gruben em J. des Courtils; J.C. Moretti, op. cit., p. 97s.; em E.L. Schwandner, *Säule Und Gebälk: Zu Struktur Und Wandlungsprozess Griechisch-Römischer Architektur. Bauforschungskolloquium in Berlin Vom 16. Bis 18. Juni 1994,* Mainz am Rhein: P. von Zabern, 1996, p. 61s.

* Recinto sagrado, de configuração quadrangular, no interior dos santuários gregos, que englobava uma câmara muito mais pequena, também retangular: o *anaktoron* ou "morada do senhor" onde ocorriam cerimónias secretas

15. Ver C. Kerenyi, op. cit., p. 82s.

16. A curva aparente parece formada pelos três lados de um polígono plano. Também Gottfried Gruben em E.L. Schwandner, op. cit., p. 71s. e n. 32a. Mas não está claro que efeito se queria obter com essa levíssima deformação.

17. O edifício, em seu conjunto, tem uma planta quase quadrada e os aposentos principais parecem ter a proporção 1:2, enquanto o pórtico, incluída as bases das colunas, parecem ser de 1:3; a seção do aposento principal (no ponto em que a parede encontra o teto) é um quadrado duplo, a inclinação do teto é de 15°, enquanto a altura dos fustes das colunas (do pavimento ao capitel) é expressa em módulo de diâmetro inferior: 11, 12, 13, 12, 11. A

viga em mármore tem altura de um módulo. Os capitéis são de um tipo de protodórico, com um equino pintado, mas simplificado. Essas observações foram formuladas com base em desenhos aproximados, publicados por Gottfried Gruben em E.L. Schwandner, op. cit., p. 70s.

18. Paus, v,10.iii. Segundo ele, Byzes era contemporâneo do rei lídio Aliate, cerca de 610-560 a.C. Também em Aenne Ohnesorg; G. Gruben, *Architektur auf Naxos und Paros 22*. Berlin [u.a.], de Gruyter, 1993. Sobre a exportação de telhas das Cíclades, ver p. 47s. Uma telha de mármore de Naxos foi encontrada na Acrópole de Atenas com caracteres que, se diz, seriam as iniciais de Byzes.

19. A. Bammer (2008, p. 66). As amazonas figuravam na decoração do altar-mor. Um autorrelevo do gênero, que representa uma amazona ferida, do tipo de Policleto (112) se encontra no Ephesos Antikensammlung do Kunsthistorisches Museum de Viena.

20. 1, 4142 contra 1,4361: uma variação de apenas 1%. O emprego da geometria diagonal como base para a ordem proporcional na primeira construção grega foi examinado por Jean-François Bommelaer, *Delphes*, Bulletin de correspondance Hellénique, PERSEE, 2000.

21. Também o apócrifo Hom. *Epigr.* IV (sobre sua cegueira).

22. Esses jônicos eram desterrados da vizinha Cólofon. Her. i.149s. R.V. Nicholls em J.M.Cook et al., *Old Smyrna Excavations: The Temples of Athena*, London: British School at Athens, 1998, p. 56s. John Boardman em CAH, III, 3, 1982, p. 442s.

23. Um desses discos foi encontrado em Olímpia, mas com seus vinte centímetros é verdadeiramente pequeno demais para ser considerado um elemento construtivo. Ver Klaus Hermann em E.L. Schwandner, op. cit., p. 124s.

24. Esse capitel de pedra, de dimensões bastante reduzidas (cerca de 110 x 40 cm) já fora publicado por G. Perrot; C. Chipiez, *Histoire de l'art dans l'Antiquité*. 8 vols. Paris, 1888-92, v. 7, pl. LIII, n.3. Mas pode-se ser visto, mais recentemente, em Barbara Barletta, *The Origins of the Greek Architectural Orders*, Cambridge: Cambridge University Press, 2001, p. 99s.

25. Uma interessante variante arcaica, com uma mísula em pedra, de duas curvas, mas sem espiral marcada em L foi encontrada num pequeno templo em Göbekli Tepe, perto de Mileto. Também Berthold F. Weber em E.L. Schwandner, op. cit., p. 84s. Nas volutas jônicas, o olho era deixado em aberto, enquanto, nas que a sucederam, vinha recoberto com uma espécie de prato ou de disco em metal.

26. Her. v.58s.; Pln. NH VII. 56.

27. Paus. II.16.vi. J. Boardman, *The Archaeology of Nostalgia*, p. 48s.; B. Barletta, op. cit., p. 138s. Ver [151s.].

28. A esse respeito ver Manolis Korrés, *Ein Beitrag zur Kenntnis der attisch-ionischen Architektur*, em E.L. Schwandner, op. cit., p. 90s. Ver também L.H. Jeffery, *Archaic Greece: The City-States, C. 700-500 b.C.*, New York: St. Martin's Press, 1976, p. 32, 164, 166.

29. Ainda no século VI d. C., figura em primeiro plano na fantasmagórica lista de arquitetos redigida por Ausônio, apesar de muito famoso para ser nomeado, e lhe faça apenas alusão: "Gortynus aliger, conditur Euboiae" – "o gortiniano alado, fundador do templo de Eubeia". Ver *Moselle*, p. 292.

* O nome dessa deidade canaanita significa algo como "hábil e sábio" ou "destro e sagaz" (N. da E.).

** Ou *ensi*, governante, forma possívelmente derivada do acadiano *iššakkum*, o "senhor da terra arável" (N. da E.).

30. Lothar Hasselberger et.al, *Mapping Augustan Rome*, Portsmouth: Journal of Roman Archaeology, 2002.

31. Christoph Höcker; Lambert Schneider, *Griechisches Festland: Antike und Byzanz, Islam und Klassizismus zwischen korinthischem Golf und nordgriechischen Bergland*, Köln: DuMont, 1996.

Lista de Imagens

I. A ORDEM NA EDIFICAÇÃO

- 28 **As Cinco Ordens.** Gravura em madeira de S. Serlio.
- 29 **Reconstrução do Templo em Jerusalém.** Fotogravura de G. Perrot e C. Chipiez (1882-1889).
- 30 **Origem do Jônico.** Gravura em madeira de C. Chipiez.
- 30 **Túmulo lício.** (à direita) Gravura em madeira segundo A. Choisy.
- 31 **As Cinco Ordens.** Gravação em metal de C.P.J. Normand.
- 32 **As Três Faces.** Gravura em madeira de C. Blanc.
- 32 **O "Estilo" Chinês.** Gravura em madeira de C. Blanc.
- 38 **Composição das Partes.** Gravura em madeira segundo Durand, de J. Gwilt
- 39 **Parque Güell, Hipostilo.** Antoni Gaudí. Entrada principal: foto do autor.
- 40 **Parque Güell, Hipostilo.** (acima) Antoni Gaudí. Detalhe do capitel: foto do autor.
- 40 **Parque Güell, Hipostilo.** Antoni Gaudí. Lateral: foto do autor.
- 41 **Skogskapellet, Cemitério Sul de Estocolmo.** (à esquerda) Gunnar Asplund. Foto do exterior, por Ahlberg.
- 41 **Skogskapellet.** (no alto) Gunnar Asplund. Foto do interior por Ahlberg.
- 41 **Skogskapellet.** (ao centro) Cortes de Asplund, segundo Ahlberg.
- 41 **Skogskapellet.** (embaixo) Planta de Asplund, segundo Ahlberg.
- 43 **Edifício Chicago Tribune.** Perspectiva de Paul Gerhardt, Chicago Tribune (1923).
- 43 **Edifício Chicago Tribune.** Perspectiva de Adolf Loos, Chicago Tribune (1923).
- 44 **Edifício Chicago Tribune. Esboço da planta, do Loos-Archiv, Albertina.** © Verwertungsgesellschaft bildender Künstler.
- 45 **Túmulo projetado para Max Dvořák.** Adolf-Loos, do Loos-Archiv, Albertina. © Verwertungsgesellschaft bildender Künstler.

II. A ORDEM NO CORPO

- 51 **Academia de Stanton Drew.** Gravura de J. Wood (1765).
- 51 **Stonehenge restaurada.** Gravura de J. Wood (1747).
- 52 **Ordem compósita: Nascer do Sol.** Gravura de H. Vredeman de Vries.
- 53 **Ordem coríntia: Manhã. Juventude.** Gravura de H. Vredeman de Vries.
- 54 **A ordem dórica e Hércules.** (acima à, esquerda) Gravura em cobre de J. Shute ([1563] 1964).
- 54 **A ordem jônica e Hera.** (acima, à direita) Gravura em cobre de J. Shute ([1563] 1964).
- 54 **A ordem coríntia e Afrodite.** (página ao lado)Gravura em cobre de J. Shute ([1563] 1964).
- 57 **O entablamento toscano de Palladio.** (à esquerda)J.-F. Blondel (1771-1777).
- 57 **O entablamento toscano de Vignola.** J.-F. Blondel (1771-1777).
- 60 **Pádua, Palazzo della Ragione, Salone.** Painéis das paredes laterais (pinturas e relevos). © Fratelli Alinari.
- 63 **Platão como um cachorro.** Giambattista della Porta (1586).
- 63 **Angelo Poliziano como um rinoceronte.** Giambattista della Porta (1586).
- 64 **Gravura da Página de rosto de J. Bulwer,** *Chirologia* (1644).
- 66 **O olho, o cérebro e a glândula pineal (Descartes).** Gravura em madeira, segundo Adam e Tannery (eds., 1897-1909).
- 66 **A operação da glândula pineal (Descartes).** Gravura em madeira, segundo Adam e Tannery (eds., 1897-1909).
- 67 **Hieróglifo para** *Characteristics* **do conde de Shaftesbury.** Gravura em cobre de Simon Gribelin para a Página de rosto do volume 3 (1732).
- 70 **Águia.** Desenho, Charles Le Brun. © Photo Réunion des Musées Nationaux.
- 70 **O Homem Águia.** Desenho, Charles Le Brun. © Photo Réunion des Musées Nationaux.
- 70 **O Homem Águia.** Desenho, Charles Le Brun. © Photo Réunion des Musées Nationaux.
- 71 **O Homem Coruja.** Estudo, Charles Le Brun. © Photo Réunion des Musées Nationaux.
- 71 **O Homem Camelo.** Desenho, segundo Charles Le Brun. © Photo Réunion des Musées Nationaux.
- 72 **Ilustrações das paixões, segundo Le Brun.** Placa dedicatória. Gravura de H. Testelin.
- 72 **Attention et Estime, de Charles Le Brun.** Paris, Louvre, Cabinet des Dessins. Em grelha. © Bulloz.
- 73 **Etonnement, de Charles Le Brun.** Paris, Louvre, Cabinet des Dessins. © Bulloz.
- 73 **O ângulo de selvageria, de Charles Le Brun.** Paris, Louvre, Cabinet des Dessins. © Giraudon.
- 74 **Construção perspéctica corrigida sobre um plano liso.** Gravura de A. Bosse (1667).
- 74 **Construção de retângulos e paralelepípedos.** Gravuras de A. Bosse (1665).
- 75 **A regulação do espaço interior.** Gravura de A. Bosse (1667).
- 76 **As cinco ordens.** Gravura segundo C. Perrault.
- 78 **Faces sobre entablamentos.** (acima) De D. de Sagredo ([1526] 1542, p. ii, r. e v.).

Lista de Imagens

78 **Face sobre cornija.** (acima, à esquerda) Francesco di Giorgio, Turim, Cod. Saluzz.
79 **A mansão cubo.** Gravura segundo R. Morris (1759).
79 **A mansão coríntia.** Gravura segundo R. Morris (1759).
79 **A mansão jônica.** Gravura segundo R. Morris (1759).
81 **Homem no quadrado e no círculo.** Francesco di Giorgio.
82 **O cânone de proporção com o pé dividido em doze, dezesseis e vinte e quatro unidades.** (acima) Francesco di Giorgio.
82 **O corpo na fachada da igreja.** (acima, à direita) Francesco di Giorgio.
83 **Seção geométrica de uma igreja.** (à esquerda) Francesco di Giorgio, Magliab. II. l . 141, fol. 41 r.
83 **Seção de uma igreja.** Gravura em madeira de Philibert de l'Orme (1648).
85 **A cidade como um corpo.** Francesco di Giorgio, Turim, Cod. Saluzz.

III. O CORPO E O MUNDO

91 **O Homem Zodiacal.** Très Riches Heures. Miniatura. Chantilly.
92 **O deus Fanes no ovo zodiacal.** Relevo em pedra do período helenístico. Modena, Museo Lapidario, ©Galleria Estense.
93 **O homem-veia e o homem zodiacal.** Miniatura. Oxford, Bodl. Ashm. 391.
94 **Convenientia anni et mundi.** Gravura a partir de manuscrito de Beda, o Venerável (1688).
96 **A Deusa Nut entre signos zodiacais.** Tampa do sarcófago de Petamenofis (conhecido como Múmia Cailliaud), de Luxor. Paris, Louvre.
97 **Zodíaco em decanatos do teto do templo a Hátor, Dendera.** Relevo em arenito. Paris, Louvre. ©Photo Réunion des Museés Nationaux.
98 **O Homem microcósmico: Estações, temperamentos, planetas.** Desenho em tinta. Munique.
99 **Mapa do mundo de Ebstorf, de 1234.** Fotogravura (Hannover, 1891). Foto de Ernst Sommerbrodt.
101 **O homem cósmico: O homem e seu Criador.** Miniatura, Hildegarda de Bingen. Lucca, Bibl. Stat. MS 1942.
101 **O homem cósmico.** Afresco. Pisa, Camposanto Monumentale. ©Fratelli Alinari.
104 **Mensura Christi.** Construção em pedra. S. João de Latrão, Claustro. Fotos do autor.
106 **Homem no quadrado.** Desenho à tinta por (Pietro Mariano) Taccola. ©Munich, Bayer. Staatsbibl.
106 **Homem no quadrado.** Gravura em madeira a partir do Vitruvius de C. Cesariano (1521).
107 **Homem no círculo.** Gravura em madeira a partir do Vitruvius de C. Cesariano (1521).
109 **Eva.** Desenho de construção por Albrecht Dürer. Viena, Albertina.
109 **Adão.** Desenho preparatório para uma gravura de água-forte por Albrecht Dürer. Viena, Albertina.
111 **Cristo Segurando a Cruz.** Figura de mármore por Michelangelo. Roma, Santa Maria sopra Minerva. ©Fratelli Alinari.

IV. GÊNERO E COLUNA

117 **Íxion sobre a roda. Relevo em mármore.** Berlim, Museu Pergamon. Fotografia do autor.
118 **Relevo Metrológico.** Oxford, Museu de Ashmolan.
121 **Hermes com sua lira. Vaso com figura vermelha de Vulci.** Londres, Museu Britânico
122 **Tocador de Lira.** Estatueta cicladense em alabastro. Atenas, Museu Arqueológico.
124 **Doríforo.** Nápoles, Museu Arqueológico. ©Fratelli Alinari.
125 **Doríforo.** (à esquerda) Vaticano. ©Fratelli Alinari.
125 **Doríforo.** Florença. Uffizi. Fotografia do autor.
126 **Doríforo.** Fragmento de cabeça e torso. Roma. Museu Baracco. ©Fratelli Alinari.
126 **Doríforo.** Somente o torso. Diorito. Florença. Uffizi. Fotografia do autor.
127 **Doríforo.** Cópia de herma em bronze, de Apolônio de Atenas (do Herculaneum). Nápoles. Museu Arqueológico. ©Max Himmer.
127 **Policleto: Amazona.** Cópia de herma em bronze. Nápoles. Museu Arqueológico. ©Fratelli Alinari.
128 **Eufránor (segundo) Antinous.** (à esquerda) Também conhecido como Atleta de Lansdowne. Cópia. Nápoles, Museu Arqueológico. ©Fratelli Alinari.
128 **Lisipo: Eros esticando o seu arco.** (à direita) Vaticano. ©Fratelli Alinari.
129 **Policleto: Amazona (tipo "capitólio").** Vaticano. ©Fratelli Alinari.
131 **Apolo Belvedere ou Apolo Pítio.** Gravura de G. Audran (1785).
131 **Vênus de Médici.** Gravura de G. Audran (1785).

V. O LUGAR-COMUM LITERÁRIO

135 **O Mosaico de Narciso.** Da Casa de Narciso, em Dafne-Harbie. Universidade de Princeton, Museu de Arte de Baltimore.
138 **Kouros carregando um porquinho.** Museu de Izmir. Fotografia do autor.
138 **Kouros.** De Sounion. Atenas, Museu Arqueológico. Fotografia do autor.
139 **Korē poikile.** Atenas, Museu da Acrópole. Fotografia do autor.
139 **Korē.** Atenas, Museu da Acrópole. Fotografia do autor.
148 **Persas.** Fréart de Chambray (1702).
148 **Atlantes.** Templo de Zeus em Agrigento. Fotografia do autor.
149 **Cariátides.** Fréart de Chambray (1702).
149 **Modelo: Templo de Zeus em Agrigento.** Fotografia do autor.
150 **Pórtico das Cariátides. Erecteion.** Vista da frente e vista lateral (à direita). Fotografia do autor.
151 **Cariátide.** (à esquerda) Istambul. Museu Arqueológico. Fotografia do autor.
151 **Fragmento de cariátide.** (ao centro) Do tesouro de Cnido. Museu de Delfos. Fotografia do autor.
151 **Cabeça de cariátide.** (à direita) Do Tesouro de Sifnos(?). Museu de Delfos. Fotografia do autor.
152 **Suporte alado "persa" helenístico.** Istambul, Museu Arqueológico. Fotografia do autor.
152 **Tell Halaf: Pórtico restaurado.** Berlim, Tell Halaf Museum (atualmente destruído). Segundo M. von Oppenheim (1931).
152 **Tell Halaf: Restauração do "templo-palácio"** Perspectiva e corte, segundo M. von Oppenheim (1931).
154 **Pedras "humanizadas" verticais.** Do sul da Bretanha. Museu de Locmariacquer. Fotografia do autor.

VI. A REGRA E A CANÇÃO

159 **Priene: as colunas restauradas do templo.** Foto do autor.
162 **Sarcófago de Hagia Triada: cena de sacrifício.** Iraklion, Museu Arqueológico. Foto ©Alison Franz Collection, American School of Classical Studies, Atenas.
167 **Micenas: O Portal do Leão.** (à esquerda) Vista externa. Br. Sch. Atenas.
167 **Micenas: O Portal do Leão.** (à direita) Vista interior. Foto do autor.
168 **A Figura do Governante Heráldico.** Nova York, Museu Metropolitano. Foto do autor.
169 **Relevo "O Ritual ou a Árvore Sagrada": Nimrud.** (à esquerda) Londres, Museu Britânico. Foto do autor.
169 **Relevo "O Ritual ou a Árvore Sagrada": Nimrud.** (à direita) Marfim. Nova York, Museu Metropolitano. Foto do autor.
172 **Templo de Hatshepsut em Deir-el-Bahari.** Exterior, foto do autor.
173 **Templo de Hatshepsut em Deir-el-Bahari.** Interior, foto do autor.
174 **Caractere *Djed*: originário do templo de Seti I, em Abidos.** Segundo R. David (1981).
175 **O içamento do *djed* do templo de Seti I, em Abidos.** Segundo R. David (1981).
175 ***Djed* e ornamentos em forma de lírio em uma placa de calcário.** Nova York, Museu Metropolitano. Foto do autor.
176 **A Construção da pirâmide de Djoser.** Corte dos diversos níveis, segundo I.E.S. Edwards (1967).
177 **Os pavilhões de pedra de Heb-Sed.** Complexo da pirâmide de Djoser, em Saqqara. Foto do autor.
177 **Detalhe exterior de Heb-Sed.** Complexo da pirâmide de Djoser, em Saqqara. Foto do autor.
177 **A reconstrução do protótipo de madeira do pavilhão de Heb-Sed.** Segundo L. Borchardt (1937).
178 **O Colosso de Ramsés III.** De Luxor. Foto do autor.
179 **Colosso de Ramsés II.** De Luxor. Foto do autor.
179 **Coluna com relevo de folha de palmeira.** Museu Britânico. Foto do autor.
179 **A reconstrução do Mégaro em Tirinto como templo arcaico.** Segundo H. Schliemann (1886).

VII. O HERÓI COMO UMA COLUNA

184 **A reconstituição de um templo grego: o Heráion de Olímpia.** (à esquerda) Fotogravura segundo C. Chipiez.
184 **A reconstituição de um templo grego: o Templo de Poseidon em Pesto (Paestum).** (à direita) Segundo C. Chipiez.

185 **Estilóbata e pé da coluna: Templo de Afaia em Égina.** Foto do autor.
186 **Bases das colunas: Palácio em Pilos. Pórtico do Mégaro.** Foto do autor.
189 **O estreitamento da canelura dórica.** Segundo C. Chipiez.
190 **Héracles empunhando um machado.** Segundo A. Orlandos (1966-1969).
190 **Carpinteiro manejando uma enxó.** Londres, British Museum.
191 **Pito funerário gigante.** De Atenas. Museu Metropolitano, Nova York. Foto do autor.
191 **Reconstrução da decoração pintada sobre o equino e o ábaco.** Segundo C. Boetticher (1874).
192 **A "Basílica" em Pesto.** Foto do autor.
193 **Capitel dórico.** A origem em madeira da construção em pedra. Segundo A. Choisy.
193 **Capitéis dóricos.** Construção em pedra da cornija em relação aos detalhes. Segundo A. Choisy.
195 **Templo dórico.** Detalhe do Vaso François. Florença, Museu Arqueológico. © Fratelli Alinari.
196 **Modelo de templo arcaico.** Do antigo Pártenon. Atenas, Museu da Acrópole. Foto do autor.
196 **Detalhe de cornija em terracota: um tesouro em Selinunte.** Museu de Agrigento. Foto do autor.
198 **Modelo: Do templo de Hera, em Peracora.** •Estado atual e reconstrução. Atenas, Museu Arqueológico. Segundo J.N. Coldstream.
198 **Modelo de um templo em Argos.** Atenas, Museu Arqueológico.
198 **Modelo do Heráion em Samos.** Samos, Museu Vathy.
198 **Modelo de Khania Tekke.** Iráclio, Museu Arqueológico.
198 **Modelo de um edifício circular de Archanes.** Iraklion, Museu Arqueológico.
199 **Templo de Apolo em Delfos: vista a partir do teatro.** Foto do autor.
201 **Dafnéforo de Erétria: Planta do local.** Segundo P. Auberson (1968).
201 **Modelo reconstruído da cabana: Dafnéforo de Erétria.** Segundo P. Auberson (1968).
201 **Dafnéforo de Erétria: Escavação.** Foto do autor.
202 *Heroon* de Lefkandi. Planta da escavação, segundo M. Popham (1933).
202 *Heroon* de Lefkandi. Reconstrução axonométrica, segundo M. Popham (1933).
203 **Restauração de um templo em Dreros.** Segundo I. Beyer (1976).
203 **Restauração de um templo em Prínias.** Segundo I. Beyer (1976).
205 **Thermon: Escavação dos edifícios A e B.** Segundo G. Soteriadis (1901).
205 **Thermon: Planta da escavação. Segundo G. Soteriadis (1901).**
205 **Thermon, Templo de Apolo: local do templo.** Foto, segundo G. Soteriadis (1901).
206 **Thermon: Reconstrução da cornija, projeção.** Segundo G. Soteriadis (1901).
206 **As quatro placas métopas sobreviventes, restauradas a partir de fragmentos.** (em sentido horário, a partir do alto à esquerda) a. Gorgoneion; b. Caçador segurando presa; c. Jogo de xadrez(?) entre dois homens; d. Perseu com a cabeça da Medusa. Atenas, Museu Arqueológico.
207 **Planta: Heráion em Olímpia.** Desenho de H. Schleif, segundo W. Dörpfeld (1935).
207 **Elevação: Heráion em Olímpia.** Desenho de H. Schleif, segundo W. Dörpfeld (1935).
208 **Colunas mostrando cortes para placas votivas: Heráion em Olímpia.** Foto do autor.
208 **Heráion de Olímpia: acrotério central, restaurado a partir de fragmentos.** Olímpia, Museu Nacional. Segundo W. Dörpfeld (1935).
209 **Placa votiva de bronze "personalizada".** Atenas, Museu Nacional. Foto do autor.
211 **Águia do frontão.** Museu de Perga. Foto do autor.

VIII. O QUE SE SABE E O QUE SE VÊ

222 **Propileus da Acrópole em Atenas.** Foto do autor.
222 **Templo de Poseidon em Pesto.** Foto do autor.
223 **Templo em Segesta.** Detalhe do canto da cornija. Foto do autor.
225 **Êntase e inclinação das colunas do Pártenon e propileus.** Segundo F.C. Penrose (1888).
226 **A curvatura da estilóbata do Pártenon.** Foto do autor.
227 **Efeito "óptico" e inclinação das colunas de um templo dórico grego.** (à esquerda)Segundo A. Choisy.
227 **A inclinação das colunas: o templo em Égina e o de Hefesto em Atenas.** Segundo C. Chipiez.
227 **Representação diagramática da curva da estilóbata do Pártenon.** Segundo F.C. Penrose (1888)
228 **Exemplo de anatirose: dórico.** Templo de Zeus em Olímpia. Foto do autor.
228 **Curvatura côncava da estilóbata.** Templo de Apolo em Delfos. Foto do autor.
232 **Ruínas de estuque colorido.** Templo C em Selinunte. Foto do autor.
232 **Os olhos incrustados de uma estátua desaparecida.** Atenas, Museu Arqueológico. Foto do autor
233 **Os efeitos tonais da policromia.** Templo de Ártemis na Córcira. Segundo W. Dörpfeld (1935).

IX. A MÁSCARA, OS CHIFRES E OS OLHOS

240 **Baticles: O trono de Apolo em Amiclea.** Cortes, planta, elevação e projeção, segundo R.E. Martin (1987).
241 **O templo de Nike Ápteros.** Atenas, Acrópole. Foto do autor.
241 **Base da parede e estilóbata jônica.** Templo de Nike em Atenas. Foto do autor.
242 **Base jônica: Erecteion.** Foto do autor.
242 **Bases jônicas: Didimeu.** Foto do autor.
243 **Degraus intermediários e estilóbata jônica: Mileto.** (a esquerda) Foto do autor.
243 **Capitel jônico com colarinho de antêmio.** (ao centro)Delfos, pórtico ateniense. Foto do autor.
243 **Voluta jônica.** (à direita) Segundo Giuseppe Porta em G. Selva (1814).
245 **Capitel de canto: Didimeu em Mileto.** Paris, Louvre. Foto do autor.
245 **Detalhe do capitel.** Troia, templo de Apolo Esminteu. Foto do autor.
246 **Capitel protojônico: canto.** Atenas. Museu da Ágora. Foto do autor.
248 **Capitel: Templo de Ártemis em Sárdis.** Vista lateral. Foto do autor.
248 **Capitel: Templo de Ártemis em Sárdis.** Vista frontal. Foto do autor.
248 **Templo de Ártemis em Sárdis.** Vista. Foto do autor.
248 **Templo de Ártemis em Sárdis.** Planta baixa em três estágios de construção. Segundo K.J. Fraser em G. Hanfmann e J. Waldbaum (1975).
249 **Templo de Ártemis na Magnésia.** Elevação. Segundo C. Humann e J. Kohte (1904).
249 **Templo de Ártemis na Magnésia.** Planta baixa. Segundo C. Humann e J. Kohte (1904).
249 **Templo de Ártemis na Magnésia. Detalhe.** Segundo C. Humann e J. Kohte (1904).
249 **Templo de Ártemis na Magnésia. Capitel.** Foto do autor.
251 **Templo de Ártemis em Éfeso.** Local do templo visto pelo assentamento urbano original. Fotos do autor.
253 **A grande estátua de Ártemis.** Museu de Éfeso. Foto do autor.
254 **A bela Ártemis.** (acima) Museu de Éfeso. Foto do autor.
254 **Vaso leneano.** (ao centro)Nápoles, Museu Arqueológico. © Fratelli Alinari.
254 **Skyphos (vaso) ático.** (acima, à direita) Londres, Museu Britânico.
254 **Desenvolvimento do vaso leneano de Nápoles.** (ao lado)Segundo A. Frickenhaus (1912).
255 **Moedas de Samos e da Magnésia.** Segundo T.L. Donaldson (1859).
256 **A Afrodite de Afrodísias. Museu de Afrodísias.** (acima, à esquerda) Foto do autor.
256 **Ártemis e Zeus. Placa em relevo.** Museu de Éfeso. Foto do autor.
256 **A deusa Perge.** (abaixo, à direita) Museu de Antália. Foto do autor.
256 **Relevo votivo de Tégea que mostra Zeus Labraundos ladeado por Ada e Idrieu.** (abaixo) Londres, Museu Britânico.
257 **O templo de Ártemis em Éfeso, patrocinado por Creso.** Segundo F. Krischen (1956).
258 **Templo de Ártemis em Éfeso.** Pesquisa de ruínas, segundo A. Bammer (1984). Os dois hecatômpedos estão sombreados.
258 **O nome do rei Agesilau apagado da base da coluna em Éfeso.** Londres, Museu Britânico. Segundo W. Schaber (1982).
259 **Templo de Hera, Samos: as sobreposições de vários templos no local.** Segundo Ernst Buschor.
261 **A coluna de Naxos, em Delfos.** Museu de Delfos. Foto do autor.
263 **Capitel eólico de Neandria.** Istambul, Museu Arqueológico. Foto do autor.
263 **Capitel eólico de Lesbos.** Istambul, Museu Arqueológico. Foto do autor.
264 **Coluna votiva de Larisa.** (à esquerda) Restauração, segundo J. Boehlau e K. Schefold (1940-1942).
264 **Capitel eólico: coluna votiva de Larisa.** Istambul, Museu Arqueológico. Foto do autor.
265 **Tumba de Ciro.** Segundo R. Ghirshman (1964).
267 **Hatusa: plano geral.** Segundo R. Naumann (1955)
267 **Hatusa: palácio real.** (acima) Segundo R. Naumann (1955)
267 **Hatusa: edifícios A e D.** (abaixo) Segundo R. Naumann (1955)
268 **Emblemas reais hititas com o caractere lugal-gal.** Yazilikaya, Câmara A; Tudhaliyas IV. Segundo E. Akurgal (1962).

Lista de Imagens

268 **Emblemas reais hititas com o caractere lugal-gal.** Yazilikaya, Câmara B; Tudhaliyas IV com o seu deus protetor. Segundo E. Akurgal (1962).
269 **Palácio incendiado, Beycesultan.** Segundo H. Seton Lloyd (1967).
269 **Mégaro 3, Gordion.** Vista interior. Reconstituição desenhada por G.F. Muscarella. © Museu da Universidade da Pensilvânia, Filadélfia.
269 **Mégaro 3, Gordion.** Planta desenhada por J. Last. © Museu da Universidade da Pensilvânia, Filadélfia.
270 **Türbe, perto de Erkizan no Lago Van, Turquia.** Foto do autor.
270 **Mosaico do piso do Mégaro 2, Gordion.** Desenho de J. Last e Christopher Polycarpoi. © Museu da Universidade da Pensilvânia, Filadélfia.
270 **Mosaico do piso do Mégaro 2, Gordion.** © Museu da Universidade da Pensilvânia, Filadélfia.
271 **Xanto: detalhe do teatro.** (à esquerda) Foto do autor.
271 **Xanto: tumba Harpy.** (acima, à direita) Foto do autor.
271 **Xanto: tumba Harpy.** (ao lado) Detalhes da base. Foto do autor.
272 **Xanto: tumba "em formato de trenó".** Foto do autor.
272 **Xanto: tumba "em formato de trenó".** Detalhes da construção. Segundo A. Choisy.
272 **Fethiye: grande tumba jônica.** Foto do autor.
272 **Fethiye: tumba "em formato de trenó" e pequena tumba jônica.** Fotos do autor.
274 **Ombreira em Tamassos, Chipre.** Segundo V. Karageorghis (1973).
274 **Tamassos, Tumba XI: planta e corte transversal.** Segundo M. Ohnefalsch-Richter (1903).
275 **Moedas que mostram os templos em Pafos e em Biblos.** Segundo T.L. Donaldson (1859).
277 **Relevo em basalto de dois demônios com uma "árvore sagrada."** Museu de Ancara. Foto do autor.
278 **Capitéis "eólicos": Megido.** Jerusalém, Museu de Israel. Foto do autor.
278 **Capitéis "eólicos": Ramat Rachel.** Jerusalém, Museu Rockfeller. Fotos do autor.
279 **Relevo de Nabu-aplu-iddina "Placa do deus-sol".** Londres, Museu Britânico.
279 **Estela cipriota (eólica).** Nova York. Museu Metropolitano. Foto do autor.
279 **Estela cipriota da deusa Hátor.** Nova York. Museu Metropolitano. Foto do autor.
279 **Capitéis fenícios de lótus e de Hátor.** Paris, Louvre. Foto do autor.
281 **Modelo em terracota de Idálio.** (à esquerda) Paris, Louvre. Foto do autor.
281 **Oratório de terracota em miniatura na forma de uma casa.** Paris, Louvre. Foto do autor.
282 **Estela cipriota com esfinge.** Nova York, Museu Metropolitano. Foto do autor.
282 **Pregos de fundação sumérios.** Nova York, Museu Metropolitano. Foto do autor.
284 **Oratório cipriota em miniatura.** (no alto) Museu de Nicosia. Segundo V. Tatton-Brown (1979).
284 **Máscaras de touro cipriotas.** Museu de Nicosia. Segundo V. Tatton-Brown (1979).
286 **Colunas de Tell-el-Rimah.** Paris, Louvre. Foto do autor.
286 **Coluna palmiforme do pátio.** Istambul, Museu Arqueológico. Foto do autor.
287 **Templo Inrin, Warka.** Berlim, Museu Pergamon. Foto do autor.
287 **Colunas de Osíris.** Luxor, templo de Ramsés II. Foto do autor.
289 **"Gamela" suméria.** Londres, Museu Britânico.
289 **Símbolos sumérios do nó de pilar.** Segundo E.D. Van Buren (1945).
290 **A origem da coluna *djed* e do pilar do templo sumério no feixe de juncos.** Segundo W. Andrae (1930).
291 **Cabo de sistro com a cabeça de Hátor.** Nova York, Museu Metropolitano. Foto do autor.
292 **Capitéis da capela de Hátor. Tumba de Hatshepsut em Deir-el-Bahari.** (no alto) Foto do autor.
292 **Capela astronômica.** Templo de Hátor, Denderah. Foto do autor.

X. A VIRGEM CORÍNTIA

295 **A construção do capitel coríntio.** Conforme Serlio.
296 **A origem da ordem coríntia e a construção do seu capitel.** (à esquerda) Extraído do Vitruvius de C. Perrault (1684).
296 **Invenção da ordem coríntia.** (à direita) Calcografia, conforme Fréart de Chambray.
299 **Lécito com fundo branco.** (à esquerda) Nova York. Museu Metropolitano. Foto do autor.
299 **Lécito com fundo branco.** (à direita) Nova York. Museu Metropolitano. Foto do autor.
300 **Desenvolvimento do lécito com fundo branco:** O sono e a morte depositam um guerreiro em seu túmulo. Conforme E. Pfühl (1923).
301 **Desenvolvimento do lekythos com fundo branco:** Participantes do sepultamento trazem cestas de cerâmica para o túmulo, coroado com uma planta que lembra o acanto.
301 **Acanto.** Foto do autor.
301 **Decoração de palmeta num vaso funerário da Campânia.** Londres, British Museum. Foto do autor.
303 **O gigantesco acanto délfico e as figuras dançantes.** Fotos do autor
303 **Reconstrução do acanto gigante de Delfos como um pedestal de trípode.** (abaixo) Por J. Pouillox; G. Roux (1963).
304 **Apolo na trípode.** Relevo em mármore. Atenas, Museu Arqueológico. Foto do autor.
305 **Grupo de hécates ou *perirranterion* délfico.** (abaixo) Mármore pário e bronze. Foto do autor.
306 **Gigantesco lebés de mármore sustentado por acanto e palmetas.** Atenas, Museu Arqueológico. Foto do autor.
306 **Palmeta e acanto.** Londres, Museu Britânico. Foto do autor.
306 **O tesouro dos massilienses, Delfos.** (ao lado) Capitel da coluna. Foto do autor
307 **O telestério eleusiano.** (acima) Plano das escavações. Segundo G.E. Mylonas (1961).
307 **O telestério eleusiano.** Vista do local. Foto do autor.
308 **Deméter, Triptólemo e Perséfone.** Relevo em mármore. Paris, Louvre. Foto do autor.
311 **O templo de Apolo Epicúrio. Bassa Planta.** Conforme W.B. Dinsmoor (1950).
311 **Coluna jônica.** Desenho com medidas feito por Haller von Hallenstein.
311 **O templo de Apolo Epicúrio, Bassa.** Vista. Foto do autor
313 **A coluna coríntia.** Detalhes. Conforme C.R. Cockerell (1860).
313 **A coluna coríntia com seu entablamento.** Conforme C.R. Cockerell (1860).
315 **Tolo de Marmaria, em Delfos.** (à esquerda) Detalhe. Foto do autor.
315 **Tolo de Marmaria, em Delfos.** Foto do autor.
316 **Tolo no santuário de Asclépio em Epidauros.** Planta, segundo G. Roux (1961).
316 **Tolo de Epidauro.** Corte, segundo G. Roux (1961).
317 **Tolo de Epidauro.** (acima, à esquerda) Ordem coríntia no interior e dórica no exterior. Foto do autor.
317 **Tolo no santuário de Asclépio em Epidauro.** (acima, à direita) Vista da subestrutura. Foto do autor.
317 **Monumento corégico de Lisícrates.** Atenas. Exterior. Foto do autor.
318 **Templo de Zeus Olímpico, Atenas.** Coluna caída. Foto do autor.
319 **Templo de Zeus Olímpico, Atenas.** Foto do autor.

XI. UMA COLUNA NATIVA

326 **Tuscanicae dispositiones.** Segundo C. Perrault (1684).
326 **Amarração da cornija toscana sendo presa com grampo.** Conforme Vitruvius de S. Stratico (1830).
327 **O Coliseu, Roma.** Segundo A. Desgodets (1682).
327 **O Anfiteatro de Verona.** Segundo S. Maffei (1731-1732).
331 **Templo de Jupiter O.M., Capitólio, Roma.** Segundo E. Gjerstad (1953-1973).
331 **Templo de Jupiter O.M.: Detalhe das colunas e cornijas.** Segundo E. Gjerstad (1953-1973).
332 **Túmulo "dell'Alcova", Cerveteri.** © Fratelli Alinari.
333 **Túmulo "dei Capitelli", Cerveteri.** © Fratelli Alinar.
335 **Duas moedas de Minucii mostrando a coluna de Minucius Augurinus.** Segundo Becatti.
336 **Túmulo "Dei Rilievi", Cerveteri.** © Fratelli Alinari.
338 **Porta Augusta, Perugia.** ©Fratelli Alinari.
339 **Porta Marzia, Perugia.** © Fratelli Alinari.
340 **Santa Maria Novella, Florença.** Colunas de canto. Foto do autor.
341 **Villa Médici, Poggio a Caiano.** © Fratelli Alinari.
342 **As ordens: o Vitrúvio de C. Cesariano (1521).**

Abreviaturas e Textos Antigos

AA	*Archäologischer Anzeiger* (Berlim)
AAQ	*The Architectural Association Quarterly* (Londres)
AB	*The Art Bulletin* (Boletim da Faculdade de Arte Associação da América, Boston)
AC	*L'Antiquité Classique* (Bruxelas)
Ad Her.	*Ad C. Herennium de Ratione Dicendi* (atribuído a Cícero), ed. e trad. Harry Caplan, LCL.
Ael.	Claudius Aelianus
VH	*De Varia Historia*
Nat. An.	*De Natura Animalium*
	On Characteristics of Animals, trad. A.F. Scholfield, LCL.
Aesch.	Ésquilo
	Works, ed. Eduard Fraenkel, 3 v. (Oxford, 1950)
	Ed. G. Thomson e W. Headlam, 2 v. (Praga, 1966)
Ag.	*Agamêmnon*
Eum.	*Eumênides*
Fr.	*Fragmenta*
Pers.	*Persas*
	The Persians, trad. J. Lembke e C. John Herington (Nova York, 1981)
Prom. Vinc.	*Prometeu Acorrentado*
Aet.	Aetius
AH	*Art History* (Londres)
AJ	*The Antiquaries Journal* (Londres)
AJA	*American Journal of Archeology* (Nova York)
AJP	*American Journal of Philology* (Baltimore)
AK	*Antike Kunst* (Berna)
Ann. Rev. Anthr.	*Annual Review of Anthropology* (Palo Alto, Calif.)
AnSt	*Anatolian Studies* (Instituto Britânico de Arqueologia em Ankara, Londres)
AntDenk	*Antike Denkmäler* (Berlim)
AntP	*Antike Plastik* (Berlim)
Apol.	Apollodorus (o Grámatico), trad. J.G. Frazer, LCL,
Bibl.	*Bibliotheka* (A Biblioteka)
Epit.	*Epitome*
Apol. Ath.	"Apolodoro de Atenas"
Chron.	*Chronika* (Crônicas)
Peri Th.	*Peri Theon* (Sobre os Deuses)
Appian	Apiano de Alexandria
Bel. Civ.	*Bella Civilia*
APS	*Proceedings of the American Philosophical Society* (Filadélfia)
Apul.	Apuleio de Madaura
Met.	*Metamorphoseon Libri XI*
	The Golden Ass, sendo as Metamorphoses de Lúcio Apuleio, trad. W. Adlington (1566); rev. S. Gaselee, LCL.
	Ed. e trad. J. Arthur Hanson, LCL.
AQ	*The Art Quarterly* (Nova York)
Aq.	São Tomás de Aquino
Ep. Reg.	*Epistola de Substantiis Separatis ad Fratrem Reginaldum*
In Eth. Nic.	*In Ethica ad Nicomachum Expositio*
De Reg. Prin.	*De Regimine Principum*
Sum. Th.	*Summa Theologica*
ArchCl	*Archeologia Classica* (Roma)
ArchHom	*Archeologia Homerica* (Göttingen)
Arist.	Aristóteles
De An.	*De Anima*
	trad. W.S. Hett, LCL.
Ath. Pol.	*Athenion Politeia*
Eth. Nic.	*Nicomachean Ethics*
	trad. David Ross (Oxford, 1954)
Met.	*Metaphysics*
Part. An.	*De Partibus Animalium*
	trad. A.L. Peck, LCL

Phys.	*Física*		Cic.	Marcus Tullius Cicero
	trad. R. Hope (Nebraska, 1961)		*Acad.*	*Academicae Quaestiones*
Poet.	*Poética*		*De Amic.*	*de Amicitia*
	S.H. Butcher (Londres, 1907)		*Brut.*	*Ad Brutum*
	I. Bywater (Oxford, [1920] 1959)		*De Div.*	*De Divinatione*
	W.H. Fyfe, LCL		*Fam.*	*Epistulae ad Familiares*
	Gerald F. Else (Leiden, 1957)		*De Fin.*	*De Finibus*
Pol.	*Política*		*De Inv.*	*De Inventione*
Rhet.	*Retórica*			trad. H.M. Hubbell, LCL
	trad. J.H. Freese, LCL		*De Leg.*	*De Legibus*
Aristoph.	Aristófanes		*De Nat. Deo.*	*De Natura Deorum*
Achrn.	*Os Acarnianos*			Ed. Harris Rackham, LCL
Fr.	*Fragmenta*		*De Off.*	*De Officiis*
	Ed. A. Nauck (Halle, 1848)		*Or.*	*Orator*
Nub.	*Nubes* (As Nuvens)		*Tusc.*	*Tusculanae Disputationes*
Arrian.	Flavius Arrianus		*De Univ.*	*De Universo*
An.	*Anabasis*		*In Verr.*	*Verrine Orations*
Artem.	Artemidorus Daldianus		CIG	*Corpus Inscriptionum Graecarum* (Berlim, 1825-1877)
Onei.	*Oneirokritika*		Clem. Alex.	Clemente de Alexandria
Athan.	Atanásio, Bispo de Alexandria			*Works*, trad. W. Wilson (Edinburgh, 1867)
Adv. Gr.	*Oratio contra Gentes*		*Protr.*	*Protreptikos pros Ellinas* (Exortação aos Gregos)
Athen.	Ateneu de Náucratis			Trad. G.W. Butterworth, LCL
Deip.	*Deipnosophistai*		*Strom.*	*Stromata*
Ath. gr.	Atenágoras		CM	*Classical Museum* (Londres)
	Works. Ed. M. Dodds, G. Reith, e B.P. Pratten (Edinburgh, 1868)		CNR	Consiglio Nazionale delle Ricerche
Pro Christ.	*Apologia peri Christianon* (Apologia dos Cristãos)		CNRS	Centre National de la Recherche Scientifique
Aul. Gel	Aulus Gellius, *Noctes Atticae*. trad. John C. Rolfe, LCL		Colum.	Lucius Junius Moderatus Columella
Aurel. Aug.	Santo Agostinho de Hipona		*De R.R.*	*De Re Rustica*
De Civ. Dei	*De Civitate Dei*			Trad. Harrison Boyd Ash, E.S. Forster e E.H. Heffner, 3 v. LCL
	The City of God against the Pagans. Trad. George E. MacCracken (Cambridge, 1957-1972)		Corp. Herm.	Hermes Trismegistus, *Corpus Hermeticum*, Ed. e trad. A.D. Nock e A.-J. Festugiere. 4 v. (Paris, 1945)
Enarr. in Ps.	*Enarrationes in Psalmos*		CQ	*Classical Quarterly* (Oxford)
De Gen.	*De Genesi ad Litteram Imperfectus Liber*		Crit. Arte	*Critica d'Arte* (Florence)
AW	*Antike Welt* (Feldmeilen, Suíça)		Cusa	Nicolau de Cusa
Bacch.	Baquílides		*De Doc. Ign.*	*De Docta Ignorantia* (Sobre a Douta Ignorância)
	In *Lyra Graeca*, ed. J.M. Edmonds, LCL			Ed. G.M. Heron (Londres, 1954)
BCH	*Bulletin de Correspondance Héllenique* (École Française d'Athènes, Atenas e Paris)		CSEL	*Corpus Scriptorum Ecclesiasticorum Latinorum* (Viena, 1866)
Ber. Sächs. Akad. Wiss.	*Berichte der Sächsischen Akademie der Wissenschaften* (Leipzig)		DBI	*Dizionario Biografico degli Italiani* (Rome, 1960-)
BIAO	*Bulletin, Institut Français d'Archéologie Orientale* (Cairo)		Dio Chrys.	Dio Chrysostomos
BICS	*Bulletin, Institute of Classical Studies* (Londres)		*Or.*	*Orationes*
BM	British Museum, Londres		Diod. Sic.	Diodorus Siculus, *Bibliotheca Historica*. Trad. C.H. Oldfather et al., LCL
Boeth.	Anicius Manlius Severinus Boethius		Dion. Hal.	Dioniso de Halicarnasso
De Mus.	*De Musica*		*Ant. Rom.*	*Antiquitates Romanae*
	On Harmony, ed. Oscar Paul (Leipzig, 1872)		*Isoc.*	*De Isocrate*
	Fundamentals of Music, trad. Calvin M. Bower (New Haven, 1989)		Diog. Laert.	Diógenes Laércio
Topic. Aristot. Interp.	*Interpretatio Topicorum Aristotelis*			*In Pol. Life of Polemo*
Brit. Sch. Ann.	*Annual of the British School at Athens* (Londres)		Diosc.	Discorides Pedanius (de Anazarbo)
BSA Arch. Rep.	*Archaeological Reports of the British School at Athens* (Londres)		DK	*Fragmente der Vorsokratiker*, de H. Diels e W. Kranz, 6 ed. rev. (Berlim, 1985)
CA	*Current Anthropology* (Chicago)		DNB	*Dictionary of National Biography*, ed. Leslie Stephen e Sidney Lee (Londres, 1885-1901); suplementos 1 (1901), 2 (1970); novas séries (1901-)
CAH	*Cambridge Ancient History*, ed. I.E.S. Edwards, C.J. Gadd, e N.G.L. Hammond, 3 ed. (Cambridge, 1970-1991)		DS	*Dictionnaire des Antiquités Grecques et Romaines*, ed. Charles Daremberg e Edmond Saglio (Paris, 1877-1919)
Cal.	Callimachus, *Hymns and Epigrams*, trad. G.R. e A.M. Mair, LCL		EA	*Ephemeris Archaiologike* (Atenas)
Cato	Marcus Porcius Cato		EAA	*Enciclopedia dell'Arte Antica, Classica e Orientale* (Rome, 1958-1966)
De A.C.	*De Agricultura*			
C.'Dio	Dio Cassius Cocceianus		Etym. Magn.	Etymologicon Magnum (O "Grande Dicionário")
Rom.	*Romaika Istoria*			
	Roman History, trad. E. Cary, 9 v., LCL			
Cens.	Censorinus, *De Die Natali*			
CIA	*Corpus Inscriptionum Atticarum* (Berlim, 1825-)			

Euc.	Euclides de Mégara *The Elements of Geometry*, ed. I. Todhunter, introd. T.L. Heath, 2 ed. (Londres, 1933) *The Elements of Geometrie ... of Euclid of Megara ... translated into the English Toung by H. Billingsley ... with a very fruitful preface made by M.J. Dee* (Londres, 1570)
Eur.	Eurípides *Works*, trad. Arthur S. Way, 4 v., LCL
Androm.	*Andrômaca*
Bac.	*As Bacantes*
Hec.	*Hécuba*
Iph. Taur.	*Ifigênia em Táuris*
Krit.	*As Cretenses* In *Papyri*, ed. D.L. Page, LCL
Or.	*Orestes*
Phoen.	*Fenícias*
Eus.	Eusébio de Cesareia
Chron.	*Chronica*
Prep. Ev.	*De Evangelica Praeparatione* Trad. K. Lake, 2 v., LCL
Eustat.	Eustácio de Tessalônica)
In Dion. Per	*Paráfrase de Dionysos Pereigetes*
In Il.	*ad Iliadem*
FD	*Fouilles de Delphes*, École Française d'Athènes (Paris, 1902-)
Fes.	Sextus Pompeius Festus, *De Verborum Significatione* Ed. W.M. Lindsay (Leipzig, 1913) Ed. C.O. Mueller (Hildesheim, 1975)
FHG	*Fragmenta Historicorum Graecorum* (Paris, 1841-1851)
Firm. Mat.	Julius Firmicus Maternus
De Error.	*De Errore Profanarum Religionum*
Gal.	Galeno de Pérgamo
De Plac.	*De Placitis Hippocratis et Platonis* Ed. I. Mueller (Leipzig, 1874)
GR&BS	*Greek, Roman and Byzantine Studies* (Durham, N.C.)
Gr. Diz.	*Grande Dizionario della Lingua Italiana* (Turim, 1961-)
Greg. Magn.	Gregorius Magnus Papa
Hom. Ev.	*Homilia in Evangelium*
Heliod.	Heliodoro de Emesa, *AEthiopica*, vertido para o inglês por T. Underdowne (1587); rev. ed. Charles Whibley (Londres, 1895)
Her.	Heródoto de Halicarnasso, *Histories*, Trad. A.D. Godley, LCL Trad. A. de Selincourt (Harmondsworth, 1959) Trad. H. Carter (Nova York, 1958)
Heraclid. Pont.	Heraclides Ponticus
Hes.	Hesíodo, *Theogonia; Opera et dies*, ed. R. Merkelbach e M.L. West (Oxford, 1966) Trad. Hugh Evelyn-White, LCL
Op. D.	*Os Trabalhos e os Dias*
Theog.	*A Teogonia* Trad. Richard Lattimore (Ann Arbor, 1959)
Hesy.	Hesíquio de Alexandria, *Synagoge* (*Lexicon*) Ed. K. Latte, 2 v. (Copenhagen, 1953-1966)
HF	Hjalmar Frisk, *Griechisches Etymologisches Wörterbuch* (Heidelberg, 1960-)
Hier	Hieronymus (São Jerônimo)
In Ep. Eph.	*Comentários Sobre a Espístola de São Paulo aos Efésios*
Hip.	Hipócrates *Oeuvres complètes*, 4 v., ed. H. Roger e E. Littré (Paris, 1932-1934)
Aer.	*De Temporibus Aquis et Locis*
De Foem. St.	*De Foeminu Sterilitate* (Sobre a Esterilidade das Mulheres)
Hist. Aug. Ser.	*Scriptores Historiae Augustae*, Trad. David Magic, LCL
HJ	*Historisches Jahrbuch* (Munique)
Hom.	Homero
Il.	*Ilíada*
Od.	*Odisseia*
Hym.	*Hinos* Trad. J. Humbert (Paris, 1936) Ed. M. Cantilena (Rome, 1982)
Hym. Dem.	*Hino a Deméter*
Hym. Herm.	*Hino a Hermes*
Hym. Pyth.	*Hino a Apolo Pítio*
Hor.	Quintus Horatius Flaccus *Satires, with Epistles and Ars Poetica*, trad. H. Rushton Fairclough, LCL
Ars Poet.	*A Arte Poética*
Carm.	*Carmina*
Ep.	*Epístolas*
Sat.	*Sátiros*
Hyg.	Hyginus
Fab.	*Fabulae*
HZ	*Historische Zeitschrift* (Munique)
Iamb.	Jâmblico de Cálcis
De Myst.	*De Mysteriis*
V. Pyth.	*De Vita Pythagorica* Ed. A. Nauck (São Petersburgo, 1884)
ICCA	*International Congress of Classical Archeology*
IG	*Inscriptiones Graecae* (Berlim, 1873)
IL	*Inscriptiones Latinae* (Berlim, 1893)
Ios.	Iosephus Flavius *Works*, ed. R. L'Estrange, 3 v. (1709)
In Ap.	*In Apionem*
Isoc.	Isócrates
Bus.	*Busiris*
Is. Sev.	Isidoro de Sevilha
Etym.	*Etymologiae sive Origines*
Ist. For.	*Istanbuler Forschungen* (Berlim)
JDAI	*Jahrbuch des Deutschen Archäologischen Instituts* (Berlim)
JEA	*Journal of Egyptian Archeology* (Londres)
JGH	*Journal of Garden History* (Londres)
JHI	*Journal of the History of Ideas* (Filadélfia)
JHS	*Journal of Hellenic Studies* (Londres)
JOAIW	*Jahreshefte des Oesterreichischen Archaeologischen Instituts in Wien*
Jordanes	
De Or.	*Getarum sive Gothorum Origine et Rebus Gestis*
JRA	*Journal of Roman Archaeology* (Ann Arbor, Mich.)
JRS	*Journal of Roman Studies* (Londres)
JSAH	*Journal of the Society of Architectural Historians* (Filadélfia)
JWCI	*Journal of the Warburg and Courtauld Institutes* (Londres)
JWI	*Journal of the Warburg Institute* (Londres; depois JWCI)
LÄ	*Lexikon der Aegyptologie*, ed. W. Helck e E. Otto (Wiesbaden, 1972-1992)
Lact. Firm.	L. Caecilius Lactantius Firmianus
Inst.	*Divinarum Institutionun adversus Gentes Libri Septem*
De Op. D.	*De Opificio Dei vel Formatione Hominis*

LCL	Loeb Classical Library
Livy	Titus Livius, *Ab Urbe Condita*
	Ed. B.O. Foster, 14 v., LCL
Long.	Longinus Dionysius, *De Sublimitate*
LSJ	*A Greek-English Lexicon*, comp. Henry George Liddell and Robert Scott, rev. Sir Henry Stuart Jones, 9 ed. (Oxford, 1990)
Luc.	Luciano de Samósata
	Ed. A.M. Harmon e K. Kilburn, LCL
	Ed. M.D. McLeod, Oxford Classical Texts (Oxford, 1974)
	Ed. E. Chambry (1933)
De Dea Syr.	*De Dea Syria*
Dial. Het.	*Hetairikoi Dialogoi*
Pro Ikon.	*Em Defesa de Retratos*
Prom.	*Prometeu ou o Cáucaso*
Salt.	*De Saltatione*
Lucr.	Titus Lucretius Carus, *De rerum natura*
	Ed. e trad. H.A.J. Munro (Cambridge, 1886)
	Trad. W.H.D. Rouse (Cambridge, 1975)
MA	*Mediterranean Archaeology* (Sydney)
MAAR	*Memoirs. American Academy at Rome*
Macr.	Ambrosius Theodorus Macrobius
Sat.	*Saturnalia*
In S.S.	*In Somnium Scipionis*
MAL	*Monumenti Antichi della* (*Reale*) *Accademia dei Lincei* (Roma)
MDAI	*Mitteilungen des Deutschen Archaeologischen Instituts*
MDAIA	*Abt. Athen* (Berlim)
MDAIK	*Abt. Kairo* (Mainz)
MDAIR	*Abt. Rom*
Mischná	*The Mishnah*, ed. Herbert Danby (Oxford, 1933)
Orl.	Tratado *Orlah*
Zar.	Tratado *Abodah Zarah*
M. Manilius	Marcus Manilius, *Astronomica*
	Ed. Jacob van Wageningen (Leipzig, 1905)
M.M. Felix	Marcus Minucius Felix, *Octavius*
MRS	*Mediaeval and Renaissance Studies* (London)
MQ	*The Musical Quarterly* (New York)
Nic. Dam.	Nicholas of Damascus
NS	*Notizie degli Scavi di Antichità* (Rome)
Non.	Nonnos of Panopolis, *Dionysiaca*, Trad. W.H.D. Rouse, LCL
OA	*Opuscula Atheniensia* (Acta Instituti Atheniensis Regni Sueciae, Lund)
Ovid	P. Ovidius Naso
	Works, ed. P. Burmann (Amsterdam, 1727)
Met.	*Metamorfoses*
	Trad. E J. Miller, LCL
Pont.	*Ex Ponto*
	Trad. A.L. Wheeler, LCL
PAPA	*Proceedings of the American Philological Association* (Cleveland)
Paus.	Pausanias, *Description of Greece*
	Ed. J.G. Frazer, 4 v. (Londres, 1913)
	Ed. W.H. Jones e R. Wycherley, 4 v., LCL
	Ed. H. Hitzig e H. Bluemner, 3 v. em 6 (Leipzig, 1896-1910)
	Ver também M. de G. Verrall e J.E. Harrison
PC	Pierre Chantraine, *Dictionnaire Etymologique de La Langue Grecque: Histoire des Mots* (Paris, 1968-1980)
Pers.	Aulus Persius Flaccus
Sat.	*Sátiras*

PG	*Patrologiae Cursus Completus*, org. de J.-P. Migne, Series Graeca (Paris, 1856–1861)
Phil. Icon.	Filóstrato o Velho
	Eikones (Imagens)
	Trad. Arthur Fairbanks, LCL
Phil. Jun.	Flávio Filóstrato
V. Apol. Thy.	*Life of Apollonius of Tyana*
Philo Byz.	Fílon de Bizâncio
Mech. Syn.	*Mechanicae Syntaxis*
Philo Jud.	Fílon (de Alexandria ou o Judeu)
	Works, ed. Roger Arnaldez (Paris, 1961)
De Opif	*De Opificio Mundi*
Phot.	Fócio, Patriarca de Constantinopla
	Bibliotheca or *Myriobiblon*
	Ed. Immanuel Bekker (Berlim, 1824-1825)
	Trad. Nigel Wilson e Claudio Bevegni (Milan, 1992)
Pind.	Píndaro
	Works ed. Sir John Sandys, LCL
	Ed. Aimé Puech, 4 v. (Paris, 1922-1923)
Nem.	*As Odes Nemeias*
Ol.	*As Odes Olímpicas*
Pae.	*Hinos*
Pyth.	*As Odes Píticas*
PL	*Patrologiae Cursus Completus*, org. de J.-P. Migne, Series Latina (Paris, 1841-1902)
Pl.	Platão
	The Dialogues, ed. Edith Hamilton e Huntington Cairns, Bollingen Foundation (Nova York, 1961)
Charm.	*Cármides*
Crat.	*Crátilo*
Crit.	*Crítias*
Ep.	*Epístolas*
Euthy.	*Eutidemo*
Gorg.	*Górgias*
Hipp. maj.	*Hippias major*
Leg.	*The Laws*
	Trad. R.G. Bury, LCL
Parm.	*Parmenides*
Phaedr.	*Phaedrus*
Phil.	*Philebus*
Polit.	*Politicus*
Prot.	*Protagoras*
Rep.	*The Republic*
	Trad. F.M. Cornford (Oxford, 1941)
Soph.	*The Sophist*
	A. Dies (Paris, 1925)
Symp.	*The Symposium*
Tht.	*Theaetetus*
Tim.	*Timaeus*
	Ed. R.G. Bury, LCL
	Ed. A. Rivaud (Paris, 1925)
	Trad. F.M. Cornford, ed. Oskar Piest (Nova York, 1937)
PLG	*Poetae Lyrici Graeci*, ed. T. Bergk, LCL
Pln.	Plínio o Velho (Caius Plinius Secundus)
NH	*Naturalis Historiae Libri XXXVII*
	Ed. and trad. Jean Hardouin (Paris, 1685)
	Trad. H. Rackham, 10 v. LCL
Pln.	Plínio, o Novo (Caius Plinius Caecilius Secundus)
Ep.	*Epistulae*
Plut.	Plutarco de Queroneia
	Plutarchi Chaeronensis, Quae Exstant Omnia, cum Latina Interpretation Hermanni Cruserii, Gulielmi Xylandri, et Doctorum Virorum Notis (Frankfurt, 1599)
De An. Pr.	*De Animae Procreatione*

Apoth. Lac.	*Apophthegmata Laconica*
De Aud.	*De Recta Ratione Audiendi*
Consol. ad Apoll.	*Consolatio ad Apolloniuni*
De Def. Or.	*De Defectu Oraculorum*
De E Delph.	*De E apud Delphos*
Es. Car.	*De Esu Carnium*
De Gl. Ath.	*De Gloria Atheniensium*
De Is. et Os.	*De Iside et Osiride*
Plac. Phil	*De Placitis Philosophorum*
De Prof. Virt.	*De Profectibus in Virtute*
Quaest. Con.	*Quaestionum Convivalium*
Quaest. Gr.	*Quaestiones Graecae*
Quaest. Rom.	*Quaestiones Romanae*
Reg. et Imp. Apoth.	*Apophthegmata Regum et Imperatorum Symp. Symposion*
De Tranq. An	*De Tranquillitate Animae*
De Trans. An.	*De Transitu Animae*
V.	*Vitae* (*Vidas Paralas*)
Arist.	*Aristides*
Lyc.	*Licurgo*
Per.	*Péricles*
Publ.	*Publícola*
Sol.	*Sólon*
Them.	*Themístocles*
Thes.	*Teseu*
PM	Sir Arthur Evans, *The Palace of Minos at Knossos*, 4 v. (Londres, 1921-1936)
Polyb.	Políbio de Megalópolis, *A História*
Porph.	Porfirio
De Antr. Nymph.	*De Antro Nympharum*
PQ	*Philological Quarterly* (Cidade de Iowa)
Prop.	Sextus Aurelius Propertius
Ptol.	Ptolomeu (Claudius Ptolemaeus)
Harm.	*Harmonics* Ed. J. Daring (Göteborg, 1930)
PW	*Paulys Real Encyclopädie der Klassischen Altertumswissenschaft*, ed. A.F. von Pauly, rev. G. Wissowa et al. (Munique, 1894-1963)
Quin.	M. Fabius Quintilianus, *Institutiones Oratoriae Libri* XII Trad. Harold Butler, 4 v., LCL
RA	*Revue de l'Art* (Paris)
REG	*Revue des Études Grecques* (Association pour l'Encouragement des Études Grecques, Paris)
Rend.	*Rendiconti* (Atti delta Pontificia Accademia Romana di Archeologia, série 3ª, Roma)
Rev. Arch.	*Revue Archéologique* (Paris)
Rev. Bib.	*Revue Biblique* (École Pratique d'Études Bibliques, Jerusalém e Paris)
Rev. Hist. Sci.	*Revue d'Histoire des Sciences* (Paris)
RhM	*Rheinishes Museum für Philologie* (Frankfurt)
Riv. Ist. Arch.	*Rivista del (Reale) Istituto Nazionale d'Archeologia e Storia dell'Arte* (Roma)
SASAE	Suplementos: *Annales du Service des Antiquités de l'Egypte*
SE	*Studi Etruschi* (Florença)
Serv.	M. Servius, *In Vergilium*
Sext. Emp.	Sextus Empiricus
Adv. Math.	*Adversus Mathematicos*
Soph.	Sófocles
Oed. Col.	*Oedipus at Colonus* (Édipo em Colono) Ed. e trad. Hugh Lloyd-Jones, LCL
StA	*Studia Archaeologica* (Rome)
Stat.	Publius Papinius Statius
Theb.	*Thebaid*
Steph. Byz.	Estêvão de Bizâncio, *De Urbibus*
St MSR	*Studi e Materiali di Storia delle Religioni* (Bari)
Str.	Estrabão, *Geographica* (A Geografia)
Tac.	(P.) Cornelius Tacitus
Ann.	*Annales*
Hist.	*Historiae*
TAD	*Turk Arkeoloji Dergisi* (Ankara)
TB	*Allgemeines Lexikon der Bildenden Künstler von der Antike bis zur Gegenwart*, de Ulrich Thieme e Felix Becker (Leipzig, 1907-1950)
TGF	*Tragicorum Graecorum Fragmenta*, ed. A. Nauck (Leipzig, 1889)
Theo.	Teógnis Ed. J.M. Edmonds, em *Elegy and Iambus*, LCL
Theoph.	Teofrasto
Char.	*Os Caracteres* Ed. J.M. Edmonds, LCL
De C. Pl.	*De Causis Plantarum*
Thuc.	Thucydides (Tucídides), *History of the Peloponnesian War* Trad. Thomas Hobbes (1629)
Tzetz.	Tzetzes
Chil.	*Historiarum Variarum Chiliades*
Val. Max.	Valerius Maximus, *Factorum ac Dictorum Memorabilium, Libri* IX
Varrão	Marcus Terentius Varro
L.L.	*De Lingua Latina* Trad. Roland G. Kent, 2 v., LCL Trad. Jacques Heurgon (Paris, 1978)
R.R.	*De Re Rustica*
Vel. Pat.	Gaius Velleius Paterculus, *Historia Romana*
Ver. Aur.	*The Golden Verses of Pythagoras*
Vet. Sch.	*Vetos Scholium*
Virg.	P. Virgilius Maro (Virgílio)
Aen.	*Eneida*
Ecl.	*Bucólicas*
Geor.	*Geórgicas*
Vitr.	M. Pollio Vitruvius, *De Architectura Libri* X Edições utilizadas: Latin apenas: *De architectura libri decem*, ed. Giovanni Giocondo [Iocundus] (Florence, 1513) Ed. Joannes de Laet (Amsterdam, 1649) Ed. Simone Stratico ex notis Ioannis Poleni, 8 v. (Udine, 1830) Ed. ab Aloisio Marinio [Luigi Marini], 4 v. (Roma, 1836) Ed. Valentinus Rose (Leipzig, 1899) Latim e italiano, ou somente italiano: *De architectura libri dece tr. de latino in vulgare*, ed. Cesare Cesariano (Como, 1521) *I Dieci Libri dell'Architettura*, ed. Daniele Barbaro (Veneza, [1556] 1584) *L'Architettura*, ed. Berardo Galiani (Nápoles, 1758) *Vitruvio*, ed. e trad. S. Ferri (Roma, 1960) Latim e francês, ou somente francês: *Architecture, ou Art de bien bastir*, ed. Jean Martin (Paris, 1547) *Les Dix Livres d'Architecture de Vitruve*, trad. Claude Perrault, 2 ed. (Paris, 1684) *Vitruve*, ed. Auguste Choisy (Paris, 1909)

De l'Architecture/Vitruve, ed. e trad. Philippe Fleury, Pierre Gros, Louis Callebat, e Jean Soubiran, 10 v. (Paris, 1969-)
Somente Espanhol:
Los Diez Libros de Architectura de M. Vitruvio Polion, trad. Joseph Ortiz y Sanz (Madrid, 1787)
Latim e alemão:
Zehn Bücher über Architektur/Vitruv, trad. Curt Fensterbusch (Darmstadt, 1964)
Latim e inglês, ou somente inglês:
Ten Books on Architecture, trad. Morris Hicky Morgan (Nova York, [1914] 1960)
Ed. do manuscrito Harley 2767 e trad. Frank Granger, 2 v., LCL
Concordance:
Vitruve, De Architectura concordance: documentation bibliographique, lexicale et grammaticale, ed. L. Callebat, P. Bouet, P. Fleury e M. Zuinghedau (Hildesheim e Nova York, 1984)

WA	*World Archaeology* (Londres)
WHR	W.H. Roscher, *Ausführliches Lexikon der Griechischen und Römischen Mythologie* (Leipzig, 1884-1937)
Xen.	Xenofonte
An.	*Anábase*
Cyr.	*Ciropédia*
Hel.	*Helênicas*
Mem.	*Memorabilia*
Symp.	*O Simpósio*
Xeno.	Xenófanes
	Ed. J.M. Edmonds, LCL
	Xenofonte de Éfeso
	Ephesiaca
	Ed. e trad. G. Dalmeyda (Paris, 1926)
ZÄS	*Zeitschrift für Aegyptische Sprache und Altertumskunde* (Berlim)

Bibliografia

ABRAHAMS, Ethel; LADY EVANS. *Ancient Greek Dress*. Chicago, 1964.
ABULAFIA, David. *Frederick II, A Medieval Emperor*. Oxford, 1988.
ACADÉMIE des Inscriptions et Belles-Lettres. *Monuments et mémoires,* Fondation Eugène Piot. Paris, 1893.
ACHARYA, Prasanna Kumar. *Indian Architecture According to Mānasāra-Silpasastra*. 2 ed. New Delhi, 1981.
ACKERMAN, James S. *The Architecture of Michelangelo*. Harmondsworth, 1970.
____. *Distance Points: Essays in Theory and Renaissance Art and Architecture*. Cambridge, Mass, 1991.
ADAM, Sheila. *The Technique of Greek Sculpture in the Archaic and Classical Periods*. London, 1966.
ADAMS, Robert M. *Heartland of Cities*. Chicago/London, 1981.
ADHÉMAR, Jean. *Influences antiques dans l'art du Moyen Age français*. London, 1939.
ADKINS, A.W.H. Homeric Gods and the Values of Homeric Society. JHS, 92, 1972.
____. Arete, Techné, Democracy and Sophists: Protagoras 316b-328d. JHS, 93, 1973.
ADORNO, Theodor W. *Negative Dialektik*. Frankfurt, 1966.
____. *Aesthetic Theory*. Trad. C. Lenhardt. London, 1984.
ADORNO, Theodor W; HORKHEIMER, Max. *Dialektik der Aufklärung*. In: *Gesammelte Schriften*, v. 3. Frankfurt, 1984.
AGACINSKI, Sylviane. *Volume: Philosophies et politiques de l'architecture*. Paris, 1992.
AGACINSKI, Sylviane et al. *Mimesis des articulations*. Paris, 1975.
AGAMBEN, Giorgio. *L'uomo senza contenuto*. Milano, 1970.
AGRIPPA VON NETTESHEIM, Heinrich Cornelius. [1550]. *De occulta philosophia*. Köln. Traduzido como *Three Books of Occult Philosophy and Magic*, t. 1. Ed. Willis F. Whitehead. London, 1898; reimpressão, 1971.
____. *Opera in duos tomos ... digesta*. Leyden, 1550.
AHLBERG, Hakon. *Gunnar Asplund, Architect*. Stockholm, 1950.
AHLIN, Janne. *Sigurd Lewerentz, Architect,* 1885-1975. Cambridge, 1987.
AIGN, B.P. *Die Geschichte der Musikinstrumente des Agäischen Raums*. Frankfurt, 1963.
ÅKERSTROM, Åke. Ionia and Anatolia: Ionia and the West. ICCA, 10, 1973.
AKURGAL, Ekrem. *Phrygische Kunst*. Ankara, 1955.
____. *The Art of the Hittites*. London, 1962.
____. *Ancient Civilizations and Ruins of Turkey*. Istambul, 1978.
ALAUX, Jean-Paul. *Académie de France à Rome, ses directeurs, ses pensionnaires*. 2 v. Paris, 1933.
ALBERTI, Leandro. *Descrittione di tutta Italia*. Bologna, 1550.
ALBERTI, Leon Battista. *Della pittura*. Edizione critica a cura di L. Mallè. Firenze, 1950.
____. *De re aedificatoria*. Ed. G. Orlandi e P. Portoghesi. Milano, 1966.
____. *The Family in Renaissance Florence*. Trad. Renee Watkins. Columbia, S.C. 1969.
____. *On Painting and on Sculpture*. Trad. e ed. Cecil Grayson. London, 1972.
____. *On the Art of Building in Ten Books*. Trad. J. Rykwert, N. Leach, e R. Tavernor. Cambridge, Mass, 1988.
ALDRICH, Henry. [1750]. *Elementa Architecturae: The Elements of Civil Architecture*. Versão inglesa do Rev. Philip Smyth. Oxford, 1818.
ALFASSA, Paul. L'Origine de la Lettre de Poussin. *Bulletin de la Société de l'Art Français*. Paris, 1933.
ALISON, Archibald. *Essays on the Nature and Principles of Taste*. Edinburgh, 1790.
ALLCHIN, Bridget; ALLCHIN, Raymond. *The Birth of Indian Civilization*. Harmondsworth, 1968.
ALLEAU, René. *La Science des symboles*. Paris, 1976.
ALLERS, Rudolf. Microcosmus from Anaximander to Paracelsus. *Traditio*, 2, 1994.
ALTY, John. 1982. Dorians and Ionians. JHS, 102, 1982.
ALZINGER, Wilhelm. ... quae stereo-bates appellantur. JOAIW, 50, 1972-1973.
AMAND, David. Fatalisme et liberté dans l'Antiquité Grecque. *Recueil des travaux d'histoire et de philologie*. Ser. 3, fasc. 19. Louvain, 1945.
AMANDRY, Pierre. *La Mantique apollinienne à Delphes*. Paris, 1950.
[UN AMATEUR]. *Nouveau manuel complet du physionomiste des dames*. Paris, 1843.
AMBROSE, Bishop of Milan. *Some of the Principal Works of Saint Ambrose*. Trad. H. de Romestin, com a assistência de E. de Romestin e H.T.K. Duckworth. Oxford, 1896.
AMERICAN School of Classical Studies in Athens. *The Athenian Agora*. Princeton, 1953.
AMORINI, A.B. *Elogio di Sebastiano Serlio, architetto bolognese*. Bologna, 1823.
ANDERSON, Daniel E. *The Masks of Dionysos: A Commentary on Plato's Symposium*. Albany, 1993.
ANDERSON, Robert D. *Catalogue of Egyptian Antiquities in the British Museum (Medical Instruments)*. London, 1976.
ANDERSON, William J.; SPIERS, Richard Phené. *The Architecture of Ancient Rome*. Rev. Thomas Ashby. London, 1927.
ANDRAE, Walter. *Das Gotteshaus und die Urformen des Bauens im Alten Orient*. Berlin, 1930.
____. *Alte Feststrassen im Nahen Osten*. Leipzig, 1941.
ANDREEV, Juri. Könige und Königsherrschaft in den Epen Homers. *Klio*, 61, 1979.
ANDRÉN, Arvid. *Architectural Terracottas from Etrusco-Italic Temples*. Leipzig/Lund, 1940.
____. Origine e formazione dell'architettura templare etrusco-italica. *Rend.*, 32, 1959-1960.

ANDREWES, Anthony. *The Greek Tyrants*. London, 1956.
ANDRONIKOS, Manolis. Totenkult. *ArchHom* 3, 1968.
ANDRONIKOS, Manolis; CHATZIDAKIS, Manolis; KARAGEORGHIS, Vassos. *The Greek Museums*. Trad. Kay Cicellis. London, 1975.
ANTI, Carlo. *Policleto*. Roma, 1931.
ANTONINUS, Saint, Arcebispo de Florença. *Summa Theologica*. Verona, 1740.
ARCHITECTURE et société de l'archaisme grec à la fin de la Republique Romaine. École Française de Rome, CNRS. 1983.
ARENSBURG, B. et al. A Middle Palaeolithic Human Hyoid Bone. *Nature*, 338. (1989, 27 April).
ARIAS, P.E. *Skopas*. Quaderni e Guide di Archeologia. Roma, 1952.
____. *Policleto*. Milano, 1964.
ARNETT, William S. *The Predynastic Origin of Egyptian Hieroglyphs*. Washington, 1982.
ARNHEIM, Rudolph. *Art and Visual Perception*. London, 1956.
ARNOLD, Dieter. *Der Tempel des Königs Mentuhotep von Deir-el-Bahari*. 3 v. Mainz, 1974-1981.
ARNOLD, Matthew. *Essays in Criticism*. London, 1895.
ASHERI, David. *Fra ellenismo e iranismo*. Bologna, 1983.
ASHMOLE, Bernard. *Architect and Sculptor in Classical Greece*. New York, 1972.
ASTOUR, Michael C. *Hellenosemitica*. Leiden, 1965.
ATKINSON, Thomas D., et al. *Excavations at Phylakopi in Melos*. London, 1904.
ATZENI, Enrico, et al. *Ichnussa*. Milano, 1985.
AUBERSON, Paul. *Le Temple d'Apollon Daphnéphoros*. Berne, 1968.
AUBERSON, Paul; SCHEFOLD, Karl. *Führer durch Eretria*, 1972.
AUDRAN, Gerard. *Les Proportions du corps humain*. Paris, 1785.
AUERBACH, Erich. *Mimesis*. New York, 1964. (Trad. Bras, 5ed., São Paulo: Perspectiva, 2011.)
AURIGEMMA, Salvatore. *Villa Adriana*. Roma, 1961.
AUSTIN, Michael M. *Greece and Egypt in the Archaic Age*. Cambridge, 1970.
AVERLINO, Antonio, detto Il Filarete. *Trattato di architettura*. Ed. A.M. Finoli and L. Grassi. Milano, 1972.
AXELOS, Kostas. *Heraclite et la philosophie*. Paris, 1962.
____. *Vers la pensée planétaire*. Paris, 1964.
____. *Le Jeu du monde*. Paris, 1969.

BABUT, Ernest C. *Priscillian et le Priscillianisme*. Paris, 1909.
BACHOFEN, Johann Jakob. *Il Simbolismo funerario degli antichi*. Ed. A. Momigliano. Napoli, 1989. Originally published as *Versuch über Gräbersymbolik der Alten*. (1859).
BADAWY, Alexander. *A History of Egyptian Architecture*. 3 v. Cairo (v. 1) / Berkeley (v. 2 e 3), 1954-1968.
BADIAN, Ernst (ed.). *Ancient Society and Institutions: Studies Presented to Victor Ehrenberg*. Oxford, 1966.
BAILEY, Harold W. *Zoroastrian Problems*. Oxford, 1943.
BAKER A.W. The Subjective Factor in Greek Architectural Design. *AJA*, 22, 1918.
BAKER, Paul R. *Richard Morris Hunt*. Cambridge, Mass, 1980.
BALLY, Gustav. *Vom Ursprung und von den Grenzen der Freiheit*. Basel, 1945.
BALTHAZAR, Hans Urs von. *Liturgie Cosmique*. Paris, 1947.
BALTRUSAITIS, Jurgis. *La Quete d'Isis*. Paris, 1967.
____. *Aberrations*. Paris, 1983.
____. *Anamorphoses*. Paris, 1984.
BALZ, Albert G.A. *Cartesian Studies*. New York, 1951.
BAMMER, Anton. *Die Architektur des Jüngeren Artemision von Ephesos*. Wiesbaden, 1972.
____. *Das Heiligtum der Artemis von Ephesos*. Graz, 1984.
____. *Ephesos: Stadt am Fluss und Meer*. Graz, 1988.
BANDINI, Angelo Maria. *Catalogus Codicum Latinorum Bibliothecae Mediceae Laurentinanae*. Firenze, 1774-1778.
BANKEL, Hansgeorg (ed.). *Haller von Hallerstein in Griechenland, 1810-1817*. Berlin, 1986.
____. Akropolis-Fussmasse. *AA*, 2, 1991.
BANTI, Luisa. *Etruscan Cities and Their Culture*. Trad. Erika Bizzarri. Berkeley, 1973.
BARASH, Moshe; SANDLER, Lucy Freeman (eds.) *Art the Ape of Nature: Studies in Honor of H.W. Janson*. New York, 1981.
BARBERA, André. *The Euclidean Division of the Canon*. Lincoln, Neb, 1991.
BARBIERI, Franco. *Vincenzo Scamozzi*. Verona, 1952.
BARKAN, Leonard. *Nature's Work of Art*. New Haven, 1975.

BARKER, Andrew. Music and Perception: A Study in Aristoxenus. *JHS*, 98, 1978.
____. Methods and Aims in the Euclidean *Sectio Canonis*. *JHS*, 101, 1981.
____. *Greek Musical Writings*. Cambridge, 1984. 2 v.
BARKER, Hollis S. *Furniture in the Ancient World*. New York, 1966.
BARNES JR., Carl F. *Villard de Honnecourt: The Artist and His Drawings*. Boston, 1982.
BARNES, Jonathan. *The Presocratic Philosophers*. London, 1979.
BAROCCHI, Paola. *Trattati d'arte del Cinquecento*. Bari, 1960.
____. (ed.) *Scritti d'arte del Cinquecento*. Milano/Napoli, 1977. 3 v.
BARON, Hans. *The Crisis of the Early Italian Renaissance*. Princeton, 1966.
BARRESI, P. Schemi geometrici nei templi dell'Italia Centrale. *Arch Cl.* 42, 1990.
BARRIÈRE, Pierre. *La Vie intellectuelle en France du XVIe siècle à l'époque contemporaine*. Paris, 1961.
BARROW, R.H. *Plutarch and His Times*. London, 1967.
BARTHÉLÉMY, Jean Jacques. *Voyage du Jeune Anacharsis en Grèce*. Paris, 1789.
BARTOLONI, Gilda et al. *Le urne a capanna rinvenute in Italia*. Roma, 1987.
BATAILLE, Georges. *Oeuvres complètes*. Ed. D. Hollier. Paris, 1971.
BATTISTI, Eugenio. *L'antirinascimento*. Milano, 1962.
BATTOCK, Gregory. *Why Art? Casual Notes on the Aesthetics of the Immediate Past*. New York, 1977.
BAUER, Heinrich. *Korinthische Kapitelle des 4 und 3 Jahrhunderts vor Christus*. Berlin, 1973.
BAUMANN, Hellmut. *Die Griechische Pflanzenwelt*. München, 1982.
BAUMGARTEN, Alexander Gottlieb. [1750]. *Aesthetica*. Bonn, reimpresso por Hildesheim, 1961.
BAUS, Karl. *Der Kranz in Antike und Christentum*. Bonn, 1940.
BAXENDALL, Michael. *Giotto and the Orators*. Oxford, 1971.
BAYET, Jean. *Mélanges de littérature latine*. Paris, 1943.
BEAN, George E. *Turkey beyond the Meander*. London, 1971.
____. *Lycian Turkey*. London, 1978.
____. *Aegean Turkey*. London, 1979.
BEAZLEY, John Davidson. *Attic White Lekythoi*. Oxford, 1938.
____. *Etruscan Vase Painting*. Oxford, 1947.
____. *The Development of the Attic Black Figure*. Berkeley, 1951.
____. *Attic Red-Figured Vases in American Museums*. Rome, 1967.
____. *Paralipomena*. 2nd ed. Oxford, 1971.
BECATTI, Giovanni. *La colonna coclide istoriata*. Rome, 1960.
BECHMANN, Roland. *Villard de Honnecourt: La Pensée technique au XIIIe siècle et sa communication*. Paris, 1991.
BEDE, the Venerable (Saint). *Opera theologica, moralia, historica, philosophica, mathematica et rhetorica omnia*. Köln, 1688. 8 v.
BEIT, Hedwig von. *Symbolik des Märchens*. Bern, 1952. 3 v.
BÉLIS, Anne. *Aristoxène de Tarente et Aristote*. Paris, 1986.
BELL, Sir Charles. *Essays on the Anatomy of Expressions in Painting*. London, 1806. (Últimas edições acrescentam *as Connected with the Fine Arts*.)
BENDA, Julien. *La Trahison des clercs*. Paris, 1927.
____. [1918] *Belphégor* 1918. Reimpressão, Paris, 1947.
BENDINELLI, Goffredo. *Luigi Canina, le opere, i tempi*. Alessandria, 1953.
BENGTSON, Hermann, et al. *The Greeks and the Persians*. London, 1969.
BENJAMIN, Walter. *Gesammelte Schriften*. Ed. Rolf Tiedemann e Hermann Schweppenhäuser. Frankfurt, 1972-1977.
BENN, Gottfried. *Sämtliche Werke*. Ed. Gerhard Schuster. Stuttgart, 1989. 4 v.
BENNETT JR., Emmet L. (ed.). *Mycenaean Studies: Third International Colloquium*. Madison, Wis, 1964.
BENNETT, Florence Mary. *Religious Cults Associated with the Amazons*. New York, 1967.
BENTON, S. The Evolution of the Tripod Lebes. *Brit. Sch. Athens Ann.* 35, 1938.
BENTON, Tim; MUTHESIUS, Stefan; WILKINS, Bridget. *Europe, 1900-1914*. Milton Keynes, 1975.
BENVENISTE, Émile. *Problèmes de linguistique générale*. Paris, 1966-1974. 2 v.
____. *Le Vocabulaire des institutions indo-européennes*. Paris. Trad. Elizabeth Palmer, *Indo-European Language and Society* (Coral Gables, 1973), 1969. 2 v.
BÉQUIGNON, Y.; LAUMONIER, A. Fouilles de Teos. *BCH*, 49, 1925.
BÉRARD, Claude. *L'Heroon à la Porte de l'Ouest*. Berne, 1970.
____. Architecture Erétrienne et Mythologie Delphique. *AK*, 14.1, 1971.
BÉRARD, Victor. *Les Phéniciens et l'Odyssée*. Paris, 1903. 2 v.
____. *Introduction à l'Odyssée*. Paris, 1925. 3 v.
BERG HOLLINSHEAD, M.B. *Legend, Cult, and Adventure at Three Sanctuaries of Artemis*. Ph.D. diss., Bryn Mawr, 1979.

BERGER, Albrecht. *Das Bad in der Byzantinischer Zeit*. München, 1982.
BERGER, Ernst, et al. *Der Entwurf des Künstlers Bildhauerkanon in der Antike und Neuzeit*. Basel, 1992.
BERGER, Peter L.; LUCKMANN, Thomas. *The Social Construction of Reality*. New York, 1967.
BERGQUIST, Birgitta. *The Archaic Greek Temenos*. London, 1967.
____. The Archaeology of Sacrifice. *OA*, 38, 1988.
BERGSON, Henri. *The Philosophy of Poetry*. New York, 1951.
BERNAL, Martin. *Black Athena*. 2 v. New Brunswick, N.J, 1987-1991.
BERNINI, Gian Lorenzo. *Fontana di Trevi*. Ed. C. D'Onofrio. Roma, 1963.
BERTHELOT, René. *La Pensée de l'Asie et l'astrobiologie*. Paris, 1949.
BERTHIAUME, Guy. *Les Rôles du mágeiros*. Coll. Mnemosyne. Leiden, 1982.
BERVE, Helmut (ed.). *Das Neue Bild der Antike*. Leipzig, 1942. 2 v.
BESCHI, L., et al. *Aparchai: Essays in Honor of Paolo Enrico Arias*. Pisa, 1982.
BEST, Jan; WOUDHUIZEN, Fred. *Ancient Scripts from Crete and Cyprus*. Leiden, 1988.
BETANCOURT, Philip P. *The Aeolic Style in Architecture*. Princeton, 1977.
BETTS, Richard J. Review of Francesco di Giorgio Martini, *Trattati*, ed. Corrado Maltese. *JSAH*, 31.1, 1972.
____. On the Chronology of Francesco di Giorgio's Treatises: New Evidence from an Unpublished Manuscript. *JSAH*, 36, 1, 1977.
BEYER, Immo. Der Triglyphenfries von Thermos C. *AA*, 87, 1972.
____. *Die Tempel von Dreros und Prinias A*. 2 v. Freiburg, 1976.
BHATTACHARYYA, Suresh. M. *The Alamkara-Section of the Agni-Purana*. Calcutta, 1976.
BIALE, David. *Gershom Scholem: Kabbalah and Counter History*. Cambridge, Mass, 1979.
BIALOSTOCKI, Jan. *Teoria i Twárczość: O tradycji i inwencji w teori szturi i steonografii*. Poznan, 1961.
BIANCHI BANDINELLI, Ranuccio, *Sovana: Topografia ed Arte*. Firenze, 1929.
____. *Policleto*. Quaderni per lo Studio dell'Archeologia. Firenze, 1938.
____. *Les Etrusques et l'Italie avant Rome*. Trad. Jean-Charles e Evelyne Picard. Paris, 1973.
____. *Storia e Civiltà dei Greci*. Milano, 1978.
BIEBER, Margarete. *The History of the Greek and Roman Theater*. Princeton, 1961.
____. *Ancient Copies: Contributions to the History of Greek and Roman Art*. New York, 1977.
BIGNONE, Ettore. *Empedocle*. Roma, 1963.
BILLERBECK, Julius. *Flora Classica*. Leipzig, 1824.
BINDMAN, David. *Blake as an Artist*. Oxford, 1977.
BINGOL, Orhan. *Das Ionische Normalkapitell in Hellenistischer und Römischer Zeit in Kleinasien*. Tübingen, 1980.
BINTLIFF, John L. *Natural Environment and Human Settlement in Prehistoric Greece*. 2 v. Oxford, 1977.
BIRINDELLI, Massimo. *La machina heroica*. Roma, 1980.
BISCHOFF, Bernhard (ed.). *Anecdota Novissima*. Stuttgart, 1984.
BISTICCI, Vespasiano de. *Vite di uomini illustri del secolo XV*. Firenze, 1859.
BLACKER, C.P. *Eugenics: Galton and After*. Westport. Conn, 1987.
BLAKE, Peter. *Four Great Makers of Modern Architecture*. New York, 1963.
BLAKE, William. *Jerusalem, The Emanation of the Giant Albion*. London, 1804.
BLANC, Charles. *Grammaire des arts du dessin*. 1860. Reimpressão, Paris, 1867.
BLEEKER, C.J. *Egyptian Festivals*. Leiden, 1967.
____. (ed.). *Initiation*. Leiden, 1965.
____. *Hathor and Thoth*. Leiden, 1973.
BLEGEN, Carl William; RAWSON, Marion. *The Palace of Nestor at Pylos in Western Messenia*. Princeton, 1967. 3 v.
BLOCH, Raymond. *The Etruscans*. Trad. Stuart Hood. New York, 1958.
BLOESCH, Hansjörg; ISLER, Hans Peter (eds.). *Studia Ietina*. Zürich, 1976. 3 v. até a data.
BLONDEL, Jacques-François. *Cours d'architecture ou Traité de la décoration, distribution et construction des batiments*. Ed. Pierre Patte. Paris, 1771-1777.
BLUEMEL, Carl. *Greek Sculptors at Work*. London, 1969. 2 ed.
BLUM, André. *Abraham Bosse et la société française au XVIIe Siècle*. Paris, 1924.
BLUM, Paul. *La Peau*. 2. ed. Paris, 1960.
BLUMENBERG, Hans, (ed.) "Nachahmung der Natur": Zur Vorgeschichte der Idee des Schöpferischen Menschen. *Studium Generale*. Berlin, 1957.
____. *Nikolaus von Cues: Die Kunst der Vermutung*. Bremen, 1957.
____. Paradigmen zu einer Metaphorologie. *Archie fur Begriffsgeschichte*, 6, 1960.
____. *Aspekte der Epochenschwelle: Cusaner und Nolaner*. Frankfurt, 1976.
____. *Die Lesbarkeit der Welt*. Frankfurt, 1983.
____. *The Legitimacy of the Modern Age*. Cambridge, 1983.
____. *The Genesis of the Copernican World*. Trad. Robert M. Wallace. 1975. Reimpressão, Cambridge, 1987.
BLUMENTHAL, H.J. Proclus on Perception. *BICS*, 29, 1982.
BLÜMNER, Hugo. *Studien zur Geschichte der Metapher in Griechischen*. Leipzig, 1891.
BLUNT, Anthony. *Art and Architecture in France, 1500-1700*. Harmondsworth, 1953.
____. *Nicolas Poussin*. London, 1958. 2 v.
____. *Philibert de l'orme*. London, 1958.
BOARDMAN, John. Chian and Early Ionic Architecture. *AJ*, 197, v. 39, 1959.
____. Artemis Orthia and Chronology. *BSA*, 58, 1963.
____. *Island Gems*. London, 1963.
____. *The Greeks Overseas: Their Early Colonies and Trade*. London, 1980.
BOBER, Harry. The Zodiacal Miniatures of the *Très riches heures* of the Duke of Berry: Its Sources and Meaning. *JWCI*, 2, 1948.
____. An Illustrated Mediaeval School-Book of Bede's *De Natura Rerum*. Journal of the Walters Art Gallery, 19-20. 1958.
BOEHLAU, J.; SCHEFOLD, K. *Larisa am Hermos: Die Ergebnisse der Ausgrabungen, 1902-1934*. Berlin, 1940-1942.
BOETHIUS, Axel. La tomba con tetto stramineo a cerveteri. *Palladio* 15. 1-4. 1965.
____. *Etruscan and Early Roman Architecture*. Harmondsworth, 1978.
BOËTHIUS, Axel, et al. *Etruscan Culture: Land and People*. Trad. Nils G. Sahlin. New York / Malmö, 1962.
BOETTICHER, Adolf. *Olympia: Das Fest und Seine Stätte*. 2ed. Berlin, 1886.
____. *Die Akropolis von Athen*. Berlin, 1888.
BOETTICHER, Carl. *Der Baumkultus der Hellenen*. Berlin, 1856.
____. *Die Tektonik der Hellenen*. Berlin, 1874. 2 v.
BOFFRAND, Germain. *Livre d'architecture contenant les principes généraux de cet art... par le Sieur Boffrand*. Paris, 1745. (Reimpresso, Farnborough, 1969.)
BOGGIANI, Guido. *I Caduvei*. Roma, 1895.
BOGUE, Ronald (ed.). *Mimesis in Contemporary Theory: An Interdisciplinary Approach, v. 2: Mimesis, Semiosis, and Power*. Philadelphia / Amsterdam, 1991.
BOGUE, Ronald; SPARIOSU, Mihai (eds.). *The Play of the Self*. Albany, 1994.
BOILEAU-DESPRÉAUX, Nicolas. *Oeuvres, avec des éclaircissements historiques*. Nova edição revista, corrigida e ampliada. Haia, 1722.
BOIS, Page du. *Centaurs and Amazons: Women and the Pre-History of the Great Chain of Being*. Ann Arbor, 1982.
BOISACQ, Emile. *Dictionnaire étymologique de la langue grecque*. Paris, 1938.
BOL, Peter C. (ed.). *Forschungen zur Villa Albani: Katalog der antiken Bildwerke*. Berlin, 1989-1990.
BOLGAR, Robert Ralph. *The Classical Heritage and Its Beneficiaries*. Cambridge, 1963.
____. *Classical Influences on European Culture. A.D. 1500-1700*. Cambridge, 1976.
BOLL, Franz. *Sternglaube und Sterndeutung*. Ed. C. Bezold e W. Gundel. Leipzig / Berlin, 1926.
BOLLACK, Jean. *Empédocle*. Paris, 1965.
BOMMELAER, J.E. (ed.). *Le Dessin d'architecture dans les sociétés antiques*. Atas do Colóquio de Strasbourg, 26-28 jan. 1984. Strasbourg, 1985.
BONFANTE, Giuliano. Religione e Mitologia in Etruria. *SE*, 54. 1986.
BONFANTE, Giuliano; BONFANTE, Larissa. *The Etruscan Language*. New York, 1983.
BONFANTE, Larissa. *Etruscan Life and Afterlife*. Detroit, 1986.
BORCHARDT, Ludwig (ed.). *Beiträge zur Aegyptischen Bauforschung und Altertumskunde*. Cairo, 1937.
BORCHHARDT, J. (ed.). Limyra: Sitz des Lykischen Dynasten Perikles. *Ist. For.* 17. 1967.
____. Myra: Eine Lykische Metropole. *Ist. For.* 31. 1975.
____. Die Bauskulptur des Heroons von Limyra: Das Grabmal des Lykischen Königs Perikles. *Ist. For.* 32. 1976.
BORELLI, G. *I motivi profondi della poesia lucreziana*. Brussels, 1984.
BORGEAUD, Philippe. *The Cult of Pan in Ancient Greece*. Chicago, 1988.
BORST, Arno. Abelärd und Bernhard. *HZ* 3.14 1958.
BOSANQUET, Bernard. *A History of Aesthetics*. New York, 1934.
BOSE, Mandakaranta. *Movement and Mimesis*. Dordrecht, 1991.
BOSSE, Abraham. *Traicté des manières de dessiner les ordres de l'architecture en toutes leurs parties*. Paris, 1664.
____. *Le Peintre converty aux précises et universelles règles de son art*. Paris, 1667
____. *Traité des pratiques géométrales et perspectives*. 1665. Reimpressão, Geneva, 1973.
BOSSERT, Helmuth T. *Altsyrien*. Tübingen, 1951.
BOSSI, G. *Delle opinioni di Leonardo da Vinci intorno alla simmetria de' corpi umani*. Milano, 1811.

BOTHMER, Dietrich von. *Amazons in Greek Art*. Oxford, 1957.
BOTTA, Paul-Emile. *Monuments de Ninive, découverts et décrits par M.P.E. Botta; mesurés et dessinés par M.E. Flandin*. Paris, 1849-1850.
BOTTÉRO, Jean. *Mésopotamie: L'Ecriture, la raison et les dieux*. Paris, 1987.
BOTTIN, Francesco. *La scienza degli occamisti: La scienza tardomedievale dalle origini del paradigma nominalista alla Rivoluzione Scientifica*. Rimini, 1982.
BOUCHÉ-LECLERCQ, Auguste. *L'Astrologie grecque*. Paris, 1899.
BOUGAINVILLE, Louis-Antoine de, comte. *Voyage autour du monde: Par la frégate du Roi, La Boudeuse et la flute, L'étoile: en 1766, 1767, 1768 et 1769*. Paris, 1771.
BOUISSAC, Paul; HERZFELD, Michael; POSNER, Ronald. *Iconicity: Essays on the Nature of Culture: Festschrift for Thomas A. Sebeok*. Tübingen, 1986.
BOUZEK, Jan. *The Aegean, Anatolia, and Europe: Cultural Relations in the Second Millennium B.C.* Göteborg, 1985.
BOYCE, Benjamin. *The Theophrastan Character in England to 1642*. Cambridge, Mass, 1947.
BOYLE, Robert. *The Sceptical Chymist: Or Chymico-Physical Doubts and Paradoxes*. London, 1661.
____. *Of the High Veneration Man's Intellect Owes to God*. London, 1685.
BRAGDON, Claude. *Architecture and Democracy*. New York, 1918.
____. *The Beautiful Necessity*. New York, 1922.
____. *Old Lamps for New*. New York, 1925.
BRANDENBURG, Erich. *Ueber Felsarchitektur im Mittelmeergebiet*. Leipzig, 1915.
BRANNER, Robert. *Three Problems from the Villard de Honnecourt Manuscript*. AB 39, March 1957,
____. *Villard de Honnecourt, Archimedes, and Chartres*. JSAH 19.3, 1960.
BRAUER, Heinrich; WITTKOWER, Rudolf. *Die Zeichnungen des Gianlorenzo Bernini*. Berlin, 1931. 2 v. (Reimpresso, New York, s.d.)
BRELICH, Angelo. *Gli Eroi Greci*. Roma, 1958.
BREMMER, Jan; ROODENBURG, Herman. *A Cultural History of Gesture*. Ithaca, N.Y, 1992.
BRENDEL, Otto. *Etruscan Art*. Harmondsworth, 1978.
BRETT, David. *Aesthetical Science: George Field and the Science of Beauty*. AH 9, 1986.
BRINKMANN, Richard. *Begriffsbestimmung des literarischen Realismus*. Darmstadt, 1969.
BRIQUEL, Dominique. *Les Pélasges en Italie*. École Française de Rome, Roma, 1984.
____. *L'Origine lydienne des etrusques*. École Française de Rome, Roma, 1991.
BROMMER, Frank. *Zur Minoischen Säule*. AA, 1, 1987.
BROOKE-ROSE, Christine. *A Grammar of Metaphor*. London, 1958.
BROWN, Frank Edward. *Cosa, The Making of a Roman Town*. Ann Arbor, 1980.
BROWN, Frank Edward; RICHARDSON, Emeline H.; RICHARDSON, Lawrence. *Cosa II*. MAAR 26. 1960.
BRUGSCH, Heinrich. *Geschichte Aegyptens*. Leipzig, 1877.
[BRUHNS, Leo.] *Miscellanea Bibliothecae Hertzianae zu Ehren von Leo Bruhns*. Munich, 1961.
BRUIT ZAIDMAN, Louise; PANDEL, Pauline Schmitt. *Religion in the Ancient Greek City*. Trad. Paul Cartledge. Cambridge, 1992.
BRUNO, Vincent J. *The Parthenon*. New York, 1974.
BRUNN, Enrico; KÖRTE, Gustav. *I rilievi delle urne etrusche 1870-1896*. Roma, 1965.
BRUNSCHVIGG, Leon. *Descartes et Pascal*. New York, 1944.
BRUSCHI, Arnaldo (ed.). *Scritti rinascimentali di architettura*. Milano, 1978.
BRUYN, J. (ed.). *Album amicorum: Festschrift van J.G. Van Gelder*. Den Haag, 1973.
BRUYNE, Edgar de. *Études d'esthétique médiévale*. Bruges, 1946. 3 v. (Reimpressão, Geneva, 1975.)
BRYCE Bannatyne Gallery. *Tattoo Art: Forever Yes*. Catalogue. Santa Monica, 1992.
BRYSON, Norman. *Word and Image*. Cambridge, 1981.
BUCHHOLZ, Hans-Günter. *Tamassos, Zypern 1970-1972*. AA, 3. 1973.
BUCHHOLZ, Hans-Günter; KARAGEORGHIS, Vassos. *Prehistoric Greece and Cyprus*. Trad. Francisca Garvie. London, 1973.
BUCHTHAL, Hugo. *The "Musterbuch" of Wolfenbüttel and Its Position in the Art of the Thirteenth Century*. Wien, 1979.
BUCK, C.D. *Introduction to the Study of the Greek Dialects*. Boston, 1928.
BULWER, John. *Chirologia, or the Natural Language of the Hand... whereunto is added Chironomia or the Art of Manual Rhetoricke*. London, 1644.
BUNDGAARD, J.A. *Mnesicles: A Greek Architect at Work*. Copenhagen, 1957.
____. *The Excavations of the Athenian Acropolis*. Copenhagen, 1974.
____. *The Parthenon and the Mycenaean City on the Heights*. Copenhagen, 1976.
BURCKHARDT, Jacob. *Gesamtausgabe*. Ed. Jakob Oeri. Stuttgart / Basel, 1929-1933.
____. *Der Cicerone*. Ed. Wilhelm von Bode. Stuttgart, 1879.
____. *Die Kunst der Betrachtung*. Ed. Henning Ritter. Köln, 1984.
BURESCH, Karl. *Klaros: Untersuchungen zum Orakelwesen des Späteren Altertums*. Leipzig, 1889.
BURKERT, Walter. *Platon oder Pythagoras: zum Ursprung des Wortes Philosophia*. Hermes, 88, 1960.
____. *Homo Necans*. Berlin, 1972.
____. *Lore and Science in Ancient Pythagoreanism*. Cambridge, 1972.
____. *Structure and History in Greek Mythology and Ritual*. Berkeley, 1979.
____. *Anthropologie des religiösen Opfers: die Sakralisierung der Gewalt*. Munich, 1983.
____. *I Greci*. Milano, 1984. Originalmente publicado como *Griechische Religion* (Stuttgart, 1977).
____. *Die Antike Stadt als Festgemeinschaft*. In: *Stadt und Fest*, ed. Paul Hugger. Stuttgart, 1987.
____. *The Orientalizing Revolution*. Trad. Margaret Pinder. Cambridge, 1992.
BURL, Aubrey. *The Stone Circles of the British Isles*. New Haven, 1976.
BURNET, Joan. *Greek Philosophy, Thales to Plato*. London, 1932.
BURNEY, Charles. *The Ancient Near East*. Ithaca, N.Y, 1977.
BURTON, Robert. *The Anatomy of Melancholy*. London, 1628.
BUSCH, Werner; HAUSSHERR, Reiner; TRIER, Eduard. *Kunst als Bedeutungsträger: Festschrift Bandmann*. Berlin, 1978.
BUSCHOR, Ernst. *Die Heraion von Samos: Frühe Bauten*. MDAIA, 55. 1930.
BÜSING, Hermann. *Optische Korrekturen und Propyläen-Fronten*. JDI, 99. 1984.
BÜSING, Hermann; HILLER, Friedrich (eds.). *Bathron: Beiträge zur Architektur und Verwandten Künste: Drerup Festschrift*. Saarbrucken, 1988.
BUSINK, Theodor A. *Der Tempel von Jerusalem*. Leiden, 1970-1980. 2 v.
BUTTERWORTH, E.A.S. *Some Traces of the Pre-Olympian World in Greek Literature and Myth*, Berlin, 1966.
BUYTENDIJK, Frederik J.J. *Wesen und Sinn des Spiels*. New York, 1976.
BYAM SHAW, James. *Paintings by Old Masters at Christ Church, Oxford*. London, 1967.

CACCIARI, Massimo. *Dallo Steinhof*. Milano, 1980.
____. *Mies's Classics*. RES, 16, 1988.
____. *Architecture and Nihilism*. New Haven, 1993.
____. *Geo-Filosofia dell'Europa*. Milano, 1994.
CAILLOIS, Roger. *L'Homme et le sacré*. Paris, 1950.
CALECA, Antonino, et al. *Pisa: Museo delle Sinopie del Camposanto Monumentale*. Catalogue. Pisa, 1979.
CAMAIONI, Luigia; LEMOS, Claudia de (eds.). *Questions on Social Explanation: Piagetian Themes Reconsidered*. Amsterdam / Philadelphia, 1985.
CAMDEN, William. *Britannia: Sive florentissimorum regnorum angliae, scotiae, hiberniae, et insularum adiacentium ex intima antiquitate chorographica descriptio*. London, 1586. (Ed. Edmund Gibson, 1695.)
CAMPER, Petrus. 1962. *Optical Dissertation on Vision*. Trad. G. Ten Doesschate. Nieuwkoop, 1746.
CAMPOREALE, Salvatore I. *Lorenzo Valla*. Firenze, 1972.
CANCIK, Hubert, et al. *Die Religionen der Menschheit*. Storia delle religioni. Milano, 1983.
CANETTI, Elias. *Masse und Macht*. Hamburg, 1960.
CANGUILHEM, Georges. *L'Homme de Vésale dans le monde de Copernic: 1543. Études d'histoire et de philosophie de science*. Paris, 1970.
CANINA, Luigi. *L'architettura antica de scritta e demostrata coi monumenti*. Roma, 1830. (2 ed. 1844).
CAPOBIANCO, Michele. *Asplund e il suo tempo*. Napoli, 1959.
CARLINO, Andrea. *The Book, the Body, the Scalpel*. RES, 16. 1988.
____. *La fabbrica del corpo*. Torino, 1994.
CARLYLE, Thomas. *Past and Present*. 1843. Reimpressão, London, 1924.
CARPO, Mario. The Architectural Principles of Temperate Classicism: Merchant Dwellings in Sebastiano Serlio's Sixth Book. RES, 22. 1992.
CARRITT, E.F. *The Theory of Beauty*. London, 1923.
CARRUBA, Onofrio. *Das Palaische Texte, Grammatik, Lexikon*. Wiesbaden, 1970.
CARSWELL, John. *Coptic Tattoo Designs*. Beirut, 1958.
CARTAILHAC, Emile. *L'Age de Pierre*. Paris, 1877.
CARTER, Elizabeth; STOLPER, Matthew W. *Elan*. Berkeley, 1984.
CARTLEDGE, Paul. *Agesilaos and the Crisis of Sparta*. London, 1987.
CARUCHET, William. *Bas-Fonds du crime et tatouages*. Monaco, 1981.
CASANELLES, Enric. *Nueva Visión de Gaudí*. Barcelona, 1965.

____. *Antonio Gaudí: A Reappraisal*. Greenwich, Conn., 1967.
CASOTTI, Maria Walcher. *Il Vignola*. Trieste, 1960. 2 v. Serie Istituto di Storia dell'Arte Antica e Moderna, n.II.
CASSAZZA, O. Il Crocifisso Ligneo di Filippo Brunelleschi. *La Critica d'arte* 43. 1978.
CASSIRER, Ernst. *Individuo e Cosmo*. Firenze, 1935.
____. *The Philosophy of the Enlightenment*. Trad. Fritz C.A. Koeller e James Pettegrove. Princeton, 1951.
____. *The Philosophy of Symbolic Forms*. Trad. R. Mannheim. New Haven, 1953-1957.
CASSON, Stanley (ed.). *Essays in Aegean Archaeology Presented to Sir Arthur Evans*. Oxford, 1927.
____. *The Technique of Early Greek Sculpture*. Oxford, 1933.
CATON, Hiram. *The Origin of Subjectivity*. New Haven / London, 1973.
CAZANOVE, Olivier de (ed.) *L'Association dionysiaque dans les sociétés anciennes*. Roma, 1986.
CENNINI, Cennino. *The Art of the Old Masters as Told by Cennino Cennini in 1437*. Ed. C.J. Herringham. New York, 1899.
CERNY, Jaroslay. *Ancient Egyptian Religion*. London, 1952.
CESNOLA, General Louis Palma di. *Cyprus, Its Ancient Cities, Tombs, and Temples*. New York, 1914.
CHADWICK, John. *The Decipherment of Linear B*. Cambridge, 1958.
____. *The Mycenaean World*. Cambridge, 1976.
CHAFEE, R.S. *The Teaching of Architecture at the École des Beaux-Arts and Its Influence in Britain and America*. Ph.D. diss., University of London, 1972.
CHAMPOLLION, Jean-François. *Lettres écrites d'Egypte et de Nubie entre 1828 et 1829*. Paris, 1833.
CHANDLER, Richard W.; REVETT, Nicholas; PARS, W. *Ionian Antiquities*. London, 1769.
CHAPMAN, Robert; KINNES, Ian; RANDSBORG, Klavs (eds.). *The Archaeology of Death*. Cambridge, 1981.
CHAPOT, Victor. *La Colonne torse et le décor en hélice dans l'art antique*. Paris, 1907.
CHAPOUTHIER, Fernand. *Les Dioscures au service d'une déesse*. Paris, 1935.
CHARBONNEAUX, Jean. *Archaic Greek Art*. New York, 1971.
CHARLES Le Brun 1619-1690: Peintre et dessinateur. Exhibition Catalogue. Château de Versailles. Versailles, 1963.
CHARVET, Léon. *Sebastien Serlio*. Lyon, 1869.
CHASSINAT, Emile. *Le Mystère d'Osiris au mois de Khoiak*. Cairo, 1966-1968.
CHASTEL, André (ed.). *Nicholas Poussin*. CNRS. Paris, 1960. 2 v.
CHATELAIN, Urbain V. *Le Surintendant Nicolas Foucquet*. Paris, 1905.
CHAUSSIER, M. *Nouveau manuel du physiognomiste et du phrénologiste*. Paris, 1838.
CHENU, M.-D. L'Homme et la nature. *Archives d'histoire doctrinale*, 19, 1952.
____. Involucrum. *Archives d'histoire dogmatique et littéraire du Moyen Age*, 22, 1955.
CHERNISS, Harold, *Aristotle's Criticism of Pre-Socratic Philosophy*. Baltimore, 1935.
CHICAGO Tribune. *The International Competition for a New Administration Building: Containing All the Designs Submitted in Response to the Chicago Tribune's $100,000 Offer Commemorating Its Seventy-Fifth Anniversary, June 10, 1922*. Chicago, 1923.
CHILDS, William A.P. *The City-Reliefs of Lycia*. Princeton, 1978.
____. Lycian Relations with Persians and Greeks in the Fifth and Fourth Centuries Re-examined. *AnSt*, 31, 1981.
CHIPIEZ, Charles. *Histoire critique des origines et de la formation des ordres grecs*. Paris, 1876.
CHIRASSI, Ileana. *Elementi di culture precereali nei miti e riti greci*. Incunabula Graeca 30. Roma, 1968.
CHOISY, Auguste. *Études épigraphiques sur l'architecture grecque*. Paris, 1883-1884.
____. *Histoire de l'architecture*. Paris, 1899. (Reimpressão, Geneva, 1987.)
CHOMSKY, Noam. *Language and Problems of Knowledge: The Managua Lectures*. Cambridge, 1988.
CIASCA, Antonia. *Il capitello detto eolico in etruria*. Firenze, 1962.
CIPRIANI, Giovanni. *Il Mito Etrusco nel Rinascimento Fiorentino*. Firenze, 1980.
CIUCCI, Giorgio et al. *La città americana*. Bari, 1973.
CLAGETT, Marshall. *Nicole Oresme and the Medieval Geometry of Qualities and Motions*. Madison, Wiss./London, 1968.
CLAIRMONT, Christoph W. *Gravestone and Epigram*. Mainz, 1970.
CLARK, Grahame. *World Prehistory*. Cambridge, 1977.
CLARK, Kenneth. *The Drawings of Leonardo da Vinci in the Collection of Her Majesty the Queen at Windsor Castle*. Rev. Carlo Pedretti. London, 1969. 2 v.
CLARKE, Somers; ENGELBACH, Reginald. *Ancient Egyptian Masonry*. Oxford, 1930.

CLAYTON, Peter A.; PRICE, Martin J. *The Seven Wonders of the Ancient World*. New York, 1989.
CLOUGH, Cecil H. (ed.). *Cultural Aspects of the Italian Renaissance: Essays in Honour of Paul Oskar Kristeller*. Manchester, 1976.
CLUVER, Philip. *Italia Antiqua*. Leyden, 1624.
COARELLI, Filippo. *Il foro romano*. Roma, 1985. 2 v.
____. *Il foro boario*. Roma, 1988.
COCCHIARA, Giuseppe. *Il linguaggio del gesto*. Torino, 1932.
COCKERELL, Charles. R. *The Temple of Jupiter Olympius at Agrigentum*. London, 1830.
____. *The Temples of Jupiter Panhellenicus at Aegina and of Apollo Epicurus at Bassae*. London, 1860.
COHEN, I. Bernard. *Introduction to Newton's Principia*. Cambridge, 1971.
COHEN, Morris S.; DRABKIN, Israel E. *A Source Book in Greek Science*. New York, 1948.
COLDSTREAM, J.N. *Greek Geometric Pottery*. London, 1968.
____. *Geometric Greece*. New York, 1977.
COLERIDGE, Samuel Taylor. *The Philosophical Lectures Hitherto Unpublished*. Ed. Kathleen Coburn. New York, 1949.
COLLI, Giorgio (ed.). *La sapienza greca*. Milano, 1977. 2 v. até a data.
COLLIGNON, Maxime. Sculptures grecques trouvées a Tralles. *Monuments Piot*, 10. 1903.
____. *Lysippe*. Paris, 1905.
COLOMBO, Realdo. *De re anatomica*. Venezia, 1559.
COLONNA, Giovanni. Elementi architettonici in pietra dal santuario di Pyrgi. *Arch Cl*. 18.2. 1966.
____. Il sistema alfabetico. *L'etrusco arcaico*. Firenze, 1976.
____ (ed.). *Santuari d'etruria*. Catalogue. Arezzo / Milano, 1985.
COLVIN, Howard M. *A Biographical Dictionary of British Architects*. London, 1978.
COMBARIEU, Jules. *La Musique et la magie*. Paris, 1909.
____. *Histoire de la musique*. 9 ed. Paris, 1953.
COMBÈS, Joseph. *Le Dessein de la sagesse cartésienne*. Lyon, 1960.
CONCHE, Marcel. *Lucrèce et l'expérience*. Paris, 1981.
CONDIVI, Ascanio. *Michelangelo: La vita raccolta dal suo discepolo*. Ed. A. Maraini. Firenze, 1928.
____. *Michelangelo*. Trad. e ed. H. Wohl. Baton Rouge, 1976.
CONDORCET, Marie-Jean-Antoine-Nicolas de Caritat, Marquis de. *Oeuvres*. Ed. A. Condorcet O'Connor e M.F. Arago. Paris, 1847-1849.
CONGER, George Perrigo. *Theories of Macrocosms and Microcosms in the History of Philosophy*. New York, 1922.
CONTENAU, Georges. *L'Art de L'Asie occidentale ancienne*. Paris / Brussels, 1928.
____. *Everyday Life in Babylon and Assyria*. London, 1954.
CONWAY, William M. *The Literary Remains of Albrecht Dürer*. Cambridge, 1889.
COOK, Arthur B. *Zeus: A Study in Ancient Religion*. Cambridge, 1914-1940. 3 v.
COOK, J.M. Old Smyrna. *Brit. Sch. Ann*. 53-54, 1958-1959.
____. *The Greeks in Ionia and the East*. London, 1962.
COOK, Captain James. *The Journals*. Ed. J.C. Beaglehole. London, 1955. 5 v.
COOK, Robert M. *Greek Art: Its Development, Character, and Influence*. New York, 1973.
COOMARASWAMY, Ananda K. *A New Approach to the Vedas*. London, 1933.
____. *Mediaeval Sinhalese Art*. New York, 1956.
____. *Selected Papers*. Ed. Roger Lipsey. Princeton, 1977.
COOPER, Frederick Alexander. The Temple of Apollo at Bassae: New Observations on Its Plan and Its Orientation. *AJA* 72. 1968.
____. *The Temple of Apollo at Bassae*. Ph.D. diss., University of Pennsylvania. 1970.
COPERNICUS, Nicholas. *On the Revolutions of the Heavenly Spheres (De revolutionibus orbium celestium)*. Trad. A.M. Duncan. Newton Abbot, Devon, 1976.
COPLESTON, Frederic. *A History of Philosophy*. London, 1946-1975. 9 v.
CORBIN, Henry. *Avicenna and the Visionary Recital*. Trad. W.K. Trask. London, 1960.
____. *L'Imam caché et la rénovation de l'homme en théologie shiite*. Zürich, 1960.
____. *Storia della filosofia islamica*. Milano, 1973.
____. *Cyclical Time and Ismaili Gnosis*. London, 1983.
CORNFORD, Francis M. *Plato's Theory of Knowledge*. 1935. Reimpressão, London, 1963.
____. *Thucydides Mythistoricus*. 1907. Reimpressão, New York, 1969.
CORPUS Hermeticum. Ed. A.D. Nock e A.J. Festugière. Paris, 1945.
COULTON, J.J. Lifting in Early Greek Architecture. *JHS*, 94. 1974.

____. Towards Understanding Greek Temple Design: General Considerations. *Brit. Sch. Athens Ann.* 70. 1975.
____. *The Architectural Development of the Greek Stoa.* Oxford, 1976.
____. *Greek Architects at Work.* London, 1977.
____. Post Holes and Post Bases in Early Greek Architecture. *MA*, 1, 1988.
COUPEL, Pierre; DEMARGNE, Pierre. 1969. Le Monument des Néréides. *Fouilles de Xanthos* 3.
COURBIN, Paul. Le Colosse Naxien et le Palmier de Nicias. *BCH*, suppl. 1. 1973.
____. *L'Oikos des Naxiens.* Paris, 1980.
____. Lyres d'Argos. *BCH*, suppl. 6, *Études Argiennes*. 1980.
CRAGG, Gerald R. *The Church and the Age of Reason, 1648-1789.* Harmondsworth, 1966.
CRAWFORD, Osbert G.S. *The Eye Goddess.* London, 1957.
CRISTOFANI, Mauro. *L'arte degli etruschi.* Torino, 1978.
____. *Saggi di storia etrusca arcaica.* Roma, 1987.
CRISTOFANI, Mauro; PELAGATTI, Paola (eds.). *Il commercio etrusco arcaico.* CNR. Roma, 1985.
CRITCHLOW, Keith. *Islamic Patterns.* London, 1976.
CROSSLAND, Ronald A.; BIRCHALL, Ann (eds.). *Bronze Age Migrations in the Aegean.* London, 1973.
CUMONT, Franz. *Les Religions orientales dans le paganisme romain.* 4 ed. Paris, 1929.
____. *Astrology and religion among the greeks and romans.* 1912. Reimpressão, New York, 1960.
CUREAU DE LA CHAMBRE, Marin. *Les Charactères des passions.* Paris, 1648-1662. 4 v.
____. *L'Iris.* Paris, 1650.
____. *Traité de la connaissance des animaux.* Paris, 1664.
____. *L'Art de connoistre les hommes.* 3 v. Amsterdam, 1669.
CURTIUS, Ernst Robert. *European Literature and the Latin Middle Ages.* New York, 1953.
CURTIUS, Ludwig. Review of *Phidias* by Hans Schrader. *Gnomon.* Berlin, 1925.
CZECH, Hermann; MISTELBAUER, Wolfgang. *Das Looshaus.* Wien, 1976.

D'ALVERNY, Marie-Thérèse. Astrologues et théologiens au XIIe siècle. *Mélanges offerts à M.-D. Chenu.* Paris, 1967.
____. Le Cosmos symbolique du XIIe siècle. *Settimane di Studio.* Centro Italiano di Studi sull'Alto Medioevo 20. Spoleto, 1973.
DÄDALISCHE *Kunst auf Kreta in 7. Jahrhundert v. Chr.* Exhibition Catalogue. Hamburg Museum für Kunst u. Gewerbe, 1990.
DAL CO, Francesco; TAFURI, Manfredo. *Architettura contemporanea.* Milano, 1976.
DALLEY, Stephanie. *Mari and Karana.* London, 1984.
____. (Trad e ed.) *Myths from Mesopotamia.* Oxford, 1989.
DALLEY, Stephanie; YOFFEE, Norman. *Old Babylonian Texts in the Ashmolean Museum.* Oxford, 1991.
DANI, Ahmad Hasan. *Prehistory and Protohistory of Eastern India.* Calcutta, 1981.
DANTHINE, Hélène. *Le Palmier-Dattier et les arbres sacrés.* Paris, 1937. 2 v.
DARMON, Albert. *Les Corps Immateriels: Esprits et Images dans l'Oeuvre de Marin Cureau de la Chambre.* Paris, 1985.
DARCQUE, Pascal, Les Vestiges mycéniens découverts sous le télestérion d'Eleusis. *BCH*, 105, 1981.
DARWIN, Charles. *The Expression of the Emotions in Man and Animals.* London, 1873.
DASSY, L. *Compte-Rendu sur la restauration des monuments antiques par les architectes pensionnaires de l'Académie de France à Rome.* Paris, 1877.
DAVID, Rosalie. *A Guide to Religious Ritual at Abydos.* Warminster, 1981.
DAVILER, Charles A. *Cours d'architecture.* Rev. Jean Le Blond and Jean Mariette. Paris, 1720. 2 v.
DAVIS, Flora. *Eloquent Animals.* New York, 1978.
DAVY, Marie-Magdeleine. *Initiation à la symbolique romane.* Paris, 1977.
DAWKINS, Richard M., et al. *The Sanctuary of Artemis Orthia.* London, 1929.
DEBUS, Allen G. *The English Paracelsians.* London, 1965.
____. *The Chemical Dream of the Renaissance.* New York, 1977.
____. *Man and Nature in the Renaissance.* Cambridge, 1978.
DEKOLAKOU-SIDERIS, I. A Metrological Relief from Salamis. *AJA*, 94. 1990.
DELATTE, Armand. *Études sur la littérature pythagoricienne.* Paris, 1915.
DELBRÜCK, Richard. *Hellenistische Bauten in Latium.* Berlin, 1907-1912. 2 v.
DEL CHIARO, Mario A.; BIERS, William R. (eds.) *Corinthiaca: Studies in Honor of Darrell A. Amyx.* Columbia, Mo, 1986.
DELCOURT, Marie. *Pyrrhos et Pyrrha.* Paris, 1965.
DELESTRE, Jean Baptiste. *De la physiognomonie.* Paris, 1866.
DELLA PORTA, Giambattista. *De Humana physiognomonica.* Napoli, 1586. Em italiano, *Della fisionomia dell'uomo*, trad. M. Cicognani (Parma 1988).

DE L'ORME, Philibert. *Oeuvres.* Paris, 1648. (Reimpressão, Ridgewood, N.J., 1964.)
DELVOYE, Charles; ROUX, Georges. *La Civilisation grecque de l'Antiquité à nos jours.* 2 v. Brussels, 1967.
DEMANGEL, Robert. Fenestrarum Imagines. *BCH*, 55. 1931.
____. *La Frise ionique.* Bibliothèque des Ecoles Françaises d'Athènes et de Rome. Paris, 1932.
____. Fenestrarum Imagines, bis. *BCH*, 70. 1946.
DEMARGNE, Pierre (ed.). *La Crete dédalique.* Paris, 1947.
____. *Fouilles de Xanthos.* Paris, 1958-1989.
____. *The Origins of Aegean Art.* Trad. S. Gilbert e J. Emmons. New York, 1964.
DEMISCH, Heinz. *Die Sphinx.* Stuttgart, 1977.
DEMPSTER, Thomas, de Muresk. *De Etruria regali.* Ed. Thomas Coke. Firenze, 1723. 3 v.
DEONNA, Waldemar. *Les Apollons archaiques.* Geneva, 1909.
____. *Les Lois et les rythmes dans l'art.* Paris, 1914.
____. *Dédale, ou La Statue de la Grèce Archaique.* Paris, 1930. 2 v.
____. *Le Symbolisme de l'oeil.* Paris, 1965.
DERHAM, William. *Physico-Theology, or A Demonstration of the Being and Attributes of God from His Works of Creation.* London, 1713.
____. *Astro-Theology or A Demonstration of the Being and Attributes of God, from a Survey of the Heavens.* London, 1714.
____. *Christo-Theology or A Demonstration of the Divine Authority of the Christian Religion.* London, 1730.
DERRIDA, Jacques. *L'Ecriture et la différence.* Paris, 1967. (trad. bras., *A Escritura e a Diferença*, 4. ed. revista e ampliada, São Paulo, Perspectiva, 2011).
____. *La Vérité en peinture.* Paris, 1978.
DÉSARGUES, Gerard. [1648] *Manière universelle "pour pratiquer la perspective".* Paris, 1987.
DESBOROUGH, Vincent R. d'Arba. *The Last Mycenaeans and Their Successors,* Oxford, 1964.
DESCARTES, René. *Oeuvres.* Ed. Charles Adam e Paul Tannery. Paris, 1897-1909. 11 v.
____. *Oeuvres et lettres.* Ed. André Bridoux. Paris, 1953.
____. *Les Passions de l'ame.* Ed. Jean-Maurice Monnoyer. Paris, 1988.
DESGODETS, Antoine. *Les Edifices Antiques de Rome.* Paris, 1682.
D'ESPOUY, Hector. *Fragments d'architecture antique d'après les relevés des anciens pensionnaires de l'Académie de France à Rome publiés sous la direction de H(ector) D'Espouy.* Ed. C. Schmid. Paris, 1893-1905. 2 v.
DESSOIR, Max. *Aesthetics and Theory of Art.* Detroit, 1970.
DETIENNE, Marcel. *Les Maitres de vérité dans la Grèce archaique.* Paris, 1967.
____. *Dionysos mis à mort.* Paris, 1977.
____. *Dionysos à ciel ouvert.* Paris, 1986.
DETIENNE, Marcel; VERNANT, J.-P. *La Cuisine du sacrifice en pays grec.* Paris, 1979.
DEUBNER, Ludwig. *Attische Feste.* Berlin, 1932.
____. Eine Neue Lenäenvase. *JDAI* 49. 1934.
DEUEL, L. *The Memoirs of Heinrich Schliemann.* New York, 1977.
DE VINNE, Theodore Low. *Notable Printers of Italy During the Fifteenth Century.* New York, 1910.
DEVOTO, Giacomo (ed.). *Gli antichi italici.* Firenze, 1951.
____. *Tabulae iguvinae.* Roma, 1954-1962. 2 v.
DICKINS, Guy; CASSON, S.M. *Catalogue of the Archaic Sculptures in the Acropolis Museum.* Cambridge, 1912-1921. 2 v.
DIETERICI, Friedrich Heinrich. *Die Philosophie der Araber im Zehnten Jahrhundert nach Christi.* 1865-1878. Reimpresso, Hildesheim, 1969. 2 v.
DIEULAFOY, Marcel. *L'Art antique de la perse.* Paris, 1885.
DILKE, Lady Emilia Frances Strong. *Art in the Modern State.* London, 1888.
DINSMOOR, William Bell. The Hekatompedon on the Athenian Akcropolis. *AJA* 51. 1947.
____. *The Architecture of Ancient Greece.* London, 1950.
DIONYSIUS OF FOURNA. *The Painter's Manual.* Trans. and ed. Paul Hetherington. London, 1974.
DIROTON, Etienne. *Page d'egyptologie.* Cairo, 1957.
DIWALD, Susanne (ed.). *Ihwan as-Safa: Arabische Philosophie und Wissenschaft in der Enzyklopädie.* Wiesbaden, 1975.
DODDS, Eric Robertson. *The Greeks and the Irrational.* Berkeley, 1964.
DÖHMER, Klaus. *Im Welchem Style Sollen Wir Bauen?* München, 1976.
DONAHUE, Alice A. *Xoana and the Origins of Greek Sculpture.* Atlanta, 1988.
DONALDSON, Thomas Leverton. *Architectura numismatica.* London, 1859.
DONIGER [O'Flaherty], Wendy. *Women, Androgynes, and Other Mythical Beasts.* Chicago, 1980.

DONIN, Richard Kurt. *Vincenzo Scamozzi und der Einfluss Venedigs auf die Salzburger Architektur.* Innsbruck, 1948.
DONNE, John. *The Divine Poems.* Ed. Helen Gardner. Oxford, 1978.
DÖRPFELD, Wilhelm. *Das Schatzhaus der Sikyoner.* MDAIA 8. 1883.
____. *Alt-Olympia.* Berlin, 1935. 2 v.
____. *Alt-Athen und Seine Agora.* Berlin, 1937.
DOUGLAS, A.E. Cicero, Quintilian, and the Canon of the Attic Orators. *Mnemosyne,* 4th ser., 9. 1956.
DREES, Ludwig. *Der Ursprung der Olympischen Spiele.* Schorndorf bei Stuttgart, 1962.
DRERUP, Heinrich. Griechische Baukunst in Geometrischer Zeit. *ArchHom* 2. 1969.
____. *Das sogenannte Daphnephoreion in Eretria.* Studien zur Archäologie und Alten Geschichte. Saarbrücken, 1986.
DREWS, Robert H. *Basileus: The Evidence for Kingship in Geometric Greece.* New Haven, 1983.
____. *The Coming of the Greeks: Indo-European Conquests in the Aegean and the Near East.* Princeton, 1988.
DREXLER, A. (ed.) *The Architecture of the École des Beaux-Arts.* New York, 1977.
DUBUY, Philippe. *Lequeu: An Architectural Enigma.* London: Thames and Hudson, 1986.
DUCAT, Jean. *Les Kouroi du ptoion.* Paris. Dufrenne, Mikel. 1966.
DUFRENNE, Mikel. *The Notion of the A Priori.* Trans. Edward S. Casey. Evanston, Ill., 1971.
____. *La Phénoménologie de l'expérience esthétique.* Paris, 1967.
DU FRESNOY, Charles Alphonse. *De arte graphica.* Paris, 1668. Trans. John Dryden (London, 1695).
DUGAS, Charles; BERCHMANS, Jules; CLEMMENSEN, Mogens. *Le Sanctuaire d'Aléa Athéna à Tégée au IV siècle.* Paris, 1924.
DUGAS, Charles; FLACELIÈRE, Robert. *Thésée: images et récits.* Paris, 1958.
DUHEM, Pierre M.N. *Études sur Léonard da Vinci.* Paris, 1906-1909. 3 v.
DUMÉZIL, Georges. *Archaic Roman Religion.* Chicago and London, 1970. 2 v.
DUNBABIN, T.J. The Early History of Corinth. *JHS,* 68. 1948.
____. *The Western Greeks.* Oxford, 1948.
____. *The Greeks and Their Eastern Neighbors.* Westport, Conn. 1979.
DUNNE, John S. *The City of the Gods.* London, 1974.
DUPONT-SOMMER, André. *Les Araméens.* Paris, 1949.
DURAND, Jean-Nicolas-Louis. *Précis des leçons d'architecture données à l'École Royale Polytechnique,* Paris, 1819.
DURANDUS [Durantis], Guilelmus, (sometime Bishop) of Mende. *Repertorium aureum gulielmi durandi.* Venezia. Trans. C. Barthélemy (Paris, 1854), 1496.
____. *The Symbolism of Churches and Church Ornaments: A Translation of the First Book of the Rationale divinorum officiorum.* Trans. John Mason Neale and Benjamin Webb. London, 1843.
____. *Rationale divinorum officiorum.* Ed. John Beleth. Napoli, 1859.
DÜRER, Albrecht. *Hierinn sind begriffen vier Bücher von Menschlicher Proportion.* Nurnberg, 1528.
DURKHEIM, Emile. [1912] *The Elementary Forms of Religious Life.* Trans. Joseph Ward Swain. New York, 1961.
DURM, Josef. *Die Baukunst der Griechen.* Leipzig, 1910.

EBIN, Victoria. *The Body Decorated.* London, 1979.
ECKSTEIN, Felix. ΑΝΑΘΗΜΑΤΑ: *Studien zu den Weihgeschenken Strengen Stils im Heiligtum von Olympia.* Berlin, 1969.
ECO, Umberto. *Arte e bellezza nell'estetica medievale.* Milano, 1987.
ÉCOLE Française d'Athènes. *Guide de Delphes: Le musée.* Paris, 1991.
EDWARDS, Iorwerth Eiddon Stephen. *The Pyramids of Egypt.* Harmondsworth, 1967.
EDWARDS, Ruth B. *Kadmos the Phoenician.* Amsterdam, 1979.
EICHEL, Christine. *Vom Ermatten der Avantgarde zur Vernetzung der Künste.* Frankfurt, 1993.
EINEM, Herbert von. Der Mainzer Kopf mit der Binder. *Arbeitsgemeinschaft für Forschung des Landes Nordrhein-Westfalen* 37. 1955.
EISLER, Robert. *Weltenmantel und Himmelszelt.* München, 1910.
____. *The Royal Art of Astrology.* London, 1946.
EITREM, Sanson. *Beiträge zur Griechischen Religionsgeschichte.* Kristiania, 1910-1920.
ELDERKIN, George Wicker. *Problems in Periclean Buildings.* Princeton, 1912.
____. *Kantharos: Studies in Dionysiac and Kindred Cults.* Princeton, 1924.
ELIADE, Mircea. *Shamanism: Archaic Techniques of Ecstasy.* Trans. Willard R. Trask. New York, 1964.
____. *The Two and the One.* Trans. J.M. Cohen. London, 1965.
____. *Le Mythe de l'eternel retour.* Paris, 1969.
____. *Forgerons et alchimistes.* Paris, 1977.
ELKIN, Adolphus Peter. *The Australian Aborigines.* North Ryde, N.S.W., 1938-1974.
ELLIS, Richard Stephen. *Foundation Deposits in Ancient Mesopotamia.* New Haven, 1968.
EMERY, Walter B. *Archaic Egypt.* Harmondsworth, 1961.
EMERY, Walter B. et al. *Great Tombs of the First Dynasty.* Oxford. 1949-1958. 3 v.
EMLYN-JONES, Chris J. *The Ionians and Hellenism.* London, 1980.
ENCYCLOPAEDIA of Islam. 2. ed. Leyden/London, 1979.
EPPELSHEIMER, Rudolf. *Mimesis und Imitatio Christi.* Bern, 1968.
ERICSSON, Christoffer H. *Roman Architecture Expressed in Sketches by Francesco di Giorgio Martini.* Commentationes Humanarum Litterarum 66. Helsinki, 1980.
ERLANDE-BRANDENBURG, Alain (ed.). *Carnet de villard de honnecourt: d'après le manuscrit conservé à la Bibliothèque Nationale de Paris.* Paris, 1986.
ERLICH, Victor. *Russian Formalism.* 2. ed. London/Haia, 1965.
ERMAN, Adolf. *A Handbook of Egyptian Religion.* Trans. A.S. Griffith. London, 1907.
____. *Die Aegyptische Religion.* Berlin/Leipzig, 1934.
____ (ed.). *The Ancient Egyptians.* New York, 1966.
ESMEIJER, Anna C. *Divina quaternitas.* Amsterdam, 1978.
EUGIPPIUS, Abbot. *Eugipii excerpta ex operibus scti* augustini. Ed. Pius Knoell. Wien, 1885.
EVANS, Sir Arthur. The Mycenaean Tree and Pillar Cult. *JHS,* 21. London, 1901.
____. *The Palace of Minos at Knossos.* London, 1921-1936. 4 v.
EVANS, Elizabeth C. *Physiognomics in the Ancient World.* Philadelphia, 1969.
EVANS, Michael. The Geometry of the Mind. *AAQ,* 12, 4, 1980.
FAIRBANKS, Arthur. [1907] *Athenian Lekythoi.* New York. Slightly revised, 1914.
FALK, Maryla. *Il mito psicologico nell'India antica.* Milano, 1986.
FALKENER, Edward. *Ephesus and the Temple of Diana.* London, 1862.
FARIS, James C. *Nuba Personal Art.* Toronto, 1973.
FARNELL, L.R. *The Cults of the Greek States.* Oxford, 1896-1909. 5 v.
____. *Greek Hero Cults and Ideas of Immortality.* Oxford, 1921.
FARRELL, M. *William Whiston.* New York, 1981.
FAST, Julius. *Body Language.* New York, 1917.
FAVARO, G. Il canone di Leonardo da Vinci sulle proporzioni del corpo umano. *Atti del R. Istituto Veneto di Scienze, Lettere ed Arti,* 77, 1917.
____. Misure e proporzioni del corpo umano secondo Leonardo, *Atti del R. Istituto Veneto di Scienze, Lettere ed Arti* 78. 1918.
FEHRLE, Eugen. *Die Kultische Keuschheit im Altertum.* Giessen, 1910
FERNEA, Robert Alan. Irrigation and Social Organization among El Shabana. Ph.D. diss. University of Chicago, 1959.
FERNIE, Eric. The Metrological Relief in Oxford. *AJ* 61. 1981.
FERRARI, Sante. *I tempi, la vita, le dottrine di Pietro d'Abano.* Genova, 1900.
____. Per la biografia e per gli scritti di Pietro d'Abano. *Memorie. Classe di Scienza Morali, Storiche e Filologica, Reale Accademia dei Lincei,* 5th set., 1915.
FERRI, Silvio. Nuovi contributi esegetici al canone della scultura greca. *Riv. Ist. Arc.,* 7, 1940.
____ (ed.). *Plinio il vecchio, storia delle arti antiche.* Roma, 1946.
FERRY, Luc. *Homo aestheticus.* Genova, 1990.
FESTUGIÈRE, André Jean. *La Revelation d'Hermès Trismégiste.* Paris, 1944-1954. 4 v.
FIELD, George. *Outlines of Analogical Philosophy.* London, 1839.
FIELD, H. Horns and Skulls on Buildings. *Antiquity,* 10, 1936.
FINK, Eugen. *Il gioco come simbolo del mondo.* Trad. Nadia Antuono. Roma, 1969.
FINKELSTEIN, Israel. *The Archaeology of the Israelite Settlements.* Jerusalem, 1988.
FINLEY, Moses I. *Economy and Society in Ancient Greece.* New York, 1981.
FINLEY, Moses I.; PLECKET, Henry Willy. *The Olympic Games: The First 1000 Years.* London, 1976.
FINSLER, Georg. *Platon und die aristotelische Poetik.* Leipzig, 1900.
FIRENZE e la Toscana dei Medici. Firenze, 1980. 4 v.
FLASCHE, Hans. Similitudo templi. *Deutsche Vierteljahrsschrift für Literaturwissenschaft und Geistesgeschichte* 23. Halle, 1949.
FLASCH, K. (ed.) *Pariusia: Festschrift J. Kirchberger.* Frankfurt, 1965.
FLAVIO BIONDO [Blondus]. *Works.* Basel, 1559.
FLEISCHER, Robert. *Artemis von Ephesos und Verwandte Kultstatuen aus Anatolien und Syrien.* Leiden, 1973.
FLICHE, Augustin; MARTIN, Victor (eds.). *Histoire de l'Eglise depuis les origines jusqu'à nos jours.* Paris, 1934. 20 v. to date.
FLORES D'ARCAIS, Giuseppe (ed.). *Nicolò da Cusa.* Firenze, 1962.

FONTAINE, André. *Quid senserit carolus le brun de arte sua*. Paris, 1903.
____. *Les Doctrines d'art en france*. Paris, 1909.
____. *Académiciens d'autrefois*. Paris, 1914.
FONTAINE, Jacques. *Isidore de Seville et la culture classique dans L'Espagne wisigothique*. Paris, 1959.
FONTANA, Carlo. *Templum vaticanum et ipsius origo*. Roma, 1694.
FONTANA, Vincenzo (ed.). *Artisti e committenti nella Roma del Quattrocento*. Roma, 1973.
FONTANA, Vincenzo; MORACHIELLO, Paolo (eds.). *Vitruvio e Raffaello*. Roma, 1975.
FONTANIER, Pierre. *Les Figures du discours*. Paris, 1977.
FONTENROSE, Joseph. *The Cult and Myth of Pyrros at Delphi*. Berkeley, 1960.
FORBES, Robert James. *Studies in Ancient Technology*. Leiden, 1965.
FORBES, Thomas B. *Urartian Architecture*. Oxford, 1983.
FORCE, James E. *William Whiston: Honest Newtonian*. Cambridge, 1985.
FORREST, William George Grieve. *A History of Sparta: 950-192 B.C.* London, 1968.
FORSSMAN, Erik. *Säule und Ornament*. Stockholm, 1956.
____. *Dorisch, Ionisch, Korinthisch*. Stockholm, 1961.
FORSTER, P.R. *Scriptores, physiognominici graeci et latini*. Leipzig, 1893.
FORSYTHE, Robert. S. Herman Melville in Honolulu. *New England Quarterly*, 8, 1935.
____. Herman Melville in the Marquesas. *PQ*, 15, 1936.
____. Herman Melville in Tahiti. *PQ*, 16, 1937.
FOUGÉRES, Gustave; HULOT, J. *Selinonte: La Ville, l'acropole et le temple*. Paris, 1910.
FOWDEN, Garth. Constantine's Porphyry Column: The Earliest Literary Allusion. *JRS*, 81, 1991.
FOWLER, Harold N.; STILLWELL, Richard. *Corinth: Excavations of the American School of Classical Studies at Athens*. Cambridge, 1932.
FOX, Michael V. (ed.). *Temple in Society*. Winona Lake, 1988.
FRAME, Douglas. *The Myth of Return in Early Greek Epic*. New Haven, 1978.
FRANCIS, E.D.; VICKERS, Michael. Signa priscae artis: Eretria and Siphnos. *JHS*, 103. 1983.
FRANK, Eric. *Plato und die sogenannten Pythagoreer: Ein Kapitel aus der Geschichte des Griechischen Geistes*. Halle, 1923.
FRANKFORT, Henri. *The Cenotaph of Seti I at Abydos*. London, 1933.
____. *Cylinder Seals*. London, 1939.
____. *Ancient Egyptian Religion*. New York, 1948.
____. *Kingship and the Gods*. Chicago, 1948.
____. *The Art and Architecture of the Ancient Orient*. Harmondsworth, 1954. Revised 1963 and 1970.
FRANKL, Paul; PANOFSKY, Erwin. The Secret of the Mediaeval Masons. *AB*, 27, March, 1945.
FRAZER, Sir James George. *The Golden Bough*. London, 1911-1915. 12 v.
____. *Folk-Lore in the Old Testament*. London, 1919. 3 v.
FRÉART, Paul, Sieur de Chantelou. [1885] *Journal de voyage du Cavalier Bernin en France*. Ed. L. Lalanne. Paris, 1981.
FRÉART, Roland, Sieur de Chambray. [1650] *Parallèle de l'architecture antique et de la moderne*. Paris, ed. rev., 1702. Trans. John Evelyn, *A Parallel of the Ancient Architecture with the Modern*. London, 1664.
____. *Idée de la perfection de la peinture....* Le Mans, 1662.
FREUD, Sigmund. *Works*. Ed. Anna Freud with Alix Strachey and Alan Tyson. Trans. supervised by Joan Rivière. London, 1953-1974. 5 v.
FREYBERG, Klaus S. *Stadtrömische Kapitele aus der Zeit Domitian bis Alexander Severus*. Mainz, 1990.
FRICKENHAUS, August. *Lender vasen*. Berlin, 1912.
FRIEDLANDER, Paul. *Plato*. Trans. Hans Meyerhoff. New York, 1958-1969. 3 v.
FRIIS, Johansen, K. *The Attic Grave-Reliefs of the Classical Period*. Copenhagen, 1951.
FRINGS, Hubert; FRINGS, Mable. *Animal Communications*. Norman, Okla., 1975.
FRISCH, Karl von. *The Dance Language and the Orientation of Bees*. Cambridge, 1967.
____. *Bees: Their Vision, Chemical Senses, and Language*. London, 1968.
____. *Animal Architecture*. New York/London, 1974.
FROBENIUS, Leo. *Kulturgeschichte Afrikas*. Wien, 1933.
FRONTINUS, Sextus Julius. *The Stratagems and the Aqueducts of Rome*. Trans. Charles E. Bennett. London, 1925.
FROTIER DE LA COSTE MESSELIÈRE, P. *Au Musée de Delphes*. Paris, 1936.
FRÜCHTL, Josef. *Mimesis: Konstellation eines Zentralbegriffs bei Adorno*. Würzburg, 1986.
FRYE, Richard N. *The Heritage of Persia*. London, 1976.
FUBINI, Enrico. *L'Estetica musicale dal Settecento a oggi*. Torino, 1964.

FULLER, Thomas. [1642] *The Holy State and the Profane State*. Ed. James Nichols. London, 1841.
FUMAROLI, Marc. *L'Age de l'eloquence: Rhétorique et "res literaria" de la Renaissance au seuil de l'epoque classique*. Geneva, 1980.
____. *Le Corps Eloquent. Dix-Septième Siècle*. Paris, 1981.
FURTWÄNGLER, Adolf. *Meisterwerke der Griechischen Plastik*. Berlin. 1893. Translated as *Master-pieces of Greek Sculpture: A Series of Essays on the History of Art* (ed.). H. Oikonomides (Chicago, 1964).
GADAMER, Hans-Georg. *The Idea of the Good in Platonic-Aristotelian Philosophy*. Trans. P. Christopher Smith. New Haven, 1986.
____. *The Relevance of the Beautiful and Other Essays*. Cambridge. 1986.
____. *Truth and Method*. 2. ed. Trans. J. Weinsheimer and Donald Marshall. New York, 1989.
GAGE, John. A Locus Classicus of Color Theory: The Fortunes of Apelles. *JWCI*, 44, 1981.
GAISER, Konrad. *Platons Ungeschriebene Lehre*. Stuttgart, 1963.
GALINSKY, H. *Der Lucretia-Stoff in der Weltliteratur*. Breslau, 1932.
GALL, Hubertus von. Zu den "Medischen" Felsgrabern in Nordwestiran and Iraqi Kurdistan. *AA*, 81, 1966.
GALVANO, Albino. *Artemis Ephesia*. Milano, 1967.
GARDINER, E.N. *Olympia: Its History and Remains*. Oxford, 1925.
GARDNER, Percy. *The Principles of Greek Art*. New York, 1921.
GARIN, Eugenio (ed.). *De hominis dignitate, heptaplus, de ente et uno, e scritti vari di Pico della Mirandola*. Firenze, 1942.
____. *Lo zodiaco della vita*. Bari, 1976.
____. *L'umanesimo italiano*. Bari, 1984.
GARLAND, Robert. *The Greek Way of Death*. Ithaca, 1985.
GARSTANG, John. *The Hittite Empire*. New York, 1930.
GAURICUS, Pomponius [Pomponio Gaurico]. [1504] *De sculptura*. Ed. A Chastel and R. Klein. Geneva, 1969.
GEBAUER, Gunter; WULF, Christoph. *Mimesis: Kultur, Kunst, Gesellschaft*. Reinbek bei Hamburg, 1992.
GEERTZ, Clifford. *The Interpretation of Cultures*. New York, 1973.
GEHLEN, Arnold. *Gesamtausgabe*. Frankfurt, 1978.
GELDNER, Karl. Friedrich. *Der Rig-Veda*. Cambridge, 1951.
GENNEP, Arnold van. [1909] *Les Rites de passage*. Reimpressão, Paris, 1960.
GEORGIADES, Thrasybulos. *Greek Music, Verse, and Dance*. Trans. Erwin Benedikt and Marie Louise Martinez. New York, 1956.
GERBERT, Martin (ed.). *Scriptores ecclesiastici de musica sacra... typis san-blasianis*. 1794. Reimpressão, Milano, 1931.
GERKAN, Armin von. Die Krümmungen im Gebalk des Dorischen Tempels in Cori, *MDAIR*, 40, 1925.
____. *Von Antiker Architektur und Topographie: Gesammelte Aufsatze*. Ed. Erich Boehringer. Stuttgart, 1959.
GERMAIN, Gabriel. *Homère et mystique des nombres*. Paris, 1954.
GERNET, Louis. *The Anthropology of Ancient Greece*. Baltimore/London, 1981.
GEROLD, T. *Histoire de la musique*. Paris, 1936.
GESSINGER, Joachim; RANDEN, Wolfert von (eds.). *Theorien vom Ursprung der Sprache*. Berlin, 1989. 2 v.
GHIBERTI, Lorenzo. *I commentari*. Ed. O. Morisani. Napoli, 1947.
GHIRSHMAN, Roman. *Iran: Parthians and Sassanians*. London, 1962.
____. *The Arts of Ancient Iran from Its Origins to the Time of Alexander the Great*. Trans. Stuart Gilbert and James Emmons. New York, 1964.
GHYKA, Matyla. C. *Le Nombre d'or*. Paris, 1931. 2 v.
____. *Essai sur le rythme*. Paris, 1932.
GIBBON, Edward. *The History of the Decline and Fall of the Roman Empire*. 1776-1788. Ed. J.B. Bury. New York, 1912-1921. 7 v.
GIEDION, Sigfried. *The Eternal Present*. London, 1964. 2 v.
GIEDION WELCKER, C. Bildhafte Kachel-Kompositionen von Antonio Gaudi: Ein Vorspiel zu den "Papiers Collés". *Werk*, 42, 4, 1955.
GIESEN, Karl Joseph. *Dürers Proportionsstudien im Rahmen der allgemeinen Proportionsentwicklung*. Ph.D. dissertation, Friedrich Wilhelms Universität, Bonn, 1929.
GILL, Christopher. The *ethos/pathos* Distinction in Rhetorical and Literary Criticism. *CQ*, 34, 1974.
GILSON, Etienne. *L'Esprit de la philosophie médiévale*. Paris, 1944.
____. *La Philosophie au moyen age, des origines patristiques à la fin du XIVe siècle*. Paris, 1952.
____. *The Arts of the Beautiful*. New York, 1965.

GIMBUTAS, Marija. *The Language of the Goddess*. San Francisco, 1989.
____. *The Civilization of the Goddess: The World of Old Europe*. San Francisco, 1991.
GINOUVÈS, René; MARTIN, Roland. *Dictionnaire méthodique de l'architecture grecque et romaine*. Roma, 1985. 3 v. to date.
GINZBERG, Louis. *The Legends of the Jews*. Philadelphia, 1913. 7 v.
GINZBURG, Carlo. *Indagini su piero*. Torino, 1982.
____. *Storia Notturna*. Torino, 1989.
GIOVANNONI, G. La curvatura delle linee nel Tempio d'Ercole a cori. MDAIR, 23, 1908.
GIRARD, René. *Violence and Sacred*. Baltimore, 1977.
____. *Des Choses cachées depuis la fondation du monde*. Paris, 1978.
GJERSTAD, Einar. *Early Rome*. Lund, 1953-1973. 6 v.
GLASER, Franz. *Antike Brunnenbauten in Griechenland*. Wien, 1983.
GLI ETRUSCHI A ROMA, Studies in Honour of Massimo Pallottino. Roma, 1981.
GOBLET D'ALVIELLA, Eugene. *La Migration des symboles*. Paris, 1891.
GOEDICKE, Hans. A Deification of a Private Person in the Old Kingdom. JEA, 41, 1955.
GOETHE, Johann Wolfgang von. *Werke (Gedenkausgabe)*. Ed. Ernst Beutler. Zürich, 1948-1964. 27 v.
GOLDMAN, Bernard. *The Sacred Portal*. Detroit, 1966.
GOLDSCHMIDT, Lazarus. *Sepher Jesirah, Das Bach der Schöpfung*. Frankfurt, 1894
GOLZIO, Karl-Heinz. *Der Tempel im Alten Mesopotamien und seine Parallelen in Indien*. Leiden, 1983.
GOLZIO, Vincenzo. *Raffaello nei documenti: nelle testimonianze dei contemporanei e nella letteratura del suo secolo*. Rev. ed. [West-mead], England, 1971.
GOMBRICH, Sir Ernst. *Meditations on a Hobby Horse*. London, 1965.
____. *Art and Illusion*. London, 1968.
GONDA, Jan. *Vedic Literature*. Wiesbaden, 1975.
GOODDEN, Angelica. *"Actio" and Persuasion: Dramatic Performance in Eighteenth-Century France*. Oxford, 1986.
GOODENOUGH, Erwin R. *The Politics of Philo Judaeus*. New Haven, 1938.
GOODY, Jack (ed.). *Literacy in Traditional Societies*. Cambridge, 1968.
GOODYEAR, William Henry. The Lotiform Origin of the Greek Anthemion. *Architectural Record*. March, 1894.
____. The Acanthus Motive and of the Egg-and-Dart Moulding. *Architectural Record*. Sept., 1894.
____. *A Discovery of Greek Horizontal Curves in the Maison Carrée at Nimes*. Washington, D.C. 1896.
____. *The Architectural Refinements of St. Mark's at Venezia*. New York, 1902.
____. *A Renaissance Leaning Façade at Genoa*. New York, 1902.
____. *Vertical Curves and Other Architectural Refinements in the Gothic Cathedrals of Northern France and in Early Byzantine Churches*. New York, 1904.
____. *Greek Refinements*. New Haven, 1912.
GORDON, Cyrus H. *Ugarit and Minoan Crete*. New York, 1966.
GOULD, Cecil. *Bernini in France: An Episode in Seventeenth-Century History*. London, 1981.
GOULD, Stephen Jay. *The Mismeasure of Man*. New York, 1981.
GRAPALDI, Francesco Maria. *De partibus aedium*. Parma, 1508.
GRASSI, Ernesto. *Die Theorie des Schönen in der Antike*. Köln, 1962.
GRAVAGNUOLO, B. *Adolf Loos*. New York, 1983.
GRECO, Emanuele; THÉODORESCU, Dinu. *Poseidonia-Paestum*. Roma, 1987.
GREEK ART OF the Aegean Islands. Exhibition Catalogue, November 1979-February 1988. Metropolitan Museum of Art, New York, 1979.
GREEN, Rosalie et al. (eds.). *Herrad of Hohebourg: Hortus Deliciarum*. London/Leiden, 1979. 2 v.
GREGORY OF NYSSA. *De opificio hominis*. Trad. e org. J. Laplace e J. Danielou. Paris, 1943.
GREGORY, Richard L. *Eye and Brain*. London, 1966.
GREGORY, Tullio. *Anima mundi*. Roma, 1955.
GRENIER, Albert. *Les Religions etrusques et romaines*. Paris, 1948.
GRIFFIN, Donald R. *The Question of Animal Awareness*. New York, 1976.
GRILL, L. Die neunzehn "Capitula" Bernhards von Clairvaux gegen Abelärd HJ, 80, 1961.
GRIMES, Ronald L. *Research in Ritual Studies*. Chicago, 1982.
GROENEWENGEN-FRANKFORT, H.A. *Arrest and Movement*. London, 1951
GROS, Pierre. (ed.). *Architecture et société*. Paris, 1983.
GROSSE, Ernst; MARRILIER, Léon. *Les Débuts de l'art*. Trad. E. Dirr. Paris, 1902.
GROTTANELLI, Cristiano et al. (eds.). *Sacrificio e società nel mondo antico*. Roma/Bari, 1988.

GRUBE, George Maximilian Antony. *Greek and Roman Critics*. London, 1965.
GRUBEN, Gottfried. *Die Tempel der Griechen*. Darmstadt, 1984.
____. Fundamentierungsprobleme der ersten Archaischen Grossbauten. In BÜSING, H.; HILLER E. *Bathron: Beiträge zur Architektur und Verwandten Künste: Drerup Festschrift*. Saarbrucken, 1988.
GRUPPE, Otto. *Griechische Mythologic und Religionsgeschichte*. München, 1906. 2 v.
____. *Geschichte der Klassischen Mythologie und Religionsgeschichte*. Leipzig, 1921.
GSELL, Stéphane. *Cherchel: Antique Iol-Caesarea*. Algiers, 1952.
GUADET, Julien. *Eléments et théorie de l'architecture*. 3rd ed. Paris, 1909. 4 v.
GUARDUCCI, Margherita. La "eschara" del tempio greco archaico. StMSR 13. 1937.
____. Un giudizio del santuario di alea a mantinea. StMSR 13. 1937.
GUÉNON, René. *Symboles fondamentaux de la science sacrée*. Paris, 1962.
GUILAINE, Jean. *Premiers bergers et paysans de l'Occident méditerranéen*. Paris/Den Haag, 1976.
GUNDEL, Hans Georg. *Zodiakos: Tierkreisbilder im Altertum. Kosmische Bezüge und Jenseitsvorstellungen im Antiken Alltagsleben*. Mainz am Rhein, 1992.
GUNDEL, Wilhelm; SCHOTT, Siegfried. *Dekane und Dekansternbilder: ein Beitrag zur Geschichte der Sternbilder der Kulturvölker*. Hamburg, 1936.
GURALNICK, Eleanor. The Proportions of Kouroi. AJA 82, 1978.
GUTHRIE, Russell Dale. *Body Hot Spots: The Anatomy of Human Social Organs and Behavior*. New York, 1976.
GUTHRIE, William Keith Chambers. *A History of Greek Philosophy*. Cambridge, 1962-1978. 6 v.
GWILT, Joseph. *An Encyclopaedia of Architecture*. London, 1859.

HABERMAS, Jürgen. *The Philosophical Discourse of Modernity*. Trans. Frederick G. Lawrence. Cambridge, 1990.
HADDON, Alfred C. *The Study of Man*. New York, 1898.
HADINGHAM, Evan. *Early Man and the Cosmos*. London, 1983.
HÄGG, R. Die Gottliche Epiphanie im Minoischen Ritual. MDAI, 101, 1986.
____. The Cretan Hut-Models. OA, 18, 1990.
____. Geometric Sanctuaries in the Argolid. BCH, suppl. 22. 1992.
HÄGG, R.; KONSOLA, Dora (eds.). *Early Heiladic Architecture and Urbanization*. Göteborg, 1986.
HÄGG, R.; MARINATOS, N. *Sanctuaries and Cults in the Aegean Bronze Age*. Stockholm, 1981.
____ (eds.). *The Function of the Minoan Palaces*. Stockholm, 1987.
HÄGG, R.; MARINATOS, N., NORDQUIST, G. (eds.). *Early Greek Cult Practice*. Stockholm, 1988.
____ (eds.). *Greek Sanctuaries*. London, 1993.
HAHNLOSER, Hans R. (ed.). *Das Musterbuch von Wolfenbuttel: mit einem Fragment aus dem Nachlasse Fritz Ruckers*. Wien, 1929.
____. *Villard de Honnecourt: Kritische Gesamtausgabe des Bauhüttenbuches*. Wienn, 1935. (Reprint, Graz, 1972.)
HALES, Stephen. *Vegetable Staticks*. London, 1969.
HALL, Henry Reginald Holland. *Aegean Archeology: An Introduction to the Archaeology of Prehistorical Greece*. London, 1915.
HAMBIDGE, Jay. Dynamic Symmetry. *The Diagonal* 1. 1919-1920.
HAMBLY, Wilfrid Dyson. *History of Tattooing and Its Significance: With Some Account of Other Forms of Corporal Marking*. London, 1925.
HAMERTON-KELLY, Robert G. (ed.). *Violent Origins*. Palo Alto, 1987.
HAMILTON, Augustus. [1900] *The Art and Workmanship of the Maori Race in New Zealand*. Reprint, London, 1961.
HAMILTON, Victoria. *Narcissus and Oedipus*. London, 1982.
HAMPE, Roland. Ein Bronzenes Beschlagblech aus Olympia. AA, 3-4, 1938.
____. *Ein Frühattischer Grab fund*. Mainz, 1960.
HAMPE, Roland; SIMON, Erika. *The Birth of Greek Art*. New York, 1981.
HANELL, Krister. Probleme der Römischen Fasti. *Fondation Hardt*, 13, 1966.
HANFMANN, George M.A.; WALDBAUM, Jane et al. (eds.). *A Survey of Sardis and the Major Monuments Outside the City Walls*. Cambridge, 1975.
HANI, Jean. *Le Symbolisme du temple chrétien*. Paris, 1962.
HARAN, Menahem. *Temples and Temple Service in Ancient Israel: An Inquiry into the Character of Cult Phenomena and the Historical Setting of the Priestly School*. Oxford, 1978.
HARDEN, Donald. *The Phoenicians*. London, 1962.
HARDER, Carl Christian. *De joannis tzetzae historiarum fontibus: quaestiones selectae*. Kiel, 1886.
HARDIE, William Francis Ross. *Aristotle's Ethical Theory*. Oxford, 1968.
HARRISON, Jane Ellen. *Prolegomena to the Study of Greek Religion*. Cambridge, 1903.

____. *Ancient Art and Ritual*. London, 1913.

____. [1912] *Themis: A Study of the Social Origins of Greek Religion*. Reprint, London, 1963.

HARVEY, William. 1978. *Exercitatio Anatomica de Motu Cordis et Sanguinis in Animalibus*. Trans. G. Keynes. 1928. Reprint, Birmingham, Ala. First published Frankfurt, 1628.

HASELBERGER, Lothar. The Construction Plans for the Temple of Apollo at Didyma. *Scientific American*. Dec. 1985.

____. Der Eustylos des Hermogenes. In: *Hermogenes und die Hochhellenistische Architektur*, ed. W. Hoepfner and E.-L. Schwandner. Mainz, 1988.

HASELBERGER, Lothar; SEYBOLD, Hans. Seilkurve oder Ellipse. *AA* I. 1991.

HASKINS, Charles Hommer. *The Renaissance of the Twelfth Century*. Cambridge, 1927.

HAUCK, Guido. *Die Subjektive Perspektive und die Horizontalen Kurvaturen des Dorischen Styls*. Stuttgart, 1879.

HAUS, Josef Jakob. *Saggio sul Tempio e la Statua di Giove in Olimpio e sul Tempio dello Stesso in Agrigento*. Palermo, 1814.

HÄUSSLER, Reinhard. *Nachträge zu A. Otto… Sprichwörter und Sprichwörtlichen Redensarten der Reimer*. Hildesheim, 1968.

HAUTECOEUR, L. *Histoire de l'architecture classique en France*. Paris, 1943-1957. 7 v.

HAWKES, Terence. *Metaphor*. London, 1972.

HAY, David R. *On the Science of those Proportions by which the Human Head and Countenance as Represented in Works of Ancient Greek Art are Distinguished from those of Ordinary Nature*. Edinburgh/London, 1849.

____. *The Science of Beauty as Developed in Nature and Applied in Art*. Edinburgh/London, 1856.

HAYES, William C. *The Scepter of Egypt*. New York, 1953-1959. 2 v.

HAZARD, Paul. *La Crise de la conscience européenne, 1680-1715*. Paris, 1961.

HEATH, Sir Thomas L. *Greek Astronomy*. London, 1932.

HECHT, Neil S. A Modest Addendum to the Greek Metrological Relief in Oxford. *AJ*, 65, 1985.

HEGEL, Georg Wilhelm Friedrich. *Die Aesthetik*. Ed. F. Bassenge after H.G. Hothos. Berlin/Weimar, 1965.

____. [1931] *Jenaer Realphilosophie*. Ed. J. Hoffmeister. Hamburg, 1969.

HEIDEGGER, Martin. *Gesamtausgabe*. Frankfurt, 1970.

____. *Early Greek Thinking*. Trad. David E. Krell e Frank A. Capuzzi. New York, 1975.

____. *Nietzsche*. Trad. David E. Krell. New York, 1979-1984. 2 v.

____. *Der Ursprung des Kunstwerkes*. Intro. H.-G. Gadamer. 1988.

HEINRICH, Ernst. *Schilf und Lehm: Ein Beitrag zur Baugeschichte der Sumerer*. Berlin, 1934.

HELCK, Wolfgang. *Lexikon der Aegyptologie*. Wiesbaden, 1972.

HELLSTRÖM, Pontus, THIEME, Thomas. *Labraunda*. Stockholm, 1982.

HELMHOLTZ, H. *On the Sensations of Tone*. Trans. A.J. Ellis. London, 1885.

HEMPEL, E. Nicolas von Cues in seinen Beziehungen zur Bildenden Kunst. *Berichte über die Verhandlungen der Sächsischen Akademie der Wissenschaften zu Leipzig, Philologische-Historische Klasse*, Bd. 102. 1957.

HENINGER JR., S.K. *Touches of Sweet Harmony: Pythagorean Cosmology and Renaissance Poetics*. San Marino, Calif., 1974.

HENRICHS, A. Pagan Ritual and the Alleged Crimes of the Early Christians. *Kyriakon: Festschrift Johannes Quasten*. Ed. Patrick Granfield and Josef A. Jungmann. Munster, 1970.

____. *Human Sacrifice in Greek Religion*. Fondation Hardt. Geneva, 1981.

____. *Die Götter Griechenlands: Ihr Bild im Wandel der Religionswissenschaft*. Bamberg, 1987.

HENRY, Michel. *Philosophie et phénoménologie du corps*. Paris, 1965.

HENTZE, Carl. *Mythes et symboles lunaires*. Antwerp, 1932.

HERMANN, Peter. Antiochos der Grosse und Teos. *Anatolia* 9. 1965.

HERMOGENES OF TARSUS. *On Types of Style*. Trans. Cecil W. Wooten. Chapel Hill, N.C., 1987.

HERRMANN, Klaus. Bericht über Restaurierungsarbeiten in Olympia. *AA*, 1980.

HERRMANN, Wolfgang. *The Theory of Claude Perrault*. London, 1973.

____. *Gottfried Semper: In Search of Architecture*. Cambridge, 1984.

HERSEY, George. *Loudon's Associationism*. New Haven, 1965.

____. *Pythagorean Palaces*. Ithaca/London, 1976.

____. *The Lost Meaning of Classical Architecture*. Cambridge, Mass, 1988.

HERWEGEN, Idelfons. Lin Mittelalterlicher Kanon des Menschlichen Körpers. *Repertorium für Kunstwissenschaft* 32. 1909.

HERZFELD, Ernst E. *Iran in the Ancient East*. Oxford, 1941.

HEURGON, Jacques. Tarquitius Priscus et l'organisation de l'ordre des haruspices sous l'empereur Claude. *Latomus* 12. 1953.

____. [1961] *La Vie quotidienne chez les etrusques*. Reimpressão, Paris, 1979.

HEURTLEY, W.A. *Prehistoric Macedonia*. Cambridge, 1939.

HEUZEY, Léon; HEUZEY, Jacques. *L'Orient*. Paris, 1935.

HEWES, Gordon Winant (ed.). *Language Origins: A Bibliography*. Den Haag, 1975.

HIBBARD, Howard. *Bernini*. Harmondsworth, 1965.

HILL, Bert Hodge. *Corinth*. Princeton, 1966.

____. *The Temple of Zeus at Nemea*. Rev. e ampl. Charles Kaufman Williams. Princeton, 1966.

HILLGARTH, J.N. *Ramon Lull and Lullism in Fourteenth-Century France*. Oxford, 1971.

HIMMELMANN-WILDSCHÜTZ, Nikolaus. Über einige gegenständliche Bedeutungsmöglichkeiten des frühgriechischen Ornaments. *Abhandlungen der geistes- und sozialwissenschaftlichen Klasse*, n. 7. Akademie der Wissenschaften und der Literatur. Wiesbaden, 1968.

HINKE, W.J. Selected Babylonian Kudurru Inscriptions. *Semitic Study Series*, 14, 1911.

HINKS, Roger. The Master of Animals. *JWI*, I, 4, 1938.

HINZ, Walter. *The Lost World of the Elam*. London, 1972.

HOCART, A.M. *Kingship*. Oxford, 1927.

HOCKETT, C. E.; ASCHER, R. The Human Revolution. *Current Anthropology* 5. 1964.

HÖCKMANN, Ursula; KRUG, Antje (eds.). *Festschrift fur Frank Brommer*. Mainz, 1977.

HODGE, A. Trevor. *The Woodwork of Greek Roofs*. Cambridge, 1960.

HODGE, Carleton T. *Ritual and Writing*. Ghent, 1975.

HOENN, Karl. *Artemis Gestaltwandel einer Göttin*. Zürich, 1946.

HOFFNER, H.A. (trans.). *Hittite Myths*. Atlanta, Ga., 1990.

HOFFNER, H.A.; BECKMAN, G.M. *Kanissuwar: Essays in Honor of Hans G. Güterbock*. Chicago, 1986.

HOFMANN, Werner. *Caricature front Leonardo to Picasso*. Trans. M.H.L. London, 1957.

HOGARTH, David George (ed.). *Excavations at Ephesus: The Archaic Artemisia*. London, 1908. 2 v.

HOGARTH, William. *The Analysis of Beauty: Written with a View of Fixing the Fluctuating Ideas of Taste*. London, 1753. Ed. with an intro. by J. Burke (Oxford, 1955).

HOGBEN, Lancelot. *Mathematics for the Million*. London, 1936.

HOLLANDER, John. *The Untuning of the Sky*. Princeton, 1961.

HOLLIER, Denis. *La Prise de la Concorde*. Paris, 1974.

HÖLSCHER, Fernande. *Die Bedeutung Archaischer Tierkampfbilder*. Würzburg, 1972.

HOMOLLE, Théophile; HOLLEAUX, Maurice. *Exploration archéologique de délos faite par l'École française d'Athènes*. Paris. Edições posteriores revisadas por Gustave Fougères, 1910.

HOOD, M. Sinclair. *The Art in Prehistoric Greece*. Harmondsworth, 1978.

HOOKER, J.T. *Mycenaean Greece*. London, 1976.

____. *The Ancient Spartans*. London, 1980.

HOPE, T.N. *Pictures from Eighteenth-Century Greece*. Atenas, 1985.

HOPPER, R.J. *The Early Greeks*. London, 1976.

HORNBLOWER, S. *Mausolus*. Oxford, 1982.

HOWARD-CARTER, Theresa. An Interpretation of the Second-Millennium Temple at Tell-el Rimah. *Iraq* 45. 1983.

HOWE, Thomas Noble. *The Invention of the Doric Order*. Cambridge, 1985.

HROZNY, Bedrich. *Histoire de l'Asie antérieure*. Paris, 1947.

____. *Ancient History of Western Asia, India, and Crete*. Prague, 1963.

HUART, Clement; DELAPORTE, Louis. *L'Iran antique*. Paris, 1943.

HUBBARD, B.A.F.; KARNOFSKY, E.S. *Plato's Protagoras*. London, 1982.

HUEBSCH, Heinrich. *In welchem Style sollen wir bauen?* Karlsruhe, 1828.

HUIZINGA, Johan. [1938] *Homo Ludens: A Study of the Play-Element in Culture*. Trad. R.F.C. Hull. London, 1949. (Ed. bras., *Homo Ludens: O Jogo Como Elemento da Cultura*. 7 ed. São Paulo: Perspectiva, 2012.)

HULTSCH, Friedrich. *Griechische und Römische Metrologie*. Berlin, 1882.

HUMANN, Carl; KOHTE, Julius. *Magnesia am Maeander: Bericht ueber Ergebnisse der Ausgrabungen der Jahre 1891–1893*. Berlin, 1904.

HUMBERT de Superville, D.-P. *Essai sur les signes inconditionnels dans l'art*. Leyden, 1827.

HUMPHREYS, S.C. *The Family, Women, and Death*. London, 1983.

HUNTLEY, H.E. *The Divine Proportion: A Study in Mathematical Beauty*. New York, 1970.

HURRY, J.B. *Imhotep: The Vizier and Physician of King Zoser*. Oxford, 1926.

HUXLEY, G.L. *Early Sparta*. London, 1962.

____. The Medism of Caryae. *GR&B*, 8, 1962.
HYATT MAYOR, A. *Artists and Anatomists*. New York, 1984.

INGHOLT, Harald. *Parthian Sculptors from Hatra*. New Haven, 1954.
INVERNIZZI, Antonio. *I frontoni del Tempio di Aphaia ad Egina*. Torino, 1965.
ISNARDI, Parente M. *Techné: momenti del pensiero greco da Platone ad Epicuro*. Firenze, 1966.
ISON, Walter. *The Georgian Buildings of Bath*. London, 1948.
ISTITUTO di Studi Etruschi e Italici. *L'etrusco arcaico*. Colloquio 4-5 ottobre, 1974. Firenze, 1976.
IVERSEN, Erik. *Canon and Proportion in Egyptian Art*. Warminster, 1975.
IVINS, William M., Jr. *Art and Geometry*. Cambridge, 1946.

JAEGER, Werner. *Paideia*. 1933. Reprint, Berlin, 1973.
JAKOBSON, Roman; POMORSKA, Krystyna. *Dialogues*. Cambridge, 1983.
JANNEAU, Guillaume. *La Peinture française au XVIIe siècle*. Geneva, 1965.
JANNOT, J.R. La Lyre et la cithare. *AC* 48, 1979.
JANSON, H.W. *Sixteen Studies*. New York, 1974.
JANTZEN, Ulf (ed.). *Neue Forschungen in griechischen Heiligtumern*. Tübingen, 1976.
JARDÉ, Auguste. *La Formation du peuple grec*. Paris, 1923.
JAVELET, Robert. *Image et ressemblance au douzième siècle*. Paris, 1967. 2 v.
JEANMAIRE, Henri. *Couroi et courètes*. Lille, 1939.
____. *Dionysos: Histoire du culte de Bacchus*. Paris, 1951.
JEDIN, Hubert; DOLAN, John, eds. *History of the Church*. New York, 1980-1982. 10 v.
JEFFERY, Lilian Hamilton. *The Local Scripts of Archaic Greece*. Oxford, 1961.
____. *Archaic Greece: The City States 700-500 B.C.* London, 1976.
JENKINS, Romilly James Heald. *Dionysius Solomos*. Cambridge, 1940.
JENSEN, Adolf. *Myth and Cult among Primitive Peoples*. Trans. Marianna Tax Choldrin and Wolfgang Weissleder. Chicago, 1963.
JEPPESEN, Kristian. *Paradeigmata: Three Mid-Fourth-Century Main Works of Hellenic Architecture Reconsidered*. Aarhus, 1958.
____. *The Theory of the Alternative Erechtheion*. Aarhus, 1987.
JÉQUIER, Gustave. Les Temples primitifs et la représentation des types archaiques. *BIAO*. 1908.
____. *Manuel d'archéologie egyptienne*. Paris, 1924.
JIRKU, Anton. *Die Welt der Bibel*. Stuttgart, 1960.
JOEST, Wilhelm. *Tätowieren, Narbenzeichnen und Körperbemalen*. Berlin, 1887.
JOHN OF SALISBURY [Joannis Saresberiensis]. *Opera omnia*. Ed. J.A. Giles. Oxford, 1848. (Reimpressão, Leipzig, 1969).
____. *Policraticus: The Statesman's Book*. Ed. and trans. Murray E Markland. New York, 1979.
JOHNS, C.H.W. *Ur-Enqur: A Bronze of the Fourth Millennium BC in the Library of J. Pierpont Morgan: A Treatise on the Canephorai*. New York, 1908.
JOMARD, E.E. (ed.). *Description de l'Egypte*. Paris, 1809-1822. 9 v.
JONES, C.P. Tattooing and Branding in Graeco-Roman Antiquity. *JRS*, 77, 1987.
JONES, Inigo. *The Most Notable Antiquity of Great Britain Vulgarly Called Stone-Heng*. 3. ed. London, 1725.
JONSON, Ben. *Everyman out of His Humor*. Ed. C. Herford. Oxford, 1954
JOUIN, Henry. *Charles Le Brun et les arts sous Louis XIV*. Paris, 1889.
JUAN DE ARFE. *De varia commensuración*. Seville, 1585.
JUDEICH, W. *Topographie von Athen*. München, 1905.
JUNG, Carl Gustav. *The Collected Works*. Ed. Herbert Read, Michael Fordham, and Gerhard Adler. London, 1953-1983. 21 v.
JUNG, Helmut. *Thronende und Sitzende Götter*. Bonn, 1982.
JUNIUS, Franciscus. *De pictura veterum*. Rotterdam, 1694.
JUNKER, Hermann. *Die Gesellschaftliche Stellung der Ägyptischen Künstler im Alten Reich*. Wien, 1959.

KAEGI, Werner. *Jakob Burckhardt: Eine Biographie*. Basel, 1947-1982. 7 v.
KÄHLER, Heinz. *Das Griechische Metopenbild*. München, 1949.
____. *Der Griechische Tempel*. Berlin, 1964.
KAHN, Charles H. *Anaximander and the Origins of Greek Cosmology*. New York, 1960.
____. *The Art and Thought of Heraclitus*. Cambridge, 1979.
KAKOSY, L. Imhotep and Amenhotep Son of Hapu, as Patrons of the Dead. *Acta Orientalia* (Academiae Scientiarum Hungaricae) 21. 1968.
KAKRIDIS, Johannes T. *Homer Revisited*. Lund, 1971.
KALPAXIS, Thanassis E. *Hemiteles*. Mainz, 1986.
KANELLOPOULOS, Panagiotis, et al. *Stili: Tomos eis Mnimin: Festschrift Nikolau Kontoleontos*. Atenas, 1980.

KANT, Immanuel. *Werke*. Ed. E. Cassirer. Berlin, 1922–1923. 12 v.
KANTER, Emanuel. *The Amazons: A Marxian Study*. Chicago, 1926.
KANTOROWICZ, Ernst. *Kaiser Friedrich der Zweite*. Berlin, 1936.
____. *The King's Two Bodies*. Princeton, 1957.
KARAGEORGHIS, V. *Archaeologia Mundi-Cyprus*. Geneva, 1969.
____. The Relations Between the Tomb-Architecture of Anatolia and Cyprus in the Archaic Period. *ICCA* 10. 1973.
____. *View from the Bronze Age: Mycenaean and Phoenician Discoveries at Kition*. New York, 1976.
____. *Cyprus: From the Stone Age to the Romans*. London, 1982.
____. *Blacks in Ancient Cypriot Art*. Houston, 1988.
KARDAUN, Maria. *Der Mimesisbegriff in der Griechischen Antike*. Amsterdam, 1993.
KARO, George. *Greek Personality in Archaic Sculpture*. Westport, Conn., 1970.
KASCHNITZ-WEINBERG, Guido von. *Die Grundlagen der Antiken Kunst*. Frankfurt, 1944-1961.
____. *Römische Kunst*. Reinbek bei Hamburg, 1961-1963. 4 v.
KAUFFMANN, G. *Poussin-Studien*. Berlin, 1960.
KAUFMANN JR., E. (ed.). *The Rise of an American Architecture*. New York, 1970.
KAVVADIAS, P.; KAWERAU, G. *Anakaphaitis Akropoleos*. Atenas, 1907.
KAWERAU, G.; SOTERIADIS; G. Der Apollo-Tempel zu Thermos. *AntDenk* 2. 1902-1908.
KEBRIC, Robert B. *The Paintings in the Cnidian Lesche at Delphi and Their Historical Context*. Leiden, 1983.
KEES, H. *Die Götterglaube im Alten Aegypten*. Leipzig, 1941.
KEMP, Martin. *Leonardo da Vinci: The Marvellous Works of Nature and Man*. London, 1980.
KEMP, P. *Healing Ritual: Studies in the Technique and Tradition of the Southern Slavs*. London, 1935.
KENNEDY, George. *The Art of Persuasion in Greece*. Princeton, 1963.
KENNER, Hedwig. *Das Phänomen der Verkehrten Welt in der Griechisch-Römischen Antike*. Klagenfurt, 1970.
KENNY, Anthony. *Descartes: A Study of his Philosophy*. New York, 1968.
KENYON, Kathleen. *Archaeology in the Holy Land*. 4th ed. London, 1960.
KERENYI, C. *The Heroes of the Greeks*. Trans. H.J. Rose. London, 1959.
____. *Prometheus*. London, 1963.
____. *Dionysos: Archetypal Image of Indestructible Life*. Trans. Ralph Mannheim. Bollingen Series 65.2 Princeton, 1976.
KEULS, Eva C. *Plato and Greek Painting*. Leiden, 1978.
KIECHLE, Franz. *Lakonien und Sparta*. München/Berlin, 1963.
KING, Leonard William. *Babylonian Boundary Stones and Memorial Tablets in the British Museum*. London, 1912.
KINZL, K.H. (ed.). *Greece and the Eastern Mediterranean in Ancient History and Prehistory: Festschrift Schachermeyr*. Berlin, 1977.
KIRCHHOFF, Werner. Die Entwicklung des Ionischen Volutenkapitells im 6 und 5 Jhd. und Seine Entstehung. Ph.D. diss. Bonn, 1988.
KIRK, G.S. *The Songs of Homer*. Cambridge, 1962.
____. *The Nature of Greek Myths*. Harmondsworth, 1974.
____. *Some Methodological Pitfalls in the Study of Ancient Greek Sacrifice*. Fondation Hardt. Geneva, 1981.
KIRK, G.S.; RAVEN, J.E. *The Pre-Socratic Philosophers*. 2. ed. With M. Schofield. Cambridge, 1983.
KITAO, Timothy K. *Circle and Oval in the Square of St. Peter's*. New York, 1974.
KLEINBAUM, Abby Wettan. *The War Against the Amazons*. New York, 1983.
KLEINER, G.; HOMMEL, P.; MULLER-WIENER, W. Panionion und Melie. *JDAI*, suppl. 23. 1967.
KLEISS, Wolfram. *Die Entwicklung von Palasten und Palastartigen Wohnbauten in Iran*. Wien, 1989.
KLIBANSKY, R. Peter Abailard and Bernard of Clairvaux. *MRS* 5. 1961.
KNELL, Heiner. *Perikleische Baukunst*. Darmstadt, 1979.
KNELL, Heiner; WESENBERG, Burkhardt (eds.). *Vitruv-Kolloquium*. Darmstadt, 1984.
KOCH, Herbert. *Vom Nachleben des Vitruv*. Baden-Baden, 1951.
____. *Von Ionischer Baukunst*. Koln, 1956.
KOCH, Tancred. Die Schüler Vesals. *Anatomischer Anzeiger* 131. 1972.
KOCKELMANS, Joseph J. *Heidegger on Art and Art Works*. Dordrecht/Boston/Lancaster, 1985.
KOFFKA, K. [1935] *Principles of Gestalt Psychology*. Reprint. New York, 1963.
KÖHLER, W. [1930]. *Gestalt Psychology*. Rev. ed. London, 1947.
KOLAKOWSKI, Leszek. *Main Currents of Marxism*. Oxford, 1978. 3 v.

KOLDEWEY, Robert; PUCHSTEIN, Otto. *Die Griechischen Tempel in Unteritalien und Sizilien*. Berlin, 1899. 2 v.
KOLLER, H. *Die Mimesis in der Antike*. Bern, 1954.
KONTOLEON, Nikolaos, et al. *Charisterion eis Anastasion K. Orlandon*. Atenas, 1965.
KOPCKE, Günter; MOORE, Mary B. *Studies in Classical Art and Archaeology*. New York, 1979.
KORWIN-KRASINSKY, C. Die Schöpfung als "Tempel" and "Reich" des Gottmenschen Christus. *Enkainia, Gesammelte Arbeiten zum 800 jahr … der Abteikirche Maria Laach*. Dusseldorf, 1956.
KOYRÉ, Alexander. *Descartes und die Scholastik*. Darmstadt, 1971.
KRAMRISCH, Stella. *The Hindu Temple*. Calcutá, 1946. 2 v.
____. *The Presence of Siva*. Princeton, 1981.
KRANTZ, Grover S. Sapienization and Speech. *CA* 21. 1980.
KRAUSS, Friedrich; HERBIG, Reinhard *Der Korinthisch-dorische Tempel am Forum von Paestum*. Berlin, 1939.
KRAUTHEIMER, Richard. Introduction to an Iconography of Mediaeval Architecture. *JWCI* 5. 1942.
KRAUTHEIMER, Richard et al. Corpus *Basilica rum Christianarum Romae*. Roma, 1937-1977. 5 v.
____. Pietro in Vincou and the Tripartite Transept in the Early Christian Basilica. *APS* 84. 1941.
KREIKENBOM, Detlev. *Bildwerke nach Polyklet*. Berlin, 1990.
KRETSCHMER, Ernst. *Körperbau und Charakter*. 10th ed. Berlin, 1931.
KRINSKY, C. Seventy-Eight Vitruvius Manuscripts. *JWCI* 30. 1967.
KRIS, Ernst. *Psychoanalytic Explorations in Art*. London, 1953.
KRISCHEN, E. *Die Griechische Stadt*. Berlin, 1938.
KRISTELLER, P.O. *Medieval Aspects of Learning: Three Essays*. Trans. and ed. E.P. Mahoney. Durham, N.C., 1982.
KRUFT, Hanno-Walter. Studies in Proportion by J.J. Winckelmann. *Burlington Magazine* 114. 1972.
KRUG, Antje. *Binden in der Griechischen Kunst*. Hösel, 1968.
KRUMBACHER, Karl. *Geschichte der Byzantinischen Literatur*. 2. ed. Munich, 1897.
KULKA, Heinrich. *Adolf Loos*. Wien, 1931.
KÜMMEL, Hans Martin. *Ersatzrituale für den Hethitischen König*. Wiesbaden, 1967.
KUNZE, Max (ed.). *Das Florentiner Winkelmann Manuskript*. Firenze, 1994.
KUNZE, Max; VOLKER, Kastner. *Führer, Staatliche Museen zu Berlin: Antikensammlung*. Berlin, 1985.
KURFESS, Alfons (ed. e trad.). *Sibyllinische Weissagungen*. Heimeran, München, 1951
KURTZ, Donna Carol. *Athenian White Lekythoi: Patterns and Pairiteis*. Oxford, 1975.
KURTZ, Donna Carol; BOARDMAN, John. *Greek Burial Customs*. Ithaca, N.Y., 1971.

LABROUSTE, Henri. *Les Temples de paestum*. Paris, 1829.
LA BRUYÈRE, Jean de. *Les Caractères de Théophraste traduits du grec avec les caractères ou les moeurs de ce siècle*. Paris, 1688.
LACAN, Jacques. *Ecrits*. Paris, 1966.
____. *Le Séminaire*. Texte établi par Jacques-Alain Miller. Paris, 1975.
LACASSAGNE, Jean-Alexandre. *Les Tatouages*. Paris, 1881.
____. *Le Criminel du point de vue anthropologique*. Paris, 1908.
LACOUE-LABARTHE, Philippe. *Typography: Mimesis, Philosophy, Politics*. Ed. C. Fynsk and L.M. Brooks. Cambridge, 1989.
LAGRANGE, M.-J. *Études sur les religions sémitiques*. Paris, 1905.
LAKOFF, George; JOHNSON, Mark. *Metaphors We Live By*. Chicago, 1980.
LAMBERT, M. (ed.). *Commentaire sur le Séfer Yesira ou Livre de la création par le Gaon Saadia de Fayyoum*. Paris, 1891.
LAMBERT, S.W. et al. *Three Vesalian Essays*. New York, 1952.
LANCIANI, Rodolfo Amedeo. *The Ruins and Excavations of Ancient Rome*. Boston/New York, 1897.
LANGE, Curt; HIRMER, Max. *Egypt: Architecture, Sculpture, Painting*. With contributions by Otto Eberhard and Christiane Desroches-Noblecourt. London/New York, 1968.
LANGE, Konrad. *Haus und Halle*. Leipzig. 1885.
LANGER, Suzanne K. (ed.). *Feeling and Form: A Theory of Art*. New York, 1953.
____. *Problems of Art*. New York, 1957.
LANZANI, Carolina. *Lucio Cornelio Silla dittatore*. Milano, 1936.
LANZI, L. *Storia pittorica dell'italia*. Firenze, 1822.
LAPALUS, Etienne. *Le Fronton grec*. Paris, 1932.
LAPPO-DANILEWSKI, O. *Untersuchungen über den Innenraum der Archaisch-Griechischen Tempel*. Ph.D. diss., Würzburg, 1942.
LARSON, Magali Sarfatti. *Behind the Post-modern Facade*. Berkeley, 1993.

LASCH, Christopher. *The Culture of Narcissism*. New York, 1979.
LATTIMORE, Richmond. *Themes in Greek and Latin Epitaphs*. Urbana, Ill., 1942.
LAUDER, Sir Thomas Dick. Ver PRICE, Sir Uvedale.
LAUER, J.-P. *Saqqara, The Royal Cemetary of Memphis*. London, 1976.
LAUTER, H. Die Koren des Erechtheion. *AntP* 16, 1976.
____. *Die Architektur des Hellenismus*. Darmstadt, 1986.
LAUTER-BUFE, Heide. *Die Geschichte des Sikeliotisch Korinthischen Kapitells*. Mainz am Rhein, 1987.
LAVAS, Georg P. *Altgriechisches Temenos: Baukörper und Raumbildung*. Zürich, 1974.
LAVATER, Johann Kaspar. *Physiognomische Fragmente zur Beförderung der Menschenkenntniss und Menschenliebe*. Leipzig/Winterthur, 1775-1778. 4 v.
____. *L'Art de connaitre les hommes par la physiognomonie*. Ed. J.-L. Moreau de la Sarthe. Paris, 1806.
____. *La Physiognomonie, ou L'Art de connaitre les hommes*. Trad. H. Bacharach. Paris, 1845.
LAVIN, Irving. *Bernini and the Unity of the Visual Arts*. Oxford, 1980. 2 v.
LAWRENCE, A.W. *Greek Architecture*. Harmondsworth, 1983.
LAZZARONI, Michele; MUNOZ, Antonio. *Filarete, scultore e architetto del secolo XV*. Roma, 1908.
LEAKEY, Richard E. *The Making of Mankind*. London, 1981.
LEATHERBARROW, David. Character, Geometry and Perspective: The Third Earl of Shaftesbury's Principles of Garden Design. *JGH* 4.4. 1976.
____. On Shaftesbury's Second Characteristics. Ph.D. diss., University of Essex. 1983.
LEBESSI, Angeliki; MUHLY, Polymnia. Aspects of Minoan Cult: Sacred Enclosures. *AA* 3. Berlin, 1990.
LE BLOND, Jean. *Deux examples des cinq ordres de l'architecture antique*. Paris, 1683.
____. *Parallèle des cinq ordres d'architecture*. Paris, 1710.
LE BONNIEC, Henri. *Le Culte de Cérès à Rome*. Paris, 1958.
LE BRUN, J. Sens et portée du retour aux origines dans l'oeuvre de Richard Simon. *Dix-Septième Siècle*, n. 131, April-June, 1981.
LECOQ, Anne-Marie. Nature et rhétorique. *Dix-Septième Siècle*, n. 132, July-September, 1981.
LE CORBUSIER [Charles-Edouard Jeanneret]. *Vers une architecture*. Paris, [1923]. (Trad. bras.: *Por uma Arquitetura*. 7. ed. São Paulo: Perspectiva, 2013.)
____. *Le Modulor*. London, 1954.
LEFF, Gordon. *William of Ockham: The Metamorphosis of Scholastic Discourse*. Manchester /Totowa, N.J., 1975.
LEFTWICH, G.V. *Ancient Conceptions of the Body and the Canon of Polykleitos*. Princeton, 1987. 2 v.
LEHMANN, K; LEHMANN, P.W. *Samothrace*. Bollingen Series. Princeton, 1969. 3 v.
LEMOINE, Albert. *De la physiognomie et de la parole*. Paris, 1865.
LE MOYNE, Pierre. *Les Peintures morales*. Paris, 1640-1643.
LENNEBERG, Eric H. *The Biological Foundations of Language*. New York, 1967.
LENNEBERG, Eric H.; LENNEBERG, Elizabeth (eds.). *Foundations of Language Development*. New York, 1975.
LENOIR, Alexandre. *Musée impérial des monuments français*. Paris, 1810.
LENZ, Harald Othmar. *Botanik der Alten Griechen und Römer*. Gotha, 1859.
LEONARDO DA VINCI. *The Literary Works of Leonardo da Vinci*. Comp. and ed. Jean Paul . London, 1970. 2 v.
____. Reprint of Leonardo da Vinci (1970), with commentary by Carlo Pedretti. Oxford, 1977.
LEONE, P.A.M. (ed.). *Ioannis Tzetzae historiae…* Napoli, 1968.
LEPIK-KOPACZYNSKA, W. Die Optische Proportionen in der Antiken Kunst. *Klio*, 37, 1959.
LEROI-GOURHAN, A. *Préhistoire de l'art occidental*. Paris, 1965.
LE ROY, Christian. Lakonika II: Nouvelles Antiquités de Kotronas. *BCH* 89. 1965.
LETALLE, Abel. *Les Fresques du campo santo de pise*. Paris, [1925].
LETHABY, W.R. *Greek Buildings Represented by Fragments in the British Museum*. London, 1908.
____. The Nereid Monument Re-examined. *JHS*, 35. 1915.
LEVI, Anthony S.J. *French Moralists: The Theory of the Passions, 1585-1649*. Oxford, 1964.
LÉVI-STRAUSS, Claude. *Tristes tropiques*. Paris, 1955.
____. *Anthropologie structurale*. Paris. 1958.
____. *Mythologiques*. Paris, 1964-1971. 4 v.
____. *La Voie des masques*. 2. ed. Paris, 1979.
LEVIN, E.R. *The Harmonics of Nicomachus and the Pythagorean Tradition*. University Park, Pa., 1975.
LEVIN, Samuel R. *Metaphoric Worlds: Conceptions of a Romantic Nature*. New Haven, 1988.

LEVINE, N. *Architectural Reasoning in the Age of Positivism: The Neo-Greek Idea of Henri Labrouste's Bibliothèque Ste. Geneviève*. Ph.D. diss., Yale University. 1975.

LEZINE, Alexandre. *Architecture punique*. Tunis, [1960].

LICHTENBERG, Georg Christoph. [1778] *Werke*. Ed. Carl Brinitzer and Peter Plett. Hamburg, 1967.

LICHTENBERG, Reinhold von. *Haus-Dorf-Stadt*. Leipzig, 1909.

LIEBERMAN, Philip. *On the Origins of Language: An Introduction to the Evolution of Human Speech*. New York/London, 1975.

LIEBESCHÜTZ, Hans. *Das Allegorische Weltbild der Heiligen Hildegard von Bingen*. Leipzig, 1930.

____. *Medieval Humanism in the Life and Writings of John of Salisbury*. London, 1950.

LINCOLN, Bruce. *Emerging from the Chrysalis: Studies in Rituals of Women's Initiation*. Cambridge, 1981.

____. *Myth, Cosmos, and Society*. Cambridge, 1986.

LIPKING, Lawrence. *The Ordering of the Arts in Eighteenth-Century England*. Princeton. 1970.

LLEWELLYN, Nigel. Two Notes on Diego da Sagredo. *JWCI* 40. 1977.

LLOYD, G.E.R. *Later Greek Science*. London, 1970.

____. *The Revolutions of Wisdom*. Berkeley. 1987.

LLOYD-JONES, Hugh. *The Justice of Zeus*. Berkeley. 1981.

____. Artemis and Iphigenia. *JHS*, 103. 1983.

LOBECK, C. Augustus. *Aglaophamus, Sive de Theologiae Mysticae Graecorum Causis*. Königsberg, 1829.

LOCKYER, J. Norman [1894] *The Dawn of Astronomy*. 1894. Reprint, Cambridge, 1964.

LOEWY, Emanuel. *Inschriften Griechischer Bildhauer*. Leipzig, 1885.

LO FASO PIETRASANTA, Domenico, Duca di Serradifalco. *Le antichità della Sicilia*. Palermo, 1834.

LOHMANN, J. *Die Komposition der Reden in der Ilias*. Berlin, 1970.

LOMAS, Johannes. *Musiké und Logos*. Ed. A. Giannaràs. Stuttgart, 1974.

LOMAZZO, Giovanni Paolo. *A Tracte Containing the Artes of Curios Paintinge, Carvinge, Buildinge written first in Italian by Io. Paul Lomatius*... Englished by Richard] H [aydocke] [1598]. Reprint, Farnborough, Hants, 1970.

____. *Idea del tempio della pittura*. Trans. Robert Klein. Firenze, 1974.

____. *Scritti sulle arti, a cura di Roberto Paolo Ciardi*. Firenze, 1974. 2 v.

LONGNON, Jean; CAZELLES, Raymond. *The Tres Riches Heures of Jean, Duke of Berry*. New York, 1969.

LONSDALE, Steven H. *Dance and Ritual Play in Greek Religion*. Baltimore e London, 1993.

LOOS, Adolf. *Trotzdem*. Innsbruck, 1931.

____. *Das andere*. Ed. M. Cacciari. Milano, 1982.

LORENZ, Konrad. *Über Tierisches und Menschliches Verhalten*. München, 1965. 2 v.

LORENZ, Thuri. *Polyklet*. Wiesbaden, 1972.

LORENZEN, Eivind. *De Dorike Traetemplers Bygningshistorie*. *Arkitekten*, 13, 1959.

____. *The Arsenal at Piraeus*. Copenhagen, 1964.

LORIMER, Hilda Lockhart. *Homer and the Monuments*. London, 1950.

LOSSKY, Boris. *J.B.A. Le Blond architecte de Pierre le Grand*. Praha, 1936.

LOUDON, John Claudius. *An Encyclopaedia of Cottage, Farm, and Villa Architecture and Furniture; Containing Numerous Designs for Dwellings, Each Design Accompanied by Analytical and Critical Remarks*. New ed. London, 1835.

LOWIC, Lawrence. Francesco di Giorgio on the Design of Churches: The Uses and Significance of Mathematics in the *Trattato*. *Architectura* 12, 1982.

____. The Meaning and Significance of the Human Analogy in Francesco di Giorgio's *Trattato*. *JSAH*, 42, 4, 1983.

LOWITH, Karl. *Sämtliche Schriften*. Ed. Klaus Stichweh e Marc de Launay. Stuttgart, 1981-1988. 9 v.

LUBBOCK, Sir John. *The Origin of Civilization and the Primitive Condition of Man*. London, 1870.

LÜCKE, Hans-Karl. Mercurius Quadratus: Anmerkungen zur Anthropometrie bei Cesariano. *Mitt. des Kunsthistorischen Institutes in Florenz*, 25, 1, 1991.

LUKÁCS, Georg. *Werke*. Neuwied am Rhein/Berlin, 1963-1974. 17 v.

____. *History and Class Consciousness: Studies in Marxist Dialectic*. Trans. Rodney Livingstone. Cambridge, 1971.

LULLIES, Reinhard, *Neue Beitrage zur Klassischen Altertums Wissenschaft*. Stuttgart, 1954.

LURIA, S. *Anfänge Griechischen Denkens*. Berlin, 1963.

LUSCHAN, Felix von. *Entstehung und Herkunft der Ionischen Säule*. Leipzig, 1912.

LUSCOMBE, D.E. *The School of Peter Abelard*. Cambridge, 1969.

[LUTYENS, Sir Edwin]. *Lutyens*. Catalogue of Exhibition at the Hayward Gallery, November 1981-January 1982. Ed. Colin Amery, Margaret Richardson, and Gavin Stamp. London, 1981.

LYNCH, H.F.B. *Armenia: Travels and Studies*. Beirut, 1965. 2 v.

MACCO, Michela di. *Il Colosseo*. Roma, 1971.

MACCORMAC, Earl R. *Metaphor and Myth in Science and Religion*. Durham, N.C. 1976.

MACDONALD, Raymond A. Ekphrasis, Paradigm Shift, and Revisionism in Art History. *RES* 24. 1993.

MCDONALD, William A. *Progress into the Past: The Rediscovery of Mycenaean Civilization*. New York/London, 1967.

____. *The Pantheon*. London, 1976.

MCGINTY, Park. *Interpretation and Dionysos: Method in the Study of a God*. Haia, 1978.

MACH, Edmund von. *Greek Sculpture: Its Spirit and Principles*. Boston, 1903.

MACH, Ernst. *The Analysis of Sensations*. Chicago/London, 1914.

MACINTYRE, Alasdair (ed.). *Hegel: A Collection of Critical Essays*. New York, 1972.

____. *After Virtue*. Notre Dame, 1984.

MCKINNON, James W. Jubal vel Pythagoras, quis sit inventor musicae? *Musical Quarterly* 64. 1. 1978.

MACQUEEN, J.G. *The Hittites*. London, 1986.

MADDISON, R.E.W. *Studies in the Life of Robert Boyle, F.R.S.* London, 1951-1955.

MADONNA, Maria Luisa. Septem mundi miracula. *Psicon*, 7, 1976.

MAEKLENBURG, Albert. *Darstellung und Beurteilung der Ästhetik Schopenhauers*. Borna/Leipzig, 1914.

MAFFEI, Scipione. *Veronai Illustrata*. Verona, 1731-1732. 3 v.

MAGEE, Bryan. *The Philosophy of Schopenhauer*. Oxford, 1983.

MAIER, Anneliese. *Metaphysische Hintergründe der Spätscholastischen Naturphilosophie*. Roma, 1955.

MAIER, Franz-Georg. *Alt-Paphos auf Cypern*. Mainz am Rhein, 1985.

MAIER, Franz Georg; KARAGEORGHIS, Vassos. *Paphos, History and Archaeology*. Nicosia, 1984.

MALE, Emile. *L'Art religieux de la fin du Moyen-Age en France*. Paris, 1925.

MALESPINI, Ricordano. *Istoria fiorentina*. Firenze, 1718.

MALKIN, Irad. *Religion and Colonization in Ancient Greece*. Leiden, 1987.

MALLERY, Garrick. Sign Language among North American Indians. *Bulletin/Smithsonian Institution – Bureau of American Ethnology*. Washington, 1881.

MALLWITZ, Alfred. Cella and Adyton des Apollotempels in Bassai. *MDAIA*, 77, 1962.

____. *Olympia und seine Bauten*. München, 1972.

____. Kritisches zur Architektur Griechenlands im 8. und 7. Jahrhundert. *AA* 4, 1981.

MANSUELLI, Guido. *The Art of Etruria and Early Rome*. New York, 1967.

MARCEL, Pierre. *Charles Le Brun*. Paris, [n.d.]

MARCONI, Pirro. *Studi agrigentini*. Roma, 1935.

MARCOVICH, Miroslav. *Heraclitus*. Merida, Venezuela, 1967.

MARIETTE, Pierre Jean. *Abecedario et notes inédites de cet amateur* Ed. P. de Chennevières et A. de Montaiglon. Paris, 1854–1856.

MARINATOS, Nanno. *Art and Religion in Thera*. Atenas, 1985.

MARINATOS, Spiridon. Le Temple géométrique de Dréros. *BCH* 60, 1936.

MARINATOS, Spiridon; HIRMER, Max. *Crete and Mycenae*. New York, 1960.

MARINELLI, Sergio. The Author of the Codex Huygens. *JWCI* 44, 1981.

MARITAIN, Jacques. *Art and Scholasticism*. Trans. J. Scanlan. London, 1932.

MARQUAND, Allan. *Greek Architecture*. New York, 1909.

MARQUET, Yves. *La Philosophie des Iḥwān al-Ṣafāʾ*. Algiers, 1973.

MARROU, Henri-Irenne. *Saint-Augustin et la fin de la culture antique*. Paris, 1949.

____. *Histoire de l'education dans l'Antiquité*. Paris. Translated as *A History of Education in Antiquity* (New York, 1956), 1955.

MARSDEN, Eric William. *Greek and Roman Artillery*. Oxford, 1971.

MARSHACK, Alexander. *The Roots of Civilization*. New York, 1972.

MARTIN, Roland Emile. *Recherches sur l'agora grecque*. Paris, 1951.

____. *Manuel d'architecture grecque*. Paris, 1965.

____. *Architecture et urbanisme*. Roma, 1987.

MARTINI, Francesco di Giorgio. *Trattati di architettura, ingegneria e arte militare*. Ed. Corrado Maltese and Livia Maltese Degrassi. Milano, 1967. 2 v.

____. *Il Vitruvio Magliabecchiano*. Firenze, 1985.

MASSA-PAIRAULT, Françoise-Hélène. *Recherches sur l'art et l'artisanat etrusco--italiques à l'époque hellenistique*. Roma, 1985.

MATHESON, Sylvia A. *Persia: An Archaeological Guide*. London, 1972.
MATTHIAE, Guglielmo. *Ricerche intorno a San Pietro in Vincoli*. Roma, 1969.
MAURIAC, Claude. *La Trahison d'un clerc*. Paris, 1945.
MAURMANN, Barbara. *Die Himmelsrichtungen im Weltbild des Mittelalters*. Munich, 1976.
MAUSS, Marcel. *Sociologie et anthropologie*. Paris, 1950.
____. *Oeuvres*. Ed. Victor Karady. Paris, 1968. 3 v.
MAYASSIS, S. *Architecture, religion, symbolisme*. Atenas, 1966. 2 v.
MAZAR, Amihai. *Excavations at Tell Qasile*. Jerusalem, 1980-1985. 2 v.
MAZARAKIS-AINIAN, Alexandre. Contribution à l'étude de l'architecture religieuse grecque des Ages Obscurs. AC 54, 1985.
MEAD, Margaret. *An Inquiry into the Question of Cultural Stability in Polynesia*. New York, 1928.
MEFFERT, Ekkehard. *Nikolaus von Kues*. Stuttgart, 1928.
MEISS, Millard. "De Artibus Opuscula XL". In: *Essays in Honor of Erwin Panofsky*. ed. Meiss. New York, 1961. 2 v.
____. *French Painting at the Time of Jean de Berry*. London, 1974. 6 v.
MELLAART, James. *Çatál Huyuk*. London, 1967.
METIER, Peter. Physiognomical Theory in Renaissance Heroic Portraits. In: *20th International Congress on the History of Art*, v. 2. 1963.
MELLINK, Machteld. Lydian Wooden Huts and Sign 24 on the Phaistos Disk. *Kadmos* 3. 1964-1965.
MELVILLE, Herman. [1851] *Moby-Dick*. Reprint, New York, 1983.
MENDEL, Gustave (ed.). *Catalogue des sculptures grecques, romaines et byzantines: Musées impériaux ottomans*. Constantinople, 1912-1914. 3 v.
MENENDEZ PIDAL, Ramón (ed.). *Historia de España*. Madrid, 1947.
MENNINGER, Karl. *Number Words and Number Symbols*. Cambridge, 1969.
MENNINGHAUS, Winfried. *Walter Benjamins Theorie der Sprachmagie*. Frankfurt, 1980.
MENUT, Albert J.; DENOMY, Alexander J. Maistre Nicole Oresme, le livre du ciel et du monde. *Mediaeval Studies*, 3, 4, 5, 1941-1943.
MERCKLIN, Eugen von. *Antike Figuralkapitelle*. Berlin, 1962.
MERLAT, Pierre. *Jupiter Dolichenus*. Paris, 1960.
MERLEAU-PONTY, Maurice. *Signes*. Paris, 1960.
[MERSENNE, Marin]. *Questions harmoniques, dans lesquelles sont contenues plusieurs remarquables pour la physique, pour la morale et pour les autres sciences*, Paris, 1634 (Repr. Stuttgart 1972; Paris 1985).
MERZ, Richard. *Die Numinose Mischgestalt*. Berlin, 1978.
MESSERSCHMIDT, F. Das Grabmal des Porsenna. *Das Neue Bild der Antike* 2. 1942.
MÉTIVET, Lucien; LE BRUN, Charles. *La Physionomie humaine comparée à la physionomie des animaux d'après les dessins de Charles Le Brun*. Paris, 1917.
METZGER, Henri. *L'Acropole lycienne*. Vol. 2 of *Fouilles de Xanthos*. Paris, 1963.
____ *Les Fouilles du Létôon de Xanthos*. Paris, 1980.
____ (ed.). *Actes du colloque sur la Lycie antique*. Paris, 1980.
METZGER, Henri, et al. *La Stele trilingue du Létôon*. V. 6 of *Fouilles de Xanthos*. Paris, 1979.
MEULI, Karl. *Gesammelte Schriften*. Ed. Thomas Gelzer. Basel, 1975. 2 v.
MEYER, Eduard. *Geschichte des Altherthums*. Stuttgart, 1937. 5 v.
MEYER, Heinz. *Die Zahlenallegorese im Mittelalter*. Munich, 1975.
MICHALOWSKI, Kazimierz. *Art of Ancient Egypt*. Trans. N. Guterman. New York, 1969.
MICHEL, Paul-Henri. Les Mediétés. *Revue d'Histoire des Sciences* 2, 1948.
MILLER, Andrew M. *From Delos to Delphi*. Leiden, 1986.
MILLER, George A.; LENNEBERG, Elizabeth. *Psychology and Biology of Language and Thought: Essays in Honor of Eric Lenneberg*. New York, 1978.
MILLER, Norbert. *Archäologie des Traums*. Munich, 1978.
MILLER, Stephen G. (ed.). *Nemea: A Guide to the Site and Museum*. Berkeley. 1990.
MILLON, Henry A. The Architectural Theory of Francesco di Giorgio. AB 40. Set. 1958.
MILTNER, Franz. *Ephesos: Stadt der Artemis und des Johannes*. Wien, 1958.
MITTEN, David Gordon; PEDLEY, John Griffiths; SCOTT, Jane A. *Studies Presented to George M.A. Hanfmann*. Cambridge, Mass, 1971.
MÖBIUS, Hans. *Die Ornamente der Griechischen Grabstelen*. Munich, 1968.
MOE, C.J. *Numeri di Vitruvio*. Milano, 1945.
MOGGI, Mauro. *I sinecismi interstatali greci*. Pisa, 1976.
MOMIGLIANO, Arnaldo. *Quarto contributo alga storia degli studi classici e del mondo antico*. Roma, 1969.
____. *Sesto contributo alla storia degli studi classici e del mondo antico*. Roma, 1980. 2 v.
MOMMSEN, August. *Feste der Stadt Athen im Altertum*. Leipzig, 1980.
MONMOUTH, Geoffrey of. *Historia regnum britanniae*. 1148. Ed. Acton Griscom and trans. R.E. Jones. London, 1929.

MONTAGU, Jennifer. Le Brun's Conference sur l'Expression Générale et Particuliere. Ph.D. diss., London University. 1959.
____. The Expression of the Passions: The Origin and Influence of Charles Le Brun's "Conference sur l'Expression Générale et Particulière". Typescript. New Haven. 1994.
MONTAGU, M.E. Ashley. *Culture: Man's Adaptive Dimension*. Oxford. 1968.
MONTAIGNE, Michel de. *Oeuvres*. Ed. Pierre Villey. Lausanne, 1965.
MONTMOLLIN, D. de. *La Poétique d'aristote: Texte primitif et additions ultérieures*. Neuchatel, 1951.
MORAN, William L. (ed. e trad.). *The Amarna Letters*. Baltimore, 1992.
MORAVIA, Sergio. Philosophie et médecine en France à la fin du XVIIIe Siècle. *Studies on Voltaire* 89. 1972.
MORENZ, Siegfried. *Aegyptische Religion*. Stuttgart, 1960.
____. *Die Begegnung Europas mit Aegypten*. Berlin, 1968.
MORET, A. *Mystères egyptiens*. Paris, 1913.
____. *The Nile and Egyptian Civilization*. New York, 1927.
MORLEY, Henry. *Character Writings of the Seventeenth-Century*. London, 1891.
____. *Anatomy in Long Clothes: An Essay on Andreas Vesalius*. Chicago, 1915.
MOROLLI, Gabriele. *Vetus Etruria*. Firenze, 1985.
MORRIS, Desmond (ed.). *Gestures: Their Origins and Distribution*. London, 1979.
MORRIS, Ian. *Burial and Ancient Society: The Rise of the Greek City-State*. Cambridge. 1987.
MORRIS, John. The Dating of the Column of Marcus Aurelius. JWCI 15. 1968.
MORRIS, Robert. *Lectures on Architecture*. 2. ed. London, 1759.
MORRIS, Sarah P. *Daidalos and the Origins of Greek Art*. Princeton. 1992.
MORRONA, A. da. *Posa antica e moderna*. Pisa, 1821.
MORTET, V. Recherches critiques sur Vitruve et son oeuvre. RA 4th ser., 13. 1909.
____. (ed.). *Mélanges offerts à M. Emile Chatelain*. Paris, 1910.
MORTET, V.; DESCHAMPS, Paul (eds.). *Recueil de textes*. Paris, 1929. 2 v.
MORTON, James. *The Legend of St. Katherine of Alexandria*. London, 1841.
MOSCATI, Sabatino. *Il mondo dei fenici*. Milano, 1979.
____ (ed.). *The Phoenicians*. Milano, 1988.
MOSSÉ, Claude. *La Tyrannie dans la grèce antique*. Paris, 1969.
MOWL, Tim; EARNSHAW, Brian. *John Wood, Architect of Obsession*. London, 1988.
MUCHAU, Hermann. *Pfahlhausbau and Griechentempel*. Jena, 1909.
MUELLER, Kurt (ed.). *Tiryns: Die Ergebnisse der Ausgrabungen des Instituts*. Augsburg, 1930. 3 v.
MUGLER, Charles. *Dictionnaire historique de la terminologie optique des grecs*. Paris, 1964.
MUKERJEE, R. *The Culture and Art of India*. New York, 1959.
MÜLLER, Carl Otfried. *De Tripode Delphico*. Halle, 1820. Reprint in *Kunstarchaeologische Werke*, Berlin, 1873.
____. *Archaeologische Mittheilungen aus Griechenland*. Ed. Adolf Scholl. Frankfurt, 1843.
____. *Geschichte Hellenischer Stämme und Städte*. 2. ed. Breslau, 1844. 3 v.
____. *Ancient Art and Its Remains*. Ed. E G. Welcker and trans. J. Leitch. London, 1852.
MÜLLER, Hermann. *Das Nordische Griechenthum und die Urgeschichtliche Bedeutung des Nordwestlichen Europas*. Mainz, 1844.
MÜLLER, Wilhelm Max. *Egyptian Mythology*. London, 1916.
MÜLLER-KARPE, Hermann. *Handbuch der Vorgeschichte*. München, 1966-1989. 4 v.
MÜLLER-WIENER, Wolfgang. *Griechisches Bauwesen in der Antike*. München, 1988.
MUMFORD, Lewis. Function and Expression in Architecture. *Architectural Record*, v. 10, nov. 1951.
MÜNZ, L., Kunstler, G. *Der Architekt Adolf Loos*. München, 1964.
____. *Adolf Loos, Pioneer of Modern Architecture*. London, 1966.
MURR, Josef. *Die Pflanzenwelt in der Griechischen Mythologie*. Innsbruck, 1890.
MURRAY, A. Victor. *Abelard and St. Bernard*. Manchester, 1967.
MURRAY, Gilbert. *The Rise of the Greek Epic*. Oxford, 1907.
MURRAY, Oswyn. *Early Greece*. Brighton, 1980.
MUSTI, Domenico (ed.). *Le Origini dei Greci, Dori e Mondo Egeo*. Bari, 1986.
____. *Storia Greca*. 2. ed. rev. Roma, 1990.
MUTHESIUS, Hermann. *Style-Architecture and Building*. Intro. Stanford Anderson. California, Santa Monica, 1994. Trad. de *Stilarchitektur und Baukunst* (1902).
MUTHMANN, Friedrich. *Der Granatapfel*. Bern, 1982.
MYLONAS, George Emmanuel. *Ancient Mycenae*. London, 1957.
____. *Eleusis and the Eleusinian Mysteries*. Princeton, 1961.
____. *Mycenae and the Mycenaean Age*. Princeton, 1966.

MYRES, John L. (ed.). *Handbook of the Cesnola Collection of Antiquities from Cyprus.* New York, 1914.

NAPIER, A.D. *Masks: Transformation and Paradox.* Berkeley. 1986.
NAPOLI, Mario. *Il Museo di Paestum.* Napoli, 1969.
Narcissus. 1982. Catalogue of Exhibition, January–February 1982. Rome.
NAREDI-RAINER, P. von. *Architektur und Harmonie.* Köln, 1984.
NASR, Seyyed Hossein. *Islamic Cosmological Doctrines.* London, 1978.
NAUERT, Charles G., Jr. *Agrippa and the Crisis of Renaissance Thought.* Urbana, 1965.
NAUMANN, Rudolf. *Architektur Kleinasiens, von Ihren Anfängen bis zum Ende der Hethitischen Zeit.* Tübigen, 1955.
NAVILLE, Edouard. *The Temple of Deir-El-Bahari: Its Plan, Its Founders, and Its First Explorers.* London, 1894. 7 v.
NEALE, Ronald S. *Bath 1650-1850, a Social History; or a Valley of Pleasure Yet a Sink of Iniquity.* London, 1981.
NESCHKE, Ada B. *Die Poetik des Aristoteles.* Frankfurt, 1980.
NEUGEBAUER, Otto. *The Exact Sciences in Antiquity.* Providence, 1957.
NEUMANN, Erich. *The Origins and History of Consciousness.* Trans. R. E C. Hull. New York, 1954.
____. *The Great Mother: An Analysis of the Archetype.* Bollingen Books 47. New York, 1955.
NEUMEYER, Fritz. *Mies van der Rohe, Das Kunstlose Wort.* Berlin, 1986.
NEWBERRY, Percy E; FRASER, G. Willoughby. *Beni-Hasan.* Archaeological Survey of Egypt. London, 1893-1900. 4 v.
NEWTON, Charles Thomas. *Essays on Art and Archaeology.* London, 1880.
NEWTON, Sir Isaac. [1704-1730] *Opticks, or a Treatise of the Reflections, Refractions, Inflections, and Colours of Light.* 1704-1730. Reprint, New York, 1952.
____. *The Correspondence.* Ed. J. E Scott. Cambridge, 1967. 4 v.
NICEFORO, A. *La fisionomia nell'arte e nella scienza.* Firenze, 1952.
NICHOLAS OF CUSA. *Of Learned Ignorance.* Ed. G.M. Heron. London, 1954.
NICHOLS, James H., Jr. *Epicurean Political Philosophy.* Ithaca/London, 1976.
NIELD, Lawrence. *The Superstructure of the Greek Doric Temple.* M. Litt. diss. Cambridge University. 1969.
NIETZSCHE, Friedrich. *Werke.* Ed. Giorgio Colli and Mazzino Montanari. Berlin, 1967-1972.
NILSSON, Martin P. *The Mycenaean Origin of Greek Mythology.* Cambridge. 1932.
____. *The Minoan-Mycenaean Religion and Its Survival in Greek Religion.* Lund, 1950.
____. [1906] *Griechische Feste von Religiöser Bedeutung.* 1906. Reprint, Stuttgart, 1957. 2 v.
____. *Geschichte der Griechischen Religion.* 1955. Reprint, München, 1967.
NN [Sir John Harrington]. *Nugae Antiquae.* Bath, 1769.
NOACK, Ferdinand. *Triumph und Triumphbogen.* Berlin, [n.d.]
NORMAND, C.P.J. *Nouveau parallèle des ordres d'architecture des grecs, des romains et des auteurs modernes.* Paris, 1819-1825.
____. *Le Vignole des ouvriers; ou Méthode facile pour tracer les cinq ordres d'architecture.* Paris, 1821-1823, 1839.
____. *Vergleichende Darstellung der Architectonischen Ordnungen der Griechen und Reimer und der Neueren Baumeistern.* Trad M.H. Jacobi. Potsdam, 1830.
____. *A New Parallel of the Orders of Architecture According to the Greeks and Romans and Modern Architects.* Trans. and two original plates by A. Pugin. 1829. Rev. and ed. R.A. Cordingley. London, 1951.
NYLANDER, Carl. 1966. *Remarks on the Urartian Acropolis at Zernaki Tepe. Or. Suecana* 15.
____. *Ionians in Pasargadae.* Uppsala, 1970.

OATES, David. *Excavations at Tell al-Rimah. Iraq* 29. 1967.
____. *The Excavations at Tell al-Rimah, 1967. Iraq* 30. 1968.
O'BRIEN, Denis. *Empedocles' Cosmic Cycle.* Cambridge. 1969.
OESTERLEY, W.O.E; ROBINSON, T.M . *Hebrew Religion: Its Origin and Development.* London, 1930.
OGDEN, C.K.; RICHARDS, I.A. *The Meaning of Meaning.* 3. ed. London, 1930.
OHNEFALSCH-RICHTER, Max. *Kypros: The Bible and Homer: Oriental Civilization, Art, and Religion in Ancient Times.* London, 1903.
OLERUD, A. *L'Idée de macrocosme et de microcosme dans le Timée de Platon.* Uppsala, 1951.
O'MALLEY, C.D. *Leonardo da Vinci on the Human Body.* New York, 1952.
____. *Andreas Vesalius of Brussels, 1514-1564.* Berkeley, 1964.
O'MALLEY, C.D.; SAUNDERS, J.B. de C.M. *The Anatomical Drawings of Andreas Vesalius.* New York, 1982.

O'MALLEY, John W. *Praise and Blame in Renaissance Rome.* Durham, N.C. 1979.
ONIANS, John. *Bearers of Meaning: The Classical Orders in Antiquity, the Middle Ages, and the Renaissance.* Princeton, 1988.
OPPENHEIM, A. Leo. *Ancient Mesopotamia.* Chicago, 1964.
OPPENHEIM, Max Adrian Simon, Freiherr von. *Vom Mittelmeer zum Persischen Golf durch den Hauran, die Syrische Wuste und Mesopotamien.* Berlin, 1899-1900.
____. (ed.). *Der Tell Halaf.* Leipzig, 1931.
ORESME, Nicolas, Bishop of Lisieux. *Livre de divinacions.* Ed. and trans. G.W. Coopland. Liverpool, 1952.
____. *Ad pauca respicientes...* Ed. and trans. E. Grant. Madison/London, 1966.
ORLANDOS, A. *Les Matériaux de construction et la technique architecturale des anciens grecs.* Paris, 1966-1968. 2 v.
ORSI, Paolo. *Templum Apollonis Alaei ad crimisa promontorium: a cura della società Magna Graecia.* Roma, 1933.
ORTHMANN, Winfried. *Untersuchungen zur Spähethitischen Kunst.* Bonn, 1971.
ORTONY, Andrew (ed.). *Metaphor and Thought.* Cambridge, 1979.
OTTEN, Heinrich; SOUÇEK, Vladimir. *Ein Althethitisches Ritual für das Königspaar.* Wiesbaden, 1969.
OTTO, August. *Die Sprichwörter und Sprichwörtlichen Redensarten der Reimer.* Leipzig, 1890.
OTTO, Eberhard. *Das Verhältnis von Rite und Mythus im Aegyptischen Altertum.* Heidelberg, 1958.
OTTO, Walter E. 1933. *Dionysos: Mythos und Kultus.* Frankfurt.
OVERBECK, J.A. *Die Antiken Schriftquellen zur Geschichte der bildenden Künste bei den Griechen.* Leipzig, 1868. (Reprinted Hildesheim, 1959.)
____. *Geschichte der Griechischen Plastik.* Leipzig, 1881.

PACE, B. *Arte e civiltà della Sicilia antica.* Milano, 1935-1938. 4 v.
PACIOLI, Luca. *Divina proportione: Opera a tutti glingegni perspicaci e curiosi necessaria.* Venezia, 1509.
PADEL, Ruth. *Agatharchus and the Date of Scene-Painting.* London. Typescript, 1993.
PALAGIA, Olga; COULSON, William (eds.). *Sculpture from Arcadia and Laconia.* Oxford, 1993.
PALEY, Morton D. *The Continuing City: William Blake's Jerusalem.* Oxford, 1984.
PALLADIO, Andrea. *L'architettura.* Venezia, 1642.
PALLOTTINO, Massimo. *Saggi di Antiquità.* Roma, 1969.
____. *Etruscologia.* 6. ed., rev. Milano, 1975.
PALLOTTINO, Massimo; Colonna, G. *Scavi nel Santuario Etrusco di Pyrgi. ArchCl* 18. 1966.
PALLOTTINO, Massimo, et al. *Die Göttin von Pyrgi.* Colloquium held in Tübingen, 16-17 January 1979. Firenze, 1981.
PALMER, Leonard R. *Mycenaeans and Minoans.* New York, 1965.
PANNIKER, Raimundo. *The Vedic Experience.* London, 1977.
PANOFKA, Theodor. *Dionysos und die Thyaden.* Berlin, 1843.
PANOFSKY, Erwin. *The Codex Huygens and Leonardo da Vinci's Art Theory: The Pierpont Morgan Library Codex M.A. 1139.* London, 1940.
____. *Renaissance and Renascences in Western Art.* Stockholm, 1960.
____. *Meaning in the Visual Arts.* Wood-stock, N.Y, 1974. (Trad. bras., *Significado nas Artes Visuais*, 3. ed., São Paulo: Perspectiva, 2012.)
PAPADOPOULOS, Alexander. *Islam and Muslim Art.* Trans. R.E. Wolf. New York, 1976.
PAPADOPOULOS, Jeannette. *Xoana e Sphyrelata: testimonianza delle Fonti Scritte. StA* 24. 1980.
PAPINI, Roberto. *Francesco di Giorgio Architetto.* Milano, 1946.
PARKE, H.W. *The Oracles of Apollo in Asia Minor.* Dover, NH, 1985.
____. *Festivals of the Athenians.* London, 1986.
PARKE, H.W.; WORMELL, D.E.W. *The Delphic Oracle.* Oxford, 1956. 2 v.
PARROT, André. *Nineveh and Babylon.* Trans. Stuart Gilbert and James Emmons. London, 1961.
PARROT, André; CHÉHAB, M.H.; MOSCATI, Sabatino. *Les Phéniciens.* Paris, 1975.
PASCIETTO, E. *Pietro d'Abano, medico e filosofo.* Roma, 1984.
PASTEUR, Georges. *Le Mimétisme.* Paris, 1972.
PASTOR, L. von. *The History of the Popes.* Ed. and trans. E I. Antrobus and E R. Kerr. London, 1923-1940. 10 v.
PATAI, Raphael. *Man and Temple in Ancient Jewish Myth and Ritual.* New York, 1947.
PATRONI, Giovanni. *Nora. Colonia Fenicia in Sardegna. MAL* 14. 1904.
PATTERSON, Annabel M. *Hermogenes and the Renaissance.* Princeton, 1970.
PATTISON, Mrs. Mark. *The Renaissance of Art in France.* London, 1879. 2 v.
PAUL, Oscar (ed.). *Boetius und die Griechische Harmonik.* Leipzig, 1872.
PAUW, Cornelius de. *Recherches philosophiques sur les Américains.* Paris, 1792. 2 v.

PAYNE, Humfry. *Necrocorinthia: A Study of Corinthian Art in the Archaic Period.* Oxford, 1931.
PAZ, Octavio. *On Poets and Others.* New York, 1986.
PEDLEY, John Griffiths. *Paestum: Greeks and Romans in Southern Italy.* New York, 1990.
PEDOE, Dan. *Geometry and the Visual Arts.* New York, 1976.
PELON, Oliver. *Tholoi, tumuli et cercles funéraires.* Paris, 1976.
PENDLEBURY, J.D.S. *The Archaeology of Crete: An Introduction.* New York, 1963.
PENNETHORNE, John. *The Geometry and Optics of the Ancient Architecture.* London, 1878.
PENROSE, F.C. *An Investigation of the Principles of Athenian Architecture.* London, 1888.
THE PEOPLING OF *Ancient Egypt and the Deciphering of Meroitic Script.* Proceedings of symposium held in Cairo, 1974. Paris, 1978.
PERELMAN, C.; OLBRECHTS-TYTECA, L. *The New Rhetoric.* Trans. J. Wilkinson and P. Weaver. Notre Dame, Ind. 1969.
PEREZ-GOMEZ, Alberto. *Architecture and the Crisis of Modern Science.* Cambridge, 1983.
PERPEET, Wilhelm. *Asthetik im Mittelalter.* Freiburg, 1977.
PERRAULT, Charles. *Les Hommes illustres qui ont paru en France pendant ce siècle,* Paris, 1696-1700.
____. *Mémoires de ma vie.* Ed. Paul Bonnefon. Paris, 1909.
PERROT, Georges, CHIPIEZ, Charles. *Histoire de l'art dans l'Antiquité.* Paris, 1882-1889. 8 v.
PERROT, Nell. *Les Représentations de l'arbre sacré sur les monuments de Mésopotamie et d'Elam.* Paris, 1937.
PESCO, Daniela del. *Il Louvre di Bernini nella Francia di Luigi XIV.* Napoli, 1984.
____. *Colonnato di San Pietro.* Rome, 1988.
PETIT, Jean. *Le Corbusier lui-même.* Genève, 1970.
[PETRARCH]. *Francisci Petrarchae De Remediis Utriusque Fortunae.* Rotterdam, 1649.
PETRONOTIS, Arg. *Zum Problem der Bauzeichnungen bei den Griechen.* Atenas, 1972.
PEURSEN, C.A. von. *Body, Soul, and Spirit.* Trans. H. Hoskins. Oxford. 1966.
PEVSNER, Nikolaus. *An Outline of European Architecture.* 1943. Reprint, Harmondsworth, 1968.
PFIFFIG, Ambros Josef. *Uni-Hera-Astarte.* Wien, 1965.
PFISTER, Friedrich. *Der Reliquienkult im Altertum.* Giessen, 1910-1912.
PFÜHL, Ernst. *Malerei und Zeichnung der Griechen.* München, 1923. 3 v.
PHILIP, J.A. *Pythagoras and Early Pythagoreanism.* Toronto, 1966.
PHILIPP, Hanna. *Tektonon Daidala: Der Bildende Künstler und sein Werk im Vorplatonischen Schrifttum.* Berlin, 1968.
PHILIPPSON, Paula. *Thessalische Mythologie.* Zürich, 1944.
PIAGET, Jean. *The Language and Thought of the Child.* Trans. Marjorie and Ruth Gabain. London, 1926.
____. *Études sociologiques.* Geneva, 1965.
____. *Biologie et connaissance.* Paris, 1967.
PIATTELLI-PALMARINI, Massimo (ed.). *Théories du langage: théories de l'apprentissage.* Paris, 1979.
____. Evolution, Selection, and Cognition: From "Learning" to Parameter-Fixation in Biology and in the Study of Mind. *Center for Cognitive Science, MIT,* 35. Cambridge, [1989]
PICARD, Charles. *Ephèse et Claros.* Paris, 1922.
____. *Origines du polythéisme hellenique.* Paris, 1930.
____. *L. Acropole.* Paris, [1931]. 2 v.
PICARD, Charles; MESSELIÈRE, P. Frotier de la Coste. Art Archaique: Les Trésors Ioniques. FD 2, fasc. 2. 1928.
____. Images des dieux sur les monnaies grecques. *Mélanges de l'école française de Rome.* 1991.
PICCALUGA, Giulia. *Terminus: I segni di confine nella religione romana.* Roma, 1974.
PICCOLOMINI, Aeneas Silvius [Pius II]. *Commentaries.* Ed. L. Totaro. Milano, 1984.
PICKARD-CAMBRIDGE, Arthur. *The Dramatic Festivals of Athens.* Oxford. 1968.
PICON, Antoine. *Claude Perrault ou La Curiosité d'un classique.* Paris, 1988.
PIÉRART, Marcel (ed.). Polydipsion Argos: Argos de la fin des palais mycéniens à la constitution de l'Etat classique. *BCH,* suppl. 22, 1992.
PIETZ, William. The Problem of the Fetish. RES 9, 13, 16, 17. 1985-1989.
PIGGOTT, Stuart. *Ancient Europe from the Beginnings of Agriculture to Classical Antiquity.* Edinburgh, 1965.
____. *The Druids.* London, 1975.
PILES, Roger de. *Cours de peinture par principes.* Paris, 1708.
PIOTROVSKII, B.B. *Urartu: The Kingdom of Van and Its Age.* London, 1967.
PIRANESI, G.B. *Le Antichità di Cora.* Roma, 1764.
____. *Différentes vues de quelques restes de trois grands édifices qui subsistent encore dans l'ancienne Ville de Pesto.* Roma, 1778.

PIRENNE, M.H. *Optics, Painting, and Photography.* Cambridge. 1970.
PITRA, Jean Baptiste (ed.). *Analecta novissima spicilegii solesmensis.* 1885-1887. Reprint, Farnborough, Hants, 1967.
PLACIDES ET TIMÉO *ou Li secrés as philosophes.* Ed. C.A. Thomasset. Paris, 1980.
PLACZEK, A.K.; ACKERMAN, J.; ROSENFELD, M.N. *Sebastiano Serlio on Domestic Architecture.* New York, 1978.
PLATNER, Samuel Ball. *A Topographical Dictionary of Ancient Rome.* Completed and rev. Thomas Ashby. Oxford. 1929.
PLATON, Nicholas. *Zakros: The Discovery of a Lost Palace of Ancient Crete.* New York, 1971.
PLEBE, Armando. *Breve storia della retorica antica.* Milano, 1961.
PLESSNER, Helmut. *Gesammelte Schriften.* Ed. Gunter Dux et al. Frankfurt, 1980. 10 v.
PLOMMER, W. Hugh. Shadowy Megara. JHS, 97, 1977.
POLACCO, Luigi. *Tuscanicae Dispositiones.* Padova, 1952.
POLENI, Marchese Giovanni. *Exercitationes Vitruvianae.* Padova, 1739.
POLIGNAC, François de. *La Naissance de la cité grecque.* Paris, 1984.
POLITI, Raffaello. *Il Viaggiatore in girgenti e it cicerone di piazza.* Girgenti/Agrigento. 1826.
POLLARD, A.W. *Catalogue of Books Printed in the XVth Century, Now in the British Museum.* London, 1908.
POLLITT, J.J. *Art and Experience in Classical Greece.* Cambridge. 1972.
____. *The Ancient View of Greek Art.* New Haven/London, 1974.
POLLOCK, Frederick; MAITLAND, Frederic. *The History of English Law before the Time of Edward I.* Cambridge, 1896.
POLYKLET: *Der Bildhauer der Griechischen Klassik.* Catalogue of Exhibition at the Museum Alter Plastik, Oct. 1990-Jan. 1991. Frankfurt, 1990.
POMEROY, Sarah B. *Goddesses, Whores, Wives, and Slaves.* London, 1976.
POMTOW, H. Das Alte Tholos und das Schatzhaus der Sikyoner zu Delphi. *Zeitschrift für Geschichte der Architektur* 3, 4. 1910-1911.
POPHAM, M. The Hero of Lefkandi. Antiquity 56. 1982.
POPHAM, M.; CALLIGAS, P.G.; SACKETT, L.H. (eds.). *Lefkandi II: The Protogeometric Building at Toumba.* London, 1990-1993. 2 v.
POPHAM, M.; SACKETT, L.H., eds. *Excavations at Lefkandi, 1964-1966.* London, 1968.
PORADA, Edith. *Ancient Iran: The Art of Pre-Islamic Times.* London, 1965.
PORTMANN, Adolf. *Le forme viventi.* Trad. Boris Porena. Milano, 1969.
POSNER, Donald I. "Charles Le Brun's Triumph of Alexander." AB 41, Sept. 1959.
POUDRA, Noel. *Oeuvres de Désargues: réunies et analisées.* Paris, 1864.
POULSEN, Vagn. *Der Strenge Stil.* Copenhagen, 1937.
POUSSIN, Nicolas. *Correspondance.* Ed. P. du Colombier. Paris, 1929.
PRAGER, Frank C.; SCAGLIA, Gustina. *Mariano Taccola and His Book De Ingeneis.* Cambridge, 1972.
PRAYON, Friedhelm. *Frühetruskische Grab- und Hausarchitektur.* Heidelberg, 1975.
____. Zur Genese der Tuskanischen Säule. *Vitruv Colloquium, Schriften des Deutschen Archäologen-Verbandes* 8. Darmstadt, 1984.
____. *Phrygische Plastik.* Tübigen, 1987.
____. *Deorum Sedes* sull'orientamento dei Templi Etrusco-Italici *ArchCl* 43, 1991.
PRELLER, Ludwig. [1860] *Griechische Mythologie.* Nova ed. Berlin, 1964. 2 v.
PRESTEL, Jakob. *Des Marcus Vitruvius Pollio Basilika zu Fanum Fortunae.* Strasburg, 1901.
PREVITALI, G., et al. *Mostra dei disegni di Humbert de Superville.* Catalogue. Flirenze, 1964.
PRINCE, Sir Uvedale. *On the Picturesque.* Edinburgh/London, 1842.
PRIER, R.A. *Archaic Logic.* Haia/Paris, 1976.
PRINZHORN, H. *Bildnerei der Geisteskranken.* Berlin, 1922.
____. *Bildnerei der Gefangenen.* Berlin, 1926.
PRITCHARD, James B. *Ancient Near Eastern Texts.* Princeton. 1955.
____ (ed.). *The Ancient Near East.* Princeton. 1969.
PRÜCHNER, Helmut. Ein Traum für Apollon. In: *Kotinus: Festschrift für Erika Simon.* Mainz, 1992.
PRYCE, F N. *Catalogue of Sculpture in the Department of Greek and Roman Antiquities in the British Museum.* London, 1928.
PUCHSTEIN, Otto. *Die Ionische Säule.* Leipzig, 1907.

QUATREMÈRE DE QUINCY, Antoine-Chrysostome. *Dictionnaire historique de l'architecture.* Paris, 1832. 2 v.
____. [1823] *De l'imitation.* Reprint, Brussels, 1980.
QUILICI GIGLI, Stefania. Colombari e colombaie nell'Etruria rupestre. *Riv. Ist. Arch.* 3rd ser., 4, 1981.

RABY, E.J.E. *A History of Christian-Latin Poetry from the Beginning to the Close of the Middle Ages.* Oxford, 1927.
____. *A History of Secular Latin Poetry in the Middle Ages.* Oxford, 1934.
RADET, Georges. [1893] *La Lydie et le monde grec au temps des mermnades (687-546).* Reprint, Roma, 1967.
RADHAKRISHNAN, S. *The Principal Upanishads.* London, 1953.
RAFFAELO Sanzio. *Tutti gli Scritti.* Ed. E. Camesasca. Milano, 1956.
____. *Il pianto di Roma: lettera a Leo x.* Ed. Piero Buscardi. Torino, 1984.
RAKOB, Friedrich. *Das Groma-Nymphaeum im Legionslager von Lambaesis.* MDAI 86. 1979.
RAMÉE, Daniel. *Histoire générale de l'architecture.* Paris, 1860. 2 v.
RAMIREZ, Juan Antonio. *Edificios y Suenos.* Malaga/Salamanca, 1983.
____. *Dios Arquitecto: J.B. Villalpando y el Templo de Salomón.* Madrid, 1991.
RAMSAY, Sir William M. *Asianic Elements in Greek Civilization.* New York, 1969.
RAMSDEN, E.H. *The Letters of Michelangelo.* London, 1963. 2 v.
RAND, Benjamin (ed.). *The Life, Unpublished Letters, and Philosophical Regimen of Anthony, Earl of Shaftesbury.* London, 1900.
____. *Second Characters.* Cambridge. 1914.
RASCHKE, Wendy J. (ed.). *The Archaeology of the Olympics.* Madison, 1988.
RAVEN, C.E. *John Ray, Naturalist, His Life and Works.* Cambridge. 1942.
RAVEN, J.E. *Polyclitus and Pythagoreanism.* CQ, 45, 1951.
REDFIELD, James M. *Nature and Culture in the Iliad.* Chicago, 1975.
REEVES, M.J.; HIRSCH-REICH, B.H. *The Figurae of Joachim of Fiore.* Oxford, 1972.
REINACH, Salomon. *Répertoire de la statuaire grecque et romaine.* Paris, 1897-1898. 3 v.
____. *Cultes, Mythes et Religions.* Paris, 1908-1909. 3 v.
REINACH, Théodore. *La Musique Grecque.* Paris, 1926. (Trad. bras.: *A Música Grega*. São Paulo: Perspectiva, 2011.)
REITZENSTEIN, R. *Poimandres: Studien zur Griechisch-Aegyptischen und Früchristlichen Literatur.* Leipzig, 1904.
REITZENSTEIN, R.; SCHAEDER, H.H. *Studien zum Antiken Synkretismus aus Iran und Griechenland.* Leipzig, 1926.
RENFREW, Colin. *The Emergence of Civilization: The Cyclades and the Aegean in the Third Millennium B.C.* London, 1972.
____. *The Archaeology of Cult: The Sanctuary at Phylakopi.* London, 1985.
RESTORO D'AREZZO. *La Composizione del Mondo.* Ed. Alberto Morino. Firenze, 1976.
REUTERSWÄRD, Patrik. *Studien zur Polychromie der Plastik.* Stockholm, 1960.
REY, Abel. *La Science orientale avant les grecs.* Paris, 1942.
REYMOND, E.A.E. *The Mythical Origin of the Egyptian Temple.* Manchester, 1969.
REYNOLDS, Sir Joshua. *Discourses on Art.* 1778. Ed. Robert R. Wark. New Haven, 1975.
RHEES, Rush. *Wittgenstein über Sprache und Ritus.* T.L. Wittgenstein (1960-1982, v. 3), 1979.
RHOMAIOS, K.A. *Ek Tou Preistorikou Thermou.* Archaiologikon Deltion I. 1915.
RICE, Michael. *Egypt's Making: The Origins of Ancient Egypt, 5000-2000 B.C.* London, 1991.
RICHARD, Heinrich. *Vom Ursprung des Dorischen Tempels.* Bonn, 1970.
RICHARDS, I.A. *The Philosophy of Rhetoric.* Oxford, 1936.
RICHARDSON, J. *An Essay on the Theory of Painting.* London, 1725.
RICHTER, Gisela M.A. *Archaic Greek Art against Its Historical Background: A Survey.* New York, 1949.
____. *Catalogue of Greek Sculptures in the Metropolitan Museum of Art.* Cambridge, 1954.
____. *How Were the Roman Copies of Greek Portraits Made?* MDAIR 69, 1962.
____. *The Furniture of the Greeks, Etruscans, and Romans.* London, 1966.
____. *Korai: Archaic Greek Maidens.* London, 1968.
____. *Kouroi.* London, 1970.
RICO, Francisco. *El Pequeño Mundo del Hombre: Varia Fortuna de una Idea en las Letras Españolas.* Madrid, 1970.
RICOEUR, Paul. *Philosophie de la volonté: Le Volontaire et l'involuntaire.* Paris, 1962-1968. 2 v.
____. *La Métaphore vive.* Paris, 1975.
RIDDER, A. de; DEONNA, W. *L'Art en Grèce.* Paris, 1924.
RIDGWAY, Brunilde S. *A Story of Five Amazons.* AJA, 78, 1974.
____. *The Archaic Style in Greek Sculpture.* Princeton, 1977.
____. *Fifth Century Styles in Greek Sculpture.* Princeton, 1981.
____. *Hellenistic Sculpture.* Madison, 1990.
RIEBER, R.W. (ed.). *The Neuro-psychology of Language: Essays in Honor of Eric Lenneberg.* New York, 1976.
RIEZLER, W. *Weissgrundige Attische Lekythen.* München, 1914.

RIMMER, Joan. *Ancient Musical Instruments of Western Asia.* London, 1969.
RIST, J.M. *Stoic Philosophy.* Cambridge. 1969.
ROBERT, Fernand. *Thymelé: Recherches sur la signification des monuments circulaires dans l'architecture religieuse de la Grèce.* Paris, 1939.
ROBERT, Louis. *Hellenica: Recueil d'epigraphie, de numismatique et d'antiquités grecques.* Limoges, 1940. 5 v.
____. *Le Sanctuaire de Sinuri près de Mylasa.* Paris, 1945.
ROBERT, Louis; ROBERT, Jeanne. *La Carie.* Paris, 1954.
____. *Fouilles d'Amyzon en Carie.* Paris, 1983.
ROBERTS, H. *Reconstructing the Greek Tortoise-shell Lyre.* WA 12, 1980-1981.
ROBERTSON, D.S. *A Handbook of Greek and Roman Architecture.* 2. ed. Cambridge, 1945.
ROBERTSON, M. *A History of Greek Art.* Cambridge. 1975. 2 v.
ROBINSON, J.A.T. *The Body, a Study in Pauline Theology.* London, 1963.
RODENWALDT, G. *Votivpinax aus Mykenai.* MDAIA, 37, 1912.
____. *Altdorische Bildwerke in Korfu.* Berlin, 1938.
____ (ed.). *Korkyra: Archaische Bauten und Bildwerke.* Berlin, 1940.
ROEBUCK, Carl. *Ionian Trade and Colonization.* New York, 1959.
ROHAULT DE FLEURY, G. *Le Latran au Moyen Age.* Abbeville, 1877.
ROHDE, Erwin. *Unedirte Lucianscholien, die attischen Thesmophorien und Haloen betreffend.* RhM n.f., 25. 1870.
____. *Psyche.* Trans. W.B. Hillis. London, 1925.
ROMANO, Elisa. *La capanna e il tempio: Vitruvio o dell'architettura.* Palermo, 1990.
RORTY, Richard. *Philosophy and the Mirror of Nature.* Princeton, 1980.
ROSCI, Marco. *Il Trattato di architettura di Sebastiano Serlio.* Milano, 1966.
ROSE, H.J. *A Handbook of Greek Mythology.* New York, 1929.
ROSE, V. (ed.). *Anecdota graeca et graecolatina.* Berlin, 1864.
ROSEN, Stanley. *Plato's Sophist: The Drama.* New Haven/London, 1983.
____. *Plato's Symposium.* New Haven and London, 1987.
ROSS, David J.A. *A Late Twelfth-Century Artist's Pattern-Sheet.* JWCI, 25. 1962.
ROSSI, Paolo. *Clavis Universalis: Arte Mnemoniche e Logica Combinatoria da Lullo a Leibniz.* Milano/Napoli, 1960.
ROUSE, William H.D. *Greek Votive Offerings.* Cambridge. 1902.
ROUSSEL, Denis. *Tribu et cité.* Paris, 1976.
ROUSSEL, Pierre. *Delos.* Paris, 1925.
ROUX, Georges. *Le Problème des argonautes.* Paris, 1949.
____. *L'Architecture de l'argolide aux IV et III siécles avant Jesus-Christ.* Paris, 1961. 2 v.
____. *L'Amphictionie, Delphes et le Temple d'Apollon au IVe siècle.* Lyon, 1979.
____ (ed.). *Temples et sanctuaires.* Lyon, 1984.
ROUX, Georges; POUILLOUX, Jean. *Enigmes à Delphes.* Paris, 1963.
ROWLAND, Benjamin. *The Art and Architecture of India: Buddhist, Hindu, Jain.* Harmondsworth. 1967.
ROWLAND, Ingrid D. March. *Raphael, Angelo Colocci, and the Genesis of the Architectural Orders.* AB 76, 1994.
RUBIN, Arnold (ed.). *Marks of Civilization: Artistic Transformations of the Human Body.* Los Angeles, 1988.
RUBIN, Ida E. (ed.). *Twentieth International Congress of the History of Art.* Princeton, 1963.
RUDENKO, S.I. *Der Zweite Kurgan von Pasaryk.* Berlin, 1951.
____. *Kultura Naseleniia Gornogo Altaia.* Moskvá/Sankt-Peterburg, 1953.
RUDHARDT, Jean. *Le Rôle d'Eros et d'Aphrodite dans les cosmogonies grecques.* Paris, 1986.
RUELLE, C.-E. *Le Monocorde, Instrument de Musique.* REG 10. 1897.
RÜGLER, Axel. *Die Columnae Caelatae des Jüngeren Artemisions von Ephesos.* Tübigen, 1988.
RUKSCHCIO, B.; SCHACHEL, R. *Adolf Loos: Leben und Werke.* Wien, 1982.
RUNDLE CLARK, R.T. *Myth and Symbol in Ancient Egypt.* London, 1978.
RUPPRICH, H. *Dürers Schriftlicher Nachlass.* Bonn, 1956-1969. 3 v.
RUSKIN, John. *The Stones of Venezia.* London, 1851.
____. *The Complete Works.* Ed. E.T. Cook and A. Wedderburn. London, 1903-1912. 39 v.
RUSSELL, D.A. *Plutarch.* New York, 1973.
____. *Criticism in Antiquity.* Berkeley, 1981.
RÜSTER, Christel; NEU, Erich. *Hethitisches Zeichenlexikon.* Wiesbaden, 1989.
RUTENBER, Culbert Gerow. *The Doctrine of the Imitation of God in Plato.* New York, 1946.
RUTKOWSKI, B. *The Cult Places of the Aegean.* New Haven, 1986.
RYKWERT, Joseph. *The Idea of a Town.* London/Princeton, 1976. (Trad. bras.: *A Ideia de Cidade*, São Paulo: Perspectiva, 2006.)

_____. *The First Moderns*. Cambridge, 1980.
_____. *On Adam's House in Paradise*. Cambridge, 1981. (Trad. Bras.: *A Casa de Adão no Paraíso*. São Paulo: Perspectiva, 2009.)
_____. On an (Egyptian?) Misreading of Francesco di Giorgio's. RES 1. 1981.
_____. Lodoli on Function and Representation. In: *The Necessity of Artifice*. London, 1982.
_____. Greek Temples: The Polychromy. Scroope 6, 1994.
_____. On the Palmette. RES 26, 1994.
RYKWERT, Joseph; ENGEL, Anne (eds.). *Leon Battista Alberti*. Catalogue of exhibition held at Palazzo del Té, Sept.-Dec. 1994. Mantova, 1994.

SAAD, Zaki Y. Royal Excavations at Saqqara and Helwan (1941-1945). SASAE 3, 1947.
SAALMAN, Howard. March. Early Renaissance Architectural Theory and Practice in Antonio Filarete's "Trattato di Architettura". AB 41. 1959.
SABRA, A.I. *Theories of Light*. Cambridge. 1981.
SACHS, Curt. *The Rise of Music in the Ancient World*. London, 1943.
SADIE, Stanley (ed.). *The New Grove Dictionary of Music and Musicians*. London, 1980. 20 v.
SAGREDO, Diego de. *Medidas del Romano*. Toledo, 1526.
_____. *Medidas del Romano Agora Nueuamente Impressas y Anadidas de Muchas Pieças y Figuras Muy Necessarias alos Officiales que Quieren Seguir las Formaciones de las Basas, Colunas, Capiteles y Otras Pieças de los Edificios Antiguos*. Toledo, 1549. Edited by Fernando Marias y Agustin Bustamante. Madrid, 1986.
SAINT CLAIR, William. *Lord Elgin and the Marbles*. Oxford, 1967.
SAINTE-BEUVE, C.-A. *Portraits Littéraires*. Paris, [n.d.].
SAITTA, Giuseppe. *L'Umanesimo*. Firenze, 1961. 3 v.
SAKELLARIOU, M.B. *La Migration Grecque en Ionie*. Atenas, 1958.
_____. *Iraklion: Sammlung Metaxas*. Berlin, 1969.
SALMASIUS, Claudius [Claude Saumaise]. *Exercitationes Plinianae*. Utrecht, 1689.
SALMON, J.B. *Wealthy Korinth*. Oxford, 1984.
SALOMON, Richard. [1936] *Opicinus de Canistris, Weltbild und Bekenntnisse eines avignonesischen Klerikers des 14. Jahrhunderts*. Reprint, Nendeln/Lichtenstein, 1969.
SAMBURSKY, Shmuel. *The Physical World of the Greeks*. London, 1956.
_____. *Physics of the Stoics*. London, 1959.
_____. *Physical Thought from the Presocratics to the Quantum Physicists*. London, 1974.
SANDARS, N.K. *The Sea Peoples*. London, 1987.
SANDERS, Clinton R. *Customizing the Body*. Philadelphia, 1989.
SANDLER, Lucy Freeman (ed.). *Essays in Memory of Karl Lehmann*. Locust Valley, 1964.
SANTILLANA, G. de. *The Origins of Scientific Thought*. London, 1961.
SANTILLANA, G. de; DECHEND, H. von. *Hamlet's Mill*. Boston, 1969.
SANTINELLO, G. *Il Pensiero di Niccolà Cusano nella sua perspettiva estetica*. Padova, 1958.
_____. *Introduzione a Niccolò Cusano*. Bari, 1972.
SAUER, Josef. *Symbolik des Kirchengebaudes und seiner Ausstattung in der Auffassung des Mittelalters*. 1924. Reprint, Münster, 1964.
SAXL, Fritz. *Verzeichnis Astrologischer und Mythologischer Illustrierter Handschriften des Lateinischen Mittelalters*. Heidelberg, 1915-1927.
_____. *La fede astrologica di Agostino Chigi*. Rome, 1934.
_____. *Lectures*. Ed. G. Bing and E. Yates. London, 1957. 2 v.
SCAGLIA, Gustina. Review of *Trattati*, by Francesco di Giorgio Martini. AB 52, dec. 1970.
_____. A Translation of Vitruvius and Copies of Late Antique Drawings in Buonaccorso Ghiberti's *Zibaldone*. APS 69, 1979.
_____. Autour de Francesco di Giorgio Martini. RA 48, 1980.
_____. *Francesco di Giorgio: Checklist and History of Manuscripts and Drawings in Autographs and Copies*. Bethlehem, 1992.
SCAMOZZI, Vincenzo. *L'Idea della architettura universale*. Venezia, 1615. (Reprinted Farnborough, Hants., 1964.)
SCHABER, Wilfried. *Die Archaischen Tempel der Artemis von Ephesos*. Stiftland-Verlagwaldassen, Bayern, 1982.
SCHACHERMEYR, Fritz. *Poseidon und die Entstehung des Griechischen Gatterglaubens*. Bern, 1950.
_____. *Die Minoische Kultur des Alten Kreta*. Stuttgart, 1964.
_____. *Die Agaische Frühzeit*. Wien, 1976. 2 v.
_____. *Griechenland im Zeitalter der Wanderungen*. Wien, 1980.
_____. *Die Griechische Rückerinnerung im Lichte Neuer Forschungen*. Wien, 1983.
_____. *Griechische Frühgeschichte*. Wien, 1984.
_____. *Mykene und das Hethiterreich*. Wien, 1986.
SCHADLER, Ulrich. Zur Entstehung der Attischen Basis und ihrer Verwendung im Kleinasiatischen Tempelbau. *Asia Minor Studies* 3, 1991.

SCHADOW, Gottfried. *Polyklet*. Berlin, 1834. English trans. John Sutcliffe (London, 1883).
_____. *Kunst-Werke und Kunst-Ansichten*. Berlin, 1849.
SCHÄFER, Heinrich. Djed-Pfeiler, Lebenszeichen, Osiris, Isis. In: *Studies Presented to F. ll. Griffith*. London, 1932.
_____. *Der Reliefschmuck der Berliner Tür aus der Stufenpyramide und der Königstitel Hrnb*. Deutsches Institut fur Aegyptische Altertumskunde. Berlin, 1933.
SCHÄFER, J. Bemerkungen zum Verzeichnis Mykenischer Kultbauten zu Tempelbauten in Kanaan. AA, 1983.
SCHALLER-HARL, Friederike. *Stützfiguren in der Griechischen Kunst*. Wien, 1973.
SCHAPIRO, Meyer. *Theory and Philosophy of Art: Style, Artist, and Society*. New York, 1983.
SCHEFOLD, Karl. *Meisterwerke Griechischer Kunst*. Basel/Stuttgart, 1960.
_____. *Die Griechen und ihre Nachbarn*. Berlin, 1967.
SCHEFOLD, Karl et al. *Eretria: Fouilles et Recherches*. Berne, 1968.
SCHELLING, Friedrich Wilhelm Joseph von. *Werke*. Tübingen, 1856-1861. 6 v.
SCHELP, Jochen. *Das Kanoun: Der Griechische Opferkorb*. Würzburg, 1975.
SCHINKEL, Karl Friedrich. *Collection of Architectural Designs*. Chicago, 1982.
SCHIPPERGES, H. *Das Menschenbild Hildegards von Bingen*. Leipzig, 1961.
SCHLIEMANN, H. *Trojanische Alterthümer*. Leipzig, 1874.
_____. *Tiryns: The Prehistoric Palace of the Kings*. London, 1886.
SCHLOSSER, Julius von. *Leben und Meinungen des Florentinischen Bildners Lorenzo Ghiberti*. Basel, 1941.
_____. *La letteratura artistica*. Firenze, 1956.
SCHMALENBACH, Fritz. The Term *Neue Sachlichkeit*. AB 22, Sept., 1940.
SCHMALTZ, Bernhard. *Griechische Grabreliefs*. Darmstadt, 1983.
SCHMIDT, Erich E. *The Treasury of Persepolis and Other Discoveries in the Homeland of the Achaemenians*. Chicago, 1939.
SCHMIDT, Erika E. Die Kopien der Erechtheion Koren. AntP 13, 1973.
SCHMIDT, Eva Maria. *Geschichte der Karyatide: Funktion und Bedeutung*. Würzburg, 1982.
SCHMIDT, H.; NAUMANN, R.; MOORTGAT, A.; HROVDA, B. (eds.). *Max Freiherr von Oppenheim, Tel Halaf*. Berlin, 1943-1962. 4 v.
SCHMIDT, Margret (ed.). *Kanon: Festschrift Ernst Berger*. Basel, 1988.
SCHMIDT, Wilhelm. *Werden und Wirken der Völkerkunde*. Regensburg, [n.d.]
SCHMIDT-COLINET, A. *Antike Stützfiguren*. Ph.D. diss., Köln, 1977.
SCHNEIDER, Lambert A. *Zur Sozialen Bedeutung der Archaischen Korenstatuen*. Hamburg, 1975.
SCHNEIDER, René. *L'Esthétique classique chez Quatremère de Quincy*. Paris, 1910.
SCHOLEM, Gershom. *On the Kabbalah and Its Symbolism*. New York, 1960. (Trad. bras.: *A Cabala e Seu Simbolismo*, 2. ed. São Paulo: Perspectiva, 2012.)
_____. *Origins of the Kabbalah*. Princeton. 1987. Originally published as *Ursprung und Anfänge der Kabbala* (Berlin, 1962).
SCHOLFIELD, Peter Hugh. *The Theory of Proportion in Architecture*. Cambridge. 1958.
SCHOPENHAUER, Arthur. *Sämtliche Werke*. Ed. Arthur Hübscher. 3rd ed. Wiesbaden, 1972. 7 v.
SCHRADER, Hans. *Phidias*. Frankfurt, 1924.
SCHREIBER, Hermann; SCHREIBER, Georg. *Vanished Cities*. New York, 1957.
SCHUBERT, Bernhard. *Der Kunstler als Handwerker*. Königstein/Taunus, 1986.
SCHUCHHARDT, K. *Schliemann's Excavations*. London, 1891.
SCHUCHHARDT, W.-H. Die Friese des Nereiden-Monumentes. MDAI 52, 1927.
_____. Antike Abgüsse Antiker Statuen. AA 89, 1974.
SCHUETRUMPF, Eckart. *Die Bedeutung des Wortes Ethos in der Politik des Aristoteles*. München, 1970.
SCHUHL, P.-M. *Platon et l'art de son temps*. Paris, 1933.
_____. *Essai sur la formation de la pensée grecque*. Paris, 1934.
SCHULTZE, Martin. *Handbuch der Ebräischen Mythologie: Sage und Glaube der Alten Ebräer*. Nordhausen, 1876.
SCHULZ, Dietrich. Zum Kanon Polyklets. *Hermes* 83, 1955.
SCHULZE, Franz. *Mies van der Rohe: A Critical Biography* New York, 1985.
SCHULZE, Werner. *Zahl Proportion Analogie*. Münster, 1978.
SCHWEITZER, B. *Platon und die Bildende Kunst der Griechen*. Tübingen, 1953.
_____. *Greek Geometric Art*. London, 1971.
SCOLARI, E. *Della vita e delle opere di Vincenzo Scamozzi, commentario*. Treviso, 1837.
SCULLARD, H.H. *The Etruscan Cities and Rome*. London, 1967.
SEBEOK, Thomas A. *Animal Communication*. Bloomington, 1968.
SÉCHAN, Louis. *La Danse grecque*. Paris, 1930.
SEILER, Florian. *Die Griechische Tholos*. Mainz, 1986.
SEITERLE, Gérard. Artemis-Die Grosse Göttin von Ephesos. AW 3, Sept. 1979.

____. Zum Ursprung der Griechischen Maske, der Tragödie and der Satyrn. *AK* 2. 1984.
SELTMAN, Charles. *Approach to Greek Art*. London and New York, 1948.
SELVA, Giannantonio. *La voluta jonica*. Padova, 1814.
SEMPER, Gottfried. *Der Stil*. München, 1878. 2 v.
SERLIO, Sebastiano. *I sette libri dell'Architettura*. Venezia, 1584. (Reprinted Bologna, 1978.)
____. [1611] *The Five Books of Architecture*. Reprint, New York, 1982.
SERVOLINI, Luigi. *Jacopo de'Barbari*. Padova, 1944.
SESTIERI, Pellegrino Claudio. *Paestum*. Roma, 1958.
SETHE, K. (ed.). *Untersuchungen zur Geschichte und Altertumskunde Aegyptens*. (v. 12–15 ed. Hermann Kees). Leipzig, 1902. 15 v.
____. Urgeschichte und Aelteste Religion der Aegypter. *Abhandlungen fur die Kunde des Morgenlandes* 18. 1930.
SETON LLOYD, Hugh. *The Art of the Ancient – Near East*. New York, 1961.
SETON LLOYD, Hugh; MELLAART, James. *Beycesultan*. London, 1962–1972. 3 v.
SETTEGAST, Mary. *Plato Prehistorian*. Cambridge, 1986.
SEYRIG, Henri. *Antiquités syriennes*. Paris, 1934. 6 v.
SHAFTESBURY, Anthony Ashley Cooper. *Characteristicks of Men, Manners, Opinions, Times*. 5th ed. London, 1732. 3 v.
SHAW, Chandler. *Etruscan Perugia*. Baltimore, 1939.
SHELBY, R.L. The Education of Mediaeval Master Masons. *Speculum* 32. 1970.
____. *Gothic Design Techniques*. Carbondale, 1977.
SHIBLES, Warren A. (ed.). *Metaphor: An Annotated Bibliography and History*. Whitewater, 1971.
____. *Models of Ancient Greek Philosophy*. Southwick, 1971.
SHILOH, Yigal. *The Proto-Aeolic Capital and Israelite Ashlar Masonry*. Jerusalem, 1977.
SHOE, Lucy T. *Profiles of Greek Mouldings*. Cambridge. 1936.
____. *Profiles of Western Greek Mouldings*. Roma, 1952.
____. *Etruscan and Republican Roman Mouldings*. Roma, 1965.
SHUTE, John. [1563] *The First and Chief Groundes of Architecture*. Reprint, London, 1964.
SILVESTRIS, Bernardus. *De Mundi Universitate*. Ed. C.S. Barach and J. Wrobel. Innsbruck, 1876.
SIMMEL, Georg. *Schopenhauer und Nietzsche: Ein Vortragszyklus*. Leipzig, 1907.
____. *The Philosophy of Money*. Trans. Tom Bottomore and David Frisby. London, 1978.
____. *Philosophie des Geldes*. V. 6 of Simmel 1989. 1989.
____. *Gesamtausgabe*. Ed. Otthein Rammstedt. Frankfurt, 1989. 24 v. to date.
____. *Soziologie*. Vol. 11 of Simmel 1989. 1992.
SIMMONS, D.R. *Ta Moko: The Art of Maori Tattoo*. Aukland, 1986.
SIMONI, Margherita Bergamini (ed.). *Studi in Onore Di Filippo Magi*. Perugia, 1977.
SIMPSON, R. Hope. *A Gazetteer and Atlas of Mycenaean Sites*. London, 1965.
SIMPSON, William Kelly (ed.). *The Literature of Ancient Egypt*. New Haven, 1972.
SIMSON, Otto von. *The Gothic Cathedral*. London, 1956.
SINGER, C. *The Evolution of Anatomy*. London, 1925.
SINGER, Hans W. *Jakob Christoffel Le Blon*. Wien, 1901.
SINGER, I. Western Anatolia in the Thirteenth century BC According to the Hittite Sources. *AnSt*, 33, 1983.
SMALL, Jocelyn Penny. *Studies Related to the Theban Cycle on Late Etruscan Urns*. Roma, 1981.
SMEED, J.M. *The Theophrastan Character*. Oxford, 1985.
SMITH, A.H. (ed.). *A Catalogue of Sculpture in the Department of Greek and Roman Antiquities, British Museum*. London, 1900.
SNELL, Bruno. [1953] *The Discovery of the Mind*. Reprint, Cambridge, 1960.
____. *Scenes from Greek Drama*. Berkeley, 1967.
____. Wie die Griechen Lernten, was Geistige Tätigkeit ist. *JHS*, 93, 1973.
SNODGRASS, A.M. *The Dark Age of Greece*. Edinburgh, 1971.
____. *Archaic Greece*. London, 1980.
SOKDOWSKY, B. von. *Die Musik des Griechischen Alterthums*. Leipzig, 1887.
SOKOLOWSKI, Franciszek. *Lois sacrées des cités grecques*. Paris, 1962.
SOLON, Leon Victor. *Polychromy: Architectural and Structural, Theory and Practice*. New York, 1924.
SOMMELLA MURA, Anna. La decorazione architettonica del tempio arcaico. *La Parola del Passato* 32. 1977.
SOMVILLE, P. *Essai sur la poétique d'Aristote*. Paris, 1975.
SONTAG, Susan. *Against Interpretation*. New York, 1967.
SÖRBOM, Göran. *Mimesis and Art*. Uppsala, 1966.
SORDI, Marta. *Il mito troiano e l'eredità etrusca di Roma*. Milano, 1989.

SORIANO, Marc. *Le Dossier Perrault*. Paris, 1972.
SOTERIADIS, G. Anaskephai en Thermon. *EA* 11, 14, 16, 1901, 1904, 1906.
SOURVINOU-INWOOD, Christiane. *Reading Greek Culture: Texts and Images, Rituals, and Myths*, Oxford, 1991.
SOYEZ, Brigitte. *Byblos et la fete des Adonies*. Leiden, 1977.
SPANNEUT, M. *Le Stoïcisme des pères de l'Eglise*. Paris, 1957.
SPARIOSU, Mihai. *Literature, Mimesis, and Play*. Tübingen, 1982.
SPELTHAHN, Heinrich. *Studien zu den Chiliaden des Johannes Tzetzes*. München, 1904.
SPENCER, B. *The Northern Tribes of Central Australia*. London, 1904.
SPENCER, B.; GILLEN, E J. *The Arunta*. London, 1927.
____. *The Native Tribes of Central Australia*. 1899. Reprint, London, 1938.
SPIEGELBERG, Herbert. *The Phenomenological Movement*. Haia, 1965. 2 v.
SPINELLI, A.G. *Memorie e studi intorno a Jacopo Barozzi nel IV centenario dalla nascità*. Roma, 1908.
SPINOZA, Benedict de. [1883] *Works*. Ed. and trans. R.H.M. Elwes. Reprint, London, 1917-1919. 2 v.
SPUHLER, James N. Biology, Speech, and Language. *Ann. Rev. Anthr.*, 6, 1977.
SPRAGUE, Rosamond Kent (ed.). *The Older Sophists*. Columbia, 1972.
SQUARZINA, S.D. (ed.). *Roma, centro ideale della cultura dell'antico nei secoli XV e XVI*. Milano, 1989.
STAAL, Fritz. *Agni: The Vedic Ritual of the Fire Altar*. Berkeley, 1983. 2 v.
STACCIOLI, Romolo Augusto. *Modelli di edifici Etrusco-Italici*. Firenze, 1968.
____. Il "Sacello" di Giano Riprodotto in un "Urna Cineraria Chiusina"? *Colloqui del Sodalizio* 2nd ser. 1984.
STADTER, Philip A. *A Commentary on Plutarch's Pericles*. Chapel Hill, 1989.
STAEHELIN, Elisabeth. Zur Hathor-Symbolik in der Ægyptischen Kleinkunst. *ZAS* 90, 1978.
STAFFORD, Barbara M. Les Deux edifices: The New Areopagus and a Spiritual Trophy: Humbert de Superville's Vision of Utopia. *AQ* 35, 1972.
____. Mummies, Herms, and Colossi: Easter Island and the Origin of Sculpture. *AQ* 36. 1973.
____. Medusa, or the Physiognomy of the Earth. *JWCI* 35, 1972.
STARR, Chester G. *The Origins of Greek Civilization*. London, 1962.
STEFANINI, Luigi. Varietà: Ispirazione pitagorica del "canone" di Policleto. *Giornale Critico della Filosofia Italiana*, 3. ser., I, 1949.
STEIN, S.R. (ed.). *The Architecture of Richard Morris Hunt*. Chicago, 1986.
STEINBERG, Leo. *The Sexuality of Christ*. New York, 1983.
STEINBRUCKER, Charlotte. *Lavaters Physiognomische Fragmente Verhältnis zur Bildenden Kunst*. Berlin, 1915.
STEINEN, K. von. *Die Marquesaner und ihre Kunst*. Berlin, 1925. 2 v.
STEINGRÄBER, Stephan. *Etruskische Möbel*. Roma, 1979.
STEINMANN, Jean. *Richard Simon et les origines de l'exégèse biblique*. Bruges, 1960.
STEINMETZER, F. [1922] Die Babylonischen Kudurru als Urkundenform, *Studien zur Geschichte und Kultur des Altertums*, v. 11. Reprint, New York, 1968.
STEUBEN, Hans von. *Der Kanon des Polyklet*. Tübigen, 1973.
STEVENS, G.P. Concerning the Curvature of the Steps of the Parthenon. *AJA* 38, 1934.
____. The Curves of the North Stylobate of the Parthenon. *Hesperia* 12, 1943.
STEVENS, G.P., et al. *The Erechtheion*. Ed. J.M. Paton. Cambridge, 1927.
STEVENSON SMITH, W. *The Art and Architecture of Ancient Egypt*. Harmondsworth, 1958.
STEWART, Andrew E. *Skopas of Paros*. Park Ridge, 1977.
____. The Canon of Polykleitos: A Question of Evidence. *JHS*, 98, 1978.
____. *Greek Sculpture: An Exploration*. New Haven, 1990. 2 v.
STIRLING MAXWELL, Sir William. *Annals of the Artists in Spain*. London, 1891. 4 v.
STITES, Raymond S., et al. *The Sublimations of Leonardo da Vinci*. Washington, D.C. 1970.
STOCK, B. *Myth and Science in the Twelfth Century: A Study of Bernard Silvester*. Princeton, 1972.
____. *The Implications of Literacy*. Princeton, 1983.
STOKES, Adrian. *The Critical Writings*. Ed. Lawrence Gowing. London, 1978. 3 v.
STRATTON, Arthur James. *The Orders of Architecture: Greek, Roman, and Renaissance*. Philadelphia, 1931.
STRAUSS, Erwin. *The Primary World of the Senses*. New York, 1963.
____. *Phenomenological Psychology*. New York, 1966.
STRAUSS, Walter L. *Albrecht Dürer: The Human Figure*. New York, 1972.
STRZYGOWSKI, Josef. *Asiens Bildende Kunst*. Augsburg, 1930.
STUART, Grace. *Narcissus: A Psychological Study of Self-Love*. New York, 1955.
STUART, J.; REVETT, N. *The Antiquities of Athens Measured and Delineated*. London, 1762-1816. 3 v.

STUCCHI, Sandro. *La decorazione figurata del tempio di Zeus ad Olympia*. *Annuario della Scuola Archeologica di Atena* 30-32. 1955.
____. Nota introduttiva sulle Correzioni Ottiche nell'arte greco fino a mirone. *Annuario della Scuola Archeologica di Atene* 30-32. 1955.
____. La Corrispondenza Metrica del Cosiddetto Tiede Partenonico. *Atti dell'Accademia Nazionale dei Lincei*, 8th ser., 37, 1982
STUDI in Onore di Aristide Calderini e Roberto Paribeni. Milano, 1956-1957. 3 v.
SULLIVAN, Louis H. *Kindergarten Chats*. New York, 1947.
SULZE, Heinrich. Das Dorische Kapitel der Burg von Tiryns. *JDAI* 51, 1936.
SULZER, Johann Georg. *Allgemeine Theorie der Schönen Künste*. Leipzig, 1792.
SUMMERS, D. *The Sculpture of Vincenzo Danti*. New York, 1979.
____. *Michelangelo and the Language of Art*. Princeton, 1981.
SUMMERSON, Sir John. *The Classical Language of Architecture*. Cambridge/London, 1963.
____. *Architecture in Britain, 1530-1830*. Harmondsworth, 1970.
SUTPHEN, Morris Carter. *A Collection of Latin Proverbs*. Baltimore, 1902.
SVENBRO, Jesper. *La parola e it marmo*. Torino, 1984.
____. *Phrasikleia: Anthropologie de la Lecture en Grèce Ancienne*. Paris, 1988.
SWEENEY, J.J.; SERT, J.L. *Gaudi*. Stuttgart, 1960.
SZAMBIEN, Werner. *Jean-Nicolas-Louis Durand: De l'imitation à la norme*. Paris, 1983.

TACCOLA, Mariano. [1433] *Liber Tertius De Ingeneis*. Ed. James H. Beck. Milano, 1969.
____. *De Ingeneis: Liber Primus Leonis, Liber Secundus Draconis*. Ed. Gustina Scaglia, Frank D. Prager, and Ulrich Montag. Wiesbaden, 1984.
____. [1449] *De rebus militaribus* (*De machinis*). Trans. and ed. Eberhard Knobloch. Baden-Baden, 1984.
TAFURI, Manfredo. *Teorie e storia dell'architettura*. Bari, 1968.
____. Per una critica dell'ideologia architettonica. *Contropiano* 1. 1969.
____. *Progetto e Utopia*. Roma/Bari, 1973.
TALAMO, Clara. *La Lidia Arcaica*. Bologna, 1979.
TARDE, Gabriel de. *Les Lois de l'imitation: Étude sociologique*. Paris, 1979.
TARN, W.W. *Hellenistic Civilization*. London, 1952.
TATARKIEWICZ, W. Classification of Arts in Antiquity. *JHI* 24. 1963.
____. *Estetyka Nowozytna*. Wroclaw, 1967.
____. *A History of Six Ideas*. Haia/Varsóvia, 1980.
TATLOCK, J.S.P. *The Legendary History of Britain*. Berkeley. 1950.
TATTON-BROWN, V. (ed.). *Cyprus B.C.: 7000 Years of History*. London, 1979.
____. *Cyprus and the East Mediterranean in the Iron Age*. London, 1989.
TAYLOR, C. *Hegel*. Cambridge. 1975.
TAYLOUR, Lord William. *The Mycenaeans*. London, 1983.
TEYSSÈDRE, Bernard. *Roger de Piles et les débats sur le coloris au siècle de Louis XIV*. Paris, 1957.
____. *L'Histoire de d'art vue du grand siècle*. Paris, 1964.
THÉODORESCU, Dinu. *Chapiteaux ioniques de la Sicile Méridionale*. Napoli, 1974.
____. Le Comitium de Paestum, Projet et Realisation, In *Le Dessin d'Architecture dans les Sociétés Antiques*. Strasbourg, 1985.
THESIGER, Wilfred. *The Marsh Arabs*. Harmondsworth, 1967.
THIERSCH, H. *Artemis Ephesia: Eine Archeologische Untersuchung*. Berlin, 1935.
____. *Ependytes und Ephod: Gottesbild und Priesterkleid im Alten Vorderasien*. Stuttgart, 1936.
THOENES, Christof (ed.). *Sebastiano Serlio*. Milano, 1989.
THOMAS, Rosalind. *Oral Tradition and Written Record in Classical Athens*. Cambridge, 1989.
THOMASSET, Claude. *Une Vision du monde à la fin du XIIIe siècle: commentaire du dialogue de Placides et Timéo*. Genève,
THOMPSON, D'Arcy Wentworth. *On Growth and Form*. Cambridge, 1917.
THOMPSON, Homer A. The Tholos of Athens and Its Predecessors. *Hesperia*, suppl. 4, 1940.
THOMPSON, Homer A.; WYCHERLEY, R.E. *The Agora of Athens*. American School of Classical Studies at Athens, Athenian Agora 14. Princeton, 1972.
THOMPSON, Homer A., et al. *The Athenian Agora*. Princeton, 1976.
THOMSON, George. [1941] *Aeschylus and Athens*. Reprint, London, 1946.
THORNDIKE, Lynn. *A History of Magic and Experimental Science*. New York, 1923-1958. 8 v.
____. *Michael Scot*. London, 1965.
THULIN, Carl Olof. *Die Etruskische Disciplin*. Göteborg, 1906-1909.
THUMB, Albert. *Handbuch der Griechischen Dialekte*. Ed. E. Kieckers and A. Scherer. Heidelberg, 1932-1959. 2 v.
TIGERSTEDT, E.N. *The Legend of Sparta in Classical Antiquity*. Stockholm, 1965. 3 v.

TIRÉ, Claire; VAN EFFENTERRE, Henri. *Guide des fouilles françaises en Crète*. Paris, 1978.
TOBIN, R. The Canon of Polykleitos. *AJA* 79, 1975.
TOFFANIN, Giuseppe. *Storia dell'umanesimo*. Bologna, 1943.
TOLAND, John. *Collection of Several Pieces*. London, 1726. (Reprinted Montrose, 1814.)
TOMBERG, Friedrich. *Mimesis der Praxis and Abstrakte Kunst*. Neuwied/Berlin, 1968.
TORELLI, Mario. Il Santuario di Hera a Gravisca. *La Parola del Passato*, 136-141. Roma, 1971.
____. *Elogia Tarquiniensia*. Studi e Materiali di Etruscologia e Antichità Italiche. Firenze, 1975.
____. Terrecotte architettoniche arcaiche da gravisca e una nota a Plinio XXXV, 151-152. *Nuovi Quaderni*. 1977.
____. *La società etrusca*. Roma, 1987.
TORGE, P. *Aschera und Astarte*. Leipzig, 1902.
TORII, Takutoshi. *El Mundo Enigmático de Gaudí*. Madrid, 1983. 2 v.
TRACY, Theodore. *Physiological Theory and the Doctrine of the Mean in Plato and Aristotle*. Chicago, 1969.
TRÉSORS du Musée de Bagdad. Exhibition catalogue, Musée d'Art et d'Histoire, Genève, 1977.
TREUIL, Rene. *Le Néolithique et le Bronze Ancien Egéens*. Paris, 1983.
TRINKAUS, C. *In our Image and Likeness*. London, 1970.
TRIOMPHE, Robert. *Le Lion, la vierge et le mid*. Paris, 1989.
TUNCA, Önhan. *L'Architecture religieuse protodynastique en Mésopotamie*. Akkadica Suppl. Leuven, 1984. 2 v.
TURCHI, Nicola. *La religione di Roma antica*. Bologna, 1939.
TUVE, Rosemary. *Elizabethan and Metaphysical Imagery*. Chicago, 1947.
TYLOR, E.B. *Primitive Culture*. London, 1903.
TYRRELL, W.B. *Amazons: A Study in Athenian Mythmaking*. Baltimore, 1984.
TYTLER, Graeme. *Physiognomy in the European Novel: Faces and Fortunes*. Princeton, 1982.
TZONIS, Alexander, LEFAIVRE, Liliane. *Classical Architecture: The Poetics of Order*. Cambridge, 1988.

UBERTI, Fazio degli. *Dittamondo e le Rime*. Ed. G. Corsi. Bari, 1952. 2 v.
UCKO, P.J. (ed.). *Form in Indigenous Art*. Canberra, 1977.
ULLMANN, Walter. *Medieval Foundations of Renaissance Humanism*. London, 1977.
USENER, H. Epikureische Inschriften auf Stein. *RhM* 47, 1892.
UZIELLI, Gustavo. *Le misure lineari medioevali e l'effigie di Cristo*. Firenze, 1899.
____. Sulle Misure e sul Corpo di Cristo come campione di misura nel medio evo in Italia. In *Congresso Internazionale di Scienze Storiche*. V. 12. Roma, 1904.

VAGNETTI, L. (ed.). *Studi e documenti di architettura*. Nos. 9-10. Firenze, 1979.
VALERIANO DE BELLUNO, Giovanni Pierio. *I Ieroglifici, overo Commentarii delle Occulte Significationi de gl'Egittii e Altre Nationi*. Venezia, 1625.
VALESIO, Paolo. Un Termine delta Poetica Antica. *Quaderni dell'Istituto di Glottologia* 5. 1960.
VALLOIS, René. *L'Architecture hellénique et hellénistique à Delos*. Paris, 1944-1978. 3 v.
____. *Les Constructions antiques de Délos: Documents*. Paris, 1953.
VAN BUREN, E. Douglas. *Archaic Fictile Revetments in Sicily and Magna Graecia*. London, 1923.
____. *Greek Fictile Revetments in the Archaic Period*. London, 1926.
____. *Foundation Figurines and Offerings*. Berlin, 1931.
____. *The Flowing Vase and the God with Streams*. Berlin, 1933.
____. *Symbols of the Gods in Mesopotamian Art*. Analecta Orientalia 23. Roma, 1945.
VAN DER PLAS, Dirk. *Effigies Dei*. Leiden, 1987.
VANDIER, J. *Manuel d'Archéologie egyptienne*. Paris, 1954. 4 v. to date.
VANOYEKE, Violaine. *La Naissance des jeux Olympiques et le sport dans l'Antiquité*. Paris, 1992.
VANSTEENBERGHE, E. *Le Cardinal Nicolas de Cues*. Paris, 1920.
VASARI, Giorgio. *Vite*. Ed. G. Milanesi. Firenze, 1878-1906. 9 v.
____. *Vite*. Ed. Rosanna Bettarini and Paola Barocchi. Firenze, 1966-1976. 6 v.
VATTIMO, Gianni. *Il Concetto di Fare in Aristotele*. Torino, 1961.
____. *Al di la del Soggetto: Nietzsche, Heidegger e l'ermeneutica*. Milano, 1989.
VAUX, Roland de. *Ancient Israel: Its Life and Institutions*. London, 1961.
VELLAY, Charles. *Les Légendes du cycle troyen*. Monaco, 1957.
VERDENIUS, W.J. [1957]. *Mimesis*. Reprint, Leiden, 1972.
VERMEULE, Cornelius C., III. *Greek Sculpture and Roman Taste*. Ann Arbor, 1977.
VERMEULE, Emily. [1964]. *Greece in the Bronze Age*. Reprint, Chicago, 1972.
____. Götterkult *ArchHom* 3, fast. 5. 1974.
____. *Aspects of Death in Early Greek Art and Poetry*. Berkeley. 1979.

VERNANT, Jean-Pierre. *La mort dans les yeux*. Paris, 1985.
____. *Figures, idoles, masques*. Paris, 1990.
VERNANT, Jean-Pierre, et al. *Le Sacrifice dans l'Antiquité*. Fondation Hardt 27. Genève, 1981.
VERRALL, Margaret de G.; HARRISON, J.E. *Mythology and Monuments of Ancient Athens*. London, 1890.
VERSENYI, Laszlo. *Man's Measure*. Albany, 1974.
VESALIUS, Andreas. *Opera Omnia Anatomica et Chyrurgicae*. Ed. H. Borehaave and B.S. Albini. Leyden, 1725. 2 v.
VIAN, E. *La Guerre des géants: Le Mythe avant l'epoque hellenistique*. Paris, 1952.
VICKERS, Michael. Artful Crafts: The Influence of Metalwork on Athenian Painted Pottery JHS, 105. 1985.
____. Imaginary Etruscans: Changing Perceptions of Etruria since the Fifteenth Century. *Hephaistos* 7/8, 1985.
____. Persepolis, Vitruvius, and the Erechtheum Caryatids: The Iconography of Medism and Servitude. RA n.s., 1, 1985.
VIDAL-NAQUET, Pierre. *The Black Hunter: Forms of Thought and Forms of Society in the Greek World*. Baltimore, 1986.
VIEL DE SAINT-MAUX, Charles F. [1787] *Lettres sur l'architecture*. Reprint, Genève, 1974.
VIGNOLA, Jacopo Barozzi da [1562]. *Regola delli cinque ordini d'architettura*. Reprint, Venezia, 1596.
VILLANI, Giovanni. *La prima parte delle historie universale de suoi tempi*. Venezia, 1559. 2 v.
VINCENT DE BEAUVAIS. [1624] *Bibliotheca mundi vincentii burgundi ... episcopi bellovacensis: speculum quadruplex ... op. et. st. Theologorum Benedictinorum*. Reprint, Graz. 1964. 4 v.
VINCENT, Howard P. *The Trying-out of Moby Dick*. Carbondale, 1965.
VIOLLET-LE-DUC, E.-E. *Entretiens sur l'architecture*. Paris, 1858. 2 v.
____. *Lectures on architecture*. Trans. B. Bucknall. London, 1877-1881. 2 v.
VIREL, André. *Ritual and Seduction: The Human Body as Art*. New York, 1980.
VIRGILIO, Biagio. *Il "Tempio Stato" di Pessinunte fra Pergamo e Roma nel II-I Secolo AC*. Pisa, 1981.
VISSER, R.P.W. *The Zoological Work of Petrus Camper*. Amsterdam, 1985.
VLASTOS, Gregory. *Platonic Studies*. Princeton, 1973.
VOEGELIN, Eric. *Order and History*. Baton Rouge. 1957-1974. 4 v.
VOLLMANN, B. *Studien zum Priszillianismus*. St. Ottilien, 1965.
VRIES, Keith de (ed.). *From Athens to Gordion: Memorial Symposium for Rodney S. Young*. Philadelphia, 1980.

WACE, A.J.B. *Mycenae: An Archaeological History and Guide*. Princeton, 1949.
WACE, A.J.B.; STUBBINGS, E H. [1962] *A Companion to Homer*. Reprint, London, 1974.
WACE, A.J.B.; THOMPSON, M.S. *Prehistoric Thessaly*. Cambridge, 1912.
WALCOT, P. *Hesiod and the Near East*. Cardiff, 1966.
WALDSTEIN, C. *The Argive Heraeum*. Boston, 1902-1905. 2 v.
WALKER, D. Perkin. *The Ancient Theology*. London, 1972.
____. *Studies in Musical Science in the Late Renaissance*. London, 1979.
WALLACE, R.W.; MACLACHLAN, B. *Harmonia Mundi*. Roma, 1991.
WALLE, B. van de. L'Erection du pilier died. *Nouvelle Clio* 6, 1954.
WALLIS BUDGE, E.A. *Osiris and the Egyptian Resurrection*. London, 1911. 2 v.
____. *From Fetish to God in Ancient Egypt*. Oxford, 1934.
____. [1904] *The Gods of the Egyptians*. Reprint, New York, 1969. 2 v.
WALPOLE, Horace. *Anecdotes of Painting in England*. Ed. James Dallaway. London, 1828. 3 v.
____. *Anecdotes of Painting in England*. Ed. Ralph Wornum. London, 1876. 3 v.
WALSTON [WALDSTEIN], Sir Charles. *Alcamenes and the Establishment of the Classical Type in Greek Art*. Cambridge. 1926.
WALTER, Hans. *Das Heraion von Samos*. Zürich, 1976.
WALTER-KARYDI, Elena. Die Entstehung der Griechischen Statuenbasis. AK 1, 1980.
WALTON, Kendall L. *Mimesis as Make-Believe*. Cambridge, 1990.
WARBURG, A. *Gesammelte Schriften*. Ed. Gertrud Bing. Berlin, 1932. 2 v.
WARD, A.G. (ed.). *The Quest for Theseus*. London, 1970.
WARDE FOWLER, W. *The Religious Experience of the Roman People*. London, 1922.
WARE, William R. *The American Vignola*. Reprint with notes by John Barrington Bayley and Henry Hope Reed. New York, 1977.
WARREN, Austin; WELLEK, René. *Theory of Literature*. London, 1949.
WARREN, Peter. *The Aegean Civilizations*. Oxford, 1975.
____. Knossos: Stratigraphical Museum Excavations, 1978-82. Part II. *Archaeological Reports* 29. 1982-1983.

WARREN, Peter; HANKEY, Vronwy. *Aegean Bronze Age Chronology*. Bristol, 1989.
WASHBURN, Oliver. The Origin of the Triglyph Frieze. AJA 23, 1919.
WATKIN, D.W. *The Life and Work of C.R. Cockerel*. London, 1974.
WATTS, Pauline Moffitt. *Nicolas Cusanus: A Fifteenth-Century Vision of Man*. Leiden, 1982.
WEBB, Francis. *Panharmonicon*. London, 1815.
WEBSTER, T.B.L. *From Mycenae to Homer*. London, 1958.
WEGNER, M. *Das Musikleben der Griechen*. Berlin, 1949.
WEHRLI, F. *Die Schule des Aristoteles*. Basel, 1944-1959. 10 v.
WEIDLÉ, Wladimir. Vom Sinn der Mimesis. *Eranos Jahrbuch* 31, 1963.
____. *Der Mensch, Führer und Geführter im Werk*. Zürich, 1963.
WEINBERGER, Martin. *Michelangelo the Sculptor*. London, 1967.
WELLESZ, E. (ed.). *Ancient and Oriental Music*. London, 1957.
WENDEL, François (ed.). *Les Sagesses du Proche-Orient ancien*. Paris, 1963.
WENIGER, Ludwig. Das Hochfest des Zeus in Olympia. *Klio* 4, 1904.
WERBROUCK, Marcelle. *Le Temple d'Hatshepsout à Deir-el-Bahari*. Brussels, 1949.
WESCOTT, Roger W. (ed.). *Language Origins*. Silver Spring, 1974.
WESENBERG, Burkhardt. *Kapitelle und Basen: Beobachtungen zur Entstehung der Griechischen Saulenformen*. Dusseldorf, 1971.
____. *Kymation und Astragal*. Marburger Winckelmann Programm. 1972.
____. Thermos BI AA 2, 1982.
____. *Beiträge zur Rekonstruktion Griechischer Architektur nach Literarischen Quellen*. Berlin, 1983.
WEST, E.W. (ed.). *Pahlavi Texts*. Oxford. 1880-1897. 5 v.
WEST, M.L. *Early Greek Philosophy and the Orient*. London, 1971.
____. *Ancient Greek Music*. Oxford. Wetherbee, Winthrop. 1972. *Platonism and Poetry in the Twelfth Century*. Princeton, 1992.
____ (ed.. e trad.). *The Cosmographia of Bernardus Silvestris*. New York/London, 1973.
WESTON, Alfred. *Labranda, v. 1, t. 2: The Architecture of the Heroon*. Stockholm 1963
WEYL, Hermann. *The Philosophy of Mathematics and Natural Science*. trans. Olaf Helmer. Princeton, 1949.
WHEATLEY, P. *The Pivot of the Four Quarters*. Edinburgh, 1971.
WHEELWRIGHT, P. *Heraclitus*. Princeton. 1959.
WHISTON, William. *Astronomical Principles of Religion, Natural and Reveal'd*. 2. ed. London, 1725.
____. *Memoir of My Life*. 2nd ed. London, 1753.
WHITE, John. *On Perspective in Ancient Art*. Oxford. 1956.
WIDE, S.C.A. *Lakonische Kulte*. Leipzig, 1893.
WIDENGREN, G. *Die Religionen Irans*. Stuttgart, 1965.
WIDMER, Bertha. *Heilsordnung und Zeitgeschehen in der Mystik Hildegards von Bingen*. Basel/Stuttgart, 1955.
WIEBENSON, Dora, et al. *Architectural Theory and Practice from Alberti to Ledoux*. Chicago, 1982.
WIEGAND, T. *Die Archaische Poros Architektur des Akropolis zu Athen*. Cassel/Leipzig, 1904.
WIEMKEN, Helmut. *Der Griechische Mimus: Dokumente zur Geschichte des Antiken Volkstheater*. Bremen, 1972.
WIENER, Norbert. *Cybernetics*. Cambridge, 1961.
WILDUNG, D. *Imhotep und Amenhotep: Gottwerdung im Alten Aegypten*. München, 1977.
WILKINS, W. *The Antiquities of Magna Graecia*. London, 1807.
WILL, Edouard. *Korinthiaka*. Paris, 1955.
____. *Doriens et Ioniens*. Paris, 1956.
WILLEY, Basil. *The Seventeenth-Century Background*. London, 1934.
WILLIAM OF OCKHAM. *Philosophical Writings: A Selection*. Trans. Philotheus Boehner. Rev. Stephen E Brown. Indianapolis, 1990.
WILLIAMS, B. *Descartes: The Project of Pure Enquiry*. Harmondsworth, 1978.
WILSON-JONES, Mark. Designing the Roman Corinthian Order. JRA 2, 1989.
____. Designing the Roman Corinthian Capital. *Papers of the British School at Rome* 59, 1991.
____. Designing Amphitheatres. MDAIR 100. 1994.
WINCKELMANN, J.J.[1762] *Anmerkungen ueber die Baukunst der Alten*. Reprint, Leipzig, 1964.
WIND, Jan, et al. *Language Origin: A Multidisciplinary Approach*. Dordrecht, 1992.
WINKLER, John J.; ZEITLIN; Froma I. (eds.). *Nothing to Do with Dionysos?* Princeton, 1990.
WINTER, F.E. Tradition and Innovation in Doric Design I: Western Greek Temples. AJA 80, 1976.

WIRTH, Karl-August. Bemerkungen zum Nachleben Vitruvs in 9. und 10. Jahrhundert and zu dem Schlettstadter Vitruv Codex. *Kunstchronik* 9, set. 1967.

WISSE, Jakob. *Ethos and Pathos from Aristotle to Cicero*. Amsterdam, 1989.

WISSOWA, Georg. *Gesammelte Abhandlungen zur Römischen Religions- und Stadtgeschichte*. München, 1904.

WISTRAND, Erik. [1942]. Bemerkungen zu Vitruv und zur Antiken Architekturgeschichte. *Eranos* 40. Rpt. in his *Opera Selecta*. Stockholm, 1972.

WITT, R.E. *Isis in the Graeco-Roman World*. Oxford. 1971.

WITTGENSTEIN, Ludwig. *Schriften*. Ed. Rush Rhees. Frankfurt, 1960-1982. 8 v.

____. Bemerkungen über Frazers *Golden Bough*. *Synthese* 17. 1967.

WITTKOWER, Rudolf; BRAUER, H. *Die Zeichnungen des Gianlorenzo Bernini*. Berlin, 1931. 2 v.

____. *Studies in the Italian Baroque*. London, 1975.

WÖLFFLIN, Heinrich. *Kunstgeschichtliche Grundbegriffe*. 5th ed. München, 1921.

WOLLHEIM, Richard. *Painting as an Art*. London, 1987.

WOLSKA, Wanda. *La Topographie chrétienne de Cosmas Indicopleustès*. Paris, 1962.

WOOD, John. *The Origin of Building: Or the Plagiarism of the Ancients Detected*. Bath, 1741.

____. *Choir Gaure, Vulgarly Called Stonehenge, on Salisbury Plain*. Oxford, 1747.

____. *A Description of Bath*. London, 1765.

WOOLLEY, Sir Charles Leonard. *The Development of Sumerian Art*. London, 1935.

____ (ed.). *Carchemish: Report on the Excavations*. London, 1952. 3 v.

____. *A Forgotten Kingdom*. Harmondsworth, 1953.

WOOLLEY, Sir Charles Leonard; MALLOWAN, Sir M.E.L. *Ur Excavations: The Old Babylonian Period*. Series ed. T.C. Mitchell. London, 1976.

WORSLEY, Giles. The Baseless Doric Column in Mid-Eighteenth-Century English Architecture: A Study in Neo-Classicism. *Burlington Magazine*. Mai. 1986.

WRIGHT, Frank Lloyd. *An Autobiography*. New York, 1943.

WRIGHT, J.C. The Old Temple at the Argive Heraeum and the Early Cult of Hera in the Argolid. *JHS*, 102, 1982.

WRIGHT, M.R. *Empedocles: The Extant Fragments*. New Haven, 1981.

WUNDT, Wilhelm. *Voelkerpsychologie*. Leipzig, 1908.

WURZ, Erwin. *Plastische Dekoration des Stützwerkes in Baukunst und Kunstgewerbe des Altertums*. Strassburg, 1906.

WYSS, Beat. *Trauer der Vollendung*. München, 1989.

XELLA, Paolo, et al. *La religione fenicia*. Colloquium of March 1979, Consiglio Nazionale delle Ricerche. Roma, 1981.

YATES, James. On the Use of the Terms Acanthus, Acanthion etc. in the Ancient Classics. *CM* 3. 1846.

YAVIS, C.G. *Greek Altars*. St. Louis, 1949.

YOUNG, Rodney S. Gordion 1956: Preliminary Report. *AJA* 61. 1957.

____. The Phrygian Contribution. *ICCA* 10. 1973.

ZAEHNER, R.C. *Zurvan, a Zoroastrian Dilemma*. Oxford. 1955.

____. *The Dawn and Twilight of Zoroastrianism*. London, 1961.

ZAFIROPULO, Jean. *Apollon et Dionysos*. Paris, 1961.

ZAHLE, J. Lykische Felsgraber mit Reliefs aus dem 4. Jahrhundert. *JDAI* 94, 1979.

ZAKITHINOS [ZAKUTHENOS], D., et al. *Xaristerion éis Anastasion k. Orlandon*. Atenas, 1965.

ZANCANI MONTUORO, Paola. La struttura del fregio dorico. *Palladio* 18, 2, 1940.

ZANER, Richard M. *The Problem of Embodiment*. Haia, 1971.

ZEISING, Adolph. *Neue Lehre von den Proportionen des Menschlichen Körpers*. Leipzig, 1854.

____. *Der Goldene Schnitt*. Leipzig, 1884.

ZEITLIN, Froma. *Under the Sign of the Shield: Semiotics and Aeschylus' Seven against Thebes*. Roma, 1982.

ZELLER, E. *Outlines of the History of Greek Philosophy*. Rev. W. Nestle. Trans. L.R. Palmer. London, 1931.

ZGUSTA, Ladislav. *Kleinasiatische Ortsnamen*. Heidelberg, 1984.

ZIMMER, G.R. *The Art of Indian Asia: Its Mythology and Transformations*. Bollingen Series 39. New York, 1955. 2 v.

ZIMMERMANN, Albert (ed.). *Mensura, Mass, Zahl, Zahlensymbolik im Mittelalter*. Berlin, 1983. 2 v.

ZIOMECKI, Juliusz. *Les Représentations d'artisans sur les vases attiques*. Warszawa, 1975.

ZÖLLNER, Frank. Agrippa, Leonardo and the Codex Huygens. *JWCI* 48. 1985.

____. *Vitruvs Proportionsfigur: Quellenkritische Studien zur Kunst-literatur im 15. und 16. Jahrhundert*. Worms, 1987.

ZOGRAFOU, M. *Amazons in Homer and Hesiod*. Atenas, 1986.

ZOUBOV, A. Autour des quaestiones super geometriam Euclidis de Nicolas de Oreme. *MRS* 6, 1968.

ZUCCARO, Federico. *Scritti d'arte*. Ed. Detlef Heikamp. Firenze, 1961.

ZUIDERVAART, Lambert. *Adorno's Aesthetic Theory: The Redemption of Illusion*. Cambridge, 1991.

ZUNTZ, Gunther. *Persephone: Three Essays on Religion and Thought in Magna Graecia*. Oxford, 1971.

ZWERLING, Charles; CHRISTENSEN, Frank H.; GOLDSTEIN, Norman F. *Micropigmentation*. Thorofare, 1986.

Índice Onomástico

Números de páginas em itálico referem-se a legendas de imagens.

ábaco 190, 191, 290, 315
Abano, Pietro d' 61
Abelardo, Pedro 386n16
abelhas 200, 421n43
Abidos *174, 175,* 427n143, 427n158
Abu-Simbel (Egito) 175, 292
Acab, rei de Israel 276
Acádio, língua 266
acanto
    e a planta 298, *299,* 300, *301*
    e o capitel coríntio 295, *296,* 297, 315, 345
    em Delfos 302, *303,* 305–309, *307*
    esculpido 306
    Gabriel Tarde sobre o 359
Acanton (Tessália) 305
Achijawa 424n92
Acragás. *Ver* Agrigento
acrotério *208, 208,* 299
actio 63–65, 67
Adamâncio 379n24
Adão 84, 99, 101
Adler, E 421n41
Adônis 425n113
Adorno, Theodor 361, 363
    Teoria Estética 361, 363
Adriano, imperador romano 209, 319
aduton 159
Afaia, templo em Égina 185
afresco 234
Afrodísias (em Cária) 253, 256, 420n39
Afrodite. *Ver também* Astarte
    culto de 253, *256*
    e a ordem coríntia 55
    em Corinto 297
    nascimento de 275–276
Agamedes 200, 209

Agamêmnon 131, 146, 160, 454n30
Agapenor, rei de Tégea 276
Agatarcos de Samos 416n32
Agelaídas 123
Agesilau II, rei de Esparta 186, 259
Aglostenes 442n52
Agostinho, Santo 61, 68, 392n4, 392n12
agricultura, origens da 309–310
Agrigento (Acragás, Sicília)
    templo de Zeus Olímpico 147, *149,* 150, 216, 410n70, 423n64
Agrippa, Cornélio 100, 110
águia 210, *211*
Ahhiyawa 419n28
Alaça Hüyük 407n44, 424n105
Alalakh 427n149
Alberti, Leon Battista
    corpo humano 77, 80, 86, 107, 110
    Santo Antonino 389n50
    sobre a arte etrusca 339, 340
    sobre colunas 26, 76, 110, 411n25
Alcaios 255
Alcamenes 226
Aldrich, Henry 379
Álea 312
Aleus 433n67
Alexandre dos molossos 431n30
Alexandre, o Grande 84, 128, 158, 258, 305, 446n111, 458n84
Alfeu, rio 163
Aliates da Lídia (or Sardis) 420n30, 423n72
Alison, Archibald 37
Allers, R. 391n16
Al-Muharrir 387n18
altares, gregos 161–163
Amathor Amathos 425n113

Amatos (Chipre) 291
amazonas
    culto de Ártemis 250
    estátuas de *127,* 129-139, *129*
Ambrósio, Santo, de Milão 90, 99
Amenhotep III, faraó 426n121
Amiclea, trono de Apolo *240,* 240, 356, 358, 413n72
Amin-Berd/Erebani, perto de Yerevan 424n93
Amrit (Marathus) 281
anamneses 361
anatirose 227, 228
Anatólia
    artes e ofícios em 253, 265-268
    madeira de 273
anatomia, artística 110-111. *Ver também* corpo, humano
Anaxágoras 416n32
Andania, santuário de mistérios em 309
Andocides pintor 448n135
Andrae, Walter 288-289
Androcles 250
andróginos 384n1
Aníbal 149
animais e pássaros, e expressão humana 62-63, *63, 70, 71, 73*
Anniano 433n4
Annio da Viterbo 340
Antimaquides 433n90
Antinous 128
Antíoco 318
Antistates 433n90
Antium, batalha de 439n78
Antonino Pio, imperador romano 439n73
Antonino, santo, arcebispo de Florença
    Summa Theologica 103
antropometria 68

Índice Onomástico

Anu (deidade hurrita) 425n112
anuli (pequenos anéis) 189
Apeles 412n40
Ápio Cláudio Pulcro 439n82
Apolo 203, 210, 211, 229, 235, 240, 242, 247, 250, 237, 260, 302, 304, 305
   Dafnéforo 199, 200, *201*, 217, 218
   do Belvedere 100, *131*, 433n84
   Epicúrio 218, 221
   Esminteu 160, 164, *247*
   Karneios 284
   Kereatas 427n141
Apolodoro 447n113
Apolônio de Atenas 127, 400n44
Apries de Sais, faraó 400n26
Apsas (Estado da Anatólia) 268
Aquarossa (Itália) 438n66
Aquiles 312, 430n30
árabes dos pântanos 289
araeóstilo 221
Arato 385n9
árcades 432n60
Arcádio, imperador romano 438n73
Arcanes (Creta) 170
Arcesius 414n93
Archanes, modelo *198*, 415n14
architrave 182
Arctino
   Iliupersis 430n29
Ares 209
Argos 131
   estilo dórico 247
   Heráion 247
   templo modelo 197, *198*, 217
Ariccia, templo de Diana 333
Aristófanes 395n27
Aristóteles 58, 67, 90, 130
   Poética 143, 144, 357, 398n1
   Retórica 67
   sobre harmonia 393n13
   sobre mimesis 142-143, 144-146, 358-359
   sobre o Templo de Zeus Olímpico em Atenas 318
   sobre *poiesis* e *práxis* 228
Aristóxeno de Tarento 120, 121, 392n4, 394n16
Armênia 269
Arquíloco 415n16
Arquitas de Tarento 393n11
Arriano 424n83
Arsinoé II, rainha de Éfeso 420n35
Arslan Tas (Vale Köhnüs) 273
art nouveau 347, 349-350
arte de vanguarda (em Adorno e Lukács) 361, 363
Ártemis
   culto de 250-255, 258
   estátuas e imagens de 250, 252, 253, *253*, 255, *256*
   templos de 129, 146, 217, 245, 247, *248*, *249*, *251*, 258, *258*, 260, 262
Ártemis Anassa 253
Ártemis Carneia (ou Cariátide) 153
Ártemis Leucofrina 253
Artemísia de Halicarnasso, rainha cária 147, 150
árvores
   artificiais, 156, 290 169, 274
   sagradas 170, 274-275, 283, 292
arzawa (povo) 268, 270, 273
Asclépio 175, 315, *317*
asfódelo 298
Askelon 425n112

Asplund, Gunnar 41-42, *41*, 45, 49
Assíria 167, 169, 266, 268, 269, 274, 282, 285, 299
Assos, templo 300, 415n22
Assurbanípal, rei da Assíria 262
Assurnasirpal, rei da Assíria 282
Astarte/Ishtar 253, 276, 280, 281, 421n39
Astério (filho de Minos) *161-163*
astrologia/astronomia 59-61, 86, 90, 95, 97, 108
Atena
   imagens e santuários 131, 150, 218, 223, 226, 233, 235, 240, 253, 305, 312, 410n3
   salva o coração de Zagreu 309
Atenas
   Academia 358
   Acrópole 153, 211, 221, 222, *241*, 260, 328, 418n9
   construções dóricas em 217
   Erecteion 150, *150*, 153, *242*, 244, 245, 414n1, 418n14
   Hefesto 227
   Ilissos (perto) 245
   Kerameikos 415n12
   Lisicrates, monumento 302, 316, *317*, 428n3
   Nike, templo 232, *241*, 245, 418n9
   Odeon 402n57
   Olímpico (templo de Zeus) 318, *318*, 319, *319*, 320, 331, 414n2
   Pártenon 40, 49, 131, *196*, 217, 226, 227, 233, 240, 245, 358, 417n53
   Pritaneu 314, 316
   teatro de Dioniso 402n57
   Teseu 221
Ateneu 133
ática, ordem 374n6
Atlanta 433n70
atlantes (ou telamões) 148, *148*, 149, 150, 154. Ver também Cariátides
Atlas 209, 340, 341, 401n55
Atreu, descendentes 168
   Tesouro de 166, 168, 170, 186
Attius Navius 335, 439n75
Aubrey, John: *Brief Lives* 65
Auerbach, Erich: *Mimesis* 360
Augusto (Caio Otaviano Cesar) 230, 331, 332
Avebury (Wiltshire, Inglaterra) 50

Ba'al 253
Baalbek 421n40
Baal-Shamim 426n121
Babilônia 167, 274, 275
Baco 422n50. Ver também Dioniso
Bagehot, Walter 359
Barbari, Jacopo de' 390n61
Barbaro, Daniele 429n21
Barcelona, Parque Güell 38-40, *39*, *40*, 354
Bar-Rekub de Zinçirli 430n24
basileus 160
Bassa
   Apolo Epicúrio 218, 221, 245, 310, *311*, 359, 415n2
   coluna coríntia 306, 310, 312, 315, 359, 428n3
Bataille, Georges 140-141
Bath (Inglaterra) 50
Baticles da Magnésia (trono de Apolo) 240, *240*
Batteux, Abbé Charles 442n51
Baukunst 348
Baumgarten, Alexander Gottlieb 357
Beaux-Arts (Paris). Ver École des Beaux-Arts
Becket, Thomas 59
Beckmann, Max 440n6

Beda, o Venerável 89, 90, *94*, 416n25
Benda, Julien: *Trahison des clercs* 356
Beni-Hasan (Egito) 172, 173, 174
Benjamin, Walter 346
Benn, Gottfried 353-355
Berenguer, Francisco 376n38
Berlim
   Altes Museum 34, 354
   Neue Wache 354
   Sala de Concertos da Filarmônica, 361
   Schauspielhaus, 34, 354
Bernini, Gian Lorenzo 52-53, 54, 55, 123, 341
Berry, Jean de France, duque de
   Très Riches Heures (manuscritos) 89, *91*
bétilos (pedras sagradas) 169, 281
Beycesultan (Anatólia) 268, *269*, 270, 427n143
Biblos (agora *Nar* Ibrahim)
   Ba'alat Gibal, templo de 449n143
   entalhes 280
   moeda de 275
Billington, John 376n30
bit-hilani 269
Blake, William 388n34
Blanc, Charles 32, *32*, 34
   Grammaire des arts du dessin 32
Blom (ou Bluom), Hans 341
Blondel, François 69
Blondel, Jacques-François 56-58, *57*, 76
Boaz 277, 407n44, 426n121
Boccaccio, Giovanni 338
bode 264
Boderie, Guy de la 439n90
Boetticher, Carl 411n31
Boffrand, Charles 73, 75, 76
Boghazköy 407n44
Bosse, Abraham 69, *74*, 75, 378n12, 382n60
Bougainville, Louis-Antoine de 398n11
Boullant, Jean 440n96
Boyle, Robert 90
Bramante, Donato 25, 341, 360
Brecht, Bertolt 442n49
Bregna, Andréa 389n50
Bretanha, pedras verticais 154
bronze 200, 232-233, 305
Brunelleschi, Filippo 389n51
bucrânios. Ver chifres
Bülbül-Dagh (montanha) 250, 252, 253
Bullant, Jean 378n13
Bulwer, John 384
   Chirologia 64
Burckhardt, Jacob 353, 360
   Cicerone 335, 439n75
Busíris (Abusir, Egito) 174
Bussi, Giovanni Andréa de' 389n50
Butades (ou Debutades) de Sícion 211, 436n41
Büyükkale (Turquia) 266

cabalistas 100, 103
cabana, primitiva 35
cabeça, humana
   proporções do corpo 77, 78, 80, 82, 105
   sete aberturas da 100
cabelo 292
cabiras, santuário perto de Tebas 219-220
cabrito montês 264
Cádiz (ou Gades), templo de Melquart 277
Caecina, Aulus 434n6
Caere. Ver Cerveteri
Cailliaud, múmia (Luxor) 96

calendário mesopotâmico 95
Calescro 433n90
Calícrates 245
Calidão 312
Calidon 206
Calímaco 296, 297, 298, 431n43
Calisto, a Ursa 432n60
Callias, o portador da tocha de Eleusis 432n54
Cambises, rei da Pérsia 265, 425n111
Camilo 435n16, 436n39
Camper, Peter 382n57
Canina, Luigi
   L'architettura antica descritta e dimostrata coi monumenti 40
cânon, definição 121
Canosa, Igreja de San Leucio 336
cantos de trabalho 165
caráter, definição 57, 65, 67, 68, 76, 77
Cária (Grécia) 150, 153, 253, 270
cariátides 55, 149, 150-154
Carlos Magno, imperador 99
Carlos V, imperador 341
Carlyle, Thomas 34, 440n7
Carnéades de Cirene 379n29
carpinteiros 144, 190
Carquemis 269, 274
cartagineses 148
Casal Marittimo 438n64
Casaubon, Isaac 65
Castálio 431n33
Çatal Hüyük 407n45, 427n143
Catarina de Médici, rainha da França 340
caveiras, chifres 263, 283-284, 284
Cécrope, primeiro rei de Atenas 151
Cennini, Cennino 77, 397n42
Censorinus
   De Die Natali 436n31
Ceres 332-333, 335
Cerveteri (Caere) 325, 328
   túmulos em 332, 334, 335, 337, 438n65
César, Júlio 331, 410n3, 436n34
Cesariano, Cesare 26, 106, 107, 107, 339, 342, 392n5
Cézanne 360
Chalkis 202
Chambray, Roland Fréart, senhor de 53, 54-55, 57, 69, 148, 149, 338, 411n33
   Parallèle de l'architecture antique et de la moderne 69, 296, 298
Champier, Symphorien 439n90
Champollion, Jean François 172
Chantelou, Paul Fréart, Sieur de 52-53, 54, 141
Chapman, George 187-188
Chicago
   Chicago Tribune Building 42, 43, 44, 44
   Exposição Universal (1892) 376n30
   Rookery, edifício em 376n46
chifres (animal) 264, 283, 284, 284-285, 291
Chinês, "estilo" 32
Chipiez, Charles
   Histoire critique des origienes et de la formation des ordres grecs 30-31, 36
Chipre 274, 275, 277, 280, 281, 284
Chiusi 326, 334, 438n63, 438n69, 439n80
Choisy, Auguste 38, 193, 374n2
Cibele 253, 408n47
Cícero 230, 324, 332, 399, 392n5, 434n7
   Da Natureza dos Deuses 102
cidade
   como um corpo 84, 85
   como uma casa 86
Cime 255
Ciméria 268
Ciniras de Chipre 275
Cinna, Gaius Helvius 425n113
Cipselo 436n41
circulares, estruturas 218, 314, 315, 316
circuncisão 399n12
Cirene 423n68
Ciro I, rei da Pérsia 258, 262
Ciro II, o Grande, rei da Pérsia 265
   tumba de 265
Ciro, templo de Apolo Aleus em 428n164
Citera (Kythira) 3297, 425n112
Claros 250, 257, 419n23
Cláudio, imperador romano 434n4, 434n7
Cleómenes de Esparta 403n69
Clitemnestra 146
   tesouro de (Micenas) 168, 186
Clítias 412n46
Cnido (atual Tekir), tesouro 151, 153, 306
Cnossos 161, 164, 170, 204, 218, 427n140
Cockerell, C.R. 229
Cocles, Bartolomeo 379n24
Codro, rei de Atenas 250
Colbert, Jean-Baptiste, marquês de Seignelay 61
Coleridge, Samuel Taylor
   Philosophic Lectures 34
colmeia, túmulos 186
Colocci, Angelo 374n6
Colombo, Realdo 110
Columbia, universidade, Nova York 15
columen (culmen) 326
colunas
   ajustes ópticos e correções das 224-225, 227, 228, 229, 230-231
   como pontos de apoio 35
   e o corpo humano 36, 50, 53, 54, 55, 56, 57, 77, 137, 138, 139, 140, 144, 345, 346, 358
   e o tronco da palmeira 283, 286
   egípcias 172, 172-173, 174-175, 178-179, 176, 287, 290
   espiral dupla 283
   femininas 129
   figuras esculpidas como 147-153, 148, 150, 151, 152, 154, 287
   masculinas 147
   micênicas 165, 166
   origens das 32, 34-36, 131-132, 158-159, 163, 284-285, 288
   sagradas 170
compósita, ordem 26, 27, 52
Constantino, o Grande, imperador romano 431n34, 438n73
   "Coluna Queimada" de 438n73
Constantinopla
   Santa Sofia 200
Copérnico, Nicolau 112
Córcira (Corfu)
   templo de Ártemis 189, 195
   templo de Atena 235
Cori, templo de Hércules em 40, 418n65
Coríntio, gênero
   capitel 295, 296
   como tipo 25, 26, 34, 53, 79
   cores do 235
   desenho e proporções 295
   e o corpo humano 132, 222, 360
   origens e desenvolvimento do 317, 295-296, 298, 304-306, 309, 314-316, 318-320, 324
   Vitrúvio sobre o 240, 296, 297, 307
Corinto
   costumes sociais 297
   culto de Afrodite 297
   ordem dórica 211, 212, 415n22
   templo com quatro águas 107, 211
   templo de Apolo 211
   tesouro 306
   tolos 219-220
cornijas
   como remate 223
   molduras das 197
   perfil humano em 56, 77, 78, 80
corona. Ver cornijas
corpo humano
   cidade como 84, 85
   colunas como 36, 52-56, 77, 130-132, 138, 139, 144, 146, 159, 345-346, 358
   como metáfora 136-137, 139, 345
   como microcosmo 89, 93, 95, 97, 98, 100, 101, 101, 103, 130, 183
   como templo do Espírito 49, 99, 100
   edificação como 111, 112, 115, 116, 135
   efeito da paixão sobre 62
   elementos e humores do 94
   em medidas do templo 183
   em movimento 107, 118
   feminino 127, 129, 129, 132, 138, 139
   imagem de Deus 101-103
   John Wood sobre 50
   mutilação e marca do 137
   números e o 100, 119
   planta de uma igreja como 59-61, 80-83, 82
   proporções do 77, 78-82, 81, 82, 83, 84, 97, 100, 105-108, 106, 107, 110-111, 112, 116-118, 119, 128, 130, 222
correção óptica 224, 227, 228, 229-231, 236
Corsignano/Pienza, catedral 339
Cortona 340
Corythus 340
Cós 223
   templo de Afrodite 396n42
Cosa, templo (Itália) 331
cosmos
   corpo humano como 89, 90, 94, 95, 97, 98, 101
   divisão em quarto partes 95
Cossútio 318-319, 434n2
Creasy, Edward 376n31
Creso, rei da Lídia 259, 418n6
Creta 165, 198, 203, 268. Ver também Cnossos; Minoico
criatividade 385
Criseide (filha de Crises) 160
Crises (sacerdote) 160
Crísipo 127
Cristo. Ver Jesus Cristo
Crítias 418n64
Cronos 275, 319
   pedra de 305
Cronos 247
cubo, na arquitetura 79
cuneiforme 274
Cureau de la Chambre, Louis Marin 61, 62, 63
Cusanus, Nicolas. Ver Nicolau de Cusa
cyma (moldura de capitel) 197

Dafne 199, 200, 201
Dafne-Harbie, Casa de Narciso em 135

Índice Onomástico

Dâmon 393n13
Dante Alighieri
   De Monarchia 338
   Inferno 412n38
   Purgatório 379n29
Dárdano 340, 436n34
Dario, o Grande, rei da Pérsia 187, 265
Da-u-Dukhtar, perto de Kurangun, Pérsia 262
David de Nerken 386n16
de l'Orme, Philibert 378n13, 439n86
decoração. *Ver também* policromia
   decorum 75, 313, 314
   em colunas 191
   eólica 279, *278, 279*
Dédalo 165, 175, 417n41
Deir-el-Bahari (Egito) 172, 174, 292, *173, 313*
Delfos (filho de Thyia e Apolo) 431n33
Delfos 151, 153, 159, 160, 199, 232
   acanto trípode *303, 304, 305, 307, 306*
   Apolo, templo de *199*, 235, 257, 354, 417n39, 430n25
   esfinge 260–261
   estátua-curul 233
   hécates 305, *305*
   héstia-altar 302
   Lesche 430n30, 431n37
   origens do dórico 247
   paisagem 305
   tesouros 151, 235, 435n16
   tolos 314, *315*, 316
Delos
   esfinge 260
   Monópteros 345
   Oikos de Naxos 210
   tesouro 306
Demarato 436n41
Deméter Tesmófora 159, 221
Deméter 307, *308*, 309, 332, 426n128
Demétrio de Falera 297
demiurgo 142, 144-145, 165, 358. *Ver também poiesis*.
Demócrito de Abdera 386n16, 416n32, 417n41
Demófilo de Hímera 396n38, 438n58
Demófilo 332-333, 335
Demóstenes 411n30
Denderah (Egito), templo de Hátor *97, 292*, 291-292
Derham, William 377n5
Désargues, Gérard (ou Gaspard) 69
Descartes, René 61-63, *66*, 68-69
Deucalião 302, 319
Deus, o homem como semelhança de 100, 103
deuses gregos. *Ver também* divindades individuais
   cultos aos 257
   reis e 161
   tipos de templos 239-240
Dia (Naxos) 423n68
Diderot, Denis 441n38
Dietterlin, Wendel 440n98
Dimeni (Tessália) 406n34
Dinócrates 84, *85*
Diocesareia (Cilícia) 319
Diodoro Sículo 149, 175, 305
Diógenes de Atenas 151
Diógenes Laércio 417n41
Diomedes 402n61

Dioniso (Baco) 250
   culto de 255, 257, 302, 309, 332
   e Zagreu 309
   máscara de 255, 257
Dioniso de Halicarnasso 332, 400n32, 434n7
Diopos 436n41
Dióscuros 336
Diospolis Parva (Egito) 291
Diotima 226
discórdia
   e os quatro elementos 90
Dix, Otto 440n6
djed (ou *tet*) "coluna" 169, 174, 175, 274, 288, 390
Djoser, faraó
   pirâmide de 173, 175-176, *176*, 177, 288, 290
Dodona 247
Doesburg, Theo van 441n26
Domiciano, romano imperador 331
Donatello 389n51
dórica
   conquista da Grécia 157
   língua 132, 222, 360
   mitologia 354
dórico, gênero
   Apolo 247, 257
   base do 184, 185, 187, 188, *186*
   Benn sobre 353, 354
   Burckhardt, celebração do 332-333, 335
   caneluras de 188, *189*
   capitel de 189-191, *193*, 194-197
   coluna, altura 220, 221
   como tipo 25, 26, 34
   contradições e discrepâncias do 212, 216, 235-236
   corpo humano (masculino) 130, 132, 139, 140, 150, 154, 172, 184, 358-359
   estátuas de 55, 149
   exemplos do século xx de 38, 45, 49, 351, 354
   fuste 186, 187, 188, 189
   idealizado 354
   madeira 186, 187, 188
   números no 220, 221
   origens e desenvolvimento do 157, 163-164, 172, 177, 210-211, 223, 247
   projeto de 183-192, 292
   reconstituição do projeto de um templo de *184, 207*
   território do 247, 353
   Vitrúvio sobre 212, 215, 221, 239, 240, 257, 359
Dreros (Creta), templo 163, *203*, 203-204
druidas 50, 378n6
Duchamp, Marcel 377n51
Duílio, Caio 439n78
Durand (Durandus), Guillaume, bispo de Mende 61-63, 66, 68-69
Durand, Jean-Nicolas-Louis 34-35, 37, 348
Dürer, Albrecht 108, *109*, 109, 112, 416n35
Dvořák, Max 45, 360, 377n52

Earle, John
   Microcosmographie 65
Ebstorf
   mappa mundi 99, 100
Ecole des Beaux-Arts (Paris) 34-37
Ecole Polytechnique (Paris) 34-35, 348
Efésia 419n22
Éfeso 251
   acrópole de Ayusoluk 252
   Ártemis, templo e culto 217, 245, 247, 250, 252, 253, 254, 255, 257, 258, 262, 415n2, 418n9, 435n12

Creso, construção do templo 244, 258, 259, 262
   fundação 250
   hecatômpedo, templo 218
   Pritaneion 420n32
Égina
   acrotério 300
   escultura de Atena 235
   esfinge 260
   Templo de Afaia *185*, 221, 227, 300, 410n2, 415n2
Egito
   colunas *152*, 172-175, *174*, 176-177, *178-179*, 288, 291
   estandartes 291
   hititas 266
   métodos de edificações 289
   mitologia 96, 95
   objetos rituais 170
   origens da arquitetura e arte gregas 37, 172-174, 176-177
Erenburg, Iliá 440n6
eikastikē 143, 224
ekphora 242
ekphrasis 381n51
elamitas 264, 268
Élea (cidade) 143, 144, 255
elementos, quatro (*stoicheia*) 90, 94, 127
Elêusis
   capitéis 439n81
   Deméter em 307, 309
   mistérios 309
   telestério (ou Salão dos Mistério) 150, 178, 266, 307
   templo G em 406n30
Elgin, Thomas Bruce, 7º Conde de 407n41
emoção. *Ver* paixão; *páthos*
Empédocles de Acragás 90
Endoeos 420n32
Eneias 329
Enianes 431n30
Ênio 335, 435n21
Enkomi (Chipre) 427n141
Ennatum, rei 408n46
Enômao 209
êntase 226
Eólica, "ordem" 262, 263, *263*, 264, 275, *278, 279*, 283, 289, 292, 335-337, 418n12, 431n15
Epano Englianos (Baia Navarino), Palácio de Nestor 187
Epicuro 121, 417n51
Epidauro 302
   Asclépio 315, 430n25
   teatro 432n60
   tolos em 314
Epimeteu 405n12
Epiro 218
epistílio 192, *193*, 245-246
equino 33, 39, 189, 190, 191, *191*, 325
Erasmus, Georg Caspar 440n98
Erectheu 151
Erétria
   Dafnéforo 179, 200, *201*, 201-202, 204, 211-212, 216-217, 218
   santuários 218
   tolos 219, 314
Ergótimos 412n46
Éris 447n113
Eros 142
Escopas de Paros 312
escultura, cor e decoração da 232-235

esfinge 167, 260, *261*, 280, *282*, 300
Eshnunna/Tell Asmar 408n46
Esmirna (filha de Ciniras) 425n113
Esmirna 198, 250, 255, 262, 423n72
Esparta 150, 186, 396n42, 404n4
    Ártemis Ortia em 217-218
Espíntaros de Corinto 200
Espouy, Hector d'
    Fragments d'architecture antique 40
Espúrio Cássio (Vecelino) 332
Ésquilo 309, 416n32
    Oresteia 146
estações do ano e os elementos 94, 97, *98*
estátuas como apoios *54*, *55*, 55, 56,
Estesícoro 132, 430n29
estética 356-357
Estevão de Bizâncio 420n39
estilóbata
    correção óptica *226-228*, *226-227*, 231
    dórico 185, 186, 187, 231
    jônico 240
Estocolmo (Suécia)
    Skandia, cinema 41
    Skogskapeller(Capela do Bosque) 41-42, *41*
estoicos 90, 127, 230, 379n29
Estrabão 277, 407n41
Estratonice 427n147
estuque 232-234, *232*
ethike 67
ethos 64, 68, 357
Etruscos. *Ver também* Toscano, estilo
    arquitetura dos 339
    como termo 324, 329, 338
    e a relação com os romanos 328, 329, 340
    língua 324, 338, 340
    mudanças culturais dos 338-339
    origens dos 434n7
    religião 329
    templos 184, 323, 326, 328, 333, 334
Eubeia 200, 201
Eucheir 436n41
Euclides 229, 399, 402
Eudóxio de Cnido 385n9
Eufránor de Corinto (o Ístmio) 128
Eugênio III, Papa 59
Eugípio, o Abade 387n24
Eugrammos 436n41
Euquidas de Plateia 430n29
Eurípides 146, 188, 255, 401n47
    Ifigênia em Táuris 195, 411n24,
eurritmia 228-229, 264
Evans, Sir Arthur 170
expressionismo 347

face humana 8, 9. *Ver também* fisionomia
    divisão da 105
    e proporções do corpo 78-81, 105-106, 116
    em cornijas e entablamentos 56-57, *57*, *78*
    estudo da 56, 58-59, 67-68, *71*, *72*, *73*
Faidros, arconte 4024n57
Falerii 336, 436n27
Feácia 405n13
Fechner, Gustav 375n13
feixe de juncos 290
Fenícia e fenícios 167, 275, 279, 280, 281, 328
Fênix 425n112, 425n113
Festo 204, 218
Fethiye, tumba 272
Fídias 123, 131, 207, 226, 310, 400n40, 437n43

estátua de amazona 129
Field, George 375n13
Fiesole 340
Figalia 457n60
Figino, Ambrogio 397
Figino, Girolamo 397
figura feminina 110, 127, 129. Ver também
    cariátides; korai
    na coluna jônica 132, 139, 150, 183
    na forma da coluna micênica 170
    nudez da 404n4
Filae (Egito), templo de Augusto 429n4
Filarete, Antonio Averlino 26, 84
Filipe II, rei da Macedônia 128, 316
Filipe V, rei da Macedônia 206
Filo de Bizâncio 123, 228-230
    Belopoeika 127
Filolau de Crotona 394n16
Firmicus Maternus 432n51
fisiognomonia 57, 58-62, 63-65, 68-69, *70*, *71*, *72*, *73*
Flia (atual Chalandri, Grécia) 309
Florença
    Palazzo Rucellai 339
    Piazza Santissima Trinità 340
    Santa Maria Novella 339
    Uffizi, palácio dos 340
Foucquet, Nicolas, visconde de Vaux 61
Foz do Sele, perto de Pesto, Heráion 412n50
Francesco di Giorgio. *Ver* Martini
François, vaso (Chiusi) 195
Fréart. *Ver* Chambray; Chantelou
Frederico II, imperador 61
Freeman, Matthew L. 376n47
Frígia 192, 263, 265, 273, 416n29
friso
    dórico 192, 193, 195, 197
    jônico (zoóforo) 246
frontão. *Ver* tímpano
Frontino, São Júlio
    On Aqueducts 374n2
Fufidius de Arpinum 432n2
funcionalismo 361

G (Gestaltung; periódico) 440n6
Gaia 319
Galeno 123, 127, 380n38
Gall, Franz Josef 382n55
Gassendi, Pierre 61
Gaudí, Antoni 38, 39, 40, 44, 49, 354
Gaurico, Pompônio
    De sculptura 57, 107-108
    proporções humanas 77, 383n87
Gehlen, Arnold 359
geison (cima) 197
Gellius, Aulus 437n50
Gelo de Siracusa 149
gênio 359
Genserico (vândalos) 331
Geoffrey de Monmouth 50
Gerbert, Martin, abade de St. Blasien, 394n17
Gerhardt, Paul 43, 376n47
Gestalt 440n6
gesto 62, 63, 65, 136
Ghiberti, Lorenzo 392n5
Gigés da Lídia 415n16, 422n60,
Giocondo, Giovanni 107, 435n9
Giotto 61

Girard, René 360
Giunta, irmãos (impressores) 107
Gizé 291
gnóstica 100
Goethe, Johann Wolfgang von 349-350, 357, 362, 375n16, 382n55
Gogh, Vincent van 352, 360
Golem 360
Gordion, mégaro 269, 270, 273
Gorgasos 332
gótico, estilo 36
Gozzoli, Benozzo 388n30
Grande Mãe 253, 254, 257
Grapaldi, Francesco Maria 26
    De partibus aedium 375n7
Grécia antiga
    cânone da 121
    conquista dórica na 158
    cultos e deuses na 257
    influência egípcia sobre a 37, 175, 176
    influência sobre Roma da 328, 329, 330
    línguas na 132
    templos na 158, 159, 163, 183
Gribelin, Simon 67
grinaldas 263
Guadet, Julien 37
Gubbio, tábuas de 436n40
Gwilt, Joseph
    Encyclopaedia of Architecture 37

Haçilar 449n143
Hadad (deus sírio) 253
Hades 307, 309, 398n5
Hagia Triada, sarcófago 162, 170
Halicarnasso, mausoléu de 44, 245, 253
Haller von Hallerstein, Karl
Hambidge, Jay 231, 232
harmonia
    dos números 119
    musical 73, 119
Harvey, William 62, 115
Haselberger, Lothar 229
Hátor 279, 291, 292
Hatshepsut, rainha egípcia 172, 292, 428n164
Hattusas (cidade hitita) 266, 268
Hay, David R. 399n20
    Science of Beauty 375n13
Hazor 280
Hécate 305
Hécuba, rainha 405n13
Hefesto 200, 411n18
Hegel, Georg Wilhelm Friedrich
    Aesthetics 348-349, 362
    criação artística 357
    historia da arte 349
    sobre autorreflexão 397n2
Heidegger, Martin 351, 352, 354, 356, 357
    A Origem da Obra de Arte 352, 353
hekatompedon 179, 217
Heleno 130, 403n4
Helike (Acaia) 419n22
Hera
    Argiva, templo de 130
    culto de 255
    Olímpia de, templo em 184, 207, 208, 209
    Samos de, templo e altar em 163, 253, 255, 258
    Zagreu e 309
Héracles (Hércules). *Ver também* Melquart
    amazonas e 405n17

colunas de 341
e a instituição dos jogos olímpicos 316, 404n5
empunhando um machado 188
e o resgate de Prometeu 159
e o Triptólemo 457n54
estátua de 55
estatura de 122
filhos (heráclidas) de 157, 160, 161, 163, 208, 250
luta com Apolo 302, 304
templos de 425n120, 437n56
trabalhos de 312, 314
Heráclito do Ponto 395n29
Heráclito 255, 309, 353, 381n49, 419n27, 440n12
heráldico, motivo 167
Hércules. *Ver* Héracles
Hermes 121, 426n140
Hermione 430n30
Hermógenes 218, 220, 302, 414n93, 422n58
Heródoto 121, 277, 425n112, 425n120, 434n7
Herolt (ou Heroldt), Georg 374n2
heroon 201
Heróstrato 258
Herrade von Hohenberg (ou Landsberg) 100
Hesíodo 132, 159, 164, 255, 425n112, 429n15
Hesíquio 185, 421n43, 429n18
Hierakonpolis (Egito) 407n46
Hildegarda de Bingen, Santa 100, *101*
Himera, batalha de 148
hiperbóreos 199
Hípias 318
Hipócrates de Cós 123, 190
Hipodamia (filha de Enômao) 209
Hippo, rainha amazona 252, 405n17, 420n29, 420n33
Hipsípila 312
Hiram (ou Ahiram) 425n121
Hiram, rei de Tiro 425n121
Hissarlik (Troia) 301
hititas 167, 264, *268*, 270, 274-275, 299-300
emblemas reais 268, *268*
homem astral 97
Homem, canônico 77, 97-99, 103-104, 107, 112, 115
Homero 132, 160, 164, 217, 255, 297. *Ver também* Ilíada; Odisseia
Hinos 316, 413n63
Honório de Autun 61, 81, 380n32
Hor, faraó 409n65
Horácio 328
A Arte da Poética 73
Horas (deusas) 257
Horkheimer, Max 361
Hübsch, Heinrich 349
Hugo, Victor 349
Huizinga, Johan 360
Humbaba (ou Huwawa; divindade) 285, 291
Humbert de Superville, David-Pierre 32
humores (corporais) 94, 95, 110
Hunt, Philip 407n41
Hunt, Richard Morris 37
hupokrites 141
Husserl, Edmund Gustav Albrecht 440n6
Huygens, Christian 108
hypotrachelion 189

Ibn al-Sid de Badajoz 383n76
Ictino 245, 310, 312
Idálio (Chipre) 281
Ifigênia 146, 195
Ífito, rei de Élide 404n5

igreja, corpo como planta modelo para 59, 80, 82, 83, 84
Ikhwan al-Safa (Irmandade da Pureza) 383n76, 387n18
Ilíada 160, 422n57, 425n112, 425n113
Imhotep (vizir egípcio) 175, 427n152
Imitação de Cristo, como obra religiosa 145
imitação. *Ver mimesis*
inclinação (das colunas) *225*, 227, *227*
incrustações 233
Índia 93, 121
Inocêncio III, papa *102*
De miseria humanae conditionis 102
inscrições 235-236
Íon (filho de Xuto e Creúsa) 131
Irmandade da Pureza. *Ver Ikhwan al-Safa*
Ishtar. *Ver Astarte* 276
Isidoro de Sevilha 394n17
Ísis 174
Islã
astrologia 97
influência do 58
Isócrates 432n51
Ístmia 197
templo de Poseidon na 211, 217, 430n25
tolos em 219
"itálica", coluna 339
Itba'al (ou Etbaal) 276
Ixion sobre a roda (relevo) 117

Jacó (figura bíblica) 408n49
Jâmblico 432n53
Jano 340
Jaquim 277, 407n44
Jerusalém, templo de 29, 30, 99, 100, 280
Jesus Cristo
como juiz 58
corpo de 99, 100, *101*, 104, 377n2
Jezabel 276
jogo 136, 357, 360
John de Salisbury (ou Johannes Parvus), bispo de Chartres
Policraticus 59, 84
John Tzetzes. *Ver* Tzetzes
Jones, Owen 349
jônico, dialeto 132
jônico, gênero
ajustes ópticos do 224
base (plinto) 242
capitéis do 243, 244, *244*, 245, 246
como tipo 25-26, 28, 79
cores do 233, 244
cornijas do 245-246
corpo humano (feminino) 130-131, 150, 154, 183, 222, 296, 359
deuses no 257
eixos e canelauras do 243
esfinge do 260
idealizado 354
origens e desenvolvimento do 132, 215, 249-250, 260, 288, 292
templo, medida e dimensão do 220
templos do 240, *241*
Vitrúvio sobre o 239, 240, 244, 245, 247, 260, 264, 283, 292
Júpiter de Heliopólis 253
Jupiter Optimus Maximus 318, 330, 331
Juventas 437n48

Kahn, Louis 356
Kamilari, perto de Festo 170
Kamir Blur 430n24
kanephorai (portadoras das cestas) 153
Kanofer (arquiteto) 409n63
kanon 119, 121
Kant, Immanuel 145, 351, 359, 362, 440n7
Crítica do Juízo 357
Kapara ben Chadianu 269
Karaindasch, rei de Kassite 288
Karatepe 269
Karkissa (povo) 270
Karnak 173, 174
Khadesh, batalha de (1288 ou 1275) 266
Khalabaseh (Egito) 409n60
Khania (ou Chania) Tekke
modelo 198, *198*, 204, 422n49
Khattushilish III, grande rei hitita 266
Khorsabad 407n44, 426n134
Kidon
estátua de amazona por 129
Kition (Chipre) 276, 284
Kleiton 400n40
Kokoschka, Oskar 377n52
korai (estátuas de meninas) 132, 133, 139, 150, 153, 328. *Ver também cariátides*
Korakou 406n30
kore. *Ver* Perséfone
Koressos (filho de Kaystris) 250
Kotchti (Chipre) 426n138
kouroi (estátuas de meninos) 132, 135, 138, 175, 210, 404n4
Kraus, Karl 361
Kresilas
estátua de amazona por 129
krepis, krepidoma 185
Kubaba (divindade siro-hitita) 253
Kuçuk Menderes (rio) 250
Kulka, Heinrich 376n49
Kültepe (Anatólia) 406n34
Kumarbi (divindade hurrita) 425n112
Kunstgewerbe 350, 360
Kurangun 264
Kurash. *Ver* Ciro
Kypsellos, tirano 222

La Bruyère, Jean de
Caractères 65
Labarnash, grande rei hitita 268
Labranda, Zeus Stratos de, estátua 253
Labrouste, Henri 40, 349
Labys 421n43
Lacônia, templo de Ártemis 420n29
Lacres cilíndricos 166
lacres 167
Lactâncio 102
Lagash 408n46
Lane, Richard 376n30
Langhans, Carl Gotthard 441n25
lareiras 164
Larissa, "ordem eólica" 262, 264
Lars Porsena de Clúsio 328, 325, 334, 436n30
Lathuresa (Ática) 219
Latini, Brunetto 338
Latona 247, 253, 257
Laugier, abade Marc-Antoine
Essai 35-36
Lavater, Johann Kaspar (ou Gaspard)
La Physiognomie 382n55

Le Blon, Jean-Christophe 378n22
Le Blond, Alexandre-Jean-Baptiste 378n22
Le Blond, Jean 57, 77
Le Brun, Charles 57, 61, 62, 63, 68, 70, 71, 72, 73, 77, 111
Le Corbusier 49, 360
    Modulor, séries 108, 362
Lebadia (Boécia) 413n68, 417n40
lebes 304-305, 306
Lecce
    Palazzo Palmieri 336
Lefkandi, *heroon* de 201, 202, 212, 218
lekythoi 298, 299, 301
Leneia
    Dioniso, culto na 255
    vaso 254
Leócares (escultor) 433n84
leões 167
Leonardo da Vinci
    Codex Huygens 100, 108
    e Nicolau de Cusa 104
    reprodução da proporção humana (figura vitruviana) por 105, 107, 112, 155-156
    tratado de pintura por 69
    uso da arquitrave por 374n6
Leoni, Leone 440n100
Lerna (Argólida) 406n34
Lesbos 262, 263, 419n23
Leto 203
Leto, Pompônio 374n2
Lewerentz, Sigurd 376n43
Liber 332
Líbera 332
Lichtenberg, Georg Christoph 382n55
Lícia
    povo 270, 273
    túmulo 30
Licosura 309
Licurgo 188
Lídia 263, 265, 270, 273, 434n7
Lidus 434n7
liknites 302
Limbourg, irmãos 89, 95
Limira 153
Lincoln, catedral de (Inglaterra) 347
Linear B (escrito) 274
linguagem, natureza da 136, 140
Lisícrates 302, 316
Lisímaco, diádoco 257
Lisipo de Sícion 252
    Eros (estátua) *128*
Lissitzky, El 440n6
Lívio, Tito 338, 434n4, 437n51
Livius Andronicus 434n4, 434n7
livre-arbítrio 95, 103
Locri Epizefiri (Itália) 260
Lomazzo, Gian Paolo 110
Lombroso, Cesare 382n55, 398n11
Londres
    Bedford Park em 38
    Cenotáfio de 231
Loos, Adolf 42, 43, 44, 45, 49, 351, 354, 361
Lorenzo de' Medici. *Ver* Medici, Lorenzo de'
Lorestão 264
lótus 279, 300, 359
Loudon, J. C.
    Encyclopaedia 37
Lua, e zodíaco 95
lucanos 337

Luciano 123
Lucius (Lucumo), rei de Roma 436n41
Lucrécia 338
Lucrécio 230
Luini, Aurélio 390n60
Luís XIV, rei da França 52
Luís, o Gordo, imperador francês 99
Lukács, Georg 361
luqqa (povo) 270
Lutyens, Sir Edwin 38, 231
Luviano, língua 273
Luxor
    Colosso de Ramsés III 178, 179
    templo de Ramsés II 287

Macaireos 455n30
Macedônia 218
machado (ferramentas) 186, 188, *190*
Maenius, C. 439n78
Magnésia
    moedas da 255
    monóptero da 414n85
    templo e culto de Ártemis na 218, 249, 252, 302, 416n24, 422n58
Malespini, Ricordano 338
Mallia, "villa," 415n12
mandala 93
Maneto (historiador) 176
Mantineia 209
Manto (filha de Tirésias) 419n28
mão
    expressões e gesto (*chirologia*) 63
    proporção do corpo 105
Maquiavel, Nicolau 338
Maratona, curos 233
Marco Aurélio Antonino, imperador romano 123, 335
Mardônio 147
Marduk Nadin Ahze, rei cassita 430n23
Mari, palácio Zimrilim 427n150
Marinatos, Spiridon 204
Marmaria 305
Marselha. *Ver* Massália
Marte 324
Martini, Francesco di Giorgio 26, 77, 78, 81, 82, 83, 85, 105, 339, 383n77
Marzabotto, Itália 330, 438n66
máscaras 254, 284, 290
Massachusetts Institute of Technology (MIT) 37
Massália (Marselha) 260, 305, 306, 315, 421n45
Matisse, Henri 442n49
Mausoléu de Halicarnasso 253
Maximus, pretor 437n51
McCormick, Robert Rutherford 378
Mecenas 436n34
Medeia 305
Médici, Cosimo I de' 341, 439n90
Médici, família 341
Médici, Lorenzo de' ("o Magnífico") 339
Médici, Vênus de 131
medicina e astrologia 95
Medinet-Habu (Egito) 174
megabuzes 421n43
Megacles 430n26
Megalópolis 309, 432n64
mégaro 159
Megido 277, 278
Melgunov, bainha da espada 430n24
Melquart/Héracles 277, 281

Melville, Herman 137
Menat-Khufu (Egito) 172
Mendelsohn, Erich 347
Menelau 302
Menés, faraó 291, 428n160
Mersenne, padre Marin 69, 394n18
Mesopotâmia 95, 166, 185, 200, 263, 264, 276, 283, 288, 291
Messênia, Asklepeion 439n81
metáfora 36, 345-346
    corpo como 135, 139, 345
Metagenes 258
methexis (inclusão) 144
métopas
    decoração 235
    dórico 192, 196, 206, 212, 221, 223
    jônico 246
Meyer, Hannes 356
Micenas 30, 158, 160, 164-171, 174
    arzawa 268
    colonização de Chipre 275
    colunas 186
    frisos 196
    mégaro 165, 178
    palácio dos descendentes de Atreu 168
    Portal do Leão 166-169, *167*, 186, 273
    tolos 219
    túmulos do círculo real 297
    uso das cores em 233
Michael Scotus 61
Michelangelo Buonarroti 110, 112, 360, 440n100
    Cristo Segurando a Cruz (escultura) 111
Michelet, Jules 34
microcosmo 77
Midas II, rei frígio 268, 270
Mies van der Rohe, Ludwig 348, 354-256
Milão 338
    catedral 375, 440n100
Mileto 229, 242, 243, 245, 250, 414n2
Milizia, Francesco 76
Millawanda (Estado da Anatólia) 268
mimesis ("imitação") 67, 141-146, 346, 359-363
Mínias, tesouro 426n134
minoicos 158, 167, 169, 174, 187, 191, 196, 218, 233, 283, 299
Minos 161
Minotauro 161, 284
Minturnae, batalha de (340) 437n42
Minucius Augurinus, Lucius 335
Miquerinos, faraó 291
Miron (escultor) 395n29
Miron, tirano sicônio 261
Mississippi Agricultural and Mechanical College 376n47
mistérios, cultos 309
mitanitas (povo) 266
mitologia 90. *Ver também divindades individuais*
Mnésicles 433n68
Montagnola 438n64
Montagu, Jennifer 63
Montaigne, Michel Eyquem, senhor de 63
monte Abetone 436n28
monte Athos 84
    Hermenêutica da Pintura 77
monte Erix (Sicília) 425n112
monte Iato, (Sicília) 403n72
monte Ida (Creta) 309
monte Mykkale, Panionium 247
monte Sirai, (Sardenha) 280

Índice Onomástico

Montepulciano 339
Mopso 419n28
Morris, Robert
   Lectures on Architecture 76, 79
Morris, William 440n7
mosaicos 270, 273
móveis e tecidos 283
Mucianus 420n32
Mucius, Gaius 434n2, 435n10
Müller, Carl Otfried 354, 404n4
Mumford, Lewis 346
Mundigak (Afeganistão) 407n45
Muret, Marc Antoine 439n90
Mus, P. Decius 437n42
Musasir (Urartu) 269, 277
mushki (povo) 270
música
   como arte de imitação 144
   ensino da 228
   harmonia visual 73
   teoria dos números 119
mutuli (modilhões) 194, 197, 327
Muwatallish, grande rei hitita 266

Nabu-aplu-iddina, rei da Babilônia 279, 282, 283
Nabucodonosor II, rei da Babilônia 283
naos (templo grego) 158-159, 183
Naqsh-i Rustem (Pérsia) 265
Narciso 135, 136
Narmer (ou Horus Nar) 291
Náucratis (Egito) 260, 418n9
Naxos 210, 260
Neandria (Ásia Menor) 262, 263
Nebel, Kay H. 440n6
Nefertiti, rainha de Ramsés II 292
Néleo 250
Nemeia
   leão de 312, 408n47
   templo de Zeus em 302, 306, 312
Nemi 326
neoplatonismo 59, 62, 145
Neoptólemo (ou Pirro, filho de Aquiles) 300, 302
Netuno 110
Niceron, J.-F. 69
Nicolau de Cusa (Nicolau Cusanus)
   Da Douta Ignorância 102-104, 145
Nicolau V, papa 102
Nietzsche, Friedrich 136, 140, 353-354, 357
   O Nascimento da Tragédia 404n4
Nikon 430n27
Nimes, Maison Carrée 54, 435n11
Nimrud 169, 407n44
Nin-Astarte 253
Ninos 420n29
Niqmepa, rei de Alalakh 269
Nivelon, Claude 380n40
"nó de Ísis" 274
Noé 340
Nora (Sardenha) 439n82
Norchia 438n64
Normand, Charles 348
   Parallèle 31, 36
Nortia 437n51
Nova York
   Metropolitan, edifício 44
   Union Trust, edifício 376n48
   Woolworth, edifício 44
Noyers, François Soublet des 378n12
números

humores 110
   perfeito 80-82, 119
   proporções 80-82, 119
   teoria musical 119
Nut (deusa egípcia) 95

objetos de veneração 169
Ocnus 454
Odisseia 186, 381n49, 425n112
Odisseu 188
Ofeltes 312
oikos (templo grego) 185
Oleno (cantor hiperbóreo) 199
Olímpia
   Apolo 235
   Casa de Enômao 209
   estátua de Zeus 233
   Filipeion (tolo) 316
   Heráion, templo de Hera 184, 207, 208, 209, 217, 432n62
   sacrifícios 162
   templo de Zeus 131, 207, 209, 228, 318, 410n2
   tesouro 260, 305, 306, 315
Olímpicos, jogos 137, 200, 208, 316
Opicinus de Canistris 388n31
Oppenheim, Max von 424n96
oratório 281
Orco 432n60
Orcômeno 219, 314, 426n134
ordem, definição de 49
Oresme, Nicolas 379n29
Orestes 146, 195, 302
Orfeu 310
ornamentação 350
orto 257
ortóstatos 246, 274
Orvieto (Itália) 330, 435n22, 438n64
   Templo de Belvedere em 437n46
Osíris 174
Otaviano. *Ver* Augusto
óvalo-e-dardo, ornamento 191, 244
Oxford, Museu Ashmolean 118
Oxilo (mítico rei de Élis) 208

Pacioli, frei Luca
   De Divina Proportione 77, 107
Pádua, Palazzo della Ragione em 60, 61
Pafos (Chipre) 275, 291
paixão, efeito sobre o corpo 62, 65, 68, 72
Palas Atena 160, 412n37
Paleopafos 276
Palladio, Andrea 54, 56, 57, 69, 334, 338
palmeiras 282, *286*, 290, 292, 300, 307
palmeta (ornamento) 283, 299-300, *301*, 306, *306*, 315
Palmira 431n43
Pancrates de Argos 431n31
Pandora 160
Panofsky, Erwin 377n2
Paris
   Academia de Pintura 61
   Louvre, palácio do 52
   Ópera de 40
   place Vendôme, coluna da 44
   Sainte-Geneviève, biblioteca 349
   Santo Eustáquio, igreja 61
Parmigianino 110
Parrásio 400n40
Pasárgada (Pérsia) 265, 407n44
Pascal, Blaise 69

Patelski, Erich J. 376n47
páthos 65, 68
Paul, St. 252
Pausânias 147, 163, 175, 199, 207, 240, 261, 310, 314, 396n38, 425n112, 431n31
Paz, Octavio 441n18
Pazirik 273
pé humano
   como módulo 247
   e proporções do corpo 82, 105-106, 116
pecado original 360
pedras sagradas. *Ver* bétilos
Pedro de Celle, bispo de Chartres 61, 81
Pélias, rei de Iolco 305
Pélops 209, 316
Pennethorne, John 231, 416n37
Penrose, Francis Cranmer 416n37
Pentesileia 439n29
Peracora, templo de Hera 197, 198, 200, 204, 211
Pérgamo 163, 431n30
Pérgamos 431n30
Perge, Ártemis Anassa 253, 256, 421n42
Péricles, rei de Limira 153
Perrault, Charles 69
Perrault, Claude 38, 69-73, 76, 112
Perret, Auguste 38
Perrot, Georges
   Histoire de l'art dans l'Antiquité 31, 359
Perséfone (Prosérpina) 307, *308*, 309-310, 398n5, 426n128
Persépolis 187, 190, 264, 407n44, 423n81
Perseu 340
Pérsia e persas
   coluna 147, 148, 152, 153
   origens do jônico 262
   touros e bode, *protomes* de 264
perspectiva 69, 74-75
perucas 291, 428n164
Perúgia
   Arco de Augusto 336
   Porta Augusta 338
   Porta Marzia 336, 339
   Volumni, túmulos dos 438n70
Peruzzi, Baldassare 26, 341
Pessino 254
Pesto (Paestum), templos em 33, 40, 184, 189, 192, 206, 216, 221, 222, 337, 352-353, 429n4
Petamenofis 96
Petrarca
   Dos Remédios das Espécies de Fortuna 102
   soneto de (*Rime* 263) 428n38
Pevsner, Sir Nikolaus 347-348, 357
phantastikē 143, 224-225
Philandrier (ou Philander), Guillaume 55, 57
Phrádmon, estátua de amazona 129
Phylakopi (Melos) 406n34
Piaget, Jean 359
Picardo, Leon 77
Picasso, Pablo 440n6, 442n49
picnostilo 221, 224
Pico della Mirandola, Giovanni 95
Piero della Francesca 95
   De perspectiva pingendi 107
Pílades 146, 195, 302
Pilos 165, 186, 187, 218
Píndaro 122, 132, 143, 200, 210, 222
Píndaro, tirano de Éfeso 258
Pineal, glândula 62, *66*
Pinkhas ben Yair 425n121

Pio II, papa 102, 339
Pio IV, papa 440n100
Pio V, papa 439n90
pirâmides 175, 176
Piranesi, Giovanni Battista 40
Pisa
    Camposanto 82, 100
    estádio 122
Pístias 400n40
Pitágoras (filósofo) 119-120, 122, 199, 255, 310, 392n4, 400n37, 429n15
Pitágoras de Régio 417n41
Pitágoras, tirano de Éfeso 422n60
Pítia 431n36
Píton 260, 431n36
Platão
    Banquete 358, 380n38
    caráter de 67
    como um cachorro 63
    Fédon 310
    Fedro 310
    Leis 143
    mimesis 142-145
    número perfeito 80, 120, 416n25
    República 120, 143, 234
    sobre canône de Policleto 396n38
    sobre correção óptica 225, 228-229
    sobre leis 417n51
    sobre música 393n13
    sobre o corpo e o universo 95
    sobre poetas e pintores 144
    sobre *poiésis* 357-358
    sobre prática musical 228
    Sofista 143, 145, 224
    Timeu 142, 358, 416n32
Plateia, batalha de (479) 147, 304
Platino (Piattino Piatti) 390n56
Plessner, Helmut 359
Plínio, o Velho 26, 123, 151, 187, 211, 220, 232-234, 258-259, 325, 335-336, 337, 339, 391n3, 403n73, 435n12, 435n13, 437n52
    História Natural 396n38, 396n40, 396n41
Plutarco 59, 112-123, 127, 186, 235, 394n18, 428n158, 434n6, 436n31
    Sobre Música (atribuído a) 394n16
poetas como imitadores 144
Poggio a Caiano (Itália), Villa Médici 339, 341
Poggio Civitate (Itália) 438n66
poiesis 142, 228, 357, 362
poiotes 229, 375n7
Pola 334, 337
Poleni, marquês Giovanni 374n2
Policleto de Argos (ou Sicião) 118, 119, 123-130, 131, 314-315, 432n60
    Amazona (escultura) 127, 129, 129
    Doríforo 122, 124, 125, 126, 127, 128, 129
Policleto, o Jovem 131
Polícrates, tirano 318
policromia em edifícios e estátuas 190, 191, 232-236, 263-264, 353
Polignoto 430n30
pólis (grega) 217
Poliziano, Angelo
    como um rinoceronte 63
Pollaiuolo, irmãos 111
Pollard, A. W. 374n2
Pollis (ou Polis) 396n38
Porfírio 421n43
Porinos 433n90

Porro, Ricardo 399n23
Porta, Giambattista della 58, 63
Portonaccio 328
Poseidon
    Panionium, santuário 397n45
    templo de Ístmia 213
    templo de Pesto 184, 221, 222
posotes 229, 230, 374n7
Post, George B. 376n48
Postel, Guillaume 439n90
Poudra, Noël 382n58
Poussin, Nicolas 54, 65
povo dório 354
povos do mar (Mediterrâneo oriental) 275-276
Prado, Jerônimo 50
Pratinas
    Karuatides 403n73
Prato, Gherardi da 338
praxis 67, 228
Praxiteles 396n42
pregos 282, 285, 331
Príamo, rei de Troia 302
Priene
    templo em 159, 218, 245, 415n21
primeiro homem 93, 97
Prínias
    templo em 163, 203, 204, 217
Prisciliano 379n29
Probus, Marcus Valerius 402n61
Prometeu 159
proporções. Ver corpo humano
proskephalaion. Ver pulvinar
Protágoras 103
Prússia
    como Estado dórico 34
Psístrato 210, 317, 318
Pteras 199
Ptolomeu (Claudius Ptolemaeus) 394n16, 394n18
Publius Septimius 434n2
Pugin, Augustus 349
Pulvilo, M. Horácio 437n44
pulvinar (proskephalaion) 244
puritanismo 49
Pyrgi (Itália) 326, 330, 335, 435n24
Pytheios 414n93

Quatremère de Quincy, Antoine-Chrysostome 35, 36, 76
Quéfren, pirâmide de 427n156
Quéops, pirâmide de 408n48, 428n163
Queroneia, batalha de 316
Quersifron de Cnossos 258
quiasma (ênfase cruzada) 123
Quinet, Edgar 34
Quintiliano 68
quirologia. Ver mãos

Radamanto 161
Raffaelo Sanzio 26, 68, 110
Ramat Rachel 280
Ramesseum 174
Ramsés II, faraó 266, 292, 409n60
Ras Shamra 415n14
Rasenna 434n7
Ray, John 377n5
Raymond de Marseille 59
regula 192
Reia 456n50
reificação 361, 440n6

reis gregos 160
relevo metrológico (placa de medição) 118
Resef 422n57
Restoro d'Arezzo 98
retórica
    como "mãe da mentira" 346
    gestos da 63, 65, 68
Reynolds, Sir Joshua 400n32
Rhabanus Maurus, abade de Fulda e arcebispo de Mainz 99
rhuthmos 228
Rig-Veda 93
Rimini, templo Malatestiano 339, 374n4
Rodes 167
Roeco 258, 409n66
Roma
    Arco dos Argentários 374n5
    arcos triunfais de Tito 27
    Banhos de Diocleciano 374n5
    Basílica de Emílio 411n33
    Capitólio e templo de Jupiter Optimus Maximus 330, 331
    Coliseu 27, 326, 327, 333-335, 337
    coluna coríntia, popularidade da 320, 323
    coluna de Attus Navius 335
    coluna de Marco Aurélio 335
    coluna de Minucius Auguinus 335, 336
    coluna de Trajano 42, 335, 338
    coluna dórica, uso da 185
    Fórum de Augusto 151
    influência etrusca e grega 329
    Palatino 328
    Palazzo Caffarelli 437n46
    Palazzo Massimi 440n100
    Panteão 151, 200, 335
    San Giovanni dei Fiorentini 440n100
    San Pietro in Vincoli 411n33
    Santa Constanza 374n5
    Santa Maria degli Angeli 374n5
    Santa Maria sopra Minerva 111
    São João de Latrão 101, *104*
    São Pedro, átrio de 341
    Tablinium 411n33
    teatro de Marcello 438n61
    templo da Honra e da Virtude 434n10
    templo de Marte Ultor 333
    templo de Baco 374n5
    templo de Ceres 332
    templo de Diana e Apolo 419n23
    templo de Fortuna Virilis 435n11
    templo de Mater Matuta 325, 435n20, 439n84, 440n96
Rômulo 434n6, 437n48
Rossellino, Bernardo 339
Rousseau, Jean-Jacques
    Essai sur l'origine des langues 398n8
Rusas I, rei de Urartu 268
Ruskin, John 34, 346, 376n32, 440n7

Sachlichkeit 347, 348, 355
sacrifício (para deuses)
    Grécia 159-160, 161, *162*, 164, 179
    grinaldas 263
    sarcófago de Hagia Triada 162, 170
Sade, Donatien Alphonse François, marquês de 141
Safo 255
Sagazone, Pietro Paolo 392n5
Sagredo, Diego de 57, 78, 392n5

Índice Onomástico

Medidas del Romano 77
Sakjagôzü 269
Sala Consilina (Lucânia) 413n58
Salamina, batalha de (480) 149
Salomão, rei de Israel 49
Salutati, Coluccio 338
Samorna (ou Esmirna) 250
Samos
    capitel eólico 262
    moedas 255
    Templo de Hera (Heráion) e santuário 162, 178, 198, *198*, 211, 217, 255, *259*, 318, 414n2, 418n9
    templos 217
    tolos 219
Samos, irmãos de 176
Samotrácia 309
    Arsinoeon 316
San Giovenale 328
San Giuliano 438n64, 438n68
Sangallo, Giuliano da 339
sangue, circulação do 62, 115
Sansovino, Andrea 339
Saqqara
    Djoser, pirâmide de 173, 175, 176, *176*, 288, 427n152
    Heb-Sed, pavilhão 290
Sárdis
    templo de Ártemis *248*, 253, 418n9
Sargão II da Assíria 268
Sarpédon 161, 403n1
Sartre, Jean-Paul 441n18
Satricum, Mater Matuta 435n22
Satúrnia 336
Saumaise, Claude (Claudius Salmasius) 418n9
Scamozzi, Vincenzo 56, 123, 334
Scevola, Mutius 440n93
Schadow, Gottfried 375n13
Scharoun, Hans 361
Schelling, Friedrich Wilhelm Joseph von 33, 441n47
Schiller, Johann Christoph Friedrich von 360
Schindler, Rudolph M. 376n49
Schinkel, Karl Friedrich 34, 354
Schlegel, Friedrich von 375n16
Schliemann, Heinrich 30, *179*, 407n41, 410n70
Schoenberg, Arnold 361
Schopenhauer, Arthur 32-34, 141, 353
Schuyler, Montgomery 376n48
Sedlmayr, Hans 360
Segesta, templo em 223
Séguier, Pierre, duque de Villemor 61
Selásia 402-403n69
Selçuk 418n34
Seleuco Nicator 319
Selino (Sicilia)
    templo E 437n65
Selinunte
    templo C 232
    tesouro 196
Semíramis, rainha 420n39
Semper, Gottfried 36, 349
Senmut 292
sepultamento 257
Serlio, Sebastiano 26-27, 55, *295*, 333, 338, 341
Sérvio Mário Honorato 340, 396n37
Sérvio Túlio, rei de Roma 421n45, 435n16
Sesóstris I, faraó, estátua de 408n46, 427n156
Severo, Sétimo 27
Sexto Empírico 394n16

Shaftesbury, Anthony Ashley Cooper, III conde de 65
    Characteristics 65
Shalmaneser III 426n132
Shamash, estátua de 282, 283
Shub-Ad, rainha de Ur 407n44
Shuppiluliumash II 266
Shute, John 54, 55
    First and Chief Grounds of Architecture 55-56
Síbaris 337
Sibila de Cumas 436n38
sibilinos, livros 329
Sicião 261-262, 315, 430n20
Sidon 276
Sifino (Sifanto?)
    tesouro 153, 306
Sila 318, 331
Silanião 396n38
Silber, Eucherius 374n2
Sílio Itálico
    Punica 447n119
Silvester, Bernard
    Cosmografia (ou *De mundi universitate*) 59, 100
simetria 127, 264-265
Simmel, Georg 359
    Soziologie 350
Simônides 422n57
Simplício 384n5, 385n9
Sippur 426n130
Siracusa
    templo de Apolo, 235
Síria e sírios 167, 185, 253, 263, 274, 276, 284, 326
Sligo, John Denis Browne, primeiro marquês de 407n42
Sócrates 141-143, 226, 309, 416n32
Sólon 297
sophia 395n29
Sovana
    tumba Ildebranda 336, 437n47
Spencer, Herbert 359
Spinoza, Baruch
    Ética 380n42
    Tratado Teológico-Político 377n3
Staël, Anne Louise Germaine Necker, baronesa de Staël-Holstein 375n16
Stanton Drew (próximo a Bath, Inglaterra) 50, *51*
statio (thematismos) 239
stoicheia. Ver quatro elementos
Stonehenge (Inglaterra) 50, *51*
Sugranes, Domingo 376n42
    "The Tall Office Building Arctistically Considered," 42, 45
Sullivan, Louis 42, 45, 376n48 e n49
Sulpizio, Giovanni 374n2
Suméria 166, 170, *282*, 285-289, *289*, *290*
sumério
    idioma 266
    símbolos do nó de pilar 289
sungraphē 220
Susa 264, 423n79, 423n80

Ta'anit 280, 281
Tabal 270
Taccola, Pietro Mariano: *Liber de Ingeneis*, *105*, *106* 105, 106
Tácito 425n113, 425n114
Tages 329
Taine, Hippolyte 353
tainia (filete) 192, 196
Tamassos (hoje Politiko, Chipre) 274, 275, 280

Tanaquil 436n41
Tarde, Gabriel 359
Tarquínia 326
    Ara della Regina 330
    túmulos 333
Tarquínio Prisco, Lúcio 330, 335, 436n38
Tarquínio, o Soberbo 330
Tarso 269
Tasso, Bernardo 374n6
tatuagem 137
Táurida
    templo de Ártemis na, 128–129, 186 146-147, 195
Tebas (Beócia) 165, 217
Tebas (Egito) 172, 174, 292, 425-426n121
technē 142-145, 226, 363
tecnologia
    e estética 355-357
Tégea
    templo de Atena Álea em 218, 300, 310, 312, 314, 428n3, 430n25, 433n67
Teisheba 277
Tel Balawat 426n132
Tel Tayanat 269
Telamão 401n55, 435n24
telamões. Ver atlantes
Télefo 312
Tel-el Farah 426n137
telhados dóricos 191, 194
Tell Halaf (Guzana), templo-palácio em *152*, 269
Tell-el-Amarna 158
Tell-el-Rimah (Karana) 283, 285, 286
têmenos 158-164, 183, 215
Temístocles 318
temperamentos 98
Teodoro de Foceia 433n80
Teodoro de Samos 258, 409n66, 418n9
Teodosio, imperador romano 438n73
Teofrasto
    Characters 65, 67
Teon de Esmirna 383n85
Teos (Sigaçik), templos 414n93, 416n24
Tera 165
Termesso 433n85
Término 330
Teseu 403n4, 420n29
tesmofórias 159
tesouros 260-261, 305, 306, 314
Tespes (Chishpish), rei da Pérsia 262
Tharros
    templo 281
Thefarie Velianas 435n23
Themis 247, 418n2
Thermon
    e tolos 219
    escavações do templo 204, *205*, 206, *206*, 208, 210, 217, 412n50
Theron de Acragás, tirano 149
Tíades (mênades) 302
Tibério, romano imperador 332
Tilmen-Huyuk 269
Timóteo 430n27
tímpano (ou frontão) 222, 223, 235
Tinia 336
tiranos 219
Tirésias 398n5, 419n28
Tirinto
    cidadela circular de 218
    mégaro de 165, *179*, 189, 210
Tiro 276, 277

Tirreno 434n7
titãs 309
Tivoli
    Vila de Adriano em 151, 403n72
Tlepolemo 403n1, 405n20
Toland, John 377n5, 377-378n6
tolos 218-219, 314-316, *315*
Tomás de Celano, frade 58
Tóricos (Ática) 219
tornos
torus (spina) 241
Toscanelli, Paolo 389n50
toscano, arranjo
    base do 185, 324
    capitel do 325, 334-335
    como tipo 26, 27, 340
    cornijas do 56, 57, 326
    entablamento do 57, 324
    Medici e o 340
    nos templos 324, 326-328, 333-334
    origens do 324, 340
    projeto e proporções do 325-329, *331*, 330-331
    Vitrúvio sobre o 324-326, 328-339, 341, *342*
touros 263, 264, 283-284, *284*
trachelion 189, 190
Trajano, imperador romano 42, 335, 338
Tralles
    templo de Asclépio em 414n93
tríglifo 192-197, 212, 221
    de canto 222-224
trípode 302, 304-305, 307, 316
Triptólemo *308*, 309
Trofônio 200, 209
Troia 30, 131, 146, 148, 202
Troia
    templo de Apolo Esminteu em 245
tróquilo (escócia) 241
Tubertus Postumius, Aulus 437n56
Tuby, Jean-Baptiste 380n36
Tucídides 121, 157-158
Türbe 270
Turianus de Fregene 437n43
Tutâncamon, faraó 428n164
Tutmoses III, faraó 173, 269
Tyia 302
Tzetzes, John 226

Uadjit, faraó 427n143
Uni-Hera-Astarte 326
Untashgal 264
Urano 275
Urartu e urartianos 263, 265-266, 268-270, 276-277, 299
Urbano VIII, papa 413n67

vaca, como divindade 291
Valeriano, Giovanni Pierio 381n44
Valerius (consul romano) 437n44
Varrão 123, 230, 335, 383n73, 391n3, 392n5, 434n2, 435n21, 436n31
Vasari, Giorgio 339-340
Vastupurusamandala 93
Vaux-le-Vicomte (França) 61
Vegoia (ninfa) 329
Veios (Itália) 330, 436n39

Ara della Regina 333, 464n50
Veliano, próximo de Perugia
Verdinglichung 440n6
Vero, imperador romano 123
Verona
    anfiteatro de *327*, 334, 337
Verrius Flaccus 434n4
Versalhes 52
Vesálio, Andreas: *De humani corporis fabrica* 112
Veshch/Objet/Gegenstand (periódico) 440n6
Vespasiano, imperador romano 333, 435n11
Vetulonia, Pozzo dell'Abbate 438n64
Vico, Giambattista 33
Viena
    Loja Goldmann e Salacz (Looshaus) em 42
Vignola, Jacopo Barozzi da 37, 38, 54, 56, 69, 110, 338, 439n86
Vila Danzetto 438n72
Villalpando, Juan Bautista 50
Villani, Giovanni 338, 340
    "caderno" 105-106, 400n5
Villard d'Honnecourt, Mestre
Vincent de Beauvais
    Speculum Quadruplex 97
Viola, Zanini (Gianni) Gioseffe 378n13
Viollet-le-Duc, Eugène-Emmanuel 30, 36, 38, 194, 349
    Entretiens 36
Virgílio 235, 284, 338, 340
Vitrúvio Polião, Marco
    ajustes ópticos 224, 228-230, 235-236
    Ártemis em Éfeso 252
    coríntio 240, 295-296, 306
    corpo como microcosmo 97
    decorum 75, 239
    e Policleto 123, 128
    equino 190
    forma pagã 49
    influência sobre Alberti 86
    princípios do desenho 116-119
    proporção humana 77-78, 80, 84, 86, 97, 99-100, 101-102, 105, *106*, 107, 108, 110-112, 116-117, 128, 130, 177, 183-184, 221-222
    sobre acantos 299
    sobre capitéis 189
    sobre construção em pedra e madeira 32, 33-36, 193-197, 204, 292
    sobre dórico 211-212, 215, 221, 239, 257, 358-359
    sobre eurritmia 230
    sobre figuras esculpidas como colunas 147, 151, 153
    sobre jônico 239-247, 262, 264-265, 283, 292
    sobre métopa de canto 223
    sobre métopa 336
    sobre moldura 264
    sobre números de colunas e tamanho do edifício 215, 218, 221
    sobre origens e tipos de colunas 130-134, 158, 177, 186-187, 211-212, 218, 223, 239-240
    sobre ornamentos e cornijas 192-195, 198
    sobre santuário de Ceres 332
    sobre templos 183-185, 236, 240
    sobre toscano 324-326, 328-330, 335, 337, 339, 341
    sobre visão universal 358
    superfície colorida 232
    Taccola e 105

templo de Zeus Olímpico em Atenas 318
teoria dos números 81-82, 119
traduções e edições de 38, 69, 107
Volnius 436n4
volscos 439n78
Volsínios
    templo de Nortia 437n51
    túmulo Campanari 336
Volterra 336
voluta
    jônica 243-244, 260, 262
Vrana, perto de Maratona 219
Vredeman de Vries, Hans 55
    Juventude 53
    Nascer do Sol 52
Vulca de Veios 330
Vulcano, templos 324

Ware, William R. 376n48
    The American Vignola 37
Warka
    templos *287*, 288, 425n118
Waterhouse, Alfred 376n30
Whiston, William 377n4
White, Stanford 38
Wittgenstein, Ludwig 140
Wölfflin, Heinrich 440n6
Wood, John, o Velho 50, *51*, 52, 56, 390n60

Xanto
    Leto(ou Latona), templo 247
    nereidas, monumento 150
    teatro 271
    tumba Harpy *271*, 273, 426n135
    tumba "em formato de trenó" 272
Xenófanes de Colofão 255, 432n51
Xenofonte de Atenas 144, 421n43, 425n112
Xenofonte de Corinto 429n8
Xenofonte de Éfeso 421n43
Xerópolis 202
xoano 252, 253, 254

Yazilikaya 421n41

Zagreus 309
Zakim 430n24
Zakros 426-427n140
Zeising, Adolf 375n13
Zernaki Tepe 424n93
Zeus
    Agrigento, templo 147, *148-149*
    estátuas, imagens e culto 253-254, *256*
    Nemeia, templo 312
    Olímpia, templo 131, 207, 209, 318-319, 318-320
    ônfalo, centro do mundo 302
    Perséfone 307, 309
    Prometeu 159
    sacrifícios para 162
    templos dóricos 240
    território dórico 247
Velcanos 171
Zêuxis 110, 400n40, 438n58
Zinçirli 269
zodíaco 90, *91-93*, 90, *97*, 94-95, 97
zophoron (friso) 192, 247

Arquitetura e Urbanismo na Perspectiva

Arquitetura

Quadro da Arquitetura no Brasil
    Nestor Goulart Reis Filho (D018)
Bauhaus: Novarquitetura
    Walter Gropius (D047)
Morada Paulista
    Luís Saia (D063)
A Arte na Era da Máquina
    Maxwell Fry (D071)
Cozinhas, Etc.
    Carlos A. C. Lemos (D094)
Vila Rica
    Sylvio de Vasconcellos (D100)
Território da Arquitetura
    Vittorio Gregotti (D111)
Teoria e Projeto na Primeira Era da Máquina
    Reyner Banham (D113)
Arquitetura, Industrialização e Desenvolvimento
    Paulo J. V. Bruna (D135)
A Construção do Sentido na Arquitetura
    J. Teixeira Coelho Netto (D144)
Arquitetura Italiana em São Paulo
    Anita Salmoni e Emma Debenedetti (D173)
A Cidade e o Arquiteto
    Leonardo Benevolo (D190)
Conversas com Gaudí
    Cesar Martinell Brunet (D307)
Por Uma Arquitetura
    Le Corbusier (E027)
Espaço da Arquitetura
    Evaldo Coutinho (E059)
Arquitetura Pós-Industrial
    Raffaele Raja (E118)
A Casa Subjetiva
    Ludmila de Lima Brandão (E181)
Arquitetura e Judaismo: Mendelsohn
    Bruno Zevi (E187)
A Casa de Adão no Paraíso
    Joseph Rykwert (E189)
Pós-Brasília: Rumos da Arquitetura Brasileira
    Maria Alice J. Bastos (E190)
A Idéia de Cidade
    Joseph Rykwert (E234)
Interior da História
    Marina Waisman (E308)
O Culto Moderno dos Monumentos
    Alois Riegl (EL64)
Espaço (Meta)Vernacular na Cidade Contemporânea
    Marisa Barda (K26)
Arquitetura Contemporânea no Brasil
    Yves Bruand (LSC)
Brasil: Arquiteturas Após 1950
    Maria Alice Junqueira Bastos e Ruth Verde Zein (LSC)
A Coluna Dançante: Sobre a Ordem na Arquitetura
    Joseph Rykwert (LSC)
História da Arquitetura Moderna
    Leonardo Benevolo (LSC)
História da Cidade
    Leonardo Benevolo (LSC)

Urbanismo

Planejamento Urbano
    Le Corbusier (D037)
Os Três Estabelecimentos Humanos
    Le Corbusier (D096)
Cidades: O Substantivo e o Adjetivo
    Jorge Wilheim (D114)
Escritura Urbana
    Eduardo de Oliveira Elias (D225)
Crise das Matrizes Espaciais
    Fábio Duarte (D287)
Primeira Lição de Urbanismo
    Bernardo Secchi (D306)
A (Des)Construção do Caos
    Sergio Kon e Fábio Duarte (orgs.) (D311)
A Cidade do Primeiro Renascimento
    Donatella Calabi (D316)
A Cidade do Século Vinte
    Bernardo Secchi (D318)
A Cidade do Século XIX
    Guido Zucconi (D319)
O Urbanismo
    Françoise Choay (E067)
Regra e o Modelo
    Françoise Choay (E088)
Cidades do Amanhã
    Peter Hall (E123)
Metrópole: Abstração
    Ricardo Marques de Azevedo (E224)
História do Urbanismo Europeu
    Donatella Calabi (E295)
Área da Luz
    R. de Cerqueira Cesar, Paulo J. V. Bruna, Luiz R. C. Franco (LSC)
Cidades Para Pessoas
    Jan Ghel (lsc))

Este livro foi impresso na cidade de São Paulo,
nas oficinas da Orgrafic Gráfica e Editora, em janeiro de 2015,
para a Editora Perspectiva